고창균   낙생고 교사 / EBS 교재 검토위원, 전국연합학력평가 검토위원, 고등 국어 지도서(천재교육), 문학 지도서(천재교육)

김기훈   덕성여고 교사

김덕곤   성일여고 교사 / EBS 집필위원, 전국연합학력평가 출제위원, 문학 교과서(동아)

김미정   신한고 교사 / EBS 교재 검토위원, 올리드 중학 국어(미래엔)

김성언   소래고 교사

김수학   중동고 교사 / EBS 집필위원, 문학 교과서(천재교육)

김익규   한빛고 교사 / 전국연합학력평가 출제위원, 고등 국어 자습서·평가문제집(천재교육), 중등 국어 자습서·평가문제집(천재교육, 미래엔)

김태현   순심여고 교사 / 중등 국어 평가문제집(천재교육)

박인규   인천포스코고 교사 / 중등 국어 교과서(천재교과서, 금성), 수능 Q&Q 특강 문법(천재교육)

박인태   홍대부여고 교사 / 떠먹는 국어문법, 떠먹는 문학(쏠티북스), 정직한 모의고사(병아리북스)

박정준   오산고 교사 / 前 EBS 논술·구술·면접·학생부 종합전형 강사, 논술 교과서(천재교육), 고전 교과서(해냄), 논술 지도서·자습서(천재교육), 고전 자습서&평가문제집(해냄)

배현진   대구고 교사 / 고등 국어 자습서(천재교육), 수능셀파 문학편(천재교육)

부경필   충암고 교사 / EBS 교재 검토위원, 이화여대 논술 검토위원, 고등 국어 자습서·평가문제집(천재교육)

신해연   자유기고가 / 중등 국어 교과서(천재교육)

유성주   보성고 교사 / 전국연합학력평가 출제위원, 고등 국어 자습서(천재교육), 문학 자습서(천재교육)

윤여정   백석고 교사 / 문학 평가문제집(천재교육), 중등 국어 자습서(천재교육)

이강휘   무학여고 교사 / 고등 국어 지도서·자습서·평가문제집(천재교육), 문학 지도서·자습서·평가문제집(천재교육), 국어는 꿈틀 문학·독서 비문학(꿈을담는틀), 국어는 훈련이다(지상사), 에고, Ego! 시쓰기 프로젝트(이담북스)

이경호   중동고 교사 / EBS 집필위원, 전국연합학력평가 출제위원

이기만   고대사대부고 교사 / 전국연합학력평가 출제위원, 개벽 국어(천재교육)

이세영   운암고 교사 / 고등 국어 교과서(천재교육), 화법과 작문 교과서(천재교육)

이윤복   교하고 교사 / 전국연합학력평가 출제위원, 중등 국어 교과서(비상)

이호형   서라벌고 교사 / EBS 분석노트 수능특강(메가스터디)

임인규   교하고 교사 / EBS 교재 검토위원

임호원   동탄국제고 교사 / 전국연합학력평가 출제위원, 고등 국어 교과서(천재교육, 금성), 고등 국어 자습서(천재교육, 금성)

임호인   대구 예담학교 교사 / EBS 집필 및 검토위원, 전국연합학력평가 출제위원, 고등 국어 지도서·자습서(천재교육), 문학 지도서(천재교육), 수능 셀파 국어영역(천재교육)

조은영   세명컴퓨터고 교사 / 문학 교과서 검토(천재교육), 고등 국어 교사용 평가자료(천재교육)

조형주   한성고 / EBS 집필위원, 문학 교과서(지학사)

주진택   영남중 교사 / 중등 국어 교과서(천재교육)

지범식   계성고 교사 / EBS 교재 검토위원, 고등 국어 자습서(천재교육), 수능셀파 국어영역(천재교육), 문학 교과서(해냄)

최덕수   대구서부고 교사 / EBS 집필위원, 전국연합학력평가 출제위원

최성조   인천국제고 교사 / 전국연합학력평가 출제위원, 고등 국어 자습서(천재교육, 비상), 자이스토리 국어영역(수경출판사)

이 책을 검토해 주신 선생님들

학교

서울
강예림(한국삼육고), 김동규(대원고), 김동기(한서고), 김수진(상명고), 김수호(남강고), 김자령(동명여고), 박지민(양재고), 배용수(영락고), 이동근(동대부고), 이세주(광성고), 이유미(대원고), 이희찬(삼성고), 임광선(광문고), 임은정(대일관광고), 최연주(신광여고)

인천/경기
고재현(광주중앙고), 고종열(경기창조고), 국응상(인천영종고), 김관우(한민고), 김명희(영덕고), 김소라(도당고), 김숙경(인천원당고), 김영길(유신고), 김영대(수성고), 김윤정(서도고), 김지선(중원고), 박선영(도당고), 박엄지(분당경영고), 박영민(광탄고), 박준영(정왕고), 오은혜(행신고), 윤정현(안성고), 윤형철(솔터고), 우지현(소래고), 이동미(보정고), 이민정(화성반월고), 이선영(의정부중), 이섭(대신고), 이원재(분당영덕여고), 장동준(인천포스코고), 장종호(대부고), 정미혜(동두천외고), 정민영(율천고), 조선주(행신고), 조혜령(양주백석고), 한상진(백령고)

대구/경북
곽미소(이서중고), 김영식(대구과학고), 박진형(금오고), 이광현(상주공업고), 정수진(상모고), 정지성(문창고), 지상훈(정화여고), 최상원(근화여고), 허정동(달서중)

부산/경남
강경태(사상고), 안다희(브니엘여고), 임성범(해동고), 전예지(부산장안고)

전북
고영빈(해리고), 류가진(전주해성고), 배희라(고창여고), 윤성민(전북사대부고)

광주/전남
김지연(여남고), 박영우(광주서석고), 박지연(장흥관산고), 박해영(전남기술과학고), 최윤정(수완고)

강원
강민주(여량고), 김종호(원주고), 전광표(대성고), 최민경(홍천여고)

대전/세종/충청
고연훈(두구고), 김두식(서대전고), 김보연(정석고), 김내호(중일고), 김현지(대전여고), 김홍호(시대진고), 박수용(대전만년고), 반세현(오성고), 양진희(한솔고), 윤장원(청석고), 최경일(동방고), 한정민(충남삼성고)

학원

서울
강영훈, 강현정, 권태경, 김우진, 김주욱, 김주현, 김진선, 김진홍, 노병곤, 박수영, 박은영, 박정민, 박정범, 변효지, 성은주, 오성민, 오승현, 이동규, 이세람, 이정복, 이철웅, 이효정, 정선애, 정현성, 진순희, 최선호, 한기연, 한상덕, 허연

인천/경기
강찬, 곽기범, 김문기, 김민정, 김부경, 김선철, 김수영, 김신혜, 김윤정, 김정욱, 김정일, 김흙, 문선희, 문성국, 박종욱, 백수미, 서대영, 오성기, 이성훈, 이수진, 장영욱, 조성오, 최성철, 홍승억, 황의선, 황재준

대구/경북
김형주, 이승구, 이진주, 제갈민

부산/울산/경남
김병수, 김혜정, 남한나, 노경임, 박수진, 백승재, 성미화, 성부경, 손영재, 이유림, 전정배, 정영수, 차승훈, 최정인, 한지담, 홍성훈, 황양규

광주/전라
차효순, 하선희

강원
최수남

대전/세종/충청
김영미, 문효상, 박대권, 박진영, 손인배, 오승영, 조승연, 조훈, 천은경

제주
김선미, 김은정

해법문학
현대시

구성과 특징

- **2015 교육과정 10종 문학, 11종 국어 및 기타 교과서 수록 문학 작품 완전 분석**
  10종 문학 교과서, 11종 국어 교과서 및 독서, 화법과 작문, 언어와 매체 교과서에 수록된 문학 작품들을 망라하여 수록하였습니다.

- **교과서 수록 작품의 핵심을 모아 공부할 수 있는 자율 학습의 기본서**
  교과서에서 중요하게 다루는 학습 활동 내용을 중심으로 각 작품의 상세한 분석과 함께 핵심 내용을 한눈에 볼 수 있도록 구조화하여 쉽고 재미있게 학습할 수 있도록 하였습니다.

- **출제 가능성이 높은 문제로 내신과 수능에 철저한 대비**
  각 작품의 핵심 내용을 문제화하고, 교과서의 학습 활동을 응용한 문제와 수능 및 평가원, 교육청 기출문제, 비중이 높아지고 있는 서술형 문제 등을 제시하여 내신과 수능에 효율적으로 대비하도록 하였습니다.

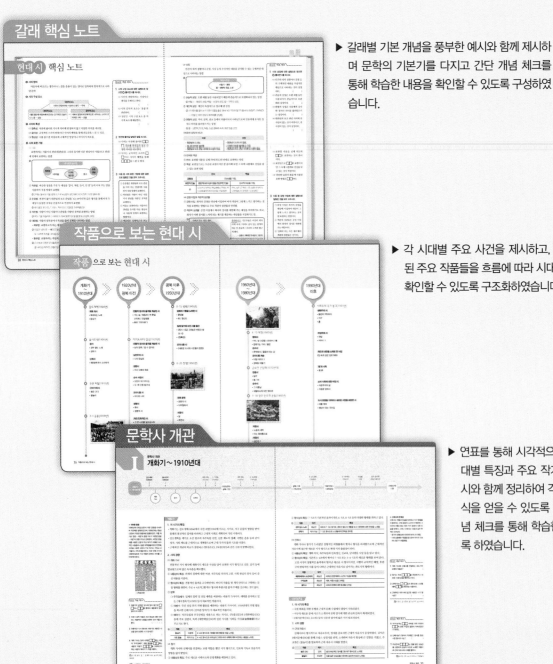

▶ 갈래별 기본 개념을 풍부한 예시와 함께 제시하며 문학의 기본기를 다지고 간단 개념 체크를 통해 학습한 내용을 확인할 수 있도록 구성하였습니다.

▶ 각 시대별 주요 사건을 제시하고, 본책에 수록된 주요 작품들을 흐름에 따라 시대별로 한눈에 확인할 수 있도록 구조화하였습니다.

▶ 연표를 통해 시각적으로 시대를 개관하면서 시대별 특징과 주요 작가 및 작품들을 풍부한 예시와 함께 정리하여 각 시대를 이해하는 배경지식을 얻을 수 있도록 하였습니다. 또한 간단 개념 체크를 통해 학습한 내용을 확인할 수 있도록 하였습니다.

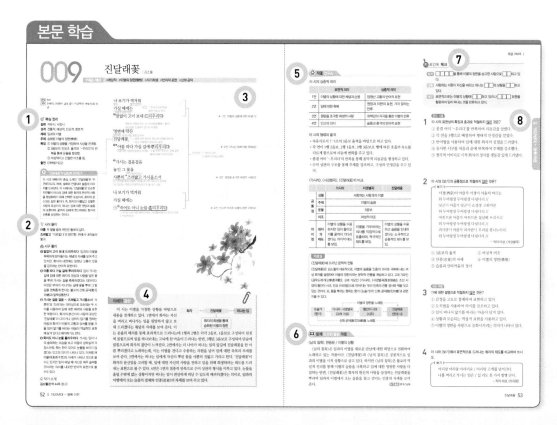

❶ **핵심 정리** 작품의 갈래, 성격, 주제, 특징 등 작품과 관련된 핵심적인 내용을 한눈에 살펴볼 수 있도록 정리하였습니다.

❷ **시어·시구 풀이** 작품의 내용을 이해하기 쉽도록 어려운 시어나 주요 시구를 상세하게 풀이하여 제시하였습니다.

❸ **본문 분석** 교과서 수록 작품 중 문학사적으로 중요하고 출제 가능성이 높은 작품을 선정하였습니다. 또한 행간주 등의 주석을 활용하여 작품에 대한 이해의 폭을 넓힐 수 있도록 하였습니다.

❹ **이해와 감상** 작품에 대한 체계적인 분석과 해설을 통해 작품의 내용을 바르게 이해하고 감상할 수 있도록 하였습니다.

❺ **작품 연구소** 시험에 자주 출제되고 중요한 작품의 핵심 내용을 이해하기 쉬운 도식과 알기 쉬운 해설로 제시하였습니다.

❻ **함께 읽으면 좋은 작품** 본문에 수록된 작품과 함께 읽으면 좋은 작품을 소개하여 감상의 폭을 넓힐 수 있도록 하였습니다.

❼ **키포인트 체크** 작품의 주요 구성 요소를 파악하고, 빈칸에 알맞은 답을 넣어 봄으로써 작품을 한눈에 정리할 수 있도록 하였습니다.

❽ **확인 문제** 학습 활동에서 다루는 내용을 문제화하고 수능 및 평가원, 교육청 기출문제를 제시하였습니다.

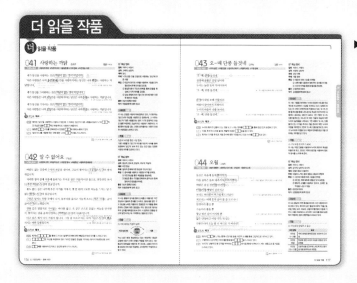

▶ 본문에서 다루지 않은 작품들을 핵심 정리, 이해와 감상, 작품 연구소 등의 충실한 자료와 키포인트 체크를 통해 학습할 수 있도록 구성하였습니다.

차례

| 문학 | | | | | | | | | | 고등국어 | 독서 | 화법과작문 | 언어와매체 |
천재(김)	천재(정)	금성	동아	미래엔	비상	신사고	지학사	창비	해냄				
										천재(이)			
			●										
					●								
									●				
										지학사			
	●							●					
			●							천재(박) 외 6			
				●									
			●										
					●			●		미래엔			
						●							
				●						천재(박) 외 2			
●										천재(이)			
					●								
			●							창비			
				●									
●													
			●			●							천재
										지학사			
				●	●								
			●		●								
	●												
				●									

작품 찾아보기

작품 찾아보기

작가 찾아보기

작가 찾아보기

현대 시 핵심 노트

❶ 시의 정의

마음속에 떠오르는 생각이나 느낌을 운율이 있는 언어로 압축하여 함축적으로 나타낸 문학

❷ 시의 구성 요소

의미적 요소
시인이 전달하려는 사상이나 생각 → 주제

회화적 요소
시를 읽을 때 마음속에 떠오르는 감각적인 모습이나 느낌 → 심상

음악적 요소
시에서 일정하게 반복적으로 나타나는 소리의 규칙적인 가락 → 운율

❸ 시어의 특성

(1) 함축성: 사전에 풀이된 지시적 의미에 한정되지 않고 다양한 의미를 내포함.

(2) 음악성: 규칙적인 소리의 반복이나 시어의 배열을 통해 리듬감을 느낄 수 있음.

(3) 형상성: 시를 읽으면 머릿속에 구체적인 영상이나 이미지가 떠오름.

❹ 시의 표현 기법

(1) 비유

표현하려는 사물이나 관념(원관념)을 그것과 유사한 다른 현상이나 사물(보조 관념)에 빗대어 표현하는 방법

예
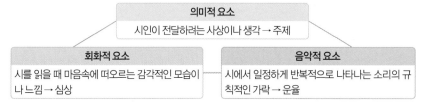
내 마음은 호수요
원관념 — 내 마음 — 잔잔함, 평온함 — 호수 — 보조 관념

① 직유법: 비슷한 성질을 가진 두 대상을 '같이, 처럼, 듯이, 인 양' 등의 이어 주는 말을 사용하여 직접 빗대어 표현함.
　예 인제는 돌아와 거울 앞에 선 / 내 누님같이 생긴 꽃이여 (서정주, 〈국화 옆에서〉)

② 은유법: 연결어 없이 원관념과 보조 관념을 'A는 B이다'와 같은 형식을 통해 마치 두 대상이 동일한 것처럼 간접적으로 연결하여 표현함.
　예 내 마음은 호수요, / 그대 노 저어 오오. (김동명, 〈내 마음은〉)

③ 의인법: 사람이 아닌 사물이나 관념을 사람인 것처럼 표현하는 방법
　예 벼는 가을 하늘에도 / 서러운 눈 씻어 맑게 다스릴 줄 알고 (이성부, 〈벼〉)

④ 대유법: 사물의 일부분이나 특징을 들어 전체를 나타내는 방법
　• 제유법: 표현하고자 하는 대상의 일부를 통해 전체를 나타냄.
　예 지금은 남의 땅 ─ 빼앗긴 들에도 봄은 오는가? → '빼앗긴 들'은 일제에게 빼앗긴 모든 국토, 나라의 국권을 나타냄. (이상화, 〈빼앗긴 들에도 봄은 오는가〉)
　• 환유법: 표현하려는 대상과 관련되는 다른 사물이나 속성으로 그 대상을 나타냄.
　예 순수하고 다정한 우리들의 누나, / 흰옷 입은 소녀의 불멸의 순수 → '흰옷'은 한국인의 정신을 나타냄. (박두진, 〈3월 1일의 하늘〉)

간단 개념 체크

1 시의 구성 요소에 대한 설명으로 맞으면 ◯, 틀리면 X를 하시오.

(1) 시인이 전달하려는 사상이나 생각을 주제라고 한다.
(　)

(2) 시의 음악적 요소는 '운율'과 관련된다. (　)

(3) '심상'은 시의 구성 요소 중 의미적 요소에 해당한다.
(　)

2 빈칸에 들어갈 알맞은 말을 쓰시오.

(1) 시어는 사전에 풀이된 □□□ 의미에 한정되지 않고 다양한 의미를 내포한다.

(2) 시어는 규칙적인 소리의 □□이나 시어의 배열을 통해 □□□을 느낄 수 있다.

3 다음 중 시의 표현 기법에 대한 설명으로 알맞은 것을 모두 고르시오.

ⓐ 은유법은 원관념과 보조 관념을 이어 주는 연결어를 사용하여 직접 빗대어 표현한다.

ⓑ 의인법은 사람이 아닌 사물이나 관념을 사람인 것처럼 표현한다.

ⓒ 비유는 표현하려는 사물이나 관념을 유사한 다른 현상이나 사물에 빗대어 표현하는 방법이다.

ⓓ 제유법은 표현하고자 하는 대상의 전체를 통해 일부를 나타낸다.

ⓔ '내 누님같이 생긴 꽃이여'에는 직유법이 사용되었다.

답 **1** (1) ◯ (2) ◯ (3) X　**2** (1) 지시적 (2) 반복, 리듬감　**3** ⓑ, ⓒ, ⓔ

(2) 상징

인간의 내적 경험이나 감정, 사상 등의 추상적인 내용을 감각할 수 있는 구체적인 대상으로 나타내는 방법

例

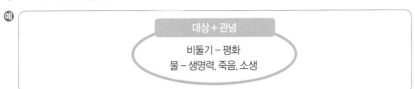

대상 + 관념

비둘기 – 평화
물 – 생명력, 죽음, 소생

① 관습적 상징: 오랜 세월 동안 사용되었기 때문에 관습적으로 보편화되어 있는 상징

　例 비둘기 – 평화의 상징, 백합 – 순결의 상징, 칼 – 무력의 상징

② 개인적 상징: 개인이 독창적으로 창조해 낸 상징

　例 산모퉁이를 돌아 논가 외딴 우물을 홀로 찾아가선 가만히 들여다봅니다. (윤동주, 〈자화상〉)
　　→ '우물'은 자아 성찰의 매개체를 상징함.

③ 원형적 상징: 역사, 문학, 종교 등에서 되풀이되어 나타남으로써 인류에게 유사한 정서나 의미를 불러일으키는 상징

　例 물 – 생명력, 탄생, 죽음, 소생, 정화와 속죄, 생성 등을 상징

〈비유와 상징의 비교〉

비유	상징
• 원관념이 드러남.	• 원관념이 드러나지 않음.
• 하나의 의미로 해석됨.	• 다양한 의미로 해석될 수 있음.
• 원관념과 보조 관념 사이에 유사성이 있음.	• 원관념과 보조 관념 사이에 유사성이 없음.

(3) 반어와 역설

① 반어: 표현할 내용을 실제 의미(의도)와 반대로 표현하는 방법

② 역설: 표면상으로는 모순된 표현이지만 잘 음미해 보면 그 속에 나름대로 진실을 담고 있는 표현 방법

	반어	역설
공통점	모순성을 가짐.	
표면적 진술	문법적으로 이상이 없음.(정상적인 진술)	논리적 모순을 가짐.
例	나 보기가 역겨워 / 가실 때에는 / 죽어도 아니 눈물 흘리우리다.(김소월, 〈진달래꽃〉)	아아, 님은 갔지마는 나는 님을 보내지 아니하였습니다. (한용운, 〈님의 침묵〉)

(4) 감정 이입과 객관적 상관물

① 감정 이입: 화자의 감정을 대상에 이입하여 마치 대상이 그렇게 느끼고 생각하는 것처럼 표현하는 방법으로 주로 객관적 상관물과 연결됨.

② 객관적 상관물: 감정 이입에서 화자의 정서를 대변해 주는 대상을 의미하기도 하고, 화자가 어떤 정서를 느끼게 되는 계기를 제공하는 대상물을 지칭하기도 함.

例

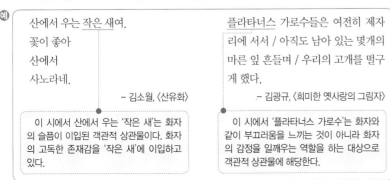

산에서 우는 작은 새여.
꽃이 좋아
산에서
사노라네.

　　　　　– 김소월, 〈산유화〉

이 시에서 산에서 우는 '작은 새'는 화자의 슬픔이 이입된 객관적 상관물이다. 화자의 고독한 존재감을 '작은 새'에 이입하고 있다.

플라타너스 가로수들은 여전히 제자리에 서서 / 아직도 남아 있는 몇개의 마른 잎 흔들며 / 우리의 고개를 떨구게 했다.

　　　　　– 김광규, 〈희미한 옛사랑의 그림자〉

이 시에서 '플라타너스 가로수'는 화자와 같이 부끄러움을 느끼는 것이 아니라 화자의 감정을 일깨우는 역할을 하는 대상으로 객관적 상관물에 해당한다.

1 시의 상징에 대한 설명으로 맞으면 ○, 틀리면 X를 하시오.

(1) 인간의 내적 경험이나 감정 등의 구체적인 내용을 추상적인 대상으로 나타내는 것이 상징이다. (　　　)

(2) 관습적 상징은 오랜 세월 동안 사용되어서 관습적으로 보편화된 상징이다. (　　　)

(3) 원형적 상징은 인류에게 유사한 정서나 의미를 불러일으키는 상징이다. (　　　)

(4) 원관념과 보조 관념 사이에 유사성이 없는 것이 비유이고, 유사성이 있는 것이 상징이다. (　　　)

2 빈칸에 들어갈 알맞은 말을 쓰시오.

(1) 표현할 내용을 실제 의도와 □□로 표현하는 것이 반어이다.

(2) 표면상으로 □□된 표현이지만 그 속에 나름대로 진실을 담고 있는 것이 역설이다.

(3) '찬란한 슬픔의 봄을'에 사용된 표현 방법은 □□이다.

3 다음 중 감정 이입에 대한 설명으로 알맞은 것을 모두 고르시오.

㉠ 감정 이입은 화자의 감정을 대상에 이입하여 대상이 그렇게 느끼고 생각하는 것처럼 표현하는 방법이다.

㉡ 객관적 상관물은 감정 이입에서 화자의 정서를 대변해 주는 대상이다.

㉢ '산에서 우는 작은 새여'에서 객관적 상관물은 '산'이다.

答 1 (1) X (2) ○ (3) ○ (4) X　2 (1) 반대 (2) 모순 (3) 역설　3 ㉠, ㉡

❺ 시의 운율

(1) 개념

운율이란 시를 읽을 때 느껴지는 말의 가락으로, 시를 읽으면 산문을 읽을 때와
달리 노래와 같은 리듬을 느낄 수 있음.

```
                    시의 운율
        ┌───────────────┴───────────────┐
      운(韻)                          율(律)
  특정 위치에 동일한 음운이          동일한 소리 덩어리가 일정하게
       반복되는 것                      반복되는 것
```

(2) 운율의 종류

① 외형률: 시의 바깥에 뚜렷이 드러나는 운율. 글자 수나 음보 등의 규칙적인 반복에
의하여 생기는 운율로, 주로 고전 시가에 나타남.

음수율 (音數律)	글자 수가 규칙적으로 반복됨으로써 형성되는 운율 예 산 너머 남촌에는 누가 살길래 / 해마다 봄바람이 남으로 오네 → 7·5조 음수율
음보율 (音步律)	일정한 음보가 규칙적으로 반복됨으로써 형성되는 운율 예 동기로 ∨ 세 몸 되어 ∨ 한 몸같이 ∨ 지내다가 → 4음보 음보율
음위율 (音位律)	같거나 비슷한 음을 일정한 위치에 배치함으로써 형성되는 운율 예 두운(頭韻), 요운(腰韻), 각운(脚韻)

② 내재율: 시 안에서 은근히 느껴지는 운율. 일정한 규칙이 없이 시에 따라 자유롭게
생기는 운율로, 주로 현대 시에 나타남.

(3) 운율 형성 방법

① 음운의 반복: 일정한 모음이나 자음을 반복하여 운율을 형성하는 방법

    예 • 갈래 갈래 갈린 길 / 길이라도 (김소월, 〈길〉) → 자음 'ㄱ'과 'ㄹ'의 반복

        • 산은 자하산(紫霞山). (박목월, 〈청노루〉) → 모음 'ㅏ'의 반복

② 음절 수, 음보의 반복: 일정한 수의 음절을 반복적으로 배치하거나 음보를 일정하게
반복하여 운율을 형성하는 방법

    예 • 아리랑 아리랑 아라리요 // 아리랑 고개로 넘어간다. → 3·3·4조의 음수율

        • 강나루 ∨ 건너서 ∨ 밀밭 길을 // 구름에 ∨ 달 가듯이 ∨ 가는 나그네. (박목월, 〈나그네〉)

          → 3음보 음보율

③ 시어의 반복: 시인이 강조하고자 하는 특정 시어를 반복하여 운율을 형성하는 방법

    예 산은 / 구강산(九江山) / 보랏빛 석산(石山) (박목월, 〈산도화〉) → '산'의 반복

④ 통사 구조의 반복: 동일하거나 비슷한 문장 구조를 반복적으로 사용하여 운율을 형성
하는 방법

    예 산산이 부서진 이름이여! / 허공중에 헤어진 이름이여! / 불러도 주인 없는 이름이여! (김소
월, 〈초혼〉) → '-ㄴ~이여'라는 동일한 문장 구조의 반복

⑤ 음성 상징어의 사용: 의성어나 의태어 등을 사용하여 감각적 반응과 운율을 형성하는
방법

    예 산아, 우뚝 솟은 산아. 철철철 흐르듯 짙푸른 산아. [중략] 흐르는 골짜기 스며드는 물소리
에, 내사 줄줄줄 가슴이 울어라. (박두진, 〈청산도〉) → '철철철', '줄줄줄'이라는 의태어, 의성
어 사용

간단 개념 체크

1 시의 운율에 대한 설명으로 맞으면
○, 틀리면 X를 하시오.

(1) 시를 읽을 때 느껴지는 말의 가
락을 운율이라고 한다.
                (   )

(2) 시의 표면에 드러나지 않고 시
안에서 은근하게 느껴지는 운
율을 외형률이라고 한다.
                (   )

(3) 특정한 소리나 일정한 글자 수
를 반복해서 사용하면 운율이
느껴진다.   (   )

(4) 글자 수가 규칙적으로 반복되
어 형성되는 운율을 음보율이
라고 한다.   (   )

2 다음 중 시에서 운율을 형성하는 요
소가 아닌 것을 모두 고르시오.

┌─────────────────────┐
│ ㉠ 같은 자음의 반복   │
│ ㉡ 통사 구조의 반복   │
│ ㉢ 같은 심상의 반복   │
│ ㉣ 향토적 소재의 사용   │
│ ㉤ 일정한 음절 수의 반복   │
│ ㉥ 의성어나 의태어 등의 사용 │
└─────────────────────┘

3 빈칸에 들어갈 알맞은 말을 쓰시오.

(1) '동기로 세 몸 되어 한 몸같이
지내다가'에서는 □□□의
음보율이 드러난다.

(2) '싸그락 싸그락 두드려 보았겠
지 / 난분분 난분분 춤추었겠
지'에서는 □□ □□□의
반복과 어미의 반복으로 운율
을 형성한다.

(3) '산산이 부서진 이름이여! / 허
공중에 헤어진 이름이여! / 불
러도 주인 없는 이름이여!'는
동일한 □□ □□를 반복
하여 운율을 형성하고 있다.

답 **1** (1) ○ (2) X (3) ○ (4) X **2** ㉢, ㉣ **3** (1) 4음보
(2) 음성 상징어 (3) 문장 구조

---

❻ 시의 심상

(1) 개념

시를 읽을 때 마음속에 그려지는 감각적인 모습이나 느낌으로, 대상을 구체적이고 생생하게 표현하게 함.

(2) 종류

① **시각적 심상**: 색채, 모양, 명암 등 눈으로 보는 듯한 심상

　　예 지나가던 구름이 하나 새빨간 노을에 젖어 있었다. (김광균, 〈외인촌〉)

② **청각적 심상**: 소리, 음성 등 귀로 듣는 듯한 심상

　　예 발자욱 소리 호르락 소리 문 두드리는 소리 (김지하, 〈타는 목마름으로〉)

③ **후각적 심상**: 코로 냄새를 맡는 듯한 심상

　　예 매화 향기 홀로 아득하니 (이육사, 〈광야〉)

④ **미각적 심상**: 혀로 맛을 보는 듯한 심상

　　예 메마른 입술이 쓰디쓰다. (정지용, 〈고향〉)

⑤ **촉각적 심상**: 피부를 통해 차가움, 뜨거움 등을 느끼는 듯한 심상

　　예 젊은 아버지의 서느런 옷자락에 / 열(熱)로 상기한 볼을 말없이 비비는 것이었다. (김종길, 〈성탄제〉)

⑥ **공감각적 심상**: 둘 이상의 감각이 결합되어 나타나는 심상으로, 감각의 전이가 일어나는 심상

예
> 삼월(三月)달 바다가 꽃이 피지 않아서 서글픈
> 나비 허리에 새파란 초생달이 시리다.　　　　　　– 김기림, 〈바다와 나비〉
>
> 냉혹한 현실의 모습을 형상화한 시구로, '새파란 초생달'이라는 시각적 심상을 '시리다'라는 촉각적 심상으로 전이시켜 표현한 공감각적 심상이 나타난다.

(3) 심상의 형성 방법

① **묘사나 서술에 의한 심상 형성**: 감각적인 수식어를 사용하여 대상의 모습을 직접 서술하거나 묘사함으로써 이미지를 제시하는 방법

　　예 빼어난 가는 잎새 굳은 듯 보드랍고 / 자주빛 굵은 대공 하이얀 꽃이 벌고 (이병기, 〈난초〉)
　　→ 난초의 외양을 사실적, 회화적으로 묘사함으로써 난초의 청초하고 부드러운 이미지를 효과적으로 드러냄.

② **비유에 의한 심상 형성**: 직유, 은유, 의인 등의 수사법을 사용하여 이미지를 제시하는 방법

예
> 낙엽은 폴-란드 망명 정부의 지폐
> 　(은유법)
> 포화에 이즈러진
> 도룬시의 가을 하늘을 생각게 한다.
> 길은 한 줄기 구겨진 넥타이처럼 풀어져
> 　　　　　　　　　　　　(직유법)

> 원관념(낙엽, 길)을 보조 관념(망명 정부의 지폐, 넥타이)에 빗대어 표현함으로써 도시의 가을 풍경에서 느껴지는 황량함과 고독감을 형상화하고 있다.
> 　　　　　　　　　　　– 김광균, 〈추일 서정〉

③ **상징에 의한 심상 형성**: 추상적 관념을 연상시키는 구체적인 사물을 이용하여 이미지를 제시하는 방법

　　예 고향에 돌아온 날 밤에 / 내 백골이 따라와 한 방에 누웠다. (윤동주, 〈또 다른 고향〉) → '밤'은 일제 강점기의 암담한 현실을 상징함.

---

1 시의 심상에 대한 설명이 맞으면 ○, 틀리면 X를 하시오.

(1) 심상은 시를 읽을 때 마음속에 그려지는 감각적인 모습이나 느낌으로, 대상을 추상적이고 관념적으로 표현한다. (　　　)

(2) 색채, 모양, 명암 등 눈으로 보는 듯한 심상을 촉각적 심상이라고 한다. (　　　)

(3) 둘 이상의 감각이 결합되어 감각의 전이가 일어나는 것이 공감각적 심상이다. (　　　)

2 다음 시구에 드러나는 심상을 쓰시오.

(1) 보랏빛 색지 위에 / 마구 칠한 한 다발 장미. (　　　)

(2) 젊은 아버지의 서느런 옷자락 (　　　)

(3) 나비 허리에 새파란 초생달이 시리다 (　　　)

(4) 매화 향기 홀로 아득하니 (　　　)

(5) 새벽부터 돌 깨는 산울림에 떨다가 (　　　)

3 다음 중 심상의 형성 방법에 대한 설명으로 알맞은 것을 모두 고르시오.

> ㉠ 감각적인 수식어를 사용하여 대상의 모습을 직접 서술하거나 묘사함으로 이미지를 제시하는 묘사나 서술에 의한 심상 형성 방법이 있다.
> ㉡ 직유, 은유, 의인 등의 수사법을 사용하여 이미지를 제시하는 비유에 의한 심상 형성 방법이 있다.
> ㉢ 구체적 사물을 연상시키는 추상적인 관념을 이용하여 이미지를 제시하는 상징에 의한 심상 형성 방법이 있다.

답 1 (1) X (2) X (3) ○　2 (1) 시각적 심상 (2) 촉각적 심상 (3) 공감각적 심상 (4) 후각적 심상 (5) 청각적 심상　3 ㉠, ㉡

현대 시 핵심 노트

❼ 화자와 어조

(1) 화자

시 속에서 말하는 사람으로, 서정적 자아라고도 함. 화자는 시인의 정서와 사상이 투영된 인물로, 시의 표면에 직접적으로 드러나는 경우도 있지만, 겉으로 드러나지 않고 숨어 있는 경우도 있음.

(2) 어조

화자의 목소리로, 대상을 대하는 화자의 태도나 분위기와 관련됨.

① 남성적 어조: 의지적이고 강한 느낌을 줌.

② 여성적 어조: 섬세하고 부드러운 느낌을 줌.

③ 독백적 어조: 자신의 내면세계를 고백하듯이 혼자 말하는 느낌을 줌.

④ 관조적 어조: 대상을 차분하고 담담하게 관찰하면서 느낌이나 의미를 드러냄.

⑤ 냉소적 어조: 차갑게 비웃으면서 업신여기는 태도가 드러남.

❽ 시의 갈래

(1) 내용상 분류

서정시	주관적으로 표현한 시. 대부분의 현대 시가 이에 해당함.
서사시	민족적인 사건이나 신화, 전설, 민담 등을 소재로 하여 줄거리를 가진 이야기를 길게 서술한 시. 김동환의 〈국경의 밤〉, 신동엽의 〈금강〉 등에서 서사시의 특성을 확인할 수 있음.
극시	희곡 형식으로 된 시로 전편이 운문체의 대사로 이루어짐. 좁은 의미로는 극의 형식을 취하거나 극적 수법을 사용한 시를 가리키며, 한국 문학에서는 드문 형식임.

(2) 형식상 분류

정형시	운율을 형성하는 요소가 일정한 규칙성을 지니고 있는 시. 시조(時調)가 이에 해당함.
자유시	정형적인 운율을 벗어나 내재율을 지니고 있는 시
산문시	산문처럼 행을 구분하지 않고 줄글로 붙여서 쓴 시

(3) 목적상 분류

순수시	예술성을 중시하는 시로, 개인적 정서를 주로 드러냄.
목적시	목적의식을 담은 시로, 역사와 현실적 문제를 주로 다룸.

(4) 태도상 분류

주정시	인간적인 감정이나 정서를 중심으로 전개되는 시
주의시	강렬한 주관적 의지와 정신세계 표현에 중점을 두고 전개되는 시
주지시	인간의 감정보다는 이성이나 지성을 중시하여 관념, 의식 등을 드러내며 전개되는 시

간단 개념 체크

1 다음 중 시의 화자에 대한 설명으로 알맞지 <u>않은</u> 것을 모두 고르시오.

> ㉠ 서정적 자아라고도 불린다.
> ㉡ 시 속에서 말하는 사람이다.
> ㉢ 서정시의 화자는 작가 자신이다.
> ㉣ 시의 표면에 직접적으로 드러나지 않고 항상 숨어 있다.

2 빈칸에 들어갈 알맞은 말을 쓰시오.

(1) 시의 어조는 화자의 목소리로 대상을 대하는 화자의 □□나 분위기와 관련된다.

(2) 자신의 내면세계를 고백하듯이 혼자 말하는 느낌을 주는 것은 □□□ 어조이다.

(3) 대상을 차분하고 담담하게 관찰하면서 느낌이나 의미를 드러내는 것은 □□□ 어조이다.

3 시의 갈래에 대한 설명으로 맞으면 ○, 틀리면 X를 하시오.

(1) 산문시는 개인의 정서를 주관적으로 표현한 시로 대부분의 현대 시가 이에 해당한다. ( )

(2) 극시는 극의 형식을 취하거나 극적 수법을 사용한 시로 한국 문학에서는 드문 형식이다. ( )

(3) 운율을 형성하는 일정한 규칙성을 지니고 있는 시를 자유시라고 한다. ( )

(4) 인간의 감정보다는 이성이나 지성을 중시하여 관념, 의식 등을 드러내며 전개되는 것을 주정시라고 한다. ( )

답 1 ㉢, ㉣ 2 (1) 태도 (2) 독백적 (3) 관조적
3 (1) X (2) ○ (3) X (4) X

❾ 시상 전개

(1) 개념

시의 구성 요소들을 결합하여 주제를 구현해 나가는 과정

(2) 시상 전개 방식의 유형

① **시간의 흐름**: '과거 – 현재 – 미래'나 '봄 – 여름 – 가을 – 겨울'과 같은 자연적인 시간의 흐름에 따라 내용을 전개하는 방식

　　예 이육사, 〈광야〉 – '과거 – 현재 – 미래'의 시간의 흐름에 따라 시상을 전개함.

② **공간의 이동**: '먼 곳 → 가까운 곳', '아래 → 위'와 같은 장소나 장면의 이동에 따라 시상을 전개하는 방식

　　예 신경림, 〈농무〉 – '텅 빈 운동장 – 소줏집 – 장거리 – 쇠전 – 도수장'에 이르는 공간의 이동에 따라 시상을 전개함.

③ **점층적 전개**: 시어의 의미나 단어의 형태, 화자의 정서나 의지, 시적 상황 등을 점점 더 고조시키면서 시상을 전개하는 방식

　　예 김수영, 〈눈〉 – '눈은 살아 있다'와 '기침을 하자'라는 두 문장을 변형하여 반복함으로써 그 의미를 점층적으로 강화함.

④ **수미 상관**: 시의 처음과 끝에 동일하거나 유사한 시구를 배치하여 의미를 강조하고 시적 형태의 안정감을 추구하면서 시상을 전개하는 방식

　　예 김영랑, 〈모란이 피기까지는〉 – 모란에 대한 기다림을 표현하는 1~2행의 내용을 11~12행에서 반복하여 모란(소망)에 대한 기다림의 의지를 드러냄.

❿ 작품의 감상과 비평

문학 작품을 감상하고 비평하는 관점은 크게 내재적 관점과 외재적 관점으로 나눌 수 있음.

(1) 내재적 관점

절대주의적 관점이라고도 하며, 어조, 운율, 표현 기법 등 작품의 내적인 요소를 중심으로 감상하는 방법

(2) 외재적 관점

작가, 독자, 현실과 같은 작품 외적인 요소를 중심으로 작품을 감상하고 비평하는 관점

표현론적 관점	생산론적 관점이라고도 함. 작가의 창작 의도, 전기적 사실, 심리 상태 등 작가와 작품의 관계에 초점을 맞추어 작품을 감상하고 비평하는 관점
효용론적 관점	작품이 독자에게 주는 감동과 교훈, 그것을 유발한 요소에 초점을 맞추어 작품을 감상하고 비평하는 관점
반영론적 관점	모방론적 관점이라고도 함. 작품과 현실의 관계에 초점을 맞추어 작품을 감상하고 비평하는 관점

⓫ 현대 시조

(1) 개념

개화기 이후부터 현대까지의 시조로, 대체로 고시조에 비해 형식이 자유로움.

(2) 특징

① 3·4조나 4·4조의 정형적 율격에서 벗어나는 경우가 많음.

② 장별 배행 시조, 구별 배행 시조와 같이 시행이나 구절의 배열이 다양함.

③ 대개의 고시조와는 달리 제목이 붙어 있는 경우가 많음.

④ 현대 시와 같이 개성적인 작품이 많이 창작되고 있음.

간단 개념 체크

1 시상 전개에 대한 설명이 맞으면 ○, 틀리면 X를 하시오.

(1) 시의 구성 요소들을 결합하여 주제를 구현해 나가는 과정을 가리킨다. 　　　　　(　　)

(2) 시간의 흐름에 따른 전개는 자연적인 시간의 흐름에 따라 내용을 전개하는 것이다. 　(　　)

(3) 시의 처음과 끝에 동일하거나 유사한 시구를 배치하는 것을 수미 상관이라고 한다. 　(　　)

2 빈칸에 들어갈 알맞은 말을 쓰시오.

(1) 문학 작품을 감상하고 비평하는 관점은 크게 내재적 관점과 □□□ 관점으로 나눌 수 있다.

(2) 내재적 관점은 어조, 운율, 표현 기법 등 작품의 내적인 요소를 중심으로 감상하는 방법으로 □□□□□ 관점이라고도 한다.

(3) 작품이 독자에게 주는 감동과 교훈, 그것을 유발하는 요소에 초점을 맞추어 감상하고 비평하는 관점을 □□□□ 관점이라고 한다.

(4) □□□□ 관점은 작가와 작품의 관계에 초점을 맞추어 작품을 감상하고 비평하는 것으로 생산론적 관점이라고 한다.

3 현대 시조에 대한 설명으로 알맞지 않은 것을 모두 고르시오.

┌─────────────────────┐
│ ㉠ 개화기 이후부터 현대까지 │
│ 　창작된 시조이다. │
│ ㉡ 대체로 고시조에 비해 형식 │
│ 　이 자유롭지 못하다. │
│ ㉢ 정형적 율격에서 벗어나는 │
│ 　경우가 많고 시행이나 구절 │
│ 　의 배열이 다양하다. │
│ ㉣ 대개의 고시조와 달리 제목 │
│ 　이 붙어 있는 경우가 드물다. │
└─────────────────────┘

답 1 (1) ○ (2) ○ (3) ○　2 (1) 외재적 (2) 절대주의적 (3) 효용론적 (4) 표현론적　3 ㉡, ㉣

작품 으로 보는 현대 시

개화기 ~ 1910년대

갑오개혁(1894년)

개화 개사
- 애국하는 노래
- 동심가

을사조약(1905년)

창가
- 경부 텰도 노래
- 권학가

신체시
- 해(海)에게서 소년에게

국권 피탈(1910년)

근대 자유시
- 봄은 간다
- 불놀이

3·1 운동(1919년)

1920년대 ~ 광복 이전

전통적 정서와 율격을 계승한 시
- 가는 길 / 접동새 / 먼 후일
  산유화 / 진달래꽃
- 봄은 고양이로다

카프(KAPF) 결성(1925년)

전통적 정서와 율격을 계승한 시
- 님의 침묵 / 알 수 없어요

낭만주의 시
- 나의 침실로

경향시
- 우리 오빠와 화로

순수 서정시
- 모란이 피기까지는
- 오-매 단풍 들것네

모더니즘 시
- 바다와 나비

생명시
- 화사
- 생명의 서

자연 친화적인 시
- 그 먼 나라를 알으십니까

저항시
- 절정 / 광야
- 서시 / 쉽게 씌어진 시

광복 이후 ~ 1950년대

8·15 광복(1945년)

광복의 기쁨을 노래한 시
- 꽃덤불
- 해 / 청산도

일제 말기에 쓰인 시들 출간
- 《육사 시집》, 《하늘과 바람과 별과 시》
- 《청록집》

모더니즘 시
- 《새로운 도시와 시민들의 합창》

6·25 전쟁(1950년)

전후 문학
- 초토의 시
- 다부원에서

시정시
- 달
- 추천사

모더니즘 시
- 목마와 숙녀

1960년대 ~ 1980년대

4·19 혁명(1960년)

참여시
- 어느 날 고궁을 나오면서 / 풀
- 껍데기는 가라 / 봄은

순수시
- 추억에서 / 울음이 타는 강

모더니즘 계승
- 아침 이미지 1
- 성북동 비둘기

급속한 산업화(1970년대)

민중시
- 농무
- 봄 / 벼

순수시
- 그 이튿날
- 외할머니의 뒤안 툇마루

5·18 광주 민주화 운동(1980년)

저항시
- 노동의 새벽
- 타는 목마름으로

서정시
- 섬진강 1

해체시
- 앞날
- 프란츠 카프카

1990년대 이후

사회주의 국가 붕괴(1991년)

생태주의 시
- 들판이 적막하다
- 지구
- 흙

여성주의 시
- 찬밥
- 어머니 1

개인의 내면을 소재로 한 시집
《입 속의 검은 잎》(1989)

'몸'의 시학
- 몸 詩

소비 사회에 대한 비판 시
- 자본주의의 삶
- 자동문 앞에서

도시 문명을 거부하고 새로운 서정을 표현한 시
- 배를 매며
- 평상이 있는 국숫집

애국하는 노래　동심가　경부 텰도 노래　해에게서 소년에게

I

개화기
~1910년대

개화기~1910년대

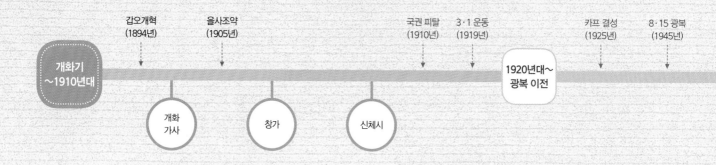

갑오개혁 (1894년) | 을사조약 (1905년) | 국권 피탈 (1910년) | 3·1 운동 (1919년) | 카프 결성 (1925년) | 8·15 광복 (1945년)

개화기 ~1910년대

개화 가사 | 창가 | 신체시

1920년대~ 광복 이전

◆ **국한문 혼용**

1896년에 《독립신문》이 국문 전용을 내세우며 국문체로 발행되었으며, 1898년에는 《황성신문》이 국한문 혼용체로 발행되었다. 이를 계기로 '한문 – 국문'의 경쟁 구도가 '국한문 혼용 – 국문'의 경쟁 구도로 변하였다. 국한문 혼용체를 사용한 신문의 주요 독자가 대체로 보수적인 사림층이나 일본 유학생들이었던 반면에, 국문을 사용한 신문의 주요 독자는 기독교 신자들이나 부녀자들이었다. 이로 인해 각각의 신문에 발표된 가사 작품의 문체도 차이를 나타내게 되었다.

▲ 《독립신문》

간단 개념 체크

1 개화기의 문학은 당시에 많이 발간된 ☐☐이나 ☐☐를 통하여 대중에게 많이 알려지게 되었다.

2 개화기 문학 작품은 주로 현실에 대한 비판이나 계몽적인 내용을 표현한 것이 주를 이룬다. (○ / X)

3 전통적인 가사 형식에 개화기의 새로운 사상을 담아 표현한 시가 양식은?
( )

4 개화 가사는 당대 사회를 ☐☐하는 내용의 '우국경세가', 의병 활동을 ☐☐하는 내용의 '의병가', ☐☐☐을 고취하고자 하는 내용의 '애국가'가 주를 이룬다.

답 1 신문, 잡지 2 ○ 3 개화 가사 4 비판, 예찬, 애국심

개화기

1. 이 시기의 특징

• 개화기는 갑오개혁(1894)에서 국권 피탈(1910)에 이르는 시기로, 서구 문물의 영향을 받아 종래의 봉건적인 질서를 타파하고 근대적 사회로 개혁되어 가던 시대이다.

• 갑오개혁을 계기로 조선 왕조의 자주독립 선언, 신분 제도의 철폐, 국한문 혼용 등과 같이 정치, 사회 제도를 근대적으로 개혁함으로써 근대 국가의 틀과 기초를 다졌다.

• 근대적인 개념의 학교가 설립되고 《한성순보》, 《독립신문》과 같은 신문이 발행되었다.

2. 시의 성향

(1) 개화 가사

전통적인 가사 형식에 개화기의 새로운 사상을 담아 표현한 시가 형식으로 신문, 잡지 등에 발표됨으로써 많은 독자층을 확보했다.

① 내용상의 특징: 외세의 침략에 대한 비판, 자주독립 의식의 고취, 사회 현실의 풍자 등이 중심 내용을 이룬다.

② 형식상의 특징: 전통적인 율격을 고수하면서도 하나의 작품을 몇 개의 단락으로 구획하는 문장 형태를 취한다. 주로 4·4조의 2행 대구 형식에 후렴구를 붙여 주제를 강조하는 것이 많다.

③ 분류

㉠ 우국경세가: 일제의 침략 및 친일 세력을 비판하는 내용의 가사이다. 세태를 풍자하고 있는 〈매국경축가〉(1905) 등이 대표적인 작품이다.

㉡ 의병가: 국권 상실 후의 의병 활동을 예찬하는 내용의 가사이다. 1910년대의 의병 활동을 회고한 신태식의 〈신의관 창의가〉가 대표적인 작품이다.

㉢ 애국가: 자주독립과 부국강병을 내용으로 하는 가사로, 《독립신문》과 《대한매일신보》 등에 주로 실렸다. 특히 《대한매일신보》에 실린 가사를 '사회등 가사(社會燈歌辭)'라고 부르기도 한다.

例

작품	작가	특징
동심가	이중원	4·4조 형식으로 개화를 위해 협동할 것을 노래함.
가요 풍송	작자 미상	4·4조 형식으로 애국심의 고취와 매국 세력에 대해 비판하는 내용을 노래함.

(2) 창가

개화 가사와 신체시를 연결하는 교량 역할을 했던 시가 형식으로, 민요와 기독교 찬송가의 영향을 많이 받았다.

① 내용상의 특징: 주로 새로운 시대사조와 문명개화를 예찬하고 있다.

타임라인: 광복 이후 ~1950년대 | 6·25 전쟁 (1950년) | 1960년대~ 1980년대 | 4·19 혁명 (1960년) | 산업화 시대 | 광주 민주화 운동(1980년) | 1990년대 이후

② 형식상의 특징: 7·5조가 기본적인 율격이지만, 6·5조, 8·5조 등의 다양한 형태를 취하고 있다.

작품	작가	특징
경부 텰도 노래	최남선	최초의 7·5조 창가로, 경부선 철도의 개통을 보고 신문명에 대한 찬양을 노래함.
권학가	작자 미상	7·5조 형식으로 소년들에게 면학을 권유함.

(3) 신체시

개화 가사나 창가가 드러냈던 정형적인 외형률에서 벗어나 형식을 파괴함으로써 근대적인 자유시에 접근한 새로운 시가 형식으로 현대 시의 출발점이 된다.

① 내용상의 특징: 개화 의식, 자주독립과 민족정신, 신교육, 남녀평등 사상 등을 담고 있다.

② 형식상의 특징: 기존의 3·4조에서 벗어나 7·5조 또는 3·4·5조의 새로운 형태를 보여 준다. 고전 시가의 정형적인 율격에서 벗어난 새로운 시 형식이지만, 시행의 규칙적인 배열, 후렴구의 반복적인 사용 등이 나타난 근대적인 자유시로 넘어가는 과도기적 형태이다.

작품	작가	특징
해(海)에게서 소년에게	최남선	새로운 문명개화와 소년의 기상을 예찬함.
구작삼편	최남선	개화, 계몽사상을 고취함.
꽃두고	최남선	새로운 문명에 대한 동경을 나타냄.

1910년대

1. 이 시기의 특징
- 국권 회복을 위한 투쟁과 근대적 문화 수립에의 열망이 지속되었다.
- 서구의 새로운 문예 사조가 소개되며 문학 양식에 대한 관심과 안목이 확대되었다.
- 《태서문예신보》, 《소년》 등의 신문과 잡지에 많은 시가 발표되었다.

2. 시의 경향
(1) 근대 자유시

신체시보다 형식적으로 자유로우며, 정서를 중요시한 근대적 자유시가 등장하였다. 김억은 《태서문예신보》를 통해 프랑스 상징시를 번역, 소개하여 자유시 형성에 큰 영향을 끼쳤고, 주요한은 〈불놀이〉를 발표하며 근대 자유시 시대를 열었다.

작품	작가	특징
봄은 간다	김억	밤의 애상적인 정서를 2행 대구 형식으로 노래함.
불놀이	주요한	임을 잃은 상실감을 산문체와 감상적 어조로 노래함.

◆ 신체시의 한계성

신체시는 전통과 인습을 타파하고 서구 문물을 수용하려는 근대 운동의 소산이기 때문에 그 이전의 전통시와는 여러 가지 점에서 다른 모습을 보였다. 그러나 신체시는 다음과 같은 한계도 드러냈다.
- 창가의 정형성에서 완전히 벗어나지 못함.
- 시대 상황에만 역점을 둠으로써 자아의 각성이나 탐구가 미흡했음.

간단 개념 체크

1 개화 가사와 신체시를 연결하는 과도기적 유형의 작품은? (   )

2 창가는 주로 □□□을 찬양하거나 새로운 시대사조를 예찬하고 있다.

3 〈권학가〉는 □·□조의 형식으로 소년들에게 □□을 권유하는 내용이다.

4 근대적인 자유시에 접근한 새로운 시가 형식은? (   )

답 1 창가 2 신문명 3 7, 5, 면학 4 신체시

간단 개념 체크

5 1910년대는 □□ 회복을 위한 투쟁과 □□적 문화 수립의 열망이 지속되었던 시기이다.

6 신체시보다 형식이 자유롭고 정서를 중요시한 형식의 시는? (   )

7 주요한의 〈□□□〉는 임을 잃은 상실감을 산문체의 감상적 어조로 노래한 작품으로 근대 자유시의 시대를 열었다.

답 5 국권, 근대 6 근대 자유시 7 불놀이

001

애국하는 노래 | 이필균

키워드 체크 #개화 가사 #계몽적 #자주독립 #선후창 #신교육 #문명개화

🎯 핵심 정리

갈래 개화 가사, 애국 가사
성격 계몽적, 교훈적, 교술적
제재 애국 개화
주제 개화·계몽을 통한 애국
특징 ① 4·4조의 4음보 외형률, 분연체 형식의 노래임.
② 민요의 선후창(先後唱) 형식을 계승하여 각 절의 뒷부분을 합가로 하고 있음.
③ 청유형 어미를 사용하여 계몽적 의도를 드러냄.
출전 《독립신문》(1896)

Q 선후창(先後唱) 방식이 이 작품에 기여하는 바는?

선후창이란 여럿이 노래를 부를 때, 한 사람이 앞 구절을 부르면 다른 사람들이 함께 뒤 구절을 부르는 방법이다. 이 작품에서는 선창자가 전절에서 주장하는 바를 제시하면, 후절에서는 나머지 사람들이 함께 그 내용을 구체화하는 방식으로 전개되고 있다. 따라서 이 작품에서 선후창 방식은 개화의 구체적 방법을 제시하고, 대중의 동의와 결단을 유도하는 데 기여하고 있다.

💡 시어 풀이

군면 뜻이 확실치 않음. '국민(國民)', 또는 '임금의 명령'이라는 뜻의 '군명(君命)'으로 추측됨.
ᄉ룽공상 옛날 직업에 따른 백성의 네 계층. 선비, 농민, 기술자, 상인을 이름. 여기에서는 온 백성을 의미함.
류ᄃ쥬 육대주(六大洲), 곧 전 세계.
횡횡 거리낌없이 행동함.

🔖 시구 풀이

❶ **분골ᄒ고 쇄신토록** '뼈가 가루가 되고 몸이 부서지도록, 온몸을 바쳐'의 뜻으로, 애국에 대한 결의를 드러낸다.

❷ **깁흔 잠을 ~ 부국강병(富國强兵) 진보ᄒ세.** 봉건적 사회 제도나 의식에 젖어 있는 무지몽매한 상태에서 벗어나 문명개화를 통해 국가의 경제력과 군사력을 강하게 해야 함을 주장하고 있다.

❸ **ᄉ룽공상(土農工商) 진력ᄒ야 사ᄅᆷ마다 ᄌ유ᄒ세.** 온 국민이 자신의 직분에 최선을 다하여 부강한 국가를 이룸으로써, 경제적·정치적으로 삶의 자유를 얻도록 하자는 의미이다.

❹ **남녀 업시 ~ 빈화 보자.** 교육을 통해 남녀의 차별 없이 개화에 힘써야 한다는 진보적 사고 방식이 나타나 있다.

👤 작가 소개

이필균(?~?)
당시 학부 주사(學部主事)라는 사실 이외에는 알려진 바가 없다.

아셰아에 대죠션이 ᄌ쥬독립 분명ᄒ다. → 선창
　　　　　　　　　　　　　　　　○: 청유형 어미 → 계몽적, 설득적
　(합가) 이야에야 이국ᄒ세 나라 위히 죽어 보세. → 후창　　　▶ 1연: 자주독립의 역설과 애국심 고취
여러 사람이 함께 부른다는 뜻

❶분골ᄒ고 쇄신토록 충군ᄒ고 이국ᄒ세.
　온몸을 다 바쳐서　　　임금에게 충성하고
　(합가) 우리 정부 놉혀 주고 우리 군면 도와주세.　　　▶ 2연: 애국(愛國)·충군(忠君) 정신 고취

　　　　　　　　　　　　　　　　　앞으로 걸어 나감.
㉠❷깁흔 잠을 어셔 ᄭᆡ여 부국강병(富國强兵) 진보ᄒ세.
　과거의 낡은 의식과 생활　　　나라를 부유하게 하고 군대를 강하게 함.
　(합가) 놈의 쳔디 밧게 되니 후회막급 업시ᄒ세.　　　▶ 3연: 개화를 통한 부국강병(富國强兵)
　　　　　　　　후회해도 다시 어찌할 수 없음.

합심ᄒ고 일심 되야 셔셰 동졈(西勢東漸) 막아 보세.
　　　　　　　　　　　　서구 열강의 동양 침략
　(합가) ❸ᄉ룽공상(土農工商) 진력ᄒ야 사ᄅᆷ마다 ᄌ유ᄒ세.　▶ 4연: 외세 침략 저지를 통한 주권 수호
　　　　온 국민　　　　　힘을 다하여

❹남녀 업시 입학ᄒ야 세계 학식 빈화 보자.
　　　　　　　개화 문명　　배워
　(합가) 「교육ᄒ야 기화되고, 기화ᄒ야 사ᄅᆷ 되네.」 「」: 연쇄법　▶ 5연: 신교육을 통한 문명개화
　　　교육해야

팔괘 국긔(八卦國旗) 놉히 달아 류디쥬에 횡횡ᄒ세.
　태극기　　　　국력 배양·국위 선양·자주권 확보
　(합가) 산이 놉고 물이 깁게 우리 ᄆᆞᆷ 밍셰ᄒ세.　　　▶ 6연: 국력 배양을 통한 자주권 확보
　　　　굳은 의지로 맹세할 것을 촉구함.

《독립신문》 1권 15호에 실린 〈애국하는 노래〉 ▶

이해와 감상

이 시는 4음보의 전통 가사 형식을 따르고 있지만, 연의 구별로 변화를 주고 '합가'라

자주독립 역설 → 부국강병을 통한 외세 침략 저지 → 분명개화를 통한 국력 배양 다짐

는 형식을 취하고 있다. 합가는 이 시가 가창(노래)을 염두에 두고 창작되었음을 보여 준다. 즉, 한 사람이 선창(先唱)을 하면 여러 사람이 함께 후창(後唱)을 하는 형식으로 되어 있다는 점에서 민요의 선후창(先後唱) 형식을 따른 것으로 볼 수 있다. 이 작품은 단순히 개화 의식만을 강조한 것이 아니라, 애국과 외세 침략 저지의 방법으로서 개화의 중요성을 비교적 논리적으로 전개하고 있다.

1연과 2연에서는 조선이 분명한 자주독립 국가임을 역설하고, 나라의 주권이 위태롭던 당시의 정치 상황 속에서 국민들이 지녀야 할 확고한 태도를 보여 주고 있다. 3연과 4연에서는 부국강병(富國强兵)을 통해 주권을 수호해야 한다는 점을 말하고 있다. 5연과 6연에서는 부국강병을 통해 자주독립을 보전하기 위해서는 신교육을 통한 문명개화가 바탕이 되어야 함을 말하고 있다.

🏠 작품 연구소

어휘와 표현 등에 나타난 시대적 상황과 창작 의도

깁흔 잠	새로운 시대의 도래를 깨닫지 못하고 봉건적인 사고 방식에 빠져 있는 상태
셔셰 동졈 막아 보셰.	근대 이후 식민지 확대를 목적으로 진행된 서구 열강의 침략을 경계해야 함.
남녀 업시 입학ᄒ야 세계 학식 비화 보자.	성별의 '차별'이 없이 '세계 학식'을 배워야 한다는 것을 통해 개화기의 모습을 살필 수 있음.

이 작품은 나라의 주권이 위태롭던 정치적 상황과 봉건적 구습에서 벗어나지 못한 사회·문화적 상황을 배경으로 창작된 개화 가사이다. 이런 상황을 벗어나기 위해서 작가는 대내적으로는 '반봉건', 즉 구시대적인 체제를 벗어던지고 개화를 이루고, 대외적으로는 '반외세', 즉 우리나라를 정치적, 경제적으로 지배하려는 외세에 맞서 자주독립을 보전할 것을 주장하고 있다.

이 시의 형식적 특징과 효과

4·4조, 4음보	전통 가사의 율격을 통해 대중과 쉽게 친숙해질 수 있음.
4음보, 2행 1연의 분연체	전달하고자 하는 내용을 분명히 하고 독자가 집중할 수 있음.
단정적 어조와 청유형 어미 사용	작가가 가장 강조하는 자주권 수호와 문명개화를 언급한 부분은 '분명ᄒ다'와 '사롬되네'와 같은 단정적 어조를, 나머지 부분은 '-세'와 같은 청유형 어미를 사용하여 계몽적 의도를 드러냄.
선후창 방식	각 연의 앞 절에서 선창자가 주장하는 바를 제시하면 뒤 절에서 여러 사람이 '합가'하여 주장을 구체화하는 방식으로, 대중의 동의와 단결을 유도할 수 있음.

자료실

한국 문학의 연속성과 개화기의 시가

역사적으로 보아 갑오개혁을 전후한 시기에 우리나라는 서구 열강의 노골적인 간섭을 받고, 주권이 위기에 처해 있었다. 이러한 시기에 우리 시가는 주체적인 입장에서 민족의식을 고취하고 현실에서 우리 민족이 취할 행동을 제시하였다. 형태 면에서는 시조, 가사 등의 전통 시가 양식을 계승하는 한편 부분적인 변모를 꾀하면서, 시대 의식과 개화·계몽사상을 담기에 적당한 형태로 서서히 변모해 가고 있었던 것이다.

이러한 점은 한국 근대 문학이 서구나 일본 문학을 무조건 이식하거나 모방한 것이 아니라 주체적이고 능동적으로 형성되었음을 보여 주는 것이어서, 고전 문학과 현대 문학의 연속성을 이해하는 데에 중요한 단서가 될 수 있다.

📖 함께 읽으면 좋은 작품

〈경부 텰도 노래〉, 최남선 / 계몽적 성격

〈경부 텰도 노래〉는 근대 문명의 대표적 문물인 경부 철도의 개통을 찬양한 작품이다. 〈애국하는 노래〉와 〈경부 텰도 노래〉는 모두 개화기를 배경으로 민중을 계몽하려는 교훈적 성격을 지니고 있다는 점에서 유사하다. 〈애국하는 노래〉는 신교육을 통한 문명개화를 바탕으로 하여 부국강병을 이루어야 함을 강조하고, 〈경부 텰도 노래〉는 새로운 과학 문명을 찬양함으로써 개화된 세계에 대한 낙관적 기대를 제시하고 있다.

🔗 Link 본책 36쪽

🔑 포인트 체크

화자 청자에게 개화의 중요성을 알리기 위해 ☐☐☐ 어미를 사용하여 청자를 설득하고 있다.

상황 나라의 ☐☐이 위태로운 상황이며 서세 동점의 위기를 겪고 있다.

태도 남녀를 ☐☐하지 말고 세계 학식(개화 문명)을 배울 것을 강조하고 있다.

1 이 시의 형식적 특징에 대한 설명으로 적절하지 <u>않은</u> 것은?

① 민요의 선후창 방식을 차용하였다.
② 노래할 것을 염두에 두고 창작하였다.
③ 4음보의 전통 가사 율격을 유지하였다.
④ 설득의 효과를 위해 청유형 어미를 활용하였다.
⑤ 동일한 내용의 후렴구를 반복하여 운율을 형성하였다.

2 이 시의 화자가 지향하는 바로 볼 수 <u>없는</u> 것은?

① 남녀가 평등하게 대접받는 일
② 정부를 믿고 따르며 도와주는 일
③ 신교육을 받아 문명을 개화하는 일
④ 나라를 위해 몸을 바쳐 충성하는 일
⑤ 사농공상과 신분의 차별을 철폐하는 일

내신 적중

3 이 시의 작가가 중요하게 생각하는 두 가지 항목으로 적절한 것은?

① 반개화, 친외세   ② 친개화, 친외세
③ 반봉건, 친외세   ④ 반봉건, 반외세
⑤ 반근대화, 반외세

4 이 시의 '합가' 부분에 대한 설명으로 옳은 것을 〈보기〉에서 골라 바르게 묶은 것은?

| 보기 |
ㄱ. 앞부분의 내용을 구체적으로 제시한다.
ㄴ. 율격의 변화로 흥미를 유발한다.
ㄷ. 대중의 동의와 결단을 이끌어 낸다.
ㄹ. 한 사람이 노래하는 부분이다.

① ㄱ, ㄴ   ② ㄱ, ㄷ   ③ ㄱ, ㄹ   ④ ㄴ, ㄷ   ⑤ ㄷ, ㄹ

5 이 시에서 말하고자 하는 바를 〈보기〉와 같이 정리할 때, 빈칸에 들어갈 4음절의 시어를 찾아 쓰시오.

| 보기 |
신교육 → 문명개화 → ☐☐☐☐ / 자주권 수호

6 이 시에서 ㉠과 대조적 의미로 사용된 2음절의 시어를 찾아 쓰고, 시대적 배경과 관련하여 이 작품의 주제를 쓰시오.

동심가(同心歌) | 이중원

핵심 정리

갈래 개화 가사
성격 계몽적, 교훈적
제재 문명개화
주제 문명개화를 위한 민족의 일치단결
특징 ① 청유형 어미를 통해 계몽적 성격을 드러냄.
② 개화의 목표와 방법을 '고기'와 '그물'에 비유하여 형상화함.
③ 대구법과 풍유법을 사용함.
출전 《독립신문》(1896)

Q '근본 업시 회빈(回賓)'에 나타나는 작가의 태도는?

'회빈(回賓)'이라는 시어는 '회빈작주(回賓作主)'의 준말로 주인으로서의 자격도 갖추지 못한 채 제멋대로 행동하는 태도에 대한 비판을 담고 있다. 즉, 작가는 경쟁적으로 개화에 매달리는 세계의 형편을 파악해서 실천에 옮길 생각은 하지 않고, 주인 노릇만 하려는 당시의 정세를 꼬집고 있다.

시어 풀이

회동 함께 모임.
구구세절 여러 가지 잡다한 일들.
회빈 '회빈작주(回賓作主)'의 준말. 손님이 주인을 제쳐 놓고 주인처럼 행동하는 것.
동심결 두 고를 내고 맞죄어 짓는 매듭. '고'는 끈 따위로 서로 잡아맬 때 매듭이 풀리지 않게 하기 위하여, 한 가닥을 고리 모양으로 잡아 뺀 것.

시구 풀이

❶ **스쳔 년이 쑴쇽이라.** 개화되지 못했던 지난 역사를 무지몽매한 상태로 보아, 꿈을 꾼 시간으로 비유한 것이다.
❷ **만국(萬國)이 ~ 일가(一家)로다.** 세계가 하나로 움직이는 시대라는 뜻으로, 사해동포주의와 세계주의 사상이 반영되어 있다.
❸ **근본 업시 회빈(回賓)ᄒ랴.** 근본도 갖추지 못한 채, 남의 의견을 무시하고 자신의 주장만 내세워서는 안 된다는 뜻이다.
❹ **범을 보고 ~ 둙 그린다.** 시대 변화를 깨닫지 못하고 탁상공론만 일삼으면서 실천적 노력을 하지 않는 당시 정세를 비판하고 있다.
❺ **못세 고기 ~ 잡아 보셰.** 개화된 문명을 부러워하지만 말고, 전 국민이 합심 단결하여 실천해 보자는 의미이다. 여기서 '고기'는 '개화된 문명'을, '동심결로 맺은 그물'은 '문명개화에 대한 전 국민의 단결된 굳은 의지'를 나타낸다.

작가 소개

이중원(?~?)
《독립신문》에 이 작품을 투고한 사람으로 '양주(楊州) 사람'이라고만 소개되어 있다.

잠을 씨세, ㉠잠을 씨세, → 반복을 통해 몽매한 상태에서 벗어나야 함을 강조함.
❶스쳔 년이 쑴쇽이라.
❷만국(萬國)이 •회동(會同)ᄒ야
　　　　　세계 각국의 문물 교류
스히(四海)가 ㉡일가(一家)로다.　　　　　▶ 1연: 세계 정세와 현실 인식의 필요성
　온 세상

•구구세졀(區區細節) 다 ᄇ리고
샹하(上下) 동심(同心) 동덕(同德)ᄒ셰.
윗사람과 아랫사람이 마음을 같이함.
늠으 부강 불어ᄒ고
　　　　부러워하고
❸근본 업시 •회빈(回賓)ᄒ랴.　　　　　▶ 2연: 개화를 위한 합심 협력과 기본 자세 확립
　　　　　개화에 필요한 기본적인 자세를 강조함.

㉢❹범을 보고 개 그리고
　　　실상, 현실 ①　　피상적인 관념 ①
봉을 보고 ㉣둙 그린다.
실상, 현실 ②　　　피상적인 관념 ②
문명기화(文明開化) ᄒ랴 ᄒ면
실샹(實狀) 일이 뎨일이라.　　　　　▶ 3연: 현실 인식과 실천의 중요성
① 현실적 상황을 제대로 파악하는 일
② 개화의 여러 방안을 구체적으로 실천하려는 노력

❺못셰 ⓐ고기 불어 말고
못에　　　문명개화, 개화된 문명으로 부강해진 나라
ⓑ그믈 미즈 잡아 보셰.
그믈 밋기 어려우랴　　　　맺어
한마음으로 단결해야 함을 강조함.
㉤•동심결(同心結)로 미즈 보셰.　　　　　▶ 4연: 개화를 위한 합심 단결의 강조
　합심 단결

이해와 감상

이 작품은 전통적인 가사의 율격인 4 · 4조의 4음보 율격에 개화기의 새로운 사상을 담아 문명개화의 중요성을 제시한 개화 가사이다. 이 작품이 발표될 당시 우리나라는 보수파의 쇄국 정책과 개혁파의 외세 의존적 정책들이 대립하면서 풍전등화(風前燈火)의 위기를 맞고 있었다. 이에 작가는 개화의 물결을 거스를 수 없다고 판단하고 나라의 독립과 부강을 이루기 위해 전 국민이 합심 단결하여 개화를 이루기 위한 실천의 길로 나설 것을 촉구하고 있다.

1연과 2연에서는 전 세계가 개화의 조류를 타고 있음을 이야기하면서 개화를 위해 모두 마음을 합칠 것을 요청하고 있다. 3연에서는 공허한 명분이나 비현실적인 관념들은 버리고 시대 흐름에 맞게 실질적 가치가 있는 일에 힘을 쏟자고 하면서 4연에서는 '동심결'이라는 표현을 사용해 모두 힘을 합치자는 내용을 강조하고 있다.

미개화 · 봉건의 상태
↓
| 동심 · 동덕 | 근본 중시 |
| 동심결 | 실상 일 중시 |
↓
개화 · 부강

작품 연구소

소재의 의미

잠	봉건 의식에 젖어 있는 상태. 무지몽매함.
일가(一家)	개화 문물의 교류로 밀접해진 국가 간의 관계
범·봉	문명개화가 주류를 이루는 현실 또는 세계의 실상
개·닭	문명개화의 실상을 제대로 보지 못하는 관념적인 현실 인식
고기	개화된 문명, 부강한 나라
그물	전국민의 단결
동심결	합심, 협력의 굳은 의지(단단한 매듭)

작가가 전하고자 하는 의미

부강한 나라를 만들기 위해서는 잠에서 깨어나 다 같이 힘을 합쳐 노력해야 한다.	➡	문명개화를 주제로 하여, 계몽적 태도로 독자에게 사회 변화에 앞장 설것을 요청함.

형식적 특징과 효과

4·4조, 4음보	시조, 가사 등을 통해 우리 민족에게 익숙한 보편적인 리듬이므로 독자들이 내용을 쉽게 이해하고 친숙함을 느낄 수 있음.
분연체	전통 가사와 같이 4·4조, 4음보가 연속되는 긴 호흡이 아니라, 4·4조가 4회 반복된 후 한 연이 마감되는 짧은 호흡이므로, 독자가 지루함을 느끼지 않고 계몽적 메시지에 집중할 수 있음.
청유형의 문체	개인의 주관적 정서가 아니라 공적인 교훈을 전달하고자 하는 작가의 의도를 독자가 쉽게 알 수 있음.
비유적 표현	문명개화의 대상과 목표를 '고기'에, 이를 위한 민족의 대동단결 의지를 '그물'에 비유하여 문명개화를 위한 민족의 일치단결을 구체적으로 제시하고 있음.

이 시에 나타난 시대적 제약성

1연에서 작가는 우리의 지난 4천 년 역사를 '꿈속'으로 규정하고, 여기서 벗어날 것을 촉구하고 있다. 밀려드는 서구 문명의 압도적 우세를 실감하던 당시 상황에서는, 국력의 쇠퇴와 문화 정체, 주권의 약화 등을 가져온 원인이 전통문화에 있다고 판단하는 것이 당연할 수도 있다.

그러나 당시 자생적으로 진행되어 오던 우리의 문화 발전이 일제를 비롯한 서구 침략주의의 비윤리적 행태로 저지되었다는 사실을 간과해서는 안 되며, 또 서구의 실용적 과학 문명만을 우월하다고 보는 시각이 부당한 판단이라는 사실도 잊어서는 안 된다.

따라서 〈동심가〉에 드러난 작가의 시각은, 당대 서구 열강의 침략이라는 개화기의 시대적 상황에 의해 제약된 측면이 있다는 사실을 염두에 두어야 한다.

함께 읽으면 좋은 작품

〈애국하는 노래〉, 이필균 / 문명개화를 노래한 개화 가사

〈애국하는 노래〉는 개항 이후에 밀려 오던 외세에 맞서 자주독립과 문명개화를 통해 부강한 국가를 건설할 것을 노래한 작품이다. 〈동심가〉와 〈애국하는 노래〉는 과거의 봉건적인 사상을 깨뜨리고 개화된 국가를 수립할 것을 촉구하고 있다는 점에서 유사하다. 하지만 〈동심가〉와 달리 〈애국하는 노래〉는 국제 정세를 순진하게 인식하거나 외세를 무비판적으로 받아들이지 않고 외세에 맞서 자주독립의 중요성을 강조한다는 점에서 차이가 있다.

🔗 Link 본책 32쪽

키 포인트 체크

> **화자** 화자는 문명개화에 대한 ⬜⬜적인 기대를 하고 있다.
>
> **상황** ⬜⬜ 의식에서 깨어나지 못한 상태로 문명개화의 실상을 제대로 보지 못하고 있다.
>
> **태도** ⬜⬜으로서 자격도 갖추지 못한 채 제멋대로 행동하는 태도와 실상이 아닌 관념만을 좇는 사람들을 ⬜⬜하고 있다.

1 이 시의 표현상 특징에 대한 설명으로 적절하지 않은 것은?

① 설득적인 청유의 어조를 사용하고 있다.

② 과거 회상을 통해 시상을 전개하고 있다.

③ 비유적 표현을 통해 주제를 형상화하고 있다.

④ 4·4조, 4음보의 전통적 율격을 지니고 있다.

⑤ 전통 가사와 달리 2음보 1행으로 분절되고 연 구분이 있다.

2 이 시에서 작가가 말하고자 하는 바와 거리가 먼 것은?

① 세계 각국이 참가하는 국제 단체에 가입해야 한다.

② 개화와 부강을 위해 전 국민이 일치단결해야 한다.

③ 개화는 현실의 파악과 실천을 통해 달성될 수 있다.

④ 관념적이며 이론적인 지금까지의 태도는 버려야 한다.

⑤ 자격도 갖추지 않고 제멋대로 행동하는 사람은 주인 될 자격이 없다.

3 ㉠~㉤에 대한 이해로 적절하지 않은 것은?

① ㉠: 현실을 인식하지 못하고 봉건 의식에 젖어 있는 상태를 비유한 표현이다.

② ㉡: 세계가 하나로 소통되는 시대로, 사해동포주의 사상이 반영되어 있다.

③ ㉢: 문명개화가 이루어지지 않은 현실을 의미한다.

④ ㉣: 시대 변화를 깨닫지 못한 피상적인 관념을 가리킨다.

⑤ ㉤: 개화를 위해 필요한 자세를 나타낸다.

내신 적중

4 ⓐ와 ⓑ의 원관념이 바르게 짝지어진 것은?

	ⓐ	ⓑ
①	개화(開化)	동심(同心)
②	만국(萬國)	회동(會同)
③	부강(富强)	회빈(回賓)
④	문명(文明)	실상(實狀)
⑤	근본(根本)	동덕(同德)

5 이 시에서 설의법이 사용된 구절을 모두 찾아 쓰고 그 효과를 각각 쓰시오.

003 경부 텰도 노래 | 최남선

국어 천재(이)

🎯 핵심 정리

갈래 창가
성격 계몽적, 예찬적
제재 경부 철도
주제 개화 문명에 대한 동경과 예찬
특징 ① 7·5조 3음보의 노래임.
　　② 각 절이 4행으로 이루어진 전 67절의 장편 창가임.
　　③ 직유, 과장, 영탄 등의 표현법이 쓰임.
　　④ 가사에 따른 악보가 함께 붙어 있음.
출전 《소년》(1908)

Q 이 시의 형식적 특징이 지니는 의의는?

개화 가사는 4·4조 4음보의 전통 가사의 율격을 고수해 왔는데, 이 작품에 이르러 처음으로 이를 깨뜨리고 7·5조 3음보가 등장했다는 데 큰 의의가 있다.

💡 시어 풀이

남대문 '숭례문'의 다른 이름. 서울의 사대문의 하나. 당시는 '서울역'을 '남대문역'이라 했음.
내외 틴소 우리나라 사람과 외국 사람, 그리고 사이가 가까운 사람과 사이가 먼 사람.

🔖 시구 풀이

❶ **우렁탸게 토하난 긔뎍(汽笛) 소리에** 문명개화로 펼쳐진, 새 시대의 여명을 상징한다.
❷ **날개 가딘 새라도 못 싸르겟네.** 남대문역을 출발한 기차가 새도 따라오지 못할 만큼 빠른 것을 표현한 부분이다.
❸ **내외 틴소(內外親疎) 다 갓티 익히 디닉니** 내국인과 외국인, 연장자와 젊은이가 구별 없이 친하게 지내는 새로운 사회 모습에 대한 화자의 긍정적 시각이 드러난다.
❹ **됴고마한 쏜 세상 뎔노 일윗네.** 기차 안의 모습으로, 내·외국인이 함께 타서 별세계를 이루었음을 보여 준다.

👤 작가 소개

최남선(崔南善, 1890~1957) 시인. 사학자. 서울 출생. 호는 육당(六堂). 최초의 종합 잡지 《소년》을 발간하여 문화 계몽 운동을 전개하였고, 근대 문학 초창기에 선구적인 활동을 하였다. 시조의 부흥 운동과 국사의 일반화에 힘쓰는 등 민족 계몽 운동과 전통문화의 보급에 앞장섰다. 3·1 운동 때 독립 선언서를 기초하고 민족 대표의 한 사람으로 활약하다가 투옥되었다. 후에 일제의 침략 전쟁을 미화, 선전하는 등 친일 활동을 하였다. 최초의 개인 시조집 《백팔번뇌》(1926)와 여행기 《심춘 순례》(1925) 등의 작품집이 있다.

1
　토해 낸, 뿜어 내는.
㉠❶우렁탸게 토하난 긔뎍(汽笛) 소리에
　우렁차게, 기운차게　　　　기적
♦남대문(南大門)을 등디고 쩌나 나가서
　서울역　　　　　등지고
㉡쌜니 부난 바람의 형세 갓흐니
　기차의 빠른 속도
❷날개 가딘 새라도 못 싸르겟네.　　　　　　　　　▶ 1절: 힘차고 빠른 기차의 모습

2
　　　　　　섞여
㉢늘근이와 덞은이 셕겨 안젓고
우리네와 외국인 갓티 탓스나
　문호가 개방되었음을 의미함.
㉣❸내외 틴소(內外親疎) 다 갓티 익히 디닉니
　　　　　　　　　　　　　　　친숙하게 지내니
㉤❹됴고마한 쏜 세상 뎔노 일윗네.
　조그마한　　　　　저절로 이루어졌네
[후략]　　　　　　　　　　　　　　　　　　　　　　　▶ 2절: 새로운 기차 안의 풍경

현대어 풀이

1
우렁차게 토하는 기적 소리에
남대문을 등지고 떠나 나가서
빨리 부는 바람의 형세 같으니
날개 가진 새라도 못 따르겠네

2
늙은이와 젊은이 섞여 앉았고
우리네와 외국인 같이 탔으나
내외 친소 다 같이 익히 지내니
조그마한 딴 세상 절로 이뤘네
[후략]

▲ 최남선이 지은 〈경부 텰도 노래〉 속에 수록된 지도

이해와 감상

　이 작품은 장편 기행체의 창가로, 근대 문명을 상징하는 경부 철도의 개통을 찬양함으로써 문명 개화에 대한 긍정적인 시각을 제시하고 있다. 당시 경부선의 시작인 남대문역부터 종착역인 부산역까지 여러 역을 차례로 열거하면서 풍물, 인정, 사실 등을 담아내는 형식을 취하고 있다. 스코틀랜드 민요 〈밀밭에서〉의 곡조에 총 67절로 된 가사를 붙인 이 노래는, 7·5조 창가의 효시 작품으로 당시 일본에서 유행하던 〈철도가〉에서 모티프를 얻은 것으로 보인다.
　제시한 부분은 첫 두 절인데, 1절에서는 기적을 울리며 힘차게 출발하는 기차의 빠른 모습, 2절에서는 노인과 젊은이, 내국인과 외국인이 같은 기차에 동승한 새로운 모습을 노래하고 있다. 외국인과 외국 문명에 적대적이었던 지금까지의 모습과는 달리 긍정적인 시각을 보이며, 대등한 관계에서 서로 함께하는 모습을 보여 주고 있다.

기차의 외부 모습 (1절)	기차의 내부 모습 (2절)
• 힘찬 기적 소리 • 빠르게 달리는 기차의 모습	• 노소의 동승 • 내외국인과 외국인의 동승

↓

개화된 세계에 대한 동경과 찬양을 통해 민중 계몽을 도모함.

작품 연구소

이 시의 구성

〈경부 텰도 노래〉의 1절과 2절에서는 서구 문물의 상징물인 '기차'의 안과 밖의 모습을 예찬적 태도로 묘사하고 있다. 1절에서는 기차의 외부에 시선을 두고 기차가 움직이는 모습을 관찰하여 묘사하고, 2절에서는 기차의 내부에 시선을 두어 기차 안 풍경을 묘사하고 있다.

'기차'의 의미

개화기에 기차는 학교, 우편 제도 등과 함께 서구의 영향을 받은 신문명을 상징하는 대표적 소재였다. 거대한 기차의 위용과 빠르게 달리는 민첩함, 강하게 뿜어내는 증기의 모습은 서구 문물의 위력을 각인시키기에 알맞은 소재로 문명개화와 계몽을 노래한 이 작품의 의도에 걸맞게 활용되었다.

이 시의 창작 의도

작품이 실린 단행본 끝부분
'아해들로 하여금 시맛[詩趣]과 재미를 맛보게 하고 아울러 우리나라 남반구의 지리 지식을 주기 위하여 지은 것'이라 적혀 있음.

➡️

- 철도라는 신문명의 도구가 지닌 이점을 대중에게 널리 알리고자 함.
- 다양한 문물을 소개하여 새로운 지식을 전달함으로써 당시 사람들을 계몽하려는 의도로 창작됨.

작가의 시대 의식 비판

당시 일제는 조선을 발판으로 삼아 대륙을 침략하기 위해 경부 철도를 부설하였으며, 근대화의 주체가 우리나라가 아닌 일본이었다는 점에서 기차는 일제의 침략적 도구였다. 그런데도 작가가 철도 부설로 인한 문명의 개화를 동경하고 찬양한 점은 일제에 의한 식민지 근대화를 긍정적으로 받아들인 것으로 볼 수 있어 민족의식의 결여로 비판받을 수 있다.

자료실

개화기 창가의 역할

개화기의 새로운 문학 갈래인 창가는 문명개화를 중심으로 하는 새로운 내용을 표현하고 있으나, 형식적으로는 과거의 정형적인 율격을 벗어나지 못하고 3음보 율격의 노래를 서양의 악곡에 맞추어 부르도록 창작되었다. 창가는 개화 가사와 신체시의 중간 단계로 볼 수 있으며, 가사의 내용보다는 노래를 부를 수 있는 형식에 중점을 두었다.

개화 가사	➡️	창가	➡️	신체시

창가와 신체시

창가	• 개화기의 시가 양식 가운데 하나로, 개항 이후 수입된 서양 곡조에 맞추어 제작된 노래 가사 • 개화 가사, 애국가, 독립가에서 분화하여 발전되었으며, 대부분 독립과 개화의 의지를 고취하는 내용임.
신체시	• 산문적인 형태를 취하여 전통적인 시가 율격에서 탈피한 개화기의 시가 양식 • 새로운 시대의 사상과 정서를 담기 위한 새로운 시를 찾는 과정에서 나타났으며, 신시, 신시가, 신체 시가 등으로도 불렸음.

함께 읽으면 좋은 작품

〈해에게서 소년에게〉, 최남선 / 신문물을 상징하는 소재

〈해에게서 소년에게〉는 바다를 의인화하여 순결하고 무한한 가능성을 지닌 소년에 대한 기대를 노래한 작품이다. 〈해에게서 소년에게〉의 바다와 〈경부 텰도 노래〉의 기차는 공통적으로 거대한 위력을 지니는 한편, 전통을 부정하는 속성을 지니는 것으로 신문물을 상징한다.

Link 본책 38쪽

포인트 체크

화자 1절에서는 기차의 ◻◻의 모습을 설명하고 있으며, 2절에서는 기차의 ◻◻의 풍경을 묘사하고 있다.

상황 기차가 우렁차게 ◻◻ 소리를 토하면서 남대문을 떠나가고 있다.

태도 화자는 새로운 문명인 기차를 ◻◻◻인 시각으로 바라보고 있는데, 이는 ◻◻에 대한 화자의 낙관적인 태도를 드러낸다.

1 이 시에 대한 설명으로 적절하지 <u>않은</u> 것은?

① 개화기를 대표하는 문학 양식이다.
② 창작 당시의 시대 상황을 드러내고 있다.
③ 새로운 문명에 대한 호의적 반응이 나타나 있다.
④ 전통 가사의 음보를 계승하여 현대적으로 변모시켰다.
⑤ 당시에는 노래로 불렸고 가사에 따르는 악보도 존재한다.

2 이 시와 〈보기〉의 공통점으로 가장 적절한 것은?

> **보기**
>
> 깁흔 잠을 어셔 끼여 부국강병(富國强兵) 진보ᄒ세.
> 　(합가) 놈의 쳔되 밧게 되니 후회막급 업시ᄒ세. //
> 합심ᄒ고 일심 되야 셔셰 동점(西勢東漸) 막아 보세.
> 　(합가) ᄉ롱공샹(士農工商) 진력ᄒ야 사름마다 ᄌ유ᄒ세. //
> 남녀 업시 입학ᄒ야 세계 학식 비화 보자.
> 　(합가) 교육ᄒ야 기화되고, 기화ᄒ야 사름 되네.
> 　　　　　　　　　　　　　　　　 – 이필균, 〈애국하는 노래〉

① 서양의 물질문명을 부러워하고 있다.
② 민중을 계몽하려는 의도가 나타나 있다.
③ 근대식 교육의 필요성을 강조하고 있다.
④ 외국인에 대한 선망의 태도가 드러나 있다.
⑤ 전통문화에 대한 부정적 인식이 나타나 있다.

내신 적중

3 ㉠~㉤에 대한 설명으로 적절하지 <u>않은</u> 것은?

① ㉠: 문명개화의 역동적인 이미지를 청각적으로 형상화한 것이다.
② ㉡: 질풍처럼 발전하는 문명개화의 모습을 상징적으로 드러낸 것이다.
③ ㉢: 모든 세대가 함께하는 개화사상의 새로운 모습을 보여 준다.
④ ㉣: 외국에 문호를 개방한 당대 상황과 사해동포주의를 함축적으로 보여 준다.
⑤ ㉤: 기차를 통해 문명의 개혁을 이룰 수 있다는 생각을 보여 준다.

4 이 시의 각 절에 표현된 기차의 모습을 다음과 같이 정리할 때 빈칸에 알맞은 말을 쓰시오.

1절: 기차의 외부 모습	2절: 기차의 내부 모습
• (ⓐ)	• 노소의 동승
• 빠르게 달리는 기차의 모습	• (ⓑ)

개화된 세계에 대한 (ⓒ)

004 해(海)에게서 소년에게 | 최남선

문학 동아

🎯 핵심 정리

갈래 신체시
성격 계몽적, 낙관적
제재 바다(새로운 문명)
주제 소년의 시대적 각성과 의지
특징 ① 최초의 신체시로, 근대 시 형성에 기여함.
　　　② 웅장하고 힘찬 남성적 어조를 사용함.
　　　③ 직설적 표현을 구사함.
　　　④ 의인법과 직유법, 반복법, 의성법의 표현
　　　　방식을 사용함.
출전 《소년》(1908)

Q '바다'와 '소년'의 상징적 의미는?

이 시는 위력과 순수함을 가진 바다가 담 크고 순정한 소년배만을 사랑한다는 내용으로, 최남선의 낙관적 계몽주의가 잘 드러나 있다. 여기서 '바다'는 세계로 나가는 통로이자 세계를 지배할 수 있는 힘의 상징이고, '소년'은 민족사의 새로운 국면을 열어 나갈 가능성을 지닌 자이다. 즉, '바다'와 '소년'은 모두 기존 관습을 무너뜨리고 새로운 기상을 펼칠 존재로 형상화되어 있다. 또한 이 시에서 '바다'와 '소년'은 위력과 순수성이라는 공통적 속성으로 대응 관계를 이루고 있다.

💡 시어 풀이

통기 기별하여 알림. 통지.
나팔륜 나폴레옹
담 담력. 겁이 없고 용감한 기운.

🐚 시구 풀이

❶ **처……ㄹ썩, 처……ㄹ썩, 척, 쏴……아.** 파도 소리의 의성어로, 파도처럼 밀려들어 오는 신문명을 상징한다. 구시대의 잔재를 거부하고 새로운 것을 열망하는 작가의 의지가 드러난다.
❷ **태산 같은 높은 뫼, 집채 같은 바윗돌이나,** 산과 바윗돌은 파도를 방해하는 요소이다. 파도를 새로운 문명으로 볼 때, 그 상징적 의미는 개화의 장애물이다.
❸ **나의 큰 힘 ~ 호통까지 하면서,** 문맥상 '나'는 바다로, 무한한 희망과 가능성을 지닌 '소년'과 대응된다. 이때의 '나의 큰 힘'은 새로운 힘, 개화된 문명의 힘을 가리킨다.
❹ **조그만 산(山) 모를 ~ 거룩하다 하는 자,** 조그만 성과에 만족해서 우물 안 개구리 식의 오만한 태도로 문명개화를 거부하는 모든 부류의 사람들을 뜻한다.
❺ **담 크고 순정한 소년배들이,** 구시대를 개혁하고 새로운 것을 받아들이는 데 소년을 주인공으로 삼고자 하는 작가 의식이 드러난다.

👤 작가 소개

최남선(본책 36쪽 참고)

1

❶처……ㄹ썩, 처……ㄹ썩, 척, 쏴……아. / 때린다, 부순다, 무너 버린다.
　　　　　　　　　　　　　　　개화 열망의 의지를 열거법으로 표현함.
❷태산 같은 높은 뫼, 집채 같은 바윗돌이나, / 요것이 무어야, 요게 무어야,
　　　　　　　　　　　새로운 문명개화에 방해가 되는 세력　　아무 두려움 없는 바다의 기상
❸나의 큰 힘 아느냐, 모르느냐, 호통까지 하면서, / 때린다, 부순다, 무너 버린다.
　　문명개화를 이룰 수 있는 힘
처……ㄹ썩, 처……ㄹ썩, 척, 튜르릉, 콱.
　　　　　　　　　　　　　　　　　　　　▶ 1연: 바다의 위력

2

처……ㄹ썩, 처……ㄹ썩, 척, 쏴……아. / 내게는, 아무것, 두려움 없어,
　　　　　　　　　　　　　　권세
육상에서, 아무런, 힘과 권(權)을 부리던 자라도, / 내 앞에 와서는 꼼짝 못하고,
　　　　　　　　　　개화에 방해가 되는 구시대의 낡은 세력을 가리킴.
아무리 큰, 물건도 내게는 행세하지 못하네. / 내게는 내게는 나의 앞에는,
처……ㄹ썩, 처……ㄹ썩, 척, 튜르릉, 콱.
　　　　　　　　　　　　　　　　　　　　▶ 2연: 바다의 위엄

3

처……ㄹ썩, 처……ㄹ썩, 척, 쏴……아. / 나에게, 절하지, 아니한 자(者)가,
　　　　　　　　　　　　　　　　　나에게 굴복하지 않은 자
지금까지, 없거든, ˙통기하고 나서 보아라. / 진시황, ˙나팔륜, 너희들이냐,
　　　　　　　　바다가 지닌 우월함을 과시적으로 표현　힘과 권력을 부리던 자
누구누구누구냐 너희 여시 내게는 굽히도다. / 너하고 겨룰 이 있건 오너라.
　　　　　　　　　　　　　　　　　　사람
처……ㄹ썩, 처……ㄹ썩, 척, 튜르릉, 콱.
　　　　　　　　　　　　　　　　　　　　▶ 3연: 바다의 기세

4

처……ㄹ썩, 처……ㄹ썩, 척, 쏴……아. / ❹조그만 산(山) 모를 의지하거나,
　　　　　　　　　　　　　　　　　　　　산모롱이
㉠좁쌀 같은 작은 섬, 손뼉만 한 땅을 가지고, / 그 속에 있어서 영악한 체를,
　　　　　　　　　　　　　　　　　　　　　　잘난 척, 약은 척
부리면서, 나 혼자 거룩하다 하는 자, / 이리 좀 오너라, 나를 보아라.
　　　　　우물 안 개구리
처……ㄹ썩, 처……ㄹ썩, 척, 튜르릉, 콱.
　　　　　　　　　　　　　　　　　　　　▶ 4연: 바다의 호통

5

처……ㄹ썩, 처……ㄹ썩, 척, 쏴……아. / 나의 짝 될 이는 하나 있도다,
　　　　　　　　　　　　　　　　'나'(바다)와 어깨를 나란히 할 수 있고, 함께할 수 있는 이
크고 길고, 너르게 뒤덮은 바 저 푸른 하늘. / 저것은 우리와 틀림이 없어,
　　　　　　　　　넓게
적은 시비 작은 쌈 온갖 모든 더러운 것 없도다.
　　　　　　　　　　푸른 하늘의 깨끗함을 나타낸 표현↔현실 세계의 더러움과 대비
저 따위 세상에 저 사람처럼,
사리사욕에 집착하여 온갖 시비를 일으키는 자들
처……ㄹ썩, 처……ㄹ썩, 척, 튜르릉, 콱.
　　　　　　　　　　　　　　　　　　　　▶ 5연: 바다의 순수성

6

처……ㄹ썩, 처……ㄹ썩, 척, 쏴……아. / 저 세상 저 사람 모두 미우나,
　　　　　　　　　　　　　　　　　　　부정적인 현실 인식
그중에서 똑 하나 사랑하는 일이 있으니,
　　　　　딱(오직)
❺˙담 크고 순정한 소년배들이,
　　　용감하고 순수한 자세로 새로운 문명 세상을 일으킬 세대
재롱처럼, 귀엽게 나의 품에 와서 안김이로다.
　　　　　　　　소년에 대한 애정과 기대감
오너라 소년배 입 맞춰 주마.
소년에 대한 강한 애정
처……ㄹ썩, 처……ㄹ썩, 척, 튜르릉, 콱.
　　　　　　　　　　　　　　　　　　　　▶ 6연: 소년에 대한 사랑

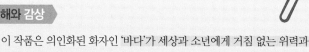

이해와 감상

이 작품은 의인화된 화자인 '바다'가 세상과 소년에게 거침 없는 위력과 기개를 담은 어조로 말하는 형식을 취하고 있다. 힘세고 순수함을 특성으로 하고 있는 바다는 마지막 연에서 '담 크고 순정한 소년배'만을 사랑한다고 말함으로써, 바다와 소년을 대응시키고 있다. 여기서 '바다'는 문명개화를 통해 작가가 도달하고 싶은 이상적 상태이며, '소년'은 문명개화를 실현해야 할 미래의 주역이라고 할 수 있다. 하지만 이 작품은 사회적인 이념을 노래하고 있다는 점에서 개인의 주관적 정서를 노래한 근대적 서정시로 인정하기에는 한계가 있다.

바다	대응	소년
강한 힘과 순결성		담 크고 순정함.

↕ 대조

부정적인 현실 세계
개화에 방해가 되는 구시대의 낡은 세력

작품 연구소

이 시에 나타난 '바다'와 '소년'의 의미

바다	힘이 세고 순수함.	· 낡고 권위적인 가치관을 타파할 수 있는 서구 근대 문명 · 세계로 나아갈 통로이자 세계를 지배할 힘	⟷	육상, 산

↓

소년	담이 크고 순정함.	· 신문명 세계인 미래의 주인공 · 개화에 장애가 되는 수구 세력을 타파할 세력	⟷	힘과 권력을 부리던 자, 어른

이 시의 율격 구조

이 시의 각 연은 유사한 율격 구조를 이루는데, 이것은 작가가 의도한 짜임이기는 하지만, 원래부터 존재하던 양식에 맞추어 창작한 것은 아니므로 정형시라고 할 수는 없다. 창가의 전형적인 율조(律調)에서 벗어나 새로운 율조에 새로운 내용을 담아, 우리 시 문학사상 처음으로 정형률을 벗어났다는 점에서 의의가 있는 작품이다.

각 연 1행	의성어구
각 연 2·4·6행	3·3·5조의 3음보
각 연 3행	4·3·4·5조의 4음보
각 연 5행	4·3·4·4·3조나 그 변조의 5음보
각 연 7행	의성어구

이 시의 창작 의도

이 작품의 갈래는 신체시다. 신체시는 개화기 시대의 새로운 사상과 정서를 담고자 만들어졌다. 따라서 이 작품은 문명개화를 통해 새로운 세계로 나아가야 할 소년들의 시대적 각성과 의지의 필요성을 강조하기 위해 창작한 것으로 볼 수 있다.

함께 읽으면 좋은 작품

〈동심가〉, 이중원 / 작가가 독자에게 전하고자 하는 의미

〈동심가〉는 다 같이 힘을 합쳐 문명개화를 해야 한다는 내용을 담은 작품이다. 〈해에게서 소년에게〉가 문명개화를 위해 소년들이 주역이 되어 노력해야 한다는 것을 노래하고 있으므로 〈해에게서 소년에게〉와 〈동심가〉는 모두 작가가 독자에게 새로운 시대를 향해 나아가자는 의미를 전하고 있다는 점에서 공통점이 있다. Link 본책 34쪽

포인트 체크

화자 의인화된 화자인 [ ][ ]가 세상과 [ ][ ]에게 이야기하고 있다.

상황 [ ][ ]가 밀려오는 상황이 반복적으로 나타나는데, 이는 파도처럼 밀려드는 [ ][ ][ ]을 상징한다.

태도 화자는 문명개화를 실현할 [ ][ ]의 주역인 소년에 대한 애정을 드러내고 있다.

1 이 시에 대한 설명으로 적절하지 <u>않은</u> 것은?

① 인간이 아닌 자연물을 화자로 설정하고 있다.

② 새로운 시대에 대한 낙관적인 태도를 보여 준다.

③ 구세대와 신세대의 조화와 화합을 강조하고 있다.

④ 이야기하는 말투를 사용하여 친근감을 형성하고 있다.

⑤ 힘차고 직설적인 어조를 통해 화자의 의지를 강조하고 있다.

2 〈보기〉를 참고할 때, '바다'의 의미로 가장 적절한 것은?

보기

1894년 갑오개혁 이후부터 1910년대까지를 개화기라 하고, 이 시기의 문학을 개화기 문학이라 이른다. 이 시기는 서양 문명이 본격적으로 도입되는 동시에 일제의 침탈로부터의 민족자존 수호 또한 중요한 시대적 과제가 되었던 만큼 개화기, 애국기, 계몽기라 부르기도 한다.

① 일제 침탈을 대비한 대책

② 새로운 문명을 향한 변혁 의지

③ 서구화에 치우친 개화에 대한 반성

④ 서양의 침탈에 대한 강한 저항 의지

⑤ 민족의 자존을 수호하기 위한 실질적 능력

3 이 시에 나타난 '소년'의 면모로 가장 적절한 것은?

① 힘센 권력을 추구하는 존재

② 우리 전통을 소중히 여기는 존재

③ 내적 갈등을 슬기롭게 극복하는 존재

④ 씩씩한 태도와 순수한 내면을 지닌 존재

⑤ 낡은 것들과의 단절을 두려워하지 않는 존재

4 ㉠과 같은 사람을 표현하기에 적절한 속담은?

① 눈 가리고 아웅

② 우물 안 개구리

③ 소경 문고리 잡듯

④ 소 잃고 외양간 고친다.

⑤ 낫 놓고 기역 자도 모른다.

내신 적중

5 이 시가 고전 시가와 다른 점을 내용적인 측면과 형식적인 측면에서 쓰시오.

II

1920년대~
광복 이전

1920년대 ~ 광복 이전

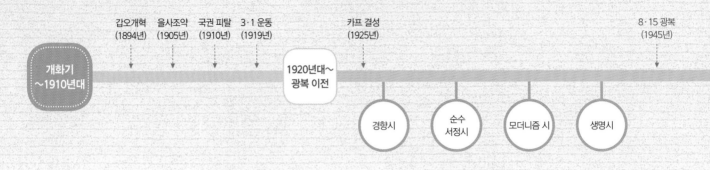

| 개화기 ~1910년대 | 갑오개혁 (1894년) | 을사조약 (1905년) | 국권 피탈 (1910년) | 3·1 운동 (1919년) | 1920년대~ 광복 이전 | 카프 결성 (1925년) | 경향시 | 순수 서정시 | 모더니즘 시 | 생명시 | 8·15 광복 (1945년) |

◆ 문화 정책
3·1 운동 이후 무력만으로는 한국을 지배하기가 어렵다는 것을 깨달은 일제가 무단 통치 방식 대신 내세운 식민지 통치 방식이다. 일제는 '문화의 발달과 민력(民力)의 충실'이라는 구호를 내걸고 이른바 문화 정책을 실시하였다. 그 내용은 종전의 헌병 경찰 제도를 보통 경찰로 바꾸고, 총독의 무관 임명 제한을 철폐하며, 언론·집회·출판의 자유를 어느 정도 인정한다는 것이다. 그러나 보통 경찰의 수를 배로 늘리고 헌병 제도를 통해 우리 민족을 끊임없이 억압하고 감시하였다.

◆ 카프(KAPF)
'조선 프롤레타리아 예술가 동맹'(Korea Artista Proletaria Federatio)의 약칭이다. 1919년 3·1 운동 이후 일제의 식민지 정책이 문화 정책으로 전환되고, 러시아 혁명의 영향으로 사회주의 사상이 광범위하게 확산되면서 새롭게 등장한 프롤레타리아 문예 운동 단체이자 한국 최초의 전국적인 문학 예술 조직이다.

간단 개념 체크

1 일제의 문화 정책 이후 여러 잡지와 ☐☐☐가 발간되어 문학의 저변이 확대되었으며, 서구의 문학이 소개되어 다양한 경향의 시가 등장하였다.

2 김소월의 시는 우리 민족의 ☐☐☐ 정서를 ☐☐☐ 가락에 담아 표현하였다.

3 우리 문학의 전통과 불교 사상을 바탕으로 조국 광복의 의지를 표현한 시인은?
( )

4 카프(KAPF)는 사회주의 사상을 바탕으로 하여 지나친 ☐☐ 의식을 지녔다는 비판을 받았지만, 문학에서 대중 개념을 도입하거나 비평의 과학성 측면에서 문학 발전에 공헌하였다.

답 **1** 동인지 **2** 전통적, 민요적 **3** 한용운 **4** 목적

1920년대

1. 이 시기의 특징
• 3·1 운동 이후 일제가 이른바 문화 정책을 펼친 뒤 발간된 여러 잡지와 동인지를 통해 문학의 저변이 확대되었다.
• 서구의 문학도 본격적으로 소개되어 다양한 경향의 시가 등장하기 시작하였다.

2. 시의 경향
(1) 퇴폐적 낭만주의와 상징주의 시
　　3·1 운동 이후 허무와 패배 의식의 영향으로 암울하고 감상적인 시가 많이 창작되었다.

(2) 전통적인 정서와 율격을 계승한 시
　　우리 민족의 전통적 정서를 고유의 민요적 가락에 담은 김소월과, 불교 사상을 바탕으로 조국 광복의 의지를 담은 한용운의 시는 우리 문학의 전통을 자유시라는 새로운 형식으로 계승한 성취를 보여 주었다.

(3) 경향시
　　1920년대 중반 사회주의 사상이 유행하면서 카프(KAPF)가 결성되고, 본격적인 계급 문학이 시작되었다. 지나친 목적의식을 지녔다는 비판을 받지만, 문학에서의 대중 개념 도입, 비평의 과학성 등의 측면에서 문학 발전에 공헌하였다.

작품	작가	특징
나의 침실로	이상화	감상적 낭만주의 시로 아름답고 영원한 안식처에 대한 갈망을 표현함.
우리 오빠와 화로	임화	노동 운동으로 투옥된 오빠에 대한 그리움과 계급 투쟁 의지를 표현함.

1930년대

1. 이 시기의 특징
• 1920년대 계급 문학의 한계와 그에 대한 비판을 바탕으로 새로운 방법론이 모색되었다.
• 내용과 형식 면에서 이전 시대보다 한층 성숙해졌다.

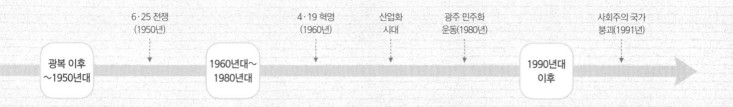

6·25 전쟁
(1950년)

4·19 혁명
(1960년)

산업화
시대

광주 민주화
운동(1980년)

사회주의 국가
붕괴(1991년)

광복 이후
~1950년대

1960년대~
1980년대

1990년대
이후

2. 시의 경향

(1) 순수 서정시

시문학파의 주도로 세련된 언어와 음악성 등 예술적 기교를 중시하는 시가 창작되었다.

(2) 모더니즘 시

정지용, 김기림 등에 의해 도시적 감각과 시의 회화성을 중시한 모더니즘 운동이 일어났다.

(3) 생명시

서정주, 유치환 등의 생명파 시인은 생명의 강렬한 충동과 삶의 의미, 고뇌 등의 주제를 추구하였다.

(4) 자연 친화적인 시

신석정, 김상용은 전원을 이상 세계로 설정하여 자연 친화적이며 관조적인 태도를 노래하였다.

예

작품	작가	특징
모란이 피기까지는	김영랑	봄을 기대하는 마음과 봄을 보내는 서러움을 모란을 통해 표현함.
바다와 나비	김기림	색채 대비를 통해 화자의 좌절과 냉혹한 현실 인식을 표현함.
화사	서정주	토속적인 원시적 생명력에 대한 추구를 강렬한 색채로 드러냄.

1940년대

1. 이 시기의 특징 및 시의 경향

• 일제의 민족 말살 정책으로 인한 민족 문학의 암흑기이다.

• 유교적 지사 의식을 바탕으로 저항 정신을 표출한 이육사와 일제에 타협하지 않고 깨끗한 인생을 살아가려는 내면을 표현한 윤동주 등이 자신의 신념을 지키며 시를 남겼다.

예

작품	작가	특징
절정	이육사	일제 강점기라는 냉혹한 현실과 극한의 상황에서도 희망을 잃지 않으려는 자신의 의지와 결단을 드러냄.
서시	윤동주	일제 강점기를 살아가는 지식인의 도덕적 순결성에 대한 고뇌와 그것을 극복하려는 의지를 드러냄.

◆ 시문학

1930년 3월 창간되어 1931년 1월 통권 3호로 폐간된 시 동인지로, 박용철·김영랑·정지용 등이 중심이 되어 발행하였으며, 카프(KAPF)에 반대하여 순수 문학을 옹호하였다. 창간호 편집 후기에서 "한 민족의 언어가 발달하면 구어(口語)에 머물지 않고 문학의 형태를 요구한다."라고 밝히고 있듯이 시가 언어의 예술임을 특별히 강조하였다.

간단 개념 체크

1 계급 문학의 한계와 그에 대한 비판을 바탕으로 시의 내용과 형식 면에서 훨씬 다양하고 성숙해진 시대는? ( )

2 도시적인 감각과 시의 회화성을 중시한 경향의 시는? ( )

3 서정주, 유치환 등은 자연 친화적이며 관조적인 태도로 전원을 이상 세계로 표현한 시를 주로 창작하였다. (○ / X)

답 **1** 1930년대 **2** 모더니즘 시 **3** X

▲ 일본 국기 게양과 일본 국가 제창을 강요하며 우리의 민족 문화를 말살하고자 한 일제

간단 개념 체크

4 1940년대는 일제의 □□ 말살 정책으로 인한 민족 문학의 암흑기였다.

5 1940년대에 유교적 지사 의식을 바탕으로 저항 정신을 표출한 시인은?
( )

6 윤동주 시인은 1940년대에 일제와 타협하지 않고 깨끗한 인생을 살아가려는 내면을 표현한 시인이다. (○ / X)

답 **4** 민족 **5** 이육사 **6** ○

005 가는 길 |김소월

문학 비상

🎯 핵심 정리
갈래 자유시, 서정시
성격 서정적, 전통적, 민요적, 애상적
제재 임과의 이별
주제 이별의 아쉬움과 임에 대한 그리움
특징 ① 3음보의 민요조 율격이 나타남.
② 유음·비음 등을 사용하여 음악적 효과를 거둠.
③ 시행의 길이와 속도, 어조를 통해 화자의 심리를 효과적으로 표현함.
출전 《개벽》(1923)

Q 이별의 상황에 대처하는 화자의 태도는?
화자는 사랑하는 임을 떠나는 상황에서 임에 대한 미련과 그리움으로 발걸음을 옮기지 못하고 머뭇거린다. 하지만 까마귀와 강물이 이별을 재촉하는 상황에서 결국 이별을 수용하게 된다. 이와 같이 화자는 이별에 대해 소극적이고 체념적인 태도를 보이고 있다.

💡 시어 풀이
흐릅디다려 '흐릅디다그려'의 준말. 평북 방언.

🐚 시구 풀이
❶ **그립다 말을 할까 하니 그리워** 그립다는 말을 할까 하는 생각만으로도 그리움이 더욱 심화된다는 의미로, 임에 대한 화자의 그리움과 이별에 대한 안타까움이 직접적으로 표출되어 있다.
❷ **저 산(山)에도 ~ 해 진다고 지저겁니다.** 서산에 지는 해와 까마귀 소리를 통해 화자가 떠나야만 하는 시간적 제약을 나타내고 있다. 여기서 까마귀는 안타까운 이별의 시간이 다가오고 있음을 알리면서 화자의 결단을 재촉하는 역할을 한다.
❸ **앞 강(江)물 ~ 연달아 흐릅디다려.** 울림소리 'ㄴ, ㄹ, ㅁ, ㅇ'을 사용하여 음악성과 함께 강물이 흐르는 듯한 느낌을 주는 부분이다. '흐릅디다려'라는 시구에서 종결 어미 '-ㅂ디다'는 객관화된 태도를 보여 주고, 보조사 '-려(-그려)'는 강조의 의미를 나타낸다. 강물의 흐름은 화자에게 어서 떠나야 함을 재촉함으로써 심리적 부담감을 느끼게 하고, 야속하게도 계속 흘러가는 강물의 모습은 화자의 안타까운 심정을 드러내기도 한다.

👤 작가 소개

김소월(金素月, 1902~1934)
시인. 평북 구성 출생. 본명은 정식(廷湜). 1920년 《창조》에 〈낭인의 봄〉 등을 발표하면서 등단하였다. 이별과 그리움에서 비롯하는 슬픔, 눈물, 정한 등을 주제로 하여 일상적이면서 독특하고 울림이 있는 시를 창작했다. 시집으로 《진달래꽃》(1925)이 있다.

---

❶ 그립다
『말을 할까
하니 그리워』

그냥 갈까
그래도
다시 더 한 번……
① 임에 대한 미련 ② 갈등의 지속

❷ 저 산(山)에도 ㉠까마귀, 들에 까마귀,
어둡고 슬픈 이미지, 이별의 분위기 조성
서산(西山)에는 해 진다고
시간적 배경이 드러남.
지저겁니다.
청각적 심상 → 화자의 애상감 심화

❸ 앞 강(江)물, 뒤 강(江)물,
끝없이 흐르는 시간 및 이별의 이미지
흐르는 ㉡물은
어서 따라오라고 따라가자고
이별의 재촉
흘러도 연달아 *흐릅디다려.
화자의 심리적 부담감과 안타까움이 드러남.

『 』: 행간 걸침 –'말을 할까 하니 / 그리워'라고 쓰지 않고 '하니'를 다음 행에 내려 씀으로써 시간적 거리감을 느끼게 됨. → 화자의 망설임을 나타냄.

☐: 화자의 내적 갈등. 망설임의 내용

1·2연: 내적 갈등
(짧은 시행과 느린 호흡으로 망설이는 태도를 표현함.)

▶ 1연: 임에 대한 그리움

▶ 2연: 임을 떠나는 아쉬움과 미련

○: 객관적 상관물, 이별을 재촉하는 외적 상황

▶ 3연: 갈 길을 재촉하는 까마귀

3·4연: 외적 상황
(긴 시행과 빠른 호흡으로 서둘러야 할 상황을 표현함.)

▶ 4연: 갈 길을 재촉하는 강물

이해와 감상
이 시는 사랑하는 임을 두고 떠나야 하는 화자의 안타까운 심정을 전통적 율격과 간결한 구성을 통해 애상적으로 표현한 작품이다. 1연과 2연에서는 이별을 망설이는 화자의 안타까운 내면적 갈등이 드러난다. 그리울 것이라는 말을 꺼낼까 말까 망설이는 화자의 모습에서 애절하고 안타까운 심정을 엿볼 수 있으며, 그냥 갈까 하다가도 임을 떠나는 것이 아쉬워 임을 한 번 더 만나서 사랑한다는 말을 할까 말까 하는 화자의 모습에서 임을 떠나는 아쉬움과 미련을 엿볼 수 있다. 3연과 4연에서는 떠나야 하는 화자의 시간적 제약을 '서산에 지는 해'로, 가야 할 거리가 멀다는 것을 '흘러도 연달아 흐르는 강물'로 보여 주고 있다. 또한 '까마귀'와 '강물'을 통해 화자에게 떠날 것을 재촉함으로써 화자의 이별의 정한을 더욱 심화시키고 있다.

이러한 시적 상황과 애상적 분위기는 1, 2연의 이별에 대한 화자의 심정과 3, 4연의 이별을 재촉하는 상황의 대립적 배치, 선정 후경(先情後景)의 구성법, 3음보의 율격을 바탕으로 한 전통적 민요조 운율감과 어우러져 주제를 효과적으로 형상화하고 있다.

1연 – 그리움	내적	
2연 – 미련	갈등	
3연 – 까마귀	외적	
4연 – 강물	상황	

작품 연구소

이 시의 시행 배열과 시적 의미의 관계

이 시는 전체적으로 3음보 율격으로 짜여 있지만 시행의 배열을 통해 운율에 변화를 주고 있다. 1연과 2연에서는 한 음보를 각각 한 행으로 배열하고 있는데, 이렇게 함으로써 행과 행 사이의 휴지(休止)가 한 음보마다 생기게 되고 시상 전개와 낭독의 속도가 완만해진다. 이런 느린 호흡은 화자가 아쉬움에 망설이는 모습을 효과적으로 표현한다. 반면에 3연과 4연은 2음보 또는 3음보를 한 행에 배치하고 휴지를 줄여 시상 전개와 낭독에 속도감을 주고 있다. 이러한 행의 배치는 빨리 가야 한다는 까마귀와 강물의 재촉과 서둘러야 하는 화자의 상황을 표현한 것이다. 이처럼 이 시는 운율과 시행의 배열을 통해 이별의 상황에서 쉽게 떠나지 못하는 화자의 애상적 심정과 빨리 떠나야 하는 상황을 효과적으로 형상화하고 있다.

1·2연		3·4연
짧은 시행, 느린 호흡	⇒	긴 시행, 빠른 호흡
망설임, 미련		상황의 촉박함

객관적 상관물로서의 '까마귀'와 '강물'

객관적 상관물이란 시인이 표현하고자 하는 어떤 정서나 사상을 직접적으로 나타내는 것이 아니라 구체적인 사물이나 사건을 통해 간접적으로 환기하고자 할 때 사용되는 외부적 사물·사건 등을 의미한다. 객관적 상관물은 화자와 같은 처지에서 같은 감정을 느낄 수도 있고, 대비되는 처지일 수도 있으며, 어떤 정서를 불러일으키는 대상일 때도 있다.

이 시에서 '까마귀'와 '강물'은 화자에게 떠남을 재촉하는 구체적 자연물로서 화자가 이별의 상황에서 느끼는 아쉬움과 안타까움을 간접적으로 드러내고, 작품의 애상적 분위기를 강화하는 기능을 하고 있으므로 객관적 상관물로 볼 수 있다.

까마귀		화자		강물
서산에 해가 진다고 지저귐.	재촉	임과 이별하는 안타까움의 심화	재촉	어서 따라오라며 흘러감.

자료실

김소월의 시에 나타나는 '임'에 대한 정서

김소월의 시에 많이 나타나는 시어나 시적 대상의 하나로 '임'을 들 수 있다. 그리고 그 임에 대한 동경과 그리움, 좌절이 대부분의 소월 시에서 중심을 이루고 있다고 보아도 과언이 아니다. 따라서 그의 시에 나타나는 정서도 임의 부재와 상실에 따른 비애와 한(恨)이 주류를 이룬다. 〈가는 길〉 역시 사랑한다고 표현 한 번 제대로 하지 못한 임과의 이별에 대한 아쉬움과 그리움, 안타까움이 진솔하게 표현되어 있다. 그의 또 다른 시 〈진달래꽃〉에서는 이별 상황의 설정을 통해 임을 떠나보낼 때의 애통한 심정을 반어적으로 형상화하고 있고, 〈초혼〉에서도 사랑하는 임과 사별한 상실감과 좌절감을 애절한 어조로 표현하고 있다.

함께 읽으면 좋은 작품

〈배를 밀며〉, 장석남 / 그리움과 아쉬움의 정서

〈배를 밀며〉는 이별의 아픔과 그리움을 배를 물 위로 밀어 내는 것으로 비유하여 표현한 작품이다. 〈가는 길〉과 〈배를 밀며〉는 사랑하는 사람에 대한 그리움과 이별에 대한 아쉬움의 정서가 나타난다는 점에서 유사하다. 하지만 〈가는 길〉은 이별을 망설이는 화자의 내면적 갈등과 객관적 상관물을 통해 이별을 재촉하는 외적 상황으로 시상이 전개되는 반면, 〈배를 밀며〉는 배를 미는 구체적 행위에서 사랑과 이별의 의미를 유추하며 시상이 전개된다.

키 포인트 체크

화자 화자는 ☐☐하는 사람을 두고 떠나야 하는 처지이다.

상황 임과의 이별을 망설이는 화자를 ☐☐☐와 ☐☐이 재촉하고 있다.

태도 화자는 사랑하는 임과의 이별을 ☐☐☐하고 있다.

내신 적중 多빈출

1 이 시에 대한 설명으로 적절하지 <u>않은</u> 것은?

① 화자의 정서를 자연물에 의탁해 드러내고 있다.

② 3음보의 민요적 율격으로 시상을 전개하고 있다.

③ 영탄적 어조로 화자의 격정적 정서를 표출하고 있다.

④ 청각적 심상을 활용하여 시적 정서를 심화시키고 있다.

⑤ 유사한 말소리의 반복을 통해 리듬감을 형성하고 있다.

2 이 시의 소통 구조와 표현에 관해 토의한 내용으로 적절하지 <u>않은</u> 것은?

① 화자는 길 위에서 망설이고 있는 존재로 볼 수 있어.

② 1·2연에서는 화자의 망설임이 분명하게 드러나고 있지.

③ 3·4연에서는 자연물들이 화자가 떠나길 재촉하는 것 같아.

④ 같은 시구를 시의 앞뒤에 배치해서 구조적 안정감을 주고 있어.

⑤ 시상 전개의 속도가 1·2연에 비해 3·4연이 더 빠르게 느껴져.

내신 적중 多빈출

3 ㉠과 ㉡에 대한 설명으로 적절하지 <u>않은</u> 것은?

① ㉠은 화자에게 시간의 경과를 환기하여 준다.

② ㉠은 청각적 이미지로 애상적 분위기를 자아낸다.

③ ㉡의 흘러가는 속성이 화자가 떠나는 상황과 연결되고 있다.

④ ㉠과 ㉡ 모두 화자를 재촉하는 존재로, 화자의 안타까운 심정을 부각하고 있다.

⑤ ㉠과 ㉡ 모두 임을 떠올리게 하는 소재로, 임에 대한 그리움의 정서를 심화시키고 있다.

4 〈보기〉를 읽고, 이 시에서 행간 걸침이 사용된 부분과 그 효과를 쓰시오.

┤ 보기 ├

'행간 걸침'이란 시 창작에서 독자의 호흡을 빼앗고 시적 긴장을 유지하는 동시에 시적 의미를 강조하기 위해 강조할 시어를 행의 첫머리에 배치하는 방법을 말한다.

5 다음은 이 시의 화자가 시적 대상인 '임'에게 쓴 가상 편지이다. 이 시의 내용을 바탕으로 빈칸에 들어갈 알맞은 말을 10자 내외로 쓰시오.

당신을 떠나올 때는 어쩔 수 없이 그 상황을 받아들여야 한다고 생각했습니다. 그런데 이제 와 생각해 보니 후회가 되는 것이 많습니다. 왜 변변하게 '그립다, 사랑한다'는 말조차 제대로 못 했을까요. 그때 저의 마음을 전했다면 이렇게 멀리서 당신을 그리워하지 않아도 됐을 텐데요. 매사에 _____인 제 태도가 원망스러울 뿐입니다.

006 접동새 | 김소월

키워드 체크 #향토적 #애절한 혈육의 정 #누나의 한(恨) #접동새 설화 #활음조 현상 #서북 지방

문학 해냄

🎯 핵심 정리
갈래 자유시, 서정시
성격 전통적, 애상적, 민요적, 향토적
제재 접동새 설화(서북 지방)
주제 죽어서도 잊지 못하는 혈육의 정한(情恨)
특징 ① 서북 지방의 전설을 제재로 활용함.
    ② 의성어를 통해 애상적 분위기를 형성함.
    ③ 3음보의 민요조 운율을 사용함.
출전 《진달래꽃》(1925)

Q '접동 / 접동 / 아우래비 접동'이라는 표현이 주는 효과는?

'접동 접동'은 접동새 울음소리를 흉내 낸 표현으로, 접동새 설화의 내용을 환기하는 역할을 하고 있다. 또한 '접동'을 행을 바꾸어 반복적으로 표현함으로써 소리가 공간적으로 확대되어 가는 느낌을 주고, 누나의 한을 효과적으로 드러내면서 시 전체의 비극적인 분위기를 형성하는 데 기여하고 있다.

💡 시어 풀이
아우래비 아홉 오라비. '아홉(아웁)'과 '오래비'를 합치고 활음조(듣기에 좋은 음질)를 활용하여 접동새 울음소리의 의성어로 변형함. 아우와 오래비의 합성어로 보는 견해도 있음.
접동새 '두견'의 방언. '소쩍새'로 보기도 함. 접동이, 자규 등으로도 불림.

🐦 시구 풀이
❶ **접동 접동 아우래비 접동** 접동새의 울음소리를 나타낸 것으로, 이 시의 애상적 분위기를 드러낸다. '아우래비'는 '아홉 명의 남동생'을 뜻하면서 동시에 접동새의 울음소리를 나타내는 의성어로도 쓰이고 있다.
❷ **옛날, 우리나라 ~ 시샘에 죽었습니다.** 죽은 누이가 진두강 앞 마을에 와서 우는 이유가 설화적 진술을 통해 드러나고 있다. 또한 접동새 설화와 관련되어 이 시가 설화를 통해 재구성되었음을 알 수 있는 부분이다.
❸ **시새움에 몸이 죽은 ~ 접동새가 되었습니다.** 원한이 많은 넋이 저승에 가지 못하고 이승에 남아 방황한다는 우리 민족의 민속 신앙과 촉 나라의 왕인 망제(望帝)가 죽어 새가 되었다는 중국 고사와 관련된 표현이다.
❹ **아홉이나 남아 되는 ~ 슬피 웁니다.** 친정에 남은 아홉이나 되는 남동생들을 죽어서도 잊지 못하여 남들이 다 자는 깊은 밤이면 산에 와서 운다는 뜻으로, 강한 혈육의 정을 느끼게 하는 부분이다.

👤 작가 소개
김소월(본책 44쪽 참고)

---

❶ 접동
접동
㉠ 아우래비 접동
    ① 아홉 오라비의 활음조 현상 ② 아우 오래비의 줄임말
① aaba의 형식 - 리듬감 형성
② 접동새 울음소리를 표현한 의성어
▶ 1연: 접동새의 슬픈 울음소리(현재)

'강', '가람' - 동일 의미 단어의 반복 → 말소리의 느낌 강화
진두강 가람가에 살던 누나는
서북 지방의 지명 '강'의 옛말
진두강 앞마을에
와서 웁니다.
▶ 2연: 마을을 떠나지 못하는 누나(현재)

❷ 옛날, 우리나라
면 뒤쪽의
진두강 가람가에 살던 누나는
의붓 어머니, 아버지의 후실, 계모
의붓어미 시샘에 죽었습니다.
    설화의 내용 – 누나의 비극적 죽음
설화의 내용을 요약적으로 제시함.
▶ 3연: 의붓어미 시샘에 죽은 누나(과거)

누나라고 불러 보랴
평안도 방언으로 '몹시 서러워'의 의미
오오 불설워
주관적 감정 표출
❸ 시새움에 몸이 죽은 우리 누나는
죽어서 접동새가 되었습니다.
    죽은 누이의 화신, 한(恨)의 상징
▶ 4연: 누이의 화신인 접동새(과거)

    그 정도나 되는   남동생
❹ 아홉이나 남아 되는 오랩동생을
죽어서도 원한이 남을 수밖에 없는 직접적인 이유
죽어서도 못 잊어 차마 못 잊어
동생들을 향한 그리움과 안타까움
『야삼경 남 다 자는 밤이 깊으면
삼경 무렵의 밤. 삼경(三更)은 밤 11시부터 새벽 1시까지의 동안
이 산 저 산 옮아가며 슬피 웁니다.』
『 』: 죽어서도 계모의 눈을 피해 다녀야 하는 누나의 한이 드러남.
▶ 5연: 애절한 혈육의 정(현재)

이해와 감상

이 시는 우리 민족의 가장 보편적이며 전형적이라 할 수 있는 한(恨)의 정서를 주제로 하고 있다. 의붓딸에 대한 계모의 학대, 한을 지니고 죽은 혼의 접동새로의 환생 등 한(恨)이라는 주제를 표현하기 위해 고전 설화에서 차용한 소재들을 등장시킴으로써, 소재와 정서 면에서 우리 문학의 전통을 충실히 계승하고 있다.

이 시의 화자는 2·3연에서 접동새에 얽힌 누나의 이야기를 객관적으로 제시하다가, 4·5연에 이르러서는 자신의 주관적 감정을 표출하고 있다. '누나라고 불러 보랴 / 오오 불설워'라는 시구를 통해 동생들에 대한 애틋한 그리움과 안타까움으로 저승에 가지 못하고 접동새가 되어 떠도는 누나에 대한 애절한 정과 슬픔을 말하고 있는 것이다.

3음보의 민요적 율격, 소박하고 향토색 짙은 시어, 애상적 어조 등을 통해 작품의 주제를 드러내고 있으며, 특히 활음조 현상을 통해 새로 창조한 시어 '아우래비', '불설워', '오랩동생' 같은 방언을 활용하여 한(恨)의 정서를 극대화하고 있다.

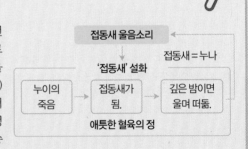

접동새 울음소리
접동새=누나
'접동새' 설화
| 누이의 죽음 | → | 접동새가 됨. | → | 깊은 밤이면 울며 떠돎. |
애틋한 혈육의 정

작품 연구소

'접동새'의 상징적 의미

일반적으로 새는 자유와 비상을 상징하지만 이 시에서는 억울하게 세상을 떠난 누나의 한(恨)을 상징하고 있다. 의붓어미의 시샘으로 억울하게 죽은 누나가 접동새로 환생하여 아홉 동생을 잊지 못해 이 산 저 산 떠돌며 슬피 운다. 실마리가 풀리지 않고 맺혀 있는 감정을 한(恨)이라고 할 때, 접동새는 아홉 동생들 때문에 떠나지 못하고 슬피 우는 누나의 한을 상징하는 것이다.

화자의 상황과 정서

'오랩동생' 중 하나인 화자는 깊은 밤에 접동새 울음소리를 듣고 그것이 의붓어미의 시샘을 받아 죽은 누이가 접동새로 환생하여 우는 소리라고 생각하며 누이를 그리워하고 있다.

2, 3연	• 접동새에 얽힌 이야기를 객관적으로 제시함.

┼

4연	• '불설워'라는 시어를 통해 화자의 주관적 감정을 드러냄. • '누나'를 '우리 누나'로 표현하여 독자가 화자와 동일하게 느끼게 함.

↓

죽은 누나에 대한 그리움과 안타까움을 독자들이 고스란히 느끼게 함.

'접동새 설화'의 시적 변용

이 시는 접동새 설화를 한 편의 시로 재구성하여 누이의 죽음이라는 개인적 체험을 우리 민족의 체험으로 보편화하고 개인이 갖는 한을 보편적 한의 정서로 확장하고 있다. 이와 같은 창작 형태는 개인의 정서를 민족 전체의 정서로 확장하는 효과를 얻게 한다.

접동새 설화		시 〈접동새〉
• 여러 가지 사건을 제시하여 인과적 개연성을 확보함. • 3인칭 시점에서 인물 간의 갈등을 그림. • 시간의 순서에 따른 추보식 구성을 취함.	시적 변용 ⇒	• 설화의 내용을 요약적으로 제시하여 속도감을 높임. • '우리 누나'와 같이 1인칭으로 변용하여 주관적인 입장에서 화자의 내면 정서를 드러냄. • 시간의 흐름에 구애받지 않음.

자료실

접동새 설화

옛날 진두강 가에 10남매가 살고 있었는데, 어머니가 죽자 아버지는 계모를 들인다. 계모는 포악하여 전처에게서 난 자식들을 학대했다. 맏이인 소녀는 나이가 들어 박천의 어느 도령과 혼약을 맺었다. 부자인 약혼자 집에서 소녀에게 많은 예물을 보내 왔는데, 이를 시기한 계모가 소녀를 장롱 속에 가두고 불을 질렀다. 그러자 잿더미에서 한 마리 접동새가 날아올랐다. 접동새가 된 소녀는 계모가 무서워 남들이 다 자는 밤에만 나타나 아홉 동생이 자는 창가에 와 슬피 울었다.

함께 읽으면 좋은 작품

〈견우의 노래〉, 서정주 / 설화의 변용

〈견우의 노래〉는 견우와 직녀의 전래 설화를 바탕으로 하여 이별의 아픔을 이겨 낼 때 사랑이 더욱 성숙할 수 있다는 주제를 표현한 작품이다. 〈접동새〉와 〈견우의 노래〉는 설화를 시적 변용했다는 점에서 유사하나, 〈접동새〉는 아홉 동생 중 하나인 화자가 누나의 비극적 죽음을 요약적으로 제시하는 반면, 〈견우의 노래〉는 화자를 견우로, 청자를 직녀로 설정하여 이별을 겪음으로써 성숙해지는 사랑을 제시하고 있다.

Link 본책 168쪽

포인트 체크

[화자] 서북 지방의 □□□□ 설화를 바탕으로 억울하게 죽은 누나의 이야기를 하고 있다.

[상황] □□□□의 □□으로 누나가 억울하게 죽었고, 누나는 남동생들이 걱정돼 밤에만 나타나 울고 있다.

[태도] 죽은 누나에 대한 □□□과 안타까움을 드러내고 있다.

내신 적중 多빈출

1 이 시의 표현상 특징으로 적절하지 않은 것은?

① 청각적 이미지가 지배적으로 나타나고 있다.
② 정서를 직접적으로 드러내는 표현이 사용되고 있다.
③ 명령형의 문장을 사용하여 주제 의식을 부각하고 있다.
④ 행의 길이에 변화를 주어 리듬의 완급을 조절하고 있다.
⑤ 화자의 정서가 우리 민족의 보편적 정서와 연결되고 있다.

2 이 시가 '접동새 설화'를 바탕으로 한 것이라고 할 때, 시인이 고려한 내용으로 적절하지 않은 것은?

① 부유한 집안의 도령과 혼약을 맺는 내용은 생략한다.
② 남동생들을 걱정하는 내용을 통해 혈육의 정을 강조한다.
③ 시간 순서에 따라 사건을 배열하여 인과 관계를 드러낸다.
④ 누나가 접동새가 된 이유를 요약적으로 제시하여 속도감을 높인다.
⑤ 접동새 울음소리를 나타내는 시어를 사용해 애상적 분위기를 형성한다.

중요 기출

3 〈보기〉를 참고하여 이 시를 감상한 내용으로 가장 적절한 것은?

┤ 보기 ├

김소월의 시에서 한(恨)은 서로 모순을 이루는 두 감정이 갈등을 일으키고, 그 갈등이 끝내 풀리지 않을 때 생긴다. 예컨대 한은 체념해야 할 상황에서도 미련을 버리지 못하거나, 자책과 상대에 대한 원망(怨望)이 충돌하여 이렇게도 저렇게도 할 수 없을 때 맺힌다.

① '차마' 못 잊는다는 것으로 보아, '누나'의 한은 죽어서도 동생들에 대한 미련을 끊어 내지 못하여 생긴 것 같아.
② '시샘'이 '시새움'으로 변주되고 있는 것으로 보아, '누나'의 한은 의붓어미와의 갈등이 깊어지고 있을 때 맺힌 것 같아.
③ '이 산 저 산' 떠도는 새의 모습으로 보아, '누나'의 한은 모든 희망을 버리고 방황하며 체념하고 있을 때 맺힌 것 같아.
④ '야삼경'에도 잠들지 못하는 것으로 보아, '누나'의 한은 자신의 심정이 어떤 상태인지 파악하지 못하여 생긴 것 같아.
⑤ '오랩동생'과 이별하는 심경이 표현된 것으로 보아, '누나'의 한은 홀로 가족을 떠나는 행위를 자책하고 있을 때 맺힌 것 같아.

4 ㉠이 '아홉(아웁) 오래비'라는 말을 바꾸어 나타낸 것이라고 할 때, 이러한 표현을 통해 어떤 효과를 얻고 있는지 쓰시오.

007 먼 후일 |김소월

키워드 체크 #상황의가정 #이별 #민요적율격 #반어법 #상황적역설

국어 지학사

🎯 핵심 정리
갈래 자유시, 서정시
성격 민요적, 애상적
제재 떠난 임
주제 떠난 임에 대한 그리움
특징 ① 3음보의 민요적 율격을 통해 리듬감을 형성함.
② 반어적 진술을 통해 그리움을 강조함.
③ 가정적 상황을 통해 화자의 정서를 드러냄.
④ 유사한 문장 구조의 반복과 변조가 나타남.
출전 《개벽》(1922)

❶먼 훗날 당신이 찾으시면
화자를 떠나는 존재 미래 상황에 대한 가정
그때에 내 말이 "잊었노라."
□: 유사 형식의 반복과 변조(반어법)

▶ 1연: 미래에 임을 만날 때의 반응

❷당신이 속으로 ●나무리면
"무척 그리다가 잊었노라."
이별을 받아들일 수 없는 심정

▶ 2연: 임의 질책에 대한 반응

❸그래도 당신이 나무리면
화자의 미련이 나타남
"믿기지 않아서 잊었노라."
당신이 다시 돌아올 것이라 믿지 못하여 잊음.

▶ 3연: 임의 계속되는 질책에 대한 반응

❹오늘도 어제도 아니 잊고
화자의 진심이 드러남.
먼 훗날 그때에 "잊었노라."
○: 과거, 현재, 미래의 공존, 그때까지 당신을 잊지 않겠다는 의미

▶ 4연: 임을 잊지 못하는 애절한 마음

Q '먼 훗날 그때'의 시점은?
마지막 연을 통해 화자는 과거와 현재 시점에서 임을 '아니 잊고' 있으므로 임을 잊는다고 말하는 '그때'를 명확하게 알 수는 없다.

💡 시어 풀이
나무리면 '나무라면'의 함경도 방언.

🐚 시구 풀이
❶ **먼 훗날 당신이 ~ 내 말이 "잊었노라."** 현재 일 어나지 않은 일을 가정하여 화자의 반응을 진술하고 있다.
❷ **당신이 속으로 ~ "무척 그리다가 잊었노라."** 당신의 질책에 대한 반응을 나타내고 있다. 이별 후에 쉽게 잊은 것이 아니라 무척 그리워하다가 잊었다는 점을 강하게 진술한 것이다.
❸ **그래도 당신이 ~ "믿기지 않아서 잊었노라."** 계속된 임의 질책에 대한 반응으로 이별 후에 임을 잊은 것은 이별을 받아들일 수 없었기 때문이라고 말하며, 이별을 수용할 수 없는 심정을 나타낸 것이다.
❹ **오늘도 어제도 ~ "잊었노라."** 계속 당신을 잊지 않고 있었다는 내용을 통해, 이어지는 '잊었노라'라는 진술은 '잊었다'는 사실의 확인이 아닌 반어적 표현임을 알 수 있다.

👤 작가 소개
김소월(본책 44쪽 참고)

이해와 감상

이 시는 떠나간 임을 잊을 수 없는 심정을 표현한 시이다. 표면상으로는 먼 훗날 당신과 만나는 때에 '잊었노라.'라고 말하겠다고 서술하고 있지만, 심층적으로는 '잊을 수 없다.'는 의미를 담고 있다. 이는 각 연에 반복적으로 사용되고 있는 '잊었노라'를 통해 반어적으로 드러난다.

먼저 1연에서 화자는 '잊었노라'라고 말하겠다고 하지만, 가정하고 있는 시간과 상황은 시간이 오래 지난 뒤, 그것도 당신이 나를 찾으실 때가 되어서야 그러하다. 이어지는 2연과 3연에서는 당신이 그 이유를 묻는다면 '무척 그리다가', 이윽고 '믿기지 않아서' 잊었다고 말하겠다는 화자의 말은 이별을 받아들일 수 없는 심정을 나타낸 표현에 가깝다. 특히 3연의 '그래도'라는 부사는 오히려 떠나간 임이 자신에게 더 물어봐 주기를 바라는 미련의 의미로도 읽힌다. 또한 임이 떠난 상태인 현재는 각 연에서 임과의 만남을 가정하는 미래 시제로 표현되고 있어, 계속해서 임과의 만남을 전제하고 있다는 점도 떠나간 임을 잊은 상태는 아니다. 이상으로 볼 때, 화자의 '잊었노라'는 '잊었다'는 사실의 확인이 아니라 오히려 '잊을 수 없다'는 마음의 표현이라는 점에서 임을 잊을 수 없는 현재의 안타까운 마음을 반어적으로 표현한 것으로 볼 수 있다.

과거: 임과의 이별	
현재: 이별 상황	←
먼 훗날: 당신과의 만남	

작품 연구소

이 시에 드러난 표현법과 그 효과

① 점층법: '당신'을 그리워하고 잊을 수 없는 마음을 점점 더 강하게 표현함.

잊었노라	→	무척 그리다가 잊었노라	→	믿기지 않아서 잊었노라

② 반어법: '잊었노라'라는 반어적 표현으로 잊을 수 없는 그리움을 강하게 표현함.

③ 대구법: 1연~3연까지 '~면 ~잊었노라'라는 통사 구조를 대응하여 그리움을 더욱 강조함.

④ 반복법: 동일한 시어인 '당신', '잊었노라', '먼 훗날'을 반복하여 의미 강조와 운율이 나타남.

반어적 표현의 의미

표면적 의미		내포된 의미
잊었다.	⟷ 대조 / 강조	결코 잊을 수 없다.

이 시에 나타난 시간성

이 작품의 '당신'은 화자의 의식 속에 있을 뿐이며, 현실에 존재하지 않는 당신의 모습을 기억하고 떠올린 상태에 불과한 것이다. 즉, '당신'은 '기억 속'의 당신이며, 이별하기 전까지의 '당신'이 된다. 그렇기 때문에 화자는 과거의 당신과 대화를 하는 셈이 된다. 따라서 날 찾아오는 미래의 '당신'은 과거에 있었던 '당신'의 모습을 떠올린 부분으로 이해할 수 있다. 미래에 발생할 수 있는 일은 '당신'이 현재 화자를 찾아오고, 화자가 당신을 잊었다고 말하는 상황이다. 이렇게 되면 당신이 화자를 나무라는 시간은 결국 화자 자신이 가정하는 상상의 시간이며, 이 상상의 시간은 살아 있는 현재의 시간이 되는 것이다. 즉, 화자가 과거에 놓여 있는 기억 속 '당신'의 모습을 바탕으로 상상한 시간일 뿐이다. 그러므로 '먼 후일 그때에 잊었노라'고 말한다면 누구도 정답을 낼 수 없는 '열린 해석'의 공간이 된다. '화자'에게 '당신'은 안 올 수 있으며, 온다 해도 '그때'가 언제인지는 더더욱 알 수 없다.

– 김태훈·신주철, [소월 시에 나타난 시간성의 의미 –〈먼 후일〉을 중심으로]

자료실

반어와 역설

'잊었노라'라는 표현은 실제 자신의 마음과 반대로 표현한 것이기 때문에 표현 의도에 집중하면 반어법으로 볼 수 있다. 한편, 시 전체의 구조를 살펴볼 때에는 내용에 명백한 모순이 나타나서 '어제도 오늘도 아니 잊고'라는 표현을 통해 절대 임을 잊지 않겠다고 하면서 미래의 먼 훗날에는 과거 시제로 '잊었노라'라고 말하는 점을 고려하면 역설의 표현 방법도 사용되었다고 볼 수 있다.

함께 읽으면 좋은 작품

〈수정가〉, 박재삼 / 임을 향한 그리움

〈춘향전〉을 소재로 하여 이별한 춘향의 애타는 그리움과 한의 정서를 형상화한 작품이다. 산문시의 형식이면서도 음악성이 두드러지며 예스러운 어투를 통해 전통의 변용을 잘 드러내었으며, 맑고 깨끗한 이미지의 시어를 통해 춘향의 마음을 나타낸다. 이별의 정한을 나타내었다는 점 등에서 〈먼 후일〉과 유사점을 비교하며 읽어 볼 수 있다.

키 포인트 체크

화자	사랑하는 사람을 영원히 잊지 못하는 마음을 진심과 달리 ☐☐으로 말하고 있다.
상황	현재는 사랑하는 사람이 곁에 없지만 먼 ☐☐의 재회를 가정하여 말하고 있다.
태도	사랑하는 이와 ☐☐한 사람이 '당신'에 대한 ☐☐☐을 드러내고 있다.

내신 적중 多빈출

1 이 시의 화자에 대한 설명으로 적절하지 않은 것은?

① 현재 사랑하는 임과 이별한 상황이다.

② 먼 훗날 '당신'과의 재회를 가정하고 있다.

③ 이별에 대한 한을 직접적으로 표출하고 있다.

④ '당신'에 대한 사랑을 과거부터 지속하고 있다.

⑤ 이별을 수용하지 못하고 임을 그리워하고 있다.

2 〈보기〉와 이 시의 화자의 공통점으로 가장 적절한 것은?

> ┤ 보기 ├
>
> 바삭바삭 가는 모래 벼랑에 / 구운 밤 닷 되를 심습니다.
> 그 밤이 움이 돋아 싹이 나야 / 사랑하는 님과 이별하고 싶습니다.
>
> 옥으로 연꽃을 새깁니다. / 그 꽃을 바위에 접을 붙입니다.
> 그 꽃이 세 묶음이 피어야만 / 사랑하는 님과 이별하고 싶습니다.
>
> – 작자 미상, 〈정석가〉

① 상황에 어울리지 않는 말을 통해 진심을 표현한다.

② 유사한 형식의 말을 반복하며 이별의 극복을 강조한다.

③ 의인화한 사물을 청자로 설정하여 자신의 감정을 토로한다.

④ 자연물의 속성을 이용하여 이별의 슬픔을 비유적으로 드러낸다.

⑤ 이별하는 대상에게 축복을 기원하면서 이별의 아픔을 성숙으로 승화한다.

내신 적중 多빈출

3 이 시의 형식적 특성에서 찾을 수 있는 한국 문학의 전통을 쓰시오.

4 이 시에 대한 반응으로 가장 적절한 것은?

① '잊었노라'의 반복은 당신을 잊기 위한 노력이군.

② '먼 훗날'이 언제인지 명확하지 않아 당신이 찾아올 수 없군.

③ 당신이 '나'를 나무라는 것으로 보아 '나'에게도 이별의 원인이 있군.

④ 이별이 '믿기지 않'는다는 말은 이별에 대한 체념적 태도를 드러내는군.

⑤ '오늘도 어제도 아니 잊'었는데 미래에 잊었다고 과거 시제로 말하는 의도가 궁금하군.

008 산유화(山有花) |김소월

문학 천재(정), 창비

🎯 핵심 정리
갈래 자유시, 서정시
성격 관조적, 민요적, 전통적
제재 산에 피는 꽃
주제 존재의 근원적 고독
특징 ① 1연과 4연이 내용과 구조 면에서 서로 대응됨.
② 종결 어미 '–네'를 통해 각운의 효과를 얻고 감정의 절제를 보여 줌.
③ 3음보를 여러 행에 걸쳐 배열하거나 한 행에 배열함.
출전 《진달래꽃》(1925)

Q 화자와 '작은 새'의 관계는?
대체로 이 시의 '꽃'은 외로운 존재로 해석된다. 이렇게 볼 때 '작은 새'는 그 꽃이 좋아서 산에 산다고 했으므로 '작은 새'도 역시 외로운 존재이다. '작은 새'는 화자의 감정이 이입된 시어이므로 화자가 외로움을 느끼고 있음을 알 수 있다.

💡 시어 풀이
저만치 저만한 거리를 두고, 또는 '저처럼', '저렇게'로도 해석함.
사노라네 산다고 하네.

🐚 시구 풀이
❶ **갈 봄 여름 없이** '갈'은 '가을'을 줄인 말로, '가'의 'ㅏ'와 '을'의 'ㅡ'의 모음 충돌을 없애 '가ㄹ'로 발음을 자연스럽게 만든 다음, 입이 닫히지 않은 채 '봄'과 연결하여 말소리의 느낌을 살리면서 한 음보를 구성한 것이다. 여기서 계절의 순서를 바꾸고 겨울을 제외한 것도 소리를 부드럽게 연결하면서 운율을 살리기 위한 것으로 이해할 수 있다.
❷ **산에서 우는 작은 새여** '작은 새'는 꽃이 좋아 산에서 살지만, 꽃이 '저만치'에 있기 때문에 외로운 존재이다. 즉 '작은 새'는 고독한 존재의 모습이 형상화된 소재이며, 화자의 외로운 처지를 상징하는 소재로 볼 수 있다.
❸ **산에는 꽃 지네 ~ 꽃이 지네** 1연의 '꽃이 피다'와 4연의 '꽃이 지다'는 대조적인 상황이지만 '피다–지다'라는 어휘만 바뀌고 다른 시어는 1연과 4연이 동일하게 구성되어 있다. 이러한 구조는 탄생과 소멸이 순환하는 자연의 섭리를 보여 준다고 할 수 있다.

👤 작가 소개
김소월(본책 44쪽 참고)

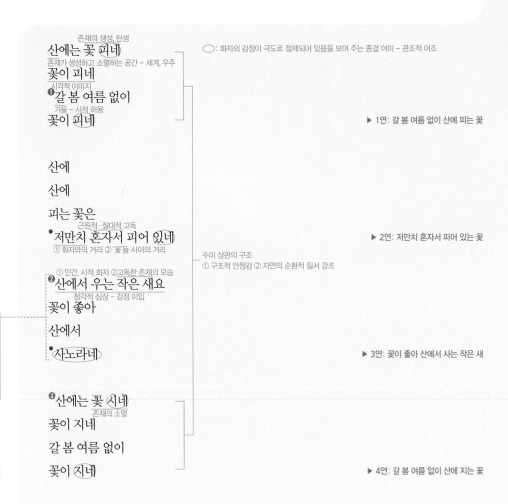

존재의 생성, 탄생
산에는 꽃 피네
존재가 생성하고 소멸하는 공간 – 세계, 우주
꽃이 피네
시각적 이미지
❶갈 봄 여름 없이
가을 – 시적 허용
꽃이 피네

○: 화자의 감정이 극도로 절제되어 있음을 보여 주는 종결 어미 – 관조적 어조

▶ 1연: 갈 봄 여름 없이 산에 피는 꽃

산에
산에
피는 꽃은
근원적·절대적 고독
저만치 혼자서 피어 있네
① 화자와의 거리 ② '꽃'들 사이의 거리

수미 상관의 구조
① 구조적 안정감 ② 자연의 순환적 질서 강조

▶ 2연: 저만치 혼자서 피어 있는 꽃

① 인간, 시적 화자 ②고독한 존재의 모습
❷산에서 우는 작은 새요
청각적 심상 – 감정 이입
꽃이 좋아
산에서
사노라네

▶ 3연: 꽃이 좋아 산에서 사는 작은 새

❸산에는 꽃 지네
존재의 소멸
꽃이 지네
갈 봄 여름 없이
꽃이 지네

▶ 4연: 갈 봄 여름 없이 산에 지는 꽃

📎 이해와 감상

이 시는 1920년대에 많이 창작된 민요조 서정시의 대표작으로, 꽃이 피고 지는 평범한 자연 현상을 통해 탄생과 소멸을 반복하는 생명이 있는 모든 존재의 본질을 노래하고 있다. 이 시의 제목이

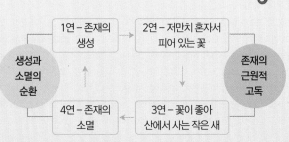

자 중심 소재인 '산에 피는 꽃'은 산에 저만치 홀로 피어 있는 존재, 피고 지기를 반복하며 순환하는 존재로 형상화되어 있다. '작은 새'가 그 꽃을 좋아하여 울고 있다는 점에서 화자가 동경하는 대상으로도 해석할 수 있다.

1연과 4연은 '피네, 지네'의 차이만 있을 뿐 시어 및 배열이 동일하고, 2연과 3연은 형태상 대칭을 이루고 있다. 또한 각 연에 3음보가 두 번씩 나타나는 것을 기본으로 하고 있지만, 음보의 배열에 변화를 주어 형식의 고정성에서 벗어나고 있다. 이와 같은 반복과 대칭의 구조는 작품 전반에 안정감을 주며, 자연의 순환이라는 내용과 유기적 연관을 맺고 있다.

작품 연구소

이 시의 운율 형성 요소

- 4개의 연이 모두 종결 어미 '-네'로 끝난다.
- 3음보가 각 연에 두 번 나타나며, 3음보를 한 행, 두 행, 세 행 등으로 다양하게 배열하고 있다.
- 첫 연과 마지막 연이 같은 구조로 되어 있으며, 2연과 3연은 시행의 길이(음보의 배열)가 대칭을 이루고 있다.
- '산에는', '꽃이 피네', '갈 봄 여름 없이', '산에', '산에서', '꽃이 지네' 등의 시어 또는 시구가 반복된다.

'저만치'에 대한 다양한 해석

김동리	화자가 꽃의 바깥에 있다고 보고, 화자(인간)와 꽃(자연)의 거리가 '저만치'라는 시어 속에 집약되어 있다고 해석함. 이에 따라 '저만치'는 자연과 인간 사이에 놓인, 가 닿을 수 없는 숙명적 거리를 의미하며 주제는 자족적인 자연의 공간에 대한 향수와 그에 동화되고자 하는 갈망으로 봄.
서정주	화자와 꽃을 동일시하여 '저만치 혼자서' 피어 있는 꽃을 고고한 고독을 지닌 존재로 해석함. 이때 '저만치'는 겸양 및 수세(현재의 상태를 지키고자 하는 것) 또는 한적한 주변부를 선호하는 초연함을 의미하고 인간의 근원적 고독을 말하고자 하는 것으로 해석함.
김춘수	'꽃'은 자신의 능동적 의지 없이 순전히 외적인 힘에 의해 변화를 일으키는 자연, '새'는 자유 의지에 의해 주체적, 능동적으로 스스로를 창조해 가는 인간을 상징한다고 봄. '저만치'에는 자유 의지 때문에 오히려 괴로워 자연과 같은 존재가 되고 싶지만 그럴 수 없는 인간의 동경과 좌절의 정서가 함축되어 있다고 봄.
권영민	산에서 꽃이 피고 지는 것은 자연의 순환적인 질서이므로, 꽃이 '저만치' 혼자서 피고 지는 것은 당연한 자연의 섭리로 봄. 즉, 이 시는 단조로운 형식과 간명한 표현을 통해 자연의 순환과 질서를 보여 주고 있다고 해석함.

시어의 상징적 의미

산	꽃	새
• 시의 배경 • 꽃이 피고 지는 곳 • 자연의 세계	• 산에 저만치 홀로 피어 있는 존재 • 피고 지기를 반복하며 순환하는 존재(자연) • 화자가 동경하는 대상	• 꽃이 좋아 산에서 사는 존재 • 화자의 분신이자 외로움을 느끼는 존재 • 자연의 질서에 따라 살아가는 존재

자료실

민요조 서정시(민요시)

1920년대 민요의 정서와 운율을 계승하고자 했던 근대 시의 한 경향으로, 전통 사회에서 민중들에 의해 향유되었던 민요의 자질을 수용하면서 창작되었다. 민요와 공통적인 자질(전통적 율조, 반복적 표현, 소재의 지역성·향토성 등)을 가지면서도, 민족정신 혹은 민중 의식을 지닌 개인에 의해 창작된 시라는 점에서 민요와 구별된다.

함께 읽으면 좋은 작품

〈모란이 피기까지는〉, 김영랑 / 꽃이 피고 지는 자연 현상

〈모란이 피기까지는〉은 봄에 피는 화려한 꽃인 모란을 통해 소망에 대한 기다림을 표현한 작품이다. 〈산유화〉와 〈모란이 피기까지는〉은 꽃이 피고 지는 자연 현상이 나타난다는 점에서 유사하다. 그러나 〈모란이 피기까지는〉에서의 '모란'은 인생의 의미이자 보람을 의미하는 반면, 〈산유화〉에서 '꽃'은 산에 저만치 홀로 피어 있는 고독한 존재를 의미한다.

⏵ **Link** 본책 80쪽

키 포인트 체크

- **화자** 화자는 □□□□ 홀로 피어 있는 꽃을 □□하고 있다.
- **상황** 가을, 봄, 여름 동안 산에서는 꽃이 피고 지고 있으며 산에서 우는 □□는 꽃이 좋아서 산에서 살고 있다.
- **태도** 화자는 '-네'라는 □□□□를 사용하여 자신의 감정을 매우 □□하여 표현하고 있다.

내신 적중 多빈출

1 이 시에 대한 설명으로 적절하지 않은 것은?

① 느린 호흡으로 감정을 절제하여 표현하고 있다.
② 어구의 반복적 사용을 통해 운율을 형성하고 있다.
③ 시각적 이미지를 통해 존재의 역동성을 표현하고 있다.
④ 자연 현상을 통해 자연물의 존재 양상을 노래하고 있다.
⑤ 3음보의 독특한 시행 배열이 시의 의미를 강화하고 있다.

내신 적중

2 〈보기〉의 각 요소와 관련지은 이 시의 감상 내용으로 적절하지 않은 것은?

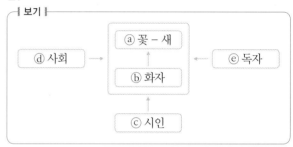

⎧ 보기 ⎫

ⓐ 꽃 – 새
ⓓ 사회 → ⓑ 화자 ← ⓔ 독자
ⓒ 시인

① ⓐ: '새'는 '꽃'을 좋아하지만, 꽃이 '저만치 혼자서' 피어 있어서 울고 있는 것 같아.
② ⓑ: 화자가 꽃의 바깥에 있다고 본다면, 자연에 동화되고자 하는 갈망을 그린 작품으로 볼 수 있어.
③ ⓒ: 시인이 살아가면서 경험한 인간의 근원적 고독감을 자연 현상에 빗대어 표현한 것 같아.
④ ⓓ: 자연을 파괴해 '꽃'과 '새'의 삶을 외롭고 쓸쓸하게 만든 현실을 비판하는 작품이야.
⑤ ⓔ: 내가 느꼈던 외로움의 원인을 알 수 있을 것 같아. '꽃'과 '새'처럼 결국 누구나 고독한 존재인 거지.

3 〈보기〉를 참고하여, 1연과 4연의 반복되는 호응 구조를 통해 드러내고자 하는 바를 쓰시오.

⎧ 보기 ⎫

꽃이 피네   ⟷   꽃이 지네
갈 봄 여름 없이

4 다음은 '저만치'라는 시어를 중심으로 이 시를 해석한 내용이다. 빈칸에 들어갈 알맞은 말을 쓰시오.

> 이 시에서 꽃은 '저만치' 떨어져 혼자 피어 있어. 더불어 꽃이 새에게서도 떨어져서 혼자 피어 있는 모습까지 보니 _____을/를 느꼈어.

009 진달래꽃 |김소월

키워드 체크 #애상적 #이별의 정한(情恨) #자기희생 #반어적 표현 #산화 공덕

문학 동아
국어 천재(박), 천재(이), 금성, 동아, 비상(박안), 비상(박영), 해냄

◎ 핵심 정리

갈래 자유시, 서정시
성격 전통적, 애상적, 민요적, 향토적
제재 임과의 이별
주제 승화된 이별의 정한(情恨)
특징 ① 이별의 상황을 가정하여 시상을 전개함.
② 3음보의 민요조 율격과 '−우리다'의 반복을 통해 운율을 형성함.
③ 여성적이고 간절한 어조를 띰.
출전 《개벽》(1922)

Q '진달래꽃'의 상징적 의미는?

이 시의 제목이자 중심 소재인 '진달래꽃'은 '두견화'라고도 하며, 설화와 연결되어 슬픔의 이미지를 드러낸다. 이 시에서도 '진달래꽃'은 단순한 자연물이 아니라, 임에 대한 화자의 헌신적 사랑을 형상화하기 위해 선택한 표상이자, 화자의 분신과도 같은 꽃이다. 즉, 화자의 아름답고 강렬한 사랑의 표상이자, 떠나는 임에 대한 원망과 슬픔의 표현이며, 끝까지 임에게 헌신하려는 화자의 순종을 상징하는 것이다.

☀ 시어 풀이

아름 두 팔을 벌려 껴안은 둘레의 길이.
즈려밟고 '지르밟다'의 방언형. 위에서 내리눌러 밟고.

❀ 시구 풀이

❶ **말없이 고이 보내 드리우리다** 임과의 이별을 묵묵하게 받아들이는 체념의 자세를 보여 주고 있지만, 화자의 내면에는 엄청난 고통이 있음을 강조하는 반어적 표현이다.

❷ **아름 따다 가실 길에 뿌리우리다** 임이 가시는 길에 임에 대한 화자의 정성과 사랑을 담은 꽃을 뿌려 가시는 길을 축복하겠다는 의미이다. 이것은 부처가 지나가는 길에 꽃을 뿌려 그 발길을 영화롭게 한다는 불교의 산화 공덕(散花功德)과 일맥상통한다.

❸ **가시는 걸음 걸음 ~ 즈려밟고 가시옵소서** '사뿐히'와 '즈려'라는 의미상으로 모순되는 두 시어를 사용하여 임에 대한 배려와 사랑을 표현한 부분이다. 화자의 분신이자 사랑의 표상인 '진달래꽃'이 다치거나 상하지 않기를 원하는 마음과 화자가 이별의 고통과 상처를 받을 것을 임이 알기를 바라는 마음이 역설적인 표현에 담겨 있다고 해석하기도 한다.

❹ **죽어도 아니 눈물 흘리우리다** 가시는 임이 나의 슬퍼하는 모습을 보고 마음이 상하실까 걱정스러워, 죽는 한이 있어도 눈물을 보이지 않겠다는 인고의 의지가 나타나 있다. 이처럼 애이불비(哀而不悲)의 자세가 나타난 것으로 볼 수도 있지만 임이 떠날 때 자신은 매우 슬퍼할 것이라는 의미를 내포한 반어적 표현으로 볼 수도 있다.

♟ 작가 소개

김소월(본책 44쪽 참고)

나 보기가 역겨워
가실 때에는
❶말없이 고이 보내 드리우리다

화자 몹시 싫어서
○: '−우리다'의 반복을 통한 리듬감 형성
이별의 상황 가정

▶ 1연: 이별의 상황에 대한 체념(기)

『영변에 약산
영변: 평안북도의 한 지명, 향토성 부여
진달래꽃』
『 』: 임에 대한 화자의 정성과 사랑을 향토적이고 구체적인 이미지로 표현
영변의 서쪽에 있는 산. 관서팔경(關西八景)의 하나이며, 진달래가 곱기로 유명함.
❷아름 따다 가실 길에 뿌리우리다
임에 대한 사랑과 정성의 시각화
《도솔가》에 나타나는 산화 공덕(散花功德) 의식과 연결

▶ 2연: 떠나는 임에 대한 축복(승)

수미 상관: ① 의지의 강조 ② 형태적 안정감 획득

❸가시는 걸음걸음

놓인 그 꽃을
사뿐히 즈려밟고 가시옵소서
시적 화자의 분신
자기희생을 통해 이별의 정한을 숭고한 사랑으로 승화함. 가지 말라는 만류의 우회적 표현으로 볼 수도 있음.

▶ 3연: 원망을 초극한 희생적 사랑(전)

나 보기가 역겨워
가실 때에는
(ㄱ)❹죽어도 아니 눈물 흘리우리다
① 떠나는 임에 대한 배려의 태도, 애이불비(哀而不悲)의 자세
② 반어적 표현

▶ 4연: 인고의 의지로 이별의 정한 극복(결)

이해와 감상

이 시는 이별을 가정한 상황을 바탕으로 내용을 전개하고 있다. 1연에서 화자는 자신을 버리고 떠나가는 임을 원망하지 않고 보내 드리겠다는 체념의 자세를 보여 준다. 이는 운율의 배치를 통해 효과적으로 드러나는데 1행과 2행은 각각 2음보, 1음보로 구성되어 천천히 읽힘으로써 임을 떠나보내는 고뇌에 찬 마음이 드러나는 반면, 3행은 3음보로 구성되어 단숨에 읽힘으로써 화자의 결단이 느껴진다. 2연에서는 더 나아가 떠나는 임의 앞길에 진달래꽃을 한 아름 뿌리겠다고 노래하는데, 이는 이별을 견디고 수용하는 차원을 넘어 임에 대한 축복의 자세를 보여 준다. 3연에서는 떠나는 임에게 자신이 뿌린 꽃을 사뿐히 짓밟고 가라고 한다. '진달래꽃'이 화자의 분신임을 고려할 때, 임에 대한 자신의 사랑을 전하고 임을 위해 희생하려는 태도를 드러내는 표현으로 볼 수 있다. 4연은 1연의 점층적 반복으로 수미 상관의 형식을 이루고 있다. 눈물을 흘릴 수밖에 없는 상황이지만 떠나는 임이 편안하게 떠날 수 있도록 배려하겠다는 의미로, 임과의 이별에서 오는 슬픔의 절제와 인종(忍從)의 자세를 보여 주고 있다.

화자 — 진달래꽃 — 떠나는 임

화자의 희생을 통해 승화된 이별의 정한

작품 연구소

이 시의 심층적 의미

	표면적 의미	심층적 의미
1연	이별의 상황에 대한 체념과 순응	엄청난 고통의 반어적 표현
2연	임에 대한 축복	원망과 미련의 표현, 가지 말라는 만류
3연	원망을 초극한 희생적 사랑	죄책감의 자극을 통한 이별의 만류
4연	인고의 의지	슬픔과 충격의 반어적 표현

이 시의 형태와 율격

- 자유시로서 7·5조의 3음보 율격을 바탕으로 하고 있다.
- 각 연이 1행 2음보, 2행 1음보, 3행 3음보로 행에 따른 호흡의 속도를 다르게 함으로써 리듬에 변화를 주고 있다.
- 종결 어미 '−우리다'의 반복을 통해 음악적 리듬감을 형성하고 있다.
- 수미 상관의 구조를 통해 주제를 강조하고, 구성의 안정감을 주고 있다.

〈가시리〉, 〈서경별곡〉, 〈진달래꽃〉의 비교

		가시리	서경별곡	진달래꽃
공통점	상황	사랑하는 사람과의 이별		
	주제	이별의 슬픔		
	운율	3음보		
	어조	여성적 어조		
차이점	화자의 태도	이별의 상황을 수용하지만 임이 돌아오기를 끝까지 기다리겠다는 의지적 태도를 보임.	이별을 거부하려는 의사를 직접적으로 표출하며, 적극적인 태도를 보임.	이별의 상황을 수용하고 슬픔을 인내하겠다는 소극적이고 순종적인 태도를 보임.

자료실

〈진달래꽃〉에 드러난 문학적 전통

〈진달래꽃〉은 김소월의 대표작으로, 이별의 슬픔을 인종의 의지로 극복해 내는 여성 화자를 설정하여 이별의 정한이라는 문학적 전통을 계승하고 있다. 고대 가요인 〈공무도하가(公無渡河歌)〉, 고려 가요인 〈가시리〉, 〈서경별곡(西京別曲)〉, 조선 시대의 황진이 시조, 민요 〈아리랑〉으로 이어지는 우리 민족의 전통 정서와 맥을 잇고 있는 것이다. 또, 꽃을 뿌리는 행위는 향가 〈도솔가〉의 '산화 공덕(散花功德)'과 관련 지을 수 있다.

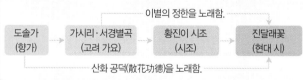

함께 읽으면 좋은 작품

〈님의 침묵〉, 한용운 / 이별의 상황

〈님의 침묵〉은 임과의 이별을 새로운 만남에 대한 희망으로 전환하여 노래하고 있는 작품이다. 〈진달래꽃〉과 〈님의 침묵〉은 공통적으로 임과의 이별을 시적 상황으로 삼고 있다. 하지만 〈님의 침묵〉은 불교의 역설적 진리를 통해 이별의 슬픔을 극복하고 임에 대한 영원한 사랑을 다짐하는 반면, 〈진달래꽃〉은 화자의 헌신적 사랑을 상징하는 진달래꽃을 뿌리며 임과의 이별에서 오는 슬픔을 참고 견디는 인종의 자세를 보여 준다.

Link 본책 58쪽

키 포인트 체크

- **화자** ☐☐☐☐을 통해 이별의 정한을 숭고한 사랑으로 ☐☐하고 있다.
- **상황** 사랑하는 사람이 자신을 버리고 떠나는 ☐☐의 상황을 ☐☐하고 있다.
- **태도** 표면적으로는 이별의 상황에 ☐☐하고 있으나 ☐☐☐ 표현을 활용하여 임이 떠나는 것을 만류하고 있다.

중요 기출

1 이 시의 표현상의 특징과 효과로 적절하지 <u>않은</u> 것은?

① 종결 어미 '−우리다'를 반복하여 리듬감을 살렸다.
② 각 연을 3행으로 배열하여 형태적 안정감을 얻었다.
③ 반어법을 사용하여 임에 대한 화자의 심정을 드러냈다.
④ 유사한 시구를 처음과 끝에 반복하여 주제를 강조했다.
⑤ 청각적 이미지로 시적 화자의 정서를 생동감 있게 드러냈다.

2 이 시와 〈보기〉의 공통점으로 적절하지 <u>않은</u> 것은?

┤ 보기 ├

서경(西京)이 아즐가 서경이 셔울히 마르는
위 두어렁셩 두어렁셩 다링디리 //
닷곤디 아즐가 닷곤디 쇼셩경 고외마른
위 두어렁셩 두어렁셩 다링디리 //
여히므론 아즐가 여히므론 질삼뵈 ᄇ리시고
위 두어렁셩 두어렁셩 다링디리 //
괴시란디 아즐가 괴시란디 우러곰 좃니노이다.
위 두어렁셩 두어렁셩 다링디리 //

– 작자 미상, 〈서경별곡〉

① 3음보의 율격
② 여성적 어조
③ 인종(忍從)의 자세
④ 이별의 정한(情恨)
⑤ 슬픔과 안타까움의 정서

내신 적중

3 ㉠에 대한 설명으로 적절하지 <u>않은</u> 것은?

① 감정을 고도로 절제하여 표현하고 있다.
② 도치법을 사용하여 의미를 강조하고 있다.
③ 임이 떠나지 않기를 바라는 마음이 담겨 있다.
④ 상황과 모순되는 역설적 표현을 사용하고 있다.
⑤ 이별의 정한을 사랑으로 승화시키려는 의지가 나타나 있다.

4 이 시와 〈보기〉에서 표면적으로 드러나는 화자의 태도를 비교하여 쓰시오.

┤ 보기 ├

아리랑 아리랑 아라리요 / 아리랑 고개를 넘어간다.
나를 버리고 가시는 임은 / 십 리도 못 가서 발병 난다.

– 작자 미상, 〈아리랑〉

010 초혼(招魂) |김소월

키워드 체크 #애상적 #전통 장례 의식 #망부석 설화 #감정 이입 #임의 죽음

문학 미래엔

◎ 핵심 정리
갈래 자유시, 서정시
성격 서정적, 전통적, 민요적, 격정적, 애상적
제재 임의 죽음
주제 임의 죽음으로 인한 슬픔과 임에 대한 그리움
특징 ① 반복과 영탄을 통한 격정적 어조를 사용함.
② 민요조의 3음보 율격을 사용함.
③ 전통적 장례 의식과 망부석 설화를 소재로 함.
출전 《진달래꽃》(1925)

Q 시간적·공간적 배경의 의미는?
이 시는 '붉은 해'가 '서산마루에 걸린' 저녁을 시간적 배경으로, '떨어져 나가 앉은 산 위'를 공간적 배경으로 한다. 사랑하는 사람과 사별한 시적 상황을 고려할 때, 저녁 시간은 삶과 죽음의 경계를, 산이 멀리 떨어져 나가 앉은 것은 단절을 의미하는 것으로 볼 수 있다.

☀ 시어 풀이
헤어진 따로따로 흩어지거나 떨어진.
겹도록 감정이 동하여 억제할 수 없으리만치.

❀ 시구 풀이
❶산산이 부서진 ~ 주인 없는 이름이여! 이름이 부서지고 흩어지고 불러도 주인이 없다는 것은 그 이름에 대응하는 대상이 더 이상 존재하지 않음을 의미한다. 즉, 이름의 주인인 임의 죽음을 암시하는 표현이다.
❷붉은 해는 서산마루에 ~ 이름을 부르노라. 낮과 밤의 경계인 해 질 무렵은 삶과 죽음의 경계를 상징한다. '사슴의 무리'가 슬피 우는 것은 화자의 감정 이입에 의한 표현이며, '떨어져 나가 앉은 산'은 삶과 죽음의 단절로 인한 임과의 거리감을 나타낸다. '산 위'는 임이 있는 곳과 가까운 공간으로 임에 대한 간절한 화자의 마음을 보여 준다.
❸부르는 소리는 ~ 사이가 너무 넓구나. 하늘과 땅 사이의 거리는 저승과 이승, 죽은 자와 산 자 사이의 거리를 의미한다. 이 거리가 너무도 멀어 임을 부르는 화자의 소리가 들리지 않는다는 표현에는 임과의 거리를 확인한 화자의 절망감이 나타난다.
❹선 채로 이 자리에 ~ 내가 죽을 이름이여! 망부석 설화와 관련된 표현으로, '부르다가 내가 죽을'이라는 극단적인 표현과 함께, 임이 돌아 올 수 없음을 알고 있지만 계속 임을 부르겠노라는 화자의 의지가 슬픔과 안타까움을 더욱 심화시킨다.

⚲ 작가 소개
김소월(본책 44쪽 참고)

---

❶산산이 부서진 이름이여!
『 』: 임의 죽음을 암시함. 영탄법
허공중에 **헤어진** 이름이여!
불러도 주인 없는 이름이여!
역설적 표현
부르다가 내가 죽을 이름이여!
임을 잃은 슬픔의 크기를 드러냄.
▶ 1연: 임의 부재에 대한 슬픔과 절규

심중(心中)에 남아 있는 말 한마디는 ┐ 고백하지 못한 사랑에 대한 안타까움
못다 한 사랑의 고백
끝끝내 마저 하지 못하였구나. ┘
사랑하던 그 사람이여! ┐
□: 반복을 통해 그리움과 안타까움, 슬픔을 강조함.
사랑하던 그 사람이여! ┘
▶ 2연: 사랑을 고백하지 못한 안타까움

『 』: ① 시간적 배경이 '저녁'임을 드러냄. ② 저녁 – 삶과 죽음의 경계를 의미하는 시간
㉠**❷붉은 해는 서산마루에 걸리었다.**『
ⓐ**사슴의 무리도 슬피 운다.**
감정 이입
떨어져 나가 앉은 산 위에서
① 공간적 배경 ② 화자의 고립감 및 죽은 임과의 거리감, 단절감을 의미하는 공간
나는 그대의 이름을 부르노라.
▶ 3연: 영원한 이별로 인한 무력감과 좌절감

설움에 겹도록 부르노라.
화자의 정서의 직접 제시
설움에 겹도록 부르노라.
❸부르는 소리는 비껴가지만
㉡하늘과 땅 사이가 너무 넓구나.
화자가 인식하는 저승과 이승의 거리감 표현
▶ 4연: 삶과 죽음 사이의 절망적 거리감

❹선 채로 이 자리에 ⓑ돌이 되어도
그리움과 한의 응결체, 망부석 설화와 관련이 있음.
부르다가 내가 죽을 이름이여!
극단적 표현 – 임을 향한 그리움과 사랑의 강조
사랑하던 그 사람이여!
사랑하던 그 사람이여!
▶ 5연: 처절한 슬픔과 임을 향한 그리움

이해와 감상

이 시는 '초혼(招魂)'이라는 전통 의식을 통해 사랑하는 사람의 죽음을 마주한 인간의 극한적 슬픔을 격정적으로 표출하고 있다.

1연에서 화자는 죽은 임에 대한 그리움으로 처절하게 임을 부르고 있지만, 임은 더 이상 이 세상에 존재하지 않아서 아무리 불러도 대답이 없다. 2연에서는 화자의 슬픔이 임의 죽음에서 오는 충격 때문만이 아니라 임이 살아 있는 동안에 임에 대한 사랑을 미처 고백하지 못한 안타까움 때문이라는 것이 드러난다. 3연에서 화자는 낮으로 상징되는 삶과 밤으로 상징되는 죽음의 경계에서 이름만 부르고 있을 수밖에 없는 자신의 존재에 대한 무력감과 좌절감, 허탈감을 아울러 표현하고 있다. 4연에서도 화자는 여전히 죽은 이를 부른다. 하지만 죽음의 세계와 삶의 세계의 거리는 목소리의 크기로 극복할 수 있는 물리적 공간이 아니다. 이러한 거리감은 화자가 느끼는 절망의 깊이를 보여 준다. 5연에서 화자는 그래도 영원히 그의 이름을 부르며 기억하고 사랑하리라고 다짐한다. 가슴속 한이 응어리져 자신의 몸이 돌이 될지라도 임을 잊을 수 없기 때문이다.

하늘(죽음)	사랑하던 그 사람
임에 대한 간절한 그리움	
땅(삶)	화자

⌂ 작품 연구소

화자의 정서

이 시는 <u>초혼이라는 장례 의식을 소재</u>로 화자의 슬픔을 격정적으로 표현하고 있다. 즉, 화자는 사랑했지만 지금은 죽고 없는 임을 그리워하며 화자의 처절한 슬픔과 절망적인 심정을 격정적인 어조로 드러내고 있다. 사랑하는 사람의 죽음 앞에서 감정을 절제할 수 없는 화자의 아픔은 '설움'이라는 시어를 통해 직접 드러나기도 하고, '사슴의 무리'에 감정이 이입되어 나타나기도 한다. 영탄과 반복의 표현 방법 역시 화자의 슬픔을 직접적이고 강렬하게 표현하는 역할을 한다.

'돌'이 지니는 의미

이 시에서 '돌'은 한 여인이 돌아오지 않는 남편을 기다리다 돌이 되었다는 망부석 설화와 관련이 있다. 임의 죽음으로 인한 이별 상황에서 임을 애타게 부르고, 기다리며, 만나지 못하는 설움과 만나고 싶은 소망의 극

| 영원한 사랑의 의지 |
| 돌 |
| 그리움과 한의 응결체 |

한이 '돌이 되어도'라는 표현으로 응축된 것이다. 즉, '돌'은 화자의 응어리진 슬픔, 한의 응결체 또는 <u>임의 죽음에도 자신의 사랑은 영원하다는 화자의 의지의 표현</u>이다.

이 시와 한국 문학의 전통

〈초혼〉은 전통 시가의 형식을 계승하고 있으면서, 우리 민족의 보편적 정서를 담고 있기 때문에 한국 문학의 전통성을 잘 살린 작품으로 평가받고 있다.

전통 시가의 형식	민족의 보편적 정서	민중적 소재
오랜 세월 동안 민족 정서의 가락이 되어 온 3음보의 민요조 운율로 이루어짐.	민족의 설움과 한(恨)의 정서를 주제로 함.	'망부석 설화'나 장례 의식 '초혼'과 같은, 설화나 민속과 관련된 소재를 활용함.

↓

내용이나 형식 면에서 민족적 보편성이 드러남.

자료실

〈초혼(招魂)〉의 문화적 배경 – 고복 의식(皐復儀式)

고복 의식이란 사람이 죽었을 때, 그 사람이 살아 있는 동안 입던 저고리를 왼손에 들고 오른손은 허리에 대고 지붕이나 마당에서 '아무 동네 아무개 복(復)'하고 세 번 부르는 행위이다. 이는 죽은 이의 혼을 불러 그를 되살리려는 마음을 표현한 것이라고 할 수 있는데, 죽은 사람이 살아날 수는 없는 것이니 땅에 묻어야 하는 슬픔과 허탈감에서 나오는 마지막 몸부림일 것이다.

고복 의식에서 죽은 이를 부르는 행위가 '초혼(招魂)'이다. 이 작품이 실제의 고복 의식을 형상화한 것은 아니지만, 사랑하는 사람을 잃은 슬픔과 허탈감, 절망감으로 절규하는 화자의 심정은 고복 의식과 다를 것이 없으므로 '초혼(招魂)'이라는 제목을 붙인 것이다.

📖 함께 읽으면 좋은 작품

〈강우〉, 김춘수 / 사별한 이에 대한 그리움

〈강우〉는 아내의 죽음으로 인한 화자의 슬픔과 절망감을 노래한 작품이다. 〈초혼〉과 〈강우〉에는 사랑하는 사람의 죽음으로 인한 슬픔과 그리움의 정서가 공통적으로 드러난다. 〈초혼〉은 영원히 그의 이름을 부르겠다는 화자의 의지를 반복과 영탄을 통해 격정적으로 드러내는 반면, 〈강우〉는 퍼붓는 비를 보며 아내의 죽음에 절망하고 체념하는 태도를 드러낸다. Link 본책 366쪽

키 포인트 체크

화자 화자는 □□□□ □□□인 '사슴'에게 자신의 감정을 이입하고 있다.

상황 임의 □□을 겪으면서 이별의 아픔과 임에 대한 □□을 드러내고 있다.

태도 '□'이라는 시어를 통해 임의 죽음에도 자신의 사랑은 영원하다는 강한 의지를 드러내고 있다.

내신 적중

1 이 시의 화자에 대한 설명으로 적절하지 <u>않은</u> 것은?

① 대상과의 거리를 인식하고 있다.
② 격정적인 어조로 감정을 표출하고 있다.
③ 재회에 대한 희망으로 슬픔을 극복하고 있다.
④ 부재하는 대상에 대한 간절한 그리움을 드러내고 있다.
⑤ 장례 절차의 일부를 소재로 하여 화자의 정서를 표현하고 있다.

중요 기출 고난도

2 ⓐ와 ⓑ에 대한 이해로 가장 적절한 것은?

① ⓐ와 ⓑ는 모두 우리나라의 설화와 관련이 있는 소재이다.
② ⓐ와 ⓑ는 모두 임에 대한 화자의 영원한 사랑을 다짐하는 소재이다.
③ ⓐ는 대상에 대한 화자의 아쉬움을, ⓑ는 대상에 대한 화자의 만족감을 드러내고 있다.
④ ⓐ는 화자의 감정을 이입한 소재이고, ⓑ는 화자의 의지를 강조하는 역할을 하는 소재이다.
⑤ ⓐ는 화자와 임과의 거리감을 강조하고, ⓑ는 임의 부재로 인한 화자의 절망감을 강조하는 역할을 하고 있다.

3 ㉠의 시간적 배경에 대한 설명으로 가장 적절한 것은?

① 화자가 지향하는 이상적인 세계를 상징한다.
② 화자가 인생의 황혼기에 접어들었음을 보여 준다.
③ 사랑하던 사람이 세상을 떠난 시간이 저녁임을 의미한다.
④ 하루가 지나는 것처럼 이별의 슬픔도 사라질 것을 암시한다.
⑤ 삶과 죽음의 경계에서 안타까워하는 화자의 상황과 연결된다.

4 ㉡의 시적 의미에 대하여 쓰시오.

5 이 시가 한국 문학의 전통을 계승했다고 평가할 수 있는 특징을 쓰시오.

> **조건**
> 1. 형식과 정서의 특징을 각각 한 가지씩 제시할 것
> 2. 완결된 한 문장으로 쓸 것

011

봄은 고양이로다 | 이장희

문학 금성

🎯 핵심 정리
갈래 자유시, 서정시
성격 감각적, 즉물적
제재 봄, 고양이
주제 고양이의 모습을 통해 드러나는 봄의 분위기
특징 ① 각 연이 유사한 통사 구조로 이루어짐.
② 의미 전달보다는 대상의 이미지 전달을 중시함.
③ '-도다', '-아라'와 같은 말을 반복하여 리듬감을 형성함.
④ 정적인 이미지(1, 3연)와 동적인 이미지(2, 4연)를 대칭시킴.
출전 《금성》(1924)

Q 제목에 나타나는 표현법은?
이 시에서는 대체로 직유법이 사용되었다. 그런데 제목을 살펴보면 '봄=고양이'라고 하여 은유를 통해 봄의 다양한 속성을 떠올리도록 하고 있다.

🔆 시어 풀이
어리우도다 '어리다'의 감탄형. 어떤 현상, 기운, 추억 따위가 배어 있거나 은근히 드러나다.
호동그란 '회동그랗다'의 경북 방언. 크게 뜬 눈이 동그란.

🐾 시구 풀이
❶ **꽃가루와 같이 ~ 향기가 어리우도다.** 고양이의 털을 꽃가루에 비유하여 고운 봄의 향기와 관련시키고 있다.
❷ **금방울과 같이 ~ 불길이 흐르도다.** 봄의 생명력과 생동감을 고양이의 강렬한 눈빛에 비유하고 있다. 동적인 이미지가 강조되는 부분이다.
❸ **고요히 다물은 ~ 졸음이 떠돌아라.** 봄날의 나른함을 졸고 있는 고양이의 모습에 비유하고 있다.
❹ **날카롭게 쭉 ~ 생기가 뛰놀아라.** 3연과 대조되는 부분으로, 봄의 생기를 고양이의 날카로운 수염에 비유하여 표현하고 있다.

👤 작가 소개
이장희(1900∼1929)
시인. 1924년 〈청천(靑天)의 유방(乳房)〉, 〈실바람 지나간 뒤〉를 《금성》에 발표하면서 등단하였다. 작품은 많이 남기지 않았으나, 주로 깊은 감성으로 섬세한 감각과 심미적인 이미지를 사용하여 시를 썼다. 대표작으로 〈봄은 고양이로다〉, 〈하일소경(夏日小景)〉 등이 있다.

---

❶꽃가루와 같이 부드러운 고양이의 털에
　　　직유법　　　　　　　　　촉각적 이미지
고운 봄의 향기가 ˚어리우도다.
후각적 이미지　　　　　　□: 영탄적 어미의 반복 – 각운(운율) 형성
▶ 1연: 봄의 고운 향기(정적)

❷금방울과 같이 ˚호동그란 고양이의 눈에
　　　직유법
미친 봄의 불길이 흐르도다.
시각적 이미지, 역동적
▶ 2연: 봄의 생명력(동적)

❸고요히 다물은 고양이의 입술에
　　　청각적, 시각적 이미지
포근한 봄 졸음이 떠돌아라.
촉각적 이미지
▶ 3연: 봄의 포근함(정적)

❹날카롭게 쭉 뻗은 고양이의 수염에
　　　시각적 이미지
푸른 봄의 생기가 뛰놀아라.
시각적 이미지　　역동성
▶ 4연: 봄의 생기(동적)

이해와 감상

　이 시는 일반적으로 꽃과 같은 자연물로 표현되던 봄의 모습을, 고양이를 통해 새로운 감각으로 잘 표현하고 있다. 봄과 고양이의 유사점을 감각적 연상에 의해 한 가지씩 포착해 내어 은유를 활용해 봄과 고양이를 하나로 만든 것이다. 그래서 봄을 통해 고양이를 노래한 것인지 고양이를 통해 봄을 노래한 것인지 얼핏 구별이 되지 않을 정도이다.

봄의 향기		봄의 불길
고양이의 털		고양이의 눈
	봄의 감각	
봄의 졸음		봄의 생기
고양이의 입술		고양이의 수염

　고양이를 치밀하고 날카롭게 관찰하여 고양이의 특징적 부분인 '털', '눈', '입술', '수염'에 각각 봄의 특징적 이미지들을 대입시켜 봄의 '향기', '불길', '졸음', '생기'를 표현하고 있다. 또한 각 연에 '-도다', '-아라' 등의 반복적인 영탄조 어미를 사용하여 음악적 효과도 살리고 있다.
　이 시는 1, 2연과 3, 4연이 각각 유사한 통사 구조로 이루어져 있으며, 음수율도 거의 동일하다. 그런데 그 이미지는 서로 대조적이다. 1연과 3연은 곱고 부드러운 여성적 어조를 바탕으로 한 정적(靜的) 이미지로 구성된 반면, 2연과 4연은 다소 거칠고 과격한 동적(動的) 이미지로 구성되어 있다.

🏠 작품 연구소

'봄'(원관념)과 '고양이'(보조 관념)의 연관성

원관념 : 보조 관념	공통점
꽃가루 : 고양이의 털	부드럽다.
금방울 : 고양이의 눈	동그랗다.
봄 : 고양이	곱고 부드러우며 생기가 있다.

시상 전개

1연		2연		3연		4연
봄의 향기	→	봄의 불길	→	봄의 졸음	→	봄의 생기
고양이의 털		고양이의 눈		고양이의 입술		고양이의 수염
정적 이미지		동적 이미지		정적 이미지		동적 이미지

이 시의 문학사적 의의와 작가의 시 세계

이 시는 다분히 보들레르와 같은 발상법을 바탕으로 하고 있는데 '고양이'라는 한 생물이 예리한 감각으로 조형되어 생생한 감각미를 보이고 있다. 이 시는 작자의 순수지각(純粹知覺)에서 포착된 대상인 고양이를 통해서 봄이 주는 감각을 집약적으로 표현하고 있다.

1920년대 초반의 시단은 퇴폐주의·낭만주의·자연주의·상징주의 등 서구 문예사조에 온통 휩싸여 퇴폐성이나 감상성이 지나치게 노출되어 있었음에도 불구하고, 그의 시는 섬세한 감각과 이미지의 조형성을 보여 주고 있다. 바로 뒤를 이어 활동한 정지용과 함께 한국시사에서 새로운 시적 경지를 개척하였다.

– 《한국민족문화대백과사전》

관념 속의 고양이

이 시의 '고양이'는 눈앞에 실재하는 고양이가 아니라 고양이에 대한 경험이 집적된 관념의 산물이다. 4개 연의 내용을 살펴보면 동일한 시간과 장소에서 쓰인 것이 아니라는 점을 알 수 있다. 호동그란 '미친 봄의 불길'이 흐르는 눈을 가진 고양이와 졸음에 겨운 상태인 고양이가 같은 시간에 관찰된 고양이라고 볼 수 없기 때문이다. 즉 각각의 연들은 현재의 시점에서 보이는 대상을 객관적으로 묘사한 것이 아니라, 고양이에 대한 직간접적인 경험들을 4개의 연으로 나누어 배치한 것이다.

– 문혜원, 〈이장희 시에 나타나는 이미지의 특징과 기능〉 요약

자료실

즉물적 표현

이 작품을 읽는 데에는 무엇보다 감각이 중요하다. 시인은 특이하게도 고양이를 통해 봄을 노래하였는데, 봄의 향기, 생명력, 나른함 등을 고양이의 특징적 모습과 결부시킨 관찰이 매우 미묘하고도 신선한 감각을 일으킨다. 이런 것을 가리켜 즉물적(卽物的)이라 하는데, 이 말은 어떤 의미라고 할 만한 것이 희박한 대신 사물의 감각적 모습이 뚜렷하다는 뜻이다. – 김흥규, 《한국 현대 시를 찾아서》

📖 함께 읽으면 좋은 작품

〈데생〉, 김광균 / 한 폭의 그림을 보는 듯한 시

황혼녘의 지평선을 배경으로 한 모습과 하늘, 구름, 땅 위의 풍경을 이미지를 통해 드러낸 작품이다. 〈데생〉은 회화적이며 감각적으로 이미지를 드러냈다는 점에서는 〈봄은 고양이로다〉와 유사하지만, 외롭고 쓸쓸함이라는 감정까지 함께 드러낸다는 점에서는 차이가 있다.

🔑 포인트 체크

화자 다양한 비유적 표현을 이용하여 봄에 대한 느낌과 정서를 ☐☐☐으로 표현하고 있다.

상황 봄을 맞이하여 봄의 향기, 봄의 생명력 등을 느끼고 이를 ☐☐☐☐의 모습과 연결 지어 묘사하고 있다.

태도 생기 있는 봄을 맞이하여 봄에 대해 느끼는 감정을 ☐☐☐으로 표현하고 있다.

내신 적중 多빈출

1 이 시에 대한 설명으로 적절하지 않은 것은?

① 각 연이 비슷한 통사 구조를 가지고 있다.
② 특정한 어미가 반복되어 리듬감을 주고 있다.
③ 사상보다는 대상의 감각적 묘사에 주력하고 있다.
④ 화자의 주관적 감정이 직접적으로 표출되어 있다.
⑤ 정적인 이미지와 동적인 이미지가 조화를 이루고 있다.

2 〈보기〉를 바탕으로 이 시를 감상한 내용으로 적절하지 않은 것은?

| 보기 |

심상은 시적 형상의 기본으로 시의 주제나 시인의 정서를 표현하는 중요한 언어적 장치다. 독자들은 언어적 형상에서 심상을 찾아내고 이 심상이 궁극적으로 나타내고자 하는 바를 중심으로 감상하게 된다. 그리고 독자에게 수용되는 과정에서 심상은 시각이나 촉각, 청각과 같은 구체적인 형상으로 반응된다.

① '고양이의 털'을 부드럽다고 하며 촉각적 이미지를 표현하고 있군.
② '봄의 향기'를 곱다고 하며 후각을 촉각적으로 표현하고 있군.
③ '고양이의 눈'을 금방울과 같다고 하며 구체적 형상을 드러내고 있군.
④ '봄의 불길'이 미쳤다고 표현하여 봄의 역동성을 나타내고 있군.
⑤ '봄의 생기'가 푸르다고 표현하여 차가운 봄바람을 나타내고 있군.

내신 적중

3 이 시와 제목에 나타난 표현 방법이 사용되지 않은 것은?

① 책상 위에 지우개 가루만 소복이 쌓인다 / 그 속에 사금처럼 시가 반짝이고 있다.
② 구부러진 하천에 물고기가 많이 모여 살 듯이 / 들꽃도 많이 피고 별도 많이 뜨는 구부러진 길
③ 판잣집 유리창에 / 아이들 얼굴이 / 불타는 해바라기마냥 걸려 있다.
④ 누나의 얼굴은 해바라기 얼굴 / 해가 금방 뜨자 일터에 간다.
⑤ 달 보시고 어머니가 한마디 하면 / 대수풀에 올빼미도 덩달아 웃고 / 달님도 소리내어 깔깔거렸네.

4 이 시에 나타나는 이미지의 차이에 따라 1·3연과 2·4연으로 구별할 때 각각의 특성을 쓰시오.

012 님의 침묵 |한용운

문학 미래엔, 지학사
국어 미래엔

🎯 핵심 정리
갈래 자유시, 서정시
성격 낭만적, 상징적, 의지적, 역설적
제재 임과의 이별
주제 임에 대한 영원한 사랑
특징 ① 역설적 표현을 통해 주제를 부각함.
② 불교적 비유와 고도의 상징이 돋보임.
③ 여성적 어조와 경어체를 사용함.
출전 《님의 침묵》(1926)

Q 이 부분을 통해 알 수 있는 화자의 태도는?

'님은 갔지마는 나는 님을 보내지 아니하였습니다'는 역설적인 표현으로, 실제로는 임이 떠났지만 마음속으로는 임을 떠나보내지 않았다는 의미이다. 즉, 화자는 임을 사랑하는 변함없는 마음으로 이별 상황을 극복하고 있으며, 영원한 사랑에 대한 믿음을 다짐하고 있다.

💡 시어 풀이
깨치고 '깨뜨리고'의 사투리.
지침 ① 시계나 나침반 따위에 붙어 있는 바늘. ② 생활이나 행동 따위의 지도적 방법이나 방향을 인도하여 주는 준칙.
정수박이 '정수리'의 사투리. 머리 위에 숨구멍이 있는 자리.

🔖 시구 풀이
❶ **님은 갔습니다. ~ 님은 갔습니다.** 이별의 상황을 직접적으로 제시하고, 영탄법과 반복법을 사용하여 이별에 대한 화자의 충격을 드러내고 있다.
❷ **그러나 이별을 ~ 정수박이에 들어부었습니다.** 시상의 전환이 이루어지는 부분이다. 임이 부재하는 상황을 슬퍼만 하는 것은 임에 대한 사랑을 깨뜨리는 일이 되므로, 화자는 슬픔을 새로운 희망으로 전환하여 새 출발의 원천으로 삼겠다는 의지를 밝히고 있다.
❸ **우리는 만날 때에 ~ 만날 것을 믿습니다.** 불교의 윤회 사상을 바탕으로 한 '회자정리 거자필반(會者定離 去者必返)'의 의미가 반영된 구절로, 임과의 재회를 확신하고 있는 표현이다.

👤 작가 소개

한용운(韓龍雲, 1879~1944) 시인·승려·독립운동가. 호는 만해(萬海). 충남 홍성 출생. 1918년 불교 잡지 《유심(惟心)》에 시 〈심(心)〉을 발표하여 문단에 등단하였다. 불교 사상을 바탕으로 철학적 사색과 신비적 명상 세계를 형상화한 철학적·종교적 연가풍의 시를 주로 썼다. 시집 《님의 침묵》(1926) 외에 《조선 불교 유신론》, 《불교 대전》 등의 저서를 남겼다.

---

❶ 님은 갔습니다. 아아 사랑하는 나의 님은 갔습니다.
_{그리움의 대상(연인, 조국, 민족, 부처 등)}
_{임이 떠난 것에 대한 절망과 충격(영탄법)} _{'-ㅂ니다'라는 유사한 종결 어미의 반복을 통한 운율의 형성}
푸른 산빛을 •깨치고 단풍나무 숲을 향하여 난 작은 길을 걸어서 차마 떨치고 갔습니다.
_{미래에 대한 희망 ─ 대조적 이미지 ─ 절망, 조락} _{이별이 쉽지 않음.}
황금의 꽃같이 굳고 빛나던 옛 맹세는 차디찬 티끌이 되어서 한숨의 미풍(微風)에 날아
_{영원한 사랑의 약속 ─ 대조적 이미지 ─ 허무, 보잘것없는 존재} _{약하게 부는 바람}
갔습니다.
날카로운 첫 키스의 추억은 나의 운명의 •지침(指針)을 돌려놓고, 뒷걸음쳐서 사라졌습
_{임과 만난 순간의 황홀함 ─ 감각적 형상화} _{삶의 방향}
니다. ▶ 1~4행: 이별의 상황(기)

나는 향기로운 님의 말소리에 귀먹고, 꽃다운 님의 얼굴에 눈멀었습니다.
_{임의 절대성(역설법, 대구법)}
사랑도 사람의 일이라, 만날 때에 미리 떠날 것을 염려하고 경계하지 아니한 것은 아니
_{세속적 세계에서 벌어지는 사건}
지만, 이별은 뜻밖의 일이 되고 놀란 가슴은 새로운 슬픔에 터집니다.
_{추상적인 감정을 시각적으로 형상화함.} ▶ 5~6행: 이별 후의 고통과 슬픔(승)
❷ 그러나 이별을 쓸데없는 눈물의 원천을 만들고 마는 것은 스스로 사랑을 깨치는 것인
_{시상의 전환} _{희망으로 전환하게 되는 이유}
줄 아는 까닭에 걷잡을 수 없는 슬픔의 힘을 옮겨서 새 희망의 •정수박이에 들어부었습니
_{슬픔을 새로운 희망으로 전환시켜 새 출발의 힘이 되도록 함.}
다.
❸ 우리는 만날 때에 떠날 것을 염려하는 것과 같이, 떠날 때에 다시 만날 것을 믿습니다.
_{거자필반(去者必返)}
_{회자정리(會者定離)} ▶ 7~8행: 고통과 슬픔을 희망으로 전환(전)
아아 ㉠님은 갔지마는 나는 님을 보내지 아니하였습니다.
_{다시 만나게 될 것이라는 깨달음을 드러냄.} _{역설적 표현 → 재회에 대한 강한 믿음}
㉡제 곡조를 못 이기는 사랑의 노래는 님의 침묵을 휩싸고 돕니다.
_{임을 향한 주체할 수 없는 사랑} _{임의 부재 상황에서도 끊임없} ▶ 9~10행: 임에 대한 영원한 사랑의 다짐(결)
_{이 임을 사랑함, 현실적으로 임이 옆에 없지만 단지 침묵하고 있을 뿐이라고 여김.}

📖 이해와 감상

이 시는 절망적인 이별의 슬픔을 극복하고 그것을 새로운 만남에 대한 희망으로 역전시킨 구조에서 감동의 요인을 찾을 수 있다. 그리고 그 역전의 구조는 '만남은 헤어짐을, 헤어짐은 만남을 전제한다.'라는 불교의 윤회 사상을 바탕으로 한다.

1~6행에는 임과의 이별 상황이 제시되어 있다. 임이 없는 부정적인 현실에 대한 허무와 좌절감을 영탄적 어조와 반복, 대조적 이미지를 통해 효과적으로 드러내고 있다. 화자는 사랑의 약속은 '황금으로 만든 꽃'과 같이 굳고 아름다웠지만, 이제 그 약속은 먼지와 같이 덧없는 것이 되었다고 말한다. 또한 첫 키스는 내 앞날의 인생을 온통 임을 향해 가도록 만들어 놓았건만, 이제 그 모든 것이 추억이 되고 말았다고 함으로써 이별의 슬픔을 드러내고 있다.

7~8행에서는 지금까지 보인 이별의 슬픔에 절망하지 않고 그것을 새로운 만남의 희망으로 역전시킨다. 이는 만남은 곧 헤어짐이요, 헤어짐은 곧 만남이라는 불교의 역설적 진리의 깨달음에서 나온 것이다.

그리하여 화자는 9~10행에서 현실적으로는 임이 떠났지만, 새로운 만남의 의지와 확신이 화자의 마음속에 있는 한 임은 반드시 돌아올 것이라는 믿음을 보인다. '갔지만 반드시 다시 만나리라는 확신이 있는 님'이라면, 내 주위에 머물면서 잠시 나와 대화를 멈춘 상태에 있는 것과 다를 바가 없기 때문에 '님의 침묵'이라고 표현하고 있는 것이다.

전반부		후반부
'임'이 떠나감. (슬픔과 절망)	→ '그러나' 시상의 전환 →	재회의 확신 (슬픔의 극복)

작품 연구소

이 시의 구조에 따른 화자의 정서 변화

기(1~4행)	이별	이별의 상황 인식

⬇

승(5~6행)	슬픔	이별 후의 슬픔, 고통

⬇ ······ 정서의 반전

전(7~8행)	희망	슬픔과 고통을 극복하려는 의지

⬇

결(9~10행)	다짐	임과의 재회에 대한 믿음 (임에 대한 영원한 사랑)

 이 시에서 화자의 정서와 태도는 시상이 전개되면서 변화하는 모습을 보인다. 1~6행까지는 사랑하는 임이 떠난 상황과 그에 따른 슬픔이 제시되어 있다. 이러한 이별의 슬픔에 대한 인식은 7행의 '그러나'에서 전환된다. 여기서 슬픔을 희망으로 역전시킬 수 있는 힘은 삶에서 만남과 헤어짐의 역설적 진리를 깨닫는 데서 비롯된다. 역설적 진리를 통해 이별의 슬픔을 극복하고 임과의 재회에 대한 믿음을 보이고 있다.

이 시의 역설적 구조

 이 시에서 화자는 삶에서의 만남과 헤어짐의 실상을 역설적인 불교적 시각으로 깨닫고 자신이 처한 이별의 슬픔을 새로운 만남의 희망으로 전환시킨다. '우리는 만날 때에 떠날 것을 염려하는 것과 같이, 떠날 때에 다시 만날 것을 믿습니다.'라는 구절에서 볼 수 있듯이, 만남은 헤어짐을, 헤어짐은 만남을 전제한다는 것이다. 이렇게 볼 때 떠났다고 생각했던 '임'은 사실은 떠난 것이 아니라 내 주위에서 단지 '침묵하고 있는 것과 다를 바가 없음을 알게 되고, '나'는 그 침묵하고 있는 임을 위해 '벅찬 사랑의 노래'를 부르게 되는 것이다.

'님'의 상징적 의미에 따른 이 시의 해석

상징	해석
부처 (종교적인 절대자)	시인이 승려였음을 고려하여 '님'이 부처를 의미한다고 하면, 이 시는 종교적인 깨달음의 고통스러운 과정을 노래한 시로 해석할 수 있다.
조국	시인이 독립운동가였음을 고려하여 '님'이 조국을 의미한다고 하면, 이 시는 조국 광복에 대한 의지와 신념을 노래한 시로 해석할 수 있다.
사랑하는 여인	평범한 한 인간으로서의 시인을 생각하면, '님'은 '사랑하는 여인'으로, 이 시는 사랑하는 대상에 대한 연가(戀歌)로 해석할 수 있다.

함께 읽으면 좋은 작품

〈남신의주 유동 박시봉방〉, 백석 / 시상의 전환을 통한 태도의 변화

 〈남신의주 유동 박시봉방〉은 객지에 홀로 머물며 자신의 지나온 삶을 반성하면서 새로운 삶에 대한 의지를 나타낸 작품이다. 〈님의 침묵〉과 〈남신의주 유동 박시봉방〉은 시상의 전환을 통해 태도의 변화가 나타난다는 점에서 유사하다. 〈님의 침묵〉은 이별의 슬픔을 극복하고 슬픔을 희망으로 전환하여 임에 대한 영원한 사랑을 다짐하고 있는 반면, 〈남신의주 유동 박시봉방〉은 지나온 시절에 대한 회한과 절망, 체념의 태도에서 시상의 전환을 통해 긍정적·의지적인 삶의 태도를 지향하고 있다.

Link 본책 148쪽

포인트 체크

화자 임이 □□하는 상황에도 끊임없이 임을 사랑하고 있다.

상황 시인이 □□였다는 것을 고려하면 이 시는 □□□인 깨달음을 얻는 고난의 과정을 노래한 것으로 볼 수 있다.

태도 임을 다시 만나게 될 것이라는 강한 □□을 드러내고 있다.

내신 적중 多빈출

1 이 시에 대한 설명으로 적절하지 않은 것은?

① 대조적인 이미지를 활용하고 있다.
② 불교적 세계관을 바탕으로 하고 있다.
③ 상징적인 시어로 주제를 구현하고 있다.
④ 시상이 기승전결의 구조로 전개되고 있다.
⑤ 경어체를 사용하여 화자의 의지를 강조하고 있다.

2 ㉠과 같은 표현법이 사용되지 않은 것은?

① 찬란한 슬픔의 봄
② 결별이 이룩하는 축복에 싸여
③ 겨울은 강철로 된 무지갠가 보다
④ 흔들리지 않고 피는 꽃이 어디 있으랴
⑤ 두 볼에 흐르는 빛이 정작으로 고와서 서러워라

3 〈보기〉를 바탕으로 ㉡을 이해한 내용으로 가장 적절한 것은?

> **보기**
>
> 〈님의 침묵〉에서 '노래'와 '침묵'은 화자와 '님'의 관계를 이해하는 데 핵심이 되는 시어이다. 한용운은 시 〈반비례〉에서 "당신이 노래를 부르지 아니하는 때에 당신의 노랫가락은 역력히 들립니다그려 / 당신의 소리는 침묵이에요"라고 했다. 침묵이라는 부재의 상태에서 '님'의 실재를 본 것이다. 화자는 '님'을 향해 '노래'를 부르는데, 시 〈나의 노래〉에서 '나의 노래가 산과 들을 지나서 멀리 계신 님에게 들리는 줄'을 안다고 했다. 이는 화자가 자신의 노래에 '님'과 근원적으로 소통할 수 있는 힘을 부여한 것으로 볼 수 있다.

① 노래가 제 곡조를 못 이긴다는 것은 '님'이 침묵하는 상황을 화자가 감당하지 못한다는 뜻이야.
② 노래가 '님'의 침묵을 휩싸고 돈다는 것은 화자가 부재 속에 실재하는 '님'과 깊이 교감한다는 뜻이야.
③ '나의 노래'가 산과 들을 지나서 멀리 나아간다고 한 데서 '사랑의 노래'가 자연 친화적임을 알 수 있어.
④ 침묵을 휩싸고 도는 노래가 '사랑의 노래'라는 것은 침묵이 끝나야 사랑이 비로소 시작되리라는 것을 말하고 있어.
⑤ 침묵하는 '님'에게서 노랫가락을 역력히 듣는다는 데서 '사랑의 노래'가 화자의 노래가 아니라 '님'의 노래임을 알 수 있어.

4 다음 두 학생의 대화를 참고하여 빈칸에 들어갈 '님'의 의미를 쓰시오.

> 현수: 〈님의 침묵〉을 쓴 한용운은 1919년 3·1 운동에 주도적으로 참여했던 사람으로, '독립 선언서'에 서명한 민족 대표 33인 가운데 한 사람이야.
> 정아: 맞아. 그런 시인의 삶을 고려했을 때 이 시에 나오는 '님'은 _____

수의 비밀 | 한용운

문학 신사고

핵심 정리

갈래 자유시, 서정시
성격 상징적, 여성적, 역설적
제재 수(繡)를 놓는 과정
주제 수(繡)에 담긴 사랑의 비밀
특징 ① 역설적 표현을 통해 주제를 부각함.
② 경어체를 사용하여 화자의 정서를 효과적으로 드러냄.
출전 《님의 침묵》(1926)

Q '수놓기'가 의미하는 바는?

화자에게 옷 주머니에 수를 놓는 행위는 당신(임)을 기다리는 한 방법이며 동시에 그에 대한 정성과 사랑을 표현하는 객관적 상관물이라 할 수 있다.

시어 풀이

심의 예전에, 신분이 높은 선비들이 입던 옷. 대개 흰 베를 써서 두루마기 모양으로 만들었으며 소매를 넓게 하고 검은 비단으로 가를 둘렀다.
도포 예전에, 통상예복으로 입던 남자의 겉옷. 소매가 넓고 등 뒤에는 딴 폭을 댄다.
자리옷 잠옷.
수놓는 헝겊에 색실로 그림이나 글자 따위를 바늘로 떠서 놓는.

시구 풀이

❶ **그 주머니는 ~ 한 까닭입니다.** 화자에게 옷을 짓는 행위는 '당신'에 대한 정성과 사랑의 표현이다. '수놓기'는 임(당신)을 기다리는 하나의 과정이다. 화자는 그런 수놓기를 주머니에 때가 묻을 정도로 짓다가 그만두고 짓다가 그만두기를 반복한다. 왜냐하면 '당신'을 기다리는 것과 사랑하는 일은 계속되어야 하기 때문이다.

❷ **나는 마음이 아프고 ~ 나의 마음이 됩니다.** 화자는 수놓는 과정을 묘사하고 있는데, '수놓는 금실'이 작은 주머니 위를 움직이며 수를 완성해 가는 과정을 자신의 사랑을 참을성 있게 완성해 나가는 과정으로 인식하고 있음을 알 수 있다. 그런 점에서 '금실'은 임의 실상을 구현해 나가는 화자의 분신이라 볼 수 있다.

❸ **그리고 아직 이 세상에는 ~ 무슨 보물이 없습니다.** 화자는 수를 놓지 않는 두 번째 이유가 그 주머니에 넣을 만한 보물이 아직 이 세상에 없기 때문이라고 밝히고 있다. 비록 그가 수를 완성한다 하더라도 주머니에 넣을 '보물'이 없기 때문에 그의 수놓는 행위(기다림)는 영원히 지속될 수밖에 없는 것이다.

❹ **이 작은 ~ 다 짓지 않는 것입니다.** 앞뒤가 맞지 않는 모순된 표현으로, 이러한 역설적 표현을 사용한 이유는 화자에게 '수놓기'의 완성은 당신(임)을 기다리는 행위의 종결을 뜻하는 것이기에 그가 이 기다림을 인식하고 있는 이상 수놓기는 멈추지 않고 계속되어야 한다고 생각하기 때문이다.

작가 소개

한용운(본책 58쪽 참고)

연인, 조국, 부처, 절대자 등
나는 당신의 옷을 다 지어 놓았습니다.
옷을 짓는 행위 – '당신'에 대한 화자의 정성과 사랑
ˢ심의(深衣)도 짓고, ˢ도포도 짓고 ˢ자리옷도 지었습니다. △: 화자가 지은 옷

짓지 아니한 것은 ㉠작은 주머니에 ˢ수놓는 것뿐입니다.
옷을 완성하는 마지막 단계. 이유에 대한 독자의 궁금증 유발 ▶ 1연: '당신의 옷'을 다 짓고, 주머니에 수놓는 것만 남겨 둠.

❶그 주머니는 나의 손때가 많이 묻었습니다.
수놓기의 시도가 오랫동안 지속되었음을 짐작할 수 있음.
짓다가 놓아두고 짓다가 놓아두고 한 까닭입니다.
주머니에 손때가 많이 묻은 이유
다른 사람들은 나의 바느질 솜씨가 없는 줄로 알지마는 그러한 비밀 은 나밖에는 아는
다른 사람들의 생각 주머니에 수를 놓지 않은 진짜 이유
사람이 없습니다.
「 」: 수를 완성하지 않는 이유 ①
❷「나는 마음이 아프고 쓰린 때에 주머니에 수를 놓으려면 나의 마음은 수놓는 금실을 따
당신(임)의 부재, 당신(임)의 상실 임의 실상을 구현해 나가는 화자의 분신
라서 바늘구멍으로 들어가고 주머니 속에서 ㉡맑은 노래가 나와서 나의 마음이 됩니다.」
❸그러고 아직 이 세상에는 그 주머니에 넣을 만한 무슨 보물이 없습니다.
수를 완성하지 않는 이유 ②
❹이 작은 주머니는 짓기 싫어서 짓지 못하는 것이 아니라 짓고 싶어서 다 짓지 않는 것입
'당신'에 대한 영원한 사랑을 이루기 위해 수를 완성하지 않고 있음. 역설적 표현
니다.
▶ 2연: 수놓는 과정에 담긴 의미와 주머니에 수를 놓지 않는 이유

이해와 감상

이 시는 만해 한용운의 다른 시들과 마찬가지로 경어체를 사용하여 임(당신)에 대한 변함없는 기다림과 사랑을 표현하고 있는 작품이다. 한용운의 《님의 침묵》 서문에서 밝혔듯이 당신은 '조국, 연인, 진리, 부처' 등 화자가 소중히 여기는 대상 중 하나일 수 있다. 이 시에서 화자는 '수의 비밀'을 안다고 하면서 그 수를 완성하지 않는 이유를 두 가지로 들고 있다. 하나는 수놓는 행위를 통해 마음의 위안을 얻고 내면의 정화가 이루어지기 때문이고 나머지 하나는 그 주머니에 넣을 만한 보물이 이 세상에는 아직 없기 때문이다. 화자에게 '수놓기'는 임을 기다리는 유일한 방법이면서 동시에 임을 만날 수 있는 사랑의 과정을 의미한다. 다시 말해, 수놓기는 화자가 임을 찾아가는 행위 곧 구도적 상상력의 활동이자 사랑을 완성해 가는 과정이라고 말할 수 있다. 그런 의미에서 수놓는 금실은 임의 실상을 구현해 나가는 화자 자신의 분신이라고 할 수 있으며 아프고 쓰린 때 수놓기를 통해 '맑은 노래'와 같은 기쁨과 평안을 느끼게 되는 것이다. 이런 화자에게 수놓기를 완결짓는다는 것은 죽음, 곧 임을 기다리는 행위의 종결을 뜻하는 것이기에 수놓기는 멈추지 않고 지속되어야만 하는 것이다.

'수놓기'를 남겨 둔 이유	비밀	1	수놓는 행위를 통한 위안과 정화
		2	주머니에 넣을 보물이 없음.

작품 연구소

시어 및 시구의 상징적 의미

시어 및 시구	상징적 의미
당신	연인, 조국, 부처, 절대자 등
옷을 짓는 행위	'당신'에 대한 화자의 정성과 사랑
수놓기	임에 대한 사랑, 자기 정화의 과정, 임을 기다리는 행위
비밀	주머니에 수를 놓지 않은 진짜 이유
금실	임의 실상을 구현해 나가는 시적 화자의 분신
맑은 노래	수놓는 행위를 통해 얻는 마음의 위안과 정화
보물	임과 어울리는 가치 있는 존재

표현상의 특징 – 역설법

```
주머니를 짓기 싫어서 짓지    모순 관계    주머니를 짓고 싶어서
못하는 것이 아님.          ⟷          다 짓지 않음.
```

진실된 의미	이 시의 화자는 '수놓기'가 당신(임)을 기다리는 한 방법임과 동시에 그에 대한 정성과 사랑을 표현하는 행위라고 생각함. 따라서 수놓기의 완성은 당신을 기다리는 행위의 종결을 뜻하는 것이기에 그가 이 기다림을 인식하고 있는 이상 수놓기는 멈추지 않고 계속되어야 한다고 생각함.

자료실

창작 배경

나라와 겨레의 운명을 좌시할 수 없던 만해 한용운은 출가 이후 민족 운동에 본격적으로 뛰어들었다. 민족 불교의 성립을 위해 임제종 운동(臨濟宗 運動)을 펼친 것은 물론, 일제 식민지 정책의 허상을 비판하면서 3ㆍ1 운동을 이끌기도 하였다. 그의 시집 《님의 침묵》은 언론 탄압이 극심해지던 1920년대, 자유를 억압하는 일제에 대한 저항 의지를 드러내면서 조국과 민족에 대한 변함없는 사랑을 강조하기 위한 것으로 알려져 있다. 이 작품은 1926년에 간행된 이 책에 수록되어 있다.

함께 읽으면 좋은 작품

〈절정〉, 이육사 / 역설적 표현을 통한 주제의 형상화

〈절정〉은 극한의 상황 속에서 그것을 극복하려는 강인한 의지를 드러내고 있는 작품이다. 〈수의 비밀〉과 〈절정〉은 역설적 표현을 활용하여 주제를 효과적으로 형상화한다는 점에서 유사하다. 하지만 〈수의 비밀〉이 임(당신)에 대한 변함없는 사랑과 기다림을 노래하고 있는 반면, 〈절정〉은 현실의 상황을 극복하고자 하는 강한 의지를 드러내고 있다는 점에서 차이가 있다.

Link 본책 98쪽

키 포인트 체크

화자 '당신'을 위해 옷을 다 지은 후 작은 □□□에 수놓기를 남겨 두고 있다.

상황 사랑하는 사람과의 만남을 위해 심의, 도포, 자리옷을 지어 놓고 주머니에 □□□를 하려다 그만 두는 행위를 반복하여 주머니에 손때가 많이 묻게 되었다.

태도 주머니에 □를 놓는 일이 당신을 기다리는 일이면서 당신에 대한 영원한 □□이라 믿기에 일부러 수놓기를 미루고 있다.

1 이 시에 대한 설명으로 적절한 것은?

① 탈속적 공간을 설정함으로써 구도적 자세를 드러내고 있다.

② 화자의 인식을 자연물에 투영하여 시적 정서를 환기하고 있다.

③ 경어체를 사용하여 암울하고 비관적인 분위기를 조성하고 있다.

④ 화자가 독자에게 말을 건네는 방식으로 화자의 내면을 드러내고 있다.

⑤ 역설법을 통해 대상에 대한 변함없는 사랑과 기다림을 드러내고 있다.

2 ㉠을 나타낼 수 있는 한자 성어로 가장 적절한 것은?

① 화룡점정(畵龍點睛) ② 고진감래(苦盡甘來)

③ 진퇴양난(進退兩難) ④ 독수공방(獨守空房)

⑤ 학수고대(鶴首苦待)

내신 적중 多빈출

3 〈보기〉의 ⓐ~ⓔ 중, ㉡의 함축적 의미와 유사한 것은?

┤ 보기 ├

마음이 어지러운 날은 / 수를 놓는다. //

ⓐ금실 은실 청홍(靑紅)실 / 따라서 가면

가슴속 ⓑ아우성은 절로 갈앉고 // 처음 보는 수풀

ⓒ정갈한 자갈돌의 / 강변에 이른다. //

남향 햇볕 속에 / 수를 놓고 앉으면 //

ⓓ세사 번뇌(世事煩惱) / 무궁한 사랑의 슬픔을

참아 내올 듯 // 머언

ⓔ극락정토(極樂淨土) 가는 길도 / 보일 성싶다.

– 허영자, 〈자수(刺繡)〉

① ⓐ ② ⓑ ③ ⓒ ④ ⓓ ⑤ ⓔ

4 〈보기〉를 참고하여 그러한 비밀의 의미를 쓰시오.

┤ 보기 ├

화자에게 옷 주머니에 수를 놓는 행위는 '당신'(임)을 기다리는 한 방법이며 동시에 그에 대한 정성과 사랑의 표현이다.

5 이 시에서 화자의 분신에 해당하는 시어로 적절한 것은?

① 옷 ② 주머니 ③ 손때 ④ 비밀 ⑤ 금실

문학 미래엔

🎯 **핵심 정리**

갈래 자유시, 서정시
성격 낭만적, 상징적, 저항적
제재 빼앗긴 땅에 찾아온 봄
주제 국토를 빼앗긴 민족의 비통한 현실
특징 ① 향토적 소재와 시어를 사용함.
　　　② 격정적인 호흡과 영탄적 어조를 사용함.
　　　③ 시상의 흐름이 전후 관계에 따른 대칭 구조를 보임.
출전 《개벽》(1926)

Q 이 시에 나타난 대칭 구조는?

이 시는 국토를 빼앗긴 비애와 울분이 구조적 상관성을 가지고 형태화되었다는 점에 주목해야 한다. 먼저 1연과 11연이 질문과 대답의 형식을 띠고, 2연과 10연, 3연과 9연이 각각 대칭 구조를 보이며, 질문에서 대답에 이르기까지 화자의 의식의 변화 과정을 드러내고 있다.

💡 **시어 풀이**

삼단 삼(麻)을 묶은 단. 길고 풍성한 머리채를 비유적으로 표현할 때 자주 쓰임.
지심매던 김매던. 논밭의 잡초를 뽑아내던. 지심은 '김'의 방언으로 논밭에 난 잡초를 말함.
짬 현재의 상황이나 형편.

🔖 **시구 풀이**

❶ **빼앗긴 들에도 봄은 오는가?** 겨울이 지나면 봄이 찾아오듯이, 빼앗긴 국토에도 봄, 즉 조국 광복이 찾아올 수 있을지에 대한 의문을 질문의 형식으로 표현하고 있다.
❷ **내 손에 호미를 쥐어 다오** 우리 국토에서 직접 노동을 하며 활력 있게 살고자 하는 의지를 나타낸 부분으로, 국토에 대한 화자의 애정이 드러난다.
❸ **푸른 웃음 푸른 설움** 아름다운 봄을 보며 느끼는 기쁨과 국토를 상실했다는 현실 인식에서 나오는 슬픔의 감정이 복합적으로 일어나는 상태를 시각적으로 형상화하여 표현하였다.
❹ **다리를 절며 하루를 걷는다** 심리적 불균형에서 비롯된 내면적 갈등을 시각적으로 형상화하였다.
❺ **그러나 지금은 ~ 봄조차 빼앗기겠네** 1연의 '빼앗긴 들에도 봄은 오는가?'에 대한 답변 형식을 띤 시구로, 절망적 현실 인식을 보여 준다.

👤 **작가 소개**

이상화(李相和, 1901~1943)
시인. 대구 출생. 초기에는 《백조》 동인에 참가하여 탐미적이고 감상적인 시를 썼으나, 1924년 이후로는 민족의식을 바탕으로 한 저항 의식과 향토성을 띤 작품을 썼다. 대표적인 시로 〈나의 침실로〉(1923), 〈빼앗긴 들에도 봄은 오는가〉(1926) 등이 있다.

[A] 지금은 ㉠남의 땅 — ❶빼앗긴 들에도 봄은 오는가?
보조사 '은'을 사용하여 현재가 과거와 다름을 나타냄.
빼앗긴 조국(대유법)　광복, 자연의 계절(중의적 표현)
▶ 1연: 빼앗긴 조국의 현실에 대한 인식

[B]
나는 온몸에 햇살을 받고
㉡푸른 하늘 푸른 들이 맞붙은 곳으로
희망의 세계 → 해방된 국토
가르마 같은 논길을 따라 꿈속을 가듯 걸어만 간다.
곧게 쭉 뻗은 논길(여성적 이미지 → 정서적 친밀감)　몽환적 이끌림
▶ 2연: 아름다운 봄 경치에 이끌리는 '나'

입술을 다문 하늘아 들아
표현의 자유를 박탈당한 암담한 현실
내 맘에는 내 혼자 온 것 같지를 않구나
조국이 나를 불러서 온 것 같다는 뜻
네가 끌었느냐 누가 부르더냐 답답워라 말을 해 다오.
입을 다문 조국에 물음　침묵하는 조국에 대한 안타까움
▶ 3연: 침묵하는 조국에 대한 답답한 심정

바람은 내 귀에 속삭이며
싱그러운 봄바람이 불어옴.
한 자국도 섰지 마라 옷자락을 흔들고
종다리는 울타리 너머에 아씨같이 구름 뒤에서 반갑다 웃네.
원관념: 종다리 → 다정하고 순박함. 친밀감

고맙게 잘 자란 ㉢보리밭아
봄에 풍요롭게 자라는 곡식(국권 상실의 상황에서도 변함없는 자연)
간밤 자정이 넘어 내리던 고운 비로
너는 *삼단 같은 머리를 감았구나 내 머리조차 가뿐하다.
봄비로 보리가 깨끗이 씻긴 모습을 비유적으로 나타냄(여성적 이미지).　자연에 동화된 화자의 모습

[C]
혼자라도 가쁘게나 가자
기꺼이
마른 논을 안고 도는 착한 도랑이
작은 개울
젖먹이 달래는 노래를 하고 제 혼자 어깨춤만 추고 가네.
도랑물이 흐르는 소리　도랑물이 구불거리며 흘러가는 모습(의인법)
▶ 4~6연: 봄을 맞은 국토의 활기찬 모습

나비 제비야 깝치지 마라
재촉하지
맨드라미 들마꽃에도 인사를 해야지.
아주까리기름을 바른 이가 *지심매던 그 들이라 다 보고 싶다.
전통적인 한국 여인의 이미지　국토에 대한 애정

❷내 손에 ㉣호미를 쥐어 다오
노동 욕구
살찐 젖가슴과 같은 부드러운 이 흙을
땅에 대한 애정을 모성의 이미지로 표현
발목이 시도록 밟아도 보고 좋은 땀조차 흘리고 싶다.
국토에 대한 사랑의 구체적 표현
▶ 7~8연: 국토에 대한 애정

[D]
ⓐ강가에 나온 아이와 같이
*짬도 모르고 끝도 없이 닫는 내 혼아
나라를 빼앗긴 상황을 잊고 봄날의 경치에 취해 있는
무엇을 찾느냐 어디로 가느냐 우습다 답을 하려무나.
식민지 현실에 대한 허탈감과 자조적 웃음

나는 온몸에 풋내를 띠고
자연에 동화된 화자의 모습
㉤❸푸른 웃음 푸른 설움이 어우러진 사이로
공감각적 심상
❹다리를 절며 하루를 걷는다 아마도 봄 신령이 지폈나 보다.
정서적 불균형 상태　(신령이 사람에게) 씌었나
▶ 9~10연: 암담한 현실에 대한 깨달음

[E] ❺그러나 지금은 — 들을 빼앗겨 봄조차 빼앗기겠네.
1연에서 던진 질문에 대한 답변 – 절망적
▶ 11연: 절망적 현실 인식에 대한 재인식

이해와 감상

이 시는 민족의 현실에 대한 자각을 바탕으로 한 국권 회복에 대한 염원을, 향토적 소재를 통해 서정적으로 그리고 있다.

전체적인 시상의 흐름은 1연과 11연이 질문과 대답의 형식으로 이루어져 있고, 2연과 10연, 3연과 9연이 각각 대칭 구조를 보이고 있는데, 이를 통해 질문에서 대답에 이르기까지의 화자의 의식과 태도의 변화 과정을 그리고 있다.

화자의 정서의 흐름은 '고통스러운 현실 인식 → 몽상의 상태 → 국토의 아름다움 발견 → 국토에 대한 애정 → 현실 재인식 → 절망감'으로 요약할 수 있다. 즉, 화자의 정서가 점진적인 상승에서 급격한 하강으로 변화되고 있음을 보여 주고 있다.

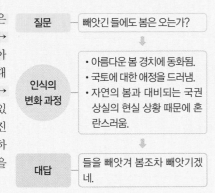

질문	빼앗긴 들에도 봄은 오는가?
인식의 변화 과정	• 아름다운 봄 경치에 동화됨. • 국토에 대한 애정을 드러냄. • 자연의 봄과 대비되는 국권 상실의 현실 상황 때문에 혼란스러움.
대답	들을 빼앗겨 봄조차 빼앗기겠네.

작품 연구소

시구의 의미

시구	의미
가르마 같은 논길	곧게 쭉 뻗은 '논길'의 모습을 '가르마'에 비유한 것으로, 국토를 여성적 이미지로 표현하고 있다.
삼단 같은 머리	비에 씻기어 아름답게 출렁이는 '보리밭'의 모습을 '삼단 같은 머리'에 비유한 것으로, 국토에 대한 애정을 여성적 이미지로 표현하고 있다.
살찐 젖가슴 같은 부드러운 이 흙	'국토'를 '풍요로운 생산성과 따뜻한 사랑을 지닌 어머니'에 비유한 것으로, 국토를 모성적(여성적) 이미지로 표현하고 있다.

'푸른 웃음'과 '푸른 설움'

시구 '푸른 웃음 푸른 설움이 어우러진 사이'에 나타나는 역설적인 의미 결합은 자연의 봄과 현실 상황에 대한 모순된 감정에서 비롯된다. '푸른 웃음'이란 자연의 들판에 펼쳐져 있는 봄기운에서 느끼는 정취이다. 화자는 푸르게 변해 가는 자연에서 즐거움을 느끼는 것이다. 그러나 '푸른 설움'이란 이 국토를 상실한 식민지 상황에서 비롯된 서러움, 슬픔이다. 즉, 이 시에서 '웃음'과 '설움'은 각기 다른 감정적 상태이다. 화자가 느끼는 이러한 모순적인 감정은 상황 자체가 지닌 모순에서 기인한다.

함께 읽으면 좋은 작품

〈봄은 간다〉, 김억 / 계절적 배경인 '봄'

〈봄은 간다〉는 봄밤에 느끼는 애달픈 마음을 그려 낸 작품이다. 〈빼앗긴 들에도 봄은 오는가〉와 〈봄은 간다〉는 모두 계절적 배경인 봄을 소재로 한 시이다. 하지만 '봄'을 형상화하는 방법에 차이가 있는데, 〈빼앗긴 들에도 봄은 오는가〉에서는 봄을 맞은 국토의 활기찬 모습을 형상화함으로써 봄의 아름다움과 비극적 현실을 대비하고 있는 반면, 〈봄은 간다〉에서는 '봄'과 '밤'을 연결하여 빠르게 지나가는 봄에 대한 아쉬움과 상실감을 드러내고 있다.

키 포인트 체크

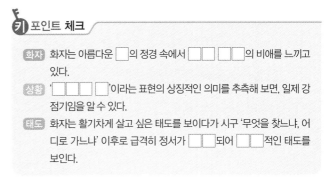

화자 화자는 아름다운 ☐☐의 정경 속에서 ☐☐☐☐의 비애를 느끼고 있다.

상황 '☐☐☐☐'이라는 표현의 상징적인 의미를 추측해 보면, 일제 강점기임을 알 수 있다.

태도 화자는 활기차게 살고 싶은 태도를 보이다가 시구 '무엇을 찾느냐, 어디로 가느냐' 이후로 급격히 정서가 ☐☐되어 ☐☐적인 태도를 보인다.

내신 적중 多빈출

1 이 시의 표현상 특징으로 적절하지 않은 것은?

① 시상 전개에 따라 화자의 인식이 변화하고 있다.
② 시적 대상에게 질문을 던지며 시상을 전개하고 있다.
③ 가정을 통해 앞날에 대한 화자의 소망을 부각하고 있다.
④ 의인법을 통해 봄날의 자연을 생동감 있게 나타내고 있다.
⑤ 질문과 대답의 대칭 구조를 통해 시에 안정감을 부여하고 있다.

중요 기출

2 〈보기〉를 참고하여 [A]~[E]를 이해한 내용으로 적절하지 않은 것은?

┤ 보기 ├

1920년대 중반에 일부 시인들은 민중의 참담한 상황, 그리고 노동에 기반한 민중의 생명력에 주목하면서 민중의 생활을 노래하였다. 이런 점은 〈빼앗긴 들에도 봄은 오는가〉에도 잘 반영되어 있다.

① [A]의 ㉠은 당시 민중의 참담한 상황을 나타낸 표현이군.
② [C]의 ㉢에는 민중의 생명력이, ㉣에는 노동을 중시하는 화자의 태도가 함의되어 있군.
③ [B]와 [D]의 비교에서 드러나는 태도의 변화로 보아, [C]에는 민중의 실상에 대한 화자의 안타까움도 내재되어 있군.
④ [B]의 ㉡에는 화자의 이상이, [D]의 ㉤에는 화자의 현실 인식이 투영되어 있군.
⑤ [A]와 [E]의 연관으로 보아, [B]~[D]에서의 화자의 행위는 민중의 처지를 바꿔 보려는 적극적 의지의 소산이군.

3 화자가 자신을 ⓐ에 비유한 이유를 쓰시오.

4 이 시가 일제 강점기의 현실을 반영했다는 점을 참고하여 빈칸에 들어갈 적절한 내용을 쓰시오.

이 시의 화자가 '다리를 절며 하루를 걷는다'라고 표현한 이유는, 봄을 맞이하여 자연이 주는 기쁨과 국권 상실에서 비롯된 슬픔이 뒤섞여 _____ 때문이다.

015 향수 |정지용

키워드 체크 #감각적 이미지 #후렴구 #향토적 시어 #공감각적 심상 #병렬식 구조

문학 천재(김)
국어 천재(박), 동아, 비상(박영)

🎯 핵심 정리
갈래 자유시, 서정시
성격 향토적, 묘사적, 감각적
제재 고향
주제 고향에 대한 그리움
특징 ① 참신하고 선명한 감각적 이미지를 사용함.
② 후렴구가 반복되는 병렬식 구조를 보임.
③ 향토적 소재와 시어를 구사함.
출전 《조선지광》(1927)

Q 이 시에 나타난 후렴구의 기능은?

이 시는 후렴구를 경계로 각 연이 구분되고 있다. 즉, 이 시의 후렴구는 각 연의 사상을 매듭지어 연과 연의 관계를 구별하는 기능을 한다. 또한 동일한 내용을 반복함으로써 운율을 형성하고, 고향에 대한 화자의 그리움을 강조하며 시 전체에 통일성을 준다.

💡 시어 풀이
지줄대는 낮은 목소리로 자꾸 지껄이는.
해설피 해가 설핏 기울 무렵.
함추름 '함초롬'의 방언. 젖거나 서려 있는 모습이 가지런하고 차분한 모양.
서리 까마귀 서리 맞은 까마귀. 곧 힘없고 초라한 까마귀라는 뜻임.

🔖 시구 풀이
❶ **해설피 금빛 게으른 울음** 고향의 평화롭고 한가한 모습이 나타난 부분으로, 청각(황소의 울음)을 시각화(금빛)한 공감각적 표현이 사용되었다.
❷ **전설 바다에 ~ 어린 누의와** 어린 누이의 검은 머릿결을 밤물결로 묘사하여 사랑스럽고 구김살 없는 모습을 표현하고 있다.
❸ **아무러치도 않고 ~ 발 벗은 안해가** 농사일에 바빠 신을 챙겨 신을 사이도 없는 아내의 모습에서 가난하고 고단한 농촌의 삶이 드러난다.
❹ **알 수도 없는 ~ 발을 옮기고** 시간의 흐름과 함께 동화 속 같은 시골 마을의 신비로운 밤 분위기를 드러낸다.

👤 작가 소개

정지용(鄭芝溶, 1902~1950) 시인. 충북 옥천 출생. 섬세한 이미지와 세련된 시어를 특징으로 하는 1930년대를 대표하는 시인이다. 초기에는 이미지즘 계열의 작품을 썼으나, 후기에는 동양적 관조의 세계를 주로 형상화하였다. 시집으로는 《정지용 시집》(1935), 《백록담》(1941) 등이 있다.

넓은 벌 동쪽 끝으로 / 『옛이야기 °지줄대는 실개천이 회돌아 나가고,』
＊: 의인법을 통해 고향의 평화로운 풍경 제시
얼룩백이 황소가 / ❶°해설피 금빛 게으른 울음을 우는 곳,
청각을 시각화한 공감각적 표현
— ㉠그곳이 참하 꿈엔들 잊힐 리야. ▶ 1연: 평화롭고 한가한 고향 마을의 정경
후렴구의 기능 → ① 연 구분 및 시 전체에 통일성 부여 ② 운율감 형성 ③ 고향에 대한 그리움의 정서 환기

질화로에 재가 식어지면 / 뷔인 밭에 밤바람 소리 말을 달리고,
시간의 흐름. 겨울밤이 깊어 가면(계절적 배경) 공감각적 표현(청각의 시각화)
엷은 조름에 겨운 늙으신 아버지가 / 짚벼개를 돋아 고이시는 곳,』
살풋 든 졸음 『』: 늙으신 아버지의 고단한 모습

— 그곳이 참하 꿈엔들 잊힐 리야. ▶ 2연: 겨울밤의 정경과 늙은 아버지에 대한 회상

흙에서 자란 내 마음 / 파아란 하늘빛이 그립어
이상 세계. 아름다운 꿈과 소망
함부로 쏜 활살을 찾으려 / 풀섶 이슬에 °함추름 휘적시던 곳,
신비롭고 막연했던 유년기의 꿈과 동경

— 그곳이 참하 꿈엔들 잊힐 리야. ▶ 3연: 꿈 많던 어린 시절에 대한 회상

❷전설 바다에 춤추는 밤물결 같은 / 검은 귀밑머리 날리는 어린 누의와
원관념: 검은 귀밑머리. 역동적 이미지 구김살 없는 모습
❸아무러치도 않고 여쁠 것도 없는 / 『사철 발 벗은 안해가
소박하고 평범한 모습 『』: 가난하고 고단한 삶
따가운 해ㅅ살을 등에 지고 이삭 줏던 곳,』

— 그곳이 참하 꿈엔들 잊힐 리야. ▶ 4연: 어린 누이와 아내에 대한 회상

하늘에는 석근 별 / ❹알 수도 없는 모래성으로 발을 옮기고,
시간의 흐름 동화적 분위기. 신비로움
°서리 까마귀 우지짖고 지나가는 초라한 집웅,
가을 까마귀 가난한 삶
흐릿한 불빛에 돌아앉어 도란도란거리는 곳,
단란하고 정겨운 모습

— 그곳이 참하 꿈엔들 잊힐 리야. ▶ 5연: 단란한 고향 마을의 정겨운 모습

이해와 감상

이 시는 가난하지만 평화로웠던 고향의 모습을 회상하며 고향에 대한 간절한 그리움을 노래한 작품이다. 각 연은 다양한 감각적 이미지를 활용하여 묘사한 고향의 정경을 유기적 관련성 없이 병렬적으로 전개하고 있으며, 후렴구는 회상 속에 떠오른 고향의 정경에 대한 화자의 정서를 집약적으로 제시하고 있다.

1, 2연에서는 넓은 고향 들판의 밝고 한가로운 정경에서부터 깊어 가는 겨울밤의 정경과 늙은 아버지에 대한 회상과 그리움이 나타난다. 이어 3연에서는 동심과 꿈이 가득했던 어린 시절 고향의 모습을 회상한다. 4연에서는 화자가 회상하는 구김살 없는 어린 누이와 덤덤하게 살아가는 순박한 아내의 모습이 제시되어 있다. 따가운 햇살 아래서 아내가 곡식 찌꺼기를 주워야 했던 가난한 생활이었건만 화자에게는 그조차 그리움의 대상이 되고 있는 것이다. 5연에서는 하늘에 있는 별, 까마귀가 울고 지나가는 지붕과 도란도란 구수한 이야기를 나누던 장면에서 가정의 단란함을 떠올릴 수 있다. 특히 '해설피', '함추름'과 같이 참신하고 세련된 인상을 주는 시어와 '실개천', '얼룩백이 황소', '질화로', '짚베개'와 같은 토속적 정감을 주는 시어들을 통해 고향에 대한 그리움을 형상화하고 있다.

64 II. 1920년대 ~ 광복 이전

작품 연구소

시상 전개에 따른 화자의 정서

	대상	배경	화자의 정서
1연	실개천, 얼룩백이 황소	넓은 벌	평화롭고 한가로운 고향 마을에 대한 그리움
2연	늙은 아버지	겨울밤, 방 안	밤바람 소리 들려오던 겨울밤 풍경과 늙으신 아버지에 대한 그리움
3연	내 마음(어린 시절의 '나')	풀섶 (풀숲)	순수하고 맑은 동심을 지녔던 유년 시절에 대한 그리움
4연	어린 누이와 아내	들판	소박하고 정겨운 누이와 아내에 대한 그리움
5연	가족들	늦가을, 방 안	단란하고 정겨운 고향 집에 대한 그리움

이 시에 나타난 감각적 이미지와 효과

감각적 심상	표현	효과
시각적 심상	얼룩백이 황소, 파아란 하늘빛, 검은 귀밑머리 날리는, 석근 별, 흐릿한 불빛 등	• 어린 시절의 추억을 떠올리게 함. • 고향에 대한 그리움을 불러일으킴.
청각적 심상	옛이야기 지줄대는 실개천, 서리 까마귀 우지짖고, 도란도란거리는	
촉각적 심상	따가운 햇살	
공감각적 심상	금빛 게으른 울음, 밤바람 소리 말을 달리고(청각의 시각화)	

이 시에 나타난 고향의 이미지

　이 시에는 연마다 고향의 모습을 드러내는 구체적인 장면이 나타나 있다. 풍경을 묘사하거나 인물의 모습이나 행동을 묘사함으로써 고향을 구체적으로 그리고 있는데, 특히 다양한 감각적 심상을 동원하여 마치 한 폭의 그림을 보는 듯한 느낌을 불러일으킨다.

　고향을 표상하고 있는 소재를 열거해 보면, '실개천'과 '얼룩백이 황소', '질화로'와 '아버지', '파아란 하늘', '어린 누이'와 '아내', '서리 까마귀'와 '초라한 지붕' 등으로, 이러한 향토적 소재를 통해 고향의 평화롭고 아늑한 모습을 드러내고 있다.

함께 읽으면 좋은 작품

〈사향〉, 김상옥 / 고향에 대한 그리움

　〈사향〉은 고향에 대한 인간 본연의 그리움을 세 수의 연시조 형식에 담아낸 작품이다. 〈향수〉와 〈사향〉은 모두 다양한 감각적 이미지를 활용하여 고향의 정경과 고향에 대한 그리움을 노래하고 있다는 점에서 유사하다. 〈향수〉는 고향의 정경에 대한 화자의 정서를 후렴구에 집약적으로 제시하고 있는 반면, 〈사향〉은 '현실 – 회상 – 현실'의 구조로 시상이 전개되어 고향에 대한 그리움과 회상에서 현실로 돌아오면서 느끼는 안타까움도 드러내고 있다.

Link 본책 144쪽

포인트 체크

화자 화자는 □□□ 소재와 □□□인 시어를 사용하여 고향의 모습을 그려 내고 있다.

상황 화자는 늙은 아버지와 어린 시절의 '나', 소박한 누이와 아내의 모습을 □□하고 있다.

태도 화자는 고향의 평화롭고 정겨운 모습을 떠올리며 고향을 □□□하고 있다.

1 이 시의 특징을 〈보기〉에서 골라 바르게 묶은 것은?

　보기
　ㄱ. 상상 속 고향의 모습을 형상화하고 있다.
　ㄴ. 표면에 드러나지 않은 화자가 대상을 관찰하고 있다.
　ㄷ. 참신하면서도 선명한 감각적 이미지를 활용하고 있다.
　ㄹ. 향토적인 시어와 소재를 사용하여 친근감을 주고 있다.

① ㄱ, ㄴ　　② ㄱ, ㄷ　　③ ㄴ, ㄷ
④ ㄴ, ㄹ　　⑤ ㄷ, ㄹ

중요 기출

2 이 시의 각 단계의 장면들을 그림으로 표현하려 할 때, 시적 화자의 시각과 거리가 먼 것은?

① 멀리서 바라본 농촌의 들판을 그리되, 평화롭고 향토적인 분위기가 나도록 한다.
② 시골집 방 안에 누워 계신 아버지를 그리되, 노년의 서글픔이 느껴지도록 한다.
③ 풀숲을 달리는 소년을 그리되, 동심이 꾸밈없이 드러나도록 한다.
④ 들판에서 이삭 줍는 여인네들을 그리되, 소박한 삶의 모습이 나타나도록 한다.
⑤ 불빛이 새어 나오는 초가집을 그리되, 따뜻하고 아늑한 느낌이 들도록 한다.

내신 적중 多빈출

3 ㉠을 반복함으로써 얻을 수 있는 효과로 적절하지 않은 것은?

① 시 전체에 통일성을 부여하고 있다.
② 각 연을 인과적 관계로 연결해 주고 있다.
③ 각 연의 시상을 매듭짓는 역할을 하고 있다.
④ 고향에 대한 그리움의 정서를 강조하고 있다.
⑤ 동일한 시구를 반복하여 운율감을 형성하고 있다.

4 이 시에서 청각적 이미지를 시각적 이미지로 전이하여 표현한 시구를 찾아 모두 쓰시오.

016

유리창 1 | 정지용

<mark>문학</mark> 비상
<mark>국어</mark> 천재(이)

🎯 핵심 정리

갈래 자유시, 서정시
성격 상징적, 감각적, 회화적
제재 어린 자식의 죽음
주제 자식을 잃은 슬픔과 자식에 대한 그리움
특징 ① 선명하고 감각적인 이미지를 사용함.
② 감정을 절제하여 표현함.
③ 모순 어법을 구사하여 시의 함축성을 높임.
출전 《조선지광》(1930)

Q '유리창'의 기능은?

'유리창'은 이 시에서 이중적인 기능을 한다. 먼저 '유리창'은 죽은 아이가 있는 저편의 밤, 곧 죽음의 세계와 화자가 있는 방 안 곧 삶의 세계를 단절시키는 역할을 한다. 하지만 한편으로는 유리창에 어린 입김을 통해 죽은 자식과 만날 수 있다는 점에서 화자와 자식의 만남을 매개하기도 한다. 곧, '유리창'은 단절과 매개의 의미를 동시에 지니는 것이다.

💡 시어 풀이

열없이 ① 기운 없이. ② 별다른 의미 없이. ③ 약간 부끄럽고 계면쩍게.
길들은 양 서투른 일이 익숙하게 된 듯.
폐혈관 폐로 통하는 피의 관.

🗨 시구 풀이

❶ **차고 슬픈 것** 유리창에 어른거리는 죽은 아이의 환영을 의미하는 것으로, 감정의 대위법을 사용해 슬픈 감정을 차가운 감각과 병치하여 절제된 감정 표현을 하고 있다.
❷ **길들은 양 언 날개를 파닥거린다.** 사라져 가는 입김의 자국을 새의 모습에 비유하여 표현한 것으로, 죽은 아이의 마지막 모습을 떠올리고 있다.
❸ **새까만 밤이 밀려 나가고 밀려와 부딪치고,** '밤'은 유리창 저편에 있는 세상으로 아이가 가 버린 죽음의 세계를 의미한다. 따라서 이 밤은 화자인 아버지에게 허탈감과 상실감을 주며, 화자의 슬픔과 절망감을 역동적으로 형상화하고 있다.
❹ **밤에 홀로 유리를 닦는 것** 밤에 홀로 유리를 닦음으로써 유리창에 비치는 환영으로나마 죽은 아이와 만나고자 하는 화자의 의지가 드러나고 있다.
❺ **외로운 황홀한 심사이어니,** 역설법과 감정의 대위법이 나타난 시구로, 아이의 죽음을 생각하면서 느끼는 외로움과 죽은 자식의 환영을 보는 데서 느끼는 시적 화자의 황홀감이 서로 모순되게 표현되고 있다.

👤 작가 소개

정지용(본책 64쪽 참고)

ⓐ유리(琉璃)에 ❶차고 슬픈 것이 어른거린다.
_{입김, 생의 영상. 죽은 아이의 환영. 감정의 대위법}
열없이 붙어 서서 입김을 흐리우니
_{기운 없이. 힘없이. 자식을 잃은 상실감 때문에}
❷**길들은 양 언 날개를 파닥거린다.**
_{길들은 새처럼   사라지는 입김. 날아가는 새. 죽은 아이의 영상}
지우고 보고 지우고 보아도
_{죽은 아이에 대한 화자의 그리움, 안타까움이 반영된 행동}
❸**새까만 밤이 밀려 나가고 밀려와 부딪치고,**
_{죽음의 세계   조수(潮水). 불가항력적인 죽음의 세계}
물 먹은 별이 반짝, 보석(寶石)처럼 박힌다.
_{화자의 눈물 속에 비친 별 → 죽은 아이의 영상}
ⓛ밤에 홀로 유리를 닦는 것은
_{죽은 아이와 다시 만나고 싶은 화자의 간절함이 반영된 행동}
❺**외로운 황홀한 심사이어니,**
_{역설법, 감정의 대위법, 외로움과 영상을 통해서나마 아이를 만나는 심정}
고운 **폐혈관(肺血管)이 찢어진 채로**
_{아이가 죽은 원인 → 극도의 비애감}
아아, 늬는 ⓒ산(山)새처럼 날아갔구나!
_{화자의 비애감   죽은 아이의 영상}

▶ 1~3행: 유리창에 비친 죽은 아이의 영상

▶ 4~6행: 창밖으로 보이는 밤의 영상

▶ 7~8행: 밤에 혼자 유리를 닦는 이유

▶ 9~10행: 아이의 안타까운 죽음에 대한 슬픔과 비애

이해와 감상

이 시는 시인이 어린 자식을 잃고 아버지로서 느끼는 애절한 슬픔을 노래하고 있는데, 어린 자식을 잃은 화자의 슬픔과 그리움을 유리창을 매개로 하여 선명하고 감각적인 이미지를 활용하여 그려 내고 있다.

1~3행에서 화자는 유리창을 향해 입김을 불어 본다. 주변에서부터 지워지며 모양이 변하는 입김 자국은 날개를 파닥이는 새를 연상시키는데, 그 새의 작고 병든 모습 속에서 화자는 죽은 아이의 마지막 모습을 생각한다.

4~6행에서는 입김이 사라지자 아이의 영상인 새도 날아가 버리고, 오직 컴컴한 어둠만이 보인다. 이때 나타나는 '밤'은 일차적으로 아버지의 '허탈감과 상실감'을 상징한다. 유리창 저편에 있는, 아이가 가 버린 죽음의 세계를 의미하기 때문이다. 그 어둠 저편에 작은 별이 보이고, 화자는 그 별에서 자신의 죽은 아이를 떠올리며 눈물짓는다.

7~8행에서는 화자가 홀로 밤에 유리를 닦는 심정을, '외로운 황홀한 심사'라는 역설법을 통해 드러내고 있다. 자식의 죽음과 다시 만날 수 없는 둘 사이의 거리를 생각하면서 느끼는 '외로운' 감정과 그러면서도 입김이나 별과 같은 이미지를 통해 자식을 느낄 수 있다는 데에서 오는 '황홀한' 감정을 복합적으로 표현한 것이다. 따라서 '유리창'은 화자와 죽은 아이를 단절하는 대상이면서 동시에 만남의 매개체가 되는 것이다.

9~10행에서는 '고운'을 통해 어린아이의 부드럽고 약한 모습을, '폐혈관'을 통해 죽음의 원인을(실제로 시인의 아이는 폐렴으로 죽었다고 한다.), '찢어진'을 통해 아이의 고통스러워하던 모습을 연상할 수 있다. 그리고 그 연상에 이어 '아아,'라는 깊숙한 탄식을 통해 지금까지 참고 있었던 화자의 슬픔이 표출된다. 화자는 '늬(너)'라는 대명사로 아이를 직접 가리켜 절제했던 감정을 어느 정도 노출하면서, 잠시 머물다가 훌쩍 떠나 버린 어린 자식에 대한 안타까운 심정을 드러내고 있다.

🏠 작품 연구소

시어 및 시구의 상징적 의미

시어 및 시구	1차적 의미	2차적 의미
차고 슬픈 것	입김	화자의 죽은 아이
파닥거리는 날개	모양이 변하는 입김	아이의 마지막 모습
새까만 밤	허탈감과 상실감	죽음의 세계
물 먹은 별	눈물이 가득 고인 눈으로 바라본 별	화자의 죽은 아이
산(山)새	잠시 머물다 떠난 아이	

'유리창'의 이미지 형상화

이 시에서 시인은 죽은 어린 자식의 모습을 '차고 슬픈 것', '언 날개', '물 먹은 별', '산(山)새'로, 둘 사이의 극복할 수 없는 거리감을 '밤', '별' 등으로 표현하여 슬픔의

유리창 ─ 안과 밖의 경계
─ 죽음과 삶의 경계
─ 이승과 저승의 경계
─ 단절과 소통의 매개체

정서를 객관적 사물의 상황과 연계하여 암시하고 있다. 또한 슬픔의 눈물이 어리는 모습을 '물 먹은 별', '반짝'으로 표현하거나 아이에 대한 그리움을 '지우고 보고 지우고 보'는 행위를 통해 암시함으로써, 직접적으로 자기의 감정을 드러내지 않고 각 시어들이 주는 폭넓은 이미지를 연상하면서 독자가 그 심정을 충분히 짐작할 수 있도록 하고 있다.

감정의 대위법

문학에서 감정의 조절 또는 절제를 위해서 상호 모순되거나 대립되는 시어를 결합하여 감정을 객관화시

외로움 ⇅ 황홀함 → 감정의 절제 (감정의 대위법) → 외로운 황홀한 심사

키는 방식이 있는데, 이를 가리켜 '감정의 대위법'이라고 한다.

이 시에서도 죽은 아이로 인한 외로움과 그 아이의 영혼과 교감하면서 느끼는 황홀함이 교차하는 순간을 '외로운 황홀한 심사'라고 하여 '외로운'이라는 감정 다음에 '황홀한'이라는 감정을 덧붙이고 있는데, 이렇게 함으로써 외로움의 감정이 황홀함의 감정에 의해 절제되고 있다. 또한 '차고 슬픈 것' 역시 슬픈 감정이 차가운 감각에 의해 절제되고 있는 표현으로 '감정의 대위법'에 해당한다고 볼 수 있다.

즉, '감정의 대위법'이란 하나의 감정을 표현하면서 그와는 다른 감정이나 감각을 결합하여, 그 감정에 일방적으로 빠져드는 것을 막는 수법인 것이다.

📖 함께 읽으면 좋은 작품

〈은수저〉, 김광균 / 아이를 잃은 부모의 슬픔

〈은수저〉는 아이를 잃은 부모의 슬픔을 노래한 작품으로, 아이의 부재를 인식하고 아이의 환영을 떠올리며 비통한 심정에 빠지게 되는 과정이 잘 드러난 작품이다. 〈은수저〉와 〈유리창 1〉은 어린 자식의 죽음이라는 제재, 창문이라는 소재의 사용 등에서 유사하므로 함께 읽어 볼 수 있다.

🔑 포인트 체크

화자 화자는 자식을 잃은 □□□로, □□ 자식을 그리워하고 있다.

상황 화자는 자식을 잃은 상실감에 □□□을 향해 입김을 불고, 밤하늘의 □을 보며 죽은 아이를 떠올리고 있으며, 홀로 밤에 유리를 계속 닦고 있다.

태도 화자는 자식을 □□□□하고 있으며, 잠시 머물다가 훌쩍 떠나 버린 자식에 대해 □□□□하고 있다.

내신 적중 多빈출

1 이 시에 대한 설명으로 적절하지 않은 것은?

① 감정을 절제하여 표현하고 있다.

② 선명하고 감각적인 이미지를 사용하고 있다.

③ 역설법을 사용하여 시의 함축성을 높이고 있다.

④ 다양한 비유적 심상을 통해 대상을 드러내고 있다.

⑤ 반어법을 사용하여 화자의 감정을 극적으로 표현하고 있다.

2 〈보기〉를 바탕으로 ㉠을 이해한 내용으로 가장 적절한 것은?

보기

소재가 지닌 속성은 작품을 이해하는 중요한 단서를 제공한다. 이 시는 자식의 죽음에서 오는 슬픔을 투명하지만 차단성을 지닌 '유리'의 속성을 통해 표현하고 있다.

① 화자가 입김을 흐리우고, 그 입김을 보는 것은 ㉠이 지닌 차단성을 극대화하고 있군.

② 화자가 별을 바라보는 것은 ㉠의 투명성이 차단성에 의해 가려지고 있음을 보여 주는군.

③ 화자가 유리를 닦으며 소통을 시도하는 것은 ㉠이 지닌 단절의 이미지를 드러내고 있군.

④ 화자가 창밖의 세계에 있는 '늬(너)'를 만날 수 없는 것은 ㉠이 지닌 차단성에 기인한 것이겠군.

⑤ 화자가 밖을 보지 못해 유리를 닦는 것은 ㉠이 투명성보다는 차단성을 지니고 있음을 드러내고 있군.

3 ㉡의 이유로 가장 적절한 것은?

① 자꾸만 떠오르는 죽은 아이의 환영을 지우기 위해

② 다른 곳에 집중하여 죽은 아이에 대한 기억을 잊기 위해

③ 유리창에 비치는 환영으로나마 죽은 아이와 만나기 위해

④ 입김을 빠르게 지워 깨끗해진 유리창으로 밖을 보기 위해

⑤ 혼자만의 시간을 통해 스스로를 냉철하게 돌이켜 보기 위해

내신 적중

4 ㉢으로 빗댄 대상에 대한 의견으로 적절하지 않은 것은?

① '차고 슬픈 것'과 같은 시어를 보니 화자가 지금의 슬픔을 겪게 된 이유인 것 같아.

② '파닥거린다'에서 약하고 여린 존재였음을 추측해 볼 수 있어.

③ '물 먹은 별'이라는 표현에서 평소 눈물이 많은 존재였음을 추측해 볼 수 있어.

④ '폐혈관이 찢어진'에서 죽음의 원인을 추측해 볼 수 있어.

⑤ '날아갔구나'에서 화자의 곁을 떠난 존재임을 알 수 있어.

5 이 시에서 감정의 절제를 위해 상호 모순되거나 대립되는 시어를 결합해 감정을 객관화한 부분을 두 군데 찾아 쓰시오.

017 춘설(春雪) | 정지용

문학 금성

🎯 핵심 정리
갈래 자유시, 서정시
성격 감각적, 영탄적
제재 춘설(봄에 내린 눈)
주제 춘설이 내린 자연에서 느끼는 봄의 생명력
특징 ① 다양한 감각적 이미지를 사용하여 봄이
 온 것을 생동감 있게 나타냄.
 ② 영탄법을 사용하여 화자의 정서를 효과
 적으로 드러냄.
출전《문장》(1939)

Q 1연에 사용된 영탄법의 효과는?
1행의 '선뜻!'이라는 표현을 통해 갑작스레 봄눈을 보고 놀란 화자의 마음을 부각하고 있다. 2행에서도 봄눈의 차가운 기운과 서늘한 느낌을 '차라'라는 표현을 통해 효과적으로 드러내고 있다.

💡 시어 풀이
우수절 입춘과 경칩 사이의 절기로, '봄비로 물기운이 가득한 때'라는 뜻임. 양력 2월 18일경.
멧부리 산등성이나 산봉우리의 가장 높은 꼭대기.
이마받이 ① 이마로 부딪침. ② 두 물체가 몹시 가깝게 맞붙음.
옹송그리고 춥거나 두려워 몸을 궁상맞게 몹시 움츠려 작게 하고.
핫옷 솜을 두어 지은 겨울옷.

📖 시구 풀이
❶ **서늘옵고 빛난 이마받이하다.** 눈이 하얗게 덮여 빛나는 산봉우리가 마치 이마에 닿을 듯이 가깝게 보여 차갑게 느껴진다는 것을 공감각적 심상을 사용하여 감각적으로 표현하고 있다.
❷ **미나리 파릇한 ~ 고기 입이 오물거리는,** 때 아닌 봄눈으로 춥고 서늘한 상황에서도, 차츰차츰 다가오는 봄의 모습을 새순과 물고기의 입을 통해 생동감 있게 드러내고 있다.
❸ **꽃 피기 전 ~ 도로 춥고 싶어라.** 철 아닌 눈은 오히려 화자에게 봄의 시작을 알리는 역할을 하고 있으며, 화자는 겨울옷을 벗고 다가온 봄을 온몸으로 느끼고 싶은 바람을 '도로 춥고 싶어라.'라는 표현을 통해 나타내고 있다. 이는 겨울이 가는 것에 대한 아쉬움이면서 겨울을 더 느끼고 싶어 하는 마음으로 볼 수도 있다.

👤 작가 소개
정지용(본책 64쪽 참고)

문 열자 선뜻!
> 화자가 문을 열자마자 깜짝 놀라는 모습을 나타냄.
㉠먼 산이 이마에 차라.
> □ 감각적 이미지를 활용한 표현
> 눈 덮인 먼 산의 차가움이 이마에 닿는 것처럼 생생하게 느껴짐(공감각적 표현 – 시각의 촉각화)
▶ 1연: 문 열자 보이는 먼 산

우수절(雨水節) 들어
> 눈과 얼음이 녹아 물이 되는 시기(초봄에 해당함.)
바로 초하루 아침,
> 시간적 배경
▶ 2연: 우수절 초하루의 아침

새삼스레 눈이 덮인 멧부리와
> 눈으로 덮여 있는 먼 산의 산봉우리
❶서늘옵고 빛난 이마받이하다.
> 눈 덮인 산이 이마에 닿을 듯이 가깝게 보여 서늘한 기운이 느껴짐.
▶ 3연: 가깝게 느껴지는 눈 덮인 산

얼음 금 가고 바람 새로 따르거니
> 봄을 맞아 변화하는 자연의 모습
흰 옷고름 절로 향기로워라.
> 공감각적 심상을 통해 화자가 느끼는 봄의 모습을 나타냄(시각의 후각화).
▶ 4연: 봄이 오는 자연의 모습

옹송그리고 살아난 양이
> 겨우내 움츠리고 있다가 봄이 되어 다시 살아난 모습이
아아 꿈 같기에 설어.
> ① 겨울의 추위를 견뎌 내고 새 생명을 맞이하는 모습이 마치 꿈만 같아 서러운 느낌마저 듦. ② 다시 찾아온 봄이 마치 꿈을 꾸는 것처럼 낯설게 느껴짐.
▶ 5연: 봄을 맞이하는 화자의 기쁨

❷미나리 파릇한 새순 돋고
> 새로운 생명을 틔워 내는 봄날의 모습   ┐ 시각적 심상
옴짓 아니 기던 고기 입이 오물거리는,   ┘
> 움직이지 않던 고기의 입이 오물거리는 모습을 통해 봄을 생동감 있게 표현함.
▶ 6연: 생동감 있게 살아나는 봄날의 자연

❸꽃 피기 전 철 아닌 눈에
> 봄이 오는 것을 사람들에게 알리는 눈
핫옷 벗고 도로 춥고 싶어라.
> ① 겨울옷을 벗고 봄의 기운을 맞이하고 싶은 마음
> ② 겨울이 가는 것을 아쉬워하는 마음
▶ 7연: 차가운 눈 속에서 봄을 더 선명하게 느껴 보고 싶은 마음

📎 이해와 감상

이 시는 초봄에 내린 눈을 통해 봄이 오는 기운을 생동감 있게 노래한 작품이다. 보통 눈은 차가운 속성 때문에 주로 겨울의 이미지를 나타낼 때 사용되는데, 이 시에서는 초봄을 알리는 역할을 하고 있어서 시인의 참신한 발상이 돋보인다.

1~3연은 화자가 초봄에 눈 덮인 산봉우리를 본 놀람을 영탄적 표현과 공감각적 표현을 통해 효과적으로 나타내고 있다. 4~6연은 겨우내 잠들어 있던 생명이 깨어나 생동감 있게 움직이는 모습에 대한 감탄을 다양한 감각적 이미지를 통해 구체적으로 형상화하고 있다. 마지막 연에서는 화자가 두꺼운 겨울옷을 벗고 도로 춥고 싶다고 말하고 있다. 이는 차가운 눈 속이지만 어느새 가까이 다가온 생동하는 봄의 기운을 온몸으로 느껴 보고 싶은 화자의 소망을 드러낸 표현이다.

봄눈(춘설)
봄을 알리는 매개체

겨울	봄
얼음이 얼고, 모든 생명체가 옹송그리고 있음.	얼음에 금이 가고, 새순이 돋으며, 고기 입이 오물거림.

🏠 작품 연구소

이 작품에 사용된 감각적 심상

시구	감각적 심상	표현 방법
먼 산이 이마에 차라	공감각적 심상	먼 산에 내린 눈(시각적 심상)이 마치 이마에 닿아서 차가운 것(촉각적 심상)처럼 표현함.
서늘옵고 빛난 이마받이하다	공감각적 심상	먼 산에 덮여 있는 차가운 눈(촉각적 심상)과 빛을 받아 반짝이는 눈(시각적 심상)이 이마에 와 닿는 것(촉각적 심상)처럼 느껴진다고 표현함.
흰 옷고름 절로 향기로워라	공감각적 심상	훈훈한 봄바람에 날리는 하얀색 옷고름(시각적 심상)에서 봄의 향기(후각적 심상)가 느껴진다고 표현함.

화자가 바라본 자연의 모습과 그 역할

자연의 모습	역할
산봉우리에 갑자스레 봄눈이 내림.	화자가 봄의 도래를 깨닫는 계기가 됨.
얼음이 녹고 새로운 바람이 불어옴.	겨울이 가고 생동감 있는 봄이 오는 모습을 나타냄.
파릇한 미나리 새순이 돋아남.	
움직이지 않던 고기가 입을 오물거림.	

'봄눈'에 대한 화자의 정서

'눈'은 겨울에 내리는 차갑고 서늘한 이미지를 나타낸다. 하지만 이 시에서는 겨울에서 봄으로 변화하는 시기에 '눈'이 내리는데, 때 아닌 봄눈으로 주위의 자연이 생명의 기운을 얻어 살아 움직인다. 그리고 화자는 꽃이 피기 전 철 아닌 눈에 겨울옷을 벗고 싶어 한다. 화자는 겨울과 봄이 교차하는 지점에서 내리는 '봄눈'을 통해 봄을 맞는 반가움과 겨울이 가는 허전함을 이중적으로 느끼고 있다.

'아아 꿈 같기에 설어라'에서 '설어라'의 해석

해석	의미
'낯설다'의 뜻으로 해석	다시 찾아온 봄이 마치 꿈을 꾸는 것처럼 낯설게 느껴진다는 의미이다. '낯설다'는 것은 아직 사물이 익숙하지 않다는 뜻인데, 움츠린 채 겨울을 지내다가 주위의 자연이 생명의 기운을 다시 얻어 생동감 있게 살아나는 모습을 보니 낯설다고 느끼면서도 다시 찾아온 봄을 새롭게 맞이하려는 것으로 볼 수 있다.
'서럽다'의 뜻으로 해석	겨울 동안 추위에 떨던 화자에게 새롭게 찾아온 봄은 반가움의 대상이다. 겨울의 추위를 이기고 다시 봄을 맞아 살아 움직이는 주변 자연물의 모습을 보니 마치 꿈과 같이 서러운 느낌이 든다는 의미로 볼 수 있다.

📖 함께 읽으면 좋은 작품

〈봄비〉, 이수복 / 봄의 생명력

〈봄비〉는 아름다운 봄날의 모습을 상상하면서 사별한 임에 대한 애상감과 그리움을 노래한 작품이다. 〈춘설〉과 〈봄비〉는 기나긴 겨울이 가고 봄이 오는 길목에서 자연의 충만한 생명력을 노래하고 있다. 하지만 두 작품에서 봄을 맞이하는 화자의 자세는 전혀 다르다. 〈춘설〉의 화자는 차가운 눈 속에서도 겨울옷을 벗으며 봄의 기운을 만끽하려 하고 있지만, 〈봄비〉의 화자는 생동감 넘치는 봄의 모습에서 오히려 임을 잃은 애상감을 드러내고 있다.

🔑 포인트 체크

화자 화자는 ☐☐에 일어나 ☐이 내린 모습에 깜짝 놀라고 있다.

상황 ☐☐에 눈이 내린 모습을 보면서 겨울이 가고 봄이 오는 모습을 ☐☐하고 있다.

태도 화자는 '핫옷'(겨울옷)을 벗고 봄의 기운을 맞고 싶어 하지만 한편으로는 겨울이 가는 것을 아쉬워하는 ☐☐☐인 태도를 보인다.

1 이 시의 표현상 특징으로 적절하지 않은 것은?

① 공간의 이동에 따라 시상을 전개하고 있다.
② 간결한 표현으로 봄의 정경을 나타내고 있다.
③ 감탄형 어미를 사용하여 화자의 정서를 표현하고 있다.
④ 각 연을 2행으로 배치하여 형태적 안정감을 얻고 있다.
⑤ 감각적 이미지를 사용하여 상황을 생동감 있게 그리고 있다.

(중요 기출)

2 이 시의 내용 흐름을 다음과 같이 파악할 때, 근거가 되는 시구가 적절하게 짝지어지지 않은 것은?

① 문을 여니 / 갑자기 먼 산에 / 눈 내린 것이 보인다 → 문을 열자 선뜻! / 먼 산이 이마에 차라.

② 때는 이른 봄이 / 시작되는 시기이다. → 우수절 들어 / 바로 초하루 아침,

③ 그러고 보니 이미 / 봄기운이 느껴진다. → 서늘옵고 빛난 이마받이

④ 봄을 맞아 / 생명이 생동하는 것이 / 느껴진다. → 미나리 파릇한 새순 돋고 / 옴짓 아니 기던 고기 입이 / 오물거리는,

⑤ 춘설을 온몸으로 / 만끽하고 싶어진다. → 핫옷 벗고 도로 춥고 싶어라.

3 ㉠에 나타난 것과 유사한 심상이 사용된 것은?

① 들 건너 갈뫼 개까지 덩달아 짖어 댄다.
② 빈 밭에 밤바람 소리 말을 달리고
③ 부엌에서는 / 언제나 술 괴는 냄새가 나요.
④ 어린 시절에 불던 풀피리 소리 아니 나고 / 메마른 입술에 쓰디쓰다
⑤ 이 비 그치면 / 내 마음 강나루 긴 언덕에 / 서러운 풀빛이 짙어 오것다.

4 이 시와 〈보기〉에 나타난 '눈'의 의미를 각각 쓰시오.

보기
> 보람이 눈을 모라 산창(山窓)에 부딪치니,
> 찬 기운(氣運) 시여 드러 줌든 매화를 침노(侵擄)ᄒ다.
> 아무리 얼우려 ᄒ인들 봄 뜻이야 아슬소냐   – 안민영

조건
1. 시에 나타난 '눈'의 의미는 화자의 관점으로 쓸 것
2. '봄'에 대한 '눈'의 태도와 대응의 차이점을 부각하여 쓸 것

II. 1920년대 ~ 광복 이전

018 비 |정지용

키워드 체크 #감각적인묘사 #시간의흐름 #감정배제 #간결한시행 #비유적표현

국어 창비

🎯 핵심 정리

갈래 자유시, 서정시
성격 감각적, 묘사적, 비유적
제재 비
주제 비 오는 날의 정경
특징 ① 시간의 흐름에 따라 시상을 전개함.
　　　② 주관적 감정을 배제하고 자연 현상을 감각적으로 묘사함.
　　　③ 짧은 행과 연의 구분으로 자연스러운 휴지(休止)를 주고 여백의 미를 조성함.
출전 《백록담 23호》(1941)

Q 이 시의 시상 전개 방식은?

비가 내리기 직전의 모습에서부터 비가 본격적으로 내리기까지의 모습을 시간의 흐름에 따라 구성하였다.

💡 시어 풀이

소소리 바람 이른 봄에 살 속으로 스며드는 듯한 차고 음산한 바람. 여기서는 가을 바람인 듯함.
종종 발걸음을 가까이 자주 떼며 빨리 걷는 모양.
여울지다 물살이 세게 흐르는 여울처럼 감정 따위가 힘차게 설레거나 움직이다.
수척하다 몸이 몹시 야위고 마른 듯하다.
듣는 눈물, 빗물 따위의 액체가 방울져 떨어지는.
소란히 어수선하고 시끄럽게.

🔀 시구 풀이

❶ **돌에 그늘이 차고.** 갑자기 비가 쏟아질 듯한 분위기를 묘사한 것으로, '차고'는 '먹구름이 끼어 그림자가 드리우는 모습'과 '서늘한 느낌'을 아울러 함축하고 있다.

❷ **따로 몰리는 소소리 바람.** 휙 부는 바람에 나뭇잎이 한곳으로 몰리는 모습을 표현한 것으로, 역시 비가 올 듯한 분위기를 형성하고 있다.

❸ **앞섰거니 하여 꼬리 치날리어 세우고.** 빗방울이 여기저기에서 앞다투어 떨어지기 시작하는 모습을 걸음이 급한 새의 치켜 올라간 꼬리에 비유하고 있다.

❹ **종종 다리 까칠한 산새 걸음걸이.** 후두둑 하며 세차게 하나둘씩 떨어지기 시작하는 비를, 가늘고 곧은 다리로 튀듯이 걷는 새의 걸음에 비유하고 있다.

❺ **여울지어 ~ 손가락 펴고.** 빗물이 여울을 이루어 흘러가는 모습을 묘사한 것이다. '갈갈이 / 손가락 펴고.'는 빗물의 흐름이 아직 굵은 물줄기를 이루지 못하고, 여러 갈래로 흐르는 모습을 의인법으로 나타낸 것이다.

❻ **붉은 잎 잎 소란히 밟고 간다.** 굵은 빗방울이 단풍잎에 떨어지는 소리를 표현하여 변화를 주고 있다. 한두 방울이 굵게 떨어지다가 순식간에 그 수가 늘어나는 소낙비의 모습이 드러나 있다.

👤 작가 소개

정지용(본책 64쪽 참고)

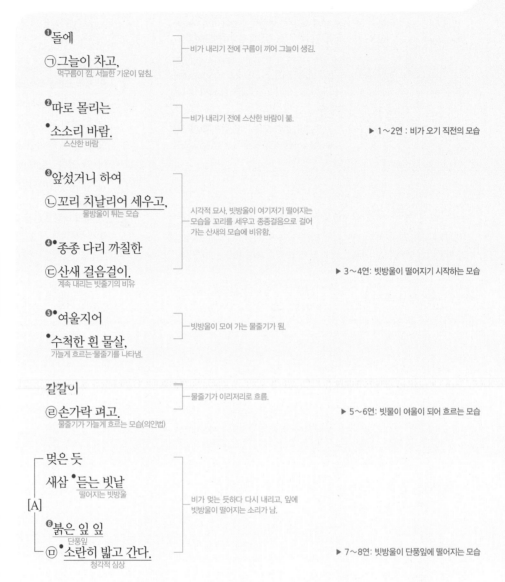

❶돌에
㉠그늘이 차고,
　먹구름이 낌, 서늘한 기운이 덮침.
　　　　　——— 비가 내리기 전에 구름이 끼어 그늘이 생김.

❷따로 몰리는
　소소리 바람.
　스산한 바람
　　　　　——— 비가 내리기 전에 스산한 바람이 붊.

▶ 1~2연 : 비가 오기 직전의 모습

❸앞섰거니 하여
㉡꼬리 치날리어 세우고,
　　물방울이 튀는 모습

❹종종 다리 까칠한
㉢산새 걸음걸이.
　계속 내리는 빗줄기의 비유
　　　　　——— 시각적 묘사, 빗방울이 여기저기 떨어지는 모습을 꼬리를 세우고 종종걸음으로 걸어가는 산새의 모습에 비유함.

▶ 3~4연: 빗방울이 떨어지기 시작하는 모습

❺여울지어
　수척한 흰 물살,
　가늘게 흐르는 물줄기를 나타냄.
　　　　　——— 빗방울이 모여 가는 물줄기가 됨.

갈갈이
㉣손가락 펴고.
　물줄기가 가늘게 흐르는 모습(의인법)
　　　　　——— 물줄기가 이리저리로 흐름.

▶ 5~6연: 빗물이 여울이 되어 흐르는 모습

멎은 듯
새삼 듣는 빗낱
　　떨어지는 빗방울
[A]
❻붉은 잎 잎
　단풍잎
㉤소란히 밟고 간다.
　청각적 심상
　　　　　——— 비가 멎는 듯하다 다시 내리고, 잎에 빗방울이 떨어지는 소리가 남.

▶ 7~8연: 빗방울이 단풍잎에 떨어지는 모습

📎 이해와 감상

이 시는 비가 내리기 직전의 모습에서부터 비가 본격적으로 내리기까지의 모습을 짧은 시행 속에 감각적으로 그려 내고 있다. 전체 8연으로 각각 두 연씩 하나의 단락을 이루어 모두 네 개의 장면을 그리고 있다. 1~2연은 비가 내리기 직전 먹구름이 끼고 바람이 부는 정경을 그리고 있으며, 3~4연은 빗방울이 떨어지기 시작하는 모습을 산새의 꼬리와 걸음걸이에 비유하고 있다. 5~6연은 빗줄기가 모여 흘러가는 모습을 나타내고 있는데 여러 갈래로 흐르는 물줄기를 손가락이 펴진 모습에 비유하고 있다. 마지막으로 7~8연은 멈춘 듯하다가 다시 쏟아지는 비의 모습을 그리고 있다. 이처럼 이 시의 화자는 비 내리는 모습을 섬세하게 묘사만 하고 있을 뿐 그 어떤 감정도 드러내고 있지 않다.

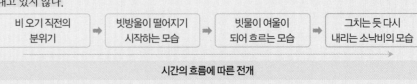

| 비 오기 직전의 분위기 | → | 빗방울이 떨어지기 시작하는 모습 | → | 빗물이 여울이 되어 흐르는 모습 | → | 그치는 듯 다시 내리는 소낙비의 모습 |

시간의 흐름에 따른 전개

🏠 작품 연구소

시상 전개 과정

기(1~2연)	비 내리기 직전의 모습
승(3~4연)	빗방울이 여기저기 다투어 떨어지기 시작하는 모습
전(5~6연)	빗물이 모여서 여울이 되어 흘러가는 모습
결(7~8연)	빗방울이 나뭇잎에 떨어지는 정경

시어의 의미

시어 및 시구	상징적 의미
(그늘이) 차고	구름이 덮이는 모습, 스산한 기운
몰리는	바람에 나뭇잎이 휩쓸리는 모습
소소리 바람	갑자기 부는 스산한 바람
꼬리	굵은 빗방울이 튀어오르는 모습
산새 걸음걸이	세찬 빗방울이 하나둘씩 떨어지기 시작하는 모습
수척한	마른 땅을 적시며 흐르는 가는 물줄기
손가락	가늘게 여러 갈래로 퍼져 나가는 물줄기
소란히 밟고	나뭇잎에 떨어지는 빗방울 소리

이 시에 나타난 서정 갈래의 특징

연과 행 구분	짧은 행과 규칙적인 연 구분으로 여백의 미를 조성함.
묘사	자연 현상에 대한 섬세한 묘사를 통해 한 폭의 그림을 보는 듯한 인상을 줌.
비유	물방울이 튀는 모습과 물줄기의 모습, 물줄기가 가늘게 흐르는 모습 등을 살아 있는 생물에 빗대어 표현하여 생생한 느낌을 줌.
심상	비가 내리는 모습을 시각적 심상을 통해 표현하고 비가 내리는 소리를 청각적 심상으로 표현하여 감각적으로 표현함.

자료실

정지용의 시 세계와 문학사적 의의

정지용은 휘문고보 시절 박팔양 등과 함께 습작지 《요람》을 발간하는 등 일찍부터 시에 깊은 관심을 기울였다. 이후 1920년대 중반부터 모더니즘 풍의 시를 써서 문단의 주목을 받았다. 특히 이 무렵에 발표한 작품으로는 〈향수〉와 식민지 청년의 비애를 그린 〈카페 프란스〉 같은 작품이 주목된다. 그러나 정작 정지용의 시가 문학사적으로 중요한 의미를 지니게 되는 것은 1930년대 이후이다.

1930년대 첫머리부터 그는 《시문학》의 동인으로 참여하여, 김영랑과 함께 순수 서정시의 개척에 힘을 썼다. 김영랑이 언어의 조탁과 시의 음악성을 고조시키는 일에 힘을 기울인 데 비해, 정지용은 거기서 한 걸음 더 나아가 새로운 표현의 방법을 개척하는 데 힘을 쏟았다. 선명한 시각적 이미지의 구축, 간결하고 정확한 언어 구사가 바로 그것이다. 이를 통해 그는 한국 현대 시의 초석을 놓은 시인으로 평가된다. 또한 일제 강점기의 암울한 현실 속에서 현실적 자책감과 무력감을 드러내면서도, 전통적 소재와 어조를 발굴하려는 의지를 보여 줌으로써 자신만의 시적 세계를 구축했다.

📖 함께 읽으면 좋은 작품

〈왕십리〉, 김소월 / 비를 제재로 한 시

〈왕십리〉는 '비'를 제재로 임과 헤어지기 싫은 마음을 노래한 작품으로, 유랑의 비애를 표현하고 있다. 비를 제재로 하고 있지만, 비에 화자 자신의 내면적 감정이 담겨 있다는 점에서 정지용의 〈비〉와 차이가 있다.

🔑 포인트 체크

화자 화자는 정경을 □□□ 있다.

상황 □가 내리기 시작하다가 본격적으로 내리고 있다.

태도 화자는 대상에 대한 □□인 정서를 드러내지 않고 비 오는 정경만을 □□하고 있다.

내신 적중 **多빈출**

1 이 시의 시상 전개 방식에 대한 설명으로 적절한 것은?
① 자연 현상을 시간의 흐름에 따라 표현하고 있다.
② 시의 처음과 끝에 유사한 시구를 배치하고 있다.
③ 주변의 경치를 묘사한 후에 화자의 감정을 표현하고 있다.
④ 화자의 머릿속에 떠오르는 생각을 따라가면서 시상을 전개하고 있다.
⑤ 대상을 의인화하여 대상에게 말을 건네는 방식으로 시상을 전개하고 있다.

2 이 시의 표현상 특징으로 적절하지 않은 것은?
① 절제된 표현으로 여백의 미를 드러내고 있다.
② 감각적 심상을 활용하여 선명한 인상을 주고 있다.
③ 대상의 모습을 다른 자연물에 빗대어 표현하고 있다.
④ 자연물에 빗대어 화자의 내면 의식을 드러내고 있다.
⑤ 대상에 인격을 부여하여 친근감을 느끼게 하고 있다.

3 [A]에 나타난 주된 심상으로 적절한 것은?
① 시각적 심상, 청각적 심상
② 시각적 심상, 촉각적 심상
③ 청각적 심상, 촉각적 심상
④ 촉각적 심상, 공감각적 심상
⑤ 후각적 심상, 공감각적 심상

4 ㉠~㉢이 묘사하는 내용으로 적절하지 않은 것은?
① ㉠: 먹구름이 몰려옴.
② ㉡: 빗방울이 튐.
③ ㉢: 연이어 떨어지는 빗줄기
④ ㉣: 여러 갈래로 흐르는 물줄기
⑤ ㉤: 화자가 비에 떨어진 잎을 밟고 걸어감.

5 이 시와 〈보기〉의 공통점과 차이점을 〈조건〉에 맞게 쓰시오.

보기

비가 온다 / 오누나 / 오는 비는
올지라도 한 닷새 왔으면 좋지

여드레 스무 날엔 / 온다고 하고
초하루 삭망(朔望)이면 간다고 했지.
가도 가도 왕십리(往十里) 비가 오네.

– 김소월, 〈왕십리〉

조건

공통점은 소재, 차이점은 화자의 태도를 중심으로 서술할 것

019 백록담(白鹿潭) |정용

문학 미래엔

🎯 핵심 정리

갈래 산문시, 서정시, 기행시
성격 서정적, 자연 친화적
제재 한라산 백록담 기행
주제 백록담의 신비로움과 탈속의 정신세계에 대한 지향
특징 ① 백록담까지 오르는 여정에서 본 장면들을 순차적으로 묘사함.
② 인간 세상의 질서와 단절된 자연의 평화롭고 순수한 모습을 산문적 어조로 표현함.
③ 주관적 감상을 절제하고, 사물의 인상을 담담하게 묘사하는 데 치중함.
출전 《백록담》(1941)

Q '기진했다'가 의미하는 바는?
'기진하다'의 사전적 의미는 '기운이 다하여 힘이 없어지다.'이다. 이 뜻 그대로 해석하면 백록담에 오르느라 육체적으로 고단한 상태임을 나타낸 것으로 볼 수 있다. 반면 앞 문장에 묘사된 뻐꾹채꽃의 모습에 초점을 둔다면 한라산의 아름다움으로 황홀경에 빠져 있는 상태임을 나타낸 것으로 볼 수 있다.

💡 시어 풀이

뻐꾹채 국화과의 여러해살이풀.
갸옷 고개나 몸 따위를 한쪽으로 조금 가울이는 모양.
암고란 시로밋과에 속한 상록 관목. 6~7월에 자줏빛 꽃이 피며, 열매는 가을에 검은색으로 익으며 먹을 수 있다.
환약 약재를 가루로 만들어 반죽하여 작고 둥글게 빚은 약.
숭 없다 '흉(이) 없다'의 방언. 말이나 행동 따위가 불쾌할 정도로 흉하다.
새기다 소나 양 따위의 반추 동물이 먹었던 것을 되내어서 다시 씹다.

🐚 시구 풀이

❶ **절정에 가까울수록 ~ 소모된다.** 산 정상에 가까워질수록 뻐꾹채꽃 줄기의 길이가 점차 줄어든다는 뜻이다. 화자의 등반 과정을 뻐꾹채꽃 줄기의 변화로 표현하는 한편, 화자가 느끼는 소모감을 아울러 표현하고 있다.

❷ **내가 죽어 ~ 숭 없지 않다.** 화자도 자연의 일부로서 자연에 귀의하고 순응하는 것을 자연스럽게 받아들이고 있음을 알 수 있다. 자연에 대한 일체감이 강화되고 있는 표현이다.

❸ **우리 새끼들도 ~ 나는 울었다.** 조국을 잃은 민중의 상황을 암시한 것으로 해석할 수도 있고, 자식을 잃은 화자의 슬픔을 상기한 것으로 해석할 수도 있다.

❹ **소나기 놋날 ~ 살이 붓는다.** 갑작스럽게 내린 비를 맞고서도 힘들어하기보다는 무지개에 옷을 말리고 옷에 꽃물이 들고 살이 붓는 것을 긍정적으로 받아들이고 있다.

👤 작가 소개

정지용(본책 64쪽 참고)

1

❶절정에 가까울수록 뻐꾹채꽃 키가 점점 소모된다. 한 마루 오르면 허리가 스러지고 다시 한 마루 우에서 모가지가 없고 나중에는 얼굴만 갸옷 내다본다. 화문(花紋)처럼 판 박힌다. 바람이 차기가 함경도 끝과 맞서는 데서 뻐꾹채 키는 아주 없어지고도 팔월 한철엔 흩어진 성신(星辰)처럼 난만하다. 산그림자 어둑어둑하면 그러지 않아도 뻐꾹채 꽃밭에서 별들이 켜 든다. 제자리에서 별이 옮긴다. 나는 여기서 기진했다.

▶ 1연: 절정에 가까울수록 뻐꾹채꽃 키가 줄어듦.

2

암고란(巖古蘭), 환약같이 어여쁜 열매로 목을 축이고 살아 일어섰다.

▶ 2연: 암고란 열매를 먹고 회복함.

3

백화(白樺) 옆에서 백화가 촉루가 되기까지 산다. ❷내가 죽어 백화처럼 흴 것이 숭 없지 않다.

▶ 3연: 자작나무에 동화되고 싶은 바람

4

귀신도 쓸쓸하여 살지 않는 한 모롱이, 도체비꽃이 낮에 혼자 무서워 파랗게 질린다.

▶ 4연: 인적 없는 골짜기의 쓸쓸함

5

바야흐로 해발 육천 척 우에서 ⓐ마소가 사람을 대수롭게 아니 여기고 산다. 말이 말끼리 소가 소끼리, 망아지가 어미 소를 송아지가 어미 말을 따르다가 이내 헤어진다.

▶ 5연: 마소가 평화롭게 지냄.

6

첫 새끼를 낳노라고 암소가 몹시 혼이 났다. 얼결에 산길 백 리를 돌아 서귀포로 달아났다. 물도 마르기 전에 ㉠어미를 여읜 송아지는 움매— 움매— 울었다. 말을 보고도 등산객을 보고도 마구 매어 달렸다. ❸우리 새끼들도 모색(毛色)이 다른 어미한테 맡길 것을 나는 울었다.

▶ 6연: 어미 잃은 송아지를 애처롭게 바라봄.

7

『풍란이 풍기는 향기, 꾀꼬리 서로 부르는 소리, 제주 휘파람새 휘파람 부는 소리, 돌에 물이 따로 구르는 소리, 먼 데서 바다가 구길 때 쏴— 쏴— 솔소리, 물푸레 동백 떡갈나무 속에서 나는 길을 잘못 들었다가 다시 칡넌출 기어간 흰 돌박이 고부랑길로 나섰다.』 문득 마주친 ⓑ아롱점말이 피하지 않는다.

▶ 7연: 백록담의 향기와 소리에 취해 길을 잃음.

8

고비 고사리 더덕순 도라지꽃 취 삿갓나물 대풀 석용(石茸) 별과 같은 방울을 달은 고산 식물을 새기며 취하며 자며 한다. 백록담 조촐한 물을 그리어 산맥 우에서 짓는 행렬이 구름보다 장엄하다. ❹소나기 놋날 맞으며 무지개에 말리우며 궁둥이에 꽃물 이겨 붙인 채로 살이 붓는다.

▶ 8연: 자연에 취하여 자연과 하나가 됨.

9

가재도 기지 않는 백록담 푸른 물에 하늘이 돈다. 불구에 가깝도록 고단한 나의 다리를 돌아 소가 갔다. 쫓겨 온 실구름 일말에도 백록담은 흐리운다. 나의 얼굴에 한나절 포긴 백록담은 쓸쓸하다. 나는 깨다 졸다 기도조차 잊었더니라.

▶ 9연: 백록담에서 기도조차 잊음.

이해와 감상

이 시는 초기의 모더니즘 시와 중기의 가톨릭의 영향을 받은 종교시를 넘어서, 후기에 도달한 자연시를 대표하는 작품이다. 산문시의 형태를 취하고 있는 이 시에서는 한라산 백록담 근처의 자연 풍경을 담담하게 묘사함으로써 화자의 정신적 지향점을 은은하게 내비치고 있다.

백록담의 푸르고 투명한 이미지는 동양적인 명징한 정신주의를 지향하는 시인의 삶의 태도를 보여 준다. 하지만 화자는 자아와 자연이 합일을 이루는 몰아(沒我)의 경지를 체험하면서도 쓸쓸함을 느끼는데, 이는 완전한 합일에 이르지 못한 안타까움을 표현한 것이라고 볼 수 있다.

작품 연구소

시적 대상과 화자의 태도(정서)

	시적 대상	화자의 태도(정서)
1연	뻐꾹채	자연의 아름다움에 황홀경을 느낌.
2연	암고란	열매로 목을 축이고 기운을 회복함.
3연	백화	자연에 동화되고자 함.
4연	도체비꽃	쓸쓸함과 두려움을 느낌.
5연	마소	자연의 질서와 여유로움을 느낌.
6연	송아지	어미 잃고 우는 모습에 측은함을 느낌.
7연	풍란 향, 자연물의 소리	평온함을 되찾고 여유를 느낌.
8연	고산 식물	자연에 취함. 무위자연의 태도를 보임.
9연	백록담	쓸쓸함을 느낌. 기도조차 잊을 만큼 압도됨.

'백록담'의 상징성과 화자의 정서

이 시에서 '백록담'은 천상과 지상이 결합한 완벽한 자연의 질서를 보여 준다. 화자는 백록담의 모습에 압도되어 <u>기도조차 잊으며</u>, 백록담에 비친 <u>자신의 얼굴을 보며 쓸쓸함을 느낀다</u>. 고단한 세속의 삶으로부터 벗어나 여유와 안식을 누리고자 하는 바람이나 명징한 정신세계에 대한 지향이 충족되지 못한 데서 오는 정서라고 볼 수 있다.

함께 읽으면 좋은 작품

〈장수산 1〉, 정지용 / 탈속의 경지, 인간과 자연의 합일

〈장수산 1〉의 배경이 되는 '장수산 속 겨울 한밤'은 세속적 가치와 단절된, 오직 자연 속에 동화된 무욕(無欲)의 삶을 상징하면서 탈속의 경지를 드러낸다. 표현 면에서 〈장수산 1〉과 〈백록담〉은 모두 산문적인 어투를 사용하고 시각, 후각, 청각 등 다양한 감각적 이미지를 사용하여 시적 대상을 형상화하였다. 그러나 〈장수산 1〉과 달리 〈백록담〉에는 화자가 공간을 이동하며 직접 관찰한 대상들이 구체적으로 묘사되어 있다.

포인트 체크

화자 ☐☐☐에 오르는 여정에 따라 보고 느낀 내용을 노래하고 있다.

상황 화자는 백록담에 가는 도중 뻐꾹채와 암고란, 백화, ☐☐☐꽃, 소와 말, 아롱점말, 다양한 ☐☐ 식물 등을 본다.

태도 백록담까지 오르는 과정이 힘들기는 했지만, 맑고 잔잔한 백록담을 본 후에는 ☐☐조차 잊을 정도로 자연과 하나가 되는 느낌을 받는다.

내신 적중

1 이 시에 대한 설명으로 적절하지 <u>않은</u> 것은?
① 공간의 이동에 따라 관찰한 대상을 묘사하고 있다.
② 역설적 표현을 통해 독자의 공감을 유도하고 있다.
③ 대상의 변화를 통해 공간의 변화를 나타내고 있다.
④ 대상에 대한 화자의 정서가 직접적으로 표출되어 있다.
⑤ 감각적 이미지들을 통해 대상을 생생하게 표현하고 있다.

2 〈보기〉를 참고하여 이 시를 감상한 내용으로 적절하지 <u>않은</u> 것은?

> **보기**
> 이 시는 백록담을 무대로 하여 탈속고절(脫俗孤節)의 정신세계에 대한 지향을 드러낸다. 백록담에 이르기까지의 여정을 몇 개의 장면으로 열거함으로써 인간 세상과 구별되는 자연의 풍경을 묘사하고 있다. 자연의 질서 속에서 화자는 마침내 망아지경(忘我之境)에 이르게 된다. 하지만 이 시는 동양적 정신에 대한 지향을 드러낼 뿐, 그에 대한 완성에는 아직 미치지 못하고 있다.

① 1연에서 화자는 세속의 삶에서 벗어나 안식을 찾고 있군.
② 3연에는 자작나무와 같이 자연에 동화되고자 하는 바람이 담겨 있군.
③ 5연과 7연에는 인간 세상과 구별되는 자연의 풍경이 묘사되어 있군.
④ 8연에는 자연의 일부로 살아가고자 하는 소망이 담겨 있군.
⑤ 9연에서 화자는 망아지경에 이르지만, 자신이 지향하는 정신세계에 이르지 못하여 쓸쓸해하는군.

3 〈보기〉의 밑줄 친 말과 관련지어 ㉠의 상징적 의미를 쓰시오.

> **보기**
> 일제 강점기 말에 발표된 이 시에는 식민지 문학인으로서 자의식과 염려가 은연중에 드러나 있다. ㉠ 역시 <u>화자를 포함한 우리 민족의 슬픈 현실</u>을 표현한 것이라 할 수 있다.

4 ⓐ와 ⓑ에 대한 설명으로 가장 적절한 것은?
① ⓐ는 ⓑ와 달리 화자에게 상실감의 정서를 느끼게 한다.
② ⓐ는 ⓑ와 달리 화자와 교감하고 있는 대상으로서 화자와 동질성을 지니고 있다.
③ ⓑ는 ⓐ와 달리 인간 세상과 단절된 자연의 세계관을 상징적으로 보여 준다.
④ ⓐ는 현실 순응의 태도를, ⓑ는 현실 극복의 의지를 드러내는 역할을 한다.
⑤ ⓐ와 ⓑ에는 모두 자연과의 합일을 바라는 화자의 마음이 투영되어 있다.

020

거울 | 이상

문학 천재(김)

◎ 핵심 정리

갈래 자유시, 초현실주의 시
성격 주지적, 실험적, 자의식적
제재 거울, 자아의식
주제 자아 분열 양상과 현대인의 불안 심리
특징 ① 자동기술법을 사용하여 초현실주의적
　　　경향을 띰.
　　　② 역설적 표현으로 자아의 모순성을 드러
　　　냄.
　　　③ 띄어쓰기를 하지 않음으로써 분열된 자
　　　의식을 효과적으로 표현함.
출전 《가톨릭 청년》(1933)

Q '거울'의 상징적 의미와 기능은?

'거울'은 사물을 비춰 주는 소재로, 단절과 매개
의 모순성을 지닌다. 여기에서 거울은 물리적인
실체로서의 객관적 거울이 아니라, 심리적 반영
물로서의 거울이다. 즉, 자의식 속의 또 다른 자
아를 들여다보는 상징물로서의 거울이다.

☀ 시어 풀이

외로된 한쪽으로 치우친, 어떤 일에 골몰하는.
골몰 나른 생각을 알 겨를노 없이 한 가지 일에만
파묻히는 것.

❀ 시구 풀이

❶ **내말을 ~ 두개나잇소** '거울 속의 나'(내면적 자
아)와 '거울 밖의 나'(현실적 자아)의 의사소통
이 단절된 상황을 표현한 것이다. 자의식의 분
열상을 구체적인 상황으로 제시하고 있다.

❷ **거울째문에 ~ 보기만이라도햇겟소** 현실적 자
아와 내면적 자아 사이의 관계를 차단하지만
한편으로는 현실적 자아가 내면적 자아를 인
식하도록 하는 거울의 모순적 기능이 드러나는
부분이다.

❸ **외로된사업(事業)** '거울 속의 나'가 '거울 밖의
나'의 인식과 의도를 벗어나 혼자만의 일을 한
다는 뜻으로, 현실적 자아와 내면적 자아 사이
의 분열이 심각한 상태임을 나타낸다.

❹ **거울속의나는 ~ 쏘왜닮앗소** 현실적 자아와 내
면적 자아가 이질성과 동질성을 동시에 지니고
있다는 의미로, 서로 모순된 자아를 지니고 있
음을 나타낸다.

❺ **나는거울속의 ~ 퍽섭섭하오** 거울 속의 내면적
자아의 모습을 걱정하면서 그 문제점을 해결할
수 없는 안타까운 심정이 나타나 있다. 분열된
자아의 이중성에 대한 인식이 직접적으로 드러
나 있다.

♟ 작가 소개

이상(李箱, 1910～1937)
시인·소설가. 서울 출생. 본명
김해경. 1931년 《조선과 건
축》에 〈이상한 가역 반응〉 등을
발표하면서 등단하였다. 초현
실주의 시와 심리주의적 소설
을 창작하여 문단의 주목을 받았다. 대표작으로
시 〈오감도〉(1934), 소설 〈날개〉(1936), 수필 〈권
태〉(1937) 등이 있다.

㉠거울속에는소리가업소
　　　현실과 단절된 자의식의 세계
저럿케까지조용한세상은참업슬것이오
거울 밖 세계와 거울 속 세계가 단절됨. → 소란한 현실과의 대비

▶ 1연: 현실과 단절된 거울 속의 세계

거울속에도ⓐ내게 귀가잇소　　　○: 내면적 자아, 무의식적 자아
　　　　　　　　　의사소통 수단　　△: 현실적 자아, 일상적 자아
❶내말을못아라듯는짝한귀가두개나잇소
　　　현실적 자아를 인식하지 못함.

▶ 2연: 현실 세계와의 단절

거울속의나는왼손잡이오
ⓑ내악수(握手)를바들줄몰으는― 악수(握手)를몰으는왼손잡이오
　　　두 자아의 화해 시도　　　　　　　화해가 불가능한 단절의 심화

▶ 3연: 두 자아의 화해의 실패

❷거울째문에나는거울속의ⓒ나를만저보지를못하는구료만은
　　　차단, 단절의 기능　현실 속의 '나'
거울아니엿든들내가엇지거울속의나를맛나보기만이라도햇겟소
연결, 소통의 매개체

▶ 4연: 거울의 이중성

나는지금(至今)거울을안가젓소만은거울속에는늘거울속의ⓓ내가잇소
잘은모르지만❸외로된사업(事業)에❺골몰할쎄요
　　　역설적 표현 → 자의식의 분열이 심화됨.　현실적 자아의 의도에서 벗어난 내면적 자아의 행동

▶ 5연: 자아 분열의 심화

「: 두 자아의 본질적 모순성(역설적 표현)
❹거울속의나는참ⓔ나와는반내(反對)요만은 / 쏘왜닮앗소」
❺나는거울속의나를근심하고진찰(診察)할수업스니퍽섭섭하오
　　　자아 분열에 대한 안타까움

▶ 6연: 자아 분열에 대한 안타까움

이해와 감상

'거울 밖의 나'	거울	'거울 속의 나'
현실적 자아 (의식의 세계) ←		→ 내면적 자아 (무의식의 세계)
화합이 불가능한 상태 (자아의 분열)		

이 시는 '거울'이라는 소재를 통해 '거울
밖의 나(현실적 자아)'와 '거울 속의 나(내
면적 자아)' 사이의 갈등, 즉 자의식의 분열
을 드러낸 작품이다.

1연에서 화자는 거울 속의 세계가 조용
하다고 말하며 거울 밖의 세계와 거울 속의
세계가 단절되어 있음을 드러낸다. 여기서 거울 속의 세계는 현실의 세계와 대비되는 자의식의 세
계라고 할 수 있다. 2연에서는 '내말을못아라듯는딱한귀'라는 표현을 통해 '거울 속의 나(내면적
자아)'와 '거울 밖의 나(현실적 자아)'가 분열되고 단절되어 있음을 드러낸다.

3연에서 두 자아는 화해를 시도해 보지만 그것은 결국 실패로 끝난다. 거울 밖의 나는 화해를
위한 악수를 청해 보지만, 거울 속의 나는 거울 밖의 나와 달리 왼손잡이이기 때문에 악수를 할 수
없게 된다. 즉, 자아의 분열이 보다 본질적이고 근원적인 것임을 드러내는 것이다. 이러한 근원적
인 분열은 거울의 모순적 속성에 기인한다. 이어지는 4연에서 거울은 본질적으로 차단과 만남의
양면성을 지닌 모순적 소재로 드러난다. 즉, 거울을 매개로 두 자아가 서로 만날 수 있지만 동시에
거울로 인해 두 자아의 만남이 차단되기도 하는 것이다.

5연에서는 거울 속의 나가 '외로된' 일에 골몰하고 있다고 말함으로써 두 자아가 분열을 넘어 서
로 따로 살아가는 독립된 존재로까지 표현된다. 이렇게 분리된 자아의 모습을 화자는 안타까워하
면서 치료하고 싶어 하지만 치료할 수가 없다. 마지막 연에 이르러 두 자아는 완전히 분리된 양상
으로 나타난다. 결국 이 시는 모순적 속성을 지닌 '거울'을 통해 현대인의 불안 의식을 표현한 작품
으로 이해할 수 있다.

🏠 작품 연구소

이 시에 나타난 대칭 구조

이 시에서 '거울'은 대칭의 이미지로 사용되고 있다. 현실과 거울 속 세계, 그리고 현실의 '나'와 거울 속의 '나'가 대칭 구조를 이루고 있다. 또한 거울이 현실의 '나'와 거울 속의 '나'를 연결하여 주는 긍정적인 의미를 지니는 동시에 차단하는 부정적 의미를 지니고 있다는 점에서 의미상 대칭 구조를 이루고 있다. 시의 구조면에서도 1~3연은 '거울 속의 나'를 중심으로 보여 주고, 4~6연은 '거울 밖의 나'를 중심으로 보여 주고 있다는 점에서 대칭 구조로 볼 수 있다.

이 시의 표현 기법과 초현실주의

이 시는 기존의 전통적인 시 창작 방법에서 많이 벗어나 있다. 형태상 띄어쓰기를 무시하고 단어나 구절을 붙여 쓰고 있으며, 소재 면에서도 자연적인 것이 아닌, 분열된 자아의 내면 심리라는 현대적인 소재를 다루고 있다. 이처럼 시인은 실험적인 기법으로 현대인의 의식 세계를 표현하고 있는데, 시인의 표현 기법이나 드러내고자 하는 의식은 초현실주의와 연결된다.

초현실주의는 인간의 무의식(내면 의식)을 주된 재료로 삼으며, 일상 세계(현실 세계)를 인위적 조작과 합리화의 과정을 통해 꾸며진 거짓으로 보고, 표현 방식에서도 전통적인 질서를 거부한다. 이러한 초현실주의에서 많이 사용되는 수법으로 '자동기술법'이 있는데, 이것은 인간 내면의 무의식 세계를 연상 작용에 의해 서술하는 방식이다.

〈거울〉이라는 이 작품 역시 현실적 자아와 본질적 자아의 분열 양상을 초현실주의의 기법에 따른, 기존 어법의 파괴를 통해 표현하고 있다.

자료실

자동기술법

초현실주의 시의 창작 기법을 가리키는 것으로, 어떤 의식이나 의도 없이 무의식의 세계를 그대로 기록하는 방법이다. 원래 의사였던 브르통이 프로이트의 정신 분석학을 원용하고 정신병자가 무의식적으로 내뱉는 내면의 소리를 시에 응용하여, 가능한 한 빠른 속도로 지껄이는 독백이나 사고를 비판이나 수정 없이 그대로 기록한 수법이다. 자동기술법은 서로 무관한 이미지들과 단상들이 무의식적으로 나열되기 때문에 어떠한 논리적 질서나 인과 관계를 살필 수 없다는 특징을 지니는데, 무의식의 자유로운 분출을 통해 의식의 세계로부터 인간을 해방시키고 참된 자아 의식에 도달하고자 하는 데 그 목적이 있다.

📖 함께 읽으면 좋은 작품

〈참회록〉, 윤동주 / '거울'을 소재로 한 시

〈참회록〉은 일제 강점기라는 암울한 상황 속에서 무기력하게 살아온 화자가 자신의 삶을 참회하고 고난을 극복하고자 하는 의지를 보여 주는 작품이다. 〈거울〉과 〈참회록〉은 모두 거울을 통해 시상이 전개된다는 점에서 유사하나, 거울의 속성에서 차이가 있다. 〈참회록〉에서 녹이 낀 구리거울은 자신의 모습을 비춰 준다는 점에서 자기 성찰의 매개체인 반면, 이상의 〈거울〉은 '거울 속의 나'와 '거울 밖의 나'를 만나게 하는 매개체인 동시에 단절시키는 모순성을 지닌 대상이다. 🔗 Link 본책 114쪽

🔑 포인트 체크

화자 화자는 거울을 보면서 ☐☐☐ 자아와 ☐☐을 시도하고 있다.

상황 거울 속의 '나'에게 손을 내밀어 ☐☐를 청하지만 거울 속의 '나'는 거울 밖의 '나'의 의도와는 다른 일을 하고 있다.

태도 화자는 현실적 자아와 내면적 자아의 본질적인 모순을 깨닫고 ☐☐ ☐☐에 대한 ☐☐☐☐을 느낀다.

내신 적중 多빈출

1 이 시에 대한 설명으로 적절하지 않은 것은?

① 단호한 어조로 화자의 의지를 드러내고 있다.
② 상징적인 사물을 중심 소재로 활용하고 있다.
③ 시적 화자의 정서를 직접적으로 드러내고 있다.
④ 자아의 분열을 역설적인 표현으로 드러내고 있다.
⑤ 화자의 의식 세계를 자동기술법에 의해 표현하고 있다.

2 이 시의 시상 전개를 다음과 같이 정리할 때, 적절하지 않은 것은?

| 1연 [A] → | 2연 [B] → | 3연 [C] → | 4연 [D] → | 5연 자아 분열의 심화 → | 6연 [E] |

① [A]: 거울 밖 세계와 거울 속 세계 사이에 거리감이 있음.
② [B]: 거울 밖의 '나'와 거울 속의 '나'는 의사소통이 안 됨.
③ [C]: 두 자아는 화해할 의사가 전혀 없음.
④ [D]: 거울이 두 자아를 연결하기도 하고 차단하기도 함.
⑤ [E]: 분열된 자아를 보면서 안타까움을 느낌.

내신 적중

3 ㉠의 기능에 대한 설명으로 가장 적절한 것은?

① 인생의 진리를 깨닫게 해 준다.
② 화자가 과거를 회상하도록 해 준다.
③ 화자의 미래를 보여 주는 역할을 한다.
④ 현실의 모습을 있는 그대로 비춰 준다.
⑤ 분열된 자아를 인식할 수 있게 해 준다.

4 ⓐ~ⓔ 중, 가리키는 대상이 같은 것끼리 묶인 것은?

① ⓐ, ⓑ / ⓒ, ⓓ, ⓔ
② ⓐ, ⓑ, ⓒ / ⓓ, ⓔ
③ ⓐ, ⓒ, ⓓ / ⓑ, ⓔ
④ ⓐ, ⓒ, ⓔ / ⓑ, ⓓ
⑤ ⓐ, ⓑ, ⓒ, ⓔ / ⓓ

5 이 시와 〈보기〉에 공통적으로 제시된 '악수'의 의미를 쓰시오.

┤ 보기 ├

육첩방은 남의 나라
창밖에 밤비가 속살거리는데,

등불을 밝혀 어둠을 조금 내몰고,
시대처럼 올 아침을 기다리는 최후의 나,

나는 나에게 작은 손을 내밀어
눈물과 위안으로 잡는 최초의 악수.

– 윤동주, 〈쉽게 씌어진 시〉

021

오감도 - 시 제1호 |이상

[문학] 금성, 신사고
[언매] 천재

🎯 핵심 정리

갈래 자유시, 초현실주의 시
성격 초현실적, 관념적
제재 현대인이 느끼는 감정의 근원과 본질
주제 현대인의 불안함과 두려움
특징 ① 일반적인 규범에서 벗어난 실험적 기법
을 사용함으로써 낯선 느낌을 줌.
② 동일한 통사 구문을 반복적으로 제시하
여 특정 심리를 강조함.
출전 《조선중앙일보》(1934)

> **Q 불안과 공포의 속성은?**
>
> 이 시에서는 1연에서 제시된 상황이 5연에서 부
> 정되면서, '무서운/무서워하는 아해 13인의 존
> 재'만이 남는다. 즉 상황이 어떠하든 간에 이들의
> 불안과 공포는 항상 존재할 수밖에 없는, 본원적
> 이고 근본적인 감정이라는 것이다.

💡 시어 풀이

오감도 '높은 곳에서 내려다본 상태의 그림이나
지도'인 '조감도(鳥瞰圖)'의 '조(鳥)'라는 한자를 까
마귀를 뜻하는 '오(烏)'로 바꾸어 새로운 의미를 덧
붙였다.

13인 '13인'의 의미에 대해서는 그동안 '위기에
당면한 인간', '시계 시간의 부정' 등의 다양한 견해
가 제기되어 왔다. 최근에 와서는 '13' 자체에 의미
를 부여하는 대신 이 숫자의 불안한 분위기를 이용
하기 위해 시인이 이용한 장치라는 설명이 설득력
을 얻고 있다.

🔖 시구 풀이

❶ 13인의아해 이 시에 등장하는 '13인의아해'는
'무서운아해'이거나 '무서워하는아해'로 제시된
다. 이로 보아 이들은 서로에 대한 극대화된 적
대감이 의식에 가득한 존재로, 이들은 곧 서로
에게서 동질감을 전혀 발견할 수 없음으로 해
서 발생하는 공포감과 불안을 느끼는 현대인을
상징한다.
❷ 도로로질주하오. 아해들을 '질주'하게 만드는
'도로'는 속도와 경쟁을 부추겨 온 물질문명의
상징이다.
**❸ 제1의아해가무섭다고그리오.~ 제13의아해도
무섭다고그리오.** 첫 번째부터 열세 번째까지
의 아이들을 모두 언급하면서 무서워하는 아이
들의 모습을 반복적으로 제시하고 있다. 이러
한 단순한 반복은 반복되는 상황 자체를 강조
함으로써, '무서움'의 정서를 확산하는 데 기여
하고 있다.
❹ (길은뚫린 ~ 아니하여도좋소. 1연과 대칭을
이루면서도 1연의 내용 자체를 부정함으로써
아이들이 느끼는 불안과 공포가 벗어날 수 없
는 것임을 드러낸다.

👤 작가 소개

이상(본책 74쪽 참고)

---

❶❷13인의아해(兒孩)가도로로질주하오.
불안과 공포에 사로잡힌 현대인
(길은막다른골목이적당하오.)
불안과 공포의 감정이 고조되는 상황

▶ 1연: 도로를 질주하는 13명의 아이들

❸제1의아해가무섭다고그리오. / 제2의아해도무섭다고그리오.

제3의아해도무섭다고그리오. / 제4의아해도무섭다고그리오.

제5의아해도무섭다고그리오. / 제6의아해도무섭다고그리오.

제7의아해도무섭다고그리오. / 제8의아해도무섭다고그리오.

제9의아해도무섭다고그리오. / 제10의아해도무섭다고그리오.

제11의아해가무섭다고그리오.

제12의아해도무섭다고그리오.

제13의아해도무섭다고그리오.
『 』: 동일한 통사 구조의 반복 → 불안과 공포의 확산
13인의아해는무서운아해와무서워하는아해와그렇게뿐이모였소.(다른사정은없는것이
불안과 공포의 원인이 이들 내부에 있다는 해석이 가능함.
차라리나았소.)

▶ 2~3연: 도로를 달리며 무섭다고 하는 아이들

『그중에1인의아해가무서운아해라도좋소.

그중에2인의아해가무서운아해라도좋소.

그중에2인의아해가무서워하는아해라도좋소.

그중에1인의아해가무서워하는아해라도좋소.』

▶ 4연: 무섭거나 무서워하는 13인의 아이들

『 』: '좋소'의 반복 → 무섭거나 무서워하는 아이의 인원수는 상관없음을 드러냄.
→ '13인의아해'가 두려워하고 있다는 상황 자체는 변함없음.

❹(길은뚫린골목이라도적당하오.)

13인의아해가도로로질주하지아니하여도좋소.

▶ 5연: 1연에서 제시된 상황의 부정

『 』: 1연과 5연의 대칭 구조
→ ① 유사한 형식의 반복
② 1연의 내용을 5연에서 부정함.
∴ '13인의 아이가 무서워하는 상황'만을 남기고 이로 인한 불안과 공포의 정서를 부각함.

📎 이해와 감상

이 시는 박태준과 이태준의 주선으로 《조선중앙일보》에 연재(1934. 7. 24. ~ 8. 8.)되었던 연작
시 〈오감도〉의 첫 번째 작품으로, 시인으로서의 이상의 문단적 존재를 새롭게 각인시킨 화제작이
다. 13명의 아이가 도로로 질주하는 상황을 제시하면서 길은 막다른 골목이 적당하다던 시적 화자
의 언술은 마지막 연에서 길은 '뚫린골목이라도적당'하며 아이들이 도로를 질주하지 않아도 좋다
(=상관없다)는 언급으로 부정된다. 또한 4연에서는 누가, 몇 명이 '무서운아해'이든 '무서워하는아
해'이든 상관이 없다고 말하고 있다. 이 시에서 부정되는 상황이 모두 제거되면 남는 것은 '13인의
아이들은 모두 무섭거나 무서워하고 있다'는 사실이다. 이들을 둘러싼 상황이 어떻든 이들은 공포
감과 불안감을 느끼고 있으며, 이러한 감정은 이유가 없을 수도 있고, 혹은 그들 중 누군가가 '무서
운아해'이기 때문에 이들이 두려워서일 수도 있으며, '식민지적 시대 상황으로 인한 것'일 수도 있
다. 어차피 이유를 찾고자 하는 시도는 시에서 부정당한다. '다른사정은없는것이차라리' 낫기 때
문이다. 즉 이들의 불안과 공포는 이유와는 상관없이 엄습하는 본원적인 것이며, 이 지점에서 '13
인의아해'는 근원적인 불안과 공포에서 벗어날 수 없는 현대인을 상징하는 존재가 된다.

작품 연구소

시어 및 시구의 상징적 의미

시어 및 시구	상징적 의미
오감도	'조감도'의 변형. '까마귀'의 의미를 더해 부정적이고 어두운 분위기를 조성함.
13인의아해	불안과 공포에서 벗어날 수 없는 현대인
도로	불안과 공포의 공간
막다른골목	'도로'로 인한 불안과 공포를 강화하는 장치

〈오감도 – 시 제1호〉의 대칭 구조

1연	2~3연	4연	5연
도로를 질주하는 13인의 아이 + 막다른 골목길	무섭다고 하는 13인의 아이 = '무서운 아이'와 '무서워하는 아이'로만 구성된 13인의 아이	'무서운 아이'와 '무서워하는 아이'의 인원은 상관없음.	뚫린 골목 + 13인의 아이가 도로를 질주하지 않아도 좋음.
	부정되지 않고 남는 시의 내용(=주제)	2~3연에 대한 부연 설명	

1연과 5연: 대칭 / 상호 부정 관계

불안과 공포를 느끼게 하는 시적 장치

이 시에서는 불안과 공포감을 자아내기 위한 다양한 장치가 등장한다. 우선 '무섭다'라는 시어는 '무서운', '무서워하는'으로 변주되면서 이 시에서 19회나 반복되고 있다. 이렇게 '무서운', 혹은 '무서워하는' 아이들이 질주하면서 이들의 불안과 공포는 확산되고 전염된다. 이 외에도 '막다른 골목', '13인', 이유를 모른 채 도로를 질주하고 있는 상황 등이 시 전체에서 느껴지는 불안함을 가중시킨다. 이러한 불안감은 시의 제목을 확인할 때 더욱 커지는데, '조감도'를 변형한 것으로 알려진 '오감도'가 '까마귀의 시선에서 바라본 그림'을 의미하는 것임을 떠올릴 때, '까마귀'가 자아내는 부정적이고 불길한 분위기에 의해 시의 불안감과 공포는 한층 확산된다.

기존 어법의 파괴와 실험적 형식

이상은 이 작품에서 기존의 시와는 다르게 기호와 도표를 동원하고 단순하면서도 반복적인 진술 방법을 활용하여 시적 의미의 해체와 새로운 의미의 창조를 꿈꾸고 있다. 신문에 연재되었던 연작시 '제1호'부터 '제15호'까지를 관통하는 것은 띄어쓰기의 거부, 하나의 문장으로 연결된 시적 텍스트, 숫자를 거울에 비친 것처럼 뒤집어 나열하는 형식, 개성적인 시행의 배치 등 현대인의 시각에서 보아도 낯설고 실험적인 형태의 연속이다. 일반적으로 '낯설게 하기'라 통칭되는 이러한 실험적 기법을 통해 시인은 기존의 형식에 익숙해진 독자들의 관성을 뒤흔들면서 어떤 맥락들과의 연관성도 거부한 채 시 자체에 집중하게 되기를 의도하였다. 그러나 이러한 의도와는 달리 시의 난해함으로 인하여 독자들의 항의가 빗발쳤고, 원래 30회를 목표로 연재를 시작하였으나 15회에 중단되고 말았다.

함께 읽으면 좋은 작품

〈프란츠 카프카〉, 오규원 / 실험적 기법을 통한 시대 풍자

〈프란츠 카프카〉는 메뉴판의 형식을 빌려 시인의 정신과 사상가의 철학과 같은 정신적 가치가 물질적 교환 가치로 평가되는 현대 사회의 물질만능주의를 풍자하고 있는 시이다. 일반적인 시의 형식에서 벗어나 새로운 형식으로 주제 의식을 다루고 있다는 점에서 〈오감도〉와 비교해서 읽어 볼 수 있다.

Link 본책 232쪽

키 포인트 체크

[화자] 화자는 '13인의아해'가 ☐☐ 위에서 불안과 공포를 느끼고 있는 상황을 지켜보고 있다.

[상황] 13명의 아이들 중 일부는 '무섭고' 나머지는 '무서워하는' 상황으로, 이유가 명확하지 않은 상황에서 ☐☐과 ☐☐를 느끼고 있다.

[태도] 화자는 '13인의아해'가 느끼는 감정에 대한 ☐☐를 제시하지 않음으로써 ☐☐☐의 감정이 본원적이고 벗어날 수 없는 것임을 냉소적인 태도로 제시하고 있다.

내신 적중 多빈출

1 이 시에 대한 설명으로 가장 적절한 것은?

① 냉소적인 태도로 현실에 대한 풍자 의식을 표현하고 있다.

② 내면적 갈등을 해소하기 위한 노력의 과정을 구체화하고 있다.

③ 고유어와 한자어를 혼용하여 의미의 차이를 섬세하게 드러내고 있다.

④ 전통적 소재를 활용하여 과거의 가치관에 대한 지향을 표현하고 있다.

⑤ 인간의 본원적 감정에 대한 성찰 결과를 낯선 기법으로 제시하고 있다.

2 다음 시구들 중 그 시적 기능이 이질적인 것은?

① 13인의아해   ② 막다른골목

③ 무섭다고그리오   ④ 다른사정

⑤ 무서워하는아해

3 〈보기〉를 바탕으로 이 시를 감상한 내용으로 적절하지 않은 것은?

> **보기**
>
> 〈오감도〉의 작가는 '모든 현대인은 절망한다. 절망은 기교를 낳고, 그 기교 때문에 또 절망한다.'는 말을 통해 당대 현실에 대한 좌절과 절망을 드러냈다. 일제 식민지 치하에서 평생을 보낸 작가에게 현실로 인한 좌절과 이로 인한 불안, 두려움의 감정은 그의 삶을 관통하는 근원적인 것이었으며, 동시대인들 역시 이 감정에서 벗어날 수 없는 존재로 인식되었다.

① '13인의아해'가 불안해하고 두려워하는 것은 당시의 시대적 배경과 관련지어 그 원인을 찾아볼 수 있다.

② 작가가 이 시에서 익숙한 어법과 형식을 파괴한 것은 '모든 현대인은 절망'하게 되는 현실의 반영으로 볼 수 있다.

③ 무섭거나 무서워하는 '13인의아해'는 작가 자신은 물론 당대의 현실에 불안하고 두려워하는 당대인으로 이해할 수 있다.

④ '도로로질주'하던 '아해'들이 '도로로질주하지아니하여도 좋다'는 화자의 진술은 부정적 현실을 벗어나고자 하는 시도가 좌절된 데 대한 체념을 드러낸 것으로 볼 수 있다.

⑤ '다른사정은없는것이차라리나았'다거나, 무섭거나 무서워하는 아이가 몇 명인지 상관이 없다는 진술은 공포와 불안이 떨쳐낼 수 없는 근원적인 감정임을 드러낸 것으로 볼 수 있다.

4 이 시의 2연과 3연에서 두드러진 표현상 특징을 제시하고 그 효과를 쓰시오.

국어 지학사

핵심 정리

갈래 자유시, 서정시, 산문시
성격 관념적, 상징적, 초현실주의적
제재 가정
주제 일상적 생활에 대한 회복 의지
특징 ① 화자의 상황을 상징적으로 드러냄.
② 띄어쓰기를 무시하여 내면 의식을 제약 없이 드러냄.
출전 《가톨릭 청년》(1936)

> **Q** '생활'이 의미하는 바는?
>
> '생활'은 경제적인 여건으로 이루어지는 의식주 일체를 의미한다고도 볼 수 있으며, 집안에서 이루어지는 가족들 간의 일상적인 관계로도 볼 수 있다. 즉, '생활이 모자라'다는 것은 화자가 경제적으로나 가족 관계에서나 어려움을 겪고 있다는 의미로 볼 수 있다.

시어 풀이

성가신 들볶이거나 번거로워 괴롭고 귀찮은.
제웅(除衣) 짚으로 만든 사람의 형상.
봉한 열지 못하도록 단단히 붙이거나 싸서 막은.
창호 창과 문을 통틀어 이르는 말.
수입되다 돈이나 물품이 벌리거나 거두어들여지다.
침 사람이나 마소 등의 혈을 찔러 병을 다스리는 데에 쓰는 바늘.
월광 달에서 비쳐오는 빛.
수명 생물의 목숨.
전당 기한 내에 돈을 갚지 못하면 맡긴 물건을 마음대로 처분하여도 좋다는 조건하에 물건을 담보로 돈을 꾸어 주거나 꾸어 씀.

시구 풀이

❶ **문을암만잡아당겨도 ~ 까닭이다.** 문은 출입하는 통로이므로 소통이나 화합의 통로라고 볼 수 있다. 그러나 이 문이 열리지 않는다고 했으므로 화자는 가족들과의 소통이나 화합에 실패하고 있으며, 그 이유를 집 '안에 생활이 모자라'기 때문이라고 했으므로 일상적인 가정생활이 이루어지지 않고 있는 상황을 표현한 것이다.

❷ **식구야 ~ 들어가야하지않나.** 가정 안으로 들어가 가족들과 화합하고 싶은 화자의 바람을 표현하고 있다.

❸ **지붕에서리가 ~ 월광이묻었다.** 겨울 이미지인 '서리'와 날카롭고 차가운 느낌의 '뾰족한 데', '월광' 등을 통해 가정이 처해 있는 어려움과 시련의 상황을 표현하고 있다.

❹ **문을열려고안열리는문을열려고.** 일상적 가정생활로의 회복을 간절히 바라는 화자의 태도가 드러나 있다.

작가 소개

이상(본책 74쪽 참고)

---

❶문(門)을암만잡아당겨도안열리는것은안에생활(生活)이모자라는까닭이다. 밤이사나
                    통로, 소통의 창구   소통의 부재, 단절   일상적 가정생활의 부재   어려운 현실 또는 사색의 시간
운꾸지람으로나를조른다. 나는우리집내문패(門牌)앞에서여간°성가신게아니다. 나는밤속
                                책망, 자책   가장으로서의 책임, 역할
에들어서서°제웅처럼자꾸만감(減)해간다.❷식구(食口)야°봉(封)한°창호(窓戶)어데라도
        짚으로 만든 사람의 형상   위축됨, 소외됨   아내를 부르는 말   가정 안에 들어가고자 하는 화자의 바람
한구석터놓아다고내가°수입(收入)되어들어가야하지않나.❸지붕에서리가내리고°뾰족한데
            받아들여짐, 거두어들여짐   시련, 고난   날카롭고 차가운 이미지
는°침(鍼)처럼°월광(月光)이묻었다. 우리집이앓나보다그러고누가힘에겨운도장을찍나보
    → 가정이 처한 어려움의 상황   가정이 처해 있는 어려움   빚을 지고 간신히 갚아나가는 모습
다.°수명(壽命)을헐어서°전당(典當)잡히나보다. ㉠나는그냥문고리에쇠사슬늘어지듯매
    목숨을 담보로 할 만큼 절박한 상황   가정 안으로 들어가고자 하는 절실함이 드러나는 행동
어달렸다.❹문을열려고안열리는문을열려고.
            가정 안으로 들어가고자 하는 의지
                                    ▶ 일상적 생활의 부재와 그에 대한 회복 의지

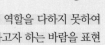

이해와 감상

이 시는 《가톨릭 청년》 1936년 2월 호에 발표된 작품으로, 가장으로서 역할을 다하지 못하여 자책감과 소외감을 느끼고 있는 한 가장의 고뇌와 일상적인 생활을 회복하고자 하는 바람을 표현하고 있다.

화자는 생계에 어려움을 겪고 있는 한 가정의 가장으로서, '문을암만잡아당겨도안열리'기 때문에 가정 안으로 들어가지 못하고 있으며, 그 이유는 가정 안에 '생활'이 모자라기 때문이라고 표현하고 있다. 여기서 '생활'은 경제적인 것으로도 볼 수 있고, 가족들 간의 일상적인 관계로도 볼 수 있다. 화자는 가장으로서의 책임과 역할에 부담을 느끼고 있기에 '내문패앞에서여간성가'시지 않다고 말하고 있으며, 그 책임을 다하지 못하는 자기 자신의 모습에 무력감을 느껴 점점 위축되고 있다는 것을 '제웅처럼자꾸만감해간다'라고 이야기하고 있다. 그래서 가족 안으로 쉽게 융화되지 못하고 가족으로부터 소외되고 있다고 느끼고 있으나, 화자는 그 가정 안으로 들어가고자 하기 때문에 '문고리에쇠사슬늘어지듯매어달렸다. 문을열려고안열리는문을열려고.'라는 간절한 행동을 보여 주는 것이며, 이것은 일상적인 생활을 회복하고자 하는 절실한 의지를 보여 주는 것이라고 할 수 있다.

형식상으로는 띄어쓰기를 하지 않은 형태의 산문시로 볼 수 있으며, 독백적인 어조를 통하여 자신의 내면을 솔직히 드러내고 있다.

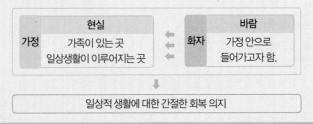

가정	현실		화자	바람
	가족이 있는 곳	⇐		가정 안으로 들어가고자 함.
	일상생활이 이루어지는 곳	⇐		

일상적 생활에 대한 간절한 회복 의지

작품 연구소

시어 및 시구의 상징적 의미

시어 및 시구	상징적 의미
문	소통의 통로
생활	일체의 의식주 또는 가족들 간의 일상적 관계
문패	가장으로서의 책임감, 역할
전당잡히나보다	경제적 어려움
서리	가정이 처해 있는 시련, 고통

시간적·공간적 배경을 통해 본 화자의 상황

시간적 배경	공간적 배경
겨울(서리), 밤	내 문패 앞

화자의 상황	화자의 집 '지붕에 서리가 내리'는 겨울이며 '밤'이어서, 시련의 시기이자 화자가 그 시련에 대해 생각해 보게 하는 상황이며, '내 문패 앞'에서 집 안으로 들어가지 못하고 있는 상황임.

띄어쓰기 없는 산문시 형식

이상은 실험적이며 난해한 형식의 작품을 많이 창작하였다. 〈가정〉은 띄어쓰기를 하지 않은 산문시 형태로 연과 행의 구분 또한 없어, 화자가 느끼는 답답한 심정을 시의 형식을 통해서도 느낄 수 있다. 또한 내면세계를 어떠한 제약 없이 자유롭게 드러냄으로써 시인의 의식 세계를 보여 주는 것이기도 하다.

초현실주의와 자동기술법

초현실주의는 무의식의 세계를 표현하는 것을 지향하는 문예 사조로, 현실이나 이성, 논리적인 사유와는 상관없이 의식의 흐름대로 서술하는 의식의 흐름 기법이나 꿈이나 무의식의 상태를 기술하는 자동기술법을 많이 사용하였다. 〈가정〉도 기존 문법을 무시한 자동기술법을 사용하여 내면의 자의식을 표현하고 있다.

함께 읽으면 좋은 작품

〈가정〉, 박목월 / 가장의 고달픈 삶과 가족에 대한 애정

박목월의 〈가정〉은 신발 크기로 가장의 책임감과 역할을 표현하면서 가장으로서의 고달픔을 가족에 대한 사랑으로 이겨 내는 내용을 담은 시이다. 이상의 〈가정〉과 박목월의 〈가정〉은 가장으로서의 책임감, 무력감 등을 표현하고 있다는 점에서 유사하다. 그러나 이상의 〈가정〉은 박목월의 〈가정〉보다 가족들과의 관계에서 더욱 거리감이 느껴지며 화자 자신의 소외감, 자책감, 회복 의지에 보다 초점이 맞추어져 있다면, 박목월의 〈가정〉은 가장으로서의 책임감과 가족들에 대한 애정이 고루 드러나 있는 점에서 차이가 있다.

키 포인트 체크

화자 한 가정의 ☐☐으로, 자신의 ☐☐ 앞에서 ☐☐처럼 위축되어 있다.

상황 ☐이 열리지 않아서 집 안으로 들어가지 못하고 있으며, ☐☐☐인 어려움을 겪고 있고 가족 간의 ☐☐이나 일상적 관계에서도 어려움을 겪고 있다.

태도 자신의 책임에 대해 부담을 가지면서도 가족 안으로 들어가 일상적 관계를 ☐☐하고자 하는 ☐☐를 보이고 있다.

내신 적중 多빈출

1 이 시의 화자에 대한 설명으로 가장 적절한 것은?
① 현실을 초월하여 관념적으로 문제를 해결하고자 한다.
② 자신의 역할과 책무를 다하지 못하여 어려움을 느끼고 있다.
③ 이상 세계에 대한 동경 때문에 현실에 적응하지 못하고 있다.
④ 자신의 노력으로 해결할 수 없는 사회 현실에 분노하고 있다.
⑤ 현실에 대한 문제의식을 바탕으로 사회 변화를 갈구하고 있다.

2 이 시에서 '우리집'이 처해 있는 상황을 나타낸 표현 중 의미하는 바가 가장 이질적인 것은?
① 생활이 모자람. ② 내 문패가 걸려 있음.
③ 창호가 봉해져 있음. ④ 지붕에 서리가 내림.
⑤ 앓고 있음.

3 ㉠에 드러난 화자의 심리로 가장 적절한 것은?
① 간절함 ② 무력감 ③ 소외감
④ 절망감 ⑤ 책임감

4 이 시와 〈보기〉에 공통적으로 드러난 것으로 적절한 것은?
| 보기 |
아랫목에 모인 / 아홉 마리의 강아지야.
강아지 같은 것들아.
굴욕과 굶주림과 추운 길을 걸어
내가 왔다. / 아버지가 왔다.
아니 십구 문 반의 신발이 왔다. / 아니 지상에는
아버지라는 어설픈 것이 / 존재한다.
미소하는 / 내 얼굴을 보아라.
– 박목월, 〈가정〉

① 가족에 대한 애정
② 삶이 궁핍한 까닭
③ 현실 극복의 의지
④ 부정적인 시대 현실
⑤ 가장을 대하는 가족들의 태도

내신 적중 多빈출

5 화자의 무력감을 자조적으로 표현한 문장을 찾아 쓰시오.

023 모란이 피기까지는 | 김영랑

문학 미래엔, 비상

🎯 핵심 정리

갈래 자유시, 서정시
성격 유미적, 낭만적, 탐미적
제재 모란의 개화와 낙화
주제 소망이 이루어지기를 기다림.
특징 ① 수미 상관식 구성을 통해 주제를 강조함.
② 섬세하고 아름답게 다듬은 시어를 사용함.
③ 역설적 표현(모순 형용)을 사용함.
출전 《문학》(1934)

> **Q** '한 해'와 '삼백예순날'에 드러나는 화자의 심리는?
>
> 일 년이라는 시간을 9행에서는 '한 해', 10행에서는 '삼백예순날'로 표현하고 있다. '한 해'에는 모란이 진 후 상실감 때문에 남은 나날들이 의미가 없다고 느끼는 심리가 드러나며, '삼백예순날'에는 모란이 다시 필 때까지 기다려야 하는 시간이 길다고 느끼는 화자의 심리가 드러난다.

💡 시어 풀이

모란 작약과의 낙엽 활엽 관목으로 늦봄에 붉고 큰 꽃이 핀다.
우옵내다 '우옵나이다'의 준말, 혹은 '우옵니다'의 전라도 방언.

🐚 시구 풀이

❶ **모란이 피기까지는 ~ 기다리고 있을 테요** '모란'으로 상징되는 '봄'은 화자가 소망하여 그로부터 삶의 의의를 찾는 대상이다. '소망'에 대한 기다림을 표현하면서 '아직'이라는 부사어를 통해 그 기다림이 오래일지라도 그 소망을 포기하지 않을 것임을 암시하고 있다.
❷ **모란이 뚝뚝 ~ 설움에 잠길 테요** 모란이 지고 나면 봄이 가 버린다는 것에서 화자에게 모란이 얼마나 소중한 존재인지를 알 수 있다. '뚝뚝'은 모란이 질 때의 절망감이 얼마나 큰 것인지를 보여 준다.
❸ **모란이 지고 말면 ~ 섭섭해 우옵내다** 모란이 지는 것을 인생 전체를 잃어버린 것으로 과장하여 표현하고, 모란이 진 후의 슬픔의 깊이를 '삼백예순날'로 나타내고 있다.
❹ **찬란한 슬픔의 봄을** '찬란한'은 '모란이 피었을 때의 환희'를, '슬픔'은 '모란이 지고 났을 때의 설움'을 의미한다. 모란이 지는 슬픔을 알면서도 모란이 피는 기쁨이 있기에 모란에 대한 기다림을 버리지 않겠다는 의지를 역설적으로 표현한 것이다.

👤 작가 소개

김영랑(金永郎, 1903~1950) 시인. 전남 강진 출생. 본명 윤식(允植). 1930년 박용철, 정지용 등과 함께 《시문학》을 간행. 순수 서정시 운동을 주도하며 잘 다듬어진 언어로 우리말의 아름다움을 발견하고 창조하는 데 힘썼다. 시집으로 《영랑 시집》(1935), 《영랑 시선》(1939) 등이 있다.

---

❶ **모란이 피기까지는**
　　화자의 소망, '봄', '보람'과 상통하는 이미지
나는 아직 나의 봄을 기다리고 **있을 테요**
　　포기하지 않음. 모란 = 소망
❷ **모란이 ⓐ뚝뚝 떨어져 버린 날**
　　시각적 이미지의 강조, 감각적 묘사, 절망감의 표현
나는 비로소 봄을 여읜 설움에 **잠길 테요**
　　모란이 떨어진 슬픔, 삶의 보람이 무너진 순간의 비애
오월 ㉠**어느 날 그 하루 무덥던 날**
　　　　봄을 상실하게 되는 시점
떨어져 누운 꽃잎마저 시들어 버리고는

천지에 모란은 자취도 없어지고

뻗쳐오르던 내 보람 서운케 무너졌으니
　　모란이 피었을 때의 보람을 잃어버림.
❸ **모란이 지고 말면 그뿐 내 한 해는 다 가고 말아**
　　　　　일 년간의 기다림, 보람
㉡**삼백예순날 하냥 섭섭해 우옵내다**
　　서러운 정감의 깊이 한결같이, 늘
모란이 피기까지는

나는 아직 기다리고 있을 테요 ❹ **찬란한 슬픔의 봄을**
　여전히 – 화자의 숙명적 기다림　　관념의 시각화, 역설법(모순 형용)

◻: 여성적 어조, 경어체 – 부드러운 어감 형성, 섬세한 정서 표현

▶ 1~2행: 모란이 피기를 기다림.

→ 모란이 지는 것 = 인생 전체를 잃어버리는 것 유미주의적 태도(과장법)

▶ 3~10행: 모란이 지고 난 후의 슬픔과 상실감

▶ 11~12행: 모란이 피기를 기다림.

이해와 감상

이 작품은 봄을 기대하는 마음과 봄을 보내는 서러움을 모란을 통해 표현함으로써 '기다리는 정서'와 '잃어버린 설움'을 대응시키고 모란으로 상징되는 소망의 실현에 대한 집념을 보이고 있다.

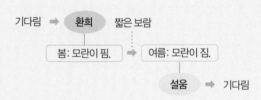

기다림 ➡ 환희 짧은 보람
봄: 모란이 핌.　여름: 모란이 짐.
설움 ➡ 기다림

이 시의 중심 소재인 모란은 화자에게 아름다움이자 삶의 보람이며 간절히 소망하는 대상이다. 화자가 참고 기다리고 또 우는 것도 모두 모란이 피고 지는 까닭에서인 것이다. 그렇기 때문에 화자에게 '봄'은 모란이 피는 기쁜 시간이지만 모란이 지기 때문에 슬프고 고통스러운 시간이다.

화자는 모란이 피어 있는 잠깐의 시간을 위해 삼백예순날의 기다림과 고통을 기꺼이 감수하겠다는 자세를 보여 주고 있다. 이러한 화자의 태도는 '찬란한 슬픔의 봄'이라는 역설적 표현으로 축약되어 제시되고 있다. 또한 11~12행에서 1~2행의 내용을 반복하면서 모란이 피기를 기다리겠다는 의지를 강조하고 있는데, 이는 간절한 소망과 달성의 기쁨, 기쁨의 소멸과 좌절, 그리고 다시 간절한 소망, 이런 반복과 순환의 과정이 바로 삶 자체라는 깨달음을 바탕으로 한다.

한편, 이 시는 언어적 감각과 문학의 순수성을 중요시한 1930년대 시 문학파의 경향을 잘 보여 주는 시로, 시의 음악성과 시어의 세련된 표현이 두드러지게 나타나며, '모란'으로 상징되는 아름다움을 위해 자신의 전 생애를 바치겠다는 점에서 유미주의적 태도가 드러난다.

작품 연구소

이 시의 순환 구조

이 작품은 '봄을 기다림 → 봄의 상실 → 봄을 기다림'이라는 순환 구조를 보이고 있다. 이것은 꽃이 지는 것은 영원히 사라지는 것이 아니며, 때가 되면 재생하는 것이고, 이러한 과정이 곧 삶 자체라는 깨달음을 바탕으로 하고 있다.

1~2행 기다림	
3~10행 상실과 슬픔	반복 (순환 구조)
11~12행 기다림	

'모란'과 '봄'의 관계

이 시에서 '모란'은 '봄', '소망', '보람'과 유사한 의미를 지닌다. '봄'은 소망, 보람, 삶의 가치로 상징되는 '모란'이 피는 기쁜 시간인 동시에 모란이 지는 슬픈 시간이다. 이와 같이 기쁨과 절망이 교차하는 상황과 화자의 복합적인 심정이 '찬란한 슬픔의 봄'이라는 역설적 표현에 집약되어 나타난다.

모란	봄	보람
간절한 소망의 대상	소망이 이루어지는 시점	소망을 이룬 보람

모란이 핌. – 기쁨의 계절	모란이 짐. – 슬픔의 계절

찬란한 슬픔의 봄

운율을 형성하는 요소

- '모란'이라는 말을 되풀이하여 일정한 리듬을 형성함.
- 울림소리의 사용을 통해, 부드러운 느낌의 운율을 형성함.
- 짧은 시행과 긴 시행의 교차로 두 시행이 한 단락을 이루면서 호흡의 속도를 조절하고 리듬감을 부여함.

자료실

영랑 문학의 문학사적 의의

'북도에 소월, 남도에 영랑'이란 말이 나올 정도로 영랑은 김소월 이후 우리말을 가장 아름답게 구사하는 시인이었다. 그는 1920년대 중반 이후 확산되던 카프(KAPF) 중심의 목적주의적 계급 문학을 배격하고, 박용철과 함께 《시문학》을 주도하여 순수한 서정의 세계를 새로운 문학의 한 지평으로 제시했다. 시문학파는 일체의 목적적, 정치적, 사회적 관심을 떠나 섬세한 언어의 조탁(彫琢)과 아름답고 그윽한 서정의 세계에 탐닉하는 순수시를 추구하였다. 그리하여 한편으로 지나치게 개인의 내면세계에만 빠져들어 역사의식이나 사회 현실을 외면한 채 언어적 기교에만 치중했다는 비판을 받기도 한다. 그러나 우리의 현대 시가 시문학파를 통해 언어의 구사 능력과 형식적 완성도 면에서 한 단계 성장을 이루었다는 것도 부인할 수 없는 사실이다.

함께 읽으면 좋은 작품

〈데생〉, 김광균 / 예술적 표현을 중시하는 시

〈모란이 피기까지는〉은 모란이 피고 지는 과정과 모란에 대한 그리움을 다양한 비유와 역설적 표현을 사용하여 아름답게 다듬은 시어로 표현하였다. 〈데생〉은 황혼 무렵의 풍경을 시각적 심상의 시어를 사용하여 아름답게 묘사하고, 그때 느낀 화자의 외로움을 형상화하였다. 이처럼 두 작품은 모두 예술적 표현을 중시하는 미학적 경향이 강한 작품이라 할 수 있다.

포인트 체크

화자 ☐☐이 피는 봄을 기다리며 살아가고 있다.

상황 모란이 피면 화자의 ☐☐이 이루어지지만 ☐☐이 되면 모란이 지고 말아 화자는 상실감에 빠진다.

태도 화자는 다시 봄이 오기를 ☐☐☐☐ 있다.

내신 적중 多빈출

1 이 시의 표현상 특징과 효과에 대한 설명으로 적절하지 <u>않은</u> 것은?
① 대화의 형식을 통해 청자와의 친밀감을 드러내고 있다.
② 특정한 시어나 시구를 반복해 운율감을 드러내고 있다.
③ 도치법을 사용해 화자의 간절한 심정을 나타내고 있다.
④ 울림소리를 사용해 부드러운 느낌의 운율을 형성하고 있다.
⑤ 역설적 표현을 통해 대상에서 느끼는 모순된 감정을 강조하고 있다.

2 〈보기〉에 따라 이 시를 이해한 내용으로 적절하지 <u>않은</u> 것은?

> **보기**
>
> | 1~2행 | ⇒ | 3~10행 | ⇒ | 11~12행 |
> |---|---|---|---|---|
> | [A] | | [B] | | [C] |

① [A]의 '아직'은 기다림의 자세가 지속적임을 드러낸다.
② [A]는 대상을 기다리는 화자의 의지가 드러난다.
③ [A]~[C]는 의미상 순환하는 구조로 이루어져 있다.
④ [A]와 [B]는 화자의 정서 변화를 기준으로 구분할 수 있다.
⑤ [C]는 [A]의 변형, 반복을 통해 화자의 절망감을 강조한다.

3 〈보기〉를 참고하여 이 시를 감상한 내용으로 적절하지 <u>않은</u> 것은?

> **보기**
>
> 영랑은 1930년대 일제의 문화적 탄압이 강화되는 상황 속에서도 우리말을 다듬어 시어의 음악성을 살리고 시적 정서와 표현 기교를 섬세하게 가다듬어 시를 예술의 경지로 끌어올리는 데 한몫을 다하였다.

① '서운케'는 시의 음악성을 위해 음을 축약한 것 같아.
② 두 시행이 한 단락을 이루어 호흡의 속도를 조절하여 리듬감을 형성하고 있어.
③ '찬란한 슬픔의 봄'은 울림소리의 음악적 효과를 거두기 위해 만든 시적 허용이군.
④ '있을 테요, 잠길 테요' 등에서 경어체를 사용하여 부드러운 어감을 표현하고 있어.
⑤ 형태적 안정감을 주고 운율을 형성하기 위해 11~12행에서 1~2행의 내용을 반복했겠군.

4 ㉠과 ㉡에 대한 설명으로 적절하지 <u>않은</u> 것은?
① ㉠은 봄을 상실하게 되는 시점이다.
② ㉠과 ㉡ 모두 화자가 슬픔에 젖는 시간이다.
③ ㉠은 ㉡과 달리 깨달음을 얻는 시간이다.
④ ㉡은 ㉠ 이후의 시간을 나타낸다.
⑤ ㉡은 안타까움과 슬픔의 정감의 깊이를 의미한다.

5 ⓐ에서 드러나는 표현상의 특징과 효과를 쓰시오.

024 여우난골족 | 백석

키워드 체크 #산문시 #명절날의 집안 풍경 #공동체적 삶의 회복 #평안도 방언 #가족 간의 유대감

🎯 핵심 정리

갈래 자유시, 서정시, 산문시
성격 회고적, 토속적, 향토적
제재 명절날의 친척들과 집안 풍경
주제 가족 공동체의 유대감과 명절날의 정취
특징 ① 시간과 공간의 변화에 따라 시상이 전개됨.
② 산문적 진술로 명절의 모습을 그림.
③ 평안도 방언과 토속적 소재를 사용하여 향토적이고 정겨운 분위기를 표현함.
출전 《조광》(1935)

Q 이 시에 나타난 산문적 특성은?

이 시는 압축적인 언어를 사용하는 일반적인 시와는 달리 한 문장의 길이가 긴 산문적인 특성을 지니고 있다. 예를 들어 2연에 등장하는 '신리 고무'는 외모, 행동, 재주, 거주지 등 여러 가지 측면의 특징을 나열하는 방법으로 형상화하고 있다. 이와 같이 인물을 구체적으로 형상화하는 방법은 '토산 고무', '큰골 고무', '삼춘'으로 반복되면서 시 전체가 산문적인 성격을 지니게 한다.

☀️ 시어 풀이

매킴탕 메진 갈탕. 엿을 고이 낸 솥을 씻은 단물. 또는 메주를 쑤어 낸 솥에 남은 걸쭉한 물.
토방돌 토방(土房)은 방에 들어가는 문 앞에 좀 높이 편편하게 다진 흙바닥으로, 토방돌은 토방에 올라서기 좋게 고여 놓은 돌을 말함.

🦋 시구 풀이

❶ **얼굴에 별자국이 ~ 사춘 동생들** 명절날 큰집에 모인 일가친척의 외모와 삶의 모습을 묘사한 구절로, 간결하고 인상적인 묘사를 통해 인물의 특성을 잘 드러내고 있다. 이러한 묘사를 통해 가족 공동체에 대한 화자의 애정과 그리움을 보여 주고 있다.

❷ **이 그득히들 ~ 선득선득하니 찬 것들이다** 친척들이 모여 있는 큰집 '안간'의 모습을 시각적 심상뿐만 아니라 후각적, 촉각적 심상을 활용하여 감각적으로 형상화하고 있다. 새 옷이나 떡이 풍기는 냄새와 촉각적 심상을 활용한 다양한 명절 음식의 묘사는 명절날의 풍요로움을 더욱 부각한다.

❸ **저녁술을 놓은 ~ 올라오도록 잔다** 여러 가지 민속놀이를 하며 함께 노는 아이들의 모습과 밤늦도록 살아가는 이야기를 나누는 부녀자들의 모습을 보여 줌으로써 명절의 흥겨운 분위기와 친족 간의 공동체적 유대감을 표현하고 있다.

👤 작가 소개

백석(白石, 1912~1996)
시인. 평북 정주 출생. 서민들의 삶을 토속적인 언어로 현실감 있게 그려 내며 우리 민족 공동체의 정서를 드러내었다. 또한 여행 중에 접한 풍물이나 체험을 표현한 기행 시와 모더니즘 계열의 시를 창작하였다. 작품으로 〈여승〉(1936), 〈흰 바람벽이 있어〉(1941) 등이 있다.

명절날 나는 엄매 아배 따라 우리 집 개는 나를 따라 진할머니 진할아버지가 있는 큰집으로 가면
대구
시간적 배경 / 친할머니 / 친할아버지 / 공간적 배경
▶ 1연: 명절을 쇠러 큰집에 감.

❶얼굴에 별자국이 솜솜 난 말수와 같이 눈도 껌벅거리는 하로에 베 한 필을 짠다는 벌 하나 건너 집엔 복숭아나무가 많은 신리(新理) 고무 고무의 딸 이녀(李女), 작은이녀(李女)
천연두 흉터 자국 / 말수와 함께, 말할 때마다 / 우직하니 일만 하는 성격 / 벌판 / 마을 이름 / '고모'의 방언 / 이씨 여자

열여섯에 사십(四十)이 넘은 홀아비의 후처가 된 포족족하니 성이 잘 나는 살빛이 매감탕 같은 입술과 젖꼭지는 더 까만 예수쟁이 마을 가까이 사는 토산(土山) 고무 고무의 딸 승녀(承女) 아들 승(承)동이
빛깔이 칙칙하고 파르스름한 기운이 도는
'이녀', '승녀', '승동이' 등은 평북 지방에서 아이들을 부를 때 쓰는 애칭으로 아버지가 승 씨일 경우 딸은 승녀, 아들은 승동이라 부름.

육십 리(六十里)라고 해서 파랗게 뵈이는 산(山)을 넘어 있다는 해변에서 과부가 된 코 끝이 빨간 언제나 흰옷이 정하던 말끝에 설게 눈물을 짤 때가 많은 큰골 고무 고무의 딸 홍녀(洪女) 아들 홍(洪)동이 작은 홍(洪)동이
'서럽게'의 방언 / 남몰래 많이 울어서 / 상복(喪服) / 과부의 한과 서러움 표출

배나무 접을 잘하는 주정을 하면 토방돌을 뽑는 오리치를 잘 놓는 먼 섬에 반디젓 담그러 가기를 좋아하는 삼춘 삼춘 엄매 사춘 누이 사춘 동생들
나무에 다른 나무를 접붙임. / 오리를 사냥할 때 쓰는 도구 / '밴댕이젓'의 방언
▶ 2연: 큰집에 모인 친척들의 외모와 삶의 모습

❷이 그득히들 할머니 할아버지가 있는 안간에들 모여서 방 안에서는 새 옷의 내음새가 나고 또 인절미 송구떡 콩가루차떡의 내음새도 나고 끼때의 두부와 콩나물과 뽂은 잔디와 고사리와 도야지비계는 모두 선득선득하니 찬 것들이다
주격 조사 '이' - 2연에 제시된 모든 인물들이 '가족들'이라는 의미로 대등하게 연결됨. / 안채 / 후각적 심상 / '끼니때'의 방언 / 팥가루 / 후각적 심상 / 촉각적 심상, 서느런 느낌이 드는 북쪽 지역임을 드러냄.
▶ 3연: 안방에 풍성하게 장만해 놓은 명절 음식

❸저녁술을 놓은 아이들은 외양간 섶 밭마당에 달린 배나무 동산에서 쥐잡이를 하고 숨굴막질을 하고 꼬리잡이를 하고 가마 타고 시집가는 놀음 말 타고 장가가는 놀음을 하고 이렇게 밤이 어둡도록 북적하니 논다
저녁밥을 / '옆'의 방언 / 숨바꼭질 / 꼬리잡기, 어린이 민속놀이의 하나 / ○: 현재 시제를 사용하여 생동감을 부여함.

밤이 깊어 가는 집 안엔 엄매는 엄매들끼리 아르간에서들 웃고 이야기하고 아이들은 아이들끼리 웃간 한 방을 잡고 조아질하고 쌈방이 굴리고 바리깨돌림하고 호박떼기하고 제비손이구손이하고 이렇게 화디의 사기 방등에 심지를 몇 번이나 돋우고 홍게닭이 몇 번이나 울어서 졸음이 오면 아릇목 싸움 자리싸움을 하며 히드득거리다 잠이 든다 그래서는 문창에 텅납새의 그림자가 치는 아츰 시누이 동세들이 욱적하니 흥성거리는 부엌으론 샛문틈으로 장지문 틈으로 무이징게국을 끓이는 맛있는 내음새가 올라오도록 잔다
아랫간 / 공기놀이 / 앞사람의 허리를 잡고 한 줄로 서서 술래가 줄 맨끝의 아이(호박)를 따는 놀이 / 횟간 / '등잔걸이'의 방언 / 평북 지방의 토속적인 풍물 / 주발 뚜껑 놀이 / 서로 다리를 끼고 노래 부르며 다리를 세는 놀이 / 사기로 만든 등 / '새벽닭'의 방언 / ○: 시간의 경과를 감각적으로 표현함. / 히히덕거리다 / '처마'의 방언 / 동세(同壻)의 방언 / 여럿이 한곳에 북적대며
「」: 감각적 이미지를 활용하여 명절 다음날 아침의 모습을 정겹고 포근하게 형상화함.
▶ 4연: 명절날의 풍성하고 흥겨운 분위기

이해와 감상

이 시는 명절날 여우난골 부근에 사는 일가 친척들이 큰집에 모여 하루를 보내는 모습을 어린 화자의 눈을 통해 서사적으로 그려 내고 있다. 어린 화자가 명절을 맞아 집에서 큰집으로 가는 시점부터 다음 날 아침까지의 이야기를 시간의 흐름에 따라 묘사하면서 고향의 훈훈한 정취와 일가친척의 넉넉한 인정, 풍요로운 가족 공동체의 모습을 그려 내고 있다. 또한 토속적인 소재와 평안도 방언을 효과적으로 활용하여 '고향'이라는 원초적 공간에 대한 그리움과 공동체적 삶에 대한 간절한 회복의 소망을 형상화하고 있다.

		가족 간의 정이 넘치는 고향의 모습
1연	시적 상황 제시	
2~3연	가족 공동체의 삶	
3연	고향의 정취	

🏠 작품 연구소

시간과 공간의 이동에 따른 시상 전개

'나'의 집 → 큰집(아침)	어머니, 아버지와 큰집에 감.
⬇	
큰집 안간(낮)	큰집에 친척들이 모임.
⬇	
배나무 동산(저녁 무렵)	아이들이 여러 가지 놀이를 하며 놂.
⬇	
아르간, 웃간(밤 → 새벽)	엄마들은 아르간에서 웃고 이야기하고, 아이들은 웃간에서 놀이를 하다가 잠이 듦.
⬇	
부엌, 웃간(아침)	시누이, 동세들이 끓이는 무이징게국 냄새가 남.

이 시에 나타난 명절날의 모습과 의미

명절날 모습	친척들	가족 간의 따뜻한 정을 느끼게 함.
	음식	풍성하게 차려진 음식을 떠올리게 해 풍요로운 느낌을 줌.
	놀이	아이들이 정답게 노는 모습을 떠올리게 해 흥겨운 느낌을 줌.

⬇

명절의 의미	• 떨어져 살던 친척들에게 공동체 의식을 일깨움. • 친족 간의 우애와 정을 나누고 공동체적 유대감을 느끼게 함.

이 시의 표현상의 특징과 효과

명절의 풍경을 감각적으로 표현함.	• 후각적 심상: 방 안에서는 새 옷의 내음새가 나고 / 또 인절미 송구떡 콩가루차떡의 내음새도 나고 • 촉각적 심상: 끼때의 두부와 콩나물과 뿍은 잔디와 고사리와 도야지비계는 모두 선득선득하니 찬 것들이다
평안도 방언과 토속적 소재를 사용함.	• 향토적이면서 정겨운 분위기를 형성함. • 사라져 가는 공동체적 삶에 대한 그리움과 회복에 대한 염원을 드러냄.
어린아이의 시선으로 내용을 전개함.	• 어린 시절 화자의 눈에 비친 여러 인물의 모습과 명절날의 모습이 묘사됨. • 이제는 사라지고 없는 공간에 대한 그리움을 드러냄.

'여우난골'의 상징적 의미와 의의

　이 시에 묘사된 '여우난골'은 명절을 맞아 일가친척이 모두 모이는 장소로서, 공동체적 합일의 공간을 상징한다. 이 시가 쓰인 일제 강점기에 우리 민족은 일제의 침탈로 가족 공동체가 해체되기 시작했다. 따라서 시인은 '여우난골'이라는 어린 시절의 공동체적 공간을 제시하면서 사라져 가는 우리의 소중한 풍속과 민족 공동체 회복에 대한 염원을 드러내었고, 이는 당시 우리 민족에게 위안을 주고 공동체 회복의 필요성을 일깨워 주었다.

📖 함께 읽으면 좋은 작품

〈숲〉, 정희성 / 공동체적 삶의 회복을 소망

　〈숲〉은 조화로운 공동체적 삶을 이루지 못하고 외롭게 살아가는 현대인의 고독과 외로움을 전하는 작품이다. 〈여우난골족〉과 〈숲〉은 공동체의 유대감 회복을 소망한다는 점에서 유사하다. 하지만 〈숲〉은 외로운 존재로 살아가는 현대인에 대한 안타까움과 이에 관한 자신의 반성이 드러나고 〈여우난골족〉은 명절날의 풍속과 정취를 통해 민족 공동체 회복에 대한 염원을 드러낸다는 점에서 차이가 있다.

🔗 Link 본책 253쪽

🔑 포인트 체크

- 화자 　'나'는 ☐☐을 맞아 ☐☐에 가서 일가친척들을 만나고 있다.
- 상황 　큰집에 모여서 아이들은 ☐☐☐☐를 하면서 놀고, 엄마들은 설음식을 준비하고 있다.
- 태도 　어린 시절의 공동체적 삶을 그리워하고 있으며 가족 간에 강한 ☐☐☐을 느끼고 있다.

내신 적중 多빈출

1 이 시에 대한 설명으로 적절하지 않은 것은?

① 시간의 흐름에 따라 시상을 전개하고 있다.
② 현재 시제를 사용하여 생동감을 부여하고 있다.
③ 방언을 사용하여 향토적 분위기를 조성하고 있다.
④ 대구와 열거의 기법을 사용하여 리듬감을 형성하고 있다.
⑤ 과거와 현재를 대비하여 그리움의 정서를 고조시키고 있다.

2 이 시의 시인이 화자를 어린아이로 내세운 이유로 적절한 것은?

① 산문적인 형태지만 운율감을 형성하기 위해
② 등장인물을 객관적이고 구체적으로 묘사하기 위해
③ 고향이라는 원초적 공간을 환상적으로 그리기 위해
④ 어린 시절의 순수함을 되찾고 싶은 바람을 표현하기 위해
⑤ 지금은 사라져 버린 공간에 대한 그리움을 드러내기 위해

내신 적중

3 〈보기〉에 따라 이 시를 이해한 내용으로 적절하지 않은 것은?

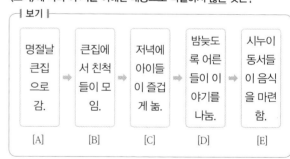

보기

명절날 큰집으로 감.	⇨	큰집에서 친척들이 모임.	⇨	저녁에 아이들이 즐겁게 놂.	⇨	밤늦도록 어른들이 이야기를 나눔.	⇨	시누이 동서들이 음식을 마련함.
[A]		[B]		[C]		[D]		[E]

① [A]: 배경을 구체적으로 제시하여 사실감을 더하고 있다.
② [B]: 친척들의 특징을 구체적으로 서술하고 있다.
③ [C]: 아이들의 민속놀이를 나열하고 있다.
④ [D]: 대화체로 정겨운 가족의 모습을 보여 주고 있다.
⑤ [E]: 후각적 이미지를 통해 정겨운 분위기를 형성하고 있다.

4 이 시가 가족 공동체가 사라지기 시작한 일제 강점기에 쓰였다는 사실을 바탕으로, 이 시와 같이 고향을 형상화한 의도를 〈조건〉에 맞게 쓰시오.

조건

1. '여우난골'의 상징적 의미를 제시할 것
2. 완결된 한 문장으로 쓸 것

025 모닥불 | 백석

키워드 체크 #공동체의 정겨운 삶 #보조사 '도'의 반복 #열거법 #조화와 평등

문학 천재(정)

🎯 핵심 정리

갈래 자유시, 서정시, 산문시
성격 감각적, 토속적, 산문적
제재 모닥불
주제 조화와 평등의 공동체적 합일 정신
특징 ① 토속어의 사용을 통해 향토적 정감을 느끼게 함.
② 현재의 정황과 과거의 회상으로 이루어짐.
③ 열거된 사물이나 사람의 배열이 주제 의식을 높이는 데에 기여함.
출전 《사슴》(1936)

Q 산문 형태임에도 리듬감을 느낄 수 있는 이유는?

1연과 2연에는 사물, 사람, 동물이 열거되어 있고, 이들은 '아우름'의 의미를 더해 주는 보조사 '도'로 연결되어 있다. 이처럼 이 시는 보조사 '도'의 반복, 모닥불에 타고 있는 사물과 모닥불을 쬐고 있는 대상의 열거, 1연과 2연의 대구를 통해 운율을 형성하고 있다.

💡 시어 풀이

새끼오리 새끼줄. '오리'는 '올'의 평안도 방언.
재당 재실(齋室)에서 제사를 지내거나 문중 회의를 할 때 일을 주관하던 학덕 높은 집안의 어른.
초시 과거의 첫 시험. 또는 그 시험에 급제한 사람.
문장 한 문중에서 항렬과 나이가 제일 위인 사람.
몽둥발이 딸려 붙었던 것이 다 떨어지고 몸뚱이만 남은 것.

🔖 시구 풀이

❶ **새끼오리도 헌신짝도 ~ 타는 모닥불** 일상생활에 쓸모가 없는 무가치한 것들이 모여 모닥불의 불길을 일으키는 데 사용되고 있음을 나타내고 있다. 보조사 '도'의 반복에 의해 운율을 형성하고, 모닥불을 형성하는 사물들이 차례로 모닥불에 들어가 불길을 계속 유지하는 느낌을 준다.

❷ **재당도 초시도 ~ 모닥불을 쬔다** 사람들과 동물들을 보조사 '도'로 연결하여 모든 것들이 평등하게 불을 쬐는 모습을 형상화하고 있다. 이를 통해 따뜻한 공동체의 느낌을 형성하고 있다.

❸ **모닥불은 어려서 ~ 력사가 있다** 모닥불이 할아버지의 슬픈 내력을 간직하고 있다는 것은 모닥불이 할아버지의 슬픈 사연을 옆에서 지켜본 역사의 관찰자이자 이해자라는 뜻이다. 고아인 동시에 신체적 장애까지 안고 있는 할아버지의 이야기를 통해 화자는 당시 고통과 슬픔에 가득 찬 우리 민족의 슬픈 역사에 대해 말하고 있다.

👤 작가 소개

백석(본책 82쪽 참고)

---

❶ 『 」: 농촌에서 흔히 볼 수 있는 보잘것없고 사소한 것들이 모닥불의 불길을 일으키는 데 사용됨.
『새끼오리도 헌신짝도 소똥도 갓신창도 개니빠디도 너울쪽도 짚검불도 가랑닢도 머리
　　　　　　　　　　　　　가죽신의 밑창　개의 이빨　널빤지 조각　짚 찌끄러기 뭉치
카락도 헝겊 조각도 막대꼬치도 기왓장도 닭의 짗도 개터럭도 타는 모닥불』
　　　　　　　　　　　　　　　　　　　　　　개의 털
　▶ 1연: 모닥불에 타고 있는 여러 가지 사물

❷ 『재당도 초시도 문장(門長) 늙은이도 더부살이 아이도 새사위도 갓사둔도 나그네도
　　　　　　　　　　　　　　　　　　　　　　　　　　　새 사돈
「 」: 선후, 상하 구분 없이 모두 평등한 관계를 유지하며 모닥불을 쬐는 사람들과 동물들의 모습
주인도 할아버지도 손자도 붓장사도 땜쟁이도 큰 개도 강아지도 모두 모닥불을 쬔다』
　▶ 2연: 모닥불을 쬐는 사람들과 동물들

❸ 모닥불은 어려서 우리 할아버지가 어미 아비 없는 서러운 아이로 불상하니도 몽둥발
　고아로 자란 할아버지의 어린 시절 → 일제 강점기에 주권을 상실한 우리 민족을 상징함.　불쌍하게도
이가 된 슬픈 력사가 있다
모닥불에 서린 할아버지의 고된 삶의 역사, 우리 민족의 슬픈 역사
　▶ 3연: 모닥불에 서린 슬픈 역사

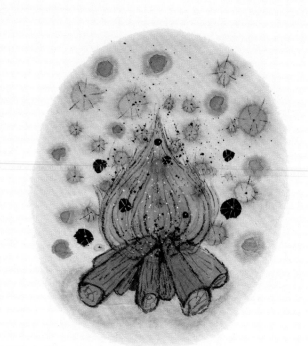

이해와 감상

이 시는 모닥불의 속성을 직관적으로 파악하고 단순하고 소박한 시어를 나열하여, 평등한 사람들이 화합하는 공동체적 삶의 세계와 그 이면에 놓인 민족의 비극을 형상화하고 있다. 1연에서

	1~2연	3연
언어 표현 방식	• 어휘의 나열을 통한 진술 • 상황 제시와 묘사	• 평범한 산문적 진술 • 특정한 사연 회상
중심 내용	• 1연: 모닥불에 타들어 간 사물들 • 2연: 모닥불을 쬐고 있는 사람들과 동물들	• 3연: 할아버지의 슬픈 역사

는 모닥불에 타고 있는 사물들을 열거하고, 2연에서는 모닥불을 쬐는 사람들과 동물들을 열거한다. 이 같은 열거법은 판소리와 사설시조 등에서 자주 사용되던 것으로 전통 계승의 한 측면을 엿볼 수 있다. 3연은 앞의 두 연과 구분되는데, 내용적으로도 앞의 두 연이 모닥불과 관련된 현재의 상황에 대해 말하고 있는 데 반해, 3연은 할아버지의 어릴적 사연에 대해 말하고 있다. 이러한 대비는 우리가 견디어 온 슬픈 역사와 끈질기게 이어 가고 있는 현재의 정겨운 삶의 모습을 동시에 보여 주는 것이며, 모닥불을 통해 비극적 역사와 모든 존재를 포용하는 조화와 평등의 공동체적 합일의 정신을 보여 주는 것이다.

🏠 작품 연구소

이 시의 시상 전개 구조와 표현상의 특징

1연은 모닥불을 이루는 사물들을 나열하고, 2연은 모닥불을 쬐는 사람들과 동물들을 열거하고 있다. 이처럼 1연과 2연은 사물과 사람, 동물을 지칭하는 어휘의 열거를 통해 모닥불이 타고 있는 현장을 묘사한다.

그 현장에 있는 사물과 사람, 동물은 하찮고 쓸모없거나 이질적인 존재들인데 모닥불은 이들을 아우르고 포용한다. 그리고 3연에서는 모닥불을 보며 떠오른 사연을 일반 산문에서 흔히 볼 수 있는 평범한 산문체로 표현한다. 그 사연은 모닥불을 쬐면서 살아왔던 자신의 할아버지의 슬픈 생애에 관한 것으로, 이를 통해 궁극적으로 비극적인 민족 공동체의 모습을 보여 주고 있다.

모든 존재와 삶, 역사를 보듬는 '모닥불'의 상징성

'모닥불'은 평범하고 보잘것없는 것들을 태워 사람들을 따뜻하게 해 주는 대상으로, 서로 다른 처지에서 살아가는 사람들과 동물들까지 따뜻함을 함께 나누어 갖는 합일과 조화의 이미지를 지니면서 서글픈 우리 민족의 역사가 서려 있는 대상이기도 하다.

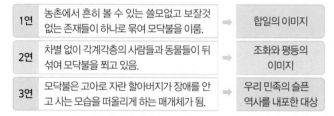

자료실

백석 시의 문학적 성취 – 우리말 구문의 개척

백석 시인이 즐겨 사용한 것은 반복, 나열, 부연으로 어떤 사실이나 정황 등을 줄줄이 이어 나가는 '엮음'의 구문이다. 사설시조, 휘모리장단 등의 전통 시가의 주된 표현 형태인 이 엮음의 구문은, 말이 연속적으로 엮어지기 때문에 흥미와 속도감을 유발하며 개별 장면이나 상황의 정서를 강화, 확대시켜 장면을 극대화하는 효과가 있다.

📖 함께 읽으면 좋은 작품

〈우리가 물이 되어〉, 강은교 / '불'의 이미지

〈우리가 물이 되어〉는 생명력이 충만하고 순수한 삶에 대한 소망을 노래한 작품으로, '물'과 '불'의 대립적 이미지를 통해 시상을 전개한다. 〈모닥불〉의 '불'은 조화와 합일, 포용의 이미지를 지닌 반면, 〈우리가 물이 되어〉에서 '불'은 소멸, 갈등의 이미지를 지닌다. 한편 '물'은 고립된 개체들을 '우리'로 만드는 조화와 합일의 이미지로, '모닥불'의 '불'의 이미지와 유사한 점이 있다.

Link 본책 264쪽

🔑 포인트 체크

화자 화자는 1연에서 하찮은 것들이지만 □□□의 불길을 일으키는 데 사용되는 것들을 나열하고 있다.

상황 모든 사람들이 □□한 관계를 유지하며 모닥불을 쬐고 있다.

태도 모닥불에 서린 □□□□의 고된 삶을 □□□□하고 있다.

1 이 시와 〈보기〉의 공통점으로 적절한 것은?

┤ 보기 ├

모닥불은 피어오른다
어두운 청과 시장 귀퉁이에서
지하도 공사장 입구에서
잡것들이 몸 푼 세상 쓰레기장에서
철야 농성한 여공들 가슴속에서
첫차를 기다리는 면사무소 앞에서
가난한 양말에 구멍 난 아이 앞에서
비탈진 역사의 텃밭 가에서
사람들이 착하게 살아 있는 곳에서
모여 있는 곳에서 / 모닥불은 피어오른다 [중략]
모닥불은 피어오른다 / 한 그루 향나무 같다
        – 안도현, 〈모닥불〉

① 반복과 열거를 통해 장면을 묘사하고 있다.
② 대구적 표현을 통해 대상의 특성을 부각하고 있다.
③ 인간과 자연을 대비하여 주제 의식을 제시하고 있다.
④ 비유적 표현을 통해 대상을 구체적으로 형상화하고 있다.
⑤ 설화적 인물과 사건을 빌려 화자의 감정을 드러내고 있다.

내신 적중

2 '모닥불'의 상징적 의미로 적절하지 않은 것은?

① 비극적인 역사를 잊게 해 주는 공간
② 차별과 사회적 기준이 사라지는 공간
③ 모든 이들이 공동체적 합일을 이루는 공간
④ 사소한 것을 태워 사람들을 따뜻하게 해 주는 대상
⑤ 고아로 자란 할아버지의 모습을 떠올리게 하는 매개체

3 〈보기〉는 모닥불에 나타난 삶의 모습과 오늘날의 삶의 모습을 비교한 내용이다. ㉠에 들어갈 말을 조건에 맞게 쓰시오.

┤ 보기 ├

┤ 조건 ├

1. '오늘날의 삶의 모습'에서 추론할 수 있는 내용으로 쓸 것
2. 긍정적인 면과 부정적인 면을 한 가지씩 넣어 '~(하)지만 ~(으)ㄴ 삶'의 형식으로 쓸 것

Ⅱ. 1920년대 ~ 광복 이전

백화(白樺) | 백석

문학 미래엔

핵심 정리

갈래 자유시, 서정시
성격 향토적, 서정적
제재 백화
주제 순수하고 아름다운 산골 사람들의 삶
특징 ① 사물들의 나열과 보조사 '도'의 반복적인 사용으로 시적 의미를 강조함.
② 다양한 감각적 심상(시각, 청각, 미각)을 활용하여 산골 정경을 구체적으로 형상화함.
출전 《정본 백석 시집》(2007)

Q '자작나무'의 이미지는?

'자작나무'는 주로 한대 지방에서 자라며 껍질이 흰 빛을 띤다. 언제나 초록빛 나무만 보다가 기둥과 줄기가 온통 하얀 나무를 보게 되는 것에서 오는 신비함와 놀라움은 '탈속적' 느낌을 준다고 할 수 있다. 시인은 이러한 '탈속적'인 자작나무의 이미지를 통해 산골 마을의 깨끗함과 순수함을 표현하려 하였다.

시어 풀이

백화 흰 자작나무.
대들보 기둥과 지붕의 하중을 떠받치기 위하여 기둥과 기둥 사이에 건너지른 큰 들보.
문살 문짝에 종이를 바르거나 유리를 끼우는 데에 뼈가 되는 나무오리나 대오리.
감로 여름에 단풍나무, 떡갈나무 따위의 잎에서 떨어지는 달콤한 액체.
박우물 바가지로 물을 뜰 수 있는 얕은 우물.

시구 풀이

❶ **산골집은 ~ 자작나무다** 대들보와 기둥, 문살을 이루는 자작나무가 산골 마을 사람들의 삶의 근원과 맞닿아 있음을 상징적으로 표현한 것이다.
❷ **밤이면 ~ 자작나무다** 여우는 우리 민족의 전통 설화에 빈번하게 등장하는 소재로, 민족의 정신적 삶을 상징한다고 볼 수 있다. 이를 통해 산골 마을 사람들의 정신적 삶 역시 자작나무와 관련 있음을 드러내고 있다.
❸ **그 맛있는 ~ 박우물도 자작나무다** 산골 마을 사람들의 식생활에도 자작나무가 깊이 자리잡고 있음을 보여 줌으로써 자작나무가 산골 마을 사람들의 삶 그 자체임을 나타낸다.
❹ **산 너머는 ~ 온통 자작나무다** 산골 마을 사람들의 삶과 자작나무를 동일시한 것으로, 자작나무의 깨끗한 이미지를 통해 순수하고 아름다운 산골 마을 사람들의 삶을 형상화하고 있다. 또한 산 너머 보이는 평안도는 시인의 고향으로, 산골 마을 사람들의 순박한 모습을 통해 시인은 자신의 고향에 대한 그리움을 나타낸 것으로 볼 수 있다.

작가 소개

백석(본책 82쪽 참고)

---

❶산골집은 •대들보도 기둥도 •문살도 자작나무다
　　　　　기본적 삶의 근거지인 집을 지탱하는 요소
❷밤이면 캥캥 여우가 우는 산(山)도 자작나무다
　　　청각적 심상　전설과 민담에 자주 등장하는 소재를 통해 산골 사람들의 정신적 삶을 표현함.
❸그 맛있는 메밀국수를 삶는 장작도 자작나무다
　　미각적 심상　향토적 음식 소재 산골 사람의 식생활
그리고 •감로(甘露)같이 단 샘이 솟는 •박우물도 자작나무다
　　　　　　　　　　　생존에 필요한 필수 요소　　　　　▶ 1~4행: 산골 사람들의 삶의 중심인 자작나무
❹산(山) 너머는 평안도(平安道) 땅도 보인다는 이 산(山)골은 온통 자작나무다
　　　　　화자가 그리워하는 곳　　　　　자작나무로 이루어진 소재를 일반화하여 산골 마을의 특징을 표현함.
　　　　　　　　　　　　　　　　　　　　　　　　　　▶ 5행: 온통 자작나무인 산골

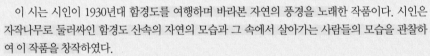

이해와 감상

이 시는 시인이 1930년대 함경도를 여행하며 바라본 자연의 풍경을 노래한 작품이다. 시인은 자작나무로 둘러싸인 함경도 산속의 자연의 모습과 그 속에서 살아가는 사람들의 모습을 관찰하여 이 작품을 창작하였다.

시의 제목인 '백화(白樺)'는 순우리말로 옮기면 '흰 자작나무'이다. 자작나무는 나무껍질이 흰빛을 띠어 깨끗하고 순박한 이미지를 가진 나무이다. 시인은 작품에서 '백화'로 온통 둘러싸여 있는 깨끗하고 아름다운 산속 세계와 이 나무들에 둘러싸여 살아가는 순수하고도 소박한 사람들의 모습을 감각적으로 형상화하였다. 또한 이러한 산골 마을의 아름다운 모습을 보며 자신의 고향에 대한 그리움을 드러내고 있다.

이 시는 내용상 크게 1~4행과 5행, 두 부분으로 나눌 수 있다. 1~4행에서 화자는 산골 사람들의 삶이 모두 자작나무를 중심으로 이루어지고 있다고 묘사하고 있다. 1행에서는 산속 사람들이 사는 집이, 2행에서는 전설이나 민담에 자주 등장하는 소재인 여우를 통해 산속 사람들의 정신적 삶이, 3~4행에서는 메밀국수를 삶는 장작과 감로같이 단 샘이 솟는 박우물을 통해 산골 사람들의 기본적인 생활 모두가 자작나무와 깊은 관련이 있음을 말하고 있다. 이를 바탕으로 5행에서는 '이 산골은 온통 자작나무다.'라고 결론을 짓고 있다. 즉, 화자는 자작나무로 둘러싸인 산과 그 속에서 살아가는 산골 마을 사람들의 삶을 자작나무의 순수한 이미지를 통해 순수하고 소박한 삶을 살아가고 있는 사람들의 모습으로 그려 내고 있는 것이다. 이러한 아름답고 순수한 삶의 세계는 화자가 보고 싶은, 닿고 싶어 하는 화자의 고향의 모습이라고 볼 수 있으며, 이는 화자의 고향에 대한 그리움을 더욱 간절하게 드러내고 있다.

작품 연구소

시어 및 시구의 상징적 의미

시어 및 시구	상징적 의미
밤이면 캥캥 여우가 우는 산	전설이나 민담에 자주 등장하는 소재인 여우를 통해 산골 사람들의 전통적인 문화와 정신을 나타냄.
단 샘이 솟는 박우물	산골 마을 사람들의 정취를 형상화하여 토속적 분위기를 형성함.
평안도 땅	시인의 고향으로, 고향에 대한 그리움을 표현함.

산골 사람들의 삶의 중심인 '자작나무'

온통 자작나무로 이루어진 산골의 삶

→ 산골 사람들의 사는 집
→ 산골 사람들의 정신적 삶
→ 산골 사람들의 생활의 근거

반복과 변주의 활용

이 시는 반복과 변주를 통해 의미를 강조할 뿐만 아니라 운율을 형성하고 있다. '자작나무다'를 반복하여 '산골'과 '산골집'이 '온통' 자작나무로 뒤덮여 있는 상황을 시각적으로 형상화함과 동시에 리듬감을 부여하고 있다. 또한 보조사 '도'를 활용하여 자작나무로 이루어진 산골 마을 사람들의 삶의 모습을 반복적으로 제시함으로써 운율 형성과 시적 의미의 강조 효과를 동시에 획득하고 있다. 그리고 1행을 제외한 2~5행은 '~(하)ㄴ / ~도 / 자작나무다'라는 문장을 점층적으로 반복하여 산골 마을 사람들의 소박하고 깨끗한 삶의 모습을 부각하고 있다.

백석 시에 나타난 음식

음식은 단순히 미각의 기억만이 아니라 함께했던 시간, 공간의 기억과 향기, 문화적 정서적 기억을 이끌어 낸다. 백석은 토속적인 언어로 음식에 담긴 정서를 소환하고 분위기를 전하며 맛과 냄새까지 전하는 시인이다. 즉 <u>토속적 언어로 향토 음식과 가족과 친척들, 친구와 고향의 정서를 고스란히 전달하고 있다.</u> 이 시에서도 '메밀국수'는 고향에서 먹었던 추억을 떠올리게 하는 음식으로, 향토적인 정감을 불러일으키고 있다.

자료실

백석의 시 세계

백석은 1920~30년대 문단의 주 경향을 이루었던 모더니즘의 영향을 일정하게 받았으면서도, 방언을 적극적으로 사용하여 향토적인 서정의 세계를 구축했을 뿐만 아니라 일제 강점기 속에서 어렵게 살아온 민중들의 애환 어린 삶을 전형적으로 그려 냈다. 〈나와 나타샤와 흰 당나귀〉에는 모더니즘의 이미지가, 〈박각시 오는 저녁〉이나 〈가즈랑집〉 등에는 일반 독자가 알기 어려운 사투리로 표현된 향토적 세계가 나타나 있다. 이와는 달리 〈여승〉에는 산골의 금광에서 옥수수를 팔던 여인이 여승이 된 슬픈 생애가, 〈팔원〉에는 일본인 순사집에서 식모살이하던, 손등이 얼어 터진 소녀의 모습이 사실적으로 형상화되어 있기도 하다.

함께 읽으면 좋은 작품

〈향수〉, 정지용 / 고향에 대한 그리움

〈향수〉는 향토적 시어와 다양한 감각적 이미지를 통해 고향의 정겨운 모습을 묘사한 시이다. 〈백화〉와 〈향수〉의 화자는 고향을 그리워하고 있다는 점에서 유사하다. 그러나 〈향수〉는 고향에 대한 묘사적 이미지가 두드러지게 나타나는 데 비해 〈백화〉는 고향에서 살아가는 순수하고 순박한 사람들의 모습을 이야기한다는 점에서 차이가 있다.

Link 본책 64쪽

키 포인트 체크

화자 표면적으로 드러나 있지는 않으나, ☐☐☐☐로 둘러싸인 아름다운 산골의 풍경을 관찰하고 있다.

상황 자작나무로 둘러싸인 ☐☐에 머물면서 아름다운 풍경과 그 속에서 살아가는 사람들의 모습을 ☐☐하고 있다.

태도 흰 자작나무에 둘러싸인 산속에서 살아가는 마을 사람들의 삶이 ☐☐하고 아름답다고 노래하고 있다.

1 이 시에 대한 설명으로 가장 적절한 것은?

① 서사적 요소를 통해 민족의 삶을 구체적으로 반영하였다.
② 감각적 심상을 활용하여 대상을 구체적으로 형상화하였다.
③ 시간의 흐름에 따라 변화하는 대상의 모습을 묘사하고 있다.
④ 특정한 소재에 화자의 감정을 이입하여 정서를 드러내고 있다.
⑤ 현재의 상황을 먼저 제시한 뒤 과거를 회상하며 시상을 전개하고 있다.

내신 적중

2 이 시의 화자에 대한 설명으로 가장 적절한 것은?

① 자조적인 태도로 삶의 모순을 드러내고 있다.
② 대상의 모습을 면밀히 관찰하여 묘사하고 있다.
③ 자연물에 대한 친화적인 태도를 나타내고 있다.
④ 과거의 일에 대한 성찰과 반성을 강조하고 있다.
⑤ 현실 상황에 대한 화자의 체념을 부각하고 있다.

3 이 시와 〈보기〉의 표현상 특징의 공통점으로 가장 적절한 것은?

보기

저녁술을 놓은 아이들은 외양간 섶 밭마당에 달린 배나무 동산에서 쥐잡이를 하고 숨굴막질을 하고 꼬리잡이를 하고 가마 타고 시집가는 놀음 말 타고 장가가는 놀음을 하고 이렇게 밤이 어둡도록 북적하니 논다
— 백석, 〈여우난골족〉

① 반어와 역설을 통해 정서를 심화하고 있다.
② 반복과 열거를 통해 장면을 묘사하고 있다.
③ 어조를 변화시킴으로써 주제를 표출하고 있다.
④ 비유적 표현을 사용하여 태도를 드러내고 있다.
⑤ 시행을 명사로 끝맺음으로써 시적 여운을 주고 있다.

4 이 시에서 산골 마을 사람들의 삶의 모습을 형상화하기 위해 활용된 소재로 적절하지 않은 것은?

① 대들보와 기둥
② 밤이면 캥캥 우는 여우
③ 맛있는 메밀국수
④ 감로같이 단 샘이 솟는 박우물
⑤ 평안도 땅

내신 적중 多빈출

5 이 시의 화자가 산골 사람들의 삶의 중심이 되는 소재로 생각하고 있는 시어를 찾아 쓰시오.

027 흰 바람벽이 있어 | 백석

문학 금성, 지학사, 해냄
국어 해냄

🎯 핵심 정리
갈래 자유시, 서정시
성격 회고적, 의지적
제재 타향에서의 고단한 삶
주제 고단한 삶 속에서도 고결함을 잃지 않으려는 삶의 자세
특징 ① 화자의 내면 풍경과 삶에 대한 성찰의 자세를 형상화하여 표현함.
② 감각적 이미지를 사용하여 화자의 정서를 구체적으로 제시함.
③ 화자의 의식의 흐름에 따라 시상이 전개됨.
출전 《문장》(1941)

Q 현실 극복의 의지가 드러나는 부분은?
화자는 자신의 내면을 비추는 '흰 바람벽'에 떠오르는 글자들을 통해 자신의 가난하고 외롭고 높고 쓸쓸한 운명을 하늘의 사랑이자 은총이라고 여기며 긍정적으로 수용함으로써 현재 자신의 외로운 삶을 위로하고, 가난하지만 정신적 고결함을 잃지 않고 현실을 극복하려는 의지를 드러내고 있다.

💡 시어 풀이
바람벽 방이나 칸살의 옆을 둘러막은 둘레의 벽.
촉 촉광. 빛의 세기를 나타내는 단위.
때글은 때에 그은. 때가 묻어 검게 된.
앞대 남쪽. 여기서는 한반도 남쪽 바다를 의미함.
개포 '개'의 평북 방언. 강이나 내에 바닷물이 드나드는 곳.
이즈막하야 시간이 이슥하게 지나서.
울력 여러 사람이 힘을 합하여 일함.
눈질 눈으로 흘끔 보는 것.

🔖 시구 풀이
❶ **오늘 저녁 ~ 오고 간다** 화자가 기억을 떠올리고 추억하는 것을 감각적으로 이미지화하여 표현하고 있다.
❷ **그의 지아비와 ~ 저녁을 먹는다** 사랑하는 사람이 다른 남자와 혼인하여 가정을 꾸리고 단란하게 지내는 상황을 떠올리는 부분으로, 화자의 외로움의 감정을 심화시킨다.
❸ **나는 이 세상에서 ~ 살아가도록 태어났다** 자신의 삶을 운명으로 받아들이며 수용하는 태도와 체념의 정서가 드러난다.
❹ **하늘이 이 세상을 ~ 만드신 것이다** 화자가 운명론적 체념의 태도에서 벗어난 부분으로, 자신의 삶을 운명으로 인식하고 긍정적으로 수용하면서 자신의 처지를 극복하고자 하는 의지를 드러낸다.

👤 작가 소개
백석(본책 82쪽 참고)

---

❶오늘 저녁 이 ㉠좁다란 방의 흰 바람벽에
　　〔공간적 배경, 화자가 현재 처해 있는 곳〕
어쩐지 쓸쓸한 것만이 오고 간다
　　〔주된 정서〕
이 흰 바람벽에
　　〔화자의 내면을 비추는 도구〕
㉡희미한 십오 촉(十五燭) 전등이 ㉢지치운 불빛을 내어던지고
　　〔가난한 생활상, 음울한 내면 상태를 보여 줌.〕
㉣때글은 다 낡은 무명 샤쯔가 어두운 그림자를 쉬이고
　　〔화자의 가난한 처지를 보여 줌.〕
그리고 또 ㉤달디단 따끈한 감주나 한잔 먹고 싶다고 생각하는 내 가지가지 외로운 생각
　　〔화자의 소박한 소망, 과거의 추억과 관련된 향토적 소재〕　　　　　　　〔화자의 외로운 내면 상태〕
이 해매인다
　　▶ 1～6행: 흰 바람벽에 비친 쓸쓸하고 애처로운 삶의 단면

그런데 이것은 또 어인 일인가 ○: 장면 전환
　　〔어머니의 영상이 떠오르는 것에 대한 반가움과 놀라운 감정의 표출〕
이 흰 바람벽에
내 가난한 늙은 어머니가 있다
　　〔그리움의 대상①〕
내 가난한 늙은 어머니가
이렇게 시퍼러둥둥하니 추운 날인데 차디찬 물에 손은 담그고 무이며 배추를 씻고 있다
　　〔푸른색의 이미지로 추위를 강조함.〕　　　　　　　〔어머니의 모습을 떠올림. – 가난하고 힘겨운 어머니의 삶〕
또 내 사랑하는 사람이 있다
　　〔그리움의 대상②〕
내 사랑하는 어여쁜 사람이
어느 먼 앞대 조용한 개포 가의 나지막한 집에서
　　〔평안도를 벗어난 남쪽 어느 바닷가〕
❷그의 지아비와 마조 앉어 대구국을 끓여 놓고 저녁을 먹는다
　　〔향토적 정감을 불러일으키는 소재〕
벌써 어린것도 생겨서 옆에 끼고 저녁을 먹는다
　　▶ 7～16행: 흰 바람벽에 비친 그리운 사람들

그런데 또 이즈막하야 어느 사이엔가
이 흰 바람벽엔
내 쓸쓸한 얼골을 쳐다보며
　　〔자신을 성찰하며 자신의 내면 인식을 드러냄.〕
이러한 글자들이 지나간다
　　〔화자의 내면 의식을 직접 드러내는 내용의 글자들〕
　― ❸나는 이 세상에서 가난하고 외롭고 높고 쓸쓸하니 살어가도록 태어났다
　　　〔화자의 숙명론적 태도〕
　　그리고 이 세상을 살어가는데
　　내 가슴은 너무도 많이 뜨거운 것으로 호젓한 것으로 사랑으로 슬픔으로 가득 찬다
　　　〔매우 홀가분하여 외롭고 쓸쓸한〕　　　　　　　▶ 17～23행: 화자의 운명론적 생각
　그리고 이번에는 나를 위로하는 듯이 나를 울력하는 듯이
　　　〔자신의 내면 의지를 북돋는 행위로 볼 수 있음.〕
　눈질을 하며 주먹질을 하며 이런 글자들이 지나간다

　　― ❹하늘이 이 세상을 내일 적에 그가 가장 귀해하고 사랑하는 것들은 모두
[A]　　　〔화자가 자신의 삶을 운명적으로 수용하고 있음을 보여 줌.〕　〔귀하게 여기고〕
　　가난하고 외롭고 높고 쓸쓸하니 그리고 언제나 넘치는 사랑과 슬픔 속에 살도록 만드
　　신 것이다 『 』: 가난하지만 정신적 고결함을 잃지 않으려는 태도
　『초생달과 바구지꽃과 짝새와 당나귀가 그러하듯이
　　〔박꽃〕　　　　　　〔뱁새〕
　　『 』: 하늘이 가장 귀해하고 사랑하는 것들, 순수하고 고결한 존재들, 열거법
　그리고 또 '프랑시쓰 쨈'과 도연명(陶淵明)과 '라이넬 마리아 릴케'가 그러하듯이』
　　〔화자와 같이 고독하게 살면서 자연의 모습이나 인간의 실존에 대해 담담하게 노래한 시인들〕
　　▶ 24～29행: 자기 운명에 대한 긍정적 수용과 자신의 처지에 대한 극복 의지

이해와 감상

이 시는 고향을 떠나 쓸쓸하고 외로운 처지에 있는 화자가 쓸쓸한 흰 바람벽을 보며 자신과

주변 사람들의 삶에 대한 감상을 한 편의 영상물처럼 그려 낸 작품이다. 흰 바람벽에 어렵게 살아가는 늙은 어머니, 사랑하는 사람이 스쳐 지나가면서 화자는 외로움과 쓸쓸함, 그리움의 감정을 느끼게 된다. 그러다가 자신의 처지를 운명으로 알고 체념하지만 곧 자신에게 주어진 삶을 긍정적으로 인식하면서 현재 자신의 외롭고 힘든 처지를 극복하고자 하는 태도를 보여 주고 있다.

작품 연구소

화자의 내면 의식의 변화

• 지치운 불빛 • 낡은 무명 샤쯔와 어두운 그림자	외로움, 쓸쓸함
• 늙은 어머니 • 내 사랑하는 어여쁜 사람	부재하는 존재에 대한 그리움
첫 번째 글자들 (나는 이 세상에서 ～ 가득 찬다)	자신의 삶을 숙명으로 여기고 받아들이려는 체념적 태도
두 번째 글자들 (하늘이 이 세상을 ～ 그러하듯이)	자신의 운명을 긍정적으로 수용하고 자긍심을 느끼면서 고단한 삶 속에서도 고결함을 잃지 않겠다는 다짐

'흰 바람벽'의 의미와 기능

'흰 바람벽'은 '유리창', '거울', '우물' 등과 같이 그것을 바라보는 사람의 모습을 비추면서 내면을 성찰하는 매개체의 기능을 한다. 이 시에서 '흰 바람벽'은 화자의 쓸쓸한 내면을 비추고 사색과 성찰을 통해 자신의 삶의 의미를 되돌아보는 계기를 마련해 준다.

이 시와 윤동주의 〈별 헤는 밤〉 5연과의 상관성

어머님, 나는 별 하나에 아름다운 말 한 마디씩 불러 봅니다. 소학교 때 책상을 같이했던 아이들의 이름과 패, 경, 옥, 이런 이국 소녀들의 이름과, 벌써 아기 어머니 된 계집애들의 이름과 가난한 이웃 사람들의 이름과, 비둘기, 강아지, 토끼, 노새, 노루, 프랑시스 잠, 라이너 마리아 릴케, 이런 시인의 이름을 불러 봅니다.
　　　　　　　　　　　　　　　　　　－ 윤동주, 〈별 헤는 밤〉 5연

자연물과 인물들을 호명하는 진술 방법이 유사하고 호명하는 대상도 겹친다. 두 시인의 작품 활동 시기를 고려할 때, 백석의 시가 윤동주의 시에 커다란 영향을 미친 것으로 보인다. 특히 자신의 삶을 돌아보는 성찰적 태도, 자신의 내면을 수사적으로 장식하지 않고 맑고 투명한 언어로 고백하여 진실한 감동을 주는 시적 표현 방법 등이 매우 유사하다.

함께 읽으면 좋은 작품

〈남신의주 유동 박시봉방〉, 백석 / 화자의 삶에 대한 태도

〈남신의주 유동 박시봉방〉은 고향을 떠나 방랑하는 지식인이 자신의 무기력한 삶에 대한 반성과 삶에 대한 의지를 표현한 작품이다. 두 작품 모두 화자가 자신의 삶을 반추하고 성찰하는 과정을 주된 내용으로 하고 있다. 또한 절망적인 상황을 운명으로 수용하고 가난하고 외로운 현실에도 고결한 삶의 태도를 지키려는 점도 유사하다. **Link** 본책 148쪽

포인트 체크

화자 화자는 □□□ 방에서 흰 바람벽을 바라보고 있다.

상황 □□□□□에 기억의 영상들이 비치는데 이를 보고 화자는 쓸쓸해하고 있다.

태도 자신의 가난하고 힘겨운 삶을 수용하고 정신적 □□□을 잃지 않으려 한다.

내신 적중 多빈출

1 이 시에 대한 설명으로 적절하지 않은 것은?

① 화자가 자신의 삶을 성찰하는 모습이 드러나 있다.

② 화자의 의식의 흐름에 따라 시상을 전개하고 있다.

③ 화자의 그리움의 정서를 영상으로 시각화하고 있다.

④ 감각적 심상을 사용해 정서를 효과적으로 제시하고 있다.

⑤ 부정적 현실 앞에서 체념하고 좌절하는 삶의 태도가 드러나 있다.

중요 기출 高난도

2 〈보기〉를 바탕으로 이 시를 감상한 내용으로 적절하지 않은 것은?

> **보기**
>
> 이 작품에는 '흰 바람벽'에 대한 다양한 이미지가 복합적으로 내재되어 있다. 외풍을 막는 허술한 벽으로서의 초라한 이미지를 보이기도 하고, 쓸쓸함을 자아내는가 하면, 고결함을 상징하는 하얗고 깨끗한 이미지를 지니기도 한다. 또한 더 이상의 탈출구가 없는 한계 상황이나, 상념의 투사가 가능한 스크린이 연상되기도 한다. 이를 통해 화자는 자신의 정서와 처지를 드러내며 삶과 가치관을 집약한다.

① '쓸쓸한 것', '외로운 생각'과 같은 구절을 통해 '흰 바람벽'을 마주하고 있는 화자의 고독이 직접 노출되고 있군.

② '흰 바람벽'이 자아내는 누추한 느낌은 '십오촉 전등', '낡은 무명 샤쯔'와 같은 구체적 사물로 심화되고 있군.

③ '흰 바람벽'은 '좁다란 방'과 의미적 대립을 이루어 화자가 봉착한 삶의 한계를 상징하고, 이에 대한 화자의 심정이 '지치운 불빛'과 '어두운 그림자'로 비유되고 있군.

④ '흰 바람벽'의 백색이 지닌 깨끗한 이미지는 자신을 '높'게 인식하는 화자의 내면세계와 연결되며, 이를 통해 '가난하'지만 고결한 삶을 지향하는 화자의 가치관을 짐작할 수 있군.

⑤ '흰 바람벽'은 화자의 상념이 투사되는 공간으로, 화자는 '초생달', '프랑시쓰 쨈' 등 열거한 자연물과 인물들에게 동질감을 느끼며 자신의 운명을 긍정적으로 수용하는 자세를 드러내고 있군.

3 ㉠～㉤ 중, 화자의 쓸쓸한 내면 풍경을 엿볼 수 있는 시어로 보기 어려운 것은?

① ㉠　　② ㉡　　③ ㉢　　④ ㉣　　⑤ ㉤

4 [A]에 나타난 화자 자신의 삶에 대한 인식과 태도를 쓰시오.

> **조건**
>
> '[A]에서 화자는 ～ 의지를 드러내고 있다.'라는 문장으로 서술할 것

Ⅱ. 1920년대 ～ 광복 이전

문학 창비

핵심 정리

갈래 자유시, 서정시
성격 회고적, 감각적, 토속적
제재 국수
주제 정겨운 고향에 대한 추억과 회상
특징 ① 토속어를 사용하여 향토적 정감을 드러냄.
② 농촌 공동체의 이미지를 감각적으로 형상화함.
출전 《문장》(1941)

시어 풀이

애동 어린아이.
김치 가재미 북쪽 지역에서 김치를 넣어 두는 움막. 창고.
양지귀 양지바른 곳의 모퉁이.
능달 응달.
은댕이 언저리. 가장자리.
예데가리밭 산의 맨꼭대기에 있는 오래된 비탈밭.
산명에 전설상의 커다란 뱀. '이무기'의 평안도 방언.
분틀 국수를 뽑아내는 틀.
습습한 자극을 크게 느끼지 않을 정도로 싱거운.
더북한 풀이나 나무 따위가 아주 거칠어 수북한.
살틀하니 살뜰하니. 사랑하고 위하는 마음이 자상하고 지극하니.

시구 풀이

❶ **이것은 아득한 ~ 사리워 오는 것이다** 사계절의 모습이 감각적으로 나타난 부분으로, 국수가 오랜 세월 동안 한결같이 마을 사람들과 함께한 전통 음식임을 강조하고 있다.

❷ **이것은 그 곰의 ~ 오는 것 같이 오는 것이다** 국수가 오래된 전설과 같이 전해져 내려온 토속음식임을 알려 주면서 국수에 대한 친밀감을 드러내고, 전설 속 이야기를 통해 국수라는 일상적 소재에 민족적 전통과 영원성을 보여 주는 실체라는 새로운 의미를 부여하고 있다.

❸ **아, 이 반가운 것은 무엇인가** 이 시가 창작될 당시의 시대적 배경을 고려할 때, '국수가 무엇인가'라는 질문을 반복한 작가의 의도는 국수와 관련하여 우리 민족이 공유하고 있는 기억을 되살리고 민족적 유대감을 강조하기 위한 것으로 볼 수 있다.

❹ **겨울밤 쩡하니 ~ 이것은 무엇인가** 국수와 곁들여 먹는 음식과 냄새를 나열하면서 국수에 깃들어 있는 농촌 공동체와 우리 민족의 정취를 그리고 있다.

❺ **이 그지없이 ~ 소박(素朴)한 것은 무엇인가** 소박하고 담백한 국수의 이미지를 통해 국수를 먹는 사람들의 심성, 나아가 우리 민족의 순박한 심성을 말하고 있다.

작가 소개

백석(본책 82쪽 참고)

『 』: 국수에 얽힌 화자의 추억 ① – 산새가 벌로 내려오고, 눈구덩이에 토끼가 빠질 정도로 많은 눈이 오면 오는 것

『눈이 많이 와서 / 산엣새가 벌로 나려 멕이고
산에 사는 새   '울음소리를 내고' 또는 '활발히 움직이고'
눈구덩이에 토끼가 더러 빠지기도 하면 / 마을에는 그 무슨 반가운 것이 오는가 보다.』
『 』: 국수에 얽힌 화자의 추억 ② – 온 마을 사람들을 들뜨게 하여 오는 것   국수를 끓여 먹는 일에 대한 반가움과 설렘
『한가한 애동들은 어둡도록 꿩 사냥을 하고 / 가난한 엄매는 밤중에 김치 가재미로 가고
          국수에 넣을 꿩고기를 사냥하는 아이들의 모습
마을을 구수한 즐거움에 사서 은근히 흥성흥성 들뜨게 하며 / 이것은 오는 것이다.』
              국수를 만들어 먹는 일로 들떠 있는 마을 사람들의 공동체적 삶의 모습   국수
『이것은 어늬 양지귀 혹은 능달 쪽 외따른 산 녚 은댕이 예데가리밭에서
『 』: 국수에 얽힌 화자의 추억 ③ – 겨울밤에 흰 김이 서린 뿌연 부엌에서 분틀로 뽑아져 오는 것
하로밤 뽀오햔 흰 김 속에 접시 귀 소기름 불이 뿌우현 부엌에

산명에 같은 분틀을 타고 오는 것이다.』   □ : ① 유사한 문장 구조를 반복하여 운율 형성
옛날   ② 친밀감을 느끼게 함.
❶이것은 아득한 넷날 한가하고 즐겁든 세월로부터
『 』: 국수에 얽힌 추억 ④ – 오랜 세월을 함께해 온 마을 사람들의 마음과 꿈을 담아오는 것
실 같은 봄비 속을 타는 듯한 녀름 볕 속을 지나서 들쿠레한 구시월 갈바람 속을 지나서
                         여름 볕   좀 달고 구수하고 시원한
대대로 나며 죽으며 죽으며 나며 하는 이 마을 사람들의 으젓한 마음을 지나서 텁텁한
                                                                        눈이 흐릿한
꿈을 지나서
지붕에 마당에 우물든덩에 함박눈이 푹푹 쌓이는 여늬 하로밤
              우물이 있는 둔덕   하룻밤
아배 앞에 그 어린 아들 앞에 아배 앞에는 왕사발에 아들 앞에는 새끼 사발에 그득히 사
                                                        국수 따위를 둥그랗게 포개어 감아
리워 오는 것이다.』
❷이것은 그 곰의 잔등에 업혀서 길여났다는 먼 넷적 큰마니가
『 』: 국수에 얽힌 추억 ⑤ – 우리 가족의 기억 속에 전해 오는 선조들의 이야기와 같이 오는 것
또 그 짚등새이에 서서 자채기를 하면 산 넘엣 마을까지 들렸다는
짚이나 칡덩쿨로 쩌서 만든 자리   재채기
먼 넷적 큰아바지가 오는 것 같이 오는 것이다.』   ▶ 1연: 국수를 통해 본 공동체적 삶의 모습
할아버지

❸아, 이 반가운 것은 무엇인가   ○ : ① 국수의 특성을 보여 줌. ② 국수를 좋아하는 우리 민족의 특성을 보여 줌.
영탄과 의문형 진술을 통해 국수에 깃든 삶의 모습과 사람들의 심성을 강조함.
이 희수무레하고 부드럽고 수수한 것은 무엇인가
                              감각적 이미지를 통해 국수를 묘사함.
❹겨울밤 쩡하니 닉은 동티미 국을 좋아하고 얼얼한 댕추 가루를 좋아하고 싱싱한 산 꿩
                  익은   고춧가루
의 고기를 좋아하고
그리고 담배 내음새 탄수 내음새 또 수육을 삶는 육수 국 내음새 자욱한 더북한 삿방 쩔
                    식초   갈대를 엮어서 만든 자리를 깐방
쩔 끓는 아르궅을 좋아하는 이것은 무엇인가   ▶ 2연: 국수에 대한 묘사
          아랫목
이 조용한 마을과 이 마을의 으젓한 사람들과 살틀하니 친한 것은 무엇인가
                        국수에 깃든 농촌 공동체의 원형, 우리 민족의 심성으로서의 의미를 드러냄.
❺이 그지없이 고담(枯淡)하고 소박(素朴)한 것은 무엇인가   ▶ 3연: 국수에 깃든 우리 민족의 정신적 가치
          글이나 그림 등의 표현이 꾸밈 없이 담담하고

이해와 감상

이 시는 국수에 대한 화자의 아련한 기억을 개성적이면서도 토속적인 언어로 그려 냄으로써 우리 민족의 일상적인 삶과 소박한 정서, 민족 공동체에 대한 그리움을 드러내고 있다. 이 시는 처음부터 끝까지 연이어 등장하는 감각적인 시어를 통해 식생활과 관련된 삶의 모습을 마치 직접 눈앞에서 보듯이 생생하게 펼쳐 낸다. 이러한 다양한 감각을 동원하여 평화롭고 화목한 고향 마을의 정경을 재구성하면서 비슷한 경험을 공유하고 있는 동시대 민족 구성원들의 공감을 불러일으키는 것이다. 한편 이 시가 발표된 시기인 1941년에 일제에 의해 우리말 사용이 금지되고 창씨개명이 강요되었다는 점을 고려할 때, 이 시에는 현재 흩어져 버린 민족 공동체에 대한 그리움과 민족적 유대감 회복에 대한 바람이 담겨 있다고 볼 수 있다.

공동체적 삶의 모습
↓
국수에 대한 묘사
↓
소중한 전통과 우리 민족의 심성

작품 연구소

'국수'가 지닌 의미

'국수'를 가리키는 대상	상징적 의미
• 반가운 것 • 마을을 들뜨게 하는 것 • 오랜 세월 함께해 온 것 • 선조들의 이야기와 같이 전해 내려오는 것 • 조용한 마을과 이 마을의 사람들과 살뜰하니 친한 것 • 고담하고 소박한 것	• 정겨웠던 고향 마을의 공동체적 삶을 떠올리게 하는 대상 • 꾸밈이 없고 소박한 우리 민족의 심성을 간접적으로 드러내는 소재

이 시에 나타난 구문, 시어의 반복이 갖는 특징

이것은 ~ 것이다	유사한 문장 구조를 반복함으로써 운율을 형성하고, 국수와 관련된 이야기(국수가 만들어지는 상황, 오래전부터 마을 사람들과 함께해 온 국수)에 담긴 친밀감을 느끼게 한다. 또한 국수가 음식이라는 가벼운 생활 소재에서 우리 민족의 삶과 정서를 드러내는 상징적인 의미 구조를 갖는 것으로 확장된다.
온다	'온다'라는 말은 '이것'을 지칭하는 '국수'를 의인화하면서 우리 민족과 함께한 '국수'의 오랜 역사적 전통과 의미를 환기한다.
이것은 ~ 무엇인가	'이것은 ~ 무엇인가'라는 질문의 반복은 국수의 특성을 드러내면서 동시에 국수를 좋아하는 우리 민족의 특성을 보여 준다.

이 시의 창작 의도

이 시가 발표된 1941년은 일본의 제국주의적인 식민지 정책이 더욱 극악해지던 시기이다. 우리말의 사용이 금지되고 이른바 일본식 성명 강요가 시행되면서 우리말과 글로 쓰인 잡지들이 폐간되기에 이른다. 이와 같이 민족의 주체성이 해체되는 위기 상황에서 '국책에 순응하여 폐간한다'는 폐간사가 실린 《문장》의 종간호에 백석의 〈국수〉가 실린 것은 매우 상징적이다. 백석은 이 시에서 <u>'국수가 무엇인가'라는 집요한 질문</u>을 통해 우리 민족의 모든 것이 사라져도 우리들이 일상적으로 먹는 국수의 맛과 빛깔, 냄새 속에, 할머니와 할아버지의 넋, 정 많고 의젓하고 소박한 마음 등 <u>우리 민족의 정서적 자산은 영원히 지속될 것이라는 믿음</u>을 드러내고 싶었던 것이다.

자료실

백석 시에 음식물이 자주 등장하는 이유

첫째, 일제 강점기 우리 민족의 궁핍한 생활상을 반영한 것이다.
둘째, 민족 고유의 정서를 재생하고 환기하기 위한 노력의 일환이다.
셋째, 생활의 일부를 보여 줌으로써 구체적인 삶의 정서를 드러내기 위함이다.
넷째, 본능적이고 원초적인 욕망, 즉 생명력이나 사랑에 대한 갈망의 표현이다.
다섯째, 공동체와 민족적 연대감을 회복하기 위한 시도이다.

함께 읽으면 좋은 작품

〈여우난골족〉, 백석 / 공동체적 삶의 모습

〈국수〉와 〈여우난골족〉은 공동체의 풍요로움과 정겨움이 형상화된 시이다. 〈국수〉는 국수를 만들어 먹는 일로 흥겨워하는 마을 사람들의 정겨운 모습에서 평화롭고 정겨운 농촌 공동체의 모습이 잘 나타나며, 〈여우난골족〉은 명절을 배경으로 명절의 풍요로운 모습과 가족 공동체의 정겨운 모습이 잘 나타난다.

Link 본책 82쪽

키 포인트 체크

화자 화자는 □□에 대한 아련한 기억을 떠올리고 있다.
상황 □이 많이 내리던 날에 □□에서 국수를 만들어 먹으며 즐거웠던 기억을 떠올리고 있다.
태도 고향의 정겨움과 소박한 □□□□에 대한 □□□을 드러내고 있다.

1 이 시의 화자에 대한 설명으로 적절한 것은?

① 상상을 통해 미래에 대한 기대를 드러내고 있다.
② 부재하는 대상에 대해 안타까움을 드러내고 있다.
③ 과거의 경험에 대한 비판적 태도를 드러내고 있다.
④ 대상에 대한 추억을 통해 친근감을 드러내고 있다.
⑤ 자신의 현재 처지가 행복한 상황임을 자각하고 있다.

2 〈보기〉는 이 시에 나타난 정경을 산문으로 바꾸어 표현한 것이다. 그 내용이 적절하지 **않은** 것은?

┤ 보기 ├

눈이 많이 내린 겨울날, 산새가 벌판을 날아다니고 눈구덩이에 토끼가 빠지기도 한다. ① 아이들은 국수에 넣을 꿩을 잡겠다고 어둡도록 꿩 사냥을 하고, ② 어머니는 김치를 꺼내 오고, 국수틀에서 국수사리를 뽑아내며 국수 준비에 한창이다. 이렇게 ③ 동치미 국물에 고춧가루를 넣고 산 꿩 고기를 얹은 국수 한 사발이 준비되면 ④ 국수 냄새가 퍼지고 샛방 아랫목에 상이 퍼진다. 그리고 함박눈 쌓이는 겨울밤, ⑤ 아버지와 아들은 국수 사발을 앞에 놓고 돌아가신 할아버지, 할머니를 그리워하며 국수를 먹는다.

3 이 시에서 국수를 가리키는 표현을 찾아 다음과 같이 정리하였다. 이를 통해 국수에 대해 토의한 내용으로 적절하지 **않은** 것은?

국수를 가리키는 표현	넷날 한가하고 즐겁든 세월로부터~오는 것	ⓐ
	반가운 것	ⓑ
	희수무레하고 부드럽고 수수하고 슴슴한 것	ⓒ
	이 마을의 으젓한 사람들과 살틀하니 친한 것	ⓓ
	그지없이 고담(枯淡)하고 소박(素朴)한 것	ⓔ

① ⓐ에서 국수가 오랜 세월 동안 마을 사람들과 함께한 음식임을 알 수 있군.
② ⓑ에서 화자는 국수를 친근하게 느끼고 있음을 알 수 있어.
③ ⓒ는 국수의 모양과 맛을 감각적으로 묘사한 것이군.
④ ⓓ는 국수가 평범한 음식 같지만 아무나 먹을 수 있는 음식이 아님을 알려 주는군.
⑤ ⓔ는 국수의 모습이기도 하지만, 국수를 먹는 사람들의 꾸밈없고 소박한 심성을 표현한 것으로도 볼 수 있어.

4 다음은 이 시를 제재로 한 수업 장면이다. 빈칸에 들어갈 적절한 말을 20자 내외로 쓰시오. (단, '공유', '유대감'을 포함하여 쓸 것)

선생님: 2연과 3연에는 '~은 무엇인가'라는 의문형 구문이 반복되어 나타나 있습니다. 이러한 반복은 일차적으로 국수의 맛과 멋을 강조하는 역할을 하죠. 그리고 이 시의 사회·문화적 맥락을 고려하면 ( )을/를 강조하는 역할을 한다고 볼 수 있습니다.

029 벽공(碧空) | 이희승

키워드 체크 #자연 #예찬 #깨끗함과 순수함 #세속적 인간의 삶 #성찰 #감각적 묘사 #시적 여운

문학 비상

🎯 핵심 정리

갈래 현대 시조, 구별 배행 시조
성격 감각적, 묘사적, 영탄적, 예찬적
제재 가을 하늘
주제 맑고 순수한 가을 하늘에 대한 예찬과 인간
사에 대한 비판
특징 ① 자연물과 인간사를 대비하여 속세의 부
정적 면을 부각함.
② 푸른 하늘의 아름다움을 감각적으로 형
상화함.
③ 미종결의 어미를 사용하여 시적 여운을
남김.
출전 《박꽃》(1949)

Q 자연을 대하는 화자의 마음은?

자연을 대하는 화자의 마음이 청신한 비유를 통
해 명경지수(明鏡止水)의 경지에 이르고 있음을
보여 주고 있는데, 이는 맑은 거울과 고요한 물처
럼 잡념과 허욕이 없는 깨끗한 마음을 비유적으
로 표현한 것이다. 화자는 혼탁한 인간 세상의 현
실을 한탄하며 맑고 깨끗한 가을 하늘의 순수함
을 예찬하고 있다.

💡 시어 풀이

벽공 티 없이 맑고 깨끗한 가을 하늘.
청정무구 맑고 깨끗하여 때가 없음.

🔖 시구 풀이

❶ **손톱으로 툭 튀기면 ~ 금이 갈 듯,** 청명한 가을
하늘을 투명한 유리에 비유하여 촉각적, 청각
적, 시각적 심상으로 형상화하고 있다.

❷ **새파랗게 고인 물이 ~ 출렁일 듯,** '새파랗게 고
인 물'의 원관념은 '가을 하늘'로, 가득차 있는
풍요로움과 고요한 가을 하늘의 이미지를 나타
내고 있다.

❸ **저렇게 ~ 드리우고 있건만.** '저렇게'가 가리키
는 것은 맑고 깨끗한 가을 하늘의 순수함으로,
'청정무구'한 가을 하늘을 강조하고 있다. 이처
럼 순수한 가을 하늘의 속성과 달리 인간의 삶
은 혼탁하다는 화자의 안타까움을 여운을 통해
강하게 전달하고 있다.

👤 작가 소개

이희승(李熙昇, 1896~1989)
국어학자 · 시조 시인 · 수필가.
경기도 광주 출생. 호는 일석
(一石). 1930년 경성제국대학
법문학부 조선어학 및 문학과
를 졸업하였다. 1942년 조선
어 학회 사건으로 검거되어 함흥 형무소에서
1945년 8월 17일까지 3년 동안 복역하였다. 저
서로 《국어 대사전》, 《역대 국문학정화》, 《국문학
연구초》 등이 있고, 시집으로 《박꽃》(1947), 《심
장의 파편》(1961), 수필집으로 《벙어리 냉가슴》
(1956), 《소경의 잠꼬대》(1964) 등이 있다.

❶ **손톱으로 툭 튀기면**
촉각적 심상을 통해 하늘을 유리에 빗댐.
쨍하고 금이 갈 듯,
티없이 맑고 깨끗함을 표현(청각적 심상+시각적 심상)

▶ 초장: 맑고 투명한 가을 하늘

❷ **새파랗게 고인 물이**
가을 하늘을 새파란 물에 비유
만지면 출렁일 듯,
고요함과 풍요로움의 이미지(촉각적 심상+시각적 심상)

▶ 중장: 새파랗고 고요한 가을 하늘의 충만함

❸ **저렇게 ●청정무구(淸淨無垢)를**
지시어를 활용하여 시적 대상을 강조
드리우고 있건만.
시적 여운을 남기는 말. 깨끗한 자연과 달리 인간사는 그렇지 못한 것에 대한 개탄이 드러나 있음.

▶ 종장: 혼탁한 인간사와 대비되는 가을 하늘의 순수함

이해와 감상

이 시조는 〈낙엽〉, 〈남창(南窓)〉과
함께 〈추삼제(秋三題)〉라는 제목으로
발표한 연시조 중 1편이다. 맑은 가을

한없이 깨끗한 자연(가을 하늘)	혼탁한 세상과
감각적 이미지를 통한 묘사	세속적 인간의 삶

하늘을 명경지수(明鏡止水)에 비유해 청정무구한 세계에 대한 갈망을 나타내고 있다. 초장과 중
장에서는 가을 하늘의 티없이 맑고 깨끗함을 섬세한 감각으로 묘사하고 있다. 초장에서는 조금만
건드려도 깨질 것 같은 가을 하늘의 청명함을 투명한 유리에 빗대어 촉각적('툭 튀기면'), 청각적
('쨍'), 시각적('금이 갈 듯') 심상을 활용하여 형상화하였다. 중장에서는 가을 하늘의 고요함을 '새
파랗게 고인 물'에 비유하여 형상화하고 있다. '살짝만 만져도 출렁일 것'처럼 보이는 가을 하늘은
건드리기 전의 모습이 움직임이나 흔들림이 없을 정도로 고요한 이미지를 보여 주고 있다고 할 수
있다. 또한 살짝 만지면 출렁일 듯한 모습은 가득차 곧 흘러넘칠 것 같은 물의 이미지를 통해 충만
한 가을 하늘의 모습을 보여 주고 있다. 초·중장 모두 시행의 끝을 미종결형으로 마무리하여 독자
에게 강한 여운을 남김으로써 가을 하늘의 청명한 이미지를 부각하고 있다.

종장에서는 하늘을 한없이 깨끗하고 더러움이 없는 순수한 모습(청정무구)으로 파악하면서
초·중장과 마찬가지로 시행을 종결형으로 마무리하지 않고 '있건만'이라는 말로 시적 여운을 남
기고 있다. 그 여운 속에서 독자는 깨끗하고 맑은 하늘과 달리 우리 인간 세상은 그렇지 못하다는
화자의 탄식을 느끼게 된다. 결국 이 작품은 청명하고 순수한 가을 하늘에 대한 예찬에 머무르는
것이 아니라 궁극적으로는 이러한 자연에 따르지 못하는 인간 세계의 혼탁함에 한탄하고 있다.

작품 연구소

시어 및 시구의 상징적 의미

시어 및 시구	상징적 의미
쨍하고 금이 갈 듯	맑고 투명한 가을 하늘을 유리에 빗대어 표현함.
새파랗게 고인 물	명경지수(明鏡止水)의 이미지를 나타냄.
드리우고 있건만	미종결형 어미를 통해 시적 여운을 줌.

회화적 표현을 통한 대상의 이미지 형상화

툭(촉각), 쨍(청각), 금(시각)	새파랗게(시각), 만지면(촉각), 출렁(시각)
맑고 투명함.	깨끗함, 고요함, 풍요로움

→ 청정무구한 가을 하늘

미종결형 어미를 활용한 시적 여운 형성과 주제 의식의 강조

종장에서 '드리우고 있건만'으로 끝마침으로써 시적 여운을 주고 있는데, 독자에게 시적 여운을 남김으로써 맑고 깨끗한 가을 하늘(자연)과 혼탁한 인간사의 대비를 부각하여 세속적인 인간의 삶에 대한 한탄과 비판적 의식을 드러내고 있다.

추삼제(秋三題)

이희승이 지은 연시조로 〈벽공〉 외에 〈낙엽(落葉)〉, 〈남창(南窓)〉이 있다.

시간에 매달려 / 사색에 지친 몸이 //
정적(靜寂)을 타고 내려 / 대지에 앉아 보니 //
공간을 바꾼 탓인가, / 방랑길이 멀구나.　　　　 – 〈낙엽〉

햇살이 쏟아져서 / 창에 서려 스며드니 //
동공(瞳孔)이 부시도록 / 머릿속이 쇄락해라. //
이렇게 명창청복(明窓淸福)*을 / 분에 겹게 누림은.　 – 〈남창〉

*명창청복(明窓淸福): 밝은 창에 서리는 맑은 행복

자료실

시조 배행법(행의 배열 방법)

전통적인 고시조는 초·중·종장이 각 한 행으로 구성된 장별 배행 형태가 일반적이다. 장별 배행 시조는 3행이 한 수가 된다. 하지만 현대 시조는 현대적인 감각에 맞게 구마다 한 행으로 잡아, 각 장을 하나의 연처럼 2행씩으로 만들어 한 연으로 구성하는데, 이를 구별 배행 시조라 부른다. 즉 구별 배행 시조는 고시조와 달리 6행이 한 수가 된다. 또한 음보별로 행을 배열한 작품들도 있는데, 이를 음보별 배행 시조라 부르며 한 수는 12행으로 구성된다.

함께 읽으면 좋은 작품

〈촉촉한 눈길〉, 김상옥 / 자연 현상의 세심한 관찰과 이를 통한 삶의 성찰

〈촉촉한 눈길〉은 주변에서 흔히 볼 수 있는 자연 현상에 대해 궁금증을 제기하고, 이를 통해 삶의 의미를 밝히며 자신의 삶을 성찰하는 현대 시조이다. 〈벽공〉과 〈촉촉한 눈길〉은 자연물을 통해 인간의 삶의 모습을 돌아보고 반성한다는 점에서 유사하다. 하지만 〈벽공〉이 맑고 깨끗한 가을 하늘(자연)을 통해 혼탁한 인간 세상을 비판하고 있는 데 비해, 〈촉촉한 눈길〉은 초여름 바람에 흔들리는 나뭇잎을 관찰하며 자신의 삶을 반성하고 있다는 점에서 차이가 있다.

키 포인트 체크

화자 화자는 한없이 맑고 깨끗한 □□□□을 관찰하고 있다.

상황 가을 하늘의 □□□과 □□□을 관찰하며, 혼탁하고 세속적인 인간의 삶을 되돌아보고 있다.

태도 깨끗하고 순수한 자연의 모습과 달리 혼탁한 인간의 삶에 대한 깊은 □□과 안타까움을 느끼고 있다.

1 이 시에 대한 설명으로 적절한 것은?
① 감각적 이미지를 통해 대상을 구체화하고 있다.
② 역설적 인식을 통하여 주제 의식을 강화하고 있다.
③ 의인법을 통해 대상의 행위에 의미를 부여하고 있다.
④ 자연과 인간사의 유사성에 주목하여 깨달음을 얻고 있다.
⑤ 동일한 시어를 반복적으로 나열하여 리듬감을 형성하고 있다.

내신 적중 多빈출

2 이 시의 화자에 대한 설명으로 가장 적절한 것은?
① 화자는 맑고 깨끗한 가을 하늘을 보고 있다.
② 화자는 자연에 묻혀 살아가는 삶에 대해 만족하고 있다.
③ 화자는 사랑하는 임과 헤어져 실연의 아픔을 달래고 있다.
④ 화자는 문명으로 인해 생태계가 파괴되는 것을 안타까워하고 있다.
⑤ 화자는 이기적으로 살아가는 현대인의 삶을 비판적으로 바라보고 있다.

3 이 시와 〈보기〉를 비교한 내용으로 적절하지 않은 것은?

┤ 보기 ├

어느 / 먼 창가에서
누가 손을 흔들기에

초여름 / 나무 잎새들
저렇게도 간들거리나

이런 때 / 촉촉한 눈길
내게 아직 남았던가.
　　　　　　　　 – 김상옥, 〈촉촉한 눈길〉

① 이 시와 달리 〈보기〉는 자연물을 시적 화자로 설정하고 있다.
② 이 시와 〈보기〉 모두 자연물을 통해 인간의 삶을 성찰하고 있다.
③ 이 시와 〈보기〉 모두 옛시조의 변형이라는 형식적 특징이 나타나 있다.
④ 〈보기〉와 달리 이 시는 대상에 대한 화자의 예찬적 태도가 드러나 있다.
⑤ 이 시와 〈보기〉 모두 계절감이 드러난 소재를 활용하여 시상을 전개하고 있다.

4 이 시의 종장은 독자에게 시적 여운을 남기며 시상을 마무리하고 있다. 시적 의미를 고려하여 작가가 말하려고 한 내용을 이어 쓰시오.

5 전통적인 고시조와 다른 이 시조의 배행 방법의 특징을 쓰시오.

030 오랑캐꽃 |이용악

문학 천재(김)

🎯 핵심 정리
갈래 자유시, 서정시
성격 서사적, 상징적, 서술적
제재 오랑캐꽃
주제 일제 강점기 유이민들의 비참한 삶에 대한 연민
특징 ① 오랑캐꽃을 의인화하여 청자로 설정함.
② 작품의 서두에 오랑캐꽃의 명칭에 대한 유래를 설명함.
③ 역사적 사건과 관련지어 시상을 전개함.
출전 《오랑캐꽃》(1947)

> **Q** 서두에 '오랑캐꽃'의 유래를 설명한 것의 효과는?
>
> 서두에서 오랑캐꽃의 유래에 대한 설명을 배치함으로써, 시의 내용이 오랑캐꽃의 억울한 상황과 관련이 있음을 보여 준다. 나아가 오랑캐꽃의 억울하고 서러운 상황에 대한 화자의 연민을 이끌어 낸다.

💡 시어 풀이
오랑캐꽃 '제비꽃'을 일상적으로 이르는 말.
도래샘 빙 돌아서 흐르는 샘물. '도래'는 도랑의 함경도 방언.
띳집 띠로 지붕을 이어 만든 집.
돌가마 돌로 만든 가마.
털메투리 털미투리. 털을 짚신처럼 삼은 신.

⚜️ 시구 풀이
❶ **어찌 보면 ~ 까닭이라 전한다** '오랑캐꽃'이라는 이름의 유래를 설명하고 있다. 오랑캐꽃이 실제로 오랑캐와 관련이 있는 것이 아니라 단순히 오랑캐의 외양과 닮아 있기 때문에 오랑캐꽃이라는 이름이 붙게 되었다는 것이다.
❷ **안악도 우두머리도 ~ 가랑잎처럼 굴러갔단다** 함경도에 살던 여진족이 윤관 장군의 정벌로 인하여 삶의 터전을 버리고 급하게 도망갈 수밖에 없었던 상황을 보여 주고 있다.
❸ **너는 오랑캐의 ~ 몰으는 오랑캐꽃** 오랑캐의 피를 한방울도 받지 않았다는 것은, 오랑캐꽃이 실제로는 오랑캐와 전혀 관련이 없다는 의미이다. 나아가 일제 강점기에 어쩔 수 없이 고향을 떠나야만 했던 유이민들의 삶이 '오랑캐꽃'과 같이 억울하고 비참한 삶이었음을 보여 준다.
❹ **두 팔로 ~ 울어나 보렴** 두 팔로 햇빛을 막아 주는 것은 마음 놓고 울 수 있는 조건을 만들어 주는 것이다. 즉, 화자는 일제 강점기 고통받는 우리 민족에 대한 연민의 태도를 보이고 있다.

👤 작가 소개
이용악(李庸岳, 1914~1971)
함북 경성 출생. 이른 나이에 아버지를 잃고 극심한 가난 속에서 성장하였다. 1937년과 38년에 시집 《분수령》과 《낡은 집》을 발표하였으며, 주로 민족적이고 토속적인 정서를 바탕으로 우리 민족의 비극적 삶을 노래하였다. 대표작으로는 〈낡은 집〉, 〈그리움〉, 〈풀벌레 소리 가득 차 있었다〉 등이 있다.

— 긴 세월을 오랑캐와의 싸홈에 살았다는 ⓐ우리의 머언 조상들이 너를 불러 '오랑캐꽃'이라 했으니 ❶어찌 보면 너의 뒤ㅅ모양이 머리태를 드리인 오랑캐의 뒤ㅅ머리와도 같은 까닭이라 전한다 —
▶ 서두: '오랑캐꽃'이라는 이름의 유래

ⓑ❷안악도 우두머리도 돌볼 새 없이 갔단다
도래샘도 띳집도 버리고 강 건너로 쫓겨 갔단다
고려 장군님 무지 무지 처드러와
ⓒ오랑캐는 가랑잎처럼 굴러갔단다
▶ 1연: 고려 장군에 의해 쫓겨 간 오랑캐

구름이 모혀 골짝 골짝을 구름이 흘러
ⓓ백 년이 몇백 년이 뒤를 니어 흘러갔나
▶ 2연: 세월이 덧없이 흘러감.

ⓔ❸너는 오랑캐의 피 한 방울 받지 않었것만
오랑캐꽃
너는 돌가마도 털메투리도 몰으는 오랑캐꽃
❹두 팔로 해ㅅ빛을 막아 줄께
㉠울어 보렴 목 놓아 울어나 보렴 오랑캐꽃
▶ 3연: 오랑캐꽃의 억울한 처지에 대한 연민

이해와 감상

이 시는 '오랑캐꽃'이라는 자연물을 소재로 일제 강점기 우리 민족의 비참한 삶을 그린 작품이다. 이 시는 서두와 총 3연으로 이루어져 있는데, 서두에는 '오랑캐꽃'이라는 이름의 유래를 제시하고 있다. 1연에서는 오랑캐로 불리던 여진족이 고려 군사에 의해 쫓겨났던 역사적 사실을 '~단다'와 같은 어투를 통해 객관적으로 이야기하고 있다. 2연에서는 구름의 이동을 통해 시간의 흐름을 보여 주고 있는데, 몇백 년 동안이라는 시간의 흐름이 고려 시대 오랑캐꽃의 상황과 일제 강점기를 연결하는 역할을 하고 있다. 3연에서는 억울한 상황에 놓인 오랑캐꽃을 통해 일제 강점기에 억울하게 고향을 떠나야만 했던 우리 민족의 모습을 연상하도록 하고 있다. 오랑캐와 외형상의 유사성 이외에는 아무런 관련이 없는데도 '오랑캐꽃'이라 불리는 상황과, 나라 잃은 백성으로 억울하게 고향을 떠나야만 했던 상황이 닮아 있는 것이다. 그리고 마지막에 화자는 오랑캐꽃이 목 놓아 울 수 있도록 햇빛을 막아 주고 있는데, 이는 오랑캐꽃이 목 놓아 울 수 있는 환경을 조성한 것이며 나아가 일제 식민지라는 비참한 상황에 놓인 우리 민족에 연민의 시선을 보내고 있는 것이다.

서두	'오랑캐꽃'이라는 이름의 유래

↓

1연	고려 장군에 의해 삶의 터전을 잃고 쫓겨 간 오랑캐의 삶

↓

2연	구름의 이동을 통해 몇백 년에 걸친 시간의 흐름을 표현함.

↓

3연	오랑캐꽃의 상황에 대한 연민과 슬픔

작품 연구소

'오랑캐꽃'의 상징성

고려 시대	고려 군사에 의해 삶의 터전을 잃고 쫓겨 갔던 여진족의 비극적 삶을 연상하게 함.

↓

오랑캐꽃

↓

일제 강점기	일제의 탄압에 의해 생활의 터전을 잃어버린 채 유랑하는 우리 민족의 유이민으로서의 삶을 표상함.

'햇빛'의 의미

　'햇빛'은 문학에서 주로 긍정적인 의미를 띠는 경우가 많은데, 이 작품에서 화자는 '햇빛'을 막아 주려고 하고 있다. '햇빛'은 '밝음'을 의미하여 대상을 온 세상에 드러나게 하므로 감정을 온전히 드러내기 힘들게 된다. 그러므로 햇빛을 막아 준다는 것은 대상이 아무런 제약 없이 마음껏 울 수 있는 공간을 확보해 주는 것이다. 그 결과 '햇빛을 막아 주는' 화자의 행위는 오랑캐꽃에 대한 위로와 연민의 의미를 지니게 되는 것이다.

이 시의 표현상 특징

1연	• '～갔단다'와 같은 간접 화법의 종결 어미를 사용하여 오랑캐의 상황을 이야기함. • 화자가 다른 사람으로부터 전해 들은 것처럼 시적 상황에 일정한 거리를 두고 객관적으로 묘사함.
2연	• 1,3연과 달리 2행으로 처리함으로써 세월의 흐름이 빠르다는 사실을 나타냄. • 2연의 1행 '구름이 흘러'라는 구절을 행간 걸침으로 볼 수도 있음.
3연	• 서술형으로 시행이 끝나는 1, 2연과 달리 3연은 '오랑캐꽃'을 반복함으로써 시상을 집약하고 운율적 효과를 더함.

자료실

〈오랑캐꽃〉에서의 '고려 장군'

이 작품은 1939년 10월 《인문평론》 창간호에 처음 발표되었다가, 1947년에 발간된 이용악의 4번째 시집에 표제작으로 다시 실리게 되었다. 그런데 처음 발표된 작품과 시집에 실린 작품이 약간의 차이를 보인다. 대표적으로 《인문평론》에는 '고구려 장군님'으로 되어 있는 반면, 시집에서는 '고려 장군님'이라 되어 있다. 이 경우에는 '고려 장군님'이 더 타당하다고 생각된다. 고려 시대에 장군 윤관이 동북9성을 쌓고 여진족을 무찌른 역사적 사실과 관련지어 이 작품을 해석해야 하기 때문이다. 물론 고구려도 만주와 요동 지역까지 세력을 넓혀 나갔지만, '고구려 장군님'이라고 한다면 일제 강점기와의 시간차를 '몇백 년'이라고 한 2연의 내용과 어긋나기 때문이다. 즉, '고려 장군'은 우리 땅에서 여진족을 정벌한 장군을 말하는 것이고, 고려 장군에 의해 내쫓겨진 여진족을 '오랑캐꽃'과 유사한 대상으로 인식하고 있는 것이다.

함께 읽으면 좋은 작품

〈두만강 너 우리의 강아〉, 이용악 / 유이민의 비극적 현실을 노래한 작품

　〈두만강 너 우리의 강아〉는 얼어붙은 두만강이 바다로 흘러가는 것을 통해 민족의 비참한 현실을 인식하는 내용의 작품이다. 화자는 유이민으로서 삶의 터전을 잃고 두만강을 건너고 있는 상황에서 민족의 부끄러운 운명에 자괴감과 부끄러움을 느끼고 있다. 특히 마지막에 또 다른 유이민을 끌어들임으로써, 이러한 상황이 개인적 차원이 아닌 민족적 차원의 문제임을 강조하고 있다. 〈오랑캐꽃〉과 〈두만강 너 우리의 강아〉 모두 '너'로 지칭한 자연물을 통해 민족적 현실을 노래한 것은 공통적이다. 전자는 대상에 대한 연민을 드러낸 반면, 후자는 화자 자신의 상황 속에서 부끄러움을 느끼고 있다는 점에서 차이가 있다.

키 포인트 체크

화자 화자는 작품의 서두에서 □□□□이라는 이름의 유래에 대해 생각하고 있다.

상황 화자는 □□□의 피 한 방울 받지 않았지만 오랑캐꽃이라 불리는 오랑캐꽃의 억울하고 서러운 상황을 떠올리고 있다.

태도 화자는 오랑캐꽃을 위해 □□을 막아 줌으로써, 오랑캐꽃에 대한 위로와 연민의 감정을 드러내고 있다.

내신 적중 多빈출

1 이 시의 표현상 특징으로 적절하지 않은 것은?

① 명사로 행을 종결하여 시상을 집약하고 있다.

② 대상을 의인화하여 시적 청자로 설정하고 있다.

③ 비유적 표현을 통해 대상의 상황을 드러내고 있다.

④ 대상을 구체적으로 지칭하여 시상을 전개하고 있다.

⑤ 반어적 표현을 활용하여 주제 의식을 강조하고 있다.

2 이 시의 시상 전개 과정으로 가장 적절한 것은?

① 화자의 시선이 원경에서 근경으로 이동하고 있다.

② 과거와 현재를 교차하여 사건의 근원을 드러내고 있다.

③ 공간의 이동에 따라 대상의 다양한 모습을 형상화하고 있다.

④ 대상을 객관적으로 서술한 다음 화자의 정서를 드러내고 있다.

⑤ 경치를 세밀하게 묘사한 다음 그에 대한 화자의 감탄을 드러내고 있다.

3 이 시의 내용을 〈보기〉와 같이 도식화할 때 ⓐ에 들어갈 내용으로 가장 적절한 것은?

오랑캐꽃	ⓐ
‖	‖
우리 민족	일제 강점기에 억울하게 고향에서 쫓겨남.

① ⓐ　　　② ⓑ　　　③ ⓒ　　　④ ⓓ　　　⑤ ⓔ

4 ㉠에 담긴 화자의 태도로 가장 적절한 것은?

① 오랑캐꽃의 태도를 희화화하고 있다.

② 오랑캐꽃으로부터 마음의 위안을 받고 있다.

③ 오랑캐꽃을 객관적인 태도로 관찰하고 있다.

④ 오랑캐꽃에 대한 동정과 위로가 드러나 있다.

⑤ 오랑캐꽃의 상황을 비판적으로 인식하고 있다.

5 이 시와 〈보기〉를 참고하여, '제비꽃'을 '오랑캐꽃'이라고도 하는 이유를 쓰시오.

〈보기〉

　제비꽃은 높이 10cm 내외로 자라며, 들판에서 흔히 볼 수 있는 꽃이다. 그리고 원줄기가 없고 뿌리에서 긴 자루가 있는 잎이 자라서 옆으로 비스듬히 퍼지는 특징이 있으며, 오랑캐꽃, 앉은뱅이 꽃이라고도 한다.

문학 금성

🎯 핵심 정리

갈래 자유시, 서정시
성격 감각적, 미래 지향적
제재 청포도
주제 평화로운 세상을 향한 기다림
특징 ① 색채 이미지를 활용해 이상적 세계의 모습을 형상화함.
② 음성 상징어를 활용해 생동감을 드러냄.
출전 《문장》(1939)

Q '청포도'가 의미하는 바는?

'청포도'는 '청'색이 주는 신선하고 참신한 느낌과 '포도'가 주는 풍요로움을 떠올리게 한다. 이를 통해 '풍요롭고 아름다운 삶'을 상징한다.

💡 시어 풀이

주저리주저리 물건이 어지럽게 많이 매달려 있는 모양.
청포 푸른 도포. 조선 시대 관복의 한 종류.
함뿍 '함빡(물이 쪽 내배도록 젖은 모양)'의 북한어.
하이얀 '하얀'의 시적 허용.
모시 모시풀 껍질의 섬유로 짠 피륙. 베보나 곱고 빛깔이 희며 여름 옷감으로 많이 쓰인다.

🐚 시구 풀이

❶ **내 고장 칠월은 청포도가 익어 가는 시절** 화자가 떠올리는 과거의 모습으로 공간적 배경은 '내 고장(고향)', 시간적 배경은 '7월' 혹은 '청포도가 익어 가는 시절'이다.

❷ **하늘 밑 푸른 바다가 ~ 곱게 밀려서 오면** '하늘, 바다, 돛단배' 등의 소재들이 어우러져 아름다운 고향의 모습을 형상화하고 있다.

❸ **내가 바라는 ~ 찾아온다고 했으니** 여기서 '내가 바라는 손님'은 화자가 애타게 기다리는 대상이다. 그것은 과거의 고향과도 같은 아름답고 평화로운 세상일 수도 있고, 시대적 상황을 고려할 때 조국의 광복일 수도 있다. 그런데 그 손님이 청포를 입고 온다고 한 것으로 볼 때, 화자는 손님이 올 것이라는 확신에 찬 기대감을 갖고 있다고 할 수 있다.

❹ **아이야 우리 식탁엔 ~ 마련해 두렴** 아이를 호명하는 표현으로 시상의 전환과 독자의 집중을 유도하고 있다. '은쟁반, 모시 수건' 등을 마련하여 정성스럽게 준비하는 모습을 통해 화자의 기다림이 얼마나 간절한 것인지를 짐작할 수 있다.

👤 작가 소개

이육사(李陸史, 1904~1944) 시인·독립운동가. 경북 안동 출생. 본명은 원록(源綠). 육사라는 이름은 형무소 수인 번호 264에서 따온 것이다. 《신조선》에 〈황혼〉을 발표하며 등단하였다. 상징적이면서 서정이 풍부한 시풍으로 일제 강점기 민족의 비극과 저항 의지를 노래하였다. 대표작으로 〈절정〉, 〈광야〉 등이 있으며, 유고 시집으로 《육사 시집》(1946)이 있다.

---

❶**내 고장 칠월은**
　　공간적 배경(화자의 과거 경험이 제시된 공간)
ⓐ**청포도가 익어 가는 시절**　　　　　　　　　　　▶ 1연: 청포도가 연상되는 고향을 떠올림.
　　신선하고 풍요로움을 상징하는 대상(청색 – 신선함, 포도 – 풍요로움)

이 마을 전설이 ˚주저리주저리 열리고
　　　　　　　　의태어('전설'과 '청포도'의 의미상 연결)
먼 데 ⓑ하늘이 꿈꾸며 알알이 들어와 박혀　　　▶ 2연: 고향의 모습을 청포도와 연결 지음.
　　　　　　의태어('하늘'과 '청포도'의 의미상 연결)

❷**하늘 밑 푸른 ⓒ바다가 가슴을 열고**
흰돛단배가 곱게 밀려서 오면　　　　　　　　　▶ 3연: 자연과 조응하는 아름다운 고향의 모습
　　◯: 푸른색과 흰색의 대비(생동감)

❸**내가 바라는 ㉠손님은 ㉡고달픈 몸으로**
　　　　　　　화자가 기다리는 대상(조국 광복)
ⓓ˚**청포(靑袍)를 입고 찾아온다고 했으니**　　　　▶ 4연: 청포를 입고 올 손님을 기다림.
　　푸른색 옷(밝은 미래를 떠올리게 함.)

내 그를 맞아 이 포도를 따 먹으면
　　　　　　　　　　　미래 상황을 가정함.
두 손은 ˚함뿍 적셔도 좋으련　　　　　　　　　▶ 5연: 손님을 만난 후의 기쁨을 상상함.
　　　　　그를 만난 기쁨을 드러냄.

❹**아이야 우리 식탁엔 ⓔ은쟁반에**
대상을 호명함(독자의 관심 유도).
㉢˚**하이얀 ˚모시 수건을 마련해 두렴**　　　　　　▶ 6연: 손님을 기다리며 그를 맞이할 준비를 함.
　　　▢: 그(손님)를 정성스럽게 맞이하기 위한 준비물

📎 이해와 감상

　이 시는 풍요롭고 평화로운 세상에 대한 염원을 노래하고 있다. 이러한 소망은 시의 제목이기도 한 '청포도'에 잘 투영되어 있다. 청포도는 '청'색의 색채와, 동시에 결실을 맺는 과일로서의 '포도'로 구분하여 그 의미를 파악할 수 있다. 먼저 청색이 주는 색채 이미지는 신선함, 참신함, 맑고 투명함 등을 떠올리게 하며 이는 고향의 아름다움과도 연결된다. 다음으로 과일로서의 포도는 알알이 맺히는 특성을 지니고 있어 예로부터 다산, 풍요를 상징했다. 따라서 이 역시 풍요롭고 아름다운 고향의 모습과 대응된다. 한편 화자는 손님을 기다리고 있는데, 그 손님을 고달프다고 하였으므로 일제 강점하에서 고통스럽게 살아가는 민중을 연상시켜, 우리 민족이 염원하는 '조국 광복'과 연결 지을 수 있다. 하지만 청포도의 맑고 청순함, 하늘과 바다가 어우러진 고향의 모습 등을 고려할 때 그 손님을 '평화로운 세상'으로 볼 수도 있다.

청포도 →	청	맑고 청순한 느낌을 전달함.	색채 이미지의 활용
	포도	풍요로운 느낌을 전달함.	원형적 이미지의 활용

작품 연구소

시어 간의 대구를 통한 '청포도'의 형상화

3행: 이 마을 전설이 주저리주저리 열리고		4행: 먼 데 하늘이 꿈꾸며 알알이 들어와 박혀
전설		하늘
주저리주저리	시어끼리 대구를 이룸.	알알이
열리고		박혀

이 시의 3행과 4행은 대구를 이룬다. 이는 '전설', '하늘'을 '청포도'와 대응시킨 것으로 청포도의 모습을 감각적으로 형상화하고 있다.

시간적·공간적 배경에 담겨 있는 화자의 인식

시간적 배경	공간적 배경
칠월(청포도가 익어 감.)	내 고장(과거 기억 속 아름다운 공간)

화자의 인식	아름다운 기억 속 '나'의 공간에 청포도가 익어 감. (풍요롭고 평화로운 고향의 모습을 떠올림.)

이육사의 시에 나타난 기다림의 대상

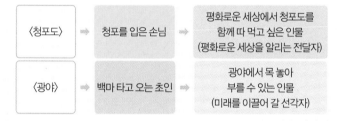

〈청포도〉	→	청포를 입은 손님	→	평화로운 세상에서 청포도를 함께 따 먹고 싶은 인물 (평화로운 세상을 알리는 전달자)
〈광야〉	→	백마 타고 오는 초인	→	광야에서 목 놓아 부를 수 있는 인물 (미래를 이끌어 갈 선각자)

색채를 활용한 감각적 시어

청색 계열		흰색 계열
청포도, 하늘, 바다, 청포	색채의 대비	돛단배, 은쟁반, 모시 수건

시적 효과	아름답고 이상적인 색채(청순하고 신선한 느낌을 만듦.)

자료실

〈청포도〉에 대한 이해

청포도를 먹는다는 것은 곧 하늘의 공간과 전설의 시간을 먹는 것이기도 하다. 말하자면 제1의 자연 삼각형, 제2의 우주 삼각형, 그리고 제3의 인간(사회, 역사)의 그 삼각형이 오버랩될 때 그의 시적 행위는 종결된다. 그것이 육사가 '우리의 식탁'이라고 부르고 있는, 바로 모든 것이 일체화하는 그 종결의 장소이다. 〈황혼〉에 있어서의 골방처럼 은쟁반의 작고 둥근, 그러나 눈부신 빛의 금속 위에 육사는 인간과 자연과 우주의 모든 것을 하나로 담았다. 아니다. 마지막 시행들이 '…좋으련', '…마련해 두렴'의 원망(願望) 종지형으로 끝나 있듯이 모든 것을 하나로 담으려 하고 있다.

그에게 시란, 그리고 삶과 인간의 역사란 청포도를 함께 먹기 위해 마련하는 '우리의 식탁', 그리고 그것이 한층 더 응축된 은쟁반을 예비해 두는 일이 아니겠는가. 그리고 그러한 몽상의 끝에 있는 것은 언제나 진솔하고 정갈한 다공질(多孔質)의 섬유, 그 모시 수건이 아니겠는가. — 이어령, [다시 읽는 한국 시 〈청포도〉]

함께 읽으면 좋은 작품

〈자야곡〉, 이육사 / 고향의 모습을 형상화한 작품

〈청포도〉와 〈자야곡〉 모두 이육사의 작품이다. 두 작품에는 공통적으로 고향의 모습이 나타나 있다. 그러나 〈청포도〉에서 고향은 '청포도가 익어 가는' 풍요롭고 평화로운 긍정적인 공간으로 그려져 있고, 〈자야곡〉에서 고향은 '노랑나비도 오잖는 무덤 위에 이끼만 푸르'른 황폐하고 적막한 부정적인 공간으로 그려져 있다.

키 포인트 체크

- **화자** 화자는 자신의 고장(고향)에서 익어 가고 있을 □□□를 떠올리는 인물이다.
- **상황** 고장에서 익어 가는 청포도는 아름답고, 화자가 바라는 □□은 아직 오지 않았다.
- **태도** 화자는 자신이 바라는 □□ 입은 손님을 기다리고 있으며, 정성스럽게 그를 맞이할 준비를 하고 있다.

1 이 시의 표현상 특징으로 적절한 것은?

① 역설적 표현을 제시하고 있다.
② 선명한 색채 이미지를 활용하고 있다.
③ 생생한 느낌의 의성어를 사용하고 있다.
④ 처음과 끝에 동일한 시구를 배치하고 있다.
⑤ 일정한 소리의 마디를 규칙적으로 반복하고 있다.

내신 적중 多빈출

2 이 시의 ㉠과 〈보기〉의 '초인'을 비교한 내용으로 가장 적절한 것은?

> **보기**
>
> 지금 눈 내리고
> 매화 향기 홀로 아득하니
> 내 여기 가난한 노래의 씨를 뿌려라
>
> 다시 천고의 뒤에
> 백마 타고 오는 초인이 있어
> 이 광야에서 목 놓아 부르게 하리라
>
> – 이육사, 〈광야〉

① ㉠과 〈보기〉의 '초인' 모두 과거의 시간, 공간 속에 존재하는 대상이군.
② ㉠과 〈보기〉의 '초인' 모두 화자가 현실에 나타나기를 기원하는 대상이군.
③ ㉠과 달리 〈보기〉의 '초인'은 화자의 상상 속에 존재하는 대상이군.
④ ㉠과 달리 〈보기〉의 '초인'은 화자가 특정한 행위를 함께 하고 싶어 하는 대상이군.
⑤ ㉠은 〈보기〉의 '초인'과 달리 화자의 내적 갈등을 해소시키는 대상이군.

3 ㉡을 시대적 상황과 관련지어 이해할 때, 추측할 수 있는 ㉡의 의미를 쓰시오.

내신 적중 多빈출

4 ㉢에 대한 설명으로 적절하지 않은 것은?

① 상대를 향한 정성스러운 마음이 담겨 있다.
② 흰색과 결합하여 순수한 이미지를 형성하고 있다.
③ 시어의 형태를 의도적으로 파괴하여 표현하고 있다.
④ 앞으로 일어날 것으로 예상되는 일과 관련되어 있다.
⑤ 현실의 답답함을 해소하기 위한 구체적 방법을 제시하고 있다.

5 감각적 이미지를 고려하여 ⓐ~ⓔ를 이해할 때, 그 성격이 다른 것은?

① ⓐ　　② ⓑ　　③ ⓒ　　④ ⓓ　　⑤ ⓔ

032 절정 |이육사

[국어] 금성, 신사고, 지학사

🎯 핵심 정리
갈래 자유시, 서정시
성격 상징적, 남성적, 지사적
제재 현실의 극한 상황
주제 극한 상황에서의 초월적 인식
특징 ① 한시의 '기-승-전-결'의 구조와 유사한 형식임.
② 역설적 표현을 통해 주제를 효과적으로 형상화함.
③ 강렬한 상징어와 남성적 어조로 강인한 의지를 표출함.
④ 현재형 시제를 사용하여 긴박감을 더하고 대결 의식을 드러냄.
출전 《문장》(1940)

Q 이 시에 등장하는 시어의 특징은?
이 시에 나오는 '매운', '갈겨', '칼날진' 등은 매우 강렬하고 남성적인 이미지를 주는 시어이다. 이러한 시어들은 화자가 처한 현실의 극한 상황을 표현하면서, 그것을 극복하고자 하는 시인의 강한 지사적 의지의 신념을 드러내는 데 효과적으로 기여하고 있다.

☀️ 시어 풀이
고원 보통 해발 고도 600미터 이상에 있는 넓은 벌판.
재겨 촘촘한 틈을 비집고 찔러 넣어.

⚜️ 시구 풀이
❶ **매운 계절(季節)의 ~ 휩쓸려 오다.** 일제의 탄압 때문에 수평적 극한 상황인 '북방'까지 오게 된 화자의 처지를 제시하고 있다.
❷ **하늘도 그만 ~ 그 위에 서다** 극한 상황이 수직적 공간인 '고원'으로, 그리고 생존의 극한 상황이라 할 수 있는 '서릿발 칼날진 그 위로 이어지면서 절정에 이르고 있다. '서릿발', '칼날'은 모두 고통과 시련을 나타내는 시어이고, '그 위에 서다'는 화자의 대결 정신을 드러내는 표현이다.
❸ **어데다 무릎을 ~ 디딜 곳조차 없다.** 패배를 인정할 수도, 절대적인 존재에게 구원을 빌 수도 없는 극한의 상황에서 화자가 느끼는 심리를 상징적으로 표현하고 있다.
❹ **이러매 눈 감아 ~ 무지갠가 보다.** 관조를 통해 절대 극한의 상황을 초월하려는 의지를 보여 주고 있다. '겨울은 강철로 된 무지개'라는 표현은 이질적 이미지를 지닌 강철과 무지개를 결합시키고 있다는 점에서 역설적(모순 형용)이라 할 수 있다.

👤 작가 소개
이육사(본책 96쪽 참고)

---

❶매운 계절(季節)의 채찍에 갈겨
　　일제 강점하의 가혹한 현실　　　탄압, 시련
마침내 북방(北方)으로 휩쓸려 오다.
　　수평적 공간의 극한 지점　　　◯ : 극한 상황의 점층적 구조
▶ 1연: 수평적 공간에서의 극한 상황(기)

❷하늘도 그만 지쳐 끝난 *고원(高原)
　　　　　　　수직적 공간의 극한 지점
서릿발 칼날진 그 위에 서다
　생존의 극한 상황 - 절정
▶ 2연: 수직적 공간에서의 극한 상황(승)

❸어데다 무릎을 꿇어야 하나?
한 발 *재겨 디딜 곳조차 없다.
　　　심리적 극한 상황
▶ 3연: 극한 상황에서의 화자의 심리(전)

❹이러매 눈 감아 생각해 볼밖에
　　　인식의 전환
㉠겨울은 강철로 된 무지갠가 보다.
　　역설을 통한 초극 의지
▶ 4연: 극한 상황을 초극하려는 의지(결)

이해와 감상

이 시는 시인이 시대 상황과 맞서 싸우면서 치열한 갈등을 통해 도달한, 비극을 초월하려는 정신적 경지를 잘 보여 주는 작품이다.

이 시는 크게 시적 상황을 보여 주는 1, 2연과 화자의 의식 세계를 보여 주는 3, 4연으로 나눌 수 있다.

시적 상황	극한 상황의 점층적 고조 북방 → 고원 → 서릿발 칼날진 그 위
↓	
화자의 심리	역설적 인식을 통한 극한 상황의 초월 겨울은 강철로 된 무지개

1, 2연에서는 일제 강점기의 냉혹한 시대에 화자가 처한 현실적 한계 상황을 보여 주고 있는데, 불과 4행의 짧은 호흡에서 '북방 → 고원 → 서릿발 칼날진 그 위'의 극한 상황을 점층적으로 표현하고 있다. 화자를 이 '절정'의 극한적 상황에 이르게 한 것은 '매운 계절의 채찍'인데, 이때 '매운 계절'은 '겨울'을 가리키며, 가혹한 추위가 지배하는 시간인 일제 강점기의 고통스러운 시대 상황을 암시한다.

3연에서는 1, 2연에서 제시된 외적 상황에서 화자 내면의 심리적 상황으로 옮겨 간다. 화자는 그가 처한 상황에서 비켜서거나 물러서는 일이 불가능하며, 또 '무릎을 꿇어' 그 어떤 외부적 힘에 기대어 괴로움을 덜 수도 없는 삶의 긴장된 국면임을 인식하고, 모든 고통과 어려움을 자신의 의지로 견뎌 낼 수밖에 없다는 사실을 깨닫는다. 그와 같은 관조의 순간, 화자는 '겨울'을 싸늘하고 비정하면서도 황홀한 아름다움을 지닌 것으로 받아들이게 된다. 마지막 연은 극한 상황에서 참된 삶을 추구하는 의지와 희망을 회복하는 화자의 현실 인식을 '겨울은 강철로 된 무지개'라는 역설적인 표현으로 나타내고 있다.

🏠 작품 연구소

시상 전개 방식과 효과

기	수평적 극한 – 북방	화자의 상황
승	수직적 극한 – 고원	
전	극한 상황에 대한 인식	화자의 인식
결	극한 상황에 대한 극복 의지	

이 시는 한시(漢詩)의 전형적인 구성 방식인 '기-승-전-결'의 4단 구성 방식을 따르고 있다. 전반부(기, 승)에서는 시적 상황이 제시되고 후반부(전, 결)에서는 그러한 상황에 처한 화자의 의식 세계가 제시되고 있다. 이 시는 이러한 구성 방식을 통해 절제된 형식미를 보여 주고 있다.

이 시에 나타난 화자의 태도

이 시의 화자는 극한적인 한계 상황을 객관화하여 바라보는 자기 관조의 여유 있는 태도를 드러내는 인물인 동시에, 극한의 상황에서도 의지를 꺾지 않는 준엄한 선비의 자세를 보이는 인물이기도 하다. 이러한 화자는 일제 강점이라는 가혹한 시련의 극단적인 절망의 상황에서도 희망을 잃지 않고 초극하려는 자신의 의지와 결단을 강렬한 남성적 어조를 통해 드러낸다.

역설적 인식과 초극 의지

겨울, 강철	무지개
혹독한 시련의 시간, 차가운 이미지	희망, 황홀한 이미지

겨울은 강철로 된 무지개
역설적 인식을 통한 극한 상황의 초월

화자는 강철과도 같은 차갑고 비정한 금속성의 이미지와 무지개의 황홀한 이미지를 결합하여 비극적이면서도 황홀한 느낌을 표현하고 있다. 이는 극한적인 현실 상황에 대한 화자의 역설적 인식으로, 관조적 자세를 통해 비극적 상황을 초극하려는 의지를 표현한 것으로 볼 수 있다.

시적 형상화 방식

이 시는 '북방 → 고원 → 서릿발 칼날진 그 위' 등으로 이어지면서, 날카롭고 극한적인 이미지를 점층적으로 표현한다. 또 '강철로 된 무지개'에서도 강철의 강인한 이미지와 무지개의 화려하고 부드러운 이미지가 결합하여 역설적이며 함축적인 의미를 드러낸다. 즉, 이 작품은 여러 가지 이질적인 사물들을 나열함으로써 극한 상황에 처한 화자의 모습을 선명하게 그려 내고, 팽팽한 긴장감을 형성하고 있는 것이다. 아울러 간결한 표현으로 생략과 압축의 효과를 극대화함으로써 화자의 감정을 최대한 절제하는 효과를 내고 있다.

📖 함께 읽으면 좋은 작품

〈쉽게 씌어진 시〉, 윤동주 / 일제에 대한 저항 의지

〈쉽게 씌어진 시〉는 일제 강점하에서 부끄럽지 않은 삶을 살려는 식민지 지식인의 고뇌와 자기 성찰을 담고 있는 작품이다. 〈절정〉과 〈쉽게 씌어진 시〉는 창작 배경이 일제 강점이라는 점과, 부정적 현실을 극복하려는 저항 의지가 나타난다는 점에서 유사하다. 하지만 두 작품은 의지를 드러내는 방식에서 차이가 있다. 〈절정〉은 극한 상황의 제시와 역설적 인식을 통해 초극의 의지를 보여 주고 있는 반면, 〈쉽게 씌어진 시〉는 현실에 안주하려는 삶에 대한 자기 성찰을 통해 부끄러운 삶을 살지 않겠다는 의지를 보여 주고 있다. 🔗 Link 본책 112쪽

🔑 포인트 체크

화자 화자는 ☐☐의 상황에서도 의지를 꺾지 않는 선비의 자세를 보이고 있다.

상황 '북방 → ☐☐ → 서릿발 칼날진 그 위' 등으로 이어지면서 날카롭고 극단적인 상황을 표현하고 있다.

태도 '겨울은 강철로 된 무지개'는 화자의 ☐☐적 인식으로, 비극적 상황을 초극하려는 의지를 보여 주고 있다.

1 이 시에 대한 설명으로 적절하지 <u>않은</u> 것은?
① 중심 대상을 의인화하여 추상적 대상을 구체화하고 있다.
② 전통적인 한시에서 볼 수 있는 '기승전결'의 구조를 갖추고 있다.
③ 강렬하고 단정적인 어조를 사용하여 강인한 의지를 형상화하고 있다.
④ 간결한 시행과 절제된 시어를 사용하여 내용을 압축적으로 표현하고 있다.
⑤ 상징적인 시어와 역설적인 수법을 통해 주제를 효과적으로 제시하고 있다.

내신 적중 多빈출

2 이 시에 나타난 화자의 태도로 적절한 것은?
① 극한의 상황에서도 관조적 태도를 보이고 있다.
② 나약한 자신에 대한 반성의 태도를 보이고 있다.
③ 현실 상황에 대한 체념적 태도를 드러내고 있다.
④ 부재하는 대상에 대한 원망의 태도를 보이고 있다.
⑤ 세속적인 것을 버리고 자연과의 합일을 소망하고 있다.

내신 적중 多빈출

3 ㉠에 나타난 표현 기법이 사용되지 <u>않은</u> 것은?
① 두 볼에 흐르는 빛이 정작으로 고와서 서러워라
② 청산(靑山)이 그 무릎 아래 지란(芝蘭)을 기르듯
③ 괴로웠던 사나이 행복한 예수 그리스도에게처럼
④ 결별이 이룩하는 축복에 싸여 지금은 가야 할 때
⑤ 밤에 홀로 유리를 닦는 것은 외로운 황홀한 심사이어니

4 〈보기〉를 활용하여 1～2연에 드러난 시적 상황에 대해 쓰시오.

| 보기 |
우리는 누군가를 끝까지 쫓아간다는 의미를 설명할 때 관용적으로 '하늘 끝까지 지구 끝까지' 쫓아가겠다는 표현을 자주 쓴다. 그만큼 쫓아가고자 하는 의지를 강조해서 드러낸 것인데, '하늘 끝까지'는 수직적 개념의 강조라면 '지구 끝까지'는 수평적 개념의 강조라 볼 수 있다.

Ⅱ. 1920년대 ~ 광복 이전

[문학] 미래엔, 비상
[국어] 천재(박)

🎯 핵심 정리

갈래 자유시, 서정시
성격 의지적, 저항적, 미래 지향적, 상징적
제재 광야
주제 조국 광복에 대한 의지와 염원
특징 ① 독백적 어조로 내면의 신념을 드러냄.
② 상징적 시어와 속죄양 모티프를 통해 주제를 형상화함.
③ '과거 – 현재 – 미래'의 시간의 흐름에 따라 시상을 전개함.
출전 《자유신문》(1945)

> **Q** 의인화의 기법을 사용함으로써 얻을 수 있는 효과는?
>
> 산맥이 바다를 연모해 휘달리거나 이곳을 산맥이 범하지 못했다고 하는 것은 역동적 이미지의 효과를 최대한으로 살린 탁월한 의인화의 기법이다. 이를 통해 광야로 표현된 우리 국토와 역사의 신성성을 획득하고 있다.

💡 시어 풀이

광음 햇빛과 그늘. 즉 낮과 밤이라는 뜻으로, 시간이나 세월을 이르는 말.
천고 아주 먼 옛적. 아주 오랜 세월 동안.
초인 보통 사람으로는 생각할 수 없을 만큼 뛰어난 능력을 가진 사람.

🔖 시구 풀이

❶ **차마 이곳을 범하든 못하였으리라** 우리 민족의 삶의 터전인 '광야'는 태초의 신성성을 그대로 간직한 곳이기에 차마 산맥도 범하지 못하였다고 하여 신성성을 강조하고 있다. 한편으로 이러한 광야를 침략하는 일제의 부당함을 드러내기도 한다.
❷ **매화 향기 홀로 아득하니** 고통스럽고 절망스러운 상황에서도 현실의 고난과 시련을 극복하겠다는 화자의 고고한 의지이자 쉽게 꺾이지 않는 민족의 강인한 기상을 드러낸 부분이다.
❸ **내 여기 ~ 씨를 뿌려라** 화자는 현실을 극복하고 이상을 실현하기 위해 '가난한 노래의 씨'를 뿌리겠다는 자기희생의 자세를 보이고 있다. 명령형인 '뿌려라'는 '나'라는 1인칭 주어와 호응하지 않는 시적 허용에 해당하는 것으로 화자의 강한 의지를 효과적으로 드러내기 위한 것이다.
❹ **이 광야에서 ~ 부르게 하리라** 조국 광복의 노래를 초인이 부르게 하겠다는 뜻으로, 조국 광복을 실현시킬 민족의 구원자(지도자, 후손)가 나타날 것임을 확신하고 있다. 그리고 이상 실현의 염원을 간절하면서도 강한 어조로 노래하고 있다.

👤 작가 소개

이육사(본책 96쪽 참고)

□ : 시간의 흐름(과거 → 현재 → 미래)

<u>까마득한 날</u>에
   과거
ⓐ<u>하늘이 처음 열리고</u>
  광야의 탄생, 천지개벽
어데 닭 우는 소리 들렸으랴
  인간의 생활, 생명의 기적
▶ 1연: 광야의 원시성

모든 산맥들이
바다를 연모해 휘달릴 때도 ┤광야의 광활성을 역동적으로 표현함.
   의인법
❶차마 이곳을 범하든 못하였으리라
  광야 – 민족의 삶의 터전 신성불가침의 땅임을 보여 줌.
▶ 2연: 광야의 광활함과 신성성

끊임없는 *광음을
  세월
부지런한 계절이 피어선 지고
  시간의 흐름을 꽃의 개화와 낙화로 표현함.
ⓑ<u>큰 강물이 비로소 길을 열었다</u>
  역사, 문명
▶ 3연: 역사와 문명의 시작

ⓒ<u>지금</u> 눈 내리고
  현재 – 고난과 시련의 현실
ⓓ❷매화 향기 홀로 아득하니
  고고한 기상. 조국 광복의 기운
㉠❸내 여기 가난한 노래의 씨를 뿌려라
  조국 광복을 위한 자기희생의 의지(속죄양 모티프)
▶ 4연: 암담한 상황과 현실 극복 의지

다시 *천고의 뒤에
  미래   단정, 확신
ⓔ백마 타고 오는 *초인이 있어
  '초인'이 성스러운 존재임을 의미함. 민족의 이상을 실현하게 하는 존재
❹이 광야에서 목 놓아 부르게 하리라
▶ 5연: 미래에 대한 기대와 확신

📎 이해와 감상

이 시는 '광야'라는 광활한 공간과 현실 초월적인 시간 인식을 바탕으로, 일제 강점기의 암담한 현실을 극복하고자 하는 의지와 조국의 광복을 염원하는 미래 지향적인 신념을 드러낸 저항시이다. 화자는 광야에서 태초를 포함한 역사를 생각하고, 현재가 민족적 비극의 시기이지만 반드시 밝은 미래가 올 것이라고 확신하며 자신을 희생할 것을 다짐하고 있다.

과거(1~3연) 까마득한 날	광야의 탄생과 신성성, 역사와 문명의 시작
↓	
현재(4연) 지금	암담한 상황과 현실 극복 의지
↓	
미래(5연) 천고의 뒤	미래에 대한 기대와 확신

이 시는 '과거-현재-미래'의 시간적 흐름에 따라 시상을 전개하고, 다양한 시적 상징과 힘차고 강렬한 남성적 어조를 사용하여 주제를 효과적으로 드러내고 있다. 1~3연은 바로 천지 창조부터 우리 민족의 역사를 태동시키고 꽃피운 그 터전으로서 광야의 웅대한 모습과 힘을 형상화한 것으로, 이것이 조국 광복에 대한 의지라는 주제 의식을 보다 견고하게 만들고 있다. 4연에서는 광야에 '눈'이 내리고 있는 상황을 통해 화자가 현실을 암담하게 인식하고 있음을 보여 준다. 그러나 아득한 '매화 향기'에 의지하여 내면적 저항 의지의 표상인 '가난한 노래의 씨'를 뿌리겠다는 의지를 보이고 있다. 5연에서는 이 노래의 씨가 훗날에 나타날 '백마 타고 오는 초인'에게 계승될 것을 기대하고 있다. 이는 과거가 현재의 뿌리이며 현재가 미래의 토대라는 인식에 바탕을 둔 것이다. 그리고 4연을 명령형 종결 어미로, 5연을 마음속 다짐을 나타내는 종결 어미로 끝낸 것은 화자 자신의 강렬한 의지를 표명하기 위해서라고 할 수 있다.

작품 연구소

시어 및 시구의 상징적 의미

시어 및 시구	상징적 의미
광야	우리 민족의 삶의 터전이자 역사의 현장
눈	일제 강점기의 암담한 현실, 시련과 고통
매화 향기	강인한 민족정신, 조국 광복의 기운, 현실 극복 의지
가난한 노래의 씨	조국 광복을 위한 자기희생적 의지

화자의 현실 인식 태도와 '씨'가 갖는 상징성

이 시의 화자는 '눈' 내리는 부정적이고 암담한 현실을 극복하기 위해 '가난한 노래의 씨'를 뿌리겠다고 말하고 있다. 따라서 '가난한 노래의 씨'에서 화자의 현실에 대한 부정적인 인식과 이를 극복하려는 의지와 희생정신을 엿볼 수 있다.

'씨'는 소생할 생명의 근원이며 생명 영속을 위한 가장 고귀한 결정체이다. 따라서 '씨'는 단절되려는 시대를 잇기 위한 시인의 노력이자 미래에 만개할 꽃을 위한 의지적 희망의 상징이라 할 수 있다. 결국 시인은 그가 상실했던 모든 것과 그가 겪고 있는 모든 고난을 씨 뿌림의 행위를 통해 극복하고, 씨의 발아와 더불어 민족의 이상의 실현, 곧 조국 광복으로 나타날 보람찬 결과를 확신했던 것이다.

'백마 타고 오는 초인'의 의미

'백마 타고 오는 초인'은 광복의 상징이며 일제 강점하에서 우리 민족을 구원해 줄 존재, 즉 해방된 조국을 이끌어 갈 민족 지도자, 후손을 의미한다. 초인은 미래 역사의 주인공으로서 본질적으로는 부활한 민족적 자아가 투영된 존재이다. 그에 대한 기대와 믿음이 있기에 화자는 자기희생을 감히 할 수 있었던 것이고, 암담한 현실 상황을 정신적으로 초극할 수 있는 모습을 보일 수 있었던 것이다.

```
            ┌─ 광복의 상징
초인 ───────┼─ 미래 역사의 주인공
            └─ 부활한 민족적 자아의 모습
```

자료실

속죄양 모티프

속죄양 모티프란 인류의 죄를 대신하여 십자가에 못 박힌 예수의 삶에서 비롯된 모티프로, 자신을 희생하여 인류나 민족을 구원하려는 행위나 의식을 말한다. 4연의 '가난한 노래의 씨를 뿌려라'에서 자신의 몸을 희생해서 싹을 틔우는 '씨앗'은 조국 광복을 위해 자신을 희생하려는 시인의 의지를 표현한 것으로, 여기서 속죄양 모티프가 드러난다.

함께 읽으면 좋은 작품

〈그날이 오면〉, 심훈 / 조국 광복에 대한 간절한 염원

〈그날이 오면〉은 가정법을 사용하여 광복의 기쁨을 역동적으로 노래한 작품이다. 〈광야〉와 〈그날이 오면〉은 조국 광복에 대한 간절한 염원을 담고 있으며, 화자들이 모두 자기희생의 의지를 지니고 있다는 점에서 공통점이 있다. 하지만 〈광야〉의 화자는 광복의 도래를 위한 준비와 희망으로서의 자기희생 의지를 드러내는 반면, 〈그날이 오면〉의 화자는 광복이 도래했을 때 그 기쁨을 알고 누리는 존재로서의 자기희생 의지를 드러내고 있다.

키 포인트 체크

화자 화자는 □□적 어조로 내면의 신념을 드러내고 있다.

상황 이 시는 □□라는 광활한 공간과 아득한 시간을 배경으로 눈이 내리는 상황이 드러나 있다.

태도 '가난한 노래의 씨'에서는 화자가 현실을 극복하고 이상을 실현하기 위해 □□□□□의 자세를 보이고 있음을 알 수 있다.

내신 적중 多빈출

1 이 시의 표현상 특징으로 적절하지 않은 것은?

① 상징적 시어를 사용하고 있다.
② 강렬한 남성적 어조가 나타나고 있다.
③ 시간의 흐름에 따라 시상이 전개되고 있다.
④ 문장의 어순을 바꾸어 주제를 강조하고 있다.
⑤ 독백적 어조를 사용하여 화자의 신념을 드러내고 있다.

중요 기출

2 다음은 이 시에 대한 감상이다. 내재적 의미에 주목한 것은?

① 보람: '-라'라는 어미를 사용하여 시적 화자의 강인한 의지를 드러내고 있군.
② 유림: 이 시를 읽고 나서 나는 시련과 고난 속에서도 굳건히 살아가는 삶의 의미를 깨닫게 되었어.
③ 희정: 독립운동가였던 시인의 행적을 고려해 보면 '매화 향기'는 고매(高邁)한 정신을 상징하는 것으로 볼 수 있어.
④ 경아: 시인의 역사의식을 감안하면 '광야'라는 말은 단지 공간적 배경으로서의 의미보다는 우리 민족의 삶의 터전으로 이해할 수 있어.
⑤ 자연: '백마 타고 오는 초인'은 창작 당시의 상황을 고려할 때 광복의 기쁨을 누리는 후손일 거야.

3 ⓐ~ⓔ에 대한 설명으로 적절하지 않은 것은?

① ⓐ: 천지개벽을 시각적으로 형상화한 것이다.
② ⓑ: '강물'은 인류의 역사, 문명을 의미한다.
③ ⓒ: 부정적인 현실 인식이 드러나 있다.
④ ⓓ: '매화'는 시대의 억압에 굴하지 않는 기개 또는 지조를 의미한다.
⑤ ⓔ: 부정적인 현실을 타개할 시적 화자를 의미한다.

4 〈보기〉와 ㉠에 공통적으로 나타나는 화자의 현실 대응 태도를 쓰시오.

┤ 보기 ├

괴로웠던 사나이,
행복한 예수 그리스도에게
처럼
십자가가 허락된다면 //
모가지를 드리우고
꽃처럼 피어나는 피를
어두워 가는 하늘 밑에
조용히 흘리겠습니다.

– 윤동주, 〈십자가〉

꽃 | 이육사

문학 동아

🎯 핵심 정리
갈래 자유시, 서정시
성격 의지적, 상징적, 저항적, 미래 지향적
제재 꽃
주제 조국 광복에 대한 신념과 의지
특징 ① 선경 후정의 한시 구조를 보이며 점층적
　　　　으로 시상을 전개함.
　　　　② 대립적 이미지의 시어를 사용함.
출전 《자유신문》(1945)

Q '꽃'의 의미는?
'꽃'은 맥락에 따라 다양하게 해석이 가능한데
'새 생명'으로 파악할 수도 있으며, 시대적 배경
을 고려하여 '조국 광복(희망)'으로 볼 수도 있다.

동방은 하늘도 다 끝나고
　　조국, 우리나라　　　　　　　　□: 혹독한 현실, 부정적 의미의 시어
❶비 한 방울 내리잖는 그 땅에도
오히려 꽃은 발갛게 피지 않는가
　　　　　강렬한 생명력의 시각화　　　　　○: 밝은 미래, 긍정적 의미의 시어
내 목숨을 꾸며 쉬임 없는 날이여
　죽음을 두려워하지 않는 끊임 없는 노력
▶ 1연: 극한 상황 속 꽃의 탄생

북(北)쪽 툰드라에도 찬 새벽은
눈 속 깊이 ㉠꽃 맹아리가 옴작거려
❷제비 떼 까맣게 날아오길 기다리나니
　　　　봄이 오기를
마침내 저버리지 못할 약속(約束)이여!
　　　꽃을 피우겠다는 약속: 조국 독립의 확신
▶ 2연: 새 생명 탄생을 위한 인고

한바다 복판 용솟음치는 곳
　　　역동적인 광복의 기쁨이 있는 조국
❸바람결 따라 타오르는 ㉡꽃성(城)에는
나비처럼 취(醉)하는 회상(回想)의 무리들아
　직유법　　　　　　독립을 기뻐하는 우리 민족
오늘 내 여기서 너를 불러 보노라
현재 극한 상황의 인식을 바탕으로 한 의지를 영탄적 어조로 표출
▶ 3연: 새 생명 탄생의 기쁨

💡 시어 풀이
툰드라 스칸디나비아반도 북부에서부터 시베리
아 북부, 알래스카 및 캐나다 북부에 걸쳐 타이가
지대의 북쪽 북극해 연안에 분포하는 넓은 벌판.
복판 일정한 공간이나 사물의 한가운데.
용솟음치는 물 따위가 매우 세찬 기세로 위로 나
오는.

🌀 시구 풀이
❶ **비 한 방울 내리잖는 ~ 꽃은 발갛게 피지 않는
　가** 비 한 방울 내리지 않는 곳은 생명체가 살아
　갈 수 없는 극한 상황을 의미한다. 그런데 이러
　한 상황에서도 이를 극복하는 생명체가 피어난
　다. 이를 통해 극한 상황을 초극하는 의지를 드
　러내고 있다.
❷ **제비 떼 까맣게 날아오길 기다리나니** 제비 떼
　는 봄에 날아오는 것으로 화자는 생명이 탄생
　하는 봄을 기다린다. 즉, 극한 상황에서도 희망
　이 살아 있어 조국의 시련이 끝나고 희망이 찾
　아올 것을 의미한다.
❸ **바람결 따라 ~ 너를 불러 보노라** 끝까지 어두
　운 현실과 타협하지 않고 새로운 시대를 기다
　리며 부끄럽지 않은 삶을 살겠다는 화자의 현
　실 극복 의지가 드러나 있다.

👤 작가 소개
이육사(본책 96쪽 참고)

이해와 감상

　이 시는 꽃을 소재로 하여 새로운 세계에
대한 소망과 의지를 노래하고 있다. 극한적
인 상황을 극복하고 새로운 세계가 찾아올
것을 확신하는 화자의 강인한 현실 극복 의
지를 엿볼 수 있다. 크게 1, 2연과 3연으로 나눌 수 있는데 1, 2연에서는 꽃이 피어날 수 없는 극한
적이고 절망적인 상황을 표현하고 있다. '비 한 방울 내리잖는', '북쪽 툰드라의 찬 새벽'은 어떤 생
명도 태어날 수 없는 극한적인 상황을 의미한다. 그러나 화자는 겨울이 지나면 봄이 찾아와 꽃들
이 아름답게 피어나는 것처럼, 이러한 극한적인 상황이 극복될 것을 확신하고 있다. '저버리지 못
할 약속'을 화자는 굳게 믿으며 꽃이 피어날 것을 확신하고 있다. 그러기에 3연에 표현된 것처럼,
많은 꽃들이 피어나 향기를 내뿜는 미래의 모습을 불러 보기도 하는 것이다. 각 연의 1~3행은 색
채어와 함께 상황을 드러내고 있으며, 마지막 4행에서는 영탄적 표현을 통해 조국애와 의지를 드
러내고 있다.

혹독한 현실		희망찬 미래
하늘도 다 끝나고, 비 한 방울 내리잖는 그 땅, 북쪽 툰드라, 눈	↔	꽃, 꽃 맹아리, 제비 떼, 꽃성

작품 연구소

시어 및 시구의 상징적 의미

시어 및 시구	상징적 의미
동방	나라를 빼앗긴 조국
북쪽 툰드라	극한 상황, 혹독한 현실
눈	고난, 시련
꽃 맹아리	조국 독립의 기운
제비 떼	밝은 미래

'꽃'의 확대에 따른 조국 광복의 형상화

꽃 맹아리	조국 광복의 기운

↓

꽃	조국 광복의 희망

↓

꽃성	광복이 된 조국

각 연의 선경 후정(先景後情) 구조

선경(1~3행)	후정(4행)
상황의 인식	영탄형 종결

한시(漢詩)의 전형적인 창작 방법의 일종으로 시상을 전개할 때 앞에서는 자연이나 사물과 같은 경치를 먼저 내세우고, 뒤에 시인의 감정이나 정서를 드러내는 것이다.

상황 설정의 극단화

'광야'와 마찬가지로 이 시도 시작(詩作)의 중점이자 의미의 요체가 되는 시적 상황으로서의 배경 및 정황은 극한적이고, 대상으로서의 존재 및 행위는 관념적이다. 공간적 배경이 되는 곳은 생명의 한계선이라 할 최북단 동토다. 광야에 내린 눈이 쌓여 바로 얼어붙는 곳으로 하늘이 끝나서 비도 올 수 없는 절명지(絶命地)고 기후의 큰 변화 없이는 꽃은 결코 필 수 없는 곳이다. 개화(開花)는 말할 것도 없이 생명의 존재 자체가 역설이 될 만큼 시의 상황 설정은 극단적이다.

– 이창민, 〈이육사 시의 상황 설정 및 대상 지정 방식〉

극복의 상승 의지 및 부활 의식

비 한 방울 내리지 않는 극한의 상황 속에서도 기다림과 믿음은 강하면 강할수록 새롭게 태어난다. 즉, 부활 의식으로의 전환을 의미하는 것이다. 잃어버린 절명의 땅에 꽃이 피었다는 역설은 희망찬 미래가 올 것이라는 신념의 상징이다. 희망과 기다림의 철학을 가질 때 삶의 비약적 상승은 존재의 초월을 가져오는 것이다.

함께 읽으면 좋은 작품

〈광야〉, 이육사 / 예언자적 태도와 광복에 대한 염원

〈광야〉는 우리 민족의 삶의 터전인 광야를 배경으로 하여 일제 강점기 현실의 극복과 희망찬 미래에 대한 확신을 드러낸 작품이다. 〈꽃〉과 〈광야〉는 모두 예언자적 태도로 조국 광복에 대한 염원을 그리고 있으나, 〈광야〉는 '과거-현재-미래'로 이어지는 추보식 구성으로 시상을 전개하고, 〈꽃〉은 선경후정의 방식으로 시상을 전개하고 있다.

Link 본책 100쪽

포인트 체크

화자 '꽃'이 피는 것처럼 조국 ☐☐이 올 것임을 확신하며 영탄적 어조로 말하고 있다.

상황 ☐☐☐가 살 수 없는 것과 같이 극한 상황에서 조국의 광복을 노래하고 있다.

태도 극한 현실을 ☐☐하고 반드시 희망찬 미래가 올 것이라는 신념과 그 ☐☐를 표출하고 있다.

중요 기출

1 이 시의 화자에 대한 설명으로 가장 적절한 것은?
① 객관적인 시각에서 대상을 묘사하고 있다.
② 자신의 삶을 되돌아보면서 반성하고 있다.
③ 과거 시제를 사용하여 생동감을 느끼게 하고 있다.
④ 자신이 처한 현실에 대한 대응 방식이 드러나 있다.
⑤ 부드러우면서도 강한 설득적 어조를 구사하고 있다.

내신 적중 多빈출

2 〈보기〉를 바탕으로 이 시를 감상한 내용으로 적절하지 않은 것은?

보기

이육사는 경북 안동 출생으로 조부에게서 한학을 배우고, 1925년 독립운동 단체인 의열단에 가입하였다. 조선은행 대구 지점 폭파 사건에 연루되어 대구 형무소에서 수인 번호 264번으로 옥고를 치르고, 출옥 후 다시 루쉰 등과 교우하면서 독립운동을 계속하였다.

① '동방'은 식민지에 놓인 조국을 의미하는군.
② '꽃은 발갛게 피지 않는가'라는 설의적 표현을 통해 확신을 드러내는군.
③ '쉬임 없는 날'은 조국 광복을 위해 끊임없이 노력하는 모습을 나타내는군.
④ '북쪽 툰드라'는 북쪽 끝까지 영토를 회복한 조국의 미래 상황을 나타내는군.
⑤ '저버리지 못할 약속'은 독립운동의 결과 조국 광복이 올 것이라는 확신을 표현하는군.

3 이 시에서 시행의 함축적 의미가 다른 하나는?
① 비 한 방울 내리잖는 그 땅에도
② 오히려 꽃은 발갛게 피지 않는가
③ 눈 속 깊이 꽃 맹아리가 옴작거려
④ 제비 떼 까맣게 날아오길 기다리나니
⑤ 바람결 따라 타오르는 꽃성(城)에는

4 ㉠에 대한 해석으로 가장 적절한 것은?
① 인간이 유한한 존재임을 드러낸다.
② 추위를 견디어 이기는 절개의 상징이다.
③ 무리를 지어 서로를 의지하는 존재이다.
④ 극한 상황을 극복하려는 의지의 표상이다.
⑤ 현실에서 이룰 수 없는 불가능한 소망을 나타낸다.

내신 적중 多빈출

5 이 시의 주제와 관련지어 ㉡의 의미를 쓰시오.

035 윤사월 | 박목월

문학 금성

🎯 핵심 정리

갈래 자유시, 서정시
성격 서정적, 향토적, 애상적, 낭만적, 민요적
제재 윤사월 산속의 정경과 눈먼 처녀의 비애
주제 외딴 산속 윤사월의 풍경과 눈먼 처녀의 애틋한 그리움
특징 ① 3음보의 율격과 7·5조를 바탕으로 한 민요풍의 간결한 형식을 취함.
② 선경 후정과 기승전결에 의해 시상을 전개함.
③ 토속적인 소재를 사용해 한국적인 정적미와 비애미를 드러냄.
출전 《청록집》(1946)

> **Q** '윤사월'이 의미하는 바는?
>
> '윤사월'이란 윤달이 사월에 들어 있는 것을 말하며 시기적으로 늦봄에서 초여름에 해당한다. 태음력(太陰曆)에서 일 년 열두 달 외에 불어난 한 달을 의미하며 무탈하고 재액이 없는 달로 여겨진다.

💡 시어 풀이

송홧가루 소나무의 꽃가루.
외딴집 홀로 따로 떨어져 있는 집.
문설주 문짝을 끼워 달기 위하여 문의 양쪽에 세운 기둥.

🧭 시구 풀이

❶ 송홧가루 날리는 외딴 봉우리 송화가 피는 시기가 되면 사람들은 그것을 따서 다식이나 강정을 만들어 먹곤 했다. 송홧가루가 날린다는 것은 송화를 따는 사람이 없는 깊은 산속의 고요한 풍경을 의미한다.

❷ 윤사월 해 길다 꾀꼬리 울면 윤사월은 계절상 여름에 해당한다. 그러나 산속은 계절의 변화가 느리므로 여전히 늦봄의 풍경을 간직하고 있다. 꾀꼬리의 울음은 계절의 변화를 알리는 소리를 의미한다.

❸ 산지기 외딴집 눈먼 처녀사 외딴집은 주위에 다른 인가가 없는 공간이다. 눈이 먼 처녀는 내면적 설움과 비애를 간직한, 한국적 한의 정서를 지닌 사람이다.

❹ 문설주에 귀 대이고 엿듣고 있다 처녀는 비록 시각적 변화를 인지할 수 없지만 꾀꼬리 소리를 듣기 위해 귀를 대이고 있다. 처녀의 순수한 호기심과 설렘의 감정에서 나오는 행동을 통해 간절함과 안타까움을 느낄 수 있다.

👤 작가 소개

박목월(朴木月, 1916~1978) 시인. 경북 경주 출생. 본명 박영종. 정지용의 추천을 받아 문단에 등단하였으며 조지훈, 박두진 등과 《청록집》을 발간하여 '청록파 시인'으로 불리기도 하였다. 시집으로 《산도화》(1955), 《경상도의 가랑잎》(1962) 등이 있다.

---

❶ 송홧가루 날리는
　한가로운 풍경(노랑의 시각적 이미지와 후각적 이미지 결합)
외딴 봉우리
은은한 비애, 고독
『 』: 민요적 율격(7·5조의 3음보)

　　▶ 1연: 송홧가루 날리는 외딴 봉우리(기)

❷ 윤사월 해 길다
　늦봄 혹은 초여름
꾀꼬리 울면
계절을 알림(청각적 이미지).

　　▶ 2연: 늦은 봄에 울어 대는 꾀꼬리(승)

❸ 산지기 외딴집
외딴 봉우리와 연결된 이미지, 고독, 비애(배경)
눈먼 처녀사
내면적 설움, 고뇌의 소유자(비애) – 꾀꼬리의 울음만이 계절을 알리는 매개체

　　▶ 3연: 외딴집의 눈먼 처녀(전)

❹ 문설주에 귀 대이고
　　　간절함, 안타까움
엿듣고 있다
바깥세상에 대한 호기심, 설렘

　　▶ 4연: 눈먼 처녀의 엿듣는 모습(결)

선경 — 1연, 2연
후정 — 3연, 4연

이해와 감상

이 시는 순수한 산수의 서경과 인간 본연의 근원적 애수를 노래한 박목월의 초기 시이다. 7·5조, 3음보의 민요적 서정을 바탕으로 '기-승-전-결'의 한시의 구조를 차용한 이 시를 통해 박목월은 산속의 풍경을 한 폭의 그림처럼 보여 주면서도 눈먼 처녀의 애틋한 그리움을 잘 담고 있다. 특히 늦봄이기도 하면서 초여름이기도 한 윤사월이라는 소재를 시각적이면서도 후각적인 심상을 가진 송홧가루를 통해 드러내고 있다. 무르익어 가는 윤사월의 정경과 이를 알리는 꾀꼬리의 울음 소리가 내면적 고뇌와 슬픔을 간직한 채 문설주에 귀를 가져다 대고 있는 눈먼 처녀의 이미지와 결합되면서 토속적이면서도 서정적인 비애감이 절묘하게 형상화되고 있는 것이다. 처녀는 눈이 멀었지만 문설주에 기대서라도 꾀꼬리 소리를 통해 들려오는 바깥소식에 귀를 기울이고 있다. 비록 장애를 가지고 있고 외딴 공간에 소외되어 있지만, 쉽게 버리지 못한 바깥세상에 대한 호기심과 애틋한 감정이 절제된 행동 묘사를 통해 잘 드러나고 있다.

선경	윤사월의 풍경	송홧가루(시각, 후각)		
↕		↕ 꾀꼬리 소리(청각)	문설주에 귀를 가져다 댐.	애틋함, 그리움
후정	엿듣는 처녀	눈먼 처녀(시각 상실)		

작품 연구소

시어 및 시구의 상징적 의미

시어 및 시구	상징적 의미
송홧가루	봄을 알림. 시각과 후각이 결합된 이미지
외딴 봉우리, 외딴집	외로운 처지. 산속에 홀로 떨어진 이미지
윤사월	초여름. 산속에서는 아직 봄의 기운이 있는 늦봄
꾀꼬리	계절을 알림.
눈먼 처녀	내면적 설움, 고뇌와 비애를 간직한 사람

처녀의 행동으로 본 인물의 상황

시각, 후각적 심상	청각적 심상
송홧가루	꾀꼬리 울음소리

처녀의 행동	처녀는 외딴집에 살고 있다. 가난과 장애로 세상과 떨어져 있음에도 문설주에 기대 꾀꼬리 소리를 엿들으려는 의지를 보여 주고 있다.

기승전결과 선경 후정을 통한 의미 형성

이 시의 특징적인 면은 한시의 요소를 많이 차용하고 있다는 점이다. 특히 선경후정과 기승전결의 구성 방식, 시어의 상징성, 이미지 중심의 묘사라는 측면에서 한시와 매우 유사하다. '시공간적 배경의 제시 – 정서를 환기하는 사물의 등장 – 인물의 등장을 통한 시상의 전환 – 주제를 함축하는 상황의 제시'라는 기승전결의 구성과 자연연물(꾀꼬리)과 인물(눈먼 처녀)이 앞뒤로 대응하는 선경 후정은 한시에서 많이 사용되는 양식이다. 또한 청각(꾀꼬리 울면), 시각(송홧가루, 봉우리, 해, 꾀꼬리), 후각(송홧가루) 등 다양한 이미지가 하나의 이미지를 중심으로 결합하는 한시의 표현 양식을 사용하고 있다는 점에서도 한시와의 유사성을 찾아볼 수 있다.

자료실

7·5조와 민요적 율격

박목월의 초기 시 〈윤사월〉을 연구하는 사람들은 이 시를 7·5조의 민요적 율격으로 파악하고 있다. 이는 김소월 시를 7·5조와 4·4조로 파악하여 고전 시가와의 연관성을 찾아내려 한 것처럼 박목월 시의 전통성을 찾아내려 한 것이다. 그러나 〈윤사월〉의 음수(7·5, 6·5, 6·5, 8·5)는 7·5조와 무관하며 우리 시가의 기본 율격 단위인 음보로 작품을 파악하여 민요적 율격을 설명해야 한다는 주장도 있다.

함께 읽으면 좋은 작품

〈춘설〉, 정지용 / 계절의 경계에 드러난 한국적 정서

〈춘설〉은 이른 봄에 내린 눈이 덮인 봉우리를 바라보며 화자가 느끼는 감정을 감각적으로 표현한 간결한 시이다. 특히 겨울을 상징하는 눈이 봄에 내려 주는 낯선 변화가 절묘하게 나타나고 있다.

〈춘설〉과 〈윤사월〉은 한국 특유의 계절감과 정서가 함께 나타난다는 점에서 유사하다. 〈춘설〉은 겨울과 봄의 경계에, 〈윤사월〉은 봄과 여름의 경계에 그 배경을 두고 있으며, 계절이 바뀌는 배경과 그에 대한 화자의 정서가 절묘하게 나타남으로써 한국적인 정서가 도드라지고 있다. 그러나 〈춘설〉은 '꽃샘추위'로 대변되는 계절 변화의 아쉬움을, 〈윤사월〉은 바뀌는 계절로 인한 처녀의 설렘과 부끄러움을 형상화하고 있다.

Link 본책 68쪽

키 포인트 체크

화자 송홧가루 날리는 ▢▢▢의 외딴 봉우리, 외딴집을 보고 있다.

상황 눈먼 처녀가 ▢▢▢에 기대서 꾀꼬리 울음소리를 엿듣고 있다.

태도 봄과 여름의 경계에서 외딴 봉우리, ▢▢▢에 살고 있는 눈먼 처녀의 모습을 ▢▢하게 묘사하고 있다.

내신 적중 多빈출

1 이 시에 대한 설명으로 적절하지 않은 것은?

① 시각적 이미지를 사용하여 계절감을 나타내고 있다.
② 간결한 표현을 사용하여 토속적 풍경을 묘사하고 있다.
③ 상세한 인물 묘사를 통하여 주제 의식을 전달하고 있다.
④ 3음보의 율격을 사용하여 민요적인 리듬감을 형성하고 있다.
⑤ 대상의 행동 묘사를 통해 대상의 감정을 간접적으로 드러내고 있다.

2 〈보기〉를 바탕으로 이 시를 감상한 내용으로 적절하지 않은 것은?

보기

꾀꼬리는 우리나라의 대표적인 여름새이다. 꾀꼬리는 계절의 상징물일 뿐만 아니라 짝을 찾는 '사랑'이라는 특정한 감정을 환기하는 매개물이기도 하다. 그래서 외딴집에 따로 떨어진 외로운 눈먼 처녀에게 꾀꼬리 소리는 사랑의 감정을 불러일으킨다.

① '송홧가루 날리는' 풍경은 '꾀꼬리'가 알려야 할 계절적 이미지를 나타낸다.
② '꾀꼬리' 울음소리는 짝을 찾기 위한 꾀꼬리의 노력으로 볼 수 있다.
③ '산지기 외딴집'은 눈먼 처녀에게 외로움을 안겨 주는 공간이다.
④ '꾀꼬리' 울음소리는 계절을 알림과 동시에 특정한 감정을 환기한다.
⑤ '문설주에 귀 대이고 엿듣'는 소극적인 처녀의 행동은 사랑의 실패에 대한 두려움을 나타낸다.

3 〈보기〉와 같은 관점에서 이 시를 해석한 내용으로 적절한 것은?

보기

일제 말기라는 창작 시기를 고려할 때, 〈윤사월〉의 주제는 '비극적 운명'이 된다. 이렇게 해석할 때 눈이 멀었다는 처녀의 모습은 '식민지 현실을 쳐다보지 않겠다'는 위대한 거부의 상징이 되고, '윤사월'의 공간은 순결, 초속, 영원을 상징하는 신비하고 묵시적인 공간이 된다.

① 외딴 봉우리의 외딴집은 공간의 비극성을 높이고 있다.
② 꾀꼬리 울음소리를 통해 현실에 대한 경계를 드러낸다.
③ 눈이 멀었다는 처녀의 근원적 비애를 통해 현실의 당위성을 나타낸다.
④ 시대적 배경을 고려할 때 꾀꼬리 소리는 외딴 봉우리를 위협하는 강압적인 소리이다.
⑤ 외딴집은 일제 강점기라는 당대 현실과는 동떨어진 공간으로 타인이 쉽게 갈 수 없는 신비한 공간이다.

4 이 시에서 '눈먼 처녀'의 설렘과 호기심을 나타내는 행동을 찾아 쓰시오.

자화상 | 윤동주

[국어] 비상(박안), 신사고
[화작] 지학사

핵심 정리

갈래 자유시, 서정시
성격 성찰적, 고백적
제재 우물 속에 비친 자신의 모습
주제 자아 성찰과 자신에 대한 애증(愛憎)
특징 ① 평이한 구어체를 사용하여 산문적으로 진술함.
② 시상 전개에 따라 화자의 심리가 분명한 변화를 보임.
출전 《문우》(1941)

Q 이 시의 화자와 '사나이'의 관계는?

'사나이'는 우물에 비친 화자 자신으로, 때로는 밉지만 때로는 가엾거나 그리워지는 대상이 된다. 여기에서 화자를 '사나이'를 바라보는 주체로서 자기 자신을 성찰하는 반성적 자아라고 한다면, '사나이'는 성찰의 대상으로서 현재를 살아가고 있는 현실적 자아라고 볼 수 있다.

시구 풀이

❶ **산모퉁이를 돌아 ~ 가만히 들여다봅니다.** 우물은 거울처럼 자신을 비추어 주는 매개체로, 화자가 우물을 들여다보는 것은 일제 강점기를 살아가는 자신을 성찰하는 행위를 나타낸다.

❷ **어쩐지 그 사나이가 미워져 돌아갑니다.** 우물 속에 비친 자신의 모습에서 현실에 안주하려는 자신의 부끄러운 모습이 떠올라 우물에서 벗어나고자 하는 것이다.

❸ **돌아가다 생각하니 그 사나이가 가엾어집니다.** 화자 자신에 대한 미움과 부끄러움의 감정이 자신에 대한 연민으로 바뀌고 있음을 보여 준다.

❹ **다시 그 사나이가 ~ 사나이가 그리워집니다.** 자신에 대한 미움과 그리움이 교차되고 있는 부분으로, 일제 강점기의 현실에 안주하는 사나이를 혐오하면서도 그의 순수했던 옛 모습을 그리워하고 있다.

❺ **우물 속에는 ~ 사나이가 있습니다.** 평화로운 자연과 함께 존재하고 있는 과거의 순수한 자기 모습을 추억하면서 자기혐오에서 비롯된 내적 갈등이 해소되고 있다.

작가 소개

윤동주(尹東柱, 1917~1945) 시인. 북간도 출생. 일본 도시샤 대학 영문과에 재학 중 사상범으로 체포되어, 이듬해 후쿠오카 형무소에서 옥사했다. 1941년 연희전문을 졸업하고 19편의 시를 묶은 자선 시집(自選詩集)을 발간하려 했으나 뜻을 이루지 못했다가 자필로 3부를 남긴 것이 사후에 햇빛을 보게 되어, 1948년에 유고 30편이 실린 《하늘과 바람과 별과 시》로 간행되었다.

---

❶산모퉁이를 돌아 논가 외딴 우물을 홀로 찾아가선 가만히 들여다봅니다.
_{거울의 역할, 자아 성찰의 매개체} _{참된 자아를 발견하겠다는} ▶ 1연: 우물을 찾아가 자아를 성찰함.
_{조심스러운 태도}

우물 속에는 달이 밝고 구름이 흐르고 하늘이 펼치고 파아란 바람이 불고 가을이 있습니다.
_{순수하고 아름다운 자연 – '사나이'의 초라한 모습과 대비}
▶ 2연: 우물 속의 평화로운 풍경

그리고 한 사나이가 있습니다. □: '사나이'에 대한 화자의 태도 변화
❷어쩐지 그 사나이가 미워져 돌아갑니다. (미움 → 연민 → 미움 → 그리움)
_{현실에 안주하려는 자신에 대한 부끄러움} ▶ 3연: 초라한 자아에 대한 부끄러움

❸돌아가다 생각하니 그 사나이가 가엾어집니다.
_{자신에 대한 연민}
도로 가 들여다보니 사나이는 그대로 있습니다. ▶ 4연: 자아에 대한 연민

「」: 애증의 반복으로 인한 내적 갈등
❹다시 그 사나이가 미워져 돌아갑니다.
돌아가다 생각하니 그 사나이가 그리워집니다.」
_{과거에 순수했던 모습에 대한 그리움} ▶ 5연: 자아에 대한 미움과 그리움

❺우물 속에는 달이 밝고 구름이 흐르고 하늘이 펼치고 파아란 바람이 불고 가을이 있고
_{2연의 반복 → 구성상 안정감과 균형감을 부여함.}
추억(追憶)처럼 사나이가 있습니다. ▶ 6연: 추억 속 자아에 대한 그리움
_{순수했던 과거 자신의 모습 환기 → 현실의 자아와의 화해}

이해와 감상

이 시는 화자가 우물을 들여다보면서 자신을 성찰하고 있는 모습을 형상화한 작품으로, 모든 문장을 '–ㅂ니다'로 끝내는 평이한 구어체를 사용하여 산문적으로 표현하고 있다. 이 시에서 우물은 화자 자신의 모습을 살펴볼 수 있는 거울과 같은 기능을 하고 있는데, 이 우물에는 화자의 모습만이 아니라 '달이 밝고 구름이 흐르고 하늘이 펼치고 파아란 바람이 불고 있'는 순수하고 아름다운 자연의 모습도 담겨 있다. 우물에 비친 '사나이'는 우물에 비친 화자 자신이라고 볼 수 있는데, 화자는 자신에 대한 부끄러움으로 우물에서 벗어나고자 한다. 화자의 이러한 부끄러움은 암담했던 시대 상황에 적극적으로 대처하지 못하는 식민지 지식인의 고뇌로 볼 수 있다.

화자는 우물에 비친 자신의 모습이 미워져 돌아가고, 돌아가다 보니 가여움이 생겨 다시 들여다보고, 또 미워져 돌아가고, 다시 그리워지는 심리적 갈등을 보인다. 이는 우물에 비친 자신의 현재 모습이 만족스럽지 못한 데에서 기인한 것으로 볼 수 있다. 그러나 마지막 연에서는 2연의 장면을 되풀이하면서 시적 안정감과 균형감을 얻고 있으며, 평화로운 자연의 모습과 함께 순수했던 자신의 과거 모습을 추억하면서 자기혐오에서 비롯된 내적 갈등에서 벗어나는 모습을 보여 주고 있다.

우물

현실 속 초라한 자아의 모습	대조	평화롭고 아름다운 자연의 모습

과거 추억 속 순수했던 자아의 모습	+	평화롭고 아름다운 자연의 모습

내적 갈등의 해소

작품 연구소

'우물'의 기능

우물 →
• 자아 성찰의 매개체
• 자아의 내면을 비추는 사물

이 시에서 '우물'은 자신을 비쳐 볼 수 있는 대상으로 거울과 같은 기능을 한다. 화자는 우물 속에 비친 자신의 모습을 객관적으로 성찰하며 부끄러움을 느끼고 있다. 즉, 우물은 화자에게 현실 속의 부끄러운 자기 모습을 확인시켜 줌으로써 자아 성찰에 이르도록 하는 매개체로, 화자는 우물을 통해 내적 갈등을 해소하고 있다.

시대 상황과 연관된 화자의 정서 및 태도 변화

자신에 대한 미움 ⇒ 자신에 대한 연민 ⇒ 자신에 대한 미움 ⇒ 자신에 대한 그리움

작품의 시대적 배경을 고려할 때, 일제 강점기라는 부정적 현실 상황에서 화자는 현실과 타협, 안주하려는 자신의 태도에 부끄러움을 느끼고 이를 혐오하는 태도를 보인다. 그러다 그런 나약한 자신의 모습에 연민의 정서를 느끼고, 다시 미워했다가 순수했던 과거 자신의 모습을 그리워하는 태도로 나아가고 있다. 이와 같이 자신에 대한 애증을 반복하던 화자는 마지막에서 과거의 순수했던 자신의 모습에 대한 추억을 통해 내적 갈등을 해소하고자 한다.

연민과 미움의 이중 감정

화자가 우물을 통해 달과 구름, 하늘을 반복적으로 바라보는 것은 자연의 조화로운 질서를 지상에 옮겨 놓고 싶은 욕망의 다른 표현이다. 그러나 현실적으로는 자신이 소극적인 자세로 살아갈 수밖에 없음을 깨닫고 자기혐오에 빠진다. 그래서 '미워져 돌아가고', 얼마 되지 않아 자신을 '가엾게' 여기며 되돌아오는, 연민과 미움의 이중적인 감정을 갖게 되는 것이다. 이렇듯 성찰의 과정에는 자기에 대한 미움과 연민이 필연적으로 동반되기 마련이다. 이는 부끄러움과 거의 같은 자리에 있는 감정이라고 할 수 있다.

미움 / 연민 / 부끄러움

↓

성찰

자료실

자기반성과 내면 성찰의 시인

윤동주의 시 세계 전반을 지배하는 반성과 성찰의 목소리는 가장 기초적이며 근원적인 사색의 형식이다. 이는 윤리적인 존재가 되려는 의지를 표방하는 인간에게 존재의 기반이 되기도 한다. 더구나 윤리의 궁극적인 목표가 최고선(最高善)의 실현에 있다고 할 때 윤동주의 반성과 성찰은 나약한 자기 위로나 달램이 아닌 철저한 자기 수양의 과정이라고 할 수 있다.

함께 읽으면 좋은 작품

〈자화상〉, 서정주 / 자아 성찰의 태도

윤동주의 〈자화상〉과 서정주의 〈자화상〉 모두 자신의 삶을 성찰하면서 내면을 고백하고 있다는 점에서 공통적이다. 하지만 윤동주의 〈자화상〉이 '부끄러움'과 '내적 화해'에 초점이 맞춰져 있다면 서정주의 〈자화상〉은 '치열한 삶의 과정에 대한 회고'와 '강인한 삶의 의지'에 초점이 맞춰져 있다는 점에서 차이가 있다.

키 포인트 체크

화자 어느 가을날 ☐☐ 속에 비친 자신의 모습과 달, 구름, 하늘 등을 바라보고 있다.

상황 ☐☐☐☐☐라는 부정적 현실 상황에서 화자는 현실에 안주하려는 자신에게 부끄러움을 느끼고 있다.

태도 화자는 자신의 모습을 객관적으로 ☐☐하고자 하는 의지를 노래하고 있다.

내신 적중 多빈출

1 이 시의 화자가 지닌 삶의 태도로 가장 적절한 것은?

① 인간 세상의 속된 욕심을 자연에서 정화한다.
② 고되고 가난한 삶에도 불평하지 않으며 자족한다.
③ 자신의 실수를 너그럽게 용서하며 기꺼이 수용한다.
④ 현실에 안주하지 않고 자기 자신을 돌아보고 반성한다.
⑤ 자연 속에서 한가로운 여유를 찾으며 스스로를 수양한다.

중요 기출

2 〈보기〉를 참고하여 이 시를 이해한 내용으로 적절하지 않은 것은?

| 보기 |

〈자화상(自畫像)〉은 1941년 《문우(文友)》에 〈우물 속의 자상화(自像畵)〉라는 제목으로 게재되었다. 이 제목에서는 '우물'과 '그림'이 부각되어 있다. 상징적 관점에서 볼 때, 우물은 자신의 모습을 투영해 볼 수 있는 사물이고, 하늘을 향해 있는 동굴이며, 그 동굴의 원형인 모태(母胎)를 떠올리게 하는 공간이다. 이 점에서 보면, 이 시에서 우물 속의 자상화는 자신의 존재에 대한 화자의 인식과 태도를 다층적으로 담아 내고 있는 그림이다.

① 제1연에서 '외딴', '홀로', '가만히', '들여다봅니다' 등으로 보아, '우물'은 화자의 모습을 투영해 볼 수 있는 내밀한 공간이겠군.
② 제2연에서 '우물 속'에 들어 있는 자연은 하늘을 향해 있는 우물 속의 그림이므로, 화자가 지향해 온 바를 담고 있겠군.
③ 제3연~제5연에서 '한 사나이'에 대한 화자의 반응들로 보아, 화자는 자신을 성찰하는 자세를 지니고 있겠군.
④ 제6연에서 자연과 '사나이'가 함께 나타나는 것은, 우물 속의 자상화를 들여다보는 화자가 존재 탐구를 끝냈음을 의미하겠군.
⑤ 제6연에서 '추억처럼'에는 고향과 같은 모태적 공간을 통해서 자신을 바라보려는 화자의 태도가 내포되어 있겠군.

3 화자가 사나이 에 대한 감정을 해소하는 방식을 〈조건〉에 맞게 쓰시오.

| 조건 |

1. '사나이'가 의미하는 바를 설명할 것
2. 6연에서 '사나이'에 대한 애증(愛憎)의 감정이 어떻게 해소되는지를 구체적으로 쓸 것

별 헤는 밤 |윤동주

[문학] 창비
[국어] 해냄

🎯 핵심 정리

갈래 자유시, 서정시
성격 회상적, 성찰적, 의지적, 사색적
제재 별
주제 아름다운 과거에 대한 그리움과 자기 성찰
특징 ① '현재 – 과거 – 현재 – 미래'의 시간적 흐름에 따라 시상을 전개함.
② 산문적 리듬을 가진 연을 삽입하여 운율의 변화를 줌.
출전 《하늘과 바람과 별과 시》(1948)

Q '별'의 기능과 의미는?

이 시에서 '별'은 화자에게 과거 회상의 매개체로서의 기능을 지닌다. 또한 '별'은 '추억, 사랑, 쓸쓸함, 동경, 시' 등 화자가 지향하는 내적 세계를 나타내는 동시에, 화자가 그리워하는 세계에 속한 '아름다운 이름들'을 비유하고 있다. 화자가 그리워하는 세계에 속한 것들은 아름답지만, 공간적으로 멀리 있으며('북간도', '외국 시인'), 시간적으로도 되돌아갈 수 없는 과거에 있다. 이런 섬에서 화자가 그리워하는 세계에 속한 것들이 실상은 '별'의 이미지와 맞아떨어진다. '별'은 '어둠 속에 아름답게 반짝이는, 그러나 닿을 수 없는 거리에 있는 것'이기 때문이다.

☀️ 시어 풀이

프랑시스 잠 프랑스의 시인. 자연의 풍물을 종교적 감정에 찬 애정으로 순박하게 노래함.
라이너 마리아 릴케 보헤미아 태생의 독일 시인. 인간 존재에 대하여 끝없이 탐구하며 독일 현대 시를 완성했다는 평가를 받음.

🐚 시구 풀이

❶ **어머님, 나는 ~ 이름을 불러 봅니다.** 4연의 내용을 구체화한 부분으로, 산문적 리듬으로 바뀌어 빠른 호흡을 통해 그리움의 정서가 고조되고 있다. 특히 이 부분에 나타나 있는 대상들은 시·공간적으로 현재의 화자와는 거리가 너무도 먼, 추구할 수 없는 존재들이다.
❷ **밤을 새워 ~ 슬퍼하는 까닭입니다.** 부정적인 현실에서 방황하는 자신의 부끄러운 삶에 대해 끊임없이 자책하고 반성하는 화자의 모습이 드러난다.
❸ **그러나 겨울이 ~ 무성할 게외다.** 희망찬 미래에 대한 신념과 의지를 다짐하는 주제 연으로, '봄(조국 광복)'에 대한 기대와 희망을 통해 '겨울(일제 강점하의 암담한 상황)'의 냉혹한 현실 상황을 극복하고 있다. 여기서 '그러나'는 갈등의 현실에서 희망의 미래로 시상을 극적으로 전환하는 역할을 한다.

📍 작가 소개

윤동주(본책 106쪽 참고)

계절이 지나가는 하늘에는 / 가을로 가득 차 있습니다.
　쓸쓸함의 정서
▶ 1연: 계절적 배경 제시

나는 아무 걱정도 없이 / 가을 속의 별들을 다 헤일 듯합니다.
　아름다움, 순수와 이상 → 회상의 매개체
▶ 2연: 별을 바라보는 화자

가슴속에 하나 둘 새겨지는 별을
이제 다 못 헤는 것은
　지금
쉬이 아침이 오는 까닭이요,
　현실적 제약
내일 밤이 남은 까닭이요,
　마음의 여유
ⓘ아직 나의 청춘이 다하지 않은 까닭입니다.
　미래에 대한 희망
▶ 3연: 별을 다 세지 못하는 이유

별 하나에 추억과 / 별 하나에 사랑과
　『♪』: 별을 하나씩 세며 그리움의 대상들을 하나씩 떠올림. (반복법, 열거법) → 운율감 형성
별 하나에 쓸쓸함과 / 별 하나에 동경과
별 하나에 시와 / 별 하나에 어머니, 어머니,
▶ 4연: 별을 보며 떠올리는 것들

ⓛ❶어머님, 나는 별 하나에 아름다운 말 한 마디씩 불러 봅니다. 소학교 때 책상을 같이
　『♪』: 4연 속에 나타난 그리움의 대상을 구체화함.
했던 아이들의 이름과, 패, 경, 옥, 이런 이국 소녀들의 이름과, 벌써 애기 어머니 된 계집애
들의 이름과, 가난한 이웃 사람들의 이름과, 비둘기, 강아지, 토끼, 노새, 노루, *프랑시스
잠, *라이너 마리아 릴케, 이런 시인의 이름을 불러 봅니다.
▶ 5연: 아름다운 과거에 대한 그리움

ⓒ이네들은 너무나 멀리 있습니다.
　이상과 현실의 거리감
별이 아슬히 멀듯이,
　까마득하게
▶ 6연: 너무나 멀리 있는 추억 속의 존재들

어머님,
그리고 당신은 멀리 북간도에 계십니다.
　과거 회상의 구체적 공간
▶ 7연: 어머니에 대한 그리움

나는 무엇인지 그리워
　화자가 지향하는 이상적 가치, 아름다움, 순수(구체적으로는 어머니, 고향, 친구 또는 잃어버린 조국 등을 가리킴)
이 많은 별빛이 내린 언덕 위에
　아름다움, 순수
ⓓ내 이름자를 써 보고,
　자아 성찰의 행위
흙으로 덮어 버리었습니다.
　아름답지 못하기 때문 → 자신의 삶에 대한 반성의 행위(부끄러움)

딴은 ⓐ❷밤을 새워 우는 벌레는
　부정적 이미지, 어두운 현실　화자(감정) 이입
부끄러운 이름을 슬퍼하는 까닭입니다.
　무기력한 자아에 대한 반성
▶ 8~9연: 부끄러운 삶에 대한 반성

❸그러나 겨울이 지나고 나의 별에도 봄이 오면
　시상의 전환 고난과 시련　화자가 지향하는 내재적 세계, 조국　희망, 광복
무덤 위에 파란 잔디가 피어나듯이
　죽음, 절망 ⟶ 부활과 재생
ⓔ내 이름자 묻힌 언덕 위에도
자랑처럼 풀이 무성할 게외다. → 조국 광복에 대한 신념과 염원
　부활과 재생의 이미지
▶ 10연: 미래에 대한 희망과 확신

이해와 감상

이 시는 부정적 현실 속에서 자신의 모습에 부끄러움을 느끼는 화자가 자기반성과 미래에 대한 희망과 의지를 통해 현재의 삶을 극복하고자 하는 모습을 그리고 있다.

이 시는 크게 네 부분으로 나눌 수 있다. 첫 번째 부분(1~3연)은 별이 총총한 가을밤을 배경으로 마음속에 떠오르는 생각들을 더듬는 한 젊은이의 모습을 제시하고 있다. 두 번째 부분(4~7연)은 별을 하나하나 헤아리며 아름다운 어린 시절에 대한 화자의 애틋한 그리움을 구체적으로 형상화하고 있다. 특히 4연과 5연은 어조와 리듬의 변화를 통해 이들에 대한 간절한 그리움을 인상적으로 전달하고 있다. 세 번째 부분(8~9연)은 화자의 자기 성찰의 모습을 보여 준다. 자신의 이름을 '별'이 내려다보는 '언덕' 위에 써 보고 흙으로 덮어 버리는 시적 화자의 행위는, 외롭고 고통스러운 현재의 시대 상황 속에 서 있는 자신의 부끄러운 모습에 대한 반성을 나타낸다. 네 번째 부분(10연)은 지금까지 시대적 아픔과 갈등의 어두운 세계 속에서 고뇌를 거듭했던 화자가 새로운 미래에 대한 희망과 의지를 다짐하는 모습을 보여 주고 있다.

작품 연구소

시어의 상징적 의미

시어	상징적 의미
별	과거 회상의 매개체, 화자가 지향하는 내적 세계, 그리움의 대상
밤, 겨울	고난과 시련, 어두운 현실, 암담한 현실(일제 강점기)
봄	희망, 재생과 부활, 조국의 광복
파란 잔디, 풀	부활과 재생

시간의 흐름에 따른 시상 전개

이 시는 현재에서 과거로, 다시 현재를 거쳐 미래로 이어지는 시간의 흐름에 따라 시상이 전개된다.

함께 읽으면 좋은 작품

〈흰 바람벽이 있어〉, 백석 / 발상과 표현의 유사성

〈흰 바람벽이 있어〉는 고향을 떠나 있는 화자가 자신과 주변 사람들의 삶을 한 편의 영상물처럼 그려 낸 작품이다. 〈별 헤는 밤〉과 〈흰바람벽이 있어〉의 화자는 어떤 매개물을 통해 '어머니'를 비롯한 그리운 사람들을 떠올리고 있으며, '프랑시스 잠', '라이너 마리아 릴케'의 이름을 열거하고 있다는 점에서 발상과 표현 방법이 유사하다.

Link 본책 88쪽

키 포인트 체크

화자 화자는 밤하늘의 별을 통해 아름다웠던 유년 시절을 □□하고 있다.

상황 '□□'로 상징되는 일제 강점하의 암담한 현실이 드러나 있다.

태도 '봄', '풀' 등의 시어를 통해 □□□□을 염원하는 화자의 모습을 볼 수 있다.

내신 적중 多빈출

1 이 시에 대한 설명으로 적절하지 않은 것은?

① 시간의 흐름에 따라 화자의 정서가 변하고 있다.
② 계절의 특징을 활용하여 시적 상황의 변화를 표현하고 있다.
③ 시상의 극적 전환을 통해 주제 의식을 효과적으로 제시하고 있다.
④ 낭송을 할 경우, 나지막하고 차분하게 내면을 고백하는 어조가 어울린다.
⑤ 청각적 심상을 지닌 소재를 통해 화자가 지향하는 삶의 모습을 상징하고 있다.

중요 기출

2 〈보기〉를 참고하여 이 시를 감상한 내용으로 적절하지 않은 것은?

┤ 보기 ├

【'예슬'의 문학 노트】
윤동주(1917~1945) 시 세계의 특징
• 유년 시절에 대한 추억과 정서
• 반성적인 매개체를 활용한 자아 성찰
• 현실 극복 의지와 이상 세계에 대한 소망
• 시대에 대한 인식과 시인의 소명 의식

① 화자는 별을 보며 유년 시절을 추억하고 있어.
② 화자는 별을 매개로 하여 자아를 성찰하고 있어.
③ 별에는 화자가 소망하는 이상 세계가 투영되어 있군.
④ 가슴에 새겨지는 별에는 화자의 현실 극복 의지가 담겨 있군.
⑤ 멀리 있는 대상을 생각하며 별을 헤는 행위에는 애틋함이 묻어나는군.

3 ㉠~㉤에 대한 설명으로 적절하지 않은 것은?

① ㉠: 살아가야 할 날들에 대해 희망을 품고 있음을 보여 준다.
② ㉡: 화자가 소중하게 여겨 마음에 간직하고 있는 것들이 무엇인지 알 수 있다.
③ ㉢: 도치와 비유를 통해 그리운 것들과 떨어져 살아가는 현실을 보여 준다.
④ ㉣: 삶에 대한 성찰을 통해 부끄러움과 자책감을 느꼈음을 보여 준다.
⑤ ㉤: 스스로의 희생으로 조국의 미래를 바꿀 수 있다는 적극적 모습을 보여 준다.

4 ⓐ의 시적 기능을 쓰고, 작가가 처해 있던 상황과 관련지어 그 의미를 쓰시오.

038

서시 |윤동주

[문학] 동아
[국어] 금성, 미래엔, 비상(박영)

🎯 핵심 정리
갈래 자유시, 서정시
성격 성찰적, 고백적, 의지적, 상징적
제재 별
주제 순수한 삶에 대한 간절한 소망과 의지
특징 ① 시간의 이동에 따라 시상을 전개함.
　　　② 이미지를 대립시켜 시적 상황을 제시함.
출전 《하늘과 바람과 별과 시》(1948)

Q '별, 바람, 밤'의 의미 관계는?

이 시에 나오는 시어 '별', '바람', '밤'은 각각의 상징적인 의미를 통해 작품의 의미망을 형성하고 있다. 즉, 어둔 '밤' 하늘에서도 빛을 잃지 않으며, 시련의 '바람' 앞에서도 결코 흔들리지 않는 '별'을 통해, 어떤 시련과 어둠의 현실에서도 '하늘을 우러러 한 점 부끄럼이 없는' 양심의 결백함을 지켜 내려는 화자의 의지를 시적으로 승화시키고 있다.

---

❶죽는 날까지 하늘을 우러러
　　　　윤리적 삶의 절대적 기준
한 점 부끄럼이 없기를,
　순수한 삶에 대한 강한 의지 → 준열한 윤리 의식
❷잎새에 이는 바람에도
　　　　　　화자의 심리적 동요, 갈등
나는 괴로워했다.
　이상과 현실 사이의 갈등에서 오는 고뇌
❸별을 노래하는 마음으로
　희망, 이상적 삶, 순수한 소망과 양심
모든 죽어 가는 것들을 사랑해야지
　　　　생명, 유한한 존재
❹그리고 나한테 주어진 길을
　　사랑의 실천, 부끄러움이 없는 삶 → 소명 의식
걸어가야겠다.
　결의의 다짐

❺오늘 밤에도 별이 바람에 스치운다.
　어두운 현실　현실의 시련과 고난(외부의 힘)

▶ 1~4행: 부끄러움 없는 삶에 대한 소망(과거)

▶ 5~8행: 미래의 삶에 대한 결의(미래)

▶ 9행: 어두운 현실에 대한 자각(현재)

🦋 시구 풀이
❶ **죽는 날까지 ~ 부끄럼이 없기를,** 혼탁한 현실에서 세속적 삶과 타협하지 않고 양심에 부끄럽지 않은 순수한 삶을 살겠다는 화자의 태도가 드러나 있다. 여기에서 '하늘'은 화자에게 윤리적 판단의 절대적 기준이 되고 있다.
❷ **잎새에 이는 ~ 나는 괴로워했다.** 순결한 도덕적 삶을 살고자 했던 화자의 의지와 고뇌가 고백적으로 표현되고 있다.
❸ **별을 노래하는 ~ 죽어 가는 것들을 사랑해야지** 모든 살아 있는 존재에 대한 한없는 연민과 사랑을 표현한 시행으로, 여기서 '별을 노래하는 마음'은 화자가 지향하는 도덕적 순결성을 추구하는 자세를 가리킨다.
❹ **그리고 나한테 ~ 걸어가야겠다.** 미래의 삶에 대한 화자의 결의를 다짐하고 있는 시행으로, 시련의 삶이지만 민족을 위한 자신의 사명을 담담하게 받아들이며, 이를 헤쳐 나가겠다는 의지를 표현한 것이다.
❺ **오늘 밤에도 별이 바람에 스치운다.** '밤'으로 상징되는 화자가 처한 암울한 현실 때문에 '별'로 상징되는 화자의 소망과 이상이 시련을 겪고 있지만, 바람에 부대낄수록 더욱 빛나는 별처럼 삶의 도덕적 순결성과 양심을 지켜 나가겠다는 화자의 의지를 암시하고 있다.

👤 작가 소개
윤동주(본책 106쪽 참고)

📎 이해와 감상

　이 시는 윤동주의 유고 시집 《하늘과 바람과 별과 시》의 서두에 붙은 작품으로, '서시(序詩)'라는 제목에서 알 수 있듯이 시집 전체의 내용을 안내해 주는 역할을 한다.

　2연 9행으로 이루어진 이 시는 시간의 이동(과거-미래-현재)에 따라 크게 세 부분으로 나눌 수 있다.

　첫 번째 부분(1~4행)은 순결한 도덕적 삶을 살고자 했던 화자의 의지와 고뇌를 과거의 시점에서 말하고 있다. 화자는 지금까지 윤리적 판단의 절대적 기준이 되는 '하늘을 우러러' 보면서, '죽는 날까지' 세속적 삶과의 타협을 거부하고 어떤 '부끄럼'도 없는 삶을 살기를 기원했다. 그래서 '바람'에 흔들리는 나뭇잎의 아주 작은 흔들림에도 괴로워하면서 끊임없이 자신을 돌아보며 결백한 삶을 살고자 노력했음을 고백하고 있다.

　두 번째 부분(5~8행)에서는 살아 있는 존재에 대한 한없는 연민과 사랑을 나타내면서 미래의 삶에 대한 화자의 결의를 다짐하고 있다. 화자는 밤하늘에 빛나는 맑고 밝은 '별'을 노래하는 마음으로 삶의 고통에 부대끼는 모든 생명들을 사랑하면서, 자신에게 '주어진 길', 즉 부끄러움이 없는 삶을 향해 꿋꿋하게 걸어가야겠다고 다짐하고 있다.

　마지막 부분(9행)은 어두운 밤하늘과 별, 그리고 바람 간의 관계를 통해서 화자가 처한 상황을 보여 주면서 도덕적 순결성에 대한 화자의 의지를 시적으로 승화시키고 있다.

　따라서 이 시는 현실의 어둠과 괴로움 속에서 자기의 양심을 외롭게 지키며 맑고 아름다운 삶을 살고자 했던 한 젊은 지식인의 모습을 간결한 언어와 상징어들을 통해 보여 준 작품이다.

	밝음 — 하늘, 별	이상
대립	화자 '나'	
	어둠, 시련 — 밤, 바람	현실

作品 연구소

시어의 상징적 의미

시어	상징적 의미
하늘	윤리적 판단의 절대적 기준
별	화자가 추구하는 희망, 이상적 삶의 세계. '바람'과 대립되는 이미지
바람	3행의 '바람': 화자의 내면적 갈등 또는 양심의 가책 9행의 '바람': 화자가 처한 어두운 현실, 일제 강점기의 시대 상황
길	화자가 걸어가야 할 숙명, 운명
밤	화자가 처한 어두운 현실. 일제 강점하의 시대 상황

이 시에 나타난 화자의 태도

화자는 암울한 시대 상황에서도 양심을 지키며 현실에 타협하지 않는 삶, 즉 부끄러움이 없는 순결한 삶을 추구하고 있다. 즉, 나라를 일제에 빼앗긴 현실에 괴로워하면서도 '별'과 같이 이상적인 삶, 도덕적으로 순결한 삶을 살기를 소망하며 민족을 위해 고난과 시련의 삶을 피하지 않고 꿋꿋하게 헤쳐 나갈 것을 다짐하고 있는 것이다. 이처럼 화자는 일제 강점기의 어두운 시대에 도덕적 순결성과 양심을 지켜 나가겠다는 의지를 드러내고 있다.

시의 흐름에 따른 화자의 태도

과거(1~4행)	순결한 도덕적 삶을 살고자 했던 화자의 고뇌
미래(5~8행)	살아 있는 존재에 대한 연민과 미래의 삶에 대한 결의
현재(9행)	어두운 현실에 대한 자각

자료실

윤동주의 시 세계

윤동주는 일제 강점기 지식인으로서 겪어야 했던 정신적 고통을 섬세한 서정과 투명한 시심으로 노래한 시인이다. 그의 시의 특성은 고요한 내면세계에 대한 응시를 순결한 정신성과 준열한 삶의 결의로 발전시킨 데 있다. 그의 시가 추구한 핵심적 문제는 현실적 존재의 슬픔이 어디에서 나온 것인가에 대한 끊임없는 탐구 과정이라고 할 수 있다. 그것이 비록 소극적이고 자책적이며, 어떤 경우 자기 분열의 상태까지 이르기도 하지만, 윤동주의 시는 여기서 끝나지 않기 때문에 가치가 있다. 그가 생애를 마감할 무렵인 일본 유학 시절의 시는 비로소 윤동주의 저항 시인으로서의 평가를 가능하게 해 준다. 그의 시는 근본적으로 그의 생애의 흐름과 일치하며 발전한다. 즉, 개인적 자아 성찰에서 역사와 민족의 현실에 대한 성찰로 인식이 확대되는 것이다. 민족의 해방을 기다리며 자신의 부끄러움 없는 삶을 위해 죽을 때까지 시대적 양심을 잃지 않은 시인으로서, 그의 시는 일제 강점기의 종말에 대한 희생적 예언으로서 자리 잡고 있다.

함께 읽으면 좋은 작품

〈눈〉, 김수영 / 순결한 삶에 대한 소망

〈눈〉은 순수를 표상하는 '눈'과 같이 순수하고 정의로운 삶을 살아가고자 하는 의지를 형상화한 작품이다. 〈서시〉와 〈눈〉은 모두 순결한 삶의 자세를 지향한다는 점에서 유사하다. 하지만 〈서시〉는 일제 강점하에서 도덕적 순결성과 양심을 지켜 나가겠다는 의지를 드러내는 반면, 〈눈〉은 현재의 부정부패한 현실을 물리치고 순수하고 정의로운 삶을 회복하려는 의지를 표현하고 있다.

Link 본책 154쪽

키 포인트 체크

화자 순결한 도덕적 삶을 살고자 했던 화자의 의지와 고뇌를 □□□으로 표현하고 있다.

상황 일제 강점기라는 암울한 시대에 살고 있는 화자에게 '□□'은 윤리적 삶의 절대적 기준이 되고 있다.

태도 어두운 시대에 도덕적 순결성과 □□을 지켜 나가겠다는 화자의 의지를 드러내고 있다.

내신 적중 多빈출

1 이 시에 대한 설명으로 적절하지 않은 것은?

① 시간의 이동에 따라 시상이 전개되고 있다.

② 자신을 성찰하고 고백하는 태도를 취하고 있다.

③ 자연물을 활용하여 내면의 상태를 드러내고 있다.

④ 어순의 도치를 통해 화자의 의지를 강조하고 있다.

⑤ 이미지의 대립을 통해 시적 상황을 제시하고 있다.

중요 기출

2 다음은 이 시의 시인을 회고한 글의 일부이다. 시는 곧 시인 자신을 반영한다고 할 때, 이 시를 통해 짐작할 수 있는 사실로 보기 어려운 것은?

① 그는 읽는 책에 좀처럼 줄을 치는 일은 없었던 것으로 기억된다. 그만큼 그는 결벽성(潔癖性)이 있었다.

② 오똑하게 솟은 콧날, 부리부리한 눈망울, 한일(一)자로 굳게 다문 입, 그는 한마디로 미남(美男)이었다.

③ 그는 이처럼 마음속에서 시를 다듬었기 때문에, 한마디의 시어(詩語) 때문에도 몇 달을 고민하기도 했다.

④ 시국(時局)에 대한 불안, 가정에 대한 걱정, 이런 가운데 하숙집을 또 옮겨야 하는 일이 겹치면서 그는 무척 괴로워하는 눈치였다.

⑤ 그의 성격(性格) 중에서 본받을 점이 많이 있지만, 그중에서도 가장 본받아야 할 것의 하나는 결코 남을 헐뜯는 말을 입 밖에 내지 않는다는 점이다.

3 이 시를 읽은 독자의 반응 중, 작품의 내재적 의미에만 주목한 것은?

① 작은 어려움에도 쉽게 포기하고, 좌절하고 마는 우리들에게 이 시는 정말 맑고 아름다운 감동을 주는군.

② 작가는 자신이 식민지 상황에서 겪었던 삶의 고뇌와 사색의 결과를 시에 상징적으로 담아 놓은 것 같아.

③ 도덕적으로 순결한 삶을 살고자 하는 화자에게 '밤'이라고 표현된 일제 강점기는 견디기 힘든 시간이었겠군.

④ 작가는 독실한 기독교인이었기에 죽는 날까지 우러르고자 했던 '하늘'은 그가 믿던 절대자라고 볼 수 있어.

⑤ 모든 죽어 가는 것을 사랑한다는 것은 생명에 대한 외경과 연민이 없으면 가질 수 없는 마음이라 할 수 있겠지.

4 이 시와 〈보기〉를 각 시가 쓰인 시대적 배경과 관련지어 해석할 때, 공통적으로 나타나는 화자의 태도를 쓰시오.

┤ 보기 ├

새와 짐승은 슬피 울고 강산은 찡그리네.
무궁화 세계는 이미 사라지고 말았구나.
가을 등불 아래 책 덮고 역사를 생각하니.
세상에서 글 아는 사람 노릇하기 어렵구나.

– 황현, 〈절명시〉

039 쉽게 씌어진 시 |윤동주

문학 천재(김), 천재(정), 금성, 동아, 미래엔, 비상, 지학사

🎯 핵심 정리
갈래 자유시, 서정시
성격 저항적, 반성적, 미래 지향적
제재 현실 속의 자신의 삶(시가 쉽게 씌어지는 것에 대한 부끄러움)
주제 어두운 시대 현실에서 비롯된 고뇌와 자기 성찰
특징 ① 상징적 시어를 대비하여 시적 의미를 강화함.
② 두 자아의 대립과 화해를 통해 시상을 전개함.
출전 《하늘과 바람과 별과 시》(1948)

Q '최후의 나'가 의미하는 바는?

'최후의 나'란 현실적 자아, 즉 잘못된 현실과 타협하면서 우울하고 무기력하게 무의미한 삶을 살아가는 '나'와 구별되는 '또 다른 나'로, 잘못된 현실을 극복하기 위해 끊임없는 자기 성찰의 과정을 거쳐 도달한 성숙한 내면적 자아이다.

💡 시어 풀이
속살거려 자디구레한 말로 속닥거려.
육첩방 다다미(일본식 돗자리) 여섯 장을 깐 일본식의 작은 방.
천명 타고난 운명.
침전 액체 속에 섞인 물질이 밑바닥에 가라앉음. 기분 따위가 가라앉음.

🐚 시구 풀이
❶ **시인이란 슬픈 ~ 적어 볼까.** 시인은 실천적 행동으로 현실에 참여하는 사람이 아니라 언어를 다루는 사람이다. 즉, 암담한 현실에 힘을 발휘하지 못하는 사람이 시인이라는 것을 인식하면서도 시를 쓸 수밖에 없는 괴로움을 '슬픈 천명'으로 표현하고 있다.
❷ **나는 무얼 ~ 침전하는 것일까?** 일상적인 무의미한 삶에 대한 회의감을 드러내고 있다. 즉, 현실적 자아와 내면적 자아의 갈등 속에서 이루어지는 끝없는 자기 성찰의 과정을 의문의 형식으로 나타낸 것이다.
❸ **등불을 밝혀 ~ 최후의 나.** 끝까지 어두운 현실과 타협하지 않고 새로운 시대를 기다리며 부끄럽지 않은 삶을 살겠다는 화자의 현실 극복 의지가 드러나 있다.
❹ **나는 나에게 ~ 최초의 악수.** 이상과 현실의 괴리 때문에 내면적 자아와 현실적 자아의 갈등을 경험해야 했던 화자가, 처음으로 '눈물과 위안'을 통해 화해에 도달하는 과정을 보여 줌으로써 미래에 대한 희망을 드러내고 있다.

👤 작가 소개
윤동주(본책 106쪽 참고)

창밖에 밤비가 **속살거려** / **육첩방은 남의 나라,**
암울한 현실, 자아 성찰의 시간(시간적 배경)　현실의 구속과 억압(공간적 배경)
▶ 1연: 구속과 부자유의 현실

❶**시인이란 슬픈 **천명인 줄 알면서도 / 한 줄 시를 적어 볼까,**
▶ 2연: 슬픈 천명의 자각

땀내와 사랑 내 포근히 품긴 / 보내 주신 학비 봉투를 받아

『대학 노─트를 끼고 / 늙은 교수의 강의 들으러 간다,』
『 』: 현실에 안주하는 삶의 모습
▶ 3~4연: 현재 삶에 대한 회의

생각해 보면 어린 때 동무를 / 하나, 둘, 죄다 잃어버리고

❷**나는 무얼 바라 / 나는 다만, 홀로 **침전하는 것일까?**
현실적 자아　　　　　　　무기력한 삶의 모습(하강의 이미지)
▶ 5~6연: 상실감에 빠진 무기력한 자아

인생은 살기 어렵다는데
『 』: 자아와 시대 현실과의 괴리(자괴감) → 도덕적 순결성에 따른 반성적 자기 성찰
시가 이렇게 쉽게 씌어지는 것은 / 부끄러운 일이다,』
성찰의 결과
▶ 7연: 무기력한 삶에 대한 부끄러움

『육첩방은 남의 나라 / 창밖에 밤비가 속살거리는데,』
『 』: 1연의 반복, 변주 → 현실에 대한 재인식
▶ 8연: 내면의 각성과 현실의 재인식

❸**등불을 밝혀 ⓐ어둠을 조금 내몰고,**
희망, 지향 의지　　　　부정적 현실
시대처럼 올 ⓑ아침을 기다리는 최후의 나,
화자가 소망하는 시대(조국 광복)가 온다는 확신

㉠**나는 ㉡나에게 작은 손을 내밀어**
내면적 자아　현실적 자아　　　　　　『 』: 부끄러운 삶을 살지 않겠다는 의지
눈물과 위안으로 잡는 최초의 ㉢악수,』
두 자아의 화해
▶ 9~10연: 내적 갈등의 해소와 미래에 대한 희망

이해와 감상

이 시는 윤동주가 일본에 유학 중이던 1942년에 쓴 작품으로, 어두운 시대 현실에 무기력한 자신에 대한 부끄러움과 자기반성을 통해 미래에 대한 희망으로 현실을 극복하려는 의지를 담고 있다. 1, 2연은 '창밖에 밤비가 속살거려' 어둔 밤하늘의 별조차 볼 수 없으며, 이국땅에서 다다미 여섯 장의 넓이에 갇혀 있는 화자의 처지를 단적으로 보여 주고 있다. 3~7연은 바

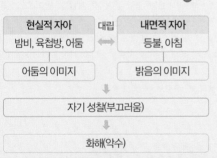

현실적 자아	대립	내면적 자아
밤비, 육첩방, 어둠	↔	등불, 아침
어둠의 이미지		밝음의 이미지

자기 성찰(부끄러움)
화해(악수)

로 이러한 상황에서 무의미한 유학 생활을 하고 있는 자신의 현재 삶을 우울하고 회의적인 시선으로 인식하는 자기 성찰의 기록이다. 마지막 8~10연은 현실에 대한 재인식과 반성을 통해 이 암울한 상황에서 벗어나는 모습을 보여 준다. 즉, 어두운 시대를 살아야 하는 자신의 운명을 받아들이면서도 절망하거나 체념하지 않고 '시대처럼 올 아침'을 기다리며 자신의 손을 잡는다. 이때 두 사람의 '나'는 현실에서 우울한 삶을 살아가는 현실적 자아와 그것을 반성적으로 응시하는 내면적 자아라고 할 수 있다. 두 자아가 '악수'를 함으로써 내적 갈등을 해소하고 화해를 하여 현실을 극복하려는 의지를 보여 주는 것이다.

작품 연구소

시어 및 시구의 상징적 의미

시어 및 시구	상징적 의미
밤비	자기 성찰의 계기를 마련하는 어둡고 괴로운 현실
육첩방	억눌리고 암담한 공간. 화자를 구속하는 시대 상황
등불	새 시대를 밝히기 위한 노력. 현실 극복의 의지
어둠	일제 강점기의 암울한 현실
시대처럼 올 아침	희망찬 미래. 새로운 세계. 조국의 광복

시간적·공간적 배경을 통해 본 화자의 상황

시간적 배경	공간적 배경
밤비	육첩방

화자의 상황	화자는 어두운 밤에 육첩방이라는 낯선 생활 공간에 있는데, 이는 조국을 잃은 암울한 시대 현실과 일본 유학 중인 화자의 처지를 나타냄.

화자의 태도 변화

암울한 현실에서의 무기력한 삶 → 반성적 자기 성찰 → 현실 극복 의지

이 시의 화자는 식민지 현실이라는 부정적 상황에 안주하며 무기력한 삶을 살아간다. 하지만 이러한 자신의 태도에 부끄러움을 느끼고, 자기 성찰을 통해 양심을 지키려는 노력과 미래에 대한 희망으로 현실을 극복하려는 의지를 보이고 있다.

이 시에 나타난 두 자아

이 시는 두 자아의 대립과 갈등, 화해의 과정이 시상 전개의 중심을 이루고 있다. 이 시의 마지막 연에는 '나'가 두 번 나온다. 전자는 내면적 자아로, 화자가 바라는 삶의 모습을 보인다. 후자는 늙은 교수의 강의를 들으러 가는 모습으로 형상화되어 있는 현실적 자아로, 화자가 부끄러워하는 삶의 모습을 보인다. 즉, 두 자아란 잘못된 현실을 어쩔 수 없는 것으로 체념하고 무기력하게 살아가는 현실적 자아와, 이 잘못된 현실을 극복하기 위한 끊임없는 자기 성찰의 과정을 통해 도달한 내면적 자아를 말한다. 이 두 자아는 어두운 시대 현실을 살아가는 화자가 마주칠 수밖에 없는 이상과 현실의 어긋남을 표현하기 위한 시적 장치라고 할 수 있다.

함께 읽으면 좋은 작품

〈광야〉, 이육사 / 억압된 현실에 대한 저항과 극복 의지

〈광야〉는 우리 민족의 삶의 터전인 광야를 배경으로 하여 일제 강점기의 현실에 대한 극복과 희망찬 미래에 대한 확신을 드러낸 작품이다. 〈쉽게 씌어진 시〉와 〈광야〉는 당시 억압된 현실을 극복하려는 의지가 나타난다는 점에서 유사하다. 하지만 〈쉽게 씌어진 시〉가 자기반성과 성찰을 통해 현실 극복의 의지를 나타냈다면, 〈광야〉는 웅장한 상상력과 강인한 지사적 의지, 남성적 어조를 통해 현실 극복의 의지를 드러냈다는 점에서 차이가 있다.

Link 본책 100쪽

키 포인트 체크

[화자] '□□□'이라는 공간에서 식민지 지식인으로서 고뇌를 느끼는 대학생이다.

[상황] 무기력한 삶을 살아가는 자신의 태도에 □□□□을 느끼고 있다.

[태도] 두 자아가 악수를 함으로써 □□□□을 해소하고 화해하는 모습을 보여 주고 있다.

1 이 시의 화자에 대한 설명으로 가장 적절한 것은?
① 경제적 어려움으로 인해 괴로워하고 있다.
② 자신의 감정을 격정적으로 분출하고 있다.
③ 과거의 삶에 대한 그리움을 드러내고 있다.
④ 자기 삶에 대한 성찰의 태도를 보여 주고 있다.
⑤ 냉소적인 태도로 현실에 대한 비판 의식을 드러내고 있다.

중요 기출

2 〈보기〉를 바탕으로 이 시를 감상한 내용으로 적절하지 않은 것은?

| 보기 |

식민지 시대의 정신적 고통을 노래하던 윤동주는 1941년 릿교 대학으로 유학을 떠난다. 하지만 군국주의 성향이 강한 학교의 분위기를 못 이겨 한 학기 만에 도시샤 대학으로 편입한다. 어려움에 처해 있는 조국을 떠나와 자신만 편안하게 공부하는 것을 자책하며 우울해하던 윤동주는, 요시찰인으로 주목을 받던 연희 전문학교 동창 송몽규와 함께 독립운동을 했다는 혐의로 1943년 일경에 체포된다. 그는 이듬해 후쿠오카 형무소에서 옥사함으로써 짧은 삶을 마감한다.

① '육첩방은 남의 나라'에는 시인이 유학 생활 중 느꼈던 답답한 현실에 대한 우울함이 배어 있다.
② '시인이란 슬픈 천명'은 시인으로서의 자부심을 억눌러야 하는 상황에 대한 자조적인 인식을 노래한 것이다.
③ '홀로 침전하는 것일까'에는 공부를 이유로, 어려운 상황에 처한 조국을 떠나 있는 자신에 대한 자괴감이 깔려 있다.
④ '시대처럼 올 아침'은 조국의 현실에 책임을 느끼던 시인이 간절하게 염원하는 조국의 광복을 말한다.
⑤ '최초의 악수'는 현실적 자아와 이상적 자아 사이의 갈등을 해소하고 새로운 자세로 살겠다는 마음가짐을 형상화한 것이다.

내신 적중 多빈출

3 ⓐ와 ⓑ에 대한 설명으로 적절하지 않은 것은?
① ⓐ는 '등불'로 인해 사라지므로 밝음과 대비된다.
② ⓐ는 화자가 '조금 내몰고' 싶어 하므로 소멸에 대한 아쉬움이 반영된 대상이다.
③ ⓑ는 '시대처럼 올' 것이므로 아직 현실에 없는 대상이다.
④ ⓑ는 '기다리는' 대상이므로 화자가 대면을 기대하는 대상이다.
⑤ 모두 시간성을 지닌 소재에 상징적 의미가 부여되었다.

4 ㉠을 '내면적 자아', ㉡을 '현실적 자아'라고 할 때, ㉢의 의미를 쓰시오.

040 참회록 | 윤동주

핵심 정리

갈래 자유시, 서정시
성격 자기 성찰적, 고백적, 상징적
제재 구리거울, 부끄러운 자기 삶의 참회
주제 자기 성찰을 통한 순결성 추구, 현실 극복 의지
특징 ① 시간의 흐름에 따라 시상을 전개함.
② 구리거울을 매개로 치열한 자기 성찰의 모습을 보여 줌.
출전 《하늘과 바람과 별과 시》(1948)

Q 이 시에서 '밤'이 지니는 의미는?

이 시에서 거울을 닦는 시간적 배경인 '밤'은 화자가 부끄러운 자아를 인식하고 반성하는 시간이면서, 한편으로는 어두운 현실, 즉 암담한 시대 상황을 나타내는 것이기도 하다. '밤'은 화자의 자기 성찰의 시간이면서 우리 민족이 처한 암울한 시기로 의미가 확장된다. 이 시간은 자아의 참모습이 나타나는 때로, '그 어느 즐거운 날'과 대립된다. 또한 화자가 온몸을 다하여 '밤'에 거울을 닦는 모습은 현재의 암담한 상황을 극복하고 맞이하게 될 미래를 위한 준비로 볼 수 있다.

시어 풀이

구리거울 패망한 조선 왕조의 유물.
왕조 같은 왕가에 속하는 통치자의 계열, 또는 그 왕가가 다스리는 시대.
참회 잘못에 대하여 깨닫고 깊이 뉘우침.
운석 지구에 떨어진 별똥별의 잔해.

시구 풀이

❶ **파란 녹이 ~ 이다지도 욕될까.** 망국민으로 욕되게 살아온 화자 자신의 삶에 대한 부끄러움이 드러나 있다. '녹'은 역사의 흔적을 지우는 부정적인 것으로, '나라를 잃은 역사'를 암시한다. 또한 거울을 보는 행위는 나라를 잃은 치욕스러운 역사 속에서 부끄러운 삶을 살아가는 망국민으로서의 욕된 자신을 성찰하는 모습이다.

❷ **밤이면 밤마다 ~ 닦아 보자.** 온몸으로 '거울'을 닦는 행위는 치욕스러운 역사의 흔적을 지우고, 자신의 참모습을 되찾고자 노력하는 화자의 자기 성찰의 모습을 형상화한 것이다. 어두운 현실 속에서 끝없는 자기 성찰의 자세로 잘못된 현실과 맞서 싸워 나가겠다는 의지를 드러내고 있다.

❸ **그러면 어느 ~ 나타나 온다.** 나라를 잃고 어두운 시대를 살아야 했던 화자의, 역사에 대한 실존적 고뇌를 보여 준다. '슬픈 사람의 뒷모양'은 잘못된 역사를 극복하고 자신의 진실된 모습을 찾고자 하는 미래의 화자의 모습을 나타낸다.

작가 소개

윤동주(본책 106쪽 참고)

부정적 이미지 – 역사의 쇠망, 흐려진 민족혼
❶**파란 녹이 낀 ㉠**구리거울 속에
　　　　　　자기 성찰의 매개체 → 참회
내 얼굴이 남아 있는 것은
욕된 자아의 모습
어느 **왕조(王朝)**의 유물(遺物)이기에
　역사와 민족에 대한 참회와 관련됨.
이다지도 욕될까.
①국권 상실의 역사에 대한 반감 ② 무기력한 자신에 대한 혐오
　　　　　　　　　　　　　　　　　　　▶ 1연: 과거 역사에 대한 참회

나는 나의 **참회(懺悔)**의 글을 한 줄에 줄이자.
— 만 이십사 년 일 개월을
　　　　　화자가 지나온 삶
　무슨 기쁨을 바라 살아왔던가.
　　지나온 자신의 삶에 대한 참회(현재 시점)
　　　　　　　　　　　　　　　　　　　▶ 2연: 지나온 삶에 대한 현재의 참회

내일이나 모레나 그 어느 즐거운 날에
　　　　　　　밝은 미래, 조국 광복이 이루어지는 날 ↔ 밤
나는 또 한 줄의 참회록(懺悔錄)을 써야 한다.
미래의 시점에서 현재 상황에 대해 쓰는 두 번째 참회록
— 그때 그 젊은 나이에
　왜 그런 부끄런 고백(告白)을 했던가.
　현재 시점에서 했던 참회(역사적 현실에 적극적으로 대응하지 못한 것에 대한 참회)
　　　　　　　　　　　　　　　　　　　▶ 3연: 현재의 참회에 대한 미래의 참회

㉡❷**밤이면 밤마다 나의 거울을**
① 암담한 시대 상황('어느 즐거운 날'과 대립) ② 자기 성찰의 시간
손바닥으로 발바닥으로 닦아 보자.
적극적인 자기 성찰 행위 → 시대적 양심의 실천(의지적)
　　　　　　　　　　　　　　　　　　　▶ 4연: 어두운 현실과 자기 성찰

❸그러면 어느 **운석(隕石)** 밑으로 홀로 걸어가는
　　　　　　죽음의 이미지
슬픈 사람의 뒷모양이
화자의 비극적 삶을 암시 → 속죄양(순교자적 자기희생의 이미지)
거울 속에 나타나 온다.
　현재의 거울에 비친 미래의 모습
　　　　　　　　　　　　　　　　　　　▶ 5연: 미래의 삶에 대한 전망

이해와 감상

이 시에는 어려운 시대를 살았던 시인의 삶에 대한 자세가 잘 드러나 있다. 시간의 흐름에 따라 전개되는 이 시의 1~3연은 화자가 '과거(1연)→ 현재(2연) → 미래(3연)'로 이어지는 자신의 삶을 차례로 참회하는 과정을 보여 준다.

과거 ➡ 현재 ➡ 미래
참회 ─ 부끄러움
⬇
자기 성찰 ─ 거울 닦기
⬇
미래의 삶 전망 ─ 슬픈 사람의 뒷모양

1연에서는 망국민으로서 지금까지 살아온 자신의 과거 역사 속의 삶을 '욕되'고 느끼고, 2연에서는 현재 시점에서 과거로부터 현재에 이르기까지 망국민으로서 아무런 기쁨도 없이 무기력하고 괴롭게 살아온 자신의 삶 전체를 참회하고 있다. 3연에서는 미래의 시점에서 현재의 참회를 다시 참회한다. 미래의 '즐거운 날'을 생각해 볼 때, 화자는 치욕스러운 역사적 현실에 적극적으로 대응하지 못하고 소극적 참회에만 그쳤던 현재의 참회를 부끄러운 것으로 생각하게 된다. 이어 4연에서는 화자가 앞서 행한 참회의 과정을 통해 얻은 깨달음을 바탕으로, 치열한 자기 성찰의 의지를 보여 준다. 5연에서는 끊임없는 자기 성찰의 자세로 잘못된 현실과 맞서는 삶을 선택한 사람이 필연적으로 맞게 될 미래의 비극적 모습을 전망하고 있다. 화자가 보여 주는 자기 성찰의 자세가 치열하지만 잘못된 현실에 맞서기에 개인은 너무나 작고 힘없는 존재에 불과하기 때문이다. 그러나 이러한 전망은 결코 비관적 체념이 아닌, 시대적 양심의 실천을 바탕으로 한 보다 철저한 자기 성찰의 자세에서 비롯된 것이다.

🏠 작품 연구소

시어의 상징적 의미

시어	상징적 의미
구리거울	자아 성찰의 매개체
즐거운 날	밝은 미래, 조국 광복이 이루어지는 날
밤	암울한 시대 현실, 자기 성찰의 시간

'구리거울'의 역할

일반적으로 '거울'은 자신의 모습을 비추어 주는 것으로, '자기 성찰'의 상징적 의미를 지닌다. 여기서 '구리거울'은 오랜 세월 동안 이어져 내려온 역사적 유물로서의 거울로, 화자는 거울에 자신의 모습을 비추어 봄으로써 스스로의 삶을 성찰하고 있다. '구리거울'이 역사적 유물이라는 점에 주목한다면, 자아의 성찰에서 범위를 확장하여 역사와 민족에 대한 성찰로까지 나아간다고 볼 수 있다.

녹이 낀 구리거울에 비친 자신의 얼굴을 들여다보던 화자는 망국민으로서 살아온 자신에 대해 욕됨을 느낀다. 그리고 과거에서 현재까지 치욕적인 역사적 현실에 적극적으로 대응하지 못하고 무기력하게 살아온 삶을 반성하게 된다. 그리하여 화자는 밤마다 거울을 닦으면서 끊임없이, 적극적으로 자기 자신을 성찰하겠다는 의지를 드러내고 있다.

이 시에 나타난 참회의 내용과 의미

 현재

 미래

만 이십사 년 일 개월을 / 무슨 기쁨을 바라 살아왔던가.	→	그때 그 젊은 나이에 / 왜 그런 부끄런 고백(告白)을 했던가.
과거로부터 현재에 이르는 자신의 삶 전체에 대한 참회로, 일제 강점기에 식민지 지식인으로서 무기력하게 살아온 삶에 대한 반성		미래의 어느 즐거운 날, 즉 조국 광복이 이루어진 날에 현재의 참회를 다시 돌아보며 한 참회로, 현실에 적극적으로 대응하지 못했던 젊은 날에 대한 반성

자료실

'부끄러움'의 미학

윤동주는 식민지 지식인의 정신적 고통을 섬세한 서정과 투명한 시심(詩心)으로 노래하였다. 그의 시에는 절박한 시대 상황에서 순교자적 신앙의 길을 선택한 한 청년의 끝없는 자기 성찰의 자세가 반영되어 있다. 이와 같은 자기 성찰은 항상 '부끄러움'을 수반한다. 이 '부끄러움'의 감정은 구체적이고 실천적인 행동의 결여에서 비롯된 것이라고 할 수 있다. 그러나 이렇게만 이해하는 것은 그의 시를 단순화하는 것이다. 왜냐하면 그의 '부끄러움'은 좀 더 근원적인 것, 말하자면 절대적 윤리의 표상인 '하늘을 우러러 한 점 부끄럼이 없기를' 소망하면서 부단히 자신의 삶을 채찍질하도록 만드는 것이기 때문이다. 따라서 윤동주 시에 나타난 '부끄러움'은 시인의 삶과 시를 지탱해 주는 근원적인 동력이라고 할 수 있다.

📖 함께 읽으면 좋은 작품

〈자화상〉, 윤동주 / '자아 성찰'을 주제로 한 작품

〈자화상〉은 우물을 자아 성찰의 매개체로 하여 둘로 양분된 자아가 부정과 긍정을 거듭하다가 화합에 이르는 내용을 그린 작품이다. 〈참회록〉과 〈자화상〉은 자아를 비춰 볼 수 있는 대상인 '구리거울'과 '우물'을 매개로 하여 '자아 성찰'이라는 주제 의식을 드러낸다는 점에서 유사하다. 하지만 〈참회록〉의 화자가 과거에서 현재까지의 삶을 반성하고 암울한 현실에 맞서는 미래의 자신의 모습을 전망하고 있는 반면에, 〈자화상〉의 화자는 우물을 매개로 순수했던 과거의 모습을 발견하고 자신과의 화해를 이루고 있다는 점에서 차이가 있다. 🔗 Link 본책 106쪽

키 포인트 체크

화자 화자는 무기력하게 살아온 자신의 삶에 대해 □□하고 있다.

상황 화자는 □에 □□을 닦으며 부끄러운 자아를 인식하고 반성하고 있다.

태도 어두운 현실 속에서 □□□□의 자세로 잘못된 현실과 맞서 싸워 나가고자 한다.

1 이 시의 시상 전개 방식으로 적절한 것은?
① 선경 후정　② 자유 연상
③ 시간의 흐름　④ 시선의 이동
⑤ 공간의 이동

내신 적중 多빈출
2 이 시와 〈보기〉의 공통점으로 가장 적절한 것은?

| 보기 |

벌레 먹은 두리 기둥, 빛 낡은 단청(丹靑), 풍경 소리 날아간 추녀 끝에는 산새도 비둘기도 둥주리를 마구 쳤다. 큰 나라 섬기다 거미줄 친 옥좌(玉座) 위엔 여의주(如意珠) 희롱하는 쌍룡(雙龍) 대신에 두 마리 봉황새를 틀어 올렸다. 어느 땐들 봉황이 울었으랴만 푸른 하늘 밑 추석(甃石)을 밟고 가는 나의 그림자. 패옥(佩玉) 소리도 없었다. 품석(品石) 옆에서 정일품(正一品), 종구품(從九品) 어느 줄에도 나의 몸 둘 곳은 바이 없었다. 눈물이 속된 줄 모를 양이면 봉황새야 구천(九天)에 호곡(呼哭)하리라.
– 조지훈, 〈봉황수〉

① 성찰과 비판의 범주가 유사하다.
② 영탄적 어조를 통해 감정을 나타내고 있다.
③ 시대적 정황을 상징적 사물로 표현하고 있다.
④ 부정적 현실에 대한 자기희생의 의지를 표현하고 있다.
⑤ 감정 이입의 수법을 통해 화자의 정서를 드러내고 있다.

3 ⍺의 시적 기능을 한 문장으로 쓰시오.

4 ⍸이 의미하는 바와 거리가 먼 것은?
① 자아 성찰의 시간
② 민족이 처한 암울한 시간
③ '즐거운 날'과 대립되는 시간
④ 시적 화자와 세계가 합일되는 시간
⑤ 참된 자기의 모습이 드러나는 시간

내신 적중 多빈출
5 2연과 3연에 나타난 '참회'의 내용상 차이점을 쓰시오.

 읽을 작품

041 사랑하는 까닭 | 한용운

문학 천재(김)

키워드 체크 #당신의 의미 #대조적 시어 #동일한 통사 구조 반복 #조건 없는 사랑

내가 당신을 사랑하는 것은 까닭이 없는 것이 아닙니다.

△: 긍정적인 면
까닭(이유)이 있음. – '홍안'과 '백발'을 모두 사랑함.   ◯: 부정적인 면

『다른 사람들은 나의 홍안(紅顏)만을 사랑하지마는 당신은 나의 백발도 사랑하는 까
붉은 얼굴이라는 뜻으로, 젊어서 혈색이 좋은 얼굴을 이르는 말   하얗게 센 머리칼, 늙음

닭입니다.』 『 』: 다른 사람들과 '당신'을 대비   ▶ 1연: 당신을 사랑하는 까닭
하여 주제를 강조함.

내가 당신을 그리워하는 것은 까닭이 없는 것이 아닙니다.
까닭(이유)이 있음. – '미소'와 '눈물'을 모두 사랑함.

다른 사람들은 나의 미소만을 사랑하지마는 당신은 나의 눈물도 사랑하는 까닭입니다.
기쁨, 행복   슬픔, 불행   ▶ 2연: 당신을 그리워하는 까닭

내가 당신을 기다리는 것은 까닭이 없는 것이 아닙니다.
까닭(이유)이 있음. – '건강'과 '죽음'을 모두 사랑함.

다른 사람들은 나의 건강만을 사랑하지마는 당신은 나의 죽음도 사랑하는 까닭입니다.
삶, 존재   소멸   ▶ 3연: 당신을 기다리는 까닭

키 포인트 체크

화자 화자는 '당신'을 사랑한다고 말하고 있는데, 그 이유는 '당신'이 다른 사람들과 달리 '나'의 ☐☐적인 모습은 물론 ☐☐적인 부분까지도 사랑하기 때문이다.

상황 동일한 ☐☐ 구조를 반복하면서 진정한 ☐☐에 대해 노래하고 있다.

태도 '당신'이 나를 사랑해 주는 것에 대한 '나'의 ☐☐적 태도가 드러난다.

답 긍정, 부정, 통사, 사랑, 고백

핵심 정리

갈래 자유시, 서정시
성격 고백적, 상징적
제재 당신
주제 '나'의 모든 것을 진정으로 사랑하는 '당신'에 대한 사랑
특징 ① 대조적 의미의 시어를 사용하여 시상을 전개함으로써 주제 의식을 강조함.
② 동일한 통사 구조의 반복을 통해 운율을 형성하고 시적 의미를 강조함.
③ 감상 관점에 따라 '당신'의 의미에 대한 다양한 해석이 가능함.
출전 《님의 침묵》(1926)
작가 한용운(본책 58쪽 참고)

이해와 감상

이 시는 진정한 사랑에 대해 말하고 있다. '나'(화자)는 '당신'(시적 대상)을 사랑한다고 말하는데, 그 이유는 '당신'이 '다른 사람들'과는 달리 '나'의 긍정적인 모습은 물론 부정적인 모습까지도 사랑하기 때문이다. 이를 통해 대상을 있는 그대로 받아들이는 사랑이 진정한 사랑임을 노래하고 있다.

작품 연구소

대조적 시어를 통한 시상 전개

'다른 사람들'과 '당신'의 태도를 대조적 시어를 통해 표현하여 '당신'이 보여 주고 있는 조건 없는 진정한 사랑의 의미를 강조하고 있다.

042 알 수 없어요 | 한용운

키워드 체크 #신앙적 고백 #역설적 논리 #의문문 형식 #희생정신 #절대적 존재 동경

바람도 없는 공중에 수직의 파문을 내이며, 고요히 떨어지는 오동잎은 누구의 발자
초월적 힘   ◯: 절대적 존재, 조국, 부처 등
☐: 임(절대자)의 다양한 모습

취입니까.

지리한 장마 끝에 서풍에 몰려가는 무서운 검은 구름의 터진 틈으로, 언뜻언뜻 보이
불교의 진리, 부처의 가르침   세속적 번뇌와 고통

는 푸른 하늘은 누구의 얼굴입니까.

꽃도 없는 깊은 나무에 푸른 이끼를 거쳐서, 옛 탑 위의 고요한 하늘을 스치는 알 수

없는 향기는 누구의 입김입니까.

근원은 알지도 못할 곳에서 나서, 돌부리를 울리고 가늘게 흐르는 작은 시내는 굽이
신비감, 불도에서의 시작도 끝도 없는 영원성을 암시함.

굽이 누구의 노래입니까.

연꽃 같은 발꿈치로 가이없는 바다를 밟고, 옥 같은 손으로 끝없는 하늘을 만지면
불교적 상징   끝이 없는

서, 떨어지는 날을 곱게 단장하는 저녁놀은 누구의 시(詩)입니까.
▶ 1~5행: 자연 현상을 통해 드러나는 절대적 존재

타고 남은 재가 다시 기름이 됩니다. 그칠 줄 모르고 타는 나의 가슴은 누구의 밤을
시상이 의지적으로 전환됨, 불교적 윤회 사상(역설적 표현)   진리를 향한 구도 정신   △: 임이 부재하는 암담한 현실

지키는 약한 등불입니까.
화자의 의지, 암울한 현실을 지키려는 희생정신   ▶ 6행: 절대적 존재를 위한 희생 의지

키 포인트 체크

화자 화자는 ☐☐☐☐을 통해 드러나는 절대적 존재에 대한 깨달음과 희생 의지를 드러내고 있다.

상황 '☐☐☐☐'은 자신을 희생하여 임이 가려진 암울한 현실을 지키려는 화자의 희생정신을 보여 준다.

태도 ☐☐체를 사용하여 진지하고 경건한 분위기가 드러난다.

답 자연 현상, 약한 등불, 경어

핵심 정리

갈래 자유시, 서정시
성격 명상적, 관조적, 관념적, 구도적, 역설적
제재 자연 현상
주제 절대적 존재에 대한 동경과 구도의 정신
특징 ① 경어체를 사용하고 의문형 어구를 반복함.
② 자연 현상을 통한 깨달음을 형상화함.
③ 동일한 통사 구조를 반복하여 음악성과 함께 형태적 안정성을 부여함.
출전 《님의 침묵》(1926)
작가 한용운(본책 58쪽 참고)

이해와 감상

이 시는 물음의 방식을 통해 신비롭고 아름다운 자연 현상에서 절대적 존재를 인식하고, 절대자를 향한 구도 정신을 노래한 작품이다. 한용운은 이 작품을 통해 존재의 근원에 대한 끊임없는 구도 정신으로 형이상학적 깊이를 획득함으로써 우리 시 문학의 전통을 한 단계 발전시키는 데 기여했다는 평을 받고 있다.

작품 연구소

이 시에 나타난 역설적 논리

타고 남은 재 → 표면적 모순 → 기름

'타고 남은 재'로 형상화되고 있는 부정적인 대상은 긍정에 이르기 위한 전제의 역할을 하게 된다. 이는 불교의 윤회설을 바탕으로 한 것으로, 소멸의 이미지를 생성의 이미지로 연결하는 고차원적인 역설이라고 할 수 있다.

043 오-매 단풍 들것네 | 김영랑

키워드 체크 #지역 방언 #직접 인용 #감각적 이미지 #계절적 배경 #가을 정취

'어머니'의 전라도 사투리
'오-매, 단풍 들것네.' → 발화자: 누이 ○: 계절적 배경(가을)을 알려 주는 시어
'들겠네'의 전라도 사투리. '것'은 '겟'의 남도 방언형
장광에 골붉은 감잎 날아와
장독대   시각적 이미지
누이는 놀란 듯이 치어다보며
'오-매, 단풍 들것네.' → 발화자: 누이 ▶ 1연: 계절의 변화에 대한 누이의 감탄

추석이 내일 모레 기둘리리
'기다리리'의 전라도 사투리
바람이 잦이어서 걱정이리
'잦아서, 빈번해서'의 뜻을 가진 전라도 사투리
누이의 마음아 나를 보아라.
계절 변화를 맘껏 즐기기를 권유
'오-매, 단풍 들것네.' → 발화자: 화자 ▶ 2연: 다가올 추석에 대한 누이의 걱정과 화자의 위로

키 포인트 체크

화자 누이와 화자가 단풍이 드는 것을 보고 느끼는 정취를 □□□를 통해 정감 있게 표현하고 있다.

상황 '단풍, 추석'의 시어로 볼 때, 계절적 배경은 □□임을 알 수 있다.

태도 화자는 다가올 추석과 겨울 준비에 대한 걱정을 하고 있는 누이를 □□하고 있다.

[답] 사투리, 가을, 위로

핵심 정리

갈래 자유시, 서정시
성격 서정적, 낭만적
제재 감잎 단풍
주제 가을 정취
특징 ① 대조에 의해 시상을 전개함.
② 사투리를 사용하여 향토적인 정서를 부각함.
③ 시구의 반복을 통해 운율감을 형성함.
출전 《시문학》(1930)
작가 김영랑(본책 80쪽 참고)

이해와 감상

이 시는 가을을 맞이하는 누이와 동생의 태도를 대조적으로 비교하면서 시상을 전개하고 있다. 남매의 태도는 이 시에서 반복적으로 인용되고 있는 '오-매, 단풍 들것네.'를 통해 나타나는데, 똑같은 어구이지만 상황마다 내포하는 의미가 다르다. 1연 1행의 '오-매, 단풍 들것네.'는 어느덧 와 버린 가을의 모습에 대한 누이의 놀라움을 나타내고, 1연 4행의 '오-매, 단풍 들것네.'는 다가올 추석과 겨울 준비에 대한 누이의 걱정을 의미한다. 2연의 '오-매, 단풍 들것네.'는 화자가 누이에게 걱정을 잊고 계절의 변화를 즐길 것을 권유하는 의미를 담고 있다.

작품 연구소

이 시의 표현 방식과 그 효과

이 시는 직접 인용을 사용하여 누이와 화자의 육성을 떠올리게 하고, 전라도 지역의 방언을 사용하여 향토적 정서를 느끼게 해 준다.

---

044 오월 | 김영랑

키워드 체크 #봄의 생명력 #화자의 시선 이동 #의인화 #향토적 소재

들길은 마을에 들자 붉어지고
마을의 붉은 황톳길
마을 골목은 들로 내려서자 푸르러졌다 붉음과 푸름의 색채 대비
푸른 들판이 펼쳐짐 ▶ 1~2행: 봄빛이 가득한 들길과 마을의 정경
바람은 넘실 천 이랑 만 이랑
이랑 이랑 햇빛이 갈라지고 ○: 반복을 통한 운율감 형성
보리밭 이랑에 햇빛이 비추고
보리도 허리통이 부끄럽게 드러났다
관능적인 표현(의인법) ▶ 3~5행: 봄바람에 흔들리는 보리의 모습
꾀꼬리는 여태 혼자 날아 볼 줄 모르나니
《황조가》를 연상시킴.   짝을 지어 날아다님.
암컷이라 쫓길 뿐

수놈이라 쫓을 뿐

황금 빛난 길이 어지럴 뿐 ▶ 6~9행: 암수 꾀꼬리의 정다운 모습
황금빛 깃털을 가진 꾀꼬리 암수가 하늘을 어지럽게 날고 있는 모습
『옅은 단장하고 아양 가득 차 있는
『』: 푸르게 물들기 시작한 오월의 산봉우리를 여인의 모습에 비유함(의인법).
산봉우리야 오늘 밤 너 어디로 가 버리련?』 ▶ 10~11행: 산봉우리의 아름다운 자태
아름다운 오월의 산봉우리가 밤이 되면 어둠 속으로 사라져 버리는 것에
대한 아쉬움의 표현. 생략을 통해 여운을 남기고 상상력을 유도함.

키 포인트 체크

화자 화자가 □□에 느끼는 흥취나 정겨움 등을 자연적 소재를 통해 간접적으로 나타내고 있다.

상황 구체적이고 감각적인 이미지를 통해 봄의 □□□을 드러내고 있다.

태도 '보리'와 '산봉우리'에 인격을 부여하는 □□□ 방식을 통해 자연에서 느끼는 생동감과 즐거움을 드러내고 있다.

[답] 봄날, 생명력, 의인화

핵심 정리

갈래 자유시, 서정시
성격 감각적, 낭만적, 묘사적
제재 오월의 들과 산봉우리
주제 오월에 느끼는 봄의 생동감, 봄날의 생명력
특징 ① 시선의 이동에 따라 시상을 전개함.
② 의인법, 색채 대비로 생동감 있게 표현함.
③ 향토적 소재를 사용하고 있으며, 경쾌한 음악성을 느낄 수 있음.
출전 《문장》(1939)
작가 김영랑(본책 80쪽 참고)

이해와 감상

이 시는 봄날의 자연 풍경을 화자의 시선 이동에 따라 묘사하고 있다. 화자의 눈은 '들길'에서부터 '마을, 들, 바람, 햇빛, 보리, 꾀꼬리, 산봉우리'를 향해 이동해 가면서, 이를 구체적이고 감각적인 이미지를 통해 표현하여 약동하는 봄의 생명력을 드러내고 있다.

작품 연구소

이 시의 표현 방법과 그 효과

표현 방법	효과
대조법 (1~2행)	색채 대비를 통해 풍경을 선명하게 드러냄.
의인법 (5행)	햇살을 받은 보리의 모습을 생동감 있게 표현함.
의인법 (10~11행)	산봉우리를 친근하게 느끼도록 하고 봄의 생기를 효과적으로 표현함.

045 고향 | 정지용

키워드 체크 #수미 상관의 효과 #자연과 인간의 대조 #상실감과 안타까움 #감각적 이미지

고향에 고향에 돌아와도
반복을 통해 고향에 대한 간절한 그리움을 강조함.
그리던 고향은 아니러뇨.
마음속에 품고 있던 고향의 모습 └ 영탄적 어조 → 화자의 실망감을 나타냄.
▶ 1연: 고향에 대한 상실감

『산꿩』이 알을 품고   □ : 변함없는 고향의 모습을 보여 주는 자연물
└ 』: 고향의 자연은 변함없이 생명의 순환이 일어나고 있음.
뻐꾸기 제철에 울건만,
▶ 2연: 변함없는 고향의 자연

마음은 제 고향 지니지 않고
화자의 마음속에는 더 이상 '고향'이라는 공간이 존재하지 않음. → 화자의 인식 변화
머언 항구로 떠도는 구름.
원관념: 마음(은유법) → 고향에 머물지 못하고 방황하는
화자의 마음을 구름에 빗대어 나타내고 있음.
▶ 3연: 안식처를 상실한 화자

오늘도 뫼 끝에 홀로 오르니
산 위에 혼자 오르는 것을 통해 화자의 외로운 모습을 나타냄.
흰 점 꽃이 인정스레 웃고,
흰 점 꽃을 의인화하여 화자를 반겨 주는 모습을 나타냄.
▶ 4연: 변함없이 화자를 반겨 주는 고향의 자연

어린 시절에 불던 풀피리 소리 아니 나고
청각적 심상을 통해 변해 버린 화자의 모습을 나타냄.
메마른 입술에 쓰디쓰다.
고향 상실로 인한 쓸쓸함을 미각적 심상을 통해 나타냄.
▶ 5연: 변해 버린 화자의 모습

고향에 고향에 돌아와도
1연의 첫 행을 반복하며 비애감을 고조시킴.
그리던 하늘만이 높푸르구나.
높은 하늘과의 거리감을 통해 화자의 상실감을 강조함.
▶ 6연: 다시 돌아온 고향에서 느끼는 상실감과 허망함

키 포인트 체크

화자 화자는 돌아온 고향에서 □□□을 느끼고 있다.

상황 변함없는 고향의 □□과 변한 화자의 마음을 대조하여 보여 주고 있다.

태도 변함없는 고향의 자연과 달리 변해 버린 자신의 모습 때문에 더 이상 어린 시절의 고향으로 돌아갈 수 없는 쓸쓸함과 □□□□을 드러내고 있다.

답 상실감, 자연, 안타까움

핵심 정리
갈래 자유시, 서정시
성격 회고적, 애상적
제재 고향
주제 돌아온 고향에서 느끼는 상실감
특징 ① 수미 상관을 통해 주제 의식을 강조함.
② 자연의 영원성과 인간의 유한함을 대조적으로 나타냄.
③ 다양한 감각적 이미지를 통해 고향의 모습을 형상화함.
출전 《동방평론》(1932)
작가 정지용(본책 64쪽 참고)

이해와 감상

이 시는 고향에 돌아온 화자가 느끼는 상실감을 노래하고 있는데, 이 상실감은 일반적으로 나타나는 고향의 황폐화에 따른 상실감이 아니라 화자 자신의 정서와 인식의 변화로 인한 상실감이라는 데 그 특징이 있다.

작품 연구소

고향의 자연과 인간의 대조

변함없는 고향의 자연		변해 버린 인간
산꿩, 뻐꾸기, 흰 점 꽃, 하늘	⟷	어린 시절 불던 풀피리 소리 아니 남.

어린 시절에 불던 풀피리 소리가 아니 나고 메마른 입술에 쓰디쓴 것을 변함없는 고향의 모습과 대조하여 고향에 대한 상실감을 부각하고 있음.

화자는 고향에 돌아와 고향의 모습을 바라보고 있다. 그런데 고향은 변함없는 자연임에도 마음속에 '그리던 고향'이 아니며 화자의 마음에 더 이상 위안과 안정을 주지 못한다. 변함없는 고향의 자연과 변한 화자의 마음을 대조하여 보여 줌으로써 고향에 대한 상실감과 이로 인한 허망함을 부각하고 있다.

046 호수 1 | 정지용

문학 동아

키워드 체크 #호수 #간절한 그리움 #시적 허용 #대조 #압축과 절제

얼굴 하나야
보고 싶은 사람의 얼굴
손바닥 둘로
폭 가리지만,
├ 외적 현상 – 가릴 수 있는 얼굴

└ 대조

보고 싶은 마음
지배적 정서 – 그리움
호수만 하니
넓고 깊어 감당하기 어려움.
눈 감을밖에.
시적 허용. 의존 명사 '수' 생략
├ 내적 현상 – 가릴 수 없는 그리움

키 포인트 체크

화자 화자는 호수에 비친 누군가의 □□을 보며 그리움에 젖어 들고 있다.

상황 화자는 누군가를 몹시 그리워하면서도 만날 수 없는 상황으로 인해 □□□□을 느끼고 있다.

태도 보고 싶은 마음을 □□에 견주어 표현함으로써 그리움을 감당하기 어려운 상황을 표현하고 있다.

답 얼굴, 안타까움, 호수

핵심 정리
갈래 자유시, 서정시
성격 서정적, 애상적
제재 호수
주제 사랑하는 사람에 대한 간절한 그리움
특징 ① 대부분 행의 길이를 5자로 맞춤.
② 간결한 시어를 통해 간절한 그리움을 표현함.
출전 《정지용 시집》(1935)
작가 정지용(본책 64쪽 참고)

이해와 감상

제목을 고려할 때, 시의 화자는 호숫가에 있다고 볼 수 있다. 호수에 비친 자신의 얼굴에 그리운 사람의 얼굴이 겹쳐 보이는데, 만날 수 없는 상황이기에 화자는 손바닥 둘로 그 얼굴을 가린다. 하지만 마음속 그리움은 호수처럼, 감당할 수 없을 만큼 넓고 깊으니 눈을 감는다. 눈을 감는 행위는 그리움을 인위적으로 차단할 수 없기에 그러한 시도 자체를 그만둔다는 의미로 이해할 수 있다. 이렇듯 이 시는 누군가를 향한 간절한 그리움을 짧은 형식과 애틋한 어조로 표현하고 있다. 특히 시의 마지막 행을 '눈 감을밖에'와 같이 간결하게 처리하여 진한 그리움과 여운을 남기고 있다.

047 인동차(忍冬茶) |정지용

키워드 체크 #관조적 탈속적 #색채의 대비 #낯설게 표현하기 #대조적 이미지 #정신적 고결함.

내장의 벽, 창자벽
노주인(老主人)의 장벽(腸壁)에
하얀 눈의 풍경과 조화를 이루며 탈속의 경지를 보여 줌.
무시(無時)로 인동(忍冬) 삼긴 물이 나린다.
① 인동차를 마신다. ② 겨울(힘든 현실)을 참고 견딘다.

낯설게 표현하기 – '차를 마신다'는 평범한
사실을 낯설게 바꾸어 표현함.
▶ 1연: 인동차를 마시는 노주인

『자작나무 덩그럭 불이
「 」: 불이 피어오르며 정적이면서도 동적인 분위기를 조성한다.
도로 피어 붉고』 □ : 색채의 대비
불의 생명력. '도로'라는 말에서 시간이 흘렀음을 알 수 있음.
▶ 2연: 방 안의 풍경 – 자작나무의 붉은 불

구석에 그늘 지어
무가 순 돋아 파릇하고,
무순이 돋아나는 모습에서 생명력을 느낄 수 있음.
▶ 3연: 방 안의 풍경 – 추위 속에 돋아난 무순

흙냄새 훈훈히 김도 사리다가
서리다가
바깥 풍설(風雪) 소리에 잠착하다.
눈바람, 부정적 현실
▶ 4연: 방 안의 풍경 – 풍설 소리에 잠착함.

산중(山中)에 책력(冊曆)도 없이
시간의 흐름을 잊은 채
삼동(三冬)이 하이얗다.
부정적 현실   '하얗다'의 시적 허용 → 정감의 깊이가 더해지는 효과가 있음.
▶ 5연: 바깥의 겨울 풍경 – 눈 덮인 산중

키 포인트 체크

화자 감정을 최대한 ☐☐하고 추운 겨울 산중과 노주인의 행동만을 묘사함으로써 부정적인 현실 상황을 간접적으로 전달하고 있다.

상황 '붉은색, 푸른색, 흰색' 등 ☐☐의 대비가 이루어져 외부 세계와 따뜻한 방 안의 의미를 확장하고 있다.

태도 정신적 고결함을 지키며 대상을 ☐☐☐으로 바라보고 있다.

답 배제(절제), 색채, 관조적

핵심 정리
갈래 자유시, 서정시
성격 감각적, 회화적, 관조적, 탈속적
제재 인동차
주제 정신적 고결함을 지키면서 혹독한 현실을 견디는 삶의 자세
특징 ① 감정을 절제하여 대상을 객관적으로 표현함.
② 주로 시각적 이미지의 시어를 사용하였으며, 색채의 대비가 돋보임.
출전 《문장》(1941)
작가 정지용(본책 64쪽 참고)

이해와 감상

이 작품은 추운 겨울 산중에서 홀로 인동차를 마시며 겨울을 견디고 있는 노주인의 모습을 그리고 있다. '삼동(三冬)'이라는 추운 겨울을 시간적 배경, 산중의 방 안을 공간적 배경으로 설정하고 있다. 이런 상황에서 노주인이 인동차를 마시는 모습은 바깥의 풍설과 삼동의 차가운 이미지와 대조를 이루어 역경에도 흔들리지 않는 초연함을 느끼게 해 준다. 시대 상황을 고려할 때, 노주인이 인동 삶긴 물을 나리는 것은 일제 강점기의 현실을 참고 이겨 내겠다는 의미로 볼 수 있다.

작품 연구소

화자의 시대 인식 및 삶의 태도

노주인의 삶의 태도	화자의 삶의 태도
• 추운 겨울을 견디며 인동차를 마심. • 책력도 없이 바깥세상과 단절한 채 겨울을 지냄.	맑고 고고하게 사는 노주인의 삶의 태도를 본받아, 화자 역시 정신적 고결함을 지키면서 힘든 현실을 견디고자 하는 삶의 태도를 보여 줌.

---

048 남(南)으로 창을 내겠소 |김상용

키워드 체크 #자연 친화적 #대화체의 어조 #안분지족의 인생관 #달관적인 삶의 태도

남으로 창을 내겠소. ○ : 대화체의 어조. '–소, –요, –오'의 반복(운율 형성)
소박하고 평화로운 삶을 기원하는 화자의 태도가 드러남.
밭이 한참갈이
소로 잠깐이면 갈 수 있는 작은 논밭의 넓이 – 안분지족의 삶
괭이로 파고 / 호미론 김을 매지요.
전원적 삶의 구체적 행위
▶ 1연: 여유로운 전원생활

구름이 꼬인다 갈 리 있소.
세속적 욕망   유혹한다
새 노래는 공으로 들으랴오.
아름다운 자연   공짜로
강냉이가 익걸랑 / 함께 와 자셔도 좋소.
옥수수   드셔도
▶ 2연: 자연 속에서 인정을 나누며 살아가려는 태도

왜 사냐건 / 웃지요.
왜 사느냐고 하면   스스로 만족하며 사는 삶의 태도, 달관의 자세
▶ 3연: 달관적인 삶의 태도

키 포인트 체크

화자 자연과 벗하며 소박하게 살아가는 ☐☐☐☐에 대한 소망을 드러내고 있다.

상황 구름이 손짓하듯 ☐☐☐☐☐이 유혹해도 화자는 자연 속에서의 삶을 만족하는 모습을 보인다.

태도 '왜 사냐건 / 웃지요.'에서는 스스로 만족하며 사는 ☐☐적인 삶의 태도가 드러난다.

답 전원생활, 세속적 욕망, 달관

핵심 정리
갈래 자유시, 서정시
성격 전원적, 자연 친화적, 달관적
제재 전원생활
주제 전원생활을 통한 달관적인 삶의 추구
특징 ① 소박하고 친근한 대화체의 어조를 사용함.
② '–소, –요, –오'의 규칙적인 반복을 통해 운율을 형성함.
출전 《문학》(1934)
작가 김상용(1902~1951) 시인. 자연 속에서 관조하면서 살아가고자 하는 정신세계를 보여 주었다. 시집으로 《망향》이 있다.

이해와 감상

이 시의 화자는 해가 잘 드는 남쪽으로 창을 낸 작은 집을 짓고, 조그만 밭을 일구며 살아가고자 한다. 전원생활에 만족하는 화자는 이런 답답하고 불편한 농촌에서 왜 사느냐는 물음에 웃음으로 답할 뿐이다. 이 웃음은 그 질문에 굳이 대답할 필요가 없다는 의미로, 삶의 본질이 어떤 논리만으로 설명될 수 없음을 깨달은 화자의 현실 달관적 태도가 담겨 있다.

049 고향 | 백석

키워드 체크 #회고적 #대화 형식 #서사적 구조 #혈육에 대한 그리움

나는 북관(北關)에 혼자 앓아누워서
　　공간적 배경(타향, 타지)
어느 아침 의원(醫員)을 뵈이었다.　　▶ 1~2행: 북관에서 병이 들어 의원과 만남.
　　아버지와 고향을 연상하게 하는 매개체

의원은 여래(如來) 같은 상을 하고 관공(關公)의 수염을 드리워서
　　자비로운 모습　　관우와 같이 긴 수염을 드리우고 있는 의원의 모습 → 너그럽고 푸근한 모습
면 옛적 어느 나라 신선 같은데
　　동화적 요소
「새끼손톱 길게 돋은 손을 내어
「 」: '나'와 의원의 극적이고 생생한 대화
묵묵하니 한참 맥을 짚더니

문득 물어 고향이 어데냐 한다.　　▶ 3~7행: 신선 같은 의원이 고향을 물음.

평안도 정주라는 곳이라 한즉
　　극적 전환의 계기
그러면 아무개 씨 고향이란다.
'나'와 '의원'의 인간적 유대를 잇는 매개체
그러면 아무개 씰 아느냐 한즉

의원은 빙긋이 웃음을 띠고
　　친근감의 표현
막역지간이라며 수염을 쓴다.　　▶ 8~12행: 아무개 씨와 막역지간이라는 의원
　　쓰다듬는다
나는 아버지로 섬기는 이라 한즉

의원은 또다시 넌지시 웃고

말없이 팔을 잡아 맥을 보는데　　▶ 13~15행: 따스한 정으로 진맥하는 의원
　　촉각적 심상(가족과 함께 있는 듯한 훈훈함)
손길은 따스하고 부드러워
화자에게 고향을 떠올리게 하는 매개체 → 고향에 대한 정서(그리움)를 환기하는 기능을 함.
고향도 아버지도 아버지의 친구도 다 있었다.　　▶ 16~17행: 의원의 손길을 통해 느끼는 향수

포인트 체크

화자 화자는 □□의 따스하고 부드러운 손길을 통해 고향과 아버지를 떠올린다.

상황 □□은 시인이 처한 비극적인 현실과 대립되는, 조화롭게 공존하는 공동체적 삶의 공간이다.

태도 낯선 타향에서 앓아누운 화자는 혈육에 대한 □□□을 느끼고 있다.

답 의원, 고향, 그리움

핵심 정리

갈래 자유시, 서정시
성격 서사적, 회고적
제재 고향
주제 고향과 혈육에 대한 그리움
특징 ① 대화 형식의 서사적 구조를 통해 시상을 전개함.
② 다정다감한 어조로 고향과 혈육에 대한 그리움을 환기함.
출전 《동방평론》(1932)
작가 백석(본책 82쪽 참고)

이해와 감상

이 시는 타향에서 병을 앓다가 만난 의원이 화자가 아버지처럼 섬기는 이와 친구 사이임을 알게 되어, 그를 통해 따스한 고향의 정을 느끼고 고향을 떠올리게 된다는 내용을 담고 있다. 이 시에서 환기하는 정서는 고향에 대한 그리움과 그 고향이 불러일으키는 따스한 정이다. 이 시는 이러한 정서를 화자의 내면세계를 보여 주는 독백과 인물 간의 대화 및 시적 상황을 압축적으로 서술하는 기법을 통해 드러내고 있다.

작품 연구소

이 시의 구조와 시상 전개 과정

이 시는 대화 형식의 서사적 구조를 통해 시상을 전개하고 있다. 이러한 이야기시에는 배경, 인물, 사건이 제시되어 있고 이야기의 내용이 축약되어 있어 한 편의 짧은 이야기를 읽는 듯한 느낌을 준다.

인물
• 타향에서 병이 든 '나'(화자)
• 화자의 고향을 잘 아는 의원

사건	배경
북관에서 병이 든 '나'는 맥을 짚는 의원에게서 고향의 정감을 느낌.	북관(타향)

---

050 깃발 | 유치환

언매 지학사

키워드 체크 #깃발의 의미 #모순 형용 #역설법 #색채 대비 #깃발의 보조 관념

이것은 소리 없는 아우성 □: 깃발의 보조 관념
　깃발　　모순 형용, 역설법
저 푸른 해원(海原)을 향하여 흔드는
　이상 세계, 화자의 지향점
영원한 노스탤쟈의 손수건　　▶ 1~3행: 깃발의 역동적인 모습
노스탤지어. 이상향에 대한 향수. 도달할 수 없는 영원의 세계
순정은 물결같이 바람에 나부끼고
깃발의 펄럭임을 직유법으로 표현
오로지 맑고 곧은 이념의 푯대 끝에
　　　　　　깃대 - 깃발의 숙명적 한계
애수는 백로처럼 날개를 펴다　　▶ 4~6행: 깃발의 순수한 열정과 애수
깃발의 펄럭임을 색채 이미지로 형상화. '푸른 해원'과의 색채 대비(청 ↔ 백)

핵심 정리

갈래 자유시, 서정시
성격 의지적, 상징적
제재 깃발
주제 이상향에 대한 동경과 좌절
특징 ① 추상적 관념을 구체적 사물에 비유하여 표현함.
② 푸른색과 흰색의 색채 대비를 통해 선명한 이미지를 제시함.
출전 《조선문단》(1936)
작가 유치환(1908~1967) 시인. 경남 통영 출생. 호는 청마(靑馬). 생명에 대한 열정을 강렬한 어조로 노래하였으며, 동양적인 허무의 세계를 극복하려는 원시적인 의지도 보였다. 시집에는 《청마시초》, 《생명의 서》 등이 있다.

「아아 누구던가
　　영탄법, 설의법
이렇게 슬프고도 애달픈 마음을
　　동경의 좌절로 인한 슬픔　　　　　　　　▶7～9행: 이상향에 대한 동경과 좌절에서 오는 비애
맨 처음 공중에 달 줄을 안 그는」
「」: 이상 세계에 닿지 못하는 인간의 비극적 운명에 대한 근원적 물음

🗝 포인트 체크

화자 화자가 지향하는 이상적인 것에 대한 [　　]을 드러내고 있다.

상황 역동적으로 펄럭이는 [　　]을 통해 도달하기 어려운 이상을 추구하는 화자의 모습을 담고 있다.

태도 7～9행에서는 이상 세계에 닿지 못한 좌절에서 오는 [　　　]이 나타난다.

답 동경, 깃발, 비애감

051 여승 | 백석

국어 비상(박영)

키워드 체크 #역순행적 구성 #관찰자적 입장 #가족 공동체의 붕괴 #여인의 비극적인 삶 #감각적 이미지

여승은 합장하고 절을 했다
　시적 대상　두 손바닥을 합하여 마음이 한결같음을 나타내는 불교 예법
가지취의 내음새가 났다
현재 몸에 산나물 냄새가 밸 정도로 속세와 단절된 생활을 함(후각적 이미지).
쓸쓸한 낯이 옛날같이 늙었다
얼굴에 과거의 고단했던 삶의 역정이 느껴짐(과거에 만난 적이 있음).
나는 불경처럼 서러워졌다　　　　　　　　　　▶1연: 여승이 된 여인과의 재회(현재)
화자　고통스러운 삶을 산 여인에 대한 연민

평안도의 어느 산 깊은 금덤판
　　　　　　　　　금점판, 금광의 일터
나는 파리한 여인에게서 옥수수를 샀다
　　　　　몸이 마르고 핏기가 없는
여인은 나 어린 딸아이를 따리며 가을밤같이 차게 울었다　　▶2연: 여인과의 첫 만남(과거)
　　　　나이 어린　　　　　　공감각적 심상(청각의 촉각화: 여인의 힘겹고 고달픈 삶을 형상화)

섶벌같이 나아간 지아비 기다려 십 년이 갔다
과거 재래종 일벌　돈을 벌기 위해 나갔음.
지아비는 돌아오지 않고
어린 딸은 도라지꽃이 좋아 돌무덤으로 갔다　　　　▶3연: 여인의 비극적인 삶(과거)
　　　　어린 딸의 죽음을 의미 – 여인의 비극적 삶을 심화함.

산 꿩도 섧게 울은 슬픈 날이 있었다
여인의 슬픔을 형상화(감정 이입, 청각적 이미지)　[　]: 중의적 해석(① 눈물방울처럼, ② 눈물방울과 함께)
산 절의 마당귀에 여인의 머리오리가 눈물방울과 같이 떨어진 날이 있었다
현실의 고통을 초월하기 위한 공간　여승이 되기 위해 삭발하는 모습 – 시각적 이미지: 한의 형상화　▶4연: 여승이 된 여인(과거)

🗝 포인트 체크

화자 화자는 [　　]적 입장에서 시적 대상에 대해 묘사하고 서술하고 있다.

상황 일제 강점기 궁핍한 시대 상황 속에 나타난 [　　　　]의 붕괴와 한 여인의 [　　]적인 삶이 드러나 있다.

태도 화자는 여승의 기구한 삶을 [　　]적 태도로 바라보고 있다.

답 관찰자, 가족 공동체, 비극, 애상

이해와 감상

이 시는 '깃발'을 통해 이상적인 세계에 대한 동경과 좌절을 노래하고 있다. '깃발'은 단순한 사물이 아니라 이상향을 그리워하면서도 거기에 도달하지 못하는 운명적 한계를 지니고 있는 존재로, 도달하기 어려운 이상을 추구하는 화자의 몸짓으로 해석할 수 있다. 즉, 이 시는 이상에 도달할 수 없는 현실을 인식하면서도 그것을 향한 동경의 끈을 놓지 않는 깃발을 통해 인간 존재의 한계성과 모순성을 보여 주는 작품이라 할 수 있다.

🎯 핵심 정리

갈래 자유시, 서정시
성격 서사적, 애상적, 감각적
제재 한 여인의 일생
주제 가족 공동체의 붕괴와 한 여인의 비극적인 삶
특징 ① 역순행적 구성을 통해 시상을 전개함.
　　　② 감각적 이미지와 비유를 통해 여인의 비극적인 삶을 형상화함.
　　　③ 화자가 관찰자의 입장에서 여인의 삶을 묘사하며 전달함.
출전 《사슴》(1936)
작가 백석(본책 82쪽 참고)

이해와 감상

이 시는 한 여인의 비극적 삶의 모습을 형상화하고 있는데, 가난으로 인해 가족을 잃고 여승이 되기까지의 일생을 서사적으로 그려 내고 있다. 또한 이 시가 창작된 시대와 연관 지어 볼 때, 일제 강점기 때 가족들과 헤어지고 고향을 떠날 수밖에 없었던 우리 민족의 현실적 모습을 잘 드러내고 있는 작품이다.

이 시는 역순행적 구성으로 시상을 전개하고 있다. 1연은 여승이 된 여인의 현재 모습이며, 2～4연은 과거 여인의 비극적인 삶의 모습과 여승이 되는 과정을 담고 있다. 이 시를 재구성하면 다음과 같다.

> 남편이 일거리를 찾아 집을 떠남.
> ↓
> 남편을 찾아 나선 아내와 어린 딸
> ↓
> 화자가 여인에게서 옥수수를 삼.
> ↓
> 여인의 어린 딸이 죽게 됨.
> ↓
> 여인은 한 많은 속세를 떠나 여승이 됨.
> ↓
> 여승이 된 쓸쓸한 모습의 여인과 재회한 화자

작품 연구소

화자와 시적 대상의 관계

이 작품의 시적 화자는 관찰자의 입장에서 여승이 된 한 여인의 비극적인 삶을 서사적인 구조로 펼쳐 나가고 있다. 또한 부분적으로 시적 화자의 감정과 태도가 드러나지만 대체적으로 감정을 절제하며 간결한 문장으로 표현하고 있어 시적 대상의 상황과 정서가 더 절실하게 전달되는 효과를 거두고 있다.

052 나와 나타샤와 흰 당나귀 | 백석

국어 창비

키워드 체크 #낭만적·몽환적 분위기 #눈의 의미 #음성 상징어와 토속어 #시어의 대립적 의미

가난한 내가
└ 화자의 처지
아름다운 나타샤를 사랑해서
└ 화자가 사랑하는 여인 – ① 이국적·환상적 분위기 ② 화자의 처지와 대조적인 이미지
오늘 밤은 푹푹 눈이 나린다
└ 음성 상징어 사용 – 순백의 이미지 – 순수를 추구하는
포근한 분위기 형성   화자의 자세와 대응함.

▶ 1연: 눈 내리는 밤

나타샤를 사랑은 하고
└ '사랑은 하고'에서 '나'와 나타샤의 사랑에 걸림돌이 있음이 드러남.
눈은 푹푹 날리고
└ 눈이 바람에 날림. – 순수한 존재에게 가해지는 시련
나는 혼자 쓸쓸히 앉어 소주를 마신다
             └ 화자의 현실 상황   └ 화자의 그리움과 고뇌를 달래는 수단
소주를 마시며 생각한다
└ 나타샤와 함께 있는 장면을 상상함.
나타샤와 나는
└ 화자의 상상 속 존재 – ① 깨끗하고 순수한 존재 ② 화자의 기대감과 소망이 투영됨.
눈이 푹푹 쌓이는 밤 흰 당나귀 타고
└ ① 낭만적 분위기 형성 ② 쌓인 눈 – '세상'과 '산골'을 단절시킴.
산골로 가자 출출이 우는 깊은 산골로 가 마가리에 살자
└ 이상적 공간, 세상과 단절된 공간   ▶ 2연: 나타샤와 함께 산골에서 살고 싶은 '나'

눈은 푹푹 나리고

나는 나타샤를 생각하고

나타샤가 아니 올 리 없다
└ 나타샤와의 만남에 대한 화자의 믿음, 확신
언제 벌써 내 속에 고조곤히 와 이야기한다
└ 상상 속에서 나타샤가 이야기함.   ┌ 화자의 상상 속 나타샤의 말 → 화자 내면의 소리
산골로 가는 것은 세상한테 지는 것이 아니다   │ ① 산골로 가는 행위에 정당성 부여, 자기 위안
└ 부정적인 외부 현실, '나'와 나타샤의 사랑의 장애물 │ ② 외부 현실에 대한 부정적 인식
세상 같은 건 더러워 버리는 것이다   │ ③ 사랑과 순수를 유지하려는 의지
                              └ ▶ 3연: 세상을 버리고 '나'와 함께 떠나자고 하는 나타샤

눈은 푹푹 나리고

아름다운 나타샤는 나를 사랑하고
└ 나타샤가 자신을 사랑한다는 인식 – 상상 속에서 소망을 이룸.   └ 음성 상징어 사용(가볍고 맑은 느낌)
어데서 흰 당나귀도 오늘 밤이 좋아서 응앙응앙 울 것이다
└ '나'와 나타샤의 사랑에 대한 축복 – 화자의 소망과 심리가 투영됨. ▶ 4연: 상상 속 상황에 대한 '나'의 순수한 인식

🔑 포인트 체크

화자 화자는 눈 내리는 겨울밤에 사랑하는 여인에 대한 □□□을 느끼고 있다.

상황 눈 내리는 겨울밤, 나타샤와 당나귀 등을 통해 □□적, □□적 분위기가 조성되고 있다.

태도 화자는 부정적인 현실에서 벗어나 자신의 순수한 □□과 삶을 지키겠다는 의지를 드러내고 있다.

답 그리움, 낭만, 환상(몽환), 사랑

🎯 핵심 정리

갈래 자유시, 서정시
성격 서정적, 낭만적, 이국적, 몽환적
제재 눈, 흰 당나귀
주제 현실을 초월한 이상과 사랑에 대한 의지와 소망
특징 ① 유사한 어구를 반복하고 변용함.
② 낭만적·몽환적 분위기가 나타남.
③ 희고 투명한 이미지의 시어를 사용함.
출전 《여성》(1938)
작가 백석(본책 82쪽 참고)

이해와 감상

이 시는 눈이 푹푹 내리는 겨울밤을 배경으로 부정적인 현실로 인해 고뇌하는 화자가 낭만적 세계를 꿈꾸는 모습을 아름답게 그리고 있다. 화자는 사랑하는 여인을 향한 간절한 그리움과, 이러한 사랑을 이루기 힘든 현실에 고뇌한다. 그러나 여인이 함께 이상적 세계인 '산골'로 가자고 하는 상상을 통해 화자는 현실을 초월한 이상과 사랑에 대한 의지와 소망을 드러낸다. 1연에서는 아름다운 나타샤를 사랑하는 가난한 화자와 눈이 '푹푹' 내리는 밤의 배경이 제시된다. 2연에서 화자는 사랑을 이루기 힘든 현실에 고뇌하다가, 나타샤와 함께 흰 당나귀를 타고 깊은 산골의 '마가리'로 가서 살고 싶다는 소망을 표출한다. 3연에서는 상상 속에서 나타샤가 화자의 사랑을 받아들이고, 산골로 가는 것은 세상이 더러워서 버리는 것이라고 화자를 위안한다. 4연에서 화자는 상상 속에서나마 소망을 이루는 기쁨에 잠긴다.

작품 연구소

표현상의 특징

• 시구의 반복과 변용

가난한 내가 / 아름다운 나타샤를 사랑해서 / 오늘 밤은 푹푹 눈이 나린다	반복·변용 →	화자의 사랑과 그리움, 낭만적 분위기를 환기함.

이 시는 1연의 시구를 2연에서 4연까지 반복·변용하여 나타냄으로써 운율감을 강화할 뿐만 아니라, 사랑하는 여인을 향한 화자의 간절한 그리움과 낭만적 상상을 효과적으로 표현하고 있다.

• 다채로운 언어 사용 – 음성 상징어와 토속어

음성 상징어	푹푹	눈이 포근하게 내리는 모습을 묘사함.
	응앙응앙	'흰 당나귀'의 울음소리. 가볍고 맑은 느낌의 시어
토속어		출출이, 마가리, 고조곤히

백석은 방언과 고어를 포함하여 수많은 우리의 토착어들을 시어로 끌어들였다. 말투는 거의 표준어에 의존하면서도 사물명이나 인명에서 방언을 사용하였으며, 평북 방언을 비롯하여 여러 지역의 언어들을 시어로 사용하였다. 또 의성어와 의태어를 비롯한 감각어도 다채롭고 화려하게 구사했다.

053 생명의 서 | 유치환

키워드 체크 #관념적 성격 #생명의 본질 추구 #역설적 논리 #의지적 어조

나의 지식이 독한 회의(懷疑)를 구하지 못하고
　　　삶의 본질에 대한 의문　　해결하지
내 또한 삶의 애증을 다 짐 지지 못하여
　　　사랑과 미움　　　　극복하지
병든 나무처럼 생명이 부대낄 때
　화자
저 머나먼 아라비아 사막으로 나는 가자.
죽음의 공간으로 삶의 극한 상황을 상징하며 생명의 본질을 깨닫는 공간임.
△: 현실적 자아
○: 본질적 자아
▶ 1연: 생명과 삶의 본질에 대한 문제 제기

거기는 한 번 뜬 백일이 불사신같이 작열하고
　　　　구름이 끼지 않아 밝게 빛나는 해
일체가 모래 속에 사멸한 영겁(永劫)의 허적(虛寂)에
모든 것　　　　　사라진　　아주 오랜 세월 동안의 허무와 적막함
오직 알라의 신(神)만이
이슬람교의 신(절대자)
밤마다 고민하고 방황하는 열사(熱沙)의 끝.
　　　　　　　아라비아 사막(시련과 고난의 극한 상태)
▶ 2연: 생명의 본질을 추구하는 극한적 공간

그 열렬한 고독(孤獨) 가운데
옷자락을 나부끼고 호올로 서면
　　화자 홀로 극한적 상황과 맞서는 의지적 모습
운명처럼 반드시 '나'와 대면(對面)케 될지니.
하여 '나'란 나의 생명이란
그 원시의 본연한 자태를 다시 배우지 못하거든
　　　순수한 생명의 모습
차라리 나는 어느 사구(砂丘)에 회한 없는 백골을 쪼이리라.
　　　　　　　죽음의 선택 → 강한 의지의 모습
▶ 3연: 생명의 본질을 추구하려는 의지

키 포인트 체크

화자 화자는 □□의 본질을 강인한 의지로 추구하고 있다.

상황 '□□□□□'은 화자가 설정한 가상 공간으로, 삶의 극한 상황을 상징한다.

태도 죽음을 불사하면서도 본연의 모습을 추구하려는 화자의 □□□ 태도가 나타나 있다.

답 생명, 아라비아 사막, 의지적

◎ 핵심 정리
갈래 자유시, 서정시
성격 의지적, 관념적, 상징적
제재 생명
주제 생명의 본질 추구
특징 ① 관념적 어휘를 사용함.
　　② 의지적이고 결연한 어조로 주제를 표현함.
　　③ 역설적인 시적 논리로 생명의 본질을 추구함.
출전 《동아일보》(1938)
작가 유치환(본책 120쪽 참고)

이해와 감상

이 시는 생명의 본질을 강인한 의지로 추구한 작품이다. 화자는 자신의 지식이나 감정으로는 생명의 본질을 깨우칠 수 없음을 알고서 '병든 나무'처럼 고통스럽게 살아간다. 그러나 화자는 이러한 좌절에만 머물러 있지 않고 허무감에 빠진 현실적 자아를 버려야만 본질적 자아에 이를 수 있다는 사실을 깨닫고 아라비아 사막으로 떠난다. 그곳은 화자가 설정한 가상 공간으로, 모든 것이 죽어 사라지는 극한의 공간이다. 화자는 바로 이러한 공간에서 치열하게 생명의 본질을 추구하면서, 참되고 순수한 생명의 모습을 찾을 수 없다면 차라리 죽음을 택하겠다고 결연한 의지를 다진다.

작품 연구소

시어의 상징적 의미

시어	상징적 의미
아라비아 사막	화자가 생명의 본질을 구하기 위해 설정한 가상의 공간
병든 나무	현실에서 생명의 본질을 구하지 못하여 괴로워하는 화자
알라의 신	시련과 고난의 극한 상태인 아라비아 사막에 존재할 수 있는 절대자
나 ①	1연의 1행과 1연, 3연 마지막 행의 '나'로, 현실 속에서 '생명의 본질'을 잃어버린 현실적 자아(화자)
나 ②	3연 3·4행의 '나'로, 극한의 공간을 통해 도달하고자 하는 본질적 자아, 시인의 내면적 의지를 표상하는 자아

---

054 비 2 | 이병기

언매 지학사

키워드 체크 #이별 #감정 이입 #임에 대한 사랑 #아쉬움 #순행적 구성

짐을 매어 놓고 떠나려 하시는 이날
　　　　임이 화자를 두고 떠나려 함.
어둔 새벽부터 시름없이 나리는 비
　　　　　　　임이 떠나지 못하게 하는 존재
내일(來日)도 나리오소서 연일(連日) 두고 오소서
　　　　임이 떠나지 않기를 바라는 소망
▶ 1연: 임이 떠나기로 한 날 새벽부터 내리는 비

부디 머나먼 길 떠나지 마오시라
　　　　임이 떠나지 않기를 바라는 화자의 소망
날이 저물도록 시름없이 나리는 비
『저으기 말리는 정은 날보다도 더하오』
'적이'(다소, 얼마간)의 시적 허용
▶ 2연: 날이 저물도록 내리는 비로 임이 떠나지 못함.
『 』: '비'를 의인화하여 임이 떠나지 않기를 바라는 화자의 감정을 이입하여 표현함.

◎ 핵심 정리
갈래 현대 시조
성격 서정적, 여성적
제재 비
주제 임과의 이별에 대한 아쉬움과 안타까움
특징 ① 자연물에 감정을 이입하여 화자의 애절한 정서를 효과적으로 드러냄.
　　② 시간의 흐름에 따라 시상을 전개함.
　　③ 일상적인 언어를 사용하여 임과의 이별을 안타까워하는 여성의 섬세한 심리를 묘사함.
출전 《가람 시조집》(1939)
작가 이병기(1891~1968) 시조 시인·국문학자. 전북 익산 출생. 호는 가람(嘉藍). 1920년대 중반 최남선, 이은상 등과 함께 시조 부흥 운동에 앞장서서 시조를 이론적으로 체계화하는 데 노력하였으며 시조의 현대화에 기여하였다. 작품집으로 《가람 시조집》, 《가람 문선》 등이 있다.

II. 1920년대 ~ 광복 이전

잡았든 그 소매를 뿌리치고 떠나신다
꿈 속에서 임이 떠남. - 시적 긴장감 고조

갑작이 꿈을 깨니 반가운 빗소리라
임이 떠날 수 없도록 내리는 비에 대한 고마움

매어 둔 짐을 보고는 눈을 도로 감으오
임이 떠나지 않은 것에 대한 안도감

▶ 3연: 계속 내리는 비에 대한 고마움

키 포인트 체크

화자 화자는 임과의 [ ][ ]을 아쉬워하며 오래도록 [ ]가 내리기를 기원하고 있다.

상황 정해진 시간이 되어 떠나기로 한 [ ]이 비로 인해 하룻밤 더 머물게 되면서 이 비가 계속 내려 [ ]이 더 오래 머물기를 바라고 있다.

태도 화자는 임과의 이별에 대한 [ ][ ][ ]과 안타까움을 드러내고 있다.

답 이별, 비, 임, 임, 아쉬움

이해와 감상

이 시에서는 임과의 이별의 순간을 지연시켜 주는 비를 반기는 화자의 심정을 진솔하게 표현하여 임과의 이별로 인한 화자의 아쉬움과 안타까움을 간접적으로 그려 내고 있다. 1연에서는 정해진 시간이 되어 임이 떠나기로 한 날 새벽, 예기치 않게 내리는 비를 보고 화자는 마음속으로 비가 계속 내리기를 기원하고 있다. 2연에서는 '저기 말리는 정은 날보다도 더하오'에서 임이 떠나지 못하도록 해 주는 비에 대한 감사와 또한 자신의 만류하는 정이 얼마나 간절한 것인가를 말해 주고 있다. 3연에서는 임이 소매를 뿌리치고 떠나는 꿈을 꾸다가 여전히 창을 두드리는 빗소리를 듣고 안심하는 화자의 모습을 통해 화자의 임에 대한 깊은 정을 그려 내고 있다.

055 풀벌레 소리 가득 차 있었다 | 이용악

키워드 체크 #유랑민의 비애 #풀벌레 소리의 의미 #절제된 어조 #청각적 표현

우리 집도 아니고

일갓집도 아닌 집
친척집

고향은 더욱 아닌 곳에서

아버지의 침상(寢床) 없는 최후 최후의 밤은
빈궁한 현실   아버지의 죽음

풀벌레 소리 가득 차 있었다.
화자의 서글픔을 강조하는 소재(비극성의 고조)

▶ 1연: 타향에서의 아버지의 임종

노령(露領)을 다니면서까지
러시아의 영토로 시베리아 일대를 이름.

애써 자래운 아들과 딸에게
키운

『한마디 남겨 두는 말도 없었고, 『』: 갑작스러운 아버지의 죽음
유언

아무을만(灣)의 파선도
아무르만(러시아 지명)

설룽한 니코리스크의 밤도 완전히 잊으셨다.
춥고 차가운 니콜라옙스크(러시아의 도시)

목침을 반듯이 벤 채.
나무토막으로 만든 베개

▶ 2연: 임종의 모습

다시 뜨시잖는 두 눈에

피지 못한 꿈의 꽃봉오리가 갈앉고
아버지가 지니시던 꿈   가라앉고

얼음장에 누우신 듯 손발은 식어 갈 뿐
싸늘하게 식어 가는 아버지의 시신

입술은 심장의 영원한 정지(停止)를 가리켰다.

때늦은 의원이 아무 말없이 돌아간 뒤

이웃 늙은이의 손으로

눈빛 미명은 고요히
'무명'의 방언

낯을 덮었다.

▶ 3연: 아버지의 죽음 확인

핵심 정리

갈래 자유시, 서정시
성격 비극적, 회고적, 묘사적, 서사적
제재 아버지의 죽음
주제 아버지의 비참한 임종과 유랑민의 비애
특징 ① 절제된 어조에 서글픔을 담아냄.
② 청각적인 표현으로 비극성을 강조함.
③ 수미 상관식 구성 방식을 취함.
출전 《분수령》(1937)
작가 이용악(본책 94쪽 참고)

이해와 감상

이 시는 국경을 넘나들며 힘겨운 삶을 살아가다 결국은 낯선 땅에서 침상 없는 최후를 맞이할 수밖에 없었던 아버지의 죽음을 통해 일제 강점기 유이민의 참담한 실상을 그려 내고 있다. 여기서 아버지가 고향이 아닌 러시아 땅에서 죽음을 맞이했다는 것은 아버지의 죽음이 단지 한 개인의 문제가 아니라, 당대 유랑민들의 고된 삶을 대변하고 있음을 의미한다.

작품 연구소

이 시에 나타난 당대의 사회상

시어 및 시구	상징적 의미
침상 없는 최후 최후의 밤	이국땅에서의 빈궁한 현실과 아버지의 비참한 죽음
노령, 아무을만, 니코리스크	러시아의 지명으로, 이국땅을 유랑하던 한 가장의 고달픈 삶, 비참한 삶을 드러냄.

이 시의 배경이 되는 1930년대는 일제에 의한 수탈이 극심했던 시기로, 이를 피해 고향을 등지고 해외로 떠나는 사람들이 많았다. 또한 일제의 강제 징용에 의해 국외로 강제 이주되는 등 민중들의 국외 이동이 빈번했다. 이 시에 등장하는 가족 역시 당시 러시아에서 곤궁하게 살았던 유랑민들로, 결국 이 시는 일제 강점기에 타국을 유랑하던 한 가장의 비극적 죽음을 통해 우리 민족의 비극적 역사를 다루고 있는 것이다.

우리는 머리맡에 엎디어
아버지의 죽음에 대한 가족들의 비통한 심정
있는 대로의 울음을 다아 울었고
『아버지의 침상 없는 최후 최후의 밤은
『 』: 1연 4, 5행의 반복 – 수미 상관식 구성
풀벌레 소리 가득 차 있었다.』
▶ 4연: 아버지의 죽음과 가족의 슬픔

키 포인트 체크

[화자] 화자는 타향에서 아버지의 ☐☐을 지켜보고 있다.

[상황] '☐☐☐☐☐'는 화자의 서글픔을 강조하는 소재로, 비극성을 심화시키고 있다.

[태도] 아버지의 죽음에 대한 비통한 심정을 ☐☐된 어조에 담아내고 있다.

[답] 임종, 풀벌레 소리, 절제

056 와사등 | 김광균

[언매] 천재

키워드 체크 #도시 문명 #고독과 비애 #감각적 이미지 #변형된 수미 상관 #모더니즘

차단―한 등불이 하나 비인 하늘에 걸려 있다
차디찬(시적 허용), 화자의 주관(차갑게 보임. – 쓸쓸한 도시 풍경 연상)
내 호올로 어델 가라는 슬픈 신호냐
화자 홀로(시적 허용) 삶의 방향 상실   감정 이입(화자의 슬픔 제시 – 등불은 화자에게 방향을 제시해 주지 않음.)
▶ 1연: 현대 문명 속에서 방향 감각을 상실한 현대인

긴―여름 해 황망히 나래를 접고
날개를 접고(활유법) – 해가 지는 장면을 날개를 접는 새에 비유
늘어선 고층 창백한 묘석같이 황혼에 젖어
고층 – 묘석에 비유   창백한 이미지
찬란한 야경 무성한 잡초인 양 헝클어진 채
야경 – 잡초에 비유   무질서의 이미지
도시 문명을 묘석과 잡초에 비유
(화자의 부정적 인식 – 차가움과 무질서)
사념 벙어리 되어 입을 다물다
여러 생각 생각이 벙어리가 됨. – 부정적 도시 문명 속에서 더 이상 이성적인 사고를 할 수 없음.
▶ 2연: 무질서한 도시의 야경과 답답한 심정의 현대인

변형된 수미 상관
피부의 바깥에 스미는 어둠
해가 지고 어둠이 찾아옴(공감각적 심상 – 시각의 촉각화).
낯설은 거리의 아우성 소리
낯선(시적 허용) → 도시와 화자 사이의 단절감 드러냄(사념 ↔ 아우성).
까닭도 없이 눈물겹고나.
낯선 도시 문명 속에서 느끼는 비애, 절망감
▶ 3연: 도시적인 삶에서 느끼는 비애

공허한 군중의 행렬에 섞이어
군중 속의 외로움 – 군중과 화자 사이에 동질감이 없음.
내 어디서 그리 무거운 비애를 지니고 왔기에
추상적 개념(비애)의 감각적 표현(무거운)
길―게 늘인 그림자 이다지 어두워
고독한 현대인의 비애를 회화적으로 표현
▶ 4연: 군중 속에서 느끼는 소외된 삶의 비애감

내 어디로 어떻게 가라는 슬픈 신호기
삶의 방향과 방법을 알고 싶은 화자의 안타까움이 드러남.
차단―한 등불이 하나 비인 하늘에 걸리어 있다.
장음 부호의 효과
① 차단―한: 의미를 강조하고 운율의 효과를 줌.
② 긴―여름: 긴 여름 해를 이미지화함.
③ 길―게: 화자의 정서를 회화적으로 표현함.
1연과 변형된 수미 상관 구조: 반복을 통해 삶의
방향을 상실한 현대인의 고독, 비애 강조
▶ 5연: 방향 감각을 상실한 현대인

키 포인트 체크

[화자] 화자는 슬픔과 절망에 빠져 도시의 ☐☐☐을 바라보고 있다.

[상황] 화자는 삭막하고 무질서한 도시 문명 속에서 삶의 ☐☐을 상실한 채 ☐☐과 ☐☐를 느끼고 있다.

[태도] 화자는 현대 문명에 대한 ☐☐☐ 태도를 나타내고 있다.

[답] 와사등, 방향, 고독, 비애, 비판적

핵심 정리

갈래 자유시, 서정시
성격 감각적, 회화적, 주지적
제재 와사등
주제 도시 문명 속에서 느끼는 현대인의 고독과 비애
특징 ① 시각적, 공감각적 이미지를 사용하여 시상을 전개함.
② 변형된 수미 상관 구성으로 주제를 강조함.
③ 다양한 비유적 표현을 통해 대상을 묘사함.
출전 《와사등》(1939)
작가 김광균(1914~1993) 시인. 도시적 소재와 감각적 이미지를 즐겨 사용한 모더니즘 작가이다. 시집으로 《와사등》, 《기항지》, 《황혼가》 등이 있다.

이해와 감상

이 시는 현대인의 고독과 불안을 감각적 이미지를 사용하여 형상화한 작품이다. 와사등이란 가스(gas)등을 말하며 창작 당시의 도시 문명의 모습을 잘 드러내는 소재이다. 그런데 화자는 가스등의 불빛을 차갑게 묘사하면서 슬픔을 느낀다. 비정한 현대의 도시 문명 속에서 방향 의식을 상실한 화자가 마주하고 있는 대상이기 때문이다. 이 시가 씌어진 시대 상황을 고려할 때 이 시는 어두운 현실 속에서 삶의 방향을 잃고 어디론가 떠나가야만 하는 현대인들의 고독과 불안을 형상화한 것이라고 볼 수 있다.

작품 연구소

도시의 풍경과 화자의 정서

도시 문명	화자의 정서
차단―한 등불	도시 문명을 차디차게 인지하여 슬픔을 느낌.
늘어선 고층	'창백한 묘석'처럼 차가움과 죽음을 연상함.
찬란한 야경	'무성한 잡초'처럼 무질서한 공간으로 인식함.
거리의 아우성	아우성을 낯설게 느끼는 단절감을 드러냄.
군중	군중의 행렬 속에서도 공허함을 느끼는 고독감

↓

도시 문명 속에서의 고독, 절망감 심화

화자의 정서가 직접적으로 드러나는 구절

슬픈	삶의 방향을 상실한 슬픔
눈물겹고나	도시의 낯섦에 대한 비애, 절망
비애	작품 전체를 관통하는 주된 정서

➡ 삶의 방향을 상실한 화자의 고독과 비애의 정서를 직접적으로 보여 줌.

057 그 먼 나라를 알으십니까 | 신석정

키워드 체크 #먼 나라의 의미 #의문형 문장 #경어체 #감각적 표현과 묘사 #이상 세계에의 소망

화자가 동경하는 세계
『어머니, / 당신은 그 먼 나라를 알으십니까?』 『 』: 1, 5, 8연에서 반복됨.
화자가 이상 세계에 함께 가고자 하는 존재, 다정하고 친근한 존재 ① 경어체 표현으로 간절하고 부드러운 분위기 조성
② 운율 형성, 통일감을 줌.

깊은 삼림대(森林帶)를 끼고 돌면
삼림 지대 – 현실과 이상 세계의 경계
고요한 호수에 흰 물새 날고,
고요한 세계
좁은 들길에 야장미 열매 붉어,
아름다운 세계

멀리 노루 새끼 마음 놓고 뛰어다니는
평화와 자유의 세계
아무도 살지 않는 그 먼 나라를 알으십니까?

그 나라에 가실 때에는 부디 잊지 마셔요.
나와 같이 그 나라에 가서 비둘기를 키웁시다. □: 청유형 ▶ 1~4연: 평화로운 세계에 대한 동경
평화 – 자연 친화

어머니, / 당신은 그 먼 나라를 알으십니까?

산비탈 넌지시 타고 내려오면 / 양지밭에 흰 염소 한가히 풀 뜯고,
목가적 풍경
길 솟는 옥수수밭에 해는 저물어 저물어 / 먼 바다 물소리 구슬피 들려 오는
한 길 넘게 자란 옥수수밭 이상향에 가지 못하는 화자의 슬픔 투영, 또는 고요하고 적막한 먼 나라의 이미지
아무도 살지 않는 그 먼 나라를 알으십니까?

어머니, 부디 잊지 마세요.
순수의 이미지
그때 우리는 어린 양을 몰고 돌아옵시다.
순수한 세계에 대한 소망 ▶ 5~7연: 순수한 자연적 삶에 대한 동경

어머니, / 당신은 그 먼 나라를 알으십니까?

오월 하늘에 비둘기 멀리 날고,
평화로운 세계
오늘처럼 촐촐히 비가 내리면
비가 조금씩 내리는 모양
꿩 소리도 유난히 한가롭게 들리리라.

『서리 까마귀 높이 날아 산국화 더욱 곱고
「 」: 계절적 이미지 – 가을
노오란 은행잎이 한들한들 푸른 하늘에 날리는

가을이면 어머니! 그 나라에서

양지밭 과수원에 꿀벌이 잉잉거릴 때
청각적 이미지, 생동감 조성
나와 함께 그 새빨간 능금을 또옥똑 따지 않으시렵니까? ▶ 8~10연: 풍요로운 세계에 대한 동경
풍요, 결실(시각적 이미지)

키 포인트 체크

화자 화자는 □□□□에 대한 소망과 그리움을 드러내고 있다.
상황 '□□□'는 평화로운 공간이며, 풍요로운 세계로 형상화되고 있다.
태도 화자는 현실을 □□□으로 인식하고 있으며 사랑과 순수의 세계를 동경하고 있다.

답 이상 세계, 먼 나라, 부정적

핵심 정리

갈래 자유시, 서정시
성격 전원적, 목가적, 이상적
제재 먼 나라
주제 이상 세계에 대한 소망과 그리움
특징 ① 의문형의 문장을 통해 읽는 이의 주의를 집중시키고 친근한 분위기를 조성함.
② 감각적 표현과 묘사를 통해 전원적인 이상 세계의 모습을 표현함.
출전 《촛불》(1939)
작가 신석정(본책 140쪽 참고)

이해와 감상

이 시는 의미상 1~4연, 5~7연, 8~10연의 세 부분으로 나뉘고, 각 부분의 처음은 '먼 나라에 대한 물음', 다음은 '먼 나라 풍경의 구체적 제시', 마지막은 '어머니에게 하는 부탁'으로 구성되어 있다. 이 시에서 화자는 그의 이상적 세계를 '먼 나라'로 설정하고 있다. 이곳은 노루가 자유롭게 뛰어다니고, 사람의 모습을 찾을 수 없는 공간으로 전원적이고 목가적인 자연의 모습을 지니고 있다. 사람이 살지 않는다는 것은 현실로부터 벗어난 세계를 의미한다. 따라서 화자는 현실을 부정적으로 인식하고 있음을 알 수 있다. 또한 '먼 나라'는 동물들이 한가롭게 지내는 평화로운 공간이며, 과실이 익어 가는 풍요로운 세계이기도 하다. 한편, 이 작품에 드러난 어머니는 사랑과 순수성을 상징하는 존재로, 화자가 이상 세계에서 함께 지내고 싶은 대상이기도 하다. 이를 통해 사랑과 순수성에 대한 화자의 소망이 간절함을 짐작할 수 있다.

작품 연구소

'먼 나라'의 모습

이 시에서 묘사된 '먼 나라'는 '고요하고 아름다우며 평화롭고 아무도 살지 않는 세계'이며, '한가롭고 풍요로우며 깨끗하고 순수한 세계'이다. 더 나아가 이 시의 창작 배경이 1930년대 말이라는 점을 고려한다면 '먼 나라'는 일제에 의해 전혀 훼손되지 않은 공간으로도 볼 수 있다. 즉, 이 시에서 화자는 이상 세계에 대한 동경과 '어머니'와 함께 살고자 하는 소망을 '먼 나라'의 모습을 형상화함으로써 드러내고 있다.

058 바다와 나비 | 김기림

키워드 체크 #모더니즘 시 #회화성 #색채 대비 #낭만적 꿈의 좌절 #대조적 이미지

아무도 그에게 수심(水深)을 일러 준 일이 없기에
<small>나비　　　　　　　　현실의 비정함, 냉정함</small>
흰나비는 도무지 바다가 무섭지 않다.
<small>순수하고 연약한 존재　　냉혹한 현실, 거대한 문명의 힘(푸른색 이미지)</small>
<small>(흰색 이미지)</small>
　　　　　　　　　　　　　　　　　▶ 1연: 바다의 무서움을 모르는 나비

청(靑) 무우밭인가 해서 내려갔다가는
<small>이상적 세계, 나비가 동경하는 세계, 생명의 공간</small>
「어린 날개가 물결에 절어서　「 」: 나비의 좌절과 시련
<small>작고 연약함.　　　　현실의 가혹함</small>
공주(公主)처럼 지쳐서 돌아온다.」
<small>세상 물정을 모르는 존재</small>
　　　　　　　　　　　　　　▶ 2연: 바다에 도달하지 못하고 지쳐 돌아온 나비

삼월(三月)달 바다가 꽃이 피지 않아서 서글픈
<small>　　　　바다의 불모성과 무생명성 강조</small>
나비 허리에 새파란 초생달이 시리다.
<small>공감각적 표현(시각의 촉각화) → 냉혹한 현실로 인해 좌절된 나비의 꿈을 표현함.</small>
　　　　　　　　　　　　　　▶ 3연: 냉혹한 현실 속에 지친 나비의 모습

키 포인트 체크

화자 새로운 세계를 □□했던 좌절과 냉혹한 현실 인식을 드러내고 있다.

상황 순수하고 연약한 존재인 □□□는 □□의 냉혹함에 지쳐 돌아온다.

태도 이 시에서는 감정을 절제한 □□□ 태도가 드러난다.

답 동경, 흰나비, 바다, 객관적

핵심 정리

갈래 자유시, 서정시
성격 주지적, 감각적, 상징적
제재 나비와 바다
주제 낭만적 꿈의 좌절과 냉혹한 현실 인식
특징 ① 감정을 절제한 객관적 태도가 드러남.
　② 색채 대비를 비롯한 시각적 심상이 주로 나타남.
출전 《여성》(1939)
작가 김기림(1908~?) 시인·평론가, 함북 학중 출생. 광복 후 조선 문학가 동맹에서 활동하면서 사회 의식을 짙게 드러내는 시를 썼으며, 시의 주지성과 심상을 강조했다. 시집으로 《기상도》, 《태양의 풍속》 등이 있다.

이해와 감상

이 시는 새로운 세계를 동경했던 시인의 좌절과 냉혹한 현실 인식을, '바다'와 '나비'의 색채 대비를 통해 그려 내고 있다. 각 연을 객관적이고 단호한 성격의 종결 어미 '-다'로 끝냄으로써 대상에 대해 객관적 거리를 유지하면서 시적 긴장을 느끼게 한다. 이런 점에서 이 시는 1930년대 모더니즘 시의 회화적 특성과 문명 비판적 성격을 잘 보여 주는 작품이라 할 수 있다.

작품 연구소

'바다'와 '나비'의 대조적 이미지

바다		나비
• 푸른색 이미지 • 냉혹하고 비정한 현실	⟷	• 흰색 이미지 • 순진하고 연약한 존재

---

059 교목(喬木) | 이육사

키워드 체크 #저항적 #부정어 종결 #교목의 상징적 의미 #강인하고 의지적인 어조

푸른 하늘에 닿을 듯이
<small>이상과 염원의 세계</small>
세월에 불타고 우뚝 남아 서서
<small>혹독한 현실 상황(일제 강점기) 굳은 의지-상승의 이미지</small>
차라리 봄도 꽃 피진 말아라
<small>　　　　　내면을 향한 다짐 – 강한 저항 정신</small>

□ 화자의 단호한 의지를 드러내기 위해 사용된 부사
○ 부정어로 종결하여 화자의 강한 저항 의지 표현
　　　　　　　　　▶ 1연: 굽힐 수 없는 신념과 의지

낡은 거미집 휘두르고
<small>화자가 처한 어려운 현실　휘감고</small>
끝없는 꿈길에 혼자 설레이는
<small>자유, 광복, 독립을 위한 투쟁</small>
마음은 아예 뉘우침 아니라
　　　　　　　　　▶ 2연: 후회 없는 삶의 결의

검은 그림자 쓸쓸하면
<small>암담한 시대 상황</small>
마침내 호수 속 깊이 거꾸러져
<small>죽음(물의 이미지)　구차하게 살지 않겠다는 결의 – 하강의 이미지</small>
차마 바람도 흔들진 못해라
<small>유혹이나 외부의 힘(일제의 탄압)</small>
　　　　　　　　　▶ 3연: 죽음마저 불사하는 단호한 결의

키 포인트 체크

화자 부정어로 종결하여 화자의 강한 □□를 표현하고 있다.

상황 □□이라는 자연물을 통해 부정적인 현실 상황에서도 굴복하지 않는 의지를 형상화하고 있다.

태도 화자는 외부의 탄압이나 유혹에도 흔들리지 않겠다는 □□한 결의를 드러내고 있다.

답 의지, 교목, 단호

핵심 정리

갈래 자유시, 서정시
성격 의지적, 상징적, 저항적
제재 교목
주제 혹독한 시대 상황에 굴복하지 않는 강한 의지
특징 ① 강인하고 의지적인 남성적 어조를 사용함.
　② 각 연을 부정어로 종결하여 저항 의지를 표현함.
　③ 상징성이 강한 시어와 시구를 사용함.
출전 《인문평론》(1940)
작가 이육사(본책 96쪽 참고)

작품 연구소

이 시에 나타난 화자의 정서와 태도

	사용된 표현		화자의 정서와 태도
1연	차라리 ~ 말아라		단호하고
2연	아예 ~ 아니라	⇒	의지적이며
3연	차마 ~ 못해라		강인함.

이 시는 강인하고 의지적인 남성적 어조를 통해 삶을 포기하면서까지 부정적인 현실에 맞서고자 하는 화자의 굳은 저항 의지를 효과적으로 나타내고 있다. '우뚝 남아 서서', '휘두르고', '깊이 거꾸러져' 등의 남성적 강인함을 느끼게 하는 시어는 '차라리', '아예', '마침내', '차마' 등의 부사와 어울려 화자의 단호한 자세를 드러낸다. 또한 '말아라', '아니라', '못해라' 등과 같이 부정어로 문장을 종결하여 당시 암담한 일제 강점기 현실에 비굴하게 순응하지 않고 저항하겠다는 굳은 의지를 드러내고 있다.

III

광복 이후
~1950년대

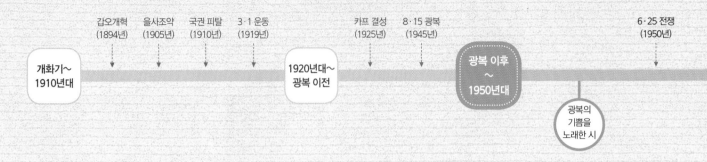

| 갑오개혁 (1894년) | 을사조약 (1905년) | 국권 피탈 (1910년) | 3·1 운동 (1919년) | | 카프 결성 (1925년) | 8·15 광복 (1945년) | | 6·25 전쟁 (1950년) |

개화기~ 1910년대

1920년대~ 광복 이전

광복 이후 ~ 1950년대

광복의 기쁨을 노래한 시

◆ 청록파

1946년 박목월, 박두진, 조지훈 세 시인이 공저한 시집《청록집》이 간행되었는데, 이 시집의 이름에 근거하여 세 시인을 '청록파'라고 부르게 되었다. 세 시인은 각기 시적 지향 및 표현의 기교, 율조를 달리하고 있으나 자연을 제재로 하고 자연의 본성을 통하여 인간적 염원과 가치를 성취하려는 시 창작의 태도를 공통적으로 지니고 있다.

▲ 박목월, 박두진, 조지훈의 공동 시집《청록집》

해방 직후

1. 이 시기의 특징

• 1945년 8월 15일 광복이 되자 시인들은 광복의 기쁨과 새 조국 건설의 희망을 노래하였으며, 일제의 탄압에서 벗어나 새로운 문학을 건설하기 위해 노력하였다.

• 일제 식민지 말기에 빛을 보지 못했던 작품들이 발표되고, 여러 문학 단체와 출판사가 새로 생겨났다.

• 국권의 회복을 위해 협력했던 좌익 문학 단체인 '조선 문학가 동맹'과 우익 문학 단체인 '전조선 문필가 협회'가 해방 이후 치열한 이념 논쟁을 겪게 되었다.

• 좌익 문인들은 월북이나 검거 등을 통해 점차 쇠퇴하게 되었고, 남한에는 우익 문인 단체만 남게 되었다.

2. 시의 경향

(1) 광복의 기쁨과 새 조국 건설의 희망을 노래한 시

1945년 광복 직후, 광복에 대한 시인들의 기쁨과 열망이 담긴 3종의《해방 기념 시집》이 발간되었다.

(2) 일제 말기에 쓰인 시

일제의 억압에 굴하지 않고 저항 의식을 담은 이육사와 윤동주의 유고 시집,《육사 시집》과《하늘과 바람과 별과 시》가 출간되었다. 또한 박목월, 박두진, 조지훈은 해방의 감격 속에 그들의 초기 시들을 모아 1946년에 공동 시집《청록집》을 발간하였다.

(3) 모더니즘 시

박인환, 김수영 등이 참여한 사화집(詞華集)《새로운 도시와 시민들의 합창》은 1950년대로 이어지는 모더니즘 시 운동의 시초 역할을 하였다.

간단 개념 체크

1 1945년 광복 이후, ☐☐의 기쁨을 노래하거나 새 조국 건설의 ☐☐을 노래하는 시인들이 많았다.

2 일제 말기의 저항 의식을 담은 ☐☐☐와 ☐☐☐의 유고 시집이 출간되었다.

3 박목월, 박두진, 조지훈이 해방의 감격 속에 자신들의 초기 시들을 모아 발간한 공동 시집은? ( )

답 1 광복, 희망 2 이육사, 윤동주 3 청록집

예	작품	작가	특징
	꽃덤불	신석정	해방 기념 시집에 수록된 시로, 광복의 기쁨과 새로운 민족 국가 건설에의 소망을 표현함.
	산도화	박목월	청록집에 수록된 시로, 이상적 세계의 평화와 아름다움을 노래함.
	어서 너는 오너라	박두진	뿔뿔이 헤어졌던 우리 민족이 함께 모여 평화롭게 살아가는 삶을 소망함.
	낙화	조지훈	전통적 율조를 바탕으로 낙화를 보면서 느끼는 삶의 무상감과 비애를 노래함.

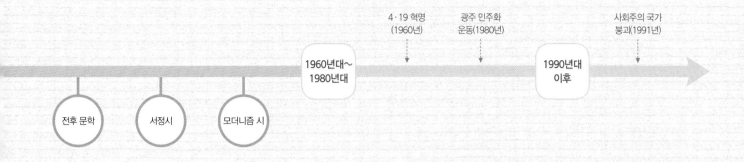

4·19 혁명
(1960년)

광주 민주화
운동(1980년)

사회주의 국가
붕괴(1991년)

1960년대~
1980년대

1990년대
이후

전후 문학

서정시

모더니즘 시

1950년대

1. 이 시기의 특징

- 6·25 전쟁이라는 민족의 비극적 참상을 고발하고 전쟁의 혼란을 극복하는 것을 중요한 과제로 삼았다.
- 전쟁 중이던 1950년대 초반에는 주로 전쟁 상황에 직접적으로 대응하는 애국 시, 종군 시가 창작되었다.
- 전쟁이 끝난 후 황폐화된 의식과 상실의 절망감을 표현하는 시와 부조리한 사회 현실을 반영한 작품들이 등장하였다.
- 전통적인 순수 서정시의 경향이 계속 이어지고 현대적 도시 감각과 지적 태도를 중시하는 모더니즘 경향이 주도적 위치를 차지하게 되었다.

2. 시의 경향

(1) 전후 문학

전쟁을 생생하게 체험하면서 받은 민족적 상처와 인간의 실존적 문제에 대한 의문을 배경으로 등장한 문예 사조이다. 박봉우, 조지훈 등 많은 시인들이 종군 시인으로 참가하여 전쟁 자체의 비극성을 노래하였고, 특히 구상은 전쟁과 분단의 상처를 시로 승화하여 휴머니즘에 바탕을 두어 노래하였다.

(2) 서정시

서정주, 박목월, 박두진 등은 전통적인 순수 서정시를 계승하면서 따뜻한 인간애와 정제된 시적 감수성으로 전후의 불안과 위기에 대응하는 시를 창작했다. 이들은 문학의 현실 인식과 참여보다는 인간의 본질, 순수 의식 등에 주목하였다

(3) 모더니즘 시

김수영, 박인환, 김경린 등의 후반기 동인에 의해 도시적 감각으로 전쟁의 비극성을 고발하고 문명에 대한 비판적 감수성을 언어화한 모더니즘 경향의 시가 창작되었다. 이들은 1930년대 모더니즘 시를 계승하였으며 청록파의 전통적 시 세계를 부정하였다.

작품	작가	특징
초토의 시	구상	적군의 묘지를 보며 느끼는 분단 현실에 대한 통한과 통일에 대한 염원을 노래함.
다부원에서	조지훈	6·25 전쟁 당시 다부원 전투 현장을 보고 느낀 시인의 감회를 시로 형상화함.
달	박목월	마치 한 폭의 동양화처럼 달밤의 풍경을 묘사하고 그 안에 표현된 애잔한 정서를 표현함.
추천사	서정주	춘향의 말을 통해 현실 세계에서 벗어나고자 하는 열망을 표현함.
목마와 숙녀	박인환	전쟁이 가져다준 삶의 허무와 절망, 시대적 불안과 애상을 노래함.

◆ 전후 문학

일반적으로 전후 문학은 두 차례에 걸친 세계 대전 이후의 문학을 가리키지만, 우리 문학에서는 1950년대 6·25 전쟁 이후의 문학을 의미한다. 1950년대 전후에 등장한 작가들은 6·25 전쟁 체험을 바탕으로 새로운 창작 방법론을 활용하여 전쟁의 폭력성과 그 후유증을 고발하였다. 특히 이 무렵에 들어온 실존주의를 바탕으로 기성 가치관의 상실, 전쟁의 참혹성에서 비롯된 불안과 허무 의식을 주로 다루었다.

◆ 후반기 동인

1951년 6·25 전쟁 당시 피난지 부산에서 박인환, 김경린 등이 결성하여 1954년까지 활동한 모더니즘 지향의 시문학 동인이다. '청록파'를 중심으로 하는 전통적인 서정시는 6·25국 전쟁 이후 황폐한 현실과 무관하게 음악에 집착하고, 개인의 정서에만 빠져 있다고 비판하며, 현실을 그려 보일 수 있는 시적 방법을 찾으려 노력하였다. 후반기 동인들은 대체로 물질 문명에서 비롯한 불안 의식이나 그에 대한 비판 의식을 표명하고 그에 맞는 새로운 언어를 서구 모더니즘의 방법에서 찾으려 노력했다.

간단 개념 체크

1 1950년대는 ☐☐의 비극을 고발하고 혼란을 극복하는 것을 중요한 과제로 삼은 시기였다.

2 우리나라의 전후 문학은 ☐·☐☐ 전쟁으로 인한 민족적 상처와 인간의 실존적 문제에 대한 의문을 배경으로 등장한 문예 사조이다.

3 서정주, 박목월, 박두진 등에 의하여 전통적인 ☐☐ ☐☐☐를 계승하면서 인간의 본질이나 순수 의식에 주목한 시가 창작되었다.

4 청록파의 전통적 시 세계를 부정하고 도시적 감각으로 전쟁의 비극성을 고발하거나 문명에 대한 비판적 감수성을 언어화한 경향의 시는? ( )

🔒 **1** 전쟁 **2** 6·25 **3** 순수 서정시 **4** 모더니즘 시

청노루 | 박목월

문학 미래엔

핵심 정리

갈래 자유시, 서정시
성격 서경적, 묘사적, 관조적
제재 청노루
주제 봄의 정경과 정취
특징 ① 동적 이미지와 정적 이미지가 조화를 이룸.
② 원경에서 근경으로의 시선의 이동에 따라 시상을 전개함.
③ 짧은 시행을 배열하고 명사로 시를 종결함.
출전 《청록집》(1946)

Q 이 시의 시상 전개 방식과 효과는?

이 시는 화자의 시선의 이동에 따라 시상을 전개하고 있다. 화자는 원경(자하산의 청운사)에서 근경(청노루의 맑은 눈)으로 시선을 이동하면서 시적 공간을 묘사하는데, 마지막 4, 5연에 시상이 집중되고 있다. 즉, 4, 5연에서 청노루의 눈동자에 비친 구름을 묘사함으로써 시의 전체적인 풍경을 청노루의 눈에 비친 풍경처럼 느끼게 하는 효과를 거두고 있다.

시어 풀이

느릅나무 느릅나무과의 낙엽 활엽 교목. 골짜기나 개울가에 나는데, 높이는 20m 가량으로 4~5월에 종 모양의 꽃이 핌.
속잎 풀이나 나무의 꼭대기 줄기 속에 새로 돋아나는 잎.

시구 풀이

❶ **머언 산 ~ 낡은 기와집** '청운사'는 2연의 '자하산'과 함께 시인이 설정한 가상적인 공간으로, 자연에 존재하는 평화와 아름다움을 지닌 이상적인 세계를 나타낸다.
❷ **느릅나무 ~ 열두 굽이를** 청노루가 다니는 구불구불한 산길을 묘사한 부분이다. 이 부분은 시행의 길이가 길어지면서 호흡이 빨라진다. 이러한 빠르고 경쾌한 리듬은 청노루가 달려 내려오는 듯한 느낌이 들게 한다.
❸ **청노루 ~ 구름** 느릿한 리듬감과 탈속적인 이미지가 어울려 있는 구절로, 평화로운 자연 정경을 드러낸다. 고결하고 신비한 이미지를 지닌 '청노루'는 혼란한 현실을 벗어나 마음의 평안과 안식을 염원하는 화자의 소망이 만들어 낸 이상향 속 상상의 동물로 볼 수 있다.

작가 소개

박목월(본책 104쪽 참고)

시적 허용(화자와의 거리감 극대화)
㉠ ❶머언 산 청운사(靑雲寺) ○: 시선의 이동(청운사 기와집 → 자하산 → 느릅나무 → 청노루의 눈)
'푸른 구름 절'이라는 의미, 푸른색 이미지 – 탈속적 분위기
낡은 기와집
▶ 1연: 멀리서 바라본 청운사

㉡ 산은 자하산(紫霞山)
'보랏빛 안개 산'이라는 의미, 자주색 이미지 – 환상적 분위기
봄눈 녹으면
계절적 배경 – 봄
▶ 2연: 봄눈 녹는 자하산

㉢ ❷느릅나무
•속잎 피어 가는 열두 굽이를
▶ 3연: 새잎이 돋는 느릅나무

㉣ ❸청노루
평화롭고 이상적인 공간 속의 맑고 순수한 존재
맑은 눈에

㉤ 도는
구름
탈속적 이미지
▶ 4~5연: 청노루의 눈에 비친 구름

이해와 감상

이 시는 절제된 언어와 색채감을 드러내는 시어를 통해 순수하고 평화로운 자연 공간을 형상화한 작품으로, 한 폭의 동양화를 보는 듯한 느낌이 들게 한다.
이 시에 드러난 자연 풍경은 실제 현실이 아니라 작가의 상상력에 의해 설정된 가상 공간으로 볼 수 있다. 사람이 등장하지 않는 풍경, 푸른색의 청운사와 청노루, 자주색의 자하산 등은 모두 일상 세계의 현실성이 잘 드러나지 않는 이상화된 공간이다. 따라서 이 작품은 탈속적인 세계를 표현한 것으로 이해할 수 있다.
한편, 이 시는 원경에서 근경으로 시선을 이동해 가면서 대상을 묘사하고 있는데, 청운사와 자하산에서 계곡의 느릅나무로, 그리고 노루의 눈에 비친 구름으로 화자의 시선이 이동하고 있다. 또한 '청운사, 기와집, 자하산' 등의 정적인 이미지와 '청노루, 구름' 등의 동적인 이미지가 조화를 이루고 있고, 푸른색과 자주색의 색채 대비도 드러나 있다.
이와 같이 이 시는 전체적으로 대상과 화자 사이의 거리감을 유지하여 감정과 관념의 개입을 절제하고 있지만, 다양한 이미지를 묘사하여 탈속적, 이상적인 세계를 동경하는 시인의 염원을 표출하고 있다.

청운사, 자하산, 느릅나무, 청노루 등
↓
순수하고 평화로운 자연
↓
작가의 이상화된 세계

작품 연구소

화자의 시선 이동

이 시는 화자의 시선의 이동에 따라 자연의 대상을 묘사하고 있다. 처음에는 멀리 떨어져 있는 청운사의 낡은 기와집과 봄눈이 녹는 자하산을 바라보다가 점차 가까운 곳으로 시선을 이동해 골짜기마다 느릅나무에 속잎이 피어나는 모습을 바라보다 청노루의 눈에 비친 구름으로 시상을 집중해 시를 마무리한다.

청운사 낡은 기와집	→	자하산	→	골짜기, 느릅나무	→	청노루의 눈

운율과 어조의 변화

이 시는 4음보의 운율을 바탕으로 하나, 시행의 길이를 조절함으로써 운율에 약간의 변화를 가미하여 시적 공간을 효과적으로 묘사하고 있다. 1, 2연의 1, 2행에서는 2음보(머언 산∨청운사 / 낡은∨기와집 // 산은∨자하산 / 봄눈∨녹으면)로 이루어져 있던 것이 3연에 와서는 1행 1음보(느릅나무), 2행 3음보(속잎∨피어 가는∨열두 굽이를)로 변화를 보이는데, 이는 1연과 2연의 자연스러운 리듬에 제동을 걸어 줌으로써 호흡에 긴장을 부여하고 빠른 어조로 낭독하게 한다. 특히 1행 3음보의 급한 호흡은 청노루가 달려 내려오는 듯한 동적인 느낌을 주고 있다. 그러나 4, 5연에서는 1행을 1음보로 구성함으로써 다시 호흡이 느려지고 느린 어조로 낭독하게 되는데, 이로써 청노루 맑은 눈에서 구름이 완만하게 움직이는 모습을 효과적으로 드러내고 있다.

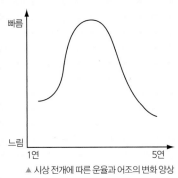
▲ 시상 전개에 따른 운율과 어조의 변화 양상

자료실

시인 박목월의 〈청노루〉 해설

이 작품을 쓸 무렵에 내가 희구한 것은 '핏발 한 가락 서리지 않은 맑은 눈'이었다. 나이 50이 가까운 지금에는 나의 안정(眼睛)에도 안개가 서리고, 흐릿한 핏발이 물들어 있지만 젊을 때는 그래도 핏발 한 가락 서리지 않은 눈으로 임을 그리워하고 자연을 사모했던 것이다. 또한 그런 심정으로 젊음을 깨끗이 불사른 것인지 모르겠다. 어떻든 그 심정이 '청노루 맑은 눈에 도는 구름'을 그리게 하였다. 이 작품이 발표되자 '청노루'가 과연 존재하느냐 하는 의문을 가지는 분이 있었다. 물론 푸른빛 노루는 없다. 노루라면 누르스름하고 꺼뭇한 털빛을 가진 동물이지만, 나는 그 누르스름하고 꺼뭇한, 다시 말하자면 동물적인 빛깔에 푸른빛을 주어서 정신화된 노루를 상상했던 것이다. 참으로 오리목 속잎이 피는 계절이 되면 노루도 '서정적인 동물'이 될 것만 같았다. 또 청운사나 자하산이 어디 있느냐 하는 것도 문제가 되었다. 어느 해설서에 '경주 지방에 있는 산 이름'이라고 친절하게 설명한 것을 보았지만 이것은 해설자가 어림잡아 설명한 것에 불과하다. 기실은 이 세상에 존재하지 않는 완전히 내가 창작한 산명이다. 나는 그 무렵에 나대로의 지도를 가졌다. 그 어둡고 불안한 일제 말기에 나는 푸근히 은신할 수 있는 어수룩한 천지가 그리웠다.

함께 읽으면 좋은 작품

〈그 먼 나라를 알으십니까〉, 신석정 / 평화롭고 이상적인 공간

〈그 먼 나라를 알으십니까〉는 한가롭고 평화로운 전원생활을 묘사함으로써 전원적, 목가적 삶에 대한 염원을 노래한 작품이다. 청자인 어머니에게 간절하게 호소하는 어조로 시적 분위기를 형성한다는 점에서 감정을 절제하여 표현한 〈청노루〉와 차이가 있지만, 시적 공간이 아무런 갈등도 존재하지 않는 평화로운 자연 공간이라는 점과 이상화된 공간이라는 점에서 공통점을 지닌다. Link 본책 126쪽

키 포인트 체크

화자 ☐☐의 이동에 따라 자연의 대상을 묘사하고 있다.
상황 눈이 녹는 이른 ☐을 배경으로 한 폭의 동양화를 보는 듯한 ☐☐☐인 세계가 형상화되고 있다.
태도 순수하고 평화로운 자연 공간을 ☐☐된 언어와 색채감으로 드러내고 있다.

1 이 시의 표현상 특징으로 가장 적절한 것은?
① 시간의 흐름으로 대상의 특징을 부각하고 있다.
② 의성어를 활용하여 경쾌한 분위기를 자아내고 있다.
③ 감각적 이미지를 활용하여 시적 공간을 묘사하고 있다.
④ 사물을 의인화하여 시대에 대한 냉소를 드러내고 있다.
⑤ 어조의 변화를 활용하여 자연의 섭리에 대한 경외감을 표출하고 있다.

2 이 시를 영상화할 때 고려할 사항으로 적절하지 않은 것은?
① 눈이 녹는 이른 봄을 배경으로 설정하는 게 좋겠어.
② 멀리서 가까운 곳으로 이동하는 기법을 활용하는 게 좋겠어.
③ 청노루의 눈에 비친 구름은 클로즈업 기법을 적용해야겠어.
④ 푸른색과 자주색을 선명하게 담아내기 위해서 특수 렌즈를 사용해야겠어.
⑤ 등장인물에게 영탄적인 어조로 자연 경관에 대한 감흥을 표현하라고 지시해야겠군.

내신 적중 다빈출

3 ㉠~㉤에 대한 설명으로 적절하지 않은 것은?
① ㉠: '청운사'는 정적인 이미지로, 현실성이 잘 드러나지 않는 공간이다.
② ㉡: '자하산'은 자주색 이미지로, 환상적인 분위기를 조성한다.
③ ㉢: 나무에 새잎이 돋는 풍경을 묘사하고 있다.
④ ㉣: '청노루 맑은 눈'은 시상이 집중되는 대상이다.
⑤ ㉤: '도는 구름'의 동적인 이미지와 빠른 호흡이 조화를 이루고 있다.

4 이 시에서 리듬감이 가장 급박하게 느껴지는 시구를 찾아 쓰고, 이와 같은 리듬감이 어떤 효과를 주는지 쓰시오.

5 〈보기〉를 참고하여 '청운사'와 '자하산'을 해석한 내용으로 가장 적절한 것은?

┤ 보기 ├
'청운사', '자하산'은 시인의 상상력에 의해 설정된 가상적 공간으로 일제 말기에 푸근히 은신할 수 있는 장소를 그리워한 데서 비롯된 것이다. 이를 통해 시인은 깊숙한 산과 냇물과 호수와 봉우리가 있는 '마음의 지도'를 마련하겠다는 오랜 갈망을 형상화하였다.

① 모든 생명체를 품어 키우는 모성적 공간이다.
② 현실의 어려움에서 벗어날 수 있는 이상적 세계이다.
③ 동물과 식물이 어우러진 아름다움을 간직한 세계이다.
④ 근원적 문제에 대한 해결을 찾을 수 있는 종교적 공간이다.
⑤ 인생에 실패한 사람들에게 희망과 안식을 주는 공간이다.

061 산도화(山桃花) |박목월

키워드 체크 #목적적 #일제 강점기 #청록파 #자연친화 #이상 세계 #관조적 태도

문학 지학사

🎯 핵심 정리
갈래 자유시, 서정시
성격 관조적, 회화적, 탈속적
제재 산도화
주제 이상적 세계의 아름답고 평화로운 정경
특징 ① 감정의 절제를 통한 간결한 압축미가 두드러짐.
② 원경에서 근경으로 시선이 이동하면서 시상이 전개됨.
③ 정적인 대상에서 동적인 대상으로 묘사 대상이 변화됨.
출전 《청록집》(1946)

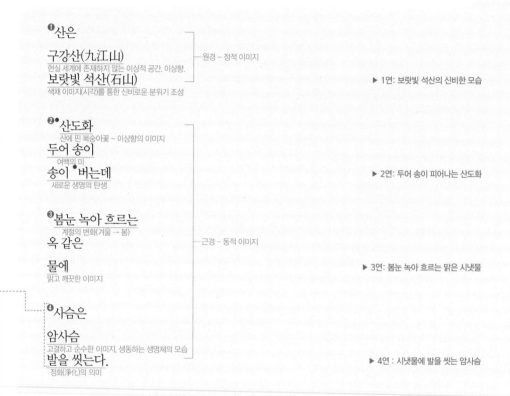

Q 이 시에서 '사슴'을 등장시킨 이유는?

사슴은 동양화에서 전통적으로 자주 등장하는 소재로, 평화롭고 아름다운 정경을 드러낼 때 주로 사용된다. 이 시에서는 인간 세계와 동떨어진 공간에 암사슴을 등장시켜 '봄눈 녹아 흐르는 물에 발을 씻는' 모습을 그려 냄으로써 생동하는 생명체의 모습을 형상함과 동시에 더욱 평화롭고 고결한 느낌이 들게 하고 있으며 동양화적인 징취를 표현하고 있다.

💡 시어 풀이
산도화 산에 피는 복숭아꽃. 복사꽃으로도 불리며 꽃잎은 연분홍빛을 띤다.
버는데 벌어지는데. 기본형은 '벌다'로, 식물의 가지 따위가 옆으로 벌어진다는 뜻.

🐚 시구 풀이
❶ **산은 구강산(九江山) 보랏빛 석산(石山)** 이 시의 공간적 배경인 '구강산'은 현실에 존재하는 산이 아니라 시인의 상상 속에 존재하는 산이다. 또한 석산의 보랏빛은 신비로운 분위기를 형성한다.
❷ **산도화 두어 송이 송이 버는데** 고요했던 구강산이 봄을 맞아 생기를 회복하는 모습이 드러난다. 또한 산도화가 두어 송이만 핀 정경은 여백의 미를 살려 동양화적 정취를 풍기고 있다.
❸ **봄눈 녹아 흐르는 옥 같은 물에** 눈이 녹아 흐르는 물은 봄의 이미지를 형성하고 있다. '옥 같은 물'이란 매우 깨끗하다는 뜻과 함께 보석 같이 신비롭다는 의미도 지닌다.
❹ **사슴은 암사슴 발을 씻는다.** '암사슴'이 발을 씻는 행위를 통해 암사슴의 순결성을 강조하며 순수하고 평화로운 분위기를 연상시킨다.

🧑 작가 소개
박목월(본책 104쪽 참고)

이해와 감상

이 시는 박목월 초기 시의 전형적인 주제와 분위기를 보여 주는 작품으로, 이상화(理想化)된 세계의 아름다운 자연 풍경과 평화로운 분위기를 한 폭의 상상화로 그려 내고 있다. 이 시의 공간적 배경인 '구강산'은 실제로 존재하는 산이 아니라 시인의 상상 속에 존재하는 공간이다. 이런 관점에서 마지막 연에 등장하는 '사슴' 역시 실재하는 사슴이라기보다는 평화롭고 아름다운 자연의 일부를 이루는, 상상 속의 존재로 보는 것이 적절하다.

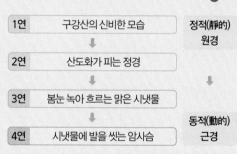

전체 4연으로 구성되어 있는 이 시에서 화자는 직접적으로 등장하지 않으며 시의 내용을 설명해 주지도 않는다. 단지 화자가 바라보고 있는(또는 상상하고 있는) 자연의 모습을 한 폭의 그림처럼 묘사하고 있을 뿐이다. 화자는 골짜기마다 흐르는 맑은 물, 보랏빛의 석산, 그리고 그 돌산에서 피어나는 몇 송이의 붉은 꽃을 통해 강렬한 시각적 이미지를 만들어 내고 있다. 특히 두어 송이의 꽃을 통해 여백의 미를 보여 줌으로써 이 시를 한 편의 동양화처럼 느껴지게 한다. 하지만 이 시는 이상화된 자연의 아름다운 회화적 이미지만을 드러내는 시는 아니다. 2연의 '산도화'는 돌산에서 개화(開花)함으로써 생명의 탄생을 보여 주고 있으며, 4연에 등장하는 '암사슴' 역시 찬물에 발을 씻음으로써 차고 담담한 것 속에서 생동하는 생명의 모습을 보여 주고 있다.

즉, 이 시는 표면적으로는 이상화된 자연에 봄이 오는 모습을 아름답게 그려 낸 한 폭의 그림이지만, 그 이면에서는 죽음의 세계(겨울, 돌산 등) 속에서 태어나는 생명의 순수함과 아름다움을 담담하게 노래하고 있는 것이다.

🏠 작품 연구소

시어 및 시구의 상징적 의미

시어 및 시구	상징적 의미
구강산	인간 세계로부터 떨어진 탈속적 공간
보랏빛 석산	상상 속에 존재하는 신비로운 공간
산도화	동양의 이상향인 무릉도원을 떠올리게 하는 소재. 생명 탄생의 순수함과 아름다움을 느끼게 함.
암사슴	고결하고 순수한 존재로서 생동하는 생명체의 모습을 상징함.

원경에서 근경으로의 시선 이동

산 (1연)	→	산도화 (2연)	→	물 (3연)	→	암사슴 (4연)

원경(遠景) ─────────────────────────────→ 근경(近景)

　이 시는 1연에서 4연으로 가면서 '산 → 산도화 → 물 → 사슴'으로 대상의 범주가 축소되고 있으며, 각 연의 구조도 '산 → 석산', '산도화 → 송이', '봄눈 → 물', '사슴 → 발'로 구체화되고 있다. 이는 영상에서 주로 사용하는 클로즈업 기법에 해당하는데, 원경으로부터 시작하여 근경에 이르는 방법을 통해 대상을 한꺼번에 제시하지 않고, 주변에서부터 순차적으로 은근히 접근하여 독자들의 시선을 한곳에 집중시키는 효과가 있다.

이상향으로서의 공간적 배경

　이 시의 공간적 배경인 '구강산(九江山)'은 실제로 존재하는 공간이라기보다는 상상 속의 공간이라고 볼 수 있다. 왜냐하면 그 산은 신비로운 이미지를 불러일으키는 보라색의 돌로 이루어진 석산(石山)으로 보통의 생명들이 존재할 수 없는 청정(淸淨)하고 신성한 공간이기 때문이다. 특히 '산도화(山桃花)'는 도연명(陶淵明)의 《도화원기(桃花源記)》에 나오는 신선들이 산다는 이상향을 떠올리게 하는데, 복숭아꽃 두어 송이 피어 있는 물가에서 발을 씻고 있는 암사슴의 모습을 통해 작가가 상상하는 평화롭고 아름다운 이상 세계의 모습을 엿볼 수 있다.

📄 자료실

여백의 함축

박목월은 자작시 해설집인 《보랏빛 소묘》에서 다음과 같이 말한 바 있다.

"나는 이 작품에서 첫 두 연을 좋아했다. 보랏빛 석산과 가지만 앙상하게 빳빳한 산도화의 담담(淡淡)한 풍경에 홍백의 꽃송이를 두어 점 띄어 동양화적인 정취를 풍기려 했으며, 이 여백의 함축은 내 시의 본질적인 일면이다."

즉, 보랏빛 석산에 두어 송이 피어 있는 산도화의 모습은 한 편의 동양화를 연상시키며 담담하고 담백한 여백의 미를 느끼게 한다.

📖 함께 읽으면 좋은 작품

〈청산도〉, 박두진 / 이상적 세계의 구체화

　〈청산도〉는 푸른 산을 청자로 하여 시인이 소망하는 이상적인 세계를 노래하는 시로 자연을 제재로 하여 생명력 넘치는 이상적 공간을 구체화하고 있다는 점에서 〈산도화〉와 공통점을 갖는다. 하지만 〈산도화〉가 화자가 꿈꾸는 순수한 동양적 이상 세계를 형상화하고 있는 반면에 〈청산도〉는 광복 직후의 분열과 혼란상을 바탕으로 '볼이 고운 사람'이 부재하는 비관적인 현실 인식으로 인하여 불완전한 모습의 이상향을 표현하고 있다는 점에서 차이가 있다.

🔗 **Link** 본책 167쪽

🔑 포인트 체크

[화자] 화자는 작품에 직접적으로 등장하지 않지만 자신이 바라보고 있는 □□□의 모습을 한 폭의 □□처럼 묘사하고 있다.

[상황] 봄눈이 녹아 흐르는 물에 고결하고 □□□ 이미지를 지니고 있는 □□□이 발을 씻고 있다.

[태도] □□의 세계 속에서 태어나는 □□의 순수함과 아름다움을 담담하게 노래하고 있다.

1 이 시의 표현상의 특징에 대한 설명으로 적절하지 않은 것은?

① 먼 곳에서 가까운 곳으로 화자의 시선이 이동하고 있다.
② 공감각적 표현으로 대상의 모습을 선명하게 드러내고 있다.
③ 계절감을 드러내는 시어로 시적 분위기를 조성하고 있다.
④ 일정한 거리를 두고 객관적인 시각으로 대상을 관찰하고 있다.
⑤ 비슷한 형식의 연들이 반복되면서 일정한 운율을 형성하고 있다.

2 이 시에서 〈보기〉의 밑줄 친 부분을 연상시키는 시어는?

┤ 보기 ├

　중국 동진의 시인 도연명이 지은 《도화원기》에 나오는 '무릉도원'은 '이상향', '별천지'를 비유적으로 이르는 말로 사용되어 왔다. 《도화원기》의 내용을 보면 중국 무릉에 사는 한 어부가 고기를 잡기 위해 작은 강을 거슬러 올라갔다가 길을 잃어버렸다. 복숭아꽃잎이 내려오는 것을 보고 그 근원까지 거슬러 올라가니 복숭아꽃들이 만발한 아름다운 계곡이 있었다. 그 안쪽의 굴 속에는 진(秦)나라 때 난리를 피해 여기 들어와 시간이 얼마나 지났는지도 모르고 행복하게 사는 사람들이 있었다고 한다.

① 구강산　② 석산　③ 산도화　④ 봄눈　⑤ 사슴

3 이 시를 그림으로 표현한다고 할 때, 시의 내용과 거리가 먼 것은?

① 멀리서 바라본 바위산의 모습을 그리되 여백을 두어 담백하게 표현한다.
② 산에 있는 바위를 그리되, 보랏빛으로 색칠하여 신비감을 느끼게 한다.
③ 꽃이 피어 있는 복숭아나무를 그리되, 이제 갓 피기 시작한 두어 송이만 드러나도록 한다.
④ 흰 눈이 소복이 쌓여 있는 시내를 그리되, 물빛은 옥의 빛깔과 같은 흐린 초록빛으로 색칠한다.
⑤ 물에 발을 씻는 암사슴의 모습을 그리되, 평화로운 느낌이 들도록 한다.

[내신 적중] 多빈출

4 〈보기〉의 밑줄 친 부분에 해당하는 이 시의 특징을 두 가지 쓰시오.

┤ 보기 ├

　나는 이 작품에서 첫 두 연을 좋아했다. 보랏빛 석산과 가지만 앙상하게 빳빳한 산도화의 담담(淡淡)한 풍경에 홍백의 꽃송이를 두어 점 띄워 동양화적인 정취를 풍기려 했으며, 이 여백의 함축은 내 시의 본질적인 일면이다.

062 산이 날 에워싸고 – 남령(南嶺)에게 | 박목월

[국어] 비상(박영)

핵심 정리

갈래 자유시, 서정시
성격 자연 친화적, 초월적, 관조적
제재 산
주제 자연 친화를 통한 순수한 삶에 대한 소망
특징 ① '산'을 의인화하여 화자에게 말을 하는 것처럼 표현함.
② 시구의 반복을 통해 리듬감을 형성함.
③ 자연과의 동화가 점층적 구조로 나타남.
출전 《청록집》(1946)

Q 이 시에서 '산'이 지니고 있는 의미는?

'산'은 기본적으로 순수한 자연의 세계를 의미한다. 이 산은 화자의 현실에서와 같은 욕심 또한 없는 공간으로 탈속적인 세계를 보이기도 한다. 그리고 화자는 산이 자신에게 말을 하는 것처럼 표현하면서 세속적인 욕망에서 벗어나 자연 속에서 살고 싶은 화자의 소망을 드러내고 있다. 따라서 '산'은 순수한 자연의 세계이면서 화자가 지향하는 곳에 해당한다.

시어 풀이

산자락 밋밋하게 비탈져 나간 산의 밑부분.
들찔레 장미과에 속하는 관목으로 전국의 산과 들에서 흔히 볼 수 있다.
쑥대밭 쑥이 무성하게 우거져 있는 거친 땅.
사위어지는 불이 사그라져서 재가 되는.

시구 풀이

❶**산이 날 에워싸고** 산을 의인화하여 표현함으로써 자연을 주체로 보아 자연의 절대적 가치를 강조하면서 화자의 소망을 드러내고 있다.
❷**씨나 뿌리며 ~ 살아라 한다** 산이 화자에게 던지는 듯한 표현을 활용하여 소박한 자연에서의 삶을 살고 싶은 소망을 드러내고 있다.
❸**들찔레처럼 ~ 살아라 한다** 화자가 소망하는 삶의 모습을 보여 주는 '들찔레'와 '쑥대밭'을 통해 자연에 동화되어 살고자 하는 화자의 내면을 보여 주고 통사 구조를 반복하여 주제를 강조하고 있다.
❹**그믐달처럼 사위어지는 목숨** '그믐달'을 통해 시간이 흐르면 점점 죽어 갈 수밖에 없는 자연의 법칙을 말하며 죽음 역시도 자연의 순리로 받아들여야 함을 보이고 있다.
❺**그믐달처럼 ~ 살아라 한다** 통사 구조를 계속 반복함으로써 자연 속에서의 삶을 소망하는 주제를 강조하고 있다. 점층적으로 이루어진 자연과의 동화를 통해 어딘가에 얽매이지 않는 초월적인 삶에 대한 지향이 나타나 있다.

작가 소개

박목월(본책 104쪽 참고)

ⓐ❶산이 날 에워싸고
　　　의인법
❷씨나 뿌리며 살아라 한다
　　반복법, 산이 화자에게 던지는 명령형의 권유
㉠밭이나 갈며 살아라 한다
　　　　　　　　　　　　　　　　　　　　　　▶ 1연: 자연에 토대를 둔 삶

어느 짧은 *산자락에 집을 모아
아들 낳고 딸을 낳고
　　　평범한 삶의 모습
흙담 안팎에 호박 심고
　　　자연에서의 소박한 삶의 모습
❸*들찔레처럼 살아라 한다
　　　직유법
㉡*쑥대밭처럼 살아라 한다　　　　　　　　　　▶ 2연: 자연 속에서의 소박한 삶
　　　직유법

산아 날 에워싸고
❹그믐달처럼 *사위어지는 목숨
　　시간이 흐르면 점점 죽어 갈 수밖에 없음. → 인생의 덧없음
❺그믐달처럼 살아라 한다
「　」: 어딘가에 얽매이지 않은 초월적인 자연의 모습. 속세를 초월한 달관적인 삶의 모습
㉢그믐달처럼 살아라 한다　　　　　　　　　　　▶ 3연: 세속에 얽매이지 않는 달관의 삶

△: 반복법, 의미를 강조함 → 자연에서 살고자 함.
○: 소박한 자연에서의 삶

이해와 감상

이 시는 《청록집》에 수록된 작품으로 일제 강점기의 어두운 현실 속에서 자연을 대하는 시인의 태도를 살펴볼 수 있다. 이 시에서 '산'으로 대표되는 자연은 화자를 에워싸고 삶의 모습에 대하여 명령형의 권유를 하고 있다. 그 권유 내용은 자연 속에서 욕심 없이 소박하게 살며 그믐달처럼 현실

자연과의 동화		
1연	자연에서 생계를 유지할 정도의 소박한 삶	
2연	자연 속에서의 소박하고 일상적인 삶	
3연	자연과 하나되어 속세를 초월한 정신적 달관의 경지를 이룬 삶	

을 초월하여 살라는 것이다. 하지만 실제로 산이 화자에게 말한 것이 아니라 이러한 형식을 빌려 화자가 자신의 소망을 나타낸 것이라는 점에서 화자가 자연 속에서 자연과의 일체를 꿈꾸며 초월적이고 달관적인 삶을 살고 싶어 한다는 것을 엿볼 수 있다.
　1연에서의 삶은 자연에서 생계를 유지할 정도의 소박한 삶이다. 씨를 뿌리고 밭을 가는 것은 기본적인 생계를 유지하는 것으로 자연에서 살아가는 것을 강조하는 최소한의 삶의 모습을 보여 준다. 2연에서는 집을 짓고 자식을 낳아 가정을 이루며 자연 속에서 살아간다. 호박을 심는 것은 소박하고 일상적인 삶의 모습으로, 1연에서 나아가 자연 속에서 완전히 정착하여 일상적인 삶을 살아가는 모습을 보여 준다. 그러면서도 들찔레와 쑥대밭처럼 살아가라고 하며 욕심 없이 자연의 순리대로 살아가는 삶을 강조하고 있다. 마지막 3연에서의 삶은 자연과 하나가 되어 속세를 초월한 정신적 달관의 경지를 이룬 삶이다. 1연과 2연을 바탕으로 자연과 가까워진 이후 마침내 이를 토대로 절대적 존재인 자연과 하나되어 속세에 얽매이지 않는 초월적인 삶의 모습을 보여 주고 있다.
　이처럼 이 시는 자연 친화적인 삶에 대해 말하면서도 시상의 전개에 따라 화자와 자연과의 동화를 점층적으로 나타내고 있다.

작품 연구소

시어의 상징적 의미

산	순수한 자연의 세계, 탈속적 공간
들찔레, 쑥대밭	자연의 순리대로 살아가는 소박한 삶의 모습
그믐달	어딘가에도 얽매이지 않은 초월적인 자연의 모습

시의 구조와 주제 의식 (1) - 반복

이 시는 <u>유사한 통사 구조를 반복</u>하고 있다. 통사 구조의 반복은 반복을 통해 <u>운율을 형성</u>하며, 반복되는 <u>시구를 강조하는 역할</u>을 한다. 또한 시구의 강조를 통해 작품 전체의 주제를 암시하는데, 이 시에서는 '산이 날 에워싸고', '~ 살아라 한다.'가 반복되고 있다. '산이 날 에워싸는' 상황은 인간의 세계를 떠나 자연의 세계에 속하는 상황이므로, 자연 속에 들어와 있는 것을 말하며 이 자연 속에서의 순수한 삶에 대한 소망이 주제로 나타나게 된다.

시의 구조와 주제 의식 (2) - 점층적 전개

1연		2연		3연
자연에 토대를 둔 삶	⇒	자연에서의 소박한 삶	⇒	자연에서의 초월적 삶

'~ 살아라 한다.'는 각 연에서 다르게 제시되고 있다. 1연에서는 '씨나 뿌리며', '밭이나 갈며'와 같이 자연에서 생계를 유지하는 삶의 모습을 보이고 있다. 2연에서는 '들찔레처럼', '쑥대밭처럼'과 같이 직유법을 통해 자연의 순리대로 살아가는 삶의 모습을 보이고 있으며, 3연에서는 '그믐달처럼'과 같이 죽음마저도 받아들이는, 어딘가에 얽매이지 않는 초월적인 삶의 모습을 보이고 있다.

즉, 각 연에서의 삶의 모습에 변화를 줌으로써 점차 자연에서의 삶이 고양되는 양상을 보여 준다. 시상이 전개될수록 <u>화자와 자연과의 동화가 점층적으로 나타나면서</u> 자연 속에서의 순수한 삶에 대한 소망이라는 주제 의식을 더욱 강조하게 되는 것이다.

자료실

'청록파'에게 자연의 의미

'청록파'란 1939년 《문장》지의 추천으로 등단한 박목월, 박두진, 조지훈 세 사람을 가리키는 말이다. 이 셋은 공동 시집 《청록집》을 냈는데, 이 시집에서는 기존 문단의 모더니즘에 반발하고 생명력을 간직한 '자연'을 추구하였다. 이들에게 있어 '자연'은 생명의 고향으로, 일제 치하라는 어두운 현실 아래 빼앗긴 고향과 자연을 찾아 노래함으로써 그 속에서 자연의 본성을 통해 인간적 염원과 가치를 성취시키고자 하였다. 일제 말기의 국어 말살 정책의 상황에서 우리말로 노래한 《청록집》은 민족의 역사적·문화적 동질성 또한 드높였다.

함께 읽으면 좋은 작품

〈장수산 1〉, 정지용 / 탈속적 세계로의 자연

〈장수산 1〉은 절대적으로 고요한 공간인 '장수산'에서 자연과 동화되어 현실의 시름을 잊고자 하는 화자의 태도와 탈속적 세계에 대한 염원을 드러내고 있다. 〈장수산 1〉과 〈산이 날 에워싸고〉는 모두 속세의 세계와 대비되는 탈속적 세계로서의 자연을 보여 주고 있다는 점에서 공통적이지만, 〈산이 날 에워싸고〉와는 달리 〈장수산 1〉에서의 화자는 자연을 삶의 공간으로 여기지 않는다.

키 포인트 체크

화자 화자는 ⬚⬚ 속에서 소박하게 살고자 하는 소망을 지니고 있다.

상황 화자는 ⬚을 의인화하여 화자에게 말을 하는 것처럼 표현해 자연 속에서의 소박한 삶을 토대로 현실을 넘어선 ⬚⬚적인 삶을 꿈꾸고 있다.

태도 화자는 세속적인 욕망에서 벗어나 자연 속에서 자연과의 ⬚⬚를 소망하고 있다.

1 이 시에 대한 설명으로 적절하지 <u>않은</u> 것은?
① 반복적인 표현을 통해 리듬감을 형성하고 있다.
② 화자와 자연과의 동화를 점층적으로 나타내고 있다.
③ 의인법을 활용해 화자의 소망을 효과적으로 표현하고 있다.
④ 직유법을 활용해 화자가 소망하는 삶의 모습을 드러내고 있다.
⑤ 속세에서의 힘겨움과 자연의 대비를 통해 자연을 예찬하고 있다.

내신 적중

2 ⓐ가 화자에게 어떤 의미의 장소인지 쓰시오.

3 ㉠~㉢에 대해 이해한 내용으로 가장 적절한 것은?
① ㉠과 달리 ㉡에는 소박한 삶을 꿈꾸는 화자의 모습이 담겨 있다.
② ㉠과 달리 ㉢에서 화자는 자연을 목적이 아닌 수단으로 바라보고 있다.
③ ㉢에 비해 ㉡에서 화자와 자연의 동화가 더 나타나 있다.
④ ㉡과 달리 ㉢에는 죽음마저 자연의 순리로 받아들이는 모습이 담겨 있다.
⑤ ㉠, ㉡, ㉢에는 모두 자연에서 생계를 유지하고자 하는 화자의 생명력이 나타나 있다.

4 〈보기〉와 이 시를 이해한 내용으로 적절하지 <u>않은</u> 것은?

┤ 보기 ├

벌목정정이랬거니 아람도리 큰 솔이 베혀짐즉도 하이 [중략] 깊은 산 고요가 차라리 뼈를 저리우는데 눈과 밤이 조히보담 희고녀! 달도 보름을 기달려 흰 뜻은 한밤 이 골을 걸음이란다? 웃절 중이 여섯 판에 여섯 번 지고 웃고 올라간 뒤 조찰히 늙은 사나히의 남긴 내음새를 줏는다? 시름은 바람도 일지 않는 고요에 심히 흔들리우노니 오오 견디란다 차고 올연히 슬픔도 꿈도 없이 장수산 속 겨울 한밤내─
– 정지용, 〈장수산 1〉

① 두 시 모두 속세와 대비되는 자연의 모습을 보여 주고 있다.
② 두 시의 화자는 모두 탈속적 세계에 대한 염원을 지니고 있다.
③ 〈보기〉와 달리 이 시는 생계를 유지하는 삶의 공간으로서의 산의 모습이 나타나 있다.
④ 이 시와 달리 〈보기〉의 화자는 장수산의 고요 속에서 시련과 고난을 극복하고 있다.
⑤ 이 시와 달리 〈보기〉는 시상이 전개되어 갈수록 점차 자연과 동화되어 가는 모습을 보여 주고 있다.

국어 신사고

🎯 핵심 정리

갈래 자유시, 서정시
성격 서정적, 사색적, 상징적
제재 아우의 죽음
주제 아우의 죽음으로 인한 슬픔과 아우에 대한 간절한 그리움
특징 ① 기도를 하는 듯한 담담한 어조로 슬픔과 그리움의 감정을 절제하여 표현함.
② 하강 이미지를 반복적으로 제시하여 죽음과 슬픔의 이미지를 형상화함.
출전 《난(蘭)·기타》(1959)

Q 하강 이미지란?

시적 화자가 부정하거나 고통스러워하는 대상 또는 소멸의 의미를 지닌 시어에 의해 형성되는 이미지를 말한다. 주로 '이지러지다', '기울다', '떨어지다', '주저앉다'와 같이 아래로의 방향을 가리키거나 소멸, 하강을 의미하는 시어에 의해 형성된다.

💡 시어 풀이

용납하옵소서 받아들이옵소서. '용납하다'는 '어떤 물건이나 상황을 받아들이다'의 뜻.
하직했다 작별을 고했다. '하직하다'는 먼 길을 떠날 때 웃어른께 작별을 고하는 것으로, 여기서는 죽은 동생에게 작별을 고하는 것을 의미한다.

🔖 시구 풀이

❶ **나는 옷자락에 ~ 좌르르 하직했다.** 아우를 묻고 하직하는 화자의 심정이 음성 상징어 '좌르르'와 함께 형상화되고 있다. 이 의성어는 흙이 떨어지는 소리임과 동시에 아우를 묻는 화자의 무너지는 심정을 표현한 것으로 볼 수 있다.
❷ **턱이 긴 얼굴이 ~ 전신(全身)으로 대답했다.** 꿈에서 만난 아우의 얼굴은 생전의 모습 그대로이다. 아우가 생전의 모습으로 '형님!'이라고 부르는 소리를 들은 화자는 꿈에서 아우를 만난 반가움과 자신의 대답이 아우에게 가 닿기를 바라는 간절함에서 '전신으로' 대답한다.
❸ **형님! ~ 미치지 못하는** 2연의 꿈속 상황을 반복적으로 제시함으로써 이승과 저승 간의 거리감과 두 공간 사이의 단절을 구체화하고, 이로 인한 화자의 슬픔과 안타까움을 극대화하고 있다.
❹ **여기는 ~ 들리는 세상.** 산 자의 공간인 이승에 대한 화자의 인식이 드러나 있다. 죽은 아우의 목소리가 자신에게만 들리듯, 떨어지는 '열매'로 표현된 생명체의 소멸과 죽음이 '툭 하는 소리'와 같이 무심히 지나가는 이승에 대한 허무함과 적막함을 느끼는 화자의 심정을 잘 표현한 대목이다.

👤 작가 소개

박목월(본책 104쪽 참고)

관(棺)이 내렸다.
　제목인 '하관' – 시적 상황 제시
깊은 가슴안에 밧줄로 달아 내리듯.
　　　무거운 마음을 직유법으로 표현 → 하강 이미지
『주여.
　『 』: 성격: 기독교 신앙의 반영
●용납하옵소서.』
　기도조의 어조
머리맡에 성경을 얹어 주고
●나는 옷자락에 흙을 받아
좌르르 ●하직했다.
음성 상징어의 사용 → 하강 이미지
　　　　　　　　　　　　　　　　　　　　　　　▶ 1연: 아우의 죽음

그 후로
그를 꿈에서 만났다.
　죽은 아우를 만나게 되는 매개 ↔ 현실
❷턱이 긴 얼굴이 나를 돌아보고
　아우의 생전 모습
형(兄)님!
그리움에서 비롯된 환청
불렀다.
오오냐. 나는 전신(全身)으로 대답했다.
　　　　　　　아우와의 소통을 바라는 간절함
그래도 그는 못 들었으리라.
이승의 '나'와 저승의 '그' 사이의 단절을 인식함.
이제
네 음성을
나만 듣는 ㉠여기는 눈과 비가 오는 세상.
　　　이승　　이승 – 아우의 죽음으로 인한 슬픔을 느끼는 곳 → 하강 이미지
　　　　　　　　　　　　　　　　　　　　　　　▶ 2연: 죽은 아우를 꿈에서 만남.

너는
어디로 갔느냐.
그 어질고 안쓰럽고 다정한 눈짓을 하고.
　　　　생전 아우의 모습
『❸형님!
　『 』: 이승과 저승의 거리감. 단절
부르는 목소리는 들리는데
내 목소리는 미치지 못하는.』
다만 ❹여기는
　　　이승
『열매가 떨어지면
생명체의 죽음 → 하강 이미지
툭 하는 소리가 들리는 세상.』
　　　　　　　　　　　　　　　　　　　　　　　▶ 3연: 죽은 아우에 대한 안타까움과 그리움
『 』: 생명체의 소멸은 '툭' 하는 소리만 남길 뿐. 허무하고 적막함.

📎 **이해와 감상**

이 시는 박목월 시인이 죽은 아우를 그리워하며 쓴 서정시이다. 하강의 이미지와 담담한 어조의 산문적 진술을 통해 감정을 절제하여 표현하면서도, 이승과 저승의 거리감을 절감하고 아우가 속한 공간과의 단절감을 확인하는 화자의 감정을 애절하게 드러내고 있다. 1연에서는 아우를 땅에 묻는 장례의 상황을 제시하였다. 2연에서는 이승에서 만날 수 없는 아우를 꿈에서 만나 자신을 부르는 소리를 듣고 온몸으로 대답하지만, 꿈에서의 만남은 결국 이승과 저승 간의 연결될 수 없는 거리를 확인하는 계기가 될 뿐이다. 이러한 만남은 결국 '여기'가 '네 음성을 / 나만 듣는' 곳이며, 아우가 부재하는 상황에서 서러움의 '눈과 비가 오는 세상'임을 인식하게 되는 결과로 이어진다. 3연은 2연과 유사한 구조로 전개되면서, 아우가 없는 이승에서 느끼는 허무함과 적막감을 표현하고 있다.

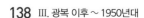

작품 연구소

시어 및 시구의 상징적 의미

시어 및 시구	상징적 의미
관이 내렸다	'아우의 죽음'이라는 시적 상황 제시
꿈	죽은 아우를 만나게 되는 매개
턱이 긴 얼굴, 어질고 안쓰럽고 다정한 눈짓	생전 아우의 모습
눈과 비	아우의 죽음으로 인한 서러움과 슬픔
툭 하는 소리	떨어지는 열매, 생명체의 소멸이 남기는 흔적

두 공간의 대립 – 이승과 저승

이승		저승
산 재(화자)의 공간 '눈과 비가 오는 세상' '네 음성을 / 나만 듣는 여기' '열매가 떨어지면 / 툭 하는 소리가 들리는 세상'	거리감, 단절 ↔	죽은 재(아우)의 공간 '내 목소리는 미치지 못하는'

하강의 이미지

이 시에서는 하강 이미지가 다수 사용되어 아우의 죽음과 관련된 상황을 구체화하고 이로 인한 화자의 서러움과 슬픔을 심화시키는 효과를 나타내고 있다. '내리다'와 같은 시어의 반복, '하직했고', '(열매가) 떨어지면'과 같이 하방으로의 움직임을 나타내는 시어의 제시, '흙', '눈', '비'와 같이 아래로 향할 수밖에 없는 소재가 이 시에서 하강 이미지의 형상화를 위해 사용되었다고 할 수 있다.

자료실

박목월 시의 흐름과 〈하관〉

박목월 시인의 시는 크게 초기, 중기, 후기로 나뉘어 서로 다른 경향을 보이는 것으로 파악된다. 초기는 시집 《청록집》, 《산도화》 등을 펴낸 시기로 자연물을 주된 시적 대상으로 삼아 민요적 율격에 향토적 서정을 담아내었다. 이후 6·25 전쟁을 겪으면서 그는 현실에 대한 관심들을 시 속에서 표출하기 시작하였고, 시의 소재를 가족이나 생활 주변에서 택하여 인간의 운명이나 사물의 본성에 대한 깊은 통찰을 보였다. 《난·기타》와 《청담》과 같은 1950년대 후반, 1960년대 초반의 시집들이 이러한 경향을 보이는 중기의 작품집으로 분류된다. 〈하관〉은 《난·기타》에 수록되어 중기 시의 경향을 잘 드러내는 작품으로 평가받으면서도, 시인의 후기 경향인 기독교적 신앙에 기반한 종교적 색채를 일부 포함하고 있다.

함께 읽으면 좋은 작품

〈제망매가〉, 월명사 / 동기(同氣)를 잃은 슬픔

혈육을 잃은 절절한 슬픔을 노래한 시로는 정지용의 〈유리창 1〉이나 김광균의 〈은수저〉 등을 들 수 있으며, 그중에서도 월명사가 지은 신라 시대의 향가 〈제망매가〉는 〈하관〉과 같이 동기(同氣, 형제와 자매, 남매를 통틀어 이르는 말)를 잃은 슬픔을 드러내고 있다는 공통점을 지닌다. 그러나 〈제망매가〉의 경우 스님이 지은 노래로 혈육을 잃은 슬픔을 종교적으로 승화하겠다는 다짐을 드러내고 있는 반면, 〈하관〉의 경우 종교적인 배경을 드러내고는 있으나 이승과 저승 사이의 거리감을 절감하고 죽음 후의 허무함과 적막함을 애절하게 드러내고 있다는 점에서 차이점을 보인다.

Link 〈고전 시가〉 44쪽

키 포인트 체크

화자 시의 표면에 '나'로 드러나 있으며, 아우와의 사별로 인한 □□을 표현하고 있다.

상황 아우의 □□으로 인해 □에서밖에 그를 만날 수 없는 상황에 처해 있다.

태도 기도를 하는 듯한 담담한 어조로 슬픔과 □□□의 감정을 절제하여 표현하고 있다.

내신 적중 多빈출

1 이 시에 대한 설명으로 가장 적절한 것은?
① 응답을 전제한 질문을 통해 시적 의미를 강조하고 있다.
② 다양한 감각적 심상을 통해 계절적 배경을 형상화하고 있다.
③ 시구의 변용과 확장을 통해 의미를 점층적으로 표현하고 있다.
④ 전달되지 않는 발화를 직접 인용하여 안타까움을 구체화하고 있다.
⑤ 시의 처음과 끝에서 유사한 구조를 반복하여 안정감을 구현하고 있다.

중요 기출

2 이 시를 다음과 같이 바꾸는 과정에서 그 내용이 달라진 것은?

보기

땅속 깊이 관이 내려지고 ①나는 슬픈 마음으로 옷자락에 흙을 받아 뿌렸지. 좌르르…… 흙이 네 관 위로 떨어질 때의 내 심정은 뭐라 말로 표현할 수가 없더구나. 그렇게 나는 너를 내 가슴 속에 깊이 묻었단다.

간절함 때문인지 ②너를 꿈속에서나마 만날 수 있었어. ③꿈속에서 네가 나를 부르는 것 같았는데 나는 네 목소리를 들을 수가 없더구나. 나도 너를 간절히 불렀지만 너는 내 목소리를 듣지 못하더구나. 이승과 저승의 거리가 이렇게 멀 줄은 정말 몰랐다.

여기는 눈과 비가 오는 이승 세계, ④이 세상 어디에도 너는 없구나. 아우야, 너는 어디에 있느냐. ⑤너의 어질고 다정한 모습이 아직도 눈에 선한데 말이다.

사랑한다. 아우야……

3 ㉠에 대한 설명으로 적절하지 않은 것은?
① 죽은 '아우'의 목소리를 '나'만 듣게 되는 공간이다.
② '아우'가 속한 공간과의 소통이 불가능한 공간이다.
③ 화자의 슬픔과 서러움이 '눈'과 '비'로 표현되는 공간이다.
④ 외양의 변화에서 세월의 흐름과 덧없음을 깨닫게 되는 공간이다.
⑤ 생명의 죽음이 '열매가 떨어지'는 것과 유사하게 인식되는 공간이다.

4 1연의 '흙'과 2연의 '눈과 비'의 공통적인 기능 및 그 효과를 쓰시오.

꽃덤불 | 신석정

문학 해냄

🎯 핵심 정리

갈래 자유시, 서정시
성격 상징적, 비판적, 서술적, 독백적
제재 꽃덤불
주제 광복의 기쁨과 새로운 민족 국가 건설에의 소망
특징 ① 시간의 흐름에 따라 시상을 전개함.
② 유사한 문장 구조의 반복을 통해 운율을 형성함.
③ 어둠과 밝음의 대립적 이미지를 활용하여 주제를 형상화함.
출전 《신문학》(1946)

💡 시어 풀이

오롯한 모자람이 없이 온전한.
꽃덤불 꽃이 어수선하게 엉클어진 수풀.

🐚 시구 풀이

❶ **대상을 의논하는 ~ 곳에서만 비롯하였다.** '태양을 의논하는 거룩한 이야기'는 조국 광복에 대한 소망을 함께 나누는 것을 의미하고 '태양을 등진 곳'은 비밀스럽게 숨어서 독립 투쟁을 벌여야 했던 일제 강점기의 불행한 상황을 나타낸다.

❷ **달빛이 흡사 ~ 성터를 헤매이면서** '해'가 없어 어두운 '밤'은 1연의 '태양을 등진 곳'과 같은 의미로, 일제의 지배를 받는 암울한 현실 상황을 나타낸다. 또한 '헐어진 성터' 역시 국권을 빼앗긴 조국의 모습을 상징한다.

❸ **그러는 동안에 ~ 벗도 있다.** 일제 강점기의 불행한 삶의 모습을 표현한 부분으로, 조국의 독립을 염원하던 사람들의 죽음, 유랑, 변절, 전향 등에 대한 비판과 안타까움을 드러내고 있다.

❹ **겨울밤 달이 아직도 차거니** 광복 직후 좌익과 우익의 이념적 갈등, 연합군의 신탁 통치에 의해 혼란했던 사회에 대한 비판적 태도를 엿볼 수 있다.

❺ **오는 봄엔 ~ 안겨 보리라.** '봄'은 이념의 대립과 갈등을 극복한 조국의 완전한 광복을, '꽃덤불'은 화자가 소망하는 새로운 민족 국가를 의미한다.

👤 작가 소개

신석정(辛夕汀, 1907~1974) 시인. 전북 부안 출생. 본명 석정(錫正). 1931년 《시문학》 제3호에 〈선물〉을 발표하며 등단했다. 주로 자연을 제재로 목가적이고 낭만적인 시를 썼으나, 광복 이후에는 현실 참여 정신과 역사의식이 강한 작품도 썼다. 시집으로 《촛불》(1939), 《슬픈 목가》(1947), 《대바람 소리》(1974) 등이 있다.

○ : 밝음 ↔ △ : 어둠

❶ 태양을 의논하는 거룩한 이야기는
　　빛, 밝음, 희망 – 조국의 광복
항상 태양을 등진 곳에서만 비롯하였다.
　　　　　　일제 강점기의 암담한 현실

▶ 1연: 일제 강점하의 암담한 현실에서 광복을 이야기함.

❷ 달빛이 흡사 비 오듯 쏟아지는 밤에도
　　　　　　　　　　　　　일제 강점하
우리는 헐어진 성터를 헤매이면서
　　　　　국권을 상실한 조국
언제 참으로 그 언제 우리 하늘에
● 오롯한 태양을 모시겠느냐고
　완전한 광복, 주권의 회복
「가슴을 쥐어뜯으며 이야기하며 이야기하며
「」: 설의적 표현과 반복법을 사용해 독립에 대한 염원을 표현함.
가슴을 쥐어뜯지 않았느냐?」

▶ 2연: 조국 광복을 실현하고 싶은 소망

❸ 그러는 동안에 영영 잃어버린 벗도 있다.
　　　　　　　　　　　　죽은 사람
그러는 동안에 멀리 떠나 버린 벗도 있다.
　　　　　　　　　　조국을 떠나 타국을 떠도는 사람
그러는 동안에 몸을 팔아 버린 벗도 있다.
　　　　　　　　　　변절(절개나 지조를 지키지 않음)한 사람
그러는 동안에 맘을 팔아 버린 벗도 있다.
　　　　　　　　　　전향(종래와 배치되는 사상이나 이념으로 돌림)한 사람

▶ 3연: 일제 강점하의 비극적 상황

「」: 일제 식민지 36년 만에 광복을 맞이함.
「그러는 동안에 드디어 서른여섯 해가 지나갔다.」
　　　　　　　　일제 강점기(1910~1945), 창작 당시의 시대적 상황을 알게 해 줌.

▶ 4연: 조국의 광복

↑ 과거
↓ 현재

[A] ┌ 다시 우러러보는 이 하늘에
　　　　　　　　　　광복을 맞이한 조국
　　┌ ⊙ ❹ 겨울밤 달이 아직도 차거니
　　│ 　　　광복 후의 혼란한 상황
　　│ ❺ 오는 봄엔 분수처럼 쏟아지는 태양을 안고
　　│ 　진정한 광복의 날, 광복 이후의 혼란이 끝난 시기
　　└ 그 어느 언덕 꽃덤불에 아늑히 안겨 보리라.
　　　　　　　　　민족의 화합이 이루어진 완전한 민족 국가

▶ 5연: 새로운 민족 국가 수립에 대한 기대

이해와 감상

이 시는 광복 후 일제 강점기의 어둡고 고통스러웠던 과거를 돌이켜 보면서 광복의 기쁨과 완전한 조국 광복에의 희망을 노래하고 있다. 식민지 시대를 다룬 대다수의

과거		현재		미래
일제 강점기의 암담한 현실	⇒	광복 직후의 혼란과 갈등	⇒	민족의 완전한 독립과 화합에 대한 기대

시와 마찬가지로 어둠과 밝음의 대립적 이미지를 주축으로 하여 화자의 염원을 강조하고 있다.

1연에서는 일제 강점기의 암담한 현실 속에서 광복에 대한 소망을 보여 주고, 2연에서는 광복을 위한 노력과 갈망을 표현하고 있다. 3연에서는 애국지사의 죽음과 방랑, 변절과 전향 등 일제 강점하의 비극적인 상황을 나열하고, 안타까운 심정을 반복을 통해 토로하고 있다. 4연과 5연에서는 마침내 조국의 광복을 이루었으나 좌우익의 갈등과 연합군의 신탁 통치로 인해 혼란스러운 상황이 계속되고 있음을 보여 주고 있다. 그리고 이러한 어둠의 잔재를 완전히 청산하고 맞이해야 할 미래의 표상인 새로운 민족 국가의 수립을 '오는 봄엔 분수처럼 쏟아지는 태양을 안고', '꽃덤불에 아늑히 안기는' 모습을 통해 나타내고 있다.

이와 같이 이 시는 과거에서 미래로의 시간의 흐름을 통해, 일제 강점하의 고통에서 벗어나 광복을 맞이했으나 아직 완전한 독립을 이루지 못한 당시의 혼란스러운 상황을 걱정하는 시인의 고뇌와 민족 화합에 대한 간절한 소망을 형상화하고 있다.

작품 연구소

시어의 상징적 의미

태양을 등진 곳, 밤	일제 강점하의 어둡고 암담한 현실
헐어진 성터	일제에 국권을 빼앗긴 조국
겨울밤	좌우익의 대립 등으로 혼란스러운 광복 직후의 상황
봄	모두가 하나가 되는 진정한 광복의 시간

대립적인 이미지

어둠	태양을 등진 곳, 밤, 헐어진 성터, 겨울밤	→	화자가 처해 있는 암담하고 혼란스러운 현실
밝음	태양, 하늘, 봄, 꽃덤불	→	화자가 소망하는 밝은 미래

'태양을 등진 곳', '밤', '겨울밤'과 같은 시어들은 어둠의 이미지로, 시적 화자가 처해 있는 암담하고 혼란스러운 현실을 드러낸다. 즉, 일제 강점하의 어두운 현실과 광복이 되었지만 여전히 좌우익의 이념 갈등으로 혼란을 겪으며 완전한 독립을 이루지 못한 현실을 나타내는 것이다. 이와 대립적으로 '태양'은 일차적으로 광명을 의미하는데, 이를 당시의 시대적 상황과 연관 지어 보면 완전한 조국 광복으로 볼 수 있다. 또한 '태양'을 안고 '꽃덤불'에 안겨 본다는 시구를 통해, '꽃덤불'은 광복 이후 혼란한 사회상을 극복하고 이루어 낼 진정한 화해와 평화의 민족 국가로 이해할 수 있다.

시에 반영된 시대적 상황과 창작 의도

시대적 상황		소망하는 세상
'다시 우러러보는 이 하늘에 / 겨울밤 달이 아직도 차거니'	→	봄, 꽃덤불

이 시는 해방이 되었음에도 좌우익의 이념 갈등으로 시련을 겪고 있는 상황과 주체적인 역량에 의해서가 아니라 연합군 세력에 의해 해방됨으로써 새로운 모순을 담고 있는 혼란한 사회상을 5연의 '겨울밤 달이 아직도 차거니'로 표현하고 있다. 이를 고려할 때 시인은 조국의 완전한 독립과 화합에 대한 소망을 드러내기 위해 이 시를 창작했다고 볼 수 있다.

자료실

창작 당시의 시대적 상황

이 시가 쓰인 것은 광복 직후이다. 일제로부터 벗어나 광복을 맞이하기는 하였지만 제2차 세계 대전 후의 세계는 미국을 중심으로 하는 자유 민주주의와 소련을 중심으로 하는 공산주의로 대립되어 냉전 체제를 형성하고 있었다. 이러한 상황에서 우리나라는 남북으로 분단되어 연합군의 신탁 통치를 받았으며, 좌우익의 이념 갈등은 극에 달하게 되었다.

함께 읽으면 좋은 작품

〈어서 너는 오너라〉, 박두진 / 미래의 세계에 대한 열망

〈어서 너는 오너라〉는 해방된 조국의 고향에서 아름답던 과거의 민족 공동체를 회복하자는 희망과 기대를 노래하고 있는 시로, 광복 후 우리 민족의 진정한 화합을 염원하고 있다는 점에서 〈꽃덤불〉과 유사하다. 하지만 〈어서 너는 오너라〉에서는 어둠을 극복하고 이루어 낼 진정한 화해와 평화의 세계를 '복사꽃 핀 마을'로 형상화하고 있고, 〈꽃덤불〉에서는 '꽃덤불'로 형상화하고 있다는 점에서 차이가 있다.

키 포인트 체크

화자 화자는 자신이 소망하는 새로운 민족 국가를 '□□□'로 표현하고 있다.

상황 완전한 □□을 이루지 못하고 혼란스러운 당시의 상황이 드러나 있다.

태도 화자는 민족 화합을 □□하고 있다.

1 이 시의 화자의 궁극적인 바람으로 적절한 것은?

① 조국의 광복을 간절히 염원하고 있다.
② 조국을 떠난 유랑민들이 다시 돌아오기를 바라고 있다.
③ 조국을 강제로 지배했던 일본에 대한 심판을 원하고 있다.
④ 친일 행위를 한 사람들에 대한 단호한 처단을 원하고 있다.
⑤ 광복 후의 혼란한 상황을 극복하고 진정한 화합을 이룬 국가가 되기를 바라고 있다.

중요 기출

2 [A]에 나타난 시적 화자의 상황과 정서가 가장 유사한 것은?

① 나 보기가 역겨워 / 가실 때에는 / 말없이 고이 보내 드리우리다.
② 나 하늘로 돌아가리라. / 아름다운 이 세상 소풍 끝내는 날, / 가서, 아름다웠다고 말하리라……
③ 나는 나룻배 / 당신은 행인 // 당신은 흙발로 나를 짓밟습니다. / 나는 당신을 안고 물을 건너갑니다.
④ 돌담에 속삭이는 햇발같이 / 풀 아래 웃음 짓는 샘물같이 / 내 마음 고요히 고운 봄 길 위에 / 오늘 하루 하늘을 우러르고 싶다.
⑤ 지금 눈 내리고 / 매화 향기 홀로 아득하니 / 내 여기 가난한 노래의 씨를 뿌려라 // 다시 천고의 뒤에 / 백마 타고 오는 초인이 있어 / 이 광야에서 목 놓아 부르게 하리라

내신 적중

3 ㉠에 대한 설명으로 적절하지 않은 것은?

① 현실에 대한 화자의 비판적 인식이 담겨 있다.
② '겨울밤'은 화자가 처한 부정적인 상황을 상징한다.
③ '아직도'는 부정적 상황이 지속되고 있음을 나타낸다.
④ '달'은 '겨울밤'과 대비를 이루어 밝은 미래를 암시한다.
⑤ '차다'는 '겨울밤'과 어우러져 화자의 현실 인식에 영향을 준다.

4 〈보기〉를 바탕으로 이 시에서 화자가 사랑하는 대상에 대한 관심을 잃지 않았음을 보여 주는 시구를 모두 찾아 쓰시오.

| 보기 |

사랑이 이루어진 상황을 사랑의 결실이라고 부르는 것은, 사랑을 이루기 위해 지극한 노력이 필요하기 때문이다. 사랑하기로 마음먹는 것만으로 사랑의 결실을 얻을 수는 없다. 사랑하는 대상에게 지속적으로 관심을 쏟아야 하고, 그 대상을 빼앗으려 하거나 위협하는 것들에 맞서야 한다. 이는 연인은 물론 다른 대상을 향한 사랑에서도 마찬가지이다.

문학 동아

🎯 핵심 정리

갈래 자유시, 서정시
성격 낭만적, 묘사적, 애상적
제재 낙화
주제 낙화에서 느끼는 삶의 비애
특징 ① 시간의 흐름에 따라 화자의 시선이 이동하면서 시상이 전개됨.
　　　② 모든 연이 2행으로 구성되어 절제된 느낌을 줌.
출전 《청록집》(1946)

Q 시대적 배경을 고려할 때 이 시에 나타나는 시인의 태도는?

이 시는 우리말로 글을 자유롭게 쓸 수 없었던 일제 강점기 말에 창작된 시이다. 그러므로 '낙화'를 바라보는 화자의 애상적인 시선 속에 험난한 시대에 대한 시인의 처지가 담겨 있는 것으로 해석할 수 있다. 시인은 해방 직전의 암흑기에 적극적으로 저항하지 못하고 숨어서 시를 썼다. 이러한 시인의 태도는 '묻혀서 사는 이의 고운 마음'이라는 시구에 표현되어 있다. 또한 세상으로부터 떨어져 사는 자신의 처지에 대한 상실감에 '울고 싶은' 감정을 표출하고 있다.

💡 시어 풀이

주렴 구슬 따위를 꿰어 만든 발.
우련 보일 듯 말 듯 은은하게.
저허하노니 염려하거나 두려워하노니. '저허하다'는 '저어하다'의 옛말임.

⚛ 시구 풀이

❶ **주렴 밖에 ～ 산이 다가서다.** 밤에서 새벽으로의 시간의 흐름이 나타난 부분으로, 꽃이 떨어지는 것에 대한 서글픔에 밤잠을 이루지 못하는 화자의 모습이 나타나 있다. 이러한 화자의 비애는 한(恨)을 상징하는 소재인 '귀촉도'를 통해 더욱 효과적으로 드러나고 있다.

❷ **촛불을 꺼야 하리 ～ 우련 붉어라.** 꽃이 떨어지는 모습을 보기 위해 화자는 촛불을 끄고 미닫이 창문을 바라보고 있고 하얀 창호지에 꽃 그림자가 은은하고 붉게 비치는 모습을 나타내고 있다.

❸ **묻혀서 사는 ～ 울고 싶어라.** 떨어지는 꽃의 모습 즉, 외부에 화자의 시선이 있는 1～6연과 달리 화자의 시선이 내면으로 향하는 부분이다. 화자는 아름다움이 사라지는 모습을 보며 이 세상에 있는 모든 것들이 덧없음을 새삼 깨닫고 삶의 무상감과 비애, 절망감을 느끼고 있다.

👤 작가 소개

조지훈(趙芝薰, 1920～1968) 시인. 경북 영양 출생. 본명 동탁(東卓). 고전적 풍물을 소재로 하여 우아하고 섬세하게 민족 정서를 노래하였으며, 박두진, 박목월 등과 《청록집》 (1946)을 간행하였다. 시집으로 《풀잎 단장》 (1952), 《역사 앞에서》(1959) 등이 있다.

꽃이 지기로소니

바람을 탓하랴
설의적 표현, '꽃이 지는 것'을 자연의 섭리로 받아들임.

❶주렴 밖에 성긴 별이
　　　드문드문 있는
하나둘 스러지고
점차 희미해지면서 없어지고 → 밤에서 새벽이 됨.

　두견새
귀촉도 울음 뒤에
한(恨)의 상징, 화자의 정서를 간접적으로 드러냄.
머언 산이 다가서다.
날이 밝아 오면서 먼 산이 모습을 드러냄.

▶ 1～3연: 꽃이 지는 시간을 기다리는 서글픔

❷촛불을 꺼야 하리
　　꽃이 지는 모습을 관조하려는 태도
꽃이 지는데

꽃 지는 그림자

뜰에 어리어

「하이야 미닫이가 「　」: 마당에 떨어지고 있는 꽃잎들이
　　　　색채 대비　창호지에 비친 모습
우련 붉어라.」

▶ 4～6연: 방 안에서 맞이하는 낙화의 순간

㉠❸묻혀서 사는 이의
　　현실과 단절된 삶을 살고 있는 화자
고운 마음을
① 꽃이 지는 것을 슬퍼하는 마음 ② 부정적 상황에 소극적으로 저항하는 마음

아는 이 있을까

저허하노니
　　두려워하니

꽃이 지는 아침은

울고 싶어라.

▶ 7～9연: 꽃이 지는 아침에 느끼는 서글픔

이해와 감상

이 시는 세상을 피해 은둔하며 살아가는 화자가 떨어지는 꽃을 바라보면서 느끼는 감정을 노래한 작품이다.

이 시에서 화자는 꽃이 지는 것을 거부하지 않고 대자연의 섭리로 담담하게 받아들인다. 동틀 무렵, 별이 하나 둘 사라지고 귀촉도의 서러운 울음소리도 사라진 후에, 화자는 미닫이창에 은은히 붉게 비치는 꽃의 그림자를 바라본다. 꽃이 떨어지면서 드러내는 은은한 붉은빛은, 세상을 피해 꽃과 함께 살아가는 화자의 서글픔이 담겨 있는 빛깔이라고 할 수 있다. 낙화를 본 화자는 자신의 내면 상태로 시선을 돌린다. 세상을 피해 은둔적 삶을 살아가는 화자는 꽃이 지는 광경을 통해 삶의 무상감과 절망감을 토로하는 것으로 시상을 마무리한다.

1～3연	꽃이 지는 슬픔	낙화(외부)
4～6연	낙화의 아름다움	
7～9연	삶의 무상감과 비애	화자(내면)

🏠 작품 연구소

시상의 전개

꽃의 떨어짐으로 인한 서운함에 밤잠을 이루지 못한 화자는 뜰을 보며 동틀 무렵의 시간을 인식한다. 이는 '성긴 별이 / 하나둘 스러지고', '촛불을 꺼야 하리' 등의 시구를 통해 알 수 있다. 그리고 이내 시선을 방안으로 돌려 촛불을 끄고 꽃이 떨어지는 아름다움을 바라본 후, 자신의 내면으로 시선을 돌린다. 세상과 떨어져서 살아가는 화자('묻혀서 사는 이')는 '울고 싶다'는 표현을 통해 꽃이 지는 아침을 맞으며 울고 싶은 비애감을 토로하며 시를 마무리한다. 이처럼 이 시는 '밤 → 새벽 → 아침'의 시간의 흐름과 '외부 → 내부'의 시선의 이동에 따라 시상을 전개하고 있다.

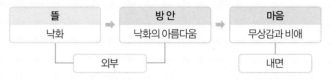

뜰		방안		마음
낙화	⇒	낙화의 아름다움	⇒	무상감과 비애
	외부			내면

화자의 정서

시적 대상		화자의 정서
낙화	⇒	삶의 무상감, 비애, 서글픔

화자는 꽃이 지는 것을 자연의 섭리로 인식하며 담담하게 받아들이고 있다. 하지만 꽃이 떨어지는 시간이 가까워지자 꽃이 지는 것에 대한 서글픔을 느끼게 된다. 이때의 화자의 한과 슬픔의 정서는 귀촉도의 울음을 통해 간접적으로 표현된다. 그리고 화자는 현실과 단절된 자신의 상황을 인식하면서 자신의 마음을 아는 이가 있을까 경계하는 심정을 드러내고 '울고 싶어라'라는 표현을 통해 삶의 무상감과 비애, 상실감을 표현하고 있다.

이 시의 문학적 경향

시어의 측면	'주렴', '귀촉도', '미닫이'와 같은 예스러운 느낌의 시어와 '우련', '저 허하다'와 같은 고풍스러운 어휘를 사용함.
운율의 측면	이 시의 각 연은 4음보의 율격을 지니며, 내용상 1~3연, 4~6연, 7~9연으로 나뉘면서 한 연이 시조의 한 장을 이루어 3수의 연시조를 읽는 듯한 느낌을 줌. 즉, 정형적인 율격이 느껴짐.
이미지의 측면	새벽이 되자 희미한 모습을 드러내는 '머언 산', '하이안 미닫이'에 은은하고 붉게 비치는 꽃잎의 모습을 제시하여 마치 한 편의 동양화를 보는 듯한 느낌을 줌.

↓

전통적 정서를 환기함.

📖 함께 읽으면 좋은 작품

〈낙화〉, 이형기 / 낙화를 소재로 한 작품

이형기의 〈낙화〉는 이별을 역설적으로 인식하면서 성숙함을 위한 결별의 의식으로 승화시킨 시로, 꽃의 떨어짐을 소재로 하고 있다는 점에서 조지훈의 〈낙화〉와 공통점을 지닌다. 하지만 이형기의 〈낙화〉가 꽃이 지는 자연 현상을 통해 인간사의 사랑과 이별을 이야기하고 있다면, 조지훈의 〈낙화〉에서는 삶의 무상함과 비애, 절망감을 이야기하고 있다는 점에서 차이가 있다. 🔗 Link 본책 184쪽

🔑 포인트 체크

> **화자** 떨어지는 ◻◻을 보면서 삶의 무상감을 느끼고 있다.
> **상황** '묻혀서 사는 이'라는 시어를 통해 세상을 피해 ◻◻하며 살아가는 화자의 상황을 유추할 수 있다.
> **태도** 아름다움이 사라지는 것을 보며 세상 모든 것들이 덧없음을 깨닫고 삶의 ◻◻를 느끼고 있다.

1 이 시의 시상 전개 방식에 대한 설명으로 적절한 것은?

① 공간의 이동에 따라 시상이 전개되고 있다.
② 시간의 흐름에 따라 화자의 시선이 이동하고 있다.
③ 대립적 상황을 제시하여 시적 대상을 강조하고 있다.
④ 시적 화자의 행동 변화를 통해 시상이 전개되고 있다.
⑤ 시상의 극적인 전환을 통해 시적 화자의 감정 변화를 제시하고 있다.

내신 적중

2 이 시에 대한 학생들의 감상으로 적절하지 않은 것은?

① 고풍스런 어휘를 통해 전통적 정서를 환기하고 있어.
② 세상으로부터 떨어져 은둔하는 화자의 처지를 알 수 있어.
③ 은은하게 비치는 낙화의 모습은 마치 한 편의 동양화를 보는 듯해.
④ 자연의 아름다움이 소멸해 가는 모습을 통해 비애감을 표현하고 있어.
⑤ 꽃이 떨어지는 광경에서 성숙한 삶의 의미에 대한 깨달음을 얻을 수 있어.

3 〈보기〉의 설명에 해당하는 시구를 찾아 4어절로 쓰시오.

> **보기**
> 그것은 사라져 가는 불꽃의 마지막 타오름이며, 쓸쓸함과 서글픔이 담겨 있는 은은한 빛깔의 아름다움을 나타낸다.

4 〈보기〉를 통해 알 수 있는 ㉠의 의미를 쓰시오.

> **보기**
> 《청록집》이 우리 세 사람(박목월, 조지훈, 박두진) 공동의 첫 시집이라는 것과 거기 수록된 작품들이 모두 해방 직전 주로 발표의 길이 막혔던 암흑기에 씌어진 것들임은 이미 주지하는 사실이다. [중략] 우리는 민족적 현실의 초극을 위한 저항을 노래하진 못하였으나 붓을 꺾고 숨어서 시를 씀으로써 치욕의 페이지에 이름을 얹지는 않았고, 쫓긴 이의 슬픔 속에 잠겨서 시를 썼으나 퇴폐에 몸을 맡기지 않아 희구(希求)하는 슬픔으로 빛을 삼았던 것만은 확언할 수 있다.
> – 조지훈, 〈내 시의 고향〉

5 이 시의 화자는 '낙화'를 보며 무엇을 느끼고 있는지 쓰시오.

066

사향(思鄕) | 김상옥

문학 천재(김)

🎯 핵심 정리

갈래 현대 시조(연시조)
성격 회상적, 향토적, 묘사적, 애상적
제재 고향
주제 고향에 대한 그리움
특징 ① 다양한 감각적 심상을 활용하여 고향의
　　　　모습을 형상화함.
　　　　② '현재-과거-현재'의 역순행적 구성임.
　　　　③ 사투리를 사용하여 토속적 정취를 형상
　　　　화함.
출전 《초적》(1947)

Q 이 시에서 주제를 드러내는 방식은?

이 시는 '고향에 대한 그리움'이라는 관념적인 주
제를 시각, 청각, 후각, 미각 등의 감각적인 심상
을 통해 그려 냄으로써 독자들이 선명하게 인식
하게 하고 있다. 또한 '현재-과거-현재'의 유기
적 구조를 통해 작품의 완결성을 높여 주제를 보
다 효과적으로 드러내고 있다.

💡 시어 풀이

길섶 길의 가장자리.
꽃지짐 찹쌀가루를 반죽하여 진달래나 개나리,
국화 따위의 꽃잎이나 대추를 붙여서 기름에 지진
떡, 화전(花煎).
멧남새 산나물.
애젓하오 애틋하오. 안타깝도록 서운하오.

🐚 시구 풀이

❶ **눈을 가만 감으면 ~ 초집들도 보이구요.** 눈을
감음으로써 회상이 시작되고 있다. 어린 시절
고향 마을의 정경을 시각적 심상과 청각적 심
상을 사용하여 나타내고 있다.
❷ **송아지 몰고 오며 ~ 향그러운 꽃지짐!** 어린 시
절 소를 몰며 보았던 산 곳곳에 피어 있던 진달
래꽃을 붉은색의 '저녁노을'에 비유하고 있다.
이러한 붉은색의 이미지는 다음 행에 나오는
'향그러운 꽃지짐'까지 이어진다. 한편 꽃지짐
은 어머니를 떠올리게 하는 매개물로서의 역할
을 한다.
❸ **감았던 그 눈을 뜨면 마음 도로 애젓하오.** 회상
에서 현재로 돌아오는 부분으로, 고향에 대한
그리움이라는 화자의 정서가 '애젓하오'라는
시어를 통해 집약적으로 드러나고 있다.

🧑 작가 소개

김상옥(金相沃, 1920~2004)
시조 시인. 경남 통영 출생.
1939년 《문장》지에 〈봉선화〉
가 추천되어 등단하였다. 전통
적인 율격과 제재로 사실적 기
법을 활용하여 현대 시조의 새
로운 경지를 개척하였다. 시조집으로 《초적》
(1947), 시집으로 《이단의 시》(1949), 《목석의 노
래》(1956) 등이 있다.

---

❶눈을 가만 감으면 굽이 잦은 풀밭 길이
　　　　회상의 시작　　　꼬불꼬불한
개울물 돌돌돌 *길섶으로 흘러가고
　　청각적 심상　　길 가장자리로
백양 숲 사립을 가린 초집들도 보이구요.
　　　　　사립문　　초가집　정겨움을 드러내는 말투
　　　　　　　　　　　　　　　　　　　　　▶ 1수: 고향의 정경에 대한 회상

❷송아지 몰고 오며 바라보던 진달래도
　　향토적 소재　　　　붉은색 이미지, 꽃지짐과 연관됨.
저녁노을처럼 산을 둘러 퍼질 것을
원관념: 진달래, 시각적 심상
어마씨 그리운 솜씨에 향그러운 꽃지짐!
'어머니'의 사투리, 향토성이 드러남.　후각적 심상
　　　○ '진달래 → 저녁노을 → 꽃지짐(화전)'으로
　　　　색채 이미지가 연결됨.
　　　　　　　　　　　　　　　　　　　　　▶ 2수: 그리운 고향과 어머니

어질고 고운 그들 *멧남새도 캐어 오리
　　　　　　　　마을 사람들　향토성이 드러나는 표현
집집 끼니마다 봄을 씹고 사는 마을
　　　　　　　　　'멧남새'를 미각적 심상으로 표현함.
❸감았던 그 눈을 뜨면 마음 도로 *애젓하오.
　회상에서 다시 현실로 돌아옴.　애틋한 마음 → 고향에 대한 그리움
　　　　　　　　　　　　　　　　　　　　　▶ 3수: 어질고 착한 고향 사람들

📎 이해와 감상

이 시는 고향에 대한 그리움을 3수
로 된 연시조 형식에 담아낸 작품으로,
화자가 눈을 감았다 다시 뜨는 행위를
통해 시상이 전개되고 있다. 이 시는 평
범하면서도 향토색이 짙은 시어와 다

현재		과거		현재
타향에 살면서 느끼는 고향에 대한 그리움	눈을 감음. ⇒	고향의 정경, 어머니, 어진 마을 사람들	눈을 뜸. ⇒	과거 고향에 대한 애틋한 마음

양한 감각적 이미지를 사용하여 잃어버렸던 고향의 자연과 인정에 대한 그리움을 되새기게 한다
는 점에서 그 의의를 찾을 수 있다.

1수에서 화자는 눈을 감으면서 어린 시절의 고향을 회상하게 된다. 구불구불한 풀밭 길과 개울
물, 숲으로 가려져 있는 초가집들 등 고향의 정경이 시각적, 청각적 심상을 통해 구체적으로 제시
되고 있다.

2수에서는 화자 자신의 구체적 체험과 연결되어 고향의 모습에 대한 회상이 이어지고 있다. 소
를 몰고 오면서 바라보던, 마치 저녁노을과 같이 붉던 진달래꽃과 집에 도착할 때쯤 어머니가 부
쳐 주시던 꽃지짐(화전)에 대한 추억을 떠올리면서 화자의 정서는 어머니에 대한 그리움으로 집약
되고 있다.

3수에서는 어머니에 대한 그리움이 고향 마을 사람들과 마을 전체로 확대되고 있다. 봄나물을
캐어 먹으며 살면서도 함께 어울려 사는 인정과 고운 마음을 간직했던 마을 사람들의 모습이 '끼
니마다 봄을 씹고 사는 마을'이라는 미각적 심상을 통해 제시되고 있다. 마지막 행에서는 화자가
감았던 눈을 뜸으로써 현실로 되돌아오고 있는데, 이때 느끼는 안타까운 심정을 '애젓하오'라는
시어를 통해 드러내고 있다.

🏠 작품 연구소

이 시에 나타난 다양한 감각적 심상

이 시는 시각적 심상을 사용하여 고향의 정경을 그려 내고 있을 뿐만 아니라 청각, 후각, 미각 등의 다양한 심상을 사용하여 고향의 구체적인 모습을 형상화하고 있다.

개울물 돌돌돌	'돌돌돌'이라는 의성어로 개울물 흐르는 모습을 청각적 심상으로 제시함.
진달래도 저녁노을처럼 산을 둘러 퍼질 것을	산에 피는 붉은 진달래의 모습을 저녁노을에 비유하여 봄의 정경과 정취를 시각적 심상으로 제시함.
어마씨 그리운 솜씨에 향그러운 꽃지짐!	'향그러운'이라는 시어를 통해 꽃지짐을 후각적으로 표현하면서 어머니에 대한 그리움을 효과적으로 드러냄.
봄을 씹고 사는 마을	마을 사람들이 나물을 먹고 정답게 사는 모습을 계절적 배경과 함께 미각적 심상으로 표현함.

'고향'의 의미와 화자의 태도

'고향'의 의미	화자의 태도
• 그리움의 대상 • 이상화된 공간 • 화자에게 마음의 위안이 되는 공간	고향에 대한 그리움

화자는 평화롭고 향토적인 고향 마을의 풍경을 회상하고 있다. 특히 봄에 진달래꽃이 산 전체에 둘러 활짝 피어 있던 모습과 어머니가 진달래꽃으로 전을 부쳐 주었던 기억을 통해 고향의 봄과 어머니를 그리워하고 있다. 그리고 봄에 산나물을 캐어 먹던 마을 사람들의 소박함과 정겨움을 회상하면서 고향에 대한 그리움을 강조하고 있다. 즉, 과거의 고향의 모습에 그리움의 정서를 투영하여 드러내고 있는 것이다. 이처럼 화자에게 고향은 이상화된 모습의 공간이고, 그리움의 대상이자 마음의 위안이 되는 공간이다.

선경 후정(先景後情)의 구조

1수	고향의 정경	선경(先景)
2수	어머니에 대한 그리움	후정(後情)
3수	고향 사람들에 대한 그리움	

1수에서는 고향 마을의 정경에 대한 회상이 시작되면서 구불구불한 풀밭 길과 개울물, 초가집 등 전형적인 시골 마을의 풍경이 펼쳐진다. 2수에서는 어린 시절 화자가 송아지를 몰며 보았던 진달래꽃 등 세부적인 풍경이 펼쳐지다가 어머니가 부쳐 주시던 화전을 떠올리면서 어머니에 대한 그리움으로 정서가 집약되고 있다. 3수에서는 따뜻했던 고향 마을 사람들을 떠올리다가 다시 현실로 돌아오면서 '애젓하오'라고 말함으로써, 화자가 고향에 대해 지니는 애틋한 마음을 표현하고 있다.

📖 함께 읽으면 좋은 작품

〈고향〉, 정지용 / 고향에 대한 화자의 태도

〈사향〉과 〈고향〉은 모두 시적 대상인 고향에 대한 화자의 정서를 드러낸다는 점에서 유사하다. 하지만 〈사향〉이 고향에 대한 그리움을 강조하고, 과거의 이상화된 고향의 모습에 화자의 정서를 투영하고 있는 반면에, 〈고향〉은 고향에 대한 그리움보다는 상실감을 강조하고, 고향의 현재 모습과 자신의 슬픔을 대조적으로 보여 준다는 점에서 차이가 있다.

Link 본책 118쪽

🔑 포인트 체크

[화자] 청각, 후각, 미각 등 다양한 ☐☐을 활용하여 고향에 대한 그리움을 표현하고 있다.

[상황] 화자는 어린 시절 고향의 모습을 ☐☐하고 있다.

[태도] 화자는 고향을 애틋한 ☐☐☐의 공간으로 바라보고 있다.

내신 적중

1 이 시에 대한 설명으로 적절하지 않은 것은?

① 향토적인 소재를 사용하고 있다.
② 전체 3수로 이루어진 연시조이다.
③ 회상의 구조로 시상이 전개되고 있다.
④ 풍경을 먼저 제시한 후 화자의 정서를 표현하고 있다.
⑤ 근경(近景)에서 원경(遠景)으로 시선이 이동하고 있다.

2 이 시의 화자가 고향을 바라보는 태도로 가장 적절한 것은?

① 절대적 초월의 공간으로 바라보고 있다.
② 애틋한 그리움의 공간으로 인식하고 있다.
③ 현실과 공존 가능한 세계로 인식하고 있다.
④ 한(恨)이 서린 서글픈 공간으로 인식하고 있다.
⑤ 암담한 현실에 희망을 주는 공간으로 바라보고 있다.

중요 기출

3 〈보기〉의 관점에서 이 시를 감상할 때, 가장 적절한 반응은?

보기
　시조는 전통적으로 음악과 관련된 형식을 강조한다. 노래로 불려지지 않는 현대 시조에서도 이러한 형식은 여전히 중요시되어 음수 통제나 율격 구조와 같은 형식적인 제약이 강조되고 있다. 그 결과 시적 감수성을 구현하는 데 어려움이 있다. 이제 현대 시조는 이러한 형식적 제약을 넘어서 새로운 미학을 개척하는 방향으로 나아가야 한다.

① 의미를 압축적으로 드러내기 위해 글자 수를 제한하고 있군.
② 이미지의 흐름에 따라 짜임새 있는 의미 구조를 이루고 있군.
③ 어절을 규칙적으로 배열하여 율격적인 특징을 나타내고 있군.
④ 사투리를 효과적으로 사용하여 시의 리듬감을 잘 살리고 있군.
⑤ 정서의 흐름을 통제하기 위하여 안정적인 3장 구조를 지키고 있군.

4 이 시와 〈보기〉에 나타난 화자의 태도를 〈조건〉에 맞게 쓰시오.

보기
　아무도 찾지 않으려네 / 내 살던 집 툇마루에 앉으면 / 벽에는 여직도 쥐오줌 얼룩져 있으리 / 담 너머로 늙은 수유나뭇잎 날리거든 / 두레박으로 우물물 한 모금 떠 마시고 / 가위소리 요란한 엿장수 되어 / 고추잠자리 새빨간 노을길 서성이려네. / 감석 깔린 장길은 피하려네. [중략] 쫓기듯 도망치듯 살아온 이에게만 / 삶은 때로 애닯기만 하리 / 긴 능선 검은 하늘에 박힌 별 보며 / 길 잘못 든 나그네 되어 떠나려네.
　　　　　　　　　　　　－ 신경림, 〈고향길〉

조건
　'고향'에 대한 화자의 태도를 비교하여 서술할 것

067

상치쌈 |조운

문학 금성

🎯 핵심 정리
갈래 현대 시조, 정형시, 서정시
성격 서정적, 회화적
제재 상추쌈을 먹다 바라본 광경
주제 상추쌈을 먹다 포착한 봄 풍경에 대한 감탄
특징 ① 시조의 4음보 율격을 계승하면서도 세 개의 장을 각각의 연으로 배치하여 현대적인 느낌을 살림.
② 일상적 경험을 순간적으로 포착하여 묘미를 살림.
출전 《조운 시조집》(1947)

Q 구별 배행이란?
각 장이 4개의 음보로 이루어진 전통 시조를 변형한 현대 시조에서는 구별 배행의 방법으로 시행을 구분한다. 구별 배행이란 2개의 음보가 모여 이루어진 하나의 구를 하나의 시행으로 배치하는 방식을 가리킨다.

💡 시어 풀이
우겨넣다 욱여넣다. 주위에서 중심으로 함부로 밀어 넣다.
희뜩 갑자기 얼굴을 돌리며 슬쩍 돌아보는 모양. 또는 다른 빛깔 속에 흰 빛깔이 섞이어 얼비치는 모양.

☸ 시구 풀이
❶ **쥘상치 두 손 받쳐 / 한입에 우겨넣다** 소박한 식사와 함께하는 일상의 풍경을 제시하면서 시상을 출발하고 있다.
❷ **희뜩 ~ 내다보니** 화자의 시선이 전환되고 있는 대목이다. 한 시행에 하나의 단어만을 배치하여 독자의 시선을 끌면서 시선 전환의 순간에 주목하도록 만드는 효과를 발휘하고 있다.
❸ **흘는꽃 ~ 가더라.** '꽃', '나비'와 같이 봄의 계절감을 잘 드러내는 소재를 제시하였으며, '울 너머로 가는' 나비의 움직임을 포착함으로써 생동감과 생명력이 넘치는 봄의 풍경을 효과적으로 드러내고 있다.

👤 작가 소개
조운(曹雲, 1900~?)
시조 시인. 전남 영광 출생. 1922년 동호회인 추인회(秋蚓會)를 창립하고 1924년 《조선문단》에 〈초승달이 재 넘을 때〉를 발표하였다. 영광중학교 교사를 지냈으며 항일 운동으로 옥고를 치르기도 했다. 조남영의 권유로 자신이 선별한 작품을 수록한 《조운 시조집》이 1947년에 출간되었으며, 시조의 운율을 살리면서도 현대적인 율격을 갖춘 일상어로 우리 민족의 정서가 배어 있는 작품을 창작한 것으로 평가받고 있다. 1949년 가족과 함께 월북하였다.

---

❶쥘상치 두 손 받쳐
한입에 •우겨넣다   ▶ 1연(초장): 식사 중 상추쌈을 입에 넣음.

❷•희뜩
　한 음보로 하나의 행을 구성(일반적인 구별 배행의 방식을 변형) → 주목의 효과 + 시선 전환의 계기를 강조함.
눈이 팔려 우긴 채 내다보니   ▶ 2연(중장): 눈이 팔려 밖을 내다봄.

❸흘는 꽃 쫓이던 나비
　　봄의 계절감을 드러내는 소재
울 너머로 가더라.   ▶ 3연(종장): 날아가는 나비를 포착함.
생동감, 생명력 넘치는 봄의 풍경

이해와 감상

　이 시조는 일상생활에서 경험한 구체적인 순간을 현대적인 율격으로 변형된 현대 시조에 담아 낸 작품으로, 1947년 출판된 《조운 시조집》에 수록되었다. 초·중·종장을 세 연으로 배분하여 평범한 일상에서 봄의 아름다움을 발견하게 되는 순간을 절묘하게 포착하였다. 초장에서 다소 우악스럽게 식사를 하던 화자는 순간 무엇인가에 눈이 팔려 시선을 돌리게 되는데, 이 전환된 시선에 들어온 것이 바로 '꽃을 쫓는 나비'로 봄의 정수라 할 수 있는 풍경이다. 이 작품을 읽는 독자는 중장의 '희뜩'에 주목하게 된다. 이 시어를 중심으로 하여 화자는 초장의 상추를 싸 먹는 행동을 채 마무리하지도 못한 상태에서 날아가는 나비로 시선을 돌리게 된다. 이 시선의 전환은 봄의 생동감과 생명력을 포착하는 순간으로 이어지면서, 자칫 지나칠 뻔했던 찰나적이고 덧없는 봄의 아름다움을 목도한 데 대한 감탄을 표현하게 되는 계기가 된다.

| 일상생활의 단면 | ⇒ | 시선의 전환과 주목 '희뜩' | ⇒ | 아름다운 순간 (봄의 생명력, 생동감) 포착 |

작품 연구소

시어의 상징적 의미

시어	상징적 의미
희뜩	시선의 변화와 함께 시상 전환의 계기
꽃, 나비	봄의 계절감

주목하게 되는 시어 '희뜩'

이 시에서는 일상에서 흔히 접하는 소박한 식사의 한 장면에서 아름다운 봄의 순간으로의 전환이 나타난다. 상추쌈을 입에 욱여넣던 시적 화자는 욱여넣는 도중 뭔가에 눈이 팔려 시선을 돌리고, 이 시선은 자연스럽게 흩어지던 꽃잎을 쫓던 나비에 붙들린다. 즉 '희뜩'은 화자가 시선을 돌리게 되는 계기로 제시되면서, 동시에 이를 기점으로 시적 장면이 일상의 광경에서 봄의 한 장면으로 전환되는 것이다. 전체적으로 2개의 음보가 하나의 시행을 이루는 구별 배행을 충실히 따르고 있는 이 시조에서, '희뜩'만은 예외적으로 하나의 단어(하나의 음보)가 하나의 시행에 배치되어 독자의 주목을 끌고 있다.

또한 상추쌈을 입에 한가득 물고 눈으로 나비를 쫓는 화자의 모습은 '희뜩'이란 단어를 통해 화자의 흰자위가 연상되면서 해학적으로 그려진다. 평범하고 소박한 일상에서 순간적으로 목도하게 된 아름다움에 주목하면서도 가장 본능적이고 일상적인 식사 행위를 멈출 수 없는 범부(凡夫)의 모습이 소박하고 해학적으로 표현된 대목이다.

자료실

조운의 시조 창작 활동과 《조운 시조집》

조운은 1920년대 중반 국민 문학파에 의해서 일어난 시조 부흥 운동에 적극적으로 참여하였다. 이전부터 시조 창작에 정진하면서 지역 문예 활동에 참여해 왔던 그의 작품은 대체로 단아한 정조가 돋보이며 시어를 섬세하게 조탁하여 전통적인 정한의 세계를 담아낸 것으로 평가받는다. 1947년 동국대학교에서 시조론을 강의하면서 자신이 선별한 작품을 수록한 《조운 시조집》을 출간하였다. 이 시조집은 꽃과 새를 소재로 하여 자연과의 교감을 읊은 〈파초〉, 일상과 주변 환경을 소재로 한 〈설청〉, 역사의 현장이나 유적지에서의 감회를 읊은 〈만월대〉, 혈육과 친구의 곡진한 정을 나타낸 〈정운애〉, 일제 말의 혹독한 시련과 고난을 표현한 〈일음〉, 항일 운동으로 옥고를 치를 때의 서러움을 표현한 〈옥중저조〉의 6부로 이루어져 있으며, 〈상치쌈〉은 이 중 2부 〈설청〉에 수록되어 있다.

함께 읽으면 좋은 작품

〈수선화, 그 환한 자리〉, 고재종, 〈개화〉, 이호우 / 찰나의 순간에 주목하면서 그 의미를 생각함

고재종의 〈수선화, 그 환한 자리〉는 수선화가 막 피어나는 순간을 묘사하고 있는 작품이다. 화자는 개화 순간의 긴장감과 개화를 위한 노력을 묘사하면서, 이를 보고 더 치열한 삶에 대한 다짐과 스스로의 정신을 고양하겠다는 결심을 드러낸다. 이호우의 〈개화〉 역시 개화의 순간에 주목하면서 그 순간의 긴장감을 드러내고 의미를 구체화하고 있다.

〈수선화, 그 환한 자리〉와 〈개화〉, 그리고 〈상치쌈〉은 특정 순간에 주목하며 그 의미를 드러내는 시라는 점에서 유사성을 지닌다. 특히 〈개화〉는 〈상치쌈〉과 같이 전통 시조의 율격을 변형한 현대 시조의 틀 안에서 내용을 형상화하고 있다는 점에서 주목할 만하다.

포인트 체크

화자 '상치쌈'으로 제시된 □□한 식사를 즐기는 중이다.
상황 □□의 식사를 하던 중에 꽃을 쫓아 날아가는 □□를 보게 된다.
태도 우연히 목도하게 된 □의 풍경에 대한 □□을 드러내고 있다.

내신 적중 多빈출

1 이 시에 대한 설명으로 가장 적절한 것은?
① 특정 소재를 통해 계절적 감각을 부각하고 있다.
② 공간의 이동을 통해 다양한 시적 대상을 제시하고 있다.
③ 시대적 상황으로 인한 억압을 해학적으로 승화하고 있다.
④ 냉소적인 태도로 현실에 대한 비판 의식을 드러내고 있다.
⑤ 특정 가치관을 부각함으로써 교훈과 깨달음을 전달하고 있다.

2 이 시를 읽고 떠올릴 수 있는 장면으로 적절하지 않은 것은?
① 큰 상추쌈을 한 입에 욱여넣는 화자의 모습
② 흩날리는 꽃잎과 어우러져 날아가는 나비의 모습
③ 꽃 위에 머문 나비를 골똘히 바라보는 화자의 모습
④ 울타리 너머 날아가는 나비를 바라보는 화자의 모습
⑤ 상추쌈을 먹다가 눈을 돌려 무언가를 바라보는 화자의 모습

3 〈보기〉에 근거하여 이 시([A]와 [B]를 설명한 내용으로 적절하지 않은 것은?

| 보기 |

전통 시조는 일반적으로 초·중·종장의 3장으로 이루어진 3·4 / 4·4조의 4음보 정형시로 규정되며, 각 장은 2개의 음보로 이루어진 구 2개로 구성된다. 마지막 장의 첫 음보가 3음절이라는 특징 역시 오랫동안 유지되었다. 1920년대 시조 부흥론이 제기되면서, 전통 시조의 기본적 형식에서 벗어나 다양한 현대 시조가 창작되기 시작하였다. 구별 배행의 방식을 사용하거나 2개의 장으로 이루어진 양장 시조와 같은 현대 시조가 나타났는데, 다음은 그 예이다.

[B] 눈 뜨면 안 뵈는 님 눈 감으니 보이시네
　　감아야 뵈이신다면 소경 되어지이다
　　　　　　　　　　　　　　　　　－ 이은상, 〈소경 되어지이다〉

① [A]와 [B]는 모두 전통 시조의 형식을 변형한 현대 시조 작품이다.
② [A]와 [B]는 모두 전통 시조의 음보율에서 벗어나 길이가 길어지는 경향을 보이는 작품이다.
③ [A]와 [B] 모두 전통 시조의 형식에서 마지막 장의 첫 음보와 관련된 특징을 유지하고 있다.
④ [A]에서는 구별 배행의 방식이 사용되어, 대부분의 행이 하나의 구로 이루어져 있다.
⑤ [B]는 전통 시조와 비교해 볼 때 장의 개수가 하나 줄어든 양장 시조의 형태를 보이고 있다.

4 2연의 '희뜩'이 지니는 시적 기능을 쓰시오.

068

남신의주 유동 박시봉방 | 백석

문학 천재(김), 신사고
국어 미래엔

🎯 핵심 정리
갈래 자유시, 서정시
성격 독백적, 반성적, 의지적
제재 유랑하는 삶
주제 무기력한 삶에 대한 반성과 새로운 삶에 대한 의지
특징 ① 토속적 소재가 등장하며, 사투리를 구사함.
② 편지의 형식을 빌려 자신의 근황을 드러냄.
③ 산문적 서술 형태이나, 쉼표를 통해 내재율을 획득함.
출전 《학풍》(1948)

Q 제목이 의미하는 바는?
'남신의주 유동 박시봉방'이란 제목은 '남신의주 유동'에 사는 '박시봉 씨네'라는 의미이다. 즉, 편지 봉투에 쓰는 발신인의 주소에 해당한다. 고향을 떠나 유랑하는 화자가 자신이 세 들어 사는 집을 발신으로 하여 자신의 근황을 알리고 있는데, 이와 같은 편지 형식은 화자의 내면 의식과 정서를 효과적으로 전달할 수 있다.

💡 시어 풀이
샷 삿자리. 갈대를 엮어서 만든 자리.
쥔을 붙이었다 셋방을 얻어 살았다.
딜옹배기 둥글넓적하고 아가리가 벌어진 작은 질그릇.
북덕불 짚이나 풀, 겨 따위가 뒤섞여 엉클어진 뭉텅이에 피운 불.
나줏손 저녁 무렵. 저물 무렵.
정한 깨끗하고 바른.

🐝 시구 풀이
❶ **바로 날도 ~ 더해 오는데.** 화자가 처한 암울한 현실 상황을 제시하고 있다. '날도 저물어서', '바람', '추위'는 현실의 고난을 상징한다.
❷ **한 방에 들어서 쥔을 붙이었다.** 목수네 집에 있는 허름한 방 하나를 세내어 살게 되었다는 의미이다.
❸ **나는 내 슬픔이며 ~ 쌔김질하는 것이었다.** 자신의 무능하고 나약한 삶에서 오는 슬픔과 어리석음을 소처럼 되새김질해서 다시 생각해 본다는 뜻으로, 화자는 지나온 삶을 응시하며 반성하고 있다.
❹ **그 드물다는 ~ 생각하는 것이었다.** '굳고 정한 갈매나무'는 절망적인 삶 속에서도 의연하게 견디는 의지의 표상이자 희망이다. 무기력하고 절망적인 삶에 대한 반성 끝에 화자는 자신이 지향해야 할 굳고 정결한 삶의 모습을 '갈매나무'를 통해 드러내고 있다.

👤 작가 소개
백석(본책 82쪽 참고)

[A]
어느 사이에 나는 아내도 없고, 또,
『 』: 현실의 고난과 고독, 가족의 해체
아내와 같이 살던 집도 없어지고,

그리고 살뜰한 부모며 동생들과도 멀리 떨어져서,
            가족과 떨어져 있는 화자의 처지
그 어느 바람 세인 쓸쓸한 거리 끝에 헤매이었다.
                        객지에서의 방랑
❶바로 날도 저물어서,

ⓐ바람은 더욱 세게 불고, 추위는 점점 더해 오는데,
        냉혹한 현실
나는 어느 목수(木手)네 집 헌 샷을 깐,   : 향토적 시어 – 일제 강점하 모국어의
    박시봉   누추한   아름다움을 지키려고 한 시인의 의지
❷한 방에 들어서 쥔을 붙이었다.   ▶ 1~8행: 타향에서의 외롭고 고단한 삶
    셋방을 살았다. 더부살이를 했다.

이리하여 나는 이 습내 나는 춥고, 누긋한 방에서,
                        메마르지 않고 좀 녹녹한
낮이나 밤이나 나는 나 혼자도 너무 많은 것같이 생각하며,
                        내 몸 하나 감당하기 힘든 상황
딜옹배기에 ⓑ북덕불이라도 담겨 오면,

[B]
이것을 안고 손을 쬐며 ㉠재 우에 뜻 없이 글자를 쓰기도 하며,

또 문밖에 나가두 않구 자리에 누워서,

머리에 손깍지 벼개를 하고 굴기도 하면서,
                        뒹굴기도
❸나는 내 슬픔이며 어리석음이며를 소처럼 ㉡연하여 쌔김질하는 것이었다.
                회한의 정서   ▶ 9~15행: 지난 삶에 대한 성찰

[C]
내 가슴이 꽉 메어 올 적이며,○: 반복을 통해 운율 형성
『 』: 회한과 울분과 부끄러움으로 절망감이 극에 달하여 죽음까지 생각하는 화자
내 눈에 뜨거운 것이 핑 괴일 적이며,
        눈물
또 내 스스로 화끈 낮이 붉도록 부끄러울 적이며,

나는 내 슬픔과 어리석음에 눌리어 죽을 수밖에 없는 것을 느끼는 것이었다.
                            삶에 대한 절망감   ▶ 16~19행: 지난 삶에 대한 회한

[D]
그러나 잠시 뒤에 나는 고개를 들어,
    사상의 전환(심리 및 태도의 변화 암시)   화자의 시선이 낮은 곳에서 높은 곳으로 올라감.
허연 문창을 바라보든가 또 눈을 떠서 높은 ㉢턴정을 쳐다보는 것인데,

이때 나는 내 뜻이며 힘으로, 나를 이끌어 가는 것이 힘든 일인 것을 생각하고,
                    불가항력적인 운명에 대한 인식
이것들보다 더 크고, 높은 것이 있어서, 나를 마음대로 굴려 가는 것을 생각하는 것인데,
초월적 존재, 운명 또는 민족 구성원 전체를 참담한 상태로 만든 현실   운명론적 가치관
이렇게 하여 여러 날이 지나는 동안에,

내 어지러운 마음에는 슬픔이며, 한탄이며, 가라앉을 것은 차츰 앙금이 되어 가라앉고,
『 』: 운명에 대한 깨달음이 가져다준 감정의 정화 – 화자의 심리적 성숙   화자의 내면의 안정
외로운 생각만이 드는 때쯤 해서는,

더러 나줏손에 쌀랑쌀랑 싸락눈이 와서 문창을 치기도 하는 때도 있는데,
                            고통과 시련
[E]
나는 이런 저녁에는 화로를 더욱 다가 끼며, 무릎을 꿇어 보며,
                                    지나온 삶에 대한 반성
어니 먼 산 뒷옆에 ⓓ바우섶에 따로 외로이 서서,
『   바위 옆
어두워 오는데 하이야니 눈을 맞을, 그 마른 잎새에는,

쌀랑쌀랑 소리도 나며 눈을 맞을,』『 』: 외로움과 추위를 참고 견디는 '갈매나무'의 모습
                        – 성찰과 반성을 한 화자가 지향하는 삶의 자세
❹그 드물다는 굳고 정한 ⓔ갈매나무라는 나무를 생각하는 것이었다.
        고난을 이겨 내는 의지적 삶을 상징함.   ▶ 20~32행: 새로운 삶에 대한 의지

이해와 감상

제목이 편지 겉봉의 발신인 주소 형식으로 되어 있는 이 시는 상실감과 부끄러움의 감정

1~19행		21~32행
지난 삶에 대한 회한과 한탄	시상의 전환 →	새로운 삶에 대한 의지

때문에 괴로워하던 화자가 그것에서 벗어나 삶의 의지를 회복하는 과정을 그리고 있다.

가족과 헤어지고 외롭게 떠돌이 생활을 하다가 어느 목수네 집에 세 들어 살게 된 화자는 셋방에서 무료하게 살면서 절망감과 무력감을 느끼고 지나온 삶에 대해 반성하다가 현재의 절망적 상황을 운명적으로 인식하고 갈매나무를 통해 새로운 삶의 의지를 다짐한다. 즉, 이 시는 도입부에서 화자가 자신이 처한 암울한 현실 때문에 회한과 비탄으로 추락하는 심리(하강 구조)를 드러내다가, 삶에 대한 불가항력인 운명을 깨달으면서, 겸허하게 운명을 긍정하며 살아갈 것을 다짐하게 되는 구조로 이루어져 있다(상승 구조). 특히 외로이 서서 눈을 맞으면서 추위를 이겨 내는 '갈매나무'는 굳고 깨끗하게 살겠다는 화자의 의지의 표상으로 나타나 있다.

🏠 작품 연구소

화자의 정서 변화

1~19행	시상 전환	21~32행
• 외로움과 쓸쓸함 • 무기력함 • 회한과 슬픔 • 좌절과 절망감	→ '그러나' →	• 운명에 대한 인식 • 내면의 안정 • 삶에 대한 의지와 희망

'갈매나무'의 상징적 의미

이 시에서 '갈매나무'는 화자의 삶에 대한 의지를 드러내는 소재이다. 여기서 '갈매나무'는 '굳고 정한' 나무로, 시련에도 꺾이지 않는 의연함을 상징한다. 즉, 화자는 어두워 가는 하늘 밑에서 하얗게 눈을 맞고 서 있을 갈매나무를 생각하면서 자신도 맑고 깨끗하게 살아야겠다는 의지를 되새기게 되는데, 이처럼 '갈매나무'는 화자의 정서를 대신해서 드러내고 있다는 측면에서 객관적 상관물이라 할 수 있다.

이 시의 토속성이 지니는 의의

이 시는 다양한 사물들과 자연적 소재들을 평안도 지방의 독특한 사투리로 표현하고 있어 토속성을 강하게 드러내고 있다. 이를 통해 일제 강점기의 혹독한 현실 속에서도 우리 민족의 고유한 전통과 문화를 지키고자 한 시인의 의도를 알 수 있다. 즉, 백석은 토속성을 강하게 드러낸 자신의 시를 일제에 대한 간접적인 저항의 수단으로 사용하고 있다고 이해할 수 있다.

📖 함께 읽으면 좋은 작품

〈낡은 집〉, 이용악 / 고향의 상실에 대한 형상화

〈낡은 집〉은 고향을 떠나 유랑하는 우리 민족의 삶의 모습을 서사적으로 드러낸 시로, 고향의 상실을 다루고 있다는 점에서 〈남신의주 유동 박시봉방〉과 유사하다. 하지만 〈남신의주 유동 박시봉방〉은 편지의 형식을 빌려 화자의 처지를 드러낸 반면, 〈낡은 집〉은 액자 구성 방식을 통해 서사적 내용을 전개했다는 점에서 차이가 있다.

🔑 포인트 체크

화자 무기력한 자신의 삶에 대한 ☐☐과 새로운 삶에 대한 의지를 드러내고 있다.

상황 화자는 고향을 떠나 홀로 ☐☐하고 있는 상황에 놓여 있다.

태도 화자는 갈매나무를 통해 굳고 깨끗하게 살겠다는 ☐☐를 나타내고 있다.

내신 적중 多빈출

1 이 시의 화자에 대한 설명으로 적절하지 않은 것은?

① 새로운 삶의 의지를 다지고 있다.
② 고향을 떠나 객지를 떠돌고 있다.
③ 자신의 상황을 의연하게 받아들인다.
④ 가족과의 재회를 간절히 바라고 있다.
⑤ 자신의 지나온 삶을 되돌아보고 있다.

중요 기출

2 이 시의 공간적 배경인 방에 대해 이해한 내용으로 적절하지 않은 것은?

① [A]: 화자가 가족이나 고향과 '멀리 떨어져서' 외롭게 지내는 자신의 처지를 확인하는 공간이다.
② [B]: '나 혼자' 누워 있는 단절된 공간으로, 화자가 자신의 삶에 대해 끊임없이 고뇌하는 공간이다.
③ [C]: '죽을 수밖에 없다'고 느낄 만큼 화자의 절망감이 심화되는 공간이다.
④ [D]: 화자가 '턴정'을 쳐다보며 운명론에서 벗어나 타인에 대한 책임감을 느끼는 공간이다.
⑤ [E]: 화자가 '굳고 정한 갈매나무'를 생각하며 현실 극복의 의지를 드러내는 공간이다.

3 ⓐ~ⓔ 중, 〈보기〉의 설명에 해당하는 시어로 가장 적절한 것은?

┤ 보기 ├
맑고 깨끗하게 살아가겠다는 화자의 삶의 태도를 간접적으로 드러내 주고 있는 객관적 상관물로 볼 수 있다.

① ⓐ   ② ⓑ   ③ ⓒ   ④ ⓓ   ⑤ ⓔ

4 〈보기〉를 참고하여 이 시의 제목의 표면적 의미를 쓰시오.

┤ 보기 ├
이 시의 제목은 편지 겉봉의 발신인 주소 형식을 빌려 썼다. 여기서 '방(方)'은 예전에 편지 겉봉의 세대주나 집주인 이름 아래 붙어 그 집에 거처하고 있음을 의미하는 말이다.

5 ㉠과 ㉡의 행위에 담긴 의미를 설명한 것으로 가장 적절한 것은?

① ㉠은 ㉡과 달리 스스로 운명을 개척해 나가려는 화자의 의지를 보여 준다.
② ㉡은 ㉠과 달리 화자의 태도가 의지적으로 바뀌는 데에 영향을 준다.
③ ㉠과 ㉡ 모두 지나온 삶을 치열하게 성찰하는 행위이다.
④ ㉠과 ㉡ 모두 고통스러운 현실에서 무기력에 빠진 화자의 상태를 나타낸다.
⑤ ㉠은 미래의 삶에 대한 희망을, ㉡은 과거에 삶에 대한 회한의 정서를 드러낸다.

069 파랑새 |한하운

문학 미래엔

🎯 핵심 정리
갈래 자유시, 서정시
성격 서정적, 애상적, 민요적
제재 파랑새
주제 자유로운 삶에 대한 소망
특징 ① 색채어와 시각적 심상을 주로 이용함.
　　　② 반복과 수미 상관의 표현으로 화자의 정
　　　　서를 강조함.
출전 《보리피리》(1955)

Q **'파랑새'가 의미하는 바는?**

털빛이 파란 빛깔을 띤 파랑새는 영묘한 힘이 있
어 상서로움을 가져온다고 전하여지는 영조(靈
鳥)로서 길조(吉兆)를 상징한다. 이 시에서는 어
디든 날아다닐 수 있는 자유로운 존재로서, 화자
가 희망하는 행복하고 자유로운 삶을 의미한다.

💡 시어 풀이
울어 예으리 울면서 가리. '에다'는 '가다'를 예스
럽게 이르는 말.

🐚 시구 풀이
❶ **나는 나는 죽어서 파랑새 되어** 화자의 간절한
바람은 '파랑새'가 되는 것으로, 파랑새는 자유
로운 존재를 상징한다. 나병의 고통 속에서 살
아온 시인이 육체적 고통에서 벗어나 자유롭게
살기 바라는 마음을 표현한 것이라고 볼 수 있
다.
❷ **푸른 하늘 푸른 들 날아다니며** 푸른색의 이미
지를 반복적으로 사용함으로써 희망과 자유,
이상을 맘껏 추구하는 자유로운 삶을 구체화
하여 표현하고 있다.
❸ **푸른 노래 푸른 울음 울어 예으리.** 자유로운 삶
을 살겠다는 의미이면서도, 그동안의 현실에서
느낀 슬픔과 한이 서려 있는 행동이기도 하다.
❹ **나는 나는 죽어서 파랑새 되리.** 현실에서는 이
룰 수 없는 소망을 죽어서라도 이루고 싶다는
마음을, 수미 상관의 구조로 강조하여 표현하
고 있다.

🧑 작가 소개
한하운(韓何雲, 1919~1945)
시인. 함남 함주 출생. 본명은 태영. 십대 시절 이
미 나병을 진단받았으며, 중국 북경대학 농학원
을 졸업하고 함경남도 도청 축산과에 근무하다
가 나병이 악화되어 사직하게 되었다. 시 〈전라
도 길〉 등을 발표하면서 본격적인 창작 활동을
시작하였다. 나병으로 인해 투병하고 유랑하며
겪은 고통과 소망을 표현한 작품이 많다. 시집으
로 《한하운 시초》(1949), 《보리피리》(1955), 《한
하운 시전집》(1956) 등이 있다.

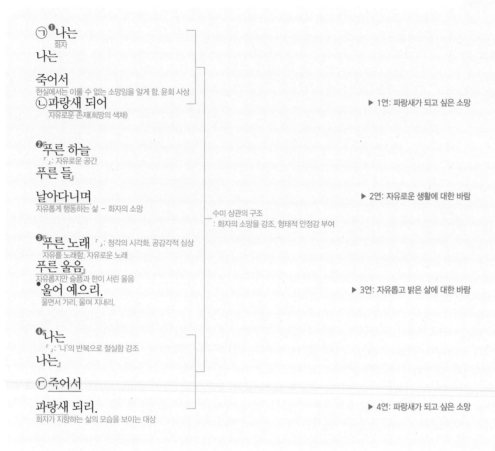

⑦ ❶**나는**
　　화자
나는

죽어서
현실에서는 이룰 수 없는 소망임을 알게 함. 윤회 사상
ⓛ**파랑새 되어**
　　자유로운 존재(희망의 색채)

　　　　　　　▶ 1연: 파랑새가 되고 싶은 소망

❷**푸른 하늘**
　『 』: 자유로운 공간
『**푸른 들**』

날아다니며
자유롭게 행동하는 삶 – 화자의 소망

　　　　　　　▶ 2연: 자유로운 생활에 대한 바람

❸**푸른 노래** 『 』: 청각의 시각화. 공감각적 심상
　　자유를 노래함. 자유로운 노래
푸른 울음
자유롭지만 슬픔과 한이 서린 울음
❸**울어 예으리.**
울면서 가리. 울며 지내리.

수미 상관의 구조
: 화자의 소망을 강조, 형태적 안정감 부여

　　　　　　　▶ 3연: 자유롭고 밝은 삶에 대한 바람

❹**나는**
　『 』: '나'의 반복으로 절실함 강조
『**나는**』

ⓒ**죽어서**

파랑새 되리.
화자가 지향하는 삶의 모습을 보이는 대상

　　　　　　　▶ 4연: 파랑새가 되고 싶은 소망

이해와 감상

　이 시는 나병 환자였던 시인이 현실에서의 고통에서 벗어나, 자유롭게 살고자 하는 간절한 바람
을 간결한 형식과 내용을 통해 표현하고 있다. 평범하고 쉬운 시어를 사용하고 있으며, 1연과 4연
이 대응되고 2연과 3연이 대응되는 구조를 취하고 있다. 화자가 바라는 자유로운 삶의 모습을 2, 3
연에서 표현하고, 1연과 4연을 반복하는 수미 상관식 구조를 통하여 자유로운 존재가 되고픈 화자
의 소망을 더욱 간절하게 표현하고 있다. 시인이 나병 환자로서 겪은 삶의 비애와 고통이 너무도
크기에 죽어서라도 자유로운 존재가 되고 싶다는 바람을 절실하게 그리고 있으며, 7·5조 3음보의
민요적 율격을 통해 한스러움과 애절함을 부각시키고 있다.

파랑새가 되고 싶은 소망		
공간	푸른 하늘, 푸른 들	**행위**　푸른 노래, 푸른 울음
지향	자유로운 삶	

🏠 작품 연구소

시어 및 시구의 상징적 의미

시어 및 시구	상징적 의미
파랑새	자유로운 존재. 화자가 바라는 존재
푸른 하늘, 푸른 들	자유와 희망의 공간
푸른 노래, 푸른 울음	• 자유롭고 밝은 생활 • 한과 슬픔이 서려 있는 노래와 울음

푸른 색의 이미지의 반복과 그 의미

1연	파랑새	
2연	푸른 하늘, 푸른 들	• 희망, 소망, 자유의 정서 강조
3연	푸른 노래, 푸른 울음	• 슬픔과 한의 정서 • 시 전체에 통일성 부여
4연	파랑새	

파란색의 상징성

파란색은 순수, 영원, 안정, 신뢰, 자유, 희망 등을 상징한다. 또한 서구권에서는 파란색을 우울함, 슬픔의 색채로 느끼기도 한다. 이 시에서의 파란색은 크게 보아 화자가 희망하는 자유, 희망을 상징하는 것이면서 동시에 화자가 현실에서 느꼈던 슬픔과 한을 표현하는 것이라 볼 수 있다. 그렇다면 화자가 죽어서 부르겠다는 '푸른 노래'와 죽어서 울겠다고 하는 '푸른 울음'은 화자의 슬픔과 한이 서려 있기도 한 자유의 노래이자 울음이라고 볼 수 있을 것이다.

마테를링크의 희곡 〈파랑새〉에서 틸틸과 미틸 남매가 찾아 헤매던 '파랑새'는 행복의 상징이었다. 서양에서뿐만 아니라 동양에서도 파랑새는 희망과 기쁨을 상징하는 경우가 많으며 이 시에서도 희망과 자유를 상징하는 새로 활용되고 있다.

7·5조 3음보의 민요적 율격

이 시에서는 7·5조 3음보의 민요적 율격을 사용하여 우리 고유의 정서인 한과 애절한 소망을 절실히 표현하고 있다.

자료실

나병의 고통과 한을 표현한 시

나병은 한센병, 문둥병이라고도 부른다. 나균이 침범하여 말초 신경을 파괴하여 감각을 상실시키며, 차츰 조직이 변성되어 사지가 변형되고 파괴되는 증상을 보인다. 실제로는 전염성이 강력하지 않으나, 나환자의 경우 피부와 근육이 문드러지거나 신체의 일부가 손상되는 일들이 있어 사람들은 나환자를 문둥이라고 낮춰 부르며 가까이 하기를 꺼려 하였다. 심지어 '문둥이'들이 나병을 치료하기 위해 달밤에 보리밭에서 어린아이의 생간을 내어 먹는다는 소문까지 생기며 나환자들의 삶은 더욱 격리되었다. 이러한 나환자들의 고통은 '해와 하늘빛이 / 문둥이는 서러워 // 보리밭에 달 뜨면 / 애기 하나 먹고 // 꽃처럼 붉은 울음을 밤새 울었다'라고 표현한 서정주의 〈문둥이〉라는 시에서도 드러나 있다.

📖 함께 읽으면 좋은 작품

〈보리피리〉, 한하운 / 어린 시절에 대한 그리움과 방랑의 삶에 대한 비애

〈보리피리〉는 나병을 앓으며 유랑하는 화자가 고향과 어린 시절, 그리고 평범한 사람들의 삶을 그리워하는 모습을 통해 나병 환자의 비참한 삶의 고통을 표현한 작품이다. 〈보리피리〉와 〈파랑새〉는 나병 환자로서의 삶의 애환, 한을 바탕으로 하고 있다는 공통점이 있다.

🔑 포인트 체크

[화자] 화자는 현실에서 □□롭지 못한 존재로서, □□ 환자였던 시인의 삶의 고통을 보여 주는 존재이다.

[상황] 자유롭지 않은 상황에서 괴로운 삶을 살아가고 있으며 □□에서는 그 괴로움에서 벗어날 수 없다.

[태도] 죽어서라도 □□를 얻고자 하는 간절한 □□을 표출하고 있다.

내신 적중

1 이 시의 화자에 대한 설명으로 가장 적절한 것은?
① 부정적 현실을 미화하여 표현하고 있다.
② 현실에서 벗어나고 싶은 바람을 드러내고 있다.
③ 절대적 존재에 대한 동경과 지향을 드러내고 있다.
④ 현실의 고통을 죽음에 대한 동경으로 표현하고 있다.
⑤ 대상에 대한 예찬을 통하여 추구하는 인간상을 드러내고 있다.

2 이 시의 표현상의 특징으로 적절하지 <u>않은</u> 것은?
① 반복적인 표현을 구사하여 주제를 강조하고 있다.
② 일관적인 색채 이미지를 사용하여 주제를 부각하고 있다.
③ 3음보와 4음보의 반복 구성으로 안정적인 느낌을 주고 있다.
④ 단순하고 평이한 시어로 담담하면서도 절실하게 정서를 표현하고 있다.
⑤ 1연과 4연, 2연과 3연이 대응되는 구조로 화자의 정서를 강조하고 있다.

3 3연에 대한 설명으로 적절하지 <u>않은</u> 것은?
① 자유롭고 밝은 삶에 대한 염원을 드러낸다.
② 청각을 시각화한 공감각적 심상을 활용하였다.
③ '푸른' 색이 희망적이면서도 슬픈 정서를 드러낸다.
④ 7·5조의 민요적 율격으로 애절한 소망을 표현하였다.
⑤ 예스러운 표현으로 과거 회귀에 대한 소망을 표출하였다.

4 ㉠과 ㉡에 대한 설명으로 적절하지 <u>않은</u> 것은?
① ㉠은 현실에서는 ㉡과 같은 삶을 누리기 어렵다.
② ㉠은 ㉡에게서 이상적 삶의 모습을 발견하고 있다.
③ ㉡은 ㉠이 느끼는 고통과 슬픔 없이 사는 존재이다.
④ ㉡은 ㉠이 지향하는 삶의 모습을 보여 주는 존재이다.
⑤ ㉠은 미래에 ㉡이 되어 살고자 하는 마음을 가지고 있다.

5 ㉢에서 강조되는 화자의 정서로 가장 적절한 것은?
① 간절함   ② 비참함
③ 소외감   ④ 원망스러움
⑤ 절망감

6 '파랑새'의 상징적 의미를 쓰시오.

070

꽃 | 김춘수

문학 천재(김), 금성, 동아, 미래엔, 비상, 신사고

핵심 정리
갈래 자유시, 서정시
성격 관념적, 주지적, 상징적
제재 꽃
주제 존재의 본질 구현에 대한 소망
특징 ① 간절한 어조를 사용하여 소망을 드러냄.
② 존재의 의미를 점층적으로 심화, 확대함.
③ 사물에 대한 인식론과 존재론을 배경으로 함.
출전 《시와 시론》(1952)

Q '꽃'의 상징적 의미는?
이 시에서 '꽃'은 구체적 사물이 아닌, 시인의 관념을 대변하는 추상적 존재로서의 꽃이다. 또한 명명 행위를 통해 의미를 부여받은 존재이다. 시인은 존재와 존재 사이의 의미와 관계가 확인되고, 주체적인 만남이 이루어지는 그 순간을 '꽃'으로 상징한 것이다.

시구 풀이
❶ **내가 그의 ~ 지나지 않았다.** '나'가 '그'에게 의미를 부여하기 전까지, 즉 '나'가 그의 이름을 불러 그의 존재를 인식하기 전에는, 그는 나에게 무의미한 존재에 불과했다는 의미이다. 이름을 불러 주는 행위는 존재의 본질을 파악하고 이해한다는 의미이다.
❷ **내가 그의 ~ 꽃이 되었다.** '꽃'은 구체적 사물이 아니라 의미 있는 존재를 상징하는 것이다. 꽃이 되었다는 것은 자신의 본질을 드러내며 '나'와 의미 있는 관계를 이루게 되었다는 의미이다.
❸ **나의 이 빛깔과 ~ 불러 다오.** '나'도 누군가에게 의미 있는 존재가 되어 의미 있는 관계를 맺고 싶은 소망을 표현하고 있다.
❹ **우리들은 모두 ~ 되고 싶다.** '나'의 소망이 '우리들'의 소망으로 확대되고 있다. 우리는 모두 의미 있는 존재가 되고 싶다는 뜻이다.
❺ **너는 나에게 ~ 되고 싶다.** 서로가 서로에게 의미 있는 존재가 되는 관계가 이루어지기를 바라고 있다.

작가 소개

김춘수(金春洙, 1922~2004)
시인. 경남 통영 출생. 1946년 광복 1주년 기념 시화집 《날개》에 〈애가〉를 발표하면서 등단했다. 사물의 이면에 내재하는 본질을 파악하는 시를 써서 '인식의 시인'으로 불린다. 시집으로 《구름과 장미》(1948), 《꽃의 소묘》(1959), 《처용》(1974), 《쉰한 편의 비가》(2002) 등이 있다.

---

❶내가 그의 이름을 불러 주기 전에는
　　　인식의 주체　　　　　　대상을 인식하기 전
[A] 그는 다만

하나의 몸짓에 지나지 않았다.
　　무의미한 존재
▶ 1연: 대상을 인식하기 전의 무의미한 존재

인식의 대상 (내가 그의 이름을 불러 주기 전에는)

❷내가 그의 이름을 불러 주었을 때
　　　명명(命名) 행위: 존재에 의미를 부여하여 대상을 인식하는 행위
[B] 그는 나에게로 와서

꽃이 되었다. ○: 의미 있는 존재
▶ 2연: 대상을 인식한 후의 유의미한 존재

내가 그의 이름을 불러 준 것처럼

❸나의 이 빛깔과 향기에 알맞은
　　그 존재만이 가진 개성적이고 본질적인 가치
[C] 누가 나의 이름을 불러 다오.
　　자신의 존재를 누군가 인식해 주기를 소망함.
그에게로 가서 나도

그의 꽃이 되고 싶다.
　의미 있는 존재가 되고 싶은 소망
▶ 3연: 의미 있는 존재가 되고 싶은 '나'

❹우리들은 모두
무엇이 되고 싶다.
　상호 의미 있는 존재
[D] ❺너는 나에게 나는 너에게

잊혀지지 않는 하나의 눈짓이 되고 싶다.
　상호 의미 있는 존재
▶ 4연: 상호 의미 있는 존재가 되고 싶은 '우리'

이해와 감상

이 시는 '꽃'을 소재로 하여 사물과 그 이름 및 의미 사이의 관계를 바탕으로 사물의 존재론적 의미를 추구하고, 존재들 사이의 진정한 관계를 소망하고 있다.

1연에서는 구체적인 대상을 인식하기 이전의 존재에 대해 말하고 있다. 대상을 인식하기 이전에 '그'는 의미 없는 무수한 사물들 중 하나였다. 여기서 '하나의 몸짓'이란 대상을 인식하기 이전의 막연한 상태를 나타낸다. 2연에서 내가 대상을 인식하고 그의 이름을 불러 줌으로써 비로소 '그'는 '나'에게 의미 있는 존재가 된다. 존재의 본질을 인식하고 이름을 부를 때, '꽃'이라는 의미 있는 존재로 '나'와 관계를 맺게 되는 것이다. 3연에서는 존재의 본질 구현에 대한 근원적 열망이 나타나 있다. 누군가가 자신의 본질을 인식하고 이름을 불러 줌으로써 의미 있는 존재가 되기를 소망하고 있는 것이다. 4연에서는 시적 화자의 본질 구현에 대한 소망이 '우리'로 확산되고 있다. '나'와 '그'가 고립된 객체가 아니라 참된 '우리'로 공존하기 위해서는 서로의 이름을 불러 주어야 한다는 것이다. 즉, '우리들 모두'가 진정한 관계를 맺게 되기를 소망하고 있다.

이 시를 이해하는 데 가장 기본이 되는 것은 '나'와 '그'와의 관계이다. 둘의 관계는 처음에는 무의미한 관계였다가 상호 인식의 과정을 거쳐 서로에게 '꽃'이라는 의미 있는 존재로 변모하고, 마침내 오랫동안 잊혀지지 않는 의미를 지닌 존재가 될 수 있음을 보여 준다. 이 시에서 시적 화자는 '나'만 중심이 되거나 '너'만 중심이 되는 것이 아니라, '우리'로 합일(合一)되어 서로가 서로의 존재 근거가 되는 상호 주체적인 관계를 맺을 때 본질적인 의미를 얻을 수 있다고 인식하고 있다.

무의미한 존재
하나의 몸짓

↓

이름 부르기 = 의미 부여

↓

의미 있는 존재
꽃, 하나의 눈짓

작품 연구소

'이름 부르기[명명(命名)]'의 의미

이름 부르기	
• 대상의 존재를 인식하는 행위 • 대상에게 의미를 부여하는 행위	➡ 진정한 관계를 맺는 과정

이 시에서 처음에 '그'는 무의미한 존재에 지나지 않았지만, 화자가 '그'에게 이름을 불러 줌으로써 '그'는 화자에게 의미 있는 존재인 '꽃'이 되었다. '나' 역시 '나'의 본질에 맞게 이름이 불림으로써 의미있는 존재가 되어 서로가 서로에게 의미 있는 존재가 되는 진정한 관계를 맺게 된다. 이처럼 어떤 사물에 이름을 붙인다는 것은 그 사물의 존재를 인식하는 행위이자 존재의 본질에 알맞은 의미를 부여하는 행위이며, 의미 있는 존재들 사이의 진정한 관계를 맺는 과정이라고 할 수 있다.

인식의 점층적 확대

몸짓	꽃	눈짓
이름을 부르기 전	이름을 부른 후	서로에게 무엇이 되고 싶은 소망
의미 없는 존재	의미 있는 존재	상호 간의 의미 있는 존재

1연에서 '하나의 몸짓'은 대상을 인식하기 이전의 막연한 상태로 무의미한 존재를 의미하며, 2연에서 '나'가 대상의 본질을 인식하고 이름을 불러 줌으로써 '그'는 '꽃'이라는 의미 있는 존재가 된다. 3연에서 화자 역시 '그'에게 의미 있는 존재가 되고 싶은 소망을 드러내며, 4연에서는 화자의 존재의 본질 구현에 대한 소망이 상호 간의 의미 있는 존재가 되는 것으로 확대된다.

자료실

작가의 말 – 연작시 〈꽃〉

〈꽃〉은 1952년 《시와 시론》에 발표된 김춘수의 연작시 중 하나로, 시인이 교사로 재직할 무렵, 밤늦게 교실에 남아 있다가 유리컵에 담긴 꽃을 보고 쓴 시라고 한다. "내가 꽃을 소재로 하여 50년대 연작시를 한동안 쓴 데 대해서는 R. M 릴케 류의 존재론적 경향에 관심이 있었던 듯하다. 6·25 동란이 아직 그 결말을 짓지 못하고 있을 때이다. 나는 마산 중학(6년제)의 교사로 일을 보고 있었다. 교사(校舍)를 군(郡)에 내주고 판잣집인 임시 교사에서 수업을 하고 사무를 보고 할 때이다. 방과 후에 어둑어둑해질 무렵 나는 뭣 때문에 그랬는지 그 판잣집 교무실에 혼자 앉아 있었다. 저만치 무슨 꽃일까, 꽃이 두어 송이 유리컵에 담겨 책상머리에 놓여 있었다. 그걸 나는 한참 동안 인상 깊게 바라보고 있었다. 어둠이 밀려오는 분위기 속에서 꽃들의 빛깔이 더욱 선명해지는 듯했다. 그 빛깔이 눈송이처럼 희다. 이런 일이 있은 지 하룬가 이틀 뒤에 나는 '꽃'이란 시를 쓰게 되었다. 힘들이지 않고 시가 써졌다."

함께 읽으면 좋은 작품

〈라디오같이 사랑을 끄고 켤 수 있다면〉, 장정일 / 〈꽃〉을 패러디한 시

〈라디오같이 사랑을 끄고 켤 수 있다면〉은 〈꽃〉을 패러디한 작품으로 가볍고 편리한 사랑만을 추구하는 현대인의 세태를 풍자한 시이다. 〈꽃〉과 〈라디오같이 사랑을 끄고 켤 수 있다면〉은 운율과 통사 구조 등 형식적인 면에서는 유사하나, 그 속에 담고 있는 주제 의식은 차이가 있다. 즉, 〈꽃〉은 존재의 본질적 의미와 진정한 관계에 대한 소망을 표현하고 있는 반면에, 〈라디오같이 사랑을 끄고 켤 수 있다면〉은 쉽게 만나고 헤어지는 현대인의 사랑에 대한 비판을 하고 있다. **Link** 본책 242쪽

키 포인트 체크

화자 '꽃'을 통해 사물의 존재론적 ☐☐를 추구하고 있다.
상황 인식을 ☐☐적으로 심화, 확대하고 있다.
태도 간절히 염원하는 어조를 사용하여 자신의 ☐☐을 드러내고 있다.

1 이 시에 대한 설명으로 적절하지 <u>않은</u> 것은?
① 소망을 간절히 염원하는 어조가 나타나고 있다.
② 자연물을 활용하여 관념적 내용을 제시하고 있다.
③ 사물에 대한 존재론적 인식을 바탕으로 하고 있다.
④ 구체적 체험을 바탕으로 존재의 의미를 추구하고 있다.
⑤ 반복과 변화에 의해 의미가 점층적으로 확대되고 있다.

2 다음 중, 시적 화자의 인식이 이 시와 가장 유사한 것은?
① 눈은 살아 있다 / 떨어진 눈은 살아 있다 / 마당 위에 떨어진 눈은 살아 있다 ― 김수영, 〈눈〉
② 산산이 부서진 이름이여! / 허공중에 헤어진 이름이여! 불러도 주인 없는 이름이여! / 부르다가 내가 죽을 이름이여! ― 김소월, 〈초혼〉
③ 어떤 이는 내 눈에서 죄인(罪人)을 읽고 가고 / 어떤 이는 내 입에서 천치(天痴)를 읽고 가나 / 나는 아무것도 뉘우치진 않으련다. ― 서정주, 〈자화상〉
④ 풀 한 포기 없는 이 길을 걷는 것은 / 담 저쪽에 내가 남아 있는 까닭이고, // 내가 사는 것은, 다만, / 잃은 것을 찾는 까닭입니다. ― 윤동주, 〈길〉
⑤ 오렌지에 아무도 손을 댈 순 없다. / 오렌지는 여기 있는 이대로의 오렌지다. / 더도 덜도 아닌 오렌지다. / 내가 보는 오렌지가 나를 보고 있다. ― 신동집, 〈오렌지〉

중요 기출

3 [A]~[D]에 대한 설명으로 적절하지 <u>않은</u> 것은?
① [A]에서 '몸짓'은 '나'에게 의미가 없는 존재이다.
② [B]의 '꽃'은 '이름을 불러 주기'에 의해 의미를 부여받은 존재를 나타낸다.
③ [C]의 '빛깔과 향기'는 '나'라는 존재가 지닌 본질이다.
④ [D]에서 '눈짓'은 서로의 본질을 인식하기 전의 상태이다.
⑤ [A]~[D]를 통해 '나'는 진정한 관계 형성에 대한 소망을 드러내고 있다.

4 이 시의 '꽃'과 〈보기〉의 '꽃'의 차이가 무엇인지 쓰시오.

> **보기**
>
> 나는 시방 위험한 짐승이다 / 나의 손이 닿으면 너는 미지의 까마득한 어둠이 된다//
> 존재의 흔들리는 가지 끝에서 / 너는 이름도 없이 피었다 진다//
> 눈시울에 젖어 드는 이 무명의 어둠에
> 추억의 한 접시 불을 밝히고 / 나는 한밤내 운다//
> 나의 울음은 차츰 아닌 밤 돌개바람이 되어 / 탑을 흔들다가 / 돌에까지 스미면 금이 될 것이다 //
> ……얼굴을 가리운 나의 신부여
> ― 김춘수, 〈꽃을 위한 서시〉

071 눈 |김수영

문학 미래엔
국어 창비, 해냄

🎯 핵심 정리

갈래 자유시, 서정시
성격 비판적, 참여적, 상징적
제재 눈
주제 순수하고 정의로운 삶에 대한 소망과 부정적 현실을 극복하려는 의지
특징 ① '눈'과 '가래'의 상징적 의미가 대립 구도를 보임.
　　　 ② 청유형 어미를 반복하여 적극적으로 함께 행동할 것을 권유함.
　　　 ③ 동일한 문장의 반복과 변형을 통해 리듬감을 형성함.
출전 《문학 예술》(1956)

Q '기침'을 하는 행위의 의미는?

'기침'은 눈과 같이 순수한 내면 의식에 도달하기 위한 자기 정화의 행위이며, 몸 안의 불순한 것들을 뱉어 내는 행위이다. 따라서 '기침을 하는 행위'는 자신의 내면 의식에 남아 있는 속물성, 소시민성과 같이 불순한 의식을 거부하고 제거하고자 하는 의지를 의미한다.

🐚 시구 풀이

❶ **눈은 살아 있다 ~ 눈은 살아 있다** 반복과 점층적 구성을 통해 눈의 순수하고 강인한 생명력을 드러내고 있다. 이처럼 '눈'은 순수하면서도 항상 살아 있는 존재인데, 이때 순수함은 곧 정의와 상통한다. 즉, 더러운 것이 없는 순수한 상태는 곧 현실의 더러움과 타협하지 않는 정의로운 상태를 의미하는 것이기도 하다.

❷ **죽음을 잊어버린 ~ 살아 있다** 1연의 변형으로, 여기서 '죽음을 잊어버린 영혼과 육체'는 죽음을 초월하여 오로지 순수하고 정의로운 것에 도달하고자 치열하게 사는 이들을 말한다. 결국 '순수의 세계'는 끝없는 자기 정화와 성찰을 수행하는 사람만이 도달하고 그 실체를 확인할 수 있는 것이다.

❸ **밤새도록 고인 ~ 마음껏 뱉자** '나'의 가슴에 고인 불순한 것, 즉 어두운 현실에서 화자를 괴롭히는 모든 부정적인 것들을 깨끗하게 씻어 내자는 뜻으로, 화자의 자기반성을 통한 정화의 의지가 담겨 있다.

👤 작가 소개

김수영(金洙暎, 1921~1968)
시인. 서울 출생. 1947년 《예술부락》에 〈묘정(廟庭)의 노래〉를 발표하며 등단했다. 초기에는 모더니즘 성향을 강하게 드러냈으나, 점차로 강렬한 현실 의식과 저항 정신에 기초한 새로운 시정(詩情)을 탐구하였다. 시집으로 《달나라의 장난》(1959), 《거대한 뿌리》(1974) 등이 있다.

○: 순수한 것

❶눈은 살아 있다
　　순수한 생명(인간의 삶에서의 진정한 가치)
떨어진 눈은 살아 있다 ── 점층적 반복을 통해 눈의 생명력을 강조함.

마당 위에 떨어진 눈은 살아 있다
　　반복의 효과 → ① 강조 ② 운율감 형성　　　　　　　　　　▶ 1연: 순수한 생명력을 지닌 눈

기침을 하자
마음속에 있는 불순한 것을 뱉어 내는 행위(자기 정화 행위)
젊은 시인이여 기침을 하자
순수함을 추구하는 존재(죽음을 잊어버린 영혼과 육체)
눈 위에 대고 기침을 하자

눈더러 보라고 마음 놓고 마음 놓고
화자가 지금까지는 기침을 마음 놓고 하지 못했다는 추측이 가능함.
기침을 하자　　　　　　　　　　　　　　　　　　　　　　　▶ 2연: 순수한 생명력 회복의 의지

㉠눈은 살아 있다
❷죽음을 잊어버린 영혼과 육체를 위하여
　　젊은 시인(용기 있는 지식인)
눈은 새벽이 지나도록 살아 있다　　　　　　　　　　　　　　▶ 3연: 눈의 강인한 생명력
　　눈의 강인한 생명력

기침을 하자
젊은 시인이여 기침을 하자
눈을 바라보며
　　　　　　　△: 불순한 것, 소시민성, 속물성
❸밤새도록 고인 가슴의 가래라도
마음껏 뱉자　　　　　　　　　　　　　　　　　　　　　　　▶ 4연: 자기 정화를 통한 순수한 삶 소망

이해와 감상

이 시는 순수한 삶을 지향하는 화자의 소망과 의지를 대립적인 시어의 활용과 시구의 반복을 통해 형상화한 작품이다.

1연은 '눈은 살아 있다'라는 문장을 반복, 변형하여, 순수한 생명력을 지닌 '눈'의 의미를 제시하고 있다. 그리고 2연에서는 '기침을 하자'라는 문장을 반복, 변형하여, 순수한 내면 의식을 지향하는 화자의 결연한 의지를 드러내고 있다. 여기서 기침을 하도록 권유받는 '젊은 시인'은 곧 화자인 동시에 시인 자신으로 볼 수 있다. 그리고 '기침을 하는 행위'는 부조리한 현실에서 살고 있는 화자의 내면 의식에 잠재해 있는 속물적 근성, 소시민성, 현실과 타협하려는 부정적이고 정의롭지 못한 것을 정화하여 순수하고 정의로운 삶을 회복하려는 행위로 볼 수 있다. 3연에서는 '눈'으로 대표되는 순수의 세계는 오로지 자신에 대한 정화와 성찰에 매진하고 있는 '죽음을 잊어버린 영혼과 육체'만이 도달할 수 있는 세계임을 알려 준다. 한편 4연에서는 화자의 가슴에 불순한 '가래'가 고여 있음을 확인할 수 있다. 이때 '가래'는 기침을 통해 뱉어 내야 하는 불순하고 부정적인 것을 상징한다. 따라서 '살아 있는 눈'을 바라보며, 가래를 뱉는 행위는 현실의 더러움을 정화하고 순수한 삶에 도달하고자 하는 화자의 소망과 의지가 표출된 것으로 볼 수 있다.

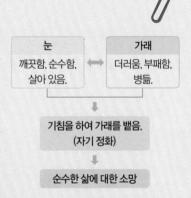

눈		가래
깨끗함, 순수함, 살아 있음.	⟷	더러움, 부패함, 병듦.

↓

기침을 하여 가래를 뱉음.
(자기 정화)

↓

순수한 삶에 대한 소망

작품 연구소

시어 및 시구의 상징적 의미

시어 및 시구	상징적 의미
눈	순수한 생명력을 지닌 존재, 화자에게 현실에 타협하지 않고 불의에 저항하는 정신을 일깨워 주는 존재
기침	마음속에 고여 있는 불순한 것들을 쏟아 내는 행위
젊은 시인	순수한 영혼을 가진 존재, 부정적인 것과 타협하지 않고 순수와 정의를 지키는 삶을 살고자 하는 존재
가래	불순하고 부정적인 것, 부정적이고 부패한 현실에서 생긴 속물근성, 소시민성, 일상에 대한 안주의 태도 등

반복법과 점층법의 시적 효과

이 시는 1, 3연에서는 '눈은 살아 있다', 2, 4연에서는 '기침을 하자'를 반복하고 변형함으로써 의미를 점층적으로 강조하고 있다. 즉, 같은 문장에 점차로 문장 요소들이 덧붙으면서 의미가 뚜렷해지는 점층적 전개를 이루는데, 이를 통해 리듬감을 형성하고 있으며, 부정적인 현실에 대한 극복과 순수하고 가치 있는 삶에 대한 갈망이라는 작가의 주제 의식을 더욱 선명하게 드러내고 있다.

이 시에 드러난 작가의 현실 인식

김수영은 암울했던 시대에 '시'를 통해 민주화 운동에 참여하고 자신의 의지를 표현한 시인이다. 이 시는 역시 1954년 대통령직을 연임한 이승만이 장기 집권을 위해 대통령 3선 제한의 철폐를 핵심으로 하는 헌법 개정안을 통과시킨 시대적 배경 속에서 창작되었다. 이 시에서 시인은 '기침을 하자', '가래를 뱉자'고 하면서 현재의 부정부패한 현실을 물리치고 순수하고 정의로운 삶을 회복하려는 의지를 표현하고 있다.

자료실

참여 문학(參與文學)

참여 문학이란 문학이 현실에 대해 비판적이고 사회 변혁에 실천적인 역할을 해야 한다는 문학 이념을 가리키는 포괄적인 개념이다. 우리나라에서 참여 문학은 1950년대 중·후반 이후 문학의 사회 참여적 역할과 의의에 대한 작가들의 자각에서 시작되었다. 당시 우리나라는 전후의 피폐함 속에서 극단적인 궁핍을 겪고 있었다. 그리고 이러한 상황은 인간에 대한 본질적인 물음으로 이어져 실존주의 사상이 널리 퍼져 있었다. 우리나라의 경우 4·19 혁명을 기점으로 참여 문학이 더욱 불붙기 시작하였으며, 1960년대 김수영, 신동엽 등의 시인들에 의하여 현실 문제, 예를 들면 분단과 통일, 민족 민중 의식 등을 시적 제재로 취급하면서 세 차례의 격렬한 순수－참여 문학 논쟁을 불러일으켰다. 1970년대부터는 우리 민족과 민중들을 문학적 형상화의 주체로 삼는 시민 문학론, 민족 문학론, 노동자 농민 문학론 등으로 발전하였다.

함께 읽으면 좋은 작품

〈대설 주의보〉, 최승호 / 부정적 현실에 대한 인식

〈대설 주의보〉는 1980년대의 폭압적인 정치 상황을 거센 눈보라에 비유하여 시각적으로 형상화한 작품이다. 〈눈〉과 〈대설 주의보〉는 눈을 소재로 하고 부정적인 현실에 대한 인식이 나타난다는 점에서 유사하다. 하지만 김수영의 〈눈〉에서 '눈'은 순수한 생명력이라는 긍정적 의미를 내포하는 반면에, 〈대설 주의보〉에서 '눈'은 무시무시한 위력을 가진 '눈보라'가 되어 나타나 폭력적 현실이라는 부정적 의미를 내포한다는 점에서 차이가 있다.

키 포인트 체크

화자 ☐☐형 어미를 반복하여 함께 행동할 것을 권유하고 있다.

상황 화자는 ☐☐적이고 부패한 현실에 ☐☐하지 않으려 한다.

태도 '눈'을 통해 ☐☐하고 정의로운 삶을 회복하려는 의지를 보인다.

내신 적중 多빈출

1 이 시의 표현상 특징으로 적절하지 않은 것은?

① 동일한 시구의 반복을 통해 운율을 형성하고 있다.
② 반복과 변형을 통해 점층적으로 의미를 강조하고 있다.
③ 색채의 선명한 대조를 통해 시적 분위기를 환기하고 있다.
④ 대립적 의미의 시어를 사용하여 주제 의식을 심화하고 있다.
⑤ 청유형 어미를 활용하여 함께 행동할 것을 권유하고 있다.

2 이 시의 화자의 태도에 대한 설명으로 가장 적절한 것은?

① 현실에 대해 회의적인 시각을 보이고 있다.
② 현실과 일정한 거리를 두고 관찰하고 있다.
③ 인생에 대한 달관적 인식을 드러내고 있다.
④ 미래에 대한 낙관적인 전망을 드러내고 있다.
⑤ 순수한 삶에 대한 강한 열망을 드러내고 있다.

중요 기출

3 시적 상상력을 바탕으로, 다음의 내용을 고려하여 ㉠의 의미를 해석한다고 할 때, 그 내용으로 가장 적절한 것은?

'눈[雪]'의 상징	'눈[眼]'의 의미
순수, 결백, 정화, 시련, 냉혹함 ……	• 빛의 자극을 받아 물체를 볼 수 있는 감각 기관 ↓ • 사물을 보고 판단하는 힘

① 탈속의 세계를 지향하는 정화된 시선을 뜻한다.
② 옳고 그름을 가려낼 줄 아는 순수한 생명력을 뜻한다.
③ 결백함과 불순함이 혼재된 화자의 내면세계를 뜻한다.
④ 냉혹한 현실로부터 도피하려는 화자의 나약함을 뜻한다.
⑤ 닥쳐올 시련을 인식하지 못하는 근시안적 태도를 뜻한다.

4 다음은 이 시가 발표될 당시의 시대 상황을 알 수 있는 신문 기사이다. 내용을 참고하여 ⓐ의 행위가 무엇을 의미하는지 쓰시오.

○○호

1954년 대통령직을 연임한 이승만의 장기 집권을 위해, 정부 여당은 초대 대통령에 한해서 연임 횟수 제한을 없앤다는 내용의 개헌안을 제출하여 통과시켰다. 그 후 국민 여론이 나빠지자 이를 무마하기 위해 반공을 내세워 반대 세력을 탄압하였다. 김수영의 〈눈〉은 이러한 시대 상황에서 발표된 작품이다.

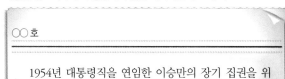

눈 ←→ 가래
깨끗함, 순수함 / 더러움, 불순함

ⓐ 기침을 하여 가래를 뱉음.

눈물 | 김현승

❶더러는
*옥토(沃土)에 떨어지는 작은 생명(生命)이고저……
　　눈물: 새 생명의 탄생을 위한 씨앗　○: 소망의 절실함이 담긴 어조
　　아들의 죽음과 관련된 하강의 이미지로 슬픔을 환기함.
▶ 1연: 순수한 생명에 대한 소망

❷흠도 티도
「ː」: 더럽혀지지 않은 온전함, 순결함
금 가지 않은」
　　눈물: 절대적인 순수함
나의 전체(全體)는 오직 이뿐
　　단정적 어조를 통해 순결한 삶에 대한 의지를 드러냄.
▶ 2연: 절대 순수로서의 눈물

❸더욱 값진 것으로
'나'가 가진 전부인 '눈물'보다 더욱 가치 있는 것
드리라 하올 제
　　공손한 어조
▶ 3연: 값진 존재의 추구

나의 가장 *나아중 지니인 것도 오직 이것뿐
　　신에게 바칠 만한 가장 값진 것　　가장 근원적이고 순수한 것 → 눈물
▶ 4연: 절대적 가치로서의 눈물

❹아름다운 나무의 꽃이 시듦을 보시고
　　일시적인 아름다움, 기쁨 = 웃음
열매를 맺게 하신 당신은
고귀하고 순수한　　절대자, 신(神)
가치 = 눈물
▶ 5연: 신의 섭리

나의 웃음을 만드신 후에
꽃과 대응됨, 아들과 함께했던 기쁨(삶의 일시적 기쁨)
새로이 나의 눈물을 지어 주시다.
　　열매와 대응됨.
　　① 희생을 통한 부활의 씨앗으로서 생명
　　② 삶의 고귀한 결실
　　③ 인간에게 주어진 신의 은총
▶ 6연: 신의 은총으로서의 눈물

문학 비상

🎯 핵심 정리

갈래 자유시, 서정시
성격 서정적, 종교적, 기원적, 관조적
제재 눈물
주제 지극한 슬픔의 종교적 승화
특징 ① 경어체를 통해 경건한 시적 분위기를 조성함.
② 일상적인 언어의 의미를 새롭게 해석하여 의미를 부여함.
③ 자연 현상에 빗대어 화자의 깨달음을 표현함.
출전 《김현승 시초》(1957)

Q 　'눈물'의 상징적 의미는?

흔히 '눈물'은 삶에서 느끼는 슬픔을 나타내는 부정적 의미를 지닌다. 그러나 이 시에서 '눈물'은 그 일반적인 의미를 넘어서, 희생을 통한 부활의 씨앗으로서의 '생명'을 나타낸다. 시 속에서 '눈물'은 인간 영혼의 가장 순수한 상태이며 삶의 고귀한 결정체로, '당신(절대자)'의 섭리에 의해 진실과 영원에 이르는 고귀한 가치를 지닌 삶의 '열매'로서의 깊은 의미를 지닌다.

💡 시어 풀이

옥토(沃土) 농작물이 잘 자랄 수 있는 영양분이 풍부한 좋은 땅.
나아중 나중, 시적 허용.

🐚 시구 풀이

❶ **더러는 ~ 작은 생명이고저** 성경의 마태복음 13장 '더러는 옥토에 떨어지매 혹 백배, 혹 삼십 배의 결실을 하였느니라.'를 차용한 것으로, 더러는 하찮은 존재이나마 기름진 땅에 떨어져 생명을 틔우는 씨앗과 존재가 되고 싶다는 의미이다.

❷ **흠도 티도 ~ 오직 이것뿐** '이뿐'은 '눈물'을 가리키는 것으로, 화자에게 오직 참되고 진실한 거은 '눈물'뿐임을 단정적으로 표현하고 있다.

❸ **더욱 값진 ~ 오직 이뿐** (절대자가) 눈물 말고 더 가치 있는 것으로 내놓으라고 하더라도 화자가 바칠 수 있는 것은 눈물밖에 없다는 것으로, 눈물의 절대적 가치를 강조한 표현이다.

❹ **아름다운 나무의 ~ 지어 주시다.** '웃음'이 화려하지만 쉽게 지고 마는 '꽃'의 현상적 아름다움을 지닌 것이라면, '눈물'은 씨앗을 그 안에 간직함으로써 영원한 생명을 지닌 '열매'처럼 순수하고 진실한 내면적 가치를 지닌 영원한 것임을 깨닫고 있다.

👤 작가 소개

김현승(金顯承, 1913~1975) 시인. 평양 출생. 목사인 아버지의 선교 활동으로 제주도와 광주에서 어린 시절을 보냈으며, 기독교적인 경건성에 뿌리를 두고 인간 존재의 운명과 내면 세계를 주로 노래하였다. 시집으로 《김현승 시초》(1957), 《옹호자의 노래》(1963) 등이 있다.

📎 이해와 감상

　이 시는 시인이 사랑하던 어린 아들을 잃고 그 지극한 슬픔을 기독교 신앙으로 승화시켜 쓴 작품이라고 전해진다. 사람은 자신의 인간적 한계와 고통을 맛보는 순간에 가장 순수하고 진실해질 수 있는데, 시인은 그것을 '눈물'로 표현하고 있다.
　화자에게 있어 '눈물'은 신이 인간에게 내려 준 가장 소중한 것이다. 나무의 '꽃'이 시든 뒤에 '열매'가 열리도록 한 신의 섭리와 마찬가지로 '웃음'이 삶의 '꽃'이라면 '눈물'은 삶의 '열매'에 해당한다. 여기에서 '눈물'은 진정한 삶의 결실로 신의 섭리와 은총의 결과라는 자각이 드러나 있다. 그래서 '눈물'은 슬픔이 아닌 크나큰 희망으로 화자에게 다가온다. 슬픔과 고뇌라는 '눈물'의 일반적 의미를 탈피하여 인간이 도달할 수 있는 가장 순수하고 값진 가치이자 신이 내린 최고의 은총이라는 새로운 의미를 부여함으로써 슬픔을 승화시킨 순결한 삶을 추구하는 자세를 노래하고 있는 것이다.

꽃	일시적	웃음	외면적, 가변적	삶의 기쁨
열매	근원적	눈물	내면적, 영구적	삶의 고뇌와 시련을 딛고 도달한 결실의 세계

작품 연구소

시어 및 시구의 상징적 의미

시어 및 시구	상징적 의미
옥토(沃土)	기름지고 좋은 땅, 절대자의 진실한 뜻을 깨닫는 삶의 공간
작은 생명	눈물, 순수한 삶에 대한 바람
꽃	일시적인 아름다움과 기쁨
열매	자연의 궁극적인 결실

이미지의 대칭적 의미 구조

자연물인 '꽃'과 '열매'는 인간 삶을 표상하는 '눈물'과 '웃음'으로 대칭된다. '꽃'이 '열매'를 통해 최후의 모습을 매듭지은 것처럼 시인에게도 '웃음'을 지나 가장 나중 지닌 것은 오직 '눈물'뿐이다. 지상의 인간이 신 앞에 내놓을 수 있는 최후의 '열매'인 것이다. '꽃'이 시들듯이 웃음도 타락하기 쉬운 불완전한 것이기 때문에 시인은 '웃음'을 거부하고 변하지 않는 '눈물'을 택한 것이다. 즉, <u>시인은 완전성과 변하지 않는 영원성을 지향하고 있는 것이다.</u>

시적 허용을 통한 의미의 강조

시에서 특별한 효과를 내기 위해 예외적으로 허락되는 문법적 일탈을 시적 허용이라고 한다. <u>일상 언어 체계가 가지고 있는 한계를 극복하고 새로운 의미를 만들기 위해서 관습적으로 사용하고 있는 언어 규범에 어긋나는 표현을 사용하는 경우이다.</u> 하지만 시적 허용은 단순히 형태의 왜곡을 드러내는 것이 아니라, 이를 통하여 작품의 미적 효과가 기대되는 경우에만 해당한다고 할 수 있다. 이 시에서 '나아중'은 '나중'의 시적 허용에 해당하는 것으로, 원래 형태보다 음을 늘임으로써 '눈물'이 화자가 가진 최후의 것이라는 화자의 정서를 극대화함과 동시에 '눈물'이 가장 근원적이고 순수한 것이라는 점을 강조하고 있다.

자료실

김현승 시에 나타난 신앙과 고독

김현승의 고독은 죄와 죽음의 한계를 가진 인간이 구원을 바라나 그 구원을 찾지 못한 고독이었다. 그는 구원을 바라며 신을 신앙하였고 신앙의 시를 썼으며, 그 구원을 포기하며 신을 떠나 고독의 시를 썼다. 그러나 신에 대한 회의와 고독은 그에게 참 신앙과 참 구원을 알게 하는 과정이었고, 그의 불완전한 신앙이 온전한 신앙으로 성숙되는 과정이었다. 그는 늘 진실하게 신을 찾고자 하였고 그 마음이 회의와 고독을 만들었으며 마침내 그는 신을 깨닫고 신의 구원을 절대 신앙하게 되었다. 김현승의 40여 년의 시 세계는 그가 신에게로 나아가는 길로 보인다. 그 길은 인간의 세계에 안주하지 않고 인간의 한계를 넘어서는 보다 영원한 진리를 찾아 헤매었던 시인의 진실한 삶의 여정이었다.

함께 읽으면 좋은 작품

〈하관〉, 박목월 / 죽은 아우에 대한 애틋한 그리움

〈하관〉은 아우를 잃은 슬픔과 그리움을 노래한 작품이다. 하강적 이미지를 통해 이승과 저승의 거리에서 오는 단절감을 표현하고 있다.

〈하관〉과 〈눈물〉은 혈육과의 사별의 슬픔을 노래하고 있다는 점에서 공통점을 지닌다. 하지만 〈하관〉은 아우의 죽음으로 인한 단절의 현실을 정면으로 받아들이며 죽은 아우에 대한 그리움이 절실하게 표현되어 있다. 반면에 〈눈물〉은 아들의 죽음으로 인한 슬픔과 고통의 극한에서 절대자에 대한 경건함을 보여 주고 있으며 주저앉아 절망하지 않고 '눈물'을 통해 그러한 슬픔을 극복하고 있다. <u>Link</u> 본책 138쪽

키 포인트 체크

화자 어린 [ ][ ]을 죽음의 세계로 먼저 떠나 보내고, 그로 인한 지극한 [ ][ ]과 아픔을 신앙에 기대어 이겨 내고자 하고 있다.

상황 어린 아들을 잃은 슬픔을 [ ][ ]와 신앙에 의지하여 극복하고자 하는 화자의 내면적 [ ][ ]를 느낄 수 있다.

태도 사랑하는 아들을 잃은 슬픔을 겸허히 수용하며, 이를 통해 우리 인간은 기쁨보다는 슬픔 속에서 성숙한다는 삶의 이치를 [ ][ ][ ]으로 깨닫는다.

내신 적중

1 이 시의 화자에 대한 설명으로 가장 적절한 것은?

① 시련을 거쳐 삶에 대한 새로운 인식에 이르고 있다.
② 집착과 욕심을 버림으로써 마음의 평화를 얻고 있다.
③ 절대자와의 교감을 통해서 삶의 허무감을 극복하고 있다.
④ 대자연을 바라보며 인생의 덧없음을 새로이 깨닫고 있다.
⑤ 현실과 거리를 둠으로써 주어진 운명을 초월하려는 의지를 보이고 있다.

2 〈보기〉에서의 '소멸성'의 이미지를 지닌 시어를 이 시에서 찾는다면?

│ 보기 │

서구의 모더니즘적 성향이 짙은 김현승은 윤동주, 박두진 등과 더불어 흔히 기독교적 세계를 바탕으로 한 시인으로 설명된다. 그것은 그의 시가 소멸성과 영원성의 교차를 통해 이원적(二元的) 세계를 구축하고 있기 때문이다.

① 옥토 ② 생명 ③ 꽃 ④ 열매 ⑤ 눈물

3 이 시와 〈보기〉에 대한 설명으로 가장 적절한 것은?

│ 보기 │

생사 길은 / 예 있으매 머뭇거리고,
나는 간다는 말도 / 못다 이르고 어찌 갑니까.
어느 가을 이른 바람에 / 이에 저에 떨어질 잎처럼.
한 가지에 나고 / 가는 곳 모르온저.
아아, 미타찰에서 만날 나 / 도 닦아 기다리겠노라.
― 월명사, 〈제망매가〉

① 이 시와 〈보기〉 모두 경어체를 사용하여 경건한 분위기를 형성하고 있다.
② 이 시와 〈보기〉는 혈육의 죽음으로 인한 슬픔을 종교적으로 극복하고 있다.
③ 〈보기〉와 달리 이 시에서는 화자가 외로운 심정을 자연물에 이입시키고 있다.
④ 이 시와 달리 〈보기〉에서는 부정적 현실에 대해 적극적으로 저항하는 자세를 보이고 있다.
⑤ 이 시와 달리 〈보기〉에서는 과거 회상을 통하여 시적 대상에 대한 간절한 그리움을 나타내고 있다.

4 이 시의 '나아중'은 일상 언어 규범을 벗어난 표기법이다. 이와 같은 표현 방법을 가리키는 말을 2어절로 적고, 그 효과를 쓰시오.

할머니 꽃씨를 받으시다 | 박남수

문학 금성, 지학사

🎯 핵심 정리

갈래 자유시, 서정시
성격 상징적, 현실 비판적
제재 전쟁, 꽃씨
주제 미래에 대한 희망을 통한 전쟁의 극복
특징 ① 상징적 시어를 통해 부정적인 시대 상황을 암시함.
② 유사한 구절을 반복하여 주제 의식을 강조함.
③ 할머니의 독백을 삽입하여 전쟁에 대한 비판 의식을 드러냄.
출전 《갈매기 소묘》(1958)

Q '채송화 꽃씨'가 의미하는 바는?

목숨이 위태로운 전쟁 상황 속에서 '어쩌다' 핀 채송화 꽃씨는 아주 작고 소박한 존재이지만, 생명력과 희망을 상징한다고 볼 수 있으며 '방공호 위'라는 공간과 대조적인 의미를 지니고 있다.

💡 시어 풀이

방공호 공습 때 대피하기 위하여 땅을 파서 만든 굴이나 구덩이.
채송화 솔잎 모양의 잎은 두툼하며, 여름부터 가을에 걸쳐 꽃줄기가 없는 다섯잎꽃이 아침에 피었다가 오후에 시듦.
호(壕) 몸을 숨기어 적의 공격에 대비하는 방어 시설.

🗨 시구 풀이

❶ **할머니 꽃씨를 ~ 꽃씨를 받으신다.** '방공호'라는 단어를 볼 때 시적 상황이 전쟁 중임을 알 수 있다. 할머니는 전쟁 중이라는 위급한 상황에서도 생명을 중시하는 태도를 보이고 있다.
❷ **호 안에는 아예 들어오시덜 않고** 할머니는 전쟁 중임에도 대피하지 않고, 전쟁의 비정함에 대해 노여움을 느끼고 있다.
❸ **— 진작 죽었더라면 ~ 보지 않았으련만……** 전쟁의 비극적 현실에 대한 절망과 한탄을 할머니의 독백을 통해 드러내고 있다.
❹ **할머니 꽃씨를 ~ 꽃씨를 털으시리라** 전쟁 상황보다 더욱 심각한 상황인 '지구가 깨어져 없어진' 상황에서도 희망을 버리지 않으려는 할머니의 모습이 나타나 있다.

👤 작가 소개

박남수(朴南秀, 1918~1994)
시인. 평양 출생. 1939년 정지용의 추천으로 《문장》지에 〈밤길〉 등을 발표하며 등단하였다. 그의 시는 농촌 생활과 풍경을 소재로 하면서도 일제 강점기의 암울한 시대상을 노래하거나, 동족상잔의 비극에 대해 성찰하는 내용이 많다. 또한 비극적 상황을 노래하되, 생명력과 아름다움을 함께 노래하면서 미래에 대한 희망을 제시한다. 시집으로는 《초롱불》(1940), 《새의 암장》(1970), 《소로》(1994) 등이 있다.

---

❶할머니 꽃씨를 받으신다.
　　생명력, 희망을 상징함.
㉠ 방공호(防空壕) 위에
　　전쟁 위험에 노출된 상태
어쩌다 된
채송화 꽃씨를 받으신다.
　　작고 소박한 생명일지라도 소중히 여기는 할머니의 모습

▶ 1연: 꽃씨를 받으시는 할머니

❷호(壕) 안에는
아예 들어오시덜 않고
말이 수째 적어지신
　　숫제. 처음부터 차라리, 또는 아예 전적으로.
할머니는 그저 누여우시다.
　　전쟁의 비극적 현실에 대한 할머니의 분노

▶ 2연: 전쟁의 비인간성에 분노하는 할머니

❸— 진작 죽었더라면
Ⓐ이런 꼴
　　전쟁의 비극적인 현실
저런 꼴
다 보지 않았으련만……

1연과 5연에서 내용과 형식이 유사한 부분이 배치되어 수미 상관을 이루고 있다. 1연에서는 할머니가 꽃씨를 받으시는 현재의 모습을 노래하고 있고, 5연에서는 더욱 절망적인 상황에서도 할머니가 꽃씨를 받으시리라는 내용을 노래하고 있다.

▶ 3연: 전쟁의 절망적 현실에 대한 할머니의 넋두리

글쎄 할머니,
　　전쟁의 비정함에 무관심한 화자의 반응
그걸 어쩌란 말씀이서요.
수째 말이 적어지신
할머니의 노여움을
풀 수는 없었다.

▶ 4연: 전쟁의 비인간성에 계속해서 분노하는 할머니

❹할머니 Ⓑ꽃씨를 받으신다.
인제 지구(地球)가 깨어져 없어진대도
　　비극적인 전쟁 상황으로 인하여 더욱 절망적인 상황
할머니는 역시 살아 계시는 동안은
그 작은 꽃씨를 털으시리라.
　　어떠한 상황에서도 희망을 버리지 않는 할머니의 모습

▶ 5연: 절망적 상황에서도 희망을 버리지 않는 할머니

이해와 감상

이 시는 방공호 속으로 대피해야 하는 전쟁 상황과 꽃씨를 정성스럽게 받으시는 할머니의 모습을 대조하여 비정하고 절망적인 전쟁 상황을 드러냄과 동시에 미래에 대한 희망을 노래하고 있는 작품이다. 화자와 할머니는 방공호에 대피해야 하는 상황에 놓여 있는데, 할머니는 방공호 위에 피어 있는 채송화의 꽃씨를 받고 있다. '방공호'는 전쟁 중에 대피를 하기 위한 공간으로 '방공호 위'는 전쟁의 위험에 그대로 노출되어 있는 공간이다. 또한 '방공호 위'에서 할머니가 받고 있는 '채송화 씨'는 전쟁의 고통을 넘어설 수 있는 희망을 상징하는 것이다. 특히 채송화의 꽃씨를 받는 할머니의 행위는 1연과 5연에 반복적으로 배치되어 있어 미래에 대한 희망을 훨씬 더 강조하는 효과를 거두고 있다.

시적 상황		할머니의 태도
방공호		채송화 꽃씨를 받음.
↓	⇄	↓
전쟁으로 인해 대피 중		미래에 대한 희망

🏠 작품 연구소

작품에 나타난 반복과 변주

1연	**할머니께서 꽃씨를 받음.**① – 전쟁 중임에도 불구하고 꽃씨를 받음.
2연	**할머니는 말이 적어지고 노여워함.**① – 전쟁의 위험에 그대로 노출되면서까지 노여움을 표현함.
3연	**할머니의 하소연** – 전쟁에 대한 할머니의 한탄과 절망이 드러남.
4연	**할머니는 말이 적어지고 노여워함.**② – 절망적 현실에 무관심한 화자의 태도와 대조적임.
5연	**할머니께서 꽃씨를 받음.**② – 지구가 깨어져 없어지더라도 꽃씨를 받음.

이 시는 작품의 처음과 끝이 유사한 내용으로 이루어진 수미 상관식 구성을 보이고 있다. 할머니께서 전쟁 통에 꽃씨를 받는 내용으로 작품을 시작하여, 지구가 깨어져 없어지는 절망적 순간까지도 할머니가 꽃씨를 받을 것이라는 화자의 인식을 통해 미래에 대한 희망을 노래하고 있는 것이다. 또한 2연과 4연에도 유사한 내용이 배치됨으로써 작품 전체적으로 시적 안정감을 높이고 있다.

'꽃씨'의 상징적 의미

일반적으로 '꽃씨'는 지금은 작고 소박한 존재이더라도 결국은 꽃을 피울 수 있는 희망을 의미한다. 또한 1연의 '채송화'는 '어쩌다' 핀 존재로, 누군가가 의도적으로 심은 것이라기보다 전쟁 통에 우연히 핀 존재라 할 수 있다. 즉, 전쟁이라는 폭력적이고 비정한 상황과 더욱 대조적으로 보이는 소박한 존재가 바로 '채송화'인 것이다.

전쟁에 대한 화자와 할머니의 현실 인식 차이

화자	할머니
어쩔 수 없다고 생각함.	노여워함.

화자는 방공호에 몸을 숨겨야 하는 전쟁 상황을 어쩔 수 없는 것으로 받아들이고 있다. 반면 할머니는 전쟁이라는 비극적 현실에 한탄하며, 노여움을 드러내고 있다. 또한 채송화 꽃씨를 받는 행위로 미래에 대한 희망을 드러내고 있는데, 특히 지구가 깨어져 없어질 정도의 절망적 현실이 닥치더라도 끝까지 채송화 꽃씨를 받으려는 모습에서 전쟁의 비극을 넘어서는 휴머니즘적 희망을 강조하고 있다.

자료실

작품에 드러난 이미지

이미지즘적 시를 주로 썼던 정지용의 추천으로 등단한 시인답게, 박남수의 작품에는 인물의 감정과 정서를 이미지화한 경우가 많다. 이 작품에서도 절망 속에서 희망을 저버리지 않는 의지를 '채송화 꽃씨'를 통해 드러내고 있다. 흔히 전쟁을 소재로 한 작품에서는 감정의 과잉이 나타나기 쉬운데, 전쟁 상황을 소재로 하면서도 객관적 상관물 '채송화 꽃씨'를 통해 감정을 이미지화하여 드러내고 있는 것이다.

📖 함께 읽으면 좋은 작품

〈초토의 시 1〉, 구상 / 전쟁의 폐허 속에서 발견한 희망

〈초토의 시〉는 시인이 6·25 전쟁 당시 기자로 활동하면서 경험한 전쟁 체험을 바탕으로 창작한 15편의 연작시이다. '초토(焦土)'는 불에 탄 것처럼 황폐해지고 못 쓰게 된 상태를 비유적으로 이르는 말로, 6·25 전쟁으로 인해 폐허가 된 상황을 의미한다. 〈초토의 시 1〉도 〈할머니 꽃씨를 받으시다〉와 같이 전쟁 상황에서 미래에 대한 희망을 노래하고 있다는 점이 공통적이다.

🔑 포인트 체크

- **화자** 절망적 현실에 대해 노여워하기도 하고 한탄하기도 하면서도, 끝까지 ⬜⬜⬜ 꽃씨를 받으려는 ⬜⬜⬜에 대해 노래하고 있다.
- **상황** ⬜⬜⬜라는 시어를 볼 때 화자와 할머니가 처한 상황이 전쟁으로 인해 대피를 해야 하는 상황임을 알 수 있다.
- **태도** 전쟁이라는 절망적 현실에 대해 화자와 할머니는 ⬜⬜⬜인 태도를 보이고 있다.

내신 적중 多빈출

1 이 시의 표현상 특징으로 가장 적절한 것은?
① 반복과 변주를 통해 미래에 대한 희망을 강조하고 있다.
② 미래에 대한 가정을 통해 화자의 한탄을 드러내고 있다.
③ 자연물에 화자의 감정을 이입하여 감각적으로 드러내고 있다.
④ 명령형 문장을 통해 현실에 대한 부정적 인식을 드러내고 있다.
⑤ 반어적 표현을 통해 절망적 현실에 대한 극복 의지를 노래하고 있다.

2 〈보기〉에서 ⓐ의 상징적 의미와 가장 유사한 것은?

> **보기**
>
> 하꼬방 유리 딱지에 애새끼들 / 얼굴이 불타는 ⓐ해바라기마냥 걸려 있다. [중략]
> ⓑ잿더미가 소복한 울타리에 / ⓒ개나리가 망울졌다.
>
> 저기 언덕을 내려 달리는
> ⓓ체니[少女]의 미소엔 앳되가 빠져 / 죄 하나도 없다.
>
> 나는 술 취한 듯 ⓔ흥그러워진다. / 그림자 웃으며 앞장을 선다.
> – 구상, 〈초토의 시 1〉

① ⓐ   ② ⓑ   ③ ⓒ   ④ ⓓ   ⑤ ⓔ

3 화자와 할머니에 대한 설명으로 적절한 것은?
① 화자와 달리 할머니는 전쟁 상황을 경험하고 있다.
② 화자와 할머니는 모두 현재 상황을 긍정적으로 인식하고 있다.
③ 화자의 노력으로 현실에 대한 할머니의 분노를 해결하고 있다.
④ 화자는 부정적 현실을 극복하기 위해 할머니를 설득하고 있다.
⑤ 화자와 달리 할머니는 전쟁을 극복할 수 있는 희망을 드러내고 있다.

4 Ⓐ와 Ⓑ에 대한 설명으로 가장 적절한 것은?
① Ⓐ는 Ⓑ와 같은 상황의 결과라 할 수 있다.
② Ⓐ는 과거의 상황인 반면, Ⓑ는 현재의 상황이다.
③ Ⓐ는 화자의 생각인 반면, Ⓑ는 할머니의 생각이다.
④ Ⓐ를 극복하기 위한 희망이 Ⓑ를 통해 드러나고 있다.
⑤ Ⓐ에서 벗어나기 위한 화자의 노력이 Ⓑ라 할 수 있다.

5 이 시에서 구체적 시어를 찾아 작품에 반영된 시대적 상황을 쓰시오.

074 즐거운 편지 |황동규

문학 지학사

🎯 핵심 정리

갈래 산문시, 서정시
성격 서정적, 고백적, 사색적
제재 사랑
주제 사랑의 간절함과 불변성에 대한 고백
특징 ① 화자의 사랑을 자연 현상에 빗대어 표현함.
　　　② 반어적 기법으로 사랑의 간절함을 전달함.
출전 《현대문학》(1958)

Q 제목이 '즐거운 편지'인 이유는?

이 시에서 화자는 '그대'에게 자신의 사랑이 받아들여지지 않은 채, 기약 없이 기다려야 하는 고통스러운 상황에 처해 있다. 이런 상황에서 쓰는 편지라면 당연히 '즐겁지 않은 편지'가 되어야 할 것이다. 하지만 화자는 이런 기다림의 고통을 사랑하는 '그대'를 위한 기다림의 기쁨으로 바꾸어 영원한 사랑을 다짐하기 때문에 '즐거운 편지'가 될 수 있는 것이다.

🔖 시구 풀이

❶ **내 그대를 ~ 불러 보리라.** '그대'를 향한 변함없는 사랑을 '사소함'이라는 반어적 표현을 통해 형상화하고 있다. 화자는 자신이 '그대'를 생각하는 것이 '사소한 일'이라고 말하고 있으나, 그 사소함이라는 것이 변할 수 없는 자연의 진리와 같다는 점과 먼 훗날 '그대'가 괴로움 속에 헤맬 때에 전해질 것임을 생각해 볼 때, 결코 사소한 것이 아니라 소중한 것임을 알 수 있다.

❷ **진실로 진실로 ~ 버린 데 있었다.** 화자는 '그대'를 진정으로 사랑하는 까닭이 사랑의 감정을 기다림의 감정으로 바꾸어 놓은 데 있다고 담담하게 고백하고 있다. 사랑하기 때문에 기다림의 지루함이나, 사랑에 대한 시간의 제한이 없다는 것이다. 즉, '기다림'은 더 커다란 포용력 있는 '사랑'을 의미한다.

❸ **밤이 들면서 ~ 할 것을 믿는다.** 골짜기에 퍼붓는 눈이 언젠가 그치듯 임에 대한 화자 자신의 사랑도 끝날 것이라고 말하고 있다. 즉, 사랑은 언젠가는 끝나지만, 화자는 그 사랑을 기다림의 자세로 승화하고 있는 것이다. 이는 계속 순환하는 자연 현상처럼 영원할 것 같던 사랑이 끝난 후에도 지속되는 성숙한 사랑의 경지를 말한다.

👤 작가 소개

황동규(黃東奎, 1938~)
시인. 평남 숙천 출생. 《현대문학》에 〈시월〉, 〈즐거운 편지〉 등을 추천받아 등단하였다. 현대 지식인들이 느끼는 섬세한 서정을 이미지즘적인 기법을 빌려 표현하는 데 초점을 맞추고 있다. 시집으로 《어떤 개인 날》(1961), 《삼남에 내리는 눈》(1968), 《나는 바퀴를 보면 굴리고 싶어진다》(1978), 《풍장》(1983) 등이 있다.

1

❶내 그대를 생각함은 항상 그대가 앉아 있는 배경에서 해가 지고 바람이 부는 일처럼 사소한 일일 것이나 언젠가 그대가 한없이 괴로움 속을 헤매일 때에 오랫동안 전해 오던 그 사소함으로 그대를 불러 보리라.

　　　미래의 어느 날
　　　'그대'에 대한 사랑이 소중한 것임을 강조하기 위한 반어적 표현
　　　오랜 시간 변하지 않은 화자의 간절한 사랑
　　　▶ 1연: 그대를 향한 변함없는 사랑

2

❷진실로 진실로 내가 그대를 사랑하는 까닭은 내 나의 사랑을 한없이 잇닿은 그 기다림으로 바꾸어 버린 데 있었다. ❸밤이 들면서 ⃞골짜기엔 눈이 퍼붓기 시작했다. 내 사랑도 어디쯤에선 반드시 그칠 것을 믿는다. 다만 그때 내 기다림의 자세를 생각하는 것뿐이다. 그동안에 ㉠눈이 그치고 꽃이 피어나고 낙엽이 떨어지고 또 눈이 퍼붓고 할 것을 믿는다.

　　　'그대'에 대한 화자의 간절한 마음 표현(반복법)　⃞: 외롭고 견디기 힘든 시간　사랑을 기다림으로 승화함.
　　　'기다림'을 힘들게 하는 부정적 현실
　　　㉠: '그대'에 대한 화자의 마음이 변하지 않음을 강조하기 위한 소재
　　　기다림으로 승화된 사랑이 순환하는 자연 현상처럼 지속될 것임.
　　　▶ 2연: 기다림으로 승화된 변함없는 사랑

이해와 감상

이 시는 '그대'를 향한 화자의 변함없는 사랑을 반어적 표현을 통해 강조하며, 사랑하는 사람과의 이별을 기다림을 통해 극복해 나가겠다는 의지를 노래하고 있다.

사랑은 그 자체로 중요하지만 변화무쌍하고 일시적이며, 때론 사치스러운 것일 수도 있다. 언제나 영원할 것 같던 사랑도, 시간이 지나면 그치는 눈처럼 언젠가는 끝나게 마련이다. 그러므로 이 시의 화자는 자신의 사랑을 모든 것을 감싸 안을 수 있는 포용력 있는 사랑, 즉 '기다림의 자세'로 승화하고 있다. 그 기다림이란 변함없음, 즉 영속적인 정서를 바탕으로 하는 것이기에 계절에 따라 끊임없이 순환하는 자연 현상처럼 자신의 사랑도 영원할 것이라고 말하고 있다. 그 기다림의 시간이 고통스럽고 힘들더라도 기다림으로 승화된 사랑은 영원할 수 있기에 즐거운 것이라고 말하고 있는 것이다.

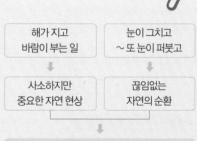

해가 지고 바람이 부는 일	눈이 그치고 ~ 또 눈이 퍼붓고
사소하지만 중요한 자연 현상	끊임없는 자연의 순환

'그대'를 향한 영원한 사랑

작품 연구소

이 시에 나타난 반어적 표현

사소한 일 (사소함)	해가 지고 바람이 부는 일은 사소한 일이지만, 이 사소한 일은 우리 삶의 일부이자 변하지 않는 자연의 섭리이다. 따라서 '사소한 일'은 화자가 '그대'를 생각하는 일이 무엇보다 소중하고 간절한 일이라는 것을 의미한다.

이 시의 화자는 자신의 사랑을 사소하다고 말하고 있다. 하지만 이는 화자가 '그대'를 향한 자신의 사랑이 소중하다는 것을 말하기 위해 사용한 반어적 표현으로 보아야 한다. '해가 지고 바람이 부는 일'은 보통 사람들에게는 사소한 것일 수 있지만, 사랑에 빠진 화자에게는 그저 반복되는 사소한 자연 현상조차도 '그대'를 떠올리게 하는 계기가 되기 때문이다. 그리고 언젠가 '그대'가 괴로워할 때 오랫동안 전해오던 그 사소함으로 '그대'를 불러 볼 것이라는 말을 통해 '사소한 일'이 '그대'를 향한 화자의 간절하고 변함없는 사랑에 대한 고백임을 알 수 있다.

시적 화자의 사랑에 대한 인식

이 시에서 화자는 '그대'에 대한 사랑의 불변성을 노래하고 있다. 하지만 화자는 사랑의 속성이 우리에게 위안과 기쁨을 주는 한편, 사치스러우며 일시적인 것으로 언젠가는 세월의 흐름과 함께 사라질 것이라는 사실을 알고 있다. 그렇기 때문에 언젠가는 부딪치게 될 사랑의 고통을 극복하기 위해, 사랑의 감정을 모든 것을 포용할 수 있는 기다림의 감정으로 바꾸고 있는 것이다. 이 기다림은 시 속에서 화자의 사랑의 애절함을 보여 주는 동시에, 좀 더 성숙하고 깊이 있는 사랑을 위한 일련의 과정이라 할 수 있다.

자료실

황동규의 시 세계

황동규 시의 핵심에는 자아와 현실 사이의 갈등이 도사리고 있으며, 꿈과 이상을 억압하는 현실에 대한 부정이 시적 원동력으로 작용한다. 즉, 그는 현실과의 적절한 거리를 유지한 채 고통스러운 시대를 사는 사람들의 비극적인 아름다움을 시적 주제로 삼아 왔다. 〈태평가〉를 비롯한 〈삼남에 내리는 눈〉은 이러한 주제를 담고 있으며, 시적 감정을 전달하는 시인의 목소리가 반어적인 울림으로 드러난 경우이다.

후기에 이르러 한층 유연해진 황동규의 어법은 〈풍장(風葬)〉 연작시에서 삶과 죽음을 하나로 감싸 안으며 죽음의 허무를 초극한다. 죽음에 대한 명상으로써 삶의 무게를 덜고, 나아가 죽음조차 길들이겠다는 의미의 자유분방한 표현을 담고 있다.

함께 읽으면 좋은 작품

〈초혼〉, 김소월 / 임을 향한 간절한 마음

〈초혼〉은 사랑하는 사람을 잃은 슬픔을 격정적인 절규의 어조로 노래한 작품이다. 〈즐거운 편지〉와 〈초혼〉 모두 이별의 상황에서 임에 대한 화자의 변함없는 사랑이 강조되어 있다는 점에서 유사하다. 하지만 〈초혼〉이 '한(恨)'으로 끝난 사랑 노래'에 가깝다면 〈즐거운 편지〉는 안으로 삭이는 '한'과 달리 오랜 '기다림'으로 사랑을 승화함으로써 사랑의 지속성을 표현하고 있다는 점에서 차이가 있다.

Link 본책 54쪽

포인트 체크

화자 자신의 사랑을 □□□□에 빗대어 표현하고 있다.

상황 반복되는 □□한 현상도 화자에게는 '그대'를 떠올리게 하는 계기가 되고 있다.

태도 화자는 '그대'에 대한 사랑의 □□□을 고백하고 있다.

1 이 시에 대한 감상으로 적절하지 않은 것은?

① 시적 화자는 임을 간절히 기다리고 있다.
② 임에 대한 화자의 지고지순한 사랑이 느껴진다.
③ 전체적으로는 슬픔과 절망의 정서가 지배적이다.
④ 일반적인 소재를 사용하여 공감을 유도하고 있다.
⑤ 행 구분이 없이 줄글로 표현된 산문 형태의 시이다.

[내신 적중]

2 이 시와 〈보기〉의 화자가 지닌 공통적 태도로 가장 적절한 것은?

┤ 보기 ├

설움에 겹도록 부르노라. / 설움에 겹도록 부르노라.
부르는 소리는 비껴 가지만
하늘과 땅 사이가 너무 넓구나.

선 채로 이 자리에 돌이 되어도
부르다가 내가 죽을 이름이여!
사랑하던 그 사람이여! / 사랑하던 그 사람이여!

– 김소월, 〈초혼〉

① 격정적인 어조로 감정을 표출하고 있다.
② 임에 대한 원망의 정서를 드러내고 있다.
③ 임을 잊지 못하는 마음을 나타내고 있다.
④ 이별의 상황을 운명적으로 받아들이고 있다.
⑤ 현실 상황에 대한 비판적 태도를 드러내고 있다.

3 ㉠에서 시적 화자가 말하고자 하는 바로 가장 적절한 것은?

① 떠난 임을 영원히 원망할 것이다.
② 첫사랑은 결코 이루어지지 않는다.
③ 임을 사랑하는 마음은 변하지 않을 것이다.
④ 사랑의 유한성을 극복하기는 어려울 것이다.
⑤ 사랑은 변한다 해도 자연의 섭리는 불변할 것이다.

4 〈보기〉를 바탕으로 이 시에 쓰인 주된 표현 방식의 효과에 대해 쓰시오.

┤ 보기 ├

〈즐거운 편지〉는 물론 연애시입니다. 그런데 내가 이 시를 쓸 때 물려받은 연애시의 전통은 김소월의 〈진달래꽃〉과 한용운의 〈님의 침묵〉입니다. '나 보기가 역겨워 / 가실 때에는 / 말없이 고이 보내 드리오리다. // 영변의 약산 진달래꽃······' 이걸 보면 애인은 화자를 버리고 가고, 화자는 뒤에 남아 있습니다. 그리고 바라는 것은 애인이 자기의 사랑을 생각해서 '가시는 듯 도셔 오쇼셔'입니다. 고려 가요 〈가시리〉에 깃들인 '가시는 즉시 돌아오십시오'가 내가 이 시를 쓰기 전까지 주어진 전통입니다. 한용운도 마찬가지입니다. '아, 님은 갔습니다. 그러나 나는 님을 보내지 않았습니다'라고 노래하면 그게 돌아오라는 얘기가 아니고 무엇입니까.

– 황동규 외, 《나의 문학 이야기》

구부정 소나무 |리진

문학 비상

핵심 정리

갈래 자유시, 서정시
성격 상징적, 애상적
제재 구부정 소나무
주제 타향에서 느끼는 조국에 대한 그리움
특징 ① 자연물에 화자의 상황과 감정을 이입함.
② 역설적 표현을 통해 조국에 대한 그리움을 강조함.
출전 《리진 서정시집》(1996)

Q '구부정 소나무'가 의미하는 바는?

'구부정 소나무'는 곧게 자란 러시아의 소나무와 달리 조국의 소나무처럼 굽어 자란 소나무를 의미한다. 갈 수 없는 조국에 대한 그리움이 소나무를 통해 촉발되고 있는 것이다.

시어 풀이

구부정 조금 구부러져 있는 모양.
로씨야 러시아.

시구 풀이

❶ **숲의 먼 끝에 ~ 구부정 소나무가 서 있나** 시인은 북한 출신으로 러시아 유학 중 망명하여 북한으로 돌아가지 않았다. 그런 상황에서 자신의 외로운 처지와 홀로 서 있는 구부정 소나무가 동일시되었을 것이다.

❷ **로씨야 땅에서 ~ 구부정 소나무가 서 있다** 조국의 소나무들이 대부분 구부정 소나무인 반면에 러시아의 소나무는 곧게 자란다. 그래서 구부정 소나무에 대한 감정을 반복을 통해 드러내고 있다.

❸ **가만히 눈물을 ~ 소리 없이 외친다** 구부정 소나무로 인해 촉발된 화자의 감정은 서서히 고조된다. 눈물을 머금고, 주먹을 쥐고, 소리 없이 외친다는 표현 속에서 조국을 떠날 수밖에 없는 현실에 대한 안타까움과 분노, 답답함이 점층적으로 고조되고 있는 것이다.

❹ **멀리서 아끼는 사랑이 ~ 길 떠난 아들을 잊지 마라** 화자는 멀리서 조국을 아끼고 사랑하는 애틋한 자기 자신을 '길 떠난 아들'로 표현하고 있다. 이는 다만 화자뿐만 아니라 고향과 조국을 떠나야만 했던 모든 사람을 지칭하는 표현이 될 수 있으며 조국에 대한 간절하고도 애틋한 마음을 잘 나타낸다.

작가 소개

리진(1930~2004)
시인. 북한 함흥 출생. 평양 김일성대에서 영문학을 전공하고 1951년 러시아로 유학, 소련 국립 영화 예술 대학 극작과를 졸업했다. 이후 북한에 돌아가지 않고 1957년 러시아에 망명하였지만 귀화는 하지 않았다. 그는 북한의 국적도 없이 러시아의 국적도 없이 오로지 모국어로 시를 쓰며 자신의 인생을 투영해 왔다. 주요 작품으로 〈싸리섬은 무인도〉, 〈해돋이〉 등이 있다.

---

❶숲의 먼 끝에 한 그루 외따로
　　　　　외로운 처지 = 화자와 동일시
❷구부정 소나무가 서 있다
　화자에게 조국을 떠올리게 하는 소재
❷로씨야 땅에서 보기 드문
　곧게 자라는 러시아 소나무와 다름. - 고향을 떠올림.
구부정 소나무가 서 있다

□ 화자에게 조국을 떠올리게 하는 매개체인 '구부정 소나무'를 반복적으로 표현하여 강조함.

▶ 1연: 홀로 서 있는 구부정 소나무

그 곁을 지날 때면 언제나
❸가만히 눈물을 머금는다
　조국을 떠난 슬픔과 그리움
저도 몰래 주먹을 쥔다
　조국을 떠날 수밖에 없는 현실에 대한 분노
가슴이 소리 없이 외친다
　화자의 답답한 심정 강조(역설법)

「」: 조국과 고향에 대한 그리움과 슬픔을 점점 강하게 드러냄.

▶ 2연: 구부정 소나무 곁에서 느끼는 슬픔과 안타까움

❹멀리서 아끼는 사랑이
　조국을 떠나온 화자가 조국을 사랑하고 그리워하는 마음
얼마나 애틋한지 아느냐
　조국에 대한 애틋함 강조(설의법)
길 떠난 아들을 잊지 마라
　화자를 비롯해 고향을 떠난 사람들
구부정 소나무의 내 나라
　구부정 소나무를 통해 조국을 떠올림.

▶ 3연: 타국에서 느끼는 조국에 대한 사랑과 그리움

이해와 감상

이 시는 리진이 러시아로 망명한 이듬해(1958년)에 쓴 작품으로 타향에서 고국을 그리워하는 화자의 감정을 담고 있다. 또한 이 작품은 작가의 국적으로 인해 한국 문학의 범주에 대한 문제가 제기되는 작품이기도 하다. 시인은 북한에서 태어나 김일성 종합 대학을 다니다가 유학을 간 러시아에 망명한 후 귀국하지 않았다. 시 속의 화자에는 그런 시인의 모습이 그대로 투영되어 있다. 화자는 머나먼 러시아 땅에서 고향에서 많이 보던 구부정 소나무를 발견하고 고향을 떠올리며 눈물을 흘린다. 조국을 떠나올 수밖에 없었던 안타까움에 몰래 주먹을 쥐기도 하고, 조국에 대한 애틋한 마음과 자신의 신념을 쉽게 표현할 수 없는 처지에 답답해하기도 한다. 이처럼 이 시는 외국에서 느끼는 리진의 감정이 오롯이 담겨 있는 작품이며, 시 속에 한민족의 정체성을 담아 타국에서의 체험을 모국어로 표현했다는 점에서 한국 문학으로서의 의의를 지닌다.

| 구부정 소나무 (조국을 떠올림.) | → | 외로움 답답함 그리움 | → | 길 떠난 아들 (화자에 대한 인식) | → | 애틋함 |

작품 연구소

시어 및 시구의 상징적 의미

시어 및 시구	상징적 의미
구부정 소나무	조국을 떠올리게 하는 소재
로씨야	현재 화자가 있는 공간이자 이국적인 공간
길 떠난 아들	화자 자신에 대한 인식이자 조국을 떠난 모든 이들
내 나라	구부정 소나무로 대변되는 조국

점층적인 화자의 표현 고조

눈물을 머금는다	⇒	몰래 주먹을 쥔다	⇒	가슴이 소리 없이 외친다

이 시의 화자는 조국을 떠나 러시아에 망명하여 이국땅에서 조국의 소나무와 닮은 구부정 소나무를 보고 눈물을 머금고 있다. 이는 조국에 대한 그리움과 타향에서의 외로움과 서러움에 의한 눈물이다. 또한 조국을 떠날 수밖에 없었던 비극적인 역사에 대한 안타까움이 몰래 주먹을 쥐는 행동으로, 화자의 답답한 심정이 소리 없이 외치는 가슴으로 점층적으로 표현되고 있다.

역설적 표현과 설의법에 나타난 화자의 감정

'가슴이 소리 없이 외친다'는 것은 역설적인 표현이다. 소리가 없다는 표현과 외친다는 표현이 동시에 나타날 수 없으며, 더욱이 가슴은 외칠 수 없다. 그만큼 화자는 현실에 대한 안타까움과 답답함을 강하게 묘사하고 있는 것이다. 또한 조국으로 돌아가지 못하고 멀리서 조국을 아끼는 애틋한 마음을 설의법으로 표현하여 더욱 간절하게 나타내고 있다.

한국 문학의 범위에 대한 논의

한국 문학의 범위를 논할 때 일반적으로는 한국인이, 한국적인 내용(삶의 현실과 이상, 사유와 정서)을 인식하여 그것을 한국의 당대 향유자들이 향유할 수 있는 언어 체계인 말과 글(구비 문학, 기록 문학 포함)을 통하여 형상화한 문학으로 정한다. 여기서 논쟁이 되는 것이 리진과 같은 해외 이주 작가의 문학이다. 〈구부정 소나무〉의 경우 국적만 한국인이 아닐 뿐, 모국어로 우리 민족의 사상을 담아 작성하였으므로 한국 문학의 범위에 넣어야 한다는 주장에 대해 이론이 적지만 일제 강점기 말기 한국인이 일본어로 쓴 문학이나 한국인이 외국에서 모국어로 작성하였지만 우리의 정서가 담기지 않은 문학은 어떻게 처리할 것인지 등에 대한 논란이 끊임없이 제기되고 있다.

함께 읽으면 좋은 작품

〈남신의주 유동 박시봉방〉, 백석 / 가족을 떠나 홀로 지내는 외로움의 공간

〈남신의주 유동 박시봉방〉은 가족들을 떠나 홀로 지내고 있는 화자의 외로움과 고독감이 강하게 나타나는 작품이다. 이 작품과 〈구부정 소나무〉는 모두 조국이나 가족을 떠나고 그 속에서 외로움과 그리움을 느끼고 있다는 점에서 유사하다. 비록 〈구부정 소나무〉의 화자는 조국을 떠나 타국에서 느끼는 외로움을 드러내고 있고, 〈남신의주 유동 박시봉방〉은 조국을 떠나지는 않았다는 차이가 있지만 화자의 감정은 유사하다. 그뿐만 아니라 화자가 겪는 고통이 단순히 개인적 측면에서의 고통이 아니라 민족의 역사와 관련된 고통이라는 점에서 우리 민족 전체에게 더 큰 울림을 주고 있다.

Link 본책 148쪽

키 포인트 체크

화자 어쩔 수 없이 ☐☐을 떠나 타국에서 살고 있는 인물이다.

상황 조국과 멀리 떨어진 ☐☐☐의 외딴곳에서 다른 곧은 소나무와 달리 구부정하게 자라는 소나무를 보고 있다.

태도 ☐☐☐☐☐☐를 통해 자신이 떠나온 조국을 그리워하고 있으며 돌아갈 수 없는 답답한 심정을 느끼고 있다.

내신 적중 多빈출

1 이 시의 화자의 태도로 가장 적절한 것은?

① 화자는 구부정한 소나무를 예찬하고 있다.

② 화자는 사랑하는 사람을 잃은 감정을 표출하고 있다.

③ 화자는 대상에 대한 분노를 역설적으로 표현하고 있다.

④ 화자는 조국에 대한 그리움을 설의적으로 표현하고 있다.

⑤ 화자는 사회 현실에 대한 비판을 점층적으로 묘사하고 있다.

2 이 시에 대한 설명으로 적절하지 않은 것은?

① 자연물에 화자의 감정을 이입하고 있다.

② 의문의 형식으로 화자의 감정을 강조하고 있다.

③ 모순적인 표현으로 시적 긴장감을 나타내고 있다.

④ 동일한 구절을 반복하여 리듬감을 형성하고 있다.

⑤ 의도적인 시행 배열의 변화로 시상을 전환하고 있다.

3 조국을 떠난 화자 자신을 나타낸 표현을 찾아 3어절로 쓰시오.

4 〈보기〉에서 설명하고 있는 표현법이 사용된 구절을 찾아 쓰고, 그 효과를 쓰시오.

> **┤ 보기 ├**
> 표면적으로는 모순되거나 부조리한 것 같지만 그 표면적인 진술 너머에서 진실을 드러내고 있는 수사법이다.

내신 적중

5 〈보기〉를 바탕으로 이 시를 감상한 내용으로 적절하지 않은 것은?

> **┤ 보기 ├**
> 북한의 김일성 종합 대학을 졸업한 리진은 러시아 소련 국립 대학 영화 예술학과 극작과에 진학한 뒤 러시아로 망명했다. 격동의 세월과 6·25를 겪은 시인은 조국으로 돌아오지 않고 러시아인도 아니고, 북한 사람도 아닌 상태로 모국어로 시를 쓰며 망명 생활의 애환을 표현하였다.

① '한 그루 외따로'에는 타국에 있는 화자가 투영되고 있다.

② '구부정 소나무'는 로씨야의 소나무와 달리 조국을 떠올리게 한다.

③ '눈물을 머금는다'는 표현에서 조국에 대한 그리움이 느껴진다.

④ '가슴이 소리 없이 외친다'는 표현을 통해 모국어를 사용하지 못하는 현실에 대한 답답함이 느껴진다.

⑤ '멀리서 아끼는'이란 표현에서 돌아갈 수 없지만 조국에 대한 사랑이 있음을 알 수 있다.

더 읽을 작품

076 공자의 생활난 | 김수영

문학 천재(김)

키워드 체크 #난해시 #바로 보기 #절대적인 가치 추구 #고전의 변용 #논어의 공자 #작가의 초기 시

꽃이 열매의 상부에 피었을 때

너는 줄넘기 장난을 한다
　　　불안정한 생활
▶ 1연: 식물의 결실 과정과 어려운 생활

나는 발산한 형상을 구하였으나
공자　꽃이 열매의 상부에 핀 형상 – 현상적인 것과 본질적인 것

그것은 작전 같은 것이기에 어렵다
　　　　　　　　　　　어렵다
▶ 2연: 식물의 꽃과 열매를 모두 구하기의 어려움.

국수 — 이태리어로는 마카로니라고

먹기 쉬운 것은 나의 반란성(叛亂性)일까
　　　자신의 비딱한 성격에 대한 자문(自問)
▶ 3연: 반란성을 지닌 자아에 대한 인식과 긍정

동무여 이제 나는 바로 보마
현상적인 것과 본질적인 것을 정확하게 보겠다는 의지의 표현

사물과 사물의 생리와
사실, 현실의 제유적 표현　생물학적 기능, 원리

사물의 수량과 한도와

사물의 우매와 사물의 명석성을
　　　　　　생각이나 판단력이 분명한 성질함.

그리고 나는 죽을 것이다
《논어》의 아침에 도를 들으면 저녁에 죽어도 좋다[朝聞道 夕死可矣]를 차용
▶ 4연~5연: 사물을 바로 보겠다는 의지의 표현

키 포인트 체크

화자 ☐☐ 위에 꽃이 피어 있는 것을 보며 자신의 삶에 대해 생각하고 있다.

상황 꽃과 열매가 공존하는 상황과 현실과 이상을 ☐☐시키려는 상황이 드러나 있다.

태도 진정한 ☐☐☐☐을 위해 세계와 적극적으로 ☐☐하겠다는 의지를 드러내고 있다.

답 열매, 조화, 자아실현, 대결

핵심 정리

갈래 자유시, 서정시

성격 의지적

제재 공자의 생활난

주제 바로 보기를 통한 절대적 가치의 추구와 진정한 자기실현 의지

특징 ① 공자의 삶을 참고하고 《논어》의 한 구절을 차용함.
② 식물의 결실 과정에서 인생의 원리를 유추함.

출전 《새로운 도시와 시민들의 합창》(1945)

작가 김수영(본책 154쪽 참고)

이해와 감상

이 시는 공자가 진정한 자기실현을 위해 세계와의 타협을 포기했듯이 화자 역시 자기의 길을 위해서 바로 보기를 통해 절대적 가치를 추구하고 적극적으로 외부 세계와 대결하겠다는 의지를 담고 있다. 1, 2연은 식물의 결실 과정에서 영양 공급이 어려워지는 것처럼 인생에 있어서 꽃과 열매를 조화시키는 것은 작전처럼 어려운 일이라는 자연과 인생의 원리 사이의 유추 관계를 보여 준다. 3연은 이러한 원리를 바탕으로 일상 세계와 대립되는 반란성을 가진 존재로서 진정한 자아에 대한 확인과 긍정이 이루어지며 4, 5연에서는 진정한 자기실현을 위해서는 세계와 적극적으로 대결하겠다는 의지를 보여 준다.

작품 연구소

꽃과 열매가 상징하는 의미

꽃과 열매는 이항의 짝으로 사용되어 현상적인 것과 본질적인 것을 의미하는 상징이다. 식물에 있어서 꽃과 열매를 동시에 가지고 있는 기간은 아주 짧고 어려운 일인 것처럼 인생에서 현실과 이상을 조화시킨다는 것은 쉽지 않음을 보여 준다.

077 폭포 | 김수영

키워드 체크 #상징적 #부조리한 현실 #타협하지 않는 삶 #폭포의 속성 #반복법 #감각적 표현

☐: 반복을 통한 운율의 형성, 의미 강조

폭포는 곧은 절벽을 무서운 기색도 없이 **떨어진다**
　　　부정적 현실에 대한 두려움 없는 비판과 저항 정신
▶ 1연: 두려움 없이 힘차게 떨어지는 폭포

규정할 수 없는 물결이
　　자유의 이미지

무엇을 향하여 떨어진다는 의미도 없이
현실적 효용이나 세속적 욕망

계절과 주야를 가리지 않고
변함없이 → 일관성, 지속성

고매한 정신처럼 쉴 사이 없이 **떨어진다**
　　굴복하거나 타협하지 않는 태도
▶ 2연: 고매한 정신을 지닌 폭포

사람끼리의 유대, 평화로운 삶

금잔화도 인가도 보이지 않는 밤이 되면
소박한 아름다움, 희망　　　부정적인 현실

폭포는 곧은 소리를 내며 **떨어진다**
　　잘못된 현실에 대한 비판과 저항 의지

핵심 정리

갈래 자유시, 서정시

성격 주지적, 관념적, 상징적, 참여적

제재 폭포

주제 부조리한 현실에 타협하지 않는 의지적 삶

특징 ① 시인의 지적 인식과 정신을 자연물에 효과적으로 투영함.
② 동일한 시어의 반복을 통해 운율을 형성하고 주제를 강조함.
③ 감각적이고 비유적인 표현을 통해 대상의 이미지를 선명하게 드러냄.

출전 《평화에의 증언》(1957)

작가 김수영(본책 154쪽 참고)

이해와 감상

이 시는 '떨어진다'라는 시어의 반복을 통해 '폭포'의 역동적 이미지에 어울리는 힘 있는 리듬을 만들어 내는 동시에, '폭포'라는 자연물을 통해 시인이 말하고자 하는 바를 효과적으로 전달하고 있다. 곧 부정적 현실에 안주하는 소시민적이고 안이한 삶의 태도를 과감히 거부하고 절대적 자유로움을 지향하는 시인의 치열한 정신을 강조하고 있는 것이다.

곧은 소리는 소리이다
정의롭고 진실된 양심의 소리
『곧은 소리는 곧은
『 』: 폭포의 선구자적인 속성
소리를 부른다』

▶ 3~4연: 밤이 되면 곧은 소리를 내며 떨어지는 폭포

번개와 같이 떨어지는 물방울은
매우 빠르게
취할 순간조차 마음에 주지 않고
음미하거나 흠뻑 빠져드는 특조차 주지 않고
나타(懶惰)와 안정을 뒤집어 놓은 듯이
게으름과 무사안일 → 현실 안주의 소시민적 특성(↔ 고매한 정신, 곧은 소리)
『높이도 폭도 없이
『 』: 폭포의 절대적 자유로움(역설적 표현)
떨어진다』

▶ 5연: 나태와 안정을 거부하는 폭포

키 포인트 체크

화자 [   ]라는 자연물을 바라보며 그 소리와 모습을 묘사하고 있다.

상황 현실을 [   ]으로 바라보며 자연 현상에 자신의 정신 및 태도를 투영하고 있다.

태도 부조리한 현실과 [   ]하지 않고 고매한 정신을 지키며 살아가고자 한다.

답 폭포, 부정적, 타협

078 나그네 | 박목월

키워드 체크 #향토적 #민요조 율격 #3음보 #한국적 정서 #체념과 달관

○ : 향토적 소재
강나루 건너서
밀밭 길을

▶ 1연: 밀밭 길을 가는 나그네

구름에 달 가듯이
체념과 달관의 경지 - 관련 한자 성어 '유유자적(悠悠自適)'
가는 나그네

▶ 2연: 유유자적하는 나그네

길은 외줄기
나그네의 고독한 처지 - 외로움의 정서
남도 삼백 리

▶ 3연: 나그네의 고독한 행로

술 익는 마을마다
후각적 심상
타는 저녁놀
시각적 심상

▶ 4연: 술 익는 마을을 지나는 나그네

구름에 달 가듯이
가는 나그네.
명사로 종결함. - 여운을 남김.

▶ 5연: 체념과 달관의 나그네

키 포인트 체크

화자 밀밭 길을 가는 [   ]의 여정을 그리고 있다.

상황 [   ]이 타는 밀밭 길을 나그네가 홀로 가는 상황이 드러나 있다.

태도 외롭게 떠도는 모습을 통해 [   ]과 달관의 태도를 드러내고 있다.

답 나그네, 저녁놀, 체념

작품 연구소

'폭포'의 속성과 상징적 의미

폭포의 속성	상징적 의미
무서운 기색도 없이	두려움 없이 맞서는 비판과 저항의 정신
쉴 사이 없이	굴복하거나 타협하지 않는 양심의 자세
곧은 소리를 내며	부조리한 현실에 맞서는 정의롭고 진실된 양심의 자세
나타와 안정을 뒤집어 놓은 듯이	현실에 안주하거나 타협하지 않는 정신
높이도 폭도 없이	절대적인 자유로움을 지향하는 자세

이 시는 시인이 처한 현실과 시인의 정신 및 태도를 '폭포'라는 대상에 투영하고 있다. 이 시에서 반복되고 있는 폭포의 낙하는 단순한 자연 현상을 넘어선 의미를 지닌다. 그렇기 때문에 폭포가 내는 '곧은 소리'란 실제 소리 이상의 울림을 갖는다. 절벽과도 같은 위기 상황에서 과감하게 몸을 던져 '번개와 같이 떨어지는 물방울'은 '곧은 소리', 즉 고매한 정신으로 해석된다. '주야를 가리지 않는' 고매한 정신이기에 그것은 '나태와 안정'에 빠진 정신을 일깨우고, 현실에 안주하려는 자세를 혹독하게 꾸짖는 소리로 웅장한 울림을 일으키는 것이다. 즉, 이 시는 폭포를 통해 부정적 현실과 타협하지 않는 저항 정신을 형상화하고 있다.

핵심 정리

갈래 자유시, 서정시

성격 향토적, 회화적, 민요적

제재 나그네

주제 체념과 달관의 경지

특징 ① 3음보의 전통적 율격을 사용하여 한국적 정서를 표출함.
② 명사로 시상을 마무리하여 여운을 남김.

출전 《청록집》(1946)

작가 박목월(본책 104쪽 참고)

이해와 감상

이 작품은 조지훈이 박목월에게 보낸 〈완화삼〉이란 시에 화답한 시이다. 이 시에서는 '구름에 달 가듯이', 남도 길을 외롭게 떠도는 나그네의 모습을 통해 체념과 달관의 경지를 드러내고 있는데, 이는 '강나루', '밀밭 길' 등과 같은 향토적인 소재와 민요적 가락인 3음보 율격과 어우러져 한국적 정서를 표출하고 있다. 한편, 이 시는 대부분의 연이 명사로 끝나고 있고, 이를 통해 간결한 느낌을 주고 시상을 집중시키는 효과를 얻고 있다.

작품 연구소

'나그네' - 한국적 전통성

이 시는 향토색 짙은 풍경(강나루, 밀밭 길, 남도, 술 익는 마을)을 배경으로 하고 있고, 민요조의 리듬(3음보)을 가지고 있다. 또한 나그네를 통해 우리의 전통적인 서정이라고 할 수 있는 애달픔과 외로움을 드러내고 있다. 이런 점에서 이 작품은 우리 민족 고유의 전통성을 지닌다고 할 수 있다.

079 불국사 | 박목월

언매 천재

키워드 체크 #불국사의야경 #명사종결 #감각적 이미지 #전통적율격 #불교적

흰 달빛 / 자하문
'대웅전'으로 들어가는 문

☐ : 시각적 이미지, ◯ : 청각적 이미지

달안개 / 물소리
▶ 1~2연: 자하문의 정경(불국사 외부)

대웅전 / 큰 보살
본존 불상을 모신 법당

바람 소리 / 솔 소리
▶ 3~4연: 대웅전의 정경(불국사 내부)

범영루 / 뜬 그림자
불국사의 누각

흐는히 / 젖는데
작가의 개성적 시어
▶ 5~6연: 범영루의 정경(불국사 내부)

흰 달빛 / 자하문

바람 소리 / 물소리
▶ 7~8연: 자하문의 정경(불국사 외부)

키 포인트 체크

화자 달이 뜬 밤에 ☐☐☐에서 자하문, 대웅전, 범영루를 바라보고 있다.
상황 달빛이 뜬 밤 불국사의 외부에서 내부로 ☐☐하며 정취를 느끼고 있다.
태도 화자는 불국사의 정경을 동양화처럼 묘사하며 ☐☐을 남기고 있다.

답 불국사, 이동, 여운

핵심 정리

갈래 자유시, 서정시, 서경시
성격 감각적, 불교적, 서경적
제재 불국사의 야경
주제 불국사의 고즈넉한 정취
특징 ① 명사로만 종결하며 소재를 나열함.
　　② 수미 상관적 진술로 안정감을 드러냄.
　　③ 시각, 청각적 이미지를 통해 분위기를 조성함.
출전 《산도화》(1955)
작가 박목월(본책 104쪽 참고)

이해와 감상

이 시는 불국사의 고즈넉한 정취를 감각적 표현을 통해 드러내고 있다. 형식적으로는 용언을 서술어로 사용하지 않아 명확한 진술이 이루어지지는 않지만 시각과 청각적 이미지 묘사가 두드러지게 나타난다. 따라서 이 작품은 불국사의 선경의 세계를 이미지적으로 그려 낸 보여 주기 위한 시로 이해된다. 또한 이 시는 화자의 모습이 은폐된 채, 두 개의 시행이 하나의 연을 구성하는 일정한 틀을 지니고 있어 리듬감을 드러낸다.

작품 연구소

공간의 배열에 따른 자연 친화적 소재

• 자하문 • 대웅전 • 범영루 • 자하문	• 달빛, 달안개, 물 • 바람, 솔 • (달빛 뜬 그림자) • 바람, 물

080 해 | 박두진

키워드 체크 #산문시 #화합과 평화의 세계 #상징적 시어 #대립적 이미지 #명령형 어미

◯ : 긍정적 이미지 ↔ △ : 부정적 이미지

해야 솟아라. 해야 솟아라. 말갛게 씻은 얼굴 고운 해야 솟아라. 산 넘어 산 넘어서
광명, 평화 상징　　　　　　　맑고 순수한 이미지　　　　　　　고난, 역경
어둠을 살라 먹고, 산 넘어서 밤새도록 어둠을 살라 먹고, 이글이글 앳된 얼굴 고운 해
암담하고 부정적인 현실　　　　　　　　　　　불태워 없애 버리고
야 솟아라.
▶ 1연: 광명의 세계에 대한 소망

달밤이 싫여, 달밤이 싫여, 눈물 같은 골짜기에 달밤이 싫여, 아무도 없는 뜰에 달밤
암울한 현실　　　　고통스러운 현실(직유법)　　　　부정적이고 고독한 현실
이 나는 싫여…….
▶ 2연: 어두운 세계에 대한 거부

해야, 고운 해야, 늬가 오면, 늬가사 오면, 나는 나는 청산이 좋아라. 훨훨훨 깃을 치
밝은 세계의 도래　　　　　　　　　　화합과 공존의 세계, 화자가 소망하는 세계　역동적인 생명의 세계(활유법)
는 청산이 좋아라. 청산이 있으면 홀로래도 좋아라.
▶ 3연: 새로운 세계의 도래에 대한 소망

사슴을 따라, 사슴을 따라, 양지로 양지로 사슴을 따라 사슴을 만나면 사슴과 놀고,
약자　　　　　　　밝은 세상

칡범을 따라 칡범을 따라 칡범을 만나면 칡범과 놀고, ……. ▶ 4~5연: 화합과 공존의 삶의 모습
강자

핵심 정리

갈래 산문시, 서정시
성격 상징적, 열정적, 미래 지향적
제재 해
주제 화합과 평화의 세계에 대한 소망
특징 ① '밝음'과 '어둠'의 대립적 이미지를 사용함.
　　② 상징적인 시어로 강렬한 소망을 표현함.
출전 《상아탑》(1946)
작가 박두진(1916~1998) 시인. 1939년 《문장》에 〈황혼〉, 〈묘지송〉 등을 발표하며 등단하였다. 초기에는 역사나 사회의 부조리에 저항하는 작품을 썼고, 후기에는 기독교적 신앙 체험을 고백하는 작품을 썼다.

이해와 감상

이 시는 어둠과 밝음의 이미지를 대립적으로 배치하여 어둠의 세계는 가고, 밝고 평화로운 세계가 오기를 바라는 소망을 노래하고 있다. 어둠은 절망적인 현실을 나타내며, 밝음은 절망을 극복한 새로운 삶의 세계를 나타낸다.

어둠의 세계		밝음의 세계
어둠, 달밤, 눈물 같은 골짜기, 아무도 없는 뜰	⬌	해, 청산, 양지

해야, 고운 해야. 해야 솟아라. 꿈이 아니래도 너를 만나면, 꽃도 새도 짐승도 한자리
앉아, 워어이 워어이 모두 불러 한자리 앉아 앳되고 고운 날을 누려 보리라.

_{약자와 강자가 공존하는 평화로운 삶}
_{화자가 바라는 새로운 세상} ▶ 6연: 화합과 공존의 세계에 대한 소망

키 포인트 체크

화자 ☐☐을 기다리며 조국의 밝은 미래를 소망하고 있다.

상황 조국의 암울한 상황 속에서 밝은 미래에 대한 염원을 ☐를 통해 나타내고 있다.

태도 '솟아라'와 같은 ☐☐형 어미를 사용하여 강한 의지를 효과적으로 드러낸다.

🔑답 광복, 해, 명령

---

081 청산도 | 박두진

키워드 체크 #광복 후의 혼란 #이상 세계 소망 #볼이 고운 사람 #음성 상징어

_{이상적 세계}　　　_{산의 푸르름을 역동적으로 형상화}
산아, 우뚝 솟은 푸른 산아. 철철철 흐르듯 짙푸른 산아. 숱한 나무들, 무성히 무성히
_{돈호법, 반복법}
우거진 산마루에, 금빛 기름진 햇살은 내려오고, 둥둥 산을 넘어, 흰 구름 건넌 자리 씻
_{건강한 생명력}　　　　　　　　　　　　　　　　　　　　　　　　　　_{깨끗한 하늘}
기는 하늘. 사슴도 안 오고, 바람도 안 불고, 넘엇골 골짜기서 울어 오는 뻐꾸기…….
_{적막함 – 해방은 되었으나 아직 혼란스러운 현실} ▶ 1연: 생명력 넘치나 적막한 청산의 모습

산아. 푸른 산아. 네 가슴 향기로운 풀밭에 엎드리면, 나는 가슴이 울어라. 흐르는 골
짜기 스며드는 물소리에, 내사 줄줄줄 가슴이 울어라. 아득히 가 버린 것 잊어버린 (하
_{슬픔의 정서}　　　　　　　　　　　　　　　　　　　　　　　　　　　_{나는 물의 흐름, 눈물의 흐름}
늘)과, 아른아른 오지 않는 보고 싶은 하늘에, 어쩌면 만나도질 볼이 고운 사람이, 난 혼
　　　　　　　　　　　　　　　　　　　　　○: 부재하는 대상, 그리움의 대상
자 그리워라. 가슴으로 그리워라.　　　　_{만날지도 모르는}
_{반복을 통한 그리움의 정서 강조} ▶ 2연: 볼이 고운 사람에 대한 그리움

티끌 부는 세상에도 벌레 같은 세상에도 눈 맑은, 가슴 맑은, 보고 지운 나의 사람.
　　　└──_{혼란스러운 부정적 현실}──┘　　　_{순수성과 건강성}　　　_{보고 싶은}
달밤이나 새벽녘, 홀로 서서 눈물 어릴 볼이 고운 나의 사람. 달 가고, 밤 가고, 눈물도
_{암담한 현실}　　　　　　　　　　　　　　　　　　　　_{부정적 현실}
가고, 티어 올 밝은 하늘 빛난 아침 이르면, 향기로운 이슬 밭 푸른 언덕을, 총총총 달
_{화자가 소망하는 세상}
려도 와 줄 볼이 고운 나의 사람.　　　　　　▶ 3연: 볼이 고운 사람에 대한 기다림
_{화자가 오기를 소망하는 대상(밝고 건강한 세계)}

푸른 산 한나절 구름은 가고, 골 너머, 골 너머, 뻐꾸기는 우는데, 눈에 어려 흘러가
는 물결 같은 사람 속, 아우성처 흘러가는 물결 같은 사람 속에, 난 그리노라. 너만 그
_{광복 후의 혼란스런 상황을 '탁류(흘러가는 흐린 물)에 비유함.}　　　_{기다림의 확고한 의지}
리노라. 혼자서 철도 없이 난 너만 그리노라.　　▶ 4연: 볼이 고운 사람에 대한 기다림의 의지

키 포인트 체크

화자 '☐☐☐'을 청자로 하여 이상적인 세계에 대해 노래하고 있다.

상황 산에 나무가 우거지고 햇살이 비치는 등 생명력이 넘치지만 ☐☐함이 감도는 부정적 상황이다.

태도 부정적인 현실에 좌절하지 않고 이상향이 오길 소망하는 ☐☐☐☐☐인 태도를 보인다.

🔑답 푸른 산, 적막, 미래 지향적

---

082 그리움 | 조지훈

_{언매} 비상

키워드 체크 #이상적 자아의 추구 #향토적 어휘 #영탄적 어조 #자아에 대한 탐구

머언 바다의 물보래 젖어 오는 푸른 나무 그늘 아래 늬가 말없이 서 있을 적에 늬 두
_먼　　_{'물보라'의 사투리}　　　　　　　　　　　　_너　　_{○: 순수한 이상, 그리움의 대상}
눈썹 사이에 마음의 문을 열고 하늘을 내다보는 너의 영혼을 나는 분명히 볼 수가 있
었다.　　　　　　　　　　　　　　　　_{이상적 자아}　　_{현실적 자아}
　　　　　　　　　　　　　　　　　　　　▶ 1연: 그리움의 대상 확인

III. 광복 이후 ~ 1950년대

작품 연구소

표현상의 특징
이 시는 시어나 시구를 반복하여 운율을 형성하고, '해'로 상징되는 새로운 세상이 오기를 바라는 간절한 마음을 강조하고 있다. 또한 명령형 어미와 호격 조사를 사용하여 화합과 공존의 세계로 나아가고자 하는 화자의 강한 의지를 효과적으로 표현하고 있다.

🎯 **핵심 정리**

갈래 산문시, 서정시
성격 상징적, 서정적
제재 푸른 산
주제 밝고 건강한 세계에 대한 소망
특징 ① 반복법과 열거법을 사용하여 소망을 강조함.
　　　② 음성 상징어를 사용하여 역동적으로 표현함.
출전 《해》(1949)
작가 박두진(본책 166쪽 참고)

이해와 감상

이 시는 자연물인 '청산'을 통해 밝고 평화로운 세계에 대한 열망을 노래하고 있다. 여기서 '청산'은 현재는 불완전하지만 '눈 맑은, 가슴 맑은', '볼이 고운 사람'에 의해 완성되는 이상적인 세계를 상징한다. 이는 광복이 되었는데도 밝은 세상이 오기는커녕 오히려 혼탁과 혼란만이 가중되는 세상을 바라보는 화자의 안타까움을 드러낸 것이라고 할 수 있다. 그러나 화자는 이러한 부정적인 현실 인식에 좌절하지 않고 이상향이 오기를 소망하며 미래 지향적인 태도를 보이고 있다.

작품 연구소

이 시의 화자가 그리워하는 대상

화자는 '볼이 고운 사람'인 '너'를 그리워하며 '너'가 오기를 간절히 기다리고 있다. '너'의 모습은 3연에 구체적으로 제시되어 있는데, '너'는 '눈 맑은, 가슴 맑은' 사람, 즉 순수하고 건강한 사람이며, '달밤이나 새벽녘'으로 표현된 현재의 부정적 상황에 '눈물 어릴' 사람이며, 부정적 상황이 가고 '밝은 하늘 빛난 아침'이 오면 달려올 사람이다. 따라서 '너'는 청산에 평화와 안정을 가져다주며 청산을 완전한 이상 세계로 만들어 줄 존재를 상징한다.

🎯 **핵심 정리**

갈래 자유시, 서정시
성격 서정적, 낭만적, 이상적
제재 그리움
주제 고독에서 비롯된 이상적 자아에 대한 그리움
특징 ① 대조에 의해 시상을 전개함.
　　　② 사투리를 사용하여 향토적인 정서를 부각함.
　　　③ 영탄적 어조를 통해 그리움을 강조함.
출전 《풀잎 단장》(1952)
작가 조지훈(본책 142쪽 참고)

늬 육신의 어디메 깃든지를 너도 모르는 서러운 너의 영혼을 늬가 이제 내 앞에 다시
 '어디에'의 사투리
없어도 나는 역력히 볼 수가 있구나.   ▶ 2연: 그리움의 대상 확인
 또렷하게

아아 이제사 깨닫는다. 그리움이란 그 □ 육신의 그림자가 보이는 게 아니라 천지에 모
 깨달음의 표출 이제야   □: 현실, '영혼'과 대비
양 지을 수 없는 아득한 영혼이 하나 모습 되어 솟아 오는 것임을……
 현실적 자아(나)와 이상적 자아(너)의 합일   ▶ 3연: 그리움의 진정한 의미 확인

키 포인트 체크

(화자) 화자는 현실적 □□로서 순수한 이상적 자아를 찾고 있다.

(상황) 화자는 자연 속에서 근원적 □□의 의미를 탐구하고 있다.

(태도) 순수한 영혼에 대한 □□□을 영탄적 어조를 통해 표출하고 있다.

[답] 자아, 고독, 그리움

이해와 감상
이 시는 존재의 내적 고뇌를 '그리움'으로 전이시켜 형상화하고 있다. '나'와 '너'는 별개의 실체가 아니라 동일한 자아를 의미하는 것으로 자아의 본질을 해명하기 위해 '하늘'과 '바다'를 배경으로 설정하였다. '육신의 그림자'와 이에 대비되는 '영혼'은 각각 현실과 이상을 상징하고 있으며, '머언 바다의 물보래 젖어 오는 푸른 나무 그늘 아래'에서 하늘을 바라볼 때 보이는 것은 순수한 영혼에의 그리움이다. 따라서 시의 표층적인 면에서는 인간적 그리움으로 이해될 수도 있지만, 심층적인 면에서는 자아의 본질적인 고독에서 비롯되는 이상적 자아에 대한 그리움을 표현하고 있다.

작품 연구소
그리움의 다층적 의미

표면적 의미	심층적 의미
'너'에 대한 인간적 그리움	고독한 존재로서 내면의 이상적 자아에 대한 그리움

083 견우의 노래 | 서정주

키워드 체크 #견우직녀 설화 #참된 사랑의 의미 #설화의 재구성 #인간의 숙명 #역설적 표현

『우리들의 사랑을 위하여서는
 「」: 역설적 표현을 통한 주제의 형상화
이별이, 이별이 있어야 하네.』   ▶ 1연: 사랑과 이별의 역설적 관계
 참된 사랑을 위해 거치는 과정

높았다, 낮았다, 출렁이는 물살과
                           ○: 견우와 직녀를 갈라놓는 장애물, 시련, 고난
물살 몰아갔다 오는 바람만이 있어야 하네.

오―, 우리들의 그리움을 위하여서는
 영탄법(강조)
푸른 은핫물이 있어야 하네.   ▶ 2~3연: 성숙한 사랑을 위해서 감당해야 할 장애물과 고난
 장애물이자 만남을 이어 주는 매개물

돌아서는 갈 수 없는 오롯한 이 자리에
 모자람 없이 온전한 은핫물에 의해 나누어진 자리
불타는 홀몸만이 있어야 하네!   ▶ 4연: 정열적인 사랑에 대한 갈구와 그리움
 간절한 그리움

직녀여, 여기 번쩍이는 모래밭에
 견우가 있는 시련의 공간
돌아나는 풀싹을 나는 세이고……   ▶ 5연: 풀싹을 세며 그날을 기다리는 견우
 견우의 직분

허이언 허이언 구름 속에서
 직녀가 있는 시련의 공간
그대는 베틀에 북을 놀리게.   ▶ 6연: 비단을 짜고 있는 직녀를 생각함.
 직녀의 직분

눈썹 같은 반달이 중천에 걸리는
 그리움의 이미지   하늘의 한가운데
칠월 칠석이 돌아오기까지는   ▶ 7연: 재회의 날을 기다림.
 견우와 직녀가 만나는 날

핵심 정리
갈래 자유시, 서정시
성격 낭만적, 의지적, 애상적
제재 견우와 식녀
주제 이별을 통해 얻게 되는 참된 사랑의 의미
특징 ① 역설적 표현을 통해 주제를 형상화함.
　　② 설화적 설정으로 인간의 숙명을 전달함.
　　③ 화자가 청자에게 자신의 심정을 토로하는 구조로 시상을 전개함.
출전 《귀촉도》(1948)
작가 서정주(1915~2000) 시인. 1936년 《동아일보》 신춘문예에 〈벽〉이 당선되어 등단하였다. 초기에는 악마적이고 원색적인 시풍으로 인간의 원죄 의식을 주로 노래하였으나, 후에 불교 사상과 샤머니즘 등 동양적인 사상을 노래한 작품을 썼다. 시집으로 《화사집》, 《신라초》, 《질마재 신화》 등이 있다.

이해와 감상
이 시는 일 년에 단 하루, 칠월 칠석에만 재회하는 '견우직녀' 설화를 소재로 하여, 화자인 견우가 청자인 직녀에게 말을 건네는 형식으로 시상이 전개되고 있다. 이 시에서 전제하고 있는 바는 견우와 직녀의 어찌할 수 없는 운명적 이별이다. 견우는 이러한 운명적 이별을 수용하고 있다. '물살', '바람', '은핫물'과 같은 장애물은 단순히 극복해야 할 대상이라기보다는 더욱 성숙한 사랑을 만들기 위해 필요한 것들로 형상화되어 있다. 또한 '우리들의 사랑을 위하여서는 / 이별이, 이별이 있어야 하네.'라는 역설적 표현을 통해 이별의 아픔을 수용할 때 사랑은 더욱 커질 수 있다는 인식을 드러내고, 견우는 암소를 먹이고 직녀는 비단을 짜며 만날 날을 기다림으로써 만남의 순간을 위해 각자의 역할에 충실하고자 하는 태도를 보여 주고 있다. 이러한 태도는 설화의 견우와 직녀에게만 한정된 것이 아니라, 모든 사람에게 적용될 수 있는 사랑에 대한 보편적인 태도라고 할 수 있다.

『검은 암소를 나는 먹이고
「 」: 각자의 직분에 충실하며 재회를 기다리는 자세
직녀여, 그대는 비단을 짜세」
▶ 8연: 사랑을 이루기 위해 각자 본분에 충실함.

🎸 포인트 체크

화자 소를 키우는 [   ]로 직녀에게 [   ]을 통해 얻게 되는 참된 사랑의 의미에 대해 말하고 있다.

상황 견우와 직녀가 헤어져 있는 상황으로 '물살', '바람', '푸른 은핫물' 등이 감내해야 하는 [   ]로 나타나고 있다.

태도 각자의 본분에 충실하며 [   ]를 기다리자는 성숙한 사랑의 자세를 드러내고 있다.

답 견우, 이별, 장애물, 재회

084 플라타너스 | 김현승

키워드 체크 #명상적 #삶의 동반자 #의인화 #색채 이미지 #인간 존재의 유한성

꿈을 아느냐 네게 물으면,
플라타너스(의인법)
플라타너스,
시적 허용
너의 머리는 어느덧 파아란 하늘에 젖어 있다.
꿈, 이상
▶ 1연: 꿈을 가진 플라타너스

너는 사모할 줄 모르나,
사람처럼 사랑을 표현할 줄은 모르나
플라타너스,
너는 네게 있는 것으로 그늘을 늘인다.
플라타너스가 가진 가지나 잎사귀   시원한 그늘을 만들어 주는 넉넉한 사랑
▶ 2연: 넉넉한 사랑을 주는 플라타너스

먼 길에 올 제,
시적 허용
호올로 되어 외로울 제,
인간의 고독
플라타너스,
너는 그 길을 나와 같이 걸었다.
화자의 외로움을 위로해 주는 동반자
▶ 3연: 외로운 '나'의 동반자 플라타너스

이제, 너의 뿌리 깊이 / 나의 영혼을 불어넣고 가도 좋으련만,
플라타너스의 본질, 가장 깊은 곳   영혼의 교감
플라타너스, / 나는 너와 함께 신이 아니다!
화자는 자신이 신이 아니기 때문에 플라타너스에 영혼을 불어넣을 수 없어 안타까워함.
▶ 4연: 플라타너스와의 교감을 바라는 '나'

수고론 우리의 길이 다하는 어느 날, / 플라타너스,
지상에서의 삶을 끝내는 날
너를 맞아 줄 검은 흙이 먼 곳에 따로이 있느냐?
죽어서 묻힐 안식의 땅

나는 너를 지켜 오직 이웃이 되고 싶을 뿐
플라타너스와 영원한 반려자가 되고 싶은 화자
그곳은 아름다운 별과 나의 사랑하는 창이 열린 길이다.
플라타너스와 함께할 수 있는 곳, 영혼의 안식처   ▶ 5연: 플라타너스와 영원한 반려자가 되고 싶은 '나'의 소망

🎸 포인트 체크

화자 플라타너스를 [   ]하여 말을 건네며 화자의 내면을 투영시키고 있다.

상황 외로운 '나'에게 플라타너스는 [   ]가 되어 주고 있다.

태도 플라타너스와 합일하기를 소망하지만 인간의 [   ]에 대해 깨닫고 안타까워한다.

답 의인화, 동반자, 유한성

작품 연구소

'견우직녀' 설화의 차용을 통한 주제 형상화

설화를 시로 재구성할 때 주목한 점	• 사랑하는 연인 사이의 이별과 일 년에 오직 한 번만 만날 수 있는 가혹한 운명
시로 재구성함으로써 얻을 수 있는 효과	• 이 시는 화자인 견우가 청자인 직녀에게 이별에 대한 자신의 심정을 이야기하는 구조로 이루어져 있음. 이러한 구조는 당사자로부터 시적 상황과 정서를 전해 듣게 되어 그 상황과 정서에 더욱 공감할 수 있게 함. • 이별을 통해 사랑이 더 성숙한다는 역설적 의미를 새롭게 창조해 냄.

🎯 핵심 정리

갈래 자유시, 서정시
성격 서정적, 명상적
제재 플라타너스
주제 고독한 삶의 동반자인 플라타너스
특징 ① 플라타너스를 반복해 부름으로써 리듬감을 형성함.
② 플라타너스를 의인화하여 화자의 내면을 투영시킴.
③ 색채 이미지를 통해 시적 내용을 효과적으로 형상화함.
출전 《문예》(1953)
작가 김현승(본책 156쪽 참고)

이해와 감상

이 시는 '플라타너스'라는 나무와 인생의 동반자가 되기를 바라는 마음과 삶에 대한 고독, 꿈을 간직한 사랑의 영원성을 표현하고 있다.

1연에서 화자는 '플라타너스'에게 꿈을 아느냐고 묻는다. 아무런 말도 하지 않지만, 하늘을 지향하여 높이 자라고 있는 '플라타너스'의 모습을 통해 화자는 이미 꿈을 갖고 있다는 것을 알아낸다. 2연에서는 '플라타너스'가 비록 사랑의 감정은 없지만, 헌신적이고 넉넉한 사랑의 모습을 실천하고 있음을 발견한다. 3~4연에서 화자는 자신이 외로울 때 함께 동반해 준 '플라타너스'에게 영혼을 불어넣고 하나로 합일하기를 소망하지만, 인간은 유한한 존재라는 근원적 한계를 깨닫게 된다. 5~6연에서 화자는 생의 마지막 순간까지 '플라타너스'와 이웃하며 서로 지켜 주는 영원한 동반자가 되기를 소망한다.

이 시는 전체적으로 간결한 시어를 구사하여 시상을 압축하고 있으며, 리듬감 있는 운율로 시적 감각을 최대로 살리고 있다.

IV

1960년대 ~1980년대

IV 1960년대 ～ 1980년대

	갑오개혁 (1894년)	을사조약 (1905년)	국권 피탈 (1910년)	3·1 운동 (1919년)		카프 결성 (1925년)		8·15 광복 (1945년)		6·25 전쟁 (1950년)
개화기～ 1910년대					1920년대～ 광복 이전			광복 이후 ～1950년대		

◆ **4·19 혁명**

1960년 4월 19일 자유당 정권이 이기붕을 부통령으로 당선시키기 위하여 개표를 조작하자 이에 반발하여 부정 선거 무효와 재선거를 주장하며 학생들이 중심이 되어 일으킨 혁명이다.

▲ 4·19 혁명 당시 학생과 시민들이 독재 타도와 민주화를 외치며 거리에서 행진하는 모습

◆ **순수·참여 논쟁**

1960년대 들어 현실 인식과 사회적 실천성을 중시하는 참여 문학이 성행하게 되자, 문학의 순수성과 예술성을 추구하는 경향의 순수 문학은 참여 문학의 경향을 찬성하지 않거나 부정하는 입장에 있는 문인들을 하나로 묶었다. 1963년~1964년 《현대문학》에서 순수 문학 논쟁이 벌어진 이래로, 1967년에는 '문학과 사회 참여'를 주제로 열띤 공방이 있었다. 특히 1968년 《조선일보》에서 순수 문학의 대표 주자로 이어령이, 참여 문학에서는 김수영이 글을 주고받으며 전개했던 순수·참여 논쟁이 대표적이다. 이후 1970년대에 들어서면서 순수 문학은 민중 문학·리얼리즘 문학 등과의 변별되는 정신적 지향점과 방법론을 성립하였으나 1980년대에 들어서면서 민중 문학의 확산으로 그 힘을 잃게 되었다.

[간단] 개념 체크

1 1960년대 민주화를 이룩하려는 열망이 강하게 대두되는 기점이 된 역사적 사건은?

( )

2 1960년대에는 □□□한 현실을 비판하고 고발하는 참여시가 주목을 받았다.

3 순수시는 문학의 적극적인 현실 참여를 지향하고 순수 서정성을 옹호하려는 경향을 띠었다. (○ / X)

답 1 4·19 혁명 **2** 부조리 **3** X

1960년대

1. 이 시기의 특징

- 4·19 혁명을 기점으로 현실의 모순을 비판하고 독재에 저항하면서 민주화를 이룩하려는 열망이 강하게 대두되었으나, 5·16 군사 정변으로 인해 민주적 정권 교체가 지연되었다.
- 국가 주도의 급속한 경제 발전 추진과 산업화로 인한 지역·계층 간 불균형, 인간 소외 등의 문제가 발생하였다.
- 남북 분단과 6·25 전쟁으로 인해 위축되었던 사회 참여 문학에 대한 요구가 새롭게 대두하면서 분단 현실에 대한 비판적 인식을 문학에 담아내기 시작하였다.

2. 시의 경향

(1) 참여시

1960년대에는 4·19 혁명의 정신을 이어받아 부조리한 현실을 비판하고 고발하는 참여시가 주목받았다. 참여시의 대표 시인으로는 김수영과 신동엽이 있다. 김수영은 현실에 대한 비판적 사유를 통해 민주주의와 자유에 대한 열망을 새로운 언어와 형식으로 구체화하였고, 신동엽은 분단이 외세에 의해 초래되었다는 인식을 바탕으로 민족 동질성 회복을 시로 형상화하였다.

(2) 순수시

1960년대 순수시와 참여시 논쟁을 계기로, 문학의 현실 참여를 경계하고 순수 서정성을 옹호하려는 경향이 대두되었다. 현실로부터 독립한 시 자체의 완전성을 강조하며, 시의 본질과 서정성이나 예술성을 중시하였다. 순수시 경향의 시인으로는 전통적인 서정시를 계승한 박재삼, 천상병 등과 모더니즘을 계승하여 지성에 호소하고 언어적 실험을 한 박남수, 오세영 등이 있다.

작품	작가	특징
풀	김수영	'풀'을 통해 민중들의 강인한 생명력과 그들을 억누르는 외부 세력을 형상화함.
봄은	신동엽	분단을 '겨울', 통일을 '봄'으로 상징하여 통일에 대한 뜨거운 염원을 노래함.
울음이 타는 가을 강	박재삼	노을이 물든 가을 강을 바라보며 애상감에 젖는 화자를 통해 인간의 근원적인 한을 노래함.

1970년대

1. 이 시기의 특징

- 급격한 산업화로 인해 발생된 농촌 공동체의 붕괴, 도시 빈민, 노동 현장에서의 갈등 등이 문제로 대두되었다.
- 문학은 사회 문제에 관심을 두고, 이를 작품에 반영하면서 해결책을 모색하였다.

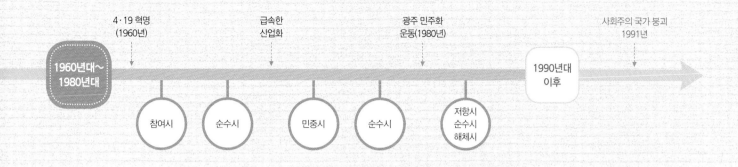

4·19 혁명
(1960년)

급속한
산업화

광주 민주화
운동(1980년)

사회주의 국가 붕괴
1991년

1960년대~
1980년대

1990년대
이후

참여시   순수시   민중시   순수시   저항시
순수시
해체시

2. 시의 경향

(1) 민중시

현실 문제를 비판적으로 인식하고 사회의 변혁을 촉구하는 내용을 담은 민중시가 큰 흐름으로 등장하였다. 대표 시인으로는 산업화 시대를 살아가는 민중의 삶이나 소망을 형상화한 신경림, 이성부 등이 있다.

(2) 순수시

현실 인식을 배제하고 언어와 형식에 대한 실험을 통해 새로운 미학을 추구하는 시적 경향을 보여 주었다. 대표 작품으로 오규원의 〈그 이튿날〉 등이 있다.

작품	작가	특징
농무	신경림	산업화 과정에서 소외된 농촌의 암담한 현실, 농민의 절망감, 울분 등을 그려 냄.
그 이튿날	오규원	바람이 불고 난 이튿날의 뜰의 풍경을 참신한 비유를 통해 형상화함.

1980년대

1. 이 시기의 특징

- 1980년 광주 민주화 운동을 계기로 급속하게 진행된 산업화 정책에 대한 반성이 일어나게 되었으며 민주화에 대한 요구가 널리 확대되었다.
- 납북 및 월북 문인에 대한 금지 조치가 해제되고, 이념으로 인한 창작 제한이 완화되었다.

2. 시의 경향

(1) 저항시

1970년대 민중시를 계승하여 1980년대의 억압된 상황을 고발하고 비판하는 저항시가 등장하였다. 대표 시인으로는 김지하, 박노해 등이 있다. 또한 노동자 계층의 주체적 자각으로 노동 문학이 등장하였다.

(2) 순수시

김용택, 천상병 등에 의해 우리 시의 전통적 서정성을 계승하려는 노력이 이어졌다.

(3) 해체시

이성복 등은 기존 사회의 모순과 부조리 또는 관습에 대한 저항을 실험적 형식으로 나타내었다.

작품	작가	특징
노동의 새벽	박노해	노동의 열악한 현실을 제시하고, 그러한 모순을 극복하려는 비장한 결의를 담음.
귀천	천상병	인생을 소풍에 비유하여 삶과 죽음에 대한 초월적인 인식을 드러냄.

◆ 광주 민주화 운동
5·17 비상 계엄 확대 조치에 항의하는 학생들의 시위를 진압하기 위해 광주에 투입된 공수특전단의 초강경 유혈 진압에 맞서, 1980년 5월 18일부터 27일까지 광주 시민과 전라남도민이 중심이 되어 전개한 민주화 운동이다.

▲ 광주 민주화 운동 당시 도청 앞 광장에서 시위하고 있는 시민과 학생

◆ 해체시
기존의 형식이나 규범을 깨뜨리고 새로운 기법과 형식을 모색한 시 작품들을 말한다. 우리 문학에서의 해체시는 1980년대 초 오규원 등에 의해 시도된 형식 파괴의 실험이라고 할 수 있다. 광고 문안, 신문 기사, 만화 등의 문학 외적인 기존 양식들을 차용함으로써 현대의 파편화된 현실을 재구성하고자 하는 형식적 특성이 나타난다.

간단 개념 체크

1 1980년대 광주 민주화 운동을 계기로 하여 급속하게 진행된 산업화 정책에 대한 반성과 □□□에 대한 요구가 널리 확대되었다.

2 1980년대 등장하여 억압된 상황을 고발하고 비판했던 저항시가 계승한 1970년대 시의 경향은? (   )

3 해체시는 기존 사회의 모순과 부조리 또는 관습에 대한 저항을 실험적 형식으로 나타내었다. (○ / X)

답 1 민주화 2 민중시 3 ○

문학 창비

🎯 핵심 정리

갈래 자유시, 서정시
성격 상징적, 주지적, 분석적
제재 사랑
주제 혼돈과 불안을 동반하는 사랑의 역설
특징 ① 도치 구문 및 반복과 생략, 의미의 대응 구조를 통해 사랑에 대한 화자의 깨달음을 표현함.
② 추상적이고 상징적인 시어를 사용하여 다양한 의미 해석의 가능성을 열어 둠.
출전 《동아일보》(1960)

Q '번개처럼 금이 간'이 의미하는 바는?

화자는 사랑의 대상인 '너'가 '번개처럼' 금이 가 있다고 표현하고 있다. '번개'는 순간적으로 형체가 있지만 금방 사라지고, 매우 밝지만 금세 어두워지는 모순된 속성을 가지고 있다. 따라서 이는 2연에서 사랑의 주체인 '너'의 속성이 '꺼졌다 살아나는' 순간성이라고 한 것을 비유하고 있는 것이다.

💡 시어 풀이

찰나 매우 짧은 시간을 의미하는 불교 용어.
금 갈라지지 않고 터지기만 한 흔적.

📖 시구 풀이

❶ **어둠 속에서도 ~ 너로 해서** 암울하고 부정적인 '어둠'의 상황에서도, 밝고 긍정적인 '불빛'의 상황에서도 변하지 않는 영원불변의 사랑을 너로 인해 배웠음을 이야기하고 있다. '어둠'과 '불빛'이라는 대조적인 상황을 제시하여, 어떠한 상황에서도 변하지 않는 사랑의 영원불변성, 항상성을 강조하고 있다.
❷ **어둠에서 불빛으로 ~ 불안하다** '어둠에서 불빛으로 넘어가는'은 상황이 변하고 있는 순간성을 나타내는데, 부정적인 상황에서 긍정적인 상황으로 바뀌는 그 찰나의 순간에 화자에게 영원불변의 사랑을 가르쳐 준 너의 얼굴은 꺼졌다가 살아나며 가변성을 보여 준다. 때문에 화자는 불안함을 느끼게 된다.
❸ **번개처럼 ~ 금이 간 너의 얼굴** 사랑의 주체인 '너'의 얼굴은 어둠에서 불빛으로 바뀌는 경계의 찰나라는 짧은 순간에 꺼졌다 살아나는 순간성과 가변성을 지니고 있다. 이는 마치 어두운 사위에 순간적으로 번쩍이며 암흑에 밝은 틈을 만들어 내는 번개의 속성과 유사하기 때문에 '너'를 '번개'에 비유하고 있다.

👤 작가 소개

김수영(본책 154쪽 참고)

---

❶어둠 속에서도 불빛 속에서도 변치 않는
　부정적 상황　　긍정적 상황　　영원불변한, 흔들리지 않는
사랑을 배웠다 너로 해서 ┌「 」: 도치법
핵심어　시적 대상, 사랑을 가르쳐 준 존재
　　　　　　　　　　　　　　　　　　　　　　　　　　　　▶ 1연: 변치 않는 사랑을 배움.

그러나 너의 얼굴은
　시상 전환
❷어둠에서 불빛으로 넘어가는

그 *찰나에 꺼졌다 살아났다
　짧은 순간　　'너'의 속성: 순간성을 지님.
너의 얼굴은 그만큼 불안하다
　이유: 순간성을 지니고 있음. → 영원불변인 '사랑'과 대비
　　　　　　　　　　　　　　　　　　　　　　　　　　　　▶ 2연: 불안한 사랑의 대상

❸번개처럼
　모순된 속성을 지님.
번개처럼
*금이 간 너의 얼굴은
번개가 칠 때 번쩍이며 암흑에 금이 가는 순간, 혹은 번개 자체의 불완전함과 순간의 속성
　번복: 순간성과 가변성을 지닌 '너'의 속성을 강조하며 영원한 사랑과 가변적인 주체의 대비를 보여 줌.
　　　　　　　　　　　　　　　　　　　　　　　　　　　　▶ 3연: 불변과 가변의 모순적 사랑

이해와 감상

　이 시는 영원불변의 속성을 지닌 사랑과 순간성이라는 불안함의 속성을 지닌 사랑의 주체 사이에서 느껴지는 모순에 대해 노래하고 있다. '사랑'이라는 주제는 서정시에 나타나는 가장 핵심적이고 보편적인 영역이다. 하지만 낭만적이고 서정적인 정감보다는 분석적이고 주지적인 성격의 시를 주로 노래했던 김수영이기에 '사랑'을 소재로 한 이 작품 역시 사랑의 위대함을 예찬하거나 사랑과 이별의 슬픈 이야기를 그리고 있기보다는 사랑과 그 사랑의 주체 사이에서 찾을 수 있는 역설적 관계와 가치를 분석한 주지시라고 할 수 있다.
　화자는 '너'라는 존재로 인하여 사랑을 배웠다고 말하고 있다. '어둠'과 같은 부정적 조건에서도, '불빛'과 같은 긍정적 상황 속에서도 영원히 불변하는 사랑을 배운 것이다. 그러나 2연에서 화자에게 변치 않는 사랑을 가르쳐 준 '너'의 얼굴은 어둠에서 불빛으로 넘어가는 '찰나'의 변화 과정에서 '꺼졌다 살아나는' 가변적이고 흔들리며 불안스러운 모습을 보여 준다. 화자가 배운 사랑은 불변의 영원한 사랑인데 막상 그것을 가르쳐 준 존재는 흔들리고 불안한 대립적 관계를 보여 주고 있는 것이다. 진리의 영원함과 다르게 인간의 마음과 의지는 쉽게 변하고 흔들릴 수 있다는 주지적 분석을 노래하고 있는 것이다.
　3연에서 화자는 사랑의 주체인 '너'의 얼굴을 '번개'의 속성에 비유하고 있다. 번개는 형체가 있으면서도 금방 사라지고 또 한때는 밝기 그지없지만 금세 어두워지는 모순된 속성을 가지고 있기에 '너'의 얼굴은 그 번개를 닮아 금이 가 있다는 것이다.
　이 작품에서 '사랑'이라는 시어의 의미는 남녀 간의 애정을 드러내는 보편적 의미로부터 사람마다 삶을 살아가면서 인지하고 깨닫게 되는 다양한 의미와 가치로 해석이 가능하다. 김수영이 참여적 성격이 강한 시들을 다수 발표한 것과 연관지으면 4·19 혁명과 관련된 당대의 시대적 상황에 대한 시인의 의식을 '사랑'이라는 틀에 담고 있다고도 볼 수 있다.

사랑	변치 않음.	영원불변의 속성	
사랑의 주체	찰나에 꺼졌다 살아남.	순간성, 가변성의 속성	모순적 진리

작품 연구소

시어 및 시구의 의미

시어 및 시구	상징적 의미
어둠	부정적 상황, 암울한 상황
불빛	긍정적 상황, 밝고 활기찬 상황
꺼졌다 살아났다	'사랑'과 대비되는 '너'의 속성: 순간성, 가변성
번개	순간적으로 형체가 있지만 금방 사라지고, 매우 밝지만 금세 어두워지는 모순된 속성
금이 간 너의 얼굴	번개의 번쩍임과 같은 순간성을 지닌 주체, 혹은 사랑에 대해 불완전하고 불안한 모습을 보여 주는 주체

시상 전개 과정

1연		2연		3연
사랑의 속성	상호 모순	'너의 얼굴'의 속성	그래서 불안함.	'금이 간 너의 얼굴'
영원불변	⇔	순간성, 가변성	→	'너의 얼굴' = 번개

화자와 '너'의 관계

화자는 '너'를 통해 변치 않는 사랑을 알게 되었지만, 동시에 '너'로 인해 불안함을 느끼기도 한다. 즉, 화자와 '너'의 관계는 안정과 불안이 공존하는 관계이다.

'번개'와 '너의 얼굴'의 관계

대상		공통 속성		의미
번개 ‖ 너의 얼굴	→	• 순간적 존재 • 긴장감 조성	→	영원불변한 사랑에 대비해 순간적인 가변성을 지닌 주체에게서 느껴지는 불안함, 긴장감, 순간성을 번쩍이며 금이 가는 번개에 비유하여 표현함.

작품의 또 다른 해석

이 시는 4·19 혁명이 일어나기 전인 1960년 1월에 발표된 작품이다. 하지만 현실에 대한 적극적인 관심을 표현한 참여시를 다수 발표한 김수영의 시적 경향을 고려하면 4·19 혁명 즈음에 나온 이 시는 혁명 정신과 혁명 주체의 관계를 표현한 것으로 해석할 수도 있다.

화자가 배운 '사랑'은 '혁명 정신'으로, 꺼졌다 살아나는 불안한 '너의 얼굴'은 '혁명을 외치는 주체'로 해석할 수 있는 것이다. 어둠과도 같은 독재와 비민주적 정치 상황에서도, 불빛과도 같은 혁명과 희망의 상황에서도 그 혁명 정신은 영원불변하는 것이다. 그러나 혁명을 외치는 주체는 억압에 의해서, 또는 스스로의 절망감에 의해서 불안함을 지니게 될 수밖에 없으며, 번개처럼 금이 간 얼굴과 마음을 드러내게 되는 것이다. 이처럼 이 시는 괴롭고도 모순된 혁명의 상황을 사랑에 빗대어 표현한 것으로 해석할 수 있다.

함께 읽으면 좋은 작품

〈사랑의 변주곡〉, 김수영 / 사랑을 제재로 한 작품

〈사랑의 변주곡〉에서 화자는 '욕망'을 통해 '사랑'을 배운다고 표현하고 있으며, 이 사랑을 배우는 기술이 '최근 우리들이 4·19에서 배운 기술'이라고 진술하고 있다. 두 작품 모두 김수영의 작품에서 흔히 나타나지 않는 사랑이라는 제재를 사용하면서 그 사랑이 4·19 혁명과 연관되어 있음을 노래하고 있다. 하지만 〈사랑〉이 사랑의 모순을 통해 혁명의 불안함을 드러내고 있다면, 〈사랑의 변주곡〉은 사랑에 대한 열변을 통해 혁명의 강인함과 유구함을 역설하는 차이점이 있다.

포인트 체크

화자 ▢▢과 불빛이 존재하는 어떠한 상황 속에서도 ▢▢은 변치 않는 것임을 배웠다.

상황 ▢▢▢▢한 사랑과 ▢▢▢을 지닌 사랑의 주체 사이에서 생성되는 모순을 이야기하고 있다.

태도 사랑의 주체인 너의 얼굴에 대해서 ▢▢▢을 보이며 혼란스러워하고 있다.

내신 적중 多빈출

1 이 시에 대한 설명으로 가장 적절한 것은?

① 시간의 흐름에 따른 시상 전개를 보여 준다.
② 수미 상관을 통해 시적 의미를 강조하고 있다.
③ 시상 전환을 통해 시적 대상의 상반된 특성을 노래하고 있다.
④ 음성 상징어를 사용해 대상의 역동적인 움직임을 전달한다.
⑤ 다양한 감각적 이미지를 통해 상황을 회화적으로 묘사하고 있다.

2 〈보기〉를 바탕으로 이 시를 감상한 내용으로 적절하지 않은 것은?

┤ 보기 ├
김수영은 1960년대의 대표적인 참여 시인이다. 특히 4·19 혁명의 경험을 통해 억압과 독재의 부정한 현실을 소멸시키고 진정한 민주주의의 실현과 희망을 노래한 시들을 다수 발표하였다. 하지만 시인이 작품 활동을 하던 시기에는 군부 독재 체제와 혁명 주체 스스로의 다양한 원인 등에서 기인한 결과로 참된 민주주의는 이루어지지 않았다.

① '어둠 속에서도'는 억압과 독재의 부정적 상황을 표현한 것이라고 할 수 있겠어.
② '사랑'은 진정한 민주주의를 실현할 수 있는 혁명 정신을 의미한다고 볼 수 있겠어.
③ '배웠다'는 민주주의를 실현시키기 위한 혁명 정신을 익히게 되었다는 의미로 이해할 수 있겠어.
④ '불안하다'는 혁명에 뛰어든 시민들 스스로가 느끼는 불안과 절망감을 나타낸 것이로군.
⑤ '번개처럼'은 혁명의 주체가 느끼는 불안함을 일시에 해소하고자 하는 의지를 비유적으로 형상화한 것이로군.

3 이 시에 나타난 화자의 태도로 가장 적절한 것은?

① 자신의 삶을 반성하며 새로운 각오를 다짐하고 있다.
② 이상 세계에 대한 동경을 간절한 어조로 노래하고 있다.
③ 모순된 관계에 놓인 대상에 대한 정서를 토로하고 있다.
④ 현대 물질문명의 획일화에 대해 비판적으로 바라보고 있다.
⑤ 자연물에 감정을 이입하여 자신의 의지를 효과적으로 드러내고 있다.

4 이 시의 1, 2연을 〈보기〉와 같이 정리할 때 3연에서 화자가 '너의 얼굴'을 '금이 간'이라고 표현한 까닭은 무엇인지 쓰시오.

┤ 보기 ├

1연	어둠 속에서도 불빛 속에서도	변치 않는	사랑(너)
2연	어둠에서 불빛으로 넘어가는 찰나	꺼졌다 살아났다	너의 얼굴

086

어느 날 고궁을 나오면서 | 김수영

[문학] 천재(김), 금성, 신사고, 지학사

🎯 핵심 정리

갈래 자유시, 서정시
성격 비판적, 반성적, 자조적
제재 부조리한 권력과 사회 현실
주제 사회적 부조리에 저항하지 못하는 소시민 적 삶에 대한 자기반성
특징 ① 자신의 일상 경험과 일화를 나열하여 삶을 성찰함.
② 대조적인 상황을 설정하여 자신의 옹졸 한 모습을 형상화함.
출전 《문학 춘추》(1965)

Q 자조적 표현을 통한 효과는?

이 작품은 부끄러운 소시민의 삶을 살아가는 화 자의 자조적인 태도가 시 전체를 지배하고 있다. 특히 7연에서는 자신의 왜소한 모습을 미비한 자연물에 대조하는 극단적인 자기 비하를 보이 고 있는데, 이러한 자조적인 표현은 독자들에게 화자를 책망하기에 앞서 오히려 자신의 삶을 되 돌아보게 한다.

💡 시어 풀이

야경꾼 밤에 공공 건물·회사·동네 등을 돌며 화 재나 범죄 따위를 경계하는 일을 하는 사람.
야전 병원 싸움터에서 생기는 부상병을 일시적으 로 수용하고 치료하기 위하여 전투 지역에서 가까 운 후방에 설치하는 병원.

⚙️ 시구 풀이

❶ **왜 나는 조그마한 일에만 분개하는가** '조그마 한 일'이란 비본질적인 사소한 일을 가리키고, '분개하는가'는 옹졸한 화자의 삶을 대변하는 말이다. 본질적인 문제에는 방관하는 화자의 삶을 단적으로 보여 주는 구절이다.
❷ **저 왕궁 ~ 욕을 하고** 화자는 사소한 일상의 문 제에 대해서는 민감하게 반응하면서도, '왕궁 의 음탕'으로 상징되는 권력자들의 부정과 부 도덕성에 대해서는 외면하는 이중적 태도를 보 인다.
❸ **한 번 정정당당하게 ~ 이행하지 못하고** 권력 의 압제를 비판하고 정의를 외치는 작품을 쓴 소설가가 구속된 사건이나, 정의롭지 못하다고 생각한 월남 파병에 대해서 자유롭게 자신의 뜻을 표명하지 않고 침묵하는 소시민적 모습이 나타나 있다.
❹ **아무래도 나는 ~ 옆으로 비켜서 있다** 사회의 자유와 정의를 위해 싸우는 중심에 서지 못하 고 주변에서 옹졸하게 살아가는 자신의 소시민 적 삶에 대해 반성하고 있다.
❺ **모래야 나는 ~ 얼마큼 작으냐……** 스스로를 '모래, 바람, 먼지, 풀'보다 작고 못한 존재로 보 며 자조하고 있다. 질문의 형식을 취하고는 있 지만 자조적인 독백에 해당한다.

🧑 작가 소개

김수영(본책 154쪽 참고)

---

❶왜 나는 조그마한 일에만 분개하는가
　　　　　　　비본질적인 것
❷저 왕궁 대신에 왕궁의 음탕 대신에
　　　　　　　┗ 권력자들의 부정과 부도덕성
50원짜리 갈비가 기름 덩어리만 나왔다고 분개하고
　　　　　비본질적이고 사소한 일 ①
옹졸하게 분개하고 설렁탕집 돼지 같은 주인 년한테 욕을 하고
　자신의 행위가 어떤 것인지 알고 있음.　비속어 사용 – 자신의 속된 모습을 그대로 드러내기 위함.
옹졸하게 욕을 하고　　　　　　　　　　　　　　　▶ 1연: 조그마한 일에 분개하는 '나'

❸『한 번 정정당당하게 / 붙잡혀 간 소설가를 위해서
　┗ 본질적이고 중요한 일
언론의 자유를 요구하고 월남 파병에 반대하는 / 자유를 이행하지 못하고
　　　　　　　병력을 다른 곳에 보냄.　　　　생각을 행동으로 옮기지 못하는 소시민적 모습
20원을 받으러 세 번씩 네 번씩 / 찾아오는 ˙야경꾼들만 증오하고 있는가
　비본질적이고 사소한 일 ② – 갈등을 벌이지 않아야 할 일　　　▶ 2연: 중요한 일을 실천하지 못하는 소시민적 모습

옹졸한 나의 전통은 유구하고 이제 내 앞에 정서(情緖)로 / 가로놓여 있다
　　　　　　　　　　옹졸한 언행이 체질화되었음을 보여 줌(무기력한 삶).
이를테면 이런 일이 있었다
『부산에 포로수용소의 제14 ˙야전 병원에 있을 때
　『 』: 옹졸한 태도가 과거의 체험에서 지속된 것임을 밝히기 위한 일화
정보원이 너스들과 스펀지를 만들고 거즈를
　　　　　　　간호사
개키고 있는 나를 보고 포로 경찰이 되지 않는다고
남자기 뭐 이런 일을 하고 있느냐고 놀린 일이 있었다
너스들 옆에서』　　　　　　　　　▶ 3연: 포로수용소 시절부터 몸에 밴 '나'의 옹졸한 삶

지금도 내가 반항하고 있는 것은 이 스펀지 만들기와
　　　　　　　　　　　　┗ 사소하고 보잘것없는 일들
거즈 접고 있는 일과 조금도 다름없다
『개의 울음소리를 듣고 그 비명에 지고
　『 』: 무기력한 화자의 모습
머리에 피도 안 마른 애놈의 투정에 진다』
떨어지는 은행나무 잎도 내가 밟고 가는 가시밭
　왜소한 자신을 강조하는 표현 → 사소한 일상도 견디기 어려운 고통으로 느낌.　　▶ 4연: 무기력하고 왜소한 자신에 대한 인식

❹아무래도 나는 비켜서 있다 ⊙절정 위에는 서 있지
　　불의에 대응하지 못하는 소시민의 모습　　비판과 저항의 한복판
않고 암만해도 조금쯤 옆으로 비켜서 있다
　　　　　　　　┗ 절정의 삶에서 벗어나 있음.
그리고 조금쯤 옆에 서 있는 것이 조금쯤 / 비겁한 것이라고 알고 있다!
　　　　　　　　　　　　　　　　　　　▶ 5연: 절정에서 비켜서 있는 '나'의 삶

그러니까 이렇게 옹졸하게 반항한다 / 이발쟁이에게
　　강하게 항거하지 못하는 자신에 대한 반성
땅 주인에게는 못 하고 이발쟁이에게　　　　　대조 ┏□: 권력이나 힘을 가진 자
구청 직원에게는 못 하고 동회 직원에게도 못 하고　　　┗○: 왜소한 자, 힘없는 자
야경꾼에게 20원 때문에 10원 때문에 1원 때문에
우습지 않으냐 1원 때문에　　　　　　　　　　▶ 6연: 옹졸하게 반항하는 현재의 삶

❺모래야 나는 얼마큼 작으냐
바람아 먼지야 풀아 나는 얼마큼 작으냐
정말 얼마큼 작으냐……　→ 말줄임표로 시상을 마무리하여 반성과　　▶ 7연: 자조적인 자기반성
　　　　　　　　　자조 의식의 지속성을 표현함.

이해와 감상

이 시에서 화자는 자신의 소시민적 행동을 고백하고 있다. 화자는 어느 날 고궁을 나오면서 '땅 주인', '구청 직원', '동회 직원'과 같이 가진 자, 힘 있는 자에게는 반항하지 못하면서, '이발쟁이', '야경꾼'과 같이 가

본질적인 것		비본질적인 것
부정과 불의에 저항하는 모습	대립	사소한 일에만 분개하는 소시민적 모습
'절정'에 있는 것	↔	'비켜서' 있는 것

지지 못한 자, 힘없는 자에게는 사소한 일로 흥분하는 자신의 모습을 돌아본다. 커다란 부정과 불의에는 대항하지 못하면서 사소한 것에만 흥분하고 분개하는 자신의 모습을 반성함으로써 화자는 자기모멸의 감정에 빠지게 된다. 또한 절정 위에서 조금쯤 옆으로 비켜서 있는 자신의 방관자적 자세를 확인하고 보잘것없는 자신의 존재를 비판하고 반성하게 된다.

시인은 이 시를 통해 아무 죄 없는 소설가를 구속하고 자유를 억압하는 정치 권력에 정면에서 대적하지 못하고 방관하는 지식인의 무능과 허위의식을 폭로하며 진지한 자기반성을 하고 있는 것이다.

작품 연구소

대조적 상황에서 드러나는 화자의 태도

중요한 일(의미 있는 일)	조그마한 일(사소한 일)
• 언론의 자유 요구, 월남 파병 반대 • 불합리한 상황과 힘 있는 권력에 대한 저항	• 힘없는 자인 설렁탕집 주인, 야경꾼, 이발쟁이에게 분개함. • 스펀지 만들기와 거즈 접는 일

↓

부조리한 현실과 힘 있는 권력에는 반항하지 못하고 사소한 일과 힘없는 자에게만 분개하는 소시민적 모습을 반성하고 자책함.

표현상의 특징

표현	나타난 부분	효과
비속어 사용	설렁탕집 돼지 같은 주인 년	화자 자신의 속된 모습을 언어 표현으로 노출함.
독백적 어조	시 전체에서 나타남.	자기 고백과 반성의 진정성과 진솔함을 드러냄.
일상적 시어 사용	50원짜리 갈비, 20원, 스펀지, 거즈, 개 울음소리, 애놈의 투정, 은행나무 잎	일상의 실제적 삶을 사실적, 구체적으로 보여 줌.

함께 읽으면 좋은 작품

〈희미한 옛사랑의 그림자〉, 김광규 / 소시민적 삶에 대한 반성

〈희미한 옛사랑의 그림자〉는 젊은 날의 꿈과 이상을 잃어버린 채 현실에 안주하며 살아가는 소시민적 삶을 그리고 있는 작품으로, 부조리한 현실에 저항하지 못하고 안주하며 사는 소시민적 삶의 태도에 대한 반성이 나타난다는 점에서 〈어느 날 고궁을 나오면서〉와 유사하다. 하지만 〈희미한 옛사랑의 그림자〉의 화자는 소시민으로 살아가는 현재의 모습을 반성하지만 이를 외면하고 일상으로 돌아가는 것으로 시상을 마무리하는 반면, 〈어느 날 고궁을 나오면서〉의 화자는 보잘것없는 자신의 모습에 대한 자조적인 자기반성으로 시상을 마무리하고 있다는 점에서 차이가 있다.

Link 본책 256쪽

키 포인트 체크

화자 중요하고 본질적인 일에는 저항하지 못하고 조그마하고 사소한 일에만 분개하는 옹졸하고 □□□□ 삶을 살아가고 있다.

상황 부정하고 부도덕한 권력과 힘 있는 자들에 의해 □□가 억압당하고 정의롭지 못한 일이 행해지는 □□□한 현실 상황이 드러나 있다.

태도 사소한 것에만 흥분하고 분개하는 자신의 모습을 솔직하게 고백하며 □□□□인 태도를 보여 주고 극단적인 자기 비하를 보이고 있다.

내신 적중 多빈출

1 이 시에 대한 설명으로 적절하지 않은 것은?
① 대조적 상황을 제시하여 주제를 강조하고 있다.
② 자조적인 표현을 통해 화자의 태도를 제시하고 있다.
③ 역설적 표현을 사용하여 화자의 의지를 드러내고 있다.
④ 시어 및 시구를 반복하여 화자의 내면을 보여 주고 있다.
⑤ 일상 경험을 바탕으로 한 구체적인 사건을 나열하고 있다.

2 이 시에 드러난 화자의 정서와 태도로 가장 적절한 것은?
① 과거의 삶을 그리워하고 있다.
② 자신의 부끄러운 모습을 자책하고 있다.
③ 사회의 부조리에 대해 적극적으로 저항하고 있다.
④ 어렵지만 현실을 이겨 나가려는 의지를 다지고 있다.
⑤ 지식인의 역사적 사명감을 인식하고 실천하려 하고 있다.

3 다음 중 화자의 모습을 대변하는 인물로 가장 적절한 것은?
① 직원들의 복리 후생에 인색한 사장
② 돈 버는 일에 매달려 제 본분을 잃은 학생
③ 사회적인 문제에 별로 관심이 없는 예술가
④ 국민이 낸 세금을 엉뚱한 곳에 사용한 행정 관료
⑤ 부조리한 사회를 바꾸고 싶지만 실천력이 부족한 회사원

4 〈보기〉를 바탕으로 이 시를 이해할 때 그 내용으로 적절하지 않은 것은?

| 보기 |
일상적 제재와 비속어의 사용은 자신의 소시민적이고 속물적인 근성을 피하지 않고 정직하게 바라본 김수영 시의 특징이다. 이 정직함은 자신과 세계를 바로 응시하게 하고, 자기비판을 가능하게 한다. 이러한 비판 정신은 기존 질서에 대항하고 역사와 현실의 불합리에 맞서는 힘이 된다.

① '돼지 같은 주인 년'이라는 표현은 설렁탕집 주인의 속물적 근성에 대한 맹렬한 비판이겠군.
② '자유를 이행하지 못하고' 있다는 생각은 소시민성에 대한 자각을 나타낸 것으로 볼 수 있겠어.
③ '전통은 유구'하다는 인식은 과거 자신의 처신에 대한 정확한 응시에 근거한 것이겠군.
④ '절정 위에' 서 있는 것은 기존 질서에 적극적으로 대항하는 것이라 하겠어.
⑤ '나'의 반성은 자기비판을 넘어 역사와 현실의 불합리에 맞서는 힘이 될 수 있겠군.

5 ㉠이 의미하는 바를 바탕으로 이에 해당하는 구체적인 행동을 이 시에서 찾아 2가지 이상 쓰시오.

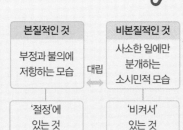

087

풀 | 김수영

문학 해냄
언매 미래엔

🎯 핵심 정리
갈래 자유시, 주지시, 참여시
성격 상징적, 주지적, 참여적, 비판적
제재 풀
주제 민중의 끈질긴 생명력
특징 ① 대립적 시상 구조로 주제를 강화함.
　　　② 반복과 대구를 통해 리듬감을 형성함.
　　　③ 상징적 의미를 지닌 시어를 사용하여 주제를 효과적으로 드러냄.
출전 《창작과 비평》(1968)

Q '풀'의 행위를 통해 드러내고자 하는 바는?

이 시에서 주목할 점은 '풀'의 행위이다. 풀의 행위는 '눕다 / 일어나다', '울다 / 웃다'의 네 가지로 나타나는데, 이 행위들은 '풀'의 끈질긴 생명력을 간결하면서도 강렬하게 드러내고 있다. 시인은 '풀'의 대조적인 행위를 활용하여 '풀'의 끈질긴 생명력, 그리고 넉넉함을 적절하게 형상화하고 있는 것이다.

💡 시어 풀이
나부껴 가벼운 물체가 바람을 받아서 가볍게 흔들려.

🐾 시구 풀이
❶ 풀이 눕는다 ~ 다시 누웠다 바람에 밀려 옆으로 누워 버린 '풀'의 모습을 묘사함으로써, 동풍이 상징하는 권력의 힘에 굴복하는 민중의 나약한 모습을 그린 것이다. '울었다', '누웠다'라는 의인화된 표현의 반복을 통해 독재 권력의 횡포 앞에서 무기력하게 고통을 감수할 수밖에 없는 민중의 수동적인 모습을 표현하였다.
❷ 풀이 눕는다 ~ 먼저 일어난다 이전의 나약하기만 했던 '풀'에 적극적이고 능동적인 속성이 있음을 나타낸다. 권력의 억압 앞에서 스스로 순응하고 굴복하던 풀이 '바람보다도 먼저 일어나는' 생명력을 드러냄으로써 시상의 전환이 이루어지고 있다.
❸ 바람보다 늦게 ~ 먼저 웃는다 '바람'의 힘에 굴복하던 '풀'이 주체적 의지로 '바람'을 앞지르는 부분이다. 이는 민중의 강인한 생명력을 표현한 부분으로, 현재는 독재 권력의 억압이 극심한 상황이지만 미래에는 그 억압과 고통을 물리칠 것이라는 시인의 신념이 드러나 있다.
❹ 날이 흐리고 풀뿌리가 눕는다 민중들의 고통은 계속될 것이지만, '바람'과의 역동적인 관계 속에서 '풀'이 더 크고 넓은 생명력을 가지듯 고통 속에서도 민중은 생명력을 유지할 것이라는 화자의 기대감이 반영되어 있다.

👤 작가 소개
김수영(본책 154쪽 참고)

㉠ **❶풀이 눕는다** 「 」: 외부 세력에 대한 자각 이전의 민중의 모습
연약하면서도 끈질긴 생명력을 지닌 존재
비를 몰아오는 동풍에 *나부껴
　　　　　　풀(민중)을 억압하는 세력
풀은 눕고

드디어 울었다
고통을 이기지 못한 나약한 모습
날이 흐려서 더 울다가
암울하고 억압적인 외적 상황
다시 누웠다　　　　　　　　　　　　　　　　　▶ 1연: 풀의 나약한 모습
적극적이지 못하고 수동적인 모습

❷풀이 ㉡눕는다 「 」: 외부의 불의한 세력을 자각한 민중의 모습

㉢바람보다도 더 빨리 눕는다
　　풀(민중)을 억압하는 세력
바람보다도 더 빨리 울고

바람보다 먼저 ㉣일어난다　　　　　　　　　　　▶ 2연: 풀의 능동적 태도
풀의 적극적이고 능동적인 행위. 시상의 전환(나약함 → 강인함, 수동적 → 능동적)

㉤날이 흐리고 풀이 눕는다
　　암울한 시대 현실을 상징함.
발목까지

발밑까지 눕는다
풀을 억압하는 바람의 세기가 더 강해짐. → 민중을 억압하는 힘이 더 거세짐.
❸바람보다 늦게 누워도 ┐
　　　　　　　　　　　　│
바람보다 먼저 일어나고 │ 민중의 주체적 의지를 표현함.
　민중의 강인한 생명력　├
바람보다 늦게 울어도 ┘
　　　　　　　　　　　
바람보다 먼저 웃는다
의연하게 삶의 고통을 이겨 냄.
❹날이 흐리고 풀뿌리가 눕는다　　　　　　　▶ 3연: 풀의 강인한 생명력
풀뿌리까지 누워 버린 풀이 더욱 큰 힘으로 일어나게 될 것임을 기대하게 함.

이해와 감상

이 시는 김수영 시인이 불의의 교통사고로 타계하기 직전에 발표한 유작(遺作)으로, '풀'과 '바람'이라는 자연물을 통해 민중의 건강하고 끈질긴 생명력을 그린 작품이다.

이 시에서 '풀'은 세상에서 가장 흔하면서도 강한 생명력을 지닌 자연물로, 오랜 역사 동안 권력자에게 억압받으면서도 질긴 생명력으로 맞서 싸워 온 민중, 민초(民草)를 뜻하며, 이와 반대로 '바람'은 풀의 생명력을 억누르는 세력, 곧 민중을 억압하는 사회적 힘, 독재 권력과 외세를 의미한다고 볼 수 있다.

1연에서는 풀의 수동적인 모습을, 2연에서는 바람보다 빨리 눕지만 먼저 일어나는 풀의 모습을 노래하여, 민중들이 시대 상황에 순응하는 수동적인 면모에서 적극적이고 능동적인 면모로 전환하는 모습을 보여 주고 있다. 이어 3연에서는 암울한 시대 상황과 권력의 횡포를 지혜롭게 견뎌 내는 민중들의 강인한 생명력을 상징적으로 부각하고 있다. 즉, 이 시는 폭력적인 시대 상황에서 무기력하게 권력에 짓밟히는 듯 보이지만, 이에 굴복하지 않고 자신들의 나약한 힘과 의지를 하나로 모아 고통을 이겨 내는 민중의 모습을 형상화하고 있는 것이다.

| 풀의 수동성 | ─ | 나약함 |
| 풀의 능동성 | ─ | 강인함 |

풀의 끈질긴 생명력

🏠 작품 연구소

'풀'과 '바람'의 상징적 의미

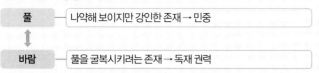

풀 ─ 나약해 보이지만 강인한 존재 → 민중

↕

바람 ─ 풀을 굴복시키려는 존재 → 독재 권력

　'풀'은 작은 바람에도 자신을 눕히는 나약한 존재이다. 그러나 바람에 흔들려도 쉽게 꺾이지 않고 바람을 거스르며 일어난다. 이와 같은 풀의 속성은 나약하지만 시련에 굴하지 않는 강인한 생명력을 지닌 민중의 모습과 닮아 있다고 할 수 있다. 반면 '바람'은 풀을 눕게 만드는 힘, 풀의 생명을 억누르는 힘을 의미하며, 사회적 상황을 고려할 때 민중을 억압하는 사회적인 힘, 즉 부조리한 독재 권력과 외부 세력을 의미한다고 볼 수 있다.

대조적·점층적 시상 전개

　이 시의 전체적인 시상 전개 구조를 보면 1연과 2, 3연이 상호 대조적인 관계로 이루어져 있다. 1연에서는 '바람'이 불면 눕고 우는 '풀'의 나약한 모습이 드러나다가, 2연의 후반부터는 '바람'보다 먼저 일어나는 '풀'의 적극적·능동적 모습이 제시된다. 또한 3연에서는 한층 더 나아가 '바람'보다 먼저 일어날 뿐 아니라 '바람'보다 먼저 웃을 수 있는 강인한 생명력을 지닌 '풀'의 속성이 드러난다.

1연	바람에 밀려 옆으로 누워 버린 풀	풀의 수동성 – 나약함
↓ 대조		
2연	바람보다 빨리 눕지만, 먼저 일어나는 풀	풀의 능동성 – 강인함
↓ 점층		
3연	바람보다 먼저 일어나고, 먼저 웃는 풀	풀의 끈질긴 생명력

대립 구조의 반복

　이 시에서는 구체적으로 '눕다'와 '일어나다', '울다'와 '웃다'가 반복되며 대립 구조를 이루고 있는데, 특히 '풀'과 '바람'의 대립이 '눕는다'와 '일어난다'라는 운동의 반복 속에서 나타난다는 점에서 의미가 있다. '눕는다', '일어난다'는 민중이 억압에 못 이겨 쓰러졌다가 다시 새로운 희망으로 일어나서 저항한다는 상징적 의미를 갖고 있으므로, 이러한 대립 구조의 반복은 리듬감을 형성하고 민중의 끈질긴 생명력이라는 주제를 한층 강화하여 보여 주는 데 기여한다.

눕다	울다	늦게	→	'풀'의 끈질긴 생명력
↕	↕	↕		
일어나다	웃다	빨리		

📖 함께 읽으면 좋은 작품

〈벼〉, 이성부 / 상징적 시어를 통해 표현한 민중의 속성

　〈벼〉는 '벼'를 의인화하여 민중의 공동체 의식과 끈질긴 생명력을 형상화한 작품으로, 자연물을 소재로 하여 권력에 억눌려 있는 민중의 삶을 형상화했다는 점에서 〈풀〉과 유사하다. 하지만 〈벼〉에서는 민중으로 상징되는 '벼'가 〈풀〉에 나오는 '풀'에 비해 더욱 적극적이고 저항적인 존재로 그려지며 민중들의 유대감을 드러내고 있다는 점에서 차이가 있다. ▶ Link 본책 254쪽

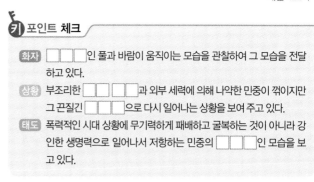

화자 ☐☐☐☐인 풀과 바람이 움직이는 모습을 관찰하여 그 모습을 전달하고 있다.

상황 부조리한 ☐☐☐☐과 외부 세력에 의해 나약한 민중이 꺾이지만 그 끈질긴 ☐☐으로 다시 일어나는 상황을 보여 주고 있다.

태도 폭력적인 시대 상황에 무기력하게 패배하고 굴복하는 것이 아니라 강인한 생명력으로 일어나서 저항하는 민중의 ☐☐인 모습을 보고 있다.

---

1 이 시의 표현상 특징으로 적절하지 <u>않은</u> 것은?

① 시어의 상징성이 두드러진다.

② 대립적 구조의 시상 전개가 돋보인다.

③ 사물을 의인화하여 시적 대상을 형상화하였다.

④ 대구를 통해 대상의 속성을 효과적으로 드러내고 있다.

⑤ 대상의 모습을 역설적으로 제시하며 주제를 전달하고 있다.

2 이 시와 〈보기〉를 비교한 내용으로 가장 적절한 것은?

┤ 보기 ├

벼는 서로 어우러져 / 기대고 산다.

햇살 따가워질수록 / 깊이 익어 스스로를 아끼고

이웃들에게 저를 맡긴다. // 서로가 서로의 몸을 묶어

더 튼튼해진 백성들을 보아라.　　　　– 이성부, 〈벼〉

① 이 시와 달리 〈보기〉의 시적 대상에는 인격이 부여되어 있다.

② 이 시와 달리 〈보기〉에는 대상의 공동체적 속성이 드러난다.

③ 이 시와 〈보기〉 모두 시적 대상의 속성의 변화가 나타난다.

④ 이 시와 〈보기〉 모두 자연과 인간을 대립시켜 주제를 부각하고 있다.

⑤ 이 시의 화자는 의지적 자세를, 〈보기〉의 화자는 순응적 자세를 보인다.

3 〈보기〉의 내용을 참고할 때, ㉠~㉤의 의미로 적절하지 <u>않은</u> 것은?

┤ 보기 ├

　이 작품은 1960년대의 시대적 상황이라는 사회적 맥락에 비추어 '풀의 일어섬'을 시련과 억압에서 벗어나려는 민중의 모습으로 해석하기도 한다.

① ㉠: 민중 또는 민초　　　② ㉡: 시련을 회피한다

③ ㉢: 민중을 위협하는 세력　④ ㉣: 억압에 대항한다

⑤ ㉤: 현실이 암울하다

4 〈보기〉에서 이 시에 나타난 '동풍'과 '풀'의 의미 관계와 가장 유사한 시어를 찾아 쓰고 그 의미 관계를 구체적으로 쓰시오.

┤ 보기 ├

눈 맞아 휘어진 대를 뉘라서 굽다던고

굽을 절(節)이면 눈 속에 푸를소냐

아마도 세한 고절(歲寒孤節)은 너뿐인가 하노라

　　　　　　　　　　　　　　　　　　　– 원천석

088 흥부 부부상 |박재삼

키워드 체크 #전통적 #가난한 삶의 애환 #흥부 부부 #고전 소설 제재 #대화체 형식 #전통적 #대립적 시어 #긍정적

문학 지학사, 창비

🎯 핵심 정리
갈래 자유시, 서정시
성격 전통적, 회상적, 고전적
제재 박 타는 흥부 부부
주제 가난한 삶의 애환과 극복
특징 ① 고전 소설에서 제재를 끌어 옴.
　② 1연과 3연이 형식 면에서 유사성을 보임.
　③ 독자에게 말을 건네는 듯한 대화체 형식으로 시상이 전개됨.
출전 《춘향이 마음》(1962)

Q 이 시에서 말하고자 하는 삶의 자세는?

단순히 소박한 생활에 만족하며 욕심 없이 사는 차원이 아니라 가난한 삶으로 인한 한(恨)까지도 진정한 웃음, 진정한 사랑으로 극복하려는 자세가 무엇보다 중요함을 말하고자 하였다. 이를 통해 물질적 가치에 얽매여 사는 현대인에게 진정한 삶의 가치가 무엇인지를 깨닫게 한다.

💡 시어 풀이
정갈하던 모양이나 옷 따위가 깨끗하고 말쑥하던.
부끄리며 부끄러워하며.
소스라쳐 깜짝 놀라 몸을 떠는 듯이 움직여.

🔧 시구 풀이
❶흥부 부부(夫婦)가 ~ 헤아려 보라. '박 덩이'는 가난한 생활을 상징하고, '웃음살'은 웃음을 물살에 비유하여 표현한 것이다. 따라서 박을 가르기 전에 흥부 부부가 서로 주고받은 웃음살은 안분지족(安分知足)할 줄 아는 서민들의 삶을 비유적으로 표현한 것이다.
❷금(金)이 문제리, ~ 확실히 문제다. 금이나 황금 벼 이삭보다도 박 덩이가 좋아서 순수한 웃음을 지을 줄 아는 소박한 흥부 부부의 삶의 태도가 가장 소중한 것임을 표현하고 있다.
❸같이 웃어 비추던 거울 면(面)들아. '서로 같이 웃어 마치 거울에 자기 얼굴을 비추는 것과도 같던 이들아.'라는 뜻이다.
❹절로 면(面)에 ~ 헤아려 보라. 자신도 모르게 눈물을 흘리는 것조차 부끄러워하며 놀라서 다시금 웃음을 짓는 흥부 부부의 사랑 가득 찬 행동을 통해, 가난한 생활에서 오는 한을 극복하고자 하는 서민들의 애환을 표현하고 있다.

👤 작가 소개

박재삼(朴在森, 1933~1997) 시인. 일본 동경 출생. 1953년 《문예》에 〈강물에서〉가 추천되면서 등단했다. 한(恨)이라는 한국의 전통적인 정서를 어학적, 예술적으로 묘사한 작품을 주로 창작하였다. 시집으로 《춘향이 마음》(1962), 《햇빛 속에서》(1970), 《울음이 타는 가을 강》(1987) 등이 있다.

---

❶흥부 부부(夫婦)가 박 덩이를 사이하고
　정신적 행복을 추구하는 인간상
가르기 전에 건넨 웃음살을 헤아려 보라.
　　　　　　웃음의 물살
❷금(金)이 문제리,
『 : 부부 사이의 사랑과 신뢰가 더 중요하다는 말
『황금(黃金) 벼 이삭이 문제리,』
　　　물질적 풍요
웃음의 물살이 반짝이며 ˚정갈하던

그것이 확실히 문제다.　　　　　　　　　　　　　　▶ 1연: 욕심이 없는 흥부 부부의 웃음살
가난하지만 욕심 없고 소박한 삶의 태도가 중요함(단정적 어조).

『없는 떡방아 소리도
『 』흥부 부부의 낙천적 성격
있는 듯이 들어 내고』

손발 닳은 처지끼리
　　　　서로 같이 힘든 상황에 놓여 있음.
❸같이 웃어 비추던 거울 면(面)들아.　　　　　　　▶ 2연: 서로에 대한 흥부 부부의 이해와 사랑
　　　흥부 부부의 서로에 대한 이해와 사랑을 거울에 비유함.

웃다가 서로 불쌍해
　　　비참한 현실 상황의 인식
서로 구슬을 나누었으리.
　　　연민의 눈물
그러다 금시
　　　바로 지금, 금방, 시방
❹절로 면(面)에 온 구슬까지를 서로 ˚부끄리며
　　　눈물 흘리는 것조차 서로 부끄러워하고 미안해함.
먼 물살이 가다가 ˚소스라쳐 반짝이듯
　　　　　　　　갑자기 표출되는 웃음의 순간성
서로 소스라쳐

본(本)웃음 물살을 지었다고 헤아려 보라.
눈물을 극복한 후의 진정한 웃음
그것은 확실히 문제다.　　　　　　　　　　　　　　▶ 3연: 흥부 부부의 진정한 눈물과 웃음
가난을 사랑으로 극복하려는 자세가 중요함.

이해와 감상

이 시는 가난으로 인한 한(恨)을 지니면서도 그것을 사랑으로 극복해 내는 서민들의 삶의 애환을, 박 타는 흥부 부부를 소재로 하여 표현하고 있다.

1연에서 흥부 부부는 안분지족(安分知足)하며 행복한 웃음을 짓고 사는 인간상으로 나타난다. 그리고 화자는 이러한 인간상을 소중하다고 단정적으로 말한다. 2연에서 화자는 가난 속에서도 서로를 이해하면서 살아온 흥부 부부를 서로의 거울과도 같은 존재로 보았다. 3연에서는 흥부 부부가 가난한 생활에서 오는 한을 웃음으로 승화시키며 사랑으로 극복하였음을 말하고 있다.

이 시의 시인이 궁극적으로 말하고자 하는 바는 가난한 삶의 애환과 그 극복이다. 이를 위해서 시인은 흥부 부부의 웃음을 물살에 비유하고 있다. 그 물살은 한을 바탕으로 하는 것이다.

즉, 이 시에서 한(눈물)과 웃음은 서로 혼용되어 있는데, 시인은 이를 통해서 서민들의 삶의 애환을 복합적으로 드러내고 있다.

안분지족의 삶
가난 속에서도 서로를 이해하는 삶
가난의 한을 사랑으로 이겨 내는 삶
→ **서민들의 애환과 소박한 행복**

작품 연구소

대립적 시어의 상징적 의미

이 시에서 '웃음'과 '금, 황금 벼 이삭'은 대립적 관계에 있는 시어이다. '금'과 '황금 벼 이삭'은 물질적인 풍요를 가리키고, '웃음'은 물질적 빈곤함을 이겨 나가는 힘을 가리킨다. '금, 황금 벼 이삭'과 같은 물질적 풍요를 누리지 못하고 가난한 삶을 살지만, 금이나 누렇게 익은 벼 이삭보다 그저 박 덩이가 좋아서 웃음을 짓는 흥부 부부의 모습을 통해 물질적인 풍요보다는 부부 사이의 사랑과 신뢰, 정신적인 행복이 더 중요함을 드러낸다.

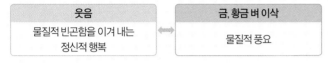

웃음		금, 황금 벼 이삭
물질적 빈곤함을 이겨 내는 정신적 행복	↔	물질적 풍요

'흥부 부부'의 삶의 태도

이 시에서 흥부 부부는 가난하지만 욕심 없이 안분지족하는 삶의 태도를 보이며, 가난한 삶 속에서도 서로에 대한 이해와 사랑으로 물질적 빈곤을 극복해 나가는 긍정적인 삶의 태도를 지니고 있다. 이처럼 극심한 가난 속에서도 흥부 부부가 보인 긍정적이고 낙천적인 모습은 읽는 이에게 삶의 고통으로 인한 한이나 체념을 슬기롭게 수용하여 삭임으로써 고난과 역경을 헤쳐 나갈 수 있다는 지혜를 준다.

이 시의 주제와 시인의 비판 의식

이 시는 '흥부 부부의 삶'을 소재로 하여, 가난으로 인한 한(恨)을 사랑으로 극복해 내는 서민들의 삶의 애환과 소박한 행복을 그리고 있다.

시인은 물질적 풍요보다 부부 사이의 사랑을 소중하게 여기며 가난한 삶의 애환을 극복하는 흥부 부부의 삶을 통해 물질적 풍요에 얽매인 현대인들의 모습을 비판하고 정신적 행복의 소중함을 일깨워 주고자 하였다.

함께 읽으면 좋은 작품

〈춘향 유문 – 춘향의 말 3〉, 서정주 / 고전 소설을 모티프로 한 현대 시

〈춘향 유문 – 춘향의 말 3〉은 죽음을 눈앞에 둔 화자 춘향이 사랑하는 이몽룡에게 남기는 유서 형식의 시이다. 〈흥부 부부상〉과 〈춘향유문 – 춘향의 말 3〉은 고전 소설을 모티프로 했다는 점에서 공통점이 있다. 〈흥부 부부상〉에서는 고전 소설 〈흥부전〉을 모티프로 하여 흥부 부부가 가난을 극복하는 태도와 삶의 자세를 형상화하였고, 〈춘향 유문 – 춘향의 말 3〉에서는 고전 소설인 〈춘향전〉을 모티프로 하여 삶과 죽음, 시간과 공간을 초월한 영원한 사랑을 형상화하였다.

키 포인트 체크

화자 박을 사이에 둔 흥부 부부의 모습을 ☐☐해 볼 것을 권유하며 그들의 모습을 그려 내고 있다.

상황 흥부 부부가 박을 사이에 두고 울고 웃으며 ☐☐한 삶 속에서도 서로를 ☐☐하고 사랑하는 모습이 드러나 있다.

태도 물질적 풍요에 얽매인 현대인들의 모습을 ☐☐하고 ☐☐☐ 행복의 소중함을 일깨워 주고 있다.

1 이 시의 표현상 특징으로 적절하지 않은 것은?

① 어순을 바꾸어 형식적 단조로움을 피하고 있다.

② 단정적 어조로 바람직한 삶의 자세를 제시하고 있다.

③ 독자에게 말을 건네는 듯한 대화체 형식을 사용하고 있다.

④ 대조적 의미를 지닌 시어를 사용하여 주제 의식을 부각하고 있다.

⑤ 고전 소설의 내용을 끌어들여 시대를 뛰어넘는 보편적 가치를 강조하고 있다.

2 이 시에 대한 설명으로 적절하지 않은 것은?

① '금'과 '황금 벼 이삭'은 흥부 부부가 추구하는 바를 상징적으로 보여 준다.

② '그것이 확실히 문제다'에서 '문제'는 '물음'이라는 의미가 아니라 '중요한 것'이라는 의미이다.

③ '손발 닳은 처지'는 흥부 부부가 고단한 생활을 하고 있음을 보여 준다.

④ '거울 면(面)'은 흥부 부부가 서로를 바라보며 살고 있음을 상징적으로 보여 준다.

⑤ '본(本)웃음'은 '박 덩이를 사이하고' 흥부 부부가 지을 수 있었던 본디의 순수한 웃음을 의미한다.

3 이 시를 추천하기에 가장 적절한 사람은?

① 상사와의 갈등으로 힘들어하는 직장인

② 공부보다 우정의 소중함을 택한 고등학생

③ 생활고로 인해 좌절하고 실의에 빠진 가장

④ 직장을 구하기 위해 동분서주하는 취업 준비생

⑤ 적자생존(適者生存)의 원리를 신봉하는 기업인

중요 기출

4 〈보기〉에 비추어 이 시를 감상한 내용으로 적절하지 않은 것은?

> **보기**
>
> 판소리 〈흥부가〉는 극단적인 궁핍의 상황을 가족애로써 극복하는 모습을 통해 민중들의 건강한 삶을 제시했다는 데 의의가 있다. 아니리와 창, 비장한 장면과 익살스러운 장면을 교대로 제시함으로써 긴장과 이완의 매력을 준다.

① 민중들의 건강한 세계관을 부부애에서 찾아내었다.

② 〈흥부가〉에서 제시된 윤리를 현대적으로 계승하였다.

③ 산문과 운문을 교대하여 판소리의 리듬감을 계승하였다.

④ 판소리의 해학적 웃음을 상대방에 대한 신뢰의 웃음으로 변용하였다.

⑤ 눈물과 웃음을 교대로 제시하여 현실의 고난을 극복하는 판소리의 특징을 살려 내었다.

산에 가면 |박재삼

문학 천재(김)

🎯 핵심 정리

갈래 자유시, 서정시
성격 감각적, 자연 친화적
제재 산
주제 자연의 생명력을 통한 영혼의 정화
특징 ① '산'의 원형적 이미지를 통해 공간의 의미를 드러냄.
② 감각적 시어를 사용하여 산의 생명력을 표현함.
출전 《햇빛 속에서》(1970)

Q '목숨의 골짜기'의 의미는?

'목숨'은 생명을 의미하므로 '산'이라는 공간의 냄새가 화자의 생명력에 영향을 줄 수 있다는 점이 드러난다.

💡 시어 풀이

후덥지근한 열기가 차서 조금 답답할 정도로 더운 느낌이 있는.
혼령(魂靈) 죽은 사람의 넋.
반짝어림 반짝거림.

🐚 시구 풀이

❶ **산에 가면 ~ 후덥지근한 냄새,** 산에 가면 맡을 수 있는 나무와 풀의 냄새를 통해 산에 가득한 자연의 생명력과 건강함을 환기하는 부분이다. 자연과 생명을 상징하는 '나무와 풀'이 '우거진' 모습은 산이 자연의 생명력과 건강함 등으로 가득 차 있음을 떠올리게 하고, '우거진 나무와 풀'이 내는 '후덥지근한 냄새'는 맡는 행위만으로도 산의 생명력과 건강함을 몸 속에 받아들이게 한다.
❷ **아, 여기다, 하고 ~ 골짜기 냄새,** '우거진 나무와 풀'의 생명력 넘치는 '후덥지근한 냄새'와 '흙냄새'까지 서린 골짜기에 이르러 '눕고 싶은', 즉 휴식을 취하고 싶은 화자의 바람이 드러난 부분이다. 산에 가면 맡을 수 있는 온갖 냄새들이 서린 골짜기에서 휴식을 취함으로써 화자는 자연의 생명력과 건강함을 회복하고 마음의 평화와 안정을 얻을 수 있다. 때문에 그것은 화자에게 '목숨의 골짜기 냄새'가 되는 것이다.
❸ **내 몸 전체에서 ~ 냄새를 내게 한다.** '후덥지근한 냄새'는 본래 산의 생명력을 상징하던 냄새이다. 산에서 휴식을 취한 후 '몸 전체'에서 이러한 산의 생명력이 충만해진 상태에 이르게 됨을 나타낸 것이다.

👤 작가 소개

박재삼(본책 180쪽 참고)

---

❶산에 가면
　생명력이 넘치는 공간
㉠우거진 나무와 풀의
　　　　식물의 풍요로움
㉡**후덥지근한 냄새,**　쉼표로 연을 마치면서 휴지를 통한 운율과 의미의 형성에 기여　　▶ 1연: 생명력이 넘치는 산
후각적 심상, 생명의 열기와 건강함

❷혼령도 눈도 코도 없는 것의
　냄새, 빛깔 등과 같이 형체 없이 확산되는 것
흙냄새까지 서린
　후각적 심상
㉢아, 여기다, 하고 눕고 싶은
　　　　　휴식을 통해 산의 생명력을 느끼고 싶은
목숨의 골짜기 냄새,　　　　　　　　　　　　　　　　　▶ 2연: 삶을 치유하는 산의 생명력
삶, 생명　　후각적 심상

㉣한 동안을 거기서
내 몸을 쉬다가 오면
　산의 생명력을 느끼고 나면
쉬던 그때는 없던 내 정신이
㉤비로소 풀빛을 띠면서
나뭇잎 반짝어림을 띠면서,
　└ : 자연에서의 휴식으로 인한 생명력 회복　　□ : 산이 주는 생명력
❸내 몸 전체에서
　육체와 영혼 일체
정신의 그릇을 넘는
후덥지근한 냄새를 내게 한다.　　　　　　　　　　　　　▶ 3연: 휴식을 통한 삶의 회복
후각적 심상, 건강한 생명력

이해와 감상

이 시는 산에 가면 맡을 수 있는 나무와 풀 냄새, 흙냄새 등으로 인해 산에서 휴식을 취하고 오면 자신의 정신이 생명력 넘치는 풀빛과 반짝거림을 띠고 몸에서는 살아 있는 자연의 생명력 넘치는 냄새를 풍기게 된다는 사실을 노래한 작품이다.

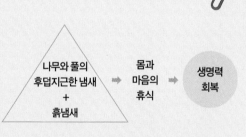

화자는 1연에서 산에 가면 '우거진 나무와 풀의 / 후덥지근한 냄새'를 맡을 수 있다고 이야기하는데, 무성하게 자라서 우거진 나무와 풀은 그 자체로 건강함과 생명력을 나타낸다. 그것들이 내뿜는 후덥지근한 냄새로 가득한 산은 생명력이 넘치는 공간으로 상정되어 있다. 산은 원형적으로 그 외형이 지닌 의연함과 기상으로 인해 인간의 세속적인 번뇌를 정화시키는 장소로 이해된다. 또한 그 속에 다양한 생명과 자연물의 조화로운 삶을 품어 안는다는 점에서 포용력과 자애로움을 상징하기도 한다.

우거진 나무와 풀의 냄새는 2연에서 '흙냄새'와 융화되어 안식을 취하고 싶은 '목숨의 골짜기 냄새'로 이어진다. 흙은 눈에 보이지 않는 수많은 작은 생명들이 모여 있는 곳이자, 모든 생명들에게 토대를 제공하여 존재토록 한 원천이고 생명들에게 숨을 불어넣어 존재토록 한 근원적인 힘이다. 이러한 흙의 냄새가 서린 골짜기에서 화자는 '눕고 싶은' 바람을 드러내고 있는데, 이것은 단순한 휴식이 아니라 일상의 삶에 지친 화자의 몸과 정신의 생명력, 목숨을 회복할 수 있는 휴식을 의미한다. 3연에서 화자는 '후덥지근한 냄새', '흙냄새' 등이 나는 산에서 쉬다가 오면 정신이 풀빛과 나뭇잎 반짝어림을 띠고 몸에서는 우거진 나무와 풀이 내뿜는 후덥지근한 냄새를 내게 된다고 말하고 있다. 생명력 넘치는 산에서의 휴식이 화자의 정신을 맑게 하고 몸에 생명력과 활력을 넘치게 한다는 의미로, 산으로 대변되는 자연의 생명력을 통해 자신의 몸과 마음이 치유되었음을 말하고 있는 것이다.

🏠 작품 연구소

이 시에 쓰인 주된 심상

나무와 풀의 냄새	+	흙냄새

⬇

안식을 느끼게 하는 '목숨의 골짜기 냄새'

이 작품에서 주된 이미지는 후각적 심상을 통해 형성되어 있다. 화자는 산속에서 나무와 풀의 냄새를 맡으면서, 여기에 흙냄새를 더하여 자연의 생명력을 의미하는 '목숨의 골짜기 냄새'를 느끼고 안식을 꾀한다. 이처럼 '산'에서 느낄 수 있는 생명력은 후각적 심상으로 나타나는데, 생명의 열기를 '후덥지근한 냄새'로 표현하여 후각을 촉각화하여 전달하고 있다.

산속에서 화자의 정신적 변화

없던 내 정신	⇒	풀빛, 나뭇잎 반짝어림이 있는 생명력 획득

'쉬던 그때는 없던 내 정신'이 풀빛이나 나뭇잎 반짝어림과 같은 생명력을 획득하게 되면서 육체와 영혼 일체인 '내 몸 전체'에서 '후덥지근한 냄새'가 나게 된다. 이를 확장하여 살피면 산속에서의 휴식이 있기 전까지 화자는 정신이 없는 죽음과 다름 없는 상태였다가 이후에 생명력을 회복하여 소생하였다는 것으로 파악할 수도 있다.

'산'의 상징성

산은 세속이나 일상과 대립된 탈속과 신성의 공간이다. 또한 산은 하늘과 땅이 만나는 지점으로 그 자체로서의 상승적인 높이를 가지게 되어 일상 공간과는 다른 신성한 장소로 여겨진다. 형태적으로는 위에서 내려다볼 때 아래로 내려갈수록 차츰 넓어지는 형태로 거꾸로 선 나무의 형태와 비슷하며, 높이로 볼 때는 정신의 내적 고양을 상징하기도 한다. 또한 거대함이 있어서 그 외형이 지니는 의연함과 기상으로 인해 역시 인간의 세속적 번뇌를 정화시키는 성스러운 장소로 형상화된다.

📋 자료실

자연 친화적 특질

한국 문학에서는 자연을 있는 그대로 두고 거기서 조화롭게 살아가는 이야기나 자연과 인간이 하나되는 경지를 노래한 것이 많다. 이는 문학이 자연과 친해지고 자연과 더불어 사는 것을 지향하는 특질을 의미하는 것으로, 인간과 일체가 된 자연을 추구한다는 점을 알 수 있다. 그래서 자연과 더불어 살아가는 사람의 모습이 작품 속에 담겨 있는 것이다.

📖 함께 읽으면 좋은 작품

〈느티나무로부터〉, 복효근 / 새 생명의 보금자리가 되는 나무의 상처

느티나무의 상처가 새로운 생명의 보금자리가 되는 것을 보고 자신과 타자를 긍정하는 삶의 자세를 노래한 작품이다. 자연을 통한 깨달음이라는 점에서는 〈산에 가면〉과 공통적이지만 삶을 치유하는 자연의 생명력이 아니라, 다른 생명체의 '자궁'의 역할을 형상화하였다는 점에서 비교하며 읽을 수 있다.

〈세상의 나무들〉, 정현종 / 생명력 넘치는 나무의 모습

나무로 상징되는 자연에 대한 사랑의 중요성을 노래한 작품이다. 생명력이 있는 자연을 통해 기운을 얻는다는 점은 〈산에 가면〉과 유사하지만 화자의 회복보다는 자연의 생명력에 대한 감탄에 주목한다는 점에서 차이가 있다.

🔑 포인트 체크

[화자] 육체와 정신이 피로한 상태로 ☐☐와 풀이 우거진 산에 가서 느끼는 생명력을 ☐☐적 심상을 활용하여 드러내고 있다.

[상황] 산에서의 ☐☐을 통해 건강한 생명력을 얻고 육체와 정신의 회복을 느끼고 있다.

[태도] 나무와 풀을 품고 있는 산의 건강한 생명력에 대해 자연 ☐☐적 태도를 보이고 있다.

내신 적중 多빈출

1 이 시의 표현상 특징으로 가장 적절한 것은?

① 반어적 표현으로 시의 주제를 부각하고 있다.

② 감각적 시어를 사용하여 대상을 형상화하고 있다.

③ 명사로 각 시행을 종결하면서 시적 여운을 남기고 있다.

④ 말을 건네는 방식을 통해 대상과의 친밀감을 드러내고 있다.

⑤ 자연을 바라보며 얻은 깨달음을 시어의 반복을 통해 강조하고 있다.

내신 적중 多빈출

2 〈보기〉와 이 시에 나타난 공통점으로 가장 적절한 것은?

┤ 보기 ├

엊그제 겨울 지나 새봄이 도라오니
도화 행화(桃花杏花)는 석양리(夕陽裏)에 퓌여 잇고
녹양방초(綠楊芳草)는 세우 중(細雨中)에 프르도다
[중략]
수풀에 우는 새는 춘기(春氣)를 뭇내 계워 소리마다 교태(嬌態)로다 / 물아일체(物我一體)어니 흥(興)이이 다룰소냐
– 정극인, 〈상춘곡〉

① 봄의 생명력을 다양한 색채어로 시각화하고 있다.

② 자연 친화적 태도로 자연의 생명력을 표현하고 있다.

③ 대상에 감정을 투영하여 봄의 아름다움을 드러내고 있다.

④ 자연에서의 삶을 통해 육체적 건강의 회복을 강조하고 있다.

⑤ 자연 속에서 시선을 이동하며 자연의 아름다움을 묘사하고 있다.

3 이 시를 내재적 의미만을 바탕으로 감상한 것은?

① 산의 상징성을 볼 때 자연의 생명력을 표현하고 있군.

② 바쁜 현대인의 삶에 휴식의 중요성을 깨닫게 하는 작품이군.

③ 휴식이 없는 현대 사회의 모습을 간접적으로 비판하고 있군.

④ 작가의 경험을 중심으로 자연 속 휴식의 중요성을 강조하고 있군.

⑤ 산속에서 자연의 생명력을 느낀 독자들에게 공감을 얻을 수 있군.

4 ㉠~㉤에 대한 설명으로 적절하지 않은 것은?

① ㉠: 산의 공간적 특성을 나타낸다.

② ㉡: 자연의 생명력을 감각적으로 표현한다.

③ ㉢: 생명력을 느낀 후 휴식에 대한 소망을 드러낸다.

④ ㉣: 생명력 회복의 더딤과 어려움을 나타낸다.

⑤ ㉤: 산에서의 휴식으로 회복된 모습을 드러낸다.

090 낙화(落花) |이형기

키워드 체크 #이별 아픔 극복 #역설적 표현 #자연 현상 #인간사 #의인화 #내적 성숙 #다양한 표현법

국어 비상(박안)

🎯 핵심 정리

갈래 자유시, 서정시
성격 애상적, 서정적, 관조적
제재 낙화
주제 이별의 아픔을 극복한 성숙한 삶의 추구
특징 ① 자연 현상에서 인생의 이치나 섭리를 발견함.
② 역설적 표현과 의인화를 통해 자연에서 깨달음을 이끌어 냄.
③ 이별에 대한 긍정적인 수용과 극복의 과정을 다루고 있음.
출전 《적막강산》(1963)

> **Q** '낙화'의 시간적 배경은?
>
> '분분한 낙화'라는 구절로 작품의 배경을 가을이라 착각할 수 있다. 그러나 꽃이 지고 잎이 무성해지고, 가을에 열매 맺는다는 것을 떠올리면 봄이 배경임을 알 수 있다.

💡 시어 풀이

격정 강렬하고 갑작스러워 누르기 어려운 감정.
분분한 여럿이 한데 뒤섞여 어수선한.
녹음 푸른 잎이 우거진 나무나 수풀. 또는 그 나무의 그늘.
하롱하롱 작고 가벼운 물체가 떨어지면서 잇따라 흔들리는 모양.

🔖 시구 풀이

❶ **뒷모습은 얼마나 아름다운가.** 가야 할 때를 알고 떠나는 이의 뒷모습이 아름답다는 의미로 설의적 표현이 사용되었다. 이별(낙화)에 대한 화자의 긍정적 인식을 엿볼 수 있다.

❷ **나의 사랑은 지고 있다.** 하강적 이미지를 통해 꽃이 떨어지는 모습과 화자가 처한 이별의 상황이 동일시되고 있다.

❸ **결별이 이룩하는 축복에 싸여** 성숙한 만남을 위해서는 헤어짐이 필요하다는 이별에 대한 화자의 태도가 역설적 표현을 통해 나타나고 있다.

❹ **나의 청춘은 꽃답게 죽는다.** 나의 청춘이 꽃처럼 열매를 기약하며 죽는다는 의미로, 이별의 필연성이 드러난다.

👤 작가 소개

이형기(李炯基, 1933~2005)
기자·교수·시인. 경남 진주 출생. 1949년 〈비 오는 날〉, 다음 해에 〈코스모스〉, 〈강가에서〉 등이 추천되어 최연소 등단 기록을 세웠다. 초기에는 삶과 인생에 대한 긍정이, 후기에는 허무에 기초한 관념이 중심인 시를 발표하였다. 시집으로 《적막강산》(1963), 《돌베개의 시》(1971), 《꿈꾸는 한발》(1975), 《절벽》(1998) 등이 있다.

『가야 할 때가 언제인가를
㉠분명히 알고 가는 이의
❶뒷모습은 얼마나 아름다운가.』
　　　영탄적 어조(설의법)　『　』: 성숙한 이별의 아름다움
　　　　　　　　　　　　　▶ 1연: 이별의 아름다움

❷봄 한철
　　젊은 시절
㉡격정을 인내한
❷나의 사랑은 지고 있다. 『　』: 낙화를 이별과 동일시함.
　　하강적 이미지
　　　　　　　　　　　　　▶ 2연: 이별의 순간

❸분분한 낙화……
　　이별, 죽음을 시각화
❸결별이 이룩하는 축복에 싸여
　　이별이 주는 정신적 성숙(역설법)
지금은 가야 할 때.
　　이전과 달라진 상황의 인식
　　　　　　　　　　　　　▶ 3연: 이별이 주는 축복

㉢무성한 녹음과 그리고
㉣머지않아 열매 맺는
　　　영혼의 성숙
가을을 향하여
❹너의 청춘은 꽃답게 죽는다.
　성숙을 위한 청춘의 희생(결실을 위한 죽음), 역설법
　　　　　　　　　　　　　▶ 4연: 성숙을 위한 청춘의 죽음

헤어지자
섬세한 손길을 흔들며
　　낙화를 통한 이별의 형상화(의인법)
하롱하롱 꽃잎이 지는 어느 날.
　　낙화의 감각적 형상화
　　　　　　　　　　　　　▶ 5연: 이별의 아름다움

나의 사랑, 나의 결별
　반복을 통한 운율 형성
㉤샘터에 물 고이듯 성숙하는
　　조금씩 끊임없이(직유법)
내 영혼의 슬픈 눈.
　자신을 성찰하는 화자
　　　　　　　　　　　　　▶ 6연: 이별을 극복한 영혼의 성숙

이해와 감상

　이 시는 꽃이 피고 지는 자연의 순환을 인간의 '사랑'과 '이별'이라는 삶의 관점에서 바라보고 있다. 꽃이 지는 모습에서 사랑하는 사람과 이별하는 모습을 떠올리며, 사랑이 끝났을 때 미련 없이 떠나는 모습이 아름답다고 말하고 있다. 여기서 꽃이 진다는 것은 상실이나 허무가 아니라 더 큰 성숙이나 만남을 위한 과정을 의미한다. 또한 이 시에서 꽃이 지는 것과 열매를 맺는 것의 관계가 이별과 성숙을 의미하는 유추적 관계가 성립한다. 이같은 주제 의식은 '결별이 이룩하는 축복'이라는 역설적 표현을 통해 잘 드러난다.

결별	고통스러운 이별의 상황		결별이 이룩하는 축복(역설적 표현)
축복	삶에서 느끼는 행복	→	고통스러운 이별을 통해 내적 성숙을 얻음.

작품 연구소

이 시에 나타난 이중 구조

이 시는 '낙화'를 인간사의 이별과 겹쳐 놓아 이중 구조를 이루고 있다. 화자는 꽃이 지는 것은 단순한 소멸과 죽음이 아니라 새로운 탄생을 위한 희생적인 모습이라 생각하고, 사람의 이별 역시 슬프지만 영혼의 성숙 혹은 더 큰 만남을 위한 계기가 되어야 한다고 생각한다.

자연 현상	인간사
꽃	사랑, 청춘
낙화	이별, 죽음
녹음, 열매	성숙, 결실

이 시에 쓰인 표현 방법

표현 방법	시구
의인법	격정을 인내한 나의 사랑, 나의 청춘은 꽃답게 죽는다, 섬세한 손길을 흔들며
은유법	인간사 = 자연 현상(녹음, 열매, 낙화)
설의법	뒷모습은 얼마나 아름다운가
직유법	샘터에 물 고이듯 성숙하는
역설법	결별이 이룩하는 축복, 나의 청춘은 꽃답게 죽는다

창작 과정의 실제

어느 날 내게는 문득 하나의 이미지가 떠올랐다. 전에도 흔히 있던 일인데 그날의 그것은 작은 샘이면서 동시에 슬픔이 가득 어려 있는 눈의 이미지였다. 그때 나는 거의 본능적으로 이것은 시가 되겠구나 하는 느낌을 받았다. 곧 종이쪽지를 꺼내 '샘 = 슬픈 눈'이라고 메모를 해 놓고 역시 평소의 버릇대로 한동안 이리저리 생각을 굴렸다. 그러자 이윽고 떠오른 것이 '샘터에 물 고이듯 성숙하는 / 내 영혼의 슬픈 눈.'이라는 구절이다. 마음에 드는 구절이었다. <u>성숙한 영혼의 샘터에 고이는 맑은 물은 승화된 고통의 표상이 아닌가.</u> 눈은 그런 영혼의 창이다. 그 눈에는 수많은 고통을 참고 견디는 동안 느꼈던 갖가지 슬픔이 어려 있을 수밖에 없다. 대충 이런 생각을 하면서 마음에 드는 그 한 구절을 살리기 위해 쓴다고 쓴 시가 이 <낙화>이다.

그러나 아무리 마음에 들었다 해도 처음에 얻은 그 한 구절만으로는 시가 되지 않는다. 그것을 보완하고 발전시키는 다른 표현이 필요한 것이다. 그래서 다시 생각에 잠긴 내가 한참 만에 찾아낸 것은 '낙화 속의 이별'이라는 말이었다. … 일단 떠오른 그 말은 곧 새로운 연상 작용을 일으켰다. <u>그것은 낙화 자체가 바로 꽃과 꽃나무의 아름다운 이별이요, 또 장차 열매를 기약하는 값진 이별이라는 생각으로 발전한 연상이다.</u> 나는 이 연상의 내용을 처음에 얻은 마음에 들었던 구절과 결합시켰다. 그랬더니 낙화의 이별의 고통이 인내를 통해 '슬픈 눈'을 가진 '성숙한 영혼'을 이루어 간다는 줄거리가 잡히게 된 것이다.

– 이형기, 《이형기 시인의 시 쓰기 강의》

함께 읽으면 좋은 작품

〈낙화〉, 조지훈 / 삶의 무상감과 비애

조지훈의 〈낙화〉는 화자가 떨어지는 꽃을 바라보면서 느끼는 삶의 무상감과 비애를 노래한 작품으로, 꽃이 지는 것을 거부하지 않고 대자연의 섭리로 담담하게 받아들인다. 이형기의 〈낙화〉가 자연 현상을 통해 인간사의 사랑과 이별을 노래한다면, 조지훈의 〈낙화〉는 삶의 무상함과 비애감을 노래한다는 점에서 차이가 있다. Link 본책 142쪽

키 포인트 체크

화자 ☐에 꽃들이 지는 모습을 보며 사랑과 ☐☐에 대해 생각하고 있다.

상황 꽃이 지는 것처럼 사랑이 끝나고 있지만 가을에 ☐☐ 맺는 것과 같은 인생의 ☐☐을 기다리고 있다.

태도 낙화를 섬세하게 묘사하며 인생에 대한 ☐☐☐과 감정의 여운을 전달하고 있다.

내신 적중 多빈출

1 이 시의 표현상 특징으로 가장 적절한 것은?

① 공간을 이동함으로써 계절의 변화를 나타낸다.
② 하강적인 시어를 통해 시의 분위기를 형성한다.
③ 의지적 어조로 이별의 애통함을 극복하고 있다.
④ 과거 시제를 사용하여 지난날을 회상하고 있다.
⑤ 동일한 종결 어미를 반복하여 운율감을 형성하고 있다.

중요 기출 고난도

2 〈보기〉를 참고하여 이 시를 감상한 내용으로 적절하지 않은 것은?

> **보기**
> 〈낙화〉는 인간사의 이별을 꽃의 떨어짐에 비유함으로써 청춘기 자아의 성장 과정을 상징적으로 보여 준다. 자아는 세계와의 관계 속에서 성장의 가능성을 발견한다. 이 과정에서 자아는 시련에 부딪혀 자신이 갖고 있던 정체성의 변화를 겪게 되고, 그러한 변화를 인정하고 수용하면서 새로운 자아상을 확립해 나가게 된다.

① 1연과 3연의 '가야 할 때'는 이전과는 달라진 상황을 인식한 때라는 점에서, 새로운 자아의 모습을 찾게 되는 계기라고 할 수 있군.
② 2연의 '봄 한철'과 4연의 '꽃답게 죽는다'는 청춘기의 열정을 비유하고 있다는 점에서, 시련에 부딪혀 열정을 잃어 가는 자아의 모습을 보여 준다고 할 수 있군.
③ 3연의 '결별이 이룩하는 축복에 싸여'는 이별의 결과에 대한 긍정적인 의미를 담고 있다는 점에서, 변화의 수용이 자아 성장의 과정으로 이어질 수 있음을 알 수 있군.
④ 5연의 '헤어지자 / 섬세한 손길을 흔들며'는 이별을 수용하는 모습을 표현하고 있다는 점에서, 세계와의 관계가 변화되었음을 인정하려는 자아의 태도를 보여 준다고 할 수 있군.
⑤ 6연의 '내 영혼의 슬픈 눈'은 화자가 자신을 성찰하고 있음을 보여 준다는 점에서, 시련을 통해 새로워지는 자아상을 확립해 나가는 것임을 알 수 있군.

중요 기출 고난도

3 ㉠~㉤에 대한 이해로 가장 적절한 것은?

① ㉠은 이별에 직면한 화자가 겪고 있는 내적인 방황을 드러내고 있다.
② ㉡은 이별을 감내하면서도 지나간 사랑에 연연해하고 있는 화자의 회한을 드러내고 있다.
③ ㉢은 이별의 고통으로 인하여 삶의 목표를 상실하고 번민에 가득 차 있는 화자의 상황을 표현하고 있다.
④ ㉣은 이별의 경험이 내적 충만으로 이어지리라는 화자의 기대감을 계절의 의미에 빗대어 표현하고 있다.
⑤ ㉤은 이별로 인한 상실감을 잊고 과거의 삶으로 회귀하려는 화자의 태도를 표현하고 있다.

091

껍데기는 가라 | 신동엽

문학 천재(김), 창비
국어 동아

🎯 핵심 정리

갈래 자유시, 서정시, 참여시
성격 현실 참여적, 저항적, 의지적
제재 민족의 현실
주제 부정적 세력에 대한 저항, 민족의 화합과 통일에 대한 소망
특징 ① 직설적 표현으로 부정적 현실 인식을 드러냄.
② 명령법으로 단호한 의지를 표현함.
③ 반복적 표현과 대조적인 시어의 사용을 통해 주제를 강조함.
출전 《52인 시집》(1967)

💡 시어 풀이

동학년 동학 혁명이 일어났던 1894년.
곰나루 충청남도 공주의 옛 이름. 동학 혁명 당시 우금치 전투가 있었던 곳.
초례청 전통적인 혼례를 치르는 장소.
맞절 서로 동등한 예를 갖추어 마주 하는 절로, 여기서는 신랑 신부의 절을 가리킴.

🔨 시구 풀이

❶ **껍데기는 가라. 사월도 알맹이만 남고** 순수하지 못한 허위, 가식을 배척하려는 화자의 의지와, 독재 정권에 항거하여 일어났던 4·19 혁명의 순수한 정신이 회복되기를 바라는 소망을 표현한 것이다.
❷ **동학년(東學年) 곰나루의, 그 아우성만 살고** 농민이 주체가 되어 새로운 시대의 도래를 꿈꾸었던 반봉건·반외세 민족 운동이었던 동학 혁명의 순수한 정신을 부각하고 있다.
❸ **이곳에선, 두 가슴과 ~ 아사달 아사녀가** 인간의 은밀한 부분까지 내보인 아사달과 아사녀는 우리 민족 본연의 순수한 모습을 상징한다. 아사달과 아사녀는 석가탑 창건 설화에 나오는 두 주인공으로, 부부였지만 헤어져 살다가 비극적인 결말을 맞았다는 점에서 분단된 조국의 모습이 투영되어 있다고도 볼 수 있다.
❹ **한라에서 백두까지 ~ 쇠붙이는 가라.** 한반도에 순수함만 남고 모든 부정한 세력이 사라지길 기원하는 마음을 '향그러운 흙 가슴'과 '쇠붙이'의 대립으로 구체화하고 있다.

👤 작가 소개

신동엽(申東曄, 1930~1969) 시인. 충남 부여 출생. 1959년 《조선일보》 신춘문예에 〈이야기하는 쟁기꾼의 대지〉가 당선하여 등단하였다. 고통스러운 민족의 역사를 전제로 한 참여적 경향의 시와 분단 조국의 현실적 문제에 관심을 표명한 서정시와 서사시를 주로 썼다. 시집으로 《아사녀》(1963), 《누가 하늘을 보았다 하는가》(1979), 《금강》(1989) 등이 있다.

---

❶껍데기는 ㉠가라.
　　허위, 가식, 외세
사월도 알맹이만 남고
4·19 혁명　　진실, 순수, 민족정신
껍데기는 가라.
　명령형 어미 → 강한 의지와 소망

▶ 1연: 4·19 혁명의 순수한 정신 강조

껍데기는 가라.
❷•동학년(東學年) •곰나루의, 그 ㉡아우성만 살고
　　동학 혁명　　　　　　　　　　동학 혁명의 순수한 정신
껍데기는 가라.

▶ 2연: 동학 혁명의 순수한 정신 강조

㉢그리하여, 다시
　　강조
껍데기는 가라.
❸이곳에선, 두 가슴과 그곳까지 내논
　한반도　　　　허위와 가식이 없는 인간 본연의 순수한 모습
아사달 아사녀가
순수한 우리 민족 상징
중립(中立)의 •초례청 앞에 서서
이념을 초월한 민족 화해의 장소
부끄럼 빛내며
•맞절할지니
통일, 화합

▶ 3연: 우리 민족의 순수함 강조와 통일의 소망

껍데기는 가라.
㉣❹한라에서 백두까지
한반도 전체(조국) → 민족 분단의 현실 극복 의지
향그러운 흙 가슴만 남고
순수한 정신
그, ㉤모오든 쇠붙이는 가라.
　　　부정한 세력, 무력, 외세

▶ 4연: 순수의 옹호와 부정한 권력의 거부

Q 4연의 상징적 의미는?

화자는 '한라에서 백두까지' 한반도 전체에 모든 부정적 요소인 '껍데기, 쇠붙이'가 사라지고 순수한 정신인 '향그러운 흙 가슴'만이 남기를 바라고 있다. 이를 통해 분단의 비극적 현실 상황을 극복하고 참다운 순수와 화합의 세상이 도래하기를 바라는 간절한 마음을 드러내고 있다.

이해와 감상

이 시는 역사적 사건들 속에 '껍데기'로 상징되는 허위와 겉치레는 사라지고, 순수한 마음과 순결함, 즉 '알맹이'만이 남아 있기를 바라는 간절한 마음을 직설적으로 표현하고 있다. '껍데기는 가라'라는 동일한 시구를 반복함으로써 주제를 강조하며, 행 걸침과 쉼표의 적절한 사용을 통해 시상의 긴장감을 유지하고 있다. 또한 '-라'와 같은 명령형 종결 어미를 사용하여 시인의 단호한 의지를 보여 주고 있다.

4·19 혁명의 민주화 열망이 점차 퇴색해 가고, 동학 혁명의 민중적 열정도 사라져 가고 있는 현실에 대한 시인의 안타까움이 나타나 있는 이 작품은, 이데올로기의 대립이 첨예하던 냉전 시대에 그것을 초월하여 민족주의적 관점에서 우리의 나아갈 길을 밝힌 선구자적 작품이라 할 수 있다.

순수와 순결	불의와 부정
알맹이	**껍데기**
• 동학년 곰나루의 아우성 • 아사달 아사녀 • 향그러운 흙 가슴	• 쇠붙이
알맹이는 남아라.	껍데기는 가라.

민주주의와 통일에 대한 열망

作品 연구소

대립적 이미지의 시어

이 시에서 '껍데기'와 '알맹이'라는 시어는 대립적 관계에 있다. '껍데기'와 '쇠붙이'는 허위, 가식, 부정적 세력 등을 상징하는 것으로, 화자가 거부하는 대상이다. 한편 '알맹이'는 '동학년 곰나루의 아우성, 아사달 아사녀, 향그러운 흙 가슴'과 함께 순수한 정신, 민족정신 등을 상징하는 것으로, 화자가 추구하고 소망하는 대상이다.

이처럼 대립적 시어를 사용함으로써 화자는 허위와 가식, 부정적 세력을 거부하고 4·19 혁명과 동학 혁명의 순수한 정신과 민족정신만 남은 세상, 참다운 화합의 세상이 오기를 간절히 바라고 있다.

화자가 거부하는 대상		화자가 소망하는 대상
• 껍데기 • 쇠붙이	대조 ⟷	• 알맹이 • 동학년 곰나루의 아우성 • 중립의 초례청 앞에 서서 맞절하는 아사달 아사녀 • 향그러운 흙 가슴
↓		↓
• 허위, 가식, 부정적 세력 • 화합을 가로막는 무력이나 통일을 가로막는 세력		• 순수한 정신, 본질적인 것, 민족주의 정신 • 분단 극복의 의지

명령적 어조의 효과

	효과
명령적 어조 '가라' ⟶	• 화자의 강한 의지를 드러냄. • 지속적인 긴장감을 주어 공감의 폭을 넓힘. • 반복을 통해 리듬감의 형성 및 형식의 완결성에 기여하고, 주제를 한곳으로 집중시킴. • 동학 혁명의 함성과 4·19 혁명의 민주화 열망이 퇴색해 가는 현실에 대한 안타까움을 표현함.

자료실

시인의 삶과 시의 창작 배경

신동엽은 6·25 전쟁 당시 징집되어 동족상잔의 비극을 직접 체험하였으며, 1960년에는 《학생 혁명 시집》을 집필하여 4·19 혁명에 대해 남다른 집념을 보였다. 그는 4·19 혁명의 기억을 되살려 〈누가 하늘을 보았다 하는가〉와 〈껍데기는 가라〉와 같은 시를 썼다. 그를 흔히 '60년대의 대표 시인'으로 꼽는 것은 '4·19 정신의 문학적 성과'라는 측면을 강조한 것에서 비롯된 것으로 볼 수 있다. 따라서 이 시는 4·19 정신의 정수(精髓)로부터 획득한 이념적 힘을 형상화하고자 한 작품이라고 할 수 있다.

함께 읽으면 좋은 작품

〈눈〉, 김수영 / 대립적 이미지의 시어와 현실에 대응하는 태도

〈껍데기는 가라〉와 〈눈〉은 대립적 이미지의 시어를 사용하여 부정적인 현실에 타협하거나 안주하지 않고 현실에 적극적으로 대응하는 태도를 보이고 있다는 점에서 공통점을 지닌다. 〈눈〉에서는 깨끗함과 순수함을 상징하는 '눈'과 소시민성과 속물성을 상징하는 '가래'가 대립적 이미지로 사용되었으며 〈눈〉의 화자는 '가래'를 뱉는 행위인 '기침'을 통해 불순한 것을 거부하고 제거하고자 한다.

▶ Link 본책 154쪽

 포인트 체크

화자 4·19 혁명과 ☐☐ 혁명을 떠올리며 ☐☐☐ 표현으로 부정적인 현실 인식을 드러내고 있다.

상황 남과 북으로 ☐☐된 현실과 군부 독재 체제로 인해 ☐☐☐ 열망이 퇴색한 시대 상황이 나타나 있다.

태도 ☐☐☐ 어조로 혁명의 순수한 정신과 민족정신만 남은 ☐☐과 통일의 세상이 오기를 소망하고 있다.

1 이 시에서 화자의 태도로 가장 적절한 것은?
① 자기반성의 태도를 드러내고 있다.
② 현실을 부정적으로 인식하고 있다.
③ 과거 지향적인 태도를 지니고 있다.
④ 현실 도피적 경향을 드러내고 있다.
⑤ 현실에 대한 만족감을 드러내고 있다.

중요 기출

2 〈보기〉를 참고하여 이 시를 감상한 내용으로 적절하지 않은 것은?

⎸ 보기 ⎸

신동엽 시인은 인간 생명의 원초적 본질인 대지에서 우리 민족 공동체가 함께 살기를 소망했다. 하지만 당시는 외세의 개입으로 인한 사회적 모순과 부조리가 가득했고 남과 북은 이념 대립으로 분단되어 있는 상태였다. 시인은 이런 문제를 해결하기 위해서 외세와 봉건에 저항했던 동학 혁명이나 불의에 저항했던 4월 혁명과 같은 정신이 필요하다고 생각했다.

① '껍데기'는 현실의 문제를 유발하는 외세와 그 추종 세력을 의미하는 것으로 볼 수 있겠군.
② '중립의 초례청'은 우리 민족이 당면한 모순과 부조리가 담겨 있는 현실의 공간이라는 생각이 들어.
③ '맞절할지니'는 남과 북이 하나의 공동체로 화합되기를 소망하는 마음이 반영된 것 같아.
④ '흙 가슴'은 우리 민족이 추구해야 할 인간 생명의 원초적 본질을 형상화한 것이라 볼 수 있겠어.
⑤ '쇠붙이'는 남과 북을 갈라놓은 부정적인 대상을 나타낸 것으로 보여.

3 ⊙~⑩에 대한 설명으로 적절하지 않은 것은?
① ⊙은 명령적 어조를 사용하여 화자의 강한 의지를 나타내고 있다.
② ⓒ은 민중의 고통을 청각적 이미지로 형상화하여 선명하게 제시하고 있다.
③ ⓒ은 화자의 의지를 강조하는 역할을 하고 있다.
④ ⓔ은 대유법을 사용하여 분단의 현실을 극복하려는 의지를 드러내고 있다.
⑤ ⑩은 '모든'의 시적 허용으로 의미를 강조하고 있다.

4 이 시에서 '껍데기는 가라'라는 표현을 반복하여 얻는 효과는 무엇인지 쓰시오.

5 이 시의 화자가 궁극적으로 말하고자 하는 것은 무엇인지 쓰시오.

IV. 1960년대 ~ 1980년대

092

누가 하늘을 보았다 하는가 | 신동엽

문학 동아

🎯 핵심 정리

갈래 자유시, 참여시
성격 참여적, 의지적, 비판적
제재 하늘
주제 부정적인 현실에 대한 비판과 밝은 미래에 대한 희망
특징 ① 대립되는 시어를 활용함.
② 상징적인 시어를 활용함.
③ 명령형 등 직설적 표현으로 시상을 전개함.
출전 《고대 문화》(1969)

Q 부정적 요소에는 어떤 것이 있을까?

이 시에서는 하늘을 못 보게 방해하는 부정적인 요소로 '구름', '먹구름', '쇠 항아리'가 나온다. 이때의 '하늘'은 이상향의 이미지로, 자유와 평화를 간직한, 인간 본연의 삶을 살 수 있는 사회를 의미한다. 따라서 '구름', '먹구름', '쇠 항아리'는 1960년대 정치적 격변 속 민중의 삶을 방해하는 구속과 억압을 의미한다.

💡 시어 풀이

외경 경외. 공경하면서 두려워함.
연민 불쌍하고 가련하게 여김.
삼가서 몸가짐이나 언행을 조심해서.

🐚 시구 풀이

❶ **누가 하늘을 ~ 보았다 하는가** 설의적인 표현을 활용하여 이 땅의 민중들이 한 번도 마음껏 자유와 평화를 누리며 인간 본연의 삶을 살지 못했음을 표현하고 있다.

❷ **네가 본 건, 먹구름** '먹구름'은 하늘을 가로막는 존재로, '맑은 하늘'과 대립되는 부정적인 의미를 지닌다. 즉, 인간 본연의 삶을 방해하는 암담한 현실 상황을 상징하고 있다. 또한, 여기서 '너'는 특정한 인물을 지칭하는 것이 아닌 불특정 다수의 민중을 말한다.

❸ **닦아라, 사람들아 ~ 덮은 쇠 항아리.** 자유와 평화를 누리며 인간 본연의 삶을 살 수 있는 세상을 맞기 위해서는 '구름'을 닦고, '쇠 항아리'를 찢어야만 한다는 것을 제시하고 있다.

❹ **아침저녁 ~ 연민을 알리라** '구름'을 닦고, '쇠 항아리'를 찢는 노력을 해야 하는 이유를 말하고 있는 부분으로, 현실에 민중이 참여를 해야 맑은 '하늘'을 보고 삶의 외경과 연민을 알게 됨을 말하고 있다.

❺ **차마 삼가서 ~ 살아가리라** 자유와 평화가 없는 세상에서 인간 본연의 삶을 살지 못하는 민족의 슬픔을 말하고 있다. 시의 흐름으로 볼 때, 현실 극복의 의지를 반어적으로 표현하고 있는 부분이다.

❻ **누가 하늘을 ~ 보았다 하는가.** 수미 상관적 구조로, 1연을 반복적으로 표현하여 아직 자유와 평화를 누릴 수 있는 세상이 오지 않았음을 말하면서 현실 극복 의지를 표현하고 있다.

👤 작가 소개

신동엽(본책 186쪽 참고)

---

❶누가 하늘을 보았다 하는가
설의법. 하늘을 아무도 보지 못했다는 것을 강조
누가 구름 한 송이 없이 맑은 ┐ 점층적 표현
방해물이 없는 자유와 평화를 간직한 세상
하늘을 보았다 하는가.
○: 인간 본연의 삶을 방해하는 부정적 요소

❷네가 본 건, 먹구름
암담한 현실
그걸 하늘로 알고
자유롭고 평화로운 세상을 모른 채 살아간 사람들
일생을 살아갔다.

네가 본 건, 지붕 덮은 / 쇠 항아리,
억압과 구속을 의미함.
그걸 하늘로 알고
잘못된 현실 인식을 가졌던 삶의 모습
일생을 살아갔다.
▶ 1~3연: 현실에 대한 바른 인식을 가지지 못했던 과거의 삶

㉠❸닦아라, 사람들아
명령형 도치법
네 마음속 구름
찢어라, 사람들아,
명령형, 도치법
내 머리 덮은 ㉡쇠 항아리.

❹아침저녁 / 네 마음속 구름을 닦고
먼지를 닦아 내고 내면을 들여다봄.
티 없이 맑은 영원의 하늘
볼 수 있는 사람은
외경(畏敬)을
알리라

아침저녁 / 네 머리 위 쇠 항아릴 찢고
바른 현실 인식을 막는 장애물을 없애고
티 없이 맑은 구원의 하늘
자유롭고 평화로운 세상. 이상적인 세상
마실 수 있는 사람은
볼 수 있는
▶ 4~6연: 부정적 현실 극복을 위한 노력의 촉구

연민(憐憫)을 / 알리라
서럽고 슬픈 민중의 아픔과 현실을 알게 될 것
❺차마 삼가서 / 발걸음도 조심 / 마음 모아리며,
경건한 삶의 자세

서럽게 / 아, 엄숙한 세상을
㉢반복을 통한 강조 짓눌리며 살아가는 세상
서럽게 / 눈물 흘려
인고의 나날을 살아야 할 민족의 슬픔
▶ 7~8연: 시련과 고통의 삶

살아가리라
❻누가 하늘을 보았다 하는가
설의법. 1행의 반복적 표현.
누가 구름 한 자락 없이 맑은 ┐ 수미 상관적 표현. 주제 의식의 강조
맑은 하늘을 못 보게 하는 방해물
하늘을 보았다 하는가.
▶ 9연: 부정적 현실 인식과 현실 극복 의지

이해와 감상

이 시는 우리 민족이 지금까지 겪어 온 구속과 억압의 상황을 바라보게 함으로써 이와 같은 상황을 극복하고 자유를 쟁취하기 위한 의지를 북돋고 있는 작품이다.

이 시에서 '하늘'은 자유롭고 평화로운 세상을 상징하는데, 1~3연에서는 아무도 하늘을 보지 못하였다고 하며 자유롭고 평화로운 세상의 부재와 바른 현실 인식을 하지 못했던 과거의 삶을 이야기하고 있다.

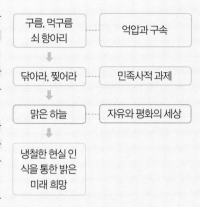

구름, 먹구름 쇠 항아리	억압과 구속
닦아라, 찢어라	민족사적 과제
맑은 하늘	자유와 평화의 세상
냉철한 현실 인식을 통한 밝은 미래 희망	

4~6연에서는 이러한 부정적인 현실을 극복하기 위한 노력을 촉구하고 있다. '구름', '지붕 덮은 쇠 항아리'로 대표되는 구속과 억압을 찢는 의지를 강조하고 있다.

7~8연에서는 현실에 대한 바른 인식을 토대로 자유와 평화가 없는 세상에서 인고의 나날을 살 수밖에 없는 민중의 슬픔을 노래하며, 현실 극복의 의지를 반어적으로 표현하고 있다.

9연에서는 1연을 반복하여 주제 의식을 강조하고 있다.

작품 연구소

대립적 시어의 상징적 의미

이 시는 시어의 대립이 두드러지게 나타난다. '하늘'은 1960년대 민중들이 추구했던, 구속과 억압에서 벗어난 진정한 자유를 누릴 수 있는 사회를 상징한다. 반면, '(먹)구름, 쇠 항아리'는 바른 현실을 가로막는 장애물로서의 상징적 의미를 가진다. 특히 '쇠 항아리'의 '쇠'는 군사 정권하에서의 총으로 대표되는 억압을 연상시키며, 항아리는 머리를 덮는 것으로 하늘을 보지 못하게 시야를 가린다. 따라서 이들은 우리 민족에게 시련을 준 부정적인 존재를 상징하고 있다.

> 하늘 ↔ (먹)구름, 쇠 항아리

민중에 대한 연민과 애정

이 시는 이 땅의 민중들이 자유와 평화를 누리고, 마음껏 자신의 이상을 펼칠 수 있는 삶을 한 번도 살아 보지 못했다는 생각을 기반으로 하고 있다. '누가 구름 한 송이 없이 맑은 / 하늘을 보았다 하는가'라는 표현을 통해 현재 상황으로는 도저히 맑은 하늘을 볼 수 없음을 말하며, 지금의 부정적인 상황을 극복하고 자유와 평화를 누리며 인간 본연의 삶을 민중이 누리는 이상적인 현실이 다가오기를 염원하고 있다.

함께 읽으면 좋은 작품

〈풀〉, 김수영 / 부정적인 현실에 대한 인식

〈풀〉은 '풀'로 대표되는 민중의 끈질긴 생명력을 상징적인 표현을 통해 형상화하고 있다. 〈풀〉과 〈누가 하늘을 보았다 하는가〉는 모두 부정적인 현실에 대한 인식을 토대로, 이를 극복하고 인간 본연의 삶을 회복해야 한다는 의식을 표현하고 있다는 점에서 공통점을 지닌다. 하지만 〈누가 하늘을 보았다 하는가〉에서는 민중을 수동적 주체로 인식해 화자가 민중의 변화를 촉구하고 있는 것과는 달리 〈풀〉에서는 민중을 변혁 운동의 능동적 주체로 보고 있다.

Link 본책 178쪽

포인트 체크

화자 화자는 현실을 □□적으로 인식하며, 민중들이 바른 현실 의식을 갖고 장애물을 없애기 위한 노력을 해야 한다고 보고 있다.

상황 먹구름, 쇠 항아리 등이 덮고 있어 맑은 □□을 보지 못하고 있다.

태도 화자는 민중들이 바른 □□ □□을 가질 것을 촉구하고 있으며, 밝은 미래가 오기를 □□하고 있다.

1 이 시에 대한 설명으로 적절하지 **않은** 것은?
① 수미 상관법을 통해 주제 의식을 강조하고 있다.
② 대립적인 시어를 활용하여 시상을 전개하고 있다.
③ 명령형을 사용하여 과거의 삶을 깨칠 것을 촉구하고 있다.
④ 설의적 표현을 통해 주의를 환기하여 문제 상황을 강조하고 있다.
⑤ 시어를 반복하여 현실의 어려움을 강조하며 부정적인 미래를 그리고 있다.

2 ㉠에 대한 이해로 적절한 것은?
① 내면에 존재하는 공동체적 유대감을 강조하고 있다.
② 현실에 순응하는 자세의 아름다움을 보여 주고 있다.
③ 도치법을 사용하여 자연 친화적인 태도를 강조하고 있다.
④ 부정적인 현실 상황의 극복을 위한 과제를 제시하고 있다.
⑤ 과거의 어리석었던 삶을 깨칠 것을 반어적으로 제시하고 있다.

내신 적중 多빈출

3 〈보기〉를 토대로 ㉡을 이해한 내용으로 적절한 것은?

┤ 보기 ├
1960년 4·19 혁명이 일어나 불의한 권력을 무너뜨렸다. 하지만 그 1년 뒤 5·16 군사 정변과 함께 군사 정권이 들어서며 4·19 혁명이 이룬 민주주의가 실패로 돌아갔다. 하지만 4·19 혁명은 문학에도 영향을 미쳐 역사적, 현실적인 작품들이 대대적으로 창작되었다.

① 민중의 단결된 모습으로, 4·19 혁명을 상징해.
② 군사 정권하에서의 구속과 억압을 상징하고 있는 것 같아.
③ 우리 민족이 줄곧 유지해 온 전통과 문화를 상징하고 있어.
④ 외부의 위험을 막아 주는 존재로, 민중의 안식처를 의미해.
⑤ 외부의 어떠한 압력에도 굴하지 않는 민중의 끈질긴 생명력을 의미하고 있어.

4 ㉢에 대한 설명으로 가장 적절한 것은?
① 현실 극복 의지가 무너진 절망적 상황을 제시하고 있다.
② 시어를 반복하여 잘못된 현실 인식의 모습을 비판하고 있다.
③ 역설적 표현을 통해 민중이 나아갈 방향을 제시하고 있다.
④ 자유와 평화가 없는 세상에서 인고의 나날을 살아갈 민족의 슬픔을 보여 주고 있다.
⑤ 경건한 삶의 자세를 통해 종교에 귀의하여 부정적 현실을 극복할 수 있음을 보여 주고 있다.

5 이 시에서 '쇠 항아리'와 유사한 의미의 시어를 찾고, 그 상징적 의미가 무엇인지 쓰시오.

093 아지랑이 | 이영도

키워드 체크 #사랑 #아지랑이 #나비 #현대 시조 #비유 #시각적 #촉각적 #시적 허용

문학 창비, 해냄

◎ 핵심 정리

갈래 현대 시조
성격 서정적, 낭만적
제재 아지랑이
주제 아지랑이처럼 피어나는 사랑
특징 ① 시조의 기본 율격을 따르면서 자유롭게 표기함.
② 비유법을 활용하여 관념적인 대상을 구체적으로 형상화함.
③ 시각적, 촉각적 심상을 통해 감각적인 느낌을 부여함.
출전 《석류》(1968)

> **Q** '나비' 단어를 좌우로 배치한 이유는?
>
> 행을 바꾸고, 위치를 바꾸어 시어 '나비'를 좌우로 배치한 것은 나비가 날아가는 형상을 시각적으로 표현하기 위해서이다. 고시조의 전통적인 형식대로 나열하지 않고 이처럼 위치를 조정하면 나비가 팔랑팔랑 나는 이미지를 시각적으로도 구현해 낼 수 있기 때문이다.

♡ 시어 풀이

다사하면 조금 따뜻하면.
아지랑이 주로 봄날 햇빛이 강하게 쬘 때 공기가 공중에서 아른아른 움직이는 현상.
춘삼월 봄 경치가 한창 무르익는 음력 3월.
장다리 무, 배추 따위의 꽃줄기.

✿ 시구 풀이

❶ **당신 숨결 이마에 다사하면** 사랑하는 임과 화자의 가까운 거리감을 표현하고 있다. 숨결이 이마에 닿아 따뜻해질 정도의 거리로 화자에 대한 임의 사랑을 살펴볼 수 있다.

❷ **내 사랑은 아지랑이 춘삼월 아지랑이** 은유법을 활용하여 화자가 자신의 사랑을 아지랑이에 비유하고 있다. 봄날의 아른아른 불꽃같이 피어오르는 자신의 마음을 표현함으로써 사랑의 감정이 심화되고 있는 화자의 마음을 효과적으로 드러내고 있다.

❸ **장다리 노오란 텃밭에 나비 나비 나비 나비** 날아다니는 나비의 모습을 시각적 이미지로 강조하고 있다. 시적 허용을 활용해 '노란색'의 색채 이미지를 강조하고 있으며, 행과 위치의 변화를 통해 '나비' 시어를 좌우로 배치함으로써 나비가 팔랑팔랑 나는 이미지를 시각적으로 표현하고 있다.

♟ 작가 소개

이영도(1916∼1976)
시조 시인. 1945년 시 〈제야(除夜)〉를 발표하면서 작품 활동을 시작하였다. 교사를 거쳐 대학에 출강하기도 하였다. 민족 정서를 바탕으로 잊혀져 가는 고유의 가락을 재현하고자 하였으며, 기다림, 낭만적 정서를 섬세하고 감각적인 언어로 표현하였다. 시조집으로 《청저집》(1954), 《석류》(1968)가 있으며, 수필집으로는 《춘근집》(1958), 《비둘기 내리는 뜨락》(1966) 등이 있다.

어루만지듯
❶당신 『직유법』
└ 화자가 사랑하는 임

숨결

이마에 **다사하면**
『 』: 촉각적 심상. 숨결로 인해 이마가 따뜻해지면

▶ 초장: 화자가 당신의 숨결을 느낌.

❷내 사랑은 아지랑이
└ 은유법. 당신의 따스한 숨결로 나의 사랑이 아지랑이처럼 피어남.
춘삼월 아지랑이
└ 반복법. 봄철의 아지랑이처럼 피어나는 나의 사랑

▶ 중장: 아지랑이처럼 피어나는 사랑의 감정

❸장다리

노오란 텃밭에
└ 시각적 심상. 시적 허용

나비

　　　나비

ⓒ 나비

　　　나비

── 나비가 날아가는 형상을 시각적으로 표현함.

└ 자신의 사랑을 텃밭을 나는 나비에 비유함.

▶ 종장: 나비와 같은 나의 사랑

📎 이해와 감상

이 시는 현대 시조에 해당하는 작품으로 사랑의 감정을 봄날의 정경과 관련지어 서정적으로 표현하고 있다. 기본적인 고시조 율격에서 크게 벗어나지 않았으나, 모더니즘의 표현 기법을 시조에 도입하여 배열에서 파격을 보여 시각적 효과를 얻고 있다.

초장	화자에 대한 임의 지극한 사랑의 모습
↓	
중장	임에 대한 화자의 사랑
↓	
종장	임을 향한 화자의 사랑을 나비에 빗대어 표현

초장에서는 촉각적 심상을 활용하여 화자와 임의 가까운 거리감을 보여 줌으로써 화자에 대한 임의 지극한 사랑의 모습을 보여 주고 있다.

중장에서는 은유법을 통해 임을 향한 화자의 사랑을 아지랑이에 비유함으로써 임에 대한 화자의 사랑을 보여 주고 있다. 특히 '아지랑이'를 반복함으로써 리듬감을 형성하고 사랑의 황홀감을 심화시키고 있다.

종장에서는 임을 향한 사랑을 나비에 빗대어 표현하고 있는데, 고시조의 외형을 현대적으로 변용시켜 '나비'라는 단어를 좌우로 배치함으로써 나비가 노란 텃밭을 분분히 날아다니는 모습을 시각적으로 형상화하고 있다.

전체 3장으로 구성되어 있으며 초장, 중장, 종장을 각각 한 연으로 구성하고 있다. 글자 수나 운율은 대체로 3·4조 혹은 4·4조의 4음보를 이루고 있어 시조의 기본 율격을 유지하고 있으며, 특히 종장의 첫 음보를 세 글자로 맞추고 있다. 하지만 이러한 기본 율격 이외의 배열 등에서는 형식의 변화가 나타나고 있는데, 초장에서는 한 음보를 행을 나누어 제시하는 등 기존의 시조와 다른 양상을 보이고 있으며, 종장에서는 행과 위치의 변화를 통해 '나비' 시어를 좌우로 배치하는 등 현대 시 기법을 활용하였다.

190 IV. 1960년대 ∼ 1980년대

🏠 작품 연구소

시어의 상징적 의미

시어	상징적 의미
아지랑이	임을 향한 화자의 사랑
나비	

시조의 형식

이 시는 현대 시조에 해당한다. 시조는 우리나라 고유의 정형시로, 정형시는 형식이 정해져 있는 시를 의미한다. 시조는 일정한 형식이 정해져 있는데, 3장 6구 45자 내외의 형태를 대개 지니고 있다. 3장은 '초장', '중장', '종장'을 의미하며 6구는 각 장이 두 개의 구로 이루어져 있음을 의미한다. 또한 운율적인 면에서도 그 형태가 정해져 있는데, 한 장을 네 번에 나누어 읽는 4음보의 형태를 지닌다. 또한, 시조는 각 음보가 3자 혹은 4자로 구성되어 있어 3·4조, 혹은 4·4조로 나타난다. 하지만 이러한 시조의 형식은 시간이 지날수록 변하는 양상을 보인다. 그러나 이러한 변화에도 종장의 첫 음보는 세 글자로 고정되어 나타난다.

시조의 형식
3장 6구 45자 내외
4음보
종장의 첫 음보는 세글자

초장	어루만지듯	당신 숨결	이마에	다시하면
중장	내 사랑은	아지랑이	춘삼월	아지랑이
종장	장다리	노오란 텃밭에	나비 나비	나비 나비

자료실

형태시(形態詩)

형태시는 구상시, 모형시, 구체시, 도형시 등으로도 불리며 본문이 의미하거나 시사하는 사물을 묘사하기 위해 시에 일종의 형태를 부여하는 것을 말한다. 형태시는 화자의 내적 심리나 정서 등을 언어가 지니고 있는 의미와 음성 형식의 결합에만 의존하지 않고 글의 형태 자체로 구현하고자 한다. 이 시 역시 형태시의 일종으로 3연에서 '나비'라는 시어들을 떨어뜨려 배치해 나비가 날아가는 이미지를 구현하고 있는 것이 이에 해당한다.

📖 함께 읽으면 좋은 작품

〈묏버들 갈히 것거〉, 홍랑 / 임에게 보내는 사랑

〈묏버들 갈히 것거〉는 임에 대한 그리움과 사랑을 버들가지에 빗대어 표현함으로써 버들가지를 보며 자신을 떠올리고 잊지 말아 달라는 당부를 담고 있다. 따라서 〈묏버들 갈히 것거〉와 〈아지랑이〉는 모두 임에 대한 사랑을 시조 형식에 담아 노래하고 있다는 점에서 공통적이다. 하지만 〈아지랑이〉에서의 화자는 임과 가까운 거리에 있는 반면에, 〈묏버들 갈히 것거〉에서는 화자와 임이 멀리 떨어져 있다는 점에서 차이가 있다.

🔗 Link 〈고전 시가〉 136쪽

〈고무신〉, 장순하 / 형식의 변화를 추구한 시조

〈고무신〉은 현대 시조의 하나로 소박한 시골의 따스한 인정을 회화적이고 입체적인 형식을 통해 그려 내고 있다. 〈고무신〉과 〈아지랑이〉는 모두 시조의 전통을 계승한 현대 시조이면서도 그 안에서 글자 배열을 달리하여 형식의 변화를 추구했다는 점에서 공통점을 지닌다. 하지만 〈아지랑이〉가 시어를 떨어뜨리는 형식의 변화를 추구한 것과는 달리 〈고무신〉은 섬돌 위의 신발의 모습을 시각적으로 표현하여 입체감을 주고 있다는 점에서 차이가 있다.

🔑 포인트 체크

화자 화자는 '당신'을 향한 ☐☐의 감정을 느끼고 있다.

상황 화자는 가까이에서 임의 ☐☐을 느끼며 사랑을 받고 있으며, 화자 역시 임을 사랑하고 있다.

태도 화자는 자신이 느끼는 사랑의 감정을 ☐☐☐☐와 ☐☐에 비유해 표현하고 있다.

1 이 시에 대한 설명으로 적절하지 않은 것은?

① 시각적인 심상을 활용해 감각적인 느낌을 부여하고 있다.

② 비유적인 표현을 활용하여 관념적인 대상을 구체화하고 있다.

③ 시조의 외형에 변화를 줌으로써 시각적 효과를 획득하고 있다.

④ 4음보의 운율에서 변화를 주어 전반적으로 3음보의 율격을 띠고 있다.

⑤ 촉각적인 심상을 통해 사랑하는 임과의 가까운 거리감을 표현하고 있다.

2 이 시에 사용된 표현 방법을 〈보기〉에서 모두 고른 것은?

┤ 보기 ├

ⓐ 역설법   ⓑ 직유법   ⓒ 반복법   ⓓ 의인법

① ⓐ, ⓑ   ② ⓐ, ⓒ   ③ ⓑ, ⓒ
④ ⓑ, ⓓ   ⑤ ⓒ, ⓓ

〔내신 적중〕〔多빈출〕

3 ㉠과 같은 배열에 대해 이해한 내용으로 가장 적절한 것은?

① 시조의 전통을 계승하고 있음을 나타내고 있어.

② 나비가 날아가는 형상을 시각적으로 표현하고 있어.

③ 화자의 마음이 임에게서 떠나가고 있음을 보여 주고 있어.

④ 임과 화자의 이루어질 수 없는 사랑을 청각적으로 드러내고 있어.

⑤ 행을 나누어 호흡을 조절함으로써 화자와 임 사이의 장애물이 존재함을 보여 주고 있어.

4 〈보기〉와 이 시를 이해한 내용으로 적절하지 않은 것은?

┤ 보기 ├

묏버들 갈히 것거 보내노라 님의손듸
자시는 창(窓) 밧긔 심거 두고 보쇼셔.
밤비예 새닙곳 나거든 날인가도 너기쇼셔.   – 홍랑

① 〈보기〉와 이 시 모두 종장의 첫 음보가 세 글자군.

② 〈보기〉와 이 시 모두 화자는 임과 가까운 거리에 있어.

③ 〈보기〉와 이 시 모두 임에 대한 사랑을 노래하고 있어.

④ 이 시와 달리 〈보기〉의 화자는 임에게 당부를 하고 있어.

⑤ 이 시와 달리 〈보기〉의 화자는 임에게 자신의 분신에 해당하는 자연물을 전달하고 있어.

5 이 시에서 임을 향한 화자의 사랑을 빗댄 시어 두 가지를 찾아 쓰시오.

094 아침 이미지 1 |박남수

국어 천재(이)

◎ 핵심 정리
갈래 자유시, 서정시
성격 주지적, 회화적, 관조적
제재 아침
주제 즐겁고 생동감 넘치는 아침의 이미지
특징 ① 시간적 순서에 따라 시상이 전개됨.
　　② 감각적 표현, 의인법을 사용함.
　　③ 지적이고 절제된 어조를 사용함.
출전 《사상계》(1968)

Q '어둠'의 이미지는?

시에서 '어둠'은 일반적으로 고난이나 시련과 같은 부정적 이미지로 사용된다. 하지만 이 시에서의 '어둠'은 만물을 잉태하고 있는 존재로 '생명', '모태'의 긍정적 이미지를 지니고 있다.

☀ 시어 풀이
물상 자연계의 사물과 그 변화 현상.
개벽 세상이 처음으로 생겨 열림.

❀ 시구 풀이
❶ **어둠은 새를 낳고 ~ 꽃을 낳는다.** 어둠의 생명력과 여명이 밝아 오는 과정을 표현하고 있다. 특히 1~2행을 행간 걸침으로 배치하여 독자의 시선을 끌고 긴장감을 느끼게 하는 동시에 시적 의미를 강조하고 있다.
❷ **어둠은 온갖 물상을 ~ 땅 위에 굴복한다.** 밤에는 어둠이 온갖 물상을 다 삼키고 있지만 아침이 되면 이를 다시 땅 위에 되돌려 주고 사라짐을 보여 준다. 활유법을 활용하여 어둠을 마치 살아 있는 것처럼 표현하여 생성을 위한 소멸의 의미를 강조하고 있다.
❸ **무거운 어깨를 털고 ~ 즐기고 있다.** '무거운 어깨'는 밤 동안 물상들을 덮고 있던 어둠의 무게감을 표현하는 것으로, 아침이 되어 어둠이 걷히자 '노동의 시간을 즐기고 있다.'고 표현함으로써 물상들이 어둠을 털어 내고 활기차게 움직이는 모습을 구체적으로 형상화하고 있다.
❹ **즐거운 지상의 잔치** 온갖 물상이 아침이 되어 드러나는 것을 표현하는 시구로, 움직이는 만물에 대한 경이감을 담고 있다.
❺ **금으로 타는 태양의 즐거운 울림.** 밝게 빛나는 태양의 모습(시각)을 '울림'(청각)으로 표현함으로써 공감각적 심상을 사용해 절정의 생동감을 나타내고 있다.
❻ **아침이면, 세상은 개벽을 한다.** 화자가 아침에서 느낀 신비로움을 '개벽'으로 집약하고 있다. 늘 반복되는 아침이 아니라 항상 새롭게 태어나는 것임을 강조하고 있다.

♟ 작가 소개
박남수(본책 158쪽 참고)

---

❶어둠은 ⃝새를 낳고, ⃝돌을　　　　⃝: 물상의 종류로 새, 돌, 꽃이 등장하는데,
활유법. 아침이 밝아 오면서 물상들의 모습이 보이는 것　　이 새, 돌, 꽃은 구체적인 사물이 아닌, 물상을
낳고, ⃝꽃을 낳는다.　　　　　대표하는 것으로 대유법이 사용된 시어이다.　　▶ 1~2행: 만물을 잉태하고 있는 어둠
　행간 걸침. '낳고'를 행의 첫 어절에 배치해 독자의 시선을 끔.
아침이면,

❷어둠은 온갖 *물상(物像)을 돌려주지만
　　　　　　　　　새, 돌, 꽃
스스로는 땅 위에 굴복(屈服)한다.　　　　　　　　　　　　　　▶ 3~5행: 어둠의 소멸
　　활유법. 어둠이 사라진 모습을 표현함.
㉠ ❸무거운 어깨를 털고
　어둠이 걷히기 전 어둠 속에 있는 물상의 모습
물상들은 몸을 움직이어
물상들의 생동감 넘치는 모습을 구체적으로 형상화
㉡노동(勞動)의 시간(時間)을 즐기고 있다.
　어둠이 걷혀 아침이 오기까지의 시간
㉢ ❹즐거운 지상(地上)의 잔치에
　　활기차고 밝은 아침의 모습
㉣[❺금(金)으로 타는 ㉤태양(太陽)의 즐거운 울림.]　▶ 6~10행: 밝게 빛나는 태양과 물상들의 활기찬 모습
　　　　공감각적 심상(시각의 청각화) → 생동감 넘치는 아침의 모습
❻아침이면,

㉤세상은 *개벽(開闢)을 한다.　　　　　▶ 11~12행: 아침마다 새롭게 태어나는 세상
　아침에 대한 화자의 인식

이해와 감상

이 시는 어둠과 아침이라는 일상적인 대상을 제재로 하여 그 이미지를 구체적으로 그려 아침의 생동감 넘치는 풍경을 감각적으로 묘사하고 있다. 일반적으로 '어둠'은 시련, 고통과 같은 부정적인 이미지의 시어인데, 이 시에서는 기존의 부정적인 이미지에서 벗어나 생명(물상)을 잉태하고 있는 긍정적인 이미지로 나타나고 있다.

밤	⋯⋯	만물을 잉태하고 있는 어둠
↓		
새벽, 여명의 시간	⋯⋯	어둠의 소멸
↓		
아침의 시작	⋯⋯	만물의 활기찬 움직임
↓		
개벽	⋯⋯	아침의 신비로움

이 시는 시간의 흐름에 따라 시상이 전개되고 있는데 크게 기·승·전·결의 네 단락으로 나눌 수 있다. 기에 해당하는 1~2행의 첫째 단락에서는 어둠 속에 있던 새·돌·꽃과 같은 물상이 아침이 되자 제 모습을 드러내고 있다.

승에 해당하는 3~5행의 둘째 단락에서는 어둠이 아침과 자리를 바꾸는 모습이 드러나는데 이때 어둠이 소멸하면서 물상들이 나타나고 있다.

전에 해당하는 6~10행의 셋째 단락에서는 물상들의 활기찬 모습을 보여 주고 있다. 어둠 속에서 밤새도록 있던 물상들이 아침이 되어 햇살을 받음에 따라 활동을 하게 되는 생동감 넘치는 모습을 공감각적 심상을 사용해 표현하고 있다.

결에 해당하는 11~12행의 넷째 단락에서는 아침의 모습을 개벽이라는 시어로 집약하고 있다. 아침이 되면 세상이 마치 천지가 새로 열리는 것과 같은 새로움을 보인다는 것으로, 아침마다 새롭게 태어나는 세상의 신비로움을 담아내고 있다.

🏠 작품 연구소

시어 및 시구의 상징적 의미

시어 및 시구	상징적 의미
무거운 어깨	어둠이 걷히기 전 어둠 속에 있는 물상의 모습
노동의 시간	어둠이 걷혀 아침이 오기까지의 시간
즐거운 지상의 잔치	활기차고 밝은 아침의 모습
금으로 타는 태양의 즐거운 울림	생동감 넘치는 아침의 모습

이 시에서 '어둠'과 '아침'의 의미

흔히 시에서 '어둠'은 부정적 이미지로, '아침'은 이를 극복하는 긍정적 이미지로 나타나며 대립을 이룬다. 하

어둠		아침
생명, 모태의 이미지. 새, 돌, 꽃과 같은 온갖 물상을 낳음.	➡	물상들이 생동감 있고 활기차게 움직이는 시간

지만 이 시에서 '어둠'과 '아침'은 부정과 긍정의 대립적 관계가 아니다. '어둠'에서 만물의 생명이 잉태되고, '아침'이면 이 잉태된 생명이 태어나기 때문이다. 즉, '어둠'은 생명력이 넘치는 이미지로, '아침'은 새로 태어난 물상들이 움직이는 이미지로 그려지고 있다.

이 시에 나타나는 이미지

이 시는 대표적인 이미지즘 시 중 하나로 화자의 정서를 표출하는 것이 아니라 아침이 되어 온갖 사물이 깨어나는 모습 자체를 시각적 이미지와 역동적 이미지로 그려 내고 있다. '어둠은 온갖 물상을 돌려주지만', '무거운 어깨를 털고', '물상들은 몸을 움직여' 등에서 이러한 시각적, 역동적인 이미지를 찾아볼 수 있으며, '금으로 타는 태양의 즐거운 울림'에서는 공감각적 심상을 통해 활기차고 밝은 아침의 생동감 넘치는 이미지를 나타내고 있다. 특히 '낳다', '굴복하다', '털다', '움직이다' 등의 동사를 많이 사용하는 것 역시 아침의 동적인 이미지를 효과적으로 표현하는 방법이다.

자료실

이미지즘

이미지즘은 시에서 이미지를 중요한 요소로 인식하여, 시각적 심상을 주로 활용해 시를 창작하는 경향의 문학 사조를 의미한다. 1930년대 초반 모더니즘 시 운동에서부터 나타났으며, 김기림, 최재서, 정지용, 김광균 등의 시인이 이러한 이미지즘 경향의 시를 창작하였다. 이미지즘 시는 기존의 운율과 같은 시의 음악성보다는 시각적 이미지의 회화성을 중시한 것이 가장 큰 특징이며, 이에 따라 색채 이미지가 두드러지는 모습을 주로 보인다.

📖 함께 읽으면 좋은 작품

〈바다와 나비〉, 김기림 / 회화적 심상의 활용

〈바다와 나비〉는 거대한 '바다'와 연약한 '나비'의 대비를 통해 새로운 세계에 대한 동경과 좌절을 형상화한 작품이다. 시에서 '흰나비'는 바다의 무서움을 모른 채 바다에 다가가고, 결국 바다의 냉혹함에 지쳐 돌아온다. 이 시는 색채 이미지의 대비가 두드러지게 나타나고 있는 작품으로, 바다의 청색과 나비의 흰색이 선명하게 대비된다. 이러한 색채 대비는 회화적 심상(이미지)을 중시하고 있다는 점에서 〈아침 이미지 1〉과 유사한 특성을 보인다. 하지만 〈아침 이미지 1〉이 어둠이 사라지고 햇빛이 밝아 오는 아침의 모습 자체를 감각적으로 표현하고 있는 것과는 달리 〈바다와 나비〉는 새로운 세계를 동경한 존재의 좌절을 그리고 있다는 점에서 차이가 있다.

🔗 Link 본책 127쪽

🔑 포인트 체크

화자 어둠에서 ☐☐에 이르는 모습을 감각적인 시어로 묘사하고 있다.

상황 아침이 되어 ☐☐ 속에 있던 모든 ☐☐들이 나타나 일상을 시작하고 있다.

태도 아침마다 새롭게 태어나는 세상을 ☐☐☐☐ 여기고 있다.

1 이 시에 대한 설명으로 적절하지 않은 것은?

① 시어를 반복하여 리듬감을 형성하고 있다.

② 시간적 순서에 따라 시상을 전개하고 있다.

③ 의도적인 행간 걸침을 통해 시적 의미를 강조하고 있다.

④ 대립되는 두 대상을 제시함으로써 역경의 극복을 강조하고 있다.

⑤ 활유법을 활용하여 대상의 긍정적이고 생산적인 이미지를 강화하고 있다.

내신 적중 多빈출

2 이 시의 '어둠'에 대한 이해로 가장 적절한 것은?

① 화자는 '어둠' 속에서 포근함과 따스함을 느끼고 있어.

② '어둠'은 물상을 돌려주는 존재로 생명의 모태로 나타나고 있어.

③ '어둠'은 '아침'과 대립되는 존재로 부정적 이미지로 그려지고 있어.

④ '어둠'은 암울한 민족 현실을 상징하는 시어로 극복해야 할 대상이야.

⑤ '어둠'은 모든 만물이 잠자는 시간으로 화자가 다른 곳에 집중할 수 있는 시간이야.

중요 기출 高난도

3 ⊙~⑩에 대한 이해로 가장 적절한 것은?

① ⊙은 지상으로부터 벗어나기 위해 사물들이 몸부림치는 모습을 표현한 것이다.

② ⓒ은 노동의 고단함을 잊기 위해 사물들이 경쾌하게 움직이는 모습을 표현한 것이다.

③ ⓒ은 기존의 사물들이 새로 태어난 사물들을 반갑게 맞이하는 모습을 표현한 것이다.

④ ⓔ은 하늘의 태양이 지상에 있는 사물들과 서로 어울려 생기를 띠는 모습을 표현한 것이다.

⑤ ⑩은 사물들이 새로운 형태로 변화하면서 혼란을 겪는 모습을 표현한 것이다.

4 ⓐ와 유사한 심상이 나타난 것은?

① 매화 향기 홀로 아득하니

② 해 질 녘 울음이 타는 가을 강

③ 파릇한 풀포기가 돋아 나오고

④ 불현듯 아버지의 서느런 옷자락을 느끼는 것은

⑤ 전나무 우거진 마을 / 집집마다 누룩을 디디는 소리, 누룩이 뜨는 내음새

5 이 시에서 '물상들'에 해당하는 시어를 모두 찾아 쓰고, 그것들이 의미하는 바가 무엇인지 쓰시오.

095 성북동 비둘기 |김광섭

문학 금성

🎯 핵심 정리

갈래 자유시, 서정시
성격 비판적, 상징적, 주지적
제재 비둘기
주제 자연 파괴와 비인간화되어 가는 현대 문명에 대한 비판
특징 ① 선명한 감각적 이미지를 제시함.
② 비둘기를 의인화하여 문명 비판적 내용을 우의적으로 표현함.
출전 《성북동 비둘기》(1969)

Q 구체적 상황 제시가 가져오는 효과는?

일반적으로 문명 비판적인 작품들은 관념적이고 선언적이다. 그런데 이 시는 그러한 관념성과 추상성을 대상에 대한 구체적인 묘사를 통해 극복하고 있다. 즉, 비둘기라는 대상이 처한 상황을 1, 2연에서 구체적으로 제시한 후 3연에서 화자의 우의적 해석을 통해 주제를 드러냄으로써 구체성을 획득하고 있는 것이다.

💡 시어 풀이

채석장 석재(石材)로 쓸 돌을 캐거나 떠 내는 곳.
구공탄 구멍이 뚫린 연탄을 통틀어 이르는 말.
성자 지혜와 덕이 매우 뛰어나 우러러 본받을 만한 사람.

🎐 시구 풀이

❶ **성북동 산에 ～ 번지가 없어졌다.** 사람들이 들어와 살게 되면서 비둘기의 보금자리가 없어졌음을 의미한다.
❷ **새벽부터 돌 깨는 ～ 가슴에 금이 갔다.** 자신의 보금자리가 파괴되는 현실에 대한 비둘기의 상심(傷心)을 시각적으로 형상화하고 있다.
❸ **성북동 메마른 ～ 포성이 메아리쳐서** 인간의 파괴 행위가 자연을 어떻게 훼손하고 있는지를 보여 주는 부분이다. '채석장 포성'은 인간 문명의 폭력성을 상징한다.
❹ **금방 따 낸 돌 온기(溫氣)에 입을 닦는다.** 비록 파괴되기는 했으나 아직 자연의 체취를 지니고 있는 돌에서 손상되기 전 자연의 모습을 그리워하는 비둘기의 행위를 표현하고 있다.
❺ **사랑과 평화의 ～ 새가 되었다.** 급격한 산업화와 도시화로 인해 사랑과 평화라는 원초적인 감정까지도 잃어버린 인간의 황폐한 모습을 비둘기를 통해 나타낸 것이다.

👤 작가 소개

김광섭(金珖燮, 1905～1977)
시인. 함북 경성 출생. 초기에는 꿈과 관념, 허무의 세계를 노래하였고, 이후에는 인생·자연·문명에 관한 작품들을 발표하였다. 시집으로 《동경》(1938), 《해바라기》(1957), 《성북동 비둘기》(1969), 《김광섭 시선집》(1974) 등이 있다.

---

❶성북동 산에 ㉠번지가 새로 생기면서
　　　　　　　인간의 삶의 영역(문명)
본래 살던 성북동 비둘기만이 ㉡번지가 없어졌다.
　　　　　자연을 대표　　　비둘기의 보금자리(자연)
❷새벽부터 돌 깨는 산울림에 떨다가 / 가슴에 금이 갔다.
　　문명, 개발의 소리 → 인간 문명의 폭력성 ①　　비둘기의 아픔(시각적 이미지)
그래도 성북동 비둘기는
하느님의 광장 같은 새파란 아침 하늘에
　　　　비둘기가 자유로이 날아다니는 공간
『성북동 주민에게 축복의 메시지나 전하듯
성북동 하늘을 한 바퀴 휘 돈다.』
　　　　　　　　『 』: 인간과 함께하고 인간을 사랑하는 비둘기의 모습

▶ 1연: 자연의 파괴로 생존의 터전을 잃어버린 비둘기

❸성북동 메마른 골짜기에는
　　　　　파괴된 자연
조용히 앉아 콩알 하나 찍어 먹을
널찍한 마당은커녕 가는 데마다
*채석장 포성이 메아리쳐서
　문명의 횡포를 상징 → 인간 문명의 폭력성 ②
피난하듯 지붕에 올라앉아
　　　삶의 터전을 잃은 비둘기의 처지
아침 *구공탄 굴뚝 연기에서 향수를 느끼다가
　　　　　자신이 잃어버린 보금자리(자연)에 대한 그리움을 느낌.
산 1번지 채석장에 도루 가서
　　　파괴된 보금자리에 대한 향수 때문에
❹금방 따 낸 돌 온기(溫氣)에 입을 닦는다.

▶ 2연: 인간 문명에 쫓기며 옛날을 그리워하는 비둘기

예전에는 사람을 *성자(聖者)처럼 보고 ┐
사람 가까이
사람과 같이 사랑하고
사람과 같이 평화를 즐기던
사랑과 평화의 새 비둘기는 ┘ ── 과거
　　예전 비둘기의 모습
이제 산도 잃고 사람도 잃고 ┐
　삶의 터전도, 공존하던 인간도 잃은 비둘기
❺사랑과 평화의 사상까지
낳지 못하는 쫓기는 새가 되었다. ┘ ── 현재
　인간 문명으로부터 쫓기는 자연

▶ 3연: 자연과 사람으로부터 소외되고 평화를 잃어버린 비둘기

📎 이해와 감상

이 시는 사랑과 평화의 상징인 비둘기가 문명과 도시 개발에 의한 자연 파괴로 보금자리를 상실한 채 쫓기는 신세로 전락해 버린 모습을 형상화하고 있는 작품이다. 도시화, 산업화로 인해 성북동 산에까지 문명이 침투하면서 본래 그곳에 살던 비둘기는 보금자리를 잃고 떠돌이 신세가 된다. 결국 비둘기는 가는 곳마다 인간 문명에 쫓기며 사랑과 평화가 있던 옛날을 그리워하게 된다. 화자는 비둘기가 처한 상황을 구체적으로 묘사하면서 무분별한 개발이 우리 인간의 삶에 끼친 영향을 상징적으로 보여 주고, 도시 문명의 부작용과 해악을 절제된 목소리로 경고하고 있다. 더불어 마지막 연에서는 물질문명 시대의 자연의 소중함과 사랑, 평화의 중요성을 일깨우고 있다.

구체적 상황 제시		주제 제시
문명으로 인한 자연의 파괴, 문명의 병폐로 인한 인간성 파괴	→	현대 물질문명에 대한 비판

작품 연구소

시어의 대조와 효과

자연	문명
• 비둘기 • 없어진 번지(비둘기의 보금자리) • 조용한 마당	• 인간 • 새로 생긴 번지(인간의 주소) • 돌 깨는 산울림, 채석장 포성
성북동의 과거 모습	성북동의 현재 모습

↓

도시 개발 후 모든 것을 상실하게 된 비둘기의 모습을 효과적으로 제시함.

'비둘기'의 상징적 의미

이 시는 '비둘기'라는 제재를 통해 산업화와 도시화의 문제점을 비판적으로 표현하고 있다. '비둘기'가 상징하는 의미는 다음과 같이 세 가지로 파악할 수 있다.

• 인간의 문명에 의해 파괴되는 자연
• 개발에서 배제되고 도시에서 밀려나는 변두리의 소외 계층
• 산업화로 인해 순수한 인간성을 상실해 가는 인간의 모습

이와 같이 '비둘기'는 이 시에서 여러 가지로 해석이 가능하지만 <u>문명의 발달로 인해 점점 소외되어 가는 대상</u>이라는 공통점을 지니고 있다.

표현 방식과 효과

① 감각적 표현

시각	가슴에 금이 갔다. 새파란 아침 하늘		효과
청각	돌 깨는 산울림, 채석장 포성이 메아리쳐서	→	대상이나 대상이 처한 상황이 구체적인 형상으로 지각되어 독자의 감정을 직접적으로 자극하고, 그 상황에 더욱 공감하게 해 줌.
후각	구공탄 굴뚝 연기에서 향수를 느끼다가		
촉각	금방 따 낸 돌 온기에 입을 닦는다		

② 의인화를 통한 우의적 표현

성북동 산에서 쫓겨나고, 예전의 보금자리에 대한 향수를 느끼는 비둘기를 마치 사람처럼 표현한 의인화를 통해 문명의 파괴성과 비인간성을 우의적으로 드러내어 도시 문명의 횡포가 우리의 삶에 미치는 부정적인 영향을 효과적으로 제시하고 있다.

③ 아이러니

'번지(인간의 주소)'가 생기면서 '번지(비둘기의 보금자리)'가 없어지는 상황을 말함으로써 문명의 이면에는 자연 환경의 파괴가 있다는 모순을 압축적으로 보여 주고 있다.

함께 읽으면 좋은 작품

〈새 1〉, 박남수 / 문명 비판을 다룬 작품

〈새 1〉은 순수한 새의 모습과 파괴적인 포수의 욕망을 대비하며 인간 문명에 대해 비판적 태도를 드러내는 시로, 산업화와 도시화의 현실을 비판하고 있다는 점에서 〈성북동 비둘기〉와 유사하다. 하지만 〈새 1〉이 새와 포수의 이미지 대립을 통해 주제를 형상화하고 있는 반면, 〈성북동 비둘기〉는 의인화된 '비둘기'를 통해 우의적으로 주제를 형상화하고 있다는 점에서 차이가 있다.

키 포인트 체크

화자 산업화와 ☐☐로 인해 개발이 한창 이루어지는 성북동과 그곳에 살던 비둘기의 모습을 구체적으로 관찰하여 ☐☐하고 있다.

상황 도시화와 산업화로 인해 성북동 산까지 개발이 이루어져 그곳에 살던 비둘기가 ☐☐☐☐를 잃고 떠도는 상황이 제시되어 있다.

태도 비둘기가 처한 상황을 구체적으로 보여 주며 무분별한 개발이 가져오는 부작용과 해악을 ☐☐된 목소리로 ☐☐하고 있다.

1 이 시에 대한 설명으로 적절하지 않은 것은?

① 대상이 처한 상황을 구체적으로 제시하고 있다.
② 화자의 정서 변화를 바탕으로 시상을 전개하고 있다.
③ 대상을 의인화하여 우의적으로 주제를 형상화하고 있다.
④ 과거와 현재의 상황을 대비하여 문제의식을 드러내고 있다.
⑤ 다양한 감각적 심상을 활용해 독자의 감정을 자극하고 있다.

중요 기출

2 〈보기〉의 ㉮의 관점에서 이 시를 설명한 것은?

┤ 보기 ├

〈문학 작품의 존재 양상〉

```
        현실
         ↕ ㉮
 작가 ── 작품 ── 독자
```

① 중심 소재인 '비둘기'는 사랑, 평화, 축복의 메시지 전달자라는 상징적인 의미를 지니고 있다.
② 비둘기를 의인화하고 시·청각적 심상을 적절히 활용하여 표현함으로써, 주제 의식을 구체적으로 표현하고 있다.
③ 현대 사회에서 사람들이 잃어버린 것이 무엇인가를 말함으로써, 삶의 참다운 의미와 가치에 대해 생각하게 한다.
④ 1960년대는 산업화, 도시화가 급격히 진행되던 시기였다. 이 시기에 발표된 이 작품은 산업화, 도시화로 인해 황폐해진 인간의 삶을 보여 주고 있다.
⑤ 시인 김광섭은 뇌졸중으로 쓰러져 죽을 고비를 넘긴 후, 관념의 세계에서 벗어나 현실 문제에 관심을 보이는 작품을 주로 썼다. 이 작품은 이와 같은 경향을 대표한다.

3 ㉠과 ㉡의 상징적 의미를 각각 쓰시오.

4 〈보기〉는 시인이 이 시의 창작 배경을 밝힌 글이다. 이를 참고하여 ⓐ, ⓑ에 들어갈 말을 쓰시오.

┤ 보기 ├

하늘을 바라보다가 아침마다 하늘을 휘익 돌아 나는 비둘기 떼를 보게 되었어요. 〈성북동 비둘기〉의 착상은 거기에서였지요. 돌 깨는 소리가 채석장에서 울리면 놀라서 날아오르는 새들, 그러나 저것들이 우리에게 평화의 메시지를 전해 줄 것인가? 돌 깨는 산에서는 다이너마이트가 터지고 집들은 모두 시멘트로 지어서 마음 놓고 내릴 장소도 없는 저것들이란 데 생각이 머물렀어요.

'다이너마이트'는 이 시에서 _____ⓐ_____ (으)로 구체화되어 있고, 이는 _____ⓑ_____ 을/를 상징한다.

096

저녁에 |김광섭

문학 미래엔
국어 지학사

핵심 정리
갈래 자유시, 서정시
성격 서정적, 내면적, 관조적
제재 별
주제 인간 존재에 대한 깊이 있는 내면 성찰
특징 ① 유사한 시구를 반복적으로 제시하여 리듬감을 드러냄.
② 대구와 대조를 통해 의미를 강조함.
③ 불교의 윤회설에 바탕을 둠.
출전 《월간중앙》(1969)

Q 2, 3연에서 화자가 관계에 대해 깨달은 점은?

2연에서는 특별한 만남조차 영원할 수는 없다는 점을 표현하였다. 그러나 화자는 인간이 지니는 고독감에 절망하지 않고 3연에서 불교의 윤회 사상을 바탕으로 하는 깊은 성찰을 통해 모든 만남은 소중하고, 인간은 홀로 존재하는 것이 아니라는 깨달음에 도달하게 된다.

❶저렇게 많은 중에서
　　천상의 존재
별 하나가 나를 내려다본다
시적 화자와 일대일의 친밀한 대면적 관계에 있는 존재 ┐대구
이렇게 많은 사람 중에서
　　지상의 존재
그 별 하나를 쳐다본다
'나'와 '별'이 관계를 형성함.

▶ 1연: 별과 '나'가 서로 바라보며 인연을 맺음.

❷밤이 깊을수록
'나'와 '별'의 이별의 순간
별은 밝음 속에 사라지고 ┐대구, 대조
나는 어둠 속에 사라진다
→ 시간의 변화에 따른 '나'와 '별'의 이별

▶ 2연: 밝음과 어둠에 의해 별과 '나'가 이별함.

❸이렇게 정다운
'나'가 원하는 참다운 관계. '별'과 '나'의 다정한 관계
너 하나 나 하나는
어디서 무엇이 되어 ┐불교의 윤회설, 인연설
다시 만나랴
인연을 소중히 여김. 재회에 대한 소망 강조(설의법)

▶ 3연: 별과 재회하고 싶은 '나'의 소망을 드러냄.

시구 풀이
❶저렇게 많은 중에서 ~ 그 별 하나를 쳐다본다 '별'과 '나'의 만남을 보여 주고 있다. 수많은 별과 수많은 사람 중 서로 만난다는 것은 매우 힘든 일이기에 그 관계는 소중한 것임을 말하고 있다.
❷밤이 깊을수록 ~ 나는 어둠 속에 사라진다 밤이 깊어 새벽이 다가오면서 별이 차차 흐려짐에 따라 둘 사이의 관계가 일단 끝을 맺게 되는 상황을 나타내고 있다. '나는 어둠 속에 사라진다'라는 표현은 물리적 시간의 흐름보다는 세월의 흐름에 따라 늙고 죽는 인간의 운명을 표현한 것이라고도 이해할 수 있다.
❸이렇게 정다운 ~ 다시 만나랴 의문문으로 표현하고 있지만 만남에 대한 기대와 소망이 투영되어 있는 부분이다.

작가 소개
김광섭(본책 194쪽 참고)

이해와 감상

이 시는 인간의 존재에 대한 깊이 있는 내면적 성찰을 통하여 사람들 사이의 관계에 대한 새로운 깨달음에 도달하고 있는 작품이다. 내재율을 기본으로 하는 자유시로 짧은 시행과 '밤'과 '별'의 이미지를 통하여 시상을 전개하고 있다.

1연에서는 저녁 밤하늘 어둠 속에서 빛나는 '별'과 화자인 '나'가 서로 만나 교감을 나누고 있다. 수없이 많은 별 중에서 별 하나와 많은 사람들 중의 하나인 '나'가 서로를 응시하는 존재로 대응되고 있다. 2연에서는 어둠 속에서 빛나다가 새벽이 되면서 사라지는 별의 모습과, 세월이 흐름에 따라 홀로 쓸쓸하게 죽어갈 수밖에 없는 인간의 운명이 대조적으로 제시되면서, '별'과 '나'의 관계가 지속될 수 없는 관계임을 암시하고 있다. 그러나 3연에서 화자는 친밀한 관계가 영원히 지속될 수 없다는 사실을 알면서도, 아직도 '별'과 '나'가 정다운 사이임을 깨닫는다. 그리고 이런 정다움이 존재하는 한 '별'과 '나'는 언젠가 다시 만날 수 있을 것이라는 희망을 노래한다. 이는 불교의 세계관인 '윤회(輪廻)'에 바탕을 둔 것으로 이해할 수 있다.

여기에서 '별'과 '나'의 관계는 '타자'와 '자아'와의 관계로 의미를 확장할 수 있는데, 이 경우 '저녁에'라는 작품은 모든 좋은 인연은 언제 어디서든지 다른 존재로 다시 만날 수 있다는 희망을 제공함으로써 현대 사회의 각박한 현실 속에서 삶을 지탱하게 해 주는 위안을 제시하고 있다고 평가할 수 있다.

시간의 흐름에 따른 시상 전개		
저녁	깊은 밤	미래
'별'과 '나'의 특별한 만남	'나'와 '별'의 이별	'별'과 다시 만나고 싶음.

작품 연구소

'별'과 화자의 관계

이 시를 이끌어 가는 것은 '별 하나가 나를 내려다본다'는 구절이다. 또, 이것은 '이렇게 많은 사람 중에서 그 별 하나를 쳐다본다'는 구절과 대응되어, 별과 '나' 사이에 서로 내려다보고 쳐다보는 행위가 대구를 이루며 동시적으로 이루어진다. 여기에 '저녁'이라는 시간이 '나'와 별을 마주하게 맺어 주는 매개체로 작용한다. 물론 '별'과 '나' 사이는 시간이 흐름에 따라 일시적으로 관계가 끊어지기는 하지만 언젠가는 다시 만나기에 두 대상의 '정다운 관계'는 계속되는 것이다.

'저녁'의 역할

저녁은 태어나는 순간부터 죽음을 잉태하고 있는 인간의 삶처럼 어둠이 시작되는 시간이다. 그래서 저녁은 정다운 '너 하나 나 하나'의 관계를 탄생시키는 시간이지만 동시에 그것들의 사라짐을 예고하는 시간이기도 한 것이다. 저녁은 밤이 되고, 새벽이 되는 어쩔 수 없는 운명을 지닌 시간이기 때문이다.

3연의 바탕이 되는 사상 – 윤회

윤회는 불교에서 수레바퀴가 돌듯 중생의 영혼은 해탈을 얻을 때까지 멸하지 않고 다른 생명체로 옮겨 다니며 생사를 거듭하다가 결국 제자리로 돌아온다는 뜻이다. 화자는 윤회 사상을 바탕으로 하여 별과 재회하고 싶은 소망을 드러냈다.

'별'에 투영된 현대인의 모습

밤하늘의 수없이 많은 별들 중에 유독 어느 한 별만을 지켜보고 있는 화자와, 지상의 수없이 많은 사람들 중에 유독 화자만을 지켜보고 있는 그 별은 일대일의 친밀한 대면적 관계를 나타내는 것으로 볼 수 있으나, 이는 군중 속에서의 고독이라는 말처럼 현대의 거대 조직 속에서 개인이 느끼는 단절감, 고립감을 나타내고 있다고도 볼 수 있다. 어둠 속에서 홀로 빛나다가 밝음이 다가오면 사라지는 별의 모습은 온갖 어둠을 헤치며 살아가다가 홀로 죽어 가는 인간의 숙명적인 고독을 상징하는 것으로 보는 것도 이에 해당한다. 결국 이 시는 물질문명에 밀려서 소외되어 살아 가는 현대인의 외로운 자화상을 그린 것이라 볼 수 있다.

자료실

문학과 예술 분야의 관련성

– 김환기, 〈어디서 무엇이 되어 다시 만나랴〉

김환기는 우리나라의 서양화가로 초창기 추상 미술의 선구자로 평가받는다. 김환기는 프랑스와 미국에서 활동하며 한국 미술의 국제화를 이끌기도 했다. 1960년대 말, 김환기는 뉴욕에 살고 있었다. 그때 그는 가난과 고독에 지쳐 있었는데 어느 날 오랜 친구였던 김광섭이 긴 투병 끝에 놀라운 기적으로 소생한 후 펴낸 시집 《성북동 비둘기》에서 〈저녁에〉라는 시를 발견하게 된다. 시를 읽는 순간 김환기는 자신이 버림받은 존재라는 생각을 떨쳐 버리고 그립고 다정한 얼굴들을 생각하며 점과 선이 무수히 반복되어 찍혀지는 점묘화를 그렸다. 그는 점을 통해 만남과 이별, 다정한 만남을 이어가는 무수한 관계들을 표현한 것이다.

함께 읽으면 좋은 작품

〈꽃〉, 김춘수 / 진정한 관계에 대한 갈망

〈꽃〉은 존재의 본질 구현에 대한 소망, 참된 인간관계 형성에 대한 소망을 나타내고 있는 작품이다. 〈저녁에〉와 〈꽃〉은 관계와 존재의 본질에 대한 성찰이 나타난다는 점에서 유사하다. 하지만 〈저녁에〉가 불교의 윤회설에 기초하여 인간 사이의 따뜻한 관계에 대한 소망을 나타냈다면, 〈꽃〉은 존재의 본질을 밝히는 명명 행위를 통해 대상을 인식하고 관계를 맺을 수 있다는 깨달음을 표현하였다. Link 본책 152쪽

키 포인트 체크

화자 저녁에 밤하늘의 별을 바라보고 있는 '　'이다.

상황 밤이 깊어가면서 별과 '나'가 밝음과 어둠에 의해 　　하고 있다.

태도 인간의 존재와 관계에 대해 　　하는 태도를 보이고 있다.

내신 적중 多빈출

1 이 시의 '별'에 대한 설명으로 가장 적절한 것은?
① 화자와 인연이 닿은 매우 소중한 존재이다.
② 인간과 대비되는 자연 현상의 아름다움을 표현한다.
③ 현대 문명에 의한 인간성 상실을 상징하는 소재이다.
④ 암울한 시대를 이겨 낼 수 있는 민중의 힘을 상징한다.
⑤ 화자에게 자신의 삶을 반성하게 하는 역할을 하고 있다.

2 이 시의 '저녁'에 대한 설명으로 적절하지 않은 것은?
① 화자의 내면적 성찰의 시간으로 볼 수 있다.
② 화자에게 고독감을 불러일으키는 시간이다.
③ 화자와 '별'을 마주하도록 맺어 주는 기능을 한다.
④ 부정적 현실을 드러내는 상징적인 의미를 지닌다.
⑤ 화자와 '별'의 이별을 예고하는 시간으로 볼 수 있다.

3 이 시의 바탕을 이루는 사상으로 적절한 것은?
① 유교의 성선설
② 불교의 윤회설
③ 기독교의 예정설
④ 도교의 신선 사상
⑤ 불교의 인생 고해설

내신 적중 多빈출

4 다음 밑줄 친 관점에서 이 작품을 감상한 내용으로 가장 적절한 것은?

> 〈보기〉
> 글쓴이와 독자는 글쓰기를 이끌어 가는 가장 중요한 요소이다. 말하기와 마찬가지로 글쓰기 역시 글쓴이가 상대방에게 일방적으로 생각이나 의견을 전달하는 것이 아니라 상대방과 더불어 의사소통을 하는 것이다. 따라서 <u>독자도 글쓴이만큼이나 중요한 글쓰기의 요소라고 할 수 있다.</u>

① 경수: 이 시는 선경 후정의 흐름에 따라 시상을 전개하였군.
② 명수: 이 시의 2연에서는 대구법과 대조법을 활용하여 별과 '나'의 이별을 표현하였어.
③ 현진: 이 시에서는 현대 사회에서 맺는 피상적인 인간관계를 바탕으로 바람직한 관계에 대한 성찰을 제시하였어.
④ 희진: 시인은 주로 시각적 심상이 두드러지는 경향의 시를 발표하였는데, 이 시에서도 밝음과 어둠, 별의 모습과 같은 시각적 심상을 활용하였네.
⑤ 민경: 이 시를 읽고 중학교를 졸업한 후 만나지 않는 친구들을 생각해 보았어. 시간이 지나며 헤어지는 친구들도 있지만, 소중한 친구들을 다시 만나면 참 좋을 텐데 말이야.

5 이 시에서 화자가 소망하는 '나'와 '별'의 관계를 표현하고 있는 시어를 찾아 세 글자로 쓰시오.

097

샤갈의 마을에 내리는 눈 | 김춘수

[국어] 천재(이)

🎯 핵심 정리

갈래 자유시, 서정시
성격 감각적, 회화적, 환상적, 낭만적
제재 눈
주제 봄의 맑고 순수한 생명감
특징 ① 의미 전달보다는 이미지 제시만으로 시상을 전개함.
② 현재형의 시제로 생동감 있게 표현함.
출전 《김춘수 시선집》(1976)

Q 이질적인 시어들을 배치한 효과는?

이 시에 나오는 '샤갈의 마을'은 실재하지 않는 환상의 세계이다. 시인은 이러한 공간을 배경으로 '눈'과 '새로 돋은 정맥', '올리브빛', '불' 등과 같은 이질적인 시어들을 사용하여 자유로운 연상을 전개하고 있다. 이들은 독자적인 이미지를 가지면서 감각적으로 조화를 이루어 '봄의 순수하고 맑은 생명감'이라는 공통적인 심상을 떠올리게 하고 있다.

💡 시어 풀이

샤갈 러시아 태생의 프랑스 화가(1887~1985). 풍부한 개인적 경험을 화려한 색채와 환상적인 화풍으로 표현함으로써 초현실주의 미술에 영향을 끼침.
관자놀이 귀와 눈 사이의 맥박이 뛰는 곳.
쥐똥만 한 조그마한.

☸ 시구 풀이

❶ **샤갈의 마을에는 삼월에 눈이 온다.** '샤갈의 마을'은 샤갈의 그림 〈나와 마을〉을 보면서 연상한 환상의 세계로, 초현실주의적인 샤갈의 화풍에서 연상된 이미지로 볼 수 있다. 여기서 '눈'은 생명감을 느끼게 하는 시어이다.

❷ **봄을 바라고 ~ 바르르 떤다.** 봄을 온몸으로 느끼고 있음을 감각적으로 표현한 것으로, 마치 봄의 생명감이 전신에 퍼지는 것처럼 그리고 있다. 일상적 언어 진술과는 거리가 먼, 이미지를 중시한 표현이다.

❸ **눈은 수천수만의 ~ 굴뚝을 덮는다.** 수많은 눈송이들이 춤추듯 내려와 지붕과 굴뚝을 덮는 아름다운 모습을 그리고 있다. 활유법을 통해 눈을 생명을 지닌 존재로 묘사하여 시 전체가 주는 '생명감'과 조화를 이루고 있다.

❹ **샤갈의 마을의 ~ 물이 들고** 겨울 동안 메말랐던 열매들이 3월에 내리는 눈 속에서, 초록빛으로 새로이 되살아나는 모습을 흰색과 초록색의 색채 대비를 통해 그려 내고 있다. 여기서 '올리브빛'은 순수한 생명력을 나타낸다.

❺ **밤에 아낙들은 ~ 아궁이에 지핀다.** '불'은 맑고 순수한 생명감을 시각적 이미지로 표현한 것으로, 아궁이에 불을 지피는 아낙의 행위를 통해 새봄을 맞이하는 기쁨을 형상화하고 있다.

👤 작가 소개

김춘수(본책 152쪽 참고)

---

❶ 샤갈의 마을에는 삼월에 눈이 온다.
　　실재하지 않는 환상의 세계　　순수하고 맑은 생명감
　　　▶ 1행: 눈이 내리는 샤갈의 그림 속 세계

ⓐ ❷ 봄을 바라고 섰는 사나이의 • 관자놀이에

새로 돋은 ⓑ 정맥이
파란색의 이미지. 봄의 생명감

바르르 떤다.
봄이 오면 생명이 꿈틀거린다는 의미임.
　　　▶ 2~4행: 눈을 맞는 사나이의 모습에 나타난 생명감

바르르 떠는 사나이의 관자놀이에

새로 돋은 정맥을 어루만지며

❸ 눈은 수천수만의 날개를 달고
눈송이들이 날리는 모습을 활유법으로 표현함.

하늘에서 내려와 샤갈의 마을의

지붕과 굴뚝을 덮는다.
　　　▶ 5~9행: 샤갈의 마을을 덮는 눈의 모습

「삼월에 눈이 오면 『 』: 새봄의 아름다움을 흰 눈과 아궁이 속

❹ 샤갈의 마을의 ⓒ • 쥐똥만 한 겨울 열매들은
　　　불의 선명한 색채 대비를 통해 이미지화함.
　　　겨우내 작고 볼품없이 메말랐던 생명체

다시 ⓓ 올리브빛으로 물이 들고
초록색의 이미지. 메마른 겨울 열매들에 생명을 부여함.
　　　▶ 10~12행: 눈 속에서 다시 피어나는 봄의 생명들

❺ 밤에 아낙들은
토속적 시어

그해의 제일 아름다운 ⓔ 불을
　　　맑고 순수한 생명감

아궁이에 지핀다.」
　　　▶ 13~15행: 새봄의 아름다움

📎 이해와 감상

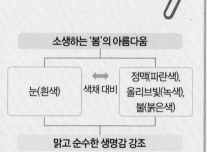

소생하는 '봄'의 아름다움

| 눈(흰색) | ←색채 대비→ | 정맥(파란색), 올리브빛(녹색), 불(붉은색) |

맑고 순수한 생명감 강조

이 시는 눈이 내리는 가운데 새롭게 살아나는 봄의 생명감을 그려 내고 있다. 1행에서는 삼월에 눈이 내리는 상황을 제시함으로써 봄과 겨울이 혼재한 환상의 세계를 보여 주고 있다. 이는 샤갈의 그림 〈나와 마을〉에서 커다란 암소(당나귀)의 눈망울 속에 들어앉아 있는 마을의 모습을 시인 나름대로 변용시켜 형상화한 것이다. 2~4행에서는 봄이 다가오고 있는데 눈이 내린다는 아이러니한 정경을 배경으로 한 사나이의 마음속 동요를 그리고 있다. 봄이 다가온 삼월에 눈이 오는 상황에서 사나이의 푸른 '정맥'이 새로 돋아나는 것은 봄을 맞는 새로운 의욕을 표현한 것이다. 5~9행은 '정맥'의 푸른색 이미지에 흰색의 이미지인 '눈'이 겹치도록 하여 샤갈의 마을에 평화롭고 서정적으로 내리는 눈의 아름다운 모습을 보여 준다. 이어서 10~12행에서는 눈 속에서 올리브빛(녹색)의 이미지로 소생하는 봄의 생명들의 꿈틀거림을 나타낸 뒤, 마지막 13~15행에서는 붉은색의 '불'의 이미지를 통해 겨울을 끝내고 새로운 생명이 다시 피어나는 새봄의 아름다움을 나타내었다. 이처럼 이 시는 감정이나 정서와 관련된 서술 대신 따뜻하고 생동감을 주는 이미지를 감각적인 언어로 표현하고 있다.

작품 연구소

이 시의 표현 기법

이 시는 전체적으로 봄의 생동감과 이국적이고 신비로운 분위기를 환기하고 있다. '삼월의 눈', '사나이의 관자놀이에 새로 돋은 정맥', '겨울 열매', '아궁이를 지피는 아낙들'과 같은 상호 연관성이 떨어지는 소재들을 함께 사용하여 이색적인 느낌을 주고 푸른색 '정맥'과 흰색 '눈', '올리브빛 겨울 열매', '불' 등의 선명한 색채 이미지 대비를 통해 생동감을 주고 있다. 즉, 시인이 샤갈의 그림을 보고 마음속에 떠오르는 순수한 심상들을 감각적인 언어로 형상화하여 환상의 분위기를 효과적으로 부각하고 있는 것이다.

'눈'의 역할과 시의 전체적 분위기

'눈'의 역할	시의 전체적 분위기
• 사나이의 관자놀이에 돋은 정맥을 어루만짐. • 마을의 지붕과 굴뚝을 덮음. • 겨울 열매들을 올리브빛으로 물들게 함. • 아낙들이 아궁이에 아름다운 불을 지피게 함.	봄을 알리고 맑고 순수한 생명력을 일깨워 주어, 따뜻하고 생동감이 느껴짐.

샤갈의 〈나와 마을〉

이 그림은 샤갈이 자신의 유년 시절 체험을 자유롭고 몽상적으로 그린 작품이다. 화면 양쪽에는 암소의 머리와 샤갈 자신의 얼굴이 차지하고, 멀리 교회와 집들이 있으며, 농기구를 짊어진 농부와 우유를 짜는 여인이 등장한다. 그리고 아래쪽에는 꽃이 핀 나무가 한 그루 서 있다. 샤갈은 이 작품에 대해 이렇게 말하고 있다. "파리에 와 있는 나에게는 고향 마을이 암소의 얼굴이 되어 떠오른다. 사람이 그리운 듯한 암소의 눈과 나의 눈이 뚫어지게 마주 보고, 눈동자와 눈동자를 잇는 가느다란 선이 종이로 만든 장난감 전화처럼 이야기를 나누고 있다."

이 시에 나타난 샤갈의 그림 〈나와 마을〉의 이미지 변형

왼쪽의 암소	암소의 커다란 눈 안에 담긴 마을이 샤갈의 마을이라는 실재하지 않는 환상의 세계로 변형됨.
오른쪽의 남자	봄을 바라고 서 있는, 바르르 떠는 푸른 정맥을 가진 사나이의 모습으로 변형되어 나타남.
하단부의 꽃가지	순수한 생명력을 지닌 올리브빛의 쥐똥만 한 겨울 열매로 변형됨.
붉은 색채의 기운	'그해의 제일 아름다운 불'이 아낙들에 의해 아궁이에 지펴지는 것으로 표현되어 이국적 마을이 한국적 이미지로 변형됨.

함께 읽으면 좋은 작품

〈납작납작-박수근 화법을 위하여〉, 김혜순 / 미술 작품의 시적 형상화

〈납작납작-박수근 화법을 위하여〉는 박수근 화백의 그림 〈세 여인〉을 제재로 하여 가난한 삶을 살아가는 서민들에 대한 연민을 그려 내고 있는 작품으로, 미술 작품을 시적으로 형상화하고 있다는 점에서 〈샤갈의 마을에 내리는 눈〉과 유사하다. 하지만 〈납작납작-박수근 화법을 위하여〉가 작품의 화법을 중심으로 가난한 서민들의 모습과 그들에 대한 연민을 드러내고 있는 반면, 〈샤갈의 마을에 내리는 눈〉은 그림을 보고 떠오르는 이미지만을 제시하고 있다는 점에서 차이가 있다.

Link 본책 228쪽

키 포인트 체크

화자 샤갈의 그림인 〈나와 마을〉을 보면서 떠오르는 □□□를 포착하여 나타내고 있다.

상황 삼월에 봄이 다가오고 있는데 눈이 내리는 상황으로, 봄과 겨울이 □□한 상황이 드러나 있다.

태도 샤갈의 그림을 보고 마음속에 떠오르는 순수한 □□들을 감각적인 언어로 형상화하여 □□의 분위기를 부각하고 있다.

내신 적중 多빈출

1 이 시에 대한 설명으로 적절하지 <u>않은</u> 것은?

① 현재형의 시제를 사용하여 생동감 있게 표현하고 있다.
② 이질적인 시어들을 자유로운 연상을 통해 나열하고 있다.
③ 선명한 시각적 이미지를 제시하여 시상을 전개하고 있다.
④ 과거와 현재를 대비하여 그리움의 정서를 고조하고 있다.
⑤ 토속적 시어를 활용하여 한국적 감성으로 재구성하고 있다.

2 〈보기〉의 '환상적인 색채'가 이 시에 반영되었다고 할 때, 찾아보기 어려운 색깔은?

> **보기**
>
> 때마침 초봄이라 내 연구실의 유리창을 건너 나른한 햇살이 방 안으로 쏟아지고 있었다. 나는 반쯤 졸음에 취한 기분으로 언젠가 본 샤갈의 〈나와 마을〉이라는 화제(畵題)를 생각하고 있었다. 그러자 내 머릿속을 한순간 '샤갈의 마을'이라고 하는 하나의 이미지가 스쳐 갔다. 샤갈의 그림인 〈나와 마을〉에서 특히 인상 깊었던 것은, 커다란 당나귀의 눈망울이고 그 당나귀의 눈망울 속에 들어앉아 있는 마을이었다. 그리고 그 환상적인 색채가 또한 인상적이었다.
>
> – 김춘수, 〈시와 시인의 말〉에서

① 흰색 ② 빨간색 ③ 초록색
④ 파란색 ⑤ 보라색

3 '눈'에 대해 이해한 내용으로 적절하지 <u>않은</u> 것은?

① 이질적인 이미지를 하나로 이어 준다.
② 활유법을 통해 생동감 있게 드러난다.
③ 환상적인 분위기를 조성하는 소재이다.
④ 순수하고 맑은 생명력을 부여하는 역할을 한다.
⑤ 차가운 속성을 부각하여 봄의 따뜻함을 강조한다.

4 ⓐ~ⓔ 중, 시어가 주는 이미지가 나머지와 <u>다른</u> 하나는?

① ⓐ ② ⓑ ③ ⓒ ④ ⓓ ⑤ ⓔ

5 이 시를 통해 시인이 드러내고자 하는 주제를 쓰시오.

098

묵화(墨畫) | 김종삼

키워드 체크 #인생의 고단함 #연민 #위로 #교감 #여백 #동반자 #유대감

❶물 먹는 소 ˙목덜미에
할머니 손이 얹혀졌다.

▶ 1~2행: 할머니와 소의 모습(선경)

❷이 하루도
소와 함께하는 일상이 반복되고 있음을 짐작하게 함.
함께 지났다고,
◯ : 할머니와 소의 유대감을 강조하는 역할을 함. ☐ : '-고'의 반복으로 운율 형성

❸서로 발잔등이 부었다고,
발등
동병상련(同病相憐)의 정서
서로 ˙적막하다고,
연결 어미와 쉼표()로 종결
→ 소와 할머니의 관계가 계속됨을 강조

▶ 3~6행: 소와 할머니의 유대감(후정)

문학 지학사

◎ 핵심 정리

갈래 자유시, 서정시
성격 애상적, 서정적
제재 할머니와 소
주제 인생의 고단함과 쓸쓸함
특징 ① 세부 상황과 배경이 생략된 채 대상만이 과감하게 단순화되어 묘사됨.
② 절제된 언어로 함축미와 여백의 미를 느끼게 함.
③ 쉼표로 마무리하여 여운을 주고 이러한 삶이 지속될 것임을 암시함.
출전 《십이 음계》(1969)

Q 피동 표현이 쓰인 까닭은?

'할머니'가 아니라 '할머니의 손', 그리고 그 손이 위치한 '소의 목덜미'를 부각하기 위한 의도가 담겨 있다고 볼 수 있다. '얹혀'지는 행위는 두 대상을 이어주는 역할을 하며, 두 대상이 지배-피지배의 수직적 관계가 아니라, 고단하고 적막한 삶을 함께 살아가는 대등한 관계라는 것을 효과적으로 전달해 준다. 참고로 문법적으로는 '얹혔다'가 올바른 표현이다.

☀ 시어 풀이

묵화 먹으로 짙고 엷음을 이용하여 그린 그림.
목덜미 목의 뒤쪽 부분과 그 아래 근처.
적막하다 ① 고요하고 쓸쓸하다. ② 의지할 데 없이 외롭다.

❀ 시구 풀이

❶물 먹는 ~ 손이 얹혀졌다. 화자가 관찰한 장면을 짤막하게 제시한 부분이다. '할머니 손'에는 소에 대한 고마움과 대견함, 유대감, 연민의 마음이 담겨 있다.

❷이 하루도 / 함께 지났다고, 소와 함께 하루를 마감하는 할머니의 모습을 통해 할머니의 고단하고 외로운 처지를 짐작할 수 있다. 관형사 '이'와 조사 '도'는 이러한 할머니의 처지를 강조해 주고 있으며, '함께'라는 말을 통해 소와 할머니의 각별한 사이를 부각하고 있다.

❸서로 발잔등이 ~ 서로 적막하다고, '서로 발잔등이 부었다'는 것은 고된 노동을 함께하였음을 의미한다. 홀로 지내는 할머니의 적막함을 달래 주는 유일한 대상은 소뿐이다. 소는 할머니에게 육체적인 노동을 함께하고 정신적인 적막감을 위로해 주는 유일한 동반자이다. 두 대상의 유대감을 '서로'라는 시어를 반복하여 강화하고 있다.

☻ 작가 소개

김종삼(金宗三, 1921~1984)
시인. 황해도 은율 출생. 1951년에 〈돌각담〉을 발표한 이후, 고도의 비약에 의한 어구의 연결과 시어에 담긴 음악의 경지를 추구하는 순수시의 경향을 나타냈다. 이후 현대인의 절망을 상징하는 시를 썼으며, 과감한 생략에 의한 여백의 미를 중시하였다. 시집으로는 《십이 음계》(1969), 《시인 학교》(1977), 《북 치는 소년》(1979) 등이 있다.

이해와 감상

이 시는 소의 목덜미와 할머니의 손을 그린 1~2행과 겉으로 드러나지는 않지만 소에게 건네는 할머니의 마음속 말을 제시한 3~6행 두 부분으로 나눌 수 있다. 화자는 힘든 농사일을 끝내고 돌아와 물을 먹는 소의 목덜미에 할머니 손이 얹혀지는 것을 보고 있다. 한 마디의 말도 들리지 않았지만 화자는 할머니의 행동에서 '오늘 하루도 이렇게 함께 지냈구나, 너나 나나 발잔등이 똑같이 부어 있구나, 우리 둘 다 외로운 존재구나'라는, 연민과 위로의 말을 읽어 내고 있다. 하지만 화자가 추측한 이 말 속에는 소에게 건네는 할머니의 마음만 추측되어 제시되어 있을 뿐 하루를 어디에서 어떻게 보냈는지 등에 관한 구체적인 서사는 드러나 있지 않다. 그저 할머니는 소에게 강한 유대감을 느끼며 소를 쓰다듬고 있을 뿐이다. 이렇게 구체적인 상황 맥락이 제시되지 않은 까닭에 이 시는 적막한 할머니의 고달픈 삶의 애환으로 해석할 수도 있고, 힘겹게 살아가는 이웃에 건네는 연민으로 해석할 수도 있다. 이렇게 해석이 다양할 수 있는 이유는 이 시가 지니고 있는 여백 때문이라고 할 수 있다.

작가의 시에는 어린아이나 노인 등의 약자를 소재로 하여 그들의 삶을 애상적으로 형상화한 작품이 많이 있다. 이러한 시들은 고되고 힘든 현실에 대응하는 자세로 휴머니즘을 제시한다는 점에서 유사성이 있는데, 이 시 역시 이러한 특성을 잘 보여 준다.

유대감
```
할머니 ═ 소
```
• 하루를 함께 지냄.
• 서로 발잔등이 부었음.
• 서로 적막함.

작품 연구소

시상의 전개

1~2행		3~6행
소 목덜미에 할머니 손이 얹힘.	⇒	서로 발등이 붓고, 서로 적막함.
소에 대한 연민의 정		소와 할머니의 유대감

1~2행에서는 화자가 관찰한 장면을, 3~6행에서는 할머니가 소에게 했음직한 말을 추측하여 제시하고 있다.

'소'와 '할머니'의 동반자적 관계

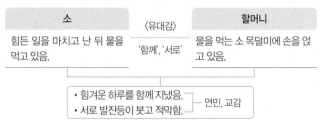

소	〈유대감〉	할머니
힘든 일을 마치고 난 뒤 물을 먹고 있음.	'함께', '서로'	물을 먹는 소 목덜미에 손을 얹고 있음.

- 힘겨운 하루를 함께 지냈음. ┐ 연민, 교감
- 서로 발잔등이 붓고 적막함. ┘

전통적으로 '소'는 농사를 짓는 데 꼭 필요한 귀한 가축이면서, 특유의 성실하고 유순한 성격으로 가족의 일원으로 인식되기도 하였다. 이 시에서도 '소'는 할머니의 외롭고 고단한 일상을 함께하는 동반자의 모습으로 그려져 있다. 고된 하루 일과를 마치고 집에 돌아와 물을 마시는 소의 목덜미에 할머니가 손을 얹는 것은 자신의 적막함을 위로해 주는 동반자에 대한 연민과 고마움의 표현이라고 할 수 있다.

제목 '묵화'와 표현상의 특징

이 시는 구체적인 배경 묘사나 상황 맥락 없이, 겉으로 드러나지 않은 화자가 관찰한 대상('할머니'와 '소')의 모습만 한 폭의 그림처럼 간략하게 묘사되어 있다. 이 시의 특징인 여백을 다음과 같이 정리할 수 있다.

묵화	형식적 여백	• 전체 행이 6행에 불과하며, 한 행의 길이가 10자를 넘어가지 않을 만큼 시어를 절제하여 사용함. • 불완전한 종결(연결 어미와 쉼표로 끝을 맺음.)
	내용적 여백	배경에 대한 묘사가 없으며, '이 하루'의 구체적인 서사가 생략되어 있음.

이를 통해 이 시의 제목으로 쓰인 묵화에서 발견할 수 있는 동양적인 아름다움과 유사한 여백의 미와 정감의 깊이를 느끼게 하였다.

자료실

김종삼의 시 형식 기법: 생략
김종삼의 시 형식의 중요한 미학의 하나로 생략의 기법을 들 수 있다. 말이 끊어진 채 끝맺는 불완전한 구문 처리가 말로 표현할 수 없는 순간의 막막함을 반영하고, 여러 비극적인 정조를 화자의 내면의 정서로 환기시키는 역할을 하는 것이다.

함께 읽으면 좋은 작품

〈맨발〉, 문태준 / 힘겨운 삶에 대한 연민의 정서

〈맨발〉은 어물전에서 우연히 본 개조개를 관찰하면서 떠올린 삶에 대한 상념을 그리고 있는 작품으로 인간 삶의 고단한 현실과 비애를 우회적으로 드러내고 있다는 점에서 〈묵화〉와 유사하다. 두 시의 화자는 모두 대상을 관찰하는 관찰자이다. 〈맨발〉의 화자는 개조개의 맨발을 관찰하면서 양식을 얻으러 거리로 나온 가난한 가장의 '부르튼 발', 즉 힘겨운 삶의 모습을 대응시키고, 〈묵화〉의 화자는 소와 할머니의 모습을 관찰하면서 인생의 고단함과 적막함을 떠올린다. 두 시의 화자 모두 대상을 연민의 시선으로 바라본다는 점에서 동일하다.

키 포인트 체크

화자 물 먹는 소의 ☐☐☐에 손을 얹고 있는 할머니를 관찰하고 있다.

상황 고단한 농사일을 마치고 물을 먹는 소를 할머니가 쓰다듬고 있는 상황으로, 할머니의 행동에 담긴 ☐☐☐과 대견함, 유대감 등을 ☐☐하고 있다.

태도 감정을 절제한 채 소와 할머니의 모습을 ☐☐의 시선으로 바라보고 있다.

1 이 시의 표현상 특징으로 적절하지 <u>않은</u> 것은?
① 특정 어미를 반복하여 운율을 형성하고 있다.
② 절제된 언어 표현으로 주제를 전달하고 있다.
③ 불완전한 종결로 관계의 지속을 부각하고 있다.
④ 구체적 상황을 배제한 채 대상의 모습만을 드러내고 있다.
⑤ 음성 상징어를 활용하여 대상을 생동감 있게 표현하고 있다.

2 이 시의 화자에 대한 설명으로 가장 적절한 것은?
① 시골에서 노동의 가치를 몸소 체험하고 있다.
② 인간과 대비되는 자연에서 깨달음을 얻고 있다.
③ 이상 추구의 좌절로 인한 안타까움을 표출하고 있다.
④ 과거를 회상하며 대상에 대한 그리움을 드러내고 있다.
⑤ 감정을 절제한 채 연민의 시선으로 대상을 바라보고 있다.

3 이 시를 영상물을 표현하기 위해 구상한 내용으로 적절하지 <u>않은</u> 것은?
① 한낮에 밭에서 소를 끌며 힘겹게 밭을 가는 할머니의 모습을 외로운 느낌이 나도록 제시한다.
② 배경음은 소의 워낭 소리와 바람 소리, 새 소리 등만 삽입하여 정적인 분위기를 형성한다.
③ 저녁에 집에 돌아오는 장면에서는 소의 역동적인 모습과 할머니의 구부정한 모습을 대조하여 보여 준다.
④ 소가 물을 먹는 모습을 바라보는 할머니의 연민에 찬 눈빛을 클로즈업하여 보여 준다.
⑤ 소의 목덜미에 올려진 할머니의 손은 주름이 많고 거칠어 보이도록 분장을 한다.

내신 적중 多빈출

4 이 시에서 할머니와 소의 유대감을 단적으로 나타내는 시어를 찾아 쓰시오. (두 개)

5 이 시에서 소를 바라보는 할머니의 정서와 가장 관련이 깊은 한자 성어는?
① 동상이몽(同床異夢)
② 우이독경(牛耳讀經)
③ 새옹지마(塞翁之馬)
④ 동병상련(同病相憐)
⑤ 이구동성(異口同聲)

Ⅳ. 1960년대 ~ 1980년대

누군가 나에게 물었다 | 김종삼

키워드 체크 #시란 무엇인가 #인생의 가치 #겸손 #그런 사람들 #시인의 사회적 역할

문학 동아, 신사고

핵심 정리

갈래 자유시, 서정시
성격 철학적, 사색적, 문답적
제재 시와 시인
주제 시와 시인의 본질, 서민들의 성실하고 건강한 삶에 대한 긍정
특징 ① 일상적인 체험을 통해 시인이 지향해야 할 가치를 표현함.
② 질문과 질문에 답하는 과정을 통해 주제 의식을 형상화함.
③ 유사한 시구를 반복하여 시적 의미를 강조함.
출전 《누군가 나에게 물었다》(1982)

Q '그런 사람들'을 시인이라고 일컬은 까닭은?

'그런 사람들'은 삶이 고되어도 마음 좋고 인정 넘치게 살아가고 있다. 이러한 삶이 시의 의미이기 때문에, 이러한 삶을 살아가고 있는 사람들을 시인이라고 하였다.

시어 풀이

알파 그리스 문자의 첫째 자모. 'A, a'로 쓴다. 첫째 가는 것, 처음의 뜻으로 쓰임.
광명 밝고 환함. 또는 밝은 미래나 희망을 상징하는 밝고 환한 빛.

시구 풀이

❶ **누군가 나에게 물었다 ~ 모른다고 대답하였다.** 시와 시인의 존재 의미와 가치를 묻는 질문에 선뜻 답을 하지 못하는 모습이 나타난다. 이후 화자는 '시가 뭐냐'는 질문을 품고 이에 대해 고민하게 된다.
❷ **무교동과 종로와 명동과 남산과 서울역 앞을 걸었다.** '시가 뭐냐'는 질문에 대한 답을 생각하는 사색과 성찰의 과정이 나타난다.
❸ **저녁녘 남대문 시장 안에서 ~ 생각나고 있었다.** 남대문 시장은 화자에게 깨달음을 주는 공간이다. 앞서 홀로 걸으며 사색했을 때에는 얻을 수 없던 답을 남대문 시장에서 바삐 살아가는 사람들을 보고 얻을 수 있게 된다.
❹ **그런 사람들이 ~ 다름 아닌 시인이라고.** 화자의 깨달음이 나타나 있다. 삶이 고되어도 순하고 명랑하고 마음이 좋고 인정이 있어 슬기롭게 사는 사람들이 시인이며, 그러한 삶이 인간이 지향해야 할 가치임을 나타내고 있다.

작가 소개
김종삼(본책 200쪽 참고)

---

❶ 누군가 나에게 물었다. 시가 뭐냐고
시와 시인의 존재 의미와 가치에 대한 질문(시의 본질), 도치
나는 시인이 못 되므로 잘 모른다고 대답하였다.
화자의 겸손한 태도, 자신이 시인의 기준에 미치지 못함을 고백함.
▶ 1~2행: 시란 무엇인가에 대한 질문을 받음.

❷ 무교동과 종로와 명동과 남산과
사색과 성찰의 과정, 평범한 서민들의 삶의 터전
서울역 앞을 걸었다. ── 공간의 이동 – 답을 찾기 위한 과정

❸ 저녁녘 남대문 시장 안에서
민중들의 삶의 공간, 화자가 깨달음을 얻게 된 공간
빈대떡을 먹을 때 생각나고 있었다.
진행상, 깨달음이 찾아온 그 순간을 부각함.
▶ 3~6행: 무교동에서 남대문 시장까지 배회함.

❹ 그런 사람들이

『엄청난 고생되어도
민중들의 고된 삶
순하고 명랑하고 맘 좋고 인정이
건강하고 인간다운 모습
있으므로 슬기롭게 사는 사람들이』 ──『 』: 주변의 평범한 사람들
── 도치법, 독자의 호기심 유발

그런 사람들이

이 세상에서 ⓐ●알파이고
그리스어 알파벳의 첫 글자, 처음, 출발, 기초의 의미
고귀한 인류이고
소중하고 귀한 존재
영원한 ●광명이고
상징
다름 아닌 시인이라고.
── '나'의 깨달음이 나타남. '그런 사람들'의 의미를 열거하여 강조함.
▶ 7~15행: 삶이 고되어도 인정 넘치고 슬기로운 사람들이 시인이라고 생각함.

이해와 감상

이 작품은 누군가로부터 "시가 뭐냐?"라는 질문을 받은 화자가 처음에는 모른다고 대답했다가 나중에 그 물음의 답을 제시하는 과정을 담고 있다. 화자와 시인이 동일 인물이라고 했을 때 오랜 세월 시를 쓴 시인이 화자를 내세워 스스로 시인이 못 되므로 시가 무엇인지 모른다고 대답한 것으로 볼 수 있다. 화자는 '시가 뭐냐'는 질문을 마음에 품고 하루 종일 거리를 배회하다 저녁 무렵 남대문 시장에서 깨달음에 이른다. 화자는 거리에서 열심히 살아가는 사람들을 보며 '엄청난 고생되어도 순하고 명랑하고 맘 좋고 인정이 있으므로 슬기롭게 사는 사람들'이 '알파이고 고귀한 인류이고 영원한 광명이고 다름 아닌 시인이라고' 깨닫게 된다. 세속적인 관점으로 보면 그들은 고달픈 삶을 살아가는 서민에 불과하지만, 외적인 고통에 굴하지 않고 내면의 아름다움과 인간다운 가치를 지니고 있는 사람들이다. 결국 화자는 남대문 시장에서 만난 사람들을 통해 시인은 사람이 갖추어야 할 덕성을 조화롭게 갖춘 사람이라는 것을 깨닫게 된다. 이처럼 시인은 단순하고 쉬운 진술을 통해 인간다운 삶이 무엇인가에 대한 사유를 표현하고 있다.

공간의 이동		
시가 무엇이냐는 질문을 받음.	무교동, 종로, 명동, 남산, 서울역 앞 시가 무엇인지 생각함.	남대문 시장 안 삶이 고되어도 인정 넘치고 슬기로운 사람들이 시인이라고 생각함.

작품 연구소

이 시의 시상 전개 과정

질문	누군가로부터 시가 뭐냐는 질문을 받음.

↓

화자의 반응	자신은 시인이 못 되므로 잘 모른다고 대답함.

↓

질문에 대한 화자의 탐색	무교동에서 종로, 명동, 남산과 서울역 앞을 걷고 저녁 무렵 남대문 시장에 이를 때까지 질문에 대해 생각함. 남대문 시장에서 만난 사람들을 보고 질문에 대한 답을 얻음.

↓

화자의 생각	고생하며 살아도 순하고 명랑하고 마음이 좋고 인정이 있으므로 슬기롭게 최선을 다해 사는 사람들이 이 세상의 근간이고 고귀한 인류이고 희망이며 시인이라고 생각함. → 사람이 지녀야 할 덕성을 조화롭게 갖추고 사는 것이 사람답게 사는 삶이라는 깨달음을 얻음.

표현상의 특징

도치	1행 '누군가 나에게 물었다. 시가 뭐냐고'와 7~10행 '그런 사람들이~슬기롭게 사는 사람들이'는 문장의 어순을 바꾼 표현이다. 이와 같이 문법에 맞는 말의 순서를 뒤집어 표현하여 질문의 내용과 '그런 사람들'의 의미를 강조하고 있다.
반복	'그런 사람들이'를 되풀이하여 표현하고 있다. '그런 사람들'은 화자가 깨달음을 얻게 된 대상으로, 그들이 바로 시인이라는 내용을 강조하고 운율감을 형성한다.
상징	'알파', '고귀한 인류', '영원한 광명'이라는 시어와 시구를 통해 고되어도 순하고 명랑하며 맘 좋고 인정이 있으므로 슬기로운 사람들이 세상의 기초가 되는 매우 중요한 사람들임을 표현하고 있다.

공간적 배경의 의미

이 시의 화자는 시가 뭐냐는 질문을 받고 무교동과 종로, 명동과 남산과 서울역 앞을 걸었다. 이 공간들은 일상적인 생활의 공간으로, 화자가 깨달음을 얻기 위하여 세속과 먼 곳이 아니라 우리가 살아가고 있는 삶의 현장을 선택하였다는 점에서 의미가 있다. 또한 화자가 깨달음을 얻은 공간은 '남대문 시장'이다. 시장은 서민들이 치열하게 삶을 살아가는 곳이고, 시장에서 만나는 사람들은 삶이 고되기도 하나, 자신의 삶을 받아들이고 명랑하게 살아가며, 다른 사람들과의 관계에서도 인정을 베풀 줄 아는 사람들이다. 화자는 이렇듯, 무언가를 초월하거나 뛰어난 능력을 가진 사람이 아니라 자신의 삶에 최선을 다하며 이웃을 돌아볼 줄 아는 보통 사람들이 세상에서 중요한 존재들이라는 깨달음을 일상적인 삶의 공간을 바탕으로 표현하고 있다.

함께 읽으면 좋은 작품

〈소설가 구보 씨의 일일〉, 박태원 / 사람들을 관찰하며 삶의 의미 모색

〈소설가 구보 씨의 일일〉은 1934년에 발표된 현대 소설로, 하루 동안 경성 거리를 배회하는 소설가 구보를 통해 1930년대 도시의 일상적 삶에 대한 관찰과 사색을 그린 작품이다.

〈소설가 구보 씨의 일일〉과 〈누군가 나에게 물었다〉는 도시를 산책하고 사람들의 삶을 관찰하며 삶의 의미를 모색한다는 점에서 유사하다. 하지만 〈소설가 구보 씨의 일일〉의 서술자가 고독을 경험하고 생활을 가진 '창작자'가 되기로 스스로에 대한 다짐을 한다면, 〈누군가 나에게 물었다〉에서는 타인의 모습에서 바람직한 삶의 가치를 발견하여 고된 삶에서도 인간적인 가치를 지니고 산다면 누구나 가치 있는 시인이 될 수 있음을 표현하였다는 점에서 차이가 있다. **Link** 〈현대 소설〉 68쪽

키 포인트 체크

화자 ☐가 뭐냐는 질문을 받고 자신은 시인이 못 되므로 모른다고 대답하였지만, 여러 곳을 다니며 그 질문에 대한 답을 고민한다.

상황 서울 곳곳을 다니며 시란 무엇인가를 사색하고 ☐☐하던 화자가 ☐☐☐에서 그 답을 얻게 되었다.

태도 질문에 대해 끈기 있게 생각하고 삶의 가치, 시와 시인의 본질에 대해 ☐☐하는 태도를 보이고 있다.

---

1 이 시에 대한 설명으로 가장 적절한 것은?

① 도치와 반복을 통해 핵심 내용을 강조하고 있다.
② 동일한 시어로 대조적인 이미지를 나타내고 있다.
③ 구체적 청자를 설정하여 대화하는 방식을 보이고 있다.
④ 화자의 시선이 먼 곳에서 가까운 곳으로 이동하고 있다.
⑤ 시각적, 청각적 이미지 등 다양한 이미지를 통해 시상을 전개하고 있다.

중요 기출

2 이 시의 시적 상황을 〈보기〉와 같이 도식화해 보았다. 〈보기〉의 각 요소와 관련지어 이 시를 이해한 내용으로 적절하지 않은 것은?

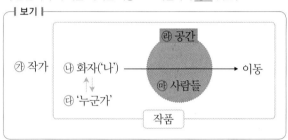

① ㉮와 ㉯를 동일하게 본다면 시 내용이 작가 자신의 생각을 드러낸 것이라고 할 수 있다.
② ㉰와의 대화는 ㉯에게 삶의 의미를 생각하게 하는 계기가 되었다고 볼 수 있다.
③ ㉯는 ㉱를 돌아다니는 동안 ㉰의 물음에 대한 반감을 갖게 되었다고 볼 수 있다.
④ ㉯는 ㉲가 어려운 생활을 하고 있지만 착하고 인정 많은 사람들이라고 생각하고 있다.
⑤ ㉯는 ㉲의 모습에서 고귀한 삶의 가치를 발견하고 있다.

3 이 시를 감상한 내용으로 적절하지 않은 것은?

> ㉠이 시의 제목을 보니 시가 뭐냐는 질문이 이 시를 쓴 계기가 된 것 같아. 화자는 이 질문에 대해, ㉡자신은 시인이 못 되므로 잘 모른다고 대답했어. 그리고 ㉢무교동에서 서울역까지 걸으며 만나는 사람들에게 시인의 의미를 물어보았지. ㉣빈대떡을 먹다 답이 생각난 것은 화자가 꾸준히 고민을 했기 때문일 거야. 화자는 ㉤시장에서 만난 평범한 사람들에게서 시인의 모습을 발견하게 되었어.

① ㉠　　② ㉡　　③ ㉢　　④ ㉣　　⑤ ㉤

4 이 시에서 ⓐ의 상징적 의미를 쓰시오.

100 울타리 밖 | 박용래

국어 천재(박)

◎ 핵심 정리

갈래 자유시, 서정시

성격 서정적, 향토적, 자연 친화적

제재 울타리 밖에도 화초를 심는 마을

주제 자연과 인간이 조화를 이룬 아름다운 세계에 대한 소망 / 자연과 인간이 어우러진 고향에 대한 그리움

특징 ① 주로 시각적 이미지를 활용하여 마을의 풍경을 묘사함으로써 회화성을 살림.
② 동일한 연결 어미를 반복하여 다양한 소재의 동일한 속성을 부각함.
③ 하나의 시어로 독립적인 연을 구성하여 주제 의식을 함축적으로 드러냄.

출전 《강아지풀》(1975)

Q '천연히'의 의미는?

3연은 '천연히', 단 하나의 시어로만 구성되어 있다. '천연히'는 '생긴 그대로 조금도 꾸밈이 없이 자연스럽게'를 의미한다. 1연의 '소녀'와 '소년', '들길', 2연의 '아지랑이', '태양', '제비', '물', 4연의 '마을'은 모두 '천연히'의 속성을 공유하며 조화를 이룬다.

☀ 시어 풀이

마늘쪽 마늘의 낱개.

천연히 생긴 그대로 조금도 꾸밈이 없이.

잔광(殘光) 해가 질 무렵의 약한 햇빛.

✿ 시구 풀이

❶ **같이 낮이 ~ 들길이 있다** '같이'를 어떻게 해석하느냐에 따라 '낮이 설어도 사랑스러운'의 수식 범위가 달라질 수 있다. '처럼'으로 해석하면 마치 '소녀'와 '소년'과 같이 '들길'도 '낮이 설어도 사랑스러운' 대상이라고 볼 수 있고, '함께'로 해석하면 '낮이 설어도 사랑스러운'이 '들길'만을 수식한다고 볼 수 있다.

❷ **그 길에 ~ 그렇게** 들길에 펼쳐지는 자연의 모습을 묘사한 부분으로 인위적인 것을 배제하고 천연한 자연의 속성을 보여 주는 역할을 한다.

❸ **울타리 밖에도 ~ 마을이 있다.** 울타리 안(인간의 세계)과 밖(자연)을 구분하지 않는 행동을 나타낸 것으로, 마을 사람들의 따뜻하고 넉넉한 마음을 짐작하게 한다. 자연과 닮은 사람들이 사는 마을은 잔광이 오래 부시고 별이 많이 뜨는 것으로 아름답게 묘사된다.

☂ 작가 소개

박용래(朴龍來, 1925~1980)

시인. 충남 논산 출생. 문단 생활 25년 동안 1백여 편의 작품만을 남길 정도로 과작(寡作)이었으며, 역사의 격동이나 시류에 상관없이 자신만의 시 세계에 몰두하였다. 주로 유년기에 대한 회상, 우리 농촌의 시정, 애틋한 정한과 같은 소재를 다루었으며, 향토적 정서를 시적 여과를 통해 간결하고 섬세하게 표현함으로써 한국 현대 시의 한 갈래를 형성하였다는 평가를 받는다. 주요 시집에 《싸락눈》(1969), 《강아지풀》(1975), 《백발의 꽃대궁》(1979) 등이 있다.

머리가 *마늘쪽같이 생긴 고향의 소녀와
　　　꾸밈이 없고 소박한 모습
한여름을 알몸으로 사는 고향의 소년과
　　　원시성, 순수한 모습
❶같이 낮이 설어도 사랑스러운 들길이 있다
'처럼' 또는 '함께'로 중의적 해석 가능

○: 인간과 관련이 깊은 시어

▶ 1연: 고향 소녀와 소년과 들길

❷그 길에 아지랑이가 피듯 태양이 타듯
　　　들길
제비가 날듯 길을 따라 물이 흐르듯 그렇게

□: 인위적인 요소가 배제된 채 자연의 섭리에 따라 움직이는 대상. '천연히'의 속성을 지님.

그렇게
행간 걸침 → 의미 강조

▶ 2연: 들길에 펼쳐지는 자연의 모습

*천연(天然)히
시상을 집약하며 주제를 함축함.

▶ 3연: 꾸밈이 없는 모습

㉠❸울타리 밖에도 화초를 심는 마을이 있다
　　울타리 안과 밖을 구분하지 않음. - 자연과 인간의 조화
오래오래 *잔광이 부신 마을이 있다

밤이면 더 많이 별이 뜨는 마을이 있다.
4연은 '화초를 심는(낮) - 잔광이 부신(저녁) - 별이 뜨는(밤)'과 같이 시간의 순서에 따라 시상이 전개되는데, 이들은 공통적으로 '마을'을 수식하고 있다. 자연과 조화를 이루는 마을의 아름다운 모습을 부각하는 역할을 한다고 볼 수 있다.

① 시골이라 빛이 적고 공기가 맑기 때문에
② 천연한 마을이라 자연이 더 오래, 더 많이 머물기 때문

▶ 4연: 천연하게 사는 사람들과 자연의 조화

이해와 감상

이 시에는 화자의 개인적인 생각이나 정서보다는 고향 마을의 풍경이 전면에 드러나 있다. 화자가 그리는 풍경 속에는 고향의 소녀와 소년, 들길이 있으며(1연), 그 길에는 아지랑이가 피고, 태양이 타고, 제비가 날고, 길을 따라 물이 흐른다(2연). 이 모든 것은 천연하다(3연). 즉 생긴 그대로 조금도 꾸밈이 없이 자연스러울 따름이다. 이와 마찬가지로 울타리의 안과 밖을 구분하지 않고 천연하게 화초를 심는 사람들이 사는 마을이 있다. 그 마을에는 '잔광', '별'과 같은 자연이 더 오래, 더 많이 어우러진다(4연). 이렇듯 이 작품은 울타리의 안과 밖, 인간과 자연이 모두 천연하게 조화를 이룬 모습을 노래하고 있다. 시어 하나로 독립된 연을 이루고 있는 3연의 '천연히'에 초점을 맞춘다면 이 시의 공간적 배경이 되는 '들길'과 '마을'은 인위적인 요소가 배제된, 그리하여 자연의 섭리에 따라 움직이는 공간이라고 볼 수 있다. 이러한 공간에 대한 화자의 생각이 어떠한지는 드러나 있지 않지만, 마을의 모습이 무척 아름답게 그려진다는 점에서 화자가 이러한 상태를 소망하고 있음을 짐작할 수 있다.

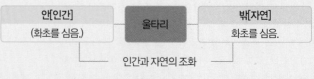

안[인간] (화초를 심음.) — 울타리 — 밖[자연] 화초를 심음.
인간과 자연의 조화

작품 연구소

주요 시어의 특성

구분	주요 시어	특성
1연	소녀, 소년, 들길	낯이 설어도 사랑스럽다.
2연	아지랑이, 태양, 제비, 물	천연하다.
3연	천연히	꾸밈이 없이 자연스럽다.
4연	울타리 밖, 화초, 잔광, 별	천연하다.

'소녀'와 '소년', '들길'의 유사성

소녀	─ 머리가 마늘쪽같이 생김.	┐ 문명의 때가 묻지 않은
소년	─ 한여름을 알몸으로 삶.	┘ 순수한 자연인의 모습

| 들길 | ─ 아지랑이, 태양, 제비, 물 등이 있음. | ─ 자연 공간 그 자체 |

'소녀'와 '소년'은 '들길'과 함께 '고향'을 구성하는 요소로, 각각을 수식하는 내용을 볼 때, 그 의미가 유사하다. 인위적이지 않고 자연 그대로인 모습은 '낯이 설어도 사랑스럽다'는 공통적 속성으로 이어져 있다.

'천연히'의 역할

1, 2연	3연	4연
인간과 자연의 모습		인간과 자연의 조화
소녀, 소년, 들길, 아지랑이, 태양, 제비, 물	천연히	화초, 마을, 잔광, 별

- 1, 2연과 4연을 연결하며 의미의 상관성을 보여 줌.
- 시상을 집약하며 주제를 함축함.

'천연히'는 1, 2연에서 묘사한 인간과 자연에 대한 요약적 결론이며 4연에서 묘사하려는 인간의 마을과 자연에 대한 전제이다. 그러므로 3연은 1, 2연의 의미가 수렴되고, 4연으로 의미가 발산되는 지점이기도 하다.

'울타리 밖에도'의 의미

'울타리'는 본래 안과 밖의 경계를 나타내는 역할을 한다. 이 시에서 안과 밖은 곧 인간과 자연이라는 두 개의 세계를 의미한다고 볼 수 있다. 그리고 조사 '도'를 사용하여 울타리 안팎을 구분하지 않고 화초를 심는 마을의 모습을 부각한다. 이는 인간과 자연의 조화를 나타내며, 이러한 마을의 모습은 '잔광'과 '별'을 통해 아름답게 묘사되고 있다.

자료실

박용래 시의 함축미

박용래는 대개 10행 내외의 단시를 주로 쓰는데, 그의 시에는 기교를 거느린 비유법과 언어를 절제한 극도의 압축미가 두드러진다. 깎아 낼 대로 깎아 낸 간결하기 이를 데 없는 언어의 경제도 놀랍지만, 그 안에 새겨진 토착적 정서는 시릴 정도로 선명하다. [중략] 그는 민요의 기본 구조인 언어의 반복과 병렬을 눈여겨보고, 그것이 한국적 정한의 세계와 달관의 정서를 드러내는 데 효과가 있다고 생각해 자기 나름으로 걸러 낸 민요의 어법을 시에 자주 살려 쓴다.

– 장석주, 〈1960년대를 눈물로 건너간 시인〉

함께 읽으면 좋은 작품

〈어떤 마을〉, 도종환 / 자연 친화적 태도, 자연과 조화를 이루는 삶

〈어떤 마을〉은 시골 마을의 정겹고 평화로운 모습을 노래한 작품이다. 〈울타리 밖〉과 마찬가지로 자연과 조화를 이루며 살아가는 사람들에 대한 화자의 애정이 잘 느껴지는 작품이다. 두 시에서는 모두 마지막 행에 '별'이라는 시어가 쓰였는데, '별'은 마을 사람들의 삶에 대한 화자의 긍정적인 인식을 강조하여 나타내는 시어로 볼 수 있다.

키 포인트 체크

- **화자** 아름다운 들길과 [ ][ ][ ] 밖에도 화초를 심는 마을을 [ ][ ]하고 있다.
- **상황** 들길에는 [ ][ ][ ] 아지랑이가 피고, 태양이 타고, 제비가 날고, 물이 흐른다. 마을에는 오랫동안 [ ][ ]이 부시고, 밤이면 많은 별이 뜬다.
- **태도** 겉으로 드러나 있지는 않지만, 인간과 자연이 모두 천연하게 [ ][ ]를 이룬 모습을 소망하고 있음을 짐작할 수 있다.

1 이 시에 대한 설명으로 적절하지 <u>않은</u> 것은?
① 유사한 통사 구조를 반복하여 운율을 형성하고 있다.
② 비유를 통해 대상이 지닌 특성을 효과적으로 드러내고 있다.
③ 핵심 시어를 독립된 연으로 제시하여 주제를 강화하고 있다.
④ 격정적인 어조를 통해 화자가 바라는 삶을 드러내고 있다.
⑤ 유사한 의미를 지닌 시구를 나열하여 대상의 특성을 드러내고 있다.

내신 적중 多빈출

2 이 시의 화자(㉮)와 〈보기〉의 화자(㉯)에 대한 이해로 가장 적절한 것은?

┤ 보기 ├
청산도 절로절로 녹수도 절로절로
산 절로 수 절로 산수 간에 나도 절로
그중에 절로 자란 몸이 늙기도 절로절로. – 송시열

① ㉮와 달리 ㉯는 인생의 허망함을 안타까워하고 있다.
② ㉮와 달리 ㉯는 소박한 삶에 만족감을 느끼며 살고 있다.
③ ㉮와 ㉯ 모두 자연과 조화를 이루며 사는 삶을 지향하고 있다.
④ ㉯와 달리 ㉮는 자연보다는 사람들과 더불어 사는 삶을 지향하고 있다.
⑤ ㉮와 ㉯ 모두 인간 세상과 자연을 대비하며 탈속의 의지를 보이고 있다.

3 〈보기〉를 참고하여 이 시를 감상한 내용으로 적절하지 <u>않은</u> 것은?

┤ 보기 ├
1950년대 후반의 시적 경향을 보여 주는 박용래는 모더니즘의 기법에 전통과 자연에 대한 관심을 결합했다. 그는 사라져 가는 재래의 것들을 회화적 이미지로 복원하여 토속적 정취를 환기하고, 소박한 자연의 이미지를 병치하여 자연의 지속성과 인간과 자연의 조화에 대한 바람을 드러냈다.

① 시각적 이미지를 활용하여 '마을'의 풍경을 묘사함으로써 회화성을 잘 살리고 있군.
② '마늘쪽', '들길', '아지랑이' 등의 시어를 통해 토속적 정취를 불러일으키고 있군.
③ '길을 따라 물이 흐르듯'은 자연의 지속성에 대한 바람과 관련지어 이해할 수 있군.
④ '울타리 밖에도' 심은 '화초'는 인간과 자연의 조화에 대한 바람을 함축하고 있군.
⑤ '잔광'은 재래의 것들이 점차 사라져 가는 현실에서 오는 쓸쓸함을 상징하고 있군.

4 조사 '도'의 의미를 고려하여, ㉠을 통해 강조하고자 하는 마을의 특징을 한 문장으로 쓰시오.

거산호(居山好) Ⅱ | 김관식

문학 천재(정)

🎯 핵심 정리

갈래 자유시, 서정시
성격 의지적, 자연 친화적, 예찬적
제재 산
주제 산에 기거하며 산을 닮고자 함.
특징 ① 산의 속성을 나열하고 긍정적인 가치를 부여함.
② 의미의 대립을 통해 화자가 지향하는 바를 드러냄.
출전 《창작과 비평》(1970)

Q 작품에 제시된 '산'의 속성은?

작품에서 '산'은 '맨날 변해 쌓'는 사람과는 달리 '태고로부터 푸르러 온' 영속성을 지녔으며, '고요'하고 '너그러'우며 '수하는 데다가' '겸허'하기까지 한 대상으로 제시되고 있다. 이러한 속성을 지닌 산은 화자에게 '평생 보고 배울' 대상으로 제시된다.

💡 시어 풀이

거산호 산에 사는 것을 좋아함.
장거릴 장거리(장이 서는 거리)를.
아아(峨峨)라히 산이나 큰 바위 따위가 힘차게 우뚝 솟아.
미역취 국화과의 여러해살이풀. 산과 들에 난다.
산 정기 산 정기(精氣). 본문에서 제시된 영속성과 불변성, 고요함, 너그러움과 같은 산의 긍정적 속성을 총칭하는 시어.

🔖 시구 풀이

❶ **장거릴 등지고 산을 향하여 앉은 뜻** '장거리'와 '산', '등지고'와 '향하여 앉은'과 같은 시어의 대비를 통해 화자가 지향하는 바를 명확하게 드러낸 구절이다. 화자는 '장거리'로 표상되는 번잡한 속세에 대한 거부감을 드러내면서 이와 대비되는 자연 공간인 '산'을 지향하는 태도를 드러내고 있다.

❷ **내 이승의 낮과 ~ 다리 놓는 산.** '산'을 인간의 이승과 저승을 연결하는 존재로 간주하는 화자의 인식이 표현된 부분이다. 이 구절은 또한 '거기에 가 또 묻히리니'와 '네 품이 내 고향인 그리운 산'과 연결되면서, 탄생부터 죽음까지의 평생을 산과 함께하고 싶은 화자의 생각을 표현하고 있다.

❸ **산에서도 오히려 ~ 그리며 산다.** '산'에 대한 지속적인 지향을 표현하면서 '산'과 그것이 표상하는 가치를 '산 정기'로 총칭하고 이에 대한 그리움을 나타내고 있다.

🧑 작가 소개

김관식(金冠植, 1934~1970)
시인. 충남 논산 출생. 최남선에게 동양학을 사사하고 서울공고 및 상고에서 교편을 잡았다. 세계일보 논설위원으로도 재직하였다. 시집으로는 《낙화집》(1952), 《해 넘어가기 전의 기도(이형기, 이상로 공제)》(1955), 《김관식 시선》(1956)이 있다.

오늘, 북창(北窓)을 열어,
㉠❶<u>장거릴</u> 등지고 <u>산</u>을 향하여 앉은 뜻은
　　　　　세상, 속세 ↔ 자연(지향의 대상)
『사람은 맨날 변해 쌓지만

태고(太古)로부터 푸르러 온 산이 아니냐.
『 』: 변화하는 유한한 존재로서의 '사람'과 오랜 기간 푸르름을 유지하는 영속성을 지닌 '산'의 대비
고요하고 너그러워 수(壽)하는 데다가
　　　　　　　오래 사는 → 영속적인 불변의
보옥(寶玉)을 갖고도 자랑 않는 겸허한 산.　　　▶ 1~6행: 변함없이 푸르고 너그러우며 겸허한 산
보석 → 산의 긍정적 속성, 가치
『마음이 본시 산을 사랑해

평생 산을 보고 산을 배우네.』
『 』: 산의 속성을 예찬하며 이를 지향하는 화자의 태도
그 품안에서 자라나 거기에 가 또 묻히리니

❷내 이승의 낮과 저승의 밤에
이승과 저승, 삶과 죽음을 연속적, 일원적으로 보는 인식
아아(峨峨)라히 뻗쳐 있어 다리 놓는 산.　　　▶ 7~11행: 산을 사랑하고 배우며 평생을 산과 함께하고자 함.

네 품이 내 고향인 그리운 산아
삶의 시작, 자신의 근원적 본질이 산에 있다는 인식의 표현
미역취 한 이파리 상긋한 산 내음새
　　미역취를 통해 환기된 '산'의 이미지를 후각적으로 표현
❸산에서도 오히려 산을 그리며

꿈 같은 산 정기(山精氣)를 그리며 산다.　　　▶ 12~15행: 산에 대한 그리움과 지향

이해와 감상

　이 시는 번잡한 속세를 등지고 자연 공간을 지향하고자 하는 화자의 의지를 표현하고 있다. 여기서 '산'은 변화하는 사람과 달리 변함없이 푸른 영속성을 유지하면서 고요하고도 너그럽고 겸허한 존재로 표상된다. 화자는 이런 산을 '내 고향'이자 '거기에 가 또 묻힐' 공간으로 인식하면서, '이승의 낮과 저승의 밤'을 이어 평생을 산과 함께하고자 하는 의지를 드러낸다. 이러한 화자의 의지는 '산에서도 오히려 산을 그리'는 모습으로 부각되면서, 산에 대한 화자의 지속적인 지향을 효과적으로 드러내고 있다.

산	자연 공간	=	영속적, 고요함, 너그러움, 겸허함 ='산'이 표상하는 가치 =화자가 지향하는 가치
↕ 대립			
장거리	번잡한 속세, 인간의 공간		

🏠 작품 연구소

시어 및 시구의 상징적 의미

시어 및 시구	상징적 의미
장거리	번잡한 속세의 공간
산	'장거리'와 대비를 이루는 자연 공간
태고로부터 푸르러 온	먼 옛날부터 푸르러 온 산의 영속성, 불변성
꿈 같은 산 정기	영속성, 고요함, 너그러움 등을 포함하는 산의 긍정적 가치

화자가 '산'에서 발견한 긍정적 가치

태고로부터 푸르러 온	고요하고 너그러워 수하는	보옥을 갖고도 자랑 않는
영속성, 불변성	영속적인 고요함, 포용력	겸허함

⬇ ⬇ ⬇

'산을 향하여 앉은 뜻' = 화자가 산을 지향하는 이유

삶과 죽음, 그리고 산

이 시의 화자에게 '산'은 그 긍정적 속성으로 인해 지향의 대상임과 동시에 화자의 삶과 죽음을 관통하는 절대적 존재이다. '산'은 화자의 '이승의 낮과 저승의 밤' 사이에 '다리 놓는' 존재로 제시되고 있다. 이는 산의 품을 '내 고향'으로 규정하고 '거기에 가 또 묻히겠다'는 표현과 관련되어 평생은 물론 그 시작과 끝을 함께하는 절대적 존재로서의 '산'의 의미를 강조하는 것으로 볼 수 있다. 결국 화자는 산이 표상하는 가치를 평생 추구하며 살겠다는 다짐을 드러내고 있는 것이다.

연작시 〈거산호〉

김관식의 〈거산호〉는 두 편의 연작시로 구성되어 있다. 〈거산호 I〉은 '경가도어(耕稼陶漁)의 시'라는 부제와 함께 제시되었는데, 이는 맹자가 언급한 순임금의 고사에서 취한 구절로 '밭을 갈고 곡식을 심고 질그릇을 굽고 물고기를 잡는' 자연에서의 삶을 의미한다. 이 '경가도어'의 삶은 화자가 '산'에 가 살고 싶은 삶의 형태를 드러내는 것으로, 시에서 이러한 산에서의 삶은 '작록'과 대비되면서 화자의 지향을 구체화하게 된다. 〈거산호 I〉이 산에서의 삶의 모습을 구체적으로 드러내었다면, 〈거산호 II〉는 산의 모습에서 긍정적 속성을 발견하고 산을 지향하는 뜻을 표명하고 있음을 확인할 수 있다.

📖 함께 읽으면 좋은 작품

〈산이 날 에워싸고〉, 박목월 / 자연 친화적 태도

'산'을 비롯한 자연을 지향하는 태도는 우리 문학의 전통적 흐름이다. 그중에서도 박목월의 〈산이 날 에워싸고〉는 산에 에워싸인 화자가 산을 지향하는 삶을 자신에게 주어진 운명인 양 받아들이는 모습이 드러나는데, 이러한 점에서 〈거산호 II〉와의 공통점을 발견할 수 있다.

🔗 Link 본책 136쪽

〈산에 대하여〉, 신경림 / 산이 표상하는 세계에 대한 지향

신경림의 〈산에 대하여〉 역시 산에서 긍정적 속성을 발견하고 이를 구체화하고 있다는 특징을 보인다. 단, 〈거산호 II〉의 경우 인간과 자연을 대립적으로 인식하고 자연에 대한 지향을 드러내고 있는 반면, 〈산에 대하여〉는 인간과 어울려 인간을 포용하는 산의 너그러움을 집중적으로 강조한다는 점에서 차이가 있다.

🔑 포인트 체크

화자 ☐☐을 열고 산을 향하여 앉아 산을 바라보고 있다.

상황 화자가 '산을 향하여 앉은 뜻'을 밝히면서 ☐☐와 대비되는 산의 속성인 ☐☐☐, 불변성, 겸허함 등과 긍정적 ☐☐를 이야기하고 있다.

태도 산의 속성을 ☐☐하면서, 산으로 대표되는 자연에 대한 ☐☐☐ 태도를 드러내고 있다.

내신 적중 多빈출

1 이 시에 대한 설명으로 적절하지 <u>않은</u> 것은?
① 대조를 통해 대상이 지닌 장점을 강조하고 있다.
② 설의적 표현을 통해 대상에 대한 감탄을 표현하고 있다.
③ 대상을 호명하여 대상에 대한 친화적 태도를 드러내고 있다.
④ 지난날을 반성하면서 새로운 삶에 대한 의지를 표명하고 있다.
⑤ 동일한 시어로 종결되는 문장을 반복하여 대상을 부각하고 있다.

2 시구의 의미에 대한 설명으로 적절하지 <u>않은</u> 것은?
① '맨날 변해 쌓'는 '사람'과 달리 '산'은 '태고로부터 푸르러 온' 것으로 제시되어, '산'이 인간과 달리 영속성과 불변성을 지닌 존재임을 표현하고 있다.
② '보옥을 갖고도 자랑 않는 겸허한 산'에서는 '산'의 긍정적 가치가 사람들에 의해 간과되고 있는 세태에 대한 화자의 안타까움이 드러나 있다.
③ '내 이승의 낮과 저승의 밤에 ~ 다리 놓는 산'에서는 이승과 저승, 낮과 밤을 아우르는 평생을 산과 함께하겠다는 화자의 생각이 표현되어 있다.
④ '미역취 한 이파리 상긋한 산 내음새'에서는 '미역취'를 통해 '산'의 존재를 환기하고 이를 긍정적으로 인식하는 화자의 모습이 구체화되어 있다.
⑤ '산에서도 오히려 산을 그리며'에서는 산을 지향하는 욕구를 절대적인 것으로 보는 화자의 인식이 반영되어 있다.

3 이 시([A])와 〈보기〉([B])를 비교하여 설명한 것으로 적절하지 <u>않은</u> 것은?

┤ 보기 ├

천심 절벽 섰는 아래 일대 장강 흘러간다
백구로 벗을 삼아 낚시 생활 늙어 가니
두어라 세간 소식 나 몰라 하노라.   – 권구, 〈병산육곡〉 제2수

① [A]와 [B] 모두 공간의 대조를 통해 의미를 강조하고 있다.
② [A]와 [B] 모두 대상에 인격을 부여하여 친밀함을 드러내고 있다.
③ [A]와 [B] 모두 현재 자연에 거하는 화자의 심정을 표현하고 있다.
④ [A]는 [B]와 달리 자연의 영속성에 주목하여 이를 지향하고 있다.
⑤ [B]는 [A]와 달리 인간에게 중요한 가치를 자연에서 발견하고 있다.

4 ㉠에 나타난 표현상 특징을 제시하고, 이러한 특징으로 얻을 수 있는 효과를 의미와 관련지어 쓰시오.

102

농무(農舞) | 신경림

[문학] 천재(정), 동아, 비상

◎ 핵심 정리

갈래 자유시, 서정시, 농민시
성격 사실적, 묘사적, 비판적
제재 농무
주제 농민들의 한(恨)과 고뇌 어린 삶
특징 ① 서사적인 시상 전개가 이루어짐.
　　　② 직설적 표현으로 현실 인식을 드러냄.
　　　③ 역설적 상황의 설정으로 정서를 드러냄.
출전 《창작과 비평》(1971)

Q '농무'가 작품 속에서 지니는 성격은?

농무(農舞)는 원래 농촌에서 일을 끝낸 다음 노동의 피로를 풀고 삶의 활력을 얻기 위해 행해지던 놀이로 농민들이 추는 춤이면서 동시에 농민들이 보고 즐기는 춤이다. 그러나 이 시에서는 1960~70년대의 비극적 농촌 현실과 농민의 울분을 역설적으로 드러내는 소재로, 삶의 한을 풀어 내는 집단적인 한풀이의 성격을 지닌다.

☀ 시어 풀이

꺽정이 조선 명종 때의 의적(?~1562). 홍명희의 소설 《임꺽정》의 주인공.
서림이 소설 《임꺽정》에 나오는 임꺽정의 참모. 후에 관군에게 붙잡혀 임꺽정을 배신한 인물.
해해대지만 입을 조금 벌리고 경망스럽게 자꾸 웃지만.
도수장 도살장. 고기를 얻기 위하여 소나 돼지 따위의 가축을 잡아 죽이는 곳.

✿ 시구 풀이

❶ **꽹과리를 앞장세워 ~ 철없이 킬킬대는구나** 예전에는 농무를 추면 모든 마을 사람들이 함께 어울렸지만, 이제는 조무래기들이나 따라붙어 악을 쓴다. 이는 냉담하게 변해 버린 농촌 현실을 보여 주고 있다.
❷ **보름달은 밝아 ~ 꺽정이처럼 울부짖고** 농촌 현실에 대한 울분을 조선 시대의 의적인 임꺽정의 울부짖음으로 표현하여 농민의 저항 의식과 울분을 드러내고 있다.
❸ **비롯값도 안 나오는 ~ 맡겨 두고** 산업화 과정에서 소외된 농촌의 비참한 현실이 드러나 있다.
❹ **쇠전을 거쳐 ~ 어깨를 흔들거나** 농촌 현실에 대한 뿌리 깊은 좌절감과 울분, 분노와 한을 농무의 신명 나는 동작으로 분출하는 역설적 상황이 나타나 있다.

⚥ 작가 소개

신경림(申庚林, 1936~　)
시인. 충북 충주 출생. 1955년 《문학 예술》에 〈낮달〉, 〈갈대〉 등이 추천되어 등단하였다. 주로 농촌을 배경으로 우리의 현실과 한, 울분, 고뇌 등을 다룬 시를 썼다. 시집으로 《남한강》(1987), 《길》(1990) 등이 있다.

ⓐ 징이 울린다 막이 내렸다
　　쓸쓸한 분위기의 조성(하강의 이미지) → 서러움의 정서를 예고함.
오동나무에 전등이 매어 달린 가설무대
　　　　　　　　　　　　　임시로 설치한 무대
구경꾼이 돌아가고 난 ㉠텅 빈 운동장
　　　　　　　　　　소외당하는 농촌 현실을 상징적으로 표현함.
우리는 분이 얼룩진 얼굴로
　　　무대 화장
학교 앞 소줏집에 몰려 ㉡술을 마신다
　　　　　　　　　울분과 고달픔을 잊고자 하는 행위
답답하고 고달프게 사는 것이 원통하다　　　　　　▶ 1~6행: 공연이 끝난 후 술을 마심.
　농민들의 현실 인식이 직설적으로 드러남.
㉢**꽹과리를 앞장세워 장거리로 나서면**　「」: 냉담한 반응 → 예전과는 다른 농촌의 모습
따라붙어 악을 쓰는 건 조무래기들뿐　　○: 젊은이들이 떠난 농촌 현실을 상징적으로 표현함.
처녀 애들은 기름집 담벽에 붙어 서서
철없이 킬킬대는구나　　　　　　　　　　　▶ 7~10행: 장거리에서의 농악과 서글픔
❷보름달은 밝아 어떤 녀석은
　꺽정이처럼 울부짖고 또 어떤 녀석은
　　　모순된 현실을 개혁하기 위해 맞서 싸우는 사람
　서림이처럼 해해대지만 이까짓
　　　모순된 현실에 타협하며 살아가는 사람
산 구석에 처박혀 발버둥 친들 무엇하랴
　　　　　발버둥 쳐 봐야 소용없다 → 자조적인 현실 인식이 나타남.
㉣❸비롯값도 안 나오는 농사 따위야
　　　　　　　　　농사일에 보람이 없음을 알려 줌.
이에 어펀네에게나 맡겨 두고　　　　　　　　▶ 11~16행: 피폐한 농촌 현실에 대한 울분
㉤❹쇠전을 거쳐 도수장 앞에 와 돌 때
　　　소를 팔고 사는 시장
우리는 점점 신명이 난다
　　　농민들의 울분이 역설적으로 드러남.
「한 다리를 들고 날라리를 불거나
　　　　　　　'태평소'의 속칭
고갯짓을 하고 어깨를 흔들거나」　　　　　　▶ 17~20행: 농무를 통해 분노와 한(恨)을 표출함.
「」: 농무를 통해 현실에 대한 불만과 한을 표출함.

이해와 감상

이 시는 농촌의 절망적인 현실을 사실적이고 극적으로 묘사한 작품이다. 이 시에는 '농무(農舞)'라는 놀이가 등장하나 이것은 즐거움으로 충만한 것이 아니다. 농무는 농민들의 한풀이 성격을 띠고 있기 때문이다. 공연이 끝나고 학교 앞 소줏집에서 술을 마시는 농민들에게 밀려오는 것은 허탈감뿐이다. 삶에 대한 그들의 인식은 '답답하고 고달프게 사는 것이 원통하다'와 '이까짓 / 산 구석에 처박혀 발버둥 친들 무엇하랴'라는 구절을 통해 극명하게 나타난다. 그들은 허탈감과 원통함, 울분을 안고 농무를 추면서 쇠전을 거쳐 도수장까지 이르게 되는데, 여기에서 그들이 지닌 한(恨)은 '신명'으로 전환된다. 그러나 여기에서의 '신명'은 분노를 삭이면서 형성된 역설적인 의미를 지닌다.

따라서 겉으로 흥겨운 축제의 모습을 그리고 있는 이 시는 당대의 사회적 현실을 문학적인 방식으로 고발하고 있음을 알 수 있다. 마지막 부분에 이르러 우리는 농민들의 처절한 몸짓을 보며 자연스럽게 그들의 울분과 한의 정서에 공감을 하게 된다.

학교 운동장	→	소줏집	→	장거리
허무감, 허탈함		답답함, 원통함		분노와 울분

쇠전	→	도수장	→	비극적 현실 인식
체념		신명이 남(역설).		

작품 연구소

시어의 의미

농무	농민들의 울분을 역설적으로 드러내는 한풀이. 현실에 대한 비판과 저항의 표출
텅 빈 운동장	농촌의 현실에서 느끼는 쓸쓸함, 소외감, 허무감
도수장	농민들의 분노가 최고조에 이르렀음을 상징하는 공간
신명	농민들의 절망과 울분

농민의 울분과 역설적 상황

이 시는 1970년대 농민시의 대표작으로 피폐한 농촌의 현실과 농민의 울분을 사실적으로 보여 주고 있다. '텅 빈 운동장', 철없는 '조무래기'들만 따라나서는 장터에서의 농무, 수익이 없는 농사 등은 농민의 소외감과 울분을 효과적으로 보여 주는 상황 설정이다. 그런데 마지막 부분의 '쇠전을 거쳐 도수장 앞에 와 돌 때'는 그 자조와 한탄이 '신명'으로 전환되고 있다. 그것은 표면적으로는 흥겨움의 표현이지만 이면적으로는 강한 저항과 울분, 분노의 감정이다. 뿌리 깊은 좌절감과 울분을 농무의 '신명'이라는 역설적 상황을 통해 보여 주고 있는 것이다.

직설적 표현의 효과

직설적 표현이 나타난 부분
• 답답하고 고달프게 사는 것이 원통하다
• 산 구석에 처박혀 발버둥 친들 무엇하랴
• 비룟값도 안 나오는 농사 따위야

↓

농촌의 암담한 현실을 사실적으로 표현함과 동시에 강한 비판의 의도를 전달함.

꺽정이와 서림이의 등장과 그 효과

이 시 중반에는 소설 〈임꺽정〉의 등장인물인 꺽정이와 서림이가 등장한다. 이들의 등장은 1960~70년대 농촌의 현실과 조선 명종 때의 현실을 비유적으로 결합시킨다. 즉, 이 시에 임꺽정의 이야기를 끌어들임으로써 1960~70년대 농민의 현실과 수백 년 전 조선 시대의 농촌 현실 사이에 차이가 없음을 보여 주는 것이다. 또한 현실적 모순에 저항하는 '임꺽정'을 통해 농민들의 적극적인 저항 의지를 나타내려는 의도도 드러내 준다.

자료실

1960~70년대의 농촌 현실

1960~70년대 산업 사회에서 한국 사회는 큰 변화에 직면했다. 근대화를 주도하였던 정부는 공업화·산업화 정책을 채택하였고, 이에 따라 농업·농촌은 한국 사회의 주변부로 밀려났다. 저곡가 정책에 따라 농민들은 그들의 피와 땀이 바쳐진 농작물을 생산비에도 못미치는 싼값에 내다 팔아야 했고, 이를 견디지 못한 농민들은 도시로 이주하여 도시의 주변부에서 빈민층을 형성하거나 싼값의 노동력을 제공하는 도시 노동자로 전락하였다.

함께 읽으면 좋은 작품

〈난쟁이가 쏘아 올린 작은 공〉, 조세희 / 산업화 과정에서 소외된 사람들

〈난쟁이가 쏘아 올린 작은 공〉은 난쟁이 일가의 삶을 통해 도시 빈민들의 궁핍한 삶과 좌절된 꿈을 드러내고 있는 작품으로, 산업화 과정에서 소외되어 비참한 생활을 하는 사람들을 다루고 있다는 점에서 〈농무〉와 유사하다. 〈농무〉는 산업화 과정에서 소외된 농촌 현실로 인해 분노와 울분을 느끼는 농민들의 삶을, 〈난쟁이가 쏘아 올린 작은 공〉은 도시 변두리의 철거민촌에 살고 있는 도시 빈민의 삶을 다루고 있다.

Link 〈현대 소설〉 212쪽

키 포인트 체크

화자 □□□으로, 공연이 끝난 후 술을 마시고 농무를 추면서 장거리를 돌다 도수장까지 이른다.

상황 농민들의 농무가 환영받지 못하는 상황을 통해, □□□ 과정에서 소외되고 피폐해진 비참한 농촌의 현실 상황을 드러내고 있다.

태도 공연 후 술을 마시고 장거리를 돌며 □□□과 울분을 느끼다가, 도수장 앞에서 울분을 □□으로 바꾸면서 현실에 대한 저항과 분노를 표출하고 있다.

내신 적중 多빈출

1 이 시에 대한 설명으로 적절하지 않은 것은?

① 시적 상황을 역설적으로 드러내고 있다.
② 서사적인 시상 전개 방식을 취하고 있다.
③ 화자의 현실 인식이 직설적 표현을 통해 드러나 있다.
④ 화자를 관찰자로 설정하여 농민의 삶을 전달하고 있다.
⑤ 공간의 이동에 따라 화자의 심리가 점점 심화되고 있다.

2 ⓐ와 같이 시를 시작한 의도로 가장 적절한 것은?

① 농무의 흥겨운 분위기를 전달하기 위해
② 가설무대라는 열악한 환경을 강조하기 위해
③ 공연의 현장감을 사실적으로 표현하기 위해
④ 농민들이 점점 외면하는 전통의 계승을 촉구하기 위해
⑤ 농촌 공동체적 삶의 와해를 상징적으로 보여 주기 위해

중요 기출

3 〈보기〉를 바탕으로 ㉠~㉤을 이해한 내용으로 적절하지 않은 것은?

┤ 보기 ├

1960년대부터 시작된 근대화, 산업화는 농민들의 희생을 전제로 시작되었다. 신경림의 〈농무〉는 산업화의 거센 물결로 인해 소외되고 급속도로 와해되어 가던 1970년대 초반의 농촌을 배경으로 하고 있다. 또한 농촌의 암담한 현실에서 우러난 농민의 고뇌, 울분을 고발하고 토로하였다.

① ㉠: 산업화 시대에 허탈해진 농민의 심정을 상징적으로 드러낸 공간이라 할 수 있다.
② ㉡: 농민들이 현실에서 느끼는 고뇌를 술로 해소하고자 하는 것이라 볼 수 있다.
③ ㉢: 근대화 과정에서 사라져 가는 농촌의 전통적인 풍속을 되살리려는 의지로 볼 수 있다.
④ ㉣: 산업화로 인해 어려워진 농촌의 현실을 보여 준다고 할 수 있다.
⑤ ㉤: 농민의 울분과 고통을 농무를 통해 극복하려는 승화의 과정이라 볼 수 있다.

4 이 시에서 대구의 방식으로 시상을 마무리하는 것의 효과를 쓰시오.

103

목계 장터 | 신경림

국어 천재(박)

🎯 핵심 정리

갈래 자유시, 서정시
성격 향토적, 서정적, 비유적, 애상적
제재 떠돌이 민중의 삶
주제 방랑과 정착 사이에서 갈등하는 민중들의 삶의 애환
특징 ① 1인칭 화자가 독백적으로 진술함.
② 대립적 이미지의 시어를 통해 시상을 전개함.
③ 4음보의 민요적 율격과 '하고', '하네', '라네' 등의 반복을 통해 생동감 있는 운율을 형성함.
④ 향토적 시어를 활용하여 토속적 분위기를 드러냄.
출전 《농무》(1973)

Q '목계 장터'는 어떤 이미지인가?

근대화의 과정에서 붕괴되어 가는 농촌 공동체로서 민중들의 삶의 애환과 숱한 사연이 배어 있는 곳이다. 정착하거나 안주할 곳이 아니라, 잠깐 쉬어 가는 곳이나 넉넉한 인정이 아직도 살아 있는 공간이다.

☀️ 시어 풀이

박가분 옛날 여인들이 쓰던 화장품의 하나인 분(粉).
방물장수 여자에게 소용되는 여러 가지 물건을 파는 떠돌이 상인.
맵차거든 맵고 차거든.
토방 방에 들어가는 문 앞에 좀 높이 편편하게 다진 흙바닥.
툇마루 본디 마루 밖에 좁게 달아 낸 마루.

🌐 시구 풀이

❶ **하늘은 날더러 ~ 잔바람이 되라네** 구름과 바람, 잔바람은 유랑의 이미지로, 화자가 떠돌이 삶에 대한 운명적 인식을 하고 있음을 보여 준다.
❷ **산은 날더러 ~ 되라 하네** 들꽃이나 잔돌은 정착의 이미지로, 한곳에 뿌리내려 살고 싶은 화자의 소망을 드러낸다.
❸ **산서리 맵차거든 ~ 붙으라네** '산서리'와 '물여울'은 '떠돌이'의 삶을 사는 화자가 경험한 가혹한 현실을 의미하는 것으로, '풀 속에 얼굴을 묻'고, '바위 뒤에 붙'는 행위는 이러한 가혹한 현실을 피해 정착하여 안식을 얻고 싶은 화자의 바람을 보여 주는 것이다.
❹ **석삼년에 한 이레쯤 천치로 변해** 아무 것도 모르는 바보가 되어 세속적 시름을 잊고 살고 싶어 하는 화자의 마음이 반영된 것이다. 또는 천치가 되고 싶을 정도로 힘들고 고달픈 삶의 모습을 역설적으로 표현한 것으로 볼 수 있다.
❺ **하늘은 날더러 ~ 잔돌이 되라 하네** 유랑의 이미지를 상징하는 '바람'과 정착을 상징하는 '잔돌' 사이에서 갈등하는 화자의 내면을 드러낸 표현이다.

👤 작가 소개

신경림(본책 208쪽 참고)

---

❶하늘은 날더러 구름이 되라 하고 ┐
                              ├ 대구법
땅은 날더러 바람이 되라 하네 ┘

○: 떠남과 방랑의 이미지
△: 정착의 이미지

청룡 흑룡 흩어져 비 개인 나루
비를 몰고 오는 구름의 형상을 비유적으로 표현함. 목계 나루의 전설을 차용하여 토속적 분위기를 나타냄.

잡초나 일깨우는 잔바람이 되라네 『 』: 떠돌이 삶에 대한 운명론적 인식
민중을 상징

뱃길이라 서울 사흘 목계 나루에
서울에서 목계 나루까지 뱃길로 사흘이 걸림을 나타냄. 전통적 민요 리듬을 깔고 있는 이 시의 특성상 4음보의 시적 운율을 위해 축약한 것임.

아흐레 나흘 찾아 박가분 파는
장이 서는 4일과 9일

가을볕도 서러운 방물장수 되라네 ▶ 1~7행: 방랑의 삶에 대한 운명적 인식
떠돌이 민중의 애환

❷산은 날더러 들꽃이 되라 하고
         정착의 이미지

강은 날더러 잔돌이 되라 하네

❸산서리 맵차거든 풀 속에 얼굴 묻고 ▢: 현실의 시련과 역경

물여울 모질거든 바위 뒤에 붙으라네 ▶ 8~11행: 정착하여 살고 싶은 소망

민물 새우 끓어 넘는 토방 툇마루
풍성하고 넉넉한 인심을 표현. 토속적 어휘를 사용하여 시골의 정감 있는 분위기를 형성함.

❹석삼년에 한 이레쯤 천치로 변해

짐부리고 앉아 쉬는 떠돌이가 되라네 ▶ 12~14행: 떠돌이 삶에 대한 인식

❺하늘은 날더러 바람이 되라 하고

산은 날더러 잔돌이 되라 하네 ▶ 15~16행: 방랑과 정착 사이에서의 갈등

이해와 감상

이 시는 '목계 장터'라는 구체적 삶의 공간을 설정하여 그곳에서 살아가는 민중들의 삶의 모습을 그려 내고 있다. '목계'는 1910년까지만 해도 마포나루에서 출발하는 소금배 등 상선들의 기항지로서 중부 내륙 물류의 중심지 역할을 하였다. 한창 전성기를 이루던 시기에는 전국 5대 갯벌장이라 할 만큼 성시를 이루었다. 그러나 1921년 일본의 식민 통치 정책의 일환으로 충북선 열차가 개통되자 그 중요성은 점점 퇴색하게 된다. 시인은 이러한 '목계 장터'를 배경으로 근대화의 과정에서 몰락해 가는 농촌 공동체의 민중의 삶 그 애환을 토속적 언어로 담담하게 표현하고 있다.

'장터'는 민중들의 삶의 모습이 구체적으로 드러나는 민중들의 삶의 집결체라 할 수 있다. 이렇게 볼 때 이 시에서 1인칭 화자의 독백으로 나타나는 삶의 애환은 개인적 삶의 애환이라기보다는 떠돌이의 삶을 살아갈 수밖에 없었던 민중의 고뇌라는 일반화된 삶의 모습이라 할 수 있다.

전체적으로 방랑과 정착의 대립 구도로 전개되고 있으며 각각의 이미지를 부각하는 소재들을 활용하여 화자의 갈등을 표출하고 있다. 특히, '구름', '바람', '방물장수', '떠돌이' 등으로 표상되는 떠남의 이미지(1~7행, 12~14행)와 '들꽃', '잔돌' 등으로 표상되는 정착의 이미지(8~11행)를 교차하여 떠남과 정착의 기로에 서 있는 농촌 공동체의 시대적 삶과 화자의 개인적 삶 사이의 갈등(15~16행)을 선명하게 보여 주고 있다.

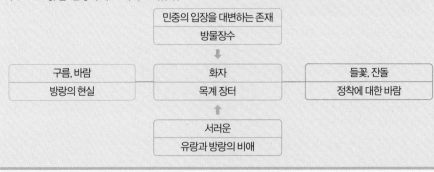

작품 연구소

시어 및 시구의 상징적 의미

시어 및 시구	상징적 의미
구름, 바람	정착하지 못하고 방랑하는 떠돌이 삶의 이미지
목계 나루	떠돌이 민중들의 삶의 애환이 묻어 있는 공간
들꽃, 잔돌	한곳에 머물러 삶을 견디는 민중의 이미지
산서리, 물여울	가혹한 현실을 담고 있는 상징적 시어

이미지 대립을 통해 본 화자의 상황

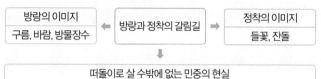

```
방랑의 이미지          정착의 이미지
구름, 바람, 방물장수  ←  방랑과 정착의 갈림길  →  들꽃, 잔돌
                         ↓
             떠돌이로 살 수밖에 없는 민중의 현실
```

'목계 장터'를 통해 드러나는 민중들의 삶의 모습

목계는 충주시 엄정면 목계리를 말하며, 충주에서 원주로 통하는 길목에 있는 작은 마을이다. 서울로 가는 길목의 하나로 그 역할을 당당히 하던 곳으로 큰 시장이 서기도 했지만 근대화의 과정을 거치며 농촌 공동체를 떠나는 사람들이 많아지면서 몰락의 과정을 겪게 되었다. 이 작품에서는 목계 장터를 공간으로 설정하여 붕괴되어 가는 농촌 공동체로 인해 유랑할 수밖에 없는 민중들의 삶의 애환을 보여 주고 있다고 할 수 있다.

'방물장수'의 상징적 의미

방물장수는 팔 물건을 보통이에 싸서 등에 지거나 머리에 이고 여기저기 돌아다니며 장사를 하였는데, 본업 외에 세상 소식을 알려 주기도 하였다. 즉 여기저기 돌아다니면서 보고 들은 민중의 모습들을 이곳저곳에 전파하던 이야기꾼으로서 민중의 입장을 대변하는 존재라 할 수 있다.

이 시의 전통적 율격

이 시는 신경림이 주도한 민요 운동과 직접적인 관련을 맺고 있는 작품이다. 그는 일찍부터 민요에 관심을 가지고 적극적으로 민요를 수집하였으며, 직접 민요 보급에 힘쓰기도 하였다. 이러한 그의 노력이 이 시에도 녹아 있는데, 전통 민요의 율격인 4음보를 활용하여 민요조의 가락을 형성하고 있다.

자료실

신경림 시인의 토속적 언어

신경림이 사용하는 토속적 시어는 농촌 공동체적 삶에의 향수를 반영하고 있다. 사라져 가는 향토적인 풍속과 토속적인 풍물에 대한 깊은 관심과 애정을 토속적 시어를 통해 생생하게 재현하여 우리 전통의 숨결을 담아내고자 한 것이다. 토속적 시어의 사용은 여과되지 않은 투박한 일상어를 시어로 끌어들임으로써 시어의 확대라는 측면에서 그 의의를 지닌다. 또한 토속적 시어의 적절한 사용은 민중의 공감을 불러일으킨다.

함께 읽으면 좋은 작품

〈전라도 가시내〉, 이용악 / 유랑의 삶을 살아가는 민중들

〈전라도 가시내〉는 한겨울 북간도 어느 술막에서 '함경도 사내'와 '전라도 가시내'의 만남을 통해 일제 강점기에 고향을 떠날 수밖에 없었던 유이민의 비참하고 비극적인 삶을 형상화한 작품이다. 〈목계 장터〉와 〈전라도 가시내〉는 평화롭고 안정적인 삶을 살 수 없어 유랑의 삶을 살아가는 민중들의 모습이 드러나 있다. 하지만 〈목계 장터〉가 떠돌이 삶의 비애와 갈등을 그리고 있다면, 〈전라도 가시내〉는 유랑하는 삶의 고통과 이에 대응하는 모습, 비슷한 처지의 사람끼리 위로와 공감하는 모습 등이 나타나 있다는 점에서 차이가 있다.

키 포인트 체크

화자 가을날 ☐☐ 장터에서 ☐☐하며 살아가는 자신의 삶을 생각하고 있다.

상황 방랑하며 살 수밖에 없는 현실 속에서 ☐☐하며 살고자 하는 바람을 가져 보지만 현실은 그러한 꿈을 용납하지 않는다.

태도 1인칭 화자의 ☐☐☐ 어조를 통해 방랑과 정착 사이에서 ☐☐하는 정서를 드러내고 있다.

1 이 시의 표현상 특징으로 적절하지 않은 것은?

① 유사한 시어를 반복하여 운율의 효과를 얻고 있다.

② 대상에게 말을 건네는 형식으로 시상을 전개하고 있다.

③ 4음보의 율격을 사용하여 민요의 리듬감을 살리고 있다.

④ 토속적인 분위기를 통해 민중들의 삶의 정서를 생생하게 전달하고 있다.

⑤ 대립적 이미지의 시어들을 사용함으로써 갈등을 효과적으로 표현하고 있다.

2 〈보기〉는 이 시의 작가에 대한 신문 기사 자료의 일부이다. 이 시의 내용과 관련이 없는 것은?

┤ 보기 ├

• 일찍부터 민요에 관심을 가져 민요를 수집하였다. ······ ①
• 우리 주위에 늘 존재하는 소외 계층과 약자들에게 많은 관심을 두었다. ······ ②
• 근대화 과정에서 황폐화되어 가는 농촌의 현실을 보고 안타까워하였다. ······ ③
• 시간이 날 때마다 나루터를 누비며 그곳에 얽힌 사연을 메모하여 정리해 두곤 하였다. ······ ④
• 서재에는 문학 서적뿐 아니라, 다양한 분야의 책이 쌓여 있어 그의 관심 분야가 광범위함을 알 수 있다. ······ ⑤

3 〈보기〉를 참고하여 이 시를 감상한 내용으로 적절하지 않은 것은?

┤ 보기 ├

'목계 장터'는 목계 나루를 중심으로 5일마다 섰던 장터이다. 이곳을 배경으로 한 〈목계 장터〉는 장터를 떠돌며 힘들게 살아가는 민중들의 삶을 토속적으로 그리면서 그 속에 담긴 삶의 애환과 내적 갈등을 담담히 표현하고 있다.

① '아흐레 나흘'에서 5일장으로 장이 서던 목계 장터의 모습을 짐작할 수 있군.

② '풀 속'과 '바위 뒤'에서 장터를 떠도는 민중들의 삶의 애환을 느낄 수 있군.

③ '민물 새우'와 '토방 툇마루'는 민중들의 토속적인 삶과 밀착된 시어로 볼 수 있겠군.

④ '천치로 변해'에서 고단한 삶의 애환을 잊고자 하는 마음을 느낄 수 있군.

⑤ '바람'과 '잔돌'에서 방랑과 정착 사이에서의 내적 갈등을 엿볼 수 있군.

내신 적중

4 이 시에서 '떠돌이'의 삶을 살아가는 화자가 겪는 현실의 시련과 고통을 나타내는 시구를 2가지 찾아 쓰시오.

104

가난한 사랑 노래 – 이웃의 한 젊은이를 위하여 │신경림

국어 비상(박안)

🎯 핵심 정리

갈래 자유시, 서정시
성격 애상적, 현실적, 감각적
제재 가난한 젊은이의 현실
주제 가난하고 소외된 삶에 대한 공감과 연민
특징 ① 설의법을 활용하여 주제 의식을 강조함.
② 유사한 통사 구조를 반복하여 운율을 형성함.
③ 감각적 이미지를 활용하여 화자의 정서를 생생히 전달함.
출전 《가난한 사랑 노래》(1988)

Q 이 시의 부제가 갖는 의미는?

이 시의 부제는 '이웃의 한 젊은이를 위하여'이다. 시인은 이러한 부제를 통해 일상에서 흔히 만날 수 있는 가난한 젊은이를 작품 속에 담아 독자들이 현실성을 느낄 수 있도록 의도하고 있다. 아울러 한 가난한 젊은이의 슬픈 현실을 통해 사회 구조의 모순을 간접적으로 비판하는 효과를 더하기도 한다.

☀️ 시어 풀이

육중한 투박하고 무거운.
까치밥 까치가 먹도록 따지 않고 남겨 두는 감.

🐝 시구 풀이

❶ **가난하다고 해서 외로움을 ~ 새파랗게 달빛이 쏟아지는데** 외로움을 모르기 때문에 헤어지는 것이 아니라, 가난하기 때문에 헤어질 수밖에 없는 화자의 안타까움을 설의법과 도치를 활용하여 나타내고 있다. 흰 눈과 새파란 달의 선명한 시각적 심상의 대조를 통해 화자의 외로운 처지와 냉엄한 현실을 부각하고 있다.

❷ **두 점을 치는 ~ 기계 굴러가는 소리.** 고향을 떠나 도시로 올라온 젊은이들이 돈을 벌기 위해 밤늦게까지 일하며 고달프게 살아가는 모습을 청각적 심상을 활용하여 형상화하고 있다.

❸ **어머님 보고 싶소 ~ 그려 보지만.** '어머님'과 '집 뒤 감나무'는 화자가 그리워하는 대상이다. 화자는 고향과 고향에 계시는 어머님을 간절히 그리워하지만 고향에 갈 수 없는 처지에 안타까움만 더하고 있다.

❹ **내 볼에 ~ 터지던 네 울음.** 가난 때문에 사랑하는 연인과 헤어질 수밖에 없는 화자의 슬픔과 서러움이 나타나 있다.

❺ **가난하다고 해서 왜 ~ 버려야 한다는 것을.** 가난하기 때문에 인간적인 감정을 버려야 하는 부정적인 현실을 인식하고 그에 대한 안타까움을 나타내고 있다.

👤 작가 소개

신경림(본책 208쪽 참고)

---

❶가난하다고 해서 외로움을 모르겠는가 – 설의법, 화자의 정서 및 시적 의미 강조
「」: 도치법   ☐ : 인간적인 감정, 소중한 감정
너와 헤어져 돌아오는

눈 쌓인 골목길에 새파랗게 달빛이 쏟아지는데,   ▶ 1~3행: 가난한 젊은이의 외로움
시각적 심상의 대조, '너'와 이별하고 돌아오는 화자의 외로운 처지를 부각함.
가난하다고 해서 두려움이 없겠는가

❷두 점을 치는 소리
새벽 두 시를 알리는 소리, 청각적 이미지를 활용하여 쓸쓸하고 고요한 분위기를 형성함.
방범대원의 호각 소리, 메밀묵 사려 소리에
심야 통행금지를 어긴 사람을 잡는 소리   밤늦게까지 생존을 위해 애쓰는 민중의 소리
눈을 뜨면 멀리 *육중한 기계 굴러가는 소리,   ▶ 4~7행: 가난한 젊은이의 두려움
가혹하고 고된 노동의 현장   「」: 청각적 이미지를 통해 현실의 삭막함과 고된 생활의 현실을 나타냄.
가난하다고 해서 그리움을 버렸겠는가

❸어머님 보고 싶소 수없이 뇌어 보지만
그리움의 대상   고향에 가 보지 못하는 화자의 안타까운 처지
집 뒤 감나무에 *까치밥으로 하나 남았을
고향의 넉넉한 인정과 인심을 상징함.
새빨간 감 바람 소리도 그려 보지만.   ▶ 8~11행: 가난한 젊은이의 그리움
그리운 대상의 형상화(시각+청각→복합적 이미지)
가난하다고 해서 사랑을 모르겠는가

❹내 볼에 와 닿던 네 입술의 뜨거움
촉각적 이미지로 사랑을 형상화함.
사랑한다고 사랑한다고 속삭이던 네 숨결

돌아서는 내 등 뒤에 터지던 네 울음.   ▶ 12~15행: 가난한 젊은이의 사랑
사랑하지만 가난 때문에 헤어질 수밖에 없는 서러움, 청각적 이미지
❺가난하다고 해서 왜 모르겠는가

「가난하기 때문에 이것들을
이 모든 것들을 버려야 한다는 것을.」   ▶ 16~18행: 가난하기 때문에 모든 것을 버려야 하는 젊은이의 현실 인식
「」: 역설적 표현, 가난으로 인해 기본적인 감정들을 버릴 수밖에 없게 만드는 현실에 대한 비판과 그런 현실에 살아야 하는 안타까움

이해와 감상

외로움과 두려움, 그리움과 사랑 등 인간적인 진실한 감정을 모두 가진 사람이지만, 가난하기 때문에 모든 인간적인 것들을 버려야 했던 1970~1980년대 우리나라 도시 노동자들의 가슴 아픈 현실을 자조(自嘲)어린 어조로 풀어낸 작품이다.

이 시는 의미상 다섯 부분으로 나눌 수 있다. 1~3행은 하루의 고된 일과를 마치고 귀가하는 눈 쌓인 골목길에 새파랗게 달빛이 쏟아지는 모습을 통해 절실한 외로움을 형상화하고 있다. 4~7행은 새벽 두 시의 깊은 밤까지 돈을 벌기 위해 일하고 있는 도시 서민의 고된 삶의 모습을 보여 주고 있다. 8~11행은 보고 싶은 '어머님'과 떠나온 고향을 간절히 그리워하는 화자의 마음이 나타나 있다. 12~15행은 서로 사랑하는 사이이면서도 가난 때문에 돌아서면서 울음을 터뜨려야만 하는 안타까운 사랑을 노래하고 있다. 16~18행은 가난하기 때문에 외로움, 두려움, 그리움과 사랑을 누구보다도 절실히 느끼지만, 또한 그 모든 것들이 가난으로 하여 얻어질 수 없음을 절감하는 안타까움을 역설적으로 말하고 있다.

이 시의 화자는 가난한 젊은이로, 그리운 고향집에 어머니를 두고 도시에 와 가난 속에서 두려움과 외로움을 느끼고 있다. 그는 사랑과 외로움을 너무나 잘 알고 있지만, 가난한 현실은 그러한 감정을 간직할 여유를 주지 않고 있다. 하지만 16~18행에서 드러나듯, 가난하더라도 이러한 진실을 알고 있다는 것에서 가난 때문에 모든 것을 버려야 하지만 인간적 진실성과 아름다움은 오히려 조금도 변하지 않는다는 역설적 의미를 읽을 수 있다. 즉 이 시는 '이웃의 한 젊은이'로 지칭되는 모든 가난한 젊은이들의 현실에 안타까운 시선을 보내며 그럼에도 그들이 지닌 인간적인 감정이 소중하고 아름다움을 노래하고 있는 것이다.

인간으로서 느끼는 자연스러운 감정(외로움, 두려움, 그리움, 사랑)	인간답게 살고자 하는 의지	인간적인 감정조차 가질 수 없는 각박한 삶의 현실

작품 연구소

시어 및 시구의 상징적 의미

시어 및 시구	상징적 의미
눈 쌓인 골목길	차갑고 냉혹한 현실
방범대원의 호각 소리	심야 통행금지를 어긴 사람들을 쫓아가는 방범대원의 호각 소리를 통해 억압적인 사회 분위기를 형상화함.
메밀묵 사려 소리	늦은 밤까지 메밀묵을 팔러 다니는 고달픈 서민들의 삶의 모습
육중한 기계 굴러 가는 소리	도시의 비정한 기계 문명을 상징함.
어머님, 새빨간 감	그리움의 대상임과 동시에 따뜻한 정을 느끼게 하는 소재

공간적 배경의 대조

도시		고향집
눈이 내리고 육중한 기계가 굴러가는 차가운 공간	↔	감나무에 까치밥이 남아 있는 따뜻한 공간

이 시의 사회·문화적 상황과 창작 의도

고향의 가족들과 헤어져 도시 노동자로 살며 새벽까지 일하지만 가난하게 살 수밖에 없었던 1970년대 산업화 시대 초기의 우리 사회 모습이 반영되어 있다. 즉 산업화 시대에 경제적인 이유로 고향을 떠나 도시 노동자로 살아가지만 가난 때문에 기본적인 삶을 누리지 못하는 도시 노동자의 비애가 담겨 있다. 이처럼 이 작품에서는 1970년대를 가난하고 어렵게 살면서 많은 것들을 포기할 수밖에 없었던 젊은이의 삶을 노래하고 있다. 시인은 이를 통해 고된 삶의 현실에 처해 있는 젊은이들의 삶을 위로하고, 그들의 울분을 대신 전하려는 의도를 가지고 이 시를 창작했을 것이다.

자료실

가난한 젊은 부부에게 주는 시

신경림 시인이 자주 가던 식당이 있었다. 어느 날 그 식당의 처녀가 시인에게 면담을 청하였다. 그녀가 사랑하는 남자가 있는데 그 남자가 신경림 시인의 시를 무척 좋아한다며 한 번 만나 달라는 거였다. 사랑하는 사람을 위해 어렵게 청을 넣은 그녀의 마음이 기특해 시인은 남자를 만났다. 그리고 두 남녀는 머지않아 부부의 연을 맺었다. 그때 시인은 두 사람을 축복하며 〈너희 사랑〉이라는 시를 지어 결혼식에서 읽어 주었다. 결혼식은 컴컴한 반지하 방에 열 명 남짓 모여 단출하게 치러졌다. 노동 운동을 하던 남자가 수배 중이었기 때문이었다. 미래는 불투명하고 가진 건 아무 것도 없지만 너무도 행복해하는 이 어여쁜 청춘 남녀에게 시 〈너희 사랑〉을 선물한 후 이들을 생각하며 또 한 편의 시를 썼으니 그것이 〈가난한 사랑 노래〉이다.

함께 읽으면 좋은 작품

〈무등을 보며〉, 서정주 / 가난한 현실을 다룬 작품

〈무등을 보며〉는 현실적 가난 속에서도 좌절하지 않고 인간의 본질을 지켜 나가려는 의지를 노래하고 있다는 점에서 〈가난한 사랑 노래〉와 유사하다. 〈무등을 보며〉는 가난이 인간의 타고난 본질까지 훼손시킬 수는 없기에 삶의 곤란함에 의연하게 대처하면서 살아가기를 권유하고 있고 〈가난한 사랑 노래〉는 어려운 경제적 상황으로 인간적 감정마저 버릴 수밖에 없는 가혹한 현실의 모습을 부각하여 보여 주고 있다는 점에서 차이가 있다.

키 포인트 체크

화자 ☐☐을 떠나 도시로 와서 밤늦게까지 일을 하지만 ☐☐하게 살아가고 있는 젊은 도시 노동자이다.

상황 ☐☐☐로 인해 젊은이들이 농촌을 떠나 도시 노동자로 힘겹게 살아가고, 가난 때문에 인간의 기본적인 ☐☐들조차 포기하며 살고 있다.

태도 가난하기 때문에 모든 것을 포기하고 버려야 하는 현실을 ☐☐☐으로 바라보며 안타까워하고 있다.

1 이 시에 대한 설명으로 적절하지 않은 것은?
① 계절의 변화에 따라 시상을 전개하고 있다.
② 설의법을 활용하여 주제 의식을 강조하고 있다.
③ 비슷한 문장 구조를 반복하여 운율을 형성하고 있다.
④ 일상생활에서 사용하는 평이한 시어를 구사하고 있다.
⑤ 감각적 이미지를 활용하여 시적 상황을 형상화하고 있다.

2 이 시에 드러난 정서와 이를 뒷받침하는 소재가 바르게 연결된 것은?
① 외로움: 새빨간 감, 바람 소리
② 두려움: 눈 쌓인 골목길, 달빛
③ 그리움: 호각 소리, 기계 소리
④ 노여움: 네 입술, 숨결
⑤ 사랑: 내 등 뒤, 울음

3 〈보기〉의 ㉮의 관점에서 이 시를 감상한 내용으로 가장 적절한 것은?

보기
〈시의 감상〉   현실
              ↓   ㉮
    시인 →   작품   ← 독자

① 화연: 작품이 창작될 당시는 심야의 통행이 엄격하게 금지되는 시기였음을 알 수 있어.
② 창민: 눈의 하얀색과 달빛의 파란색이 주는 선명한 대비가 사랑하는 감정을 더욱 북돋아 주고 있어.
③ 철호: 이 작품을 통해 주변의 가난하고 소외된 이웃에게 따뜻한 관심과 애정을 가져야겠다고 생각했어.
④ 지원: '이웃의 한 젊은이를 위하여'라는 부제를 보니 젊은이를 위로하고자 하는 시인의 마음을 느낄 수 있었어.
⑤ 서현: 산업화로 인해 젊은이들이 고향을 떠나 도시에서 일하며 가난하게 살았던 1970년대 시대 상황이 드러나 있어.

내신 적중 多빈출
4 이 시를 단편 영화로 제작하기 위해 구상한 장면으로 적절하지 않은 것은?
① 남루한 옷차림의 두 젊은 연인이 밤늦게 사랑을 속삭이는 장면을 보여 준다.
② 돌아서는 주인공의 등 뒤에서 울음을 터뜨리는 애인의 얼굴을 클로즈업해서 보여 준다.
③ 주인공이 아침 일찍 공장에 출근하여 콧노래를 부르며 활기차게 일하는 모습을 보여 준다.
④ 어깨를 축 늘어뜨린 채 달빛이 쏟아지는 눈 쌓인 골목길을 걸어오는 주인공의 외로운 모습을 비춰 준다.
⑤ 주인공의 지친 얼굴 위로 초가집 뒤 감나무에 빨갛게 익은 감이 하나 매달려 있는 시골 풍경이 겹쳐지게 한다.

105

봄 | 이성부

문학 창비

핵심 정리

갈래 자유시, 서정시
성격 상징적, 희망적
제재 봄
주제 다가오게 될 새로운 시대에 대한 강한 신념
특징 ① 확고한 신념에 찬 어조를 띰.
　　　② 대상을 의인화하여 상징적으로 그려 냄.
출전 《우리들의 양식》(1974)

Q '봄'에 대한 화자의 태도는?

이 시의 화자는 '봄'을 간절히 기다리고 있다. 화자는 '봄'의 도래에 대한 신념과 확신의 태도를 보이고 있는데, 이는 계절적 순환에 따른 당위적 속성과 '너는 온다'와 같은 단정적 어조, '마침내'와 같은 부사어 등을 통해 효과적으로 드러나고 있다.

시어 풀이

뻘밭 갯바닥이나 늪 바닥에 있는 거무스름하고 미끈미끈한 흙으로 이루어진 밭.

시구 풀이

❶ **기다리지 않아도 ~ 너는 온다.** 봄을 '너'로 의인화하여 겨울이 지나면 봄이 오는 자연의 섭리를 표현하고 있다. 특히 '기다림마저 잃었을 때'라는 표현을 통해, '너'라는 대상이 절망적 상황에서 희망을 줄 수 있는 존재임을 드러낸다.

❷ **어디 뻘밭 ~ 나자빠져 있다가** 봄이 오기까지의 시련과 역경을 표현한 부분이다. 의인법을 활용해 봄에 인간의 속성을 부여함으로써 봄을 구체적이고 사실적으로 느낄 수 있게 한다.

❸ **다급한 사연 ~ 더디게 온다.** '다급한 사연'이라는 시구를 통해 봄이 속히 와야 하는 이유가 현실의 고통 때문임을 짐작할 수 있다. 여기서 '바람'은 의인화된 대상으로, 화자의 간절한 소망을 전달하는 매개자 역할을 한다.

❹ **더디게 더디게 마침내 올 것이 온다.** 더디기는 하나 끝내 봄은 오고야 말 것이라는 화자의 확신이 드러난 표현으로, 시인의 역사 인식이 드러나는 구절이다.

❺ **너, 먼 데서 이기고 돌아온 사람아.** '봄'이라는 대상이 화자가 기다리는 이상적인 삶의 경지를 가리키기 때문에 봄을 승리자로 의인화하여 표현하고 있다. 봄을 예찬하는 화자의 태도가 나타나 있다.

작가 소개

이성부(李盛夫, 1942~2012)
시인. 전남 광주 출생. 1962년 《현대문학》에 〈소모(消耗)의 밤〉, 〈열차〉 등이 추천되어 등단하였다. 개성 있는 남도적 향토색과 저항적 현실 인식을 바탕으로 현실 참여적인 내용을 다루면서도 서정성을 느낄 수 있는 작품을 썼다. 시집으로 《이성부 시집》(1969), 《우리들의 양식》(1974), 《야간 산행》(1996) 등이 있다.

---

❶기다리지 않아도 오고
　　자연의 순리에 따라 오고 → 봄의 도래는 필연적임.
기다림마저 잃었을 때에도 너는 온다.
　　절망적인 상황　　　　　　　봄을 의인화함.　　　　　　▶ 1~2행: 자연의 섭리인 봄의 도래

❷어디 *뻘밭 구석이거나
썩은 물웅덩이 같은 데를 기웃거리다가　　　　봄에 인간적인 속성을 부여하여
한눈 좀 팔고, 싸움도 한판 하고,　　　　　　온갖 시련과 역경을 나타냄.
지쳐 나자빠져 있다가

❸다급한 사연 들고 달려간 바람이
　　부조리한 현실의 심화　　소식 전달의 매개자(의인법)
흔들어 깨우면
눈 부비며 너는 더디게 ㉠온다.
　　　　　　　　의인법
❹더디게 더디게 마침내 올 것이 온다.　　　　　　　　▶ 3~10행: 봄이 오기까지의 더딘 과정
　　봄은 꼭 온다는 화자의 확고한 마음
너를 보면 눈부셔
일어나 맞이할 수가 없다.　　　　　　　봄을 맞이하는 화자의 감격스러운 마음
입을 열어 외치지만 소리는 굳어
나는 아무것도 미리 알릴 수가 없다.
가까스로 두 팔을 벌려 껴안아 보는
　　　　　　　봄을 맞이하는 기쁨의 행동
❺너, 먼 데서 이기고 돌아온 사람아.　　　　　　▶ 11~16행: 봄을 맞이하는 감격과 기쁨
　　온갖 역경을 극복하고 찾아온 봄

이해와 감상

이 시는 '봄'에 상징적 의미를 부여하여, 새로운 시대가 올 것이라는 강한 신념을 노래하고 있는 작품이다.

> '봄'이 오리라는 믿음 → 더디지만 반드시 오는 '봄' → '봄'을 맞이하는 감격과 기쁨

'봄'은 계절 순환의 섭리에 의해 겨울이 끝나면 자연스럽게 오는 당위적인 속성을 지닌다. 겨울이 시련과 절망의 이미지를 지니는 데 비해, '봄'은 생명의 소생이라는 희망적인 이미지를 지닌다. 따라서 이 시에서 '봄'은 '반드시 도래할 희망' 정도로 해석할 수 있다.

1~2행에서 화자는 우리의 의지와는 관계없이 봄은 온다고 말함으로써, 봄이 오는 자연 섭리의 당위성을 드러내고 있다. 3~10행에서는 좀처럼 올 것 같아 보이지 않는 봄이지만, 결국에는 오고 말 것이라는 화자의 신념이 드러나 있다. 11~16행은 마침내 도래한 봄을 맞이하는 화자의 감격이 드러나 있다.

이 시에서 화자가 '너'로 의인화하며 그토록 기다리는 희망의 대상인 '봄'은, 시인이 살았던 시대 상황이나 그가 평소 다루었던 작품 경향으로 미루어 보아 '민주'와 '자유'로 생각할 수 있다. 즉, 이 시는 겨울이 지나면 반드시 봄이 오듯, 시대의 아픔과 절망이 언젠가는 사라질 것이라는 강한 신념을 노래하고 있는 것이다.

🏠 작품 연구소

'봄'의 상징적 의미

이 시에서 '너'로 의인화되어 있는 봄은 단순한 계절로서의 의미를 넘어서서 화자가 부여한 상징적 의미를 지닌다. 그것은 화자에게 있어 기다림의 대상으로, 현재는 부재 상태에 있지만 언젠가는 회복될 수 있다고 믿는 가치라고 할 수 있다. 또한 이 시의 시대적 배경으로 볼 때, '봄'은 민주와 자유를 상징하는 것으로 이해할 수 있다.

봄	계절 순환에 따라 겨울 뒤에 반드시 오는 계절	→	현실에 정착되기를 열망하는 민주와 자유
	희망의 이미지		
	간절한 기다림의 대상		

인격화된 '봄'

이 시에서의 '봄'은 만물을 소생시키고 온화한 빛을 뿌리며, 사람들의 마음을 두근거리게 하는 낭만적인 모습이 아니다. 이 시의 '봄'은 뺄밭 구석과 썩은 물웅덩이를 기웃거리고, 한눈을 팔며 싸움도 한판 벌이는 등 철저히 인격화된 모습으로 등장한다.

이처럼 시인은 자신이 말하고자 하는 바를 효과적으로 전달하기 위해 봄을 인격화하였다. 이는 봄이 오랜 기다림 끝에 오는 것임을 강조하기 위한 표현으로 이해할 수 있다. 이 시에서 봄은 온갖 더러움과 역경을 이겨 내고 오는 간절한 기다림의 대상인 것이다.

이 시의 시대적 배경

이 시는 4·19 혁명으로 시작된 민주화의 실천이 5·16 군사 정변으로 시련을 겪고 유신 독재 체제의 억압이 진행된 시기에 창작되었다. 유신 독재의 그늘이 짙게 드리워진 한국 사회는 봄은커녕 여전히 추운 겨울과 같은 상황이었다. 하지만 시인은 절대적인 자연의 섭리에 따라 반드시 '봄'이 오는 것처럼 현실도 그렇게 바라보고 있다. 즉, 지금은 비록 겨울과 같이 춥고 힘든 시대이지만 민주주의와 자유가 물결치는 시대 역시 자연의 섭리와 같이 반드시 올 것이라는 시인의 기대감이 이 시에 강하게 부각되어 있다.

표현상 특징과 효과

시구	표현상 특징	효과
• 기다림마저 잃었을 때에도 너는 온다.	단정적인 어조	봄이 반드시 올 것이라는 화자의 확신을 드러냄.
• 눈 부비며 너는 더디게 온다. • 더디게 더디게 마침내 올 것이다.	'온다'의 반복적 사용	리듬감을 형성하고 봄이 오기를 바라는 화자의 간절함을 강조함.
• 눈 부비며 너는 더디게 온다. • 너, 먼 데서 이기고 돌아온 사람아.	대상의 의인화	봄에 대한 화자의 친근함과 봄이 오기를 바라는 간절함을 표현함.

📖 함께 읽으면 좋은 작품

〈봄은〉, 신동엽 / 상징적 의미를 부여한 '봄'

〈봄은〉은 통일에 대한 뜨거운 염원을 노래한 시로, 봄에 상징성을 부여하여 생명력 있는 존재로 표현하고 있다는 점에서 〈봄〉과 유사하다. 하지만 〈봄〉에서의 '봄'은 민주와 자유를 상징하는 반면, 〈봄은〉에서의 '봄'은 통일을 상징하며 통일이 외세의 개입이 아닌 우리 민족의 힘으로 해결할 과제임을 역설하고 있다. 🔗 Link 본책 251쪽

🔑 포인트 체크

[화자] ☐☐의 섭리에 따라 봄이 반드시 올 것이라고 생각하며 기다리고 있다.

[상황] 4·19 혁명으로 시작된 ☐☐☐에 대한 열망이 5·16 군사 정변으로 좌절되고 유신 독재에 의해 ☐☐가 억압당하던 상황이다.

[태도] 봄을 긍정적으로 생각하고 봄이 반드시 올 것이라는 확고하고도 간절한 ☐☐을 가지고 있다.

1 이 시의 표현상 특징으로 적절하지 않은 것은?

① 대상을 의인화하여 시상을 전개하고 있다.
② 상징을 통해 특정 대상에 의미를 부여하고 있다.
③ 자연물에 감정을 이입하여 현실을 비판하고 있다.
④ 단정적인 어조를 통해 화자의 신념을 강조하고 있다.
⑤ 특정한 시어를 반복함으로써 리듬감을 형성하고 있다.

2 이 시와 〈보기〉의 공통점으로 적절하지 않은 것은?

┤ 보기 ├

봄은 / 남해에서도 북녘에서도 / 오지 않는다.

너그럽고 / 빛나는 / 봄의 그 눈짓은,
제주에서 두만까지 / 우리가 디딘 / 아름다운 논밭에서 움튼다.

겨울은, / 바다와 대륙 밖에서 / 그 매운 눈보라 몰고 왔지만
이제 올 / 너그러운 봄은, 삼천리 마을마다
우리들 가슴속에서 / 움트리라.

① 두 시 모두 상징적인 시어를 사용하고 있다.
② 두 시 모두 대상을 사람처럼 의인화하고 있다.
③ 두 시 모두 화자의 확고한 믿음이 드러나 있다.
④ 두 시 모두 대립적 이미지의 시어를 사용하고 있다.
⑤ 두 시 모두 부정적 현실을 극복하기 위한 역사의식이 나타나 있다.

3 〈보기〉를 참고했을 때, 이 시의 '봄'의 의미로 가장 적절한 것은?

┤ 보기 ├

1960년대는 독재 정권에 항거하기 위한 4·19 혁명이 일어났으며, 민주 사회에 대한 열망을 좌절시킨 5·16 군사 정변이 있었던 시기이다. 이후 군사 정권 체제가 고착화되고 산업화가 급속하게 전개되면서 민족 구성원 내부의 불평등과 갈등, 인간 소외 문제가 심화되었다. 점차 자유와 평등이 살아 있는 민주 사회에 대한 관심이 높아지면서 문학의 현실 참여에 대한 논의가 활발해지기도 하였다.

① 순수한 삶에 대한 염원
② 변하지 않는 자연의 섭리
③ 재회를 바라는 사랑하는 연인
④ 시대적 아픔을 형상화한 존재
⑤ 부조리한 현실을 이겨 내는 존재

4 ㉠처럼 표현함으로써 얻을 수 있는 효과를 쓰시오.

IV. 1960년대 ~ 1980년대

106

외할머니의 뒤안 툇마루 | 서정주

국어 비상(박영)

🎯 핵심 정리

갈래 서정시, 산문시
성격 회상적, 서사적
제재 외할머니의 뒤안 툇마루
주제 유년 시절의 추억과 외할머니의 사랑에 대한 그리움
특징 ① 향토적 소재를 사용하여 우리 고유의 정서를 드러냄.
② 회상적 어조를 통해 추억과 그리움을 표현함.
③ 구체적 공간에서의 특정 장면을 그려 회화성이 느껴짐.
출전 《질마재 신화》(1975)

> **Q** '툇마루'의 시적 기능 및 의미는?
>
> '툇마루'는 어린 시절을 회상하는 매개체로 작용하고 있다. 또한 '툇마루'는 세대 간의 교감이 이루어지는 곳인 동시에 화자가 어린 시절 외할머니의 사랑을 느끼며 위로와 안식을 얻은 공간이기도 하다.

💡 시어 풀이

뒤안 집 뒤에 있는 뜰이나 마당. 뒤꼍.
먹오딧빛 검은 빛깔을 띠는 오디 빛깔.
툇마루 툇간에 놓은 마루.
손때 오랫동안 쓰고 매만져서 길이 든 흔적.
그네 앞에서 이미 이야기한 사람을 가리키는 삼인칭 대명사.
오디 뽕나무의 열매.

🐚 시구 풀이

❶ **외할머니의 손때와 ~ 것이라 하니** 툇마루에 외할머니의 손때뿐만 아니라 그 딸들의 손때도 함께 있다는 것은, 툇마루를 일상적인 삶을 공유하며 세대 간의 교감이 이루어지는 공간으로 보고 있음을 의미한다.
❷ **한 개의 거울로 ~ 얼굴을 들이비칩니다.** 툇마루가 어린 시절을 비추어 주는 과거 회상의 매개체로 작용하고 있음을 알 수 있다. 또 '어린 내 얼굴'이라는 표현에서 어른이 된 화자가 과거를 회상하는 상황이라는 것도 알 수 있다.
❸ **이 외할머니네 ~ 바로 합니다.** '외할머니의 뒤안 툇마루'는 어린 시절의 화자에게 위로와 안정을 주는 공간이었음이 드러난다. 툇마루를 그러한 공간으로 만든 것은 오디 열매에 담긴 외할머니의 사랑 때문이라고 할 수 있다.
❹ **외할머니의 얼굴과 ~ 없기 때문입니다.** 툇마루가 어린 시절의 화자와 외할머니와의 세대 간 교감이 이루어지는 장소이자 외할머니의 사랑을 느낄 수 있는 곳이며, 전통적 인정이 이어지는 곳임을 나타내고 있다.

👤 작가 소개

서정주(본책 168쪽 참고)

○ : 향토적 정감을 불러일으키는 소재

외할머니네 집 **뒤안**에는 장판지 두 장만큼 한 **먹오딧빛** **툇마루**가 깔려 있습니다. 이 툇마루는 **외할머니의** **손때와** **그네 딸들의** 손때로 날이 날마다 칠해져 온 것이라 하니 내 어머니의 처녀 때의 손때도 꽤나 많이는 묻어 있을 것입니다마는, 그러나 그것은 하도나 많이 문질러서 인제는 이미 때가 아니라, ❷한 개의 거울로 번질번질 닦이어져 ⊙어린 내 얼굴을 들이비칩니다.

그래, 나는 어머니한테 꾸지람을 되게 들어 따로 어디 갈 곳이 없이 된 날은, ❸이 외할머니네 때거울 툇마루를 찾아와, 외할머니가 **장독대** 옆 **뽕나무**에서 따다 주는 **오디 열매**를 약으로 먹어 숨을 바로 합니다. ⓛ❹외할머니의 얼굴과 내 얼굴이 나란히 비치어 있는 이 툇마루에까지는 어머니도 그네 꾸지람을 가지고 올 수 없기 때문입니다.

▶ 툇마루에 얽힌 외할머니와 어머니에 대한 추억

▲ 툇마루의 모습

이해와 감상

이 시는 외할머니의 집 뒤안에 있던 툇마루를 매개체로 하여 어린 시절 외할머니와의 추억과 외할머니의 사랑에 대한 그리움을 표현하고 있다.

앞부분에서는 외할머니의 집 뒤안에 있던 먹오딧빛 툇마루의 의의가 제시된다. 일상적 삶을 공유하며 세대 간의 교감이 이어져 오는 공간이라는 툇마루의 상징적 의미는 '손때'라는 시어를 통해 형상화된다. 툇마루를 문지르는 행위는 자연스레 툇마루가 번질번질하게 닦여 거울과 같은 기능을 하는 것으로 이어진다. 툇마루를 거울에 비유하여 화자가 자신의 얼굴을 들여다볼 수 있는 거울의 속성을 지닌 것으로 표현한 것이다. 즉, 툇마루는 화자의 어린 시절 모습을 비추는 매개체의 역할을 하게 된다.

뒷부분에서는 툇마루에 얽힌 외할머니와의 추억이 구체적으로 드러나 있다. 툇마루에서 외할머니가 주신 오디 열매를 먹으며 숨을 바로 했던 어린 시절의 기억이 한 장의 그림처럼 머릿속에 그려진다. 외할머니의 얼굴과 어린 시절 화자의 얼굴이 나란히 비치는 장면은 세대 간의 교감을 상징하는 것으로 이 시의 주제 의식을 구현하고 있다.

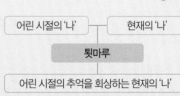

작품 연구소

시어의 의미

시어	의미
툇마루	세대 간의 교감과 사랑이 이루어지는 공간, 추억의 공간
오디 열매	외할머니의 사랑이 담긴 소재
외할머니	'나'에게 사랑과 위안을 주는 존재

→ 유년 시절의 추억과 관련되는 시어로 그리움과 향토적 정서를 유발함.

회상적 구조를 통한 주제 의식 전달

어린 시절의 '나'	툇마루 (매개물)	현재의 '나'
외할머니의 사랑		그리움

우리 고유의 인정과
세대 간의 사랑

이 시는 현재의 '나'가 외할머니네 집 툇마루를 매개로 어린 시절의 '나'의 경험을 떠올리는 구조를 취하고 있다. 현재의 '나'는 어린 시절 어머니께 꾸중을 들은 날 외할머니네 집 뒤안 툇마루에서 외할머니가 따 주신 오디를 먹으며 느꼈던 외할머니의 사랑을 회상하고 있다. 이 시는 이러한 구조를 통해 외할머니의 사랑에 대한 그리움, 궁극적으로는 우리 고유의 인정과 세대 간의 사랑이라는 주제 의식을 효과적으로 전달하고 있다.

'툇마루'의 의미

- 외할머니의 손때와 딸들의 손때로 칠해져 온 것
- '나'가 외할머니가 따다 준 오디 열매를 먹으며 사랑과 위안을 느낀 곳
- 외할머니와 '나'의 얼굴이 나란히 비치는 거울과 같은 곳

↓

전통이 이어지는 공간,
가족 간·세대 간의 교감과 사랑을 느낄 수 있는 공간

외할머니네 집 뒤안 툇마루는 외할머니와 딸들의 손때가 묻은 곳으로, 하도 많이 문질러서 거울처럼 번질번질하다. 화자는 어린 시절 툇마루에서 외할머니가 따다 준 오디 열매를 먹으며 외할머니의 사랑을 느꼈다. 외할머니에서 '나'로 이어지는 교감은 툇마루에 외할머니와 화자의 얼굴이 나란히 비치는 것으로 형상화된다. 이를 통해 툇마루는 외할머니와 어머니의 손때, 그리고 '나'의 손때가 묻은 공간으로 가족 간·세대 간의 교감이 이루어지는 곳이며, 세대 간의 사랑을 통해 우리 고유의 인정과 전통이 이어지는 공간인 것이다.

함께 읽으면 좋은 작품

〈추억에서〉, 박재삼 / 어린 시절에 대한 그리움의 정서

〈추억에서〉는 화자의 어린 시절에 어머니가 견뎌야 했던 한스러운 삶을 형상화한 작품이다. 〈추억에서〉도 〈외할머니의 뒤안 툇마루〉와 마찬가지로 어린 시절의 추억과 그리움의 정서를 표현하고 있다. 〈외할머니의 뒤안 툇마루〉가 어린 시절을 '툇마루'라는 공간과 관련하여 형상화했다면, 〈추억에서〉에서는 진주 장터를 배경으로 어머니의 모습을 그려 내고 있다. 그러나 〈추억에서〉는 어린 시절에 대한 회상을 통한 그리움의 정서뿐만 아니라 '한(恨)'의 정서까지 담아내고 있다는 점에서 차이가 있다.

🔗 Link 본책 250쪽

키 포인트 체크

화자 외할머니네 집 뒤안 툇마루를 □□□로 하여 어린 시절과 외할머니와의 □□을 떠올리고 있다.

상황 외할머니의 집 뒤안에 있던 먹오딧빛 툇마루에 담긴 □□가 제시된 후, 툇마루에 얽힌 추억이 구체적으로 드러나 있다.

태도 □□□ 어조를 통해 유년 시절의 추억과 외할머니의 사랑에 대한 □□을 드러내고 있다.

내신 적중 多빈출

1 이 시에 대한 설명으로 가장 적절한 것은?
① 인간과 자연의 대비를 통해 시상을 전개하고 있다.
② 회상의 형식으로 어린 시절의 추억을 그려 내고 있다.
③ 향토적 소재를 통해 과거 삶의 애환을 그려 내고 있다.
④ 대립적 이미지를 가진 시어를 통해 주제를 부각하고 있다.
⑤ 의인화된 대상을 통해 바람직한 삶의 방향을 제시하고 있다.

2 이 시의 시어 또는 시구에 대한 설명으로 적절하지 않은 것은?
① '툇마루'는 시간적 의미와 공간적 의미를 가지고 있다.
② '집 뒤안'과 '장독대'는 화자의 외로움을 강조하기 위한 것이다.
③ '때거울 툇마루'라는 표현이 자연스러운 것은 '하도나 많이 문질러서'라는 구절과 관련되기 때문이다.
④ '먹오딧빛'은 '툇마루'와 '오디 열매'를 자연스럽게 이어지게 한다.
⑤ '숨을 바로 합니다'는 치유의 의미를 함축하고 있다.

3 〈보기〉를 참고하여 이 시를 이해한 반응으로 가장 적절한 것은?

| 보기 |
핵가족이 확산되면서 전통 사회에서 이루어졌던 세대 간의 유대, 우리 고유의 인정 등이 사라져 가고 있습니다. 최근 우리 사회에 나타난 가족 구성원 간의 소통 부재와 단절, 노인 문제 등은 모두 일정 부분 이러한 변화와 관련이 있다고 볼 수 있습니다.

① 가족 간의 유대를 통해 세대 간의 공감이 이루어질 필요가 있겠군.
② 향토적 정서를 회복할 수 있도록 도시 사람들의 귀농을 장려할 필요가 있겠군.
③ 유교적 가치 회복을 통해 가부장적 질서를 확립하여 가족 문제를 해결해야겠군.
④ 세대 간의 공감이 이루어지기 위해서는 윗세대들이 시대 변화를 인정하는 것이 필요하겠군.
⑤ 핵가족 확산과 전통 사회의 대가족제 붕괴는 불가피한 현상이므로 담담하게 받아들여야겠군.

4 ㉠에서 알 수 있는 '툇마루'의 시적 기능을 쓰시오.

5 ㉡의 의미를 이 시의 주제와 관련지어 쓰시오.

107

신선 재곤이 | 서정주

문학 금성

◎ 핵심 정리

갈래 산문시, 서정시
성격 낭만적, 토속적, 신화적
제재 앉은뱅이 재곤이
주제 장애인을 보살피는 '질마재' 공동체 구성원들의 따뜻한 마음
특징 ① 시간의 흐름에 따라 시상을 전개함.
② 설화를 이야기하는 듯한 서사적 구성을 취함.
출전 《질마재 신화》(1975)

Q '질마재'의 의미는?

'질마재'는 시인의 출생지인 전라북도 고창군 부안면에 있는 마을 선운리의 속칭이다. 그 모양이 길마(수레를 끌 때 말이나 소 등에 얹는 안장으로 '질마'는 방언임.)와 같은 모양의 고개 같다 하여 '질마재'로 부른다고 한다.

☀ 시어 풀이

멍석 짚으로 결어 네모지게 만든 큰 깔개.
절고 '겯고'의 전남 방언. 대, 갈대, 싸리 따위로 씨와 날이 서로 어긋매끼게 엮어 짜고.
뒤대어 어떤 일을 할 수 있도록 계속하여 돌보아 주어.
연자 맷돌 연자매. 일반 맷돌보다 수십 배나 크고, 사람 대신 소나 말이 돌려 능률도 높음.

불가불 부득불(不得不). 하지 아니할 수 없어. 또는 마음이 내키지 아니하나 마지못하여.

☙ 시구 풀이

❶ **성한 두 손으로 ~ 특별히 주었습니다.** 앉은뱅이 '재곤이'가 먹고살기 위해 성한 두 손으로 멍석이나 광주리를 짰지만 밥벌이로는 여의치 않자, '질마재 사람들'은 '재곤이'가 일을 하지 않고도 마을에서 밥을 얻어먹을 수 있도록 했다는 뜻이다. 이는 전통적인 마을 공동체의 인정을 보여 준다.
❷ **'재곤이가 만일에 ~ 면치 못할 것이다.'** 몸이 불편한 '재곤이'를 평생 잘 돌보아 주지 않으면 천벌을 받을 것이라는 말로, '질마재 사람들'의 인과응보적인 사고방식과 하늘을 두려워하는 순수함을 보여 준다.
❸ **한 마리 거북이가 ~ 마음속마다 남았습니다.** '재곤이'가 힘겹게 돌아다니던 모습이 마을 사람들의 마음에 각인되었음을 의미한다. 이런 '재곤이'를 제대로 돌보지 못해 마을 사람들의 마음이 무거웠다는 의미로도 볼 수 있다.

✍ 작가 소개

서정주(본책 168쪽 참고)

땅 위에 살 자격이 있다는 뜻으로 '재곤(在坤)'이라는 이름을 가진 앉은뱅이 사내가 있었습니다. ❶성한 두 손으로 *멍석도 *절고 광주리도 절었지마는, 그것만으론 제 입 하나도 먹이지를 못해, 질마재 마을 사람들은 할 수 없이 그에게 마을을 앉아 돌며 밥을 빌어먹고 살 권리 하나를 특별히 주었습니다.
▶ 앉은뱅이 재곤이를 돌보는 마을 사람들

❷'재곤이가 만일에 제 목숨대로 다 살지를 못하게 된다면 우리 마을 인정은 바닥난 것이니, 하늘의 벌을 면치 못할 것이다.' 마을 사람들의 생각은 두루 이러하여서, 그의 세 끼니의 밥과 추위를 견딜 옷과 불을 늘 *뒤대어 돌보아 주어 오고 있었습니다.
▶ 마을 사람들이 재곤이를 돌보는 이유

그런데 그것이 갑술년이라던가 을해년의 새 무궁화 피기 시작하는 어느 아침 끼니부터는 재곤이의 모양은 땅에서도 하늘에서도 일절 보이지 않게 되고, ❸한 마리 거북이가 기어다니듯 하던 살았을 때의 그 무겁디무거운 모습만이 산 채로 마을 사람들의 마음속마다 남았습니다. 그래서 마을 사람들은 ㉠하늘이 줄 천벌을 걱정하고 있었습니다.
▶ 재곤이가 마을에서 사라짐.

그러나 해가 거듭 바뀌어도 천벌은 이 마을에 내리지 않고, 농사도 딴 마을만큼은 제대로 되어, 신선도(神仙道)에도 약간 앎이 있다는 좋은 흰 수염의 조 선달 영감님은 말씀하셨습니다. "재곤이는 생긴 게 꼭 거북이같이 안 생겼던가. 거북이도 학이나 마찬가지로 목숨이 천 년은 된다고 하네. 그러니, 그 긴 목숨을 여기서 다 견디기는 너무나 답답하여서 날개 돋아나 하늘로 신선살이를 하러 간 거여……"
▶ 재곤이가 사라진 것에 대한 조 선달 영감의 해석

그래 "재곤이는 우리들이 미안해서 모가지에 *연자 맷돌을 단단히 매어 달고 아마 어디 깊은 바다에 잠겨 나오지 않는 거라." 마을 사람들도 "하여간 죽은 모양을 우리한테 보인 일이 없으니 조 선달 영감님 말씀이 마음적으로야 *불가불 옳기사 옳다."고 하게는 되었습니다. 『그래서 그들도 두루 그들의 마음속에 살아서만 있는 그 재곤이의 거북이 모양 양쪽 겨드랑에 두 개씩의 날개들을 안 달아 줄 수는 없었습니다.』
▶ 조 선달 영감의 해석에 대한 마을 사람들의 동조

「 」: 마을 사람들도 '재곤이'가 죽었다고 생각하지 않고 '조 선달' 영감의 말대로 두 날개를 퍼덕이며 하늘로 '신선살이'를 갔다고 믿게 되었음을 의미한다. '재곤이'가 죽어서 좋은 곳에 있을 것이라고 믿는 것은 우리 민족의 전통적인 사고방식을 나타내는 것이다.

이해와 감상

이 시는 앉은뱅이인 '재곤이'를 보살피는 '질마재' 공동체 구성원들의 따뜻한 마음을 그린 작품이다. 장애를 가진 '재곤이'를 배려하고 끼니와 추위를 견딜 옷과 불을 늘 뒤대어 주는 마을 사람들은 어느 날 갑자기 '재곤이'가 없어진 이후 천벌을 받을까 봐 걱정을 한다. 질마재 마을의 인정이 바닥난 것으로 여겨질 수 있기 때문이다. 그러나 신선도에 지식이 있다는 '조 선달' 영감이 '재곤이'가 죽은 것이 아니라, '신선살이'를 하러 하늘에 갔다며 마을 사람들의 긍정적 인식을 이끈다. 이러한 '조 선달' 영감의 말에 마을 사람들은 신화적 상상력을 바탕으로 '재곤이'의 죽음을 '신선살이'를 간 것으로 여기게 된다. 이는 바람직한 귀결을 바라는 선인들의 가치관이 반영된 것이라 할 수 있다.

재곤이		질마재 사람들
앉은뱅이로 제 입 하나 먹이지 못함.		재곤이를 정성껏 돌보아 줌(공동체의 도리를 다함.).

↓ 신화적 상상력

재곤이가 하늘로 신선살이를 감.
마을 사람들의 긍정적 인식

작품 연구소

이 시에 나타난 전통적 사고방식

인과응보적 사고방식	재곤이를 잘 돌보아 주지 않으면 천벌을 받을 것이라는 질마재 사람들의 생각에서 알 수 있음.
공동체적 사고방식	공동체의 구성원 가운데 어느 한 사람이라도 헐벗고 굶주리는 사람이 없도록 보살피는 것이 공동체 구성원의 도리라고 생각하는 질마재 사람들의 모습에서 알 수 있음.
죽음을 재생과 부활로 인식	재곤이가 죽은 것이 아니라 하늘로 신선살이를 하러 간 것이라고 말하는 것에서 알 수 있음.

'조 선달'의 역할

이 시에서 '조 선달' 영감은 시상 전개상 중요한 역할을 한다고 볼 수 있다. 앉은뱅이 '재곤이'를 제대로 보살피지 못해 하늘의 벌을 받을 것이라고 걱정하는 마을 사람들에게 '재곤이'가 하늘로 '신선살이'를 간 것이라며 긍정적 인식을 심어 주고 있기 때문이다. 특히 '조 선달' 영감이 신선도에 알음(지식이나 지혜)이 있다는 것 때문에 '조 선달' 영감의 말에 마을 사람들이 더욱 동조할 수 있었다고 볼 수 있다.

신적인 존재로 격상된 '재곤이'

재곤이		마을 사람들
앉은뱅이로 자기 목숨 추스르기도 어려움.	실종	천벌을 걱정하다가 별일이 없자 신선살이 간 것으로 인식함.
현세적 기준		**마을 사람들의 인식**
소외자, 낙오자		신적 존재로의 격상

자료실

신화적 상상력을 통한 건강한 삶의 회복

신체적인 결함 때문에 삶의 고통을 감당했을 재곤이의 모습은 바로 우리들의 삶의 원형 그대로의 모습이다. 이 시는 비참한 삶이 신화적 상상력을 통하여 건강하게 재생하기를 기원하고 있다. 이렇게 죽음을 부정적인 것이나 슬픔으로 남겨 두지 않고 긍정적으로 이야기할 수 있는 이유는 죽음이 다른 의미의 재생이라는 소박한 믿음을 갖고 있기 때문이다. 신선에 대한 상상력이 발휘되는 또 다른 이유는 인간에게 날개를 달 수 없는 현실적인 능력의 한계를 절감하고 있기 때문이다. 가장 극한적인 한계 상황에서 날개를 달 수 없다는 것만으로는 그들이 자포자기를 했는지에 대해서 알 수 없다. 다만 '신선 재곤이'라는 제목에서 암시하고 있는 바, 신선에 대한 재치 있는 상상력을 통해 죽음을 존재의 끝으로 여기지 않는 자세를 엿볼 수 있다.

– 이명희, 《현대 시와 신화적 상상력》

함께 읽으면 좋은 작품

〈괜찮아〉, 장영희 / 타인에 대한 배려

〈괜찮아〉는 신체적 장애를 지닌 글쓴이가 어린 시절 일화를 통해 세상에 대한 긍정적 시각을 갖게 되었음을 밝히고 있는 수필이다. 〈신선 재곤이〉와 〈괜찮아〉는 장애인을 배려하는 마음을 다루고 있다는 점에서 유사하다. 하지만 〈신선 재곤이〉는 재곤이가 의식주를 해결할 수 있도록 도와주는 마을 사람들의 인정을, 〈괜찮아〉는 글쓴이를 친구들의 놀이에 끼워 주어 소외감을 느끼지 않도록 배려하는 마음을 다루고 있다는 점에서 차이가 있다.

▶ Link 〈수필·극〉 141쪽

키 포인트 체크

[화자] 질마재 마을에 살았던 □□□라는 인물과 그를 대하는 마을 사람들의 행동과 생각에 대해 들려주고 있다.

[상황] 장애를 가진 재곤이가 마을 사람들의 보살핌을 받다가 사라지고, 마을 사람들은 재곤이가 □□이 되었다고 믿는 상황이 드러나 있다.

[태도] 앉은뱅이인 재곤이를 보살피는 질마재 마을 사람들의 □□□ 마음을 □□□를 들려주듯 담담하게 그려 내고 있다.

1 이 시에 대한 감상으로 적절하지 않은 것은?
① 바람직한 귀결을 바라는 선인들의 가치관이 담겨 있어.
② 이야기를 들려주는 듯한 어조로 담담하게 노래하고 있어.
③ 반어적 표현을 사용하여 장애인에 대한 관심을 환기하고 있어.
④ 설화적인 요소를 차용하여 옛사람들의 사고방식을 보여 주고 있어.
⑤ 사람의 도리를 좇아 장애인을 보듬는 사람들의 따뜻한 마음을 감동적으로 표현하고 있어.

2 이 시를 영상물로 제작하고자 할 때의 계획으로 적절하지 않은 것은?
① '조 선달'은 비범한 면모를 나타내도록 분장을 한다.
② 도입 부분에서 재곤이를 소개할 때 내레이션으로 처리한다.
③ '재곤이'가 사라져 걱정하는 마을 사람들의 표정을 클로즈업한다.
④ '질마재 사람들'이 '재곤이'를 돌보아 주는 여러 장면을 몽타주 기법으로 편집한다.
⑤ '재곤이'가 '앉은뱅이'에서 '거북이'로 환생하는 부분은 컴퓨터 그래픽으로 처리한다.

3 〈보기〉를 바탕으로 이 시를 이해한 내용으로 가장 적절한 것은?

보기

한국 문학의 특질로 인간 중심의 문학을 꼽을 수 있다. 작품에 등장하는 인물은 여러 성격을 지니고 있지만 이것이 처절한 투쟁을 유발하는 갈등의 원인이 되지는 않는다. 오히려 인간을 이분법적으로 생각하지 않고 삶의 조건에 따라 서로 생각이 다를 수 있고, 다르게 행동한다는 것을 이해한다. 궁극적으로 많은 작품들은 어떤 것이 인간답게 사는 것인가를 모색하는 쪽으로 전개된다.

① 악인은 벌을 받는다는 인과응보 사상이 잘 드러나는군.
② 공동체의 구성원들이 인간답게 살기를 바라는 마음이 드러나는군.
③ 죽음 이후에 부활하여 새로운 삶이 시작된다는 생각이 나타나는군.
④ 약자에 대한 절대적인 보호가 마을에 복을 준다는 사상이 나타나는군.
⑤ 성격이 다른 인물을 신격화하여 공동체에서 분리하는 수단이 나타나는군.

4 '질마재 사람들'이 ㉠과 같이 생각한 이유를 쓰시오.

IV. 1960년대 ~ 1980년대

108 저문 강에 삽을 씻고 | 정희성

키워드 체크 #성찰적 #가난한 노동자의 삶 #강을 통한 형상화 #화자의 처지 #소외된 도시 노동자 #가난한 현실

문학 천재(정)

핵심 정리

갈래 자유시, 서정시
성격 성찰적, 회고적
제재 강물
주제 가난한 노동자의 삶의 비애
특징 ① 연의 구분이 없는 단연시임.
② 구체적인 삶의 경험을 자연물의 이미지와 결합시킴.
③ 시간의 흐름과 화자의 내면 변화에 따라 시상을 전개함.
출전 《저문 강에 삽을 씻고》(1978)

Q '강'을 통해 형상화한 것은?

이 시는 노동 현장에서 오는 삶의 경험을 '강'이라는 자연물의 심상과 결합시켜 깊은 시적 의미를 얻고 있다. 화자는 강을 보면서 강물이 흐르는 것처럼 노동자의 삶도 그렇게 흘러가고, 강물이 깊어 가는 것처럼 노동자의 비애도 깊어 간다고 표현하고 있다.

시어 풀이

샛강 큰 강의 줄기에서 한 줄기가 갈려 나가 중간에 섬을 이루고, 하류에 가서는 다시 본래의 큰 강에 합쳐지는 강.

시구 풀이

❶ **흐르는 것이 ~ 저와 같아서** 인생을 흐르는 강물에 비유한 부분으로, 노동자의 삶도 흐르는 물과 같다는 의미이다.

❷ **강변에 나가 ~ 퍼다 버린다.** 하루의 고단한 노동을 마치고 화자는 잠시 강물에 삽을 씻으며 슬픔을 잊으려 한다. 여기서 삽을 씻는 것은 일을 마무리하기 위한 것만이 아니라 강물에다 삶의 비애를 씻어 버리기 위한 행동으로 이해할 수 있다.

❸ **삽자루에 맡긴 ~ 저물고, 저물어서** '삽자루에 맡긴 한 생애'에서 화자가 삽질을 하며 생계를 이어 가는 중년의 노동자임을 알 수 있다. 또한 '이렇게 저물고, 저물어서'는 아무리 열심히 일해도 그의 삶이 결국 제자리였음을 암시한다.

❹ **샛강 바닥 썩은 물에** 도시화, 산업화의 과정에서 공장 폐수로 인한 물의 오염을 의미하는 동시에, 썩은 물과 같이 화자가 처한 암담한 노동 현실을 드러낸다. 산업화와 도시화에 대한 비판적 시각이 나타나 있다.

❺ **먹을 것 없는 ~ 돌아가야 한다.** 가난하고 누추한 곳으로 다시 돌아가야 하는 노동자의 힘겨운 모습을 보여 준다. 어쩔 수 없이 현실을 수긍하는 체념적 태도가 드러나 있다.

작가 소개

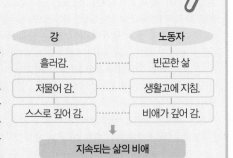

정희성(鄭喜成, 1945~) 시인. 경남 창원 출생. 1970년 《동아일보》 신춘문예에 〈변신〉이 당선되어 등단하였다. 주로 도시 근로자의 지친 삶과 무거운 비애를 절제된 감정과 차분한 어조로 노래하였다. 시집으로, 《한 그리움이 다른 그리움에게》(1991), 《돌아다보면 문득》(2008) 등이 있다.

ⓐ
❶흐르는 것이 물뿐이랴.
　노동자의 힘겨운 삶도 물처럼 흘러간다는 의미
우리가 저와 같아서
　흐르는 강물
ⓑ
❷강변에 나가 삽을 씻으며
　공간적 배경 생계의 수단 → 노동자의 표상
거기 슬픔도 퍼다 버린다.
　흐르는 강
ⓒ
일이 끝나 저물어
　시간적 배경
스스로 깊어 가는 강을 보며
　노동자의 비애가 쌓여 감.
『쭈그려 앉아 담배나 피우고
나는 돌아갈 뿐이다.』
　『　』: 삶에 대해 무기력하고 체념적이며 소극적인 화자의 태도

ⓓ
❸삽자루에 맡긴 한 생애가
　노동자로서의 삶
이렇게 저물고, 저물어서
　발전 없이 반복되는 삶(희망 없이 시드는 삶)
❹•샛강 바닥 썩은 물에
　① 산업화로 인한 환경 오염 ② 희망과 생명력이 없는 노동자의 삶
달이 뜨는구나.
　반복적인 삶

ⓔ
우리가 저와 같아서
　① 흐르는 강물과 같아서 ② 반복해서 뜨는 달과 같아서
흐르는 물에 삽을 씻고
❺먹을 것 없는 사람들의 마을로
　궁핍한 노동자의 삶
다시 어두워 돌아가야 한다.
반복적인 삶　가난한 현실을 수용하는 태도(체념적)

▶ 1~4행: 강물에서 발견한 인생의 의미

▶ 5~8행: 삶에 대한 체념적이고 무기력한 태도

▶ 9~12행: 무기력하게 늙어 가는 노동자로서의 삶

▶ 13~16행: 암담한 현실에 대한 체념

이해와 감상

이 시는 1970년대 도시화, 산업화로 인해 소외된 도시 노동자의 삶을 차분한 어조로 노래하고 있다.

중년의 노동자인 화자가 하루 일을 끝내고 흐르는 강물에 삽을 씻으며 인생의 의미를 성찰하는 내용으로, 1~4행에서 고단한 하루의 노동을 끝낸 화자는 강물에 삽을 씻으며 삶의 슬픔도 함께 씻어 버리고자 한다. 5~8행에서는 적극적인 현실 극복의 의지 없이 체념하는 화자의 모습이 나타난다. 무력감과 실의에 빠진 화자의 모습이 '스스로 깊어 가는 강', '쭈그려 앉아 담배나 피우고', '돌아갈 뿐이다' 등의 시구에서 잘 나타난다. 9~12행은 젊어서부터 중년의 나이까지 그의 노동자 생활이 아무런 발전 없이 반복되어 왔음을 말해 준다. '샛강 바닥 썩은 물'은 도시화, 산업화로 인해 오염된 자연을 말하는데, 이 시에서는 노동자의 삶과 강물이 동일시되고 있으므로 '썩은 물'은 화자가 처한 암담한 현실을 보여 주는 것이다. 13~16행에서 화자는 그래도 시간이 되면 달은 어김없이 뜨고, 썩은 강 위에 뜨는 그 달과 같이 가난한 집으로 다시 돌아갈 수밖에 없음을 깨닫고 가난한 현실에 대한 무력감과 체념을 드러내고 있다.

이 시는 감정의 절제와 체험적 이미지의 형상화를 통해 깊은 공감대를 확보하고 있다. 특히 노동자의 삶의 한 국면을 자연물인 '강'의 흐름이라는 심상과 결합시켜 형상화함으로써 민중시의 한계를 극복하고 있다.

강		노동자
흘러감.	┄	빈곤한 삶
저물어 감.	┄	생활고에 지침.
스스로 깊어 감.	┄	비애가 깊어 감.

지속되는 삶의 비애

작품 연구소

'강물'의 이미지

이 시는 '강물'의 이미지가 화자의 현실 인식과 연결되어 전개되고 있다. '강'은 도회지를 흐르고 있으며, 시간적 배경은 해 질 녘이다. 이때 흐르는 강은 맑은 강물이 아니라 썩은 강물이다. 이러한 강물이 흐르듯이 소외된 노동자의 삶도 애환을 가슴에 가득 안은 채 강물처럼 흘러간다. 화자는 하루의 노동이 끝난 뒤 삽을 씻으며 삶의 슬픔 또한 삽을 씻듯 씻어 보지만, 그것은 그렇게 씻겨 나갈 수 있는 아픔이 아니다. 화자의 삶의 고뇌는 오랫동안 누적되어 온 생활고에서 비롯한 것이며, 쉽사리 해결될 성질의 것이 아니다. 그렇기 때문에 노동자의 비애감을 강물처럼 무겁게 드리우는 것이다.

화자와 강물·달의 관계

이 시에서 화자는 자신의 삶을 흐르는 '강물'과 썩은 강물에 뜬 '달'과 동일시하여 강물이 흘러가고 달이 반복하여 뜨는 것처럼 암담한 현실 속에서 희망 없이 힘들게 살아가는 노동자의 삶을 보여 주고 있다.

강물, 달		화자
변화가 반복적이고 주체적이지 않음.	동일시 =	하루하루 희망 없이 반복적으로 살아감.

이 시에 반영된 사회 현실

화자의 처지를 알 수 있는 부분	사회 현실
일이 끝나 저물어 / 스스로 깊어 가는 강을 보며 / 쭈그려 앉아 담배나 피우고	하루의 노동을 마친 뒤에 비애가 쌓여 가며 허탈감과 절망감으로 가득 찬 도시 노동자의 현실이 반영됨.
삽자루에 맡긴 한 생애가 / 이렇게 저물고, 저물어서	도시 노동자로 전락하여 평생 노동의 삶을 살아 왔지만 발전이나 희망 없이 현실이 반복되어 삶에 찌들어 가는 모습이 나타남.
먹을 것 없는 사람들의 마을로 / 다시 어두워 돌아가야 한다.	산업화의 혜택에서 소외된 도시 노동자들이 기본적인 생활도 보장되지 않는 누추하고 가난한 곳에서 살아가는 현실을 드러냄. '다시'라는 부사어를 통해 궁핍한 상황 속에서의 삶이 계속되고 있음을 보여 줌.

자료실

1970년대의 시대적 배경

1970년대는 경제 개발 정책이 본격적으로 추진되던 시기로, 급격한 산업화로 농촌 인구의 도시 집중 현상이 두드러지게 나타나게 되었다. 이로 인해 전통적인 농촌 사회가 붕괴됨과 동시에 사람들이 도시에 몰려들게 되었고, 그들의 대부분은 저임금 노동자로 전락하는 현상이 나타났다. 이들은 발전하는 사회의 혜택을 받지 못한 채 소외되어 도시 빈민층으로 전락하는 경우가 많았다.

함께 읽으면 좋은 작품

〈농무〉, 신경림 / 부정적 현실에 대한 민중의 태도

〈농무〉는 산업화의 물결 속에서 붕괴되어 가던 농촌의 현실에 대한 농민들의 한과 고뇌를 그려 낸 작품으로, 산업화로 인한 소외 현상을 다루고 있다는 점에서 〈저문 강에 삽을 씻고〉와 공통점이 있다. 하지만 〈저문 강에 삽을 씻고〉의 화자가 소외되고 가난한 노동자의 삶을 체념하고 수용하는 것과 달리 〈농무〉의 화자는 울분과 절망을 신명으로 풀어 버리려 한다는 점에서 차이가 있다.

🔗 Link 본책 208쪽

키 포인트 체크

화자 하루 일을 마치고 강물에 삽을 씻고 있는 중년의 □□□이다.

상황 1970년대 도시화, □□□로 인해 □□된 도시 노동자의 궁핍하고 희망 없는 삶이 드러나 있다.

태도 감정을 절제하며 가난하고 암담한 현실로 돌아갈 수밖에 없는 것에 대한 □□□과 체념을 □□□ 어조로 드러내고 있다.

1 이 시와 〈보기〉를 비교한 내용으로 적절하지 <u>않은</u> 것은?

┤ 보기 ├

징이 울린다 막이 내렸다
오동나무에 전등이 매어 달린 가설무대
구경꾼이 돌아가고 난 텅 빈 운동장
우리는 분이 얼룩진 얼굴로
학교 앞 소줏집에 몰려 술을 마신다
　　　　　　[중략]
비룟값도 안 나오는 농사 따위야
아예 여편네에게나 맡겨 두고
쇠전을 거쳐 도수장 앞에 와 돌 때 / 우리는 점점 신명이 난다
한 다리를 들고 날라리를 불거나
고갯짓을 하고 어깨를 흔들거나　　　 – 신경림, 〈농무〉

① 두 시 모두 현재형 어미를 주로 사용하고 있다.
② 두 시 모두 자연물과 화자의 삶을 동일시하고 있다.
③ 두 시 모두 산업화로 인한 소외 현상을 다루고 있다.
④ 〈보기〉에 비해 이 시의 화자는 체념적 태도를 보이고 있다.
⑤ 이 시와는 달리 〈보기〉에서는 울분과 절망을 신명으로 승화시키는 모습이 나타나 있다.

2 〈보기〉를 참고하여 이 시를 이해한 내용으로 적절하지 <u>않은</u> 것은?

┤ 보기 ├

이 시는 1970년대 산업화로 인해 소외된 도시 노동자의 삶을 노래하고 있다. 중년의 노동자인 화자가 하루 일을 끝내고 흐르는 강물에 삽을 씻으며, 인생의 의미를 성찰하며 삶의 슬픔을 관조하고 있다. 이 시는 삶의 체험을 표현하면서도 감정을 절제하고, 인생을 강의 흐름과 결합시켜 형상화하고 있다.

① ⓐ에서 '우리가 저와 같아서'라고 하는 것은 인생을 강의 흐름과 결합시킨 것으로 볼 수 있다.
② ⓑ에서 '삽을 씻으며', '슬픔도 퍼다 버린다'라는 것은 노동자인 화자가 하루 일을 끝내고 삶의 슬픔을 씻어 버리려는 것으로 이해할 수 있다.
③ ⓒ에서 '깊어 가는 강을 보며', '돌아갈 뿐이다'라는 것은 강물을 보며 삶의 슬픔을 관조하는 자세로 볼 수 있다.
④ ⓓ에서 '샛강 바닥 썩은 물에', '달이 뜨는구나'는 '산업화로 인한 환경 오염의 심각성'이라는 주제를 드러냈다고 볼 수 있다.
⑤ ⓔ에서 '먹을 것 없는 사람들의 마을로', '돌아가야 한다'라는 것은 가난하고 고된 현실로 돌아갈 수밖에 없음을 깨닫는 것으로 이해할 수 있다.

3 이 시에 나타나는 노동자의 삶에 대해 쓰시오.

슬픔이 기쁨에게 | 정호승

[문학] 비상, 지학사
[국어] 미래엔

🎯 핵심 정리

갈래 자유시, 서정시
성격 의지적, 상징적
제재 소외된 이웃들의 슬픔
주제 이기적인 삶에 대한 반성 및 더불어 살아가는 삶의 가치 추구
특징 ① 상대방에게 말을 건네는 방식으로 전개함.
② '-겠다'의 반복을 통해 운율감을 형성하고 화자의 의지적인 자세를 효과적으로 나타냄.
출전 《슬픔이 기쁨에게》(1979)

Q '슬픔의 평등한 얼굴'의 의미는?

이 시에서 '슬픔'은 단순히 슬픈 마음이나 느낌을 나타내는 말이 아니라, 우리 사회의 약자들에 대한 관심과 애정을 의미한다. 그렇다면 '슬픔'이 평등한 얼굴을 갖고 있다는 것은 무엇을 의미할까? 이는 사회적 약자들을 자신과 평등한 존재로 바라본다는 뜻이다. 즉, '슬픔'은 소외된 이웃을 평등한 존재로 바라보기에 '평등한 얼굴'을 갖고 있는 것이다.

🔆 시어 풀이

동사자 얼어 죽은 사람.

🎐 시구 풀이

❶ **사랑보다 소중한 슬픔을 주겠다** '슬픔'의 힘을 역설적 표현을 통해 강조한 부분이다. 슬픔이 사랑보다 소중한 이유는, 사랑이 소외된 이웃의 고통과 아픔에 무관심한 것에 비해 슬픔은 그들에게 관심을 갖고 이해와 공감의 자세로 대하기 때문이다.

❷ **내가 어둠 속에서 ~ 웃어 주질 않은** '너'의 무관심과 편견을 비판하고 있는 부분이다. '너'는 소외된 이웃들을 자신과 평등한 존재로 생각하지 않았기에 그들이 도움을 요청했을 때 외면해 버린 것이다.

❸ **나는 이제 너에게도 기다림을 주겠다** 청자에 대한 화자의 의지가 나타난 부분이다. 화자는 청자가 소외된 이들의 삶의 모습을 보고 공감하기를 바라고 있다.

❹ **기다림의 슬픔까지 걸어가겠다** '너'가 진정한 슬픔, 기다림의 의미를 깨달을 때까지 함께하겠다는 의지의 표현이다.

👤 작가 소개

정호승(鄭浩承, 1950~)
시인. 경남 하동 출생. 1973년 《대한일보》 신춘문예에 〈첨성대〉가 당선되어 등단하였다. 정치적·경제적으로 소외된 사람들에 대한 애정을 슬프고도 따뜻한 시어들로 그려 냈다. 시집으로 《슬픔이 기쁨에게》(1979), 《외로우니까 사람이다》(1998), 《포옹》(2007) 등이 있다.

시의 화자(=슬픔) / 의지적인 어조
나는 이제 너에게도 슬픔을 주겠다
청자(=기쁨) / 소외된 이웃들에 대한 따뜻한 마음
❶사랑보다 소중한 슬픔을 주겠다
역설적 표현
겨울밤 거리에서 귤 몇 개 놓고

살아온 추위와 떨고 있는 할머니에게
살면서 겪은 고난과 시련 / 사회적 약자, 소외된 이웃
귤값을 깎으면서 기뻐하던 너를 위하여
타인의 고통에 개의치 않는 이기적인 모습
나는 슬픔의 평등한 얼굴을 보여 주겠다
▶ 1~6행: 이기적인 '너'에게 전하는 슬픔의 평등함

❷내가 어둠 속에서 너를 부를 때
고통 속에서 도움을 요청할 때
단 한 번도 평등하게 웃어 주질 않은
외면함. 나를 평등한 존재로 여기지 않음.
가마니에 덮인 동사자가 다시 얼어 죽을 때
역설적 표현을 통해 상황의 심각성을 부각함.
가마니 한 장조차 덮어 주지 않은
최소한의 관심
무관심한 너의 사랑을 위해
자신과 주변 사람을 제외한 타인에게는 무관심한 이기적인 사랑
흘릴 줄 모르는 너의 눈물을 위해
타인의 슬픔에 공감하지 못함.
❸나는 이제 너에게도 기다림을 주겠다
슬픔과 같은 의미
이 세상에 내리던 ㉠함박눈을 멈추겠다
▶ 7~14행: 무관심한 '너'에게 전하는 기다림의 힘
가난한 이들에게 가해지는 고난과 시련
보리밭에 내리던 봄눈들을 데리고
소외된 사람들을 위한 애정. 따뜻함
㉡추위 떠는 사람들의 슬픔에게 다녀와서
우리 주변에서 가난하고 힘들게 살아가는 사람들
눈 그친 눈길을 너와 함께 걷겠다
'너'의 잘못을 일깨워 주고 슬픔이 지닌 힘을 깨닫게 함.
슬픔의 힘에 대한 이야기를 하며
소외된 이웃들에 대한 관심과 사랑
❹기다림의 슬픔까지 걸어가겠다
▶ 15~19행: 새로운 희망의 길을 여는 슬픔의 힘

이해와 감상

이 시는 '슬픔'이 '기쁨'에게 말을 건네는 방식으로 이루어져 있다. 청자로 설정되어 있는 '기쁨'은 소외된 사람들에게 무관심한 존재로 추위에 떨고 있는 할머니의 귤값을 깎으며 기뻐하고, 어둠 속에서 애타게 부르는 소리를 외면하며, 얼어 죽은 사람을 위해 가마니 한 장조차 덮어 주지 않는 이기적인 존재이다. 이러한 '기쁨'에게 화자는 '슬픔'과 '기다림'을 주겠다고 말하고 있다.

이 시에서 '슬픔'은 '사랑'보다 소중한 존재이다. 왜냐하면 '사랑'과 '기쁨'은 소외된 사람들에게 단 한 번도 평등한 웃음을 준 적이 없지만, '슬픔'은 추위 떨고 있는 사람들의 아픔을 이해하고 그들과 함께하면서 그들을 위로해 주었기 때문이다. 그리하여 자신만을 소중하게 여기는 이기적인 사람들의 '사랑'보다, 타인의 고난과 시련에 관심을 갖는 '슬픔'이 오히려 더 큰 힘을 갖고 있다. 화자는 이러한 '슬픔'을 '너'에게 주고 싶은 것이다. 이때 청자인 '너'는 어느 특정한 사람만을 지칭하는 것이 아니라, 이기적으로 살면서 소외된 이웃들에게 무관심한 우리 모두가 될 수 있다. 시인은 이러한 우리들에게 가난과 소외로 인해 힘겹게 살아가는 사람들에 대한 관심과 애정을 촉구하고 있는 것이다.

나	너
슬픔	기쁨
긍정적 가치	부정적 가치

역설적

🏠 작품 연구소

시어의 상징적 의미

어둠	고통스럽고 소외된 삶
가마니 한 장	최소한의 관심, 인정
눈물	타인에 대한 사랑, 연민, 배려
기다림	• 소외된 이웃의 아픔에 공감할 수 있는 시간 • 진정한 사랑을 알기 위한 시간
함박눈	• 가진 자들이 누리던 풍요와 기쁨 • 소외된 이들의 삶을 더욱 고통스럽게 하는 존재

화자가 지향하는 삶의 가치

화자는 자신만의 안일을 위해 남의 아픔에는 무관심하거나 그들의 아픔에 공감할 줄 모르는 이기적인 세태를 비판하고 모두 더불어 기쁨을 누릴 수 있는 삶의 태도를 지향하고 있다.

'나'(슬픔)		'너'(기쁨)
• 사랑보다 소중함. • 슬픔과 기다림을 주려 함. • 슬픔의 평등한 얼굴을 보여 주려 함. • 함박눈을 멈추려 함. • 봄눈을 데리고 추워 떠는 사람들을 위로하려 함.	비판 ⇒	• 할머니의 귤값을 깎으며 기뻐함. • 도움을 외면하며 웃어 주지 않음. • 이웃을 평등한 존재로 생각하지 않음. • 동사자가 다시 얼어 죽어도 무관심함. • 이웃을 위해 눈물을 흘릴 줄 모름.

자신의 이익만 추구하고 소외된 사람들을 외면하던 '너'에게 진정한 슬픔의 가치를 깨닫게 함.

시어의 대립적 이미지

'슬픔'은 소외된 사람들을 사랑하고 그들의 아픔에 공감하며 눈물을 흘릴 줄 알며, 심지어는 이기적인 '기쁨'이 진정한 슬픔의 의미를 깨달을 때까지 함께하려는 긍정적인 존재이다. 이와 반대로 '기쁨'은 소외된 사람들에게 무관심하며 자신의 이익만을 추구하는 이기적인 존재로 '슬픔'과 대조된다. 이 시는 '슬픔'과 '기쁨'의 대립적 이미지를 통해 타인의 고통에 무관심하고 이기적인 우리의 삶의 단면을 보여 줌으로써 이러한 삶에 대한 반성을 촉구한다.

슬픔		기쁨
• 이타적인 존재 • 소외된 이웃들과 더불어 살아가는 따뜻한 마음	⟷	• 이기적인 존재 • 타인에게 무관심하며 자신의 이익만을 생각하는 몰인정한 마음

📖 함께 읽으면 좋은 작품

〈연탄 한 장〉, 안도현 / 화자가 지향하는 삶의 태도

〈슬픔이 기쁨에게〉와 〈연탄 한 장〉은 이기적인 삶의 태도를 반성하고 타인에 대한 관심과 애정, 즉 이타적인 삶의 태도를 지향한다는 점에서 공통적이다. 〈슬픔이 기쁨에게〉에서는 화자인 '슬픔'이 이기적인 '기쁨'에게 소외된 존재의 아픔과 고통을 이해하는 진정한 '슬픔'의 가치를 깨닫게 하는 반면, 〈연탄 한 장〉에서는 희생적이고 헌신적이며 이타적인 삶의 태도를 보이는 '연탄'을 통해 이기적인 삶을 사는 화자가 자신의 삶을 반성하고 있다.

키 포인트 체크

- **화자** ☐☐된 이웃에게 ☐☐☐이고 무관심한 '너(기쁨)'에게 말을 건네는 '나(슬픔)'이다.
- **상황** 가난하고 소외된 이웃에게 무관심하고 ☐☐을 베풀 줄 모르는 이기적인 세태가 드러나 있다.
- **태도** 남의 아픔에 무관심하거나 공감할 줄 모르는 이기적인 세태를 ☐☐하고 모두 더불어 ☐☐을 누릴 수 있는 삶의 태도를 지향하고 있다.

1 이 시에 대한 설명으로 적절하지 않은 것은?

① 같은 어미의 반복을 통해 의지적 태도를 드러내고 있다.

② 특정 장면을 회상하면서 지난날로의 회귀를 촉구하고 있다.

③ 화자가 청자에게 말을 건네는 방식으로 시상이 전개되고 있다.

④ 상징적 의미를 지닌 시어를 통해 시적 의미를 구체화하고 있다.

⑤ 대상에 대한 새로운 관점을 제시하여 삶에 대한 성찰을 유도하고 있다.

2 이 시를 읽은 독자의 반응으로 적절하지 않은 것은?

① '슬픔'이 긍정적 가치를 지닐 수 있다는 것을 새롭게 알게 되었어.

② 소외된 사람들에게 무관심하고 그들을 외면한 적이 있는지 되돌아봤어.

③ '눈 그친 눈길'이 새로운 희망의 길을 상징하는 것 같아 나도 같이 걷고 싶어졌어.

④ 이기적인 태도를 버리고 어려운 이웃을 배려하는 마음을 지녀야겠다는 생각이 들었어.

⑤ 시를 읽은 후에 그동안의 게으름에 대해 반성하고, 앞으로 최선을 다해 살기로 마음 먹었어.

3 〈보기〉의 화자가 이 시의 '너'에게 들려줄 말로 가장 적절한 것은?

┤ 보기 ├

또 다른 말도 많고 많지만
삶이란
나 아닌 그 누구에게
기꺼이 연탄 한 장 되는 것　　　　– 안도현, 〈연탄 한 장〉

① 어려움을 참고 이겨 내는 것이 바람직한 삶입니다.

② 신념을 불태우며 꿋꿋하게 사는 것도 행복한 삶입니다.

③ 모든 사람을 평등하게 대우하는 것이 정의로운 삶입니다.

④ 큰 일보다는 작은 일을 추구하는 것도 아름다운 삶입니다.

⑤ 힘겨운 사람들에게 아낌없이 베푸는 것이 가치 있는 삶입니다.

내신 적중

4 ㉠이 ㉡에게 의미하는 바가 무엇인지 한 문장으로 쓰시오.

키워드 체크 #당신과의 사랑 #사랑으로 인한 고통 #경어체 #사랑의 역설적 인식 #사랑의 속성 #한용운

[문학] 천재(김)

◎ 핵심 정리

갈래 자유시, 서정시, 산문시
성격 사색적, 고백적
제재 당신과의 사랑
주제 숙명적 고통을 수반하는 당신과의 사랑
특징 ① 경어체를 활용하여 사랑에 대한 화자의
생각을 드러냄.
② 사랑에 대한 역설적 인식을 통해 사랑의
본질적 속성을 드러냄.
출전 《그 여름의 끝》(1990)

Q '당신'이 '나'에게 '당신은 팔도 다리도 없으니'라고 한 이유는?

사랑이 지속되지 않는 경우의 고통을 '팔도 다리도 없는' 모습으로 드러내고 있다. 이성복의 다른 시 〈꽃 피는 시절〉에 보면 '내게서 당신이 떠나갈 때면 / 내 목은 갈라지고 실핏줄 터지고 / 내 눈, 내 귀, 거덜난 몸뚱이 갈가리 찢어지고'와 같이 노래하였는데, 이 또한 당신의 상실로 인한 고통을 육체적 고통으로 드러낸 것이다. 이와 같이 이별로 인한 고통이 있기 때문에 '당신'이 '나'에게 '당신을 붙잡지요'라고 말한 것으로 볼 수 있다.

☆ 시구 풀이

❶ **당신이 내 곁에 계시면 나는 늘 불안합니다** '나'와 당신이 지금은 사랑을 하고 있지만, 연인은 언젠가는 헤어지기 마련이다. 현실 속에서 헤어지지 않더라도 결국에는 삶과 죽음으로 나눠질 수밖에 없기 때문이다. 즉, 사랑은 이별을 전제하기 마련이고, 따라서 당신이 '나'의 곁에 있더라도 '나'는 늘 불안할 수밖에 없는 것이다.

❷ **나로 인해 ~ 앞날은 어두워집니다.** '나'와 '당신'이 사랑을 하게 되면 '당신'이 고통을 겪을 수밖에 없고, '당신'이 '나'에게서 멀어지면 '나'가 고통을 겪으리라는 것을 말하고 있다. 결국 사랑이란 고통을 전제할 수밖에 없다는 점을 말한 것이라 할 수 있다.

❸ **나는 당신이 ~ 수가 없습니다** '당신'은 숙명적으로 '나'를 떠날 수밖에 없지만 '나'는 차마 '당신'을 떠나보내지 않고 있다. 설사 물리적으로는 '당신'이 '나'를 떠나더라도 '나'는 마음속으로는 절대 '당신'을 떠나보내지 않겠다는 의지를 드러낸 것으로 볼 수도 있다.

♟ 작가 소개

이성복(李晟馥, 1952~)
시인. 경북 상주 출생. 1977년 《문학과 지성》에 〈정든 유곽에서〉를 발표하며 등단하였다. 주로 일상에 자리한 슬픔의 근원과 연애시의 서정적 어법으로 세상에 대한 보편적 이해를 노래하였다. 시집으로는 《뒹구는 돌은 언제 잠깼는가》(1980), 《호랑가시나무의 기억》(1993) 등이 있다.

---

❶당신이 내 곁에 계시면 나는 늘 ㉠**불안합니다** ❷나로 인해 당신 앞날이 어두워지는 까닭입니다
└ 당신과의 사랑은 심리적 불안을 수반함. └ '나'와의 사랑으로 인해 고통을 겪을 '당신'을 걱정함.
내 곁에서 당신이 멀어져 가면 나의 앞날은 어두워집니다 나는 당신을 잡을 수도
└ '나'의 삶에서 당신이 차지하는 영향력이 큼. └ 사랑의 본질은 고통일 수밖에 없음.
놓을 수도 없습니다 언제나 당신이 떠나갈까 ㉡**안절부절입니다** 한껏 내가 힘들어 하면 당신은 또 이렇게 말하지요 ㉢**"당신은 팔도 다리도 없으니 내가 당신을 붙잡지요"** ❸나는 당신이
└ 사랑으로 인한 본질적 고통을 겪는 상황을 표현함. 당신의 말을 직접 인용함으로써 생동감을 더해 줌.
떠나야 할 줄 알면서도 보내 드릴 수가 없습니다

▶ 당신으로 인한 불안감 속에서도 '나'는 당신을 떠나보내지 못하고 있음.

이해와 감상

이 시는 '당신'과 사랑을 하는 과정에서 본질적으로 느낄 수밖에 없는 고통에 대해 노래한 작품으로 이성복의 세 번째 시집 《그 여름의 끝》에 실려 있다. 이성복의 본격적인 연애시집이라 볼 수 있는 《그 여름의 끝》은 오로지 연애의 아픔과 연애로 인한 이별의 슬픔을 노래한 작품을 실은 시집이다. 한용운, 김소월의 시와 마찬가지로 이 시집에서도 연애의 기쁨이나 행복은 등장하지 않으며, 연애로 인한 숙명적 슬픔과 고통을 노래한 것이다.

이 시는 '나'가 당신과 사랑을 하고 있지만 늘 불안함을 느끼고 있다는 내용으로 시작하고 있는데, 이는 '나'가 '당신'을 열렬히 사랑하고 있다는 점을 전제하고 있다. 당신을 열렬히 사랑하고 있기 때문에 '나'는 자신 때문에 당신이 고통을 겪을까 봐 걱정하고 있는 것이다. 또한 이러한 상황은 사랑이 전제하고 있는 슬픔과 고통을 노래했다고 볼 수 있다. 지금은 사랑을 하고 있더라도 사랑은 결국 깨어지기 마련이고, 그렇기 때문에 '나'는 늘 불안함을 느낄 수밖에 없기 때문이다. 다시 말해 사랑에 빠진 '나'가 사랑의 기쁨을 만끽할 수 없는 역설적 상황이라 할 수 있다. 그리하여 '나'는 당신이 떠날까 봐 안절부절하면서도 당신을 잡지도 떠나보내지도 못하고 있으며, '당신'이 떠나야 하는 상황임을 알면서도 '당신'을 떠나보내지 못하고 있는 것이다.

한편 이와 같은 인식은 한용운의 작품과 맥이 닿아 있다고 볼 수 있는데, 한용운은 〈님의 침묵〉에서 "님은 갔지만은 나는 님을 보내지 아니하였습니다"라 하였고, 〈나룻배와 행인〉에서 "당신은 물만 건너면 나를 돌아보지도 않고 가십니다그려…나는 당신을 기다리면서 날마다 날마다 낡아 갑니다"라고 하였다. 한용운의 시에서 님이 실제로는 '나'의 곁을 떠났더라도 '나'가 끊임없이 '님'을 기다리는 것처럼, 〈앞날〉의 '나'도 당신으로 인한 불안감 속에서도, 당신을 떠나보내야 하는 상황임을 알면서도 '당신'을 떠나보내지 못하고 있는 것이다.

당신이 내 곁에 계시면 '나'는 불안함.
↓
당신이 내 곁에서 멀어져 가면 '나'의 앞날이 어두워짐.
↓
당신이 '나'의 곁을 떠날까 봐 안절부절함.
↓
'나'는 당신이 떠나야 할 줄 알면서도 보낼 수가 없음.

작품 연구소

'당신'과의 사랑으로 인한 '나'의 심리적 고통

'당신'이 '나'의 곁에 있음.	'당신'이 '나'의 곁에서 멀어짐.
자신으로 인해 '당신'의 앞날이 어두워질까 봐 불안함.	'나'의 앞날이 어두워짐.

'나'의 정서	• 당신이 '나'를 떠날까 봐 걱정하면서도 '당신'을 잡지도 놓지도 못하고 있음. • '당신'이 '나'로부터 떠나야 할 줄 알면서도 '당신'을 보내지 못하고 있음.

제목 '앞날'의 의미

제목 '앞날'은 '나'와 '당신' 앞에 놓인 시간을 의미한다. 화자인 '나'는 '당신'이 '나'의 곁에 있을 때와 '나'의 곁을 떠날 때를 가정하여 정서를 드러내고 있는데, 어떠한 상황이든지 '나'와 '당신'의 앞날은 고통이 수반될 수밖에 없다. 서로 사랑을 하고 있는 '나'와 '당신'이 사랑의 기쁨만을 누릴 수 없고 숙명적 고통 속에 있을 수밖에 없는 시간이 바로 '앞날'인 것이다.

이성복의 연애시에 관한 논의

나와 당신의 완벽하고 지속적인 결합에 대한 열망은, 역설적으로 그것의 불가능성이라는 조건으로부터 그 강렬함을 부여받는다. [중략] 서로 다른 두 존재의 결합이라는 연애시의 욕망은 사실은 그 어긋남에 대한 암묵적인 승인을 전제한다. 그러니 모든 연애시는 '사랑은 가능하지 않다'라고 노래하고 있는 것이 아닌가? 그럼으로써 연애의 주체는 사랑이라는 상처 속에서 실존적 동일성을 부여받는 것이 아닐까? 어쩌면 사랑을 방해하는 제도적 현실에 대한 경멸조차도, 그 사랑의 근원적인 불가능성을 은폐하는 알리바이일지도 모른다. 상처의 뼈아픈 깊이를 통해서, 연애에 처한 자는 주체성을 얻는다. 소통의 지속성이 아니라 부재의 지속성이, 사랑의 벗어날 수 없는 중독성을 보장한다. 그러니까 그 모든 부재와 상실과 환멸이 역설적으로 사랑을 증거한다.

– 이광호, 〈연애시를 읽는 몇 가지 이유〉

자료실

《그 여름의 끝》에 나타난 발상 및 표현

이성복의 세 번째 시집 《그 여름의 끝》에서는 '당신'에 대한 정서를 효과적으로 드러내기 위해 전통적 여성 화자를 설정하고 '–ㅂ니다, –어요' 등 청자 지향의 고백적인 어조로 노래하는 작품이 많다. 또한 당신과의 관계를 드러내기 위해 반복과 병렬 구조를 자주 활용하는데, 이는 '만남'과 '이별'이 안고 있는 역설적 속성을 잘 보여 준다. 즉, 《그 여름의 끝》에 나타난 '만남'은 '이별'을 전제하고 있으며, '당신'이 '나'를 떠나야만 '당신'과 '나'가 완전히 하나가 될 수 있다는 점을 말하고 있는 것이다.

함께 읽으면 좋은 작품

〈서해〉, 이성복 / 사랑에 대한 역설적 인식

〈서해〉는 역설적 발상과 경어체를 활용하여 당신에 대한 간절한 그리움을 드러낸 작품이다. 화자는 '당신'이 있을 수도 있는 서해에 가지 않으려 한다. '당신'을 그리워하면서도 물리적으로 한 공간에 있는 것을 지향하지 않고, 마음속으로만 늘 그리움을 품고 있는 것이다. 이는 화자가 서해에 가서 당신의 존재를 확인하게 되면, '당신'이 있을 공간이 없어지기 때문이다. 즉, '당신'의 부재(不在)에 대한 확인을 유보함으로써, '당신'의 존재를 지키고자 하는 화자의 역설적 행위인 것이다. 〈앞날〉과 〈서해〉 모두 역설적 인식을 바탕으로 당신과 만날 수 없는 상황을 강렬히 드러내고 있다는 점이 특징이라 할 수 있다. Link 본책 354쪽

키 포인트 체크

화자 당신과의 [ ]과 앞날에 대해 생각하고 있다.

상황 당신이 떠날까 봐 [ ]해하고 안절부절못하고 있으며, 사랑으로 인해 고통받는 것을 [ ]과 [ ]가 없는 상황으로 나타내고 있다.

태도 사랑으로 인해 고통을 받고 당신이 떠나야 하는 것을 알지만, 당신을 보내지 않겠다는 [ ]를 드러내고 있다.

내신 적중 다빈출

1 이 시의 표현상 특징으로 적절한 것은?

① 과거와 현재를 교차하여 대상과의 인연을 드러내고 있다.
② 자연물을 통해 화자의 감정을 상징적으로 드러내고 있다.
③ 동일한 종결 어미를 반복하여 화자의 생각을 전달하고 있다.
④ 말하려는 바를 반대로 표현하여 전달 효과를 높이고 있다.
⑤ 유사한 시구를 처음과 끝에 반복하여 주제를 강조하고 있다.

2 〈보기〉를 화자가 쓴 일기라고 할 때, 내용상 적절하지 않은 것은?

보기

①그가 내 곁에 있더라도 혹시 나 때문에 그의 앞날에 고난이 있을까 봐 참 걱정스럽다. ②그래서 그와 함께 있으면 불안함을 떨칠 수가 없다. ③그렇다고 그를 떠나보낼 수도 없다. 그를 떠나보내면 나의 앞날이 슬픔으로 가득할 것이기 때문에. ④그를 놓아줘야 한다는 것을 알면서도 나는 그를 놓아줄 수가 없다. ⑤이러지도 저러지도 못하고 힘들어하고 있는 나에게 그는 아무 말도 없다.

3 이 시와 〈보기〉의 공통점으로 적절한 것은?

보기

즐겁고 아름다운 일은 양이 많을수록 좋은 것입니다.
그러나 당신의 사랑은 양이 적을수록 좋은가 봐요.
당신의 사랑은 당신과 나의 두 사람의 사이에 있는 것입니다.
사랑의 양을 알려면 당신과 나의 거리를 측량할 수밖에 없습니다.
그래서 당신과 나의 거리가 멀면 사랑의 양이 많고, 거리가 가까우면 사랑의 양이 적을 것입니다.
그런데 적은 사랑은 나를 웃기더니 많은 사랑은 나를 울립니다. – 한용운, 〈사랑의 측량〉

① 사랑에 대한 일반적인 통념이 드러나 있다.
② 묻고 답하는 방식으로 주제 의식을 부각하고 있다.
③ '당신'과의 사랑에 대한 역설적 인식이 나타나 있다.
④ 추상적인 사랑을 수치화할 수 있는 것처럼 인식하고 있다.
⑤ 의문형 문장으로 사랑에 대한 화자의 생각을 강조하고 있다.

4 ㉠, ㉡에 대해 이해한 내용으로 적절한 것은?

① ㉠과 달리 ㉡은 화자의 심리적 갈등을 보여 주고 있다.
② ㉠과 달리 ㉡은 당신이 화자를 떠나는 원인이라 할 수 있다.
③ ㉡과 달리 ㉠은 화자에 대한 당신의 태도를 보여 주고 있다.
④ ㉠, ㉡ 모두 화자의 내적 고뇌를 드러내고 있다고 할 수 있다.
⑤ ㉠, ㉡ 모두 화자와 당신이 이별한 후의 상황이라 할 수 있다.

5 ㉢을 통해 알 수 있는 '나'의 상황에 대해 쓰시오.

111 올 여름의 인생 공부 | 최승자

키워드 체크 #인생에 대한 깨달음 #구체적 인명 활용 #반성적 #유사한 구절의 나열

문학 금성

🎯 핵심 정리

갈래 자유시, 서정시
성격 반성적, 비판적
제재 인생에 관한 단상
주제 올바른 인생에 관한 깨달음
특징 ① 구체적 인명을 활용해 현실감을 부각함.
② 유사한 의미의 구절을 나열하여 깨달음의 내용을 강조함.
출전 《이 시대의 사랑》(1981)

> **Q** '썩지 않으려면'이 의미하는 바는?
>
> 화자는 유명 가수들을 거론하며 그들의 타락과 변절을 말하고 있다. 썩지 않는다는 것은 그러한 타락과 변절을 하지 않기 위한 방법을 의미한다.

🔆 시어 풀이

엘튼 존 영국의 유명한 음악가.
돈 맥글린 미국의 유명한 음악가.
송X식 한국의 유명한 음악가.
달관 인생의 진리를 꿰뚫어 보아 사소한 일에 집착하지 않고 넓고 멀리 바라봄.
도통 사물의 깊은 이치를 깨달아 훤히 통함.

🐚 시구 풀이

❶ **나는 묘비처럼 외로웠다.** 묘비는 죽은 이의 무덤에 세워지는 것이므로 자신의 외로움이 죽을 만큼 심각한 수준이라는 것을 비유적으로 표현한 것이다.

❷ **시간이 똑똑 ~ 떨어져 내렸다.** 시간이라는 추상적 관념을 떨어져 내릴 수 있는 실체가 있는 대상으로 표현한 것이다. 이는 시간에 역동성을 부여하여 화자에게 드리워진 시간의 절대성을 부각하는 기능을 하고 있다. 아울러 이러한 역동성은 '똑똑'이라는 의성어와 결합하여 더욱 생생하게 부각되고 있다.

❸ **엘튼 존은 자신의 예술성이 ~ 서××처럼 되지도 몰랐고** 당대 최고의 인기를 누린 유명 가수들이 이제는 타락, 변절, 몰락하게 되었음을 드러내고 있다. 이는 이어지는 구절에서 '썩을 일'로 표현되어 있다. 유명 가수의 타락, 변절, 몰락을 통해 현대 사회의 한 단면을 보여 주고 있으며 이를 비판적 안목에서 평가하고 있다.

❹ **그러므로, 썩지 않으려면 ~ 배워야 했다.** 화자는 유명 가수들의 타락, 변절, 몰락 속에서 그렇게 되지 않는 방법을 제안하고 이어지는 내용에서 그것을 구체적으로 밝히고 있다. 특히 마지막으로 제시한 '순수한 웃음'을 강조한 것은 문제 해결의 방법으로서 아이들과 같은 순수한 마음이 필요함을 드러낸 것으로 볼 수 있다.

👤 작가 소개

최승자(崔勝子, 1952~)
시인. 충남 연기 출생. 1979년 계간 《문학과 지성》에 시를 발표하며 작품 활동을 시작했다. 시 창작과 더불어 번역 일을 같이 하기도 했다. 대표 시집으로 《이 시대의 사랑》(1981), 《즐거운 일기》(1984), 《기억의 집》(1989) 등이 있다.

모두가 바캉스를 떠난 파리에서
　　　　현재 화자가 있는 공간(공간적 배경)
❶나는 묘비처럼 외로웠다.
외로움의 정서를 죽음을 연상하는 묘비에 비유함(극도의 외로움).
고양이 한 마리가 발이 푹푹 빠지는 나의
　　　　　　　음성 상징어를 활용하여 생동감을 부여함.
습한 낮잠 주위를 어슬렁거리다 사라졌다.
'발이 빠지는'과 연결되어 깊은 낮잠의 상태를 의미함.
㉠❷시간이 똑똑 수돗물 새는 소리로
청각적 이미지, 관념적 대상을 구체성을 띤 사물로 인식하여 표현함.
내 잠 속에 떨어져 내렸다.
　　시간을 구체성을 지닌 대상으로 표현함(시간의 경과).
그리고서 흘러가지 않았다.　　　　　　　　　▶ 1연: 파리에서 느끼는 극도의 외로움
정지된 듯한 현재 상황에 대한 강렬한 인식을 드러냄(극도의 외로움).

❸엘튼 존은 자신의 예술성이 한물갔음을 입증했고
❸돈 맥글린은 아예 뽕짝으로 나섰다.
❸송×식은 더욱 원숙해졌지만　　　○: 유명 가수를 지칭함.
자칫하면 서××처럼 될지도 몰랐고　　□: 유명 가수들의 타락, 변절, 몰락
그건 이제 썩을 일밖에 남지 않은 무르익은 참외라는 뜻일지도 몰랐다.
　　타락, 변절, 몰락한 엘튼 존, 돈 맥글린, 송×식 등을 비유함(금방이라도 썩기 직전의 상태). ▶ 2연: 유명 가수들의 타락, 변절, 몰락

❹그러므로, 썩지 않으려면
　　시상의 전환　　타락과 몰락을 막기 위한 방법을 떠올림(타락해 가는 현대인에 대한 비판).
다르게 기도하는 법을 배워야 했다.
썩지 않은 방법 ①(자신만의 새로운 방법)
다르게 사랑하는 법
썩지 않는 방법 ②(자신만의 새로운 방법)
감추는 법 건너뛰는 법 부정하는 법.
　　썩지 않는 방법 ③, ④, ⑤
그러면서 모든 사물의 배후를
위에 제시한 방법과 병행해서 해야 할 일을 제안함.
㉡손가락으로 후벼 팔 것
　　숨겨진 진실을 파악하기 위한 행위
절대로 달관하지 말 것
　　　　　　　　　　　○: 화자가 부정적으로 인식하는 것들(대상을 썩게 하는 것들)
절대로 도통하지 말 것
언제나 아이처럼 울 것
타락과 몰락을 막을 수 있는 대상(순수성을 지닌 대상)
아이처럼 배고파 울 것 」 「 」: 유사한 구절의 반복(음악성)
배고픔에 우는 순수한 행동을 하는 아이의 모습
그리고 가능한 한 아이처럼 웃을 것
　　　　다른 방법과 구분하여 더욱 중요한 방법으로 제시함(순수한 웃음의 중요성).
한 아이와 재미있게 노는 다른 아이처럼 웃을 것. ▶ 3연: 썩지 않기 위한 방법들(타락, 변절, 몰락의 대처법)

📎 이해와 감상

이 시는 극도의 외로움 속에서 화자가 깨달은 올바른 삶의 방법을 제시하고 있다. 화자는 타지에서 묘지와도 같은 심각한 외로움을 겪고 있으며, 그 속에서 마치 시간이 정지되어 있는 듯한 생각마저 드는 지경에 처해 있다. 이 순간 화자는 지난 시절 유명세를 누리던 가수들의 현재 상황을 소개하며, 그들이 타락, 변절, 몰락하고 있음을 지적하고 있다. 이는 타락, 변절, 몰락을 강요하는 현실의 문제를 풍자한 것으로 볼 수 있다. 화자는 여기서 타락, 변절, 몰락해 가는 그들처럼 썩지 않기 위한 방법을 제안한다. 이는 1연에서 화자가 느낀 외로움을 떠올릴 때, 스스로의 외로움을 극복하는 방법이기도 할 것이다. 또한 이 과정에서 개인의 정서가 사회적 현실과 교묘하게 대응되고 있다. 화자의 제안은 지금과는 다른 방법이 필요함을 강조하고 있으며, 특히 아이들의 웃음과 같은 순수한 마음이 문제 해결의 중요한 단초가 될 수 있음을 강조하고 있다.

개인	극도의 외로움	→	외로움, 타락, 변절, 몰락하지 않을 방법이 필요함.	→	**대처 방법**
사회	타락, 변절, 몰락				다르게 기도하는 법, 다르게 사랑하는 법, 아이처럼 웃기 등

🏠 작품 연구소

낯선 이미지의 연결

'발이 푹푹 빠지는 나의 습한 낮잠'에서 '낮잠'은 '습한' 것으로 표현되어 있다. 이는 물기로 질퍽거려 헤어 나오기 힘든 늪지를 연상시키고 바로 이러한 느낌을 낮잠에 연결 짓고 있다. 이런 낮잠이라면 깨어나고 싶지만 깨어날 수 없는 괴로운 잠이 될 것이다. 화자는 낮잠 이전의 상황에서 극도의 외로움을 느꼈으므로 이 낮잠의 이유도 외로움에서 찾을 수 있다. 또한 헤어 나오기 힘든 낮잠은 결코 '묘비'와 연결되어 죽음의 이미지를 연상시키기도 한다. 이렇듯 화자는 발이 푹푹 빠지는 늪지의 이미지와 깊게 빠져 든 낮잠에서 연상되는 부정적 이미지를 교묘하게 병치시키고 있으며, 깊은 어둠이 깔린 화자의 내면을 드러내고 있다.

표현상 특징과 효과

시어 및 시구	표현상 특징	효과
시간이 똑똑 수돗물 새는 소리로 / 내 잠 속에 떨어져 내렸다.	• 추상적 관념의 구체화 • 의성어 활용	• 추상적 대상(시간)의 의미를 참신하게 표현함. • 시적 상황에 생동감을 부여함.
~법, ~것	명사형 종결의 반복	• 시적 여운을 제공하여 독자에게 감동을 줌. • 동일 단어의 반복으로 음악성을 만듦.

최승자의 부정의 시

시가 어떤 구원이나 희망이 될 수 있을까, 시인은 이 물음에 대한 대답으로 그렇다고 믿기엔 자신이 너무나 심각한 비관주의자라고 고백한다. 그러나 역설적으로 그가 아무것도 믿지 못하는 것처럼 보이는 이유는 그가 '단 한 가지 믿는 것'이 있기 때문일 것이다. 그러나 시인은 그 단 한 가지가 결코 실현될 수 없는 것임도 잘 알고 있다. 그래서 믿지 않는 것들 속으로 천연덕스럽게 돌아올 수 있는 것이라 말한다.

최승자가 시에서 보여 준 죽음에 대한 갈망은 사실 세계와 사랑에 대한 그의 집요한 관심에서 잉태된 것이다. 실현될 수 없는 단 한 가지를 믿기 때문에 아무 것도 믿지 못하는 외로운 사람들에게 '부정의 시'는 건강한 사회와 개인의 꺼지지 않는 횃불이 될 것이다.

– 김윤정, 〈최승자 시에 나타난 사랑의 의미와 세계 인식의 변화 연구〉

> **자료실**
>
> **실존 인물 활용의 효과**
>
> 시는 시인의 상상력에 의해 재창조된 세계라는 한계성을 지닌다. 하지만 이러한 상상력의 공간에 실제 존재하는 인물을 등장시키면 시적 공간의 현실성은 매우 강화된다. 우리가 일상에서 만나는 인물과 동일한 인물을 시적 공간에서 다시 만난다면 그 인물이 펼쳐 낸 이야기는 바로 내 주변의 현실에서 일어난 이야기인 것처럼 느끼게 되기 때문이다. 이처럼 실존 인물을 등장시켜 시상을 전개하는 방법은 시가 지니는 현실적 감각을 끌어 올리는 효과를 지니게 된다.

📖 함께 읽으면 좋은 작품

〈어느 날 고궁을 나오면서〉, 김수영 / 삶에 대한 깊이 있는 통찰

〈어느 날 고궁을 나오면서〉는 옹졸한 소시민의 허위의식과 양심의 갈등을 그린 작품이다. 작가는 이러한 자신의 모습을 통해 1960년대의 현실을 비판하고 있다. 〈어느 날 고궁을 나오면서〉와 〈올 여름의 인생 공부〉는 모두 현실 속에서 피폐화되는 개인의 모습이 형상화되어 있으며, 그 이유를 당대의 현실에서 찾아내려 하고 있다. 그리고 그 과정에서 삶에 대한 깊이 있는 통찰이 나타나 있다. 하지만 〈어느 날 고궁을 나오면서〉에서는 〈올 여름의 인생 공부〉와 같은 해결 방법을 제시하지 못하고 스스로에 대한 자조 섞인 질책으로 마무리하고 있다. 🔗 **Link** 본책 176쪽

🔑 포인트 체크

[화자] 덥고 습한 여름 ⬜⬜에서 현실의 모습, 사람의 인생 등에 대해 생각하고 있다.

[상황] 극한의 ⬜⬜⬜을 느끼면서 현실의 모습을 부정적으로 인식하고 있다.

[태도] ⬜⬜, ⬜⬜, ⬜⬜이 가득한 현실에서 이를 극복하는 방법을 모색하여 제시하고 있다.

1 이 시에 대한 설명으로 적절하지 않은 것은?

① 1연: 현실과 꿈속의 일이 교차되고 있다.
② 1연: 화자의 심리적 상태가 제시되어 있다.
③ 2연: 실존 인물들의 이름을 활용하고 있다.
④ 2연: 현실의 부정적 면모가 제시되어 있다.
⑤ 3연: 2연에 제시된 문제의 해결책이 나타나 있다.

2 〈보기〉의 (가)는 이 시의 표현상 특징을 설명한 것이다. (가)를 참고하여 빈칸에 들어갈 적절한 말을 (나)에서 바르게 고른 것은?

> **보기**
>
> (가)
> 이 시의 3연에서 각 행은 주로 '~법, ~것' 등의 의존 명사로 종결짓고 있다. 그런데 이러한 방법은 여러 행에 걸쳐서 반복적으로 일어나고 있다. 이러한 표현은 [   ]의 효과를 만들어 낸다.
>
> (나)
> ㄱ. 동일 단어의 반복으로 음악성을 만듦.
> ㄴ. 시적 여운을 만들어 독자에게 감동을 줌.
> ㄷ. 안정적으로 유지되어 온 시적 구조를 파괴함.
> ㄹ. 시상의 흐름이 전환되어 화자의 불안한 정서가 강조됨.

① ㄱ, ㄴ ② ㄱ, ㄷ ③ ㄱ, ㄹ ④ ㄴ, ㄷ ⑤ ㄴ, ㄹ

내신 적중 多빈출

3 ㉠에 나타난 표현상 특징이 드러나지 않은 것은?

① 내 마음은 호수요
　그대 노 저어 오오 　　　　　 – 김동명, 〈내 마음은〉
② 여윈 추억의 가지가지엔
　조각난 빙설의 눈부신 빛을 발한다. 　 – 김광균, 〈성호 부근〉
③ 삶은 언제나 / 은총의 돌충계쯤의 어디쯤이다
　사랑도 매양 / 섭리의 자갈밭의 어디쯤이다
　　　　　　　　　　　　　　　　　 – 김남조, 〈설일〉
④ 끊임없는 광음을 / 부지런한 계절이 피어선 지고
　큰 강물이 비로소 길을 열었다 　　　 – 이육사, 〈광야〉
⑤ 아아, 님은 갔지마는 나는 님을 보내지 아니하였습니다
　　　　　　　　　　　　　　　　　 – 한용운, 〈님의 침묵〉

4 ㉡의 의미를 추리하여 쓰시오.

5 이 시에서 타락, 변절, 몰락 등 현대 사회의 문제점을 해결할 수 있는 대상을 찾아 쓰시오.

문학 비상, 창비

핵심 정리

갈래 자유시, 서정시
성격 애상적, 현실 비판적
제재 박수근의 그림 〈세 여인〉
주제 서민들의 애처로운 삶
특징 ① 그림을 바탕으로 서민들의 애환을 설의적으로 표현함.
② 고달픈 삶을 사는 서민의 입장에서 절대자에게 항변하는 투의 어조를 사용함.
출전 《또 다른 별에서》(1981)

Q 이 시에 나타난 문학과 인접 예술 분야의 관계는?

이 시는 미술 작품을 제재로 삼고 있다는 점과 미술 작품에서 나타나는 표현 기법상의 특징을 시 속에서 형상화하고 있다는 점에서 예술 장르 간의 변용을 보여 주는 한 예라고 할 수 있다. 물론 이 시 자체만으로도 문학 작품으로서의 완결성을 지니고 있지만, 박수근 화백의 작품을 이해하고 접할 때 더 폭넓게 이 시를 감상할 수 있다.

시어 풀이

서성서성 한곳에 서 있지 않고 자꾸 주위를 왔다 갔다 하는 모양.
가이없이 끝이 없이.

시구 풀이

❶ **드문드문 세상을 ~ 뻗어 있다.** 화폭에 그림을 그리는 과정과 그림의 내용을 묘사한 것으로, 그림 속 인물들의 삶이 무언가에 눌린 것 같은 느낌을 주는 것으로 표현하고 있다.

❷ **한 며칠 눌렀다가 ~ 보시기 어떻습니까?** 여인네와 아이들, 즉 주변에서 흔히 볼 수 있는 가난한 서민들을 납작하게 눌러놓고 하나님에게 이 불쌍한 사람들이 어떠냐고 묻고 있는 설의적 표현이다.

❸ **피도 눈물도 없이 바짝 마르기.** 그림 속의 인물들이 마르는 모습을 형상화한 것으로, 화자의 의도가 다분히 드러나 있는 표현이다. 즉, 작품 속의 인물이 '피도 눈물도 없이 바짝 마르'며 감정도 배제된 채 화폭 속에 납작하게 고착화되는 모습에는 세상에 짓눌려 있는 서민들의 삶을 사실적으로 보여 주고자 하는 화자의 의도가 담겨 있다.

작가 소개

김혜순(金慧順, 1955~)
시인. 경북 울진 출생. 1979년 《문학과 지성》에 〈담배를 피우는 시인〉 등의 시를 발표하면서 등단하였다. 기발한 상상력과 풍부한 언어적 감수성을 바탕으로 세계의 부조리와 일상의 어두운 면을 드러내는 시를 주로 썼다. 시집으로 《또 다른 별에서》(1981), 《나의 우파니샤드, 서울》(1994), 《당신의 첫》(2008) 등이 있다.

---

❶드문드문 세상을 끊어 내어 「」: 그림을 그리는 방식

한 며칠 눌렀다가」

「벽에 걸어 놓고 바라본다. 「」: 그림 내용에 대한 묘사 → 삶의 무게에 눌린 듯한 이미지, 서민들의 억눌린 삶에 대한 비판 의식

흰 하늘과 쭈그린 아낙네 둘이
   가난한 서민들
벽 위에 납작하게 뻗어 있다.」

가끔 심심하면

여편네와 아이들도
   가난한 서민들
❷한 며칠 눌렀다가 벽에 붙여 놓고

하나님 보시기 어떻습니까? ○ 절대자인 하나님에게 질문하는 형식을
   부당한 현실에 대해 항변하기 위한 설의적 표현 취하고 있으나, 실제로는 서민들의 고달
조심스럽게 물어본다. 픈 현실을 비판하기 위한 설의적 표현임.

▶ 1연: 현실에 억눌려 있는 서민들의 삶

「발바닥도 없이 *서성서성. 「」: 그림 속 인물의 형상화 과정
   고생을 많이 한 모습
입술도 없이 슬그머니.
   세파에 시달려 말이 없음.
표정도 없이 슬그머니.
   감정을 잃고 어둡게 살아가는 모습
그렇게 웃고 나서

❸피도 눈물도 없이 바짝 마르기」
   감정이 배제된 채 화폭에 납작하게 고착화된 모습
그리곤 드디어 납작해진

천지 만물을 한 줄에 꿰어 놓고
   그림 속에 표현된 세계   박수근 화법의 특징 – 입체적인 대상이나 풍
*가이없이 한없이 펄렁펄렁. 경을 동일한 평면에 놓여 있는 것처럼 표현함.
   세상사에 휘둘리는 듯한 이미지
㉠하나님, 보시니 마땅합니까?
   마땅하지 않음을 강조하는 설의적 표현

▶ 2연: 서민들이 고달프게 살아가는 현실에 대한 비판

이해와 감상

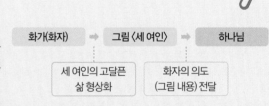

이 시는 박수근 화백의 그림 〈세 여인〉에서 영감을 얻어 창작한 작품으로, '그림'에서 '시'로의 예술 장르의 변용을 엿볼 수 있다. 이 시에서는 가난한 삶을 살아가는 서민에 대한 동정과 연민을 표현하고 있는데, 시인은 그림을 그리는 화가를 화자로 설정하여 자신의 그림에 대해 '하나님'에게 묻는 형식으로 시상을 전개하고 있다.

1연에서는 그림의 작업 과정과 그림 내용을 묘사하고 있다. 화자는 화폭 속의 인물들을 납작하게 눌러놓고, 절대자인 하나님에게 보기 어떠하냐고 조심스럽게 묻고 있다. 그림의 소재가 되는 인물들은 모두 서민인데, 이들을 모두 납작한 형태로 무엇인가에 짓눌린 듯한 이미지로 형상화한 것은 현실의 무게에 짓눌려 있는 서민들의 삶을 표현한 것으로 볼 수 있다. 2연에서는 납작한 인물들의 형상화를 통해 화자(화가)가 말하고자 하는 의도를 드러내면서 부정적 현실을 고발하고 있다. 화자는 그림 속 인물들의 말라가는 모습을 '피도 눈물도 없이 바짝 마르기'라고 표현하고 있는데, 이것은 세파에 시달려 감정도 배제된 채 건조한 삶을 살아가는 것이 바로 서민들의 모습이라는 자신의 생각을 의도적으로 드러내기 위한 것으로 볼 수 있다. 그리고 화자는 '하나님 보시기에 마땅하냐'고 설의적으로 물음으로써, '고달픈 서민들의 삶은 마땅하지 않다'는 점을 강조하고 있다. 즉, 이 시는 그림 속에 상징적으로 형상화된 고달픈 서민들의 삶을 시적 형식으로 보여 줌으로써 현실을 고발하고 있는 작품이라고 할 수 있다.

🏠 작품 연구소

박수근 화법의 시적 형상화

박수근 화법	시에 형상화된 부분
서민들의 일상을 그림의 소재로 다룸.	• 쭈그린 아낙네 둘 • 여편네와 아이들
인물들을 평면적으로 다룸.	• 드문드문 세상을 끊어 내어 / 한 며칠 눌렀다가 • 벽 위에 납작하게 뻗어 있다. • 한 며칠 눌렀다가 벽에 붙여 놓고 • 피도 눈물도 없이 바짝 마르기. • 드디어 납작해진 / 천지 만물을 한 줄에 꿰어 놓고
대상을 극도로 단순한 형태로 보여 줌.	• 발바닥도 없이 서성서성. • 입술도 없이 슬그머니. • 표정도 없이 슬그머니.

이 시에서는 서민들의 고달픈 모습을 납작하게 눌린 모습으로 표현하고 있다. 이는 박수근의 그림에서 인물들이 평면적으로 표현되는 화법상의 특징을 모티프로 하여 서민들의 짓눌린 삶의 모습을 효과적으로 형상화한 것이다.

표현상의 특징

설의적 표현	'하나님 보시기 어떻습니까?', '하나님, 보시니 마땅합니까?'라고 말하는 것은 절대자인 하나님에게 질문하는 형식이지만, 실제로는 서민들의 고달픈 현실에 대한 비판의 의미를 강조하기 위한 설의적 표현임.
부사어의 사용	'슬그머니', '바짝' 등의 부사어를 통해 작품 속 대상의 모습을 효과적으로 나타냄.
현재형 어미, 의태어의 사용	'바라본다', '물어본다'의 현재형 어미와 '서성서성', '펄렁펄렁'의 의태어를 사용함으로써 현장감과 생동감을 부여함.

그림 〈세 여인〉의 시적 변용

이 시의 제재이기도 한 〈세 여인〉은 박수근 화백의 작품 제목인 동시에 작품 속에 등장하는 세 인물을 가리킨다.

박수근 화백은 서민들을 작품의 소재로 즐겨 사용하여 그들의 애환을 나타내는 작품을 그렸다. 〈세 여인〉이란 작품 역시 가난한 서민들의 모습을 표현하고 있는데, 작품 속의 세 여인은 이 시에서 '아낙네 둘'과 '여편네와 아이들'로 변용되어 나타나고 있다.

물론 미술 작품 속의 인물과 시에 등장하는 인물이 정확하게 일치하지는 않지만, 압축된 형태로 삶에 눌려 있는 서민들의 모습으로 표현되고 있다는 점, 또 이를 통해서 서민들의 애환을 그리고 있다는 점에서 〈세 여인〉은 그림이나 시 속에서 작가의 주제 의식을 드러내는 중심 소재라고 볼 수 있다.

📖 함께 읽으면 좋은 작품

〈프란츠 카프카〉, 오규원 / 문학과 인접 분야

〈프란츠 카프카〉는 메뉴판의 형식을 빌려 문학과 사상마저 교환 가치에 의해서 평가되는 현대 물질 만능주의를 비판한 작품이다. 〈납작납작 – 박수근 화법을 위하여〉가 박수근 화백의 그림에 나타난 인물을 제재로 하여 가난한 서민의 삶을 노래한 반면, 〈프란츠 카프카〉는 인문학 등의 인접 분야와 연결하여 사회적 문제에 대해 성찰하고자 하였다.

🔗 Link 본책 232쪽

🔑 포인트 체크

화자 그림을 그리는 ☐☐로, 자신의 그림에 대해 '하나님'께 묻고 있다.

상황 그림 속에 담겨 있는 가난한 서민들의 모습과 삶의 ☐☐이 드러나 있다.

태도 그림 속에 상징적으로 형상화된 고달픈 서민들의 삶을 시적 형식으로 보여 줌으로써 부당한 현실을 ☐☐하고 절대자에게 ☐☐하고 있다.

1 이 시에서 화자가 인식하고 있는 현실 속 서민들의 모습을 적절하게 표현한 것은?

① 서민들의 삶은 희망적이다.
② 서민들의 삶은 너무 고달프다.
③ 서민들의 인정은 너무 메말랐다.
④ 서민들은 동정과 연민을 싫어한다.
⑤ 서민들은 하나님을 의지하며 산다.

2 이 시를 감상한 내용으로 적절하지 않은 것은?

① 박수근 화백의 화법을 이해하면 이 시를 더 효과적으로 이해할 수 있어.
② 서민들이 삶에 눌려 힘들어하는 모습을 '납작하게' 눌렸다고 표현한 것 같아.
③ 화자는 화가로, 청자는 하나님으로 설정하고 있으며 하나님에게 질문하는 형식을 취하고 있어.
④ 등장하는 인물들은 모두 서민들을 나타낸 것으로 볼 수 있으니 서민들의 애환이 담겨 있다고 봐야 해.
⑤ 화자는 '하나님, 보시니 마땅합니까?'라고 물음으로써, 서민들의 고달픈 삶을 하나님의 섭리로 이해하고 받아들이고 있어.

3 다음 중 박수근 그림의 화법을 표현한 시구가 아닌 것은?

① 드문드문 세상을 끊어 내어 / 한 며칠 눌렀다가
② 벽에 걸어 놓고 바라본다.
③ 벽 위에 납작하게 뻗어 있다.
④ 피도 눈물도 없이 바짝 마르기
⑤ 납작해진 / 천지 만물을 한 줄에 꿰어 놓고

내신 적중

4 ㉠에 담겨 있는 화자의 의도를 〈조건〉에 맞게 쓰시오.

| 조건 |

㉠에 나타난 표현 방법과 이를 통해 나타나는 화자의 의도를 연결하여 쓸 것

〈꽃〉의 패러디 | 오규원

문학 금성

◎ 핵심 정리
갈래 자유시, 서정시
성격 고백적, 풍자적, 비판적
제재 명명 행위
주제 본질을 왜곡하는 명명 행위에 대한 비판
특징 ① 김춘수의 시 〈꽃〉을 패러디하여 명명 행위에 대한 참신한 관점을 제시함.
② 명명 행위의 의미를 철학적 관점에서 깊이 있게 분석함.
출전 《이 땅에 씌어지는 서정시》(1981)

> **Q** '이름'이 지니고 있는 모순은?
> '이름'은 명명 행위를 통해 대상을 언어로 지칭하는 것이다. 하지만 언어는 대상의 본질을 근원적으로 구현할 수 없으므로 '이름'은 대상의 본질을 제대로 담아낼 수 없다는 모순이 있다.

☀ 시어 풀이
왜곡 사실과 달리 그릇되게 하거나 진실과 다르게 함.
아달린 쓴맛이 있으나 냄새는 없는 흰 결정성 가루. 최면제나 진정제로 씀.
포인세티아 내극과에 속한 상록 관목. 멕시코 원산이며, 크리스마스 때 장식용으로 많이 쓰임.
명명 이름을 부름.

⚜ 시구 풀이
❶ **내가 그의 이름을 ~ 지나지 않았다.** 이름을 불러 주는 것은 대상을 명명하는 행위이다. 그런데 여기서 대상은 자신의 이름을 불러 주기를 기다리고 있다. 이는 명명 행위에 의해 이름이 불리기를 소망하는 것이 누구에게나 있는 보편적인 것임을 의미한다.
❷ **내가 그의 이름을 ~ 모습을 바꾸었다.** 대상을 명명한 이후 그 대상은 이름을 얻었고 그 이름대로 모습을 바꾸었다. 이는 대상이 지닌 본질이 훼손된 것이라고 할 수 있다.
❸ **보통 명사나 수 명사가 ~ 의미의 틀을 만들었다.** 보통 명사나 수 명사는 명명하기 이전 본질이 훼손되지 않은 상태이고 추상성을 띤다. 하지만 명명 행위 이후에는 이름이라는 의미의 틀을 갖게 되고 결국에는 본질이 훼손되고 만다.
❹ **그리고 그는 ~ 다른 모습이 될 그 순간** 명명 행위는 한 번의 과정으로 끝나는 것이 아니라 지속적으로 반복될 수 있음을 나타내고 있다. 나와 너를 넘어선 누구가에게도 일어날 수 있는 일이며, 동시에 그러한 행위는 연속해서 일어날 수 있음을 드러내고 있다.

♟ 작가 소개

오규원(吳圭原, 1941~2007) 시인. 경남 밀양 출생. 1968년 《현대 문학》에 〈몇 개의 현상〉으로 등단하였다. 주로 시의 언어와 구조를 탐구하거나 물질주의를 비판하는 시를 많이 썼다. 시집으로 《순례》(1973), 《가끔은 주목받는 생이고 싶다》(1987), 《사랑의 감옥》(1991) 등이 있다.

---

❶내가 그의 ㉠이름을 불러 주기 전에는
_{명명 행위의 주체}   _{명명 행위}
그는 다만
_{명명의 대상}
*왜곡될 순간을 기다리는 기다림
_{명명 행위로 인해 대상의 본질이 훼손되는 순간}
ⓐ그것에 지나지 않았다.   ▶ 1연: 명명 행위 이전의 기다림

❷내가 그의 ㉡이름을 불렀을 때
_{명명 행위}
그는 곧 나에게로 와서
_{명명 행위의 즉각성(곧바로 결과가 나타남.)}
내가 부른 이름대로 모습을 바꾸었다.   ▶ 2연: 명명 행위 이후의 상황(이름대로 모습을 바꿈.)
_{의미의 틀}   _{대상의 본질이 왜곡됨.}

『내가 그의 이름을 불렀을 때

그는 곧 나에게로 와서   『 』: 2연의 동일 구절이 반복됨(명명 행위로 인해 나타나는 과정이 강조됨.).

풀, 꽃, 시멘트, 길, 담배꽁초, 아스피린, *아달린이 아닌
_{명명 이전의 대상들(본질이 훼손되지 않음.)}
금잔화, 작약, *포인세티아, 개밥풀, 인동, 황국 등등의
_{명명 이후의 대상들(본질이 훼손됨)}
❸보통 명사나 수 명사가 아닌
◯: 명명 이전의 상태를 가리킴(추상적 대상).
의미의 틀을 만들었다.   ▶ 3연: 명명 행위 이후의 상황(의미의 틀을 만듦.)
_{명명 이후에 형성된 대상(구체적 대상)}

우리들은 모두
_{명명 행위의 욕구가 지니는 보편성}
*명명하고 싶어 했다

너는 나에게 나는 너에게.   ▶ 4연: 명명 행위의 욕구
_{서로에게 명명 행위를 하는 모습(명명 행위가 상호 간에 일어날 수 있음을 의미함.)}

❹그리고 그는
_{명명의 대상}
그대로 의미의 틀이 완성되면
_{명명 행위를 통해 본질이 왜곡된 이름을 의미함.}
다시 다른 모습이 될 그 순간
_{또 다른 명명 행위에 의해 본질이 왜곡될 순간}
그리고 기다림 ⓑ그것이 되었다.   ▶ 5연: 명명 이후 뒤따르게 될 또 다른 명명 이전의 기다림

이해와 감상

이 시는 김춘수의 시 〈꽃〉을 패러디한 작품으로 명명 행위에 대한 새로운 인식을 드러내고 있다. 김춘수의 〈꽃〉에서, 명명 행위는 대상의 본질을 인식하여 그 대상에 의미를 부여하는 긍정적 행위로 표현되어 있다. 하지만 이 시에 나타난 명명 행위는 대상의 본질을 왜곡하여 의미의 틀에 갇히게 하는 부정적 행위로 표현되어 있다. 이는 대상의 본질을 인식하는 것이 얼마나 힘든 것인지를 간접적으로 제시하고 있는 것으로 볼 수 있다. 또한 대상에게 이름을 부여하는 행위가 본질을 훼손시킬 수 있다는 점을 고려할 때 인간의 보편적 욕구에 따라 무분별하게 이루어지는 명명 행위에 대한 신중한 태도를 요청하고 있으며, 더불어 함부로 이루어지는 명명 행위가 만연한 현실에 대한 비판을 드러낸 것으로 볼 수 있다.

1연	2연, 3연	4연	5연
대상의 기다림 (명명 행위 이전)	본질의 왜곡 (명명 행위 이후)	명명 행위의 보편성	대상의 반복된 기다림(새로운 명명 행위 이전)

🏠 작품 연구소

명명 행위로 인해 나타난 결과

명명 행위 이전		명명 행위 이후
대상의 본질이 훼손되지 않음.	명명	대상의 본질이 훼손됨.

　대상의 본질을 온전하게 이해하는 것은 어려우므로 대상의 이름을 부르는 명명 행위는 결국 대상의 본질을 왜곡하게 된다. 명명 행위가 일어난 후에 대상은 그 본질을 훼손당한 채 의미의 틀에 갇히게 된다.

언어가 지니는 한계

　언어는 대상의 본질이나 의미를 온전하게 구현하지 못한다. 언어 자체가 대상이 지니고 있는 본질, 고유성 등을 정확하게 지시할 수 없기 때문이다. 언어는 단순히 그 언어 체계 안에서 의미의 틀을 구성할 뿐이다. 따라서 특정한 대상에 이름을 부르는 순간, 그 대상의 본질은 사라지고, 대상은 '이름'이라는 의미의 틀로만 남게 된다.

김춘수의 〈꽃〉과 오규원의 [〈꽃〉의 패러디]

	김춘수의 〈꽃〉	오규원의 [〈꽃〉의 패러디]
공통점	• 대상에 대한 명명 행위가 있음. • 존재에 대한 인식을 드러냄.	
차이점	명명 행위를 통해 대상의 의미가 구현됨.	명명 행위를 통해 대상의 본질이 왜곡됨.

오규원의 시 세계

　오규원은 '60년대 시의 사물의 이미지화'를 그 형식과 미적 가치의 측면에서 긍정한다. 그러나 다른 한편으로, 그것이 수행한 내면 의식의 탐구가 개인을 무화시키는 현대 문명사회의 흐름에 얼마나 잘 보조가 맞는 추상화 작업의 하나일 수 있는가라는 측면을 예리하게 지적해 낸다. 보다 구체적으로 말하자면, 내면 공간은 외계 또는 다른 대상과 밀착되지 않을 때 익명의 공간이 될 가능성을, 그리고 그 익명은 어느 누구의 이름도 아닌 것이 될 가능성을 배제할 수 없다는 것이다. 이러면 "김춘수가 탈이미지화, 리듬화로써 주술적인 시적 공간을 얻는 데 반해, 그는 유사한 서술적 이미지를 구사하면서도 퍽 다른 세계를 창조함은 이미지가 서로 얽히면서 회화화한 공간을 만들어 놓는 데 있다.

　　　　　　　　　　　　　- 이찬, 〈오규원의 초기 시론 연구〉

📋 자료실

패러디
기존 작품의 내용이나 문체를 교묘히 모방하여 과장이나 풍자로써 재창조하는 것을 말한다. 때로는 원작의 의도를 비틀어 조롱하는 경우도 있지만, 일반적으로 원작을 활용하여 자신의 의도를 효과적으로 표현한다. 이 과정에서 웃음과 재치가 동반되는 경우가 많다. [〈꽃〉의 패러디]에서는 김춘수의 시 〈꽃〉에 나타난 명명 행위를 차용하여 자신만의 새로운 인식, 즉 명명 행위가 의미의 틀을 형성하여 결국에는 본질을 훼손할 수 있다는 생각을 드러내고 있다.

📖 함께 읽으면 좋은 작품

〈라디오같이 사랑을 끄고 켤 수 있다면〉, 장정일 / 김춘수 〈꽃〉의 패러디

　〈라디오같이 사랑을 끄고 켤 수 있다면〉은 김춘수의 〈꽃〉을 패러디한 작품이다. 기본적인 구성과 표현 등에서 원작의 형태를 유지하고 있다. 하지만 김춘수의 〈꽃〉이 존재의 의미를 인식하는 과정을 그리고 있다면, 〈라디오같이 사랑을 끄고 켤 수 있다면〉은 즉흥적 사랑을 원하는 현대인의 심리를 그리고 있다. 반면에 오규원의 시는 명명 행위를 통해 본질이 왜곡되는 현상에 대한 비판을 드러내고 있다. 🔗 **Link** 본책 242쪽

🔑 포인트 체크

화자 대상의 이름을 부르는 ☐☐ 행위를 하고 있다.
상황 명명 행위를 통해 대상의 ☐☐이 왜곡되고 있다.
태도 명명 행위를 대상의 본질을 왜곡하는 ☐☐☐ 행위로 인식하고 비판하고 있다.

내신 적중 **多빈출**

1 이 시에 대한 설명으로 가장 적절한 것은?
① 구체적 지명을 나열하여 이국적인 정서를 드러내고 있다.
② 감정을 극도로 절제하여 비극적인 상황을 형상화하고 있다.
③ 관념적 어휘들을 나열하여 비현실적 세계를 구현하고 있다.
④ 숨겨진 화자가 시상을 전개하여 독자의 흥미를 유발하고 있다.
⑤ 특정한 행위를 통해 대상의 상태가 변화하는 과정을 제시하고 있다.

2 ㉠, ㉡에 대한 이해로 적절한 것은?
① ㉠은 ㉡과 달리 불변의 상태를 전제로 한다.
② ㉠과 ㉡ 모두 대상의 본질이 훼손된 상태이다.
③ ㉡을 통해 ㉠의 대상은 구체적 상태로 변화하게 된다.
④ ㉠의 대상은 ㉡으로 인해 과거의 상태를 회복하게 된다.
⑤ ㉠은 ㉡과 달리 두 대상 간의 상호 작용의 과정이 동반된다.

3 이 시의 '이름 불러 주기'에 대한 설명으로 적절한 것을 〈보기〉에서 골라 바르게 묶은 것은?

┌─ **보기** ─┐
ㄱ. 의미의 틀이 형성된다.
ㄴ. 대상의 본질적 속성은 유지된다.
ㄷ. 보편적 욕구에 따라 반복될 수 있다.
ㄹ. 기존의 속성과 새롭게 형성된 속성을 통합한다.
└────┘

① ㄱ, ㄴ　② ㄱ, ㄷ　③ ㄱ, ㄹ　④ ㄴ, ㄷ　⑤ ㄴ, ㄹ

4 ⓐ, ⓑ가 공통적으로 의미하는 것은?
① 우리　② 이름　③ 모습　④ 기다림　⑤ 보통 명사

5 5연의 '다시 다른 모습이 될 그 순간'의 의미를 쓰시오.

문학 비상

🎯 **핵심 정리**

갈래 자유시, 서정시

성격 현실 비판적, 풍자적

제재 메뉴판

주제 물질적 가치만 중시하는 현실에 대한 풍자

특징 ① 정신적 가치가 상품화되고 있는 현실을 메뉴판 형식으로 표현함.
② 자조적인 어조와 반어적 표현을 통해 현실의 모순을 비판함.

출전 《가끔은 주목받는 생(生)이고 싶다》(1987)

> **Q** '메뉴판' 형식을 사용한 이유는?
>
> 이 시의 메뉴판에 적혀 있는 사람들은 모두 값싼 커피값 정도로 그 가치가 책정되어 있다. 시인은 값을 부여할 수 없는 문학가, 철학자들에게 가격을 붙임으로써 정신적 가치를 상품화하는 현대 사회를 비판하고 있다. 특히 메뉴판 형식의 시 형태는 물질 만능주의 비판이라는 주제 의식을 드러내는 데 효과적으로 기여하고 있다.

💡 **시어 풀이**

샤를 보들레르 프랑스의 시인(1821~1867). 프랑스 상징시의 선구자.

칼 샌드버그 미국의 시인(1878~1967). 평민적인 소박한 언어로 도시나 전원을 표현함.

프란츠 카프카 체코슬로바키아 태생의 독일 소설가(1883~1924). 유대인으로, 현대 실존주의 문학의 선구자.

에리카 종 미국의 소설가(1942~). 자전적 소설이자 페미니즘 소설인 〈비행 공포〉로 알려짐.

🐾 **시구 풀이**

❶ **샤를 보들레르 800원 ~ 위르겐 하버마스 1,200원** 커피숍 메뉴판에 커피 메뉴 대신 시인과 문학가, 철학자 등의 이름을 넣고 그 옆에 가격을 매겨 놓았다. 이를 통해 모든 것이 상품화되는 현대 사회를 날카롭게 풍자하였다.

❷ **시를 공부하겠다는 ~ 커피를 마신다** 물질적 가치가 미덕이 되어 버린 시대에 시를 공부한다는 것은 시대의 흐름에 맞지 않는 행위일지도 모른다. 여기에서 '미친 제자'라는 표현은 이러한 현실에 대한 작가의 한탄과 의문이 드러난 표현으로 볼 수 있다. 작가는 이러한 상황 제시를 통해 정신적 가치보다 물질적 가치를 우선시하는 현실의 세태를 비판하고 있다.

❸ **제일 값싼 프란츠 카프카** 예술과 철학마저 값으로 환산하는 현대 사회, 즉 물질적 가치관을 중시하는 현실에 대한 풍자적 표현이며, 이에 대한 비판적 태도가 드러나는 반어적 표현이다.

👤 **작가 소개**

오규원(본책 230쪽 참고)

― MENU ―

❶●샤를 보들레르 프랑스의 시인	800원
칼 샌드버그 미국의 시인, 역사학자	800원
프란츠 카프카 체코의 작가	800원
이브 본느프와 프랑스의 시인	1,000원
에리카 종 미국의 소설가	1,000원
가스통 바슐라르 프랑스의 철학자	1,200원
이하브 핫산 포스트모더니즘의 주창자	1,200원
제레미 리프킨 미국의 경제학자	1,200원
위르겐 하버마스 독일의 철학자	1,200원

모든 것이 상품화되고 있는 현대 사회에 대한 풍자

▶ 1~10행: 상품화된 정신적 가치

┌ ❷⊙시를 공부하겠다는

미친 제자와 앉아
반어적 표현(자조적 태도)

[A] 커피를 마신다

❸제일 값싼
반어적 풍자

└ 프란츠 카프카
체코의 작가 – 인간 사회의 부조리함을 통찰함.

▶ 11~15행: 제자와 함께 값싼 커피를 마심.

이해와 감상

이 시는 일상 생활에서 흔히 볼 수 있는 메뉴판에 문학가나 철학자 등의 이름을 넣어 가격을 매김으로써 문학과 철학 등 정신적 가치마저도 상품화하는 현대 사회의 물질 만능주의 풍조를 비판한 작품이다. 일종의 패러디 형식을 사용한 이 시는 속물적 세계에 대한 문명 비판적 성격과 시 장르에 대한 새로운 인식을 보여 준다는 평가를 받는다.

시의 내용은 크게 두 부분으로 나누어진다. 전반부에는 서구의 유명한 문학가와 철학자 등의 이름에 1,000원 안팎의 가격을 붙여 두었다. 이러한 메뉴의 패러디 형식을 통해 인간도, 문학도 모두 상품화하는 현실을 비판하고 있다.

후반부는 시를 공부하겠다는 제자와 커피를 마신다는 내용으로, 주목할 것은 그 제자를 '미쳤다'고 표현한 것이다. 이는 물질적 가치가 중시되는 현실에서 문학을 공부한다는 것은 비현실적인 일이라는 의미이다. 하지만 인간에게 정말 중요한 것은 정신적 가치일 것이다. 그러므로 정신적 가치를 배우려는 제자를 미쳤다고 표현한 것은 반어적 표현이며, 이를 통해 정신적 가치가 인정받지 못하는 현실을 비판하고자 한 것이다. 그리고 '제일 값싼 / 프란츠 카프카'는 물질 만능주의 사회에서 인간 사회의 부조리를 통찰한 카프카를 가장 값싸게 취급한 반어적 표현으로 문학을 값으로 환산하는 현실을 풍자하고 있다.

결국 시인은 이 시를 통해 문학과 사상, 철학 등의 인문학이 물질 만능의 각박한 현실에 외면당하고 있음을 단적으로 제시하는 동시에 그와 같은 현실 풍조를 비판하고 있는 것이다.

메뉴명

↓

서양의 문학가와 사상가

↓

가치 평가가 불가능한 존재

↓

현대 사회의   물질 만능주의 비판

작품 연구소

이 시에 사용된 기법– 인용적 묘사

메뉴판 형식		정신적 가치마저도 가격을 매기는 현대 사회의 물질 만능주의를 비판함.
문학가와 철학자 등의 이름에 가격을 매겨 놓음.	→	

시인은 이 시에서 사용된 기법을 '인용적 묘사'라고 지칭하였다. 인용적 묘사는 말 그대로 어떤 대상을 인용한 것으로, 그 인용의 출처가 우리 주변에서 흔히 볼 수 있는 기성품에서 유래했다는 특징이 있다.

이 시에는 음식이나 음료의 명칭과 가격이 적혀 있어야 할 메뉴판에 문학가나 철학자 등의 이름을 올려놓음으로써 그들을 상품으로 취급하고 있는데, 이는 일종의 패러디로 볼 수도 있다. 이런 형식을 통해 문학과 철학 등 정신적 영역의 가치가 외면당하고 있는 현대 사회의 물질 만능주의를 비판하고 있다.

이 시에 나타난 시인의 자조적 현실 인식

미친 제자	물질적 가치가 중시되는 현실에서 문학을 공부하는 것은 비현실적인 행위일 수 있다. '미친 제자'라는 표현은 이러한 현실에서 문학 공부를 하는 것이 무슨 의미가 있겠느냐는 시인의 자조적인 한탄과 의문이 드러난 반어적인 표현이다.
제일 값싼 프란츠 카프카	이 표현은 정신적 가치가 인정받지 못하는 현실에 대한 자조적 인식을 담고 있다. '프란츠 카프카'는 유명한 작가이지만 물질 만능주의 현실에서는 가장 값싼 존재로 전락해 있다. 또 시인과 제자가 '제일 값싼' 커피를 마신다는 것도, 시인은 생산적인 일을 하지 못하는 사람으로서 당연히 가장 값싼 커피를 마셔야 한다는 시인의 자조적인 인식이 반영된 반어적인 표현이다.

자료실

오규원의 시 세계

시인의 정신이 지향하는 세계는 그 어떤 억압이나 인습으로부터 묶이지 않는 진정한 자유의 세계라고 말할 수 있을 것이다. 때로는 반어적 표현 방법으로, 때로는 냉소와 야유로 나타나기도 하는 그의 시적 개성은 초기 시부터 1990년대 초의 작업에 이르기까지 다양하게 확산되었지만 그 본질적 줄기에는 거의 변함이 없다. 그것을 문명 비판이나 인간 소외에 대한 증언 혹은 이데올로기가 지배하는 현실 사회에 대한 반항 의식의 표현이라고 볼 수도 있는데, 중요한 것은 그의 작업이 어떤 문학적 전통에의 순응을 거부하고 당대성에 대한 문제의식에서 비롯된 새로운 인식과 지평의 전환을 보여 준다는 데 있다.

– 오생근, 〈오규원, 그를 말한다〉

함께 읽으면 좋은 작품

〈햄버거에 대한 명상〉, 장정일 / 일상적 소재를 통한 물질 만능주의 비판

〈햄버거에 대한 명상〉은 소위 명상이라는 말로 표현된 정신 활동이 얼마나 비물질적이고 감각을 초월해 있을 수 있는지에 대한 의문을 제기하면서, 실제로는 정신 활동조차도 '미국'이라는 나라로 표상되는 물질문명과 소비 사회에 물들어 있음을 말하고 있다. 일상생활에서 흔히 볼 수 있는 사물을 소재로 하여 물질 만능주의에 대한 비판이라는 주제 의식을 드러냈다는 점에서 〈프란츠 카프카〉와 유사성을 보인다.

키 포인트 체크

화자 문학가나 철학자 등의 이름에 가격을 매긴 □□을 보고, 시를 공부하겠다는 □□와 값싼 커피를 마시고 있다.

상황 문학가나 철학자 등의 이름을 메뉴판에 넣어 가격을 매기고 시를 공부하는 것을 미쳤다고 하는 등 물질적 □□가 중시되는 상황이 드러나 있다.

태도 문학과 사상, 철학 등의 인문학이 물질 □□의 각박한 현실에 외면당하고 있음을 반어적으로 표현하며 그와 같은 현실을 □□하고 있다.

1 이 시의 표현상 특징으로 적절하지 않은 것은?

① 자조적인 태도가 드러나 있다.
② 반어적인 표현을 사용하고 있다.
③ 일종의 패러디 형태로 볼 수 있다.
④ 메뉴판 형식을 빌려 현실을 비판하고 있다.
⑤ 의지적이고 남성적인 어조를 사용하고 있다.

2 이 시에서 '메뉴판'의 가격이 하는 역할로 가장 적절한 것은?

① 소비를 강요하는 세태를 비판한다.
② 물질적 가치가 우선되어야 함을 보여 준다.
③ 정신적인 가치가 상품화된 사회를 보여 준다.
④ 정신적 가치와 물질적 가치의 상관 관계를 보여 준다.
⑤ 인문학적 가치가 일반인들에게도 각광받게 된 현실을 상징한다.

3 시를 공부하겠다는 제자를 '미친 제자'로 표현한 이유로 적절한 것은?

① 시의 중요성을 부각하기 위해
② 시를 배우는 것은 어렵기 때문에
③ 정신적 가치는 값으로 따질 수 없기 때문에
④ 물질적 가치가 더 중요하다고 생각하기 때문에
⑤ 물질 만능주의 사회에서 정신적 가치는 인정받지 못하기 때문에

내신 적중

4 ⊙과 같은 표현 방법이 쓰인 것은?

① 우리들의 사랑을 위하여서는
  이별이, 이별이 있어야 하네.　　– 서정주, 〈견우의 노래〉
② 나는 누워서 편히 지냈다.
  사랑하는 사람을 잃어버린 / 이 겨울.　– 문정희, 〈겨울 일기〉
③ 나는 향기로운 님의 말소리에 귀먹고, 꽃다운 님의 얼굴에
  눈멀었습니다.　　– 한용운, 〈님의 침묵〉
④ 복사꽃 고운 뺨에 아롱질 듯 두 방울이야
  세사에 시달려도 번뇌는 별빛이라.　　– 조지훈, 〈승무〉
⑤ 꽃잎이여 그대 / 다토아 피어
  비바람에 뒤설레며 / 가는 가냘픈 살갗이여.
　　　　　　　　　　　　　　　– 신석초, 〈꽃잎 절구〉

5 [A]에 드러난 현실의 모습과 이에 대한 화자의 태도를 쓰시오.

나는 고양이로 태어나리라 | 황인숙

문학 미래엔

◎ 핵심 정리

갈래 자유시, 서정시

성격 의지적, 낭만적

제재 고양이로 태어나기

주제 고양이로 태어나 자유로운 야생의 삶을 살고 싶은 소망

특징 ① 화자의 소망을 '고양이'의 모습을 통해 간접적으로 드러냄.
② 특정한 어미('-리라', '-겠지' 등)를 반복적으로 사용하여 운율을 형성함.
③ 음성 상징어를 활용하여 장면을 생동감 있게 묘사함.

출전 《새는 하늘을 자유롭게 풀어놓고》(1988)

Q '벌판'이 의미하는 바는?

'벌판'은 화자가 고양이가 되어 나아가고 싶은 공간이다. 화자는 그 공간에서 자유롭게 뛰어놀고 싶어 한다. 따라서 '벌판'은 화자가 지향하는 자유의 공간이라고 할 수 있다.

☀ 시어 풀이

둥굴릴 '둥글다'의 사동사. 원이나 공과 모양이 같거나 비슷하게 할.

스산해지겠지 날씨가 흐리고 으스스해지겠지.

낟가리 나무, 풀, 짚 따위를 쌓은 더미.

⚅ 시구 풀이

❶ **이다음에 나는 고양이로 태어나리라** 화자는 다음 생을 설정하는 불교의 윤회사상에 따라 고양이로 태어나는 것을 소망하고 있다. '고양이로 태어나리라'라는 구절이 이어지는 내용에서 계속 반복되는데, 이는 화자의 소망이 그만큼 강렬한 것임을 나타낸다.

❷ **나는 툇마루에서 ~ 우유도 핥지 않으리라.** 고양이로 태어난 후의 화자의 모습을 드러내고 있다. 인간의 보살핌을 받는 안락하고 편안한 고양이의 모습을 제시하고 자신은 그와 같이 살지 않고 야생의 고양이로 자유롭게 살 것임을 뒷부분에서 드러내고 있다.

❸ **이윽고 해는 기울어 ~ 어두운 벌판에 홀로 남겠지.** 시간의 경과를 나타내고 있다. 이전의 상황이 낮에 일어난 것이라면 '이윽고' 이후의 상황은 밤에 일어난 것으로 볼 수 있다. 들쥐, 참새 등과 놀았던 낮과는 달리 밤은 외로움과 고독을 느끼는 시간이지만 화자는 고양이로서 들판에 서서 사는 삶을 포기하지 않는다.

❹ **나는 꿈을 꾸리라 ~ 밝은 들판을 내닫는 꿈을** 화자는 밝은 들판을 뛰어다닐 수 있는 자유를 소망하고 있다.

⚇ 작가 소개

황인숙(黃仁淑, 1958~)
시인. 서울 출생. 1984년 《경향신문》 신춘문예에 시 〈나는 고양이로 태어나리라〉가 당선되어 등단하였다. 주로 가볍고 경쾌한 언어적 표현을 통해 작가 특유의 상상적 공간을 형상화한 작품을 창작하였다. 작품으로 〈새는 하늘을 자유롭게 풀어놓고〉(1988), 〈리스본행 야간열차〉(2007) 등이 있다.

---

❶이다음에 나는 고양이로 태어나리라.
다음 생애(불교적 윤회관) 소망의 대상(화자의 분신)
윤기 잘잘 흐르는 까망 얼룩 고양이로
아름답고 생명력 있는 모습(시각적 이미지)
태어나리라.

사뿐사뿐 뛸 때면 커다란 까치 같고
우아하게 뛰는 모습(의태어)
공처럼 °둥굴릴 줄도 아는
유연함을 지닌 존재
작은 고양이로 태어나리라
동일한 시구가 반복됨(음악성, 의미의 강조)
❷나는 툇마루에서 졸지 않으리라.

사기그릇의 우유도 핥지 않으리라.

가시덤불 속을 누벼 누벼
자유로운 공간으로 나아가는 것을 가로막는 시련의 공간
㉠너른 벌판으로 나가리라.
자유의 공간
거기서 들쥐와 뛰어놀리라.
자유로운 공간에서 교유의 대상
배가 고프면 살금살금
소리가 나지 않게 조심스럽게 움직이는 모양(의태어)
참새 떼를 덮치리라.

그들은 놀라 후다닥 달아나겠지.

아하하하
참새 떼를 약 올리며 즐거워하는 모습(의성어)
폴짝폴짝 뒤따르리라.

꼬마 참새는 잡지 않으리라.
어린 참새는 먹이로 삼지 않음.
할딱거리는 고놈을 앞발로 톡 건드려

놀래 주기만 하리라.
꼬마 참새에게 장난을 치는 모습
그리고 곧장 내달아

제일 큰 참새를 잡으리라.
먹이로 삼으려는 대상

▶ 1연: 고양이로 태어나고 싶은 소망과 고양이가 되어 들쥐, 참새와 놀이를 함(낮).

---

❸이윽고 해는 기울어
시간의 경과(낮→밤)
바람은 °스산해지겠지.
추위가 찾아옴(촉각적 이미지).
들쥐도 참새도 가 버리고

어두운 벌판에 홀로 남겠지.
시간적 배경(어두운), 공간적 배경(벌판)고독한 존재가 됨
나는 돌아가지 않으리라.
벌판의 고양이로 남으려는 의지(자유로운 삶에 대상 소망)
어둠을 핥으며 °낟가리를 찾으리라.
추상적 관념을 구체적으로 표현함. 잠을 잘 수 있는 곳(잠자리)
그 속은 아늑하고 짚단 냄새 훈훈하겠지

훌쩍 뛰어올라 깊이 웅크리리라.
잠을 청하는 모습
내 잠자리는 달빛을 받아
야생적인 삶을 의미 있게 만들어 주는 존재
은은히 빛나겠지.
잠자리를 미화함(시각적 이미지)
혹은 거센 바람과 함께 찬비가
㉡: 편안한 잠자리를 방해하는 대상들
빈 벌판을 쏘다닐지도 모르지.

그래도 난 털끝 하나 적시지 않을걸.
힘든 상황에서도 의지를 꺾지 않겠다는 다짐
❹나는 꿈을 꾸리라
작품의 핵심 시어
놓친 참새를 쫓아
목표를 이루지 못해도 다시 그 목표를 향해 꿈을 꾸겠다는 의지가 드러남.
㉢밝은 들판을 내닫는 꿈을
고양이가 되어 자유롭게 살아가는 모습

▶ 2연: 밤이 되어도 고양이로 자유롭게 살고 싶은 소망(밤)

이해와 감상

이 시는 고양이로 태어난다는 참신한 표현을 통해 자신이 꿈꾸는 삶의 모습을 제시하고 있는 작품이다. 화자는 이다음의 생을 설정하고 고양이로 태어나 벌판을 뛰어다니는 자유로운 삶을 소망하고 있다. 화자는 그 속에서 들쥐와 놀고, 참새를 쫓으며 사는 모습을 상상하고 있다. 이러한 화자의 소망은 강렬한 것이어서 어두운 밤이 되어 홀로 남겨질 때에도 포기할 수 없는 것으로 표현되고 있다. 그러기에 들쥐도 참새도 없는 어두운 벌판에서도 결코 돌아가지 않을 것이라고 다짐하는 것이다. 동일 구절을 반복하거나 '~을/를 하리라', '~을/를 하지 않으리라' 등은 이러한 소망의 강렬함을 더욱 부각하는 기능을 하고 있다.

1연	고양이가 되어 들쥐와 놀고, 참새를 쫓는 행복한 삶	낮	자유로운 삶의 추구
2연	고양이가 되어 벌판에서 홀로 낟가리 속에서 잠을 자는 삶	밤	

작품 연구소

부정적 현실과 긍정적 이상

현실		이상
인간 (부정적 삶 - 속박)	⟷	고양이 (긍정적 삶 - 자유)

이 시의 화자는 고양이가 되고 싶은 소망을 지니고 있다. 이는 현실에 대한 부정적 인식이 내재되어 있기 때문으로 볼 수 있다. 자신이 발을 딛고 있는 현실 속에서 만족감을 느끼지 못하기 때문에 새로운 이상적 삶을 꿈꾸게 되는 것이다. 그래서 화자가 지향하는 이상적 세계는 마음껏 자유를 누리는 공간이다. 이는 곧 이와 대비되는 인간 세계가 속박만이 존재하는 부정적인 공간임을 의미한다. 또한 '나'를 부정하며 고양이를 긍정적 대상으로 그리고 있는 점을 고려할 때, 이 시는 자유를 속박하는 인간 세계에 대한 비판적 성격을 지니고 있다고 할 수 있다.

표현상 특징

특징	시어 및 시구	방식 및 효과
시구의 반복	고양이로 태어나리라	• 의미를 강조함. • 음악적 효과를 만듦.
어미 '-리라'의 사용	태어나리라, 않으리라 등	• 화자의 의지를 드러냄.
음성 상징어의 사용	잘잘, 사뿐사뿐, 살금살금, 후다닥, 아하하하, 폴짝폴짝, 훌쩍	• 실제 일어나고 있는 장면과 같은 현장감을 만듦. • 장면을 실감나게 묘사함.
섬세한 행동 묘사	사뿐사뿐 뛸 때, 공처럼 둥글릴 줄, 할딱거리는 고놈을 앞발로 톡 건드려	• 특정한 행동을 구체적이고 섬세하게 표현함. • 생생한 현장감을 만듦.
추상적 관념의 구체적 형상화	어둠을 핥으며	• 상황을 구체적이고 감각적으로 묘사하여 낭만적 분위기를 형성함.
도치법, 미완성 종결 표현	나는 꿈을 꾸리라 ~ 밝은 들판을 내닫는 꿈을	• 강조하고 싶은 내용을 문장의 끝에 배치하여 그 내용에 대한 집중을 유도함. • 미완성 문장으로 종결지어 시적 여운을 만들고 독자의 상상력을 자극함.

자료실

음성 상징어

언어 기호의 음성 형식과 그 기호의 대상이 되는 내용 사이에 상징 관계가 있는 단어를 말한다. 음성 상징어는 크게 의성어(擬聲語)와 의태어(擬態語)로 나뉜다. 의성어는 소리의 묘사를 통해 대상을 표현하는 것이고, 의태어는 동작이나 형태의 묘사를 통해 대상을 표현하는 것이다. 이러한 음성 상징어는 특정한 장면에 현장감을 부여하거나, 인물의 표정이나 행동을 실감나게 드러내는 효과가 있다.

함께 읽으면 좋은 작품

〈봄은 고양이로다〉, 이장희 / 고양이와 연관시킨 시상 전개

〈봄은 고양이로다〉는 봄의 모습을 예리한 관찰과 분석을 통해 고양이와 연결시켜 감각적으로 표현한 작품이다. 〈봄은 고양이로다〉는 '봄'의 모습, 향기, 느낌 등을 고양이의 털, 눈, 입술, 수염 등 신체의 일부에 각각 대응시켜 표현하고 있다. 이와 달리 〈나는 고양이로 태어나리라〉는 고양이로 태어나고 싶은 소망을 드러내며 자신이 꿈꾸는 삶의 모습을 그리고 있다는 점에서 차이가 있다.

Link 본책 56쪽

해설 435쪽

키 포인트 체크

[화자] 다음 생에는 □□□로 태어나기를 □□하고 있다.

[상황] 고양이로 태어난 후 □□에 나가 살며 하고 싶은 일과 살게 될 삶에 대해 구체적으로 □□하고 있다.

[태도] 안락하고 편안한 삶보다는, □□이 있더라도 야생에서 □□롭게 사는 삶을 추구하고 있다.

1 이 시의 화자에 대한 설명으로 가장 적절한 것은?

① 독백적 어조로 자신의 삶을 담담하게 드러내고 있다.

② 의지적 어조로 새로운 삶에 대한 지향을 드러내고 있다.

③ 다양한 색채 이미지로 시적 상황에 환상성을 부각하고 있다.

④ 자연과 대비되는 인간의 모습을 제시하여 바람직한 삶의 모습을 제시하고 있다.

⑤ 과거의 이상적 공간에 대한 동경을 통해 현실에 대한 관조적 태도를 드러내고 있다.

내신 적중

2 〈보기〉를 바탕으로 이 시를 감상한 내용으로 적절하지 <u>않은</u> 것은?

> **보기**
>
> 이 시의 화자는 불교의 윤회 사상을 바탕으로 고양이로 태어나고 싶은 소망을 드러내고 있다. 화자가 소망하는 고양이로서의 이상적인 삶은 안락하고 편안한 삶과는 거리가 먼, 시련과 어려운 상황이 있는 삶이다. 하지만 화자는 야생에서 자유롭게 이상을 추구하며 사는 삶에 대한 의지를 드러내고 있다.

① '이다음' 생을 소망하는 것은 불교의 윤회 사상과 관련된 것이겠군.

② '툇마루'와 '사기그릇의 우유'는 안락하고 편안한 삶을 상징하는 것이겠어.

③ '돌아가지 않으리라'는 고양이가 된 상황이 자유롭지 않더라도 과거의 삶으로 돌아가지 않겠다는 의지를 드러낸 거야.

④ '거센 바람', '찬비'는 삶에서 만나게 될 시련과 어려운 상황을 나타내는 것이겠지.

⑤ '참새를 쫓아 밝은 들판을 내닫는 꿈을' 꾸겠다는 것은 목표를 향해 꿈을 꾸겠다는 의지를 드러낸 것이야.

3 ㉠, ㉡에 대한 설명으로 적절하지 <u>않은</u> 것은?

① ㉠과 ㉡ 모두 실제 존재하지 않는 상상의 공간이다.

② ㉠과 ㉡ 모두 화자가 지향하는 가치를 실현할 수 있는 공간이다.

③ ㉠은 화자의 과거 기억 속 공간이고, ㉡은 화자가 현재 직면한 공간이다.

④ ㉠은 공간의 물리적 특성을 활용하고 있고, ㉡은 공간과 명암의 이미지를 연결하고 있다.

⑤ ㉠에서는 들쥐와 놀고 참새를 잡는 현실의 공간이고, ㉡은 놓친 참새를 쫓는 꿈속의 공간이다.

4 시상의 흐름을 고려할 때, 2연을 통해 작가가 제시하고자 한 내용을 쓰시오.

IV. 1960년대 ~ 1980년대

나는 고양이로 태어나리라 **235**

문학 동아

🎯 핵심 정리

갈래 자유시, 서정시, 연작시
성격 서정적, 민중적, 상징적, 향토적
제재 섬진강
주제 민중의 소박하고 건강한 삶과 끈질긴 생명력
특징 ① 섬진강의 모습과 특성이 민중의 속성과 잘 대응하고 있음.
　② 명령투의 어조를 통해 화자의 단호한 태도와 강한 자신감을 드러냄.
　③ 자연물을 의인화하고 상징의 표현 기법을 통해 주제 의식을 형상화함.
출전 《꺼지지 않는 햇불로》(1982)

> **Q** 이 시에서 민중 의식을 드러내는 방식은?
>
> 이 시는 섬진강과 섬진강변의 모습을 통해 민중의 소박하면서도 끈질긴 생명력을 예찬하고 있으며, 민중 의식은 향토성 짙은 자연 경관과 어우러지면서 짙은 서정성을 드러내고 있다. 이러한 서정성에는 섬진강과 민중에 대한 시인의 애정이 바탕이 되고 있다.

💡 시어 풀이

가문 땅의 물기가 바싹 마를 정도로 오랫동안 계속하여 비가 오지 않는.
꽃등 꽃무늬가 있는 종이로 만든 등.
뭉툭한 굵은 사물의 끝이 아주 짧고 무딘.
후레자식 배운 데 없이 제멋대로 막되게 자라 교양이나 버릇이 없는 사람을 낮잡아 이르는 말.

🪡 시구 풀이

❶ **퍼 가도 ~ 모여 흐르며** 작은 물들이 모여 큰 강을 이루듯, 민중들은 공동체를 이루어 강인하고 끈질긴 생명력을 지니게 됨을 뜻한다.
❷ **어둠을 끌어다 ~ 달아 준다** 섬진강에 아름다운 석양이 비치는 모습을 묘사한 것으로, 보잘 것없어 보이는 것들이야말로 사실은 아름다운 것이라는 인식을 보이고 있다. 민중의 삶에 대한 작가의 애정 어린 시선이 투영되어 있다.
❸ **흐르다 흐르다 ~ 그리워 얼싸안고** 섬진강과 더불어 남도를 대표하는 영산강을 등장시켜 남도 전체를 감싸 안으며 흘러가는 섬진강의 모습을 표현한 것이다.
❹ **섬진강 물이 어디 ~ 마를 강물이더냐고,** '마를'은 1행의 '가문'과 연결된 것으로, 민중이 겪는 시련을 의미한다. '몇 놈'으로 상징되는 부정한 세력에 의해 곤경을 겪을지라도 민중의 생명력은 이어질 것임을 표현한 것이다. 이는 끈질기게 이어져 온 민중의 저력과 생명력에 대한 신뢰에 바탕을 두고 있다.

👤 작가 소개

김용택(金龍澤, 1948~)
시인. 전북 임실 출생. 1982년 《꺼지지 않는 햇불로》에 연작시 〈섬진강〉을 발표하면서 등단하였다. 섬세한 시어와 서정적인 가락을 바탕으로 농촌의 현실을 노래하였다. 시집으로 《섬진강》(1985), 《그리운 꽃편지》(1987), 《그 여자네 집》(1998) 등이 있다.

가문 섬진강을 따라가며 보라
　　열악한 상황. 시련　　반복되는 구절. 명령형
퍼 가도 퍼 가도 전라도 실핏줄 같은
　　　　　　　　생명의 원천, 원관념: 개울물들
개울물들이 끊기지 않고 모여 흐르며
섬진강의 지류들＝민중 개개인의 삶
해 저물면 저무는 강변에
　　시간적 배경
쌀밥 같은 토끼풀꽃,　　　　　　　　　　흰색과 붉은색의 색채 대비
숯불 같은 자운영꽃 머리에 이어 주며　　직유법, 대구법

지도에도 없는 동네 강변
식물도감에도 없는 풀에 □: 소외되어 있지만 소박하고 건강한 민중의 모습을 환기함.
　　　　　　　작고 보잘것없는 존재
어둠을 끌어다 죽이며
　　부정적인 외부 조건
그을린 이마 훤하게 / 꽃등도 달아 준다　　　▶ 1~11행: 섬진강변의 소박한 모습
　　민중의 고달픈 삶 비유
흐르다 흐르다 목메이면
　　　　　　　1행의 '가문'과 연결됨.
영산강으로 가는 물줄기를 불러
뼈 으스러지게 그리워 얼싸안고
　　　민중의 강한 연대감
지리산 뭉툭한 허리를 감고 돌아가는
　　　강하고 단단한 모습. 의인법
섬진강을 따라가며 보라
섬진강 물이 어디 몇 놈이 달려들어 / 퍼낸다고 마를 강물이더냐고,
　　　　　　　　　　　위협적 행위　　설의적 표현 – 절대 마르지 않음을 강조
지리산이 저문 강물에 얼굴을 씻고 / 일어서서 껄껄 웃으며
　　　　　　　　　　　　　호방한 모습. 민중의 삶에 대한 긍정적 인식
무등산을 보며 그렇지 않느냐고 물어보면
노을 띤 무등산이 그렇다고 훤한 이마 끄덕이는　○: '섬진강'과 함께 의인화된 대상·민중의
　　　　　　　　　　　　　교감, 연대　　　　　　강인하고 호방한 모습을 긍정하는 존재
고갯짓을 바라보며 / 저무는 섬진강을 따라가며 보라　△: 민중을 위협하는 부정적인 세력
　　　　　　　　절대 마르지 않는다는 화자의 강한 확신이 드러남.
어디 몇몇 애비 없는 후레자식들이 / 퍼 간다고 마를 강물인가를.
　　　　　　　　　　　　　　　　　　▶ 12~26행: 섬진강이 지닌 건강한 생명력

이해와 감상

　이 시는 김용택의 등단 작품 가운데 하나로, 섬진강을 제재로 하여 섬진강 강변 마을을 중심으로 펼쳐진 공동체의 삶을 노래한 작품이다. 농촌을 섬세하게 묘사하고 있으며, 남도 지방의 한과 남도 민중의 생명력을 상징적으로 그려 내고 있다. 이 시에서 섬진강은 어머니의 품 속과 같은 따뜻한 자연으로서의 보편적 정서뿐만 아니라 시인에게는 민중의 굽힐 줄 모르는 생명력으로 인식되고 있다.

　전체가 1연으로 이루어진 이 시는 내용상 1~11행을 전반부, 12~26행을 후반부로 나누어 볼 수 있다. 전반부에서는 개울물들이 모이는 섬진강변의 작은 꽃들과 풀들이 어울려 있는 모습이 나타난다. 이러한 모습은 현실의 어려움 속에도 소박한 삶을 영위하면서 함께 모여 살아가는 민중의 모습을 자연스럽게 떠올리게 한다.

　후반부에서는 힘차고 호방한 기세의 섬진강의 모습이 펼쳐진다.

섬진강	┄┄	개울물들이 모여 이루어짐.	┄┄	아무리 퍼 가도 절대 마르지 않음.
‖				
민중	┄┄	소박한 삶들의 연대	┄┄	억세고 질긴 생명력

영산강, 지리산, 무등산 등 민중의 삶의 터전을 지켜 온 자연물들을 끌어들여 민중의 연대와 역사의식이 역동적이고도 넉넉하게 담겨 있는 특성을 표현하고 있다. 섬진강은 몇 놈이 달려들어 퍼 간다 하더라도 결코 마르지 않을 당당함과 넉넉함을 보인다. 산과 강이 어우러져 자연의 힘찬 생명력이 한데 어우러지는 장관이 펼쳐지는 것이다. 이러한 생명력은 바로 민중의 건강하고 끈질긴 생명력과 연결되면서 '후레자식들' 같은 불의한 세력이 위협하더라도 그 건강함은 사라지지 않을 것임을 화자는 확신하고 있다.

🏠 작품 연구소

시어 및 사구의 상징적 의미

시어 및 사구	상징적 의미
가문, 마를	민중이 겪는 현실적 어려움
토끼풀꽃, 자운영꽃, 식물도감에도 없는 풀	소외되어 있지만 소박하고 건강한 민중의 모습을 환기함.
영산강, 지리산, 무등산	민중의 건강한 삶과 힘
몇 놈, 후레자식들	민중의 삶을 위협하는 부정적인 세력

섬진강과 민중의 유사성

섬진강		민중
가문, 목메이면, 퍼 간다	⋯⋯	민중이 처한 척박한 현실 부정한 세력으로부터 받는 시련
실핏줄 같은 개울물들	⋯⋯	공동체를 이루는 민중 개개인의 삶
모여 흐르며	⋯⋯	민중의 끈끈한 연대감
퍼 간다고 마를 강물인가	⋯⋯	민중의 끈질기고 건강한 생명력

민중의 소박하고 건강한 삶과 끈질긴 생명력 예찬

'섬진강'과 '영산강', '지리산'과 '무등산'

남도를 넉넉하고 푸르게 감싸안으며 힘차고 당당하게 흘러가는 섬진강과 영산강은 곧 저마다의 사연과 한을 고스란히 가지고 있으면서도 소박한 공동체적 삶을 살아가는 남도 민중의 모습으로 이해할 수 있다.

지리산은 해방 이후 6·25 전쟁까지 이어진 이념 대립의 상처를 안고 있으며, 무등산은 1980년 광주 민주화 운동의 아픈 역사를 지켜본 산이다. 두 산이 아픔과 한의 역사를 극복하고 '껄껄 웃고' '훤한 이마 끄덕이는' 모습에는 민중의 넉넉한 풍모와 역사의식이 담겨 있는 것이다.

섬진강, 영산강	• 척박한 환경 속에서도 면면히 이어져 온 민중의 삶 • 민중의 삶과 한의 공유, 민중의 연대감과 공동체적 삶
지리산, 무등산	• 좌우 이념 대립과 민주화 운동의 아픔과 한을 간직 • 민중의 호방하고 의연한 풍모와 역사의식

자료실

〈섬진강 1〉에 대한 비평

시인은 이 시에서 섬진강을 어머니의 젖줄로 하여 질박한 공동체적 삶을 살아가는 남도 사람들의 가슴 속에 응어리진 한(恨)과 설움을 보여 주는 한편, 그들의 설움을 끌어안아 주는 포용력을 제시하고 있다. 그렇게 흘러가는 섬진강은 지역에 따라서는 영산강을 가까이 불러 내기도 하고, '지리산 뭉툭한 허리를 감고 돌아가는' 한편, 지리산과 무등산 사이를 굽이치며 흘러가면서도 남도를 상징하는 대표적인 두 산을 결합시키기도 한다. 이 시는 자연의 묘사에서 출발하여 한과 설움의 세계로까지 심화, 확대되어 마침내 폭넓은 민중성을 획득하게 되는 것이다.

– 박호영, 《시로 보는 세상》

📖 함께 읽으면 좋은 작품

〈누룩〉, 이성부 / 민중의 끈질긴 생명력과 저력

〈누룩〉은 술을 빚는 데 쓰는 발효제인 누룩을 의인화하여, 엄혹했던 정치 현실로 고통을 겪었던 민중의 모습을 형상화한 작품이다. 현실 때문에 고통을 겪기도 하지만, 강인한 생명력과 연대 의식으로 암울한 현실을 극복하는 민중의 모습을 그리고 있다는 점에서 〈섬진강 1〉과 유사하다. 다만 〈누룩〉에 나타난, 민중을 일깨우고 돕는 외부적 존재('알맞은 바람', '좋은 물')와 자기희생의 모습이 〈섬진강 1〉에는 나타나 있지 않다.

🔑 포인트 체크

화자 해 저물 때 가문 □□□과 그 주변을 바라보고 있다.
상황 섬진강은 비록 가물었지만, □□□ 같은 개울물들이 모여 흘러 결코 마르지 않으며 다양한 꽃과 풀을 키워 낸다.
태도 힘겨운 현실 속에서도 강인한 □□□으로 살아가는 민중에 대한 애정과 신뢰감을 보이고 있다.

1 이 시에 대한 설명으로 적절하지 않은 것은?
① 대상을 의인화하여 친근감을 느끼게 하고 있다.
② 동일한 시구를 반복하여 운율감을 형성하고 있다.
③ 설의적 표현을 통해 대상의 속성을 강조하고 있다.
④ 수미 상관의 구성으로 형태적 안정감을 주고 있다.
⑤ 청자에게 말을 건네는 방식으로 시상을 전개하고 있다.

내신 적중

2 〈보기〉를 바탕으로 이 시를 감상한 내용으로 적절하지 않은 것은?

보기

이 시에서 섬진강은 어머니의 품 속과 같은 따뜻한 자연으로서의 보편적 정서뿐만 아니라 시인에게는 민중의 굽힐 줄 모르는 생명력으로 다가서고 있다. 이 시의 전반부에서는 섬진강변의 소박한 풍경을 통해 민중의 소박한 삶과 저력을 드러낸다. 후반부에서는 민중의 건강하고 끈질긴 생명력과 연결되면서 부정한 세력이 위협하더라도 그 건강함은 사라지지 않을 것이라는 확신을 드러내고 있다.

① '개울물들'이 '모여 흐르'는 섬진강은 공동체를 이루어 큰 힘을 발휘하는 민중의 저력을 나타낸 것이군.
② '식물도감에도 없는 풀'은 소외되어 있지만 건강한 민중의 모습을 나타낸 것이군.
③ '뼈 으스러지게 그리워 얼싸안고'는 부정한 세력의 위협으로 시련을 겪는 민중의 삶을 형상화한 것이군.
④ '지리산'과 '무등산'은 섬진강과 호응하는 대상으로 섬진강이 지닌 호탕하고 건강한 생명력을 강화해 주는군.
⑤ '마를 강물인가'에는 민중의 끈질긴 생명력이 절대 사라지지 않을 것이라는 확신이 드러나 있군.

3 이 시에 쓰인 시어 중 함축적 의미가 가장 이질적인 것은?
① 개울물들　　② 토끼풀꽃　　③ 자운영꽃
④ 어둠　　　　⑤ 그을린 이마

4 〈보기〉의 밑줄 친 설명에 해당하는 시어 및 사구를 모두 찾아 쓰시오.

보기

이 시에서 '가문 섬진강'은 민중들이 살아가고 있는 현실이 척박하다는 사실을 암시한다. 화자는 민중들의 삶을 위협하는 존재들에게 비속어를 사용하여 적대감을 드러내고 있다.

문학 지학사

🎯 핵심 정리

갈래 자유시, 서정시
성격 극적, 애상적, 비판적
제재 철거민의 삶
주제 산업화로 삶의 터전을 빼앗기는 도시 빈민의 비참한 현실
특징 ① 대화 형식을 통해 긴장감과 현장감을 조성함.
② 비극적인 상황을 절제된 언어로 간결하게 표현함.
③ 장면 중심으로 시상을 전개하면서 화자는 관찰자의 입장을 취함.
출전 《바람 속으로》(1986)

> **Q** 지시 관형사 '그'의 사용으로 얻을 수 있는 효과는?
>
> '그'는 듣는 이와 가까이 있거나 이미 알고 있는 대상에 대해 쓰이는 지시 관형사이다. 시인은 철거를 당할 상황에 있는 여인을 '그 여자'라고 표현함으로써 시적 상황이 독자 가까이에서 일어나는 일이며, 독자와 무관한 일이 아니라고 느끼게 하고 있다.

💡 시어 풀이

루핑 집 물막이 천으로 지붕을 한 무허가 주택.
칠흑 옻칠처럼 검고 광택이 있음. 또는 그런 빛깔.

❀ 시구 풀이

❶ **"지금 부숴 버릴까." ~ "그래도 안 돼……."** 집 밖에서 철거반 인부들이 나누는 대화를 통해 인부들의 내면세계를 그리는 부분으로, "안 돼"의 반복으로 긴장감을 조성하며 말줄임표의 사용으로 인물의 갈등을 표현하고 있다.

❷ **루핑 집 ~ 밖을 내다본다.** '그 여자'가 잠든 아이들에게 이불을 덮어 준 후 밖을 내다보는 장면으로, 이 상황을 관찰하는 화자의 객관적인 태도와 담담한 어조가 여자의 암담한 처지를 부각한다. 또한 아이들을 밖으로 새어 나가면 안 되는 불빛에 비유하여 여자의 불안함과 초조함을 보여 주고 있다.

👤 작가 소개

이시영(李時英, 1949~)
시인. 1969년 《중앙일보》에 시조 〈수〉가, 《월간 문학》에 시 〈채탄〉 외 1편이 당선되어 등단했다. 그의 시는 대체로 민중적 현실에 바탕을 둔 현실 비판의 목소리가 주조를 이루며, 리얼리즘 시의 독특한 경지를 개척한 것으로 평가된다. 시집으로 《만월》(1976), 《바람 속으로》(1986), 《이슬 맺힌 사랑노래》(1991) 등이 있다.

---

❶"지금 부숴 버릴까."
　　철거의 상황 – 철거민에게 가해지는 현대 산업 사회의 폭력을 상징함.
"안 돼, 오늘 밤은 자게 하고 내일 아침에……."
[A]　　철거민의 처지에 대한 동정·연민, 인간적인 배려
"안 돼, 오늘 밤은 오늘 밤은이 벌써 며칠째야? 소장이 알면……."
　　철거를 계속 미뤄 왔음.　　　　　　　　　철거 작업 현장의 책임자로, 소외 계층의 고통을 외면하는 현대 사회의
"그래도 안 돼……."　　　　　　　　　　　　비정함을 대표하는 존재 ▶ 1~4행: 철거반 인부들의 대화(집 밖)

두런두런 인부들 목소리 꿈결처럼 섞이어 들려오는
　소장과 철거민 사이에서 갈등하는 존재 ① 어렴풋이, ② 꿈이길 바라는 심리 투영
❷ 루핑 집 안 단칸 벽에 기대어 ⓐ그 여자
　① 철거반 인부의 입장 – 철거의 대상, 철거민의 입장 – 삶의 터전, ② 산업화에서 소외된 공간
작은 발이 삐져나온 어린것들을
　어리고 나약한　　　여인이 부양해야 할 어린아이들 – 현실의 아픔을 모른 채 자고 있는 순수한 존재들
불빛인 듯 덮어 주고는
　① 아이들을 지키려는 모성애 ② 철거반 인부들에게 들키지 않으려는 노력
가만히 일어나 앉아
칠흑처럼 깜깜한 밤을 내다본다　　　▶ 5~10행: 인부들의 대화를 들으며 암담함을 느끼는 철거민(집 안)
　앞날을 내다볼 수 없는 암담한 현실, 대응 방안을 마련할 길이 없는 절망적 상황

이해와 감상

이 시는 철거의 위협에 고통받는, 무허가 주택에 사는 빈민의 비참한 삶의 모습을 감정을 절제한 차분한 어조로 그리고 있다. 이 작품의 장면은 두 개의 공간으로 분리되어 있는데, 작가는 집을 부수려고 하는 집 밖 인부들의 대화를 들려준 후, 철거 위기에 놓여 있는 집 안의 가족들 모습을 보여 주고 있다.

집 밖		집 안
철거반 인부들의 대화	➡	도시 빈민의 불안과 암담함

1~4행에서는 집 밖에서 철거반 인부들이 나누는 대화가 극적 방식으로 제시됨으로써 시적 긴장감과 현장감이 강화된다. 철거반 인부들은 소장의 명령에 따라 루핑 집을 부수려고 왔지만, 안에 있는 사람들이 자고 있기 때문에 이러지도 저러지도 못하는 상황에 처해 있다. 이를 통해 화자가 인부들을 무자비하게 집을 때려 부수는 사람들이 아니라 남의 처지를 배려하는 따뜻한 인간미를 갖춘 사람들로 인식하고 있음을 알 수 있다. 5~10행에서는 철거 대상인 '루핑 집'에 살고 있는 여인이 어렴풋이 들리는 인부들의 대화를 듣고 있고, 여인의 아이들은 암담한 현실의 고통은 모른 채 자고 있다. 아이들의 발을 '불빛인 듯' 이불로 덮어 주는 여인의 모습에서는 아이들을 지키려는 모성애와 함께 아이들이 잠을 깨면 철거가 시작될 수도 있다는 불안함과 초조함이 느껴진다. 직면한 시련 앞에서 아무것도 할 수 없는 여인은 암담한 현실처럼 깜깜한 바깥을 내다볼 뿐이다.

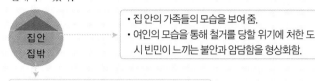

작품의 전체 구성

이 작품은 시적 상황을 두 개의 공간으로 나누어 제시하면서 시상을 전개하고 있다.

집안
집밖

• 집 안의 가족들의 모습을 보여 줌.
• 여인의 모습을 통해 철거를 당할 위기에 처한 도시 빈민이 느끼는 불안과 암담함을 형상화함.

• 철거 작업 진행에 관한 인부들의 대화를 제시함.
• 철거민에 대한 동정·연민과 철거 명령 수행 의무 사이의 갈등이 나타남.

'불빛인 듯 덮어 주고는'의 의미

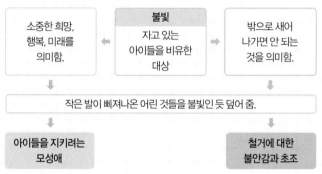

| 소중한 희망, 행복, 미래를 의미함. | ← | **불빛** 자고 있는 아이들을 비유한 대상 | → | 밖으로 새어 나가면 안 되는 것을 의미함. |

작은 발이 삐져나온 어린 것들을 불빛인 듯 덮어 줌.

아이들을 지키려는 모성애

철거에 대한 불안감과 초조

표현상의 특징

① 감정을 절제한 차분한 어조

이 시의 화자는 감정을 절제한 차분한 어조로 도시 빈민의 비참한 현실을 형상화하고 있다. 이와 같은 담담한 목소리는 소외된 삶의 비극성을 더욱 강조한다.

② 대화의 형식 활용

인부들의 대화를 직접 인용하여 시상 전개를 시작함으로써 시적 긴장감과 현장감을 더할 뿐만 아니라 극적 효과도 거두고 있다.

자료실

〈공사장 끝에〉의 시대적 배경

1960년대 이후 산업화가 진행되면서 농촌에서 공장이 있는 도시로 많은 사람들이 이동했다. 하지만 도시에는 주택이 부족했기 때문에 그들은 도시 주변 지역에 허가를 받지 않고 판잣집을 세우게 된다. 이로 인해 도시가 점점 확대되고 주거 환경이 악화된다는 명목으로, 정부에서는 1970년대 이러한 판잣집을 헐고 새로운 주택 단지를 건설하려는 정책을 시행하였다. 이 과정에서 이주 대책이 제대로 마련되지 않은 철거민들이 발생하게 되었다.

함께 읽으면 좋은 작품

〈농무〉, 신경림 / 산업화로 인한 소외 현상

〈농무〉는 산업화 과정에서 소외된 농촌의 피폐한 현실 속에서 농민이 느끼는 울분과 한을 노래한 작품이다. 〈공사장 끝에〉와 〈농무〉는 산업화 과정에서 소외된 사람들의 비애와 애환이 드러나 있다는 점에서 유사하다. 〈공사장 끝에〉는 철거반 인부들의 대화를 엿들으며 불안함을 느끼는 철거민의 상황이 제시되어 있는 반면, 〈농무〉는 농촌 현실에 대한 농민들의 울분과 한을 춤으로 표출하는 역설적 상황이 제시되어 있다.

Link 본책 208쪽

키 포인트 체크

화자 밤에 집 밖에서 철거반 인부들이 나누는 ☐☐와 집 안에 있는 여인의 행동을 ☐☐하고 있다.

상황 산업화와 ☐☐화의 과정에서 삶의 터전을 빼앗기는 철거민들의 비참한 삶과 ☐☐을 가해야 하는 철거반 인부의 상황이 드러나 있다.

태도 도시 빈민의 비참한 현실을 감정을 ☐☐한 차분하고 담담한 어조로 전달하고 있다.

1 이 시의 화자에 대한 설명으로 가장 적절한 것은?
① 영탄적 어조로 대상을 예찬하고 있다.
② 담담한 어조로 과거를 회상하고 있다.
③ 격정적 어조로 비통한 심정을 토로하고 있다.
④ 차분한 어조로 상황을 객관적으로 묘사하고 있다.
⑤ 단정적 어조로 미래에 대한 전망을 제시하고 있다.

2 이 시의 시적 공간을 〈보기〉와 같이 나누어 이해했을 때, 적절하지 않은 것은?

보기
㉠ 집 안   ㉡ 집 밖

① ㉠과 ㉡은 완전히 단절된 상태이다.
② ㉠은 도시 빈민의 삶의 터전을 의미한다.
③ ㉠에는 철거에 대한 긴장과 불안이 나타난다.
④ ㉡에서는 철거반 인부들이 대화를 나누고 있다.
⑤ ㉡은 철거의 위협에 고통받는 빈민의 비참한 현실을 보여 준다.

3 [A]에 대한 설명으로 적절하지 않은 것은?
① 시적 상황을 대화 형식으로 표현하고 있다.
② 인부들이 처한 상황과 내면세계를 보여 주고 있다.
③ 철거를 둘러싼 인부들 사이의 갈등이 나타나고 있다.
④ 극적 형식을 통해 시적 긴장감과 현장감을 더하고 있다.
⑤ 철거의 주체인 인부에 대한 화자의 부정적 인식이 드러나고 있다.

4 이 시의 상황을 〈보기〉와 같이 @의 심리를 중심으로 재구성했을 때, 적절하지 않은 것은?

보기
인부들의 이야기가 들리네. ①철거 작업 담당 소장이 왔나 봐. ②다행히 오늘밤은 넘길 수도 있을 것 같아. 소중한 우리 아가들, 잘도 자는구나. ③어머, 발이 나와 있네. 깨기 전에 얼른 이불로 덮어 줘야지. 애들이 깨면 철거를 시작할지도 몰라. 걱정 때문에 잠이 오질 않네. ④언제 철거가 시작될지 몰라서 불안하기도 하고. 앉아서 생각을 좀 해 보자. 당장 내일 밤은 어디서 자야 하나. ⑤저 깜깜한 바깥세상에 우리가 설 곳이 있을까. 저 어둠이 우리 아이들의 앞날이 되면 안 되는데…….

5 이 시를 통해 작가가 비판하고자 하는 대상을 쓰시오.

IV. 1960년대 ~ 1980년대

문학 동아, 미래엔, 해냄

🎯 핵심 정리

갈래 자유시, 서정시
성격 현실 비판적, 애상적
제재 남성 중심적 사회에서의 여성의 삶
주제 여성의 일방적 희생을 강요하는 현실 비판
특징 ① 여성의 고단한 삶을 구체적으로 드러냄.
　② 개인의 모습에서 보편적인 여성의 모습으로 시상을 확대하고 있음.
출전 《지리산의 봄》(1987)

> **Q 어조 변화가 나타난 부분의 효과는?**
>
> 화자는 졸고 있는 구자명 씨를 관찰하다가 가정에 돌아간 구자명 씨가 아기와 시어머니, 남편의 시중을 드느라 제대로 쉬지 못했을 것이라는 추측을 하며 연민에 가득 찬 어조로 이야기하고 있다. 이와 같은 어조의 변화는 가족들을 위해 희생하는 구자명 씨의 삶에 주목하게 하고 연민의 정서를 유발하는 효과가 있다.

💡 시어 풀이

팬지꽃 제비꽃과의 한해살이 또는 두해살이풀. 4~5월에 자주색, 흰색, 노란색의 꽃이 핀다.

▲ 팬지꽃

안개꽃 석죽과의 내한성 한해살이풀. 5~6월에 잘고 흰 꽃이 무리를 지어 핀다.
멍에 쉽게 벗어날 수 없는 구속이나 억압을 비유적으로 이르는 말.

🐾 시구 풀이

❶ **맞벌이 부부 우리 동네 구자명 씨** 직장 일과 가사에 시달리는 현대 여성의 전형을 '구자명 씨'라는 구체적인 이름을 통해 드러내고 있다.
❷ **출근 버스에 ~ 꾸벅꾸벅 존다** 버스에 타자마자 졸기 시작하는 구자명 씨의 모습을 통해 현대 여성의 고달픈 삶을 형상화하고 있다.
❸ **차창 밖으론 ~ 밤꽃 흐드러져도** 구자명 씨의 고단한 삶이 단지 하루만의 일이 아니라 일상적으로 지속되고 있음을 알 수 있다.
❹ **그래 저 십 분은 ~ 시간일 거야** 자기 자신을 위한 삶은 없이 가족을 위해 희생해야만 하는 구자명 씨의 고달픈 삶을 묘사한 구절이다.
❺ **여자가 받쳐 든 한 식구의 안식이** 여성의 희생으로 한 가정의 안식이 보장되는 현실을 보여 주고 있다.

👤 작가 소개

고정희(高靜熙, 1948~1991) 시인. 전남 해남 출생. 1975년 《현대시학》에 〈연가〉, 〈부활 그 이후〉 등이 추천되면서 등단하였다. 기독교적 상상력에 바탕을 둔 역사의식과 여성 해방 의식을 탐구한 시를 썼다. 시집으로 《누가 홀로 술틀을 밟고 있는가》(1979), 《이 시대의 아벨》(1983), 《아름다운 사람 하나》(1991) 등이 있다.

---

❶맞벌이 부부 우리 동네 구자명 씨
　　　　　　　　　　현대 여성의 전형
일곱 달 된 아기 엄마 구자명 씨는

❷출근 버스에 오르기가 무섭게

아침 햇살 속에서 졸기 시작한다

경기도 안산에서 서울 여의도까지
　구자명 씨가 사는 동네　　구자명 씨가 다니는 직장이 있는 곳
경적 소리에도 아랑곳없이
　시끄러운 소리에도 깨지 않고 피곤에 찌들려 정신없이 자는 모습 → 고단한 삶을 단적으로 보여 줌.
옆으로 앞으로 꾸벅꾸벅 존다

❸차창 밖으론 사계절이 흐르고

진달래 피고 밤꽃 흐드러져도 꼭
　아름다운 차창 밖의 경치와 버스 안에서 졸고 있는 구자명 씨가 대비됨.
부처님처럼 졸고 있는 구자명 씨，
　　　　　　　　　　　　　▶ 1~10행: 출근 버스에서 졸고 있는 구자명 씨

❹그래 저 십 분은
　졸고 있는 십 분 = 어젯밤 잠을 빼앗긴 십 분
간밤 아기에게 젖 물린 시간이고

또 저 십 분은

간밤 시어머니 약시중 든 시간이고

그래그래 저 십 분은

새벽녘 만취해서 돌아온 남편을 위하여 버린 시간일 거야

고단한 하루의 시작과 끝에서
　　　　　　　▶ 11~16행: 가족 때문에 밤잠을 설치는 구자명 씨

잠 속에 흔들리는 *팬지꽃 아픔
　　　　　　　　　　　： 집안의 평안함 속에 감추어진 여성의 희생을 상징적으로 보여 줌.
식탁에 놓인 *안개꽃 *멍에
　　　　　　　　　「 」: 가정의 평안함이 여성의 희생으로 이루어짐을 형상화함.
그러나 부엌문이 여닫기는 지붕마다

❺여자가 받쳐 든 한 식구의 안식이
　'구자명'이라는 개인에서 '한국 사회 여성'으로 확대됨.
아무도 모르게

죽음의 잠을 향하여
　① 죽은 것처럼 깊이 잠이 듦. ② 피곤이 죽음처럼 삶을 갉아먹음.
거부의 화살을 당기고 있다
　　　　　　　　　▶ 17~24행: 여자의 희생으로 유지되는 가정의 모습

> **이해와 감상**
>
> 이 시는 구자명 씨의 출근 모습을 화자가 지켜보는 방식으로 시상을 전개하고 있다. 즉, 구자명 씨가 버스 안에서 졸고 있는 모습을 바탕으로 구자명 씨의 고달픈 하루 일과를 상상해 보며 '직장 일'과 '가사'라는 이중고(二重苦)에 시달리는 현대 사회 여성의 삶을 진술하게 다루고 있는 것이다. 특히 '팬지꽃 아픔', '안개꽃 멍에'는 이러한 여성의 희생을 형상화한 구절로, '팬지꽃'과 '안
>
> | 가족을 위해 희생하는 여성의 삶 | 구자명 씨의 삶 |
> | --- | --- |
> | • 간밤에 아기에게 젖을 물림.
• 간밤에 시어머니의 약시중을 듦.
• 새벽녘 만취한 남편을 기다림. | |
>
> ⇩ 유추
>
> | 가정의 편안함이 여성의 희생으로 이루어짐. | 한국 사회 여성의 삶 |
> | --- | --- |
> | 여성의 일방적 희생을 강요하는 현실 | |
>
> 개꽃'으로 상징되는 가정의 우아함과 편안함이 모두 여성의 희생 위에서 이루어진다는 것을 뜻하고 있다. 이 시는 이렇게 가족을 위해 희생하는 여성의 삶을 구자명 씨 개인의 일상에 국한하지 않고 한국 사회 여성으로 확대하여 시상을 전개하고 있는 것이 특징이다.

작품 연구소

'구자명 씨'의 삶을 통한 주제 형상화

이 시의 구자명 씨는 가사와 직장 일이라는 이중의 노동에 시달리고 있다. 시인은 이러한 구자명 씨의 고달픈 일과를 통해 시어머니에게는 '효부', 남편에게는 '양처', 자식에게는 '현모'라는 보이지 않는 사회적 관념에 의해 여성의 일방적인 희생이 강요되는 현실을 적나라하게 드러내고 있다.

이중의 노동		
가사	+	**직장 일**

시어머니	**남편**	**자식**	→	여성의 일방적 희생을 강요하는 현실
효부	양처	현모		

바깥 경치와 대비되는 '구자명 씨'의 모습

이 시에서는 아름다운 바깥 경치와 그것을 볼 여력도 없이 정신없이 출근 버스에서 졸고 있는 구자명 씨의 모습을 대비적으로 나타내고 있다. 이렇게 '죽음의 잠'을 자고 있는 구자명 씨에게 '거부의 화살'을 당기고 있다는 표현은 여성의 일방적 희생을 강요하는 현대 사회에 대한 화자의 비판적 인식을 나타낸 것이라 볼 수 있다.

아름다운 바깥 경치	↔	피곤해 졸고 있는 구자명 씨
진달래 피고 밤꽃 흐드러짐.		죽음의 잠을 잠.

'구자명 씨'의 졸음의 이유

간밤 아기에게 젖 물린 시간	
간밤 시어머니 약시중 든 시간	**가사 노동의 시간**
새벽녘 만취해서 돌아온 남편을 위하여 버린 시간	

'구자명 씨'를 비유하고 있는 시어와 함축적 의미

부처님	세속의 세계를 초월한 부처님처럼 진달래나 밤꽃이 피는 것도 인식하지 못한 채 정신없이 졸고만 있는 여성
팬지꽃	바람에 흔들리는 가냘픈 팬지꽃처럼 출퇴근 버스에서 꾸벅꾸벅 졸고 있는 가냘프고 처량한 여성
안개꽃	다른 꽃을 빛내기 위해 존재하는 안개꽃처럼 가족의 안위를 위해 희생할 수밖에 없는 멍에를 진 여성

함께 읽으면 좋은 작품

〈성에꽃〉, 최두석 / 화자의 시선

〈성에꽃〉은 새벽 시내버스 창에 핀 성에를 통해 서민들의 삶에 대한 애정과 시대 현실에 대한 아픔을 형상화한 작품으로, 시내버스에서 만나는 서민들을 관찰하며 그들의 삶에 대한 연민의 정을 보이고 있다는 점에서 〈우리 동네 구자명 씨〉와 유사하다. 하지만 〈성에꽃〉이 서민들의 고단한 삶을 역설적으로 아름다운 성에꽃을 피우는 삶이라고 표현하는 반면에, 〈우리 동네 구자명 씨〉는 여성들의 고단한 삶이 여성들에게 일방적으로 희생을 강요하는 현실에 의한 것으로 보고 비판한다는 점에서 차이가 있다. ▶ **Link** 본책 270쪽

🗝 포인트 체크

화자 출근 버스 안에서 졸고 있는 구자명 씨를 관찰하여 ☐☐하고 그녀가 졸고 있는 이유를 ☐☐하고 있다.

상황 ☐☐ 중심적 사회에서 직장을 다니며 퇴근 후에는 가사를 해야 하는 여성의 고단한 삶과 ☐☐이 드러나 있다.

태도 구자명 씨가 조는 이유를 추측하여 ☐☐의 어조로 이야기하고 여성의 희생을 강요하는 현실에 대한 ☐☐☐ 인식을 드러내고 있다.

1 이 시를 감상한 내용으로 적절하지 <u>않은</u> 것은?

① 남녀 차별에 대한 부정적 인식이 나타나 있어.
② 인물이 처한 상황에 대한 비판적 관점이 드러나 있어.
③ 구체적인 생활 모습을 제시하여 독자의 공감을 얻고 있어.
④ 창밖의 경치에 비유하여 인물의 고달픈 삶을 부각하고 있어.
⑤ 한 여성의 일상에서 일반적인 여성의 일상으로 시상을 확대하고 있어.

2 〈보기〉와 이 시의 공통점으로 적절하지 <u>않은</u> 것은?

> **|보기|**
>
> 한 사람은 큰방에서 큰소리치고 / 한 사람은
> 종신 동침 계약자, 외눈박이 하녀로 / 부엌에 서서
> 뜨거운 촛농을 제 발등에 붓는 소리.
> 부엌에서는 한 여자의 피가 삭은 / 빙초산 냄새가 나요.
> 그런데 언제부터인가 모르겠어요. / 촛불과 같이
> 나를 태워 너를 밝히는 / 저 천형의 덜미를 푸는
> 소름 끼치는 마고할멈의 도마 소리가 / 똑똑히 들려요.
> 수줍은 새악시가 홀로 / 허물 벗는 소리가 들려와요.
> 우리 부엌에서는……. – 문정희, 〈작은 부엌 노래〉

① 특정한 공간적 배경이 드러나 있다.
② 여성의 고단한 삶을 소재로 하고 있다.
③ 여성이 처한 현실에 대해 비판적인 태도가 드러나 있다.
④ 명령형 문장을 통해 작품의 주제 의식을 부각하고 있다.
⑤ 개인의 모습에서 보편적인 여성의 모습으로 시상을 확대하고 있다.

3 이 시를 다큐멘터리로 만들고자 할 때, 적절하지 <u>않은</u> 장면은?

① 여자가 버스에서 졸고 있는 장면
② 여자가 아이에게 젖을 물리고 있는 장면
③ 여자가 시어머니 병간호를 하고 있는 장면
④ 여자가 만취한 남편을 기다리고 있는 장면
⑤ 여자가 팬지꽃과 안개꽃 다발을 안고 있는 장면

4 21행의 '여자가 받쳐 든 한 식구의 안식'의 의미를 쓰시오.

5 〈보기〉는 이 시가 발표되었던 잡지의 차례이다. 이를 참고하여 이 시를 창작한 시인의 근본적인 의도가 무엇인지 쓰시오.

> **|보기|**
>
> 좌담 페미니즘 문학과 여성 운동
> 논설 한국의 페미니즘 문학 어디까지 왔나, 전후 동서독의 여성 해방과 여성 문학 운동
> 책 소개 진정한 여성 해방 소설이란, 중국 여성의 내면적 힘

119 라디오같이 사랑을 끄고 켤 수 있다면 | 장정일

키워드 체크 #현대인의 사랑 비판 #풍자적 #패러디 기법 #소비적 사랑 비판 #단추를 누르는 행위 #김춘수의 〈꽃〉

문학 천재(김), 미래엔, 비상, 신사고

🎯 핵심 정리
갈래 자유시, 서정시
성격 관념적, 풍자적, 비판적
제재 라디오
주제 쉽게 만나고 헤어지는 현대인들의 사랑에 대한 비판
특징 ① 김춘수의 〈꽃〉을 패러디한 작품으로 운율과 통사 구조 등 형식적인 면을 그대로 따르고 있음.
② 추상적이고 관념적인 의미를 구체적 사물을 활용하여 드러냄.
출전 《길 안에서의 택시 잡기》(1988)

Q '패러디 기법'을 사용함으로써 얻는 효과는?

패러디 기법은 이미 독자에게 익숙한 시 형식이나 내용을 변형하는 방법으로, 이런 방식을 통해 새로운 이미지를 창조하거나 창작 주체인 시인의 시 의식을 뚜렷하게 보여 주는 데 그 목적이 있다. 이런 패러디 행위는 독자에게 기존의 질서가 지배하는 세계를 비판적으로 바라볼 수 있게 해 주며, 앞으로의 새로운 세계에 통용될 수 있는 문학의 역할과 사명을 제시하는 역할을 한다.

✿ 시구 풀이
❶ **내가 단추를 ~ 지나지 않았다.** '단추'는 존재에 대한 의미 부여의 매개체로, 단추를 누르기 전의 라디오는 사랑에 대한 인식 이전의 무의미한 존재임을 의미한다.
❷ **내가 그의 단추를 ~ 전파가 되었다.** 내가 그의 단추를 눌러 줌으로써 존재에 의미를 부여하는 사랑하는 사이가 되었음을 의미한다.
❸ **누가 와서 ~ 눌러 다오.** '굳어 버린 핏줄기와 황량한 가슴속'은 무의미한 존재로 방치되고 소외되어 있는 현대인의 고독한 상태를 의미한다. 즉 화자인 '나'는 타인과의 사랑을 통해 고독감에서 벗어나려 하고 있는 것이다.
❹ **끄고 싶을 때 ~ 되고 싶다.** 사랑하고 헤어짐을 라디오를 켜고 끄는 손쉬운 행위에 비유함으로써, 가볍게 만나고 쉽게 이별하는 현대인들의 소비적인 사랑 행태를 비판하고 있다.

👤 작가 소개

장정일(蔣正一, 1962~)
시인. 소설가. 경북 달성 출생. 1984년 무크지 《언어 세계》에 〈강정 간다〉로 시작 활동을 시작하였다. 포스트모더니즘적인 작품 경향을 나타내며 여러 파격적인 작품들을 발표했다. 시집으로는 《햄버거에 대한 명상》(1987), 《길 안에서의 택시 잡기》(1988) 등이 있으며, 소설집으로는 《아담이 눈 뜰 때》(1990) 등이 있다.

인식의 주체   □: 소통의 수단
❶내가 단추를 눌러 주기 전에는
        존재에 대한 의미 부여의 매개체
그는 다만

하나의 라디오에 지나지 않았다.   ▶ 1연: 단추를 누르기 전의 라디오
'무의미한 존재'라는 추상적 개념을 구체적 사물로 형상화함.

❷내가 그의 단추를 눌러 주었을 때

그는 나에게로 와서

전파가 되었다.   ▶ 2연: 단추를 누르자 '나'에게로 와서 전파가 된 '그'
의미 있는 존재. '나'와 '그'를 이어 주는 사랑의 감정

내가 그의 단추를 눌러 준 것처럼
❸누가 와서 나의

굳어 버린 핏줄기와 황량한 가슴속 버튼을 눌러 다오.
타인과 진정한 관계를 맺지 못하는 현대인의 고독을 의미함.
그에게로 가서 나도

그의 전파가 되고 싶다.   ▶ 3연: '그'의 전파가 되고 싶은 '나'의 소망
        사랑

우리들은 모두

사랑이 되고 싶다.

㉠❹끄고 싶을 때 끄고 켜고 싶을 때 켤 수 있는
    현대인들의 편의적이고 일회적인 사랑
라디오가 되고 싶다. 「 」: 극적 반전(풍자적 수법)   ▶ 4연: 편리한 사랑을 원하는 우리들

이해와 감상

이 시는 김춘수의 존재론적인 시 〈꽃〉을 패러디한 작품으로 대중에게 널리 알려진 작품인 〈꽃〉의 의미를 작가 특유의 방법으로 뒤집어 현대적인 사랑에 대한 비판적인 시선을 드러내고 있다.

김춘수의 시가 '꽃'을 소재로 등장시켰다면, 이 작품은 '라디오'를 소재로 등장시킨다. 라디오는 단추로 작동되고, 전파를 통해서 방송을 들려줄 수 있는 물건이다. 다시 말해 단추를 누르지 않으면 라디오는 그냥 무용지물에 불과하다. 화자는 그렇게 자신이 라디오의 단추를 눌러 준 것처럼 누군가가 자신의 황량한 가슴속 버튼을 눌러 주기를 바란다. 그러면 자신도 그 누군가에게로 가서 그의 전파가 될 수 있다는 것이다. 4연에 드러나는 바와 같이 결국 이 전파는 나와 그 누군가를 이어 주는 존재이면서 사랑의 감정 그 자체를 가리키기도 한다. 서로의 단추를 눌러 주면 서로가 서로에게 전파가 되고, 이러한 전파에 의해 우리들은 모두 사랑이 되는 것이다.

그런데 이 시는 4연의 마지막 2행에서 의도된 시상의 뒤틀림을 보여 준다. 라디오는 끄고 싶을 때 언제든지 끄고, 켜고 싶을 때 언제든지 켤 수 있는 것처럼 사람들의 편의나 실용성에 의해 작동되는 것이다. 만일 사람들이 하고 싶은 사랑이 라디오와 같은 것이라면 그 사랑은 일회적이고 편의적일 수밖에 없다. 이처럼 이 시는 사랑의 의미를 그저 편하고 가볍게만 받아들이고 사랑 자체를 일회적으로 소비할 수 있는 것으로 생각하는 현대 사회의 사랑의 세태를 비판하고 있는 작품이라 할 수 있다.

라디오
의미 없는 대상

⬇ ⋯⋯⋯ '나'의 단추 누름.

전파
의미 있는 존재

⬇

사랑
'우리'로 확대되는 인스턴트 사랑

작품 연구소

단추를 누르는 행위에 담긴 의미

단추를 누르기 전	→	단추를 누른 후
하나의 라디오 (무의미한 존재)		전파 (의미 있는 존재)

단추를 누르는 행위의 의미	사랑을 나눌 수 있는 사람으로 허락하는 행위, 타자와의 소통을 추구하는 행위, 사물에 존재 의미를 부여하고 이해하기 위한 행위

이 시에 등장하는 '그'는 '나'의 '단추를 누르는 행위'를 통해 '나'에게 의미 있는 대상인 '전파'가 된다. 이 '전파'는 타인과 진정한 관계를 맺지 못하는 현대인의 고독을 치유할 수 있는 '사랑'을 가리킨다. 그런데 그토록 소망하는 사랑이 '끄고 싶을 때 끄고 켜고 싶을 때 켤 수 있는 라디오'의 모습을 띠면서, 이 시는 일반적인 사랑 시가 아닌 가볍고 편리한 사랑을 추구하는 세태를 꼬집는 풍자시가 된다.

문학의 창조적 재구성

패러디 (parody)	특정 작품의 소재나 작가의 문체를 흉내 내어 익살스럽게 표현하는 수법. 또는 그런 작품.

이 시는 김춘수의 〈꽃〉을 패러디의 기법을 사용하여 재창작한 작품이다. 김춘수의 〈꽃〉은 존재론적인 탐구라는 의미를 부여받은 작품으로 대중들에게 널리 알려진 작품이다. 작가는 이를 라디오와 단추라는 소재를 이용해 패러디함으로써 기존 작품의 철학적 위상을 전복시키고 인스턴트식 사랑 노래로 만들고 있는 것이다. 이는 단순한 시의 모방 창작이 아니라 문학적인 재탄생을 의미한다고 볼 수 있다. 존재론적 탐구라는 무거운 의미의 시를 몇 개의 시어 교체를 통해 현대 사회의 풍속도를 제시하는 풍자시로 탈바꿈하는 과정이야말로 모방을 통한 새로운 문학의 창조라 말할 수 있다.

김춘수의 〈꽃〉과의 비교

김춘수의 〈꽃〉은 한 존재가 의미 있는 존재가 되는 과정을 보여 주면서 존재 사이의 순수하고 아름다운 만남에 대한 소망을 노래한 것이라 볼 수 있다. 이러한 소망은 누구에게나 있을 수 있는 것이나 매우 본질적이며 철학적인 것이다.

작가는 이 〈꽃〉을 패러디하여 〈라디오같이 사랑을 끄고 켤 수 있다면〉이라는 시를 썼다. 작가는 김춘수의 〈꽃〉을 읽고 아마도 일상에서 존재와 존재의 가장 아름다운 만남은 사랑이라고 생각했을 것이다. 그러나 작가가 살아가는 시대의 사랑은 김춘수의 〈꽃〉과 같이 본질적이면서도 존재론적으로 완전한 만남은 아닌 듯하다. 이 시대의 사랑은 고독한 현대인들에게 더욱 간절하지만, 라디오를 끄고 켜는 것처럼 손쉽게 여겨지는 것이다.

함께 읽으면 좋은 작품

[〈꽃〉의 패러디], 오규원 / 〈꽃〉을 패러디한 또 다른 시

[〈꽃〉의 패러디]는 이름을 붙이는 순간 대상의 본질은 왜곡된 모습으로 보인다는 것을 노래하고 있는 작품으로, 〈라디오같이 사랑을 끄고 켤 수 있다면〉과 같이 김춘수의 〈꽃〉을 패러디한 작품이다. 하지만 〈라디오같이 사랑을 끄고 켤 수 있다면〉이 일회적이고 편의적인 사랑을 비판하는 내용으로 재창조된 반면, [〈꽃〉의 패러디]는 꽃의 이름을 부르는 행위를 다른 시각으로 해석하여 명명 행위가 대상의 본질을 왜곡하는 것이라고 비판하는 내용으로 재구성되었다. Link 본책 230쪽

키 포인트 체크

화자 ☐☐를 눌러 주자 '나'에게로 와 ☐☐가 된 '그'처럼, 누군가 자신의 버튼을 눌러 주어 그의 전파가 되고 싶어 한다.

상황 단추를 눌러 라디오를 켜고 끄는 것처럼 쉽게 만나고 헤어지는 가볍고 ☐☐한 ☐☐☐인 사랑을 추구하는 현대인들의 상황이 드러나 있다.

태도 쉽게 만나고 헤어지는 현대인들의 편의적인 사랑과 ☐☐에 대해 비판적인 입장을 보이고 있다.

1 이 시의 시상 전개 과정을 바르게 연결한 것은?

① 나 → 단추 → 사랑
② 우리 → 사랑 → 전파
③ 사랑 → 전파 → 단추
④ 라디오 → 전파 → 사랑
⑤ 전파 → 사랑 → 라디오

내신 적중

2 이 시를 감상한 내용으로 적절하지 않은 것은?

① '단추를 눌러 주는' 행위는 상대방을 애정을 나눌 수 있는 존재로 허락하는 행위를 의미해.
② '하나의 라디오에 지나지 않았다.'는 특별한 의미 부여가 없을 때 사람은 무의미한 존재에 불과하다는 것을 의미해.
③ '전파가 되었다.'는 무의미했던 존재인 '그'가 애정을 나누는 사이가 되었다는 것을 나타낸 것이야.
④ '굳어 버린 핏줄기와 황량한 가슴속'은 다른 사람과 진정한 관계를 맺지 못하는 고독한 상태를 드러내고 있어.
⑤ '끄고 싶을 때 끄고 켜고 싶을 때 켤 수 있는 / 라디오가 되고 싶다.'는 사랑의 아픔을 극복하고자 하는 화자의 소망을 나타내.

3 이 시를 〈보기〉의 각 요소에 관련지어 설명할 때, 적절하지 않은 것은?

┤ 보기 ├

〈시의 소통 구조〉 　현실 ↓ ⓐ

ⓑ → ⓒ 　　 ⓓ → ⓔ
시인 　화자 　 청자 　독자
　　　　작품

① ⓐ: 사랑의 의미를 편하고 가볍게 받아들이는 현대 사회의 사랑의 세태를 드러내고 있다.
② ⓑ: 기존 작품의 변형은 작가의 의도적인 계획 아래에서 이루어진 것으로 볼 수 있다.
③ ⓒ: 일회적인 사랑 행태에 염증을 느끼고 있다.
④ ⓓ: 작품 속에 등장하지 않는 불특정 다수로 볼 수 있다.
⑤ ⓔ: 독자에게 자신의 삶을 반성할 수 있는 계기를 제공한다.

4 ㉠의 내용을 감안하여 4연에 제시된 '사랑'의 의미를 쓰시오.

엄마 걱정 |기형도

[국어] 미래엔

◎ 핵심 정리

갈래 자유시, 서정시
성격 회상적, 애상적
제재 어린 시절 엄마에 대한 기억
주제 어린 시절 어두운 기억에 대한 안타까움
특징 ① 명사형으로 작품을 끝맺음으로써 시상을 집중하고 독자에게 여운을 전달함.
② 다양한 감각적 심상을 활용하여 과거의 기억을 생생하게 표현함.
출전 《입 속의 검은 잎》(1989)

Q '해는 시든 지'에 나타난 표현상 특징은?

'해'는 하늘에 뜨고 지면서 시간의 변화를 나타내는 대상인데, 이런 '해'를 시드는 것으로 표현하고 있다. 이는 식물인 열무와 연결 지어 시간의 경과를 참신하게 표현한 것이다.

☀ 시어 풀이

열무 어린 무.
단 열무 등을 비롯한 채소 따위를 세는 단위.

✿ 시구 풀이

❶ **열무 삼십 단을 이고 / 시장에 간 우리 엄마** 엄마가 열무를 이고 시장에 가는 모습을 형상화하고 있다. 그런데 그 열무의 양이 삼십 단이나 되고 시장까지의 거리를 감안한다면 엄마에게 가해진 고통의 크기를 짐작할 수 있다. 따라서 이는 식구들의 생계를 위해 자신을 헌신하는 엄마의 모습을 형상화한 것으로 볼 수 있다.

❷ **해는 시든 지 오래** 엄마가 시장에 간 지 상당한 시간이 흘렀음을 알 수 있다. 이렇듯 늦은 시간까지 엄마가 오지 않는 것은 엄마가 시장에서 열무를 다 팔지 못했기 때문으로 추정할 수 있다. 또한 열무를 파는 일로 인한 피로감으로 돌아오는 길은 떠날 때보다 더 고단하고 힘들었을 것이다. 이런 점을 고려할 때, 해가 시든 시간의 경과는 어머니가 느끼는 삶의 고단함을 의미한다고 할 수 있다.

❸ **나는 찬밥처럼 방에 담겨** 화자는 어머니 없이 혼자 골방에 있는 자기 자신의 상황을 찬밥에 비유하고 있다. 어린 시절, 화자가 겪은 가난하고 외로운 상황을 드러낸 것으로 볼 수 있다.

❹ **지금도 내 눈시울을 ~ 내 유년의 윗목** 화자가 현재로 돌아온 부분이다. 화자는 앞서 제시한 과거의 상황을 떠올리며 눈물짓고 있으므로 유년 시절의 상처가 현재에도 절절히 전해지고 있음을 알 수 있다.

♟ 작가 소개

기형도(奇亨度, 1960∼1989)
시인. 인천 옹진 출생. 1985년 《동아일보》 신춘문예에 〈안개〉가 당선되어 등단하였다. 구체적 이미지들을 통해 우울한 자신의 과거 체험과 추상적 관념들을 독특하게 표현하는 시를 썼다. 유고 시집으로 《입속의 검은 잎》(1989)이 있다.

---

❶열무 삼십 •단을 이고
　　　엄마가 짊어진 삶의 무게를 상징함.
㉠시장에 간 우리 엄마
　　힘겹게 살아가는 엄마의 삶의 공간
안 오시네, ❷해는 시든 지 오래
　　　　　　　시간의 경과를 나타냄(시각적 심상).
❸나는 ㉡찬밥처럼 방에 담겨
　　　차가운 이미지(화자의 가난을 상징함).
아무리 천천히 숙제를 해도
　　　　엄마를 간절하게 기다리는 태도가 반영됨.
엄마 안 오시네, 배추 잎 같은 발소리 타박타박
동일 구절의 반복(엄마가 부재한 고독한 상황을 강조함.)　　의성어(과거의 기억에 생동감을 부여함.)
안 들리네, 어둡고 무서워
　　시간적 배경을 통해 화자의 정서를 드러냄.
금 간 창 틈으로 고요히 빗소리
　　　　　　　청각적 심상. 외로움의 정서를 고조시킴.
빈 방에 혼자 엎드려 훌쩍거리던
㉢: 화자의 상황(외로움)

▶ 1연: 오지 않는 엄마를 기다리는 외로운 마음(과거)

아주 먼 옛날
❹지금도 내 눈시울을 뜨겁게 하는
　　　현재의 시간으로 돌아옴.
그 시절, 내 유년의 윗목
　　　차가운 이미지(유년 시절의 아픔을 떠올리게 함.)

▶ 2연: 외롭고 힘들었던 유년 시절의 추억(현재)

이해와 감상

　이 시는 화자의 어린 시절 가운데 엄마를 기다리던 어느 하루를 제시하여 가난했던 어린 시절의 외로움과 아픔을 그린 작품이다. 1연은 과거의 모습을 형상화하고 있는데, 그 속에는 '나'와 어머니가 등장한다. 어머니는 시장에 나가 열무를 팔면서 힘들게 생계를 이어 가고 있으며, 그러한 상황 속에서 화자인 '나'는 외롭게 빈 방을 지키며 시장에 간 어머니를 기다리고 있다. 하지만 시장에 간 어머니는 쉽사리 돌아오지 않고 '나'의 외로움은 더욱 더 깊어만 간다. 이러한 화자의 외롭고 절박한 처지는 '찬밥'에 비유되고 있다. 2연은 과거를 떠올리는 현재의 모습을 형상화하고 있다. 화자는 그 외롭고 힘겨운 유년 시절을 회상하며 그 시절을 차가운 느낌의 '윗목'으로 부르며 안타까움을 드러내고 있다. 한편 이 시는 다양한 감각적 심상을 활용하여 화자가 떠올린 과거의 기억에 생동감을 부여하고 있다. 그런데 이 생동감은 결국 그 시절의 화자가 느꼈을 외로움을 한층 강화하는 기능을 하고 있다.

1연	과거(어머니+'나')	고단함, 외로움	
2연	현재('나')	안타까움	유년 시절의 아픔

🏠 작품 연구소

부정어의 효과적 활용

부정어의 활용	효과
안 오시네	엄마가 오시지 않는 상황(모습이 보이지 않음.)을 시각적 이미지와 연결함.
안 들리네	엄마가 오시지 않는 상황(발소리가 들리지 않음.)을 청각적 이미지와 연결함.

화자는 엄마를 애타게 기다리고 있지만 기다리는 엄마는 오지 않는다. 화자는 이러한 상황을 시각적 이미지, 청각적 이미지에 부정어 '안'을 붙여 형상화하고 있다. 이를 통해 화자가 원하는 상황, 즉 엄마가 '오시는', 엄마의 발소리가 '들리는' 상황을 일시에 부정하여 화자의 외로움을 더욱 부각하고 있다.

시간의 흐름과 시상의 집약

과거(유년 시절)	시간의 흐름 →	현재(성인)
아주 먼 옛날, 그 시절, 유년		'지금'

시상의 집약	'내 유년의 윗목'

이 시에서 사건의 진행은 현재의 시점에서 과거를 회상하는 방식이겠지만, 시상의 흐름은 유년 시절, 즉 과거의 이야기에서 현재로 진행되고 있다. 과거의 이야기는 어머니에 관한 것과 화자에 관한 것 크게 두 개의 사건으로 구성된다. 이 두 사건은 결국 현재의 화자의 생각으로 귀결이 되는데, 그것은 그 시절에 대한 평가로 나타난다. 그래서 길게 이어지던 시상의 흐름은 마지막 구절인 '내 유년의 윗목'에 집약되고 있다.

독창적이고 개성적인 표현

시구	표현상 특징
해는 시든 지 오래	• 해가 '진다'라는 표현 대신 '시들다'라고 표현함. • 앞 구절의 '열무'와 대응되어 시상 전개의 긴밀성이 나타남.
찬밥처럼 방에 담겨	• 화자의 처지를 '찬밥'에 비유하여 표현함. • 차가운 이미지를 통해 가난하고 힘겨운 상황이 부각됨.
배추 잎 같은 발소리 타박타박	• 지친 엄마의 발걸음을 '배추 잎'에 비유하여 표현함. • 의성어와 더불어 엄마의 고단한 삶이 부각됨.

📋 자료실

기형도의 삶

기형도는 불우한 유년 시절을 보냈다. 복잡한 가정사, 경제적 어려움, 죽음에 관한 집착 등으로 그의 시는 주로 어둡고 비참한 세계를 맴돌았다. 〈엄마 걱정〉에는 유년 시절의 어두운 기억들이 잘 형상화되어 있다. 감각적 표현을 통해 당시의 모습을 생생하게 그리고 있다. 이처럼 불우한 유년 시절로 인해 형성된 그의 시적 경향은 부정적 이미지의 반복, 갑작스런 내용의 전환이나 다소 이질적인 시어를 삽입하는 등의 방식으로 표현되기도 하였다.

📖 함께 읽으면 좋은 작품

〈흑백 사진-7월〉, 정일근 / 유년 시절의 추억

〈흑백 사진-7월〉과 〈엄마 걱정〉은 모두 유년 시절의 추억을 감각적 이미지를 통해 형상화한다는 공통점이 있다. 하지만 〈엄마 걱정〉에 나타난 유년 시절은 외롭고 쓸쓸한 기억으로 묘사되어 있는 것에 반해, 〈흑백 사진-7월〉에 나타난 유년 시절은 순수하고 아름답게 묘사되어 있다는 점에서 차이가 있다.

🔑 포인트 체크

화자 현재의 시점에서 □□ 시절을 떠올리고 있다.

상황 □□는 고단한 삶을 살았고, 화자인 '나'는 가난한 삶으로 인해 외롭고 힘들었다.

태도 유년 시절을 떠올리며 그 시절을 □□□□ 생각하고 있다.

1 이 시에 대한 설명으로 가장 적절한 것은?

① 감각적 심상을 활용하여 시적 상황에 생동감을 부여하고 있다.

② 상대방에게 말을 건네는 방식으로 현실 극복의 의지를 표명하고 있다.

③ 역설적 표현을 통해 이상적 세계를 향한 진취적 기상을 드러내고 있다.

④ 과거와 현재를 대비하는 방식으로 현대 사회에 대한 비판을 드러내고 있다.

⑤ 처음과 끝에 유사한 구절을 반복하여 시적 구조에 안정감을 만들어 내고 있다.

2 〈보기〉를 바탕으로 이 시를 감상한 내용으로 적절하지 않은 것은?

┤ 보기 ├

시인은 자신의 생각을 다양한 시적 표현을 통해 독자들에게 전달한다. 이 시에서는 비유적 표현을 통해 화자의 처지를 드러내거나, 시적 대상의 상황을 드러내고 있다. 또한 시어와 시어 간의 기발한 연결을 통해 시상의 흐름을 참신하게 표현하고 있다.

① 화자의 외로운 처지를 '찬밥'에 비유하고 있다.

② 고단한 엄마의 발걸음을 '배추 잎'에 비유하고 있다.

③ 가난하게 살아가는 화자의 처지를 드러내기 위해 '금 간 창 틈'을 제시하고 있다.

④ 엄마가 곧 귀가하리라는 화자의 기대감을 표현하기 위해 '빈 방'을 제시하고 있다.

⑤ '열무'와 연결되는 '시든'이라는 표현을 통해 시간의 흐름을 참신하게 표현하고 있다.

3 이 시의 1연와 2연의 관계에 대한 설명으로 적절하지 않은 것은?

① 1연은 과거의 모습이고, 2연은 현재의 모습이다.

② 1연은 중심인물이 '나'와 '엄마'이고, 2연은 중심인물이 '나'이다.

③ 1연에서 제시된 모습을, 2연에서 '아주 먼 옛날', '그 시절'로 표현하고 있다.

④ 1연에서 제시된 사건은 해결되었고, 2연에서 제시된 사건은 해결되지 못했다.

⑤ 1연은 인물의 구체적 행위가 나타나 있고, 2연은 그 행위에 대한 감회가 나타나 있다.

4 ⊙의 의미를 '어머니의 삶'과 관련지어 쓰시오.

내신 적중

5 ⓒ과 의미가 유사한 시어를 찾아 쓰시오.

IV. 1960년대 ~ 1980년대

121 질투는 나의 힘 |기형도

키워드 체크 #반성과 회한 #탄식 #방황 #비유적 표현 #가정적 상황

문학 지학사

🎯 핵심 정리
갈래 자유시, 서정시
성격 성찰적, 고백적, 회고적, 자조적
제재 젊은 날의 삶
주제 자신의 삶에 대한 반성과 회한
특징 ① 감탄형 어미를 통해 삶의 태도를 평가함.
② 현재의 시점에서 미래의 일을 상상함.
출전 《입 속의 검은 잎》(1989)

Q 화자의 '질투'가 의미하는 바는?
질투는 자신의 삶을 타인의 삶과 비교하는 과정에서 자신이 부족하다고 느끼는 감정이다. 이 시에서 화자의 질투는 자신의 삶이 타인과의 경쟁만을 생각하고 정작 자기 자신은 돌아보지 못한 것에 대한 반성과 회한을 이끌어 낸 것으로 볼 수 있다.

💡 시어 풀이
책갈피 책장과 책장을 가르기 위해 사이에 꽂아 두는 꽂이.
쏘다니는 아무 데나 마구 분주하게 돌아다니는.
물끄러미 우두커니 한곳을 바라보는 모양을 나타내는 말.

🐚 시구 풀이
❶ **아주 오랜 세월이 ~ 이 종이를 떨어뜨리리** 화자는 현재의 시점에서 미래를 상상하고 있다. 이는 현재의 시간을 대상화시켜 전달함으로써 내용의 객관성, 진정성을 확보하기 위한 방법으로 볼 수 있다.
❷ **그때 내 마음은 너무나 많은 공장을 세웠으니** 자신이 계획하고 벌여 놓은 일이 많았음을 비유한 표현이다. 그런데 자신의 일을 '너무나 많은'으로 표현하여 자신이 한 일에 대한 부정적 인식을 드러내고 있다. 여기서 '공장'은 무언가를 창조해 내는 생산의 현장이므로 화자의 마음도 그와 같이 많은 생각들을 만들어 냈음을 의미한다.
❸ **구름 밑을 천천히 쏘다니는 개처럼** 화자는 자신을 '개'에 비유하고 있다. 그런데 이 개가 '쏘다니'고 있다고 했으므로 한곳에 정착하지 못하고 어디론가 방황하고 있음을 알 수 있다. 이는 '구름'과 결합되어 화자의 방황이 무의미하고 허황된 것임을 나타내고 있다.
❹ **내 희망의 내용은 질투뿐이었구나** 화자는 자신이 이제껏 희망을 갖고 열정적으로 해 온 일들이 결국은 질투였다는 것을 깨닫고 후회하고 있다. 이러한 질투로 인해 화자는 너무나 많은 공장을 세우고, 기록할 것이 많았던 것으로 볼 수 있다.

👤 작가 소개
기형도(본책 244쪽 참고)

---

❶아주 오랜 세월이 흐른 뒤에
　　　미래의 일을 가정하고 있음.
힘없는 *책갈피는 이 종이를 떨어뜨리리
　　　　　이 시가 적혀 있는 종이
❷그때 내 마음은 너무나 많은 공장을 세웠으니
　　　　　　　　시를 쓰기 위한 무한한 열정으로 가득한 상태를 비유함.
어리석게도 그토록 기록할 것이 많았구나
　　　　　　　　자신의 행위에 대한 회한을 드러내고 있음.
❸구름 밑을 천천히 *쏘다니는 개처럼
　　　　　　정착하지 못하고 이곳저곳을 방황하던 화자의 상황을 비유함.
지칠 줄 모르고 공중에서 머뭇거렸구나
감탄형 어미 '~구나'를 반복적으로 활용하여 자신의 행위에 대한 회한을 드러냄(과거의 삶에 대한 평가).
나 가진 것 탄식밖에 없어
　　자신의 행위에 대한 부정적 인식이 나타남.
저녁 거리마다 *물끄러미 ⊙청춘을 세워 두고
　　　　　　　　　추상적 관념을 구체적 대상으로 표현함.
살아온 날들을 신기하게 세어 보았으니

그 누구도 나를 두려워하지 않았으니
　　다른 이에게 인정받지 못함.
❹내 희망의 내용은 질투뿐이었구나
　열정적으로 해 왔던 일이 결국 다른 사람에 대한 시기와 질투였다는 반성이 나타남.
그리하여 나는 우선 여기에 ⊙짧은 글을 남겨 둔다
　　　　　　　　　삶에 대한 화자의 반성이 나타난 글
나의 생은 미친 듯이 사랑을 찾아 헤매었으나
　　　　　　　　타인에게 인정받으려는 노력 → 질투
단 한 번도 스스로를 사랑하지 않았노라
질투만 있었고, 스스로를 인정하지 못한 것에 대한 탄식, 자조

▶ 1~2행: 자신의 미래를 상상함.

▶ 3~6행: 현재의 모습을 평가함.

▶ 7~11행: 삶의 태도를 반성함.

▶ 12~14행: 자신의 삶을 돌아보며 반성함.

이해와 감상

이 시는 '아주 오랜 세월이 흐른 뒤에'로 시작하고 있다. 이는 미래의 시점을 가정하여 현재의 자신의 삶을 반성하는 화자의 모습을 드러내기 위한 것으로 볼 수 있다. 즉, 화자는 미래의 자신이 현재의 자신을 회상하는 것으로 시적 상황을 설정하여 자신의 현재 삶을 반성적으로 평가하고 있는 것이다. 화자는 자신의 행위를 '너무나 많은 공장을 세'운 것으로 평가하며 스스로 질책하고 있다. 심지어 이런 모습을 일삼았던 자신을 '구름 밑을 천천히 쏘다니는 개'에 비유하고 있다. 급기야 화자는 자신의 희망은 결국 질투뿐이라고 생각하고 있다. 이렇듯 화자는 자신의 삶을 부정적인 것으로 여기고 있다. 그러나 한편으로 화자는 '사랑을 찾아' 헤매며 타인과의 관계에서도 인정을 받고 싶어 했다. 하지만 결국 단 한 번도 스스로를 '사랑하지 않'은 자신을 발견하고 안타까워한다. 열정적으로 살아왔지만 질투만을 일삼았으며, 정작 중요한 것은 자기 자신에 대한 사랑이라는 사실을 알지 못했던 것이다.

현재	자신의 삶을 반성하게 될 미래를 떠올림.
미래 (가정적 상황)	자신의 현재 모습을 반성적으로 평가함.

작품 연구소

참신한 표현

시구	표현 방법	의미
질투는 나의 힘	역설법	'힘'은 일반적으로 문제 해결을 가능하게 하는 긍정적 요소가 된다. 그러나 이 시에서 '질투'는 화자 자신을 탄식에 빠뜨리는 요소인데 이를 두고 힘이라고 표현하는 것은 논리적 모순이라고 할 수 있다. 이는 비록 부정적 평가를 내릴 수밖에 없지만 지금까지 자신을 이끌어 온 요소라는 측면에서 '힘'이라는 표현을 사용한 것으로 볼 수 있다.
아주 오랜 세월이 흐른 뒤에	가정법	화자는 현재의 위치에서 미래를 가정하고 있다. 이러한 가정법의 사용은 현재에 대한 객관적인 거리를 확보하는 효과를 주어 화자의 고백이 지니는 진정성을 부각한다.

시어의 의미

시어	의미
공장	화자가 만들어 낸 생각, 시를 비롯한 여러 기록 내용 등
개	무언가를 향한 열정으로 가득 찬 화자 또는 무언가를 좇아 방황하는 화자
질투	화자의 삶을 부정적으로 평가하게 된 근거

추상적 관념의 구체화

8행의 '저녁 거리마다 물끄러미 청춘을 세워 두고'에서 '청춘'은 물리적 실체가 존재하지 않는 추상적 관념이다. 그런데 화자는 '청춘'을 '세워' 둘 수 있는 물리적 대상으로 표현하고 있다. 이는 참신한 발상을 통해 시적 상황을 형상화한 것으로 볼 수 있다. 이러한 방식은 고전 시가에서도 종종 등장하는데, 황진이의 시조에서도 발견된다. 이 시조에서 '밤'이라는 추상적 관념은 '허리'를 지니고 있는 구체적 대상으로 묘사되고 있다.

> 동짓달 기나긴 밤을 한 허리를 베어 내어
> 춘풍 이불 아래 서리서리 넣었다가
> 어룬님 오신 날 밤이거든 굽이굽이 펴리라.
> – 황진이의 시조

자료실

'탄식'의 이중성

이 시에서 탄식은 이중적 의미를 지닌다. 하나는 자신이 이제껏 기록해 온 것들에 대한 탄식이고, 다른 하나는 자신의 삶에 대한 탄식이다. 전자의 탄식은 기록할 것이 많다고 여기며 수없이 많은 것들을 만들었지만, 결국 그러한 것들이 다른 이에 대한 질투에서 비롯된 의미 없는 것들이었다는 내면적 깨달음에서 비롯된 것이다. 후자의 탄식은 '그 누구도 나를 두려워하지 않았으니'에서 볼 수 있듯이 자신을 인정해 주는 이가 없는 현실에 대한 탄식이라고 할 수 있다. 이는 결국 스스로를 사랑하지 못했던 자신에 대한 반성과 질책으로 이어지고 있다.

함께 읽으면 좋은 작품

〈쉽게 씌어진 시〉, 윤동주 / 삶에 대한 반성적 인식

〈쉽게 씌어진 시〉와 〈질투는 나의 힘〉은 모두 자신의 삶에 대한 성찰과 반성적 인식이 나타나 있다. 하지만 〈쉽게 씌어진 시〉에서 화자가 성찰하게 된 계기가 시대 상황에서 비롯된 외부적 요인이라면, 〈질투는 나의 힘〉에서 화자가 성찰하게 된 계기는 자신의 삶에 대한 평가에서 비롯된 내적 요인이라고 할 수 있다. Link 본책 112쪽

키 포인트 체크

[화자] 화자는 ☐☐하는 삶을 살고 있는 젊은이다.
[상황] 자신의 삶을 떠올리며, 그 삶에 대한 ☐☐를 내리고 있다.
[태도] 화자는 스스로를 사랑하지 않은 것에 대해 ☐☐하고 있다.

내신 적중 多빈출

1 이 시에 대한 설명으로 적절하지 않은 것은?
① 가정적 상황을 제시하고 있다.
② 비유적 표현을 활용하고 있다.
③ 감탄형 어투를 구사하고 있다.
④ 말을 건네는 방식을 사용하고 있다.
⑤ 고백하는 듯한 어조를 사용하고 있다.

2 ㉠과 〈보기〉의 ⓐ에 대한 설명으로 적절한 것은?

| 보기 |
ⓐ동짓달 기나긴 밤을 한 허리를 베어 내어
춘풍 이불 아래 서리서리 넣었다가
어룬님 오신 날 밤이거든 굽이굽이 펴리라.
– 황진이의 시조

① ㉠과 ⓐ 모두 계절적 배경을 나타내는 시어를 제시하고 있다.
② ㉠과 ⓐ 모두 관념적 대상을 구체적 실체를 지니는 대상으로 표현하고 있다.
③ ㉠은 ⓐ와 달리 대상의 특성을 보여 주기 위해 신체의 일부를 활용하고 있다.
④ ㉠은 ⓐ와 달리 행위의 주체와 대상이 되는 객체를 전도시킨 표현이 나타나 있다.
⑤ ㉠과 달리 ⓐ는 공간의 특성과 인물의 내면을 연결 지어 표현하고 있다.

3 ㉡이 의미하는 바로 적절한 것은?
① 책을 읽고 난 후의 소감문
② 자신의 삶을 성찰한 기록지
③ 과거의 자신에게 보내는 편지
④ 사랑하는 사람에게 보내는 연서
⑤ 자신의 미래 계획을 정리한 보고서

4 이 시의 4행에서 '그토록 기록할 것이 많았'던 것을 어리석다고 한 이유를 추측하여 쓰시오.

122 모닥불 | 안도현

[문학] 천재(정)

🎯 핵심 정리
갈래 자유시, 서정시
성격 상징적, 의지적
제재 모닥불
주제 고단하게 살아가는 소외된 사람들에 대한 위로와 보다 나은 삶에 대한 기대
특징 ① 동일한 시구를 반복하여 시적 의미를 강조함.
　　② 도치법을 활용하여 주제 의식을 드러냄.
출전 《모닥불》(1989)

> **Q** '한 그루 향나무'가 의미하는 바는?
>
> 화자는 모닥불을 한 그루의 향나무에 비유하고 있다. 그것은 소외된 사람들을 위로하고, 불의에 저항하는 정신을 떠올리게 한 모닥불에서 향나무로 비유될 수 있는 경건함을 발견했기 때문이다.

💡 시어 풀이
청과 시장 채소, 과일 따위를 매매하는 시장.
철야 농성 밤을 새워 가며 하는 농성.
출정가 전쟁터에 나가기 전에 부르는 노래

🔥 시구 풀이
❶ **모닥불은 피어오른다** '모닥불'은 따뜻한 온기를 전하는 대상으로 소외된 이웃을 따뜻하게 감싸 안는 느낌을 전달하고 있다. 특히 이 구절은 반복해서 사용되어 시 전체의 안정감을 만들고 있으며, '소외된 사람들을 향한 위로'의 마음을 강조하고 있다.

❷ **어두운 청과 시장 ~ 모여 있는 곳에서** 장소를 나타내는 말을 뒤쪽에 배치하는 도치법을 사용하고 있다. 나열된 장소들은 소외된 민중이 살아가는 어둡고 피폐한 공간이다. 특히 철야 농성하는 여공, 가난한 아이 등을 언급한 것은 사회의 그늘진 구석에서 힘들게 살아가는 사람들의 모습을 그려 낸 것으로 볼 수 있다.

❸ **얼음장이 강물 ~ 다 쌓인 다음에** 시간을 나타내는 말을 반복하여 혹독한 삶의 시련과 고난을 드러내고 있다. '무장 독립군 출정가'에서는 불의에 저항하는 결연한 마음을 보여 주고 있다.

❹ **한 그루 향나무 같다** 모닥불을 한 그루의 향나무에 비유하고 있다. 여기서 향나무는 제를 올릴 때 사용하는 나무이므로 모닥불의 행위가 경건한 것임을 드러내기 위한 것으로 볼 수 있다. 향나무를 한 그루로 표현한 것은 홀로 우뚝 서 있는 모습을 통해 모닥불을 고고한 의지를 지닌 대상으로 표현한 것으로 볼 수 있다.

👤 작가 소개

안도현(安度眩, 1961 ~)
시인. 경북 예천 출생. 1981년 《대구매일신문》 신춘문예에 시 〈낙동강〉이 당선되어 등단했다. 주로 고단한 삶을 살아가는 민중들의 삶에 대한 성찰과 위로가 담긴 시를 썼다. 주요 작품으로는 〈서울로 가는 전봉준〉(1985), 〈그대에게 가고 싶다〉(1991), 〈외롭고 높고 쓸쓸한〉(1994) 등이 있다.

---

❶ 모닥불은 피어오른다
　　중심 소재, 화자가 집중하고 있는 대상　　　　○: 소외된 사람들의 공간
❷ 어두운 *청과 시장 귀퉁이에서 / 지하도 공사장 입구에서

잡것들이 몸 푼 세상 쓰레기장에서

*철야 농성한 여공들 가슴속에서
　힘겹게 살아가는 서민을 상징함.
첫차를 기다리는 면사무소 앞에서

가난한 양말에 구멍 난 아이 앞에서　　　　『 』: 모닥불의 의미를 강조함(도치법). 동
　　　　　　　　　　　　　　　　　　　일한 구절(~에서)을 반복함(음악성).
비탈진 역사의 텃밭가에서

사람들이 착하게 살아 있는 곳에서 / 모여 있는 곳에서

모닥불은 피어오른다　　　　　　　　　▶ 1~10행: 고단한 서민의 삶에서 피어오르는 모닥불
　동일 구절의 반복 → 모닥불의 의미 강조
❸ 얼음장이 강물 위에 눕는 섣달에
　　　　　시간적 배경 → 혹독한 삶의 시련과 고난
낮도 밤도 아닌 푸른 새벽에 / 동트기 십 분 전에
　　　　　시간적 배경을 시각적으로 형상화함.
쌀밥에 더운 국 말아 먹기 전에

무장 독립군들 *출정가 부르기 전에 / 압록강 건너기 전에
　　　　　불의에 저항하는 정신을 상징함.
ⓐ 배부른 그들 잠들어 있는 시간에
　　물질적 풍요를 누리는 사람들(부정적 대상)
ⓑ 쓸데없는 책들이 다 쌓인 다음에　　　　　▶ 11~19행: 시련을 극복하고 불의에 저항하며 피어오르는 모닥불
　　민중의 삶에 도움이 되지 않는 쓸모없는 지식들
모닥불은 피어오른다

『언 땅바닥에 신선한 충격을 주는 / 훅훅 입김을 하늘에 불어넣는
　시련과 고난을 상징함.　　　　　　　음성 상징어
죽음도 그리하여 삶으로 돌이키는　　　　『 』: 고통과 시련을 극복하는 태도가 나타남(신선한 충
　　　　　　　　　　　　　　　　격 주기, 입김 불어넣기, 끝까지 울음 참아 내기 등).
삶을 희망으로 전진시키는 / 그날까지 끝까지 울음을 참아 내는』
　　　　　　　　　　　　　　　　　　　고통을 인내하는 태도
모닥불은 피어오른다 / ○❹ 한 그루 향나무 같다
　　　　　　　숭고하고 고귀한 대상(모닥불의 비유)　　▶ 20~27행: 고통을 인내하고 시련을 이겨 내며 피어오르는 모닥불

이해와 감상

　이 시는 모닥불을 보며 고단하게 살아가는 민중의 삶과 미래에 대한 희망을 떠올리고 있다. 모닥불은 자신을 태우면서 어둠을 밝히는 속성을 지니고 있다. 작가는 이 점에 착안하여 세상의 소외된 이웃을 따스하게 감싸 안고, 어두운 현실을 극복하는 삶의 모습을 형상화하고 있다.

　시의 구조는 크게 세 부분으로 나눌 수 있고, 그 시작을 '모닥불은 피어오른다'로 통일하여 시적 안정감을 만들고 있다. 1~10행에서는 고단한 서민의 삶 속에서 모닥불이 피어오르는 모습을 형상화하고 있다. 여기서 청과 시장, 지하도 공사장 입구, 쓰레기장 등은 소외된 민중들이 살아가는 삶의 공간으로 어둡고 피폐한 공간이다. 이러한 공간에 모닥불의 환한 불빛을 비춤으로써 소외된 민중을 위로하고 있다. 이밖에도 '여공'들이 농성하고, '아이'가 가난하게 살아가는 모습을 보여 주어 보호받아야 할 사람들이 보호받지 못하는 현실의 부조리한 면을 지적하고 있다. 11~19행에서는 모닥불을 통해 시련을 극복하고 불의에 저항하는 모습을 형상화하고 있다. 먼저 현재의 상황이 민중들에게 가혹한 시기임을 지적하고, '독립군'을 등장시켜 문제 해결에 대한 결연한 의지를 드러내고 있다. '배부른 그들'이나 '쓸데없는 책'은 민중의 삶에 도움이 되지 않는 현실의 부조리한 대상들로 볼 수 있다. 20~27행에서는 모닥불을 통해 고통을 인내하고 시련을 이겨 내는 모습을 형상화하고 있다. 현재의 상황에 대한 인식에서 멈추지 않고 보다 밝은 미래에 대한 염원을 드러내고 있다. 그래서 '죽음'을 '삶'으로, 그 삶을 다시 '희망'으로 전진시키려 하고 있다. 특히 마지막 구절의 '향나무'를 통해 이러한 노력이 매우 경건하고 거룩한 행위임을 제시하여 밝은 미래를 쟁취하기 위한 결연한 의지를 간접적으로 표출하고 있다.

민중의 시련	→	시련의 극복	→	밝은 미래 염원
〈과거〉		〈현재〉		〈미래〉

작품 연구소

시적 구조의 안정성 및 시상의 집약

1 ~ 10행	11 ~ 19행	20 ~ 27행
모닥불은 피어오른다	모닥불은 피어오른다	모닥불은 피어오른다

↓

동일 구절의 반복(시적 구조의 안정성)

↓

한 그루 향나무 같다(시상의 집약)

각운을 고려한 음악적 장치

시행 구분	각운	효과
2~10행	'에서'	동일한 조사, 어미 등을 반복하여 음악적 효과를 만들어 냄.
12~19행	'에'	
21~25행	'-는'	

이 시와 백석의 〈모닥불〉의 공통점

구분	안도현의 〈모닥불〉	백석의 〈모닥불〉
중심 제재	모닥불	
반복	'에서', '에', '-는', '모닥불은 피어오른다'의 반복	조사 '도'의 반복
열거	모닥불이 피어오르는 곳과 피어오르는 때	모닥불에 타는 소재들
시적 대상과 태도	'공사장', '쓰레기장', '여공', '양말에 구멍 난 아이'와 같이 소외된 존재들에게 따뜻한 연민의 눈길을 보냄.	'새끼오리', '헌신짝' 같은 보잘것없는 것들과 '나그네', '붓장사', '땜쟁이' 같은 소외된 이들에게 동등한 관심과 시선을 줌.

백석의 〈모닥불〉과 안도현의 〈모닥불〉

백석이 〈모닥불〉에서 시도한 '엮음'의 표현 형태와 버려진 것들이 모여서 빛과 사랑을 주는 '모닥불'의 이미지는 안도현의 시 〈모닥불〉에서 새롭게 태어난다. 안도현은 백석의 시 〈모닥불〉을 정확히 읽고, 자신의 〈모닥불〉로 새롭게 바꿔 낸다. 안도현은 소외된 이들에게 빛과 사랑을 주는 모닥불의 현장과 시간에 초점을 맞추며, 활활 타오르는 모닥불의 이미지를 조명한다. 이를 위해 길게 나열해 나가는 표현 형태를 매우 효과적으로 이용하고 있다. 백석이 시도한 엮음의 표현 형태가 오늘의 현대 시에서 어떻게 응용되는지를 안도현의 시는 잘 보여 준다.

– 고형진, 《백석 시 바로 읽기》

자료실

'불'의 원형적 이미지

'불'의 원형적 이미지에는 '죽음', '소멸' 등의 의미가 담겨 있다. 즉, 이미 존재하는 것을 사라지게 한다는 측면에서 인간의 죽음과 사물의 소멸을 연결 지을 수 있다. 이렇듯 불은 존재하는 것을 소멸시킴으로써 기존의 부정적 대상을 공격하고, 소멸 이후의 새로운 상황을 예고한다. 이 시의 '모닥불' 역시 이러한 불의 원형적 이미지를 활용하여 부정적 속성을 지닌 대상을 소멸시키고 새로운 세상을 염원하는 마음을 드러낸 것으로 볼 수 있다.

함께 읽으면 좋은 작품

〈성에꽃〉, 최두석 / 소외된 이웃에 대한 위로

〈모닥불〉과 〈성에꽃〉은 소외된 이웃에 대한 연민과 위로가 담겨 있다는 점에서 유사성이 있다. 〈모닥불〉이 밝고 따뜻한 이미지의 모닥불을 통해 소외된 이웃을 감싸 안으려 했다면, 〈성에꽃〉은 차 안이라는 특수한 공간에서 자연스럽게 피어나는 성에꽃을 통해 소외된 이웃을 따뜻하게 감싸 안으려 했다는 점에서 차이가 있다.

Link 본책 270쪽

키 포인트 체크

화자 ☐☐☐이 피어오르는 곳과 피어오르는 때를 생각하고 있다.

상황 어둡고 춥고 가난한 변두리에서 ☐☐하게 살아가는 ☐☐된 사람들의 삶의 모습이 드러나 있다.

태도 힘겹게 살아가는 사람들에게 따뜻한 ☐☐의 눈길을 보내고, 밝은 미래에 대한 염원과 ☐☐을 드러내고 있다.

내신 적중 多빈출

1 이 시에 대한 설명으로 적절하지 않은 것은?
① 각운을 활용하여 음악적 효과를 형성하고 있다.
② 도치법을 사용하여 시적 의미를 강조하고 있다.
③ 하강의 이미지를 활용하여 주제 의식을 드러내고 있다.
④ 시어가 지니고 있는 속성에 주목하여 시상을 전개하고 있다.
⑤ 일정한 위치에 동일한 시구를 배치하여 시적 안정감을 형성하고 있다.

2 〈보기〉를 바탕으로 이 시를 감상한 내용으로 적절하지 않은 것은?

보기
이 시의 화자는 모닥불을 보며 고단한 민중의 삶과 미래에 대한 희망을 떠올리고 있다. 모닥불은 자신을 태우면서 어둠을 밝히는 속성을 지니고 있는데, 작가는 이 점에 착안하여 세상의 소외된 이웃을 따스하게 감싸 안으며 부정적 현실을 극복하려는 의지를 형상화하고자 했다.

① '모닥불이 피어오'르는 상황은 밝은 빛으로 어둠을 내모는 불의 이미지에서 착안한 것으로 볼 수 있겠군.
② '철야 농성한 여공들', '가난한 양말에 구멍 난 아이'를 통해 고단한 민중들이 살아가는 삶의 모습을 짐작할 수 있군.
③ '언 땅바닥'을 부정적 현실의 모습으로 본다면, '신선한 충격을 주는' 것은 이를 극복하려는 태도로 볼 수 있겠군.
④ '훅훅 입김을 하늘에 불어넣는' 행위는 뜨거운 열기로 민중의 삶을 더욱 어렵게 하는 부정적 세력을 공격하는 것으로 볼 수 있겠군.
⑤ '삶을 희망으로 전진시키는' 노력에는 밝은 미래를 염원하는 소망이 담겨 있군.

3 ⓐ와 ⓑ에 대한 설명으로 적절한 것은?
① ⓐ는 ⓑ와 달리 모닥불로 인해 재생된 대상들이다.
② ⓐ와 ⓑ 모두 인간의 삶을 윤택하게 하는 대상들이다.
③ ⓐ와 달리 ⓑ는 현재와 과거의 삶을 연결 짓는 대상이다.
④ ⓐ는 ⓑ와 달리 화자가 살고 있는 현실에 존재하는 대상이다.
⑤ ⓐ와 ⓑ 모두 소외된 민중의 삶에 도움을 주지 못하는 대상들이다.

4 ㉠의 시적 기능을 두 가지 쓰시오.

5 이 시가 냉온의 이미지의 대비를 활용하여 시상을 전개한다고 할 때, 이에 해당하는 시어를 각각 찾아 쓰시오.

읽을 작품

123 추억에서 | 박재삼

키워드 체크 #회고적 #향토적 #어머니 #시각적 이미지 #감정의 절제 #한의 정서

진주(晋州) 장터 생어물전에는 / 바닷밑이 깔리는 해 다 진 어스름을,
<small>공간적 배경   어머니의 생활 터전   시간적 배경 → 애상적 분위기</small>   ▶ 1연: 저녁 무렵의 진주 장터

<small>「 」: '고기 눈깔'과 '은전'이 둥근 이미지의 유사성으로 연결됨.</small>

울 엄매의 장사 끝에 남은 고기 몇 마리의 /「빛 발(發)하는 눈깔들이 속절없이
<small>팔리지 않고 남은   ○: 직설적인 단정의 표현을 피하고, 의문형으로 끝내고 있음.   어찌할 도리 없이</small>

은전(銀錢)만큼 손 안 닿는 한(恨)이던가」 / 울 엄매야 울 엄매,
<small>벗어날 수 없었던 가난으로 인한 한(恨)   어머니의 삶에 대한 애상감을 강조함.</small>
          ▶ 2연: 다 팔지 못한 생선 때문에 돌아가지 못하는 어머니의 고달픔

별 밭은 또 그리 멀리 / 우리 오누이의 머리 맞댄 골방 안 되어
<small>소망의 세계 → 밝음의 표상   가난한 삶을 표상함('별 밭'과 대조).</small>

손 시리게 떨던가 손 시리게 떨던가,
<small>어려웠던 어린 시절을 촉각적 이미지와 반복법으로 형상화함.   ▶ 3연: 추운 골방에서 어머니를 기다리는 오누이</small>

진주(晋州) 남강(南江) 맑다 해도 / 오명 가명
<small>오면서 가면서</small>

신새벽이나 밤빛에 보는 것을, / 울 엄매의 마음은 어떠했을꼬,

달빛 받은 옹기전의 옹기들같이 / 말없이 글썽이고 반짝이던 것인가.
<small>어머니의 눈에 맺힌 눈물을 비유함.   눈물을 삭이던 어머니의 깊은 한(恨)을 간접적으로 표현함.</small>
          ▶ 4연: 어머니의 한(恨)과 눈물

키 포인트 체크

화자 가난했던 어린 시절과 장터에 생선을 팔러 다녔던 어머니를 ◻◻하고 있다.

상황 새벽부터 밤늦게까지 장터에서 생선을 파는 어머니의 고된 삶과, ◻◻와 ◻◻◻에 떨던 오누이의 상황이 드러나 있다.

태도 가난한 삶으로 인한 어머니의 ◻◻◻과 ◻을 감정을 절제하며 표현하고 있다.

답 회상, 추위, 외로움, 슬픔, 한

---

124 울음이 타는 가을 강 | 박재삼

키워드 체크 #전통적 #인생의 유한성 #대조적 시어 #감각적 이미지 #서러움과 한

마음도 한자리 못 앉아 있는 마음일 때, / 친구의 서러운 사랑 이야기를
<small>안정되지 못하고 허전한 마음일 때(쓸쓸함의 이미지)   서러움을 느끼는 원인</small>

가을 햇볕으로나 동무 삼아 따라가면, / 어느새 등성이에 이르러 눈물 나고나.
<small>슬픔을 유발하는 매개체(소멸의 이미지)   ○: 판소리나 민요조의 종결 표현   서러움의 정서</small>
<small>전통적인 정서 환기   ▶ 1연: 삶의 유한성에 대한 서러움</small>

제삿날 큰집에 모이는 불빛도 불빛이지만
<small>허전함과 외로움을 달래 주는 인정</small>

해 질 녘 울음이 타는 가을 강(江)을 보것네.   ▶ 2연: 황혼 녘의 풍경에서 느끼는 애상감
<small>소멸의 이미지, 저녁노을이 물든 강(시각의 청각화) – 사라져 가는 모든 것들에 대한 서러움과 한</small>

저것 봐, 저것 봐, / 네보담도 내보담도
<small>저녁노을이 물든 강에서 느끼는 경이감   너보다도 나보다도 가을 강은 훨씬 더 서럽다는 인식</small>

「그 기쁜 첫사랑 산골 물소리가 사라지고 → 청년 시절이 지나감.
<small>첫사랑의 기쁨   「 」: 시간의 흐름 + 내적 한의 삭임. + 삶의 원숙성</small>

그다음 사랑 끝에 생긴 울음까지 녹아나고 → 중년 시절이 지나감.
<small>사랑의 좌절로 인한 슬픔</small>

이제는 미칠 일 하나로 바다에 다 와 가는 / 소리 죽은 가을 강을 처음 보것네.
<small>한탄   노년 시절의 모습   울음을 삭이고 슬픔을 내면화한 한(恨)</small>
         ▶ 3연: 인생의 유한성과 한(恨)의 심화

키 포인트 체크

화자 ◻◻◻을 맞아 큰집을 찾아가다가 ◻◻◻◻◻에 붉게 물든 가을 강을 바라보고 있다.

상황 저녁노을에 강이 붉게 물들고 제사를 지내기 위해서 큰집에 사람들이 모이는 상황에서 화자가 강을 보며 인생에 대한 ◻◻에 젖어 있다.

태도 인생의 ◻◻◻에 대한 서러움과 ◻의 정서를 대조적 시어를 활용하여 비유적으로 드러내고 있다.

답 제삿날, 저녁노을, 상념, 유한성, 한

◎ 핵심 정리

갈래 자유시, 서정시
성격 회고적, 애상적, 향토적
제재 어머니의 삶, 어린 시절의 추억
주제 한스러운 삶을 살다 간 어머니에 대한 회상
특징 ① 시각적인 이미지로 슬픔의 정서를 표현함.
　　　② 감정의 절제를 통해 한의 정서를 형상화함.
출전 《춘향이 마음》(1962)
작가 박재삼(본책 180쪽 참고)

이해와 감상

이 시는 가난했던 어린 시절을 회상하며 힘겨운 삶을 살았던 어머니의 한(恨)과 슬픔을 향토적인 시어와 감각적 이미지를 사용하여 그리고 있다. 이 시는 시적 대상의 변화(어머니 → 오누이 → 어머니)에 따라 시상을 전개하는데, 1, 2연에서는 어머니의 고달픔을 '은전만큼 손 안 닿는 한'으로 형상화하고, 3연에서는 엄마가 돌아오기를 기다리는 오누이의 슬픔을 '머리 맞댄 골방'과 '손 시리게 떨던가'와 같은 표현으로 나타낸 후, 4연에서는 집으로 돌아오는 어머니가 별을 보고 느꼈을 심정을 간접적으로 표현하고 있다.

작품 연구소

시어 및 시구의 상징적 의미

은전	화자나 어머니가 소유할 수 없었던 부(富)
별 밭	화자를 포함한 오누이가 소망하는 세계
글썽이고 반짝이던 것	어머니의 깊은 한(恨)이 응축된 눈물

◎ 핵심 정리

갈래 자유시, 서정시 / **성격** 애상적, 전통적
제재 가을 강
주제 인생의 유한성과 한(恨)
특징 ① 대조적 이미지의 시어가 조화를 이룸.
　　　② 감각적 이미지를 활용해 주제를 심화함.
출전 《춘향이 마음》(1962)
작가 박재삼(본책 180쪽 참고)

이해와 감상

이 시는 제삿날을 맞아 큰집을 찾아가다가 저녁노을에 젖은 가을 강을 바라보며 인생에 대한 상념에 젖어 있는 화자의 모습을 그리고 있다. 1연에서 화자는 저녁노을에 물든 가을 강을 바라보며 친구의 슬픈 사랑 이야기를 떠올리고, 가을이 주는 쓸쓸한 정서와 친구의 사랑 이야기로 인해 서러움을 느낀다. 2연에서는 큰집에 모이는 불빛과 해 질 녘 노을진 강이 붉은 빛깔의 시각적 이미지로 제시되어 서러움의 정서가 심화된다. 3연에서는 서러움의 정체가 인생의 유한성에 대한 근원적인 한(恨)으로 구체화되고, 보편적인 자연 현상(강물의 흐름)을 통해 화자의 삶의 희로애락이 비유적으로 형상화되어 나타난다.

작품 연구소

대조적 이미지의 시어 '물'과 '불'

시인은 '물'과 '불'이 지니는 소멸의 이미지를 이용하여 인간의 본원적인 한(恨)을 효과적으로 드러내고 있다. '울음이 타는 가을 강'으로 대표되는 '물'의 이미지가 청각적 심상을 통해 소멸성을 드러내는 한편, '해 질 녘 울음이 타는'으로 대표되는 '불'의 이미지는 시각적 심상을 통해 소멸성을 부각하고 있는 것이다.

125 산에 언덕에 | 신동엽

키워드 체크 #추모적 #소망의 실현 염원 #4·19 혁명 #유사한 구조 반복 #수미 상관

그리운 그의 얼굴 다시 찾을 수 없어도

화사한 그의 꽃 / 산(山)에 언덕에 피어날지어이.
부활한 '그'의 화신 – 민주주의 실현에 대한 의지   '그'의 부활을 소망함.   □ : '-ㄹ지어이'의 반복 → '마땅히 ~ 해야
한다.'라는 소망과 당위의 의미 강조

그리운 그의 노래 다시 들을 수 없어도
자유와 정의에 대한 외침
『맑은 그 숨결 / 들에 숲 속에 살아갈지어이.
'그'의 소망과 신념   『 』: '그'가 남긴 뜻을 많은 사람들이 계승하여 이어 나갈 것이라는 의미   ▶ 1~2연: '그'의 부활에 대한 소망

쓸쓸한 마음으로 들길 더듬는 행인(行人)아.
'그'의 부재로 인한 심정   '그'에 대한 그리움을 지닌 존재(화자의 객관적 대리인)

눈길 비었거든 바람 담을지네.
'그'의 얼굴을 볼 수 없다면('그'를 볼 수 없는 것에 대한 공허감)
바람 비었거든 인정(人情) 담을지네.   ▶ 3~4연: '그'의 죽음을 슬퍼하는 행인에 대한 위로
'그'가 남긴 뜻

그리운 그의 모습 다시 찾을 수 없어도

울고 간 그의 영혼 / 들에 언덕에 피어날지어이.   ─ 1, 5연 수미 상관
불행한 삶을 살다간 '그'   ▶ 5연: '그'의 소망이 실현될 것에 대한 확신

키 포인트 체크

화자 불행한 [ ]를 살다가 죽은 '그'를 그리워하고 있다.

상황 4·19 혁명 때 민주주의의 실현과 [ ]를 위해 싸우다 희생당한 사람들을 그리워하며 [ ][ ]하는 사람이 있다.

태도 사라진 '그'를 그리워하며 '그'가 '꽃'으로 [ ][ ]할 것이라는 확신에 차 있고, '그'가 추구하던 소망과 [ ][ ]이 계승되어 실현되리라 생각하고 있다.

답 시대, 자유, 추억, 부활, 신념

---

126 봄은 | 신동엽

키워드 체크 #상징적 #참여적 #통일에 대한 염원 #봄과 겨울 #단정적 어조 #대유법

봄은 / 남해에서도 북녘에서도 / 오지 않는다.   △: 외세   ▶ 1연: 통일의 주체 제시
통일   단정적 어조

너그럽고 / 빛나는 / 봄의 그 눈짓은,   ○: 우리나라, 국토(대유법)
통일의 싹의인법
제주에서 두만까지 / 우리가 디딘 / 아름다운 논밭에서 움튼다.   ▶ 2연: 자주적 통일의 기반
단정적 어조

겨울은, / 바다와 대륙 밖에서 / 그 매운 눈보라 몰고 왔지만
분단의 현실   분단의 원인   분단의 고통
이제 올

너그러운 봄은, 삼천리 마을마다 / 우리들 가슴속에서 / 움트리라.
평화적 통일   통일의 주체   예언적 태도   ▶ 3연: 분단의 원인과 해결책

움터서, / 강산을 덮은 그 미움의 쇠붙이들
군사적 대립과 긴장
『눈 녹이듯 흐물흐물 / 녹여 버리겠지.』『 』: 대립의 종식, 민족 화합과 동질성 회복   ▶ 4연: 통일된 조국의 미래
예언적 태도

핵심 정리

갈래 자유시, 서정시 / **성격** 추모적, 희망적, 상징적
제재 그리운 그의 얼굴
주제 그리운 이가 추구하던 소망의 실현에 대한 염원
특징 ① 유사한 구조의 반복과 대구적 표현을 통해
운율을 형성함.
② '-ㄹ지어이'의 반복으로 화자의 소망과 믿음
을 강조함.
출전 《아사녀》(1963)
작가 신동엽(본책 186쪽 참고)

이해와 감상

이 시는 4·19 혁명의 과정에서 희생된 영혼을 추모
하며, '그'가 추구하던 소망과 신념이 언젠가는 실현되
리라는 확신을 노래하고 있는 작품이다. 1, 2연에서
화자는 '그'가 이 세상 사람이 아님을 말하고 '꽃'으로
부활하여 '그'의 소망과 신념이 산에, 언덕에, 들에, 숲
속에 이어져 갈 것임을 확신하고 있다. 3, 4연에서 화
자는 '행인'에게 '그'의 모습이 보이지 않는다면 산과
들의 바람이라도 담고, 만약 바람조차 비었다면 생전
에 나누었던 인정이라도 마음에 담으라고 위로하고 있
다. 마지막 5연에서는 1연과 수미 상관을 이루며
다시 한번 '그'가 부활할 것임을 확신하고 있다

작품 연구소

시에 쓰인 표현상 특징과 효과

부정형 서술어	'없어도'라는 부정형의 서술어는 '그'의 부재와 상실의 비극적 상황을 더욱 절실하게 나타냄.
통사 구조의 반복	'그리운 그의 ~ㄹ지어이'를 반복, 변주하여 운율을 형성하고 화자의 소망과 믿음을 강조함.
수미 상관	1연과 5연의 수미 상관 구조를 통해 '그'의 부활에 대한 소망과 당위성을 강조함.

핵심 정리

갈래 자유시, 서정시
성격 상징적, 저항적, 참여적, 의지적
제재 겨울과 봄(분단과 통일)
주제 자주적이고 평화적인 통일에 대한 염원
특징 ① '봄'과 '겨울'의 대립적이고 상징적인 이미지
로 시상을 전개함.
② 단정적 어조로 통일에 대한 화자의 확고한
믿음과 의지를 표현함.
출전 《한국일보》(1968)
작가 신동엽(본책 186쪽 참고)

이해와 감상

이 시는 통일에 대한 뜨거운 염원을 비유적이고 함축
적인 언어로 노래한 작품으로 분단의 현실을 극복하고
자 하는 간절한 소망을 형상화하고 있다. 이 시에서는
분단의 현실을 '겨울', 통일의 시대를 '봄'으로 상징하
여 시상을 전개하고 있다. 1연에서 통일의 주체가 우
리 민족임을 단정적인 어조로 밝히고 있다. 2연에서는
우리 국토를 비유하는 시어들을 통해 자주적인 통일은
우리 민족이 살고 있는 이 땅에서 이루어져야 함을 말
하고 있다. 3연에서는 통일이 외세가 아닌 분단의 고
통을 겪고 있는 '우리들 가슴속'에서 움터야 한다고 말
하며 우리 민족의 힘으로 통일해야 함을 강조하고 있
다. 4연에서는 통일이 이루어져 동족 사이의 증오와
대결은 사라지고 민족의 새로운 화합이 이루어지기를
간절히 소망하고 있다.

포인트 체크

화자 ▢▢의 원인을 파악하고 통일의 ▢▢와 방안에 대해 생각하고 있다.

상황 우리 민족이 ▢▢에 의해 남과 북으로 분단되어 고통받으며, ▢▢▢ 대립과 긴장에 놓여 있는 상황이 드러나 있다.

태도 분단의 원인을 ▢▢으로 인식하고 통일의 ▢▢와 장소, 방안을 모색하는 등 적극적이고 ▢▢인 태도를 보이고 있다.

답 분단, 주체, 외세, 군사적, 비판적, 주체, 의지적

작품 연구소

시어 및 시구의 의미와 표현 방법

봄	통일, 통일이 이루어지는 시대	
겨울	분단의 현실, 냉전 시대	
남해, 북녘, 바다와 대륙 밖	한반도를 둘러싼 외부 세력, 외세의 힘	상징
눈보라	분단의 고통	
미움의 쇠붙이	증오와 불신으로 가득 찬 군사적 대립과 긴장	
제주에서 두만, 아름다운 논밭, 삼천리 마을, 강산	우리나라 국토, 조국	대유

127 겨울 바다 | 김남조

키워드 체크 #삶의 허무 극복 #대립적 이미지 #독백적어조 #주지적 #생성의 공간

겨울 바다에 가 보았지 / 미지(未知)의 새
_{소멸, 허무의 공간} _{삶의 이상과 소망}
보고 싶던 새들은 죽고 없었네
_{소망과 기대의 상실(허무, 절망)}

▶ 1연: 소망과 기대가 사라진 죽음의 공간인 겨울 바다

그대 생각을 했건만도 / 매운 해풍에
_{사랑하던 사람} _{현실적 시련, 고통}
그 진실마저 눈물져 얼어 버리고
_{사랑의 상실로 인한 절망}

허무의 / 불
_{소멸, 상실, 죽음의 이미지}
물이랑 위에 불붙어 있었네
_{생성의 이미지}

▶ 2~3연: 사랑의 상실로 인한 절망과 허무

『나를 가르치는 건 / 언제나 / 시간……』
_{『 』: 시간의 흐름에 따라 성숙해짐.}
끄덕이며 끄덕이며 겨울 바다에 섰었네
_{삶에 대한 긍정} _{깨달음의 공간}

▶ 4연: 깨달음을 통한 삶에 대한 긍정

남은 날은 / 적지만
_{삶이 유한함을 자각함.}

기도를 끝낸 다음
_{절망을 극복하려는 노력}
더욱 뜨거운 기도의 문이 열리는
_{절망이 희망으로 전환되는 공간}
그런 영혼을 갖게 하소서
_{삶의 참된 의미를 찾고자 하는 성찰적 태도}

▶ 5~6연: 기도를 통해 삶의 허무를 극복하고 참된 의미를 찾고자 함.

남은 날은 / 적지만

겨울 바다에 가 보았지 / 인고(忍苦)의 물이
_{생성의 공간(화자의 인식 전환)} _{허무, 절망, 죽음의 극복을 상징함.}
수심(水深) 속에 기둥을 이루고 있었네
_{화자의 극복 의지를 시각적으로 형상화}

▶ 7~8연: 허무한 삶을 극복하려는 의지

> **Q** '겨울 바다'의 의미는?
>
> '겨울'은 사계절의 끝이자 봄으로 넘어가는 계절로, 죽음의 계절이자 재생을 잉태하고 있는 계절이다. '바다'도 물의 순환이 끝나는 종착지이면서 시발지이다. 따라서 '겨울 바다'라는 시어는 죽음과 생성, 절망과 희망, 상실과 획득, 이별과 만남이라는 복합적 의미를 지닌다.

핵심 정리

갈래 자유시, 서정시
성격 주지적, 상징적, 사색적, 종교적
제재 겨울 바다
주제 삶의 허무를 극복하려는 의지
특징 ① 대립적 이미지를 통해 주제를 형상화함.
② 독백적 어조로 화자의 정서를 표현함.
출전 《겨울 바다》(1967)
작가 김남조(1927~) 1950년 《연합신문》에 〈성숙〉, 〈자상〉 등을 발표하며 등단하였다. 진솔한 자기 삶의 증언과 묘사를 통해 인간의 삶과 사랑을 그리는 시를 주로 썼다. 시집으로 《목숨》(1953), 《설일》(1971), 《귀중한 오늘》(2007) 등이 있다.

이해와 감상

이 시는 소멸과 생성의 공간인 '겨울 바다'의 이중적인 이미지와 물과 불의 대립적 이미지를 바탕으로 극적 긴장감을 환기한 다음, 수심 속의 물기둥을 통한 초극 의지를 시각적으로 그려 내고 있다. 화자는 겨울 바다에서 '미지의 새'가 죽고 없음을 발견한다. 그때 '매운 해풍'까지 불어 자신을 지켜 주고 지탱하게 했던 사랑마저도 실패로 끝나는 삶의 좌절을 체험한다. 그러나 화자는 사람이 유한한 존재라는 것과 지금 겪는 괴로움은 시간이 흐르면 저절로 치유된다는 평범한 진리를 통해 긍정적 삶을 인식하기에 이른다. 얼마 남지 않은 자신의 삶에 경건한 자세를 가지게 된 화자는 허무와 좌절을 이겨 내기 위한 뜨거운 기도를 올리며 영혼의 부활을 소망한다. 그리하여 다시금 겨울 바다에 섰을 때, 그곳이 죽음의 공간이 아닌 소생의 공간이 되어 삶에 대한 뜨거운 의지가 커다란 물기둥같이 솟구쳐 오르는 것을 인식한다.

작품 연구소

'겨울 바다'의 의미 변화

화자는 '겨울 바다'를 미지의 새들이 죽어 버린 소멸의 공간으로 인식하고, 사랑의 상실로 인해 절망과 허무함을 느끼게 된다. 하지만 시간의 흐름을 통해 삶의 유한성을 깨닫게 되며 '겨울 바다'는 깨달음의 공간이 된다. 이러한 깨달음으로 화자는 허무와 절망을 극복하고 삶의 고통을 이겨 낼 수 있는 의지를 갖게 된다. '겨울 바다'는 소멸과 허무의 공간이 아니라 생성과 희망의 공간, 극복의 공간으로 변하게 된다.

포인트 체크

화자 홀로 겨울 ▢▢에 가서 매운 ▢▢을 맞으며 기도하고 있다.

상황 보고 싶던 ▢▢의 새들이 죽고 없는 겨울 바다에 매운 해풍마저 불고 ▢▢하는 사람과 헤어진 상황이 드러나 있다.

태도 삶의 ▢▢과 이상을 잃고 사랑마저 실패하여 삶의 허무와 ▢▢을 느끼다가 그것을 이겨 내기 위해 뜨거운 기도를 올리며 극복 의지를 드러내고 있다.

답 바다, 해풍, 미지, 사랑, 소망, 좌절

128 꽃잎 1 | 김수영

문학 동아

키워드 체크 #바위를 뭉개는 꽃잎 #민중의 힘 #4·19 혁명 #행간 걸침 #모순 형용

누구한테 머리를 숙일까 / 사람이 아닌 평범한 것에 / 많이는 아니고 조금
<u>경의의 표현</u>　　　　　　<u>머리를 숙일 대상. 꽃</u>　　　　<u>숭배나 복종이 아님.</u>

벼를 터는 마당에서 바람도 안 부는데 / 옥수수잎이 흔들리듯 그렇게 조금
　　　　　　　　　　　　　　　　　　<u>과하지 않고 미미한 정도임.</u>

▶ 1연: 머리를 숙일 대상을 찾음.

바람의 고개는 자기가 일어서는 줄
<u>꽃을 피게 하는 것</u>

모르고 자기가 가닿는 언덕을
<u>무의도성. 무작위성</u>　　　　○: 행간 걸침에 의해 배치된 시어

모르고 거룩한 산에 가 닿기
<u>꽃이 피는 곳</u>

전에는 즐거움을 모르고 조금

안 즐거움이 꽃으로 되어도 / 그저 조금 꺼졌다 깨어나고

▶ 2연: 바람에 의해 꽃이 피어남.

Q 행간 걸침

시에서 문법적으로 이어져야 하는 표현이 한 행에서 다음 행으로 나뉘어 표현되는 것을 가리킨다. 행간 걸침을 사용하면 인위적으로 의미가 끊어짐으로써 특정 의미가 강조되는 효과가 나타난다.

언뜻 보기엔 임종의 생명 같고 / 바위를 뭉개고 떨어져 내릴
　　　　　　　<u>모순 형용(역설법)</u>

한 잎의 꽃잎 같고 / 혁명(革命) 같고

먼저 떨어져 내린 큰 바위 같고 / 나중에 떨어진 작은 꽃잎 같고

▶ 3연: 꽃잎이 떨어져 혁명이 됨.

나중에 떨어져 내린 작은 꽃잎 같고
<u>3연의 마지막 행을 변주하여 반복함.</u>

▶ 4연: 꽃잎이 지속적으로 떨어져 내림.

키 포인트 체크

화자 화자는 떨어지는 ☐☐을 지켜보고 있다.

상황 바람은 자기가 일어서는 줄도, 어디로 가는지도 모르지만 거룩한 산에 이르러 ☐으로 피어난다. 그리고 이윽고 꽃잎으로 떨어져 내린다.

태도 화자는 바위를 뭉개고 ☐☐이 되는 꽃잎에 경외감을 느끼고 있다.

답 꽃잎, 꽃, 혁명

핵심 정리

갈래 자유시, 서정시 / **성격** 상징적, 현실 참여적
제재 꽃잎
주제 혁명을 일으키는 민중의 힘(혁명의 정신이 지속되기를 바람.)
특징 ① 상징적 소재를 활용하여 주제를 나타냄.
② 특정 시어들의 반복을 통해 운율을 형성하고 의미를 강화함.
출전 《김수영 전집1》(2003)
작가 김수영(본책 154쪽 참고)

이해와 감상

이 시를 포함한 〈꽃잎〉 연작 1, 2, 3은 1967년 5월 한 달 동안 집중적으로 쓰였으며, 혁명이라는 주제 아래 한 편의 시로 파악할 수 있다. 〈꽃잎 1〉에는 꽃이 죽음을 가져오며 그것이 또한 새로운 세상을 가져오는 혁명과 같다는 화자의 인식이 담겨 있다. 생략과 비약이 심하여 의미를 헤아리기 어렵지만, '꽃잎'이 민중을 상징한다고 볼 때, 이 시는 무력하고 순응적이라고 여겼던 민중이 불의한 권력을 몰아내고 역사를 바꾸는 과정을 노래한 시로 이해할 수 있다.

작품 연구소

3연의 '같고'의 반복

'같고'의 반복을 통해 보조 관념이 변화되며 대상의 특성을 강조하고, 결국 '작은 꽃잎'에 초점이 모아지게 되는데, 이는 다시 4연의 단독 행으로 독립되어 강조된다. 여기서 문장을 끝맺지 않는 '같고'의 반복은 이 시가 끝나도 끝나지 않을 영원한 리듬을 만들어 낸다.

'꽃'과 '바위'의 대비

꽃		바위
가벼움, 약함	대비 ⟷	무거움, 강함

'바위를 뭉개고 떨어져 내'리는 '꽃잎'은 4·19 혁명을 통해 독재 정권을 몰아낸 민중의 모습을 떠올리게 한다.

---

129 숲 | 정희성

키워드 체크 #비판적 #참여적 #공동체적 삶 #대화 형식 #반복적 표현 #자연과 인간 대비 #현대인의 소외

숲에 가 보니 나무들은

제가끔 서 있더군
<u>대화 형식 → 친근감을 줌.</u>
제가끔 서 있어도 나무들은

▶ 1～2행: 각각의 모습으로 살아가는 나무

숲이었어
<u>서로 조화를 이루는 공간</u>
광화문 지하도를 지나며
<u>서로에 대한 무관심이 존재하는 공간(↔ 숲)</u>
숱한 사람들이 만나지만

▶ 3～4행: 함께 숲을 이루며 살아가는 나무

왜 그들은 숲이 아닌가
<u>외로운 존재로 살아가는 현대인에 대한 안타까움</u>
이 메마른 땅을 외롭게 지나치며
<u>정서적으로 메마른 현대 사회</u>
낯선 그대와 만날 때
<u>정서적 교류가 전혀 없는 고독한 현대인</u>
그대와 나는 왜

▶ 5～7행: 숲을 이루지 못하는 사람들

숲이 아닌가
<u>의문형 어미 → 화자의 안타까움을 표현함.</u>

반복법의 효과
① 운율의 형성
② 공동체적 삶의 당위성과 그에 대한 소망의 강조

▶ 8～11행: 함께 숲을 이루기를 바라는 소망

핵심 정리

갈래 자유시, 서정시 / **성격** 비판적, 참여적, 성찰적
제재 숲
주제 공동체적 삶을 향한 소망
특징 ① 대화 형식을 통해 친근감을 확보함.
② 반복적 표현을 통해 화자의 소망을 드러냄.
③ 자연과 인간을 대비하여 현대인의 소외된 모습을 나타냄.
출전 《답청》(1974)
작가 정희성(본책 220쪽 참고)

이해와 감상

이 시는 숲을 이루고 살아가는 나무와, 숲을 이루지 못하고 외롭게 살아가는 인간을 대비하여 현대인들의 소외와 고독을 그리고 있다. 화자는 나무들이 '숲'이라는 조화로운 공동체를 이루며 살아가고 있음을 제시하고, 나무와 달리 인간들의 사회는 서로 무관심하고 의미 없는 관계만을 맺고 있음을 안타까워한다. 정서적으로 메마르고 각박한 현대 사회를 '메마른 땅'으로 나타내고, 정서적 교류가 없는 소외된 사람들을 '낯선 그대'로 나타내고 있다. 화자는 '낯선 그대'와의 만남을 통해 현대인의 소외 문제가 자신의 문제임을 깨닫고 반성한다.

더 읽을 작품

키 포인트 체크

- **화자** 숲에 가서 나무들을 ☐☐하고 온 후, 광화문 지하도를 오가는 숱한 사람들을 보며 고립감과 ☐☐감을 느끼고 있다.
- **상황** 숲을 이루는 나무들과 달리 ☐☐를 이루지 못하고 서로 무관심하고 ☐☐이 메말라 가는 각박한 현대 사회의 모습이 드러나 있다.
- **태도** 숲의 나무들과 같은 조화로운 공동체를 이루지 못하는 사람들을 비판하고 자기 자신을 ☐☐하고 있다.

답 관찰, 소외, 조화, 인정, 반성

작품 연구소

대조적 의미 시어들

숲	나무들(조화로운 공동체를 이루는 존재)이 교감을 나누고 조화를 이루는 공간
광화문 지하도	교감 없이 사람들(소외된 존재)이 서로에 대해 무관심한 공간

---

130 벼 | 이성부

문학 미래엔

키워드 체크 #민중의 공동체적 유대감 #강인한 생명력 #의인화

벼는 서로 어우러져
기대고 산다.
　민중 ──┐민중의 모습 ① - 공동체 지향적임.

햇살 따가워질수록
　시련, 고통
깊이 익어 스스로를 아끼고 / 이웃들에게 저를 맡긴다.
　겸손한 자세　　　　　　서로 의지하는 모습
　　　　　　　　　　　　　　　　　　　　▶ 1연: 서로 어우러져 살아가는 벼

서로가 서로의 몸을 묶어
　민중들의 공동체적 삶　　　┐민중의 모습 ② - 곤경과 고난 앞에서 단결하여 저항함.
더 튼튼해진 백성들을 보아라.
　원관념: 벼
죄도 없이 죄지어서 더욱 불타는
　무고하게 억압받는 민중의 모습(역설법)
마음들을 보아라. 벼가 춤출 때,
　　　　　　　　추수할 때가 되었을 때, 민중의 승리
벼는 소리 없이 떠나간다.
　대의를 위해 자신을 희생함.
　　　　　　　　　　　　　　　　　　　　▶ 2연: 벼의 강인한 생명력

벼는 가을 하늘에도
서러운 눈 씻어 맑게 다스릴 줄 알고
　감정을 억제할 줄 아는 민중의 모습을 형상화 ①　──┐민중의 모습 ③ - 삶의 순리를 지키며 자신의 마음을 다스릴 줄 앎.
바람 한 점에도
제 몸의 노여움을 덮는다.
　감정을 억제할 줄 아는 민중의 모습을 형상화 ②
저의 가슴도 더운 줄을 안다.
　저항 의식을 가진 민중
　　　　　　　　　　　　　　　　　　　　▶ 3연: 내면을 다스릴 줄 아는 벼

벼가 떠나가며 바치는
　　　　　　　　　　┐민중의 모습 ④ - 자기희생적이고 이타적임.
이 넓디넓은 사랑,
쓰러지고 쓰러지고 다시 일어서서 드리는
　민중의 끈질긴 생명력
이 피 묻은 그리움, / 이 넉넉한 힘……
민중이 열망하는 염원(자유와 평등의 세계)　민중의 연대 의식, 자기희생, 생명력 등에 대한 예찬
　　　　　　　　　　　　　　　　　　　　▶ 4연: 벼의 희생적 사랑

키 포인트 체크

- **화자** ☐☐에 들판에 벼가 익어 가는 모습과 벼를 수확하는 모습을 보며 민중의 강인한 ☐☐☐을 발견하고 있다.
- **상황** 벼로 상징되는 민중이 고통과 ☐☐을 겪고 죄가 없는데도 무고하게 ☐☐을 받는 모습이 나타나 있다.
- **태도** '벼'의 속성을 통해 민중의 공동체적 ☐☐☐과 생명력을 ☐☐하고 있다.

답 가을, 생명력, 시련, 억압, 유대감, 예찬

핵심 정리

갈래 자유시, 서정시 / **성격** 예찬적, 상징적, 참여적
제재 벼
주제 민중의 공동체적 유대감과 강인한 생명력 예찬
특징 ① '벼'를 의인화하여 표현함.
　　　② 비유적 표현을 통해 주제를 형상화함.
출전 《우리들의 양식》(1974)
작가 이성부(본책 214쪽 참고)

이해와 감상

이 시는 '벼'라는 소재를 통해 민족, 민중의 공동체 의식을 나타낸 작품으로, 비유와 상징의 기법으로 주제를 형상화하고 있다. 1연에는 온갖 고난을 이겨 낸 민중의 모습과 겸손한 자세로 이웃과 더불어 사는 민중의 삶이 나타나 있다. 2연에서는 이러한 민중 개개인이 공동체가 될 때 비로소 민중의 저력이 발휘됨을 보여 주고 있다. 3연에서는 민중들이 어질고 현명한 존재임을 보여 주고 그들이 불의한 사회 현실에 저항할 줄 아는 '더운 가슴'을 가진 이들임을 강조하고 있다. 4연에는 고난과 시련에도 다시 일어서는 민중의 끈질긴 생명력이 드러나 있다. '벼'의 희생을 거쳐 새로운 '벼'가 탄생되듯이, 쓰러짐이 끝이 아니라 새로운 시작임을 민중들은 알고 있다. 그러므로 그들은 서로의 처지를 이해하고, 서로의 아픔을 위로하는 삶의 동반자로서의 공동체 의식을 강화함으로써 역사의 주체로 일어설 수 있는 강한 힘을 얻게 되는 것이다.

작품 연구소

'벼'를 통한 주제의 형상화

이 시에서 '벼'는 민중들의 생명력과 민족 의식을 상징한다. 시인은 겉으로 나약한 것 같으나 속으로 옹골차게 익어 가는 '벼'의 모습을 통해, 비록 힘없고 가난한 서민들이지만, 이웃과 어우러져 살아갈 때 더 큰 힘과 사랑을 갖게 된다는 점을 말하고 있는 것이다.

벼의 다양한 형상	민중의 다양한 형상
서로 어우러져 기대는 모습	민중의 공동체적 유대와 신뢰
서로 몸을 묶고 소리 없이 떠나는 모습	민중의 저력과 희생의 모습
서러움을 달래고 노여움을 삭이는 모습	민중의 어질고 현명한 모습
쓰러지고 다시 일어나는 모습	민중의 고귀한 희생과 사랑

시어 및 시구의 상징적 의미

햇살	벼의 생존을 위협하는 시련, 고통
피	오랜 세월 동안 민중들이 흘린 희생
넉넉한 힘	희생을 통해 사랑을 이룩한 민중의 저력

131 생의 감각 |김광섭

키워드 체크 #생에 대한 자각 #인간 존재에 대한 성찰 #감각적 이미지 #상징적 의미

생명의 부활을 환기함, 청각적 심상
여명(黎明)의 종이 울린다.
희미하게 날이 밝아 오는 빛, 또는 그 무렵, 부활의 출발점
새벽 별이 반짝이고 사람들이 같이 산다.
시각적 심상을 활용하여 생의 감각을 표현함.   공동체 의식   삶이 인간관계로 이루어짐.
닭이 운다. 개가 짖는다. / 오는 사람이 있고 가는 사람이 있다.   ▶ 1연: 의식을 회복함(현재).
청각적 심상을 활용하여 생의 감각을 표현함, 일상적인 삶이 주는 새삼스러운 감동

오는 사람이 내게로 오고 ┐
                              ├─ 대구, '나'를 기준으로 세계가 존재함.
가는 사람이 내게서 간다. ┘
                              ▶ 2연: 의식의 회복 후 세상을 인식함(현재).

아픔에 하늘이 무너졌다.
병으로 인한 고통, 절망, 죽음의 상황
깨진 하늘이 아물 때에도
기적적으로 회복할 때에도   ○: 시인이 경험한 병고의 체험, 절망적인 상황 → 삶의
가슴에 뼈가 서지 못해서   의미에 대한 성찰과 깨달음을 불러일으키는 요인들
삶의 의지
푸른빛은 장마에 / 넘쳐 흐르는 흐린 강물 위에 떠서 황야에 갔다.
생명, 삶의 희망   목숨이 위태로움.   ▶ 3연: 절체절명의 순간 회상(과거)

나는 무너지는 둑에 혼자 섰다.
죽음에 이르는 절망적인 순간
기슭에는 채송화가 무더기로 피어서 / 생(生)의 감각(感覺)을 흔들어 주었다.
생명력, 화자를 죽음에서 삶으로 이끈 존재, 인식 전환의 계기   생에 대한 의지   되찾게 됨.
                              ▶ 4연: 절망의 끝에서 생의 감각을 되찾게 됨(과거).

키 포인트 체크

화자 ⬚⬚의 문턱을 경험한 후 생의 감각을 되찾았다.

상황 병으로 인해 고통받고 죽을 위기에 처했으나 ⬚⬚⬚를 보고 생의 감각을 찾은 경험을 하였다.

태도 삶의 의미에 대해 성찰하며 ⬚⬚⬚ 태도를 보이고 있다.

답 죽음, 채송화, 의지적

---

132 섬 |정현종

문학 천재(정) 국어 동아

키워드 체크 #섬 #연결 #단절 #인간관계 회복 #복잡한 인간관계 도피

사람들 사이에 섬이 있다.
인간관계의 단절과 연결을 동시에 의미함.
그 섬에 가고 싶다.
화자의 소망
                              ▶ 사람들 사이의 섬에 가고 싶은 화자의 소망

섬의 두 가지 해석에 따른 의미 차이

```
                   섬
                   │
        ┌──────────┴──────────┐
     연결 통로            아무도 없는 곳
        │                     │
   인간관계의 회복      복잡한 인간관계로
                        부터의 도피
```

키 포인트 체크

화자 사람들 사이에 ⬚이 존재한다는 인식을 갖고 있다.

상황 사람들 사이의 섬에 가고 싶은 ⬚⬚을 갖고 있다.

태도 섬의 단절된 인간관계를 ⬚⬚하고 싶어 하거나, 인간관계의 ⬚⬚⬚으로부터 벗어나고 싶어 한다.

답 섬, 소망, 회복, 복잡함

핵심 정리

갈래 자유시, 서정시
성격 감각적, 상징적, 의지적
제재 생의 감각
주제 절망 끝에서 발견한 강인한 생의 감각
특징 ① 시간적으로 역전된 구성을 취함.
② 생과 죽음의 의미를 상징적으로 표현함.
③ 화자의 정서가 절망에서 의지적으로 변화함.
출전 《현대문학》(1967)
작가 김광섭(본책 194쪽 참고)

이해와 감상

이 시는 죽음의 문턱을 경험한 시인의 생에 대한 새로운 자각과 인간의 존재에 대한 성찰이 담긴 작품이다. 시인은 1965년에 뇌출혈로 쓰러져 사경을 헤매다가 일주일 만에 의식을 되찾았다. 이 시의 1연과 2연에서는 의식 회복 후에 세상을 새롭게 인식한 내용을 표현하고 있고, 3연에서는 병으로 죽음에 이를 듯한 절망적인 상황에 이르렀음을 표현하고 있다. 4연에서도 '무너지는 둑'을 통해 절망적인 순간을 표현하였으나 무더기로 핀 '채송화'를 통해 생의 감각을 되찾게 되는 장면을 표현하였다.

이 시는 다양한 상징적인 시어를 활용하여 주제를 형상화하고 있는데, '새벽 별, 닭, 개' 등으로 삶의 감각을 일깨움을 표현하고 있고, '무너진 하늘, 깨진 하늘, 장마, 흐린 강물, 황야' 등으로 절망적인 상황을 표현하고 있다. 또한 '채송화'를 통해 죽음에서 삶으로 의식을 전환하게 되었음을 표현하고 있다.

작품 연구소

시간의 순서

과거		현재
3연, 4연	⇒	1연, 2연

핵심 정리

갈래 자유시, 서정시 / **성격** 상징적, 애상적, 희망적
제재 섬
주제 ① 단절된 인간관계를 연결하고자 하는 의지
② 복잡한 인간관계에서 벗어나고자 하는 의지
특징 ① 상징적인 시어의 사용 ② 극도의 짧은 시행
출전 《나는 별 아저씨》(1978)
작가 정현종(1939~) 1965년 《현대문학》에 박두진이 《독무》 등을 추천하여 문단에 등단했다. 초기에는 사물에 깃든 꿈과 인간의 근원적인 꿈의 관계를 탐구하는 시를 발표하였고, 후기에는 구체적 생명 현상에 대한 공감을 다룬 시를 발표하였다. 시집으로 《사물의 꿈》(1972), 《갈증이며 생물인》(1999) 등이 있다.

이해와 감상

이 시는 1행의 '섬'을 어떻게 바라보느냐에 따라서 두 가지로 해석될 수 있다. 먼저 사람들 사이의 섬을 사람과 사람을 이어 주는 연결 통로로 해석하면 2행의 섬에 가고 싶은 화자의 소망은 현대 사회의 인간 소외 현상에서 사람과 사람을 연결하며 정상적인 인간관계로의 회복을 원한다는 의미가 된다. 반대로 '섬'을 사람들로부터 벗어난 공간으로 해석할 수 있다. 사람들 사이에 '섬'이 존재하므로 '나'와 다른 사람 사이에 '섬'이라고 하는 다른 공간이 존재하는 것이고, 이렇게 볼 때 2행의 섬에 가고 싶은 화자의 소망은 인간관계의 복잡함으로부터 도피하고자 하는 의지로 볼 수 있다.

133 조그만 사랑 노래 | 황동규

`키워드 체크` #실연의 슬픔 #민주주의가 사라진 현실 #현실 비판적 #안타까움 #비극적 현실 인식

어제를 동여맨 편지를 받았다.
　　과거와의 단절　　이별의 편지
늘 그대 뒤를 따르던
　　그대와의 시간이 일상적이었음을 의미함.
길 문득 사라지고　　□ : 반복을 통해 화자의 상실감을 강조함.
　　과거로 통하는 길, 그대를 만나는 길
길 아닌 것들도 사라지고
　　길 이외에 당신에게 갈 수 있는 다른 방법들
여기저기서 어린 날
▶ 1~4행: 과거와 현재의 단절

우리와 놀아 주던 돌들이
　　즐거웠던 추억을 떠올리게 하는 것
얼굴을 가리고 박혀 있다.
　　과거의 추억을 떠올리게 하는 돌들마저 화자를 외면하는 현실 → 과거와의 완전한 단절
사랑한다 사랑한다, 추위 환한 저녁 하늘에
　　과거와 당신에 대한 화자의 현재 감정　　차갑고 어두운 현실
찬찬히 깨어진 금들이 보인다.
　　깨어진 추억의 상처 → 실연의 아픔을 형상화
성긴 눈 날린다.
　　화자의 외로움을 표현함.
땅 어디에 내려앉지 못하고
　　　　세상 어디에도 안주하지 못하는 화자
눈뜨고 떨며 한없이 떠다니는
　　자의식을 유지하며　　끝없이 방황하는
몇 송이 눈.
　　화자의 처지를 일반화(화자의 보조 관념)

▶ 5~7행: 추억마저 외면하는 현실

▶ 8~9행: 현실의 아픔에 대한 자각

▶ 10~13행: 암담한 현실 속 화자의 처지

키 포인트 체크

화자 회지는 □□의 성서를 지닌 사람이거나 1970년대 암울한 시대를 살아가는 □□□이나.

상황 화자가 사랑하는 사람으로부터 □□을 통보받은 상황, 독재 정권으로 인해 □□와 민주주의가 억압받는 상황이 드러나 있다.

태도 이별의 상황으로 인해 □□□에 빠져 안식을 얻지 못하고 끝없이 □□하고 있다.

답 실연, 지식인, 이별, 자유, 절망감, 방황

🎯 핵심 정리

갈래 자유시, 서정시
성격 감각적, 애상적, 현실 비판적
제재 깨어진 사랑
주제 실연의 슬픔 / 민주주의가 사라진 현실에 대한 비극적 인식
특징 ① 깨어진 사랑과 추억을 감각적으로 표현함.
　　② 사랑 노래의 내용을 빌려 현실 인식을 노래하고 있는 이중적 구조임.
출전 《나는 바퀴를 보면 굴리고 싶어진다》(1978)
작가 황동규(본책 160쪽 참고)

이해와 감상

이 시는 '당신'으로부터 과거의 추억을 단절하는 이별의 편지를 받은 화자의 안타까운 심정을 형상화한 작품이다. '어제를 동여맨 편지'는 과거와의 단절을, '깨어진 금'은 깨어진 추억의 상처를 뜻한다. 여기저기 흩어져 있는 돌들은 과거 당신과의 추억을 떠올리게 하지만, 그 돌들마저도 화자를 외면한 채 추억을 더듬지 못하게 하고 있다. 하늘에서 내리는 '눈'은 외롭고 쓸쓸하지만 이 세상 어느 곳에서도 안식을 얻지 못하고 끝없이 방황하는 화자의 처지를 드러낸다. 이 시는 1970년대 암울했던 시대의 고통과 상처를 다룬 노래로도 이해할 수 있다. 독재 정권 시절 화자는 과거 자유와 민주주의가 살아 숨 쉬던 시대를 그리워한다. 그러나 현실은 과거 함께 놀던 돌들마저도 얼굴을 가리고 박혀 숨죽이고 살아야 하는 시간이다. 이러한 현실은 추위가 가득한 '저녁 하늘'로 묘사되고 있다.

작품 연구소

화자의 정서와 '몇 송이 눈'의 의미

화자	정서	'몇 송이 눈'의 의미
실연한 사람	이별로 인한 슬픔과 안타까움	이별로 인해 방황하는 화자
당시의 지식인	암울한 시대로 인한 고통과 상처	절망적인 상황에서 안주하지 못하는 지식인

---

134 희미한 옛사랑의 그림자 | 김광규

`키워드 체크` #회고적 #소시민적 삶 #과거와 현재 대비 #평범한 일상어 사용 #부끄러움

　　　한 해가 끝날 무렵
4·19가 나던 해 세밑 / 우리는 오후 다섯 시에 만나
　　4·19 혁명이 일어난 1960년
반갑게 악수를 나누고 / 불도 없이 차가운 방에 앉아
　　　　　　　　　가난하고 열악한 현실
하얀 입김 뿜으며 / 열띤 토론을 벌였다
　　　　　　　순수한 열정
어리석게도 우리는 무엇인가를 / 정치와는 전혀 관계없는 무엇인가를
　　반어적 표현　　　　　　순수한 이상적 가치　　거짓과 위선, 공명심과 이기심의 의미 내포
위해서 살리라 믿었던 것이다

결론 없는 모임을 끝낸 밤 / 혜화동 로터리에서 대포를 마시며
　　세상을 변혁하려는 열띤 토론　　　　　　　가난하고 소박했던 시절
사랑과 아르바이트와 병역 문제 때문에
　　　　　　젊은 시절의 개인적 고민
우리는 때 묻지 않은 고민을 했고
　　　　　순수한
「아무도 귀 기울이지 않는 노래를
　　　　　　순수와 젊음　　　　「 」: 순수하고 열정적으로 살았던
누구도 흉내 낼 수 없는 노래를 / 저마다 목청껏 불렀다.」 젊은 시절의 모습을 보여 줌.
　　젊은이만이 가질 수 있는 순수한 이상
돈을 받지 않고 부르는 노래는 / 겨울밤 하늘로 올라가
　　어떤 대가를 바라지 않는 순수한 이상
별똥별이 되어 떨어졌다
　　'하강'의 이미지 → 좌절된 이상과 순수함
그로부터 18년 오랜만에 / 우리는 모두 무엇인가 되어
　　시간의 경과
혁명이 두려운 기성세대가 되어 / 넥타이를 매고 다시 모였다
　　　　　　현재의 모습　　기성세대, 소시민　　현실에 얽매여 살아가는 모습

▶ 1~19행: 순수했던 젊은 시절에 대한 회상

🎯 핵심 정리

갈래 자유시, 서정시
성격 서사적, 회고적
제재 소시민의 삶
주제 소시민적 삶에 대한 부끄러움
특징 ① 과거와 현재의 모습을 대비함.
　　② 서사적인 줄거리를 지니고 있음.
　　③ 일상어를 사용하여 현실적 생동감을 더해 줌.
출전 《우리를 적시는 마지막 꿈》(1979)
작가 김광규(1941~) 1975년 《문학과 지성》에 〈영산〉, 〈유무〉 등을 발표하여 등단하였다. 평이한 표현으로 개인과 사회에 대한 성찰을 노래하는 시를 주로 썼다. 시집으로 《반달곰에게》(1981), 《크낙산의 마음》(1986) 등이 있다.

이해와 감상

이 시는 순수하고 열정적이었던 4·19 세대들이 중년이 되면서 젊은 날의 꿈과 이상을 잃어버린 채 현실에 안주하며 살아가는 소시민적 삶을 그리고 있다.
이 시는 소설과 같은 서사적인 구조를 취하고 있는데, 전반부에서 화자는 젊음과 열정을 지녔던 과거의 젊

회비를 만 원씩 걷고 / 처자식들의 안부를 나누고
「」: 소시민의 전형적인 모습

월급이 얼마인가 서로 물었다

치솟는 물가를 걱정하며 / 즐겁게 세상을 개탄하고
진지하지 않게, 남의 이야기하듯

익숙하게 목소리를 낮추어 / 떠도는 이야기를 주고받았다
소시민적 삶에 길들여짐.   당시의 정치 상황에 대한 소문들

모두가 살기 위해 살고 있었다 / 아무도 이젠 노래를 부르지 않았다
현실에 순응하며 살아가는 소시민적 삶   순수와 열정을 잃어버림.

적잖은 술과 비싼 안주를 남긴 채 / 우리는 달라진 전화번호를 적고 헤어졌다
젊은 시절의 대포와 대비됨.

몇이서는 포커를 하러 갔고 / 몇이서는 춤을 추러 갔고
향락적인 삶을 드러내는 소재

몇이서는 허전하게 동숭동 길을 걸었다 ▶ 20~37행: 소시민으로 살아가는 중년이 되어 친구들을 다시 만남.
젊은 시절 순수와 열정의 노래를 부르던 공간(혜화동 로터리)

돌돌 말은 달력을 소중하게 옆에 끼고 / 오랜 방황 끝에 되돌아온 곳
흐르는 시간에 순응하며 사는 모습

우리의 옛사랑이 피 흘린 곳에 / 낯선 건물들 수상하게 들어섰고
젊은 날의 순수와 열정

플라타너스 가로수들은 여전히 제자리에 서서
시간의 흐름에도 변하지 않는 존재

아직도 남아 있는 몇 개의 마른 잎 흔들며 / 우리의 고개를 떨구게 했다
부끄러움과 죄책감을 일깨움.   소시민으로 살아가는 삶에 대한 부끄러움

부끄럽지 않은가 / 부끄럽지 않은가 / 바람의 속삭임 귓전으로 흘리며
현재 삶에 대한 반성의 내면적 목소리   반성을 촉구하는 내면의 목소리에 대한 외면

우리는 짐짓 중년기의 건강을 이야기했고 / 또 한 발짝 깊숙이 늪으로 발을 옮겼다
소시민적 삶
▶ 38~49행: 현실에 안주하는 모습에 대한 부끄러움

📝 포인트 체크

화자 화자는 [ ]하고 열정적이었던 4·19 혁명 세대로 이제는 [ ]이 된 사람이다.

상황 4·19 혁명이 일어났던 당시 젊은이들의 순수하고 [ ]적인 모습과 그로부터 18년이 흐른 뒤 혁명이 두려운 기성세대가 되어 살아가는 중년들의 [ ]적 삶이 드러나 있다.

태도 젊은 날의 이상과 열정을 잃고 현실에 [ ]하며 사는 소시민적 삶에 [ ]을 느끼고 있다.

답 순수, 중년, 열정, 소시민, 순응, 부끄러움

---

135 귀천(歸天) | 천상병

키워드 체크 #낙천적 #삶에 대한 달관 #반복과 독백 #삶과 죽음의 의미

나 하늘로 돌아가리라.
죽음의 세계, 영원성의 표상

새벽빛 와 닿으면 스러지는
이슬은 새벽이 오면 사라짐. – 인생의 덧없음.

이슬 더불어 손에 손을 잡고,
깨끗하지만 유한한 존재   ▶ 1연: 이슬과 함께 하늘로 돌아가리라는 소망

나 하늘로 돌아가리라.   ○: 소멸의 이미지 → 유한한 인간의 삶을 의미함.
독백적인 어조

노을빛 함께 단둘이서
아름답지만 순간적인 존재

기슭에서 놀다가 구름 손짓하면은,   ▶ 2연: 노을빛과 함께 하늘로 돌아가리라는 소망
삶과 죽음의 경계   죽음을 상징함.

나 하늘로 돌아가리라.

아름다운 이 세상 소풍 끝내는 날,
인생 → 삶에 대한 화자의 태도를 보여 주는 시어

가서, 아름다웠더라고 말하리라……   ▶ 3연: 아름다웠다고 인식하는 지상에서의 삶
긍정적인 인생관

📝 포인트 체크

화자 화자는 삶과 죽음에 대한 [ ]을 통해 죽음을 [ ]적으로 인식하고 있다.

상황 인생의 덧없음과 삶의 [ ]성을 인식하고, 죽음에 대해 새롭게 인식하는 상황이 드러나 있다.

태도 삶을 긍정적으로 바라보고 죽음을 [ ]하며 [ ]하는 태도가 드러나 있다.

답 성찰, 긍정, 유한, 달관, 관조

은 시절을 떠올리고, 후반부에서 중년의 나이가 되어 동창회에서 겪은 일과 소시민으로 살아가는 삶에 대한 반성과 상념을 서술하면서 과거와 현재를 대비시키고 있다. 화자는 예전 그대로 변함없이 서 있는 플라타너스 가로수의 모습을 보고 부끄러움을 느끼지만, 결국 모두 '늪'과 같은 현실에 순응하고 살아갈 수밖에 없음을 말하고 있다.

작품 연구소

제목 '희미한 옛사랑의 그림자'의 의미

'옛사랑'은 4·19 혁명 당시 친구들과 함께 나누었던 열띤 토론, 그 혁명의 열기를 말한다. '희미한 옛사랑의 그림자'라는 제목에는 이미 지나가 버려 다시는 돌아올 수 없는 젊은 날의 열정과 추억에 대한 그리움과 아련한 슬픔이 담겨 있다.

과거와 현재의 대비

과거	• 오후 다섯 시에 만나 반갑게 악수를 나눔. • 차가운 방에 앉아 열띤 토론을 벌임. • 혜화동 로터리에서 대포를 마심. • 사랑과 아르바이트와 병역 문제와 같은 때 묻지 않은 고민을 함.

↕ 대조

현재	• 넥타이를 매고 모여 회비를 만 원씩 걷음. • 처자식들의 안부와 월급을 물음. • 즐겁게 세상을 개탄함. • 목소리를 낮추어 떠도는 이야기를 주고받음. • 적잖은 술과 비싼 안주를 남긴 채 헤어짐. • 동숭동길을 걸으며 중년의 건강을 이야기함.

🎯 핵심 정리

갈래 자유시, 서정시
성격 독백적, 관조적, 낙천적 / **제재** 귀천
주제 삶에 대한 달관과 죽음에 대한 정신적 승화
특징 ① 비유적인 심상을 사용함.
　　　② 반복과 독백적 어조를 통해 주제를 부각함.
출전 《주막에서》(1979)
작가 천상병(1930~1993) 1952년 《문예》에 〈강물〉, 〈갈매기〉 등이 추천되어 등단했다. 우주의 근원, 죽음과 피안 등을 간결하게 압축한 시를 썼다. 시집으로 《새》(1971), 《저승 가는 데도 여비가 든다면》(1987) 등이 있다.

이해와 감상

이 시는 생명의 유한성을 인식하고, 삶에 대한 달관과 죽음에 대한 긍정적 인식을 드러낸 작품이다. 1연과 2연에서는 죽음에 대한 수용적인 태도를 '이슬'의 소멸적인 이미지와 '노을빛'의 이미지로 표현하고 있다. 화자가 '이슬', '노을빛'과 함께 하늘로 돌아가겠다는 것은 유한한 생명이 다하면 무한한 우주로 돌아가는 것이 순리라고 생각하는 시인의 인식을 보여 준다. 3연에서는 인생을 하늘에서 지상으로 잠깐 다니러 온 '소풍'에 비유하는데, 세상에의 욕망과 집착을 초월하여 자유롭게 삶을 즐기는 태도가 드러난다.

작품 연구소

삶과 죽음의 의미

소풍(삶)	기슭	하늘(죽음)
삶을 긍정적으로 보고 죽음을 달관함.	삶과 죽음의 경계	죽음을 의미하는 소재로, 영원성의 표상

136 해피 버스데이 | 오탁번

언매 비상

키워드 체크 #오해에서 비롯된 행복 #사투리와 영어 #해학적 #의도와 다른 결과 #동음이의

시골 버스 정류장에서 / 할머니와 서양 아저씨가
_{의사소통이 힘든 두 사람}
읍내로 가는 버스를 기다리고 있다　　　▶ 1～3행: 버스를 기다리는 할머니와 서양 아저씨의 모습

시간이 제멋대로인 버스가 / 한참 후에 왔다
_{시간을 맞추지 못하는 시골 버스의 모습}
─왔데이!
_{한참 후에 도착한 버스가 반가운 할머니의 말}
할머니가 말했다　　　　　　　　　▶ 4～7행: 사투리를 쓰며 버스가 온 걸 말하는 할머니

할머니 말을 영어인 줄 알고
_{할머니의 말을 오해한 서양 아저씨}
눈이 파란 아저씨가 / 오늘은 월요일이라고 대꾸했다
_{서양인을 의미함.}
─먼데이!　　　　　　　　　　　　▶ 8～11행: 할머니의 말을 오해한 서양인의 답변
_{Monday. '왔데이'를 'What day'(무슨 요일)로 이해함.}
버스를 보고 뭐냐고 묻는 줄 알고
_{서양인의 말을 오해한 할머니}
할머니가 친절하게 말했다

─버스데이!　　　　　　　　　　　▶ 12～14행: 서양인의 말을 오해한 할머니의 답변
_{서양인의 말을 오해한 할머니의 대답}
오늘이 할머니의 생일이라고 생각한
_{'버스데이'를 'birthday'로 오해한 서양 아저씨}
서양 아저씨가 / 갑자기 노래를 부르기 시작했다

─해피 버스데이 투 유!　　　　　　▶ 15～18행: 할머니의 말을 오해한 서양인이 축하 노래를 부름.
_{할머니의 생일이라고 생각한 서양 아저씨가 축하 노래를 부름.}
할머니와 아저씨를 태운

행복한 버스가 / 힘차게 떠났다　　　▶ 19～21행: 의사소통의 오해에서 생긴 행복

키 포인트 체크

[화자] 화자는 □□□와 □□ 아저씨의 대화를 지켜보고 있다.
[상황] 사투리와 영어가 서로 □□□□를 이루며 계속해서 오해를 낳고 있다.
[태도] □□에서 비롯된 대화에서 나오는 행복감과 따뜻함, 밝음을 느끼고 있다.

[답] 할머니, 서양, 동음이의, 오해

🎯 핵심 정리
갈래 자유시, 서정시
성격 해학적, 서정적
제재 시골 할머니와 서양 아저씨의 대화
주제 계속된 오해에서 비롯된 행복
특징 ① 사투리와 영어의 동음이의를 활용함.
　　② 의도와 다른 결과를 통해 해학성을 살림.
출전 《눈 내리는 마을》(2013)
작가 오탁번(1943～) 1966년에 동화가, 1967년에 시가, 1969년에 소설이 신춘문예에 당선되면서 시인이자 작가로 활동하였다. 주요 작품으로는 시 〈강설〉, 〈하관〉 등과 소설 〈혼례〉, 〈언어의 묘지〉 등이 있다.

이해와 감상

이 시는 시골 버스 정류장에서 벌어진 할머니와 서양 아저씨의 대화를 소재로 하고 있다. 할머니와 서양 아저씨는 의사소통이 힘든 사이로, 할머니는 사투리를 서양 아저씨는 영어를 사용한다. 의사소통이 사실상 어려운 두 사람이지만 사투리와 영어의 동음이의로 인해 대화가 이루어진다. 이때의 대화는 상대방의 말을 전혀 이해하지 못한 오해에서 비롯된 것임에도 잘 이루어지며 그 과정에서 해학성을 불러일으킨다. 그리고 이러한 해학성은 시 내부의 상황에서나 시를 바라보는 독자에게나 밝고 따뜻한 행복감을 가져다준다.

작품 연구소

사투리와 영어의 동음이의(同音異義)
이 시는 사투리와 영어의 동음이의를 활용하여 해학성을 자아내고 있다. 경상도 사투리의 '-데이'와 영어의 'day'가 서로 대응되어 동음이의 관계가 성립되었다.

따뜻함이 만들어 내는 행복
할머니와 서양 아저씨의 대화가 이어질 수 있게 된 데에는 상대방에 대한 배려와 친절함이 자리잡고 있다. 상대방의 말을 귀담아듣고 답변을 하기에 관계가 만들어지는 것이다. 대화의 내용은 서로 통하지 않는다고 하더라도 둘 사이의 마음에는 교류가 존재하였기에 버스는 행복하고 힘차게 떠날 수가 있다.

---

137 사평역에서 | 곽재구

문학 창비

키워드 체크 #회고적 #삶의 애환 #대합실 정경 #간결하고 절제된 어조 #차가움과 따뜻함 대조 #연민과 공감

막차는 좀처럼 오지 않았다 / 대합실 밖에는 밤새 송이눈이 쌓이고
_{소멸의 이미지. 쓸쓸하고 외로운 분위기 형성　　　　　　　계절적 배경: 겨울}
┌흰 보라 수수꽃 눈 시린 유리창마다┐/ 톱밥 난로가 지펴지고 있었다　▶ 1～4행: 대합실의 풍경
_{차가운 이미지　　　　　　　　　　　　　　　　따뜻한 이미지 → 가난한 이들에게 위안이 됨.}
그믐처럼 몇은 졸고 / 몇은 감기에 쿨럭이고
_{고단한 삶에 지쳐 있는 사람들의 모습　　└ 유리창에 눈보라가 들이쳐 수수꽃처럼 붙어 있는 모습}
그리웠던 순간들을 생각하며 나는 / 한 줌의 톱밥을 불빛 속에 던져 주었다
_{현재와는 상반된 밝고 따뜻했던 과거　　　　　　가난하고 소외된 이들에 대한 애정. 동류 의식　▶ 5～8행: 회상에 젖는 모습}
내면 깊숙이 할 말들은 가득해도 / 청색의 손바닥을 불빛 속에 적셔 두고
_{추위로 얼어붙은 손 → 차가운 이미지}
모두들 아무 말도 하지 않았다
_{각자의 생각 속에 잠김.}
┌산다는 것이 때론 술에 취한 듯
한 두름의 굴비 한 광주리의 사과를　　　┌ 술에 취한 채 선물을 안고 귀향하는 들뜬 기분으로 잠시나마 힘
_{고향 식구들에게 가져가는 선물　　　　　　└ 들고 지친 일상의 고단함을 잊고 침묵해야 하는 것이 인생임.}
만지작거리며 귀향하는 기분으로

침묵해야 한다는 것을 / 모두들 알고 있었다┘　▶ 9～16행: 막차를 기다리는 사람들
_{주어진 삶을 묵묵히 견뎌 내야 한다는 것}

🎯 핵심 정리
갈래 자유시, 서정시
성격 애상적, 감각적, 회고적
제재 간이역 대합실의 정경
주제 막차를 기다리는 사람들의 삶의 애환과 그에 대한 연민
특징 ① 간결하고 절제된 어조로 표현함.
　　② 차가움과 따뜻함의 이미지 대조를 통해 시적 대상을 표현함.
출전 《중앙일보》(1981)
작가 곽재구(본책 298쪽 참고)

이해와 감상

이 시는 오지 않는 막차를 기다리는 쓸쓸한 기차역 대합실의 정경을 통해서, 고향으로 돌아가는 가난한 사람들의 고단한 삶과 추억, 아픔을 함축적으로 나타내

오래 앓은 기침 소리와 / 쓴 약 같은 입술 담배 연기 속에서 ◯: 힘겨운 삶을 살아감을 암시하는 표현
　　청각적 이미지　　　　　미각적 이미지
싸륵싸륵 눈꽃은 쌓이고
　　가난한 이들에게 위로의 대상
그래 지금은 모두들 / 눈꽃의 화음에 귀를 적신다 ▶ 17~21행: 눈꽃을 통해 위안받는 사람들
　　　　　　　눈 내리는 창밖의 풍경을 감각적으로 표현함.
자정 넘으면 / 낯설음도 뼈아픔도 다 설원인데
　　　　　　　　　　　눈이 덮인 벌판
단풍잎 같은 몇 잎의 차창을 달고 / 밤 열차는 또 어디로 흘러가는지
　차창의 불빛(직유법)　　　　　인생 역정을 상징　미래에 대한 불안 의식
「그리웠던 순간들을 호명하며 나는 『』: 대합실 사람들에 대한 화자의 공감
　　　　　회상하며
한 줌의 눈물을 불빛 속에 던져 주었다」 ▶ 22~27행: 삶에 대한 연민
톱밥 → 사람들에 대한 연민

🔑 포인트 체크

[화자] 눈이 내리는 □□□에 기차역 대합실에서 □□를 기다리는 사람들을 바라보고 있다.

[상황] 대합실 밖에는 눈이 내리는데, 막차는 좀처럼 오지 않고, 사람들은 □□에 떨며 □□를 쬐고 있다.

[태도] 겨울 추위에 떨면서 기차를 기다리는 가난하고 소외된 사람들을 조용하게 응시하며 그들의 삶의 □□에 연민을 느끼고 □□하고 있다.

답 겨울밤, 막차, 추위, 난로, 애환, 공감

고 있다. 화자는 밤늦게 막차를 기다리며 겨울 추위에 떨고 있는 사람들의 모습에서 삶의 고단함에 지친 군상들을 발견하게 된다. 피곤에 지쳐 조는 모습, 감기에 걸려 쿨럭거리는 모습, 침묵하는 모습들에서 삶의 무게가 얼마나 무겁고, 산다는 것이 얼마나 고통스러운 것인가를 통찰하게 된다.

작품 연구소

시어의 의미

막차	기다리는 대상, 쓸쓸하고 외로운 분위기 형성
대합실	서민들의 인생 역정과 삶의 애환이 담겨 있는 곳
톱밥 난로	가난한 이들에게 따뜻한 위안이 되는 존재
눈꽃	가난하고 고단한 이들에게 위로가 되는 존재

화자의 시선

화자는 과거의 그리웠던 순간들, 즉 밝고 따뜻했던 순간들을 생각하며, 현재의 삶의 무게를 묵묵히 짊어지고 있는 사람들에게 연민을 느낀다.

화자 '한 줌의 눈물'	⇒ 연민, 공감	가난하고 소외된 사람들

🎯 핵심 정리

갈래 자유시, 서정시

성격 서정적, 희망적, 의지적 / **제재** 새벽

주제 고통스러운 현실 속에서 서로를 위로하는 모습과 희망이 넘치는 세상에 대한 소망

특징 ① 고통스러운 현실과 대조적인 새벽의 이미지를 제시함.
② 화자가 염원하는 세상을 자연물(별, 샘, 새소리, 바람, 꽃향기 등)을 통해 표현함.
③ 수미 상관의 기법으로 화자의 소망을 강조함.

출전 《전장포 아리랑》(1985)

작가 곽재구(본책 298쪽 참고)

---

138 새벽 편지 | 곽재구

키워드 체크 　#희망적 #고통스러운 현실 #희망이 넘치는 세상 #수미 상관 #새벽의 상징적 의미

새벽에 깨어나 / 반짝이는 별을 보고 있으면
희망을 기다리는 시간　　　　희망과 이상
이 세상 깊은 어디에 마르지 않는

사랑의 샘 하나 출렁이고 있을 것만 같다 ▶ 1~4행: 새벽 별을 보며 사랑이 넘치는 세상이 오기를 소망함.
사랑이 충만한 세상에 대한 기대
고통과 쓰라림과 목마름의 정령들은 잠들고
험한 세상을 살아가는 사람들
눈시울이 붉어진 인간의 혼들만 깜박이는
고통을 겪어 낸 사람들(소외된 이웃에게 연민을 가진 사람들)만 깨어 교감하는
아무도 모르는 고요한 그 시각에 / 아름다움은 새벽의 창을 열고
　　　　　　　　　　새벽
우리들 가슴의 깊숙한 뜨거움과 만난다
절실한 인간의 소망
다시 고통하는 법을 익히기 시작해야겠다
고통을 통한 성숙의 의지　고통받는 사람들에 대한 애정과 관심
이제 밝아 올 아침의 자유로운 새소리를 듣기 위하여 □: 아침의 희망적인 이미지
화자가 추구하는 이상 세계
따스한 햇살과 바람과 라일락 꽃향기를 맡기 위하여
▶ 5~12행: 고통하는 법을 익히며 아름답고 향기로운 아침을 맞을 준비를 함.
진정으로 진정으로 너를 사랑한다는 한마디 / 새벽 편지를 쓰기 위하여
반복을 통한 진실성의 강조　　　　　　　◯: 마음을 전해 주는 매개체(희망을 갖기 위해 쓰는 편지)
「새벽에 깨어나 / 반짝이는 별을 보고 있으면
『』: 수미 상관 - 화자의 소망 강조
이 세상 깊은 어디에 마르지 않는

희망의 샘 하나 출렁이고 있을 것만 같다」 ▶ 13~18행: 별을 보며 희망이 넘치는 세상이 오기를 소망함.
화자가 추구하는 소중한 가치

🔑 포인트 체크

[화자] 희망과 사랑을 담은 □□를 쓰기 위해 □□에 깨어나 반짝이는 별들을 바라보고 있다.

[상황] 별이 반짝이는 새벽, □□스럽고 고달픈 삶에 지친 사람들은 잠들어 있고 소외된 이웃에게 □□을 가진 사람들만이 깨어 있는 상황이 나타나 있다.

[태도] 고통스런 현실에 괴로워하는 사람들에 대한 □□과 □□을 가지겠다는 의지를 드러내고 있다.

답 편지, 새벽, 고통, 연민, 애정, 관심

이해와 감상

이 시는 하루가 열리기 시작하는 '새벽'을 배경으로 사랑과 희망이 넘치는 세상이면서 따뜻하고 향기로운 세상인 '아침'에 대한 기다림과 그 희망을 노래하고 있다. 화자는 미래의 희망을 준비하는 시간인 새벽에 깨어나 희망이 넘치는 세상이 오기를 소망한다는 내용을 편지에 담아 따뜻한 희망의 아침을 기다리고 있다. 이 시에서 '새벽'은 고통을 겪어 낸 사람들만이 깨어 교감하는 시간이다. 그래서 화자는 새벽 별을 바라보며 '다시 고통하는 법을 익히기 시작해야겠다'는 다짐을 하며, 희망이 넘치는 세상에 대한 절실한 소망과 가슴속에 담긴 사람에 대한 뜨거운 사랑의 마음을 편지에 담는 것이다. 이와 같은 시상 전개 과정을 통해 작가는 인생은 고통을 이겨 내고 반성하는 과정을 통해 희망차고 아름다운 순간을 맞이할 수 있다는 의미를 전달하고 있다.

작품 연구소

시어 및 시구의 의미

새벽	미래의 희망을 준비하는 시간
새벽 편지	따뜻한 마음과 연민, 사랑
새소리, 꽃향기	아름답고 자유로운 아침의 이미지
고통과 쓰라림과 목마름의 정령	고통스럽고 고달픈 현실을 살아가는 소외된 사람들의 영혼

139 타는 목마름으로 | 김지하

국어 지학사

키워드 체크 #저항적 #민주주의에 대한 열망 #민주주의를 의인화 #강한 의지적 어조

감추어지고 그늘진 공간
신새벽 뒷골목에 / 네 이름을 쓴다 민주주의여
밝음과 희망의 시간   '민주주의'를 의인화함.
내 머리는 너를 잊은 지 오래 / 내 발길은 너를 잊은 지 너무도 너무도 오래
오직 한 가닥 있어 / 타는 가슴속 목마름의 기억이
암담한 현실 때문에 잊고 지내야만 했음.
민주주의를 생존과 연결하여 생각함.
네 이름을 남몰래 쓴다 민주주의여
독재 정권의 탄압 때문에
▶ 1연: 민주주의에 대한 열망

아직 동트지 않은 뒷골목의 어딘가
민주주의가 구현되지 않은 암울한 사회를 암시함.
발자욱 소리 호르락 소리 문 두드리는 소리
도망가는 자와 쫓는 경찰   청각적 심상을 통해 당시
외마디 길고 긴 누군가의 비명 소리   시대적 상황을 형상화함.
잡히는 과정에서의 비명
신음 소리 통곡 소리 탄식 소리 그 속에 내 가슴팍 속에
민주주의를 위해 고통받는 자와 화자 자신의 내면을 동일시함.
깊이깊이 새겨지는 네 이름 위에 / 네 이름의 외로운 눈부심 위에
민주주의에 대한 간절한 소망   억압적 현실일수록 민주주의의 가치가 더욱 빛날 것임을 역설적으로 표현함.
살아오는 삶의 아픔 / 살아오는 저 푸르른 자유의 추억
민주주의 실현에 대한 열망을 감각적으로 표현함.
되살아오는 끌려가던 벗들의 피 묻은 얼굴 / 떨리는 손 떨리는 가슴
민주주의를 위해 싸우다 희생당한 친구   독재 정권에 대한 분노를 점층적으로 표현함.
떨리는 치떨리는 노여움으로 나무판자에 / 백묵으로 서툰 솜씨로 / 쓴다.
독재 정권에 대한 분노   분필
▶ 2연: 시대적 고통과 분노

숨죽여 흐느끼며 / 네 이름을 남몰래 쓴다
독재 권력의 감시 속에 민주주의가 빛입 딩이는 현실을 드러냄.
타는 목마름으로 / 타는 목마름으로 / 민주주의여 만세.
시행의 반복을 통해 간절한 염원을 표현함.   민주주의를 갈망하는 화자의 간절한 절규
▶ 3연: 민주주의를 애타게 기다림.

키 포인트 체크

화자 아직 동이 트지 않은 신새벽 □□□에서 '민주주의여 만세'라는 글자를 나무판자에 쓰고 있다.

상황 □□ 권력에 무참히 짓밟히는 시민들의 삶과 민주주의가 □□당하는 상황이 나타나 있다.

태도 당시 억압적인 상황을 극복하고자 하는 □□적이고 □□적인 태도를 보여 주고 있다.

답 뒷골목, 독재, 억압, 저항, 의지

🎯 핵심 정리

갈래 자유시, 서정시, 참여시
성격 의지적, 비판적, 저항적 / 제재 민주주의
주제 민주주의에 대한 열망
특징 ① 민주주의를 '너'로 의인화하여 표현함.
② 반복, 점층, 상징, 역설적 표현을 사용함.
③ 격렬한 시어와 강한 의지적 어조를 사용함.
출전 《타는 목마름으로》(1982)
작가 김지하(1941~) 1969년 《시인》에 〈황톳길〉, 〈비〉 등의 시를 발표하며 등단했다. 비극적인 삶의 체험을 처절하고도 절제된 언어로 표출하는 시를 썼다. 시집으로 《황토》(1970), 《비단 길》(2006) 등이 있다.

이해와 감상

이 시는 민주주의에 대한 간절한 염원을 '타는 목마름'으로 형상화하고 있다. 1연에서는 '신새벽'이라는 시간과 '뒷골목'이라는 공간이 갖는 복합적 의미 구조를 통해 화자가 처한 현실을 압축적으로 보여 주고 있다. 2연은 '발자국 소리'에서부터 '탄식 소리'에 이르기까지 여러 가지 소리의 중첩을 통해 이 시대의 공포와 고통을 날카롭게 드러내고 있다. 3연에서 화자는 이와 같은 상황에서의 분노와 비통함으로 흐느끼면서 뒷골목의 나무판자에 '민주주의여 만세'라고 쓴다. 이 구절은 시대의 아픔을 넘어 '저 푸르른 자유'로 달려가겠다는 비장한 의지를 내포하고 있다.

작품 연구소

시간적 · 공간적 배경

신새벽		뒷골목
• 밝음의 이미지 • 민주주의의 회복에 대한 열망	⟷ 대조	• 어둠의 이미지 • 민주주의가 실현되지 않은 암담한 현실

표현상 특징
• 역설적 표현(외로운 눈부심)을 사용하여 민주주의가 눈부신 보석처럼 밝게 빛남을 표현함.
• 현실 탄압의 상황을 청각적 이미지(발자욱 소리, 호르락 소리 등)로 표현하여 생생하게 드러냄.

---

140 상한 영혼을 위하여 | 고정희

키워드 체크 #고통을 수용하는 성숙함 #긍정적 의지적 #청유형 문장 #상징적 시어 #점층적 전개

상한 갈대라도 하늘 아래선
상처받은 영혼
한 계절 넉넉히 흔들리거니
상한 상태로 흔들리는 갈대의 모습을 넉넉하다고 표현한 데서 화자의 의연하고 여유로운 태도를 짐작하게 함.
뿌리 깊으면야
내면이 강인하면, 삶의 의지가 강하다면
밑둥 잘리어도 새순은 돋거니
고통, 시련   새로운 생명력
충분히 흔들리자 상한 영혼이여
상한 갈대
충분히 흔들리며 고통에게로 가자   ○: 고통에 대한 화자의 대응   ▶ 1연: 고통을 직시하고 대면하려는 각오
고통을 직시하고 수용함.   방식이 구체적으로 드러남.

뿌리 없이 흔들리는 부평초 잎이라도
상한 영혼
물 고이면 꽃은 피거니
이 세상 어디서나 개울은 흐르고
이 세상 어디서나 등불은 켜지듯

🎯 핵심 정리

갈래 자유시, 서정시 / 성격 긍정적, 의지적
제재 상처를 입은 사람들
주제 고통을 수용하는 성숙한 삶의 자세
특징 ① 상징적 시어를 활용해 주제를 형상화함.
② 청유형 문장을 사용해 화자의 의지를 보여 줌.
출전 《이 시대의 아벨》(1983)
작가 고정희(본책 240쪽 참고)

이해와 감상

이 시는 역경과 고난에 굴하지 않고 그것을 수용하며 견디어 나가는 화자의 태도를 통해 삶에 대한 진지한 깨달음을 형상화하고 있는 작품이다. 화자는 자신을 괴롭히는 '고통'을 적극적으로 수용하고 포용하기를 원한다. 그렇게 할 때에 '고통과 설움의 땅'을 벗어나 '뿌리 깊은 벌판'에 설 수 있을 것이라는 믿음이 있기 때문이다. 이는 '밑둥이 잘리어도 새순은 돋'아나는 자연의 이치와 영원한 '눈물'도 '비탄'도 없는 인간사의 이치, '캄캄한 밤'이라 할지라도 '마주 잡을 손 하나'가 올 것이라는 강한 믿음에 근거한 것이다.

가자 고통이여 살 맞대고 가자
고통을 적극적으로 수용하는 태도
외롭기로 작정하면 어딘들 못 가랴
마음만 먹는다면
가기로 목숨 걸면 지는 해가 문제랴
힘겨운 시련, 고통
▶ 2연: 고통을 수용하고 포용할 것이라는 각오

고통과 설움의 땅 훨훨 지나서
화자의 현실
『뿌리 깊은 벌판에 서자   『』: 고통을 겪는 일은 결국은 지나갈 것임(긍정적, 낙관적 태도).
고통을 의지로 수용하며 이겨 낸 공간
두 팔로 막아도 바람은 불듯 / 영원한 눈물이란 없느니라

영원한 비탄이란 없느니라』
몹시 슬프게 탄식함.
캄캄한 밤이라도 하늘 아래선 / 마주 잡을 손 하나 오고 있거니
부정적 현실   고통을 함께할 동반자   ▶ 3연: 고통을 수용하는 성숙된 삶의 자세

🔑 포인트 체크

[화자] 현실의 고통과 [ ]을 피하지 않고 [ ]하고 있다.
[상황] 삶의 고통과 시련으로 인해 [ ] 받은 영혼을 지닌 사람들이 있다.
[태도] 고통과 시련에 대응하는 [ ]적이고 [ ]적인 태도를 보여 주고 있다.

답 시련, 직시, 상처, 긍정, 의지

141 북어 |최승호

키워드 체크   #무기력한현대인비판 #상징적 #반성적 #비판의 대상으로 반전 #시각적 이미지

밤의 식료품 가게 / 케케묵은 먼지 속에
부정적인 시대를 비유함.
죽어서 하루 더 손때 묻고
생명력을 잃어버리고
터무니없이 하루 더 기다리는 / 북어들,
비판적 의식 없이 무기력하게 살아가는 현대인
북어들의 일 개 분대가 / 나란히 꼬챙이에 꿰어져 있었다.
군사 용어를 통해 억압적인 시대 상황을 드러냄.   무기력하게 획일화된 현대인의 모습
나는 죽음이 꿰뚫은 대가리를 말한 셈이다.   ▶ 1~8행: 가게에 진열된 '북어'의 모습 묘사
현대인의 무생명성
한 쾌의 혀가 / 자갈처럼 죄다 딱딱했다.
부조리한 현실에 대해 아무 말도 못함.
나는 말의 변비증을 앓는 사람들과 / 무덤 속의 벙어리를 말한 셈이다.
현실의 문제점에 대해 시원하게 말하지 못하는 사람들   현실의 부조리에 침묵하는 사람들
말라붙고 짜부라진 눈, / 북어들의 빳빳한 지느러미.
진실을 제대로 보지 못하는 눈   굳어져 버린 생의 의지, 미래에 대한 희망 상실
막대기 같은 생각 / 빛나지 않는 막대기 같은 사람들이
획일화되고 무기력한 현대인
가슴에 싱싱한 지느러미를 달고 / 헤엄쳐 갈 데 없는 사람들이
생의 의지, 사회에 대한 비판 의식   삶의 방향과 목표를 상실한 사람들
불쌍하다고 생각하는 순간,   ▶ 9~19행: '북어'를 통해 무기력한 현대인 비판
현대인들에 대한 화자의 연민
느닷없이 / 북어들이 커다랗게 입을 벌리고
시상의 전환 → 초점이 북어에서 화자로 바뀜.
거봐, 너도 북어지 너도 북어지 너도 북어지
현대인의 나약하고 무기력한 삶을 풍자하는 외침 → 부정적 현실에 대해 무기력하게 살아온 삶의 반성
귀가 먹먹하도록 부르짖고 있었다.   ▶ 20~23행: 비판의 대상이 된 화자 자신

🔑 포인트 체크

[화자] 밤에 [ ][ ][ ] 가게의 케케묵은 먼저 속에 놓인 [ ][ ]를 보고 있다.
[상황] 오래 돼서 말라비틀어지고 딱딱해진 북어의 모습처럼 [ ][ ]과 비판 의식, 꿈과 희망을 [ ][ ]
한 현대인의 모습이 드러나 있다.
[태도] 북어를 통해 현대인의 [ ][ ][ ]한 모습을 비판하다가 스스로 비판의 [ ][ ]이 되고 있다.

답 식료품, 북어, 생명력, 상실, 무기력, 대상

작품 연구소

시상의 점층적 전개와 화자의 태도 변화

1연	고통에게로 가자	고통을 기꺼이 받아들이기로 함.	
2연	가자 고통이여 살 맞대고 가자	고통을 적극적으로 받아들임.	점층 ↓
3연	고통과 설움의 땅 훨훨 지나서 / 뿌리 깊은 벌판에 서자	시련과 고통을 극복하고 굳건한 의지로 현실에 대응하자고 함.	

'흔들리다'와 '뿌리 깊음'

이 시에서는 '흔들리다'라는 동사가 네 번 나타난다. 또한 그 흔들림의 반대편에는 '뿌리 깊음'이 있다. 요컨대 '흔들림', 즉 고통을 부정하거나 회피하지 않고, 탄탄한 '뿌리'로써 고통과 대면하고 고통을 포용하는 것이 이 시가 담고 있는 삶에 대한 태도이다.

🎯 핵심 정리

갈래 자유시, 서정시
성격 상징적, 비판적, 반성적 / **제재** 북어
주제 비판 정신과 삶의 지향성을 잃은 현대인에 대한 비판
특징 ① 비판의 주체가 비판의 대상으로 반전되는 상황적 아이러니가 나타남.
② 시적 대상을 생생히 묘사함으로써 추상적 주제를 시각적 이미지로 형상화함.
출전 《대설주의보》(1983)
작가 최승호(1954~) 1977년 《현대시학》에 〈비발디〉를 발표하며 등단했다. 세상의 모습을 죽음의 불길한 상징으로 읽어 내면서 자본주의의 병폐를 그로테스크한 이미지로 드러낸다. 시집으로 《대설주의보》(1983), 《북극 얼굴이 녹을 때》(2010) 등이 있다.

이해와 감상

이 시는 밤에 식료품 가게에 놓인 말라비틀어진 '북어'를 묘사하면서, 그 '북어'를 통해 비판적으로 생각하고 용기 있게 말하는 능력을 잃어버린 무기력한 현대인들을 비판하고 있는 작품이다.
시의 전반부에서 화자는 북어를 관찰하다가 어느 순간 북어의 모습에서 현대인의 모습을 발견하고 연민을 느끼게 된다. 후반부에서는 북어들이 화자를 향해 '거봐, 너도 북어지 너도 북어지 너도 북어지'라고 외치는 소리를 듣고, 화자 자신도 다른 사람들과 다를 바 없다는 것을 인식하고 반성하게 된다. 비판의 주체였던 화자가 비판의 대상이 되는 것이다.

작품 연구소

북어와 현대인의 공통점

북어	현대인
죽음이 꿰뚫은 대가리	무생명성
자갈처럼 죄다 딱딱한 혀	할 말을 하지 못함.
말라붙고 짜부라진 눈	현실 직시 능력 상실
빳빳한 지느러미	꿈과 희망 상실
막대기 같은 생각	고정·관습화된 현대인의 사고

142 사이 | 박덕규

문학 천재(정)

키워드 체크 #사이 #중재 #이분법적 사회 비판 #흑백 논리 #정현종의 〈섬〉

사람들 사이에　　　○: 행의 시작을 '사'로 맞추기 위한 시어 배치

사이가 있었다 그
중재(중도)

사이에 있고 싶었다　　　▶ 1연: 중재(중도)를 희망하는 화자의 소망
　　　화자의 소망

양편에서 돌이 날아왔다　　　▶ 2연: 중재(중도)를 용납하지 않는 사회의 모습
중재 역할을 용납하지 않는 이분화된 사회

키 포인트 체크

화자 화자는 사람들 □□에 있고자 한다.

상황 화자는 사람들 사이에 위치해 양편에서 모두 □을 맞고 있다.

태도 화자는 중재(중도)를 용납하지 않는 현실을 □□하고 있다.

답 사이, 돌, 비판

143 돌할으방 어디 감수광 | 김광협

독서 비상

키워드 체크 #돌하르방 #제주 방언 #지역의 사회·문화적 특성 #민요조 선거

돌할으방 어디 감수광 / 돌할으방 어딜 감수광
청자　　　　반복 → 운율 형성

어드레 어떵 ᄒ연 감수광

이레 갔닥 저레 갔닥 / 저레 갔닥 이레 갔닥
　　　　　　　어휘 교체를 통해 변화를 줌.

아명 아명 ᄒ여 봅써
섬을 벗어나기 어려움.

이디도 기정 저디도 기정 / 저디도 바당 이디도 바당
　　　　　　섬의 지리적 특성. 대구법

바당드레 감수광 어드레 감수광

아무 디도 가지 말앙 / 이 섬을 지켜 줍써
　　　　　　　　　　화자의 바람

제주섬을 술펴 줍써 / 이 섬의 구신이 되어 줍써
　　　　　　　섬을 지켜 주는 존재(수호신)　▶ 1~13행: 돌하르방이 섬을 지켜 주기를 바람.

돌할으방 곱닥ᄒ게 생겼ᄍ / 큰 감튀도 써아지곡
　　　　　　　　　　　연결 어미, '-고'

ᄂᆞ슨 박박 얽으곡 / 콘 무사 경 크곡　　돌하르방의 외양 묘사
　　　　　　　　　　　　　　　　· 소박하고 친근함.

눈방울은 무사사 경 큼광 / 홀메긴 무사 경 술친다　· 곱다랗고 듬직함.

곱닥ᄒ게도 잘 생겼쩌 / 듬직ᄒ곡 듬직ᄒ 게
대상에 대한 호감

돌할으방이여 돌할으방이여 / 돌할으방만 믿엉 살암쩌

돌할으방 어딜 감수광

아무 디도 가지 말앙 / 제주 섬을 술펴 줍써　　▶ 14~26행: 듬직한 돌하르방을 믿고 싶.
반복 – 소망의 간절함 강조

키 포인트 체크

화자 화자는 □□□□을 보며 자신의 소망을 말하고 있다.

상황 사방이 벼랑과 □□로 막혀 있어 어디로 갈 수 없는 제주에서 섬 사람들은 곱다랗게 잘 생기고 □□한 돌하르방을 믿으며 살고 있다.

태도 화자는 돌하르방이 아무 데도 가지 말고 □□ □을 지켜 주기를 기원하고 있다.

답 돌하르방, 바다, 듬직, 제주 섬

핵심 정리

갈래 자유시, 서정시 **성격** 상징적, 비판적

제재 사이, 정현종의 시 〈섬〉

주제 흑백 논리로 이분화된 사회에 대한 비판

특징 ① 정현종의 시 〈섬〉을 모티프로 삼음.
　　② 행의 시작을 '사'로 맞추어 운율을 형성함.

출전 《아름다운 사냥》(1984)

작가 박덕규(1958~) 1980년 《시운동》에 〈비오는 날〉로 등단해 1982년 《중앙일보》 신춘문예 평론 부문에 당선되었다. 우리 사회의 현실을 드러내는 소설과 문학의 변화를 주장하는 평론 등을 간행하였다.

이해와 감상

이 시는 정현종의 시 〈섬〉을 모티프로 하고 있다. 〈섬〉이 사람들 사이에 '섬'이 있다고 하여 사람과 사람을 이어 주는 관계 혹은 인간관계에서의 도피처를 의미하는 것과는 달리, 이 시에서는 사람들 사이에 '사이'가 있다고 하여 두 존재 사이에서의 중재(중도)의 의미를 드러내고 있다. 하지만 이러한 중재(중도)를 희망하는 화자의 소망은 2연에서 중재(중도) 역할을 용납하지 않는 사회에 의해 배척당한다. 즉, 이 시는 기계적인 이분법으로 삶의 모든 영역이 재단당하는 시대 상황을 풍자하고 있다.

작품 연구소

1980년대 시대 상황과의 연계

1980년대는 시위가 많았고 전경들과 시위대가 대치하는 경우가 많았는데, 2행의 '양편에서 돌이 날아왔다.'는 이러한 시위 장면을 연상케 한다. 이때의 '양편'은 보수와 진보, 체제와 반체제 등을 상징하는 역할을 하며, 이데올로기의 대립이 극심했던 현대사에서의 이분법적 선택을 강요하는 모습을 풍자하고 있다.

핵심 정리

갈래 자유시, 서정시

성격 기원적, 서정적, 서민적 **제재** 돌하르방

주제 제주 섬을 지켜 주기를 바람.

특징 ① 각 행이 2음보의 규칙적인 율격을 보임.
　　② 시 전체를 제주 방언으로 표현함.

출전 《돌할으방 어디 감수광》(1984)

작가 김광협(1941~1993) 1965년 《동아일보》 신춘문예에 시 〈강설기〉가 당선되어 등단하였다. 제주도의 풍물과 정취를 담아낸 작품과 문명과 현실에 대한 비판적 인식을 보여 주는 작품을 주로 창작하였다. 시집으로 《강설기》(1973), 《돌할으방 어디 감수광》(1984), 《유자꽃 마을》(1990) 등이 있다.

이해와 감상

이 시는 크게 두 부분으로 나눌 수 있는데, 전반부에 해당하는 1~13행에서는 섬 지역의 지리적 특성을 언급하며 돌하르방에게 아무 데도 가지 말고 섬을 지켜 달라는 바람을 노래하고 있다. 후반부인 14~26행에서는 돌하르방의 외양을 친근감 있고 듬직한 모습으로 묘사하면서 역시 섬을 지켜 달라는 바람을 노래하고 있다. 두 부분에 나타난 공통적인 소망이 화자 개인의 소망이라기보다는 섬 사람들 모두의 소망이라는 점에서 이 시의 민요적 성격을 잘 보여 준다.

■ 표준어 풀이

돌하르방 어디 가시나요 / 돌하르방 어디 가시나요 / 어디로 어째서 가시나요

이리 갔다 저리 갔다 / 저리 갔다 이리 갔다 / 아무리 아무리 해 보세요

여기도 벼랑 저기도 벼랑 / 저기도 바다 여기도 바다 / 바다로 가세요 어디로 가세요

아무 데도 가지 말고 / 이 섬을 지켜 주세요 / 제주 섬을 살펴 주세요

이 섬의 귀신이 되어 주세요 / 돌하르방 곱다랗게 생겨 / 큰 모자도 써 가지고

얼굴은 박박 얽고 / 코는 왜 그리 크고 / 눈망울은 왜 그리도 큰지

손목은 왜 그리도 굵은지 / 곱다랗게도 잘 생겼네 / 듬직하고 듬직한 것이

돌하르방이구나 돌하르방이구나 / 돌하르방만 믿고 사네 / 돌하르방 어디를 가시나요

아무 데도 가지 말고 / 제주 섬을 살펴 주세요

---

144 화가 뭉크와 함께 | 이승하

키워드 체크 #뭉크의〈절규〉 #불안과 공포 #불안에서 벗어나고픈 욕구 #부정적 시대 현실

어디서 우 울음소리가 드 들려
말을 더듬는 행위로 뭉크의 그림 〈절규〉에 등장하는 주인공의 불안과 공포를 연상시킴.
겨 겨 견딜 수가 없어 나 난 말야
환청으로 인해 불안과 공포에 시달리고 있음.
토 토하고 싶어 『울음소리가 / 끄 끊어질 듯 끄 끊이지 않고

드 들려와』
『 』: 미쳐 버릴 것 같은 강박 관념에 사로잡혀 있음.   ▶ 1연: 〈절규〉의 주인공처럼 불안에 시달리는 상황

야 양팔을 벌리고 과 과녁에 서 있는 / 그런 부 불안의 생김새들
그림 〈절규〉의 모습을 연상시킴.
우우 그런 치욕적인 / 과 광경을 보면 소 소름 끼쳐

다 다 달아나고 싶어   ▶ 2연: 불안과 공포의 세계로부터 벗어나고 싶음.
공포의 현실로부터 도피하고 싶은 욕구

도 동화(同化)야 도 동화(童話)의 세계야 / 저놈의 소리 저 우 울음소리
1연의 '울음소리'와 4연의 웃음소리가 같아짐. '울음소리'가 괴기하고 섬뜩한, 부정적 '동화(童話)'로 연결됨.
세 세기말의 배후에서 무 무수한 학살극 / 바 발이 잘 떼어지지 않아 그런데
세기말 도시에서 벌어지는 학살극과 같은 비참한 상황
자 자백하라구? 내가 무얼 어쨌기에   ▶ 3연: 부정적 사회 상황에 굴복하지 않음.
불안과 공포스런 상황에 굴복하지 않고 항변함.

인간성이 파괴되고 불안과 공포로 가득한 도시
소 소름 끼쳐 터 텅 빈 도시 / 아니 우 웃는 소리야 끝내는
선박을 이용하여 해로로 탈출하는 난민. 1974년 베트남전을 전후로 발생한 난민들이 조국을 떠난 것이 시초
끝내는 미 미쳐버릴지 모른다 / 우우 보트 피플이여 텅 빈 세계여
인간다운 삶을 영위하지 못하는 도시
나는 부 부 부인할 것이다   ▶ 4연: 인간성이 파괴되고 불안, 공포로 가득한 현실에 대한 거부
부정적인 사회 상황에 대한 거부

키 포인트 체크

화자 화자는 뭉크의 그림 〈절규〉처럼 □□□□□를 들으며 불안에 시달리고 있다.

상황 인간성이 파괴되고 불안과 공포로 가득한 상황을 □□의 세계로 표현하고 있다.

태도 이 작품의 화자는 '무수한 학살극'과 같은 텅 빈 □□, □□를 거부하고 있다.

답 울음소리, 동화, 도시, 세계

작품 연구소

이 시에 나타난 지역의 사회·문화적 특성

• 사방이 벼랑과 바다로 막혀 있음.
  (섬을 나가기 어려움.)
• 섬 사람들이 돌하르방을 믿고 살아옴.

↓

돌하르방 – 제주 사람들과 운명을 같이 해 온 존재

지역 방언으로 작품을 창작하는 이유

• 지역 방언이 아니고서는 표현하기 어려운 정서와 상상력을 표현하기 위해
• 현장성을 부여하고 생동감 넘치는 서술을 위해

◎ 핵심 정리

갈래 자유시, 서정시
성격 현실 비판적, 상징적
제재 뭉크의 그림 〈절규〉, 불안과 공포로 가득한 현실
주제 인간성이 파괴되고 불안, 공포로 가득한 현실에 대한 거부
특징 ① 뭉크의 그림을 연상시키며 화자의 정서를 부각함.
② 말을 더듬는 행위를 통해 시적 상황을 상징적으로 드러냄.
③ 동음이의어를 활용하여 부정적 시대 현실을 나타냄.
출전 《신춘문예》(1984)
작가 이승하(1960~) 1984년 《중앙일보》 신춘문예 시 부문에 〈화가 뭉크와 함께〉를 발표하며 등단하였고, 소설 〈비망록〉이 1989년 《경향신문》 신춘문예에 당선되었다. 세계 여러 나라를 순방하며 문학과 시를 발표하였으며, 대표시집으로는 《생명에서 물건으로》(1995), 《나무 앞에서의 기도》(2018) 등이 있다.

이해와 감상

이 시는 노르웨이의 화가 에드바르드 뭉크(Edvard Munch, 1863~1944)의 그림 〈절규〉를 소재로 하고 있다. 뭉크의 그림은 어둡고 불안정하며 우울한 인간사를 독특하게 그려 낸 점이 특징이며, 그림 속 인물은 뭉크 자신이기도 하면서, 우리들 자신이라고 볼 수도 있다.

1연에서는 〈절규〉의 주인공이 그대로 연상된다. 양손으로 귀를 막고 매우 놀란 상태로 눈을 치켜 뜬 그림 속 장면같이, 1연에서 화자는 울음소리가 환청처럼 들리며 불안과 공포에 사로잡혀 있다. 특히 불안과 공포를 느끼고 있는 화자의 심리가 말을 더듬는 행위로 드러나 있다. 2~4연에서는 화자가 불안과 공포로 가득 찬 현실에서 벗어나고 싶은 생각을 드러내고 있다. 자신이 처한 상황을 세기말의 학살극, 텅 빈 도시, 텅 빈 세계라 표현하며, 그러한 상황에 굴복하지 않으려는 태도를 보이고 있는 것이다. 특히 4연에서 무수한 학살극이 일어난 장소를 '도시'로 나타낸 점에 주목할 만하다. 여기서 무수한 학살극이란 도시에서 일어난 특정 사건이라기보다 도시적 상황에서 일어나는 다양한 사회 문제를 의미한다고 볼 수 있다.

즉, 시인은 불안과 공포로 가득한 상황에 굴복하지 않고 벗어나고자 하는 화자의 모습을 통해 인간다운 삶을 살기 힘든 상황에 대한 비판적 의식을 잘 드러내고 있는 것이다.

145 우리가 물이 되어 | 강은교

키워드 체크 #생명력이 충만한 세계 #조화로운 합일 #공동체적 삶 #상징적 #물과 불의 대조

□ : 생명력 넘치는 이미지   ○ : 가정법의 형식으로, 간절한 소망을 표현함.   △ : 죽음, 파괴의 이미지

우리가 물이 되어 만난다면 / 가문 어느 집에선들 좋아하지 않으랴.
생명력, 포용력, 정화력을 지닌 존재   메마르고 비정한 현대 사회의 모습
우리가 키 큰 나무와 함께 서서 / 우르르 우르르 비 오는 소리로 흐른다면.
넉넉한 생명력을 지닌 존재   메마름을 해소하고 불순한 것을 정화하는 물의 속성(청각적 이미지)
▶ 1연: 물이 되어 만날 것을 기대하는 마음

흐르고 흘러서 저물녘엔 / 저 혼자 깊어지는 강물에 누워
삶을 성찰하는 시간   성찰을 통해 보다 성숙해지는 상황
죽은 나무뿌리를 적시기도 한다면.
척박하고 메마른 현실
아아, 아직 처녀인 / 부끄러운 바다에 닿는다면.
순수를 상징   순수한 이상향을 상징
▶ 2연: 물이 되어 바다에 닿고 싶은 마음

그러나 지금 우리는 / 불로 만나려 한다. / 벌써 숯이 된 뼈 하나가
죽음, 소멸, 파괴의 이미지, '물'과 대립됨. 생명력을 잃어버린 존재
세상에 불타는 것들을 쓰다듬고 있나니
불에 의해 소멸해 가는 것들
▶ 3연: 불로 만나려는 현재의 상황

만 리(萬里) 밖에서 기다리는 그대여
조화와 합일을 위해서는 많은 시간이 필요하다는 것을 의미함.
저 불 지난 뒤에 / 흐르는 물로 만나자.
부정적인 것들이 다 타 버린 후에   평화와 화합, 역동적 생명력
푸시시 푸시시 불 꺼지는 소리로 말하면서
대립과 갈등이 사라지기 시작함(청각적 이미지).
올 때는 인적 그친
대립과 갈등으로 가득 찬 상황이 소멸된 상태, 현실에 대한 부정적 인식이 엿보임.
넓고 깨끗한 하늘로 오라.
화자가 지향하는 세계
▶ 4연: 불이 지난 뒤에 물로 만나고 싶은 소망

🗝 포인트 체크

화자 각박하게 변해 버린 현대 사회를 [   ] 넘치는 세계로 만들기를 소망하고 있다.

상황 메마르고 비정한 현대 사회의 모습과 [   ]과 갈등으로 가득 찬 상황이 비유적으로 드러나 있다.

태도 황폐한 현대 사회에서 벗어나 조화로운 합일이 이루어지는 공동체적 삶을 [   ]하고 있다.

답 | 생명력, 대립, 소망

---

146 유재필 씨 | 이시영

문학 천재(정)

키워드 체크 #유재필의 이타적인 삶 #유재필과 채광석의 대화 #산문체 형식의 시

비가 구죽죽이 내린 날, 유재필 씨의 시신은 영구차에 실려 답십리 삼성 병원 영안실
실존 인물, 소설가 이문구의 오랜 친구
을 떠났습니다. 그 뒤를 호상 이문구 씨가 따랐습니다. 번뜩이는 익살과 놀라운 재기
초상 치르는 모든 일을 책임지고 보살피는 사람, '호상차지'의 준말   '유재필 씨'는 이문구의 소설 〈유자소전〉의 실제 주인공임.
로 수많은 사람들의 소설 속 주인공이 되었지만 자신은 이 지상에 한 편의 소설도 시
'유재필 씨'의 죽음에 대한 안타까움을 드러냄.
도 남기지 않은 채 새파란 아내와 자식들을 남기고 갔습니다.
▶ 유재필 씨의 죽음

오늘은 또한 벗 채광석의 일백 일 탈상날이기도 합니다. 바로 일백 일 전 오늘 유재
상(喪)을 마치는 날
필 씨는 채광석 장례의 지관이 되어 이산 저산을 뒤지며 터를 잡고 돌집에 내려와서는
풍수설에 따라 집터·묏자리 따위를 잡는 사람
'시인 채광석의 묘'라고 새긴 돌 값을 깎았습니다. 돌 값을 깎고 내려와선 양수리 한강
노동자, 농민, 도시 빈민 등 민중이 중심이 되는 민중 문학을 이끌었던 시인(1948~1987)
변에서 장어를 사먹었던가요. 햇빛에 그을은 새까만 얼굴과 단단한 어깨, 넘치는 재담
유재필 씨는 평소에 신체적으로 건강하였음.
에서 우리는 그의 죽음을 상상도 못했습니다. 왜냐하면 그의 길지 않은 생애의 대부분
의 직업이 죽은 자의 시신을 처리하는 사고 처리반 주임이었으니까요. 죽음은 어쩌면
유재필 씨는 재벌 그룹의 교통사고 처리 부서에서 일하였음.
그와 가장 친숙한 길동무였습니다. 그러나 그의 죽음이 왜 이렇게 자연스럽지 않은지
'유재필 씨'의 죽음에 대한 안타까움을 드러냄.
요. 그는 우리들을 잠시 놀라게 하려고 이웃 마실에 간 것만 같습니다.
▶ 유재필 씨의 죽음에 대한 안타까움

오늘은 일백 일 전에 세상을 떠난 광석이와 그를 묻고 돌을 세운 유재필 씨가 한강
유재필 씨가 죽은 날   유재필 씨가 세상을 떠나, 일백 일 전에 먼저 세상을 떠났던 채광석을 만남.

🎯 핵심 정리

갈래 자유시, 서정시 / 성격 상징적, 의지적
제재 물과 불
주제 조화로운 합일과 생명력이 충만한 세계 소망
특징 ① 가정법 형태로 간절한 소망을 표현함.
      ② '물'과 '불'의 대립적 이미지를 활용하여 주제를 전달함.
출전 《우리가 물이 되어》(1987)
작가 강은교(1945~) 1968년 《사상계》에 〈순례자의 잠〉이 당선되어 등단했다. 허무를 주제로 존재의 본질을 탐구하는 것에서 출발하여 점차 생명의 신비와 공동체적 삶으로 관심을 넓혀 갔다. 시집으로 《허무집》(1971), 《소리집》(1982), 《초록 거미의 사랑》(2006) 등이 있다.

이해와 감상

이 시는 '우리가 물이 되어 만난다면'이라는 가정법 형식을 통해 완전한 합일과 생명력이 넘치는 세계에 대한 소망을 형상화하고 있다. 1, 2연에서 '물'은 '가뭄'으로 표상된 현대인의 고독을 해소시킬 수 있는 객관적 상관물이고, '죽은 나무뿌리'를 적시는 생명의 기원인 동시에, '아직 처녀인 / 부끄러운 바다'로 표상된 소망의 세계, 미지의 신비로운 세계이기도 하다. 그런데 3연을 보면 우리는 '물'이 아닌 '불'로 만나려 한다. '물'로 상징되는 조화로운 합일을 위해서 먼저 세상의 온갖 모순과 부조리한 것들을 깨끗이 태워 버릴 필요가 있기에 '불'로 만나야 한다는 것이다. 4연에서 이 '불'이 지나가고 난 후 모든 사람들이 '만 리(萬里) 밖'의 '넓고 깨끗한 하늘'에서 마침내 '흐르는 물로 만날 것이라고 말한다. 여기서 '넓고 깨끗한 하늘'이란 새로운 창조적 만남의 공간을 상징한다.

작품 연구소

'물'과 '불'의 대립적 이미지

물, 비 오는 소리, 강물, 바다		불, 숯, 불타는 것들
생명력, 긍정적, 평화, 화합, 정화, 포용력	대조	파괴, 부정적, 죽음, 대립, 갈등, 혼돈

🎯 핵심 정리

갈래 서사시, 산문시
성격 산문적, 상상적, 독백적
제재 유재필 씨의 죽음
주제 유재필 씨의 죽음에 대한 안타까움과 연민
특징 ① 실제 인물들을 소재로 하여 사실감을 높임.
      ② 화자의 입장에서 중심인물의 상황과 심리를 상상하여 나타내고 있음.
      ③ 산문체 문장을 통해 유재필 씨에 대한 화자의 생각을 구체적으로 드러내고 있음.
출전 《길은 멀다 친구여》(1988)
작가 이시영(본책 238쪽 참고)

이해와 감상

이 시는 실제 인물인 '유재필 씨'를 소재로 하여, 유재필 씨의 생전의 삶과 그의 죽음에 대한 안타까움을 드러낸 작품이다. '유재필 씨'는 이문구의 소설 〈유자소전〉의 주인공으로, 이문구의 30년지기 친구였다. 이 작품에서 유재필 씨는 다른 사람을 위하는 삶을 살았던 인물로 그려져 있다. 다른 사람들의 수많은 소설 속 주인공이 되었지만 자신은 한 편의 작품도 세상에 남기지 않았고, 다른 사람의 시신을 처리하는 일을 생

변의 이산 저 산에서 만나는 날입니다. 『"잘 있었나?" "예, 형님 어서 오십시오. 제가 이 곳에 좀 먼저 온 죄로 터를 닦아놓았습니다. 야, 애들아 인사드려라, 재필이 성님이다. 소설가로 이문구 씨 친구." "이문구 씨가 누구요?" "야, 씨팔놈들아, 저 세상에 그런 소설가가 있어!"』 유재필 씨는 아직 아무말이 없습니다. 남들이 묻힐 자리를 찾기 위해 수차례 오갔지만 아직은 좀 서먹한 산천과 무엇보다도 세상에 두고 온 가족들에 대한 슬픔이 뼈 끝에 시려 오기 때문입니다. 그리고 문구는 잘 갔는지, 그 자식은 내가 없으면 어려운 일 당했을 때 뉘를 찾을지도 궁금하여 안심이 안 됩니다. "형님, 제 교통사고건 맡아 처리하시느라고 수고 많으셨다메요. 저번 사십구재 때 내려가서 가족들이 얘기하는 것 들었습니다. 술도 한잔 못 받아 드리고…." 그러나 유재필 씨는 아직 말이 없습니다. 저 세상에 비가 내리는지 누운 자리가 좀 꿉꿉합니다. 그리고 강물 소리가 시원히 들리지 않는 것이 마음에 걸립니다.

_{『 』: 세상을 떠난 유재필이 죽은 채광석을 비롯하여 다른 영혼들과 대화를 나누는 장면을 형상화함.}
_{〈유자소전〉의 작가}
_{다른 사람의 교통사고를 해결하는 과정에서 죽음에 관한 사건을 많이 처리하였음.}
_{남겨진 가족들에 대한 슬픔과 걱정}
_{채광석이 실제로 1987년 7월 교통사고로 세상을 떠났음.}
_{축축하다   유재필 씨는 아직 세상에 남겨 둔 걱정거리가 있음.}
▶ 세상을 떠난 유재필 씨가 여전히 이승에서의 고민을 하고 있음.

🗝 포인트 체크

[화자] 죽은 유재필 씨의 [ ][ ]를 떠올리고, 죽은 후 그의 심정을 [ ][ ]하고 있다.

[상황] [ ]가 내리는 날, 유재필 씨의 시신을 실은 영구차가 영안실을 출발하는 등 [ ][ ]가 진행되고 있다.

[태도] 유재필 씨의 죽음에 대해 [ ][ ][ ][ ]과 연민을 느끼고 있다.

답 생애, 상상, 비, 장례, 안타까움

---

147 빈집 | 기형도

키워드 체크   #사랑의 상실   #사랑을 잃은 공허함   #독백적   #빈집의 상징적 의미   #영탄적 어조

_{사랑과 이별하는 마지막 행위}
사랑을 잃고 나는 쓰네   ▶ 1연: 사랑을 잃어버린 상황
_{화자의 상황 – 사랑을 상실함.}

잘 있거라, 짧았던 밤들아   [□]: 반복을 통해 사랑했던 것들과 헤어져야 하는 아쉬움을 드러냄.
_{사랑하는 마음으로 지새웠던 밤들}   [○]: 사랑할 때 함께했던 것들로 화자가 현재 떠나려고 하는 대상들
창밖을 떠돌던 겨울 안개들아
_{불투명한 미래로 인한 불안과 방황}
아무것도 모르던 촛불들아, 잘 있거라
_{화자의 가슴앓이를 몰라주던 촛불들}
공포를 기다리던 흰 종이들아
_{사랑이 가득하지만 실제로는 아무것도 쓸 수 없었던 마음}
망설임을 대신하던 눈물들아
_{마음을 전하지 못했던 화자의 눈물}
잘 있거라, 더 이상 내 것이 아닌 열망들아   ▶ 2연: 사랑할 때 함께했던 모든 것들에게 이별을 고함.
_{사랑을 잃었으므로 더 이상 간직할 필요가 없기 때문에}

장님처럼 나 이제 더듬거리며 문을 잠그네
_{사랑을 상실한 화자의 처지를 비유적으로 표현함.}
가엾은 내 사랑 빈집에 갇혔네   ▶ 3연: 사랑을 잃고 세상과의 소통을 단절함.
_{사랑의 추억과 열망을 상실한 화자의 공허한 내면을 형상화함.}

```
                        빈집
    ┌────────────────┼────────────────┐
상실되어 아무것도    화자의 사랑과 절망이    사랑을 상실한 화자의
없는 절망의 공간     갇힌 폐쇄적인 공간     공허한 마음을 상징하
                                      는 공간
```

🗝 포인트 체크

[화자] 사랑을 [ ][ ]하고 사랑했던 아름다운 [ ][ ]들을 떠올리며 글을 쓰고 있다.

[상황] 사랑을 잃은 화자가 글을 쓰며 자신이 잃은 것을 확인하고 자신의 사랑에 [ ][ ]을 고하고 있다.

[태도] 사랑을 잃은 허전함, 상실감, [ ][ ]함 등의 슬픈 정서를 [ ][ ]하게 드러내고 있다.

답 상실, 추억, 이별, 공허, 애절

애 대부분의 직업으로 살아왔던 것이다. 특히 마지막 부분에서는 세상을 떠난 유재필이 먼저 세상을 떠난 채광석과 대화를 나누는 장면을 상상하여 그려 놓았는데, 채광석은 자신의 사건을 처리해 준 유재필에게 고마움을 표현하고 있다. 이처럼 〈유재필 씨는 '유재필 씨'의 생전 모습과 다양한 일화를 산문체 형식을 통해 구체적으로 드러낸 작품이라 할 수 있다.

작품 연구소

이문구, 〈유자소전〉

이 작품은 실존 인물인 '유재필'을 주인공으로 한 소설로, '유재필'의 생애에 관한 수필 같은 느낌을 주기도 한다. 서술자 특유의 걸쭉한 입담으로 힘겨운 시대 상황임에도 당당하고 이타적으로 살아간 유재필 씨의 일대기를 자연스럽게 이야기하고 있다.

'유재필 씨'의 삶

• 수많은 사람들의 소설 속 주인공이 되었지만, 정작 자신은 소설이나 시 한 편 남기지 않음.
• 생전에 죽은 자의 시신을 처리하는 사고 처리반 주임으로 일하였음.
• 이승에 두고 온 가족들에 대해 슬퍼하고 걱정함.
⬇
남의 아픔을 자신의 아픔으로 받아들일 줄 아는 인물임.

🎯 핵심 정리

갈래 자유시, 서정시
성격 애상적, 비유적, 독백적
제재 사랑의 상실
주제 사랑을 잃은 공허함과 절망
특징 ① 화자의 눈에 비치거나 떠오르는 대상을 나열하여 화자의 상실감을 강조함.
② 영탄적 어조를 사용해 화자의 정서를 부각함.
출전 《입속의 검은 잎》(1989)
작가 기형도(본책 244쪽 참고)

이해와 감상

이 시는 사랑을 잃은 슬픔과 의미를 가졌던 모든 것과의 이별로 인해 공허해진 내면을 '빈집'으로 형상화하고 있다. 1연에서 글을 쓰는 행위를 통해 자신이 잃은 것을 확인하며 자신의 사랑에 이별을 고하는 의식을 치른 화자는 2연에서 사랑했던 순간과 관련된 대상들을 하나하나 불러 가며 추억을 떠올리고, '잘 있거라'를 반복하면서 그것들과 마지막 인사를 한다. 사랑을 상실한 화자는 3연에서 세상의 빛을 잃은 장님처럼 더듬거리며 사랑의 대상들을 빈집에 넣어 두고서 문을 잠근다. '빈집'은 사랑의 추억과 열망을 상실한 화자의 공허한 내면을 상징하는 공간으로 '빈집'에 갇힌 것은 지나간 사랑의 추억과 열망으로 볼 수 있다.

작품 연구소

'빈집'의 이미지

화자는 과거의 사랑과 관련된 아름다운 추억을 '빈집'에 넣고 문을 잠그려고 한다. 그 추억들은 이별로 인해 더 이상 의미가 없는 것이므로 그 집은 비어 있는 것과 마찬가지이다. 즉, '빈집'은 화자의 사랑과 절망이 갇힌 폐쇄적 공간을 의미한다. 한편, 문을 잠그는 화자의 태도와 관련지을 때, '빈집'은 사랑을 잃은 화자의 공허한 내면을 상징하는 공간으로 볼 수 있다.

V

1990년대 이후

V 1990년대 이후

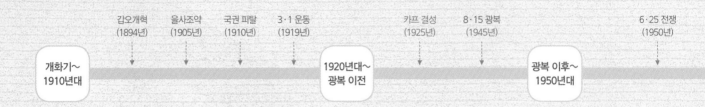

갑오개혁	을사조약	국권 피탈	3·1 운동	카프 결성	8·15 광복	6·25 전쟁
(1894년)	(1905년)	(1910년)	(1919년)	(1925년)	(1945년)	(1950년)

개화기~
1910년대
1920년대~
광복 이전
광복 이후~
1950년대

▲ 다문화 사회가 된 대한민국

1990년대 이후

1. 이 시기의 특징

• 사회주의가 몰락한 후 자본주의와 사회주의의 이념 대립이 사라지면서 한국 문학은 이전 시기에 '이념'에 치우쳤던 경향에서 벗어나 개인의 '일상', '자아', '파편화된 현실' 등으로 방향을 돌렸다. 즉, 역사나 시대에 대한 관심과 같은 거대 담론이 퇴조하고, '나'에게서 시작하는 일상적 삶이나 생활 감정과 같은 미시 담론이 주목받게 되었다.

• 1930년대부터 견고하게 지속되어 온 전통적 서정시, 현실 참여시, 모더니즘 시 간의 삼원적 분류의 틀이 헐거워지면서 1990년대 이후 한국 현대 시단은 다원화된 양상을 보이게 되었다.

• 자연, 생명, 환경, 여성, 소수자 문제, 다문화 사회 등 다양한 영역을 작품의 주제로 삼게 되었다.

2. 시의 경향

(1) 생태주의 시

① 배경

• 서구에서는 1970년대 환경 운동의 일환으로 등장하여 문학 운동으로 성장하였으나, 한국에서는 정치적 상황에 의해 상대적으로 주목받지 못하였다.

• 군사 정권의 통치하에서 은폐되어 왔던 환경 오염의 실태가 1990년대 이후 언론을 통해 보도되기 시작하면서 관심을 받게 되었다.

• 생태계의 위기에서 오는 불안은 국민들로 하여금 환경 오염 문제를 중요한 사회 문제로 인식하게 하였다.

② 특징

• 자연을 수단으로 여겨 온 성장과 개발 이데올로기의 폐해를 비판하고, 인간·이성 중심으로 지탱되었던 근대적 기획들을 극복하고자 하는 성격을 띤다.

• 환경의 오염, 인간성의 황폐화, 전쟁과 재해 등 표면적인 문제의 근원에 자리잡고 있는 인간의 욕망과 같은 철학적인 문제에까지 관심을 둔다.

• 궁극적으로 독자로 하여금 비판 의식과 개혁 의지를 갖도록 하여 상생과 포용의 정신을 일깨우고자 한다.

예	작품	작가	특징
	들판이 적막하다	정현종	생태계가 심각하게 파괴된 현실을 고발함.
	지구	박용하	인간들이 모든 땅을 독차지하고 다른 생명체들을 파괴한 것에 대해 비판함.

◆ 생태시

생태시란 후기 자본주의 사회에서 비롯된 환경 파괴와 생태계의 위기에서 발생한 문학으로, 인간과 자연의 유기적 전체를 지향하는 생태학적 관점에서 생명들 사이의 관계에 대한 새로운 인식을 보여 주는 시를 말한다. 생태시는 생명 자체를 노래함으로써 생명의 본질과 가치를 추구하며 동시에 다른 존재들과의 관계 속에서 생명의 가치와 위상, 생명 고양의 조건을 살펴 그 중요성을 시적 상상력 속에 구체화한다.

간단 개념 체크

1 1990년대에는 자연, 생명, 환경, 여성, 소수자 문제, 다문화 사회 등 다양한 주제의 시가 등장하였다. (○ / X)

2 사회주의의 몰락으로 □□ 대립이 사라지면서 1990년대 이후 문학은 개인의 일상적 삶과 생활 감정 같은 미시적인 영역에 관심을 가지게 되었다.

3 1990년대에 들어 □□을 수단으로 여겨 온 성장과 개발 위주의 사고방식에 대한 비판이 일어나게 되었다.

답 1 ○ 2 이념 3 자연

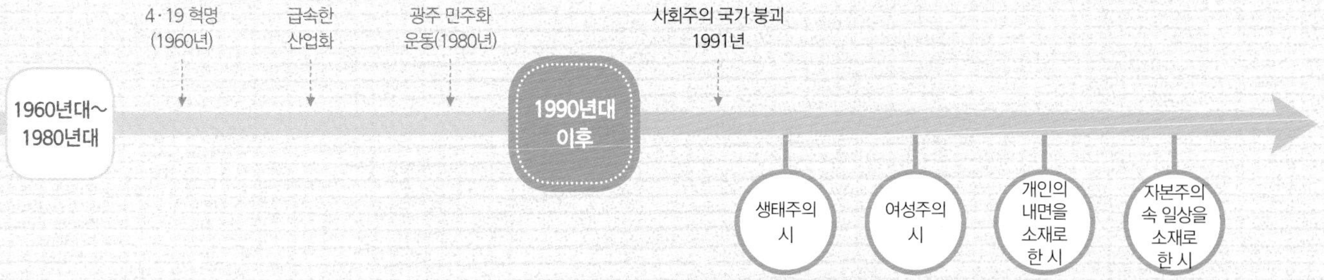
4·19 혁명
(1960년)
급속한
산업화
광주 민주화
운동(1980년)
사회주의 국가 붕괴
1991년
1960년대~
1980년대
1990년대
이후
생태주의
시
여성주의
시
개인의
내면을
소재로
한 시
자본주의
속 일상을
소재로
한 시

(2) 여성주의 시

① 배경

- 이전 여성주의 운동이 급진적이고 과격했던 것과 달리 억압받던 여성적 주체를 비롯하여 인간 일반의 문제로 심화해 나가는 변화를 보였다.

② 특징

- 단순히 시 쓰기의 주체가 여성임을 뜻하는 것을 넘어, 이성·권력·남성 중심적인 근대적 사유 체계가 감성·다양성·생명 중심적으로 탈바꿈되는 인식적 전환을 의미한다.
- 김혜순, 나희덕 등 여성 시인들의 시는 문명의 상처를 치유하는 모성적 상상력을 특징으로 하는데, 이는 문명화된 세계의 폭력성을 거부한다는 점에서 생태주의적 사유와 결합하기도 한다.

예

작품	작가	특징
찬밥	문정희	홀로 '찬밥'을 먹던 어머니를 회상하며 깨달은 어머니의 희생적 삶을 그려 냄.
어머니 1	김초혜	자식을 위해 희생하는 어머니의 모습을 표현함.
뿌리에게	나희덕	생명의 탄생과 성장을 위한 어머니의 희생적 사랑을 뿌리와 흙의 관계에 비유해 노래함.

(3) 그 밖의 시

- 1980년대가 끝나갈 무렵, 시인 기형도는 유고 시집 《입 속의 검은 잎》(1989)에서 역사나 시대에 대한 관심이 약화되고 개별화한 자아의 내면에 초점을 맞추기 시작한 변모의 징후를 상징적으로 보여 주었다.
- 정신주의나 서정주의에 치중한 우리 시의 전통에 반기를 들고, 그동안 억압받았던 육체의 본질과 의미에 관심을 기울인 '몸'의 시학이 나타나기도 했다.
- 유하, 함성호, 함민복 등의 시인은 본격화한 소비 사회가 주는 매혹과 그에 대한 비판을 동시에 그려 냈다.
- 장석남, 문태준 등의 시인은 도시 문명적 삶을 거부하고 근원적이고 실존적인 정서를 자양으로 삼아 새로운 서정을 표현했다.

예

작품	작가	특징
몸 詩	정진규	유기체로서의 몸, 화해와 균형의 몸을 형상화함.
자본주의의 삶	함민복	모든 가치가 돈으로 환산되는 사회상을 표현함.
배를 매며	장석남	사랑의 시작과 본질에 대한 깨달음을 노래함.
평상이 있는 국숫집	문태준	국숫집에서 만난 사람들이 서로 소통하고 이해하는 모습을 그려 냄.

◆ **페미니즘 문학**

오랜 남녀 불평등의 역사에 반대하고 비판하는 페미니즘 문학은 예전부터 있어 왔다. 고려 시대의 시조나 조선 시대의 규방 가사에서 특히 이러한 경향을 살펴볼 수 있는데, 이것이 단순한 하소연의 차원을 넘어서 뚜렷한 비판의 성격을 띠게 된 것은 근대부터이다. 이 시기의 대표작은 나혜석의 〈인형의 집〉 등이며, 현대에는 박완서, 공지영, 고정희, 문정희 등 많은 여성 문학인들이 남녀 불평등에 대한 문제의식을 가지고 문학을 통해 이를 직간접적으로 비판하고 있다.

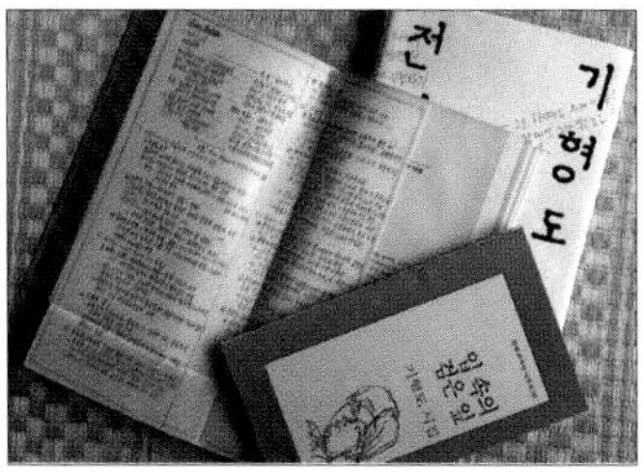

▲ 기형도 시집 《입 속의 검은 잎》

간단 개념 체크

1 1990년대 이후 여성주의 시는 □□·□□·□□ 중심적인 사유 체계가 감성·다양성·생명 중심적으로 탈바꿈한 형태로 나타나게 되었다.

2 □□□는 《입 속의 검은 잎》에서 시대에 대한 관심보다 개별화한 자아의 내면에 초점을 맞춘 시들을 선보였다.

3 1990년대 이후에는 그간 억압받았던 육체의 본질과 의미에 관심을 기울인 '□'의 시학이 나타나기도 하였다.

4 장석남, 문태준 등은 도시 □□적 삶을 거부하고 근원적이고 실존적인 정서를 바탕으로 하는 새로운 서정을 표현하였다.

답 1 이성, 남성, 권력 2 기형도 3 몸 4 문명

성에꽃 | 최두석

문학 해냄

🎯 핵심 정리
갈래 자유시, 서정시
성격 감각적, 상징적, 현실 참여적
제재 성에
주제 어두운 현실을 살아가는 서민들의 삶에 대한 애정
특징 ① 감각적이고 역설적인 표현을 사용함.
② 감성과 지성이 어느 한쪽으로 치우치지 않고 균형 잡힌 시선을 유지함.
출전 《성에꽃》(1990)

Q '면회마저 금지된 친구'의 의미는?

'면회마저 금지된'이라는 표현을 통해 자유를 억압받았던 당시 시대 상황을 짐작할 수 있다. 따라서 화자가 시내버스 창에 어린 푸석한 얼굴을 통해 떠올린 친구는, 시대적 배경을 고려할 때 1980년대 민주화 운동을 하다가 감옥에 갇힌 친구라는 것을 추측할 수 있다.

💡 시어 풀이
성에꽃 성에가 유리창 따위에 끼어 있는 모습을 꽃에 비유한 말.
엄동 혹한 몹시 추운 겨울의 심한 추위.
선연히 실제로 보는 것같이 생생하게.

⚙ 시구 풀이
❶ 엄동 혹한일수록 ~ 피는 성에꽃 성에는 날씨가 추울수록 선명하게 생긴다. 여기서는 성에를 꽃에 비유하여 추운 겨울이라는 암담한 상황에서도 아름답게 피는 꽃이라고 표현하고 있다.
❷ 어제 이 버스를 ~ 기막힌 아름다움 힘겨운 삶을 살아가는 사람들이 피워 낸 아름다움이 바로 성에꽃이다. 이는 화자가 서민들의 삶에 애정을 지니고 있음을 보여 준다.
❸ 나는 무슨 ~ 아름다움에 취한다 화자는 성에꽃에서 아름다움을 느끼고 있다. 특히 '섬세하고도 차가운 아름다움'이라는 역설적 표현을 통해 성에꽃에서 느끼는 고단하지만 아름다운 서민들의 삶을 강조하고 있다.
❹ 덜컹거리는 창에 ~ 금지된 친구여. 화자는 버스의 유리창에서 이 시대를 살아가는 서민들의 삶을 바라본다. 그러나 버스가 덜컹거리는 순간, 그 창을 통해 민주화 운동을 하다 구속된 친구를 떠올리게 된다.

👤 작가 소개

최두석(崔斗錫, 1956~)
시인, 문학 평론가. 전남 담양 출생. 1980년 《심상》에 〈김통정〉 등을 발표하며 등단하였다. 엄정한 현실 인식과 섬세한 상상력을 바탕으로 한 '이야기 시'를 주로 썼다. 시집으로 《대꽃》(1984), 《성에꽃》(1990), 《꽃에게 길을 묻는다》(2003) 등이 있다.

새벽 시내버스는
<u>서민들의 삶의 숨결을 느낄 수 있는 공간</u>
차창에 웬 찬란한 치장을 하고 달린다 □ : 성에꽃을 비유한 표현(은유법)

❶ 엄동 혹한일수록
· <u>힘겨운 시대 상황</u>
· 선연히 피는 성에꽃
<u>힘겨운 상황에서도 아름답게 피어나는 서민들의 삶의 숨결</u>
❷ 어제 이 버스를 탔던

▶ 1~4행: 새벽 시내버스 차창에 핀 성에꽃

『처녀 총각 아이 어른
『 』: 평범한 사람들
미용사 외판원 파출부 실업자의

입김과 숨결이

간밤에 은밀히 만나 피워 낸

번뜩이는 기막힌 아름다움

❸ 나는 무슨 전람회에 온 듯

자리를 옮겨 다니며 보고
<u>서민들의 삶을 이해하려는 행위</u>
다시 꽃이파리 하나, 섬세하고도

차가운 아름다움에 취한다
<u>성에꽃에서 서민들의 삶의 아름다움을 느낌 → 역설적 표현</u>
어느 누구의 막막한 한숨이던가
<u>서민들의 애환</u>
어떤 더운 가슴이 토해 낸 정열의 숨결이던가
<u>서민들의 삶의 열정</u>
일없이 정성스레 입김으로 손가락으로
<u>아무런 까닭이나 실속 없이</u>
성에꽃 한 잎 지우고

이마를 대고 본다
<u>서민들의 삶을 이해하려는 행위(연민의 감정)</u>
❹ 덜컹거리는 창에 어리는 푸석한 얼굴
<u>장면의 전환 – 친구의 영상</u>
오랫동안 함께 길을 걸었으나

지금은 면회마저 금지된 친구여.
<u>감옥에 있는 친구에 대한 안타까움 – 화자와 친구의 단절, 차단</u>

▶ 5~19행: 성에꽃에 나타나는 서민들의 삶의 모습

▶ 20~22행: 만날 수 없는 친구에 대한 안타까움

이해와 감상

이 시는 어느 추운 겨울날의 새벽, 시내버스 창가에 어린 성에를 통해서, 힘겨운 삶을 함께 살아가는 서민들에 대한 화자의 애정과 1980년대 암울한 시대 상황을 노래한 작품이다. 특히 이 시에서 주목해야 할 점은 시적 화자가 동시대 서민들의 삶의 모습을 차창 너머로 바라보는 것이 아니라 같은 버스에 앉아 그들이 남긴 숨결을 함께 느낀다는 것이다. 이러한 화자의 모습은 차창에 서린 '성에꽃'의 '꽃이파리'들을 보기 위해 자리를 옮겨 다니는 행동에서 더욱 극명하게 드러나는데, 이를 통해 그들의 삶에 애정과 연민을 느끼는 화자의 내면을 들여다볼 수 있다. 한편, '엄동 혹한'은 외형만 바뀐 군사 독재가 연장되던 당시의 암울한 시대 상황을 상징하는 것으로, 이는 '지금은 면회마저 금지된 친구여.'라는 부분에서 더욱 분명히 나타난다. 이처럼 화자의 정서는 동시대를 함께 살아가는 서민들의 삶에 대한 애정으로부터 구속된 친구에 대한 그리움으로 나아가고 있다. 이는 화자가 그 친구와 함께 오랫동안 길을 걸어왔다는 표현을 통해, 그 길이 민중과 민족에 대한 애정을 실천하는 삶의 길이었음을 암시적으로 나타내고 있다.

새벽 시내버스의 창	성에꽃
서민들의 한숨과 숨결	기막힌 아름다움 차가운 아름다움
힘겨운 삶	서민들의 아름다운 삶

역설적 인식

작품 연구소

'성에꽃'의 의미

'성에꽃'을 만든 사람들		'성에꽃'의 의미
처녀, 총각, 아이, 어른, 미용사, 외판원, 파출부, 실업자와 같은 평범한 서민들	⇒	• 번뜩이는 기막힌 아름다움 • 섬세하고도 차가운 아름다움 • 막막한 한숨과 정열의 숨결로 피워 낸 아름다움

이 작품에서 사용된 '성에꽃'은 유리창에 핀 성에를 의미한다. 그러나 단순히 유리창에 서린, 지시적이고 사전적 의미로서의 성에를 가리키는 것은 아니다. 그것은 늦은 밤이나 새벽, 시내버스를 타고 차가운 삶의 현장을 다녀야만 하는 서민들의 입김과 숨결을 의미한다. 화자는 그 숨결을 통해 그들의 삶이 얼마나 고단하고 막막한지를 생각해 보게 된다. 그리고 그들의 고단한 삶을 역설적으로 '성에꽃'을 피우는 아름다운 삶이라고 표현하고 있다.

시적 배경과 대상에 드러난 화자의 정서

시적 배경과 대상	화자의 정서
새벽 시내버스, 엄동 혹한	고단한 삶을 사는 서민들에 대한 연민과 암담한 현실에 대한 안타까움
처녀, 총각, 아이, 어른, 미용사, 외판원, 파출부, 실업자	힘들지만 열심히 살아가는 사람들에 대한 연민과 애정
면회마저 금지된 친구	보고 싶은 친구에 대한 그리움과 안타까움

'창'의 의미

'창'의 일반적 의미		'성에꽃'에서의 '창'
• 내부 세계와 외부 세계의 차단 • 외부 세계와의 연결 통로 또는 매개체	⇒	• 세상을 바라보는 통로 • 공동체가 처한 문제 상황을 보여 주는 역할

이 시에서 '창'은 같은 버스에 앉아 있던 서민들의 숨결을 통해 세상을 바라보는 통로가 된다. 서민들의 '막막한 한숨', '정열의 숨결', '면회마저 금지된 친구의 얼굴'이 어리는 창을 통해 인식한 세상은 힘겹고 고단한 곳이지만 삶에 대한 서민들의 열정이 담겨 있는 곳이기도 하다.

자료실

감성과 지성의 조화

1990년대에 나온 〈성에꽃〉은 현실을 좀 더 깊이 파고들면서도 감성과 지성 어느 한 쪽으로도 기울어지지 않는 시인의 균형 감각을 보여 준다. [중략] 시인은 새벽 시내버스의 유리창에 서린 성에꽃에서 세상을 개미처럼 열심히 살아가는 서민들의 아름다운 몸짓을 본다. 생명의 힘을 느끼고 한숨과 정열의 숨결을 상상한다. 하지만 그 상상은 문득 차단당한다. 차가 덜컹거리는 순간 돌연 장면이 바뀌고 지금은 면회마저 금지된 친구의 무석한 얼굴이 그 한숨과 정열의 아름다움을 가로막는 것이다.
– 최종찬, 《이야기 시론 주창자 – 시인 최두석》

함께 읽으면 좋은 작품

〈유리창 1〉, 정지용 / 발상과 표현의 유사성

〈유리창 1〉은 어린 자식을 잃은 아버지의 슬픔과 그리움을 유리창을 매개로 하여 선명한 감각적 이미지로 그려 내고 있다. 〈유리창 1〉과 〈성에꽃〉은 발상뿐만 아니라 표현 수법의 측면에서도 유사하다. 그러나 〈유리창 1〉이 잃어버린 자식에 대한 아버지의 심적 아픔에 초점을 맞추고 있는 반면에, 〈성에꽃〉은 시인의 우울함이 사적인 감정에 매몰되지 않고 공동체적인 공감의 세계로 나아간다는 점에서 차이를 드러낸다.

Link 본책 66쪽

포인트 체크

화자 추운 겨울 [ ], 시내버스 유리창에 끼어 있는 성에꽃을 보고 있다.

상황 시내버스를 타고 힘겨운 삶의 현장을 오가는 [ ]들의 삶과 [ ] [ ] 운동을 하다가 감옥에 갇히는 암울한 시대 상황이 드러나 있다.

태도 동시대를 함께 살아가는 서민들의 삶에 대해 [ ]과 [ ]을 느끼고 구속된 친구를 그리워하고 있다.

내신 적중 多빈출

1 이 시에 대한 설명으로 적절하지 않은 것은?

① 대조적 이미지를 활용하여 화자의 정서를 드러낸다.

② 역설적 표현을 통해 대상에 대한 긍정적 인식을 강조한다.

③ 계절적 배경을 통해 분위기와 주제 의식의 연관성을 높인다.

④ 상승의 이미지를 통해 대상의 모습이나 속성을 선명하게 제시한다.

⑤ 명사나 명사형으로 된 시어를 일부 행들의 끝에 배치하여 운율감을 자아낸다.

중요 기출 고난도

2 '성에꽃'에 대한 화자의 심미적 태도를 중심으로 하여 이 시를 감상한 내용으로 가장 적절한 것은?

① '성에꽃'은 새벽 차창에 피어나 있어. 화자는 바로 그 시간과 공간이 지닌 아름다움을 추구해야 한다고 생각해.

② '성에꽃'은 은밀히 피어나는 것이야. 화자는 현실 상황에서는 아름다움이 은밀한 방식으로 탄생해야 한다고 생각해.

③ '성에꽃'의 한 잎을 지우고 화자는 친구를 떠올려. 화자는 회상을 통해 성에꽃의 아름다움을 완성할 수 있다고 생각해.

④ '성에꽃'에는 누군가의 막막한 한숨이 담겨 있어. 화자는 사람들의 고통이 현실에서는 극복될 수 없는 것이기에 아름답다고 생각해.

⑤ '성에꽃'은 시내버스를 탔던 사람들이 함께 피워 낸 것이야. 화자는 서민들의 공동체적 어울림에서 아름다움의 바탕을 찾을 수 있다고 생각해.

3 이 시의 화자가 '성에꽃'을 통해서 발견하고 있는 것은?

① 자기희생과 사랑   ② 실연의 아픔과 방황

③ 미래의 발전적인 모습   ④ 상품화된 정신적 가치

⑤ 서민들의 건강한 아름다움

4 이 시의 시대적 상황을 알 수 있는 시구와 이에 대한 화자의 정서를 시대적 상황과 관련지어 각각 쓰시오.

5 이 시에서 표현된 '창'의 의미로 가장 적절한 것은?

① 현실 세계에서 환상의 세계로 통하는 매개체이다.

② 사람들이 처한 현실 상황을 보여 주는 역할을 한다.

③ 외부 세계와 내부 세계의 연결을 차단하는 역할을 한다.

④ 서민들의 꿈과 희망을 실현시켜 주는 도구로서의 역할을 한다.

⑤ 사람들마다 지니고 있는 아름다움을 극대화하여 보여 주는 장치이다.

문학 창비
국어 신사고

🎯 핵심 정리

갈래 자유시, 서정시
성격 사색적, 역설적
제재 사과를 먹는 경험
주제 생명 순환의 원리에 대한 깨달음
특징 ① 점층적으로 의미를 확대하며 시상을 전개함.
② 유사한 문장 구조를 반복하여 운율을 형성함.
③ 일상의 사물에 대한 새로운 시각을 통해 삶의 깨달음을 제시함.
출전 《우울 씨의 1일》(1990)

Q '사과를 먹는' 행위가 의미하는 바는?

'사과를 먹는 일상적 행위'를 통해 사과를 존재하게 하는 자연과 인간의 노력을 생각하게 되고 급기야 '흙→중력→우주'로 사고가 확대되면서 세상의 모든 존재는 서로 연결되어 있음을 깨닫게 된다.

💡 시어 풀이

소슬바람 가을에, 외롭고 쓸쓸한 느낌을 주며 부는 으스스한 바람.
수액 땅속에서 나무의 줄기를 통하여 잎으로 올라가는 액.
자양분 몸의 영양을 좋게 하는 성분.

🔖 시구 풀이

❶ **사과를 ~ 일부를 먹는다.** 시인은 일상적인 경험인 사과를 먹는 행위를 통해 사고를 확장해 가는데, 마지막 두 행이 유사하게 반복됨으로써 형태적 안정감과 함께 생명의 순환론적 인식이라는 주제를 효과적으로 형상화하고 있다.

❷ **흙으로 빚어진 ~ 돌아가고 마는** 흙에 떨어진 씨앗에서 뿌리를 내리고 높게 자란 사과 나뭇가지에 사과가 열리는 과정을 인간의 성장 과정과 대비시킴으로써 결국 흙에서 나서 흙으로 돌아가는 생명의 순환론적 인식을 드러내고 있다.

❸ **사과를 먹는다 ~ 나를 먹는다.** 사과를 먹는 행위가 결국 사과가 나를 먹는 것으로 귀결되는 인식은 인간이 죽으면 흙으로 돌아가고 흙의 자양분이 되어 사과나무에 흡수된다는 순환 과정의 깨달음을 역설적으로 표현하고 있다.

👤 작가 소개

함민복(咸敏復, 1962~) 시인. 충북 중원군 출생. 초기에는 현대 문명과 자본주의의 폭력성에 대한 비판적인 성격이 두드러진 시를 주로 썼으나, 1996년 강화도에 살기 시작한 이후에는 환경에 대한 애정을 서정적으로 표현한 시를 많이 썼다. 시집으로 《자본주의의 약속》(2006), 《말랑말랑한 힘》(2012), 산문집 《눈물은 왜 짠가》(1996) 등이 있다.

---

❶사과를 먹는다.
일상적 경험, 시상 전개의 모티프
㉠사과나무의 일부를 먹는다.
사과 꽃에 눈부시던 햇살을 먹는다.
사과를 더 푸르게 하던 장맛비를 먹는다.
봄
사과를 흔들던 *소슬바람을 먹는다.
여름
사과나무를 감싸던 눈송이를 먹는다.
가을
사과 위를 지나던 벌레의 기억을 먹는다.
겨울
사과나무에서 울던 새소리를 먹는다.
사과나무 잎새를 먹는다.
사과를 가꾼 사람의 땀방울을 먹는다.
사과를 연구한 식물학자의 지식을 먹는다.
사과나무 집 딸이 바라보던 하늘을 먹는다.
사과에 *수액을 공급하던 사과나무 가지를 먹는다.
사과나무의 세월, 사과나무 나이테를 먹는다.
사과를 지탱해 온 사과나무 뿌리를 먹는다.
사과의 씨앗을 먹는다.
사과나무의 *자양분 흙을 먹는다.
사과나무의 흙을 붙잡고 있는 지구의 중력을 먹는다.
사과나무가 존재할 수 있게 한 우주를 먹는다.
❷흙으로 빚어진 사과를 먹는다.
㉡흙에서 멀리 도망쳐 보려
높게 자란 나무에 열린 사과
흙으로 돌아가고 마는
❸사과를 먹는다.
사과가 나를 먹는다.
'나'와 '사과'의 일체화 – 생명이 순환된다는 인식을 역설적으로 표현함.

▶ 1~2행: 사과를 먹는 행위

□ : 사과가 자라는 동안 함께하며 사과를 존재하게 한 자연물 – 햇살, 장맛비, 소슬바람, 눈송이, 벌레, 새소리, 잎새

계절의 순환 과정을 통해 사과나무에 사과가 열리는 과정을 보여 줌.

▶ 3~9행: 사과를 먹는 것은 사과와 함께한 자연물을 함께 먹는 것임.

◯ : 사과와 함께한 인간의 노력

▶ 10~12행: 사과가 열리기까지의 인간의 노력

△ : 사과나무를 이루는 구성 요소 – 가지, 세월, 나이테, 뿌리, 씨앗

◌ : 사과를 먹는 행위를 우주론적으로 확대하여 표현함(점층적 시상 전개).

▶ 13~19행: 사과를 먹으며 느끼는 자연의 순환 과정

① 생명 순환론적 인식을 드러냄.
② 들여쓰기를 통해 낯설게 시행을 배치하여 시적 긴장감을 높임.
③ 시적 대상(사과)을 의인화하여 일체감을 표현함.

▶ 20~24행: 생명의 순환 원리에 대한 역설적 인식

이해와 감상

이 시는 사과를 먹는 일상적인 경험에서 출발하여 일상적 소재인 사과를 존재하게 한 자연의 이치, 생성과 소멸의 우주 원리에 대한 깨달음을 드러내고 있다. 화자는 일상의 친숙한 소재인 '사과'를 먹으면서 사과와 함께하며 사과를 존재하게 만든 모든 것에 대해 인식하게 된다. 즉, 사과를 존재하게 한 자연, 사과를 키우기 위한 인간의 노력과 역사 등 사과를 존재하게 한 모든 것으로 사고를 확장시키고 있다. 이와 같은 사고의 확장을 통해 모든 존재가 서로 얽혀 있다는 가치 있는 사실을 발견하게 된다. 특히 흙으로부터 사과가 만들어지고, 다시 흙으로 돌아간다는 생명 순환의 원리를 발견함으로써 '사과가 나를 먹는다'는 역설적 인식에 도달하게 된다. 따라서 사과를 먹는 것은 사과를 존재하게 한 우주를 먹는 것과 다르지 않으며, 순환하는 생명의 원리에 참여하는 가치 있는 일이 된다는 주제 의식을 전달하고 있다.

| '나'가 사과를 먹음. | → | 흙 → 지구(중력) → 우주 | → | 사과가 '나'를 먹음. | → | 생명 순환의 원리 인식 |

🏠 작품 연구소

시어 및 시구의 상징적 의미

시어 및 시구	상징적 의미
햇살, 장맛비, 소슬바람, 눈송이, 벌레, 새소리, 잎새	사과와 함께하며 사과를 존재하게 한 자연물
사람의 땀방울, 식물학자의 지식, 사과나무 집 딸	사과와 함께한 인간의 노력들
가지, 세월, 나이테, 뿌리, 씨앗	사과나무를 이루는 요소들
흙, 중력, 우주	사과를 먹는 행위를 우주론적 사고로 확장함.

작품의 창작 과정에 나타난 개성적 인식

일상적 경험	'나'가 사과를 먹음.

↓

대상의 의미	하나의 사과에는 수많은 자연물과 인간의 노력이 함께했음.

↓

사고의 확장	'사과'가 '나'를 먹음('나'와 '사과'의 일체감).

↓

의미 도출	생명이 순환된다는 인식

이 시에 나타난 역설적 인식

'나'가 사과를 먹음.	⇄	'사과'가 '나'를 먹음.

역설(逆說)이란 표면적으로는 모순되거나 부조리한 것 같지만 그 안에 진실을 담고 있는 표현법을 말한다. 이 작품의 화자는 흙으로부터 사과가 만들어지고, 다시 흙으로 돌아간다는 점에서 '나'와 '사과'가 결국 하나이며 생명은 순환된다는 인식을 역설적으로 드러내고 있다.

이 시의 시상 전개와 표현상의 특징

이 작품은 '~를 먹는다'라는 유사한 문장 구조를 반복함으로써 운율을 형성하고 점층적으로 의미를 확대하여 시상을 전개하고 있다. 특히 '흙으로'가 시작되는 시행을 일부러 들여쓰기를 함으로써 낯설게 하기를 통한 시적 긴장감을 조성하고 있다. 이러한 표현상의 특징은 모든 생명은 순환한다는 작가의 '생명 순환론적 인식'을 강조해 준다.

📖 함께 읽으면 좋은 작품

〈수묵 정원9-번짐〉, 장석남 / 삶과 죽음의 순환적 인식

〈수묵 정원9-번짐〉은 모든 존재와 관념들이 차이와 경계를 넘어서 조화와 순환을 이루는 세계를 다양한 이미지의 자유로운 연결을 통해 한 폭의 수묵화처럼 형상화하고 있는 작품이다. 두 시는 자연물을 통해 계절감을 드러내고 모든 생명은 순환한다는 인식을 보인다는 점에서 유사하다. 하지만 〈사과를 먹으며〉가 사과를 먹는 화자의 일상적 경험을 바탕으로 하고 있다면, 〈수묵 정원9-번짐〉은 삶에 대한 성찰을 수묵화를 감상하듯 그려 냈다는 점에서 차이가 있다.

🔑 포인트 체크

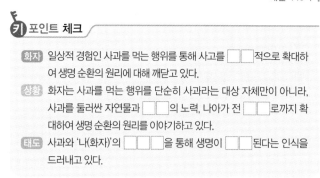

화자 일상적 경험인 사과를 먹는 행위를 통해 사고를 □□적으로 확대하여 생명 순환의 원리에 대해 깨닫고 있다.

상황 화자는 사과를 먹는 행위를 단순히 사과라는 대상 자체만이 아니라, 사과를 둘러싼 자연물과 □□의 노력, 나아가 전 □□□로까지 확대하여 생명 순환의 원리를 이야기하고 있다.

태도 사과와 '나(화자)'의 □□□을 통해 생명이 □□된다는 인식을 드러내고 있다.

1 이 시에 대한 설명으로 적절하지 않은 것은?

① 점층적인 의미 확장을 통해 시상을 전개하고 있다.
② 자연물을 통해 계절의 순환 과정을 보여 주고 있다.
③ 특정한 행을 들여 씀으로써 시적 긴장감을 높이고 있다.
④ 시의 처음과 끝을 대응시켜 주제 의식을 표출하고 있다.
⑤ 삶의 특별한 경험에서 얻은 깨달음을 이끌어 내고 있다.

내신 적중 多빈출

2 〈보기〉는 이 시의 창작 과정을 정리한 것이다. ㉮~㉰에 들어갈 내용에 대한 학생들의 대화로 적절하지 않은 것은?

┤ 보기 ├

① ㉮에서 시인은 사과를 먹었던 경험을 떠올리고 있군.
② ㉯에서 시인은 사과가 익기까지 자연물의 수고가 있었음을 상상하고 있군.
③ ㉯에서 시인은 사과를 키우기 위해 인간의 노력이 있었음을 깨닫고 있군.
④ ㉰에서 시인의 사고는 사과를 먹는 행위가 사과를 존재하게 한 우주를 먹는 것이라는 인식으로 확장되고 있군.
⑤ ㉰에서 시인은 모든 생명체가 순환한다는 불교의 윤회 사상을 이끌어 내고 있군.

3 이 시에 나타난 점층적 의미 변화 과정을 바르게 나열한 것은?

① 햇살 – 장맛비 – 눈송이
② 땀방울 – 지식 – 수액
③ 세월 – 나이테 – 잎새
④ 흙 – 중력 – 우주
⑤ 씨앗 – 뿌리 – 가지

4 ㉠에 해당하는 것 중 나머지와 성격이 다른 하나는?

① 햇살
② 장맛비
③ 소슬바람
④ 눈송이
⑤ 땀방울

5 이 시의 소재와 관련하여 ㉡이 의미하는 바를 쓰시오.

V. 1990년대 이후

150

문학 천재(정)

🎯 핵심 정리

갈래 자유시, 서정시

성격 서정적, 심미적, 예찬적

제재 봄꽃

주제 아름다운 봄꽃의 힘

특징 ① 서로 상반되는 속성의 대상을 연결하여 참신한 비유를 보여 줌.
② 간결한 문장 구조의 시상 전개를 통해 시적 의미를 압축적으로 표현함.

출전 《말랑말랑한 힘》(2005)

Q **'꽃침'에 나타난 비유적 특징은?**

'꽃침'은 부드러운 '꽃'을 날카로운 '침'에 비유한 표현이다. 이는 역설적 비유이며 이러한 낯설게 하기를 통해 꽃에 대해 느끼는 통념을 뒤집고 새롭게 바라보게 하는 의도가 있다.

💡 시어 풀이

삐거나 몸의 어느 부분이 접질리거나 비틀려서 뼈마디가 어긋나게.

🐚 시구 풀이

❶ **꽃에게로 ~ 부드러움에 찔려** 화자는 꽃의 부드러움에 찔린다는 표현을 하고 있는데, 이때 찔리는 행위는 수동적인 행동이 아닌 다가간다는 능동적인 행위에 의한 것이다. 따라서 화자는 의도적으로 꽃에게 찔리고자 하는 것이며 이를 통해 이루고자 하는 목적이 있는 것이다.

❷ **삐거나 부은 마음** 화자는 살면서 마음이 삐거나 부은 경험이 있음을 드러낸다. 이는 일상생활에서 겪게 되는 타인과의 관계와 소통에서 받은 마음의 상처를 의미한다고 볼 수 있다.

❸ **환해지고 선해지니** 삐거나 부은 마음이 꽃침을 통해 지금 바로 회복되고 치유됨을 의미한다. 이는 꽃이 사람이 받은 마음의 상처를 회복시킬 수 있는 힘이 있음을 드러낸다.

❹ **봄엔 아무 ~ 맞고 볼 일** 화자는 꽃침을 맞고 마음의 상처를 회복할 수 있는 시기를 봄으로 표현하고 있다. 봄은 꽃이 피는 계절이기도 하면서, 추위와 시련의 계절인 겨울을 극복한 계절이기도 하다. 즉, 이러한 봄에 시련을 이겨 내고 상처를 치유하자는 다짐을 봄이라는 계절을 통해 더욱 절실하게 표현하고 있는 것이다.

👤 작가 소개

함민복(본책 272쪽 참고)

---

❶꽃에게로 다가가면
_{시적 대상}
부드러움에
찔려 ──── 역설적 비유(부드러움 – 찔림): 꽃의 부드러움에 영향을 받음.

▶ 1연: 꽃의 부드러움에 찔림.

❷●삐거나 부은 마음
_{마음에 상처를 입음.}
금세
_{지금 바로}

❸환해지고
선해지니 ──── 마음의 상처가 치유됨.

▶ 2~3연: 꽃으로 인해 마음의 상처가 치유됨.

❹봄엔
_{마음의 상처를 치유해 주는 꽃들이 피는 시기 – 겨울의 시련을 이겨 낸 계절}
아무
㉠꽃침이라도 맞고 볼 일
_{낯설게 하기}

▶ 4연: 봄에 만나는 꽃의 힘

이해와 감상

이 시는 함민복의 시집 《말랑말랑한 힘》에 수록된 작품으로 봄꽃의 부드러움이 가진 힘을 노래하고 있다. 봄꽃은 부드럽고 화사하여 힘이 없어 보이지만, 사람들의 마음속 상처를 치유하는 힘을 가지고 있음을 '꽃침'이라는 역설적 비유를 통해 드러내고 있다. 또한 부드러운 '꽃'을 날카로운 '침'에 비유하는 낯설게 하기 수법을 통해 우리가 평소 가지고 있던 꽃에 대한 통념에 새로운 인식을 심어 주고 있다.

부드러움은 모든 것을 포용함으로써 세상을 변화시키는 놀라운 힘을 지니고 있으며, 꽃은 연약하고 부드럽지만 세상에서 상처받은 마음을 치유할 수 있는, 부드러운 힘의 대명사이다. 세상을 환하고 선하게 만들어 주는 것은 모든 것을 포용하는 부드러움이다. 따라서 화자는 강하고 거센 것에 대응하는 부드럽고 선한 것이 더 가치를 발휘하는 세상이 오기를, 새봄에 꽃침을 맞고 볼 일로 기대하고 있는 것이다.

1연에서 화자는 시적 대상인 꽃에게로 다가가 찔린다는 표현을 하고 있다. 하지만 일반적인 찔림의 속성과 다르게 꽃에게서 부드러움에 찔린다고 하는 역설적 비유를 보여 주고 있다. 이를 통해 화자는 꽃이 가지고 있는 어떤 힘에 대해서 이야기할 것임을 드러내고 있다. 이어 2, 3연에서는 1연에서의 찔림을 통해 삐거나 부은 마음이 지금 바로 환해지고 선해진다고 말한다. 바로 꽃이 사람의 상처받은 마음을 곧바로 치유할 수 있는 힘이 있음을 나타내고 있는 것이다. 4연에서는 이러한 꽃의 힘에 대해 다시 말하며 꽃침을 맞고 노래하고 있다. 겨울이라는 시련을 이겨 낸 봄이라는 계절 속에서 아픈 곳을 치유할 수 있는 침의 힘을 지닌 꽃을 만끽하자는 것이다. 결국 화자는 자신의 삶에 대해 성찰하며 세상살이에서 얻은 마음의 상처를 치유하고자 하는 정서를 아름다운 시어를 통해 역설하고 있는 것이다.

봄꽃 = 부드러움 — 꽃침 = 찔림 — 꽃의 힘 = 치유

작품 연구소

시구의 상징적 의미

시구	상징적 의미
부드러움에 찔려	꽃의 부드러운 속성을 통해 (마음의) 치료를 받음.
삐거나 부은 마음	타인과의 관계와 소통에서 받은 마음의 상처
환해지고 선해지니	마음의 상처가 치유되고 행복해짐.
꽃침이라도 맞고 볼 일	꽃을 통해 마음의 상처를 치유해야 함.

시상 전개와 그 의미

1연	2, 3연	4연
봄꽃	삐거나 부은 마음	봄

맞아야 함.

| 찔림. 마음을 치료함. | → | 환해지고 선해짐. 상처가 치유됨. | → | 꽃침. 꽃의 부드러운 힘 |

이 시에서 꽃은 관찰의 대상이 아니라 성찰의 대상이다. 시상 전개를 통해 꽃을 단순히 아름다움의 대상이 아니라 치유의 힘이 있는 대상으로 치환하고 있기 때문이다. 이를 통해 누구나 마음에 지니고 있는 아픔과 상처가 극복되기를 소망하고 있다. 이때 봄으로 표현된 자연은 단순히 인간이나 문명과 상반된 개념의 공간이 아니라 성찰을 가능하게 하고 내면의 상처를 치유하는 공간이 된다.

간결한 시상 구조

| 전체 4연 10행 각 연 2~3행 | → | 일상적인 시어 사용, 짧은 시행 표현 | → | 화자의 정서를 간결하고도 효과적으로 드러냄. |

'꽃침' – 낯설게 하기

'낯설게 하기'란 친숙하거나 습관화된 사물이나 관념을 특수화하고 낯설게 함으로써 새로운 느낌을 갖도록 표현하는 방법으로, 이 시에서는 '꽃'을 '침'에 비유한 '꽃침'으로 표현하고 있다. 꽃의 부드러움을 침의 날카로움과 연결하는 역설적 비유를 통해 꽃의 부드러움에 상처를 치유할 수 있는 힘이 있음을 효과적으로 보여 주고 있다.

자료실
시집 《말랑말랑한 힘》에 대하여

이 시집에서 작가는 강화도의 경험을 바탕으로 욕망으로 가득한 도시에서 이리저리 부딪치며 살아가는 우리에게 부드럽고 말랑말랑한 개펄의 힘을 전해 준다.
"말랑말랑한 힘이지요. 펄이 사람의 다리를 잡는 부드러운 힘이요. 문명화란 땅속의 시멘트를 꺼내서 수직을 만드는 딱딱한 쪽으로 편향돼 있습니다."
시인은 현대 문명과 자본주의의 폭력성에 대해 비판했던 초기 시 성향에서 벗어나 이제는 생명의 힘이 꿈틀꿈틀 존재하는 펄의 말랑말랑함과 부드러움의 위대함을 노래하였고, 부드러움을 통해 현실 세계의 어려움을 극복하는 시 세계를 보여 주고 있는 것이다.

함께 읽으면 좋은 작품

〈봄 길〉, 정호승 / 봄을 배경으로 한 희망과 긍정의 노래

〈봄 길〉은 절망적 상황 속에서도 사랑과 희망의 믿음을 지니고 의연하게 '봄 길'을 걸어가는 사람에 대해 노래한 시로, 봄을 계절적 배경으로 하여 희망과 긍정에 대해 노래하고 있다는 점에서 〈봄꽃〉과 유사하다. 하지만 〈봄꽃〉이 선하고 부드러운 힘을 통해 마음의 상처를 치유하자는 정서를 차분한 태도로 나타내고 있다면, 〈봄 길〉은 절망적 현실에서도 다른 사람들에게 희망을 주며 시련을 극복하자는 정서를 의지적 태도로 드러내고 있다.

키 포인트 체크

화자 세상살이와 사람과의 관계에서 생긴 삐거나 부은 마음이 봄꽃이 지닌 □□□□을 통해 환하고 선해질 것이라고 믿고 있다.

상황 침을 맞아 상처를 치유하듯, 봄꽃을 맞으면 □□의 □□가 치유될 수 있음을 역설하고 있다.

태도 봄꽃이 부드러운 힘을 지니고 있어 마음의 상처를 치유할 수 있다고 □□적 태도를 드러내고 있다.

내신 적중 多빈출

1 이 시에 대한 설명으로 가장 적절한 것은?
① 시적 전환을 사용하여 시상에 변화를 주고 있다.
② 영탄적 표현을 통해 격앙된 감정을 드러내고 있다.
③ 비유를 통해 시적 대상에 새로운 의미를 부여하고 있다.
④ 먼 곳에서 가까운 곳으로 화자의 시선을 이동하고 있다.
⑤ 반어적 표현으로 대상에 대한 비판적 인식을 표출하고 있다.

2 이 시의 화자(ⓐ)와 〈보기〉의 화자(ⓑ)를 바르게 비교한 것은?

| 보기 |

배꽃에 달이 밝게 비치고 은하수가 흐르는 깊은 밤에
가지 하나에 깃든 봄의 마음을 두견새가 알겠냐만은
다정한 것도 병이 되어 잠 못 들어 하노라   – 이조년

① ⓐ는 과거의 아픔을, ⓑ는 미래의 불행을 표현하고 있다.
② ⓐ는 자연 친화적인 가치관을, ⓑ는 자연과 대결하는 가치관을 드러내고 있다.
③ ⓐ는 대상에 대한 순응적 태도를, ⓑ는 대상을 향한 의지적 태도를 드러내고 있다.
④ ⓐ는 봄이라는 상황에 긍정적 태도를 보이고 있으며, ⓑ는 봄밤의 정한을 드러내고 있다.
⑤ ⓐ와 ⓑ 모두 계절적 배경을 시대적 상황과 연결하여 고난 극복의 의지를 노래하고 있다.

3 이 시의 시상을 고려할 때 '봄'이 의미하는 바와 거리가 먼 것은?
① 마음의 상처가 치유될 수 있는 시기
② 자신의 삶에 대해 성찰할 수 있는 시기
③ 시적 대상에 대한 아름다움을 느낄 수 있는 시기
④ 고통은 더 큰 고통을 통해 극복해야 함을 깨닫는 시기
⑤ 일상생활에서 생기는 오해와 아픔을 해소할 수 있는 시기

내신 적중 多빈출

4 '꽃'을 '침'에 빗대어 표현한 까닭을 시의 내용과 연관 지어 쓰시오.

5 다음 중 ㉠과 가장 유사한 표현 기법이 나타난 것은?
① 이것은 소리 없는 아우성
② 피라미 / 은빛 비린내 / 문득 번진 / 둑방길
③ 보고 싶어요. 붉은 산이…… 그리고 흰 옷이!
④ 산에는 꽃 피네 / 꽃이 피네 / 갈봄 여름 없이 / 꽃이 피네
⑤ 눈은 살아 있다 / 떨어진 눈은 살아 있다 / 마당 위에 떨어진 눈은 살아 있다

151 바퀴벌레는 진화 중 | 김기택

키워드 체크 #환경 오염 #생태계 파괴 #환경 문제의 심각성 #반어적 표현 #현대 물질문명 비판

미래앤

🎯 핵심 정리
갈래 산문시, 서정시
성격 비판적, 상징적, 반어적
제재 바퀴벌레
주제 현대 물질문명이 초래한 환경 문제의 심각성
특징 ① 반어적 표현을 통해 주제를 효과적으로 드러냄.
② 도치법, 영탄법 등을 사용하여 화자의 심리와 정서를 효과적으로 표현함.
출전 《태아의 잠》(1991)

Q '바퀴벌레'라는 소재를 사용함으로써 얻을 수 있는 효과는?

이 시는 부정적인 이미지를 지니는 '바퀴벌레'를 소재로 삼아 시상을 전개했다는 점에서 참신한 시도를 한 작품으로 볼 수 있다. 또한 혹독한 환경에서도 끈질긴 생명력을 보이는 '바퀴벌레'의 속성을 통해 현대 물질문명이 초래한 환경 문제에 대한 경각심을 불러일으키고 있다.

💡 시어 풀이
비대해질 몸에 살이 쪄서 크고 뚱뚱해질.
고감도 외부의 자극이나 작용에 대하여 반응하는 정도가 매우 뛰어남.
기동력 상황에 따라 재빠르게 움직이거나 대처하는 능력.

❀ 시구 풀이
❶ **믿을 수 없다. ~ 생물이란 것을.** 도치법을 사용하고, 핵심 소재를 '저것'이라고 지칭함으로써 독자의 호기심을 불러일으키고 있다.
❷ **시멘트와 살충제 ~ 바꿀 수 있단 말인가.** 반생명적인 '시멘트'와 '살충제' 속에서도 살아 남는 '바퀴벌레'를 통해 현대 물질문명이 초래한 환경 문제를 고발하고 있다.
❸ **빙하기, 그 세월의 ~ 가지고 있었을까.** 화자는 현대 문명 속에서 끈질긴 생명력을 보여 주는 바퀴벌레가 그 이전 시대에는 어떻게 생존해 왔는지 궁금해하고 있다. '금속의 씨'는 이런 바퀴벌레의 끈질긴 생명력을 형상화한 것이다.
❹ **아직은 암회색 ~ 있는지 몰라.** 대기 오염과 수질 오염의 심각성을 반어적으로 표현한 부분으로, 더욱 심각해질 환경 오염에 대한 우려와 경각심을 불러일으키고 있다.

👤 작가 소개
김기택(金基澤, 1957~)
시인. 경기 안양 출생. 1989년 《한국일보》 신춘문예에 〈가뭄〉과 〈꼽추〉가 당선되어 등단했다. 일상과 사물을 깊이 있는 시선으로 바라보고, 이를 특유의 묘사와 비유를 사용하여 표현하였다. 시집으로 《태아의 잠》(1991), 《사무원》(1999), 《껌》(2009) 등이 있다.

> 바퀴벌레 – 환경 파괴를 상징적으로 보여 주는 소재
> ❶믿을 수 없다. 저것들도 먼지와 수분으로 된 사람 같은 생물이란 것을.「그렇지 않고서야
> 「」: 도치법
> 어찌 ㉠❷시멘트와 살충제 속에서만 살면서도 저렇게 •비대해질 수 있단 말인가. 살덩이를
> 영탄법
> 녹이는 살충제를 어떻게 가는 혈관으로 흘려보내며 딱딱하고 거친 시멘트를 똥으로 바꿀
> 「」: 바퀴벌레를 보면서 느낀 충격 – 영탄적 어조
> 수 있단 말인가.「㉡입을 벌릴 수밖엔 없다, 쇳덩이의 근육에서나 보이는 저 •고감도의 민첩
> 바퀴벌레의 생명력에 대한 감탄 – 환경 오염의 심각성에 대한 반어적 표현
> 성과 •기동력 앞에서는.」「」: 도치법   ▶ 1연: 바퀴벌레의 놀라운 생명력

> 「사람들이 최초로 시멘트를 만들어 집을 짓고 살기 전, 많은 벌레들을 씨까지 일시에 죽이
> 「」: 현대 물질문명의 발달 이전
> 는 독약을 만들어 뿌리기 전, 저것들은 어디에 살고 있었을까.「흙과 나무, 내와 강, 그 어디
> 「」: 현대 물질문명으로 환경이 오염되고 생태계가 파괴되는 과정
> 에 숨어서 흙이 시멘트가 되고 다시 집이 되기를, 물이 살충제가 되고 다시 먹이가 되기를
> 기다리고 있었을까. ㉢❸빙하기, 그 세월의 두꺼운 얼음 속 어디에 수만 년 썩지 않을 ㉣금
> 현대 문명이 초래한 환경 오염에 적응을 잘하는 바퀴벌레
> 속의 씨를 감추어 가지고 있었을까.   ▶ 2연: 바퀴벌레의 생존에 대한 궁금증

> 로봇처럼, 정말로 철판을 온몸에 두른 벌레들이 나올지 몰라. 금속과 금속 사이를 뚫고
> 환경 오염으로 인한 신형 바퀴벌레의 출현에 대한 우려
> 들어가 살면서 철판을 왕성하게 소화시키고 수억 톤의 중금속 폐기물을 배설하면서 불쑥
> 지금보다 더 환경이 오염되고 생태계가 파괴된 미래를 비유함.
> 불쑥 자라는 잘 진화된 ㉤신형 바퀴벌레가 나올지 몰라. 보이지 않는 빙하기, 그 두껍고 차
> 금속을 먹으며 중금속 폐기물을 배설하는 신형 바퀴벌레를 통해 미래에 더욱 심각해질 환경 오염을 우려함.
> 가운 강철의 살결 속에 씨를 감추어 둔 채 때가 이르기를 기다리고 있을지 몰라. ❹아직은
> 오염이 더 심해지기를 기다림.
> 암회색 스모그가 그래도 맑고 희고, 폐수가 너무 깨끗한 끼니를 숨을 쉴 수가 없어 움직이
> 현재의 상황을 제시하는 동시에 미래에 더욱 심각해질 환경 오염을 경고함. – 반어적 표현
> 지 못하고 눈만 뜬 채 잠들어 있는지 몰라.   ▶ 3연: 더욱 심각해질 환경 오염에 대한 우려

이해와 감상

이 시는 환경 오염 문제가 미래에 더욱 심각해질 것이라는 우려를 '바퀴벌레'라는 독특한 소재를 통하여 형상화하고 있다. 1연에서는 현대 문명을 상징하는 '시멘트와 살충제' 속에서 인간이 싫어하는 '바퀴벌레'가 비대하게 증식하는 현실을 통해 현대 문명으로 인한 환경 오염의 심각성을 드러낸다. 2연에서는 비정상적인 '바퀴벌레'가 등장한 이유가 인간이 오랫동안 환경을 파괴해 왔기 때문이라는 점을 지적하고 있다. 즉, 현대 문명의 발달로 환경이 오염되고 생태계가 파괴되는 과정을 보여 줌으로써 환경 오염에 적응을 잘하는 바퀴벌레의 놀라운 생명력을 설명해 주고 있다. 3연에서는 현대 문명이 발달할수록 환경이 더 파괴될 것이라는 우려를 '신형 바퀴벌레'의 등장에 비유하여 말하고 있다.

이러한 전개 과정을 거쳐 결국 이 시는 현대 문명이 초래한 환경 문제의 심각성을 고발하고 있다. 즉, 현대 문명이 발달할수록 환경은 파괴된다는 점과 '바퀴벌레'는 오염된 환경에서 더욱 비대해지고 증식하는 생물이라는 점을 바탕으로, '바퀴벌레'는 미래에 '신형 바퀴벌레'로 진화할 것이라는 예상을 하고 있다. 이를 통해 지금과 같이 인간의 편리함을 위해 환경을 생각하지 않는 개발이 계속된다면 인간 문명이 환경과 생태계를 지금보다 더 파괴할 것이라는 섬뜩한 경고를 우리에게 던지고 있는 것이다.

신형 바퀴벌레의 탄생 예고 → 반어적 표현 → 인간 문명의 비인간성 / 환경 문제에 대한 경각심

🏠 작품 연구소

현대 물질문명을 상징하는 시어

시멘트, 살충제, 독약, 금속, 로봇, 철판, 중금속 폐기물, 암회색 스모그, 폐수	⇒	현대 물질문명 (반생명적, 반환경적 속성)

이 시에서는 현대 물질문명을 상징하는 시어들이 다양하게 사용되고 있다. 현대 물질문명을 구성하고 있는 대부분의 물상들은 자연의 섭리를 무시하는 반생명적이고 인공적인 속성을 지니고 있다. 이러한 시어의 사용을 통해 현대 물질문명의 발달로 인한 환경 파괴의 심각한 현실을 효과적으로 드러내고 있다.

반어적 표현을 통해 드러난 화자의 의도

반어적 표현이란 전달하고자 하는 의미를 강조하거나 특정한 효과를 유발하기 위해서 자신의 생각과 반대로 말하고 그 이면에 숨겨진 의도를 드러내는 것을 말한다. 이 시의 화자는 '입을 벌릴 수밖엔 없다'와 '아직은 암회색 스모그가 그래도 맑고 희고, 폐수가 너무 깨끗한 까닭에'라는 구절을 통해 환경 오염의 심각성을 반어적으로 표현하여, 환경 문제를 초래한 현대 물질문명을 비판하고 있다.

• 입을 벌릴 수밖엔 없다 • 아직은 암회색 스모그가 그래도 맑고 희고, 폐수가 너무 깨끗한 까닭에	⇒	환경 오염의 심각성을 반어적으로 표현하여 환경 오염에 대한 경각심을 불러일으킴.

서술어에 나타난 화자의 태도

	종결 어미		화자의 태도
1연	없다, 있단 말인가.	⇒	'바퀴벌레'의 생명력에 대한 우려를 강조함.
2연	있었을까.	⇒	'바퀴벌레'의 놀라운 생명력에 대한 의문을 강조함.
3연	몰라.	⇒	미래에 더 심각해질 환경 오염에 대한 우려를 강조함.

바퀴벌레 진화의 의미

이 시에서 '바퀴벌레'는 환경 오염을 극복하고 살아남은 놀라운 생명력을 지닌 존재이다. 이러한 바퀴벌레가 진화한다는 것은 그만큼 환경이 더욱 심각하게 오염되었음을 의미한다.

📖 함께 읽으면 좋은 작품

〈이제 이 땅은 썩어만 가고 있는 것이 아니다〉, 신경림 / 환경 오염에 대한 경각심

〈이제 이 땅은 썩어만 가고 있는 것이 아니다〉는 현대 문명이 초래한 환경 문제를 다루고 있다는 점에서 〈바퀴벌레는 진화 중〉과 유사하다. 하지만 〈바퀴벌레는 진화 중〉이 '바퀴벌레'라는 독특한 소재를 사용하여 환경 오염 문제를 드러냈다면, 〈이제 이 땅은 썩어만 가고 있는 것이 아니다〉는 환경 오염의 구체적인 여러 가지 사례를 통해 자연 파괴의 위험성을 제시하면서, 더 나아가 핵개발로 인한 지구 멸망의 위기까지 강조하고 있다는 점에서 차이가 있다.

🔑 포인트 체크

화자 끈질긴 ☐☐☐을 지닌 바퀴벌레를 통해 ☐☐☐☐ 문제의 심각성을 떠올리고 있다.

상황 시멘트, 살충제, 중금속 폐기물 등과 같이 자연의 ☐☐를 무시하는 현대 ☐☐☐☐으로 인해 환경 오염이 심각한 상황이 드러나 있다.

태도 환경 오염의 심각성과 현대 물질문명을 ☐☐☐ 표현을 사용하여 ☐☐적으로 바라보고 있다.

내신 적중

1 이 시에 대한 설명으로 적절하지 않은 것은?

① 시적 대상에 대한 관찰력이 돋보인다.
② 산문적 진술을 통해 시상을 전개하고 있다.
③ 반어적 표현을 통해 현실 문제를 고발하고 있다.
④ 영탄적 어조를 통해 현실에 대한 우려를 표현하고 있다.
⑤ 시적 대상에 대한 화자의 긍정적인 태도가 드러나 있다.

2 이 시와 〈보기〉를 비교한 것으로 적절한 것은?

┤ 보기 ├

가을 햇볕에 공기에 / 익는 벼에 / 눈부신 것 천지인데,
그런데, / 아, 들판이 적막하다 ― / 메뚜기가 없다! //
오 이 불길한 고요― / 생명의 황금 고리가 끊어졌느니……
― 정현종, 〈들판이 적막하다〉

① 이 시의 '살충제'와 〈보기〉의 '가을 햇볕'은 모두 부정적인 현대 문명을 상징하는 시어이다.
② 이 시의 '바퀴벌레'와 달리 〈보기〉의 '메뚜기'는 환경에 잘 적응하지 못하는 대상을 의미한다.
③ 이 시의 '바퀴벌레'는 환경에 파괴당하는 대상을, 〈보기〉의 '메뚜기'는 환경을 파괴하는 대상을 나타낸다.
④ 이 시의 '바퀴벌레'와 〈보기〉의 '생명의 황금 고리'는 모두 결국 인간에 의해 파괴되어 버릴 자연을 상징한다.
⑤ 이 시의 '보이지 않는 빙하기'와 〈보기〉의 '불길한 고요'는 모두 파괴된 현재의 생태계를 비유적으로 형상화한 것이다.

3 '바퀴벌레'의 진화를 〈보기〉와 같이 정리할 때, 이를 통해 이 시의 화자가 내다보는 미래 환경의 모습은 어떠한지 쓰시오.

┤ 보기 ├

4 ㉠~㉤에 대한 설명으로 적절하지 않은 것은?

① ㉠: 생물이 살기에 적합하지 않은 현대 물질문명을 의미한다.
② ㉡: 바퀴벌레의 생명력에 감탄하며 환경 오염의 심각성을 드러낸 표현이다.
③ ㉢: 지구 생명체가 거의 멸종할 정도의 혹독한 외부 환경을 나타낸다.
④ ㉣: '바퀴벌레'의 놀라운 생존력을 생물이 아닌 금속에 빗대어 표현하고 있다.
⑤ ㉤: 미래에는 환경 오염 문제를 해결하기 위해 '로봇 바퀴벌레'가 탄생할 것으로 예상하고 있다.

국어 동아

🎯 핵심 정리

갈래 자유시, 서정시

성격 상징적, 관념적, 성찰적, 반성적

제재 우주인

주제 일상에 매몰돼 살아가는 현대인의 삶에 대한 성찰과 반성 / 지나온 날을 돌아보며 현실 극복을 소망함.

특징 ① 시어의 반복을 통해 화자의 정서를 강조함.
② 현대인의 삶의 모습을 우주인에 빗대어 비판함.

출전 《사무원》(1999)

Q '발자국'이 의미하는 바는?

무중력 상태에서 허우적거리며 살아가는 화자는 삶의 목적도 없이 무비판적으로 살아가는 자신의 삶을 반성하고 이전과는 다른 삶을 살겠다는 다짐을 하게 된다. 따라서, '발자국'은 화자가 살아온 '삶의 흔적'을 의미한다고 할 수 있다.

💡 시어 풀이

허공 텅 빈 공중.

허우적 손발 따위를 좌우로 내두르는 모양.

인력(引力) 공간적으로 떨어져 있는 물체끼리 서로 끌어당기는 힘. 질량을 가진 모든 물체 사이나 서로 다른 부호를 가진 전하들 사이에 작용하며, 핵력 때문에 소립자들 사이에서도 생김.

공전하고 한 천체(天體)가 다른 천체의 둘레를 주기적으로 돌고. 행성이 태양의 둘레를 돌거나 위성이 행성의 둘레를 도는 따위를 이름.

🔧 시구 풀이

❶ **얼마나 힘 드는 ~ 없다는 것은** 무중력 상태의 우주 공간에서 우주인은 허우적거리며 걸을 수밖에 없다. 이것이 힘이 드는 이유는 기댈 무게가 없고 걸어온 만큼의 거리가 없기 때문이라고 도치법을 통해 표현하고 있다.

❷ **그동안 나는 ~ 공전하고 있는지도 모른다** 화자는 자신의 지난날을 돌아보며 '~모른다'는 표현을 반복하고 있다. 이는 자신의 상황을 제대로 알지 못하고 일상에 매몰되어 살아왔음을 드러내는 진술이다.

❸ **발자국 발자국이 ~ 길이 보고 싶다** '발자국'은 자신이 걸어온 삶의 흔적을 의미하는 것이므로 '발자국이 보고 싶다'는 것은 일상에 매몰돼 무비판적으로 살아가는 자신의 상황에서 벗어나고 싶어 하는 소망을 드러내는 표현이다. 또 '발걸음의 힘찬 울림을 듣고 싶다'는 것은 무중력 상태에서 불가능하므로 '기댈 무게'를 바라는 마음을 표현한 것으로 볼 수 있는데, 이는 '삶의 목표'를 추구하는 삶을 살겠다는 화자의 의지를 드러낸다.

👤 작가 소개

김기택(본책 276쪽 참고)

❊허공 속에 발이 푹푹 빠진다
<small>화자가 무중력 상태에 있는 우주인으로 설정됨.</small>
허공에서 ❊허우적 발을 빼며 걷지만

❶얼마나 힘 드는 일인가
<small>현실에 대한 부정적 인식</small>
기댈 ⓐ무게가 없다는 것은 ☐의 반복: 운율 형성
걸어온 만큼의 ⓑ거리가 없다는 것은
<small>삶의 과정에 대한 성찰</small>
▶ 1연: 무중력 상태인 우주 공간에서 허우적거리며 걸음.

❷❊그동안 나는 여러 번 넘어졌는지 모른다
<small>화자의 상황 인식 ① – 실패와 좌절</small>
지금은 쓰러져 있는지도 모른다
<small>화자의 상황 인식 ② – 무기력한 삶의 모습</small>
끊임없이 제자리만 맴돌고 있거나
<small>화자의 상황 인식 ③ – 목표 없이 반복되는 일상</small>
ⓒ❊인력(引力)에 끌려 어느 주위를 ❊공전하고 있는지도 모른다
<small>화자의 상황 인식 ④ – 타의에 의해 무비판적으로 반복되는 일상</small>
△의 반복: 운율 형성. 의미의 강조
「 」: 일상에 매몰돼 살아가는 현대인의 삶의 모습
▶ 2연: '나'는 지금의 상황과 처지를 알 수 없음.

❸❊발자국 ⓓ발자국이 보고 싶다
<small>살아온 삶의 흔적</small>
뒤꿈치에서 퉁겨 오르는

발걸음의 힘찬 울림을 듣고 싶다 ○의 반복: 운율 형성. 화자의 의지 강조
<small>주체적 삶을 살기 위한 노력</small>
내가 걸어온
「 」: 일상에 매몰된 채 살아온 지난 삶을 성찰하고 앞으로는
삶의 목표가 명확한 삶을 살고 싶다는 의지적 자세가 드러남.
길고 삐뚤삐뚤한 ⓔ길이 보고 싶다
<small>허우적거리며 걸어온 삶의 여정</small>
▶ 3연: '나'는 지금까지 걸어온 길을 보고 싶음.

📎 이해와 감상

이 시는 '우주인'이라는 독특한 소재를 사용하여 시상을 전개하고 있는데, 시인은 무중력 상태인 우주 공간에서 우주인이 움직이는 모습을 보고 일상의 삶을 성찰하고 있다. 무중력 상태의 우주 공간은 중력이 작용하지 않아 둥둥 떠다니거나 허공 속에서 허우적거릴 수밖에 없다. 게다가 감각 기능이 상실되어 위와 아래의 감각마저 사라진다. 이 시의 화자는 지금 이러한 우주 공간 속에 있는 우주인이다. 그래서 화자는 '허공에서 발이 푹푹 빠져 허우적거리며 발을 빼며 걷'고 있다. 그러면서 자신이 '제자리만 맴돌고 있거나, 어느 주위를 공전하고 있는 것'만 같다는 인식을 하게 되고, '자신의 발자국, 자신이 걸어온 길고 삐뚤삐뚤한 길을 보고 싶'어 한다. 이것을 현대인의 삶과 연결시켜 보면 '발자국'은 자신이 걸어온 삶의 흔적을 의미한다고 볼 수 있으며, '발걸음의 힘찬 울림'을 듣고 싶다는 것은 '기댈 무게'를 바라는 마음을 표현한 것이므로 '삶의 목표'를 가지고 살고 싶다는 화자의 의지를 드러낸 것으로 이해할 수 있다. 이처럼 이 시는 목표도 없는 일상적인 삶이 반복되는 무기력한 상황을 깨닫고 이러한 현실을 벗어나고 싶어 하는 화자의 소망을 노래하고 있는 작품이다.

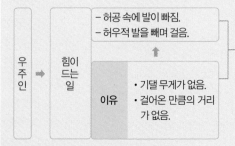

우주인 →	힘이 드는 일		자기 성찰	소망
		– 허공 속에 발이 빠짐. – 허우적 발을 빼며 걸음.	• 여러 번 넘어졌는지 모름. • 쓰러져 있는지 모름. • 제자리만 맴돌고 있거나 주위를 공전하고 있는지 모름.	• 발자국이 보고 싶음. • 발걸음의 힘찬 울림을 듣고 싶음. • 자신이 걸어온 길고 삐뚤삐뚤한 길이 보고 싶음.
		이유 ·기댈 무게가 없음. ·걸어온 만큼의 거리가 없음.		

작품 연구소

시어 및 시구의 상징적 의미

시어 및 시구	상징적 의미
우주인	일상에 매몰돼 무감각하게 살아가는 현대인
기댈 무게	삶의 목표
걸어온 만큼의 거리	지나온 과거의 삶
발자국이 보고 싶다	자신이 걸어온 삶의 흔적을 확인하고자 하는 소망
길고 삐뚤삐뚤한 길이 보고 싶다	지나온 삶에 대한 성찰과 반성의 의지

시상 전개에 따른 화자의 정서 변화

1연	2연	3연
'얼마나 힘드는 일인가~것은' (도치법, 반복법)	'~모른다' (반복법)	'~고 싶다' (반복법)
현실에 대한 부정적 인식	삶에 대한 성찰	소망과 의지

화자의 상황과 소망

화자의 상황	화자의 소망
• 허공에서 허우적거리고 있음. • 자신의 상황을 알 수 없음.	• 걸어온 발자국(삶의 흔적)이 보고 싶음. • 길고 삐뚤삐뚤한 길이 보고 싶음.

이 시의 화자는 삶의 목표 없이 일상에 매몰돼 무감각하게 살아가는 자신의 삶을 반성적으로 성찰하게 된 후, 자신이 걸어온 삶의 흔적을 확인하고 앞으로는 삶의 목표가 명확한 삶을 살고 싶다는 의지를 드러내고 있다.

우주인인 화자의 모습에 반영된 현대인의 삶

이 시의 화자는 무중력 상태의 우주 공간 속에 있는 우주인이다. 그렇기에 허공에서 발을 빼며 걸어도 허우적거리기만 할 뿐 앞으로 나아가지 못하고 제자리만 맴돌고 있거나 어느 주위를 공전하듯 떠돌고 있는 자신의 모습을 발견하게 된다. 시인은 이런 우주인의 모습에서 현대를 살아가는 우리들의 모습을 발견한다. 허공에서 둥둥 떠다니는 우주인의 모습이 일상적 삶에 이끌려 공전하듯 무기력하게 살아가는 현대인의 삶과 다를 바 없다는 깨달음을 독자들에게 전달하고 있는 것이다.

함께 읽으면 좋은 작품

〈단추를 채우면서〉, 천양희 / 지나온 삶에 대한 반성적 성찰

〈단추를 채우면서〉는 단추를 채우는 일상의 경험을 소재로 자신의 삶을 성찰하며 잘못된 단추 채우기의 의미를 삶 전체로 확장시켜 나가고 있는 작품으로, '잘못 채운 단추가 잘못을 깨운다.'는 깨달음을 얻게 되는 과정을 담담하게 표현하고 있다.

〈우주인〉과 〈단추를 채우면서〉는 자신의 지나온 삶에 대한 반성적 성찰이 드러나고 있다는 점에서 유사하다. 하지만 〈우주인〉이 자기반성과 성찰을 통해 현실을 벗어나고 싶은 소망을 나타냈다면, 〈단추를 채우면서〉는 자신의 잘못된 삶을 천천히 돌아보며 그것을 관조하는 태도를 드러냈다는 점에서 차이가 있다.

키 포인트 체크

화자 무중력 상태인 우주 공간을 허우적거리며 걷고 있는 ☐☐☐(으)로, 일상에 매몰되어 무감각하게 살아가는 ☐☐☐의 모습을 보여 준다.

상황 ☐☐에서 허우적거리는 우주인처럼 삶의 목표 없이 반복된 ☐☐을 보내고 있다.

태도 지난 삶에 대한 ☐☐을 통해 앞으로는 삶의 ☐☐가 분명한 삶을 살고 싶어 한다.

내신 적중

1 이 시의 표현상의 특징으로 적절하지 않은 것은?

① 어순의 도치를 통해 의미를 강조하고 있다.
② 유사한 시구의 반복을 통해 운율을 형성하고 있다.
③ 음성 상징어를 이용하여 화자의 상황을 부각하고 있다.
④ 청각의 시각화를 통해 시적 분위기를 고조시키고 있다.
⑤ 동일한 어휘를 반복함으로써 화자의 의지를 강조하고 있다.

2 〈보기〉로 보아, 이 시에서 비판하고 있는 대상으로 가장 적절한 것은?

┤ 보기 ├

"내가 걸어온 길고 삐뚤삐뚤한 길이 보고 싶다."는 고백은 생명의 흔적을 되돌아보고 반성하는 시적 화자의 태도라 할 수 있다. 이 길은 시인이 걸어온 삶의 궤적일 수도 있으나, 주체의 빈자리에 대한 열망을 함축하고 있기도 하다. 시인의 자기 관찰에 의하면 "끊임없이 제자리만 맴돌고 있거나 인력에 끌려 어느 주위를 공전하고 있는" 우주의 미아이다. 아무리 메우려고 해도 메워지지 않는 '무(無)로서 자신을 드러내는 주체의 빈자리'이기 때문이다.

① 과거의 삶에 사로잡혀 현실을 직시하지 못하는 사람
② 현실의 어려움에 좌절하여 무기력하게 살아가는 사람
③ 허황된 꿈을 이루기 위해 부도덕하게 살아가는 사람
④ 삶의 목표 없이 무비판적으로 하루하루를 살아가는 사람
⑤ 현실을 무시하며 미래의 이상만을 좇으며 살아가는 사람

내신 적중 多빈출

3 이 시에 대한 감상으로 적절하지 않은 것은?

① '허우적 발을 빼며 걷지만'은 화자가 무중력 상태인 우주 공간에 있는 것을 보여 주는군.
② '걸어온 만큼의 거리가 없다'는 인식은 과거의 삶에 대한 성찰이 없는 현실에 대한 불만을 표현하고 있는 것 같아.
③ '발걸음의 힘찬 울림을 듣고 싶다'에는 우주의 무중력 공간에서 발자국을 가능하게 하는 '기댈 무게'를 바라는 마음이 담겨 있어.
④ '인력에 끌려 어느 주위를 공전하고 있는' 자신에 대한 발견은 새로운 삶에 대한 소망을 불러일으키고 있군.
⑤ '길고 삐뚤삐뚤한 길'은 화자가 앞으로 살아갈 미래의 고달픈 삶을 상징적으로 보여 주는군.

4 '길고 삐뚤삐뚤한 길'의 함축적 의미와 그것을 보고 싶어 하는 화자의 의도를 쓰시오.

5 ⓐ~ⓔ 중, 성격이 가장 이질적인 시어는?

① ⓐ   ② ⓑ   ③ ⓒ   ④ ⓓ   ⑤ ⓔ

풀벌레들의 작은 귀를 생각함 | 김기택

문학 지학사

🎯 핵심 정리
갈래 자유시, 서정시
성격 감각적, 고백적
제재 풀벌레들의 울음소리
주제 문명과 인간의 이기를 비판하며 자연과의 공생을 노래함. / 풀벌레 소리를 통해 자신의 삶을 성찰함.
특징 ① 새롭게 깨달은 점을 고백적 어조로 노래함.
② 풀벌레를 의인화하여 풀벌레의 마음을 헤아리는 태도를 보임.
출전 《소》(2005)

Q '귀뚜라미나 여치'를 끌어들인 의도는?
'귀뚜라미나 여치'는 '큰 울음소리'를 내는 곤충으로 너무 작아 들리지 않는 소리를 내는 '풀벌레'와는 다른 존재이다. 풀벌레와 비교되어 풀벌레의 크기를 상상하게 한다.

💡 시어 풀이
낭랑하다 소리가 맑고 또랑또랑하다.
브라운관 '텔레비전'을 비유적으로 이르는 말.

🐛 시구 풀이
❶ **텔레비전을 끄자 ~ 방 안 가득 들어온다** 현대 문명의 이기인 텔레비전의 빛이 사라진 후에 비로소 어둠이 지각되고, 풀벌레 소리가 인식되었음을 표현하고 있다. 어둠 속에서 그동안 관심을 갖지 못했던 벌레 소리에 대한 인식이 생기게 된 것이다.
❷ **귀뚜라미나 여치 같은 ~ 작은 귀를 생각한다** 평소에 들을 수 있었던 큰 울음에 더하여 풀벌레들의 작은 소리까지 인식하게 되어 인식의 범위가 확대됨을 나타내고 있다.
❸ **브라운관이 뿜어낸 ~ 되돌아갔을 것이다** 화자가 의식하지 못했던 풀벌레들의 울음소리를 떠올리면서 그것을 간과했던 지난 삶에 대한 성찰이 드러난다. 풀벌레들의 작은 소리가 있었지만 브라운관이 뿜어낸 빛과 소리가 만든 벽에 막혀 되돌아갔을 것이라고 깨닫고 있다.
❹ **크게 밤공기를 들이쉬니~조금은 환해진다** 풀벌레들의 작은 소리를 귀로만 듣지 않고 내면 깊숙이 받아들이는 자신의 모습을 확인하고 있다.

👤 작가 소개
김기택(본책 276쪽 참고)

---

❶텔레비전을 끄자   □: 인간의 현대 문명
풀벌레 소리   ○: 잊고 있던 자연의 소리
어둠과 함께 방 안 가득 들어온다
_{풀벌레 소리를 도드라지게 하는 시간}
어둠 속에서 들으니 벌레 소리들 환하다
_{공감각(청각의 시각화)}
별빛이 묻어 더 ˙낭랑하다

❷귀뚜라미나 여치 같은 큰 울음 사이에는
_{풀벌레보다 큰 자연의 존재   평소에 들을 수 있던 소리}
너무 작아 들리지 않는 소리도 있다
_{풀벌레들의 소리}
그 풀벌레들의 작은 귀를 생각한다
_{작은 소리를 들을 수 있는 귀}
내 귀에는 들리지 않는 소리들이 드나드는

까맣고 좁은 통로들을 생각한다
_{풀벌레들의 작은 귀}
그 통로의 끝에 두근거리며 매달린

여린 마음들을 생각한다

발뒤꿈치처럼 두꺼운 내 귀에 부딪쳤다가
_{자연과 소통하지 못하는 완고함을 강조}
되돌아간 소리들을 생각한다

❸˙브라운관이 뿜어낸 현란한 빛이
_{별빛과 대비되는 문명의 빛}
내 눈과 귀를 두껍게 채우는 동안
_{현대 문명의 자극에 익숙해지는 동안}
그 울음소리들은 수없이 나에게 왔다가

너무 단단한 벽에 놀라 되돌아갔을 것이다
_{자연의 소리를 단절시키는 귀}
하루살이처럼 전등에 부딪쳤다가
_{직유법}
바닥에 새카맣게 떨어졌을 것이다

❹크게 밤공기를 들이쉬니
_{자연과 공존하고자 노력하는 행동}
허파 속으로 그 소리들이 들어온다
_{풀벌레의 작은 소리를 받아들임}
허파도 별빛이 묻어 조금은 환해진다
_{자연을 받아들인 후 변화된 모습}

▶ 1~7행: 텔레비전을 끄고 어둠 속에서 풀벌레 소리를 들음.

▶ 8~14행: 인식이 확대되어 작은 풀벌레들의 소리와 존재를 생각함.

▶ 15~20행: 그동안 풀벌레들의 소리를 간과했던 삶을 성찰함.

▶ 21~23행: 풀벌레 소리를 내면에 받아들여 환한 기운을 느낌.

이해와 감상

이 시는 늘 시끄럽고 요란한 소리를 뿜어내는 텔레비전 앞에서 저녁 시간을 보내던 화자가 텔레비전을 끄고 풀벌레 소리를 듣게 된 경험을 통해 우리가 잊고 사는 작은 것들의 존재와 소중함을 노래하고 있다. 이를 통해 문명과 인간의 이기를 비판하면서 자연과의 공생에 대해서도 생각해 보게 한다. '브라운관이 뿜어낸 현란한 빛'에서 벗어나 풀벌레들의 '울음소리'를 접하게 된 화자는 풀벌레들의 울음소리가 '너무 단단한 벽에 놀라 되돌아갔을 것'이라고 추측하며 자신이 잊고 있던 자연에 대해 인식하게 된다. 텔레비전의 빛과 소리를 '어둠, 별빛, 풀벌레 소리'와 대조하면서 화자는 문명의 이기 속에 몸을 맡긴 채 사는 자신의 삶에 대해 성찰적 자세를 드러내고 있다.

텔레비전을 끄고 풀벌레 소리를 인식함.
↓
인식의 확대: 풀벌레의 존재를 생각함.
↓
자연과 단절되었던 자신의 삶을 성찰함.
↓
풀벌레 소리를 내면으로 받아들임.

작품 연구소

텔레비전을 끄고 난 후의 화자의 인식 변화

낮의 시간, 밤의 시간
사람과 문명의 소리로 가득 찬 시간

↓ 텔레비전을 끔.

낮의 시간	밤의 시간
사람과 문명의 소리로 가득 찬 시간	어둠과 별빛, 풀벌레들의 존재가 드러나는 시간

　텔레비전을 끄기 전에는 현대 문명인 인공적인 불빛이 밤도 낮과 같이 만들어 '어둠'이 나타나지 않았다. 그러나 텔레비전을 끈 이후에 화자는 비로소 어둠을 지각하며 밤의 시간이 생기게 되었음을 말하고 있다.

소재의 대조적 의미

긍정적 의미		부정적 의미
풀벌레, 별빛, 작은 귀, 여린 마음, 울음소리	대조	텔레비전, 발뒤꿈치, 현란한 빛, 벽, 전등

　'자연, 생명'과 관련된 것은 화자에게 긍정적 의미로 인식되고, '현대 문명, 장애물'과 관련된 것은 부정적 의미로 인식된다.

이 시에 나타난 '어둠'의 의미

　늦은 여름부터 가을이 깊어 갈 때까지, 밤의 주인공은 어둠과 별 그리고 달과 풀벌레들이다. 낮의 시간이 사람과 문명의 소리로 가득 찬 시간이라면, 밤의 시간은 배경으로 없는 듯 물러났던 자연들이 존재를 전면으로 드러내는 시간이다. 그러므로 밤이 되면 사람들은 낮의 시간에 어둠과 별, 그리고 달과 풀벌레들이 그랬던 것처럼 그들의 뒤로 조용한 배경이 되어 물러나야 한다. 이것이 자연과 공생의 삶을 사는 일이라고 할 수 있다. 밤의 시간에는 인간들이 배경으로 물러나 밤의 주인공들에게 자리를 내어 준다. 그리하여 풀벌레들이 마음껏 노래하며 춤추도록 하고, 이러한 노래와 춤의 가장 훌륭한 감상자는 가수와 춤꾼이 자신의 멋을 마음껏 드러내도록 한다.

－ 정효구, 〈풀벌레들에게도 작은 귀가 있습니다〉

공감각과 복합 감각

　공감각은 '벌레 소리들 환하다'(청각의 시각화)와 같이 어떤 한 심상이 다른 심상으로 전이되어 표현되는 것을 말한다. 복합 감각이란 두 개 이상의 감각이 전이가 일어나지 않은 채 복합적으로 나타나는 것이다. 〈관동별곡〉에서 '들을 때는 우레더니 찾아가 보니 눈'이라는 표현과 같이 청각과 시각이 모두 나타난 것이 이에 해당된다.

> **자료실**
>
> **생태학적 상상력**
>
> 문학의 상상력은 시인이 대상을 인식하고 자연이나 세계 등을 언어로 전이하는 능력을 말한다. 파괴되어 가는 자연의 회복과 자연 친화적인 삶을 추구하는 시의 정신과 자연과 인간이 하나가 되는 교감 및 혼용을 지향하는 전통적인 서정시의 세계가 만나서 생태학적 상상에 근거를 둔 문학적 경향이 나타났다.
>
> － 윤여탁 외, 《시와 함께 배우는 시론》

함께 읽으면 좋은 작품

〈촉〉, 나태주 / 무관심 속에서 발견한 생명의 신비

　〈촉〉은 식물의 싹이 무겁고 단단한 아스팔트를 비집고 솟아오르는 장면을 보면서 생명의 신비로움에 대해 말하고 있는 작품이다. 〈촉〉은 일상에 보이지 않던 무관심 속에서 진실을 본다는 점에서는 〈풀벌레들의 작은 귀를 생각함〉과 유사하다. 하지만 자신의 삶에 대한 성찰이 아닌 생명에 대한 영탄을 드러낸다는 점에서 차이가 있다. Link 본책 365쪽

키 포인트 체크

화자 평소 현대 문명의 이기에 대한 익숙함으로 어둠과 작은 □□□소리를 인식하지 못하였다.

상황 □□□□□을 끄고 □□ 속에서 작은 풀벌레의 소리에 귀를 기울이며 인식의 확대를 경험하고 있다.

태도 현대 문명에 대해 □□적이고, 자신의 삶에 대해 □□적 태도를 보이며 자연과 하나 되어 변화하고자 한다.

1 이 시의 표현상의 특징으로 가장 적절한 것은?
① 묻고 답하는 형식을 활용해 대상을 부각하고 있다.
② 외래어를 사용하여 문명의 이기들을 나열하고 있다.
③ 역설적 표현을 통해 주제를 효과적으로 드러내고 있다.
④ 공감각적 표현을 활용하여 시의 이미지를 형상화하고 있다.
⑤ 과거 시제로 각 행을 종결하며 화자의 회상을 드러내고 있다.

2 이 시에서 〈보기〉의 근거가 되는 부분으로 가장 적절한 것은?

> **보기**
>
> 　화자는 귀뚜라미, 여치 등과 같은 풀벌레들의 큰 울음 사이에서 너무 작아 들리지 않는 풀벌레들의 소리와 그들의 작은 귀에 대해 특별히 마음을 쏟는다. 풀의 가장자리에 몸을 기대고 우는, 너무 작아 들리지 않는 풀벌레의 소리와 너무 작아 보이지 않는 풀벌레를 생각하는 것이다.

① 1~3행　　② 4~5행　　③ 6~7행
④ 13~14행　　⑤ 21~23행

중요 기출　고난도

3 이 시의 화자에 대한 설명으로 적절하지 않은 것은?
① '어둠'과 '풀벌레 소리'가 본래 존재하지만 '텔레비전'의 방해로 인식하지 못하고 있었다.
② '큰 울음'뿐만 아니라 '들리지 않는 소리'도 존재한다는 것을 깨달으며 인식의 범위가 확대되고 있다.
③ '들리지 않는 소리'의 주체들과 소통할 수 없었던 것에 대해 미안함을 느끼고 있다.
④ '그 울음소리들'을 떠올리며 그 소리를 간과했던 삶을 성찰하고 있다.
⑤ '그 소리들'을 귀로만 듣지 않고 내면 깊숙이 받아들이고 있는 자신의 모습을 확인하고 있다.

내신 적중　다빈출

4 이 시의 화자가 '풀벌레 소리'와 '어둠'을 인식하게 된 계기가 된 행동을 2어절로 쓰시오.

5 이 시가 작가의 경험을 표현한 것이라고 할 때, 경험을 떠올린 것으로 적절하지 않은 것은?
① 텔레비전을 끄고 방 안이 어두워짐을 깨달았다.
② 풀벌레 소리를 통해 가을이 온 것을 느끼게 되었다.
③ 어둠 속에서 별빛이 빛나고 있는 것을 보게 되었다.
④ 브라운관에서 나오는 빛을 현란하다고 생각하였다.
⑤ 밤공기를 크게 들이쉬어서 허파 속에 공기를 넣어 보았다.

[문학] 천재(정)

🎯 핵심 정리

갈래 자유시, 서정시
성격 서정적, 낭만적, 애상적
제재 꽃
주제 꽃을 통해 깨닫게 되는 만남과 이별의 진리
특징 ① 동일한 시어를 반복하여 시적 정서를 형성함.
② 자연 현상과 인간사를 병치하여 의미를 강화함.
③ 시간을 나타내는 단어 '잠깐, 순간'과 '한참'을 대비하여 주제를 부각함.
출전 《서른, 잔치는 끝났다》(1994)

💡 시어 풀이

영영 영원히 언제까지나.

🐝 시구 풀이

❶ **꽃이 피는 건 ~ 아주 잠깐이더군** 어떤 사람을 만나 사랑을 완성하는 것은 어려워도, 이별하는 것은 순간이라는 의미이다. 또한 낙화의 순간성으로 인해 떨어지는 꽃의 모습을 살피기 어려운 것처럼, 사랑하는 사람과의 이별도 그 사람에 대해 생각해 볼 여유조차 없이 순간적으로 이루어진다고 말하고 있다.

❷ **그대가 처음 ~ 피어날 때처럼** 사랑이 시작되는 순간을 꽃이 피는 과정에 대응시켜 비유적으로 표현한 부분이다.

❸ **잊는 것 또한 ~ 순간이면 좋겠네** 꽃이 순식간에 지는 것처럼 사랑하는 사람도 빨리 잊혀졌으면 좋겠다는 의미이다. 이는 사랑하는 사람은 이별 후에도 쉽게 잊혀지지 않는다는 것을 의미하는 것이기도 하다.

❹ **꽃이 지는 건 ~ 영영 한참이더군** 사랑하는 사람과 이별하는 것은 순간이지만, 사랑하던 사람을 잊는 것은 매우 고통스럽고 오랜 시간이 걸린다는 것을 표현한 부분이다. 특히 마지막 행은 '영영'이라는 시어와 함께 '한참이더군'이라는 표현을 반복함으로써, 화자가 자신의 경험을 통해 이별의 아픔이 오래도록 지속된다는 진리를 깨닫게 되었음을 알 수 있다.

👤 작가 소개

최영미(崔泳美, 1961~)
시인. 서울 출생. 1992년 《창작과 비평》 겨울호에 〈속초에서〉 등 8편의 시를 발표하며 등단하였다. 1980년대를 경험한 젊은이들의 상처와 고독을 도시적 감수성과 솔직한 표현으로 그려 내었다. 시집으로 《서른, 잔치는 끝났다》(1994), 《꿈의 페달을 밟고》(1998), 《돼지들에게》(2005), 《도착하지 않은 삶》(2009) 등이 있다.

---

❶꽃이

피는 건 힘들어도
사랑의 완성
지는 건 잠깐이더군
이별

골고루 쳐다볼 틈 없이

님 한 번 생각할 틈 없이

아주 잠깐이더군
강조

□: 종결 어미의 반복을 통해 현실 상황에 대한 깨달음을 드러냄.

▶ 1연: 낙화의 순간성 인식

❷그대가 처음

내 속에 피어날 때처럼
사랑의 시작
❸잊는 것 또한 그렇게
사랑의 종말, 이별
순간이면 좋겠네
이별의 슬픔과 고통이 빨리 끝나기를 희망함.

▶ 2연: 이별로 인한 슬픔과 고통의 순간성에 대한 소망

멀리서 웃는 ⓒ그대여
이별한 임 – 거리감을 드러냄
산 넘어 가는 그대여
점점 멀어지는 임

⊙: 시어 반복 → 이별한 사람에 대한 간절한 마음을 효과적으로 드러냄.

▶ 3연: 사랑하는 사람과의 이별에 대한 아쉬움

❹꽃이

지는 건 쉬워도
이별 자체는 순간적이지만
「잊는 건 한참이더군

❺영영 한참이더군」
시간적 거리감 강조

「 」: 사랑하는 사람을 잊는다는 것은 더디고 어려움.

▶ 4연: 사랑하던 사람을 잊는 것의 어려움

이해와 감상

이 시는 꽃이 피고 지는 과정을 사랑하는 사람과의 만남과 헤어짐에 대응시켜, 그것에서 깨닫게 되는 인간사의 진리를 표현한 작품이다.

1연을 보면, 이 시의 화자는 낙화의 허무함과 순간성을 인식하게 된다. 그리고 그것을 사랑하는 사람과의 만남과 이별로 자연스럽게 대응시킨다. 2연에서는 그러한 자연 현상을 자신의 내면에 밀착시켜, 이별의 슬픔과 고통이 순식간에 떨어지는 꽃처럼 빨리 지나가기를 희망한다. 3연에서 화자는 사랑했던 그대가 떠나갔음을 재확인하고, 마지막 4연에서는 사랑하던 사람을 잊는다는 것이 힘들고 더디다는 것을 깨달으며 시상을 마무리하고 있다.

이처럼 이 시는 이별을 경험한 화자가 선운사의 낙화를 보며, 자신의 사랑과 이별을 되돌아보고 그것에서 얻게 된 깨달음을 절제된 언어로 표현한 작품이다. 이를 통해 문학이 인간의 삶을 형상화하는 다양한 방식에 대해 생각해 볼 수 있게 한다.

1연
자연 현상의 관찰

↓

2연
현상의 내면화

↓

3연
이별의 재인식

↓

4연
내면적 깨달음

작품 연구소

'꽃'과 '인간사'의 비유 구조

이 시에서는 꽃이 피고 지는 과정을 사랑하는 사람과의 만남과 헤어짐에 대응시키고 있다. 이러한 대응 구조를 자세히 살펴보면, 꽃이 피고 지는 과정과 사랑과 이별의 과정이 유사성을 지닌 채 유추 관계를 이루고 있음을 알 수 있다.

꽃이 피고 지는 과정		사랑하는 사람과의 만남과 헤어짐의 과정
꽃은 힘들게 피지만, 지는 건 순간이다.	⇒	어떤 사람을 만나 사랑을 완성하는 것은 어려워도 이별을 하는 것은 순간이다.
꽃이 지는 건 쉬워도 잊는 건 한참이더군.	유추	이별하는 것은 한순간이지만 이별 뒤의 고통은 길다.

종결 어미의 반복이 주는 효과

이 시에서는 '–더군'이라는 종결 어미를 첫 연과 마지막 연에서 반복하고 있다. 그런데 '–더군'이라는 종결 어미는 기본적으로 자신의 경험을 바탕으로 무엇인가를 깨달았음을 의미하는 동시에, 자신의 일을 마치 남의 일처럼 말하는 것으로 느끼게 함으로써 감정을 절제하는 듯 한 효과도 준다.

특히 1연에서 반복하고 있는 '잠깐이더군'은 사랑이 떠나간 아쉬움과 안타까움의 정서를 효과적으로 드러내고 있으며, 마지막 연에서 반복되고 있는 '한참이더군'은 사랑과 이별의 경험을 통해 깨닫게 되는 인간사의 진리, 곧 이 시의 주제를 효과적으로 부각하고 있다.

'–더군'의 반복 효과 ⇒
- 운율을 형성함.
- 시의 분위기와 정서를 안정시킴.
- 감정을 절제하는 듯한 효과를 줌.
- 아쉬움과 안타까움의 정서를 효과적으로 드러냄.
- 사랑과 이별에 대한 깨달음을 드러냄.

시작(詩作)의 모티프, '선운사'와 '동백꽃'

이 시의 제목을 통해, 시작의 모티프가 '선운사'와 깊은 관련이 있음을 짐작할 수 있다. '선운사'는 전북 고창군에 있는 고찰

▲ 선운사

▲ 동백꽃

로 예전부터 '동백나무 숲'으로 유명한 곳이다. 꽃이 질 때 다른 꽃들은 꽃잎이 하나하나 떨어져 나가는 것과 달리, 동백꽃은 꽃송이 전체가 뚝 떨어지는 특징이 있다. 그래서 꽃이 떨어진 다음에도 떨어진 꽃송이가 붉은 자태를 한동안 유지하는 것으로 알려져 있다. 결국 시인은 선운사에서 순식간에 떨어졌지만 그 자태를 간직한 채 오래도록 남아 있는 동백꽃을 보며, 사랑과 이별이라는 인간사를 대응시켜 이 시를 창작했을 것이라고 추측해 볼 수 있다.

함께 읽으면 좋은 작품

〈먼 후일〉, 김소월 / 이별한 임에 대한 기억

〈먼 후일〉은 임과 이별한 후 결코 잊을 수 없는 임을 그리워하는 간절한 마음을 노래한 시이다. 〈선운사에서〉와 〈먼 후일〉의 시적 화자는 모두 이별의 아픔 속에서 떠나 버린 임에 대한 기억을 쉽게 지우지 못한다는 점에서 공통적이다. 그러나 〈선운사에서〉의 화자는 이별 자체가 주는 슬픔과 고통에 주목하고 있는 반면, 〈먼 후일〉의 화자는 이별 자체를 거부하고 임에 대한 간절한 그리움을 표현하고 있다는 점에서 차이를 보인다.

Link 본책 48쪽

키 포인트 체크

[화자] 고창 □□□에서 떨어지는 동백꽃을 보며 □□과 헤어짐에 대해 생각하고 있다.

[상황] □□을 경험한 화자가 꽃이 떨어져 지는 모습을 보며 자신의 □□과 이별을 되돌아보고 있다.

[태도] 꽃이 피고 지는 과정을 사랑하는 사람과의 만남과 헤어짐에 □□시켜 얻게 된 깨달음을 □□된 언어로 표현하고 있다.

내신 적중 多빈출

1 이 시에 대한 설명으로 적절하지 않은 것은?
① 자연 현상을 시의 소재로 삼고 있다.
② 이별의 아픔을 직설적으로 드러내고 있다.
③ 인간사의 진리에 대한 깨달음이 제시되어 있다.
④ 시적 표현을 통해 화자의 처지를 짐작할 수 있다.
⑤ 동일한 종결 어미를 반복하여 주제를 부각하고 있다.

2 〈보기〉의 내용을 참고하여, 이 시를 이해한 내용으로 적절하지 않은 것은?

┤ 보기 ├

예전에 전라도 고창에 있는 선운사에 갔었는데, 그곳에서 본 붉은 동백꽃이 참 아름다웠어. 동백꽃은 여느 꽃들과 달리 시들기 전에 송이째 뚝 떨어지는데, 떨어진 뒤에도 오랫동안 붉고 아름다운 자태를 잃지 않는다고 해.

① 시인은 아름다운 동백꽃을 보고, 자신이 경험했던 사랑을 떠올렸을 거야.
② 시인은 떨어진 동백꽃의 붉은 꽃송이를 보고, 이별의 아픔을 떠올렸을 거야.
③ 이 시를 창작하게 된 계기는 시인이 선운사를 방문하여 동백꽃이 떨어지는 것을 본 것과 관련이 있겠군.
④ 화자가 사랑하는 사람과의 이별을 순간적이라고 인식하게 된 것은 동백꽃이 송이째 뚝 떨어지는 특성과 관련이 있겠군.
⑤ 떨어진 동백꽃이 오랫동안 아름다운 자태를 잃지 않는 모습을 보고 시인은 그대와의 사랑이 다시 회복될 것이라고 생각했을 거야.

3 이 시의 화자가 처한 상황과 심리를 한 문장으로 쓰시오.

4 ㉠에 대한 설명으로 가장 적절한 것은?
① 사랑하는 임과의 재회를 상상하고 있다.
② 설의적인 표현을 통해 이별의 상황을 재확인하고 있다.
③ 임에 대한 사랑의 감정을 잊은 후의 모습을 보이고 있다.
④ 유사한 문장 구조를 반복하여 행복했던 과거를 회상하고 있다.
⑤ 시어를 반복하여 이별한 사람에 대한 간절한 마음을 드러내고 있다.

155

봄눈 오는 밤 | 황인숙

문학 천재(정)

🎯 핵심 정리

갈래 자유시, 서정시

성격 예찬적, 회화적

제재 봄눈을 맞는 나무의 눈(싹)

주제 봄이 되어 봄눈을 맞으며 싹이 나기를 기다리는 나무의 아름다움

특징 ① 대화체의 말투를 활용하여 대상에 대한 친근한 감정을 표현함.
② 도치와 영탄법을 활용하여 대상에 대한 감탄의 태도를 표현함.
③ 동음이의어를 활용하여 나무의 싹과 나무에 내리는 눈을 효과적으로 표현함.
④ 나무와 봄눈을 의인화하여 사랑스럽고 친근한 느낌을 표현함.

출전 《우리는 철새처럼 만났다》(1994)

Q 행간 걸침의 효과는?

독자의 호흡이 자연스럽게 이어지지 못해 시적 긴장감이 유지된다 이 기법을 통해 일반적인 배열의 식상함을 극복하고, 내용이나 주제를 강화하는 효과를 얻을 수 있다.

💡 시어 풀이

발치 사물의 꼬리나 아래쪽이 되는 끝부분.

줄달음쳐 단숨에 내쳐 달리어.

⚜ 시구 풀이

❶ **마른풀들이 ~ 하얗다.** 하늘에서 떨어진 눈이 마른풀들 위로 떨어져 하얗게 쌓여 있는 모습을 마른풀들이 눈을 떠받쳐 들었다고 의인법을 활용하여 친근하게 표현하였다.

❷ **나무들은 눈을 감고 있을 것이다.** 동음이의어인 '눈'을 활용하여 사람이 눈[目]을 감듯이, 나무의 싹, 꽃눈, 잎눈 따위가 아직 돋아나지 않은 모습을 표현하였다.

❸ **눈송이들이 줄달음쳐 ~ 입 맞추려고.** 눈이 내리는 자연 현상에 화자가 짐작한 의도를 부여한 표현으로, 나무의 눈이 예쁘기 때문에 하늘에서 내리는 눈도 나무의 눈에 입을 맞추려 한다고 참신하게 생각하였다.

❹ **나라도 그럴 ~ 퍼붓는 봄눈!** 나무의 눈에 대한 화자의 정서를 감탄사와 느낌표, 행간 걸침 등을 활용하여 직접적으로 표현하였다.

👤 작가 소개

황인숙(본책 234쪽 참고)

길 건너 숲속,
시적 공간
봄눈 맞는 나무들.
시적 상황, 화자가 봄에 눈을 맞는 나무들을 보고 있음.
❶마른풀들이 가볍게 눈을 떠받쳐 들어
의인법
•발치가 하얗다.
시각적 심상, 밤과 대비되어 하안색이 더욱 선명하게 보임.

▶ 1연: 길 건너 숲속 나무들이 봄눈을 맞음.

새로 막 돋쳐 돋아나려는 초목의 싹, 꽃눈, 잎눈 따위
❷나무들은 눈을 감고 있을 것이다.
의인법, 아직 싹이 나지 않음.
너의 예쁜 ㉠감은 눈.
봄이 깊어지면 돋아날 나무의 눈에 대한 화자의 감탄
㉡너, 아니? ──── 도치, 문장의 어순을 바꾸어 강조의 효과를 거둠.
네 감은 눈이 얼마나 예쁜지.
아직 돋아나지 않은 나무의 눈에 대한 화자의 정서를 직접 표현함.

▶ 2연: 아름다운 나무의 싹트지 않은 눈

ⓐ❸눈송이들이 •줄달음쳐 온다. ── 도치, 감정 이입
의인법, 끊임없이 내리는 봄눈의 모습
네 감은 눈에 입 맞추려고.
하늘에서 내리는 눈도 나무의 눈을 예쁘게 생각할 것임.
❹나라도 그럴 것이다!
나무의 눈에 입 맞추기 위해 줄달음쳐 올 것이다.
오, 네 예쁜, 감은 눈, ── 행간 걸침, 시어가 앞 행과도 연결되고
에 퍼붓는 봄눈! ── 뒤 행과도 연결되게 하는 기법
영탄법, 화자의 정서가 극대화됨.

▶ 3연: 눈송이들과 화자가 나무의 예쁜 눈에 감탄함.

📎 이해와 감상

이 작품은 봄밤에 눈을 맞고 서 있는 나무를 보며 느낀 것을 표현한 시이다. 1연에서는 화자가 실제로 본 풍경을 묘사한다. 캄캄한 밤이지만, 하늘에서 내리는 하얀 눈이 나무 아래 쌓여 나무의 발치가 하얗게 보인다. 2연과 3연에서는 화자가 상상한 내용이 나타나는데, 화자는 나무의 눈에 시선을 집중한다. 봄이 되었으니 곧 돋아날 터이지만 아직 피어나지 않은 꽃눈과 잎눈을 나무들이 눈을 감고 있다고 표현하면서, 이러한 눈에 대한 화자의 정서를 '예쁘다'라고 직접적으로 제시한다. 하늘에서 내리는 눈들도 곧 피어날 나무의 눈에 입 맞추기 위해 내려온다고 생각하며 자연의 섭리에 대한 경탄과 곧 피어날 꽃과 잎에 대한 기대를 나타내고 있다. 선경후정의 방식으로 시상이 전개되는데, 화자의 정서가 갈수록 고조되어 3연에서는 도치, 영탄, 행간 걸침, 짧은 호흡 등의 수사법을 활용하여 나무의 눈에 대한 정서를 제시하고 시상을 마무리하고 있다. 자칫 지나칠 수 있는 풍경에서도 세밀한 자연의 흐름을 읽어 내고 이를 감탄하며 바라보는 시인의 시선이 참신하고 아름답게 느껴지는 작품이다.

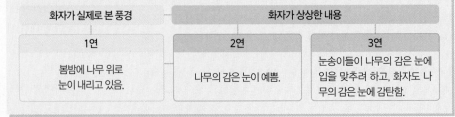

화자가 실제로 본 풍경	화자가 상상한 내용	
1연	2연	3연
봄밤에 나무 위로 눈이 내리고 있음.	나무의 감은 눈이 예쁨.	눈송이들이 나무의 감은 눈에 입을 맞추려 하고, 화자도 나무의 감은 눈에 감탄함.

🏠 작품 연구소

동음이의어 '눈'의 다양한 의미

시어	사전적 의미	시에서의 의미
봄눈[雪]	대기 중의 수증기가 찬 기운을 만나 얼어서 땅 위로 떨어지는 얼음의 결정체	봄에 내리는 눈으로, 계절이 겨울에서 봄으로 이동하고 있음을 표현함.
감은 눈[目]	빛의 자극을 받아 물체를 볼 수 있는 감각 기관('감다'라는 서술어와 어울리는 '눈'의 뜻)	아직 돋아나지 않은 나무의 눈을 사람의 눈에 빗대어 감았다고 표현함.
나무의 눈[芽]	새로 막 터져 돋아나려는 초목의 싹. 꽃눈, 잎눈 따위	곧 피어날 꽃눈이나 잎눈으로 봄이 만개할 것임을 예고함.

대상의 아름다움을 부각하기 위해 사용한 표현 방법

표현 방법	해당 부분	효과
묘사	1연: 봄밤에 나무들 위로 눈이 내리는 모습	서정적인 분위기를 형성함. 어두운 밤과 하얀 눈의 대비로 시의 제재인 나무를 두드러지게 표현함.
의인법	1연: 마른풀이 눈을 떠받침. 2연: 나무들이 눈을 감고 있음. 3연: 눈송이들이 나무의 눈에 입 맞추려 함.	마른풀과 나무, 눈송이들을 사람처럼 표현하여 사랑스럽고 친근한 느낌을 줌.
도치법	2연 3, 4행 3연 1, 2행	문장의 순서를 바꾸어 나무의 눈의 아름다움을 강조함.
행간 걸침	3연 4, 5행	시적 긴장을 유지하면서 주제를 강화함.
영탄법	3연: 감탄사 '오'와 느낌표의 사용	자연물에서 받은 화자의 감흥을 직접 표출함.

자료실

시 문학에서 자연에 대한 예찬적 태도를 표현한 전통
우리 시가 문학에서는 자연을 예찬하고 자연에 귀의하여 생활하는 것을 소재로 한 작품들이 많다. 특히 조선 시대 사대부들에게는 자연에 귀의하여 유유자적한 생활을 하는 것이 벼슬길로 나서 자칫 당쟁에 휩쓸리는 것보다 안전한 삶의 방식이었다. 그리고 자연을 예찬하는 내용은 도학을 기반으로 한 그들의 문학관·세계관과도 합치되는 것이었다. 이황은 자연 예찬에서 그치지 않고 교화의 의도까지 노래에 포함하였다. 하지만 현대의 시인들은 자신의 계층이나 이념에 따라 자연을 선택하기보다는 자연 자체에 대한 순수한 경탄과 감탄의 마음을 드러내는 경향이 많다.

📖 함께 읽으면 좋은 작품

〈봄꽃〉, 함민복 / 봄에 대한 감탄
〈봄꽃〉은 봄의 아름다움과 봄꽃의 힘을 표현한 작품으로, 〈봄눈 오는 밤〉과 〈봄꽃〉은 봄에 대한 감탄을 표현한다는 점에서 유사하다. 하지만 〈봄눈 오는 밤〉이 의인법과 도치, 영탄 등의 표현 방법을 통해 대상에 대한 감탄을 표현하였다면, 〈봄꽃〉은 '꽃'을 '침'에 빗대는 역설적 발상으로 시상을 전개했다는 점에 차이가 있다. Link 본책 274쪽

🔑 포인트 체크

화자 계절이 ☐☐에서 ☐☐으로 바뀌는 순간을 자세히 바라보며 아직 돋아나지 않은 꽃눈, 잎눈을 기대에 찬 눈빛으로 바라보고 있다.
상황 봄밤 아직 ☐☐이트지 않은 나무에 ☐☐이 펑펑 내리고 있다.
태도 봄의 아름다움에 ☐☐하고 있다.

내신 적중 多빈출

1 이 시의 표현상 특징으로 적절한 것은?
① 시적 허용을 활용하여 미묘한 의미를 드러내고 있다.
② 청유형 어미를 활용하여 함께할 것을 권유하고 있다.
③ 문장의 어순을 바꾸어 대상에 대한 태도를 강조하고 있다.
④ 대립적 의미의 시어를 사용하여 주제 의식을 심화하고 있다.
⑤ 의지적이고 단정적인 어조를 통해 강인한 느낌을 주고 있다.

2 이 시를 화자의 심미적 태도를 중심으로 감상한 내용으로 적절하지 않은 것은?
① 봄밤은 나무에 봄눈이 내리는 고즈넉한 분위기의 배경으로, 흰 눈을 맞는 나무의 아름다움을 부각해 주고 있어.
② 화자는 파릇한 새싹을 품고 있는 생명력에 감탄하며 나무가 아름답다고 생각하고 있어.
③ '감은 눈'은 자연의 섭리를 드러내는 현상이야. 화자는 가능성을 품고 있는 이 모습에서 아름다움을 느끼고 있어.
④ '감은 눈'을 보고 화자는 예쁘다고 말하고 있어. 이처럼 화자는 무엇인가가 본격적으로 시작된 것보다는 그 전의 상태가 더 아름답다고 생각해.
⑤ 눈송이들이 나무에 내리는 모습을 나무의 눈에 입 맞추려고 달려온다고 표현한 부분이 아름답게 느껴져.

내신 적중 多빈출

3 ㉠에 대한 설명으로 적절하지 않은 것은?
① 계절적 배경이 이른 봄임을 알 수 있다.
② 나무의 눈이 아직 돋아나지 않았음을 의미한다.
③ 화자가 가장 집중해서 바라보고 있는 시의 제재이다.
④ 사람처럼 나무도 눈을 감고 있다고 의인화한 표현이다.
⑤ 우리 문화권에서 고정되어 사용하는 관습적인 표현이다.

4 ㉡과 같이 질문을 하여 얻을 수 있는 효과를 한 문장으로 쓰시오.

5 대상에 대한 ⓐ와 〈보기〉 ⓑ의 태도로 적절한 것은?

> **보기**
> 흔들리는 나뭇가지에 꽃 한번 피우려고
> ⓑ눈은 얼마나 많은 도전을 멈추지 않았으랴 //
> 싸그락 싸그락 두드려 보았겠지
> 난분분 난분분 춤추었겠지
> 미끄러지고 미끄러지길 수백 번,　　　– 고재종, 〈첫사랑〉

	ⓐ	ⓑ		ⓐ	ⓑ
①	냉소적	회의적	②	체념적	긍정적
③	반성적	관조적	④	설득적	비관적
⑤	예찬적	의지적			

156

귀뚜라미 | 나희덕

[국어] 금성

🎯 핵심 정리

갈래 자유시, 서정시
성격 의지적, 희망적
제재 귀뚜라미
주제 부정적 현실에 굴하지 않는 의지와 그 소통의 가능성
특징 ① 귀뚜라미를 의인화하여 화자로 내세움.
② 소재와 계절의 대조를 통해 주제 의식을 부각함.
출전 《그 말이 잎을 물들였다》(1994)

Q 이 시에서 시상을 구체화하는 방법은?

이 시에서는 '매미 소리'와 '울음', '노래'와 같이 청각과 관련된 다양한 시어들이 등장하여 소통과 공감, 그 가능성 등의 시적 의미를 구체화하면서 시상이 전개되고 있다.

💡 시어 풀이

타전 전보나 무선을 침.

🔔 시구 풀이

❶ **높은 가지를 ~ 아니다.** '매미 소리'는 이 시의 계절적 배경이 한여름임을 알려 주며 높은 가지가 흔들릴 정도로 크게 울려 퍼져 '내 울음', 곧 귀뚜라미의 울음이 들리지 않게 하는 것이며, '노래'가 되는 것을 방해하는 것이기도 하다. '아직은'은 귀뚜라미의 울음이 언젠가는 노래가 될 것이라는 기대감을 보여 준다.

❷ **차가운 바닥 ~ 보내는 타전 소리가** '차가운 바닥'은 태양이 작렬하는 여름에 그 뜨거움이 가닿지 않는 고달프고 힘겨운 현실을 의미한다. 이러한 현실에서 '울음'은 '토'해지는 것일 수밖에 없다. 이 '울음'은 '타전 소리'와 동일시되면서 '숨막힐 듯' 절박한 상황에서도 '나 여기 살아 있'음을 알리는 신호의 의미가 된다.

❸ **맑은 가을이 ~ 내려오는 날** '맑은 가을'은 하늘을 찌르는 매미 소리와는 달리 '어린 풀숲 위'나 '이 땅 밑'의 공간과 귀뚜라미의 존재를 의식하면서 이들이 내는 소리에 귀를 기울일 줄 아는 것으로 제시되어 있다. 화자는 이때 자신의 '울음'도 '노래'가 될 수 있을 것이라는 기대감을 표출하고 있다.

👤 작가 소개

나희덕(羅喜德, 1966~)
시인. 충남 논산 출생. 1989년 《중앙일보》 신춘문예에 〈뿌리에게〉가 당선되어 등단하였다. 모성적 상상력을 바탕으로 대상을 따뜻한 시선으로 감싸 안고 생명의 원리를 추구하는 서정적인 작품을 주로 창작하였다. 시집으로 《뿌리에게》(1991), 《어두워진다는 것》(2001) 등이 있다.

---

❶높은 가지를 흔드는 매미 소리에 묻혀
　매미 소리: 높은 곳에서 들림. + '내 울음'처럼 낮은 곳의 작은 소리를 파묻음. + '울음'이나 '노래'가 아닌 '소리' / 계절적 배경: 여름
내 울음 아직은 노래 아니다.
　'노래'가 되기 이전, 희미하고 나약한 소리　　　　　　　　　▶ 1연: 낮은 곳의 소리가 파묻히는 상황으로 인한 서글픔

❷차가운 바닥 위에 토하는 울음,
　부정적 현실 – '울음'의 원인, 촉각적 심상
풀잎 없고 이슬 한 방울 내리지 않는
　　　　생명력과 희망의 부재
지하도 콘크리트 벽 좁은 틈에서
　　　　척박하고 메마른 현실
숨막힐 듯, 그러나 나 여기 살아 있다
　　절박한 상황에서도 살아 있음을 알리려 함.
귀뚜르르 뚜르르 보내는 *타전 소리가
　음성 상징어의 반복, 청각적 심상　　　생명, 생존의 신호
누구의 마음 하나 울릴 수 있을까.　　　　　　　　　　　　　　▶ 2연: 절박한 상황 속에서도 소통의 가능성을 탐색함.
　마음을 울리는 '노래'를 전달하고자 하는 소통 가능성의 탐색

┄ 맑은 가을
지금은 매미 떼가 하늘을 찌르는 시절
　　　　　1연에서 제시된 상황의 반복 – 계절적 배경(여름)
그 소리 걷히고 ❸맑은 가을이
　귀뚜라미의 울음소리를 발견하게 되는 계절로, '매미 소리'가 요란한 여름과 대비를 이룸.
어린 풀숲 위에 내려와 뒤척이기도 하고
　　　　① 어리고 나약한 존재를 의식하며 배려함.
계단을 타고 이 땅 밑까지 내려오는 날
　　　　② 낮은 곳에서 억눌리는 힘없는 자들의 존재를 알아차림.
발길에 눌려 우는 내 울음도
　　억눌린 현실로 인한 서글픔과 분노
누군가의 가슴에 실려 가는 노래일 수 있을까.　　　　　　　　▶ 3연: '울음'이 노래가 될 수 있는 '가을'에 대한 희망
　타인에게 전달되어 공감을 얻는 소통에 대한 희망

이해와 감상

　이 시는 1994년 출간된 시인의 두 번째 시집 《그 말이 잎을 물들였다》에 수록되어 있는 작품으로, 큰 소리로 다른 작고 나약한 소리를 압도하며 높은 곳으로만 향하는 '매미 소리'와 낮고 차가우며 어두운 곳에서 서러움과 분노를 토로하는 '내 울음'(귀뚜라미의 울음)이 대조를 이루고 있다. 화자는 여름이 가고 가을이 오면 자신의 울음이 타인에게 전달되어 공감을 얻고 감동을 불러일으키는 '노래'가 될 수 있을지를 궁금해하며 이에 대한 희망을 드러내고 있다. 특히 3연에서 가을이 되면 자신의 울음이 '노래일 수 있을까'라고 묻는 화자의 질문은 곧 그날이 오기까지 자신의 울음을 멈추지 않겠다는 다짐과 의지를 표명한 것으로 볼 수 있다.

여름 – '매미 소리' 낮은 소리를 파묻고 압도함.	대조	가을 – '내 울음'(귀뚜라미의 울음) 낮은 울음에서 '노래'가 됨.

작품 연구소

시어 및 시구의 상징적 의미

시어 및 시구	상징적 의미
매미 소리	'여름'의 상징. 높고 큰 소리로, 다른 작은 소리를 압도함.
내 울음	나약한 소리로, 타인에게 전달되거나 공감을 얻지 못함.
노래	타인을 감동시키고 공감하게 만들 수 있는 소리
지하도 콘크리트 벽	생명력이나 희망을 찾을 수 없는 고달프고 메마른 현실
맑은 가을	'울음'이 '노래'로 전달되고 실려 갈 수 있는 상황

시어의 대립

매미 소리		노래
여름, '높은 가지를 흔드는', '하늘을 찌르는' → 작고 약한 소리를 압도함.	대조	가을, '누구의 마음 하나 울릴', '누군가의 가슴에 실려 가는' → 감동과 공감을 전제한 소통

↕ (대조)　　　　　↑ (지향)

내 울음	'차가운 바닥', '풀잎 없고 이슬 한 방울 내리지 않는 / 지하도 콘크리트 벽 좁은 틈', '발길에 눌려 우는' → '매미 소리'가 지배하는 현실을 절박한 것으로 받아들이면서도 '노래'가 될 수 있다는 소망을 유지함.

'소리', '울음', '노래'의 의미 층위

이 시에서는 청각과 관련된 시어가 많이 사용되었다. '소리'는 매미의 울음과 함께 제시되어 '높은 곳'과의 연관성을 보이면서 다른 작고 나약한 소리를 억압한다. 이 '소리'는 타인과의 소통과 공감에 무관심하며, 오직 자신의 소리로 세상을 지배하고 있을 뿐이다. 이에 반해 '울음'은 낮은 곳에서 그 주체의 절박함에서 비롯된 진심을 토로하는 것이지만 아직 어느 누구에게 전달되거나 타인의 공감을 사기에는 부족한 상태다. 이 '울음'의 주체는 화자인 귀뚜라미로, 그는 자신의 '울음'이 '내 울음'에서 벗어나 타인을 감동시키고 마음에 울림을 줄 수 있는 '노래'가 되었으면 하는 소망을 드러내고 있다.

자료실

나희덕 시인과 '울음소리'

누구에게나 자의든 타의든 이렇게 마음의 물줄기를 감추어야 하는 시기는 찾아오기 마련이다. 따라서 눈물이 말랐다는 것은 세상사에 무심해져 가는 것만을 의미하지 않는다. 오히려 밖으로 흐르지 못함으로써 내면으로 더 깊이 숨어 버린 물줄기 같은 게 있는 듯하다. 그런 의미에서 시인은 저마다 마음속에 건천(乾川)을 하나씩 품고 사는 존재들이라고 할 수 있다. 슬픔을 섣불리 표현할 수 없게 되었을 때, 자신의 슬픔에 덜 열중하게 되었을 때, 시인으로서는 다른 존재의 울음소리에 좀 더 귀 기울일 수 있게 되는 것 같다.

　　　　－ 시인의 수필, 〈더 깊이 울게 된 건천이 소리를 낸다 － 시가 흐른다〉 중에서

함께 읽으면 좋은 작품

〈풀벌레들의 작은 귀를 생각함〉, 김기택 / 작은 소리에 대한 인식과 존중

〈풀벌레들의 작은 귀를 생각함〉은 텔레비전을 끄기 전까지 그 빛과 소리에 가려 존재를 알지 못했던 풀벌레들의 작은 소리와 그 소리의 끝에 매달린 풀벌레들의 귀, 그리고 이로 인해 환기된 소통에 대한 간절한 소망을 형상화한 작품이다. 두 시는 큰 소리에 억압된 낮고 작은 소리의 존재를 인식하고 이에 대한 존중을 역설하고 있다는 점에서 유사하다. 하지만 〈풀벌레들의 작은 귀를 생각함〉에서는 문명과 자연의 대립을 통해 자연 친화적인 태도를 함께 드러내고 있는 반면, 〈귀뚜라미〉에서는 이러한 태도가 드러나지 않는다는 차이점이 있다. **Link** 본책 280쪽

키 포인트 체크

화자 이 시의 화자는 자신의 ☐☐이 ☐☐가 되어 타인에게 감동을 줄 수 있기를 소망하는 귀뚜라미이다.

상황 이 시의 계절적 배경은 매미 소리가 다른 모든 소리를 압도하는 ☐☐으로, 화자는 이 시기를 견디며 타인과의 ☐☐이 가능해질 수 있는 '맑은 가을'이 올 것을 기대하고 있다.

태도 화자는 자신을 둘러싼 현실을 '차가운 바닥'과 같이 ☐☐☐으로 인식하면서도, '나 여기 살아 있다'는 생명의 신호를 보내어 타인의 마음을 울리고자 하는 시도를 멈추지 않고 있다.

내신 적중 多빈출

1 이 시에 대한 설명으로 적절하지 <u>않은</u> 것은?

① 공간의 대조를 통해 대상이 처한 상황을 드러내고 있다.

② 청각적 심상을 주로 활용하여 주제 의식을 부각하고 있다.

③ 특정 시점을 회상하면서 과거 상태의 회복을 소망하고 있다.

④ 대조적 의미의 소재를 활용하여 지향하는 바를 표현하고 있다.

⑤ 의인화를 통해 특정 계절이 지닌 상징적 의미를 구체화하고 있다.

중요 기출 高난도

2 이 시에 사용된 시어의 의미를 이해한 내용으로 가장 적절한 것은?

① '울음'은 누군가에게 감동을 주고 싶은 소망을 의미한다.

② '노래'는 운명을 수용하려는 태도를 의미한다.

③ '계단'은 극복해야 할 고난을 상징한다.

④ '시절'은 바람직한 미래의 시간을 나타낸다.

⑤ '매미 떼'는 시련의 의미를 함축한다.

내신 적중 多빈출

3 이 시의 화자에 대한 설명으로 적절하지 <u>않은</u> 것은?

① '귀뚜라미'가 의인화되어 표현된 존재이다.

② 시의 표면에 등장하여 내면을 드러내고 있다.

③ '맑은 가을'의 도래에 대한 기대감을 지니고 있다.

④ '매미 떼'를 극복의 대상으로 삼아 이를 초월하고자 한다.

⑤ '숨막힐 듯'한 절박한 상황에서도 소통의 소망을 표현한다.

4 이 시의 계절적 배경에 대한 설명으로 적절하지 <u>않은</u> 것은?

① '지금은 매미 떼가 하늘을 찌르는 시절'에서 계절적 배경이 여름임을 파악할 수 있다.

② '차가운 바닥'이나 '지하도 콘크리트 벽 좁은 틈'은 '지금'의 계절감을 단적으로 드러내는 공간이다.

③ 현재의 계절적 배경은 화자가 자신의 '울음'이 아직 소통으로 이어지지 못한다고 인식하게 되는 원인으로 작용한다.

④ '가을'은 '지금'과 대조적인 의미를 지니는 시기이다.

⑤ 여름이 '매미 소리'의 계절이라면, '가을'은 '노래'의 계절이라 할 수 있다.

5 이 시의 2연과 3연에 나타난 종결 방식의 공통점을 제시하고, 그 효과를 쓰시오.

157

산속에서 |나희덕

문학 비상

핵심 정리
갈래 자유시, 서정시
성격 성찰적, 교훈적, 상징적
제재 늦은 밤 산속에서 길을 잃고 헤맨 경험
주제 길을 잃어버린 누군가에게 따뜻한 불빛이
되어 주는 삶의 자세와 태도
특징 ① 화자의 체험을 바탕으로 자신의 삶을 성
찰함.
② 유사한 시구를 반복·변주하여 주제 의
식을 강조함.
③ 도치법을 통해 의미를 강조함.
출전 《그 말이 잎을 물들였다》(1994)

Q 화자가 지향하는 바람직한 삶의 자세는?
이 시에서 화자는 '나그네를 쉬게 하는 것이 아니
라 계속 걸어갈 수 있게 해' 주는 '먼 곳의 불빛'
을 강조하고 있다. 어렵고 힘든 상황 속에서 '쉼'
은 오히려 체념과 포기를 가져오는 경우가 많다.
그보다는 꾸준히 어려움을 이겨 내고 나아갈 수
있도록 하는 용기와 격려가 더 큰 힘이 된다. 화
자는 이를 통해 힘들고 어려움이 있더라도 포기
하지 않고 용기와 희망을 가지고 꾸준히 이겨 내
려는 의지와 태도가 중요함을 역설하고 있다.

시어 풀이
터덜거리며 지치거나 느른하여 무거운 발걸음으
로 힘없이 계속 걸으며.
막무가내 달리 어찌할 수 없음.

시구 풀이
❶ **길을 잃어 보지 ~ 불빛의 따뜻함을** 삶의 역경
과 고난 속에서 비로소 인정의 따뜻함과 소중
함을 알 수 있다는 의미로, 항상 타인의 고통을
이해하고 힘이 될 수 있는 삶의 자세가 필요하
다는 시인의 성찰이 담겨 있다.
❷ **산속에서 밤을 ~ 어깨를 감싸 주는지** 힘들고
어려운 경험을 겪은 사람은 타인의 인정과 위
로가 큰 힘이 됨을 안다는 의미이다. 1연의 '길
을 잃어 보지 않은 사람은 모르리라'의 구절을
변주하여 반복함으로써 시적 의미를 강조함과
동시에 시의 단조로운 느낌에 변화를 주고 있
다.
❸ **먼 곳의 ~ 해 준다는 것을** 나그네가 계속 길을
걸어갈 수 있도록 용기와 위로를 주는 것이 불
빛임을 알고, 세상사에 길을 잃은 누군가에게
우리도 그와 같은 존재가 될 수 있는 자세가 필
요함을 역설하고 있다.

작가 소개
나희덕(본책 286쪽 참고)

[A]
ⓐ❶길을 잃어 보지 않은 사람은 모르리라
부정 표현의 반복적 사용을 통해 삶의 역경과 고난 속에서 인정의 소중함을 알게 됨을 강조
*터덜거리며 걸어간 길 끝에
고난과 역경 속에서 지치고 기운이 빠진 화자의 모습
멀리서 밝혀져 오는 불빛의 따뜻함을 『 』: 도치법   ▶ 1연: 길을 잃어 본 사람만이 알 수 있는 불빛의 따뜻함
다른 사람의 아픔을 감싸 주는 따뜻한 인정

*막무가내의 어둠 속에서
절망적인 극한의 시련
누군가 맞잡을 손이 있다는 것이   『 』: 1연의 '길을 잃어 보지 않은 사람은 모르리라'를 생략하며 변화를 줌.
힘들고 어려운 상황에서 의지하며 도움을 받을 수 있는 존재
인간에 대한 얼마나 새로운 발견인지   ▶ 2연: 어둠 속에서 힘이 되는 맞잡은 손의 따뜻함
따뜻한 인정이 큰 위로와 위안이 됨을 새삼 느끼게 됨.

[B]
ⓒ❷산속에서 밤을 맞아 본 사람은 알리라
어렵고 힘든 현실에 처한 사람
그 산에 갇힌 작은 지붕들이   ○: 희망, 위안, 위로(긍정적 의미)
주변의 이웃이나 비슷한 처지의 사람들
거대한 산줄기보다   △: 고난, 시련(부정적 의미)
얼마나 큰 힘으로 어깨를 감싸 주는지   ▶ 3연: 산속에서 밤을 맞은 사람에게 전해지는 작은 지붕들의 위로
산속에서 밤을 맞는 사람이 느끼는 안도감과 위로

[C]
❸먼 곳의 ⓐ불빛은
나그네에게 힘과 용기를 주는 존재
나그네를 쉬게 하는 것이 아니라
산속에서 밤을 맞은 사람 – 인생사에 고난과 시련을 겪는 사람
계속 걸어갈 수 있게 해 준다는 것을   ▶ 4연: 나그네에게 힘과 용기가 되는 불빛의 위안
좌절하거나 포기하지 않도록 희망과 용기를 줌.

이해와 감상

이 시는 화자가 늦은 밤에 산속에서 길
을 잃고 헤매었던 경험으로부터 얻게 된 깨
달음을 바탕으로 바람직한 삶의 자세에 대
해 성찰하고 있다.

늦은 밤 산속에서 길을 잃음.
두려움과 막막함
↓   ← **먼 곳의 빛**
계속 걸어갈 수 있음.   따뜻함, 위로와 용기

화자는 늦은 밤에 길을 잃은 산속에서 막
막함과 두려움을 느꼈을 것이다. 그러한 상황 속에서 화자는 멀리서 밝혀져 오는 불빛을 보게 된
다. 그 불빛은 큰 힘으로 어깨를 감싸 주며 화자에게 따뜻함을 느끼게 해 준다. 그리고 화자는 이 불
빛에서 계속 길을 갈 수 있는 큰 힘과 용기를 얻는다. 화자는 이러한 경험을 바탕으로 어렵고 힘든
우리의 인생에서도 빛을 밝혀 주는 존재가 있기 때문에 막막한 방황 속에서도 계속해서 살아갈 수
있는 힘을 얻을 수 있다는 것을 깨닫고 있다. 동시에 세상사에 길을 잃어버린 누군가에게 따뜻한
불빛이 되어 줄 수 있는 삶의 자세와 태도를 강조하고 있다.

1~2연은 늦은 밤 산속에서 '길을 잃어 보지 않은 사람'은 멀리서 밝혀 오는 '불빛의 따뜻함'과
누군가의 맞잡은 손의 소중함을 '모르리라'고 말하고 있다. '길을 잃어 보지 않은 사람'은 인생의
고난과 시련을 크게 겪어 보지 않은 사람을 의미한다고 볼 수 있다. 힘든 시련을 겪어 본 적이 없는
사람은 주변 사람들로부터 도움을 받거나 위로를 받을 경험이 많지 않기에 이웃의 따뜻한 인정을
느껴 볼 일이 많이 없다고 할 수 있다. 어려움과 역경에 처해 있을 때 주변에서 내밀어 주는 손길은
정녕 큰 위로와 격려로 다가옴을 알 수 있다. 시인은 이러한 따뜻한 인정의 소중함을 부정적 의미
의 표현을 반복적으로 사용하여 부각하고 있다. 3연에서는 어려움과 시련에 처한 사람만이 따뜻
한 인정의 소중함을 알 수 있으리라는 1~2연의 구절을 변주하여 반복함으로써 시적 구성에 변화
를 꾀하고 있다. 이를 통해 시의 단조로움을 탈피하여 독자들에게 신선한 느낌을 제공한다. 4연에
서는 인생을 살다 보면 고단하고 지칠 때가 있기 마련이지만, 어렵고 힘든 우리의 인생에서 빛을
밝혀 주는 존재가 있기에 막막한 방황 속에서도 우리의 인생을 계속해서 살아갈 수 있는 힘을 얻
을 수 있음을 강조하고 있다.

작품 연구소

시어의 상징적 의미

시어	상징적 의미
불빛	힘들고 어려운 처지에 있는 사람에게 힘이 되는 존재
어둠	인생 및 세상사의 곤경과 시련
나그네	인생사를 헤쳐 나가는 존재

화자가 경험을 통해 얻은 깨달음

화자의 경험		깨달음
산속에서 길을 잃고 헤맴.	⇒	• 멀리서 보이는 불빛의 따뜻함을 느낌. • 맞잡을 손이 있다는 것이 새삼 고마움.
산속에서 밤을 맞이하게 됨.	⇒	• 작은 지붕들이 큰 힘으로 어깨를 감싸 줌. • 먼 곳의 불빛은 나그네가 계속 걸어갈 수 있도록 해 줌.

시구의 반복과 변주를 통한 시적 의미 강조

1연과 2연의 내용은 "길을 잃어 보지 않은 사람은 '불빛의 따뜻함'과 '누군가 맞잡을 손이 있다는 것이 인간에 대한 얼마나 새로운 발견인지'를 모르리라."로 볼 수 있다. 즉, 길을 잃어 본 사람만이 불빛과 누군가의 맞잡은 손이 주는 따뜻함을 알 수 있다는 것이다. 3연과 4연도 "산속에서 밤을 맞아 본 사람은 '작은 지붕들이 얼마나 큰 힘으로 어깨를 감싸 주는지', '먼 곳의 불빛이 나그네를 계속 걸어갈 수 있게 해 주는지'를 알리라." 와 같이 유사한 구조를 취하고 있다. 1~2연에서는 강한 부정을 통해 긍정의 의미를 강조하고, 3~4연에서는 단순한 반복을 피해 작품 전체의 단조로움을 피하고 독자에게 참신한 인상을 주고 있다. 또한 1연과 4연, 2연과 3연의 대응 구조를 통해 작품의 형식적 안정감을 획득하고 있다.

도치법을 활용한 단조로움의 탈피

도치법이란 정서의 환기와 변화감을 끌어내기 위하여 문장의 어순을 바꾸어 표현하는 방법이다. '길을 잃어 보지 않은 사람은 불빛의 따뜻함을 모르리라.'가 일반적인 문장의 순서인데, 시인은 문장의 순서를 의도적으로 바꾸어 표현하고 있다. 이를 통해 독자에게 낯선 느낌을 주어 시구의 의미에 더욱 집중하도록 하고 의미를 효과적으로 전달할 수 있다.

자료실

참된 인간성의 회복에 대한 갈망

전통적 서정성의 계보를 이으면서 뛰어난 언어 감각과 생태주의적 관점을 통해 차분하게 세상을 노래하며 자신만의 독특한 시 세계를 구축하는 나희덕은 삶에 대한 통찰과 깊은 사유를 보여 준다. 삶이라는 것이 희망과 좌절의 끝없는 줄다리기라는 사실을 분명히 인식하며 절망과 좌절의 한복판에 서서 고통을 감내하며 사랑을 회복하는 일이야말로 참된 인간성을 회복하는 지름길임을 노래하고 있다.

별 기교나 수사가 없는, 담백한 시상 전개는 건강한 일상을 과장 없이 담담히 그려 냄으로써 시적 성실성을 돋보이게 한다. 바람직한 삶의 지혜를 일상적인 언어로 형상화하여, 시인은 조화로운 삶을 향한 끊임없는 갈망을 그려 내고 있다.

함께 읽으면 좋은 작품

〈연탄 한 장〉, 안도현 / 바람직한 삶에 대한 성찰

〈연탄 한 장〉은 '연탄'의 자기희생적인 모습을 통해 화자의 이기적인 삶의 모습을 반성하고, 바람직한 인간상을 제시한 작품이다.

〈산속에서〉와 〈연탄 한 장〉은 화자 자신의 삶에 대한 성찰이 나타난다는 점에서 유사하다. 하지만 〈산속에서〉는 화자의 직접적 경험을 바탕으로 어려운 처지에 있는 사람들에게 힘이 될 수 있는 삶의 자세에 대해 성찰했다면, 〈연탄 한 장〉은 연탄의 속성을 인간의 삶에 빗대어 바람직한 삶의 자세에 대한 성찰을 촉구하고 있다는 점이 다르다.

키 포인트 체크

화자 ⬜⬜에서 길을 잃고 헤매었던 경험을 바탕으로 어떤 삶이 바람직한 삶인지를 ⬜⬜하고 있다.

상황 산속에서 길을 잃었을 때 멀리서 보이던 ⬜⬜과 어둠 속에서 손을 맞잡았던 사람들이 큰 힘이 되어 주었던 경험을 떠올리고 있다.

태도 산속에서 길을 잃고 헤매었던 경험을 바탕으로 어려움을 겪고 있는 사람들에게 ⬜⬜를 줄 수 있는 따뜻한 ⬜⬜이 필요함을 성찰하고 있다.

내신 적중 다빈출

1 이 시에 대한 설명으로 가장 적절한 것은?

① 역사적 사건을 바탕으로 시상을 전개하고 있다.
② 감탄사를 활용하여 화자의 고조된 감정을 나타내고 있다.
③ 냉소적인 태도로 현실에 대한 비판 의식을 드러내고 있다.
④ 설의법을 통해 교훈적 메시지를 효과적으로 전달하고 있다.
⑤ 유사한 구절의 반복과 변주를 통해 의미를 강조하고 있다.

2 이 시의 [A]~[C]를 이해한 내용으로 적절하지 않은 것은?

① [A]에서는 늦은 밤 길을 잃고 헤매다 '불빛'을 발견한 나그네의 반가움이 '멀리서 밝혀져 오는'을 통해 드러나는군.
② [A]의 '맞잡을 손'에서는 산속을 헤매는 나그네가 타인에게서 느끼는 따뜻한 정과 고마움이 나타나 있군.
③ [B]의 '산속에서 밤을 맞아 본 사람'은 '거대한 산줄기'에서 위대한 자연과 대비되는 인간의 유한함을 깨닫고 있군.
④ [B]에서 '어깨를 감싸 주는' '작은 지붕들'은 고단함과 두려움에 지친 나그네가 느끼는 안도감과 따뜻한 위안을 말하는군.
⑤ [C]의 '먼 곳의 불빛'은 나그네가 '계속 걸어갈 수 있'도록 힘과 용기를 주는 대상을 의미하는군.

3 이 시와 〈보기〉의 화자의 태도를 비교한 내용으로 가장 적절한 것은?

보기

연탄재 함부로 발로 차지 마라. / 너는
누구에게 한 번이라도 뜨거운 사람이었느냐.

– 안도현, 〈너에게 묻는다〉

① 두 시의 화자 모두 바람직한 삶을 성찰하고 있다.
② 두 시의 화자 모두 내면적 갈등을 극복하고 있다.
③ 두 시의 화자 모두 현실을 비판적으로 인식하고 있다.
④ 이 시의 화자는 가상적 상황을, 〈보기〉의 화자는 현실의 구체적 상황을 떠올리게 하고 있다.
⑤ 이 시의 화자는 세속적 세계와 단절을, 〈보기〉의 화자는 세속적 세계에 포함되기를 소망하고 있다.

4 ㉠과 ㉡을 비교하여 ㉠의 표현이 갖는 전달 효과를 쓰시오.

5 ⓐ의 상징적인 의미로 적절하지 않은 것은?

① 큰 힘으로 어깨를 감싸 주는 포용력 있는 존재
② 어려운 처지에 있는 사람을 쉴 수 있게 해 주는 존재
③ 칠흑 같은 어둠 속에서 의지하며 도움을 받을 수 있는 존재
④ 실의에 빠진 사람에게 포기하지 않도록 희망을 주는 존재
⑤ 산속에서 길을 잃은 사람에게 따뜻함과 안도감을 주는 존재

158 그 복숭아나무 곁으로 | 나희덕

핵심 정리

갈래 자유시, 서정시
성격 고백적, 관념적, 성찰적
제재 복숭아나무
주제 복숭아나무에 대한 이해와 깨달음(타인에 대한 편견에서 벗어나 따뜻한 관심과 이해가 필요함.)
특징 ① 일상적 소재로 관념적 주제를 형상화함.
② 사람의 내면을 자연물에 빗대어 표현함.
③ 경어체의 종결로 고백적 태도를 나타냄.
출전 《어두워진다는 것》(2001)

Q '복숭아나무 그늘'에 대한 화자의 인식 변화는?

화자는 복숭아나무의 모습을 올바로 파악하지 못해 복숭아나무의 그늘은 사람이 앉을 수 없을 것이라는 부정적 인식을 보여 주었다. 이는 대상에 편견을 가지고 피상적으로 파악한 결과이다. 하지만 흰꽃과 분홍꽃으로 이루어진 줄 알았던 복숭아나무 꽃 사이로 수천의 빛깔이 있다는 것을 알게 된 후 화자는 복숭아나무 그늘로 들어가 대상에 대한 진정한 인식과 조화를 추구한다.

시어 풀이

복숭아나무 복사나무. 장미과의 낙엽 소교목. 높이는 3미터 정도이며, 잎은 어긋나고 피침 모양으로 톱니가 있다. 4~5월에 흰색 또는 연붉은색의 오판화가 핀다.

시구 풀이

❶ 너무도 여러 겹의 ~ 가고 싶지 않았습니다 수많은 마음을 가지고 있거나, 복잡한 마음을 가지고 있을 것이라는 편견으로 대상과의 거리감을 드러내고 있다. 이는 대상에 대한 진정한 이해가 부족하기 때문이다.

❷ 흰꽃과 분홍꽃을 ~ 지나쳤을 뿐입니다 대상을 피상적으로 파악한 데서 비롯된 편견 때문에 대상과 교감하지 못하고 대상을 피하는 화자의 모습이 나타나 있다. '멀리로 멀리로만'을 통해 화자와 대상 간의 거리감을 강조하고 있다.

❸ 나는 그 나무를 ~ 멀리서 알았습니다 '멀리서'에는 대상의 본질적 아름다움을 제대로 파악하지 못하고 대상에 가까이 다가서야만 대상을 이해할 수 있다고 생각한 화자의 반성적 인식이 깔려 있다.

❹ 피우고 싶은 ~ 몰랐을 것입니다 꿈꾸는 것이 너무 많은 '복숭아나무'는 자신의 본모습을 알아주지 않아 외로웠을 것이지만 꿈을 추구했기에 외로운 줄 몰랐을 것이라는 화자의 이해를 보여 주고 있다.

❺ 가만히 들었습니다 저녁이 오는 소리를 저녁은 사물들 간의 경계가 흐릿해지는 진정한 이해와 화해의 시간을 의미한다.

작가 소개

나희덕(본책 286쪽 참고)

---

❶ 너무도 여러 겹의 마음을 가진
_{화자가 대상에 대해 거리감을 가지게 된 이유: 복잡한 마음을 가졌을 것이라고 편견을 가짐.}
그 *복숭아나무 곁으로
_{화자가 관계할 대상≒타인}
나는 왠지 가까이 가고 싶지 않았습니다
_{대상에 대한 이해가 부족하였기 때문}
㉠ ❷ 흰꽃과 분홍꽃을 나란히 피우고 서 있는 그 나무는 아마
_{겉으로 드러난 대상의 외적인 모습, 인간이 가진 단순한 분별력}
㉡ 사람이 앉지 못할 그늘을 가졌을 거라고
_{대상에 대한 편견으로 부정적 인식을 가짐.}
멀리로 멀리로만 지나쳤을 뿐입니다   ▶ 1~6행: 대상에 대한 편견으로 서로 소통하지 못함.
_{대상에 대한 편견 때문에 대상을 피하는 화자의 모습 – 대상과의 소통 단절}
흰꽃과 분홍꽃 사이에 수천의 빛깔이 있다는 것을
_{대상의 본질, 진정한 모습}
❸ 나는 그 나무를 보고 멀리서 알았습니다
_{대상에 대한 편견 때문에 멀리서만 바라본 것이 대상의 본질적 의미를 파악할 수 있는 계기가 됨.}
㉢ 눈부셔 눈부셔서 알았습니다
_{반복법 – 복숭아나무의 본질인 '수천의 빛깔'을 발견하는 순간을 강조}
❹ 피우고 싶은 꽃빛이 너무 많은 그 나무는
_{이루고 싶은 꿈이 너무도 많은 복숭아나무, 수천의 빛깔을 가진 복숭아나무}
그래서 외로웠을 것이지만 외로운 줄도 몰랐을 것입니다
_{피우고 싶은 꽃빛을 알아주는 이 없어 외로움을 다만 수천의 빛깔을 내보이는 것으로 만족하는 복숭아나무의 모습을 표현}
그 ㉣ 여러 겹의 마음을 읽는 데 참 오래 걸렸습니다   ▶ 7~12행 : 대상에 대한 진정한 인식
_{대상의 진정한 모습 – 수천의 빛깔   대상에 대한 진정한 인식, 대상에 대해 편견을 가졌던 화자 자신에 대한 반성과 성찰}

흩어진 꽃잎들 어디 먼 데 닿았을 무렵
_{시간의 흐름을 구체적으로 형상화}
조금은 심심한 얼굴을 하고 있는 그 ㉤ 복숭아나무 그늘에서
_{수많은 꽃잎들을 피워 낸 후 다음 꽃잎들을 피워 내기 위한 모습   대상과 화자 사이의 진정한 이해와 조화가 이루어지는 공간}
❺ 가만히 들었습니다 저녁이 오는 소리를   ▶ 13~15행 : '나'와 대상 사이의 이해와 조화
_{도치법 – 대상과 화자의 차이가 사라지는 교감의 상태 강조}
_{저녁: 편견과 대립이 사라지는 어울림의 시간}

이해와 감상

이 시는 화자가 '복숭아나무'라는 대상을 이해해 가는 과정을 담고 있다. 처음에 화자는 복숭아나무가 너무나 여러 겹의 마음을 가진, 사람들이 앉지 못할 그늘을 가졌을 것이라는 편견을 지니고 있었다. 그 때문에 화자는 복숭아나무를 멀리 지나치기만 하고 둘 사이의 만남이나 대화는 이루어지지 않는다.

하지만 '멀리서' 바라본 복숭아나무의 눈부신 빛깔 때문에 그 나무가 흰색과 분홍색 두 가지의 빛깔만 있는 것이 아니라 그 사이에 수천의 빛깔이 있다는 것을 알게 된다. 복숭아나무에 대해 가진 편견으로 인해 가까이 다가가지 않고 '멀리서' 바라보게 된 것이 오히려 복숭아나무의 본질을 파악할 수 있는 계기가 된 것이다. 복숭아나무가 가진 수천의 빛깔을 확인한 화자는 복숭아나무의 마음을 이해하게 된다. 수천 가지 빛깔을 가진 복숭아나무는 그 빛깔만큼 피우고 싶은 꽃빛을 많이 가지고 있었고, 자신이 피우고 싶어 하는 꽃빛을 알아주는 사람이 없어 외로움을 느꼈을 것이다. 그럼에도 복숭아나무는 그 외로움을 이겨 내고 수많은 빛깔을 내보이는 것에 만족해한다. 화자는 이러한 복숭아나무의 모습을 진정으로 이해하게 된다.

화자는 자신의 편견 때문에 그 마음을 읽는 데 너무나 오랜 시간이 걸렸음을 고백하며 멀기만 했던 복숭아나무에 대한 접근을 위해 복숭아나무의 그늘로 들어간다. 복숭아나무의 마음을 읽은 후의 그 그늘은 화자에게 더 이상 두려움의 대상이 아니며 오히려 화자는 그늘 속에 들어가 복숭아나무의 외로움을 어루만질 수 있게 된다. 복숭아나무의 세계를 의미하는 그 그늘 속에서 화자와 복숭아나무는 완벽한 이해와 조화를 이루게 된다.

• 복숭아나무에 대한 편견 → 복숭아나무를 피함.	⇒	• 복숭아나무의 마음을 읽음. → 복숭아나무 그늘에 들어가 복숭아나무를 이해함.

작품 연구소

시어 및 시구의 상징적 의미

시어 및 시구	상징적 의미
흰꽃과 분홍꽃	외적으로 파악한 복숭아나무의 피상적 모습
사람이 앉지 못할 그늘	복숭아나무에 대한 부정적 인식, 선입견
수천의 빛깔	복숭아나무의 진정한 모습, 본질
피우고 싶은 꽃빛	복숭아나무가 이루고자 하는 꿈, 바람
저녁	적대적 자아가 사라진, 조화와 어울림의 시간

화자의 인식과 태도의 변화

흰꽃과 분홍꽃을 피운 복숭아나무		수천의 빛깔을 지닌 복숭아나무		복숭아나무 그늘
• 사람이 앉지 못할 그늘을 가졌다고 생 각함. • 멀리하며 지나침.	→	• 여러 겹의 마음을 읽음.	→	• 저녁이 오는 소리를 들음.
오해와 편견	→	나무의 진정한 모습	→	진정한 이해와 통합

사람의 마음을 자연물에 빗대어 형상화

이 시에서 '복숭아나무'는 화자와 관계를 맺게 되는 '타인'을 빗대어 표현한 것이다. 복숭아나무를 '너무도 여러 겹의 마음을 가진' 존재로 보는 것은 복숭아나무에 인격을 부여한 표현이다. 화자는 복숭아나무에 인격을 부여함으로써 자신이 관계를 맺고자 한 사람의 마음을 노래한 것으로 볼 수 있다.

조화와 통합의 시간으로서의 '저녁'

낮에서 밤으로 넘어가는 저녁이라는 시간적 경계는 낮의 소란이 어느 정도 가라앉고 사물의 형체가 보일락말락하게 어두워지는 시간이다. 이 시간에 어떤 근원적인 사유나 감정의 상태를 경험하게 되는 것은 다른 때보다 자연스러운 일이다. 낮과 밤의 경계인 저녁이야말로 사물이 지니고 있는 양면성이나 다면성을 포착하기에 적절한 시점이기 때문이다.

자료실

가깝고도 먼 부모님께 드리는 시

시인은 1966년 충남 논산 연무대의 에덴원이라는 보육원에서 태어났다. 신앙심이 두터웠던 그의 아버지와 어머니의 종교적 이상에 따라 시인은 고아들과 보육원에서 함께 자랐다. '고아 아닌 고아'로 보육원에서 부모 없는 외로운 아이들과 함께 자란 시인은 부모님의 사랑을 온전히 받지 못했을 것이다. 부모님이 가족보다는 불우했던 이웃들에게 자신들의 삶을 더 많이 쏟아 부었던 것을 시인은 받아들이기 어려웠을 것이다. 그렇게 살아가는 부모님이 처음에는 너무 여러 겹의 마음을 가지고 있어 그 삶을 닮으려 할 수 없다고 멀리 지나치기만 했을 것이다. 그러다가 부모님이 지닌 여러 겹의 마음을 읽게 된 시인이 마침내 부모님의 그늘 속으로 들어가서 저녁이 오는 소리를 함께 듣는다. 〈그 복숭아나무 곁으로〉는 늘 가까이 할 수 없었던 부모님의 마음을 온전히 이해하고 교감을 이루고 싶은 시인의 마음이 담긴 시라 할 수 있다.

함께 읽으면 좋은 작품

〈꽃〉, 김춘수 / 타인과의 진정한 관계 맺음에 대한 소망

〈꽃〉은 '꽃'을 제재로 하여 존재의 본질을 인식하고자 하는 인간의 근원적 갈망과 진정한 인간관계 형성에 대한 소망을 표현하고 있다.

두 시는 타인과의 진정한 관계 맺음에 대한 화자의 소망을 드러내고 있다는 점에서 유사하다. 하지만 〈꽃〉이 대상과의 진정한 관계가 형성되기를 염원하고 있는 반면에, 〈그 복숭아나무 곁으로〉는 타인의 진실한 모습을 발견하고 그와 교감하는 일의 어려움과 보람을 노래한다는 점에서 차이가 있다.

Link 본책 152쪽

키 포인트 체크

화자 □□□□□에 대한 □□ 때문에 멀리서만 바라보다가, 복숭아나무의 본질을 깨닫고 가까이 다가가고 있다.

상황 복숭아나무의 피상적 모습만 본 화자는 복숭아나무의 □□을 알고 난 후 자신과 복숭아나무 사이의 □□를 이루고자 한다.

태도 복숭아나무의 진정한 모습을 발견하고 복숭아나무와 □□하기를 소망하고 있다.

내신 적중 多빈출

1 이 시에 대한 설명으로 적절하지 <u>않은</u> 것은?

① 평서형의 고백적 어조가 돋보인다.

② 경어체를 사용하여 시상을 전개한다.

③ 시간의 흐름에 따라 시상을 전개한다.

④ 대상에 대한 인식과 태도의 변화가 나타난다.

⑤ 공감각적 이미지를 활용하여 대상의 특징을 제시한다.

2 〈보기〉를 참고하여 ㉠~㉤을 이해한 내용으로 적절하지 <u>않은</u> 것은?

보기

이 시는 화자와 복숭아나무의 관계 맺음에 대해 노래하고 있다. 여기서 복숭아나무는 타인 일반을 상징하는 것으로 볼 수 있다. 즉, 시인은 이 작품을 통해 타인을 바라보는 일방적 관점의 부당성을 지적하고 바람직한 인간관계의 모습을 제시하고 있다.

① ㉠은 단순한 분별력으로 파악한 타인의 피상적인 모습이다.

② ㉡은 타인에 대한 부정적인 선입견을 의미한다.

③ ㉢에서는 반복을 통해 깨달음의 정서를 강조하고 있다.

④ ㉣은 '수천의 빛깔'과 마찬가지로 타인의 진정한 모습을 나타낸다.

⑤ ㉤은 ㉡에서 느꼈던 감정을 반복함으로써 타인에 대한 완전한 이해가 어려움을 드러낸다.

3 화자가 복숭아나무를 멀리한 이유가 나타난 시구를 모두 찾아 쓰시오.

4 다음은 이 시를 영상물로 제작하기 위해 학생들이 나눈 대화이다. 적절하지 <u>않은</u> 것은?

진호: 우선 작품에 어울리는 차분한 느낌의 음악을 찾아볼게. ································ ①

경희: 나는 화자가 바라보았던 복숭아나무의 모습을 준비해 볼게. 꽃이 만발한 모습과 꽃잎이 날린 뒤의 장면 모두 만들어야겠어. ····················· ②

화연: 담담하면서도 따뜻한 어조의 낭송을 곁들이면 화자의 정서를 효과적으로 전할 수 있을 것 같아. ········· ③

창민: 영상은 대상을 멀리서 바라볼 때와 가까이 다가갔을 때를 차례로 보여 줄 수 있도록 편집해야겠군. ········ ④

유경: 화자가 나무를 향해 경쾌하게 다가가고 있다는 점이 드러나도록 속도감 있게 영상을 촬영해야겠어. ········ ⑤

5 화자와 복숭아나무 사이에 진정한 이해와 화해가 이루어지고 있는 시간적 배경을 나타내는 시어를 찾아, 그 의미와 함께 쓰시오.

159 오 분간 | 나희덕

키워드 체크 #오 분간의 의미 #기다림에 관한 생각 #아이를 기다리는 시간 #인생에 대한 상념 #관조적

[국어] 동아

🎯 핵심 정리

갈래 자유시, 서정시
성격 명상적, 관조적
제재 아이를 기다리는 상황
주제 아이를 기다리는 동안의 상념
특징 ① 오 분간이라는 짧은 시간 동안 자신과 아이의 미래에 대한 상념을 떠올림.
② 유사한 문장 구조를 반복하여 화자의 정서를 드러냄.
출전 《그곳이 멀지 않다》(1997)

Q '오 분간'이 의미하는 바는?

화자가 꽃그늘 아래에서 아이를 기다리는 오 분간의 짧은 시간을 의미한다. 화자는 이 짧은 시간 동안 자신과 아이의 미래에 대한 상념에 잠기고, 기다림 하나로도 깜빡 지나가 버리는 것이 삶이라는 것을 깨닫고 있다. 이 과정에서 '오 분간'과 같이 짧은 생(生)과 '떨어지는 꽃잎'이 대응을 이루고 있다.

💡 시어 풀이

희끗한 흰 빛깔이 여기저기 나타난.
썰물 달의 인력(引力)으로 조수가 밀려 나가 해면이 낮아지는 현상. 또는 그 바닷물.
무더기 많은 물건을 한데 모아 수북이 쌓은 더미.

🐞 시구 풀이

❶ **이 꽃그늘 ～ 것 같다.** '이 ～ 아래서 ～ 것 같다'와 같은 문장을 반복하여 화자의 상념을 드러내고 있다.
❷ **아카시아꽃 하얗게 ～ 그늘 아래서** 화자는 꽃그늘 아래에서 아이를 기다리며 상념에 잠겨 있는데, 이러한 장면을 색채 이미지를 활용하여 구체적으로 형상화하고 있다.
❸ **어느새 나는 ～ 마주 보겠지.** 꽃이 지는 그늘 아래에서 화자는 노인이 되고, 아이는 성장하여 청년이 될 것을 생각하고 있다.
❹ **내가 늘 ～ 떨어지는 꽃잎** 화자는 꽃그늘 아래에서 상념에 잠겨 있는데, 아이가 어른이 되어 부모의 품을 떠난 상황을 '썰물'에 비유하고 있고, 이를 통해 삶은 '떨어지는 꽃잎'과 같이 짧은 순간이라 생각하고 있다.
❺ **아, 저기 버스가 온다.** 아이를 태운 버스가 오는 것을 기준으로, 생이 기다림으로 지나갈 것이라는 상념에 관한 내용에서 꽃그늘을 벗어나는 내용으로 시상이 전환되고 있다.

👤 작가 소개

나희덕(본책 286쪽 참고)

---

❶이 ㉠꽃그늘 아래서
<small>아이를 기다리는 공간이자 화자의 내면을 드러내는 공간</small>
내 일생이 다 지나갈 것 같다.

『기다리면서 서성거리면서 <small>「」: 일생이 기다림의 연속이라는 화자의 생각이 드러남.</small>

아니, 이미 다 지나갔을지도 모른다.』 ▶ 1～4행: 일생이 무언가를 기다리면서 지나갈 것 같다는 생각에 잠김.

아이를 기다리는 오 분간
<small>화자는 꽃그늘 아래에서 아이를 기다리고 있음.</small>
❷아카시아꽃 하얗게 흩날리는
<small>꽃그늘의 아름다운 모습을 시각적 이미지로 묘사하며 계절감을 드러냄.</small>
이 그늘 아래서

❸어느새 나는 머리 °희끗한 노파가 되고,
<small>미래에 대한 상념 ①</small>
버스가 저 모퉁이를 돌아서
<small>아이가 타고 올 버스</small>
내 앞에 멈추면

여섯 살배기가 뛰어내려 안기는 게 아니라
<small>화자가 실제로 기다리는 대상</small>
훤칠한 청년 하나 내게로 걸어올 것만 같다.
<small>미래에 대한 상념 ②</small>
내가 늙은 만큼 그는 자라서
<small>미래에 대한 상념 ③</small>
서로의 삶을 맞바꾼 듯 마주 보겠지.

기다림 하나로도 깜박 지나가 버릴 생(生), ▶ 5～15행: 자신과 아이의 미래에 대한 상념에 잠김.

❹내가 늘 기다렸던 이 자리에
<small>아카시아 꽃그늘 아래</small>
그가 오래도록 돌아오지 않을 때쯤
<small>아이가 어른이 되었을 때</small>
너무 멀리 나가 버린 그의 °썰물을 향해
<small>아이가 어른이 되어 화자의 품을 떠난 상황을 비유적으로 표현함.</small>
떨어지는 꽃잎,
<small>짧은 순간</small>
또는 지나치는 버스를 향해
<small>지나가는 시간을 비유적으로 표현함.</small>
무어라 중얼거리면서 내 기다림을 완성하겠지.

중얼거리는 동안 꽃잎은 한 °무더기 또 진다. ▶ 16～22행: 기다림에 대한 상념과 깨달음

❺아, 저기 버스가 온다.
<small>시상의 전환</small>
나는 훌쩍 날아올라 꽃그늘을 벗어난다. ▶ 23～24행: 오 분 동안의 상념에서 벗어남.
<small>기다림의 상념에서 벗어나고 있음.</small>

📎 이해와 감상

이 시는 아카시아 꽃그늘 아래에서 아이를 기다리며 떠올린 '기다림'에 대한 생각을 섬세한 시각으로 그려 낸 작품이다. 화자는 아카시아 꽃이 하얗게 흩날리는 그늘 밑에서 여섯 살배기 아이를 태우고 올 버스를 기다리고 있고, 아이를 기다리고 있는 짧은 시간을 '오 분간'으로 인식하고 있다. 화자는 그 짧은 시간 동안 '내 일생이 다 지나갈 것 같다', '나는 머리 희끗한 노파가 되고', '훤칠한 청년 하나 내게로 걸어올 것만 같다' 등과 같이 자신과 아이의 미래와 생(生), 그리고 기다림에 대한 상념에 잠겨 있다가 아이를 태운 버스가 보이자 꽃그늘에서 벗어난다. 아이를 기다리며 생각에 잠기는 것은 누구나 할 수 있는 일상적 경험인데, 이와 같은 일상적 체험을 섬세한 시각으로 노래하는 것이 나희덕 시인 작품의 중요한 특징이다.

꽃그늘 아래에서 상념에 잠김.	—	'나'의 미래 아이의 미래	—	기다림 하나로도 깜빡 지나가 버릴 생(生)이라는 것을 깨달음.

작품 연구소

시어 및 시구의 상징적 의미

시어 및 시구	상징적 의미
꽃그늘	• 화자의 내면을 드러내는 공간 • 화자가 아이를 기다리는 공간 • 화자와 아이의 미래를 떠올리는 공간
오 분간	• 매우 짧은 시간 • 화자가 아이를 기다리는 시간
그의 썰물	아이가 성장하여 부모의 곁을 떠남.
떨어지는 꽃잎	짧은 순간 지나가 버리는 생(生)

시의 의미 전개 과정

1~4행	꽃그늘 아래에서 아이를 기다리며, 일생이 '기다림'으로 다 지나갈 것 같다는 생각에 잠김.
5~15행	아카시아꽃이 흩날리는 그늘 아래에서 아이를 기다리는 오 분 동안, 화자는 늙고 아이는 청년으로 성장할 것을 생각함.
16~22행	아이가 성장하여 부모 곁을 떠나는 상황과 기다림의 의미를 생각함.
23~24행	꽃잎이 지고 버스가 오면서 꽃그늘 아래에서의 상념에서 벗어남.

기다림의 시공간과 생(生)

'기다림'의 시간	'기다림'의 공간
• 떨어지는 꽃잎 • 꽃잎은 한 무더기 또 진다 – 아이를 기다리는 오 분간	• 꽃그늘 아래 • 아카시아꽃 하얗게 흩날리는 / 이 그늘 아래

↓

> 기다림 하나로도 깜박 지나가 버릴 생(生)

자료실

나희덕의 시에서의 모성(母性)

나희덕의 시는 모성(母性)에 기반을 둔 작품이 많으며, 세상을 따뜻하고 친근한 시각으로 바라본 작품이 많다. 특히 모성(母性)을 통해 일상의 다양한 장면, 평범한 경험들을 정직하게 그려 내고 있는데, 모성에 바탕을 둔 상상력에는 생명을 품어 내는 따뜻한 시각과 깊은 성찰을 바탕으로 한 서정성이 담겨 있다고 볼 수 있다. 나아가 단순히 자기희생적 모성의 수준에 머무르지 않고 생명에 대한 모성으로 승화되고, 이러한 모성을 통해 자아로서의 존재 의식을 확인하는 것이라 할 수 있다.

함께 읽으면 좋은 작품

〈뿌리에게〉, 나희덕 / 모성을 모티프로 한 작품

〈뿌리에게〉는 '뿌리'와 '흙'의 관계를 모성에 비유하여 생명의 탄생과 성장을 위한 모성의 희생을 노래한 작품이다. 이 시에서는 '뿌리'와 그것을 감싸고 있는 '흙'을, 자식과 엄마(모성)의 관계로 인식하고 있다. 흙은 자신의 영양분을 뿌리에게 모두 준 다음에 자신은 황폐해질 수밖에 없는 상황임에도 기꺼이 그러한 희생을 받아들이는 존재이다. 이와 같이 〈오 분간〉과 〈뿌리에게〉는 나희덕 시인의 대표작으로 모성을 모티프로 하였다는 점에서 공통적이다. 하지만 〈오 분간〉은 '기다림'이라는 화자 자신의 구체적 행동을 소재로 한 반면, 〈뿌리에게〉는 모성을 자연물에 빗대어 노래하였다는 점에서 차이가 있다.

키 포인트 체크

화자 ☐☐ 살배기 아이를 기다리며 자신과 아이의 미래에 대해 생각하고 있는 엄마이다.

상황 삶이 ☐☐☐ 하나로도 깜박 지나가 버릴 만한 것이라는 상념에 잠겨 있다가, 아이를 태운 버스가 보이자 꽃그늘에서 벗어나고 있다.

태도 ☐☐☐☐☐이 흩날리는 ☐☐ 아래에서, 아이를 기다리며 생에 대해 생각한 것을 차분하게 전달하고 있다.

내신 적중 多빈출

1 이 시의 화자에 대한 설명으로 가장 적절한 것은?

① 고통스런 현실에 좌절하며 절망하고 있다.
② 자연물을 통해 바람직한 삶의 태도를 제시하고 있다.
③ 이상향을 추구하며 현실의 시련을 극복하려 하고 있다.
④ 대상의 행동에 대해 예찬하며 기대감을 드러내고 있다.
⑤ 자신이 기다리고 있는 대상의 미래에 대해 추측하고 있다.

2 이 시를 읽고 난 후의 반응으로 적절하지 않은 것은?

① 버스가 옴으로써 화자가 상념에서 벗어나고 있어.
② 아카시아꽃을 볼 때 배경은 늦봄에서 초여름인 것 같아.
③ 화자는 버스를 타고 오는 여섯 살배기 아이를 기다리고 있어.
④ 화자는 기다림의 연속인 인생을 부정적으로 생각하고 있어.
⑤ 화자는 오 분이라는 짧은 시간 동안 여러 생각을 하고 있어.

3 이 시와 〈보기〉를 비교한 내용으로 적절하지 않은 것은?

> **보기**
>
> 잠아 잠아 짙은 잠아 이내 눈에 쌓인 잠아
> 염치 불구 이내 잠아 검치 두덕 이내 잠아
> 어제 간밤 오던 잠이 오늘 아침 다시 오네
> 잠아 잠아 무삼 잠고 가라 가라 멀리 가라
> 세상 사람 무수한데 구태 너는 간 데 없어
> 원치 않는 이내 눈에 이렇듯이 자심하뇨
>
> – 작자 미상, 〈잠 노래〉

① 이 시와 〈보기〉 모두 일정한 음보를 반복하고 있다.
② 이 시와 달리 〈보기〉는 의문형 문장을 활용하고 있다.
③ 〈보기〉와 달리 이 시는 색채 이미지를 활용하고 있다.
④ 이 시와 〈보기〉 모두 유사한 통사 구조를 반복하고 있다.
⑤ 이 시와 달리 〈보기〉는 의인화된 대상에게 말을 건네고 있다.

4 이 시에 나타난 화자의 현재 상황을 〈조건〉에 맞게 쓰시오.

> **조건**
>
> 화자가 위치한 시공간적 상황과 기다리는 대상을 구체적으로 쓸 것

5 ㉠에 대한 설명으로 적절하지 않은 것은?

① 화자가 상념에 잠기는 공간
② 화자가 아이를 기다리는 공간
③ 화자가 생(生)에 대해 생각하는 공간
④ 화자가 자신의 과거를 되돌아보는 공간
⑤ 화자가 아이의 미래를 떠올려 보는 공간

160

그 사람의 손을 보면 | 천양희

국어 신사고

핵심 정리

갈래 자유시, 서정시
성격 교훈적, 사색적, 예찬적
제재 다양한 사람들의 손
주제 자신이 맡은 바를 성실히 수행하는 사람들에 대한 예찬
특징 ① 대조적인 의미의 시어를 통해 주제 의식을 강조함.
② 유사한 문장 구조를 반복하여 시상을 전개함.
출전 《마음의 수수밭》(1994)

Q 작품에 드러난 화자의 태도는?

화자는 구두 닦는 사람, 창문 닦는 사람, 청소하는 사람, 마음 닦는 사람 등에게서 빛이 난다고 인식하고 있다. 특히 청소부를 성자와 같이 거룩한 존재로 바라보며 예찬적인 태도를 드러내고 있다.

시구 풀이

❶ **구두 닦는 ~ 것은 아니다.** 화자는 자신의 일을 묵묵하고 성실하게 하고 있는 구두 닦는 사람을 가치 있게 생각하고 있다. 또한 '흰 것'에서 빛이 난다고 여기는 일반적인 시각과 달리 구두 닦는 사람의 '검은 것'에서도 빛이 난다고 말하고 있다.

❷ **청소하는 사람을 ~ 것은 아니다.** 화자는 쓰레기를 청소하는 사람의 손에서 빛이 난다고 여기고 있다. 쓰레기를 치우는 것은 일반적으로는 선망하는 역할이 아니지만, 화자는 이런 존재를 긍정적으로 인식하고 있다.

❸ **마음 닦는 ~ 빛이 난다.** '마음 닦는 사람'은 외면적 가치보다 내면을 중요시하는 사람으로, 화자는 마음 닦는 사람의 보이지 않는 내면에서도 빛이 난다고 생각하고 있다.

❹ **닦는 것은 빛을 내는 일** 이 구절은 각 연마다 유사한 문장 구조가 반복되는 형식에서 벗어나는 부분이며, 명사로 종결된다는 점에서도 독특하다. 또한 앞부분에서 반복된 '닦는' 행위를 집약하는 부분으로, 무언가를 닦는 것은 뜻 깊고 빛을 내는 행위라는 생각을 드러내고 있다.

❺ **성자가 된 ~ 청소를 한다.** 일반적으로 성자(聖者)는 지혜롭고 거룩한 존재로 인식되고, 청소부는 사소한 역할을 하는 존재로 인식될 수도 있다. 하지만 화자는 사소해 보이는 일을 하는 사람도 성자처럼 거룩한 존재라 생각하고 있다.

작가 소개

천양희(千良姬, 1942~)
시인. 부산 출생. 1965년 《현대문학》에 〈정원 한때〉, 〈화음〉 등을 발표하며 등단하였다. 주로 인간과 삶, 자연에 대한 사랑을 노래하는 시를 썼다. 시집으로 《마음의 수수밭》(1994), 《오래된 골목》(1998) 등이 있다.

---

❶ **구두 닦는 사람을 보면**
  화자가 긍정적으로 인식하는 대상 ①
그 사람의 손을 보면 / **구두 끝을 보면**

검은 것에서도 빛이 난다. / **흰 것**만이 빛나는 것은 아니다. ▶ 1연: 구두 닦는 사람에게서 빛이 남.
  대조

□: 동일한 시구의 반복 – 운율을 형성하고, 최선을 다하는 삶의 소중함을 강조함.

창문 닦는 사람을 보면
  화자가 긍정적으로 인식하는 대상 ②
그 사람의 손을 보면 / **창문 끝을 보면**

비누 거품 속에서도 빛이 난다. / ○(사소하거나 보잘것없는 것) ↔ △(돋보이는 것): 대조를 통해 사소하거나 보잘것없는 것들을 돋보이게 함으로써 화자가 긍정적으로 인식하는 대상의 가치를 강조하고 있음.

맑은 것만이 빛나는 것은 아니다. ▶ 2연: 창문 닦는 사람에게서 빛이 남.
  대조

㉠ ❷ **청소하는 사람을 보면**
  화자가 긍정적으로 인식하는 대상 ③
그 사람의 손을 보면 / **길 끝을 보면**

쓰레기 속에서도 빛이 난다.
  대조
깨끗한 것만이 빛나는 것은 아니다. ▶ 3연: 청소하는 사람에게서 빛이 남.

❸ **마음 닦는 사람을 보면**
  화자가 긍정적으로 인식하는 대상 ④
그 사람의 손을 보면 / **마음 끝을 보면**

보이지 않는 것에서도 빛이 난다.
  대조 마음을 닦는 사람에게서 빛이 난다는 점을 역설적 표현을 통해 강조함.
보이는 빛만이 빛은 아니다.

㉡ ❹ **닦는 것은 빛을 내는 일** ▶ 4연: 마음 닦는 사람에게서 빛이 남.

❺ **성자가 된 청소부는**
  온갖 혼란을 이겨 내고 바른 이치를 깨달은 거룩한 인물
청소를 하면서도 성자이며

성자이면서도 청소를 한다. ▶ 5연: 청소부도 성자처럼 거룩한 존재임.

이해와 감상

이 시는 사소하게 보일 수 있는 일이더라도, 자신이 맡은 일을 성실하게 수행하고 최선을 다하는 삶의 소중함에 대해 노래하고 있다. 일반적으로 손은 '그 사람'과 관련된 여러 특징 중에서 가장 많은 것을 보여 주는 부분으로, 특히 땀 흘려 일하는 노동이 대부분 손을 통해 이루어진다는 점에서 '손'은 그 사람이 살아온 삶을 보여 준다고 할 수 있다. 화자는 이와 같이 다양한 사람들의 손을 통해 삶에 대한 자신의 가치관을 드러내고 있다. 세상 사람들은 구두 닦는 사람, 창문 닦는 사람, 청소하는 사람의 일이 보잘것없다고 여길 수도 있고, 마음보다 겉으로 보이는 것을 더 중요하게 여길 수도 있다. 하지만 화자는 사소하게 여길 수 있는 것들에서도 빛이 난다고 하며, 보잘것없는 일일지라도 묵묵하고 성실하게 자신의 일을 하는 사람이야말로 성자와 같이 훌륭하고 거룩한 존재라 생각하고 있는 것이다.

사소한 것 보잘것없는 것	검은 것	비누 거품	쓰레기	보이지 않는 것	
↕대조	↕	↕	↕	↕	묵묵히 자신의 일을 하는 사람들을 예찬함.
돋보이는 것	흰 것	맑은 것	깨끗한 것	보이는 빛	

🏠 작품 연구소

시적 대상과 화자의 인식

구두 닦는 사람	창문 닦는 사람	청소하는 사람	마음 닦는 사람

↓

- 자신이 맡은 일을 성실하게 수행하는 사람들
- 화자가 가치 있게 여기는 존재들
- 때론 사소하게 보일지라도 성자처럼 거룩한 존재들

1~4연에서 구두 닦는 사람, 창문 닦는 사람, 청소하는 사람, 마음 닦는 사람의 손에서 빛이 난다는 내용을 제시한 다음, 마지막 연에서 이들을 대표하여 '청소부'가 '성자'와도 같이 거룩한 존재임을 강조하며 시상을 마무리하고 있다.

표현상 특징과 효과

유사한 문장 구조의 반복	'~는 사람을 보면 / 그 사람의 손을 보면 / ~끝을 보면 / ~에서도 빛이 난다. / ~만이 빛나는 것은 아니다.'와 같은 문장 구조를 1연부터 4연까지 반복하고 있다. 이를 통해 운율감을 형성하며 자신이 맡은 일을 성실하게 수행하는 삶의 가치라는 주제 의식을 강조하고 있다.
대조적 의미의 시어 사용	검은 것과 흰 것, 비누 거품과 맑은 것, 쓰레기와 깨끗한 것, 보이지 않는 것과 보이는 것 등과 같은 대조적 시어를 통해 일상적이고 사소한 것들에 대해 긍정적으로 평가하고 있다.

📋 자료실

천양희의 시 세계

천양희의 내면 깊숙이 자리하고 있는 시 의식은 한 마디로 '상처'라 할 수 있다. 삶의 불화에서 비롯된 상처는 그의 초기 시들에서 한결 두드러진 주제이다. 하지만 그는 1990년대 이후부터는 20여 년 동안 겪었던 세상과의 불화를 청산하고 삶을 적극적으로 수용하려는 자세를 보여 준다. 그의 이러한 지난한 삶의 상처를 극복하고 치유하면서 새로운 생명의 세계를 노래하는 진솔한 시들은 우리의 마음을 건드려 주기에 충분하다. [중략] 무엇보다 천양희의 시 쓰기는 삶의 본질을 깨닫기 위한 치열한 구도의 여정이다. 참 '나'를 찾으려는 내면 성찰의 길은 곧 '마음닦기'의 과정임을 보여 준다. 치열한 구도의 결과 한계에 절망하는 것이 아니라 그 너머의 세계를 볼 수 있는 통찰을 보여 주며, 진정한 자기 성찰과 상생과 공감의 세계로 나아가는 것이 천양희의 시 세계라 할 수 있다.

– 백원기, [천양희, 〈마음의 수수밭〉 천불산이 몸속으로 들어온 마음자리]

📖 함께 읽으면 좋은 작품

〈마음의 수수밭〉, 천양희 / 삶에 대한 깨달음을 통한 내면 정화

〈마음의 수수밭〉은 화자가 살아온 힘겨운 세월 동안 삶의 이치를 깨닫고 내적인 평안을 얻는 과정을 '수수밭'이라는 공간을 통해 드러낸 작품이다. 실제로 시인은 강원도 어느 마을에서 몇 십 년 만에 바람에 서걱대는 수수밭을 보고 넋을 놓고 통곡을 했다고 한다. 그리고 통곡을 한 다음 마음이 환해지는 경험을 하고 이 작품을 지었다고 한다.

〈그 사람의 손을 보면〉과 〈마음의 수수밭〉 모두 대조적인 구조를 통해 시상을 전개하고 있으며, 특정 대상을 통해 삶에 대한 깨달음을 노래한다는 점이 공통적이다.

🔑 포인트 체크

- **화자** □□□□ 사람, □□□□ 사람, □□□□ 사람, □□□□ 사람을 긍정적으로 바라보고 있다.
- **상황** 무언가를 □□ 행위는 빛을 내게 하는 일이므로 사소한 일일지라도 거룩하고 가치 있는 행위임을 노래하고 있다.
- **태도** 자신이 맡은 일에 최선을 다하는 이는 □□와 같은 삶이라고 말함으로써 외적인 측면만 중시하는 오늘날의 현실을 되돌아보고 있다.

내신 적중 多빈출

1 이 시의 표현상 특징으로 적절하지 않은 것은?

① 역설적 인식을 통해 화자의 생각을 강조하고 있다.
② 대조적 의미의 시구를 제시하여 주제를 부각하고 있다.
③ 유사한 문장 구조를 반복하여 운율감을 형성하고 있다.
④ 대상에게 말을 건네는 어투를 통해 대상을 예찬하고 있다.
⑤ 앞 행의 끝을 다음 행에서 이어받아 대상의 모습을 드러내고 있다.

2 〈보기〉의 관점으로 이 시를 감상한 내용으로 적절한 것은?

┤ 보기 ├

작품이 독자에게 주는 영향에 대해 주목하여 작품을 감상한다.

① 1연에서 4연까지 규칙적인 반복과 변화를 주고 있어.
② 화자는 다양한 대상을 예찬적 태도로 바라보고 있어.
③ 나도 이제 마음을 닦으며 내면을 가꾸는 삶을 추구해야겠어.
④ 외적인 측면만 중요시하는 현실을 바탕으로 노래한 것 같아.
⑤ 시인은 감수성이 돋보이는 방식으로 일상적 삶을 노래하고 있어.

3 다음 중 화자가 바라보는 태도가 다른 하나는?

① 검은 것   ② 비누 거품
③ 쓰레기   ④ 깨끗한 것
⑤ 보이지 않는 것

4 ㉠에 대한 화자의 인식으로 적절하지 않은 것은?

① 성자와 같이 거룩한 존재이다.
② 화자가 가치 있게 여기는 대상이다.
③ 화자의 가치관과 대조되는 대상이다.
④ '구두 닦는 사람'과 문맥적 의미가 유사하다.
⑤ 자신이 맡은 일을 성실하게 수행하는 사람이다.

5 ㉡을 통해 알 수 있는 '닦는' 행위의 의의를 구체적으로 쓰시오.

161

길을 찾아서 4 – 명암리 길 | 천양희

문학 천재(김)

핵심 정리
갈래 자유시, 서정시
성격 사색적, 독백적
제재 자신이 지나온 삶
주제 지나온 삶에 대한 성찰과 깨달음
특징 ① 산문적 호흡과 연쇄적 표현을 통해 내면의 흐름을 묘사함.
② 비유적 표현을 통해 화자의 삶과 내면을 형상화함.
출전 《나는 가끔 우두커니가 된다》(2011)

Q '명암리'의 공간적 의미는?
'명암(明暗)'의 사전적인 정의는 밝음과 어둠, 행복과 불행 등을 의미한다. 따라서 명암리는 실재하는 공간이라기보다 밝음과 어둠이 존재했던 화자의 지나온 삶을 성찰하는 공간이라 할 수 있다.

시어 풀이
명암 밝음과 어둠. 기쁜 일과 슬픈 일. 또는 행복과 불행.
능선 산등성이를 따라 죽 이어진 선. 어떤 정도, 기준을 비유적으로 이르는 말.

시구 풀이
❶ **밝고도 어두운 ~ 나를 당긴다** '명암리'는 내면 성찰과 깨달음의 공간으로, 명암리의 길 끝이 '나'를 당긴다는 것은 명암리에서 자신의 삶과 내면을 들여다보려는 화자의 심리가 드러난 것이라 할 수 있다.
❷ **내 안의 샛길들 ~ 새삼 놀란다** '내 안의 샛길들 뒷길들'은 자신의 내면에 있는 세밀하고 자세한 삶의 흔적들을 의미한다. 화자는 내면 성찰을 통해 이러한 삶의 의미를 깨닫고, 그에 대한 느낌을 '바람 소리', '물소리'에 빗대어 드러내고 있다.
❸ **오늘도 길은 ~ 만나야 한다** 과거와 마찬가지로 현재의 삶에도 '명(明)'과 '암(暗)'이 있다는 것을 깨닫고, '능선 너머 다른 길' 즉 앞으로 걸어 나가야 할 성찰의 길을 마주하고 있다.
❹ **언제부터 내 안에서 웅크린 길 명암리에 가서 풀어놓는다** 화자는 자신이 품고 있던 삶에 대한 부정적 인식을 '웅크린 길'로 형상화하고, 명암리에서 삶의 모든 명암을 풀어놓는다. 이는 명암리에서의 성찰이 삶에 대한 응시이자 치유의 과정이 될 것임을 암시하고 있다.

작가 소개
천양희(본책 294쪽 참고)

화자가 자신을 성찰하는 공간   삶에 대한 응시

❶밝고도 어두운 것이 무엇이있더라 명암리에 머무는 눈길이여 길 끝이 나를 당긴다 밝
'명암(明暗)'의 사전적 의미   명암리에서 자신의 삶과 내면을 들여다보려는 화자의 심리가 드러남.
고 어두운 것이 빛만이 아니다 ❷내 안의 샛길들 뒷길들 명암리는 나를 부추기듯 마음의 구
사상을 확대하고 있음.   자신의 내면에 있는 과거 기억들
석까지 뭉클해진다 길은 모를수록 새롭고 새 길은 새로워서 낯설다 낯설게 만나는 바람 소
내면 성찰을 통해 삶의 의미를 깨닫고 있음.   지나온 삶에 대한 재인식의 결과를 '새 길'로 표현함.
리 물소리 그 소리 기막히다 새삼 놀란다 내 눈길 나에게서 멀어지지 않는다 모르는 길이
삶에 대한 인식을 자연물을 통해 드러냄.   내면 성찰을 계속하고 있음.
발끝까지 따라온다 나는 생의 °명암을 다시 비춘다 비추다가 낯선 길 오래 바라본다 ❸오늘
삶에서 행복하고 즐거웠던 순간과 힘들었던 순간을 떠올리고 있음.
도 길은 밝았다 어두웠다 하였다 다 늦은 저녁에야 마음의 °능선 너머 다른 길에 머문다 언
지속적인 내면 성찰의 결과 앞으로 자신이 걸어야 할 새로운 길과 마주함.
제나 알 수 없는 길 속의 길 우린 헤어지고 또 만나야 한다 밝고도 어두운 것이 빛뿐일까 소
내면 성찰과 깨달음의 길   빛뿐만 아니라 우리 삶도 밝음과 어둠이 있다는 것을 재차 강조함.
리치며 바람이 지나간다 ❹언제부터 ㉠내 안에서 웅크린 길 명암리에 가서 풀어놓는다
부정적 인식   ▶ 명암리에서 자신의 삶과 내면에 대해 성찰함.

이해와 감상
이 시는 밝음과 어둠을 의미하는 '명암리'에서 화자의 지나온 삶과 현재에 대한 성찰을 통해 인식한 삶에 대한 상념과 깨달음을 노래한 작품이다. 명암리에 밝음과 어둠이 있듯이 삶에도 행복과 불행, 기쁨과 슬픔이 있기 마련인데, 화자는 이러한 명암리에서 자신의 삶을 되돌아보며 새로움과 낯섦, 뭉클함 등을 느끼고 있다. 화자는 우리가 살아가면서 만나게 되는 다양한 길의 모습, 밝고 어두운 길, 샛길, 뒷길, 새 길, 낯선 길 등을 이야기하며 그 길들의 존재 가치와 의미를 통해 스스로를 성찰하고 있는 것이다.

또한 화자가 밝고 어두운 것에 대한 상념에 잠겨 있는 모습으로 작품이 시작되고 있는데, '길 끝이 나를 당긴다'라는 표현을 통해 자신의 삶과 내면을 들여다보고 싶은 화자의 심리를 잘 드러내고 있다. 특히 화자는 명암리에서 '샛길들'이나 '뒷길들'과 같이 평소에는 인식하거나 떠올리기 힘들었던 자신의 내면을 성찰하며, 행복과 불행이 공존하는 삶의 속성을 깨닫고 앞으로도 그러한 삶을 살아갈 것임을 말하고 있다. 또한 마지막에 명암리에서 '웅크린 길'을 풀어놓는다고 함으로써 자신의 내면에 있는 부정적 정서도 치유해 나갈 것임을 암시하고 있다.

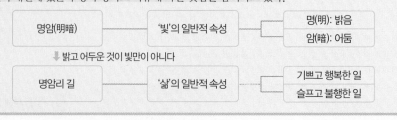

| 명암(明暗) | '빛'의 일반적 속성 | 명(明): 밝음 |
| | | 암(暗): 어둠 |

⬇ 밝고 어두운 것이 빛만이 아니다

| 명암리 길 | '삶'의 일반적 속성 | 기쁘고 행복한 일 |
| | | 슬프고 불행한 일 |

작품 연구소

시상 전개 과정에 따른 화자의 내면

밝고도 어두운 것 이~나를 당긴다		밝고 어두운 것이~밝 았다 어두웠다 하였다		다 늦은 저녁에야~ 가서 풀어놓는다
명암에 대한 상념과 성찰	⇒	과거의 삶에 대한 재인식 → 뭉클함, 새로움, 낯섦, 기막힘, 놀람	⇒	명암에 대한 상념과 삶에 대한 깨달음

'명암리'의 '샛길들'이나 '뒷길들'은 평소에는 인식하거나 떠올리기 힘들었던 지나온 삶의 흔적을 의미한다. 화자는 명암리에서 지나온 삶을 성찰하며 뭉클함과 새로움, 낯섦과 기막힘, 놀람 등의 감정을 느끼고 있다. 또한 '빛'뿐만 아니라 '삶'의 속성도 밝음과 어두움이 공존하고 있으며, '오늘'도 자신이 걸어가야 하는 '길'의 속성임을 깨닫고 있다.

연쇄법을 통한 정서의 표현

길은 모를수록 새롭고	⇒	새 길은 새로워서 낯설다	⇒

낯설게 만나는 바람 소리 물소리	⇒	그 소리 기막히다

앞 구절의 끝부분을 다음 구절의 시작에서 다시 반복하는 표현 방법을 연쇄법이라 한다. 이러한 표현을 활용하면 시의 리듬감을 살리고 시상의 흐름을 이어 주며 내면의 흐름을 강조하거나 공통점을 매개로 한 연상 작용을 효과적으로 드러내게 된다. 이 시에서도 '삶'을 상징하는 길에서의 내적 성찰에 대한 느낌과 깨달음을 연쇄적 표현을 통해 효과적으로 드러내고 있다.

자연적 소재의 활용

이 작품에서 사용된 자연물은 '바람 소리'와 '물소리'이다. 화자는 '바람 소리', '물소리'에 놀라움을 느끼기도 하고, 특히 시의 마지막 부분에서는 바람이 화자에게 밝고도 어두운 것이 빛뿐이냐며 소리치는 것처럼 느끼기도 한다. 이를 통해 화자는 성찰과 깨달음의 과정에서 느낀 점을 자연물과의 교감으로 형상화하고 있음을 알 수 있다.

자료실

천양희의 시에 드러난 '길 찾기'

천양희의 시집에는 길 위에서 삶의 의미를 찾으려는 과정이 많이 드러나는데, 그녀에게 '길'이란 자기 성찰과 삶의 완성으로서의 '길'이라 할 수 있다. 그녀는 자신이 애송하는 시들을 묶은 산문집에서 "걸어 보지 않은 길에 대한 호기심 탓이었을까. 걸어 보지 않은 길이 미래의 희망처럼 생각되던 때가 있었다. 희망은 길과 같은 것이라고 생각하던 때도 있었다. 잘못 든 길에서 후회한다 할지라도 그 길에서 다른 길을 찾아야 하리라. 인생길은 한번 가면 그만이기에……"라고 말한 바 있다. 다시 말해 천양희에게 '길'이란 자신의 삶과 언어를 풀어 내기 위한 매개라 할 수 있다.

함께 읽으면 좋은 작품

〈길〉, 윤동주 / 길 위에서의 자기 성찰

〈길〉은 끊임없는 내적 성찰을 통해 진정한 자아를 발견하기 위해 노력하는 과정을 부끄러움의 내면 의식을 바탕으로 노래한 작품이다. 전반부에는 부정적 상황에 대한 답답함을 노래하다가, 하늘을 바라보는 것을 기점으로 상실감을 극복하고 진정한 자아를 회복하려는 모습을 노래하였다. 특히 길의 상징적 의미를 바탕으로 암울한 식민지 현실을 극복하고 진정한 자아의 모습을 회복하고자 하는 의지를 드러내었다.

〈길을 찾아서 4-명암리 길〉과 〈길〉은 길 위에서의 자기 성찰을 통해 깨달음을 얻는 과정을 노래하였다는 점에서 공통적이다. 반면 전자는 개인적 성찰에 대한 내용인 반면, 후자는 역사적 상황과 관련된 자아 성찰이라 할 수 있다.

키 포인트 체크

화자 화자는 자신의 내면의 부정적 인식을 ⬜⬜⬜⬜⬜이라 표현하며, 명암리에서의 성찰을 통해 이를 치유할 것을 암시하고 있다.

상황 화자는 빛뿐만 아니라 삶에도 밝음과 어둠이 있다는 것을 ⬜⬜이 소리치는 것처럼 느끼고 있다.

태도 화자는 명암리에서 ⬜⬜⬜이나 ⬜⬜⬜과 같이 평소에는 인식하기 힘들었던 내면까지 떠올리며 삶의 의미를 성찰하고 있다.

내신 적중 多빈출

1 이 시에 대한 감상으로 적절하지 않은 것은?

① 화자는 '명암리'에서 자신의 지나온 삶을 성찰하고 있다.

② '길 끝'이 '나'를 당기는 것을 통해 내면을 성찰하려는 화자의 심리를 알 수 있다.

③ 화자는 자신의 과거 기억들을 '샛길들'에 비유하고 있다.

④ '새 길'을 낯설게 여기는 화자의 부끄러움이 드러나 있다.

⑤ '바람 소리 물소리'를 통해 삶에 대한 화자의 인식이 드러나 있다.

2 이 시에 나타난 표현상 특징으로 적절하지 않은 것은?

① 화자가 말하고자 하는 바를 구체적으로 드러내고 있다.

② 비유적 표현으로 화자의 내면을 형상화하고 있다.

③ 자연물을 활용하여 화자의 성찰의 과정을 드러내고 있다.

④ 자연물에 화자의 감정을 이입하여 생동감이 나타나 있다.

⑤ 연쇄적 표현으로 화자의 정서를 효과적으로 드러내고 있다.

3 〈보기〉의 빈칸에 들어갈 만한 내용으로 가장 적절한 것은?

┤ 보기 ├

교사: 이 시는 연과 행의 구분 없이 화자의 정서를 그대로 보여 주는 산문체 형식의 작품입니다. 이러한 특징을 제목과 연관 지어 볼 때 어떠한 효과가 있는 것 같나요?

학생: _____

① 내적 성찰의 과정을 운율감 있게 드러내고 있습니다.

② 길이 이어지듯 화자의 의식의 흐름을 잘 보여 줍니다.

③ 인물 간의 갈등이 해소될 수 있을 것임을 암시합니다.

④ 화자의 과거의 삶과 길 위에서의 삶을 대조시켜 줍니다.

⑤ 부정적인 현실을 벗어나려는 화자의 모습을 보여 줍니다.

4 이 시와 〈보기〉에 드러난 '길'의 공통점으로 가장 적절한 것은?

┤ 보기 ├

오늘도 하루 잘 살았다 / 굽은 길은 굽게 가고 / 곧은 길은 곧게 가고 // 막판에는 나를 싣고 / 가기로 되어 있는 차가 / 제시간보다 일찍 떠나는 바람에 / 걷지 않아도 좋을 길을 두어 시간 / 땀 흘리며 걷기도 했다 // 그러나 그것도 나쁘지 아니했다 / 걷지 않아도 좋을 길을 걸었으므로

– 나태주, 〈사는 일〉

① 삶을 성찰하는 공간   ② 부정적 인식의 공간

③ 관념 속에 존재하는 공간   ④ 부끄러움을 느끼는 공간

⑤ 과거 회상의 매개가 되는 공간

5 ㉠의 문맥적 의미를 구체적으로 쓰시오.

162

참 맑은 물살 – 회문산에서 | 곽재구

키워드 체크 #맑은 물살 #봄 #순수함 #서정적 #생명력 #연분홍 꽃

문학 해냄

🎯 핵심 정리

갈래 자유시, 서정시
성격 서정적, 예찬적, 자연 친화적
제재 봄의 자연
주제 생명력이 가득한 자연을 마주하며 느끼는 감흥
특징 ① 봄의 정경을 감각적인 이미지로 표현함.
　　② 자연물을 의인화하여 생명력 가득한 봄의 모습을 형상화함.
　　③ 비슷한 구조의 문장과 시어를 반복하면서 화자의 정서를 강조함.
출전 《참 맑은 물살》(1995)

Q '물살'이 의미하는 바는?

'물살'이란 겨울이 가고 봄이 오면서 곱게 흘러내리는 물결을 의미한다. 이 시에서 물살은 곱게 흐르면서 고사리의 생명력, 산들과 진달래꽃이 어우러진 봄의 풍경을 보여 주는 역할을 하고 있다.

💡 시어 풀이

헤적이네 활개를 벌려 거볍게 젓네.
지천 매우 흔함.

🐾 시구 풀이

❶ **애기 고사리순 ~ 솟았네** 봄이 오면서 고사리순이 솟아 올라오는 모습을 사랑해야 할 날들이 솟아 있는 것으로 묘사하고 있다.
❷ **어디까지 가나 ~ 너의 이름** 흘러가는 물결을 어디까지 가는지 부를수록 화자의 감정은 점점 더 벅차오르고, 함께 살아가는 모든 사람들을 '너'로 지칭함으로써 사랑이 더욱 깊어지는 화자의 감정을 표현하고 있다.
❸ **아무 때나 만나서 ~ 한 몸되어 흐르는** 흐르는 물살에 비친 산의 모습을 화자는 한 몸되어 흐른다고 표현하고 있다.
❹ **눈물 나는 저들 연분홍 사랑 좀 봐** 봄의 풍경에 도취되어 벅차오르는 화자의 감정은 눈물 나는 감동으로 표현되고 있으며, 물살에 비친 연분홍 꽃들로 뒤덮인 봄의 풍경은 사랑의 감정을 절로 불러일으키고 있다.

🧑 작가 소개

곽재구(郭在九, 1954~)
시인. 전남 광주 출생. 1981년 《중앙일보》 신춘문예에 〈사평역에서〉가 당선되어 등단하였다. 주로 민중의 삶에 대한 애정을 애상적으로 표현한 작품을 썼다. 시집으로는 《사평역에서》(1983), 《서울 세노야》(1990), 《꽃보다 먼저 마음을 주었네》(1999) 등이 있다.

유사한 문장 구조의 반복

참 맑은 물살
　봄이 되어 흐르는 물살
발가락 새 헤적이네
　물살의 부드러운 느낌을 떠올리게 함.
❶애기 고사리순 좀 봐
　봄의 생명력을 느끼게 하는 자연물
사랑해야 할 날들
　　고사리순
지천으로 솟았네

❷어디까지 가나

부르면 부를수록
　벅차오르는 화자의 감정
더 뜨거워지는 ㉠너의 이름
　사랑이 깊어지는　함께 살아가는
　　　　　　　모든 사람들

□: 유사한 종결 표현의 반복

─ 유사한 문장 구조의 반복

▶ 1연: 생명력 가득한 봄

참 고운 물살
　반복
머리카락 풀어 적셨네
　물살을 사람의 머리카락에 비유함.
출렁거리는 산들의
　강물에 비친 산들의 모습
부신 허벅지 좀 봐
　산을 사람의 하얀 허벅지에 비유함.
❸아무 때나 만나서
　산과 물이 만남(물에 비친 산의 모습).
한 몸되어 흐르는
　　봄의 풍경
❹눈물 나는 저들 연분홍 사랑 좀 봐
　봄의 정경에 감동하여 벅차오르는 화자의 감정

「 」: 물살을 사람의 긴 머리카락에, 물에 비친 산들의 모습을 허벅지에 비유하는 의인법을 사용하여 봄의 생명력을 강렬하고 효과적으로 전달하고 있음.

▶ 2연: 생명력 가득한 봄의 풍경 예찬

이해와 감상

이 시는 토착적인 정서를 바탕으로 사랑과 그리움을 노래하는 곽재구 시인의 대표작으로, 곽재구 시인의 눈에 비친 봄의 풍경이 아름답게 묘사되고 있다. 특히 이 작품은 겨울이 지나고 봄이 오면서 맑게 흐르는 물살을 중심으로 봄의 생명력과 풍경을 간결하고 감각적인 시어로 표현하고 있다. 봄이 온 산에는 겨우내 얼었던 맑은 물살이 흘러내린다. 화자는 맑은 물살을 발가락 사이로 몸소 느끼고 있다. 맑은 물살이 화자의 발가락 새를 헤적이고 흘러 내려가면서 세상에는 고사리순이 솟아나 봄의 생명력을 온 세상에 떨친다. 흘러 내려가는 맑은 물살에 비친 산은 눈부신 허벅지처럼 빛나고, 연분홍 꽃들로 뒤덮인 봄은 사랑의 감정을 절로 불러일으키고 있다. 참 맑은 물살이 흘러가면서 보여 주는 봄의 모습은 이렇게 생명력이 넘치고 아름다운 모습이다. 특히 시인은 1연과 2연을 유사한 문장 구조로 대구시키고, '-네'와 '봐'와 같은 유사한 종결 어미를 사용함으로써 리듬감 있고 안정적이면서도 간결한 구조로 봄의 풍경을 노래하고 있다.

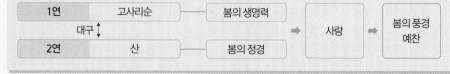

1연		고사리순	→	봄의 생명력			
	대구 ↕				➡	사랑	➡ 봄의 풍경 예찬
2연		산	→	봄의 정경			

작품 연구소

시어 및 시구의 상징적 의미

시어 및 시구	상징적 의미
물살	순수하고 맑은 존재. 봄을 알리며 흘러감.
애기 고사리순	봄이 왔음을 알리는 존재
풀어 적신 머리카락	맑게 흘러가는 봄의 물살
연분홍 사랑	연분홍 봄꽃이 물에 비친 모습

봄의 아름다운 풍경을 노래한 시상 전개

1연	2연
고사리순	산의 풍경

봄의 생명력	솟아오른 애기 고사리순과 맑게 흘러가는 물살에 비친 산의 풍경이 생명력 가득한 봄의 모습을 나타내고 있다.

화자가 봄에 발견한 것들

이 시에서 봄을 맞은 화자는 발가락 사이로 헤적이는 물살의 감촉을 느끼고(촉각적 심상), 이제 갓 자라나는 고사리순을 보며 사랑해야 할 날들이 지천으로 솟았다고 표현하고 있다(시각적 심상). 또 맑은 물은 마치 풀어헤친 머리카락을 적신 듯하며(의인법, 시각적 심상) 거기에 비친 산의 형상은 눈이 부실 만큼 하얀 허벅지 같다(의인법, 시각적 심상). 물과 함께 어우러져 흘러가는 봄의 풍경은 눈물이 날 만큼 화자를 벅차오르게 만들며 봄꽃들로 연분홍 빛(시각적 심상)이 된 자연은 절로 사랑을 떠올리게 하는 아름다움이 느껴져 화자를 감동하게 한다.

회문산의 의미

시인은 섬진강가의 어느 마을에서 하룻밤을 묵으며 이 시를 썼는데, 그 바로 곁에 있던 산이 회문산이다. 회문산은 한국 전쟁의 아픔을 간직하고 있는 산이지만, 봄이면 진달래꽃이 흐드러지게 피고, 강물 위에 흐르는 진달래꽃들의 연분홍이 우리 민족의 아픈 살들을 가만가만 만져 주는 것 같았다고 한다. 따라서 '회문산에서'라는 부제로 인해 참 맑은 물살이 보여 주는 봄의 생명력은 민족의 아픔을 치유하는 생명력의 의미로 확장됨을 알 수 있다.

자료실

자연을 노래한 시인

곽재구 시인은 토착적인 정서를 바탕으로 사랑과 그리움을 노래하는 시인으로 알려져 있다. 특히 자연물을 바탕으로 사랑과 그리움의 정서를 전달하고 있다. 대표작 〈전장포 아리랑〉에서는 전장포의 섬들을 보며 그 속에서 외로움과 사랑을 표현하고 있으며 이 시에서도 봄의 풍경과 함께 그 속에 사랑을 담아 노래하고 있다. 한국 문학에서 자연은 인간 세상과 대비되거나, 인간 세상과 어우러져 사람들로 하여금 깨달음과 휴식을 주는 소재로 많이 사용되고 있다.

함께 읽으면 좋은 작품

〈샤갈의 마을에 내리는 눈〉, 김춘수 / 봄의 생명력

〈샤갈의 마을에 내리는 눈〉은 샤갈의 그림에서 봄의 생명력을 포착하여 표현한 김춘수의 시이다. 특히 눈과 올리브, 불을 활용하여 흰색과 초록색, 붉은색의 선명한 색채 대비를 통해 봄의 생명력을 나타내고 있다.

두 시는 봄의 생명력이라는 주제를 다양한 표현 방식으로 형상화한 점이 유사하지만 〈참 맑은 물살〉이 대구와 반복을 통하여 간결한 구조로 리듬감 있게 봄을 노래하고 있다면, 〈샤갈의 마을에 내리는 눈〉은 샤갈의 그림에 나타난 마을의 모습을 바탕으로 올리브의 색채 대비를 통해 봄의 생명력을 나타낸다는 점에서 차이가 있다. Link 본책 198쪽

키 포인트 체크

화자 화자는 흐르는 ☐☐을 통해 ☐의 풍경을 감상하고 있다.

상황 강물이 흘러내리면서 ☐☐☐☐☐이 솟아나고 ☐이 눈부시게 빛나고 있다.

태도 겨울이 지나고 봄이 오는 풍경을 ☐☐하고 있다.

내신 적중 多빈출

1 이 시에 대한 설명으로 적절하지 <u>않은</u> 것은?

① 공간적 배경과 장소를 구체적으로 제시하고 있다.

② 감각적인 이미지를 활용하여 계절감을 부각하고 있다.

③ 먼 곳에서 가까운 곳으로 화자의 시선이 이동하고 있다.

④ 간결한 시행 속에 화자의 정서를 압축적으로 전달하고 있다.

⑤ 동일한 시어와 문장 구조의 반복으로 화자의 정서를 강조하고 있다.

내신 적중 多빈출

2 〈보기〉를 바탕으로 이 시를 감상한 내용으로 적절하지 <u>않은</u> 것은?

┤ 보기 ├

이 시에서 화자는 물살을 따라 보이는 자연물들을 관찰하고 있는데, 다양한 표현 방법으로 봄의 정취를 느끼게 해 주는 자연물들을 감각적이고 생동감 있게 표현하고 있다.

① '발가락 새 헤적이네'라는 표현을 통해 강물을 촉각적으로 표현하고 있다.

② '애기 고사리순'을 통해 봄이 오는 풍경을 시각적으로 나타내고 있다.

③ '머리카락 풀어 적셨네'를 통해 맑은 물살을 의인화하여 표현하고 있다.

④ '부신 허벅지'를 통해 자연과 동화된 화자의 신체를 드러내고 있다.

⑤ '한 몸되어 흐르는'을 통해 물과 물에 비친 산이 어우러지는 풍경을 묘사하고 있다.

3 이 시의 주제로 가장 적절한 것은?

① 자연을 통해 배우는 인간의 삶

② 생동감 넘치는 자연의 풍경 예찬

③ 순환하는 인간 세상과 자연의 세계

④ 자연과 어우러져 살아가는 인간의 삶

⑤ 자연의 무한함과 대립되는 인간의 유한한 삶

4 〈보기〉를 바탕으로 할 때, ㉠이 지칭하는 대상을 쓰시오.

┤ 보기 ├

회문산은 6·25 전쟁의 아픔을 간직하고 있는 산입니다. 봄이면 진달래꽃이 흐드러지게 피지요. 강물 위에 흐르는 진달래꽃들의 연분홍이 우리 민족의 아픈 살들을 가만가만 만져 주는 것 같았지요. 산에 꽃이 피고 강물이 산을 안고 돌면 마을은 행복해집니다. 시는 그 행복한 마을에 사는 사람들의 꿈 아니겠는지요.

– 시 〈참 맑은 물살–회문산에서〉에 붙여

5 이 시에서 벅차오른 화자의 감정이 절정에 이른 모습을 나타낸 시구를 찾아 쓰시오.

163 상처는 스승이다 | 정호승

키워드 체크 #절벽 #뿌리 #자연의순환 #삶의성숙 #상징 #성찰적

문학 해냄

⊙ 핵심 정리

갈래 자유시, 서정시
성격 성찰적, 서정적, 의지적
제재 삶과 상처(고통)
주제 상처를 수용하는 삶의 태도
특징 ① 대상에게 말을 건네는 방식으로 시상을 전개함.
　② 생각을 담담한 어조로 상대방을 설득하듯이 전달함.
　③ '-라'와 '-다'의 종결 어미를 반복하여 운율을 형성함.
출전 《사랑하다가 죽어 버려라》(1997)

Q '상처'가 의미하는 바는?

'상처'는 흔히 사람들에게 고통과 아픔으로 다가온다. 그러나 화자는 절벽에 뿌리를 내린 나무를 보면서 수많은 상처와 고통을 견딤으로써 얻을 수 있는 성숙에 대해 이야기하고 있다. 즉, '상처'는 부정적인 것이 아니라 적극적으로 받아들이고 인내할 때 삶의 성장과 성숙을 이루게 하는 힘이 되는 것이다.

☀ 시어 풀이

애기똥풀 양귀비과의 두해살이풀.

❀ 시구 풀이

❶ **상처는 스승이다** 화자는 인간이 '상처'를 통해 성장할 수 있다고 생각한다. 우리가 흔히 생각하듯이 '상처'가 회피해야 할 부정적인 대상이 아니라 우리에게 성숙할 시간을 주기 위한 고통과 인내의 시간이라는 것이다. 삶이라는 것은 절벽 위에 뿌리를 내리는 나무와 같은 것이며 그 과정에서 생기는 상처를 수용할 때 행복은 찾아온다는 생각을 표현하고 있다.

❷ **절벽 위에 ~ 뿌리의 끝에 닿는다** 화자는 절벽이라는 극한 상황에도 뿌리를 내리라고 말하고 있다. 이는 상처를 수용하는 적극적인 태도를 지니라는 의미와 같다. 또한 뿌리를 내린 나무에서 떨어진 잎이 썩어 다시 뿌리로 가 나무의 양분이 된다고 함으로써 생명의 순환과 상처를 통한 성숙을 말하고 있다.

❸ **내가 뿌리를 ~ 웃음을 나눈다** 절벽이라는 극한에서도 풀이 자라고 꽃이 피는 상황으로, 고통 속에서도 인간적인 본질(똥)을 있는 그대로 드러내고 서로 마주 보며 웃음으로써 상처와 고통에 대한 위로와 위안을 주고받는다.

❹ **예수의 못자국은 ~ 뿌리를 적신다** 화자는 '예수의 못자국' 즉 희생을 통한 사랑은 우리가 느끼거나 보지 못하더라도 존재한다는 것을 '상처에서 흐른 피가 뿌리를 적신다'는 표현으로 나타내고 있다. 즉 희생과 사랑을 통해 우리의 상처와 고통이 치유됨을 말하고 있다.

♟ 작가 소개

정호승(본책 222쪽 참고)

---

❶상처는 스승이다
　삶의 고통과 아픔의 긍정적 수용
❷절벽 위에 뿌리를 내려라
　극한의 공간　　상처를 수용하는 삶의 적극적 태도
　뿌리 있는 쪽으로 나무는 잎을 떨군다
　　　　　　　생명의 근원
[A] 잎은 썩어 뿌리의 끝에 닿는다
　　　　　　생명의 순환
　나의 뿌리는 나의 절벽이어니　　　　　　　　　　　　▶ 1～5행: 삶의 상처(고통과 아픔)의 긍정적 수용
　　상처가 '나'의 성장과 성숙의 원천임.

보라

❸내가 뿌리를 내린 절벽 위에
㉠노란 ＊애기똥풀이 서로 마주 앉아 웃으며
　　　　　　　극한의 공간에서 만난 생명과 평화
똥을 누고 있다

나도 그 옆에 가 똥을 누며 웃음을 나눈다　　　　　　　▶ 6～10행: 고통 속에서도 위안을 주고받는 생명
　　　　　　　위안을 주고받음.
너의 뿌리가 되기 위하여
　　성장과 성숙을 주는 존재
㉡❹예수의 못자국은 보이지 않으나
　　　희생
오늘은 상처에서 흐른 피가
　　　　고통과 인내를 통한 성숙
뿌리를 적신다　　　　　　　　　　　　　　　　　　　▶ 11～14행: 상처를 통한 성장과 삶의 성숙

이해와 감상

이 시는 시인이 절벽에서 뿌리를 내리고 있는 나무를 바라보면서 '상처'에 대한 새로운 의미를 부여하는 시이다. 보통 '상처'를 고통과 아픔의 의미로 해석하는 것과 달리 화자는 상처를 '스승'으로 표현하고 있다. 이러한 인식은 절벽에 나무가 뿌리를 내리기까지 견뎌 낸 수많은 상처와 고통을 떠올렸기에 가능한 것이다. 나무는 그 상처와 고통을 참아 내고 견딤으로써 마침내 성숙할 수 있었다. 또한 그 속에서 생명의 순환이 일어나고, 애기똥풀이라는 생명을 피워 내고 있다. 화자는 그런 절벽의 나무를 보면서 '상처'를 진정한 성숙을 가져다주는 스승으로 해석한다. 더욱이 화자는 그 애기똥풀과 함께 똥이라는 인간의 본질을 있는 그대로 드러내면서 상처와 고통에 대한 위로와 위안을 주고받고 싶어 하며, 우리의 상처와 고통이 치유될 수 있기 위해서는 희생을 통한 사랑이 필요하다는 것을 말하면서 시상을 마무리하고 있다.

절벽	극한의 상황			
		상처를 견디고 이겨 내야 함. →	절벽에 핀 애기똥풀과 똥을 누며 웃음을 주고받음. →	고통과 인내를 통한 성숙
나무	뿌리를 내려야 함.			

🏠 작품 연구소

시어 및 시구의 상징적 의미

시어 및 시구	상징적 의미
절벽	뿌리를 내리기 힘든 극한 상황
뿌리	나무의 생명의 근원이자 지지대
애기똥풀	절벽에서 피어난 생명
똥	생물의 본질, 근원적인 것
예수의 못자국	희생을 통한 사랑

자연물에서 얻은 깨달음

절벽의 나무	절벽의 애기똥풀
뿌리를 내림.	똥을 누며 웃음.

화자의 깨달음	화자는 절벽에도 뿌리를 내리는 나무와 그 절벽에서도 피어나 똥을 누며 웃는 애기똥풀을 통해 상처를 견디고 이겨 낼 때 이루어지는 진정한 성숙과 성장에 대해 말하고 있다.

생명의 순환

나무가 뿌리 쪽으로 잎을 떨굼.	⇒	잎이 썩어 뿌리 끝에 닿음.	⇒	뿌리가 다시 양분을 흡수함.

　화자는 절벽에 내린 나무의 뿌리에서 생명의 순환을 발견하고 있다. 절벽에 뿌리를 내린 나무는 잎을 뿌리 쪽으로 떨구고, 떨어진 잎은 썩어 뿌리로 흡수되는 양분이 된다. 나무는 절벽에 뿌리를 내리면서 생긴 고통과 상처를 견디고 성숙해져 가는 것이다.

종결 어미의 반복을 통한 운율 형성

　이 시는 종결 어미 '-라'와 '-다'를 반복함으로써 간결하면서도 묵직하게 화자의 의미를 전달하고, 운율을 형성하고 있다.

자료실

시를 창작하는 과정

시를 창작하는 과정은 크게 '주제 및 소재 선택하기-연상하기-시상 전개하기-표현하기'의 4단계로 나누어 볼 수 있다. 좋은 시가 창작되기 위해서는 삶의 성찰을 통해 주제와 소재를 선택해야 하며 이를 바탕으로 주제 의식을 연상해 내고 표현하는 과정이 필요하다. 이 작품은 시인이 우리 주변에서 쉽게 발견할 수 있는 일상적인 소재에서 시상을 찾고 있다. 평소 생각해 오던 '상처'의 의미에 대해 생각하면서 절벽에 뿌리를 내린 나무에서 참고 견디는 성숙의 의미를 연상하여 비유와 상징, 시의 구성 요소에 맞추어 표현하는 단계를 거쳐 시를 창작했을 것이다.

📖 함께 읽으면 좋은 작품

〈담쟁이〉, 도종환 / 삶의 성장과 성숙

　〈담쟁이〉는 도저히 오르지 못할 것이라 생각한 벽도 타고 오르는 담쟁이의 모습에서 의미를 발견한 시이다.

　〈담쟁이〉와 〈상처는 스승이다〉는 어려움을 극복하고 마침내 진정한 성장과 성숙을 이루는 대상을 소재로 삼고 있다는 점에서 유사하다. 하지만 〈상처는 스승이다〉가 상처를 견디고 이겨 내는 성장과 성숙을 강조하며 공동체 의식은 그에 대한 위안으로 다루고 있는 반면, 〈담쟁이〉는 서로 손에 손을 잡은 담쟁이를 통해 상처를 극복하는 힘 그 자체로 공동체를 더 강조하고 있다는 차이점이 있다.

🗝️ 포인트 체크

화자 상처를 통한 ▢▢의 의미를 전달하고 있다.

상황 ▢▢에 뿌리를 내린 나무와 그 절벽에서 자란 애기똥풀을 보며 상처의 의미에 대해 생각하고 있다.

태도 절벽에 뿌리를 내린 나무를 보며 깨달은 내용을 바탕으로 ▢▢를 긍정적으로 ▢▢하는 태도를 보이고 있다.

내신 적중 多빈출

1 이 시에 대한 설명으로 적절하지 않은 것은?

① 자연물을 통해 얻은 깨달음을 전달하고 있다.

② 일상적 소재에 대한 인식의 전환을 유도하고 있다.

③ 유사한 종결 어미를 반복하여 운율을 형성하고 있다.

④ 대상에게 말을 건네는 방법으로 시상을 전개하고 있다.

⑤ 반어적인 표현을 사용하여 시적 긴장감을 드러내고 있다.

2 다음 중 [A]와 유사한 인식이 나타난 것은?

① 자세히 보아야 예쁘다 / 오래 보아야 사랑스럽다 // 너도 그렇다.

② 애비는 종이었다. 밤이 깊어도 오지 않았다. / 파뿌리 같이 늙은 할머니와 대추꽃이 한 주 서 있을 뿐이었다.

③ 타고 남은 재가 다시 기름이 됩니다. 그칠 줄 모르고 타는 나의 가슴은 누구의 밤을 지키는 약한 등불입니까.

④ 사랑만이 / 겨울을 이기고 / 봄을 기다릴 줄 안다. // 사랑만이 불모의 땅을 갈아엎고 / 제 뼈를 갈아 재로 뿌릴 줄 안다.

⑤ 풀 한 포기 없는 이 길을 걷는 것은 / 담 저쪽에 내가 남아 있는 까닭이고, // 내가 사는 것은, 다만, / 잃은 것을 찾는 까닭입니다.

내신 적중 多빈출

3 시를 창작하는 각 단계에서 시인이 떠올렸을 생각으로 적절하지 않은 것은?

① 소재 선택하기: 평소 생각해 왔던 '상처'의 의미를 전달해야겠어.

② 연상하기: 사람들이 일반적으로 떠올리는 '상처'의 의미를 연상할 수 있도록 자연물을 활용해야겠어.

③ 시상 전개하기: 절벽의 나무의 상처와 그 속에서 피어난 애기똥풀을 바탕으로 시상을 전개해야겠어.

④ 표현하기: 은유적으로 표현하되 진심이 묻어나도록 표현해야겠어.

⑤ 표현하기: 담담한 어조로 상대방을 설득하듯이 내용이 전달되도록 표현해야겠어.

4 '상처'에 대한 설명으로 가장 적절한 것은?

① 과거의 기억을 떠올리게 하는 매개체이다.

② 화자로 하여금 삶을 반성하게 만드는 소재이다.

③ 삶에 대한 고민과 치열한 열정이 담겨 있는 소재이다.

④ 타인을 위한 희생으로 인한 흔적이 남아 있는 소재이다.

⑤ 고통과 인내를 통해 진정한 성숙과 성장을 이루는 소재이다.

5 ㉠과 ㉡이 상징하는 의미를 각각 쓰시오.

164

고래를 위하여 | 정호승

[국어] 금성

🎯 핵심 정리
갈래 자유시, 서정시
성격 상징적, 교훈적
제재 고래
주제 꿈과 목표를 가진 청년이 되기를 당부함.
특징 ① 깨달음을 바탕으로 교훈적인 내용을 전달함.
② 상징적인 표현을 사용하여 청년들의 꿈과 목표를 형상화함.
③ 유사한 종결 어미를 반복하여 운율을 형성함.
출전 《외로우니까 사람이다》(1998)

Q '고래'가 의미하는 바는?
'고래'는 푸른 바다에 산다. 화자가 이야기하는 푸른 바다는 푸른 청춘의 이미지와 연결되며 그 속에서 살고 있는 고래는 꿈과 목표를 가진 사람, 혹은 꿈과 목표 그 자체를 의미한다.

💡 시어 풀이
수평선 하늘과 바다가 맞닿아 경계를 이루는 선.

🐚 시구 풀이
❶ **푸른 바다에 ~ 청년이 아니지** 화자는 푸른 바다에 고래가 없으면 바다가 아니듯이 청년들의 마음속에 고래 한 마리 키우지 않으면 청년이 아니라고 말한다. 바다 속에서 꿈꾸는 고래처럼 청년들도 마음속에 꿈과 목표를 간직한 고래를 한 마리 키우라고 함으로써 꿈과 목표를 가져야 함을 역설하고 있다.

❷ **푸른 바다가 ~ 사랑을 모르지** 화자는 바다가 푸른 것은 고래(청년의 꿈과 목표)를 위한 것이며, 바다가 푸르다는 것, 즉 꿈과 목표가 없는 사람은 사랑을 모른다고 말한다. 사랑은 자신에 대한 사랑과 타인에 대한 사랑이 있는데, 아직 꿈과 목표가 없다는 것은 자기 자신을 사랑하는 방법을 모른다는 것이며 자신을 사랑하지 않는 사람은 타인을 사랑할 수도 없다. 따라서 화자는 고래를 키우지 않는 사람은 아직 사랑을 모른다고 한 것이다.

❸ **고래도 가끔 ~ 밤하늘 별들을 바라본다** 고래가 바라보는 별은 꿈과 희망이자 지향점이다. 화자도 고래처럼 가끔 밤하늘 별들을 바라봄으로써 꿈과 목표를 지향하는 자세를 보여 주고 있다.

👤 작가 소개
정호승(본책 222쪽 참고)

---

❶ 푸른 바다에 고래가 없으면
　　청년 젊음　　　　푸른 바다를 더 가치 있게 만드는 존재(꿈과 목표)
푸른 바다가 아니지
　　　　　　　　　　○: 시각적 이미지(푸른색)
마음속에 푸른 바다의
고래 한 마리 키우지 않으면
　　　　　　　　꿈과 목표가 없으면
청년이 아니지　　　　　　　　　　　　　　　　　　　　▶ 1연: 청년은 마음속 푸른 바다에 고래를 키워야 함.
청년의 의미와 가치 - 꿈과 목표가 있어야 함.

❷ 푸른 바다가 고래를 위하여
푸르다는 걸 아직 모르는 사람은
아직 ㉠사랑을 모르지　　　　　　　　　　　　　　　　▶ 2연: 푸른 바다는 고래를 위해 푸름.
자기 자신을 사랑하는 방법을 모름.

❸ 고래도 가끔 •수평선 위로 치솟아올라
별을 바라본다
　　희망
나도 가끔 내 마음속의 고래를 위하여
　　　　　　　나의 꿈, 목표
밤하늘 별들을 바라본다　　　　　　　　　　　　　　　▶ 3연: 내 마음속의 고래를 위해 별을 바라봄.
꿈과 목표를 지향함.

이해와 감상

이 시는 정호승 시인이 이 시대를 살아가는 청년들을 위해 쓴 시이다. 시의 화자는 청년들이 가져야 하는 꿈과 목표, 희망과 포부를 푸른 바다에 사는 고래로 나타내고 있다. 고래는 푸른 바다를 유영하며 가끔 수평선 위로 치솟아 올라 별을 바라본다. 호흡을 위해 수평선 위로 올라온 고래의 행동은 단순히 생존을 위한 행위로 생각될 수 있다. 하지만 화자는 고래의 그러한 행동을 꿈과 목표를 추구하는 행동으로 형상화하고 있는 것이다. 또한 화자는 청년들이 마음속의 푸른 바다에 고래를 키워야 하며, 그런 고래를 키우지 않는 사람은 진정한 사랑이 무엇인지를 알 수 없다고 표현한다. 비유적인 표현을 통해 이 시대를 살아가는 청년들이 마음속에 커다란 꿈과 포부를 키우기를 바라고 있는 것이다. 그리고 이런 화자의 조언은 절대 공허하지 않다. 왜냐하면 화자 자신 또한 마음속의 고래를 위해 밤하늘의 별을 보며 꿈과 목표를 지향하는 삶을 살고 있기 때문이다.

꿈과 희망이 존재하는 세상	→	푸른 바다	꿈과 희망, 목표를 추구하는 존재	→	고래

作品 연구소

시어 및 시구의 상징적 의미

시어 및 시구	상징적 의미
푸른 바다	꿈과 희망이 존재하는 세상
고래	꿈과 희망, 목표를 추구하는 존재
청년	고래를 키울 수 있는 젊음을 간직한 존재
밤하늘 별	희망, 삶의 목표이자 지향점

상징적 표현을 통해 드러난 주제 의식

이 시의 화자는 푸른 바다와 고래라는 상징적인 소재를 통해 주제 의식을 드러내고 있다. 청년이라는 말에서 느껴지는 푸른 이미지와 푸른 바다가 시각적으로 결합하여 선명하게 작용하고 있는 것이다. 그러한 푸른 바다를 자유롭게 유영하며 종종 수평선 위로 올라오는 고래는 푸른 바다가 키우는 존재이며 푸른 바다의 꿈이다. 화자는 그런 고래를 청년들에게 한 마리씩 기르라고 함으로써 꿈과 포부를 간직한 젊은이들이 되기를 당부하고 있는 것이다.

반복을 통한 운율 형성

이 시는 반복을 통해 운율을 형성하고 있다. 특히 1연의 종결 어미는 '아니지'를 반복하고 있으며 3연에서는 '바라본다'를 반복함으로써 운율을 형성하고 있다.

푸른색의 이미지가 주는 의미

이 시를 쓴 정호승 시인은 미래를 준비하는 젊은 청년들을 위해 이 시를 썼다고 한다. 시에서 주된 시각적 이미지로 사용되고 있는 푸른색은 젊음, 희망, 가능성, 순수함, 깨끗함, 자유 등의 상징적 의미를 나타낸다. 따라서 이 시에 사용된 '푸른 바다'는 인생의 가장 순수하고 자유로운 시기인 젊은 청년기의 삶을 뜻한다고 볼 수 있다.

자료실

고래가 등장하는 문학, 대중가요

고래는 바다에 사는 가장 큰 생명체이자 인간에게 친숙하면서도 신비로운 존재로 문학 및 대중가요에서 다양하게 등장하는 소재이다. 소설 〈주머니 속의 고래(이금이)〉에서도 꿈을 찾는 청소년들이 '고래'로 표현되고 있으며 대중가요 '흰수염고래(윤도현)'에서는 자유롭게 세상을 향해 나아가는 존재로 그려지고 있다. 또한 '고래의 꿈(바비킴)'에서는 사랑에 빠진 사람을 '너'라는 바다에 사는 '고래'로 표현하고 있다. 뿐만 아니라 허먼 멜빌의 소설 〈모비 딕〉에서 주인공이 사냥하고자 찾아 헤매는 '모비 딕'도 하얀 고래이다.

함께 읽으면 좋은 작품

〈서시〉, 윤동주 / 상징적인 시어들의 활용

〈서시〉는 일제 강점기를 살아간 지식인인 윤동주가 자신의 삶을 성찰하고 앞으로의 삶에 대한 다짐을 담고 있는 시이다.

이 시는 〈고래를 위하여〉에서처럼 상징을 활용하고 있는데, 특히 '바람', '길', '별'과 같은 상징적인 시어들을 통해 자신의 삶을 성찰하고 다짐하고 있다. 시련과 흔들림 속에서도 자신의 길을 걸어가고 순수한 별을 노래하겠다는 화자의 의지가 드러나는 것이다. 하지만 〈고래를 위하여〉가 자신의 생각을 바탕으로 교훈을 전달하고 있는 것과 달리, 〈서시〉는 자신에 대한 반성과 다짐으로 끝난다는 점에서 차이가 있다.

Link 본책 110쪽

키 포인트 체크

화자 가끔 밤하늘의 ☐을 바라보며 꿈을 꾸는 인물이다.

상황 ☐☐☐에 올라온 고래처럼 고개를 들어 밤하늘의 별을 보면서 ☐☐들의 삶에 대해 생각하고 있다.

태도 청년들에게 깨달음을 바탕으로 ☐☐을 하고 있다.

1 이 시의 화자에 대한 설명으로 가장 적절한 것은?

① 푸른 바다에서 고래를 잡고 있다.
② 꿈과 희망을 상실한 채 슬퍼하고 있다.
③ 과거의 영광에 집착하며 헛된 희망을 찾고 있다.
④ 청춘의 꿈이 없는 자기 자신에 대한 비판을 하고 있다.
⑤ 청년들에게 자신의 생각을 바탕으로 가르침을 주고 있다.

내신 적중 多빈출

2 이 시를 감상한 내용으로 적절하지 않은 것은?

① 상징적인 표현으로 주제를 형상화하고 있다.
② 의인화된 존재를 통해 의미를 전달하고 있다.
③ 유사한 종결 어미를 반복하여 리듬감을 형성하고 있다.
④ 깨달은 점을 바탕으로 교훈적인 내용을 전달하고 있다.
⑤ 유사한 문장 구조의 반복을 통하여 내용을 강조하고 있다.

3 ㉠이 의미하는 바를 쓰시오.

4 〈보기〉의 밑줄 친 ⓐ~ⓔ 중, 이 시의 '고래'와 의미가 유사한 것은?

보기

젊은이는 그 웃음 하나로도
세상을 ⓐ초록빛으로 바꾼다. //
헐렁한 바지 속에 / 알토란 두 개로 버티고 선 모습
그들은 ⓑ목욕탕에서 / 장군처럼 당당하게 옷을 벗는다. //
달은 눈물 흘리는 밤의 여신
작약순은 뾰조롬히 땅을 뚫고 나오는데
8월의 뜨거운 태양 아래 / 따리아는 온몸으로 함빡 웃는다. //
보라! 히말라야 정상도 발아래
젊음은 그 ⓒ몸뚱이 하나만으로도
세상을 통째로 흥정을 할 수가 있지. //
플라타너스 넓은 이파리 아래서도
ⓓ그들의 꿈은 하늘을 덮고 //
젊음아! 너의 몸뚱인 ⓔ황금과 바꿀 수 없는
그 꿈 하나로도 세상을 이기고
슬픔은 축구공처럼 저만큼 날리고
오늘밤 단돈 만원으로도 / 그녀의 입술을 훔칠 수 있다. //
랄랄랄 휘파람을 씽씽 불 수 있다.   – 문병란, 〈젊음〉

① ⓐ   ② ⓑ   ③ ⓒ   ④ ⓓ   ⑤ ⓔ

V. 1990년대 이후

165

윤동주 시집이 든 가방을 들고 | 정호승

문학 금성, 지학사

🎯 핵심 정리

갈래 자유시, 서정시
성격 성찰적, 비판적, 교훈적
제재 용서
주제 용서를 실천하지 못하는 자신에 대한 반성
특징 ① 유사한 종결 어미를 반복하여 자신의 행동에 대한 질책의 질문을 던짐.
② 일상에서 경험한 일을 소재로 깨달음을 전달함.
③ 상징적인 소재를 사용하여 주제를 전달함.
출전 《이 짧은 시간 동안》(2004)

Q '윤동주 시집'이 의미하는 바는?

윤동주 시인은 부끄러움과 자아 성찰의 시로 유명한 시인이다. 자신에 대한 치열한 반성과 성찰을 통해 깨달은 점을 바탕으로 순수한 이상과 가치를 추구하려는 시인의 의지가 담긴 시집은 화자로 하여금 자신의 행동을 끊임없이 반성하고 고민하게 만드는 역할을 한다.

🐾 시구 풀이

❶ **윤동주 시집이 ~ 신는 순간** 화자는 윤동주 시인의 시집이 담긴 가방을 들고 신발을 신고 있다. 일상적인 출근의 시간에 화자의 가방 속에 담긴 윤동주의 시집은 부끄러움과 자기반성, 자신에 대한 성찰을 하게 한다.

❷ **이 개새끼라고 ~ 견디지 못하는가** 화자는 자신의 구두에 오줌을 싸 놓은 개에게 개새끼라며 소리를 치고 있다. 이는 생명에 대한 경시에서 나오는 행동으로, 강아지를 용서하지 못한 자신의 행동에 대한 반성이 나타나 있다.

❸ **생명의 무게는 ~ 견디지 못하는가** 과거에는 생명의 가치를 소중하게 여기고 이를 무시하는 사람과 다투기도 했던 화자가 강아지의 행동에 화를 내며 생명을 경시한 자신의 행동을 성찰하며 반성하고 있다.

❹ **오늘도 강아지가 ~ 용서할까 봐 두려워라** 화자는 구두를 던진 화자의 행동에 놀라 의자 밑으로 숨어 들어간 강아지에게 용서를 구하지 않았다. 윤동주 시인의 말을 떠올리면서 자칫 자신이 경시한 강아지가 먼저 자신을 용서하고 다가올까 봐 옹졸했던 자신의 행동에 대해 부끄러워하고 있다.

👤 작가 소개

정호승(본책 222쪽 참고)

나는 왜 아침 출근길에
<u>구두에 질펀하게 오줌을 싸 놓은</u>
<u>강아지도 한 마리 용서하지 못하는가</u> ▶ 1~3행: 강아지를 용서하지 못한 자신에 대한 반성

❶<u>윤동주 시집이 든 가방을 들고 구두를 신는 순간</u>
새로 갈아 신은 양말에 축축하게

강아지의 오줌이 스며들 때

나는 왜 강아지를 향해

❷이 개새끼라고 소리치지 않고는 <u>견디지 못하는가</u> ▶ 4~8행: 생명을 경시한 자신에 대한 반성
⭕: 반복을 통해 자신에 대한 질책과 반성 강조

개나 사람이나 풀잎이나

❸<u>생명의 무게는 다 똑같은 것이라고</u>

산에 개를 데려왔다고 시비를 거는 사내와

㉠<u>멱살잡이까지 했던 내가</u>

왜 강아지를 향해 구두를 내던지지 않고는 <u>견디지 못하는가</u> ▶ 9~13행: 과거의 자신과 다른 행동을 한 자신에 대한 반성

세상에서 가장 어려운 일은

사람의 마음을 얻는 일이라는데

너는 한 마리 강아지의 미움도 얻지 못하고

어떻게 사람의 마음을 얻을 수 있을까 ▶ 14~17행: 사람의 마음을 얻는 일의 어려움

진실로 사랑하기를 원한다면

<u>용서하는 법을 배워야 한다고</u>

윤동주 시인은 늘 내게 말씀하시는데 ▶ 18~20행: 용서하는 법을 배워야 함.

나는 밥만 많이 먹고 강아지도 용서하지 못하면서

어떻게 인생의 순례자가 될 수 있을까

강아지는 이미 <u>의자 밑으로</u> 들어가 보이지 않는다

❹<u>오늘도 강아지가 먼저 나를 용서할까 봐 두려워라</u> ▶ 21~24행: 옹졸한 자신의 행동에 대한 반성

📎 이해와 감상

이 시는 정호승 시인이 50세가 넘어 무려 5년 만에 출간한 시집 《이 짧은 시간 동안》에 수록된 작품이다. 시인은 "고백하건대 지난 5년 동안 단 한 편의 시도 쓰지 않고 살아, 살아도 산 것이 아니었다."며 "시인이 시를 쓰지 않는 삶이 그 얼마나 비참한 것인가를 뼈저리게 느낀 반성의 세월이었다."라고 말했다. 지금까지는 밖의 문제를 밖의 시선에서 보았으나 이제 밖의 문제도 자신의 가슴을 통과시켜 이해하게 되었다고 말하는 시인의 말 그대로, 이 작품에는 풀과 강아지와 사람이 똑같이 소중하다고 말하면서도 강아지의 행동마저 용서하지 못하고 구두를 던지고 욕을 한 자기 자신에 대한 치열한 반성이 담긴 작품이다. 특히 시인이 사용한 '윤동주 시집'은 자아 성찰과 부끄러움을 통해 시인에게 용서와 반성의 가르침을 주는 소재로 사용되고 있다.

| 강아지가 구두에 오줌을 쌈. | → | 욕설과 분노 (생명 경시) | | 윤동주 시집이 든 가방 (자아 성찰, 부끄러움) | → | 자신의 행동에 대한 반성 |

작품 연구소

시어 및 시구의 상징적 의미

시어 및 시구	상징적 의미
아침 출근길	반복되는 일상적인 상황
윤동주 시집	자아 성찰과 부끄러움에 대한 시를 담은 시집
강아지의 오줌	강아지의 사소한 실수
밥	세속적인 욕구
용서하는 법	화자가 깨달은 것

종결 어미를 통한 자기반성

이 시의 화자는 반복되는 종결 어미로 '-ㄴ가'를 사용하고 있다. 의문의 형식을 통해 타인이 아닌 자기 자신에게 질문을 던지고 있는데, 이 과정에서 화자는 자기반성과 성찰이라는 주제 의식을 획득하고 있는 것이다. 특히 타인의 잘못에 대해 너그럽지 못하고, 옹졸하게 작은 일에 화를 내고 생명을 경시한 자신의 행동에 대해 질책의 질문을 던짐으로써 이 시를 읽는 독자에게도 질책과 반성의 효과를 거두고 있다.

일상에서 찾은 화자의 깨달음과 반성

강아지가 구두에 오줌을 쌈. 사소한 실수	⇒	욕설과 분노 옹졸한 자신(생명 경시)

이 시의 화자는 평소 생명의 소중함을 역설하고 평등을 추구했던 사람이다. 그러나 강아지가 오줌을 싼 사소한 행위에 욕설을 퍼붓고 구두를 집어던지는 옹졸한 행동을 한 후 자신의 행동을 반성하고 있다. 이는 사소하고 일상적인 일에서 깨달음을 얻는 화자의 시선을 보여 주고 있다.

윤동주와 자아 성찰

화자가 '윤동주 시집'을 떠올리는 이유는 윤동주 시인의 시가 보여 주는 주제 의식과 관련되어 있다. 윤동주 시인은 일제에 적극적으로 저항하지 못하는 자신을 끊임없이 성찰하고 반성하였으며 부끄러워했던 시인이다. 그런 시인의 시집이 화자에게 자아 성찰의 소재로 작용하고 있다.

자료실

시집 《이 짧은 시간 동안》을 펴내면서 – 작가의 말

시인은 자신에 대한 이야기를 어느 때보다 많이 한다. 반성도 적잖다. 시인은 집 밖에서는 "개나 사람이나 풀잎이나 생명의 무게는 다 똑같은 것"이라고 말하면서, 정작 구두에 오줌을 싼 강아지를 용서하지 못하고 구두를 내던졌던 자신을 꾸짖는다. 그는 "시집 이름인 '이 짧은 시간 동안'은 우리의 인생을 뜻한다."며 "짧은 삶을 살면서 우리는 바쁘다는 핑계로 소중한 무엇을 잃고 살지 않는지 혼자 묻고 혼자 답을 구했다."고 말했다.

함께 읽으면 좋은 작품

〈어느 날 고궁을 나오면서〉, 김수영 / 자신의 행동에 대한 반성

〈어느 날 고궁을 나오면서〉는 큰일에는 분노하지 않고, 작은 일에만 분개하는 자기 자신에 대한 분노와 비판이 담긴 시다.

두 시는 자기 자신에 대한 분노와 반성이 드러난다는 점에서 유사하다. 하지만 〈어느 날 고궁을 나오면서〉가 부당한 현실과 세태에 대해서 분노하지 않는 자신에 대한 비판을 통해 사회에 대한 비판과 참여 의식을 강조하고 있다면, 〈윤동주 시집이 든 가방을 들고〉는 사회에 대한 비판보다는 자기 자신의 행동에 대한 철저한 비판이 담겨 있다.

Link 본책 176쪽

키 포인트 체크

화자 평소 강아지의 생명도 존중하고 □□하지 않는 인물이다.

상황 강아지가 화자의 구두에 □□을 싸는 일상적인 실수를 하자 화자는 욕을 하고 구두를 던지는 등 생명을 경시하는 행동을 하였다.

태도 일상적인 사건에서 얻은 □□□을 바탕으로 자신의 행위에 대해 반성하고 있다.

내신 적중 多빈출

1 이 시의 화자에 대한 설명으로 가장 적절한 것은?

① 사소한 일에 지나치게 많은 신경을 쓰고 있다.
② 강아지가 한 행동을 옹호하는 주장을 하고 있다.
③ 자신의 행동에 대해 반성과 성찰의 태도를 보여 주고 있다.
④ 부정적인 현실에 냉소적인 비판의 시각을 보여 주고 있다.
⑤ 자신에게 엄격하고 타인에게 관대한 태도를 보여 주고 있다.

2 〈보기〉의 시를 바탕으로 이 시를 감상한 내용으로 적절하지 않은 것은?

| 보기 |

왜 나는 조그마한 일에만 분개하는가
저 왕궁 대신에 왕궁의 음탕 대신에
50원짜리 갈비가 기름 덩어리만 나왔다고 분개하고
옹졸하게 분개하고 설렁탕집 돼지 같은 주인 년한테 욕을 하고 / 옹졸하게 욕을 하고
　　　　　　　　　 – 김수영, 〈어느 날 고궁을 나오면서〉

① '조그마한 일에만 분개'한 자신에 대한 반성이 담겨 있다는 점에서 유사하다.
② '왕궁'은 시 속의 화자가 경멸하는 공간이라는 점에서 강아지가 숨은 의자 밑과 유사하다.
③ '50원짜리 갈비가 기름 덩어리만' 나온 일은 강아지가 오줌을 싼 행위와 유사한 의미로 사용되었다.
④ '설렁탕집 돼지 같은 주인 년'은 화자에게 욕을 먹은 강아지와 유사한 의미로 사용되었다.
⑤ '옹졸하게 욕을 하'는 행위는 생명에 대한 경시가 담겨 있는 행위라는 점에서 유사하다.

3 이 시에 사용된 시어의 의미로 가장 적절한 것은?

	윤동주 시집	밥
①	두려움	필수적인 요소
②	부끄러움	세속적인 욕망
③	안타까움	삶의 목표
④	반성과 성찰	간절한 바람
⑤	미안함	자기희생

4 ㉠에 대한 설명으로 적절하지 않은 것은?

① 화자가 실제 경험한 일이다.
② 현재의 화자와 대조되는 행동이다.
③ 화자가 반성해야 할 잘못된 행동이다.
④ 생명을 소중하게 여기는 마음에서 나온 행동이다.
⑤ 상대방의 잘못된 언행에 대한 분노에서 나온 행동이다.

5 화자가 궁극적으로 지향하는 삶을 나타낸 2어절의 시어를 찾아 쓰시오.

V. 1990년대 이후

윤동주 시집이 든 가방을 들고 **305**

166

세한도 | 고재종

문학 신사고

🎯 핵심 정리
갈래 자유시, 서정시
성격 의지적, 희망적
제재 청솔
주제 힘겨운 농촌의 현실과 이를 극복하려는 희망
특징 ① 색채 이미지를 사용하여 상황을 상징적으로 제시함.
② 의인법을 사용하여 대상과의 일체감을 부여함.
③ 청솔의 의연한 모습과 명령형 어조로 의지를 드러냄.
출전 《창작과 비평》(1998)

Q '궁벽'이 의미하는 바는?

'궁벽'은 화자가 바라보는 농촌의 현실을 가장 정확하게 표현하고 있는 시어이다. 생산도 끊기고 사람들이 떠나버린, 날로 쇠락해 가는 농촌의 현실은 그 어느 때보다 춥고 궁벽한 상태인 것이다.

💡 시어 풀이
세한 설 전후의 추위라는 뜻으로, 매우 심한 한겨울의 추위.
청솔 푸른 소나무.
궁벽 매우 후미지고 으슥함.
삭바람 거침없는 바람.
꼭두서니빛 붉은빛. 꼭두서니는 꼭두서닛과의 여러해살이 덩굴풀로 뿌리는 물감의 원료로 쓴다.

🦴 시구 풀이
❶ **날로 기우듬해 ~ 서 있다.** 농촌이 점점 쇠락해 가는 모습을 마을 회관이 기우듬해진다고 표현하고 있다. 마을 회관 옆에 꼿꼿이 선 청솔은 마을 회관과 서로 대비되는 존재이다.
❷ **한때는 ~ 회관 옆** 앰프 방송으로 사람들에게 소식을 전하던 활기찼던 시절의 과거가 현재의 쇠락한 농촌의 현실과 대비되고 있다.
❸ **거기 술만 ~ 이장과 함께.** 이장은 쇠락한 농촌 현실에 지쳐 과거를 그리워하며 슬픈 노래를 부르고 있다.
❹ **생산도 새마을도 ~ 몇몇들 보아라.** 궁벽한 현실에서도 난장 난 비닐하우스를 일으키며 희망을 찾는 사람들을 보라고 함으로써 현실 극복 의지를 강조하고 있다.
❺ **까막까치 얼어 죽는 ~ 꼭두서니빛 타오른다.** 극한의 현실에도 아침에는 동녘에서 해가 떠오르듯이 어려움 속에서도 잃지 않는 희망을 꼭두서니빛으로 표현하고 있다.

👤 작가 소개

고재종(高在鍾, 1957~)
시인. 전남 담양 출생. 1984년 《실천문학》 신작 시집 《시여 무 기여》에 시를 발표하며 등단했다. 제16회 소월시문학상 대상을 수상하였으며 주요 시집으로는 《바람 부는 솔숲에 사랑은 머물고》(1987) 등이 있다.

---

❶날로 기우듬해 가는 마을 회관 옆
　　　　쇠락해 가는 농촌의 현실 반영
*청솔 한 그루 꼿꼿이 서 있다.　　　　　　　　　　　　　　　▶ 1연: 꼿꼿이 서 있는 청솔의 모습
　　기울어 가는 마을 회관과 대비 → 의연함

❷한때는 앰프 방송 하나로
　　　「 」: 활기찼던 시절(과거 회상)
집집의 새앙쥐까지 깨우던 회관 옆,

그 둥치의 터지고 갈라진 아픔으로
청솔의 둥치
푸른 눈 더욱 못 감는다.　　　　　　　　　　　　　　　　　　▶ 2연: 과거와 달리 쇠락한 현재의 농촌
쇠락한 농촌 현실에 아파하는 모습(의인법)

그 회관 들창 거덜 내는 댓바람 때마다
　　　　　　　　　　농민들을 고통스럽게 하는 요소
청솔은 또 한바탕 노엽게 운다.
　　　　농민들의 울분에 공감하는 존재, 청각적 심상(의인법)
❸거기 술만 취하면 앰프를 켜고

천둥산 박달재를 울고 넘는 이장과 함께.　　　　　▶ 3연: 마을 사람들과 함께 어려운 현실을 견디는 청솔
　　현실에 지쳐 부르는 슬픈 노래　　　　쇠락한 농촌(청솔과 같은 처지)

❹생산도 새마을도 다 끊긴 *궁벽, 그러나
　　　　　　　　　　　　　가난　　시상의 전환(암울한 분위기 → 희망적인 분위기)
저기 난장 난 비닐하우스를 일으키다
　　　　난장판
그 청솔 바라보는 몇몇들 보아라.　　　　　　　　　　　　▶ 4연: 어려운 현실을 이겨 내려는 사람들
　　　희망을 찾으려는 사람들　　　　명령적 어조 = 농민들과 청솔의 의지적 태도 강조

그때마다, 「*삭바람마저 빗질하여
　　　　　　거침없는 바람　　　　　　　　「 」: 고난과 슬픔을 삭이고 버텨 내며 생
서러움조차 잘 걸러 내어　　　　　　　　　　명력을 발산하는 청솔의 모습을 표현함.
　　　슬픔을 이겨 내는
푸른 숨결을 풀어내는 청솔 보아라.　　　　　　　　　　　　▶ 5연: 시련을 견디며 푸르게 서 있는 청솔
현실 극복의 의지　　　　　명령적 어조

나는 희망의 노예는 아니거니와
❺까막까치 얼어 죽는 이 아침에도
　극한의 현실
저 동녘에선 *꼭두서니빛 타오른다.　　　　　　　　　　　　▶ 6연: 어려운 상황에서도 잃지 않는 희망
　　　　　　　　희망의 빛

이해와 감상

　농촌에서 농업에 종사하면서 농촌의 끈질긴 생명력에 대해 노래한 고재종 시인의 작품으로, 이 시에는 쇠락해 가는 마을 회관을 바라보는 화자의 정서가 잘 나타나 있다. 특히 제목에 사용된 '세한도'는 추사 김정희가 제주도에서 귀양살이할 때, 북경에 사신으로 갔다 오며 자신을 잊지 않고 귀한 책들을 구해 보내 준 제자 이상적에게 그려 준 그림이다. 이 그림은 토담집을 중심으로 왼쪽에 잣나무 두 그루, 오른쪽에 잣나무 한 그루와 소나무 한 그루를 그려 추운 겨울이 되어야만 비로소 알 수 있는 소나무와 잣나무의 푸름을 이야기하고 있다. 추사의 세한도와 마찬가지로 이 작품에서도 쇠락해 가는 상처투성이의 농촌의 모습을 보여 주면서 까막까치가 얼어 죽을 것 같은 극한의 농촌의 현실을 극복하고자 하는 의지를 청솔의 푸르름과 꼭두서니빛으로 제시하고 있다. 화자에게는 농촌의 현실이 '세한'의 현실이고 '청솔'이 그 속에도 푸름을 잃지 않는 의지인 것이다.

마을회관	쇠락해 감.	궁벽, 난장			
대립 ↕			→ 꼭두서니빛 →	현실 극복 의지
청솔	의연함	푸른 숨결			

🏠 작품 연구소

시어 및 시구의 상징적 의미

시어 및 시구	상징적 의미
마을 회관	마을 사람들이 모여들던 곳으로, 지금은 쇠락해진 농촌 현실을 상징함.
청솔	마을 회관 옆의 푸른 소나무로, 쇠락해 가는 농촌에서 푸른빛을 잃지 않은 존재
앰프 방송	이장이 마을에 소식을 알릴 때 사용하던 물건으로, 과거 농촌이 번성했던 시절을 나타냄.
푸른 숨결	청솔이 불어넣는 극복 의지
까막까치 얼어 죽는	극한의 상황
꼭두서니빛	희망의 빛, 극복 의지

쇠락한 마을의 상황

과거	앰프 방송 하나로 집집의 새양쥐까지 깨우던 회관

↕ 대립

현재	날로 기우듬해 가는 마을 회관

고재종 시인은 쇠락해 가는 농촌의 상황에 대해 관심이 많은 시인이다. 본인이 직접 시골에서 농사를 지으면서 농촌시를 쓰는 대표적 시인으로 일컬어져 왔으며 인간에 의해 훼손 당하지 않는 자연에 대한 깊은 사랑을 표현해 왔다. '세한도'에서 형상화하고 있는 농촌도 한때는 앰프를 중심으로 마을 사람들의 중심지 역할을 했던 마을 회관이 지금은 쇠락하여 청솔만이 지키고 있는 모습으로 나타나고 있다.

회화와 시의 만남

시인이 제목으로 사용한 '세한도'는 추사 김정희가 제주도에서 귀양살이할 때, 북경에 사신으로 갔다 오며 자신을 잊지 않고 귀한 책들을 구해 보내 준 제자 이상적에게 그려 준 그림이다. 세한에 그 푸른빛이 더욱 선명한 소나무와 잣나무처럼 의리와 절개를 지키는 이상적의 마음에 대한 고마움을 나타낸 것이다. 시인은 추사의 '세한도'에 나타난 푸른빛에 마을 회관을 지키는 청솔의 모습을 연결시킨다. 이를 통해 어려운 시절 더욱 그 빛을 드러내는 이상적의 마음처럼 극한의 어려움에 처한 농촌 현실을 지켜 내고자 하는 의지를 더욱 선명하게 표현하고 있는 것이다.

▲ 김정희, 〈세한도〉

📖 함께 읽으면 좋은 작품

〈농무〉, 신경림 / 쇠락한 농촌의 모습

〈농무〉는 쇠락한 마을에서 농무를 추는 사람들을 중심으로 피폐해진 농촌의 현실을 제시하고 있는 작품이다.

〈세한도〉와 〈농무〉는 주제와 배경에서 서로 유사한 점이 있으며 이를 바탕으로 이야기를 전개하고 있다는 점에서 함께 살펴볼 수 있다. 다만 〈세한도〉에는 농촌을 지키고 있는 '청솔'을 등장시킴으로써 현실 극복의 의지를 드러내고 있다는 점에서 〈농무〉와는 다른 모습을 보여 주고 있다. 🔗 Link 본책 208쪽

🔑 포인트 체크

화자 ☐☐☐☐ 옆을 지키고 있는 ☐☐과 농촌을 바라보고 있는 인물이다.

상황 마을 회관이 기우듬해 가는 쇠락한 농촌 현실 속에서 마을 사람들이 ☐☐☐☐☐를 일으키며 꼿꼿이 서 있는 청솔을 바라보고 있다.

태도 쇠락해진 농촌 현실에 대한 ☐☐과 ☐☐☐를 드러내고 있다.

내신 적중 多빈출

1 이 시에 대한 설명으로 적절하지 않은 것은?

① 현재와 대비되는 과거의 상황을 제시하고 있다.

② 명령형 어조를 통해 현실 극복 의지를 드러내고 있다.

③ 의인법을 사용하여 대상과의 일체감을 부여하고 있다.

④ 색채 이미지를 통해 상황을 상징적으로 나타내고 있다.

⑤ 비유적 표현으로 대상에 대한 부정적 인식을 드러내고 있다.

2 〈보기〉에 나타난 ㉠과 '청솔'의 유사성으로 가장 적절한 것은?

┤ 보기 ├

세한도는 추사 김정희가 제주도에서 귀양살이할 때, 북경에 사신으로 갔다 오며 자신을 잊지 않고 귀한 책들을 구해 보내 준 제자 이상적에게 그려 준 그림이다. 한겨울의 극한 추위에도 아랑곳 않고, 토담집을 중심으로 왼쪽에 잣나무 두 그루, 오른쪽에 ㉠잣나무 한 그루와 소나무 한 그루를 그려 추운 겨울이 되어야만 비로소 알 수 있는 소나무와 잣나무의 푸름을 이야기하고 있다.

① 대상에 대한 날선 비판 의식을 드러낸다.

② 순수함을 잃지 않는 절개와 지조를 드러낸다.

③ 수수하고 질박한 한국적인 미의식을 드러낸다.

④ 추운 겨울에도 푸른빛을 잃지 않는 희망을 드러낸다.

⑤ 쇠락해 가는 농촌을 살려 낼 경제적인 가치를 드러낸다.

3 〈보기〉의 관점에서 이 시를 해석한 것으로 적절한 것은?

┤ 보기 ├

쇠락해 가는 상처투성이의 농촌의 모습을 보여 주면서 농촌의 현실을 극복하고자 하는 청솔의 푸르름을 꼭두서니빛과 연결하여 제시하고 있다.

① '앰프 방송'을 잊지 못하는 이장은 과거의 영광에 매몰된 인물이다.

② '생산도 새마을도 다 끊긴 궁벽'한 공간은 세한의 이미지와 연결된다.

③ '푸른 숨결을 풀어내는 청솔'은 극한의 고통에 한숨짓는 사람들을 의미한다.

④ '난장 난 비닐하우스를 일으키'는 사람들은 폐허의 고통에 몸부림치는 사람들이다.

⑤ 동녘의 '꼭두서니빛'은 마침내 모든 것을 좌절하게 만드는 붉은빛의 이미지를 상징한다.

4 이 시에서 추사의 그림 '세한도'를 제목으로 사용한 이유를 쓰시오.

167

첫사랑 | 고재종

문학 지학사
국어 금성, 비상(박안), 신사고

🎯 핵심 정리

갈래 자유시, 서정시
성격 서정적, 회화적, 역설적
제재 눈
주제 인내와 헌신으로 피워 낸 아름다운 사랑
특징 ① 자연물에서 사랑의 의미를 발견함.
② 시어의 반복을 통해 운율감을 형성함.
③ 시각적 이미지를 사용하여 대상을 형상화함.
④ 역설적 표현을 통해 주제를 효과적으로 드러냄.
출전 《쪽빛 문장》(2004)

Q '싸그락'과 '난분분'을 반복함으로써 얻을 수 있는 효과는?

'싸그락'은 눈이 내리는 소리를, '난분분'은 눈이 날리는 모습을 형상화하고 있다. 이러한 시어의 반복을 통해 운율감을 형성할 뿐만 아니라 남몰래 자신의 사랑을 이루기 위해 노력하는 눈의 모습을 감각적으로 표현하고 있다.

🔆 시어 풀이

난분분 '난분분하다'의 어근. 눈이나 꽃잎 따위가 흩날리어 어지러운 모양.
햇솜 그 해에 새로 난 솜.
덴 불이나 뜨거운 기운으로 살이 상한.

🐚 시구 풀이

❶ **흔들리는 나뭇가지에 ~ 멈추지 않았으랴** 눈이 나뭇가지 위에 내려 눈꽃을 피우는 상황을 눈이 도전하는 것으로 의인화하여 표현하고 있다.

❷ **미끄러지고 미끄러지길 수백 번,** 아름다운 눈꽃을 피우기 위해 눈이 겪는 시련을 드러내고 있다.

❸ **바람 한 자락 ~ 사랑을 위하여** 바람이 불면 눈은 나뭇가지에 매달릴 수 없다. 그만큼 쉽게 끝날 수 있는 위태로운 사랑임을 의미한다.

❹ **마침내 피워 낸 저 황홀 보아라** 수많은 도전 끝에 눈꽃이 핀 순간을 표현하고 있다. 눈과 나뭇가지의 첫사랑이 이루어지는 순간이기도 하다.

❺ **세상에서 가장 아름다운 상처를 터뜨린다** '세상에서 가장 아름다운 상처'는 눈꽃이 진 후 봄이 되어 피어난 꽃의 아름다움을 역설적으로 표현한 것이다. 이는 이별을 겪은 후에 도달한 성숙한 사랑의 아름다움이기도 하다.

👤 작가 소개

고재종(본책 306쪽 참고)

---

❶흔들리는 나뭇가지에 ㉠꽃 한번 피우려고
　　　　　　　　　　　　　눈꽃
눈은 얼마나 많은 도전을 멈추지 않았으랴
　　　　　　　　　　의인법, 설의법

▶ 1연: 눈꽃을 피우기 위한 눈의 도전

싸그락 싸그락 두드려 보았겠지
　　　의성어의 활용
❷난분분 난분분 춤추었겠지
❷미끄러지고 미끄러지길 수백 번,
　눈꽃을 피우기 위해 겪어야만 하는 시련의 과정

▶ 2연: 눈꽃을 피우기 위한 눈의 시련

❸바람 한 자락 불면 휙 날아갈 사랑을 위하여
　　　　　　언제든 쉽게 끝날 수 있는 사랑
❸햇솜 같은 마음을 다 퍼부어 준 다음에야
　직유법　　　　　　　　　헌신적 자세
❹마침내 피워 낸 저 황홀 보아라
　은유법, 눈꽃(첫사랑)　예찬적 어조

▶ 3연: 마침내 피워 낸 눈꽃에 대한 예찬

봄이면 가지는 그 한번 ˙덴 자리에
　　　　　　　눈꽃이 피었던 자리, 첫사랑의 아픈 경험
❺세상에서 가장 아름다운 상처를 터뜨린다
① 역설법: 첫사랑의 아픔, 곧 이별을 겪은 후에 도달한 성숙한 사랑의 아름다움
② 은유법: '상처'의 원관념은 봄에 피어난 꽃(새싹)으로 볼 수 있음.

▶ 4연: 눈꽃이 진 후 봄에 피어난 꽃의 아름다움

이해와 감상

이 시는 한겨울 나뭇가지에 눈꽃이 피고, 그 나뭇가지에 봄이 되면 다시 꽃이 피는 자연 현상에서 사랑의 의미를 발견하고 있다.

눈	눈꽃	꽃
사랑의 마음을 지닌 존재	첫사랑	첫사랑의 아픔을 겪은 후 도달한 성숙한 사랑

1연에서 눈은 눈꽃을 피우기 위한 도전을 멈추지 않는다. 2연에서는 눈이 눈꽃을 피우기 위해 나뭇가지를 두드려 보기도 하고 주위를 맴돌며 미끄러지고 미끄러지길 수백 번 하는 시련의 과정이 나타난다. 3연에서는 매서운 바람 한 번이면 가지에서 떨어져 끝날 사랑이지만, 그 사랑을 위하여 자신의 마음을 다 퍼 준 후 마침내 눈꽃이라는 결실을 맺는 모습을 '황홀'이라고 표현하고 있다. 4연에서는 나뭇가지를 향한 눈의 사랑은 봄이 오면서 끝나게 되고 눈의 흔적조차 발견할 수 없지만, 나뭇가지는 그 마음을 기억하고, 눈꽃을 맺었던 그 자리에 꽃을 피워 낸다. 눈의 헌신적인 사랑을 통해 나뭇가지는 보다 성숙한 사랑을 이룰 수 있게 된 것이다. 이 시는 사랑의 아름다운 결실을 위해서는 한 대상에 대한 오롯한 인내와 헌신이 필요함을 눈과 나뭇가지의 사랑 이야기를 통해 보여 주고 있다.

작품 연구소

'눈꽃'과 '첫사랑'의 공통점

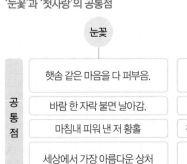

	눈꽃	첫사랑
공통점	햇솜 같은 마음을 다 퍼부음.	온 마음을 다해 열정적으로 상대를 사랑함.
	바람 한 자락 불면 날아감.	쉽게 헤어질 가능성이 높음.
	마침내 피워 낸 저 황홀	첫사랑을 이루었을 때의 큰 기쁨
	세상에서 가장 아름다운 상처	이별을 겪은 후에 더 성숙한 사랑을 할 수 있게 됨.

제목을 고려할 때 이 시는 '눈꽃'의 모습을 통해 '첫사랑'을 표현하고 있음을 짐작할 수 있다. '첫사랑'은 사랑에 서툴기 때문에 이루기가 쉽지 않지만, 마침내 그 사랑을 이루었을 때는 이 세상 그 무엇보다 더 큰 황홀감을 만끽할 수 있다. 또 그 사랑이 이내 끝난다 하더라도 그것으로 끝나는 것이 아니다. 이별의 경험을 통해 나뭇가지가 꽃을 피우듯 사람도 더 성숙하고 아름다운 사랑을 할 수 있게 되는 것이다.

역설적 표현

세상에서 가장 아름다운 상처	→	봄에 피어난 꽃의 황홀한 모습을 '아름다운'이라는 말을 통해, 눈이 꽃을 피우기까지의 시련과 고통의 과정을 '상처'라는 말을 통해 표현하였다. 표면적으로는 모순이 되는 '아름다운'과 '상처'를 병치하여 아픔을 겪은 뒤 얻은 성숙한 사랑을 강조하고 있다.

표현상의 특징

의인법	'눈'을 의인화하여 도전하고, 두드리고, 춤추고, 마음을 다 퍼부어 주는 존재로 표현함.
반복법	'싸그락 싸그락', '난분분 난분분', '미끄러지고 미끄러지길'과 같이 시어를 반복하여 운율을 형성함.
비유법	눈꽃을 '바람 한 자락 불면 휙 날아갈 사랑', '마침내 피워 낸 저 황홀'에, 꽃(새싹)을 '세상에서 가장 아름다운 상처'에 비유하여 표현함. 또 '햇솜 같은 마음'에서 꽃을 피우기 위한 눈의 순수한 마음과 햇솜같이 폭신하고 하얀 눈의 느낌을 형상화함.
의성법	의성어 '싸그락'은 눈이 내려 쌓이는 소리를 나타냄.

자료실

흙, 생명, 밥, 노동 - 고재종론

고재종의 생명감은 지극히 일상적이고 자연스러운 그의 삶 속에서 생명들과 마치 이웃 사람들을 만나는 것과 같은 관계를 맺고 함께 사는 과정을 통하여 체화된 것이다. [중략] 또한 고재종은 생명 앞에서 그것에 환호하고 전율을 느끼는 사람일 뿐만 아니라 생명이 성장하는 것을 도와주고 그 생명을 보살피는 사람이다. 그러므로 그는 단순한 생명의 관조자가 아니라 생명의 성장에 참여하는 자이다.
– 정효구, 《몽상의 시학》

함께 읽으면 좋은 작품

〈낙화〉, 이형기 / 자연 현상을 통해 드러낸 삶의 의미

〈낙화〉는 떨어지는 꽃잎, 즉 낙화를 통해 인간사의 이별과 이별을 통한 성숙을 표현한 작품이다.

〈첫사랑〉과 〈낙화〉는 자연 현상과 역설적 표현을 통해 삶의 의미를 드러낸다는 점에서 공통점이 있다. 하지만 〈첫사랑〉은 '이별'을 성숙한 사랑에 도달하기 위한 시련으로 인식하는 데 반해, 〈낙화〉는 영혼의 성숙을 위한 축복으로 인식하고 있다. ▶ **Link** 본책 184쪽

키 포인트 체크

- **화자** ☐☐에 눈이 내리고 나뭇가지에 눈이 쌓이는 풍경을 보고 있다.
- **상황** ☐☐이 불어 흔들리는 나뭇가지에 눈이 쌓여서 ☐☐이 피고, 눈꽃이 진 후 그 자리에 봄의 꽃이 피어나고 있다.
- **태도** 사랑의 아름다운 ☐☐을 위해서는 ☐☐와 헌신이 필요함을 눈과 나뭇가지의 사랑 이야기를 통해 강조하고 있다.

1 이 시에 대한 설명으로 적절하지 않은 것은?
① 자연물을 통해 사랑의 의미를 표현하고 있다.
② 시각적 심상을 활용하여 대상을 형상화하고 있다.
③ 대립적 이미지의 시어를 통해 주제를 강조하고 있다.
④ 의성어를 활용하여 대상을 감각적으로 표현하고 있다.
⑤ 의인화의 방법을 사용하여 대상의 모습을 부각하고 있다.

2 이 시에 나타난 장면을 그림으로 나타낼 때, 적절하지 않은 것은?

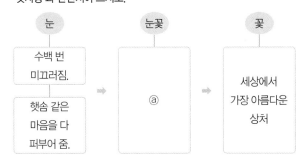

3 이 시에서 화자가 궁극적으로 전달하고자 하는 것은?
① 이별을 통한 정신적 성숙
② 변함없는 자연 순환의 원리
③ 순수한 자연에 대한 경외심
④ 새로운 만남을 통한 이별의 극복
⑤ 사랑의 결실을 이루기 위한 노력의 의미

4 다음 시어 중 ㉠과 그 의미하는 바가 같은 것은?
① 도전   ② 바람   ③ 햇솜
④ 황홀   ⑤ 봄

내신 적중

5 ⓐ에 들어갈 알맞은 말을 이 시에서 찾아 쓰고, 그 말의 함축적 의미를 '첫사랑'과 관련지어 쓰시오.

눈		눈꽃		꽃
수백 번 미끄러짐. 햇솜 같은 마음을 다 퍼부어 줌.	→	ⓐ	→	세상에서 가장 아름다운 상처

V. 1990년대 이후

168

사는 일 | 나태주

문학 천재(김)

🎯 핵심 정리

갈래 자유시, 서정시

성격 독백적, 긍정적

제재 삶의 여정, 일상

주제 삶의 모든 상황을 긍정적으로 받아들이는 여유롭고 겸허한 자세

특징 ① 수미 상관의 구성을 통해 시적 안정감을 높이고 주제 의식을 강조함.
② 길을 걷는 여정에 빗대어 삶의 모습과 성찰의 내용을 형상화함.

출전 《너도 그렇다》(2009)

> **Q** '걷지 않아도 좋을 길'이 의미하는 바는?
>
> '걷지 않아도 좋을 길'은 차가 제 시간에 왔다면 가지 않았을 길이고 그랬다면 땀 흘리는 고난은 없었을 것이다. 하지만 화자는 그 속에서도 아름다운 자연을 발견하고 긍정의 소중한 가치를 깨닫고 있다.

💡 시어 풀이

막판 어떤 일의 끝이 되는 판. 바둑의 마지막 승부가 되는 대국.

멍석딸기 쌍떡잎식물 장미목 장미과의 덩굴성 낙엽 관목. 산록 이하의 낮은 지대에서 흔히 자람.

🐚 시구 풀이

❶ **굽은 길은 굽게 가고 곧은 길은 곧게 가고** 화자는 인생의 굴곡을 굽은 길과 곧은 길로 표현하고 있다. 힘들고 어려운 시기의 굽은 길은 굽은 대로 걸어가고, 순탄하고 편안한 곧은 길은 곧은 대로 걸어가겠다는 표현을 통해 현실에 순응하는 자세를 드러낸다.

❷ **막판에는 나를 ~ 땀 흘리며 걷기도 했다** 화자는 차를 타지 못한 예상치 못한 상황으로 인해 땀 흘리며 걸어야 하는 고난을 겪게 되었다.

❸ **만나지 못할 ~ 날갯짓도 보았으므로** 화자는 비록 갑작스러운 고난을 겪게 되었으나 그마저도 긍정적으로 받아들인다. 특히 그 길을 걸으면서 만난 자연물들을 통해 삶에서 쉽게 지나치기 쉬운 세상의 아름다움과 소중한 가치를 깨닫게 된 것이다.

❹ **길바닥을 ~ 잘 살았다** 바람도 잠잠해지고 새들도 숲으로 머리를 돌리는 고요한 풍경 속에서 화자의 하루는 마무리되고 있다. 그리고 화자는 다시 한번 하루를 잘 살았다는 긍정적 인식을 하며 삶에 대한 만족감을 느끼고 있다.

👤 작가 소개

나태주(羅泰柱, 1945~) 시인. 충남 서천 출생. 1971년 《서울신문》 신춘문예에 당선되면서 본격적인 문단 활동을 시작했다. 대상에 대한 치밀한 관찰력과 사색, 천진하고 참신한 착상, 전통적 서정성을 바탕으로 자연의 아름다움 등을 노래하였다. 시집으로 《대숲 아래서》(1973), 《막동리 소묘》(1980) 등이 있다.

오늘도 하루 잘 살았다
<u>삶에 대한 긍정적 인식</u>
❶「굽은 길은 굽게 가고
<u>어렵고 힘든 길</u>
곧은 길은 곧게 가고」
<u>쉽고 평탄한 길</u>   「 」: 주어진 삶에 순응함. 대구법

▶ 1연: 현실에 순응하는 긍정적인 삶

❷•막판에는 나를 싣고
<u>하루의 끝</u>
가기로 되어 있는 ㉠차가
제시간보다 일찍 떠나는 바람에
<u>예상 못한 일</u>
걷지 않아도 좋을 길을 두어 시간
땀 흘리며 걷기도 했다
<u>예상 못한 고난</u>

▶ 2연: 예상치 못하게 겪은 고난과 시련

그러나 그것도 나쁘지 아니했다
<u>시상의 전환</u>   <u>긍정적 인식</u>
걷지 않아도 좋을 길을 걸었으므로
❸만나지 못할 뻔했던 싱그러운
㉡바람도 만나고 수풀 사이   ○: 화자가 만난 자연물 – 시련과 고난을
빨갛게 익은 •멍석딸기도 만나고   통해 알게 된 세상의 아름다움과 소중한 가치
해 저문 개울가 고기비늘 찍으러 온 물총새
물총새, 쪽빛 날갯짓도 보았으므로

▶ 3연: 힘겨운 현실도 가치 있게 여기며 긍정적으로 살아감.

「이제 날 저물려 한다
<u>하루의 마무리, 인생의 마무리</u>
❹길바닥을 떠돌던 바람은 잠잠해지고
새들도 머리를 숲으로 돌렸다」   「 」: 하루의 마무리 – 고요하고 평온한 분위기
<u>일상의 마무리 – 시간의 경과</u>
오늘도 하루 나는 이렇게
잘 살았다
<u>1연 1행과 수미 상관 – 삶에 대한 만족감과 긍정적 인식 강조</u>

▶ 4연: 삶에 대한 만족감을 느끼며 하루를 마무리함.

이해와 감상

이 시는 일상에 대한 긍정적 수용과 전통적 서정시의 세계를 추구하는 나태주 시인의 시이다. 화자는 삶의 하루하루를 길을 걷는 여정으로 형상화하고 있다. 화자는 길을 걷다 보면 굽은 길도 있고 곧은 길도 있는 것처럼, 삶에도 힘든 일도 있고 수월한 일도 있음을 인식하면서 직면하는 상황을 여유롭게 수용한다. 가끔은 예상하지 못한 시련과 고난에 힘겨울 때도 있지만, 화자는 생각지 못하게 돌아가는 길에서 아름다운 자연과 조우하듯이 시련과 고난을 통해 세상의 아름다움과 가치를 더 많이 깨달을 수 있다는 긍정적인 태도를 보이고 있다. 화자의 하루가 마무리되어 해가 저물 듯이 이제 화자의 인생도 해가 저무는 황혼녘에 와 있다. 그런 하루를 마무리하며 화자는 다시 한 번 삶에 대한 여유롭고 긍정적인 태도를 강조하며 시상을 마무리하고 있다.

걷지 않아도 좋을 길을 걸음. (예상하지 못한 일)	→	싱그러운 바람 / 빨갛게 익은 멍석딸기 / 물총새 쪽빛 날갯짓	=	세상의 아름다움	→	삶에 대한 긍정적인 만족감

작품 연구소

시어 및 시구의 상징적 의미

시어 및 시구	상징적 의미
굽은 길	어렵고 힘든 삶
곧은 길	쉽고 순탄한 삶
바람, 멍석딸기, 물총새 쪽빛 날갯짓	세상의 아름다움과 소중한 가치를 간직한 자연물
잘 살았다	삶에 대한 긍정과 만족감

수미 상관의 구조를 통해 드러난 삶의 만족감

1연 1행
오늘도 하루 잘 살았다

+

4연 4~5행
오늘도 하루 나는 이렇게 / 잘 살았다

이 시의 화자는 인생과 삶에 대한 긍정과 만족의 태도를 보이고 있다. 그러한 화자의 태도가 집약적으로 나타나는 말이 바로 '잘 살았다'는 표현이다. 이 시에서는 그러한 만족감을 시의 처음과 끝에 수미 상관의 기법으로 강렬하게 제시하고 있다. 또한 단순한 반복이 아니라 '나는 이렇게'를 통한 변주를 넣음으로써 만족감을 느끼는 주체가 화자 자신임을 더욱 강조하고 있다.

걷지 않아도 좋을 길에서 만난 존재들

이 시의 화자는 차가 일찍 떠나는 바람에 예상치 못하게 걷지 않아도 될 길을 걷게 된다. 땀 흘려 걸으며 화가 날 수 있는 상황임에도 불구하고, 화자는 그 고난마저도 긍정의 자세로 받아들인다. 그 길에서 화자가 만난 것은 싱그러운 바람과 빨갛게 익은 멍석딸기, 물총새의 쪽빛 날갯짓이다. 이들은 모두 자연물로, 화자가 차를 타고 갔으면 볼 수 없었던 것들이다. 즉 화자는 차를 타지 않고 걸음으로써 평소 쉽게 지나쳤던 일상 속의 소중한 가치들과 세상의 아름다움을 새롭게 발견하고 있으며, 그 속에서 삶의 만족감이 극대화되고 있는 것이다.

자료실

시인의 영혼이 스며들어 있는 시

나태주는 명시(名詩)란 시인의 영혼이 스며들어 있는 시라고 생각한다. 이런 생각을 바탕으로 참된 시인의 작업은 자신의 생각과 감정을 언어와 합치하여 이들에게 영혼을 불어넣는 것이라 했다. 그는 이러한 시관에 입각하여 전통적 서정성을 바탕으로 자연의 아름다움, 신비로움, 미묘함, 삶의 정경, 인정과 사랑의 연연함 등을 노래하였다. 〈사는 일〉은 하루를 마무리하는 화자의 긍정적인 삶의 자세가 잘 드러나며, 나아가 인생을 마무리하는 노년의 화자가 삶을 긍정하는 자세로까지 확장되고 있다.

함께 읽으면 좋은 작품

〈무등을 보며〉, 서정주 / 어려운 시기를 긍정으로 극복하려는 노력

〈무등을 보며〉는 시인 서정주가 6·25 전쟁 직후 광주 조선대학교에서 교수 생활을 하던 시절, 물질적·정신적인 허기를 달래며 쓴 시이다.

〈무등을 보며〉는 비록 가난하고 어려운 시기를 살아가지만 그것을 수용하고 이겨 내려는 삶에 대한 긍정적 인식이 담겨 있다는 점에서 〈사는 일〉과 유사하다. 하지만 〈무등을 보며〉가 가난하고 힘든 현실을 수용하려는 의지를 담고 있는 것과 달리, 〈사는 일〉은 일상 속에서 일어나는 모든 삶에 대한 긍정을 담고 있다는 점에서 차이가 있다.

키 포인트 체크

화자 하루를 마무리하면서 삶을 ☐☐☐으로 받아들이는 인물이다.

상황 차가 제시간보다 일찍 떠나는 바람에 걷지 않아도 될 길을 땀 흘리며 걸으며 바람, 멍석딸기, 물총새와 같은 ☐☐☐을 만난다.

태도 삶을 ☐☐☐으로 수용하고 ☐☐☐을 느끼고 있다.

내신 적중 多빈출

1 이 시의 화자에 대한 설명으로 적절하지 <u>않은</u> 것은?

① 현실에 순응하며 살아가고 있다.

② 예상치 못한 고난을 겪게 되었다.

③ 삶에 대한 만족감을 느끼고 있다.

④ 길바닥을 떠돌던 바람처럼 유랑하고 있다.

⑤ 걷지 않아도 좋을 길에서 소중한 것을 마주했다.

2 이 시의 화자(ⓐ)와 〈보기〉의 화자(ⓑ)가 나누었을 법한 대화로 적절하지 <u>않은</u> 것은?

| 보기 |

쑥부쟁이와 구절초를
구별하지 못하는 너하고
이 들길 여태 걸어 왔다니

나여, 나는 지금부터 너하고 절교다!

― 안도현, 〈무식한 놈〉

① ⓐ: 차를 타고 다니면 보지 못하는 것들이 많다는 것을 길을 걸어가면서 비로소 알았습니다.

② ⓑ: 맞습니다. 길가에 있는 쑥부쟁이와 구절초를 구별하는 재미는 걸을 때만 느낄 수 있지요.

③ ⓐ: 바람, 멍석딸기, 물총새의 날갯짓. 이 모든 것이 우리 주변에 있는 소중한 자연물입니다.

④ ⓑ: 맞아요. 그런 작은 것들의 소중함을 모르는 사람은 무식한 놈입니다.

⑤ ⓐ: 그러고 보면 저는 오늘 하루도 정말 잘 살았군요.

내신 적중 多빈출

3 이 시의 화자가 걷지 않아도 좋을 길을 걸으며 만난 것들을 찾고, 그것들이 지닌 의미를 쓰시오.

4 이 시에서 삶에 대한 화자의 만족감이 집약적으로 나타나는 시구를 찾아 쓰시오.

5 ㉠에 대한 설명으로 적절하지 <u>않은</u> 것은?

① 화자가 타고 가기로 되어 있던 것이다.

② 화자가 지금껏 사용해 왔던 문명의 이기이다.

③ 화자에게 돌발적인 상황을 만들어 주는 소재이다.

④ 화자에게 삶에 대한 반성을 불러일으키는 소재이다.

⑤ 화자에게 전화위복(轉禍爲福)의 계기를 제공해 주는 소재이다.

V. 1990년대 이후

169 세일에서 건진 고흐의 별빛 | 황동규

키워드 체크 #미술 작품을 모티프로 함. #빛나는 삶 #빛나는 존재 #존재의 아름다움 #상상력

문학 천재(정)

🎯 핵심 정리

갈래 자유시, 서정시
성격 묘사적, 회화적, 희망적
제재 고흐의 그림
주제 모든 존재의 아름다움과 고귀함
특징 ① 미술 작품을 모티프로 하여 창작됨.
② 상상력을 바탕으로 원작과는 다른 새로운 의미를 표현함.
③ 열거와 반복을 통해 주제 의식을 강조함.
출전 《버클리풍의 사랑 노래》(2000)

Q '빛나라'가 의미하는 바는?

'빛나라'는 그림 속에 표현된 모든 소재들이 빛나고 있다는 깨달음이며 앞으로도 빛나라는 소망 또는 응원을 의미한다. 빛난다는 것은 모든 존재들의 삶이 아름답고 소중하며 고귀하다는 인식에서 나온 표현이라 볼 수 있다.

💡 시어 풀이

편백나무 측백나뭇과의 상록 교목의 하나. 높이 40미터, 지름 2미터에 달함.
귀퉁이 사물이나 마음의 한구석이나 부분. 또는 물건의 모퉁이나 삐죽 나온 부분.
희미한 보기에 분명하지 않고 어슴푸레한.

🔖 시구 풀이

❶ **(별나라엔들 외로운 별 없으랴)** 사람들의 세상에도 외로운 존재가 있듯이 그림 속의 조그만 별을 보고도 외로운 존재로 인식하여, 어느 곳에나 외롭고, 약하고, 잘 보이지 않는 존재가 있음을 말하고 있다. 괄호를 사용한 것은 그림에 대한 묘사 가운데에 화자의 생각이 끼어들어가 있음을 귓속말이나 독백처럼 표현한 것이라 볼 수 있다.

❷ **있다면, 고흐가 채 다녀가지 않았을 뿐.** 세상의 모든 존재는 빛나는 것이지만, 고흐의 눈에 포착되지 못하고 그의 손끝에서 표현되지 못하여 그 빛나는 존재가 드러나지 않았을 뿐이라는 의미이다.

❸ **세상에 노래하지 않는 별이 어디 있소?** 모든 존재를 빛나는 별로, 모든 삶을 의미 있는 삶으로 인식하고 있는 표현이다. 주제 의식을 강조하기 위해 대화의 형식을 취하고 있다.

❹ **늘 걷는 길을 걷다 이상한 사람 만난 농부들이여.** 그림 속의 농부들은 늘 같은 자리에 있었으나 화자를 만나 이상한 질문을 듣게 되었다는 의미로, 주객이 전도된 표현이라 할 수 있다.

👤 작가 소개

황동규(본책 160쪽 참고)

방금 세일에서 건진 고흐의 복사화
　　시의 소재. 할인해서 사게 된 고흐의 그림
〈별 빛나는 하늘 아래 *편백나무 길〉
　　　고흐의 작품 〈밤의 프로방스 시골길〉을 가리킴.　　　　　　　　　　▶ 1~2행: 고흐의 그림을 삼.
「한가운데 편백나무 두 줄기가

서로 얼싸안고 하나로 붙어 서 있는
　　　　　나무를 의인화하여 표현함.
밀밭 앞길로

위태한 마차 한 대 굴러오고,
　　　　그림에 대한 화자의 주관적 묘사
하나는 삽을 메고

하나는 주머니에 두 손 찌른 채

농부 둘이 걸어오고 있다.　　　　　　　　　　　「 」: 시의 모티프가 된 고흐의 그림에 대한 묘사

하늘 위에 별이라곤

왼편 *귀퉁이에 *희미한 것 하나만 박혀 있고

❶(별나라엔들 외로운 별 없으랴)
　　　　　어디서든 외로움이 존재하고 있음.
나머지는 모두 모여 해와 달이 되어 빛나고 있다.」　　　　　　　▶ 3~13행: 고흐의 그림 속 풍경 묘사
　　　　고흐의 그림 속에서 하나가 되어 빛나는 존재들
빛나라, 별들이여, 빛나라, 편백나무여,　　　　　　　　□: 1. 빛나는구나(감탄형) 2. 빛나라(명령형)

세상에 빛나지 않는 게 어디 있는가.　　　　　　　△: 화자가 '빛나라'라고 언급한 대상들로,
　　　　모든 존재의 아름다움, 소중함, 고귀함　　　　　　특별할 것이 없는 평범한 존재임.
❷있다면, 고흐가 채 다녀가지 않았을 뿐.　　　　　○: 감탄형 어미의 반복. 각운
　　　　고흐에 의해 그려지지 않았을 뿐.
㉠농부들을 붙들고 묻는다,

'저 별들이 왜 환하게 노래하고 있지요?'

❸'세상에 노래하지 않는 별이 어디 있소?'　「 」: 그림 속 농부들과 대화하는 것으로 상상하여 표현함.
　　　　설의법 – 모든 존재의 삶이 의미 있음을 나타냄.
빛나라, 보리밭이여, 빛나라, 외로운 별이여,

빛나라, ❹늘 걷는 길을 걷다　　　　　　　　　모든 존재, 모든 삶에 대한 응원

이상한 사람 만난 농부들이여.　　　　　　　▶ 14~22행: 모든 존재의 아름다움과 고귀한 삶에 대한 바람
　　　　화자 자신

이해와 감상

이 시는 2000년 《버클리풍의 사랑 노래》에 발표된 작품으로, 고흐의 그림 〈밤의 프로방스 시골길〉을 소재로 하여 창작된 시이다. 시의 모티프가 된 그림의 내용을 시에서 묘사하면서, 그림 속 소재들의 빛나는 모습을 통해 모든 존재와 모든 삶의 아름다움, 고귀함을 깨닫고 응원하는 마음을 표현하고 있다. 그림 속 '농부'와의 가상의 대화를 통하여 모든 존재들의 가치를 드러내고 있으며, 이어서 그림 속의 소재들 하나하나의 고귀함에 감동하여 그 모든 존재들이 가치 있게 빛나기를 응원하는 마음을 '빛나라'라는 표현으로 드러내고 있다. 하나의 예술 작품이 다른 영역에서 작품의 모티프가 되어 새로운 작품이 창작될 수 있음을 보여 주는 시이다.

고흐의 그림		모든 존재의 아름다움과 고귀함
해, 달, 별, 편백나무, 농부들	모두 빛나며 노래함.	⇨

작품 연구소

시어의 상징적 의미

시어	상징적 의미
빛나라	존재의 아름다움에 대한 감탄. 또는 응원
노래	존재의 가치를 드러내는 행위
별	하나하나의 고귀한 존재. 모든 존재

시상의 전개

고흐의 복사화를 구함.	→	그림 속 모든 소재들이 빛나며 노래하고 있음.	→	모든 존재의 소중함을 이해하고 응원하게 됨.
경험		묘사		감상

반복에 의한 강조와 운율 형성

시어 및 시구	효과
빛나라 ~(이)여	동일 시구의 반복과 영탄형 어조의 반복으로 주제를 강조하여 표현함.

문학과 인접 분야의 예술

　문학은 음악, 미술뿐만 아니라 다양한 분야와 밀접한 관계를 맺고 있다. 또한 문학은 문자 언어뿐만 아니라 시각적 이미지, 소리 등으로 영화, 텔레비전, 라디오, 인터넷 등의 매체를 통하여 다양한 형태로 창작, 향유되고 있다. 하나의 예술 작품이 다른 형태의 예술 작품의 소재나 창작 계기가 되어 새로운 작품이 탄생하게 되기도 하고, 다른 형태의 예술 작품으로 전환되어 창작되기도 한다. 이러한 과정에서 문학은 더 다양하게 창작되고 독자에게는 더욱 풍요롭게 수용된다. 미술 작품을 소재로 하여 새롭게 창작된 〈세일에서 건진 고흐의 별빛〉도 이러한 풍요로운 창작 활동의 하나이다.

자료실

고흐의 〈밤의 프로방스 시골길〉

고흐는 동료 화가인 고갱과 작품에 대하여 이야기를 나누던 중 다투게 되어 자신의 한쪽 귀를 스스로 잘라 버린 것으로 유명하다. 이후 고흐는 여러 차례의 발작과 정신 착란 증세 때문에 생레미의 정신 병원에 입원하게 되는데 이때부터 관심을 가지게 된 것이 사이프러스 나무, 즉 편백나무였다. 동생 테오에게 보낸 편지에서도 고흐는 사이프러스 나무에 대한 찬사를 보내며 사이프러스 나무를 소재로 한 그림을 설명하였다. 〈밤의 프로방스 시골길〉은 노란색, 분홍색, 초록색 등의 생기 넘치는 색상을 사용하였으며, 특히 소용돌이치는 것 같은 선들을 통해 고흐의 심리 상태도 엿볼 수 있다.

함께 읽으면 좋은 작품

〈성에꽃〉, 최두석 / 모든 존재의 삶에 대한 애정

　최두석의 〈성에꽃〉은 한겨울 새벽 시내버스의 차창에 서린 성에의 모습 속에서 버스에 탔던 서민들의 삶의 아름다움을 발견하면서 그 삶에 대한 긍정을 드러내고 있는 작품이다.

　이 시와 〈성에꽃〉은 모두 세상에 있는 모든 존재의 아름다움과 가치에 대해 깨닫고 그 존재와 존재의 삶을 응원하는 긍정적 인식을 드러내고 있다는 공통점이 있다. Link 본책 270쪽

키 포인트 체크

화자 우연히 □□의 복사화를 갖게 되어 그림 속의 상황을 통하여 새로운 깨달음을 얻고 있다.

상황 그림 속의 소재들이 모두 모여 □나고 있는 것을 보고, 그림 속 농부와의 상상의 □□를 통해 깨달음을 표현하고 있다.

태도 모든 □□의 빛남, 즉 아름다움을 깨닫고 앞으로의 삶의 아름다움을 응원하고 있다.

내신 적중 多빈출

1 이 시에 대한 설명으로 적절하지 않은 것은?

① 미술 작품을 모티프로 하여 창작된 작품이다.
② 동일 시구의 반복을 통해 주제를 강조하고 있다.
③ 원작과 같은 주제를 보다 구체적으로 표현하고 있다.
④ 화자의 생각을 귓속말처럼 추가하여 이해를 돕고 있다.
⑤ 대상에 대한 묘사를 통하여 시각적 이미지를 형성하고 있다.

2 이 시의 화자에 대한 반응으로 적절한 것은?

① 화자는 그림 속 소재들을 비판적으로 바라보고 있어.
② 화자는 농부가 화자의 생각을 이해하지 못할 것이라고 생각하고 있어.
③ 화자는 그림 속뿐만 아니라 그림 밖의 모든 대상이 가치 있다고 생각하고 있어.
④ 화자는 고흐에 의해 표현되지 않은 대상들은 그 의미를 인정받지 못했다고 생각하고 있어.
⑤ 화자는 고흐의 눈에 포착된 편백나무와 별들만이 그 존재 가치를 인정받았다고 생각하고 있어.

3 이 시에서 〈보기〉의 밑줄 친 부분과 유사한 표현 방식이 드러난 시구는?

　┤ 보기 ├
　공명(功名)도 날 씌우고 부귀(富貴)도 날 씌우니
　청풍명월(淸風明月) 외(外)에 엇던 벗이 잇스올고
　　　　　　　　　　　　　　－ 정극인, 〈상춘곡〉

① 방금 세일에서 건진 고흐의 복사화
② 하나는 삽을 메고 / 하나는 주머니에 두 손 찌른 채
③ (별나라엔들 외로운 별 없으랴)
④ 빛나라, 별들이여, 빛나라, 편백나무여
⑤ 늘 걷는 길을 걷다 / 이상한 사람 만난 농부들이여

내신 적중 多빈출

4 이 시에서 주제를 가장 잘 드러내고 있는 시행을 찾아 쓰시오.

5 ㉠에 대한 설명으로 적절하지 않은 것은?

① 그림 속에 표현된 인물이다.
② 고흐의 생각을 대변하는 인물이다.
③ 화자에 의해 생명력이 부여된 인물이다.
④ 화자가 가상의 대화를 시도하는 인물이다.
⑤ 화자에게 깨달음을 주는 역할이 부여된 인물이다.

170 버팀목에 대하여 | 복효근

[문학] 동아

◎ 핵심 정리

갈래 자유시, 서정시
성격 성찰적, 상징적, 긍정적
제재 버팀목
주제 다른 이를 위해 희생하는 삶의 아름다움과 가치
특징 ① 경어체를 반복하여 대상의 모습을 강조하고 경건한 분위기를 조성함.
② 자연물을 통해 삶의 깨달음을 얻음.
출전 《새에 대한 반성문》(2000)

Q '버팀목'이 의미하는 바는?

'버팀목'은 실제로는 각목으로 만들어진 죽은 나무에 불과하다. 하지만 태풍에 쓰러진 나무가 기대어 설 수 있게 해 주고, 결국 버팀목 없이도 나무가 버틸 수 있도록 해 주는 존재이다. 이러한 버팀목을 통해 다른 이를 위해 희생하는 삶의 가치를 노래하고 있다.

☀ 시어 풀이

각목 네모지게 깎은 나무.
버팀목 물건이 쓰러지지 않게 버티어 세우는 나무.
삭아 오래되어서 본바탕이 변해 썩은 것처럼 되어.
허위허위 힘에 겨워 무거운 발걸음으로 걷는 모양.

❀ 시구 풀이

❶ **얼마간 죽음에 ~ 꽃을 피우고** 태풍에 쓰러졌던 나무는 죽은 나무인 버팀목에 의지한 채 싹을 틔우고 잔뿌리를 내리고 꽃을 피우고 있다. 싹과 잔뿌리와 꽃은 생명력을 상징하는 것으로, 나무는 버팀목의 희생으로 생명력을 회복하고 있다.

❷ **큰 바람 ~ 있기 때문입니다** 버팀목 덕분에 생명력을 회복한 나무가 버팀목이 없어진 이후에도 더 이상 시련에 굴하지 않는 상황이다. 이를 '사라진 것'이 나무를 버티고 있다는 역설적 인식을 통해 드러내고 있다.

❸ **내가 허위허위 ~ 이웃들도 만져집니다** 나무가 버팀목에 기대어 선 것처럼, 화자도 돌아가신 아버지나 과거에 함께했던 이웃들로부터 삶을 버틸 수 있는 힘을 얻었음을 알 수 있다.

❹ **언젠가 누군가의 ~ 살아가는지도 모릅니다** 쓰러진 나무가 버팀목으로부터 힘을 얻었듯이, 화자가 죽은 아버지와 사라진 이웃들로부터 힘을 얻었듯이, 화자 자신도 누군가에게 도움을 주는 존재가 되고 싶어 한다.

♟ 작가 소개

복효근(1962~)

시인이자 중학교 교사. 전북 남원 출생. 《시와 시학》에서 〈새를 기다리며〉 등이 당선되어 등단하였다. 주로 자연과 생명을 깊고 세심한 시선으로 관찰하고, 작은 존재로부터 깨달은 삶의 의미를 노래하였다. 《새에 대한 반성문》(2000), 《따뜻한 외면》(2013), 《꽃 아닌 것 없다》(2017) 등 다양한 시집을 출간하였다.

태풍에 쓰러진 나무를 고쳐 심고
<u>각목</u>으로 <u>버팀목</u>을 세웠습니다
　　고난과 시련　　나무를 지탱하는 존재, 나무에게 힘을 주는 존재
산 나무가 죽은 나무에 기대어 섰습니다
태풍에 쓰러진 나무(= 산 나무)가 버팀목(= 죽은 나무)으로부터 힘을 얻고 있음.
　　　　　　　　　　　　　　　　　　　　　　　▶ 1연: 산 나무가 버팀목에 기대어 섬.

그렇듯 ❶<u>얼마간 죽음에 빚진 채 삶은</u>
　　　　　　　죽은 나무인 버팀목에 기댄 채
<u>싹이 트고</u> 다시
<u>잔뿌리를 내립니다</u> □: 생명력의 회복. 죽은 나무인 버팀목으로부터 다시 생명력을 얻는다는 역설적 인식이 드러남.
　　　　　　　　　　　　　　　　　　　　　　　▶ 2연: 버팀목 덕분에 나무가 생명력을 회복함.

<u>꽃을 피우고</u> 꽃잎 몇 개
뿌려 주기도 하지만
버팀목은 이윽고 <u>삭아 없어지고</u>
　　　　　　　　자신의 역할을 다하고 소멸하는 버팀목
　　　　　　　　　　　　　　　　　　　　　　　▶ 3연: 버팀목은 자신의 역할을 다하고 소멸함.

❷<u>큰 바람 불어와도 나무는 눕지 않습니다</u>
버팀목 덕분에 생명력을 회복한 나무가 큰 시련도 굴하지 않고 이겨 냄.
이제는
㉠<u>사라진 것이 나무를 버티고 있기 때문입니다</u>
버팀목이 삭아 없어지더라도 나무는 더 이상 쓰러지지 않음. 역설적 상황
　　　　　　　　　　　　　　　　　　　　　　　▶ 4연: 버팀목이 없이도 나무가 쓰러지지 않음.

❸<u>내가 ·허위허위 길 가다가</u>
　　　　　삶을 살아가다가
만져 보면 죽은 아버지가 버팀목으로 만져지고
　　　　　　화자에게 버팀목이 되어 준 존재 ①
사라진 이웃들도 만져집니다
화자에게 버팀목이 되어 준 존재 ②
　　　　　　　　　　　　　　　　　　　　　　　▶ 5연: 자신의 삶에 버팀목이 되어 준 존재들

❹<u>언젠가 누군가의 버팀목이 되기 위하여</u>
　　　　　화자도 누군가에게 도움을 주고 싶어 함.
나는 싹 틔우고 꽃 피우며
살아가는지도 모릅니다
　생명력의 발현
　　　　　　　　　　　　　　　　　　　　　　　▶ 6연: 자신도 누군가에게 버팀목이 되어 주고 싶음.

📎 **이해와 감상**

　이 시는 각목으로 세운 버팀목이 쓰러진 나무를 지탱하는 모습을 통해 희생하는 삶의 아름다움과 가치를 노래하고 있다. 버팀목은 실제로는 죽은 나무로 만든 각목에 불과한 것이지만, 쓰러진 나무가 생명력을 회복할 수 있게 해 주는 존재이다. 그리고 태풍에 쓰러진 나무가 싹을 틔우고 잔뿌리를 내린 다음 꽃을 피운 다음 버팀목은 삭아 없어지게 된다. 화자는 이러한 버팀목의 모습을 통해 자신의 삶을 돌아보고 있다. 돌아가신 아버지와 과거에 함께했던 이웃들이 지금은 자신의 곁에 없지만 현재까지도 화자 자신을 지탱해 주는 힘이 되고 있음을 깨닫고 있는 것이다. 그리고 화자 자신도 언젠가 다른 누군가를 위해 버팀목이 될 것이라고 다짐함으로써 다른 이를 위해 희생하는 삶의 가치를 노래하고 있다.

태풍에 쓰러진 나무 = 산 나무	=	화자 '나'

⬆ 삶을 지탱하는 힘을 줌.

버팀목 = 죽은 나무	=	죽은 아버지, 사라진 이웃들

작품 연구소

나무의 상황 변화

태풍에 쓰러짐.
↓
버팀목에 기대어 섬.
↓
싹을 틔우고 다시 잔뿌리를 내림.
↓
꽃을 피우고 꽃잎 몇 개를 뿌림.
↓
큰 바람이 불어도 더 이상 쓰러지지 않음.

나무는 처음에는 태풍에 쓰러졌다가 버팀목에 기대어 서서 버팀목에 의지한 채 살아간다. 그리고 버팀목 덕분에 나무는 싹을 틔우고 다시 잔뿌리를 내리고 꽃을 피움으로써 생명력을 회복하고 있다. 그리하여 생명력을 회복한 나무는 큰 바람이 불어도 더 이상 쓰러지지 않고 살아갈 수 있게 된다.

자연의 순환을 바탕으로 한 시상 전개

태풍에 쓰러진 나무는 버팀목에 기대어 서서 다시 생명력을 얻고 있는데, 그 과정에서 자연의 순환 원리가 나타나 있다.

이 시에 나타난 유추적 사고

유추는 두 대상이 여러 면에서 비슷하다는 것을 근거로 다른 속성도 유사할 것이라고 미루어 추측하는 추론 방식을 말한다. 이 시에서는 <u>나무를 둘러싼 현상을 화자의 상황에 적용한 부분에서 유추적 사고를 확인할 수 있다.</u> 우선 1연에서 4연까지는 '산 나무(=쓰러진 나무)'와 '죽은 나무(=버팀목)'에 관한 내용을 노래하고 있다. 태풍에 쓰러진 나무가 버팀목에 기대어 선 채 싹을 틔우고 잔뿌리를 내리며 꽃을 피우는 동안 버팀목은 자신의 역할을 다하고 삭아 없어지고 있다. 그리고 나무는 더 이상 버팀목이 없더라도 큰 바람에 흔들리지 않게 된다. 이와 마찬가지로 5~6연에서는 '죽은 아버지'와 '사라진 이웃'들이 화자에게 버팀목이 되어 주었고, 화자 자신도 누군가의 버팀목이 되어 주고 싶다는 정서를 노래하고 있다. 즉, 쓰러진 나무와 버팀목이 맺었던 관계가 인간의 삶에서 인간과 인간이 맺는 관계에서도 나타날 것이라고 보는 유추적 사고를 바탕으로 시상을 전개하고 있는 것이다.

함께 읽으면 좋은 작품

〈상한 영혼을 위하여〉, 고정희 / 고난을 극복해 나가는 사람들에게 주는 희망

〈상한 영혼을 위하여〉는 고통과 시련으로 힘겨워하는 사람들에게 주는 희망과 위로의 노래이다. 작품에서 '갈대'는 약한 바람에도 흔들리지만 쉽게 꺾이지 않으며, '부평초'도 뿌리가 없어 이리저리 흔들릴 수밖에 없는 상황이지만 생명력을 잃지 않는 존재로, '갈대'와 '부평초'는 '상한 영혼'에 해당한다. 제목에서 알 수 있듯이 이 시의 화자는 '갈대'와 '부평초' 같은 상한 영혼들의 삶을 형상화하고 인고의 과정을 통해 고난을 극복해 가는 삶을 기대하고 있다.

특히 이 시의 마지막 행에서 상한 영혼들이 의지할 수 있는 존재인 '마주 잡을 손'은 〈버팀목에 대하여〉의 '버팀목'과 유사한 의미로 사용되었다.

Link 본책 260쪽

키 포인트 체크

- **화자** 화자는 삶을 버틸 수 있는 힘을 ☐☐☐와 ☐☐☐☐으로부터 얻고 있다.
- **상황** 나무는 ☐☐☐에 의지한 채 싹을 틔우고 잔뿌리를 내리고 꽃을 피움으로써 생명력을 회복하고 있다.
- **태도** 화자는 다른 누군가에게 버팀목이 되기 위하여 ☐을 틔우고 ☐을 피우며 살아가고 있다.

내신 적중 多빈출

1 이 시의 표현상 특징으로 적절하지 <u>않은</u> 것은?

① 음성 상징어를 활용하여 화자의 상황을 드러내고 있다.

② 대조적인 시어를 통해 대상이 처한 상황을 드러내고 있다.

③ 대상의 변화된 모습을 역설적 상황을 통해 드러내고 있다.

④ 화자가 말하고자 하는 바를 반대로 표현하여 강조하고 있다.

⑤ 유사한 종결 어미를 반복하여 경건한 분위기를 조성하고 있다.

2 이 시에서 '버팀목'에 대한 의미 연상 내용으로 적절하지 <u>않은</u> 것은?

① ⓐ   ② ⓑ   ③ ⓒ   ④ ⓓ   ⑤ ⓔ

3 〈보기〉의 밑줄 친 부분에 해당하는 시어로 적절하지 <u>않은</u> 것은?

┤ 보기 ├

이 시에는 고통과 시련을 겪는 누군가에게 <u>힘을 주는 존재</u>가 여럿 등장한다.

① 버팀목   ② 산 나무   ③ 사라진 것

④ 죽은 아버지   ⑤ 사라진 이웃

4 이 시의 화자가 버팀목을 통해 깨달은 자신의 삶의 목적에 대해 쓰시오.

5 ㉠에 대한 설명으로 가장 적절한 것은?

① 사라진 것이 나무의 영역을 훼손하고 있다.

② 사라진 것보다 나무의 모습이 더 가치 있다.

③ 사라진 것은 나무 덕분에 생명력을 얻고 있다.

④ 사라진 것 덕분에 나무가 시련에 굴하지 않고 있다.

⑤ 사라진 것은 나무에 대해 부정적으로 인식하고 있다.

171 배를 매며 |장석남

키워드 체크 #사랑에 대한 깨달음 #사랑의 시작과 본질 #사색적 #유추로 시상 전개 #배를 매는 일

문학 미래앤

🎯 핵심 정리

갈래 자유시, 서정시
성격 서정적, 사색적, 비유적
제재 배를 매어 본 경험
주제 사랑의 시작과 본질에 대한 깨달음
특징 ① 유추에 의해 시상을 전개함.
② 사랑이라는 감정을 배를 매는 일에 비유하여 주제를 형상화함.
출전 《왼쪽 가슴 아래께에 온 통증》(2001)

Q 이 시에서 사랑을 형상화한 방법은?

이 시는 직접 지각할 수 없는 '사랑'이라는 추상적 관념의 본질을 구체적 행위인 '배를 매는 일'을 통해 나타내고 있다. 즉, 이 시는 추상적 관념을 구체화함으로써 사랑이라는 개념을 생생하게 전달하고 이를 통해 독자의 공감을 불러일으키고 있다.

💡 시어 풀이

호젓한 매우 홀가분하여 쓸쓸하고 외로운.
무뉫가 무뉘(배를 내어 사림과 짐이 뭍으로 오르내릴 수 있도록 만들어 놓은 곳)가 있는 근처.

🔖 시구 풀이

❶ **아무 소리도 ~ 멀리서부터 닿는다.** 예고 없이 다가온 배의 밧줄을 잡아 매는 화자의 모습이 나타난 부분으로, 배를 매어 본 화자의 경험을 통해 사랑이 시작되는 과정을 형상화하고 있다. 이는 2연에서 구체적으로 제시된다.
❷ **사랑은, 호젓한 ~ 되는 것** '사랑'이라는 추상적인 관념을 '배를 매는' 구체적인 행위로 표현한 부분이다. '우연히'에서 사랑은 갑작스럽고 불가항력적인 것임을, '던져지는', '받는', '어찌할 수 없이'에서 사랑은 피할 수 없는 운명적인 것임을 나타내고 있다.
❸ **잔잔한 바닷물 ~ 처음 아는 것** 시각적 심상이 두드러지게 나타난 부분으로, 화자는 배가 바다에 떠 있는 장면을 보면서 사랑하는 이를 둘러싼 모든 것을 받아들이는 것이 진정한 사랑임을 깨닫고 있다.
❹ **빛 가운데 ~ 떠 있다.** 눈부신 햇살 안에서 온종일 울렁이며 떠 있는 배는 뜨거운 관심과 애정으로 모든 시간을 설렘 속에 보내는 사랑의 마음을 형상화한 것이다.

👤 작가 소개

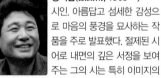

장석남(張錫南, 1965~)
시인. 아름답고 섬세한 감성으로 마음의 풍경을 묘사하는 작품을 주로 발표했다. 절제된 시어로 내면의 깊은 서정을 보여 주는 그의 시는 특히 이미지의 탁월한 구사를 보여 준다. 시집으로 《지금은 간신히 아무도 그립지 않을 무렵》(1995), 《왼쪽 가슴 아래께에 온 통증》(2001) 등이 있다.

---

❶아무 소리도 없이 말도 없이
　　　　예측할 수 없게
등 뒤로 털썩
　　　음성 상징어 사용
밧줄이 날아와 나는
사랑, 인연
뛰어가 밧줄을 잡다가 배를 맨다.
반가운 심리의 반영　　　　　　사랑의 시작
아주 천천히 그리고 조용히
배는 멀리서부터 닿는다. ──사랑의 대상이 다가오는 과정
▶ 1연: 배를 매어 본 화자의 경험

❷사랑은,
　　자고의 확장 – 사랑이 시작되고 깊어지는 것을 배를 매는 일에 빗대어 표현함(추상적 관념의 구체화).
*호젓한 *무뉫가에 우연히,
　　　　　만남의 가능성이 존재하는 공간 ──사랑·인연의 우연적 성격
별 그럴 일도 없으면서 넋 놓고 앉았다가
배가 들어와
던져지는 밧줄을 받는 것 ──피할 수 없는 운명적 사랑 –
그래서 어찌할 수 없이 　사랑·인연의 불가항력적 성격
배를 매게 되는 것
▶ 2연: 갑자기 던져진 밧줄로 배를 매듯 우연히 찾아오는 사랑

❸잔잔한 바닷물 위에
구름과 빛과 시간과 함께
배(사랑하는 이)를 둘러싸고 있는 세계
떠 있는 배
▶ 3연: 배를 둘러싼 세계의 발견

┌ 배를 매면 구름과 빛과 시간이 함께
│ 　　진정한 사랑은 사랑하는 이뿐만 아니라 그 사람의 모든 것을 받아들이는 것임.
[A] 매어진다는 것도 처음 알았다
└ 사랑이란 그런 것을 처음 아는 것
▶ 4연: 사랑의 본질에 대한 깨달음

❹빛 가운데 배는 울렁이며
관심과 애정 속에　　　설렘, 떨림 ──사랑에 빠진 설렘과 행복감
온종일을 떠 있다.
사랑의 깊이가 드러남.
▶ 5연: 울렁이며 온종일 떠 있는 배

이해와 감상

이 시는 사랑이 시작되는 과정을 밧줄을 잡아다 배를 매는 일에 빗대어 사랑과 인연의 의미에 대해 노래하고 있는 작품이다. 즉, 표면적으로는 밧줄로 배를 매는 일을 노래하고 있지만 이면적으로는 사랑의 본질을 사색하고 있는 작품이다. 화자는 사랑이란 갑자기 날아든 밧줄을 잡아 배를 매는 것처럼 예기치 못한 순간에 저항할 수 없이 시작되며, 배를 맬 때 배를 둘러싼 구름과 빛과 시간이 함께 매어지듯이 사랑 또한 사랑하는 이를 둘러싼 세계까지 함께 받아들이는 일이라고 말하고 있다. 시인은 이처럼 '사랑'이라는 추상적 관념을 '배'라는 구체적 사물을 통해 형상화함으로써 사랑이라는 보편적 감정에 대한 공감을 불러일으키고 있다.

배	유추	사랑·인연
배를 매는 일	⇒	사랑의 시작과 본질에 대한 깨달음

작품 연구소

유추에 의한 시상 전개

이 시는 '배를 매는 일'과 '사랑'의 유사성을 바탕으로, 사랑이라는 추상적인 관념을 배를 매는 일에 빗대어 형상화하고 있다.

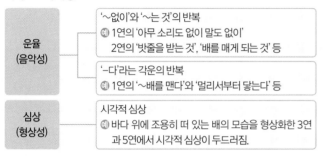

배		사랑
배를 맴.		사랑이 시작됨.
우연히 날아든 밧줄을 잡아 어찌할 수 없이 배를 매는 것	유추 ⇒	사랑은 예기치 못하게 다가와 불가항력적으로 시작되는 것.
구름과 빛과 시간이 배와 함께 매어짐.		사랑은 그 대상과 대상을 둘러싼 모든 것을 받아들이는 것임.
빛 가운데 배가 울렁이며 온종일을 떠 있음.		사랑이 시작되면서 온종일을 설렘 속에 보냄.

시적 요소의 특징

운율 (음악성)	'~없이'와 '~는 것'의 반복 예 1연의 '아무 소리도 없이 말도 없이' 2연의 '밧줄을 받는 것', '배를 매게 되는 것' 등
	'−다'라는 각운의 반복 예 1연의 '~배를 맨다'와 '멀리서부터 닿는다' 등
심상 (형상성)	시각적 심상 예 바다 위에 조용히 떠 있는 배의 모습을 형상화한 3연과 5연에서 시각적 심상이 두드러짐.

시어의 상징적 의미

시어	상징적 의미
밧줄, 배	사랑, 인연
부둣가	만남의 가능성이 존재하는 공간
구름, 빛, 시간	사랑하는 이를 둘러싼 세계

담담한 어조에 드러나는 화자의 정서

이 시의 화자는 자신의 정서를 직접 표출하지 않고 사색적인 어조로 자신의 경험과 생각을 담담하게 이야기한다. 배를 매는 일과 사랑의 시작에 대한 화자의 정서를 몇몇 시구를 통해 간접적으로 파악할 수 있다.

표현	정서	
뛰어가 밧줄을 잡아다	사랑이 오기를 기다리던 화자가 사랑의 시작을 반가운 마음으로 맞이하고 있음.	사랑에 빠진 설렘과 행복감
함께 매어진다는 것도 처음 알았다	진정한 사랑의 자세를 알게 된 만족감이 나타남.	
울렁이며 온종일을 떠 있다	설렘과 떨림으로 하루를 보낼 만큼 사랑이 깊어짐.	

함께 읽으면 좋은 작품

〈배를 밀며〉, 장석남 / 유추에 의한 시상 전개

〈배를 밀며〉는 사랑하는 사람을 떠나보내는 일을 배를 미는 행위에 빗대어 표현한 작품이다. 〈배를 밀며〉와 〈배를 매며〉는 모두 이별, 사랑과 배를 밀고 매는 일의 유사성을 바탕으로, 유추에 의해 시상이 전개된다. 하지만 〈배를 밀며〉는 이별의 아픔과 그리움을 노래한 반면, 〈배를 매며〉는 사랑의 시작과 본질에 대해 노래한 점에서 차이가 있다.

키 포인트 체크

화자 호젓한 ☐☐에 앉아 있다가 배가 들어와 던져지는 ☐☐을 받아 매고 있다.

상황 부둣가에 정박한 배들이 잔잔한 ☐☐☐ 위에 구름과 빛과 ☐☐과 함께 떠 있는 상황이 드러나 있다.

태도 ☐☐☐ 어조로 배를 매어 본 경험에서 깨달은 사랑의 본질을 이야기하고 있다.

1 이 시에 대한 설명으로 적절하지 않은 것은?

① 담담하고 차분한 어조가 나타나고 있다.
② 유사한 시구가 반복적으로 쓰이고 있다.
③ 시각적, 청각적 이미지가 사용되고 있다.
④ 화자의 사색을 바탕으로 시상을 전개하고 있다.
⑤ 부정적 현실에 대한 비판 의식이 표출되고 있다.

2 이 시의 의미 구조를 〈보기〉와 같이 정리할 때, 적절하지 않은 것은?

┤ 보기 ├
@ 배 → (ⓒ) 관계 → ⓑ 사랑·인연
ⓓ 화자

① @에 대한 ⓓ의 경험이 반영되어 있다.
② ⓑ와 관련된 ⓓ의 경험이 회상을 통해 나타나고 있다.
③ ⓑ에 대한 ⓓ의 정서를 @의 모습을 통해 표현하고 있다.
④ ⓒ에는 '유추'가 들어갈 수 있다.
⑤ ⓓ는 @를 둘러싼 장면을 묘사하고 있다.

3 이 시와 〈보기〉를 비교한 것으로 가장 적절한 것은?

┤ 보기 ├
　어져 내 일이야 그릴 줄을 모로ᄃᆞ냐. / 이시라 ᄒᆞ더면 가랴마ᄂᆞᆫ 제 구ᄐᆡ야 / 보내고 그리ᄂᆞᆫ 정(情)은 나도 몰라 ᄒᆞ노라
　　　　　　　　　　　　　　　　　　　　　　　　　− 황진이

① 이 시와 달리 〈보기〉에서는 정서를 함축적 언어로 표현한다.
② 이 시와 달리 〈보기〉에서는 화자의 자책과 탄식이 드러난다.
③ 〈보기〉와 달리 이 시에서는 회한의 정서가 나타난다.
④ 〈보기〉와 달리 이 시에서는 일정한 음보의 반복이 나타난다.
⑤ 이 시와 〈보기〉 모두 사랑의 본질에 대한 깨달음이 나타난다.

(중요 기출)

4 [A]에 대한 감상으로 가장 적절한 것은?

① 사랑의 덧없음을 깨달은 화자의 고백이 나타나 있어.
② 사랑을 갈구하는 화자의 행동이 생생하게 그려져 있어.
③ 배를 매는 행위의 의미가 사랑임이 비로소 드러나고 있어.
④ 사랑의 운명적 면모가 자연의 섭리를 통해 제시되고 있어.
⑤ 사랑의 속성에 대한 화자의 심화된 인식이 나타나고 있어.

5 다음은 시어의 의미를 정리한 것이다. 빈칸에 들어갈 내용을 쓰시오.

시어	사랑의 성격
• 던져지는　• 받는 • 어찌할 수 없이	⇒

V. 1990년대 이후

172 전라도 젓갈 |문병란

키워드 체크 #향토적 #남도의 맛 #젓갈의 맛 #미각적 심상 #곰삭은 인생

문학 해냄

🎯 핵심 정리

갈래 자유시, 서정시
성격 토속적, 향토적, 비유적
제재 전라도 젓갈
주제 고난과 역경, 인내를 통해 완성되는 젓갈의 맛과 삶의 맛
특징 ① 전라도의 대표 음식을 통해 남도의 정서와 삶을 노래함.
② 미각적 심상과 다양한 비유를 활용함.
③ 토속적인 소재와 사투리를 사용함.
출전 《창작과 비평》(2000)

> **Q** '썩고 썩어도 썩지 않는 것'의 의미는?
>
> 염장, 발효되어서 새로운 맛이 생기는 것이 젓갈이기에 사용한 역설적 표현으로 갖은 고난을 겪어도 끈질긴 생명력을 보여 주는 모든 존재들을 나타내는 표현이다.

💡 시어 풀이

갯땅 개땅. 바닷물이 드나드는 땅.
괴고 술, 간장, 식초 따위가 발효하여 거품이 일고.
곰삭어서 젓갈 따위가 오래되어 푹 삭아서.
미닥질 밀고 당기고 하면서 복닥거리거나 승강이를 하는 짓. 여기서는 소금을 모으기 위한 노동.
소금발 소금기가 겉으로 허옇게 피어 나온 것.
육자배기 남도 지방에서 부르는 잡가의 하나. 가락의 굴곡이 많고 활발하며 진양조 장단임.

📖 시구 풀이

❶ **전라도 갯땅의 깊은 맛이다.** 젓갈은 서민들의 삶의 터전인 땅에서 비롯된 재료로, 오랜 시간을 숙성하여 만들어지는 음식이다. 땅은 젓갈뿐만 아니라 사람들을 길러 준 힘의 원천이자 삶의 터전이기도 하다.

❷ **온갖 비린내 ~ 소금기 짭조름한 눈물의 맛** 삶의 현장에서 겪는 갖은 아픔, 고단함, 슬픔과 한이 켜켜이 쌓여 오랜 세월 동안 인내로서 완성된 맛을 뜻한다. 그 한 서린 맛이 바로 삶의 맛이다.

❸ **썩고 ~ 오호 남은 빛깔** 고난과 역경을 겪고 승화되어 남은 삶의 모습을 나타내는 말이다.

❹ **아랫목 고이고이 감춰 놓은 사랑 맛이다.** 늦게 돌아오는 가족을 걱정하고 기다리는 마음으로 아랫목에 묻어 놓는 밥그릇에서 느낄 수 있는, 애틋하고 지극한 사랑을 의미한다.

👤 작가 소개

문병란(文炳蘭, 1935~2015)
시인. 전남 화순 출생. 1959년 《현대 문학》에 시 〈가로등〉 등을 발표하면서 등단하였다. 서정적인 시와 더불어 독재 정권의 부당한 현실에 저항하고 통일에 대한 열망을 노래한 시를 썼으며, 전라도의 토속적인 소재나 정서를 다룬 시를 많이 썼다. 대표작으로 〈직녀에게〉(1976), 〈인연 서설〉(1999) 등이 있다.

썩고 썩어도 썩지 않는 것
〔고난을 겪고 더 큰 생명력을 얻게 됨.〕
썩고 썩어도 맛이 생기는 것 『 』: 전라도 젓갈의 속성을 드러낸 역설적 표현
〔발효되어 새로운 맛(가치)이 생김.〕
그것은 전라도 젓갈의 맛이다.
❶전라도 •갯땅의 깊은 맛이다. ○: 각운의 형성, 리듬감 형성 및 통일성, 안정감 부여
〔전라도 지방 특유의 깊은 맛. 향토적, 토속적〕
▶ 1연: 전라도 젓갈의 깊은 맛

「괴고 괴어서 삭고 •곰삭어서 「 」: '-고 -어(아)서'의 반복, 대상의 의미를 심화시킴.
〔고난을 겪으면서 성숙해 가는 과정〕
맛 중의 맛이 된 맛
〔성숙, 완성〕
•온갖 비린내 땀내 눈물 내
〔고난, 역경〕
갖가지 맛 소금으로 절이고 절이어
〔고난, 역경의 축적〕
세월이 가도 변하지 않는 맛
〔오랜 시간, 인내로 완성된 맛〕
소금기 짭조름한 눈물의 맛
〔삶의 고통과 슬픔이 배어 있는 맛〕
▶ 2연: 고난과 역경과 인내를 통해 성숙된 맛

〔장독대〕
장광에 햇살은 쏟아져 내리고
〔토속적인 풍경. 4연의 1행과 연결됨.〕
•미닥질 소금밭에 •소금발은 서는데
〔토속적인 풍경. 4연의 3행과 연결됨.〕
짠맛 쓴맛 매운맛 한데 어울려
〔삶의 애환이 어우러짐.〕
설움도 달디달게 익어 가는 맛
〔삶의 고달픔으로 인한 감정이 승화, 성숙됨.〕
어머니 눈물 같은 진한 맛이다

할머니 한숨 같은 깊은 맛이다 ▶ 3연: 젓갈에서 느낄 수 있는 삶의 맛

자갈밭에 뙤약볕은 지글지글 타오르고
〔고난과 역경의 절정. 3연의 1행과 연결됨.〕
꾸꾸기 뻐꾸기 왼종일 수상히 울어 예고
〔'뻐꾸기'의 방언〕
눈물은 말라서 소금기 저린 뻘밭이 됐나
〔슬픔과 한의 절정. 3연의 2행에서 심화됨. '띠의 어린 꽃이삭'을 이르는 말인 '뻘기'의 방언〕
한숨은 쉬어서 •육자배기 뽑아 올린 삐비꽃이 됐나
〔슬픔과 한의 절정〕 〔한의 승화〕
▶ 4연: 눈물과 한숨이 깃든 전라도 젓갈

❸썩고 썩어서 남은 맛 오호 남은 빛깔 □: 감탄사. 무언가를 새삼스럽게 깨달았을 때 내는 소리. 화자의 깨달음, 주된 정서를 강조하는 역할
「닳고 닳아서 타고 타서」 남은 고춧가루 「 」: '-고 -어(아)서'의 반복, 대상의 의미를 심화시킴.
오장에 •아리히는 삶의 매운맛이다
〔'아리는'을 변형한 시적 허용, 알알한 느낌이 있는〕
복사꽃 물든 누님의 손끝에 스미는 눈물
〔복숭아꽃〕
오호 전라도 여인의 애간장 다 녹은
〔가족 또는 사랑하는 이를 위한 근심, 걱정〕
❹아랫목 고이고이 감춰 놓은 사랑 맛이다.
▶ 5연: 고난과 인내 끝에 이루어진 삶과 사랑의 맛

이해와 감상

이 시는 전라도의 토속 음식인 젓갈의 맛에 대한 해석을 통하여 평범한 사람들의 삶과 사랑의 맛까지 표현하고 있는 작품이다. 전라도 젓갈이 전라도 땅의 맛에서 시작하여 삭고 맛이 들어가는 과정에서 결국 고유의 맛이 생기는 것처럼 사람들의 삶도 슬픔, 고통의 시간이 함께 스며들어 익어 가며 그 의미가 깊어진다는 것을 보여 주고 있다. 전라도의 향토적 소재에서 생명력을 찾으려고 하는 시인의 경향을 확인할 수 있는 작품이다.

젓갈		삶
썩고 곰삭아서 완성된 맛	⇒	눈물과 한숨의 시간 끝에 성숙된 삶과 사랑

작품 연구소

다양한 맛으로 표현한 젓갈의 맛, 삶의 맛

다양한 전라도 젓갈의 맛	상징적 의미
전라도 갯땅의 깊은 맛	
맛 중의 맛이 된 맛	
세월이 가도 변하지 않는 맛	발효되고 삭아서 완성된 젓갈의 맛
소금기 짭조름한 눈물의 맛	↓
설움도 달디달게 익어 가는 맛	갖은 애환을 겪고
어머니 눈물 같은 진한 맛	살아가는 민중들의
할머니 한숨 같은 깊은 맛	삶의 맛
오장에 아리하는 삶의 매운맛	
아랫목 고이고이 감춰 놓은 사랑 맛	

이 시에서는 다양한 표현을 활용하여 전라도 젓갈의 맛을 묘사하고, 이를 자연스럽게 삶의 맛으로 의미를 확장함으로써 젓갈의 맛은 이 땅에 사는 사람들의 삶의 애환을 나타내는 맛이 되고 있다.

토속적 소재와 방언의 활용

공간적 배경	전라도 갯땅, 미닥질 소금밭, 뻘밭 등
토속적 소재	전라도 젓갈, 육자배기, 복사꽃 등
방언	장광, 꾸꾸기, 삐비꽃 등

시인은 전라도의 향토적 소재에서 생명력을 찾으려는 경향을 보여 왔다. 이 시에서도 공간적 배경을 알려 주는 시어들에서 전라도의 환경적, 지형적 특색이 잘 드러나며 향토적, 토속적인 소재와 방언을 활용하여 지역적 정서와 삶의 모습을 살리고 있다. 이를 통해 지역 문화의 가치를 높이고 있다.

반복을 통한 주제 강조

이 시는 '~는 것', '~의 맛(이다)', '~는 맛(이다)' 등의 유사한 구조의 구절을 반복하여 대상에 대한 화자의 정서를 강조하고, '썩고 썩어도', '괴고 괴어서', '삭고 곰삭어서', '닳고 닳아서'와 같이 동일 어휘를 반복하여 대상의 의미를 심화시키면서 동시에 운율을 형성하고 있다.

자료실

화염병 대신 시를 던진 저항 시인, 문병란

문병란 시인은 1980년 5·18 광주 민주화 운동의 선동자로 수배되고 구속되었으며, 이후 요시찰 인물이 되어 고초를 겪었다. 또한, 1987년 6월 항쟁이 일어났을 때, 〈뉴욕타임즈〉는 특집판에서 문병란 시인을 '화염병 대신 시를 던진 한국의 저항 시인'이라고 소개하였다. 이처럼 문병란 시인은 늘 시대의 중심에서 저항의 시를 써 왔던 시인이다. '민중의 밑바닥에 도사린 한은 그 자체로 하나의 힘이고 집착이고 저항'이라고 말한 문병란 시인은 민중의 삶 속에서 민중의 한을 민중의 언어로 펼치며 세상을 바꾸고자 하였던 저항 시인이자 민족 시인으로 평가받고 있다.

함께 읽으면 좋은 작품

〈깊은 맛〉, 김종제 / 음식을 통해 표현한 삶의 의미

〈깊은 맛〉은 김치를 담그는 과정에서 김치가 다섯 번을 죽어야 깊은 맛을 얻게 된다고 보고, 이를 인생에 비유하여 시련을 겪고 나서 더 곰삭게 되는 인생의 깊은 맛에 대해 노래하고 있는 작품이다. 〈전라도 젓갈〉과 〈깊은 맛〉은 토속적이고 전통적인 음식인 젓갈과 김치를 소재로 하고 있다는 공통점이 있으며, 특히 젓갈과 김치가 완성되어 가는 과정을 통하여 사람들의 성숙한 삶의 의미를 찾아 내고 있다.

포인트 체크

화자 전라도 [ ][ ]의 [ ][ ] 과정에서 삶의 의미를 발견하고 있다.

상황 썩어도 [ ][ ] 않으며, 땀과 눈물과 설움이 어우러져 달게 익어 가는 젓갈은 [ ]의 맛이자 [ ][ ]의 맛이다.

태도 전라도 땅에서 삭아서 완성되는 젓갈에서 전라도 사람들의 삶의 모습을 발견하는, [ ][ ]적인 것에 대한 애착과 서민들의 삶에 대한 애정을 드러내고 있다.

내신 적중 多빈출

1 이 시에 대한 설명으로 적절하지 않은 것은?

① 반복적 표현을 통해 대상의 의미를 심화하고 있다.
② 역설적 표현을 통해 대상의 가치를 드러내고 있다.
③ 대상의 특징을 인간의 삶의 모습으로 확장하고 있다.
④ 유사한 통사 구조의 반복을 통해 리듬감을 형성하고 있다.
⑤ 부정적 표현을 통해 대상의 반어적 의미를 도출하고 있다.

2 전라도 젓갈의 특성과 가치를 역설적으로 표현한 시구를 찾아 쓰시오.

3 이 시와 〈보기〉의 표현상의 공통점을 쓰시오.

┤ 보기 ├

가난하다고 해서 두려움이 없겠는가 / 두 점을 치는 소리 / 방범대원의 호각 소리, 메밀묵 사려 소리에 / 눈을 뜨면 멀리 육중한 기계 굴러가는 소리.
– 신경림, 〈가난한 사랑 노래〉

내신 적중

4 이 시의 내용을 바탕으로 〈보기〉의 빈칸을 채울 때 가장 적절한 것은?

┤ 보기 ├

전라도 젓갈은 _____ 을 상징한다.

① 도시인들은 알 수 없는, 자연과 하나가 되는 생활의 맛
② 삶의 굴레에서 벗어날 수 없는 서민들의 좌절과 한의 맛
③ 서민들의 고난과 시련과 인내가 쌓여 이루어지는 삶의 맛
④ 오랜 세월의 원망과 분노가 농축되어 터져 나오는 슬픔의 맛
⑤ 어려운 시대 현실 속에서 초인적 존재를 기다려 온 민중들의 의지의 맛

5 이 시의 시어 및 시구 중, 〈보기〉의 빈칸에 들어가기에 가장 적절한 것은?

┤ 보기 ├

모름지기 배추는 / 다섯 번은 죽어야
깊은 맛을 얻을 수 있다는데 [중략]
푸르뎅뎅한 겉절이 같은 것이 아니라
시큼털털한 묵은지 같은 것이 아니라
쓴맛에 매운 맛에 단맛까지 / 몇 번은 죽어
깊은 맛을 내는 김치처럼
우리네도 몇 번은 죽었다가 몇 번은 살았다가
[_____] 인생이야말로 / 깊은 맛을 지니는 것 아닌가
– 김종제, 〈깊은 맛〉

① 곰삭은
② 변하지 않는
③ 짭조름한
④ 매운
⑤ 감춰 놓은

173 산수유나무의 농사 │문태준

문학 신사고

🎯 핵심 정리

갈래 자유시, 서정시
성격 상징적, 자연적
제재 산수유나무의 그늘
주제 산수유나무의 그늘이 주는 배려와 평안함
특징 ① 자연물을 바라보는 참신한 발상이 돋보임.
② 우직하고도 섬세한 눈으로 사물에 담긴 서정성을 발견함.
③ 산수유나무의 풍성한 그늘과 사람들의 좁아지는 마음의 그늘을 대비함.
출전 《맨발》(2004)

Q '그늘'의 상징적인 의미는?

'산수유나무의 그늘'은 산수유나무가 농부가 농사를 짓듯 정성과 노력을 기울여 키워 낸 결과물로, 사람들이 쉬어 갈 수 있는 공간, 사람들에게 편안함을 제공하는 공간이다. 즉, '그늘'은 휴식, 쉼터, 편안함을 의미하며, 더 나아가 다른 생명들의 휴식을 허락하는 미덕, 다른 존재에 대한 배려로서의 의미까지 나타낸다.

🔆 시어 풀이

되 부피의 단위. 곡식, 가루, 액체 따위의 부피를 잴 때 쓴다. 한 되는 한 말의 10분의 1.

🐚 시구 풀이

❶ **마음의 그늘이 ~ 사람들은 보아라** 다른 존재에게 휴식의 공간을 제공하는 산수유나무 그늘과 달리 이기적이고 메말라서 타인을 위한 덕을 갖지 못하는 인간의 속성을 대비적으로 제시하고 있다.
❷ **산수유나무가 농부처럼 ~ 무게의 그늘이다** 산수유나무를 '농부'에, 산수유나무가 그늘을 만들어 내는 과정을 '농사'에, 작고 노란 산수유 꽃을 '좁쌀'에 비유하여 참신하게 표현한 부분이다. 산수유나무가 만든 그늘의 밀도가 높음을 말하며, 우리 인간은 타인을 위해 그늘을 만들지 못하고 살아감을 우회적으로 비판하고 있다.

👤 작가 소개

문태준(文泰俊, 1970~)
시인. 경북 김천 출생. 사소한 자연물도 귀하게 여기며 애정 어린 시선으로 바라보는 순박한 정서를 통해 전통 서정시의 계보를 잇는다는 평가를 받고 있다. 시집으로 《수런거리는 뒤란》(2000), 《가재미》(2006) 등이 있다.

㉠ 산수유나무가 노란 꽃을 터트리고 있다
㉡ 산수유나무는 그늘도 노랗다 ▶ 1~2행: 산수유나무의 노란 꽃과 그늘
　　　　노란 산수유나무 꽃의 이미지 전이
㉢ ❶마음의 그늘이 옥말려든다고 불평하는 사람들은 보아라
　　　　　　　　　　　　　　　산수유나무와 대비되는 대상
『나무는 그늘을 그냥 드리우는 게 아니다
『』: 나무가 그늘을 만들어 내는 과정을 농사의 과정에 빗댐.
그늘 또한 나무의 한 해 농사 ▶ 3~5행: 나무가 한 해 농사를 지어 만들어 낸 그늘
　　　　그늘도 나무의 땀과 노력으로 얻어진 결실임.
㉣ 산수유나무가 그늘 농사를 짓고 있다
　　　　산수유나무를 농부에 빗댐. 의인법
꽃은 하늘에 피우지만 그늘은 땅에서 넓어진다
꽃(수직, 높음)과 그늘(수평, 낮음)의 가치를 동일하게 봄. – 꽃과 그늘 모두 산수유나무 농사의 결과물이기 때문에
❷산수유나무가 농부처럼 농사를 짓고 있다
㉤ 끌어모으면 벌써 노란 좁쌀 다섯 *되 무게의 그늘이다 ▶ 6~9행: 산수유나무가 그늘 농사를 짓는 모습
　산수유나무의 꽃　산수유나무 그늘의 밀도
　　　　　　『』: 그늘의 밀도를 무게로 표현(표현의 참신성)

이해와 감상

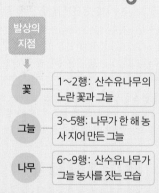

이 시는 산수유나무의 그늘에 대한 참신한 문학적 발상을 바탕으로 시상을 전개하고 있다. 1~2행에서 화자는 산수유나무의 노란 꽃을 보며 '산수유나무는 그늘도 노랗다'는 생각을 하게 된다. 이는 산수유나무의 그늘을 산수유나무가 땅 위에 피운 또 하나의 꽃으로 본 것으로, 그늘은 산수유나무의 또 다른 결실이라고 할 수 있다. 3~5행에서 화자는 산수유나무 그늘과 점점 좁아지는 사람들의 마음을 대비하면서 그늘을 산수유나무가 한 해 동안 열심히 농사지은 결과물로 표현한다. 이때 '농사'는 생명을 키우고 그 생명이 성장하여 다른 생명을 키우는 일련의 과정을 의미하는 것으로, 상생과 나눔을 의미한다. 6~9행에서 화자는 산수유나무를 농부로 보고 작은 산수유나무의 꽃을 좁쌀에 빗대어 그 작은 꽃이 만들어 내는 그늘이 다섯 되 무게가 될 정도로 밀도가 높음을 표현한다. 이는 산수유나무는 다른 생명의 휴식을 허락하는 미덕을 발휘하는 반면, 우리 인간은 마음 농사가 제대로 되지 않아 타인을 위한 그늘을 만들지 못하고 살아가고 있음을 빗대어 표현한 것이다.

이처럼 이 시는 농사는 인간만이 짓는 것이라는 사고와 화려한 꽃에만 집중하는 관념을 깬 새로운 시각으로 타인을 위한 배려에 인색하고 베풀 줄 모르는 우리의 현실을 반성하게 한다.

발상의 지점

꽃 → 1~2행: 산수유나무의 노란 꽃과 그늘

그늘 → 3~5행: 나무가 한 해 농사 지어 만든 그늘

나무 → 6~9행: 산수유나무가 그늘 농사를 짓는 모습

작품 연구소

시어의 상징적 의미

시어	상징적 의미
꽃	추운 겨울을 견뎌 내고 싹을 틔워 내서 얻은 결과물
그늘	다른 생명들의 휴식을 허락하는 미덕, 다른 존재에 대한 배려
농사	생명을 키우고 그 생명이 성장하여 다른 생명을 키우는 과정
좁쌀	좁쌀처럼 작고 노란 산수유나무의 꽃

대립적 이미지의 시어

산수유나무의 그늘	• 농사의 주체: 산수유나무 • 특성: 꽃이 활짝 필수록 땅에서 넓어짐. • 상징적 의미: 다른 생명들을 배려하는 공간, 다른 생명에게 휴식을 제공하는 공간

↕ 대비

사람들의 마음의 그늘	• 농사의 주체: 사람 • 특성: 말려들고 좁아짐. • 상징적 의미: 이기적이고 인색하여 타인에게 베풀지 못하는 인간의 속성

➡ 타인을 배려하고 타인에게 베푸는 것에 인색한 우리의 현실을 다른 존재를 배려하고 넉넉한 인정을 지닌 산수유나무와 대비하여 보여 줌.

표현의 참신성

농사는 인간만이 짓는다는 인간 중심적 사고와 화려한 꽃이나 풍성한 열매 등 가시적인 것에만 집중하는 관념을 깨고 산수유나무의 '그늘'에 시선을 돌려, '산수유나무의 그늘'을 '산수유나무가 한 해 동안 지은 농사'로 참신하게 표현했다.

참신한 시구	의미	효과
산수유나무는 그늘도 노랗다	산수유나무는 노란 꽃처럼 그늘까지도 노랗다고 표현함.	• 산수유나무 꽃의 이미지를 강렬하게 만듦. • 꽃과 더불어 그늘도 나무의 생산물임을 인식하게 함.
그늘 또한 나무의 한 해 농사 / 산수유나무가 그늘 농사를 짓고 있다	나무를 농부로 보고, 나무의 그늘을 나무가 한 해 동안 열심히 농사지은 결과로 표현함.	• 그늘의 가치를 값지게 함. • 인간 중심적 사고에서 벗어나 참신함을 느끼게 함.
노란 좁쌀 다섯 되 무게의 그늘이다	작고 노란 산수유나무 꽃을 좁쌀에 빗대어 그 꽃이 만들어 내는 그늘의 밀도가 좁쌀 다섯 되 무게나 될 정도로 높음을 표현함.	산수유나무 꽃과 그늘의 모습을 생생하고 구체적으로 나타냄.

함께 읽으면 좋은 작품

〈고목〉, 김남주 / 나무와 그늘을 소재로 한 시

〈고목〉은 자연물인 '고목'의 모습을 보면서 화자가 얻은 깨달음과 추구하는 삶의 자세를 나타내고 있다. 화자는 상처투성이의 몸을 가지고 있지만 지나가는 길손을 위해 그늘을 드리워 주는 '고목'을 바라보며 자신도 고목처럼 다른 사람을 위해 희생하는 삶을 살고 싶다는 바람을 드러낸다. 자연물인 나무와 나무가 만들어 내는 그늘을 통해 바람직한 삶의 자세를 제시하고 있다는 점에서 〈산수유나무의 농사〉와 유사하다.

🔑 포인트 체크

[화자] 봄이 되어 □□ □을 피우는 산수유나무를 보고 있다.

[상황] 산수유나무에서 피어나는 꽃들에 의해 땅에 □□이 생기고 꽃이 많이 피어날수록 그 □□ 또한 넓어지는 상황이 드러나 있다.

[태도] □□는 인간만이 짓는 것이라는 사고와 화려한 꽃에만 집중하는 관념을 깬 시각으로 배려에 □□하고 베풀 줄 모르는 현실을 비판하고 있다.

내신 적중 多빈출

1 〈보기〉는 이 시를 감상한 내용이다. ㉠~㉤ 중, 밑줄 친 부분에 들어갈 내용으로 가장 적절한 것은?

┤보기├

현주: _____라는 시구를 보면 알 수 있듯이 이 시는 관점을 달리해서 사물을 보고 있다는 생각이 들어.

진영: 맞아. 이를 통해 농사의 주체는 인간이라는 통념을 깨고 산수유나무가 만들어 내는 그늘의 가치를 부각하고 있어.

① ㉠　　② ㉡　　③ ㉢　　④ ㉣　　⑤ ㉤

2 이 시와 〈보기〉의 공통적인 특징으로 적절한 것은?

┤보기├

대지에 뿌리를 내리고
해를 향해 사방팔방으로 팔을 뻗고 있는 저 나무를 보라

주름살투성이 얼굴과
상처 자국으로 벌집이 된 몸의 이곳저곳을 보라

나도 저러고 싶다 한 오백 년
쉽게 살고 싶지는 않다 저 나무처럼
길손의 그늘이라도 되어 주고 싶다

– 김남주, 〈고목〉

① 나무의 모습을 통해 바람직한 삶의 태도를 드러낸다.

② 생명력이 강한 나무를 통해 민중의 강한 의지를 보여 준다.

③ 나무의 속성을 통해 부성석인 인간의 속성을 반성하게 한다.

④ 부정적 현실을 극복하는 나무의 모습을 통해 삶의 의지를 다지게 한다.

⑤ 계절의 순환에 따라 변화하는 나무의 모습에서 자연의 섭리를 깨닫게 한다.

3 이 시에서 '산수유나무'와 대비되는 대상을 찾아 쓰시오.

4 다음 〈조건〉을 고려하여 '산수유나무 그늘'의 상징적 의미를 쓰시오.

┤조건├

1. '산수유나무 그늘은 ~을/를 의미한다.'의 형식으로 쓸 것
2. 상징적 의미를 두 가지 이상 제시할 것

문학 천재(정)

🎯 핵심 정리

갈래 자유시, 서정시
성격 묘사적, 서정적, 교훈적
제재 소박한 국숫집 손님들의 이야기
주제 평범한 사람들이 주고받는 위로와 교감
특징 ① 국숫집에 모인 사람들을 묘사하며 시상을 전개함.
② 열린 공간과 소박한 소재를 통해 평범한 사람들의 인정을 표현함.
③ 의성어에 중의적 의미를 부여하여 주제 의식을 부각함.
출전 《가재미》(2006)

💡 시어 풀이

평상 나무로 만든 침상의 하나. 밖에다 내어 앉거나 드러누워 쉴 수 있도록 만든 것.
푸조나무 느릅나뭇과의 낙엽 활엽 교목. 높이는 20미터 정도임. 잎은 어긋나고 달걀 모양인데 톱니가 있음.

🗨 시구 풀이

❶ **평상이 있는 국숫집** '국수'가 서민 음식이라는 점과 '평상'이 여러 사람이 눈을 마주치면서 따뜻한 말을 나누는 수평적 공간임을 고려할 때, '평상이 있는 국숫집'은 서민들이 모여서 한 끼를 해결하는 다소 허름하지만 따뜻함이 있는 공간임을 알 수 있다.
❷ **붐비는 국숫집은 삼거리 슈퍼 같다** 국숫집을 북적이고 친근한 '삼거리 슈퍼'에 비유하여 서로 모르는 사람들도 마치 동네 사람들이 만난 것처럼 스스럼없이 일상의 이야기를 주고받는 공간임을 나타내고 있다.
❸ **손이 손을 ~ 쓸어 주는 말** 어렵고 힘든 사연을 들은 사람들의 반응을 보여 주는 부분이다. 이를 통해 손을 잡고 위로의 눈빛을 보내면서 상대의 고난과 고통에 대한 안타까움을 느끼고 그들의 삶을 이해하고 수용하는 태도가 잘 드러난다.
❹ **사람들은 평상에만 ~ 먼저 더 서럽다** 평상에 마주 앉은 사람들의 힘들고 아픈 사연을 듣고 공감과 위로의 감정을 느끼는 것을 '먼저 더 서럽다'고 표현하고 있다. 이를 통해 다른 사람의 고통과 슬픔을 함께하고자 하는 태도를 나타내고 있다.
❺ **모처럼 평상에 마주 앉아서** 평상시에는 자신의 삶이 바빠서 다른 사람들의 형편을 살필 여유가 없었다는 의미가 '모처럼'에 함축되어 있다.

👤 작가 소개

문태준(본책 320쪽 참고)

㉠ ❶평상이 있는 국숫집에 갔다 「」: 국숫집을 '삼거리 슈퍼'에 비유함.
　　　수평적인 공간, 소박하고 정겨운 고향의 이미지 → 소박함, 친근함, 북적거림을 나타냄.
❷붐비는 ㉡국숫집은 삼거리 ㉢슈퍼 같다 ▶ 1~2행: 소박하고 정겨운 국숫집의 분위기
　　　유동성이 많은 곳 친근하고 소박한 곳
평상에 마주 앉은 사람들

세월 넘어온 친정 오빠를 서로 만난 것 같다
　　　반갑고 정다운 사람
국수가 찬물에 헹궈져 건져 올려지는 동안

㉮쯧쯧쯧쯧 쯧쯧쯧쯧,
　　　연민과 위로의 태도가 드러남.
❸손이 손을 잡는 말
　　　'쯧쯧쯧쯧'의 의미 ①
눈이 눈을 쓸어 주는 말
　　　'쯧쯧쯧쯧'의 의미 ②
「병실에서 온 사람도 있다
「」: 서러운 사연을 가진 사람
㉣식당 일을 손 놓고 온 사람도 있다」 ▶ 3~10행: 가족을 만난 듯 친근하게 서로의 이야기를 들어 주는 모습

❹사람들은 평상에만 마주 앉아도

마주 앉은 사람보다 먼저 더 서럽다 □: 시적 대상의 호칭 변화(사람들 → 우리) – 정서적 공감
　　　　　　　　　　　힘든 사람을 연민하거나 위로하는 감정
「세상에 이런 짧은 말이 있어서
　　　'쯧쯧쯧쯧'의 의미 ③
세상에 이런 깊은 말이 있어서」 「」: '쯧쯧쯧쯧'은 짧은 말이지만 상대에
　　　'쯧쯧쯧쯧'의 의미 ④ 　대한 깊은 이해와 위로를 담고 있음.
국수가 찬물에 헹궈져 건져 올려지는 동안

쯧쯧쯧쯧 쯧쯧쯧쯧,

큰 ㉤푸조나무 아래 우리는
　　　푸근하고 넉넉한 이미지 일체감, 교감
❺모처럼 평상에 마주 앉아서 ▶ 11~18행: 힘든 사람을 먼저 위로해 주는 국숫집 사람들

이해와 감상

이 시는 다른 사람의 슬픔과 고통을 함께하며 진정한 교감과 소통을 이루어 내는 모습을, 평상이 있는 국숫집에서 손님들과 마주 앉아 음식을 먹으며 이야기를 나누는 한 화자의 눈을 통해 그려 낸 작품이다.

1~2행은 이 시의 공간적 배경인 소박한 국숫집의 분위기를 형상화하고 있다. 이곳은 마치 동네 '삼거리 슈퍼'처럼 사람들로 북적이며 정겹고 친근한 느낌을 준다. 3~10행에서는 그곳에 모인 사람들의 모습을 보여 준다. 평상에 함께 앉은 사람들이 서로에게 '친정 오빠' 같은 친근함을 느끼며 자신의 어려운 세상사를 거리낌 없이 말하고, 듣는 이는 말하는 이의 아픔을 눈과 손으로 위로해 주고 어루만져 준다. 여기서 '쯧쯧쯧쯧'은 국수가 헹궈질 때 나는 의성어이자 동시에 상대에 대한 연민의 마음이 녹아 있는 감탄사로 볼 수 있다. 11~18행에서는 겸상한 사람들의 어렵고 힘든 사연을 듣고 먼저 더 서러워하며 공감과 위로의 마음을 느끼는 모습을 형상화하고 있다. 이 과정에서 시적 대상의 호칭도 '사람들'에서 '우리'로 변화되며, 이를 통해 정서적으로 하나가 되는 모습을 효과적으로 나타낸다.

```
          국숫집 평상
   ┌─────────┐        ┌──────┐
   │ 사람들  │        │ 위로와 │
   │    ↓    │───────▶│  교감  │
   │  우리   │        └──────┘
   └─────────┘
```

작품 연구소

시상 전개 과정

이 시는 소박하고 친근한 국숫집의 모습을 제시한 후, 그 속에서 서로의 이야기를 듣고 교감하는 사람들의 모습을 묘사하며 시상을 전개하고 있다. 또한 서술어를 생략한 문장으로 시를 마무리하여 여운을 주며 주제를 강조하고 있다.

처음(1~2행)		중간(3~10행)		끝(11~18행)
국숫집의 분위기	→	국숫집에 있는 사람들의 모습	→	국숫집에 있는 사람들의 교감

소재의 의미와 느낌

소재	의미	느낌
평상	• 전통적인 고향의 이미지 • 소박하고 정겨운 수평적 공간	친근함 따뜻함 푸근함 반가움
국숫집	• 동네 삼거리 슈퍼처럼 사람들이 북적이는 곳 • 소박하고 친근한 공간	
국수	• 서민들의 음식 • 시적 대상의 처지를 짐작할 수 있는 소재	
푸조나무	나무의 속성 및 소리의 유사성('푸')을 감안할 때 푸근함과 넉넉함을 연상시키는 소재	

핵심 시어 '쯧쯧쯧쯧'의 의미

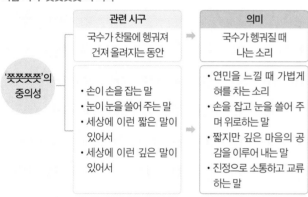

'쯧쯧쯧쯧'의 중의성

관련 시구	의미
국수가 찬물에 헹궈져 건져 올려지는 동안	국수가 헹궈질 때 나는 소리

• 손이 손을 잡는 말
• 눈이 눈을 쓸어 주는 말
• 세상에 이런 짧은 말이 있어서
• 세상에 이런 깊은 말이 있어서

→

• 연민을 느낄 때 가볍게 혀를 차는 소리
• 손을 잡고 눈을 쓸어 주며 위로하는 말
• 짧지만 깊은 마음의 공감을 이루어 내는 말
• 진정으로 소통하고 교류하는 말

자료실

주제가 구현된 공간, '국숫집'

소박하고 토속적이며 인정이 넘치는, 평상이 있는 국숫집은 이웃과 따뜻한 마음을 나누며 살아가고자 하는 시인의 삶의 자세가 투영된 공간이다. 문태준 시인에 대해 "생에 대한 철학적 깨달음을 미학적 형상성과 잘 결합하는 시인"이라고 평했던 오세영 시인의 말을 염두에 둔다면, 이 시에서 연민과 위로, 공감의 말들이 오가는 '국숫집'은 시인이 삶에 대한 철학적인 자세를 따뜻하게 풀어 낸 공간이라고 할 수 있다. 즉, 시인은 서로의 아픔을 나누어 가지는 국숫집 사람들의 모습을 통해 마음을 나누며 사는 삶의 지혜를 이야기하고 있는 것이다.

함께 읽으면 좋은 작품

〈밥〉, 정용주 / 타인에 대한 배려

〈밥〉은 뼈가 굳어 가는 병에 걸린 '그녀'가 지압집 계단을 힘겹게 오르며 손짓으로 상대방의 식사를 챙기는 모습을 통해 타인에 대한 배려의 의미를 형상화하고 있다.

〈밥〉과 〈평상이 있는 국숫집〉은 평범한 사람들끼리 공감하고 위로하는 모습과 타인의 처지를 배려하는 태도를 형상화한 점에서 유사한 성격을 지닌다.

포인트 체크

화자 사람들로 북적이는 국숫집 ☐☐에 ☐☐들과 마주 앉아 국수를 먹으며 이야기를 나누고 있다.

상황 국수가 나오기 전 사람들끼리 스스럼없이 ☐☐의 이야기와 사연을 나누며 공감과 ☐☐의 감정을 느끼고 있다.

태도 소박하고 ☐☐한 국숫집의 모습을 제시한 후, 그 속에서 서로의 이야기를 듣고 교감하는 사람들의 모습을 ☐☐하고 있다.

1 이 시의 표현상의 특징으로 적절한 것은?

① 대화체를 활용하여 현실감을 높이고 있다.
② 평이한 시어로 소박한 풍경을 묘사하고 있다.
③ 어순의 도치를 통해 긴장감을 드러내고 있다.
④ 대상을 의인화하여 삶의 애환을 그려 내고 있다.
⑤ 인간과 자연을 대비하여 주제 의식을 부각하고 있다.

내신 적중

2 이 시의 화자 (ⓐ)와 〈보기〉의 화자 (ⓑ)의 대화로 적절하지 않은 것은?

보기
뼈가 굳어 가는 병에 걸린 그녀는 / 무허가 지압집 3층 계단을 오르며 / 자꾸만 나를 쳐다봤다 // 세상에서 가장 무거운 신발을 신고 / 한 칸씩 계단을 오르는 그녀는 / 어디 가서 밥 먹고 오라고 / 숟가락을 입에 대는 시늉을 했다.
– 정용주, 〈밥〉

① ⓐ: 삶은 서로에 대한 위로와 공감, 그리고 배려를 통해 따뜻해진다고 생각합니다.
② ⓑ: 저도 그렇게 생각해요. 병에 걸려 발걸음을 옮기기 힘들면서도 저의 식사를 챙겨 주는 그녀의 모습에 삶이 따뜻해지는 느낌을 받았어요.
③ ⓐ: 그녀가 당신을 챙겨 주는 것은 국숫집에서 만난 사람들이 서로에게 위로의 눈빛을 보내는 것과 비슷하군요.
④ ⓑ: 맞아요. 그녀는 자신도 견디기 힘든 어려움에 처해 있으면서도 다른 사람을 배려할 줄 아는 따뜻한 사람이에요.
⑤ ⓐ: 국숫집 평상에 마주 앉은 사람들도 자신들의 행동을 반성하고 본받아야 한다는 생각이 드네요.

3 ㉠~㉤의 시어들 중, 성격이 다른 하나는?

① ㉠ ② ㉡ ③ ㉢ ④ ㉣ ⑤ ㉤

4 다음 〈조건〉을 고려하여 ㉮의 의미를 쓰시오.

조건
1. 호칭이 '사람들'에서 '우리'로 바뀌는 점에 착안할 것
2. "'쯧쯧쯧쯧'은 ~는 말이다."라는 형식으로 서술할 것

5 ㉯에 들어갈 수 있는 원관념과 보조 관념의 공통점을 쓰시오.

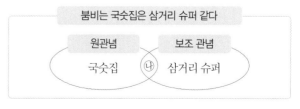

붐비는 국숫집은 삼거리 슈퍼 같다

원관념	보조 관념
국숫집 ㉯	삼거리 슈퍼

[문학] 해냄

핵심 정리

갈래 자유시, 서정시
성격 성찰적, 사색적, 감각적
제재 모진 소리
주제 사람들에게 상처를 주는 말과 행위에 대한 성찰
특징 ① 유사한 통사 구조를 반복하여 의미를 심화하고 운율을 형성함.
② 의성어의 변형과 반복을 통하여 주제를 효과적으로 드러냄.
출전 《자명한 산책》(2003)

Q '모진 소리'가 의미하는 바는?

'모진 소리'란 마음에 상처가 되는 말을 뜻하며, 언어뿐만 아니라 행동이나 태도를 포괄적으로 의미한다고 할 수 있다.

시어 풀이

모진 마음씨가 몹시 매섭고 독한.
쩡 얼음장이나 굳은 물질 따위가 급자기 갈라질 때 나는 소리. 또는 그 모양.
정 돌에 구멍을 뚫거나 돌을 쪼아서 다듬을 때 쓰는, 쇠로 만든 연장. 원뿔형이나 사각형으로 끝이 뾰족함.
늑골 가슴을 구성하는 뼈. 갈비뼈.

시구 풀이

❶ **내 입에서 ~ 소리가 아니더라도** '모진 소리'는 자신이 직접 한 것이 아니고 또 자신을 향해 한 것이 아니더라도 사람들에게 상처를 줌을 나타낸 것이다.

❷ **내 모진 소리를 ~ 정 맞았을** 한 번의 모진 소리가 한 번의 상처로 끝나는 것이 아니라 기억에 남고 되살아나 계속해서 상처를 준다는 뜻이다.

❸ **쩌어엉 세상에 금이 간다.** 모진 소리가 누군가에게 상처를 주는 것뿐만 아니라 나아가 사람들로 이루어진 공동체 전체의 관계나 분위기에까지 악영향을 줄 수 있음을 드러내고 있다.

작가 소개

황인숙(본책 234쪽 참고)

---

*모진 소리를 들으면
`마음에 상처가 되는 말`
❶내 입에서 나온 소리가 아니더라도
내 귀를 겨냥한 소리가 아니더라도 ┐ '~가 아니더라도'의 반복
`'나'에게 한 모진 소리가 아니더라도`
모진 소리를 들으면

가슴이 쩌엉한다. ┐ '~이 ~ㄴ다'의 반복, 모진 소리로 인한 아픔.
`청각적 심상`   상처를 점층적으로 확장하여 표현
온몸이 쿡쿡 아파 온다
`촉각적 심상`
누군가의 온몸을
『가슴속부터 *쩡 금 가게 했을』 『 』: 깊은 상처를 줌.
`청각적 심상`
모진 소리   ▶ 1연: 그 자체로 상처가 되는 모진 소리

나와 헤어져
덜컹거리는 지하철에서
`청각적 심상`
고개를 수그리고
❷내 모진 소리를 자꾸 생각했을 ┐ '~았을'의 반복: 유사한 통사 구조의 반복을 통
내 모진 소리에 무수히 *정 맞았을   하여 의미를 강조, 심화하고 있으며 운율을 형성함.
누군가를 생각하면
`나의 모진 소리에 마음에 깊은 상처를 입은 사람`
모진 소리,
『화자가 깊이 공감함. 누군가의 아픔이 화자의 아픔으로 전이됨. 반성과 성찰의 태도가 드러남.
*늑골에 정을 친다 ┐ '~에 ~ㄴ다'의 반복
`청각적 심상`
㉠*쩌어엉 세상에 금이 간다.』   ▶ 2연: 모진 소리가 주는 아픔에 대한 성찰
모진 소리는 사람들의 관계를 깨뜨리고 『 』: 모진 소리의 영향력을 점층적으로 확장하여 표현
세상 전체에 아픔이 됨을 깨달음.

이해와 감상

이 시는 2003년에 발표된 작품으로, 타인에 대한 모진 소리가 얼마나 큰 아픔과 상처가 되는지를 반성하고 성찰하는 내용을 담고 있다. '모진 소리'는 상처를 주는 말뿐만 아니라 그러한 행동도 포괄적으로 의미한다고 볼 수 있다. 이러한 모진 소리가 그 소리를 한 사람이나 그 소리의 대상이 된 사람뿐만 아니라 모든 사람들에게 상처가 된다는 인식에서 출발하여 화자가 내뱉은 모진 소리 때문에 깊은 상처를 느낀 사람의 아픔에 공감하게 되며 깊이 성찰하고 있는 모습을 표현하고 있다. 동일 시구의 반복, 동일 어구의 반복을 통하여 운율을 형성하고 있으며, 청각적인 심상과 촉각적인 심상을 활용하여 대상을 생생하게 표현하고 있다.

모진 소리		내가 했던 모진 소리
누구에게나 상처가 됨.	⇒ 시선 이동	타인의 상처를 내 것으로 받아들이게 됨.

작품 연구소

시어 및 시구의 상징적 의미

시어 및 시구	상징적 의미
모진 소리	상처를 주는 말과 행동
금	상처

의성어의 변형과 반복

의성어		효과
가슴이 쩌엉한다	→	'쩡'이라는 의성어를 변형하여 반복함으로써 모진 소리 때문에 받는 마음의 상처를 청각적 심상으로 형상화하고 강조함.
가슴속부터 쩡금 가게 했을		
쩌어엉 세상에 금이 간다		

점층과 확장의 표현

점층적 표현		효과
가슴이 쩌엉한다 ↓ 온몸이 쿡쿡 아파 온다 내 모진 소리를 자꾸 생각했을 ↓ 내 모진 소리에 무수히 정 맞았을 늑골에 정을 친다 ↓ 쩌어엉 세상에 금이 간다	→	모진 소리가 주는 반복적이고도 넓으면서도 깊은 상처와 아픔을 강조함.

화자의 태도 변화

1연		2연
모진 소리 자체에 대한 생각	⇒	'나'의 모진 소리에 대한 성찰

이 시의 화자는 1연에서 자신이 한 것이 아니고 자신에게 한 것이 아니더라도 모진 소리 자체가 사람들에게 큰 상처를 준다는 생각을 말하고 있으며, 이어서 2연에서는 자신의 경우로 시선을 옮겨 자신의 모진 소리에 상처를 받았을 누군가를 떠올리며 그 아픔에 스스로 공감하고 성찰하는 모습을 보이고 있다. 이러한 모진 소리는 세상 전체에 아픔이 되는, 또는 세상 사람들의 관계를 깨뜨리는 치명적인 것임을 깨닫고 있다.

다양한 감각적 표현

이 시의 제목인 '모진 소리'는 청각적인 심상의 표현이며, '쿡쿡'은 촉각적 심상, '덜컹거리는', '쩡', '쩌엉', '쩌어엉' 등은 청각적 심상을 이용하여 대상에 대한 느낌을 더 생생하고도 실감 나게 표현하고 있다. 이처럼 시인은 다양한 감각을 활용하여 추상적인 대상과 그 대상으로 인한 영향까지를 독자가 직접 체험하는 것처럼 생생하게 표현하고 있는 것이다.

함께 읽으면 좋은 작품

〈참 좋은 말〉, 천양희 / 말을 소재로 한 작품

〈모진 소리〉와 〈참 좋은 말〉은 모두 말이 주는 영향력에 대해 이야기하고 있다는 점에서 유사하다고 볼 수 있다. 하지만 〈모진 소리〉가 부정적인 말의 부정적인 영향력을 다루고 있다면, 〈참 좋은 말〉은 좋은 말들을 열거하면서 좋은 말의 아름다움과 긍정적인 힘을 드러내고 있다는 데에서 차이점이 있다.

키 포인트 체크

화자 □□□□가 그 자체로 모든 사람들에게 깊은 상처가 된다는 것을 알게 된 사람이다.

상황 모진 소리가 누군가의 가슴에 □□를 준다는 것을 깨닫고 자신의 말에 고통받았을 사람을 생각해 보고 있다.

태도 자신의 모진 소리를 돌아보면서 타인이 받았을 아픔에 공감하게 되는 □□적 태도를 보이고 있다.

1 이 시의 화자에 대한 설명으로 가장 적절한 것은?
① 이상 세계에 대한 동경과 소망의 태도를 보이고 있다.
② 이기적인 세태에 대하여 비판적인 자세를 유지하고 있다.
③ 추상적 대상에 대한 사색을 통해 성찰을 이끌어 내고 있다.
④ 이중적인 상황을 제시하여 모순적인 인간성을 비판하고 있다.
⑤ 과거의 이상을 회상하면서 가치 있는 인간상을 추구하고자 한다.

내신 적중 多빈출
2 이 시의 표현상의 특징으로 적절하지 않은 것은?
① 점층적인 시구를 통해 주제를 강조하고 있다.
② 비유적 표현을 통해 대상의 영향력을 강조하고 있다.
③ 의성어를 활용하여 정서를 생동감 있게 표현하고 있다.
④ 청각적 심상을 통해 대상의 영향을 감각적으로 형상화하고 있다.
⑤ 상반되는 상황을 통해 역지사지(易地思之)의 깨달음을 이끌어 내고 있다.

3 이 시의 시구들에 대한 설명으로 적절하지 않은 것은?
① '내 귀를 겨냥한 소리'는 화자를 상대로 하여 누군가가 한 모진 소리를 의미한다.
② '덜컹거리는 지하철'은 모진 소리를 들은 사람이 상처받은 순간을 회상하는 공간이다.
③ '고개를 수그리고'는 마음에 상처 입은 사람의 모습을 형상화한 것이다.
④ '무수히 정 맞았을'은 잊히지 않고 계속해서 되살아나는 상처를 의미한다.
⑤ '누군가'는 화자의 마음에 상처를 입힌 사람을 뜻한다.

4 화자가 자기 성찰을 통해 타자의 아픔을 자신의 것으로 받아들이고 반성하게 되었음을 표현한 시행을 찾아 쓰시오.

내신 적중
5 ㉠에 대한 감상으로 적절하지 않은 것은?
① 말보다 침묵이 더욱 가치 있음을 시사하고 있어.
② '모진 소리'의 파장이 얼마나 큰지 알려 주고 있어.
③ 화자가 느낀 감정이 보다 확장되어 표현되고 있어.
④ 음성 상징어로 말의 영향력을 생생하게 표현하고 있어.
⑤ 말 한 마디의 중요성에 대한 경각심을 일깨워 주고 있어.

키워드 체크   #제주도 검은 돼지   #통시   #생명의 순환   #생태적   #자연과 생명의 섭리

국어 천재(박)

◎ 핵심 정리

갈래 자유시, 서정시, 산문시
성격 생태적, 묘사적, 사색적
제재 통시
주제 생명이 순환되는 공간인 통시
특징 ① 제주도의 전통식 화장실을 통해 생명의
     순환이라는 의미를 발견함.
     ② 생태적인 가치관을 편리성 위주의 가치
     관과 대립적으로 제시함.
출전 《도화 아래 잠들다》(2003)

Q '통시'가 의미하는 바는?

'통시'는 인간의 배변 장소와 돼지우리가 함께 있
는 형태의 전통식 화장실이다. 이 안에서 인간의
몸속에서 쓸모없다고 여겨져 배출되는 찌꺼기가
돼지를 키우고 있으므로, '통시'는 생명이 순환되
며 함께 어우러져 살아가는 생명의 공간이라 할
수 있다.

☀ 시어 풀이

통시 뒷간('변소'를 완곡하게 이르는 말)의 방언.
변소와 돼지우리가 하나로 되어 있는 공간으로, 제
주 지역 또는 지리산골에 분포하였음.
호 구덩이.
공양 부처나 망자의 영혼 등에게 음식, 꽃 따위를
바치는 일. 또는 절에서 음식을 먹는 일.
미개 사회가 발전되지 않고 문화 수준이 낮은 상태.
지표 방향이나 목적, 기준 따위를 나타내는 표지.

✿ 시구 풀이

❶ **인간의 ~ 아주 재미난 방인 셈인데요** 제주의
   재래식 변소인 '통시'에 대한 설명으로, 인간의
   배변 장소와 돼지우리가 함께 있어서 인간의
   배설물이 돼지에게 생명을 주는 연결 고리가
   발생하게 되는, 생명이 순환되는 공간을 말한
   다.
❷ **한때 빛나던 것들이 ~ 다시 빛날 때** 버려진 음
   식물에도 생명력이 남아 있음을 의미한다.
❸ **발효한 이 먹이를 ~ 보리들을 길렀다는데**
   요 음식물 쓰레기에 남아 있는 생명의 기운이
   돼지를 키우고, 돼지의 배설물이 다시 보리를
   키우는 생명의 순환을 보여 준다.
❹ **행여 남아 있을 산 것들의 온기** 아무리 보잘것
   없는 배설물이나 쓰레기일지라도 그 안에는 생
   명의 기운이 남아 있을 수 있다는 생각을 나타
   낸다.

♟ 작가 소개

김선우(金宣佑, 1970 ~)
시인, 소설가. 강원도 강릉 출
생. 1996년 《창작과 비평》에
〈대관령 옛길〉 등을 발표하며
등단하였다. 인간과 자연의 조
화를 노래한 시를 많이 썼으
며, 시집으로 《물밑에 달이 열릴 때》(2002), 《도
화 아래 잠들다》(2003), 산문집 《부상당한 천사
에게》(2016) 등이 있다.

이런 돼지가 살았다지요 반들거리는 검은 털에 날렵한 주둥이를 가진, 유난히 흙의 온기
를 좋아하여 흙이랑 노는 일을 제일로 즐거워했다는군요 기른다는 것이 실은 서로 길드는
것이어서 이 지방 사람들은 *통시라는 거처를 마련했다지요 ❶인간의 배변 장소와 돼지우
리가 함께 있는 아주 재미난 방인 셈인데요 지붕을 덮지 않은 널찍한 *호를 파고 지푸라기
조금 깔아 준 방 안에서 이 짐승은 눈비 맞고 흙과 똥과 뒹굴면서 비바람 햇볕을 고스란히
살 속에 아로새기게 되었다는데요 음식물 찌꺼기며 설거지물까지 버릴 것 없이 모아 둔 큰
독 속에서 ❷한때 빛나던 것들이 제힘으로 다시 빛날 때 ❸발효한 이 먹이를 돼지가 먹고 돼
지의 배설물은 보리밭 거름으로 이쁜 보리들을 길렀다는데요 그래도 이 짐승의 주식이 사
람의 똥이었던 것은 생명은 생명에게 *공양되는 법이라 ❹행여 남아 있을 산 것들의 온기가
더럽고 하찮은 것으로 취급될까 두려운 때문이 아니었는지 몰라

▶ 1연: 통시에서 이루어지는 생명의 순환

나라의 높은 분이 보기에 *미개하여 시멘트 네 포대씩 무상 지급한 때가 있었다는데요
문명국의 *지표인 변소를 개량하라 다그쳤다는데요 흔적이나마 통시가 아직 남아 내 몸속
의 방을 향해 손 내밀어 주는 것은, 똥 누고 먹는 일이 한가지로 행해지는 그곳 ㉠신이
거주하는 장소라 여긴 하늘 가까운 섬사람들이 있었기 때문입니다

▶ 2연: 신이 거주하는 장소라 여겨진 통시

이해와 감상

     이 시는 시집 《도화 아래 잠들다》에 수록된 작품으로, 제주도의 전통 재래식 변소인 '통시'를 생
명이 끊임없이 순환되며 새로운 생명을 길러내는 가치를 지닌 공간으로 표현하고 있다. 화자는 인
간의 배변 장소와 돼지우리가 공존하는 공간인 '통시'를 통하여 인간의 배설물이나 음식물 쓰레기
처럼 버려지는 것들이 가지고 있는 생명의 기운을 통하여 새로운 생명이 자라나게 되고 다시 인간
에게 귀중한 음식이 되어 돌아오게 되는 생명의 순환을 이야기하고 있다. 또 이러한 생명의 순환
이 자연의 법칙이자 하늘의 섭리라는 인식을 드러내고 있어 자연 친화적이고 생태적인 가치관을
보이고 있다. 이어서 '통시'와 '내 몸속의 방'을 동일하게 생명의 순환이 이루어지는 신성하고 귀한
공간으로 보고 '신의 방'이라 표현하고 있다. 형식상으로는 부드러운 종결 어미를 사용하여 이야
기를 길게 이어 나가는 형식의 산문시이다.

통시(신의 방)							
⇒	인간의 배설물 음식물 찌꺼기 설거지물	⇒	돼지	⇒	돼지의 배설물	⇒	보리밭 거름	⇒	보리	⇒	인간	⇒
⇑							⇓
생명 활동의 순환							

작품 연구소

시어 및 시구의 상징적 의미

시어 및 시구	상징적 의미
흙	자연적인 것, 생명의 소재(시멘트와 대조)
통시	인간과 자연이 공존하는 생태적 삶의 공간
시멘트	인공적인 것
변소	기술을 통해 편리성과 효율성을 추구하는 삶
내 몸속의 방	생명 활동이 일어나는 곳
똥 누고 먹는 일	생명이 순환되는 일

대상에 대한 인식의 흐름

통시 → 생명의 순환이 이루어지는 곳 → 신의 방 (신성한 곳)

부드러운 이야기 문체의 특징

이 시는 '~지요', '~군요' 등의 부드러운 종결 어미를 활용하여 이야기를 끝맺지 않고 계속 이어 나가고 있어 문장의 길이가 긴 이야기체로 산문적인 서술을 하고 있다. 이처럼 부드럽고 따뜻하며 편안한 문체는 시인이 강조하고자 하는 생명의 순환이라는 자연스럽고도 따뜻한 주제를 더욱 부각시키는 장치가 될 수 있다.

제주도의 전통적 화장실, 통시

통시는 제주 지역의 전통적인 건축으로, 변소와 돼지막이 함께 조성되어 있는 뒷간을 말한다. 통시는 돼지를 사육하여 단순히 사람의 배설물을 처리하는 것뿐만 아니라 음식물 찌꺼기를 처리하는 역할, 농사에 필요한 퇴비를 생산하는 역할, 집안에 큰일이 있을 때 돼지를 잡아 행사를 치르는 등 처리와 생산, 재산 증식 등의 복합 기능을 하는 중요한 곳이었다. 제주도의 무속 신앙에서 통시를 관장하는 신은 일명 '칙도 부인', '측신 각시', '정낭 귀신' 등으로 불리었는데, 대개 여성신으로 성격이 포악하고 노여움을 잘 타는 신으로 여겨졌다. 설화에 따르면, 남씨 선비의 첩이 본부인을 죽이고 그의 아들들까지 죽이려다 발각되어 측간으로 도망쳐 목을 매어 죽어 칙도 부인이 되었다고 한다. 제주도 사람들은 칙도 부인의 노여움을 탈까 봐 통시를 함부로 건드리거나 옮기지 않았다고 한다. 이처럼 제주도 사람들에게 통시는 함부로 건드려서는 안 되는 무시무시한 곳이며 신성한 곳으로 여겨져 왔다.

함께 읽으면 좋은 작품

〈깨끗한 식사〉, 김선우 / 인간과 자연의 조화를 강조한 작품

〈깨끗한 식사〉는 접시 위의 나물들이나 채소들도 눈을 가지고 피를 흘리는 존재라고 상상하고, 인간에게 식량이 되어 주는 모든 동물, 식물들에 대한 고마움과 미안함을 상실한 화자의 상황을 반성함으로써 현대인 모두가 음식을 대하는 태도, 동식물을 대하는 태도를 돌아보게 하는 작품이다.

〈신의 방〉이나 〈깨끗한 식사〉는 모두 생명 있는 모든 존재들의 고귀함을 전제로 하여 생태주의적 관점에서 인간과 자연이 조화를 이루어야 함을 피력하고 있다는 공통점이 있다.

Link 본책 328쪽

키 포인트 체크

화자 제주도의 재래식 화장실인 □□와 그 안에서 이루어지는 일들의 의미를 들려주고 있다.

상황 통시에서는 인간의 □□ 활동과 돼지의 성장이 함께 이루어졌으며 이것이 보리나 인간에게 다시 연결이 되어 끊임없이 □□의 순환이 이루어졌다. 그러나 문명이라는 이름으로 통시들이 많이 사라졌다.

태도 □처럼 하찮은 것에도 남아 있는 생명의 기운이 또 다른 생명을 키우게 되는 생명의 □□을 발견하는 □□적 태도를 보이고 있다.

1 이 시에 대한 설명으로 적절한 것은?
① 문체의 변화를 통하여 화자의 정서를 강조하고 있다.
② 부드러운 이야기체를 구사하여 주제를 강조하고 있다.
③ 역순행적 구성을 통해 새로운 가치관을 제시하고 있다.
④ 화자의 시선 이동에 따라 분위기의 변화를 추구하고 있다.
⑤ 동일한 음보율을 반복하여 익숙하고 친근한 분위기를 조성하고 있다.

내신 적중 다빈출

2 다음 중 짝지어진 시어들의 관계가 나머지와 다른 것은?
① 통시 – 변소
② 흙 – 시멘트
③ 산 것들의 온기 – 하찮은 것
④ 신이 거주하는 장소 – 내 몸 속의 방
⑤ 하늘 가까운 섬사람들 – 나라의 높은 분

3 이 시와 〈보기〉에서 공통적으로 드러나는 것은?

> 보기
>
> 풀여치 한 마리 길을 가는데
> 내 옷에 앉아 함께 간다
> 어디서 날아왔는지 언제 왔는지
> 갑자기 그 파란 날개 숨결을 느끼면서
> 나는
> 모든 살아 있음의 제자리를 생각했다
> 풀여치 앉은 나는 한 포기 풀잎
> 내가 풀잎이라고 생각할 때
> 그도 온전한 한 마리 풀여치
>
> – 박형진, 〈사랑〉

① 개발 위주의 현실
② 인간성 상실의 문화
③ 소통과 공감의 부재
④ 인간과 자연의 공존
⑤ 모든 존재들의 개별화

4 '통시'와 '변소'는 각각 어떤 가치관을 대변하는 것인지 쓰시오.

내신 적중

5 ㉠에 대한 설명으로 가장 적절한 것은?
① 자연의 원리가 적용되지 않는 공간을 의미한다.
② 아무도 침범할 수 없는 신성한 공간을 의미한다.
③ 생명의 순환 활동이 이루어지는 공간을 의미한다.
④ 어떠한 존재도 소멸되지 않는 불멸의 공간을 의미한다.
⑤ 인간의 생명을 이어 가기 위해 꼭 필요한 공간을 의미한다.

V. 1990년대 이후

깨끗한 식사 | 김선우

문학 금성

🎯 핵심 정리
갈래 자유시, 서정시
성격 생태적, 생명 친화적, 반성적
제재 식사에서 발견한 생명 존중의 의미
주제 모든 생명에 대한 존중의 필요성
특징 ① 대상에 대한 개성적인 인식을 통해 '생명'의 의미를 심화함.
② 행의 구분 없이 제시되어 산문시의 리듬에 가까운 운율감을 느끼게 함.
출전 《내 몸속에 잠든 이 누구신가》(2007)

Q '깨끗한 식사'의 의미는?

화자는 '음식=생명'에 대한 존중이 사라진 현실을 안타까워하면서 이러한 존중에 기반하여 고마운 마음으로 남김없이 접시를 비우는 것이 '깨끗한 식사'임을 드러내고 있다.

💡 시어 풀이
자박거리고 가볍게 발소리를 내면서 자꾸 가만가만 걷고.
포즈 몸가짐이나 일정한 태도를 취하고 있는 모습.

⚙️ 시구 풀이
❶ 이 고요한 사냥감들에도 ~ 뒤안 있으니 눈망울 있는 것을 먹을 수 없어 채식주의자가 되었다는 '어떤 이'의 시각은 동물과 식물에 대한 차별적 인식을 전제하고 있다. 이와 달리 화자는 '접시 위의 풀들'에서 '깊고 말간 천 개의 눈망울'이 자신을 빤히 쳐다보고 있음을 발견하고, 이 식물들에게도 '핏물 자박거리고 꿈틀거리며 욕망하던 뒤안'이 있음을 역설한다. 즉 화자는 식물 역시 동물과 다를 바 없는 생명체라는 인식을 드러내고 있는 것이다.
❷ 매일반 식물이 동물과 다름없는 생명체임을 인식한 화자는 한 걸음 더 나아가 '내 앉은 접시나 그들 앉은 접시나 매일반'임을 드러낸다. 동물과 식물을 영양분 섭취의 수단으로 삼는 사람 역시 이들과 다를 바 없는 생명체라는 인식으로의 확장이 나타나며, 이는 '식(食)'이라는 행위가 지속되어 온 기간 변함없는 사실이었음을 강조하고 있다.
❸ 떨림을 잃어 간다는 것 사람과 동물, 식물이 서로 다를 바 없는 생명체임을 인식할 때 다른 생명을 먹는 행위는 '떨림'을 동반하게 된다. 이는 내가 먹게 되는 생명에 대한 '두렵고 고마운 마음으로 올리던 기도'이며, '고맙고 미안해하던 마음의 떨림'이다. 그러나 오래전 조상들로부터 이어진 이 '기도'와 '떨림'은 사라졌고, 동식물을 비롯한 인간이 아닌 생명은 시장에서 상품으로 취급되고 화폐로 거래된다. 현대인은 더 이상 자신이 먹는 음식에서 '생명'의 의미를 발견하지 않게 되면서 '음식=생명'에 대한 경외심과 고마움은 '사뭇 괴로운 포즈'로 대치된다.

👤 작가 소개
김선우(본책 326쪽 참고)

『어떤 이는 눈망울 있는 것들 차마 먹을 수 없어 채식주의자가 되었다는데』 내 접시 위의 풀들 깊고 말간 천 개의 눈망울로 빤히 나를 쳐다보기 일쑤, ❶이 고요한 사냥감들에도 핏물 자박거리고 꿈틀거리며 욕망하던 ⓐ뒤안 있으니 내 앉은 접시나 그들 앉은 접시나 ❷매일반, 『천 년 전이나 만 년 전이나 생식을 할 때나 화식을 할 때나 육식이나 채식이나 매일반,』
▶ 1연: 동식물과 인간이 동등하게 존중받아야 하는 생명임을 인식함.

문제는 내가 ❸떨림을 잃어 간다는 것인데, 일테면 만 년 전의 내 할아버지가 알락꼬리암사슴의 목을 돌도끼로 내려치기 전, 두렵고 고마운 마음으로 올리던 ⓑ기도가 지금 내게 없고 (시장에도 없고) 내 할머니들이 돌칼로 어린 죽순 밑둥을 끊어 내는 순간, 고맙고 미안해하던 마음의 떨림이 없고 (상품과 화폐만 있고) 사뭇 괴로운 ⓒ포즈만 남았다는 것.
▶ 2연: 다른 생명체에 대한 고마움과 경외심이 사라진 세태에 대한 안타까움

내 몸에 무언가 공급하기 위해 나 아닌 것의 ⓓ숨을 끊을 때 머리 가죽부터 한 터럭 뿌리까지 남김없이 고맙게, 두렵게 잡숫는 법을 잃었으니 이제 참으로 두려운 것은 내 올라앉은 육중한 ⓔ접시가 언제쯤 깨끗하게 비워질 수 있을지 장담할 수 없다는 것. 도대체 이 무거운, 토막 난 몸을 끌고 어디까지!
▶ 3연: 생명에 대한 고마움과 경외심에 기반한 '깨끗한 식사'에 대한 소망

이해와 감상

이 시는 생태주의에 입각한 시를 다수 창작한 시인이 2007년 발표한 시집 《내 몸속에 잠든 이 누구신가》에 수록되어 있는 작품으로, 모든 생명체에 대한 존중의 필요성을 역설하고 있다. 인간 중심주의적 시선에서 동식물과 같은 다른 생명체는 인간의 영양분 섭취를 위한 수단에 불과하며, 이들은 '시장'에서 '상품'으로 취급받고 '화폐'로 교환된다. 이렇게 마련한 음식은 '생명'에서 출발했다는 본원적 의미 대신에 인간에게 주는 효용을 기준으로 평가받으며, 이는 음식 앞에서 취하게 되는 인간의 '사뭇 괴로운 포즈'로 연결된다. 화자는 우리 조상들이 음식의 기반을 이루는 다른 생명 앞에서 취했던 고마움과 두려움의 태도에 주목하면서, 그 '떨림'과 '기도'가 현대인에게 전제될 때 음식 앞에서 두렵고 고마운 마음을 지니고 남김없이 먹는 '깨끗한 식사'가 가능해질 것임을 드러내고 있다.

🏠 작품 연구소

시어 및 시구의 상징적 의미

시어 및 시구	상징적 의미
눈망울 있는 것들	식물들과 대비되는 동물의 특징
고요한 사냥감들	'내 접시 위의 풀들'과 함께 식물을 지칭하는 시어
떨림, 기도	음식의 근원을 이루는 생명에 대한 고마움, 두려움
시장, 상품, 화폐	생명의 의미보다 물질적 가치를 중시하는 자본주의
사뭇 괴로운 포즈	상품으로서의 음식을 소비하면서 생명에 대한 고마움과 두려움을 느끼지 못하는 식사 행위

시간의 흐름에 따른 '식사'의 의미 변화

과거	현재
떨림, 기도, 남김없이 고맙게, 두렵게 잡숫는 법	사뭇 괴로운 포즈
음식 = 생명 (생명 존중의 태도 + 인간과 다른 생명을 동등하게 간주하는 사고방식)	음식 = 시장에서 화폐로 구입하는 상품 (자본주의의 논리 + 인간 중심적인 사고방식)

시에 드러난 사고방식의 대립: 인간 중심주의 ↔ 생태 중심주의

인간 중심주의는 서구의 근대적 자연관에 의거하여 인간의 가치만을 중요하게 인정하고 인간 이외의 다른 모든 자연의 존재들을 인간의 목적을 위한 수단으로 활용할 수 있다고 주장하는 사고방식이다. 인간은 다른 생물 및 모든 물질과 구별되는 유일한 존재이자 윤리적 존재로, 동식물을 포함한 다른 생명체들과 자연은 인간의 생존 유지라는 목적 달성을 위한 수단으로 취급된다. 이에 반해 생태 중심주의에서는 인간을 자연의 일부분으로 보며, 인간을 포함한 모든 생명체를 신성하고 도덕적으로 존중받을 내재적 가치를 지닌 존재로 규정하고 있다. 〈깨끗한 식사〉에서는 음식의 근원을 이루는 생명에 대해 고마움과 두려움을 표시하는 '떨림'과 '기도'의 태도가 결여된 세태를 비판적으로 바라보면서 다른 생명을 죽이는 일의 두려움과 그 죽음으로 인해 '내 몸에 무언가 공급'할 수 있는 데 대한 고마움을 지녀야 함을 주장하고 있다.

자료실

〈무서운 식사〉와 〈깨끗한 식사〉

김선우 시인의 시집 《도화 아래 잠들다》에는 〈무서운 식사〉라는 작품이 수록되어 있어 비교해서 읽는 즐거움을 준다. 〈무서운 식사〉에서는 '뼈가 살을 감추고 있는 게'를 먹는 장면을 제시하면서, '자르고 벌리고 으적으적 씹어 뱉으며 / 찌르고 후비며 살을 다 파먹어도 / 침묵-, 벌렁 드러누운 채'와 같은 표현을 사용해 마치 도살장에서 이루어지는 살육의 현장을 바라보는 듯한 느낌을 제공한다. '게'라는 생명체에 대한 존중 없이 탐욕스럽게 식사에 몰두하는, 결과적으로 '처음보다 더 수북하게 남은 식사'를 끝내는 인간의 모습은 '깨끗한 식사'의 대척점에 서 있다.

📖 함께 읽으면 좋은 작품

〈계란 프라이〉, 김기택 / 음식에서 떠올리는 생명에 대한 인식

〈계란 프라이〉는 따뜻한 저녁 밥상 위에 오르는 계란 프라이가 실은 '프라이팬 위에서' 납작해지는 '병아리'임을, '한번도 떠보지 못한 눈과 / 한번도 뛰어보지 못한 심장'이 '자유롭고 평등하게 뒤섞여 응고된' 결과물임을 상기시킨다. 음식에서 그 본래의 생명을 떠올린다는 점에서 두 시는 유사성을 지닌다. 단 〈깨끗한 식사〉가 산문시와 유사한 호흡으로 감정을 토로하고 있다면, 〈계란 프라이〉는 유사한 길이의 시행 배열을 통해 다소 절제되고 냉소적인 어조로 한 가족의 밥상을 조명함으로써 '음식=생명'에 대한 존중이 사라진 세태를 비판하고 있다.

🗝 포인트 체크

- **화자** 식물과 동물, 나아가 인간까지도 모두 동등하게 □□받아야 하는 생명체임을 깨닫고, 음식의 근원을 이루는 □□에 대한 고마움이 전제되는 '깨끗한 식사'에 대한 지향을 드러낸다.
- **상황** 음식이 생명으로서의 본원적 가치가 아닌, 시장에서 물질적 가치로 평가받는 □□으로 전락한 자본주의 사회의 모습이 제시되고 있다.
- **태도** 음식과 생명에 대한 존중이 사라진 현대 사회를 □□하면서, 이러한 가치들이 존중받는 '깨끗한 식사'의 가능성이 희박해진 현실에 대한 □□□□을 보이고 있다.

내신 적중 多빈출

1 이 시의 화자에 대한 설명으로 가장 적절한 것은?
① 현실 극복을 위한 의지를 표명하고 있다.
② 통념을 반박하는 개성적 시각을 구체화하고 있다.
③ 현상 유지를 위한 희생의 필요성에 공감하고 있다.
④ 세태를 비판하면서 과거의 사고방식을 지향하고 있다.
⑤ 다양한 대상을 열거하면서 가치의 우열을 판단하고 있다.

2 〈보기〉를 바탕으로 이 시를 이해한 내용으로 적절하지 않은 것은?

> ┤ 보기 ├
> 이 시에서는 생태계의 삶과 죽음의 순환론적 구조 속에서 당연시되었던 '희생'을 좀 더 확장된 사고를 통해 바라보고 있다. 전통적 사유 체계로의 회귀 지향적 사고를 보여주고 있는 이 시는, 희생되는 타자에 대한 경외심과 연민, 또는 폭력에 대한 죄의식이 자본주의의 논리에 의해 은폐되고 있는 현대 사회에 생태학적 자각의 계기를 제공하고 있다.

① '내 몸에 무언가 공급하기 위해 나 아닌 것의 숨을 끊'는 것은 한 생명의 죽음이 다른 생명의 삶으로 이어지는 순환론적 구조를 드러낸 것으로 볼 수 있다.
② 식물들에게서 '핏물 자박거리고 꿈틀거리며 욕망하던 뒤안'을 발견한 것은 희생이 당연시되는 대상에게서 동물, 인간과의 동등함을 인식하게 되는 확장적 사고의 표현이라 할 수 있다.
③ '돌도끼로 내려치기 전'의 '기도'와 '돌칼로 어린 죽순 밑둥을 끊어 내는 순간'의 '떨림'은 희생되는 타자에 대한 경외심과 함께 폭력에 대한 죄의식을 표현한 것으로 볼 수 있다.
④ '떨림'과 '기도'가 없는 '시장'에 '상품과 화폐만 있'다는 것은 희생되는 타자에 대한 연민마저도 물질적 가치로 환산하는 자본주의의 논리를 비판하는 것이라 할 수 있다.
⑤ '남김없이 고맙게, 두렵게 잡숫는 법'을 잃고 두려워하는 화자의 모습은 희생되는 타자에 대한 고마움과 두려움을 보이는 전통적 사유 체계에 대한 지향을 보여 주는 것이라 할 수 있다.

내신 적중 多빈출

3 2연에 제시된 '시장', '상품과 화폐'의 의미를 '식사'와 관련지어 쓰시오.

4 ⓐ~ⓔ 중, 2연의 '떨림'과 시적 의미가 유사한 시어는?
① ⓐ　　② ⓑ　　③ ⓒ　　④ ⓓ　　⑤ ⓔ

V. 1990년대 이후

178

흙 | 문정희

문학 천재(김)

◎ 핵심 정리

갈래 자유시, 서정시
성격 예찬적, 감각적
제재 흙
주제 흙의 모성성과 희생에 대한 공감과 예찬
특징 ① 차분하고 담담한 어조로 시상을 전개함.
② 일상적 언어를 사용하여 화자의 정서를 형상화함.
③ 1연의 내용이 3연에서 반복되면서 심화됨(수미 상관).
출전 《양귀비꽃 머리에 꽂고》(2004)

> **Q** '흙'이 상징하는 의미는?
>
> 흙은 '생명의 태반'이며 '귀의처'라고 한 것처럼 모든 생명은 흙에서 나서 흙으로 돌아간다. 흙은 자신의 양분과 정기를 쏟아 생명체를 키워 낸다는 점에서, 자식을 위해 기꺼이 자신을 희생하는 모성(母性)과 통한다.

☀ 시어 풀이

태반 임신 중 태아와 모체의 자궁을 연결하는 기관. 태아에게 영양분을 공급하고 배설물을 내보내는 기능을 한다.
귀의처 돌아가거나 돌아와 몸을 의지하는 곳.
도공 옹기 만드는 일을 직업으로 하는 사람.
겸허 스스로 자신을 낮추고 비우는 태도가 있음.
두레박 줄을 길게 달아 우물물을 퍼 올리는 데 쓰는 도구.

❀ 시구 풀이

❶ **흙이 가진 ~ 그의 이름이다** '흙'을 인칭 대명사 '그'로 지칭하며 의인화하여 친근함을 느끼게 하였다. '제일 부러운' 것을 언급하며 흙이 가진 긍정적 속성을 예찬하는 태도를 보이고 있다.
❷ **흙 흙 흙 하고 ~ 젖어 온다** '흙 흙 흙'을 발음하면 [흑흑흑]과 같이 깊은 울음소리처럼 들린다. 화자는 자신을 희생하면서 생명을 키우는 흙의 슬픔과 아픔을 떠올리면서, '두 눈이 젖어 온다'를 통해 감동과 공감을 표현하고 있다.
❸ **흙의 일이므로 ~ 농사라고 불렀다** '기적'은 상식으로는 생각할 수 없는 기이한 일을 뜻한다. 흙에서 곡식이 나는 것은 흙의 수고와 희생으로 이루어진 것이기에 '기적'이 아니라 '농사'라고 부른다는 것이다.

⚲ 작가 소개

문정희(文貞姬, 1947~) 시인. 전남 보성 출생. 1969년 《월간 문학》 신인상에 〈불면〉과 〈하늘〉이 당선되어 등단하였다. 주로 삶의 생명력과 의미에 대한 관찰 및 통찰을 시로 나타냈으며, 최근에는 여성의 삶을 비롯한 일상사를 건강하고 솔직하게 그리고 있다. 시집으로 《문정희 시집》(1973), 《그리운 나의 집》(1987), 《제 몸 속에 살고 있는 새를 꺼내 주세요》(1990), 《찔레》(2008) 등이 있다.

---

❶흙이 가진 것 중에
제일 부러운 것은 그의 이름이다
　　　'흙'을 의인화함.
❷흙 흙 흙 하고 그를 불러 보라
　[흑 흑 흑] – 울음소리 연상　　명령형 종결 → 화자의 감흥을 독자에게 전이시킴.
심장 저 깊은 곳으로부터

눈물 냄새가 차오르고
공감각적 심상, 아픔과 희생의 이미지 환기
이내 두 눈이 젖어 온다
　　흙의 모성성에 대한 감동

▶ 1연: 울음소리를 떠올리게 하는 흙의 이름

흙은 생명의 *태반이며
생명을 낳거나 생명이 돌아가는 곳, 생명을 가능하게 하는 조건
또한 *귀의처인 것을 나는 모른다
다만 그를 사랑한 *도공이 밤낮으로
　　　　　　　반어법
그를 주물러서 달덩이를 낳는 것을 본 일은 있다
　　　노동 행위　　　　　　　　　화자의 경험
또한 그의 가슴에 한 줌의 씨앗을 뿌리면
철 되어 한 가마의 곡식이 돌아오는 것도 보았다.
　　논, 밭　　　　　　화자의 경험

□ : 흙이 만들어 낸 생명. 흙의 모성성을 형상화한 대상

❸흙의 일이므로
　흙의 생산성
농부는 그것을 ⓐ기적이라 부르지 않고
*겸허하게 ⓑ농사라고 불렀다

▶ 2연: 생명의 태반이며 귀의처인 흙

그래도 나는 흙이 가진 것 중에
제일 부러운 것은 그의 이름이다
㉠흙 흙 흙 하고 그를 불러 보면
눈물샘 저 깊은 곳으로부터
슬프고 아름다운 목숨의 메아리가 들려온다
역설법, 자기의 모든 것을 내어 줌으로써 생명의 근원이 됨.
하늘이 우물을 파 놓고 *두레박으로
　　　　　　　　　　모태(母胎)적 공간
자신을 퍼 올리는 소리가 들려온다
자신을 희생하여 생명을 키우는 흙의 속성에 공감

1연의 내용 반복, 심화 (수미 상관)

▶ 3연: 슬프고 아름다운 흙의 모성

이해와 감상

이 시는 흙이 지닌 모성적 속성을 예찬하고 그에 대한 화자의 벅찬 감흥을 노래한 작품이다.

1연에서 화자는 '흙'을 의인화하여 흙이 가진 것 중에 제일 부러운 것은 '그의 이름'이라고 하면서 흙에 대한 예찬적 태도를 보이고 있다. 특히 '흙 흙 흙' 하고 흙을 부르면 '심장 저 깊은 곳으로부터 / 눈물 냄새가 차오'른다고 하며 흙에서 느끼는 감흥을 형상화하고 있다. 2연에서 화자는 흙이 '생명의 태반이며 또한 귀의처인 것을' 모른다고 고백한다. 하지만 도공이 흙을 주물러 '달덩이'를 만들고, 농부가 흙에 씨앗을 뿌려 '한 가마의 곡식'을 수확하는 것을 본 경험을 바탕으로 '생명의 태반'이며 '귀의처'인 흙의 속성을 제시하고 있다. 반어적 표현을 통해 흙의 속성을 강조한 것이다.

3연에서는 1연의 내용을 반복하면서 의미를 심화하고 있다. 흙을 불러 보면 '눈물샘 저 깊은 곳으로부터 / 슬프고 아름다운 목숨의 메아리가 들려'오며, '하늘이 우물을 파 놓고 두레박으로 / 자신을 퍼 올리는 소리가 들려온다'고 하며 흙이 지닌 모성성에 대한 벅찬 감흥을 형상화하고 있다.

흙의 모성성	화자의 감흥	독자에 대한 당부
• 생명의 태반이며 귀의처 • 자신을 희생하여 달덩이와 곡식을 만듦.	눈물 냄새가 차오르고, 슬프고 아름다운 목숨의 메아리를 들음. – 감각적 형상화	"(흙의 이름을) 불러 보라" – 화자의 감흥이 독자에게 전이되길 바람.

작품 연구소

시어 및 시구의 상징적 의미

시어 및 시구	상징적 의미
눈물 냄새	흙의 속성에서 느끼는 화자의 감동을 감각적으로 나타냄.
달덩이, 곡식	'생명의 태반'과 연결되며, 흙이 지닌 모성적 속성을 보여 줌.
슬프고 아름다운 목숨의 메아리	자기희생을 통해 생명의 근원이 되는 흙의 속성을 예찬함.

'흙 흙 흙' 하고 불러 보라고 한 이유

흙의 이름		
흙흙흙 [흑흑흑]	불러 보면	[1연] 눈물 냄새가 차오르고 두 눈이 젖어 옴.
		[3연] 슬프고 아름다운 목숨의 메아리가 들려옴.

'흙 흙 흙'을 발음하면 [흑흑흑]과 같이 가슴 깊은 곳으로부터 나오는 울음소리를 떠올리게 한다. 화자는 '흙'의 이름에서 '눈물 냄새(1연)'나 '슬프고 아름다운 목숨의 메아리(3연)'를 연상하고 있다. 흙은 생명이 태어나는 '태반'이자 죽어서 돌아가는 '귀의처'로서, 자신의 몸을 자양분으로 희생하여 생명을 키워 낸다. 이처럼 흙은 자기가 지닌 모든 것을 내어 주어 생명의 터전을 만들어 내는 존재라는 점에서 슬프도록 아름다운 존재이다. 화자는 독자들에게도 '흙'을 반복하여 부르게 함으로써 자신이 느낀 벅찬 감흥을 독자들도 느껴 보도록 유도하고 있다.

'흙'의 속성

주체		노동		결과물
도공	흙	주물러서		달덩이
농부		씨앗을 뿌리면		한 가마의 곡식

생명의 태반이며 귀의처 · 모성(母性)을 지닌 존재 · 모든 존재의 근원

이 시에서 '흙'은 지상 모든 존재들의 생산자이자 양육자를 상징하는 한편, 인간이 흙을 통해 '달덩이'나 '곡식'과 같은 생산물을 만들어 낼 수 있도록 한다는 점에서 노동을 상징한다고 볼 수 있다.

자료실

대지 모신(大地母神)

'대지 모신'은 땅이 가진 특성을 모성 원리에 빗대어 인격화한 신을 의미한다. 주로 생명의 근원, 생식 능력, 풍요 따위를 상징하는 경우가 많다. 〈흙〉에서 '흙' 역시 모든 생명의 근원이며, 생명이 자라는 터전이자, 생명이 다한 후에 돌아갈 곳으로 형상화되어 있다. 이런 점에서 '흙'은 대지 모신의 속성을 잘 보여 주는 대상이라고 할 수 있다. 최근에는 대지 모신의 터전에서 생명체들이 생태적 조화를 이루며 살아가는 모습을 형상화한 생태시들이 많이 발표되고 있다.

함께 읽으면 좋은 작품

〈속 좋은 떡갈나무〉, 정끝별 / 자연의 모성적 속성에 대한 예찬

〈속 좋은 떡갈나무〉는 생명의 근원적 터전으로서의 '속 빈 떡갈나무'를 예찬한 작품이다. 생명체를 먹이고 품어 기르는 생명의 근원이라는 점에서 〈속 좋은 떡갈나무〉의 '떡갈나무'와 〈흙〉의 '흙'은 유사하다고 볼 수 있다. '떡갈나무'가 썩어 그 속을 비움으로써 벌레나 버섯과 이끼, 딱따구리 등 다양한 생명체들이 그곳에 깃들여 살 수 있고 먹을 수 있도록 한다. 이와 마찬가지로 '흙'은 자신의 모든 것을 내어 줌으로써 달덩이와 곡식을 만들어 내는 것처럼 생명의 근원이 된다. 〈흙〉에는 화자가 시의 표면에 드러나 자신의 감흥을 독자도 느껴 보도록 권유하는 방식을 취하고 있는 것과 달리, 〈속 좋은 떡갈나무〉에는 화자가 표면에 드러나 있지 않으며 관찰한 대상들을 나열하는 방식을 취하고 있다.

키 포인트 체크

- **화자** 이 시의 화자는 □이 가진 것 중에 그의 □□을 제일 부러운 것으로 여기고 있다.
- **상황** 흙은 생명의 태반이며 □□□이다. 도공은 흙을 주물러서 □□□를 낳고, 농부는 흙에 씨앗을 뿌려 곡식을 만든다.
- **태도** 화자는 흙이 지닌 □□적 속성을 떠올리며 감동하고 있으며, 독자들에게도 이러한 감흥이 전이되길 바라고 있다.

1 이 시의 표현상 특징으로 적절하지 않은 것은?
① 설의적 표현을 통해 주제 의식을 부각하고 있다.
② 대상에 인격을 부여하여 대상에 친근감을 드러내고 있다.
③ 반어적 표현을 사용하여 흙이 지닌 속성을 부각하고 있다.
④ 명령형의 문장을 통해 대상에 대한 감흥을 독자와 공유하려 하고 있다.
⑤ 청각적 심상을 환기하는 표현을 활용하여 화자의 감흥을 드러내고 있다.

내신 적중 多빈출

2 〈보기〉의 밑줄 친 '이것들'에 해당하는 시어를 모두 찾아 쓰시오.

| 보기 |
'흙에서 나서 흙으로 돌아간다.'는 말처럼 흙은 생명의 태반이며 귀의처로서 인식되어 왔다. 육지의 모든 생명체는 흙에 기대어 살아간다. 인간도 흙에 자신들의 노동을 더하여 생활에 필요한 것들을 만들어 낸다. 이렇게 생산된 것들은 자연과 인공의 일시적 공존을 상징한다고 볼 수 있는데, 결국 흙에서 나온 이것들도 순환의 원리에 의해 다시 흙으로 돌아간다.

3 ⊙과 같은 시적 발상이 쓰인 것은?
① 화르르 흩어지는 구름떼들 재잘대며 / 물장구치며 노는 어린 것들 / 샛강에서 놀러 온 물총새 같았지요.
② 가만히 눈을 감고 귀에 손을 대고 있으면 들린다. 물끼리 몸을 비비는 소리가. 물끼리 가슴을 흔들며 비비는 소리가.
③ 엘리베이터 안은 빽빽한 모판이 되어 버렸다 / 11층, 9층, 7층, 5층 …… 문이 열릴 때마다 조금씩 헐거워지는 모판
④ 아리랑 전장포 앞바다에 / 웬 눈물방울 이리 많은지 / 각이도 송이도 지나 안마도 가면서 / 반짝이는 반짝이는 우리나라 눈물 보았네
⑤ 풀잎은 / 퍽도 아름다운 이름을 가졌어요. / 우리가 '풀잎', '풀잎' 하고 자꾸 부르면, / 우리의 몸과 맘도 어느덧 / 푸른 풀잎이 돼 버리거든요

4 ⓐ와 ⓑ에 대한 설명으로 가장 적절한 것은?
① ⓐ는 흙이 하는 일을, ⓑ는 농부가 하는 일을 가리킨다.
② ⓐ에는 ⓑ와 달리 농부의 간절한 소망이 담겨 있다.
③ ⓑ에는 ⓐ와 달리 흙의 역할에 대한 인식이 깔려 있다.
④ ⓑ에는 ⓐ와 달리 농부의 고단한 삶이 응축되어 있다.
⑤ ⓐ와 ⓑ 모두 무(無)에서 유(有)를 창조함을 의미한다.

5 이 시에서 공감각적 심상이 쓰인 구절을 찾아 쓰시오.

179

율포의 기억 | 문정희

[문학] 신사고

🎯 핵심 정리

갈래 자유시, 서정시
성격 성찰적, 사색적, 회상적
제재 율포 바닷가의 뺄밭
주제 뺄밭을 통해 깨달은 자연의 생명력과 어부들의 경건한 삶
특징 ① 개인적 경험을 통해 얻은 깨달음을 표현함.
② 결과를 제시한 후 이유를 찾아가는 방식으로 시상을 전개함.
출전 《양귀비꽃 머리에 꽂고》(2004)

Q '바다'의 상징적 의미는?

'바다'는 태초의 원시적 공간이며, 근원적 생명력이 존재하는 공간이다. 이 시에서는 무수한 생명체들이 살아 숨을 쉬는 생명의 공간이기도 하다.

💡 시어 풀이

뺄밭 바닷물이 드나드는 곳에 거무스름하고 미끈미끈한 개흙이 넓게 깔린 곳.
무위한 아무것도 하는 일 없는. 또는 이룬 것이 없는.
해조음 밀물이나 썰물이 흐르는 소리. 또는 파도 소리.
각혈 피를 토함. 또는 그 피.
포구 배가 드나드는 곳.

🐚 시구 풀이

❶ **일찍이 ~ 데려간 것은** 화자의 개인적 경험으로 시상을 시작하고, 결과를 먼저 제시함으로써 독자들이 이어지는 내용에 보다 집중할 수 있게 한 부분이다. 더불어 어머니가 소중하게 생각하는 바다라는 공간을 설정하여 어머니의 마음과 바다의 포용적 이미지가 결합되고 있다.

❷ **뺄밭에 위험을 무릅쓰고 ~ 싶었던 거다** 어머니가 화자를 바다로 데려간 이유가 나타나 있다. 어머니는 뺄밭에 퍼덕거리는 생명체들을 화자에게 보여 줌으로써 바다의 생명력을 느끼게 하고, 바다가 생명력을 잉태하고 기르는 소중한 공간임을 보여 주려 한 것으로 볼 수 있다.

❸ **먹이를 건지기 ~ 굽혀야만 할까** 뺄밭에서 해산물을 수확하는 어부의 모습을 형상화한 부분이다. 무릎을 꺾고 허리를 굽혀 먹이를 얻는 이들의 경건한 태도를 보여 줌으로써 자연을 함부로 대하며 경시하는 인간의 태도를 우회적으로 비판한 것으로 볼 수 있다.

❹ **슬프고 ~ 위해서였다** 어부들은 뺄밭에서 해산물을 수확할 때 무릎을 꺾고 허리를 굽힌다. 이는 대상을 대하는 경건한 태도를 보여 주므로 어부들의 손이야말로 경건한 손이 된다. 한편으로 뺄밭은 수많은 생명력이 잉태되어 자라며 삶과 죽음이 공존하는 근원적인 슬픔의 공간이다. 이런 점을 고려할 때, 어부들의 손은 생존을 위해 생명을 취할 수밖에 없는 슬픈 손이 될 수도 있다.

👤 작가 소개

문정희(본책 330쪽 참고)

[A]
❶일찍이 어머니가 나를 바다에 데려간 것은
　　　　어머니가 자식에게 가르침을 주기 위한 공간
소금기 많은 ⓐ푸른 물을 보여 주기 위해서가 아니었다
　　　　　사람들이 바다를 찾는 보편적인 이유
바다가 뿌리 뽑혀 밀려 나간 후

꿈틀거리는 ⓑ검은 *뺄밭 때문이었다』
　　　어머니가 나를 바다에 데려간 진정한 이유
❷뺄밭에 위험을 무릅쓰고 퍼덕거리는 것들
　　　　　　　　왕성한 생명력을 지닌 존재들
숨 쉬고 사는 것들의 힘을 보여 주고 싶었던 거다

『 』: 푸른 물 – 아름답지만 화자에게 별 의미가 없는 공간
↕ 색채 대비
검은 뺄밭 – 아름답지는 않지만 생명체들이 꿈틀거리는 곳으로, 화자가 깨달음을 얻는 공간

▶ 1~6행: 어머니가 나를 바다에 데려간 이유 ①
(생명력의 공간 보여 주기)

❸먹이를 건지기 위해서는
사람들은 왜 무릎을 꺾는 것일까
　　　　　생명을 대하는 경건한 태도 ①
깊게 허리를 굽혀야만 할까
　　　생명을 대하는 경건한 태도 ②
생명이 사는 곳은 왜 저토록 쓸쓸한 맨살일까
　　　　　　　'뺄밭'을 비유함(태초의 원시적 공간을 대하는 경건함).

▶ 7~10행: 생명을 대하는 경건한 태도

[B]
일찍이 어머니가 나를 바다에 데려간 것은
　　1행의 내용이 반복됨(구조적 안정성).
저 *무위(無爲)한 *해조음을 들려주기 위해서가 아니었다
　의미 없는 바다 소리(사람들이 바다를 찾는 일반적 이유)
물 위에 집을 짓는 새들과
　뺄밭을 구성하는 요소(자연과 더불어 사는 대상)
*각혈하듯 노을을 내뿜는 *포구를 배경으로
노을의 붉은색을 표현함(시각적 이미지).　뺄밭의 구성 요소(자연과 동화된 공간)
성자처럼 뺄밭에 고개를 숙이고
뺄밭에서 먹이를 건지는 어부들을 비유함.
먹이를 건지는

ⓒ❹슬프고 경건한 손을 보여 주기 위해서였다
　어부의 손을 비유함(원시적 공간에서 느끼는 근원적 슬픔과 생명을 대하는
　경건한 태도가 담겨 있음. → 어머니가 나를 바다에 데려간 이유).

▶ 11~17행: 어머니가 나를 바다에 데려간 이유 ②
(슬프고 경건한 손 보여 주기)

📎 이해와 감상

이 시의 화자는 율포의 바다를 떠올리며 어머니와 함께했던 경험을 통해 삶의 의미를 성찰하고 있다. 어머니는 화자를 바다에 데려간 적이 있었는데, 그 이유를 두 가지로 제시하고 있다. 어머니는 뭇사람들처럼 소금기 많은 푸른 물을 보여 주려고 화자를 바다로 데려간 것이 아니었다. 그것은 썰물 후 뺄밭에서 왕성한 생명력을 가지고 퍼덕거리는 것들을 보여 주기 위한 것이었다. 또 어머니는 뭇사람들처럼 무위한 해조음을 들려주기 위해서 화자를 바다로 데려간 것이 아니었다. 그것은 그 뺄밭에서 무릎을 꺾고 고개를 숙이며 먹이를 건지는 어부의 손을 보여 주기 위한 것이었다. 이를 통해 뺄밭에 사는 생명을 지닌 존재들의 역동적인 모습과 뺄밭이라는 생업의 현장에서 힘겹게 살아가는 어부들의 경건한 태도를 볼 수 있었다. 이렇듯 어머니가 화자를 바다로 데려간 이유가 밝혀지는 시상의 흐름은 마지막 구절의 '슬프고 경건한 손'에 집약되고 있다.

1~6행	어머니가 나를 바다에 데려간 이유 ①	생명력의 공간 보여 주기	
7~17행	어머니가 나를 바다에 데려간 이유 ②	생명을 대하는 경건한 태도 보여 주기	일상적 경험을 통한 깨달음

작품 연구소

일상적 공간에서 어머니를 통해 얻은 깨달음

일상적 공간	깨달음의 전달자
바다(뻘밭)	어머니

깨달음	• 왕성한 생명력을 지닌 대상들이 지니고 있는 힘(역동적 삶의 중요성) • 생명을 소중하게 여기는 경건한 태도

'바다'를 대하는 상반된 시각

'보통 사람들'이 생각하는 바다	'어머니'가 생각하는 바다
• 소금기 많은 푸른 물의 공간 • 해조음이 들리는 공간	• 검은 뻘밭. 퍼덕거리는 것들, 숨 쉬고 사는 것들의 힘이 존재하는 공간 • 어부들의 슬프고 경건한 손이 먹이를 건지는 공간

반복과 변주를 통한 시적 구조의 안정성

시구	반복	변주
1~2행: 일찍이 어머니가 나를 바다에 데려간 것은 / 소금기 많은 푸른 물을 보여 주기 위해서가 아니었다	일찍이(시간) 어머니와 나(인물) 바다(공간) 아니었다 (부정적 표현)	푸른 물(대상) 보여 주기(방법)
11~12행: 일찍이 어머니가 나를 바다에 데려간 것은 / 저 무위한 해조음을 들려주기 위해서가 아니었다		무위한 해조음(대상) 들려주기(방법)

이 시는 크게 두 부분으로 나누어 어머니가 나를 바다로 데려간 이유를 알려 주고 있다. 여기서 유사한 구절의 반복을 통해, 즉 시간, 인물, 공간, 부정적 표현 등을 동일하게 반복하여 시적 구조의 안정성을 만들고, 그 구절 중 일부를 변주하여 안정적 구조가 지닐 수 있는 지루함을 덜어 내는 효과를 거두고 있다. 한편, 이 과정에서 보통 사람들의 편협한 시각과 진정한 깨달음의 전달자로서의 어머니의 완숙한 시각이 대조되고 있다.

자료실

시상 전개 방식

시인은 다양한 방식으로 시상을 전개한다. 가장 보편적인 방법은 시간의 흐름에 따른 것이다. 공간을 이동하며 시상을 전개하는 방식도 있다. 또한 처음과 끝에 동일한 시구를 배치하는 수미 상관식도 있으며, 우선 풍경이나 배경에 대한 묘사를 한 후 나중에 자신의 정서를 드러내는 선경후정의 방식도 있다. 〈율포의 기억〉은 공간을 중심으로 시상을 펼쳐 나가고 있다. 하지만 공간의 이동보다는 공간을 '바다'로 고정하고 그 속에서 떠오르는 과거의 기억을 소재로 삼아 시상을 전개하고 있다.

함께 읽으면 좋은 작품

〈거산호 Ⅱ〉, 김관식 / 특정한 공간에서 떠올린 상념

〈거산호 Ⅱ〉는 산이 지닌 긍정적 속성을 예찬하고 있는 작품이다. 산은 인간과 대비되는 공간으로 설정되어 있으며, 화자는 산에서 살고 싶은 소망을 드러내고 있다.

〈거산호 Ⅱ〉와 〈율포의 기억〉은 각각 산, 바다라는 공간을 설정하고, 그 공간에서 떠올린 상념을 제시하고 있다. 〈거산호 Ⅱ〉는 깨달음의 대상이 '산'이고 그 경험이 화자 자신에서 기인한 것이었다면, 〈율포의 기억〉은 깨달음의 대상이 '바다(뻘밭)'이고 그 경험이 '어머니'라는 조력자를 통해 이루어진 점에서 차이가 있다. ^{Link} 본책 206쪽

포인트 체크

화자 화자는 □□□와 함께 뻘밭을 다녀온 적이 있다.

상황 뻘밭에서 생명의 힘과 생명체를 대하는 어부의 □□□ 태도를 확인하고 있다.

태도 화자는 어머니와 함께했던 □□에서의 경험을 통해 올바른 삶의 방식을 깨닫고 있다.

내신 적중 多빈출

1 이 시에 나타난 표현상 특징으로 적절하지 않은 것은?
① 비유적 표현의 활용
② 의문형 어투의 사용
③ 유사한 시구의 반복
④ 색채 이미지의 활용
⑤ 반어적 표현의 사용

내신 적중

2 이 시를 읽고 〈보기〉의 물음에 답한다고 할 때, 가장 적절한 것은?

> **보기**
> 이 시에서 화자는 왜 먹이를 건지기 위해서는 무릎을 꺾고 허리를 굽혀야 한다고 했을까요?

① '뻘밭'에서 먹이를 건지는 일이 고단한 일이기 때문입니다.
② '뻘밭'에 의지하여 삶을 살아갈 수밖에 없는 가난한 현실에 대한 분노 때문입니다.
③ '뻘밭'의 수많은 생명체를 대가를 지불하지 않고 취하는 것에 대한 부끄러움 때문입니다.
④ '뻘밭'에서 빠르게 이동하기 위해서는 무릎과 허리를 굽히는 동작이 필요하기 때문입니다.
⑤ '뻘밭'이 근원적 생명의 공간이므로 그 속에 존재하는 것을 대할 때는 경건한 태도로 임해야 하기 때문입니다.

3 [A]와 [B]에 대한 이해로 가장 적절한 것은?
① [A]와 [B]는 역설적 표현을 활용하여 작품의 미의식을 고양시키고 있다.
② [A]와 [B]는 시간의 동일성을 활용하여 주제 의식을 강조하는 효과를 거두고 있다.
③ [A]는 [B]로 전개되면서 반복과 변주를 통해 시적 구조의 안정성과 변화를 만들고 있다.
④ [A]에서 시작된 시상의 흐름은 [B]에서 급격하게 전환되어 독자의 호기심을 유도하고 있다.
⑤ [A]는 청각적 이미지를 통해, [B]는 시각적 이미지를 통해 시적 상황의 역동성을 만들고 있다.

4 ㉠에 담긴 의미를 어부의 행동과 관련지어 쓰시오.

5 ⓐ와 ⓑ에 대한 설명으로 적절하지 않은 것은?
① ⓐ와 ⓑ는 결국 유사한 공간으로 볼 수 있다.
② ⓐ는 ⓑ의 공간으로, ⓑ는 ⓐ의 공간으로 바뀔 수 있다.
③ ⓐ는 보통 사람들이 관심을 갖는 공간이고, ⓑ는 어머니가 중요하게 인식하는 공간이다.
④ ⓐ는 ⓑ와 달리 힘차고 긍정적 이미지를 지니고 있는 공간이다.
⑤ ⓑ는 ⓐ와 달리 왕성한 생명력을 확인하는 공간이다.

180

의자 | 이정록

문학 천재(김)

◎ 핵심 정리

갈래 자유시, 서정시
성격 사색적, 상징적, 일상적
제재 의자
주제 서로 의지하며 살아가는 삶에 대한 깨달음
특징 ① 화자의 어머니가 화자에게 말한 내용을 그대로 인용하는 방식으로 시상을 전개함.
② 방언을 사용하여 인물의 특성을 부각하고 시적 상황을 생생하게 드러냄.
③ '의자'라는 소재를 상징적으로 사용하여 주제 의식을 드러냄.
출전 《의자》(2006)

> **Q** '의자'가 의미하는 바는?
>
> '의자'의 사전적 의미는 '사람이 걸터앉는 데 쓰는 기구'이다. 이 시에서는 상대가 몸과 마음의 휴식을 취하며 편안하게 기댈 수 있는 존재를 의미한다. '의자'라는 평범한 사물은 단순한 사전적 의미를 뛰어넘어 고단픈 삶을 지켜 주는 안식처로 의미가 확장되고 있다.

◌ 시어 풀이

채비 어떤 일이 되기 위하여 필요한 물건, 자세 따위가 미리 갖추어져 차려지거나 그렇게 되게 함.
따리 둥글게 빙빙 틀어 놓은 것. 또는 그런 모양.

⚜ 시구 풀이

❶ **병원에 갈 ~ 소식 던지신다** 허리가 아파 병원에 갈 준비를 하며 어머니가 화자에게 전한 말로, 2연부터 5연까지 이어지는 내용이 모두 어머니의 말에 해당한다. 이 시는 어머니가 던진 '한 소식'을 그대로 글로 옮기는 방식으로 시상을 전개하고 있다.

❷ **꽃도 열매도 ~ 있는 것이여** 꽃은 꽃받침이, 열매는 줄기가 의자가 되어 준다는 뜻으로, 사람뿐만 아니라 세상의 모든 존재들이 다른 존재에게 서로 기대어 살고 있음을 나타낸 것이다.

❸ **참외밭에 지푸라기도 ~ 의자를 내줘야지** 사람뿐만 아니라 참외와 호박 같은 자연물까지 배려하는 어머니의 태도가 드러난 말이다. 사람뿐만 아니라 세상의 모든 존재는 서로 기댈 수 있는 의자가 필요하다고 인식하고 있다.

❹ **결혼하고 애 낳고 ~ 내놓는 거여** 삶의 이치를 상징적으로 드러낸 말이다. 삶이란 대단한 것이 아니라 의자와 같이 서로 의지하며 기댈 수 있도록 살아가는 것임을 말하고 있다.

♟ 작가 소개

이정록(李楨錄, 1964~)
시인. 충남 홍성 출생. 자연의 작고 평범한 사물들이 자연스럽게 삶을 이루고 소중하게 서로를 감싸는 모습을 평화롭게 노래하였다. 시집으로 《벌레의 집은 아늑하다》(1994), 《제비꽃 여인숙》(2001), 《의자》(2006), 《정말》(2010) 등이 있다.

---

❶병원에 갈 ˙채비를 하며

어머니께서

한 소식 던지신다
어머니의 말(2~5연의 내용)을 통해 시상을 전개함.
▶ 1연: 병원에 갈 채비를 하는 어머니가 전하는 소식

어머니가 세상의 이치를 깨닫게 된 계기
허리가 아프니까

세상이 다 의자로 보여야
허리 아픈 어머니가 앉고 싶고 기대고 싶은 것
❷꽃도 열매도, 그게 다
자연물, 모든 존재   ─ 의인법
의자에 앉아 있는 것이여
다른 대상에 의지하고 있음.
▶ 2연: 병을 통해 깨달은 세상의 이치

주말엔

아버지 산소 좀 다녀와라
아버지가 돌아가셨음을 암시함. 어머니의 당부 ①
그래도 큰애 네가
큰애(화자)
아버지한테는 좋은 의자 아녔냐
설의법. 생전의 아버지가 믿고 기댄 아들이었음을 강조함.
▶ 3연: 아버지에게 의자였던 화자

이따가 침 맞고 와서는
병원에 가는 까닭과 연관
❸참외밭에 지푸라기도 깔고
☐: 참외와 호박이 잘 자랄 수 있도록 기댈 수 있는 존재. '의자'에 해당함.

호박에 ˙따리도 받쳐야겠다

그것들도 식군데 의자를 내줘야지
자연물도 식구로 여기는 포용력과 배려심(사물과의 교감)
▶ 4연: 자연물에도 의자를 내주려는 어머니

싸우지 말고 살아라
어머니의 당부 ②
❹결혼하고 애 낳고 사는 게 별거냐

그늘 좋고 풍경 좋은 데다가
편안하게 쉴 수 있는 공간
㉠의자 몇 개 내놓는 거여
위안과 의지가 되는 존재
▶ 5연: 서로에게 의자가 되어 살아가는 삶

이해와 감상

이 시는 대부분 화자가 아닌 화자의 어머니의 말로 채워져 있다. 화자의 말이 드러난 것은 1연뿐이고, 2연부터는 어머니가 화자에게 건넨 말에 해당한다. 이처럼 이 시는 어머니가 들려준 말을 중심으로 시상을 전개하고 있으며, 화자의 생각이나 느낌은 직접적으로 드러나 있지 않다.

의자 →	사람	큰애(화자)	─ 마음 편히 의지할
	자연물	지푸라기, 따리	수 있는 존재

어머니는 허리가 아픈 경험을 계기로 세상의 이치를 깨닫고 있다. 허리가 아프기 때문에 자꾸만 어딘가에 앉고 싶고 기대고 싶은 생각이 들다 보니, 자연스럽게 세상의 모든 사물이 저마다의 의자를 지니고 있음을 발견하게 된 것이다. 그러다 문득 화자에게 아버지의 산소에 다녀오라고 당부한다. 화자 역시 돌아가신 아버지에게는 믿고 의지할 수 있는 '의자'와 같은 존재였기 때문이다. 화자에 대한 당부는 5연에도 나타나 있는데, 삶이란 서로 의지하며 기대어 살아가는 것이라는 이치를 전해 주면서 싸우지 말고 살라고 당부한다. 4연에서는 참외와 호박에도 의자를 내줘야겠다고 말하는데, 이는 '의자'가 지닌 의미를 자연물에까지 확장시킨 것으로 볼 수 있다. 여기에는 사람뿐만 아니라 자연의 모든 존재도 이 세상을 같이 살아가는 동등한 인격체로 보고 배려하는 어머니의 마음이 담겨 있다.

작품 연구소

시어 및 시구의 상징적 의미

시어 및 시구	상징적 의미
의자	몸과 마음을 의지하고 기댈 수 있는 대상
꽃, 열매	세상에 존재하는 모든 사물들 – 모두 다른 대상에 의지하고 있음.
지푸라기, 똬리	참외와 호박이 의지할 수 있는 대상(=의자) – 어머니의 포용력과 배려심을 보여 줌.
그늘 좋고 풍경 좋은 데	마음 편하게 쉴 수 있는 공간

시상의 전개 방식

1연	시적 상황 제시
2연	어머니의 깨달음 – 세상이 다 의자로 보임.
3연	화자에 대한 당부 ① – 아버지 산소 좀 다녀와라.
4연	어머니의 계획 – 참외와 호박에도 의자를 내주려 함.
5연	화자에 대한 당부 ② – 싸우지 말고 살아라.

→ 화자의 어머니가 화자에게 건넨 말을 그대로 인용하여 시상을 전개함.

인간과 인간, 인간과 사물의 교감

다른 사람과의 교감	[3연] 돌아가신 아버지에게 화자가 의자였음. [5연] 삶은 가족 간에 의자가 되는 것임.
사물과의 교감	[2연] 세상이 다 의자로 보임. [4연] 참외와 호박에도 의자를 내주려 함.

이 시에서는 '의자'라는 사물을 바탕으로 <u>인간과 인간, 인간과 사물의 따뜻한 배려와 교감</u>을 자연스럽게 드러내고 있다. 이를 바탕으로 세상의 모든 존재들은 다른 대상에게 기대기도 하고, 다른 대상이 기댈 수 있도록 하는 방식으로 긴밀하게 이어져 있음을 보여 준다.

'의자'의 특성과 주제 의식

사람들은 의자에 앉아서 공부하거나 일하기도 하지만, 몸을 기대고 휴식을 취하기도 한다. 이 시에서 의자가 상징하는 것은 <u>몸과 마음을 기댈 수 있는 대상</u>이다. 아버지에게는 화자가, 참외와 호박에게는 지푸라기와 똬리가 의자인 것이다. 마지막 연에서 어머니는 화자에게 인생이란 의자 몇 개를 내놓는 것처럼 서로 의지하며 함께 살아가는 것이라고 말한다. 이는 <u>서로에게 마음의 안정과 휴식을 줄 수 있는 의자와 같은 존재가 되는 삶을 살아야 한다</u>는 이 시의 주제 의식을 전달하는 것이기도 하다.

함께 읽으면 좋은 작품

〈의자 7〉, 조병화 / '의자'를 소재로 한 시

〈의자 7〉은 의자를 물려주는 행위를 통해 역사적 인계 의식을 표현한 시이다. 〈의자〉의 '의자'와 마찬가지로 이 시에서의 '의자'도 사전적 의미 이상으로 확대되어 쓰인 셈이다. 〈의자〉의 '의자'가 의지하고 기댈 수 있는 대상을 뜻한다면, 〈의자 7〉의 '의자'는 사회적 지위, 직책 등을 뜻한다고 볼 수 있다. 이전 세대인 '어느 분'에게 '의자'를 인계받은 것처럼 화자 자신도 새로운 세대에게 그 '의자'를 물려주겠다는 세대교체의 의지를 드러내고 있다.

키 포인트 체크

화자 이 시의 화자는 □□에 갈 준비를 하는 □□□의 말을 듣고 있다.

상황 어머니는 □□가 아프니까 세상이 다 □□로 보인다며, 아들에게 아버지 산소에 다녀오고, 싸우지 말고 살라고 당부한다.

태도 겉으로 드러나 있지는 않지만, 어머니의 말을 그대로 옮기면서 화자는 대상을 대하는 어머니의 □□□과 □□□을 느끼고 있다.

1 이 시의 표현상 특징으로 가장 적절한 것은?

① 말을 건네는 방식을 활용하여 주제 의식을 심화하고 있다.
② 과거와 현재를 대비하여 화자의 심경 변화를 드러내고 있다.
③ 설의적 표현을 사용하여 화자의 강한 의지를 표출하고 있다.
④ 시간과 관련된 표지를 통해 긴박한 분위기를 조성하고 있다.
⑤ 비유를 통해 화자의 내면을 구체적으로 형상화하고 있다.

〔내신 적중〕 多빈출

2 〈보기〉를 바탕으로 이 시를 감상한 내용으로 적절하지 않은 것은?

보기
이 작품은 '의자'라는 상징적 소재를 활용하여 어머니의 경험에 따른 인식과 삶에 대한 통찰을 드러내고 있다. 이러한 인식과 통찰을 바탕으로 어머니는 죽은 남편과 자연물에까지 포용력과 배려심을 보이게 된다. 이를 통해 자식에게 전해 줄 세상살이의 이치를 전달하고 있다.

① '세상이 다 의자로 보'인다는 것은 모든 존재가 서로에게 의자가 되고 있음을 의미하겠군.
② 어머니가 '아버지 산소 좀 다녀'오라고 한 것은 죽은 남편을 배려하는 행위라고 할 수 있군.
③ 화자가 '아버지한테는 좋은 의자'였다는 것을 통해 아버지도 오랫동안 몸이 불편한 생활을 했음을 알 수 있군.
④ 어머니가 '호박에 똬리'를 받치는 것은 자연물에까지 포용력을 베푸는 행위에 해당하겠군.
⑤ '결혼하고 애 낳고 사는 게 별거냐'는 세상살이의 이치에 대한 어머니의 통찰에서 비롯된 말이겠군.

〔내신 적중〕

3 어머니가 세상을 다르게 보게 된 계기가 나타난 시행을 찾아 쓰시오.

4 이 시에 나타난 어머니의 삶의 태도와 가장 가까운 것은?

① 너무 많이 뒤돌아보는 자는 크게 이루지 못한다.
　　　　　　　　　　　　　　　– 요한 폰 실러
② 산다는 것은 호흡하는 것이 아니라 행동하는 것이다.
　　　　　　　　　　　　　　　– 루소
③ 세상에서 가장 강한 자는 혼자 힘으로 설 수 있는 자이다.
　　　　　　　　　　　　　　　– 입센
④ 은혜를 입은 자는 잊지 말아야 하고 베푼 자는 기억하지 말아야 한다.
　　　　　　　　　　　　　　　– 피레 찰론
⑤ 지혜로운 사람은 이해관계를 떠나 누구에게나 친절하고 어진 마음으로 대한다.
　　　　　　　　　　　　　　　– 파스칼

5 ㉠을 통해 어머니가 화자에게 당부하고자 하는 것을 20자 내외의 한 문장으로 쓰시오. (어머니가 화자에게 말하듯이 쓸 것.)

181 원어(原語) |하종오

키워드 체크 #서사적 #다문화 사회 #관찰자적 시선 #감각적 표현 #'원어'의 의미

[국어] 천재(이)

🎯 핵심 정리
갈래 자유시, 서정시
성격 감상적, 사실적, 서사적
제재 기차에서 우연히 만난 결혼 이주 여성들
주제 결혼 이주 여성들의 삶과 애환, 다문화 사회 구성원에 대한 새로운 인식
특징 ① 짧고 간결한 문장을 사용한 서사적 시상 전개가 두드러짐.
② 일상적인 경험을 평이한 시어로 진술하여 사실성을 높이고 친근감을 줌.
③ 관찰자의 시선으로 시적 대상을 묘사함.
출전 《녹색평론》(2006)

Q 제목 '원어(原語)'가 의미하는 것은?
'원어'는 사전적으로 번역하거나 고친 말의 본디 말을 의미한다. '두 여인'은 동남아시아의 한 나라에서 이주한 사람들이므로, 그들의 원어는 '동남아시아의 어느 나라 말'일 것이다. 이를 통해 볼 때, '원어'는 한국어가 아닌 말을 원어로 하는 사람들이 한국 사회에서 겪는 고달픔을 보여 주는 제목이라 할 수 있다.

💡 시어 풀이
짐짓 마음으로는 그렇지 않으나 일부러 그렇게.
공연히 아무 까닭이나 실속이 없게.

🐚 시구 풀이
❶ **획 지나가는 ~ 산그늘 깊었다** 열차 바깥의 광경을 묘사한 부분으로, 획 지나가는 산굽이처럼 알아듣지 못하는 그녀들의 대화에서 느껴지는 고단한 삶의 우회적 표현으로도 이해할 수 있다. 화자는 그들에게 느끼는 연민의 감정을 '산그늘'이라는 객관적 상관물로 표현하고 있다.
❷ **머리 기대고 ~ 외국말이었다** 열차에서 잠이 든 이주 여성들이 자신들의 모국어로 잠꼬대를 하는 장면으로, 한국으로 시집와 결혼 생활을 하고 있지만 여전히 자신들의 고향을 그리워하고 있음을 알 수 있다.
❸ **내가 왜 공연히 호기심 가지는가** 화자가 고향 가는 열차에 타고 있는 동안, 유독 동남아인 두 여인에게 비상한 관심을 가지고 있었던 것을 자각하는 부분이다. 화자는 자신의 이러한 관심에 동남아 여인에 대한 차별적 시선이 담겨 있었음을 깨닫고 이를 반성하고 있다.

👤 작가 소개

하종오(河種五, 1954~)
시인. 경북 의성 출생. 초기에는 강한 민중 의식과 민족의식을 기초로 한 작품들을 발표하였으나 2000년대에 들어서면서 조선족, 탈북자, 외국인 노동자, 결혼 이주 여성 등의 삶과 애환을 다룬 시들을 주로 창작하고 있다. 시집으로 《벼는 벼끼리, 피는 피끼리》(1981), 《입국자들》(2009) 등이 있다.

동남아인 두 여인이 소곤거렸다
　　　화자가 관찰하는 대상
고향 가는 ⊙열차에서

나는 말소리에 귀 기울였다
　두 동남아인에 대한 화자의 관심과 호기심 → 우리와 다른 이방인으로 인식함.

[A] 각각 무릎에 앉아 ⓒ잠든 아기 둘은

두 여인 닮았다

맞은편에 앉은 나는
　　　화자
*짐짓 차창 밖 보는 척하며
　　두 여인에게 관심이 없는 척하며
한마디쯤 알아들어 보려고 했다
　두 동남아 여인에 대한 화자의 관심과 호기심

　　　　　　　　　　　　　▶ 1~8행: 열차에서 만난 두 동남아 여인을 호기심을 가지고 바라봄.

❶획 지나가는 먼 산굽이
　　　　　산이 휘어서 구부러진 곳
ⓒ나무 우거진 비탈에　　　획 지나가는 산굽이처럼 알아듣지 못하는
　　　　　　　　　　　　그녀들의 대화에서 삶의 고달픔을 느낌.
ⓓ산그늘 깊었다
　두 여인에 대한 화자의 연민과 걱정이 투영되어 있음.

[B] 두 여인이 잠잠하기에

내가 슬쩍 곁눈질하니
　　화자의 지속된 관심과 호기심
❷머리 기대고 졸다가 언뜻 잠꼬대하는데
　　　　　　　　　　　　　꿈에서도 모국어를 사용하는 데서 고향에 대한 그리움이 드러남.
여전히 알아들을 수 없는 외국말이었다
　　　　　그녀들의 정체를 나타내는 원어　　　▶ 9~15행: 동남아 여인이 모국어로 잠꼬대하는 것을 봄.

두 여인이 동남아 어느 나라 ⓔ시골에서

[C] 우리나라 시골로 시집왔든 간에

❸내가 왜 *공연히 호기심 가지는가
　두 여인에게 차별적 시선을 보내며 단순한 호기심을 느낀 자신에 대한 자각과 반성

한잠 자고 난 아기 둘이 칭얼거리자

두 여인이 깨어나 등 토닥거리며 달래었다

[D] 한국말로,　　　「」: 현실에서는 한국말을 사용함.
　　　　　　　　　→ 사투리를 사용하여 두 여인에게
『울지 말거레이　　　친근감을 느끼게 하며 이미 이들이
　　　　　　　　　한국 사회의 구성원으로 살아가고
집에 다 와 간데이』　있음을 보여 줌.　　　▶ 16~23행: 두 동남아 여인이 한국말로 아기를 달래는 모습을 봄.

이해와 감상

이 시는 화자가 고향으로 가는 열차에서 우연히 마주한 동남아 출신 결혼 이주 여성들의 이야기를 매우 사실적이면서도 따뜻한 시선으로 표현한 작품이다.

기차 안에서 동남아인 두 여인을 만남. → 시적 화자의 자각과 반성 → 두 여인이 잠꼬대는 모국어로, 아기를 달랠 때는 한국말로 함.
호기심　　　　친근감, 깨달음

화자는 고향 가는 열차에서 아이를 안고 낯선 언어로 대화하는 동남아 출신 두 여인에게 관심을 기울이기 시작한다. 시적 화자는 그들을 닮은 아이들부터 말소리까지 모른 척하면서도 그들의 일거수일투족에 관심을 기울인다. 그리고 그들이 머리를 기대고 졸면서 그들의 모국어로 잠꼬대하는 소리를 듣는다. 어느 순간 화자는 우리 사회의 일원이 된 이주 여성들을 자기도 모르는 사이 우리와 다른 이방인으로 인식했음을 자각하고 반성하게 된다. 한편 동남아 여인들은 모국어로 잠꼬대하는 것과 달리 칭얼대는 아이들을 달랠 때는 경상도 사투리를 사용하고 있는데, 이를 통해 이미 이들이 한국 사회의 구성원으로 살아가고 있음을 보여 주며 외국인들도 우리와 다르지 않다는 사실을 제시하고 있다.

작품 연구소

시적 화자의 인식의 변화

지대한 관심		자각과 반성
• 동남아인 두 여인을 호기심 어린 시선으로 바라봄. • 결혼 이주 여성들을 우리와 다른 이방인으로 인식함.	인식의 전환 →	두 여인에게 비상한 관심을 보인 것이 편견과 차별적 인식에서 기인한 것임을 자각하고 자신의 행동을 반성함.

평범한 진술과 감각적 표현의 효과

이 시는 생활 주변의 일상적 경험을 통해 동남아 출신 결혼 이주 여성들의 삶과 애환을 표현한 작품이다. 특히 이 시에서는 그들의 삶과 애환을 관념적, 감정적 표현으로 전달하는 것이 아니라, 시적 화자가 경험한 상황을 평이하고 간결한 진술로 제시함으로써 그들의 삶을 보다 친근하고 사실적으로 인식하게 한다. 또한 평범한 진술 속에 시적 화자의 따뜻한 연민이 투영되어 있기도 하다. 뿐만 아니라 시각적 이미지를 통해 엄마를 닮은 아이의 모습과 머리를 기대고 잠이 든 두 여성의 모습을 보여 주고, 청각적 이미지를 사용하여 모국어 잠꼬대와 대비되는 경상도 사투리를 나직하게 제시함으로써 외국인이지만 이제 사투리를 구사할 정도로 한국에 동화되어 살아가고 있음을 드러내고 있다.

• 차분하고 솔직한 진술 • 평이한 시어와 간결한 평서형 문장의 사용 • 시각적 이미지의 효과적 사용 • 청각적 이미지의 효과적 사용	주제의 형상화 →	• 동남아 출신 결혼 이주 여성들의 삶과 애환 • 결혼 이주 여성들이 우리와 다르지 않다는 깨달음

'산그늘'의 의미

나무 우거진 비탈에 산그늘	동남아인 두 여인의 삶
위태롭고 어두움.	= 외롭고 힘듦.

화자가 바라보는 차창 밖 산그늘의 모습을 통해 낯선 타국에서 살아가는 동남아 출신 두 여인의 고달픈 삶을 드러내고 있다.

결혼 이주 여성들이 겪어야만 하는 어려움

결혼 이주 여성들은 한국에서 결혼, 출산, 양육 등을 경험하며 새로운 삶을 시작하기 때문에 한국어를 새로 익히고 사용하게 된다. 결국 결혼 이주 여성들은 지금까지 그들의 의식 전반을 지배해 왔던 모국어와 새로 배우는 한국어의 이원적 언어 구조 속에서 그들의 존재와 정체성에 대한 혼란을 경험하지 않을 수 없다. 또한 이 시의 화자와 같이 그들의 대화에 귀 기울이고 그들을 슬쩍 곁눈질하며 이방인으로 대하는 배타적인 한국 사회와 그 속에서 느끼는 차별, 이질감 등은 그들의 어려움을 더욱 가중시킬 것이다.

함께 읽으면 좋은 작품

〈동승〉, 하종오 / 다문화 사회에 대한 시각

〈동승〉은 지하철에 동승한 외국인 노동자를 호기심을 가지고 바라본 자신에 대한 부끄러움을 담아낸 시이다. 〈원어〉와 〈동승〉은 모두 일상에서 만난 아시아계 이주민을 호기심을 가지고 바라보는 시적 상황과 이들에 대한 자신의 태도를 반성하며 그들에게서 동질감을 느끼는 화자의 모습이 나타난다는 점에서 공통적이다. **Link** 본책 374쪽

포인트 체크

화자 화자는 □□□적 시선으로 대상을 묘사하고 있다.

상황 화자가 □□ 안에서 동남아 출신의 결혼 이주 여성들과 마주하게 된 상황이 드러난다.

태도 결혼 이주 여성들에게 지대한 관심을 보인 것이 차별적 인식에서 비롯된 것임을 자각하고 이를 □□하고 있다.

1 이 시에 대한 설명으로 적절하지 않은 것은?

① 변화하는 우리 사회의 모습을 담고 있다.
② 평이한 시어와 일상적 진술을 사용하고 있다.
③ 관찰자의 시선으로 시적 대상을 묘사하고 있다.
④ 청자를 설정하여 화자의 인식 변화를 드러내고 있다.
⑤ 청각적 이미지가 계기가 되어 시상을 일으키고 있다.

〈내신 적중〉

2 [A]~[D]에 대한 설명으로 적절하지 않은 것은?

① [A]에는 시적 대상에 대한 화자의 호기심이 나타나 있다.
② [B]에는 시적 대상에 대한 화자의 연민이 드러나 있다.
③ [A]에서 [B]는 공간의 변화에 의해 시상이 전환되고 있다.
④ [C]에는 시적 대상에 대한 화자의 인식의 변화가 제시되어 있다.
⑤ [D]는 [B]와 대비되는 상황으로 시적 대상에 대해 친근함을 느끼고 있다.

3 ㉠~㉤ 중, 〈보기〉에서 설명하는 시어에 해당하는 것은?

〈 보기 〉
객관적 상관물은 화자의 생각이나 감정 등을 빗대어 표현하는 어떤 사물이나 상황을 말한다. 생각이나 감정을 직접 드러내는 것보다 환기력과 설득력이 매우 높기 때문에 시에서 자주 사용된다.

① ㉠   ② ㉡   ③ ㉢   ④ ㉣   ⑤ ㉤

4 이 시에서 '두 여인'의 사투리 사용이 주는 효과에 대해 쓰시오.

5 다음은 이 시의 시인이 쓴 글이다. 이를 바탕으로 이 시에서 다루고 있는 한국 사회의 문제점을 쓰시오.

아시아 각국에서 한국으로 시집와서 새로운 모계 사회의 시조가 되는 여인도 있을 것이다. 시어른이나 남편으로부터 밀려나 방외인으로 살아가는 여인도 있을 것이다. 가난한 송출국에서 잘사는 유입국으로 이주해서 자본주의적 생활에 시달리며 평생 사는 여인도 있을 것이다. [중략] 그 이들이 시집오기 훨씬 오래전, 한국전과 월남전 그 전후에 주둔군 외국 병사와 한국 여인, 한국 병사와 베트남 여인 사이에 출생하여 장년이 되어도 평생 이방인으로 따돌리며 사는 후손들도 있을 것이다.
그 모든 한국인들의 운명을 생각한다.
– 하종오, 〈아시아계 한국인들〉

문학 해냄

🎯 핵심 정리

갈래 자유시, 서정시
성격 현실 비판적, 상징적
제재 편지, 우체국
주제 느림에 대한 예찬, 속도의 효율성을 중시하는 현대 사회에 대한 비판
특징 ① 상징적 의미를 지닌 시어를 통해 느림의 가치를 강조함.
② 경어체 종결 어미를 사용하여 화자가 깨달은 바를 진솔하게 전달함.
③ 색채어를 사용하여 주제 의식을 선명하게 부각함.
출전 《산책 시편》(1993)

Q '푸른곰팡이'가 의미하는 바는?

곰팡이 중에는 푸른곰팡이를 배양하여 얻은 항생 물질인 페니실린처럼 우리 몸을 건강하게 하는 것도 있다. 속도가 지배하는 도시의 질서와 반대로 천천히 걷는 '산책'은 푸른곰팡이처럼 우리 몸과 정신을 치유하는 역할을 함을 의미한다.

💡 시어 풀이

푸른곰팡이 자낭균류 진정자낭균목 페니실륨 속 곰팡이를 통틀어 이르는 말. 부패 작용 또는 독에 의한 유해균이 많으며, 페니실린과 같은 유익한 것도 있다. 빵, 떡과 같은 유기물이 많은 곳에 잘 생긴다.
발효 효모나 세균 따위의 미생물이 유기 화합물을 분해하여 알코올류, 유기산류, 이산화 탄소 따위를 생기게 하는 작용. 술, 된장, 간장, 치즈 따위를 만드는 데에 쓴다.

🦠 시구 풀이

❶ **아름다운 ~ 있었습니다** 화자는 '아름다운'이라는 수식어를 통해 천천히 걷는 일인 산책의 가치를 예찬하고 있으며, 산책 도중에 만난 우체국을 통해 산책의 가치를 발견하고 있다.
❷ **가는 편지와 ~ 흐르게 했고요** 편지가 가서 누군가 받아 보기까지는 사나흘의 시간이 걸린다. '가는'과 '받아 볼'의 시간적 틈은 그리움과 기다림, 설렘의 정서가 메운다. 화자는 이를 '푸른 강'이라고 표현하고 있다.
❸ **우체통을 굳이 ~ 위한 것이겠지요** 빨간색은 일반적으로 위험이나 금지를 알린다. 화자는 우체통이 빨간색인 까닭은 사람들에게 '경고를 하기 위한 것'이라고 말하고 있다. 이 경고는 바쁜 일상에 쫓기듯 살고 있는 현대인들에게 아름다운 기다림의 시간을 잊지 말고 삶을 느리게 숙성시키는 일이 중요함을 되돌아보게 하고 있다.

👤 작가 소개

이문재(李文宰, 1959~)
시인. 경기 김포 출생. 문명과 인간, 도시와 생태적 환경의 보다 나은 관계를 모색하는 작품을 많이 발표하였다. 시집으로 《마음의 오지》(1999), 《제국 호텔》(2004) 등이 있다.

---

❶아름다운 산책은 우체국에 있었습니다
　　산책에 대한 긍정적 인식　　　　　　　발견, 깨달음
나에게서 그대에게로 가는 편지는
　　　　　　　'나'와 그대를 연결해 주는 매개체
사나흘을 혼자서 걸어가곤 했지요
편지 배달에 소요되는 시간　'-었었-'의 방언, 현재와의 단절 강조
그건 ㉠발효의 시간이었댔습니다
　　　　　서로에 대한 그리움, 간절함 등이 점점 무르익어 가는 시간
❷가는 편지와 받아 볼 편지는

우리들 사이에 푸른 강을 흐르게 했고요
　　　　제목 '푸른곰팡이'와 색채 이미지로 연결. 느림과 여유

▶ 1연: 편지가 가는 동안 발효되는 애틋함과 사랑

그대가 가고 난 뒤
　　　이별, 사랑의 상실
나는, 우리가 잃어버린 소중한 것 가운데
　　　　　　　　　　여유, 기다림, 설렘
하나가 우체국이었음을 알았습니다
1연의 '아름다운 산책'이 있는 곳, 사랑과 애틋함을 발효시키는 곳
❸우체통을 굳이 빨간색으로 칠한 까닭도
　　　　　아름다운 기다림의 시간을 잊지 말라는 경고
그때 알았습니다 사람들에게
　그대가 가고 난 뒤
㉡경고를 하기 위한 것이겠지요
속도 추구로 인한 인간관계의 상실에 대한 경고

▶ 2연: 기다림의 시간을 잃어버린 데 대한 빨간 우체통의 경고

📎 이해와 감상

이 시는 이문재 시인의 두 번째 시집인 《산책 시편》에 실린 8편의 산책 시 중 하나이다. 연작시의 화자는 무서운 속도가 지배하는 도시의 거리를 느릿한 속도로 걸으며 도시의 속도에 저항하고 있다.

이 시에서도 다른 산책 시들과 마찬가지로 현대 도시 문명의 지배 논리에 반하는 느림을 예찬하고 있다. 1연에서 화자는 산책길에 마주친 우체국을 보면서 자연스럽게 편지를 떠올린다. 편지를 주고받기까지 걸리는 사나흘의 시간을 '발효의 시간'이라고 하였는데, 이는 '나'와 '그대'의 사랑이 무르익고 완성되는 데 필요한 시간이라고 할 수 있다. 편지를 주고받는 데 필요한 시간 동안 그리움과 기다림, 두근거림 등이 '푸른 강'처럼 깊고 아름답게 두 사람 사이를 흐른다. 푸른색은 '푸른곰팡이'를 연상하게 하며, '푸른 강'은 건강하고 깊은 관계를 상징적으로 드러낸다.

2연에서 화자는 '그대가 가고 난 뒤' '우체국'을 잃어버렸음을 깨닫는다. '우체국'은 느림의 미덕을 단적으로 보여 주는 공간으로, 화자가 빠름과 조급함에 매몰되어 소중한 것들을 잃어버린 것을 안타깝게 인식하고 있음을 보여 준다. 그러면서 화자는 '우체통'의 '빨간색'에는, 무서운 속도로 내달리는 현대 자본주의 사회의 물결에 휩쓸려 느림과 여유를 상실한 채 살아가는 현대인들에게 보내는 경고의 의미가 담겨 있다고 말하고 있다. 이러한 점에서 이 시에서 '산책'이라는 가벼운 행위는 속도가 지배하는 도시적 삶에 매몰되기를 거부하는 절박한 지향적 행위로 사용되고 있음을 알 수 있다.

우리
나 ── 〈매개물〉 ── 그대

편지
사나흘(느림)
기다림, 그리움, 설렘

🏠 작품 연구소

시어 및 시구의 상징적 의미

시어 및 시구	상징적 의미
산책	현대 도시가 강요하는 속도를 거스르는 행위
발효의 시간	기다림과 그리움의 시간 사랑이 무르익는 시간(관계의 성숙을 위해 필요한 시간)
푸른 강	생명적인 것과 자연적인 것에 대한 지향성
(빨간) 우체통	속도를 지향하며 바쁘게 살아가는 현대인에게 보내는 경고

'산책', '푸른곰팡이', '편지'의 의미 관계

산책		푸른곰팡이		편지
속도 경쟁에서 벗어나 느리게 걸으며 주변을 돌아볼 수 있음.	≒	오랜 시간 동안의 배양을 통해 질병 치료에 쓰이는 페니실린이 됨.	≒	주고받는 데 사나흘의 시간이 걸리며, 사랑이 무르익도록 함.

　'산책'과 '푸른곰팡이', '편지'는 모두 일정한 시간을 필요로 한다. 그리고 그 시간은 의도된 시간이다. 화자는 속도가 미덕인 사회에서 일부러 느리게 걷는 '산책'을 선택하고 있으며, 산책길에 만난 우체국을 통해 '편지'가 지닌 느림의 가치에 주목하고 있다. 편지가 배달되는 사나흘의 시간은 상대방을 향한 기다림과 그리움, 설렘을 숙성하는 과정이며, 이렇게 무르익은 정서는 몸의 질병을 치료해 주는 '푸른곰팡이'와 같이 인간관계를 회복시켜 주고 발전시켜 주는 역할을 한다.

'(빨간색) 우체통'의 경고

현대인의 삶	
속도에 휩쓸려 바쁘게 살아가느라 소중한 것들을 잃어버리고 있음.	빠름과 조급함에서 벗어나 건강한 인간관계를 회복해야 함.
(빨간) 우체통	기다림, 느림의 가치를 보여 줌.

📖 함께 읽으면 좋은 작품

〈바람 부는 날이면 압구정동에 가야 한다〉, 유하 / 도시 공간의 부정적 속성에 대한 비판과 성찰

　두 시의 화자는 모두 도시의 내부에 속해 있으면서 스스로를 도시의 외부에 위치시키는 산책자이면서 도시의 부정성을 극복할 대안으로서 '느림'을 강조한다는 점에서는 유사하다. 다만 다루는 대상에서 차이점을 보인다. 〈푸른곰팡이〉의 화자는 도시의 지배 원리인 속도에 초점을 두고 이에 대한 저항으로 산책을 선택하고 있다. 이와 달리 〈바람 부는 날이면 압구정동에 가야 한다〉의 화자는 도시 공간을 산책하며 그 속에 펼쳐진 상품과 욕망의 풍경, 안락, 소비 지향 등을 통해 도시를 지배하는 물질적 풍요를 비판적으로 인식하고 있다.

🔑 포인트 체크

[화자] 이 시의 화자는 ☐☐을 하는 도중 본 ☐☐☐을 통해 산책이 지닌 느림의 가치에 대해 말하고 있다.

[상황] 그대에게 가는 편지는 ☐☐☐이 걸렸는데, 그 시간은 우리의 사랑이 성숙해 가는 ☐☐의 시간이었다.

[태도] 그대와 헤어지고 난 뒤 느림과 ☐☐☐을 잃어버렸음을 깨닫고, 빨간색으로 칠한 ☐☐☐을 통해 속도의 효율성을 중시하는 현대 사회를 비판하고 있다.

1 이 시에 대한 설명으로 적절하지 <u>않은</u> 것은?

① 색채어를 사용하여 대상이 지닌 의미를 강조하고 있다.
② 경어체를 사용하여 독자에게 말을 건네듯 표현하고 있다.
③ 행간 걸침을 사용하여 특정 시어의 의미를 부각하고 있다.
④ 의미가 상반된 시어를 대비하여 주제 의식을 강화하고 있다.
⑤ 과거와 현재의 상황을 대비하여 상실감을 드러내고 있다.

내신 적중

2 〈보기〉를 바탕으로 이 시를 감상한 내용으로 적절하지 <u>않은</u> 것은?

┤ 보기 ├

　현대 도시의 삶은 빠름으로 특징지을 수 있다. 속도를 강조하는 반생명적인 도시에 살고 있는 현대인들은 어쩔 수 없이 도시적 삶의 빠른 리듬에 지배되고 있다. 이러한 세태에서 이 시에는 산책을 통한 낯설게 하기가 드러나 있다. 최첨단의 각종 정보 매체가 지배하는 시대에 편지와 같은 삶은 시대의 흐름과 역행하는 것처럼 보인다. 시의 화자는 속도에 의해 단절되었던 인간적인 만남을, 그리고 과거의 아름다운 추억마저 물신화하는 자리에 그리움과 기다림의 가치를 회복하고 싶어 한다.

① '산책'은 도시적 삶의 빠른 리듬에 지배되는 것을 거부하는 행위로 볼 수 있겠군.
② 시적 화자는 '사나흘' 걸려 받을 수 있는 '편지'를, 인간적인 만남을 가능하게 했던 매체로 보고 있군.
③ '푸른 강'은 속도가 지배하는 반생명적인 도시의 회색 이미지와 상반된 이미지로 쓰였겠군.
④ '그대가 가' 버린 것은 속도에 쫓겨 소중한 것을 잃어버린 상황을 나타낸 것이겠군.
⑤ '우체국'은 과거의 아름다운 추억마저 물신화해 버리는 현실을 보여 주는 공간이군.

3 ㉠의 함축적 의미를 20자 내외의 한 문장으로 쓰시오.

내신 적중 多빈출

4 ㉡의 내용을 추측한 것으로 가장 적절한 것은?

① 이기적인 태도를 버리고 이웃과 더불어 살아야 한다.
② 현실에 만족하지 말고 늘 새로운 목표에 도전해야 한다.
③ 타인과 원만한 관계를 맺기 위해 적극적으로 소통해야 한다.
④ 산업화는 자연뿐만 아니라 인간의 삶을 파괴할 수 있음을 알아야 한다.
⑤ 무조건 빠른 것만 추구하지 말고 느림과 기다림의 가치를 인식해야 한다.

나도 그들처럼 | 백무산

문학 미래엔

🎯 핵심 정리

갈래 자유시, 서정시
성격 비판적, 성찰적
제재 자연과 문명
주제 생명력 충만한 삶에 대한 지향
특징 ① 도치와 유사한 문장 구조의 반복을 통해 문명의 발달로 인간이 자연에서 멀어졌음을 강조함.
② 현대 문명에 대해 비판적인 태도를 드러냄.
③ 과거 시제를 통해 자연과 소통하던 시대와 단절되었음을 표현함.
출전 《거대한 일상》(2008)

Q 자연을 대하는 인간의 태도는?

바람을 계산하고 비를 측량하며 별을 해석하는 것으로 보아, 자연을 직관적으로 받아들이기보다는 이성을 통해 계산하고 소유하면서 대상화하였다.

💡 시어 풀이

측량 기기를 써서 물건의 높이, 깊이, 넓이, 방향 따위를 잼.
심오 사상이나 이론 따위가 깊이가 있음.
난해하여 뜻을 이해하기 어려워.
터무니없이 허황하여 전혀 근거가 없이.

시구 풀이

❶ **나는 바람의 ~ 계산이 되기 전에는** 인간이 문명을 발달시키기 이전에는 자연과 소통하며 살 수 있었지만 자연을 대상화하면서 자연과의 합일감을 잃게 되었음을 말한다.
❷ **이제 이들은 ~ 없습니다** 자연과 인간과의 괴리가 심해져 인간이 자연을 이해하거나 자연에 감응하기 어려운 상황까지 되었음을 의미한다.
❸ **내가 측량된 다음 ~ 난해해졌습니다** 인류와 자연을 이해하기 위해 이성적인 사고로 대상을 측량하였으나, 오히려 그로 인해 살아가는 것이 더 복잡하고 어려워지게 되었다는 뜻이다.
❹ **내가 계산되기 전엔 ~ 소용돌이였습니다** 현재와 같이 인간의 문명이 발달하기 전에 인간은 자연의 이웃이고 동무였고 계산되거나 해석되지 않는 원초적인 존재였음을 말하고 있다.

👤 작가 소개

백무산(白無産, 1955~)
시인이자 노동 운동가. 경북 영천 출생. 본명은 백봉석. 1974년 회사에 입사해 노동자로 지내다 1984년 《민중시》 제1집에 〈지옥선〉을 발표하면서 시인으로 활동하기 시작하였다. 노동자의 삶, 자본의 폭력성, 생태 문제 등 사람의 근원에 대한 성찰을 작품에 표현하였다. 시집으로 《만국의 노동자여》(1998), 《동트는 미포만의 새벽을 딛고》(1990) 등이 있다.

---

❶나는 바람의 말을 알아들을 수 있었습니다 ─ 도치
　자연과 소통할 수 있었음.
내가 계산이 되기 전에는

　　○ : 자연적 생명력이 충만한 삶(긍정적 대상)
　　↓
　　□ : 이성적, 합리적, 분석적인 삶(부정적 대상)

나는 비의 말을 새길 줄 알았습니다 ─ 도치
내가 *측량이 되기 전에는

나는 별의 말을 이해할 수 있었습니다 ─ 도치
내가 해석이 되기 전에는

유사한 문장 구조의 반복으로 운율을 형성하고 내용을 강조함.

나는 대지의 말을 받아 적을 수 있었습니다 ─ 도치
내가 부동산이 되기 전에는
　　소유의 대상이 됨.

나는 숲의 말을 알아들을 수 있었습니다 ─ 도치
내가 시계가 되기 전에는

▶ 1~5연: 인간의 문명이 발달하면서 자연에서 멀어짐.

❷이제 이들은 까닭 없이 *심오해졌습니다
　차연　　인간이 자연을 분석하고 판단했기 때문에
그들의 말은 *난해하여 알아들을 수 없습니다
　　인간이 자연을 복잡하게 이해했기 때문에

❸내가 측량된 다음 삶은 *터무니없이
　　현재의 삶에 대한 비판 의식이 나타남.
난해해졌습니다
자연을 난해하게 하여 인간의 삶도 난해해짐.

▶ 6~7연: 인간 문명의 발달로 자연이 어려운 대상이 됨.

△ : 화자가 지향하는 삶의 태도

❹내가 계산되기 전엔 바람의 이웃이었습니다
내가 해석되기 전엔 물과 별의 동무였습니다

『그들과 말 놓고 살았습니다
　　매우 친근한 관계
나도 그들처럼 ㉠소용돌이였습니다』
　　인간의 해석으로 난해해지기 이전의 원초적인 상태

『 』: 과거 시제를 통해 단절된 과거의 모습을 표현하고, 합리적 분석 행위로 난해해진 삶에서 벗어나 생명력 충만한 삶을 지향하고 있음을 보여 줌.

▶ 8연: 계산되고 해석되기 전 자연과 함께했던 '나'

이해와 감상

이 시는 생명력 있는 삶으로부터 멀어진 인간의 삶을 성찰하는 작품으로, 인간의 이성적인 사고가 지배하기 이전의 자연의 상태와 이후의 상태를 대조하며 시상을 전개하고 있다. 1연~5연에서는 인간이 문명을 발달시키는 과정에서 자연을 계산, 측량, 해석하고 소유의 대상으로 생각하며 세분화해서 파악하는 동안에 바람, 비, 별, 대지, 숲과의 교감을 잃어버리게 된 상황을 제시하였다. 이러한 행위의 결과로 6연에서 자연은 인간에게 너무나 심오하고 난해한 존재가 되었으며, 인간은 자연과 통하지 못하게 되었다. 자연이 난해해진 것은 7연에서 인간 삶의 난해함으로 이어지고, 8연은 인간과 자연이 분리되기 이전의 과거를 회상하며 시상이 마무리된다. '나'와 '그들'이 분열되기 이전의 상태를 '소용돌이'로 표현하며 '바람의 이웃'이었고 '물과 별의 동무'였던 과거의 삶을 긍정적으로 바라보는 화자의 시선이 나타난다.

작품 연구소

시어의 상징적 의미

바람, 비, 별, 대지, 숲		계산, 측량, 해석, 부동산, 시계
• 원초적인 자연 • 단순하지만 아름다운 것들 • 사람과 자연이 이웃임.	⟷	• 근대적인 합리적 사고 • 인간을 자연으로부터 멀어지게 만드는 것들

시적 화자 '나'의 의미

시적 화자 = 인간	문명 발달 이후 자연과 단절된 인간의 삶의 형태를 표현하고 있다는 점에서 '나'를 자연에서 멀어진 '인간'으로 이해할 수 있음.
시적 화자 = 지구	계산, 측량, 해석의 대상이 되며 '나'가 부동산이 되었다는 표현에서, '나' 또한 인간이 발견하고 개발하는 대상인 자연 전체, 혹은 지구임을 이해할 수 있음. → 인간의 행위로 인해 자연 전체가 분열되어 소통하지 못하게 된 상황을 표현함.

'나'와 '그들' 사이의 관계 변화

과거		현재
• 서로의 말을 이해할 수 있었음. • 이웃이고 동무였으며 말을 놓고 지낼 정도로 친근한 사이였음. • 모두 소용돌이였음.	⟹	• 그들이 심오하고 난해한 대상이 됨. • '나'도 터무니없이 난해해짐. • '나'와 그들이 서로의 말을 이해할 수 없게 됨.

마지막 행에서 알 수 있는 시적 화자가 추구하는 삶

시적 화자는 계산되고 해석되기 이전인 상태, 즉 '나'가 바람의 이웃이고 '물과 별의 동무'인 상태를 긍정적으로 인식하고 이를 그리워하고 있다. '나'는 바람과 물과 별과 말을 놓고 지내는 친근한 사이가 되기를 소망하는데, 이는 합리성으로 분열되는 관계가 아니라 주술적, 원초적 상태로 서로가 서로의 말을 이해하고 통하는 관계이다. 지금은 소용돌이 상태에서 벗어났지만, 오히려 계산되고 측량되어 분열되는 세계보다 화자는 서로의 말을 알아들을 수 있었던 소용돌이 상태의 세계를 지향하고 있다.

자료실

디지털화한 새로운 문학의 성장

영상 시는 시의 내용에 어울리는 영상과 함께 시를 감상하는 방법으로, 인터넷 환경을 이용하여 전달이 된다. 영상을 활용할 수 있으므로 시각적인 이미지와 청각적인 이미지, 음성을 모두 활용하여 시를 표현할 수 있다. 인터넷을 매개로 대중은 자유롭게 소통할 수 있게 되었고 대중의 표현의 욕구는 극대화되었다. 이러한 변화에 맞게 문학의 창작과 수용에 대해 고민하는 과정에서 영상 시를 창작하게 되었다. 백무산의 〈나도 그들처럼〉도 영상 시로 제작되어 보다 적극적으로 독자들과 소통하고 있다.

함께 읽으면 좋은 작품

〈남으로 창을 내겠소〉, 김상용 / 자연과의 조화와 합일의 추구

〈남으로 창을 내겠소〉는 자연과 벗하며 소박하게 살아가는 전원생활에 대한 소망을 친근한 대화체의 어조를 통해 효과적으로 드러낸 시로, 안분지족의 전통적 인생관을 엿볼 수 있다.

〈나도 그들처럼〉과 〈남으로 창을 내겠소〉는 자연과의 조화와 합일을 추구한다는 점에서 유사하다. 하지만 〈나도 그들처럼〉이 과거의 모습과 단절된 현재의 부정적인 상황을 강조한다면, 〈남으로 창을 내겠소〉는 자연과 합일을 이루어 어떤 논리로 설명할 수 없는 기쁨을 '웃지요'라는 말을 통해 표현한다는 점에서 차이가 있다.

Link 본책 119쪽

키 포인트 체크

화자 계산, 측량, 해석, 부동산, 시계 등의 근대적인 ☐☐ 방식에 의해 바람, 비, 별, 대지, 숲의 ☐을 알아들을 수 없게 되었다.

상황 인간의 ☐☐☐인 사고의 영향으로 인간과 자연, 자연과 자연의 사이가 멀어지고 인간이 다가가기에는 자연이 너무 ☐☐하고 ☐☐해진 상황이다.

태도 근대적인 합리성으로 인간과 자연이 멀어진 상황을 직시하고 과거 인간과 자연이 어우러져 살던 삶을 ☐☐하고 있다.

내신 적중

1 이 시에 대한 설명으로 가장 적절한 것은?

① 의미 전달보다는 이미지 제시만으로 시상을 전개하고 있다.

② 감각적이고 비유적인 표현을 통해 대상의 이미지를 선명하게 드러내고 있다.

③ 사회의 부조리에 저항하지 못하는 소시민적 삶에 대한 자기반성이 나타나 있다.

④ 부정적 현실에 대한 저항 의식을 바탕으로 현실을 변화시키는 방법을 제시하고 있다.

⑤ 순우리말과 한자어를 대립적으로 제시하여 순우리말을 통해 긍정적인 대상과 지향을 표현하고 있다.

내신 적중

2 〈보기〉가 이 시를 쓰기 위한 계획이라 할 때, 실제 작품에 반영된 것끼리 바르게 짝지은 것은?

> **보기**
>
> 가. 역설적 표현을 활용하여 주제 의식을 형상화해야겠어.
> 나. 유사한 상황을 반복하여 문제의 심각성을 강조해야겠어.
> 다. 계절적 이미지를 활용하여 생생한 느낌을 자아내야겠어.
> 라. 수미 상관의 구조를 활용하여 주제 의식을 강화해야겠어.
> 마. 도치를 활용하여 문장에 리듬감을 주고 핵심 내용을 강조해야겠어.

① 가, 나 ② 가, 다 ③ 나, 라 ④ 나, 마 ⑤ 다, 마

3 이 시의 '말'에 대해 이해한 내용으로 가장 적절한 것은?

① 과거에는 존재하였으나 현재에는 존재하지 않는다.

② 화자가 자신의 내면을 성찰할 수 있는 매개체의 역할을 한다.

③ 인류가 당면한 모순과 부조리가 담겨 있는 현실 상황을 의미한다.

④ 화자가 현재에는 이해하기 어려우나 과거에는 이해할 수 있었던 것이다.

⑤ 화자가 과거에는 중요하게 생각하였으나 현재에는 중요하게 생각하지 않는 것이다.

4 1~5연에 공통적으로 나타난 표현 방법과 그 효과를 쓰시오.

5 ㉠에 대한 시적 화자의 태도로 적절한 것은?

① 회의적 ② 냉소적 ③ 달관적 ④ 도피적 ⑤ 긍정적

가을밤 |오창렬

문학 해냄

🎯 핵심 정리
갈래 자유시, 서정시
성격 사색적, 성찰적, 감각적
제재 낙엽
주제 대상과의 단절과 소외받은 존재의 슬픔
특징 ① 낙엽을 의인화하여 화자의 상처를 표현함.
② 행간 걸침을 활용하여 시적인 긴장감을 유지함.
③ 유사한 문장 구조를 반복하여 운율을 형성하고 낙엽이 받은 상처를 강조함.
④ 자연 현상을 통해 화자의 정서를 강조하여 표현함.
출전 《서로 따뜻하다》(2008)

Q '쾅-'의 표현 효과는?

네가 문 닫은 소리를 음성 상징어로 표현하여, 네가 한 행동이 '나'에게 큰 충격과 상처로 작용하였음을 효과적으로 표현하였다.

☀️ 시어 풀이
마당귀 마당의 한쪽 귀퉁이.

🐚 시구 풀이
❶ **바람이 ~ 치자** 가을이 깊어졌다는 내용으로, 이는 낙엽이 지는 상황이 무르익고 있음을 가정하는 내용이다. 2연에 네가 문을 그러닫지만 않았어도 낙엽이 마당귀로 몰리며 훌쩍이지 않았을 것이라는 내용으로 보아 낙엽이 진 원인이 깊어가는 가을 때문이 아니라 너의 행동 때문임을 강조하기 위해 가정한 내용이다.
❷ **쾅 – ~ 그러닫지만 않았어도** 네가 문을 그러닫은 행동이 '나'에게 큰 상처를 주었음을 '쾅'이라는 의성어를 활용하여 나타내고 있다. 네가 한 행동은 이후 낙엽이 구겨지고 훌쩍이며 낙엽의 가슴이 마르게 된 원인으로 작용한다.
❸ **낙엽은** 2연의 '구겨지다', '훌쩍이다', 4연의 '마르다'의 주어로, 너의 행동에 상처받은 대상이 낙엽임을 의미한다. 이는 자연 현상도 너의 행동 때문에 상처받았을 정도로 화자 자신의 아픔이 컸음을 강조하는 의미이다.
❹ **부스럭부스럭 ~ 않았을 것이다** 화자는 이처럼 낙엽이 마른 것을 가슴이 통째로 말랐다고 의인화하여 표현하여, 너로 인한 상처가 매우 큼을 강조하고 있다.

👤 작가 소개
오창렬(1963~)
시인. 전북 남원 출생. 1999년 계간 시지 《시안》 신인상에 〈하섬에서〉 외 4편이 당선되어 등단했고 2005년 한국문화예술위원회 문예 진흥 기금 지원 사업 공모 개인 창작 분야에 선정되었다. 시집으로 《서로 따뜻하다》(2008), 《꽃은 자길 봐주는 사람의 눈 속에서만 핀다》(2018) 등이 있다.

[A] ┌ ❶바람이 불었다고 치자   □, ○: 유사한 문장 구조의 반복
　　└ 쌀쌀해졌다고 치자
깊어가는 가을을 가정하여, 설령 가을이 깊어졌다 하더라도
네 행동이 없었다면 낙엽이 슬퍼하지는 않았을 것임을 표현함.
▶ 1연: 가을이 깊어졌다고 가정함.

❷쾅 –
음성 상징어를 통해 네가 낸 문 닫는 소리가 '나'에게 큰 상처를 주었음을 표현함. 청각적 심상
네가 문 그러닫지만 않았어도
낙엽이 구겨지고 훌쩍이고 가슴이 통째로 마르게 된 원인. '나'가 상처를 받은 원인
밤새 구겨지진 않았을 것이다
• '너'의 행동의 결과 ① – 낙엽이 밤새 구겨짐.
마당귀로 몰리며
　　　　　　'너'의 행동의 결과 ② – 낙엽이 마당귀로 몰리며 훌쩍임, 의인법
훌쩍이지 않았을 것이다
▶ 2연: 네가 문을 그러닫아 낙엽이 슬퍼함.

❸낙엽은
행간 걸침. 앞 문장의 주어이기도 하며 이어질 문장의 주어이기도 함.
▶ 3연: '너'의 행동에 낙엽이 영향을 받음.

❹부스럭부스럭
음성 상징어를 통해 낙엽의 상심한 마음을 표현함. 청각적 심상
가슴이
통째로
　　　　'너'의 행동의 결과 ③ – 낙엽의 가슴이 통째로 마름, 정서의 심화
마르진 않았을 것이다
▶ 4연: 낙엽의 가슴이 마름.

이해와 감상

　이 시는 상대의 행동으로 상처받은 화자의 마음을 표현하고 있는 작품이다. 화자는 이 마음을 직접적으로 표현하지 않고 낙엽을 통해 표현한다. 1연에서는 바람이 불었거나 날씨가 쌀쌀해졌음을 가정하는 내용이 나타난다. 이는 가을이 깊어진 모습으로, 설령 이런 상황이라 하더라도 2연에서와 같은 '너'의 행동이 없었다면 낙엽은 지지 않았을 것임을 표현하기 위한 가정이다. 즉, 낙엽이 밤새 구겨지고 마당귀로 몰려 훌쩍이고 가슴이 통째로 마르게 된 것은 바람이 불거나 쌀쌀해졌기 때문이 아니라 네가 문을 '쾅-' 하고 그러닫았기 때문인 것이다. 네 행동이 낙엽과 자신에게 준 상처를 강조해서 표현하기 위해 '쾅'과 '부스럭부스럭'이라는 음성 상징어를 활용하고, 낙엽을 의인화하여 낙엽이 받은 상처를 생생하게 표현하였다. 이처럼 이 시는 가을이 되면 낙엽이 지는 자연 현상을 활용하여 너에게 상처받은 화자의 마음을 표현하였다.

원인: 네가 한 행동	결과: 낙엽의 변화
문을 '쾅' 소리가 나게 닫음.	• 밤새 구겨짐. • 마당귀로 몰리며 훌쩍임. • 가슴이 통째로 마름.

작품 연구소

시어 및 시구의 상징적 의미

시어 및 시구	상징적 의미
문 그러닫지만	'너'가 화자에게 모질게 굶.
구겨지진	상처받은 화자의 마음이 편하지 못함.
마당귀로 몰리며	막다른 곳에 이른 듯 암담한 마음을 느낌.
가슴이 마르진	상처가 깊어 생기가 없게 됨.

낙엽에게 일어난 일의 의미

이 시의 화자는 낙엽에게서 자신의 모습을 본다. 낙엽이 구겨지고 바람에 몰려 마당 귀퉁이에 모이고, 바스락거리며 말라 있는 모습이 마치 자신의 모습과 같다고 여기는 것이다. 화자가 이처럼 구겨지고 상처를 받게 된 까닭은 '너'의 모진 행동 때문이다. '너'의 행동이 원인이 됨을 표현하기 위해 1연에서 바람이 불거나 쌀쌀해졌다고 가정을 하고, 그렇게 가을이 깊어졌다 치더라도 너의 행동이 아니었으면 낙엽이 변하지 않았을 것이라고 강조한다. 즉 이 시는 자연 현상을 통해 화자의 정서를 표현하고 있다.

이 시에 사용된 다양한 표현 방법

음성 상징어의 사용	효과
쾅—	문이 세게 닫히는 소리를 통해 네가 거칠게 문을 닫았고, 이로 인해 화자가 받은 상처가 큼을 인상적으로 표현함.
부스럭부스럭	낙엽과 화자의 속이 물기 없이 타들어 갈 정도로 힘든 상태임을 효과적으로 표현함.

유사한 문장 구조의 반복	효과
1연 : ~라고 치자	낙엽이 질 만한 상황을 가정하여 설령 이러한 일이 있다 하더라도 낙엽이 진 결정적인 원인은 '너'에게 있음을 강조하고 운율을 형성함.
2, 4연 : ~않았을 것이다	

행간 걸침	효과
낙엽은	'낙엽은'이 앞 행과 뒤의 행에 모두 연결되게 하여 시적 긴장을 유지하고 주제를 강화함.

함께 읽으면 좋은 작품

〈울음이 타는 가을 강〉, 박재삼 / 자연 현상을 통한 정서의 표현

〈울음이 타는 가을 강〉은 노을이 물든 가을 강을 바라보면서 애상감에 젖는 화자를 통해 인생의 유한성으로 인한 서러움과 한을 효과적으로 드러내고 있는 작품이다.

〈가을밤〉과 〈울음이 타는 가을 강〉은 보편적인 자연 현상을 통해 화자의 삶의 희로애락을 비유적으로 형상화했다는 점에서 유사하다. 하지만 〈가을밤〉이 타인의 행동으로 인한 화자의 아픔을 표현했다면, 〈울음이 타는 가을 강〉은 인생 자체에서 느끼는 한을 표현했다는 점에서 차이가 있다. **Link** 본책 250쪽

키 포인트 체크

화자 화자는 바람 불고 쌀쌀한 가을밤에 시적 대상인 □□을 보며 자신이 받은 상처를 떠올리고 있다.

상황 네가 문을 □ 소리 나게 닫고 나가서 낙엽이 구겨지고 훌쩍이며 낙엽의 가슴이 통째로 마르게 되었다.

태도 화자는 차갑고 모진 '너'의 행동에 □□을 느끼고 있다.

1 이 시에 대한 설명으로 적절한 것은?

① 화자의 관조적인 태도가 나타나고 있다.
② 소망을 간절히 염원하는 어조가 나타나고 있다.
③ 자연물을 활용하여 화자의 정서를 제시하고 있다.
④ 부정적인 현실에 대한 비판 의식을 표출하고 있다.
⑤ 구체적인 체험을 바탕으로 존재의 의미를 추구하고 있다.

2 이 시의 '낙엽'이 처한 상황으로 가장 적절한 것은?

① 상처를 받아 슬퍼하고 있다.
② 심한 바람에 나무에서 떨어졌다.
③ 타인과 조화로운 관계를 맺고 있다.
④ 겨울이 다가와 나무에서 떨어져야 한다.
⑤ 할 일을 다하여 무가치한 존재로 취급받고 있다.

내신 적중 多빈출

3 이 시의 표현상 특징으로 적절하지 않은 것은?

① 반어적 표현을 활용하여 주제 의식을 강조하고 있다.
② 음성 상징어를 활용하여 생생한 느낌을 강조하고 있다.
③ 유사한 문장 구조를 반복하여 운율감을 형성하고 있다.
④ 계절적 이미지를 활용하여 시의 분위기를 형성하고 있다.
⑤ 의인화를 통해 시적 대상의 감정을 공감이 되게 표현하고 있다.

4 이 시에서 다음 설명에 해당하는 시행을 찾아 쓰시오.

> 낙엽이 받은 상처의 원인이 되는 내용이다.

내신 적중

5 [A]에 대한 설명으로 적절한 것은?

① 자연의 변화를 통해 인생무상을 드러낸다.
② '치자'의 반복을 통해 담담한 어조를 형성한다.
③ 낙엽이 구겨지고 마를 수밖에 없는 계절적 배경을 제시한다.
④ 시적 대상에 미친 영향이 '너'의 행동 때문임을 강조하기 위한 가정이다.
⑤ 계절적 배경을 드러내는 시구로, 화자가 느끼는 정서의 원인으로 작용한다.

글로벌 블루스 2009 | 허수경

문학 천재(김)

🎯 핵심 정리

갈래 자유시, 서정시
성격 서정적, 독백적
제재 외국에서의 삶
주제 외국에서 살아가는 한국인이 느끼는 고독
특징 ① 세계화된 환경을 음식을 통해 친근하게 드러냄.
② 상징적인 시어로 환상적인 분위기를 조성함.
③ 외국어와 외래어를 사용하여 이국적인 분위기를 형성함.
출전 《빌어먹을, 차가운 심장》(2014)

Q **'글로벌의 블루스'가 의미하는 바는?**

타국에서 적응하고 있는 자신의 처지에 대한 정서를 느리고 슬픈 느낌을 주는 블루스로 표현하여 타국에서 살아가면서 느끼는 서글픔과 고독을 드러내고 있다.

💡 시어 풀이

글로벌 세계적인, 지구의.
변방 중심지에서 멀리 떨어진 가장자리 지역.

🐚 시구 풀이

❶ **글로벌의 밭에서 ~ 완벽한 고향을 건설한다** 글로벌한 식재료들로 만든 취나물 볶음을 완벽한 고향이라 칭하며 글로벌한 환경에 적응하려는 화자의 모습을 드러내고 있다.
❷ **고향의 입구는 비행장 ~ 패스포트를 갱신하는** 한국인으로서 독일에서 계속 살기 위해 5년마다 여권을 갱신하며 살고 있음을 말한다.
❸ **선택이었다 ~ 울어야 하는 것이다** 비록 자신이 선택해서 온 곳이지만 글로벌이라는 새 고향을 건설하며 살아야 하는 자신의 처지에 대한 서글픔을 드러내고 있다. 고향을 떠나왔다는 자유와 동시에 고향을 떠나왔다는 것에 대한 우울함을 가지고 있을 수밖에 없는 재외 거주자들의 보편적 정서를 느낄 수 있다.
❹ **다만 블루스가 ~ 심장을 가진** 인공위성은 별과 같은 빛을 내지만 인위적으로 만든 것이다. 이것은 마치 자신이 만들어 낸 글로벌한 고향과 같음을 표현하고 있다.

👤 작가 소개

허수경(許秀卿, 1964~2018) 시인, 소설가, 고고학자. 경남 진주 출생. 시인으로 등단한 후 방송 작가로 일하다가 독일에서 고고학을 공부하였다. 이후 독일에서 지내며 모국어로 글을 썼다. 시집으로는 《슬픔만한 거름이 어디 있으랴》(1988), 《혼자 가는 먼 집》(1992), 《내 영혼은 오래되었으나》(2001), 《청동의 시간 감자의 시간》(2005) 등이 있다.

울릉도산 취나물 「북해산 조갯살 중국산 들기름
<small>요리를 위한 원재료   「 」: 요리의 부재료, 세계 곳곳에서 생산이 된 제품들</small>
타이산 피시소스 알프스에서 온 소금 스페인산 마늘 이태리산 쌀」

가스는 러시아에서 오고
<small>요리 재료들을 익히기 위해서도 다른 나라의 에너지를 사용함.</small>
취나물 레시피는 모 요리 블로거의 것
<small>요리를 하기 위해서 타인의 지식이 필요함.</small>

독일 냄비에다 독일 밭에서 자란 유채기름을 두르고
<small>화자의 상황: 독일에서 살고 있음.</small>
완벽한 *글로벌의 블루스를 준비한다

❶글로벌의 밭에서 바다에서 강에서 산에서 온 것들과

취나물 볶아서 잘 차려 두고 완벽한 고향을 건설한다
<small>글로벌한 환경에 적응하려는 화자의 모습을 드러냄.</small>

<small>음식을 만들어 먹는 것을 고향을 건설하는 것으로 인식함.</small>
고향을 건설하는 인간의 가장 완벽한 내면을 건설한다
<small>글로벌한 환경에 적응하려는 화자의 모습을 드러냄.</small>
완벽한 내면은 글로벌의 위장으로 내려간다   ▶ 1~5연: 세계 각국의 재료로 취나물 볶음을 만들어 먹음.
<small>타국에서 외지인으로 살고 있는 화자의 모습을 비유적으로 표현함.</small>

여기에다 외계의 별 한잔이면 글로벌의 블루스는 시작된다

❷고향의 입구는 비행장 ㉠고향의 신분증은 패스포트
<small>여권을 신분증으로 하고 있는 타지인임을 인식하게 하는 소재</small>

오 년에 한 번 본에 있는 영사관으로 가서 패스포트를 갱신하는
<small>독일에 체류하기 위한 절차</small>

<small>화자가 스스로 고국을 떠나 타국에 머무르기를 선택함.</small>
❸선택이었다 자발적인 유배였으며 자유롭고 우울한
<small>새로운 삶을 화자가 스스로 선택함.   모순 형용. 화자가 선택한 삶에는 자유와 우울함이 함께 있음.</small>
선택의 블루스가 흐르는 세계의 중심부에서 *변방까지   ┐도치
<small>인간이 삶의 공간을 스스로 선택함.</small>
불선택의 블루스가 흐르는 삶과 죽음까지
<small>삶과 죽음은 인간이 선택할 수 없음.</small>

글로벌이라는 새 고향, 블루스를 울어야 하는 것이다   ▶ 6~9연: 음식을 먹으며 자신의 처지를 생각함.
<small>글로벌한 세계를 새로운 고향으로 인식해야 하는 것에서 오는 우울과 슬픔을 표현함.</small>

이 가난의 고향에는 우주도 없고 이 가난의 고향에는
<small>화자가 건설한 인위적인 공간</small>
지구에 사는 인간의 말을 해독하고 싶은 외계도 없다

❹다만 블루스가 흐르는 인공위성의 심장을 가진
<small>타지에서 적응하기 위해 화자가 만든 인위적인 삶</small>
바람만이 있다 별 한잔만이 글로벌의 위장 안에서 진다

▶ 10~11연: 타지에서 한국을 그리워함.

이해와 감상

    이 시는 독일에서 거주하였던 시인이 낯선 땅에서의 삶에 적응하며 살아가는 모습과 거기에서 느끼는 정서를 그려 내고 있다. 시의 전반부에 등장하는 다양한 국적의 식재료들과 요리 도구는 작품의 제목인 '글로벌'과 맞닿아 있으면서, 외국에서 살아가는 작가의 삶을 자연스럽게 떠오르게 한다. 또한 느리고 슬픈 느낌을 주는 이국적인 '블루스'는 세계화된 외국에서 한국인으로 살아가면서 느끼는 서글픔과 고독을 잘 드러내 준다.

🏠 작품 연구소

시어 및 시구의 상징적 의미

완벽한 고향	글로벌한 식재료로 만들어 낸 고향의 음식
글로벌의 위장	독일에 살고 있는 자신의 모습
블루스	타지에서의 고독과 외로움
가난의 고향	자신이 건설한 인위적인 고향
인공위성의 심장	인위적인 고향에 살고 있는 자신의 모습

이 시의 시상 전개 과정

1~5연: 요리 과정과 식사
세계 각국에서 나는 글로벌한 식재료로 취나물을 만들어 먹음.

➡

6~11연: 내면의 심리
고향의 음식을 먹으며 고독을 느낌.

　1연~5연까지 화자는 글로벌한 식재료를 이용하여 한국의 음식인 취나물 요리를 해 먹는 모습을 묘사하고 있다. 그러다 6연부터는 시상이 전환되어 음식을 먹는 과정에서 느끼는 화자의 내면을 드러내는 데 치중한다.

화자의 정서

　화자는 글로벌한 식재료로 고향의 음식을 만들며 '완벽한 고향'을 '건설한다'라고 일컫는다. 취나물 요리는 한국의 음식이지만 화자가 한국이 아닌 곳에 살고 있으므로 어쩔 수 없이 다른 나라의 식재료를 사용할 수밖에 없다. 독일에서 자신이 만든 고향의 음식을 먹으며 '완벽한 내면은 글로벌의 위장으로 내려간다'라고 생각한다. 하지만 그것은 어디까지나 인위적인 것이다. 그래서 화자는 자신이 만들어 낸 고향을 '가난의 고향'이라 명한다. '블루스'는 우울한 선율을 가진 곡이다. 즉 화자는 '블루스'라는 시어를 통해 고향의 것이 아닌 식재료를 이용하여 만든 고향 음식을 먹으며 느끼는 향수와 해외에 거주하면서 느끼는 고독과 외로움을 드러내고 있다고 볼 수 있다.

📖 함께 읽으면 좋은 작품

〈고향〉, 정지용 / 고향과 관련된 생각의 표현

　〈고향〉에서는 그리던 고향에 돌아온 화자가 변함없는 고향의 모습을 확인하지만 자신이 마음속에 간직한 옛날의 고향이 아닌 것을 깨닫고 그에 대한 상실감을 노래하고 있다.
　〈글로벌 블루스 2009〉와 〈고향〉은 모두 고향과 관련된 화자의 생각을 표현한다는 점에서 유사하다. 하지만 〈글로벌 블루스 2009〉가 태어난 곳을 떠나 낯선 땅에서 살아가며 느끼는 서글픔과 고독을 드러냈다면, 〈고향〉은 심리적 거리감이 조성되는 현실의 고향에서 느끼는 상실감을 드러내고 있다는 차이가 있다. 🔗 Link 본책 118쪽

🔑 포인트 체크

화자 고국을 떠나 독일에서 살고 있지만, 독일에서의 새로운 경험들을 자신의 것으로 받아들이며 새로운 □□을 만들어 나가고 있다.

상황 화자가 취나물 볶음을 만들면서 다양한 □□의 재료와 요리 도구들을 사용하고 있다.

태도 고향을 떠나 낯선 땅에서 느끼는 서글픔과 □□의 정서를 드러내고 있다.

1 이 시에 대한 설명으로 적절한 것은?
① 이미지의 대립을 통해 시적 상황을 제시하고 있다.
② 자연 현상을 활용하여 화자의 내면 상태를 드러내고 있다.
③ 시적 대상에 대한 회고의 형식으로 시상을 전개하고 있다.
④ 시간의 흐름과 공간의 이동에 따라 시상이 전개되고 있다.
⑤ 외국어와 외래어를 사용하여 이국적인 분위기를 형성하고 있다.

내신 적중 多빈출

2 다음 시어들의 공통된 의미로 가장 적절한 것은?

・타이산 피시소스　・중국산 들기름　・스페인산 마늘

① 세계적으로 빈부 격차가 심화되고 있는 상황을 의미한다.
② 인터넷의 발달로 국제화·세계화가 가속화되고 있음을 의미한다.
③ 다양한 문화를 융합하여 살아가고자 하는 화자의 의지를 보여 준다.
④ 다양한 국적의 식재료들로, 외국에서 살아가는 화자의 삶을 떠오르게 한다.
⑤ 우리 고유의 것을 잃어버리고 외국의 것을 부러워하는 현실을 비판하는 소재이다.

3 이 시를 감상한 독자의 반응으로 적절하지 않은 것은?
① 화자는 글로벌한 식재료로 하나의 음식을 만들고 있어.
② 글로벌한 환경과 낯선 땅에서 살아가는 화자는 우울해 보여.
③ 블루스는 화자가 느끼는 감정과 화자의 내면을 잘 보여 주는 시어인 것 같아.
④ 비유적인 표현들은 화자가 느끼는 타지에서의 외로움을 잘 드러내 주고 있어.
⑤ 화자는 어쩔 수 없이 외국으로 오게 되어 고향에 대한 향수가 짙어진 것 같아.

4 ㉠에 담긴 의미를 화자의 처지와 관련하여 쓰시오.

186 자동문 앞에서 |유하

키워드 체크 #자동문 #키위새 #현대 사회 #비판적 #비극적 미래 #음성 상징어

핵심 정리

갈래 자유시, 서정시
성격 비판적, 비유적
제재 자동문, 키위 새
주제 현대 문명의 편리함에 길들여진 현대인들에 대한 비판
특징 ① 자동문과 키위 새의 비유를 통해 현대 문명을 비판함.
② 대구와 반복 등을 통해 운율을 형성함.
출전 《무림일기》(1989)

Q '키위 새'가 의미하는 것은?

키위 새는 날개가 없어 날지 못한 채 하늘을 그저 멀뚱멀뚱 쳐다만 봐야 하는 존재이다. 이런 키위 새를 통해 우리 역시도 자동화된 세상에 길들여져 손이 점차 퇴화되어 나중에 정작 손을 사용해야 할 때 쓰지 못해 키위 새처럼 울고만 있을 것이라고 말한다. 따라서 키위 새는 현대 문명에 길들여져 있는 현대인을 의미하고 있다.

시어 풀이

감응 전기장이나 자기장 속에 있는 물체가 그 전기장이나 자기장, 즉 전기·방사선·빛·열 따위의 영향을 받아 전기나 자기를 띠는 것.
음흉 겉으로는 부드러워 보이나 속으로는 엉큼하고 흉악함.
퇴화 진보 이전의 상태로 돌아감.

시구 풀이

❶ **이제 ~ 자동문 세상이다** '아리바바의 참깨'는 문을 여는 주문으로, 이러한 주문을 외우지 않아도 자동으로 열리는 자동문이 어디에 가나 있을 만큼 편리해진 현대 사회의 모습을 나타내고 있다.
❷ **어디선가 전자 감응 장치의 ~ 몸을 핥는다** 전자 감응 장치를 의인화하여 현대화된 기계 문명을 생동감 있게 표현하고 있다.
❸ **스르르 ~ 나오고** 자동문에 길들여진 현대인들이 자동문을 통해 안으로 들어가고 나오는 모습을 대구와 반복을 활용하여 표현하고 있다.
❹ **그, / 어떤, / 문 앞에서는,** '어떤 문'은 자동문이 아닌 것으로 두 손으로 힘겹게 열어야 하는 문이다. 이를 행을 바꿔 표현함으로써 시적 긴장감을 조성하고 있다.

작가 소개

유하(1963~) 시인, 영화감독. 전북 고창 출생. 1988년 《문예중앙》 신인문학상에 〈무림일기〉가 당선되면서 등단하였다. 대중문화적 상상력을 바탕으로 새로운 감성과 화법의 시를 선보였으며, 주요 시집으로는 《바람부는 날이면 압구정동에 가야 한다》(1991), 《무림일기》(2012) 등이 있다. 1990년 단편 영화 〈시인 구보 씨의 하루〉를 통해 영화감독으로 데뷔하였다.

---

❶이제 어디를 가나 아리바바의 참깨
　　　《아라비안나이트》의 〈알리바바와 40인의 도적〉에서 문을 여는 주문
주문 없이도 저절로 열리는

자동문 세상이다　　　　　　　　　　　▶ 1~3행: 자동문 세상인 현대 사회
　자동화된 현대 사회의 모습
언제나 문 앞에 서기만 하면

❷어디선가 전자 *감응 장치의 *음흉한 혀끝이
　　　「 」: 의인법. 현대 기계 문명에 대한 부정적 시선. 기계 문명을 생동감 있게 표현함.
날름날름 우리의 몸을 핥는다, 순간

❸스르르 문이 열리고 스르르 우리들은 들어간다
　　　대구법. 반복법. 자동화된 세상에 길들여진 현대인들의 모습
스르르 열리고 스르르 들어가고　　○: 음성 상징어를 반복적으로 활용함으로써 시의 리듬감을 살림.

스르르 열리고 스르르 나오고

그때마다 우리의 손은 조금씩 *퇴화되어 간다　　▶ 4~10행: 현대 문명의 편리함에 길들여져 가는 현대인
　　　자동화된 세상에 길들여져 손을 쓰지 않아 손이 퇴화되어 감.
하늘을 멀뚱멀뚱 쳐다만 봐야 하는
　　　　날지 못해 하늘을 그저 쳐다보고 있음.
날개 없는 키위 새
　　　날개가 퇴화되어 못 나는 새. 현대 문명에 길든 현대인을 상징
머지 않아 우리들은 두 손을 잃고 말 것이다
　　　자동화된 세상에 길들여져 손을 사용하지 않기 때문에
정작, 두 손으로 힘겹게 열어야 하는
　　　반드시 두 손을 써야 하는 상황인 경우
그,
　　의도적으로 행을 바꿈. 시적 긴장감 조성
어떤,

문 앞에서는,

㉠키위 키위 울고만 있을 것이다　　▶ 11~18행: 편리함에 의해 점차 키위 새처럼 퇴화될지도 모르는 사람들
　　　현대인의 비극적 미래

이해와 감상

　이 시는 현대인들이 자동문으로 대표되는 현대 문명의 편리함에 익숙해져서 스스로 수고를 하거나 문제를 해결하려는 능력을 상실해 가고 있는 모습을 비판하고 있다. 이를 '키위 새'라고 하는 소재를 활용하여 비유적으로 형상화함으로써 현대인의 비극적 미래를 암시하며 경고하고 있다.

　1~3행에서는 본격적인 현대 문명의 비판에 앞서 자동문에 대한 인식을 제시하고 있다. 옛날 이야기 속에 나오는 문을 여는 주문이 없어도 저절로 열리는 자동문이 어디에나 있다는 현실을 보여 주고 있다.

　4~10행에서는 자동문으로 대표되는 현대 문명의 편리함에 길들여져 가는 현대인의 모습을 제시하고 있다. 어디에나 존재하는 자동문으로 인해 현대인들은 아무런 수고 없이 들어갔다 나오는 일을 반복하며, 이것이 계속될 때마다 쓰지 않는 손이 퇴화되어 가고 있다고 보고 있다.

　11~18행에서는 키위 새를 소재로 하여 현대인이 날개가 퇴화되어 날지 못하는 키위 새처럼 손이 퇴화되어 손을 사용하지 못하게 될 것이라고 경고하고 있다. 앞서 조금씩 퇴화되기 시작한 손은 키위 새의 날개가 점차 퇴화되어 결국 날지 못하게 되었듯이 우리들 역시 두 손을 잃게 되고, 이로 인해 정작 수고와 문제 해결 능력이 필요한 순간에 이를 해결하지 못하는 비극적 상황이 다가올 수 있음을 암시하고 있다.

> 자동문 세상
> ↓
> 스르르 들어가고 나오는 현대인
> ↓
> 키위 새처럼 두 손을 잃고 말 현대인

🏠 작품 연구소

시어 및 시구의 상징적 의미

시어 및 시구	상징적 의미
자동문 세상	자동화된 현대 사회
스르르 열리고 스르르 나오고	자동문(현대 문명)에 길들여짐.
키위 새	미래 현대인들의 모습
키위 키위 울고만 있을 것이다	현대인의 비극적 미래

키위 새와 현대인

```
먹이가 풍부한 곳에서          편리한 현대 문명에 의해
생활해 날개가 퇴화됨.  — 키위 새 = 현대인 — 손이 퇴화될 것임.
```

　뉴질랜드의 키위 새는 먹이가 풍부한 땅에서 살다 날개가 퇴화되어 날 수 없게 되었다. 이 시는 이러한 키위 새를 현대인과 연관 짓고 있는데, 현대인 역시 편리한 현대 문명에 길들여져 손을 사용하거나 문제를 해결하려는 노력을 기울이지 않게 되고 이로 인해 손이 퇴화될 수 있음을 지적한다. 그리고 이러한 퇴화로 인해 정작 문제 해결이 필요한 순간에 아무것도 하지 못하는 상황이 올 수 있음을 경고하고 있다.

다양한 표현 방식

　이 시는 다양한 표현 방식이 나타나고 있다. 먼저 비유법을 활용하고 있는데, 현대인을 키위 새에 비유하고 있는 것이 대표적이다. 또한 기계 문명인 전자 감응 장치를 의인화하여 표현함으로써 생동감을 살리고 있다. 둘째, 대구법과 반복법은 자동문이 열리고 사람들이 들어가고 나오는 모습에서 나타난다. 셋째, 음성 상징어를 많이 활용하고 있는데, '날름날름', '스르르', '멀뚱멀뚱', '키위 키위'와 같은 표현을 통해 상황을 더욱 생동감 넘치게 만들고 있다. 넷째, 행을 바꿔 표현함으로써 시적 긴장감을 형성하고 있다. '그, / 어떤, / 문 앞에서는,'에서 나타나며, 기계의 도움 없이 열 수 없는 문의 상황을 제시하며 현대인의 비극적인 미래를 경고하고 있다. 이외에도 '우리의 몸을 훑는다 순간 / 스르르'에서 행간 걸침이 나타나는 등 다양한 표현 방식을 활용하고 있다.

📖 함께 읽으면 좋은 작품

〈성북동 비둘기〉, 김광섭 / 현대 문명에 대한 비판

　〈성북동 비둘기〉는 본래 사랑과 평화, 축복을 전해 주던 비둘기가 근대화로 인해 보금자리가 없어져 쫓기는 모습을 그림으로써 1960년대 중반 이후 급격히 진행된, 산업화와 근대화로 인해 황폐해진 자연과 인간성 상실을 보여 주고 있다. 〈성북동 비둘기〉와 〈자동문 앞에서〉는 모두 현대 문명을 비판하고 있다는 점에서 공통점을 지니고 있는데, 〈성북동 비둘기〉가 자연과 인간성을 파괴하는 폭력성에 주목하고 있는 것과는 달리, 〈자동문 앞에서〉는 편리함으로 인해 스스로 퇴화되어 가고 있는 현대인에 주목하고 있다는 점에서 차이가 있다. ▶ Link 본책 194쪽

🔑 포인트 체크

화자 자동문과 같은 현대 문명의 □□□에 익숙해져 있는 현대인을 보며 비극적인 미래를 경고하고 있다.

상황 현대인들은 □□□과 같은 현대 문명에 길들여져 점차 □을 쓰지 않고 있다.

태도 현대 문명에 길들여진 □□□을 날지 못하는 □□ □에 비유해 비극적 미래를 암시하는 등 현대인을 비판하고 있다.

내신 적중

1 이 시에 대한 설명으로 적절하지 않은 것은?

① 유사한 통사 구조를 반복하여 운율을 형성하고 있다.
② 행을 바꿔 배열함으로써 시적 긴장감을 조성하고 있다.
③ 의인법을 활용하여 기계 문명을 생동감 있게 표현하고 있다.
④ 과거와 현재를 대비하며 미래를 낙관적으로 바라보고 있다.
⑤ 현대인의 모습을 키위 새에 비유하여 말하고자 하는 바를 강조하고 있다.

2 〈보기〉에서 이 시에 쓰인 표현 방법만을 있는 대로 고른 것은?

| 보기 |
ㄱ. 의인화　　　　　　　ㄴ. 역설적 표현
ㄷ. 설의적 표현　　　　　ㄹ. 행간 걸침의 사용

① ㄱ, ㄴ　　　　② ㄱ, ㄷ　　　　③ ㄱ, ㄹ
④ ㄴ, ㄷ　　　　⑤ ㄷ, ㄹ

3 〈보기〉를 참고할 때, '키위 새'를 통해 화자가 말하고자 하는 바로 가장 적절한 것은?

| 보기 |
　키위 새는 뉴질랜드에서만 사는 새로 천적이 없고 먹이가 풍부한 장소에서 살아 점차 날개가 퇴화되었다. 이후 유럽인들이 이주하면서 함께 들어온 개, 고양이, 쥐 등으로 인해 멸종 위기에 놓여 있다.

① 기계 문명의 발전보다는 의학적 발전이 더 시급하다.
② 현대 문명이 자연을 파괴해 생태계가 위협받고 있다.
③ 과학 기술의 발전만이 예상치 못한 위험을 막을 수 있다.
④ 멸종 위기를 벗어나려면 천적을 미리 없애는 것이 중요하다.
⑤ 편리함만을 추구하다 보면 정작 필요한 순간에 문제를 해결하지 못해 비극적 결말을 맞을 수 있다.

4 이 시에서 쓰인 음성 상징어를 두 개 이상 찾고, 그 효과가 무엇인지 쓰시오.

5 ㉠의 이유로 가장 적절한 것은?

① 키위 새에 대한 그리움 때문에
② 주변 동료들의 도움이 필요해서
③ 문을 열리게 하는 주문을 외워야 하기 때문에
④ 기계의 도움 없이 혼자 문을 연 것에 희열을 느껴서
⑤ 손이 퇴화되어 두 손으로 열어야 하는 문을 열지 못해서

187 별 닦는 나무 | 공광규

문학 해냄

핵심 정리

갈래 자유시, 서정시
성격 서정적, 낭만적
제재 은행나무
주제 은행나무를 보며 떠올린 당신을 향한 사랑
특징 ① 자연물이 교감하는 상황과 인간이 교감
하는 상황을 대응시킴.
② 동일한 시어와 통사 구조의 반복을 통해
화자의 소망을 강조함.
③ 밝은 이미지의 시어를 활용해 대상들에
서 느끼는 인상을 감각적으로 묘사함.
출전 《담장을 허물다》(2013)

Q '은행나무'가 의미하는 것은?

이 시에서 화자는 '은행나무'를 '별 닦는 나무'로
부르고자 한다. 은행나무는 가을이 되면 단풍이
되어 노랗게 변하는데, 이 노란색이 별을 열심히
닦아 별가루가 묻기 때문으로 보기 때문이다. 이
렇게 별을 닦는 은행나무는 곧 화자가 지향하는
대상이며, 화자에게 있어 별은 '당신'이다. 따라
서 '은행나무'는 '당신'을 향한 화자의 헌신적인
사랑과 소망을 의미한다.

시어 풀이

순금 다른 금속이 섞이지 않은 순수한 금.

시구 풀이

❶ **은행나무를 ~ 부르면 안 되나** 은행나무를 바
라보는 화자의 생각이 나타나는 시구로, 은행
나무를 별 닦는 나무로 보아 밝고 환한 이미지
를 보여 주고 있다.
❷ **비와 ~ 별을 닦던 나무** 은행나무를 중심으로
자연물이 교감하는 상황을 보여 주고 있다. 은
행나무를 중심으로 주변에 비, 바람, 햇빛과 같
은 자연물이 있으며 은행나무는 그중에서도 별
을 닦으며 별과 가장 강한 교감을 이루고 있다.
❸ **나도 별 ~ 당신이라는 별을** 앞서 제시된 자연
물의 교감이 인간의 교감으로 변하는 부분이
다. 별 닦는 나무가 되고 싶다는 표현을 통해 당
신을 향한 화자의 사랑을 드러내고 있다.
❹ **당신이라는 ~ 싶은 나를** '나를'로 끝을 맺음으
로써 전체의 시상을 '나'에 집약시키며 당신을
향한 헌신적인 사랑의 소망을 강조하고 있다.

작가 소개

공광규(孔光奎, 1960~)
시인. 1986년 〈저녁 1〉 등 5편
이 《동서문학》 신인문학상에
당선되어 문학 활동을 시작하
였다. 등단 초기부터 현재까지
변함없이 자신이 몸소 부딪힌
당대의 사회 현실을 시로 형상화하였다. 불교적
인 세계관을 드러내어 비관적인 현실 세계와 죽
음을 마주해야만 하는 인간의 운명과 한계를 불
교적인 세계관으로 극복하려는 모습 또한 보인
다. 시집으로 《대학 일기》(1987), 《지독한 불륜》
(1996), 《파주에게》(2017) 등이 있다.

---

❶은행나무를
별 닦는 나무라고 부르면 안 되나
_{의문형을 사용해 은행나무에 대한 화자의 생각을 드러냄.}
❷비와 바람과 햇빛을 쥐고
_{은행나무를 중심으로 여러 자연물이 어우러짐.}
열심히 별을 닦던 나무   ▶ 1연: 은행나무를 별 닦는 나무라고 생각함.
_{의인법. 자연물이 교감하는 상황을 보여 줌.}

가을이 되면 별가루가 묻어 순금빛 나무   ▶ 2연: 가을 은행나무의 모습
_{밝은 이미지   은행나무가 노랗게 단풍이 든 것을 표현}

❸나도 별 닦는 나무가 되고 싶은데
_{화제의 전환. 자연에서 화자로 초점이 바뀜.}
당신이라는 별을   ▶ 3연: 별 닦는 나무가 되고 싶은 화자
_{은유법. '나'를 '나무'에, '당신'을 '별'에 대응시킴.}

열심히 닦다가 당신에게 *순금 물이 들어
_{2연의 '순금빛'에 대응}
아름답게 지고 싶은데   ▶ 4연: 당신을 향한 화자의 사랑
_{당신을 향한 나의 헌신적인 사랑을 보여 줌.}

이런 나를
_{1연의 '은행나무'에 대응}
별 닦는 나무라고 불러 주면 안 되나
_{반복법. 화자의 소망을 드러냄.}
❹당신이라는 별에
아름답게 지고 싶은 나를   ▶ 5연: 당신을 향한 화자의 사랑과 소망
_{시상을 집약시키며 화자의 소망을 표현함.}

이해와 감상

이 시는 일상적인 시어를 활용
해 자연물이 교감하는 상황을 인
간이 교감하는 상황과 대응시키며
화자의 심정과 소망을 효과적으로
표현하고 있다. 별을 닦는 나무라
는 은행나무에 대한 화자의 인식

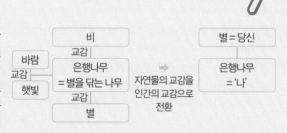

에서 시작해 은행나무를 '나'와 대응시키고, 별을 '당신'과 대응시키면서 당신을 향해 헌신적인 사
랑을 주고 싶은 화자의 소망을 강조하고 있다.

1연에서는 은행나무에 대한 화자의 새로운 인식을 보여 주고 있다. 은행나무를 별을 닦는 나무
라고 생각하면서 은행나무와 다른 자연물(비, 바람, 햇빛, 별)과의 교감을 보이고 있다. 2연에서는
화자가 은행나무를 별을 닦는 나무라고 생각하게 된 이유가 나타나고 있다. 은행나무가 가을이 되
면 노랗게 물드는 것을 별가루가 묻어서라고 표현하면서 가을 은행나무의 모습을 감각적으로 묘
사하고 있다. 3연에서는 자연물의 교감 상황을 인간의 교감으로 전환하고 있다. 앞서 말한 별을 닦
는 은행나무가 되고 싶다고 표현함으로써 자신의 소망을 보이고 있다.

4연에서는 당신을 향한 화자의 사랑을 감각적으로 표현하고 있다. 은행나무가 별을 닦다 순금
빛이 된 것처럼 별인 당신에게 헌신하면서 순금 물이 들고 싶다고 하며 당신을 향한 사랑을 드러
내고 있다. 5연에서는 당신을 향한 화자의 사랑과 소망을 집약하며 강조하고 있다. 당신을 향한 화
자의 사랑을 강조하고 1연과 비슷한 표현을 반복하면서 당신이라는 존재를 닦으며 아름답게 지고
싶은 사랑의 마음을 표현하고 있다.

🏠 작품 연구소

자연과 인간의 대응

이 시는 자연물과 인간의 대응을 통해 당신을 향한 화자의 사랑을 강조하고 있다. 자연물인 '은행나무'는 화자와, '별'은 '당신'과 대응된다. 이를 토대로 별을 닦는 것은, 곧 화자가 '당신'을 사랑하는 일이 된다. 이러한 대응은 색에서도 드러나는데, 별을 닦은 은행나무가 순금빛 나무가 되듯이 화자 역시 순금 물이 들고 싶다고 말한다.

은행나무	화자
별	당신
별을 닦는 것	당신을 헌신적으로 사랑하는 것
순금빛	순금 물

별과 나무

별 = 당신	이상, 지향
나무 = '나'	별을 닦는 존재, 헌신적

흔히 시에서 '별'은 긍정적 이미지로 사용되는데, 하늘에 밝게 떠 있는 존재로 화자의 지향이나 이상 등의 의미를 지닌다. 이 시에서 역시 밝고 환하게 빛나는 존재의 모습을 지닌다. 따라서 이 시에서 '당신'을 '별'에 비유하고 있는 것은 당신에 대한 화자의 심정을 보여 주는 표현으로, '당신'이 화자의 이상이자 지향이라는 것을 알려 준다. 반면, 화자는 그러한 '별을 닦는 나무'가 되기를 소망하고 있는데, 이 나무는 별을 열심히 닦다 지는 존재로, '당신'을 향한 헌신적인 사랑을 보여 준다. 즉, 하늘에 뜬 별을 당신에 비유하고 나를 진다고 표현함으로써 당신을 향한 화자의 마음을 효과적으로 드러내고 있는 것이다.

자료실

기발한 착상과 쉬운 시어

공광규 시인은 기발한 착상을 토대로 하면서도 알기 쉬운 시어를 사용해 은유와 상징 등으로 시상을 형상화한다. 그러면서도 그 안에 삶의 철학과 의미 등을 담아내어 독자로 하여금 감동을 느끼게 한다. 대개 일상에서 제재를 찾고자 하는 공광규 시인은 일상 속 자신의 경험을 시로 녹여 내면서도 그 안에 무소유의 삶, 사회의 부조리, 솔직한 사랑과 정 등을 담고자 하였다. 〈별 닦는 나무〉에서도 '별'과 '은행나무'라고 하는 일상의 쉬운 대상을 토대로 은행나무의 단풍이 별을 닦는 데에서 왔다는 기발한 착상을 통해 헌신적인 사랑을 노래하고 있다.

📖 함께 읽으면 좋은 작품

〈참 맑은 물살 – 회문산에서〉, 곽재구 / 자연물을 통해 나타낸 화자의 정서

〈참 맑은 물살 – 회문산에서〉는 아름다운 봄의 정경 속에서 자연물들이 서로 교감하는 광경을 지켜보며 화자가 느낀 자연에 대한 경탄과 감동이 나타나 있다. 〈참 맑은 물살 – 회문산에서〉와 〈별 닦는 나무〉는 모두 자연물을 통해 대상을 사랑하는 태도를 노래하고 있다는 점에서 공통점을 지닌다. 하지만 〈참 맑은 물살 – 회문산에서〉가 자연물의 교감에 화자가 감동하고 있는 장면만이 묘사된 것에 비해, 〈별 닦는 나무〉에서는 자연의 교감을 인간의 교감으로 전환하고 있다는 점에서 차이를 지닌다.
📲 Link 본책 298쪽

〈매미 울음 끝에〉, 박재삼 / 자연과 인간의 대응

〈매미 울음 끝에〉는 열정적인 매미 울음 끝에 나타나는 고요함을 통해 열정적인 사랑 이후의 고요하고 원숙한 모습의 사랑에 대한 깨달음을 노래하고 있다. 〈매미 울음 끝에〉와 〈별 닦는 나무〉는 모두 자연물에 대한 이해 이후에 이를 토대로 사랑에 대해 생각하고 있다는 점에서 공통점을 지닌다. 하지만 〈별 닦는 나무〉가 자연물과 자신의 사랑을 동일시하여 자신의 소망을 드러내고 있는 것과는 달리, 〈매미 울음 끝에〉는 자연과 인간의 사랑 사이의 유사성을 토대로 사랑의 순리에 대한 깨달음을 얻고 있다는 점에서 차이가 있다.

🔑 포인트 체크

화자 화자는 은행나무를 보며 ☐☐을 향한 사랑을 생각하고 있다.

상황 은행나무가 ☐을 닦았기에 순금빛으로 물이 들었다고 생각하며, 화자 자신도 ☐☐☐☐와 같은 사랑을 하고 싶어 한다.

태도 화자는 당신을 향한 ☐☐☐☐인 사랑을 하기를 소망하고 있다.

내신 적중

1 이 시에 대한 설명으로 적절하지 않은 것은?

① 동일한 시어를 반복하여 화자의 소망을 강조하고 있다.

② 의인화를 통해 대상의 모습을 감각적으로 묘사하고 있다.

③ 자연과 인간의 대립을 통해 자연에 대한 예찬적인 태도를 드러내고 있다.

④ 밝고 환한 이미지의 시어를 사용하여 대상의 이미지를 효과적으로 드러내고 있다.

⑤ 비유적인 표현을 활용하여 '당신'을 향한 화자의 마음을 효과적으로 드러내고 있다.

2 이 시의 화자에 대한 이해로 가장 적절한 것은?

① '당신'을 연모하는 순수한 마음을 지니고 있다.

② '햇빛'을 통해 어두운 현실을 극복하고자 한다.

③ '순금'을 들어 현대 사회의 황금만능주의를 비판하고 있다.

④ '별가루'의 이미지를 활용해 세상 곳곳에 사랑을 전하고자 한다.

⑤ '은행나무'의 색이 변하는 모습을 통해 인생의 무상함을 느끼고 있다.

내신 적중

3 〈보기〉와 이 시를 비교한 내용으로 적절하지 않은 것은?

> **보기**
>
> 참 맑은 물살 / 발가락 새 헤적이네 / 애기 고사리순 좀 봐
> 사랑해야 할 날들 / 지천으로 솟았네 / 어디까지 가나
> 부르면 부를수록 / 더 뜨거워지는 너의 이름 //
> 참 고운 물살 / 머리카락 풀어 적셨네 / 출렁거리는 산들의
> 부신 허벅지 좀 봐 / 아무 때나 만나서 / 한 몸되어 흐르는
> 눈물 나는 저들 연분홍 사랑 좀 봐.
> – 곽재구, 〈참 맑은 물살 – 회문산에서〉

① 이 시와 〈보기〉 모두 대상을 사랑하는 태도를 노래하고 있다.

② 이 시와 〈보기〉 모두 시어와 문장 구조의 반복을 통해 시적 의미를 강조하고 있다.

③ 이 시와 〈보기〉 모두 색채를 드러내는 시어를 통해 대상을 감각적으로 묘사하고 있다.

④ 〈보기〉와 달리 이 시는 자연에 대한 정서에서 나아가 자신의 헌신적인 사랑의 소망을 노래하고 있다.

⑤ 〈보기〉가 자연물의 교감을 노래하는 것과는 달리 이 시는 자연물의 교감이 아닌 인간의 교감만을 노래하고 있다.

4 이 시에서 자연물의 교감이 인간의 교감으로 바뀌고 있는 행을 찾아 쓰시오.

188

다시 느티나무가 | 신경림

문학 미래엔

핵심 정리

갈래 자유시, 서정시
성격 성찰적, 고백적
제재 고향집 앞 느티나무
주제 사물의 인식 변화를 통한 삶의 성찰
늙어 가는 것에 대한 자족감과 달관
특징 ① 시간의 흐름에 따라 시상을 전개함.
② 일상적인 경험을 평이한 시어로 진솔하게 표현함.
출전 《사진관집 이층》(2014)

Q '나는 서러워하지 않았다'의 함축적 의미는?

일반적으로 늙음은 서러움의 의미를 함축하지만 화자는 청년기보다 세상을 더 아름답게 보는 깨달음을 얻었기에 서러워하지 않았다고 표현하고 있다.

시어 풀이

의아해하기는 의심스럽고 이상해하기는.
멀어진 시력이나 청력 따위를 잃은.

시구 풀이

❶ **고향집 앞 느티나무가 ~ 때가 있다** 고향집 앞 느티나무가 화자가 어렸을 적에는 크게 느껴졌지만 화자의 성장으로 그것이 작게 느껴지게 되었다는 뜻이다. 즉, 화자가 자신의 성장을 인식하게 된 때이다.

❷ **내가 다 ~ 이치라고 생각했다** 어린 시절에 보이거나 들리던 것들이 더 이상 지각되지 않은 것에 대해 '잠시' 의아해했을 뿐이고, 이를 '세상 사는 이치'라고 생각했다. 즉, 성장하면서 순수성을 잃은 것을 자연스럽게 여긴 것이다.

❸ **오랜 세월이 지나 ~ 옛날처럼 커져 있다** 늙고 병들어서 눈이 어두워지고 귀가 멀어졌기 때문으로 내면의 가치에 집중하게 되었다는 뜻이다.

❹ **내 눈이 이미 ~ 서러워하지 않았다** 노화로 인해 신체는 젊은 시절과 같지 않지만 늙음을 그대로 수용하여 긍정적으로 인식하고 있다.

❺ **눈이 어두워지고 ~ 세상의 모든 것이 더 아름다웠다** 세상과 사물을 겉으로만 인식하고 판단하던 젊은 시절과 달리 눈이 잘 보이지 않고 귀가 잘 들리지 않는 노년이 되자 세상을 좀 더 깊고 넓게 바라보고 내면의 가치에 집중하게 되어 만족감을 느끼고 과거보다 세상을 아름답게 느끼게 되었음을 말하고 있다.

작가 소개

신경림(본책 208쪽 참고)

---

❶고향집 앞 느티나무가
　　　화자에게 깨달음을 주는 소재
터무니없이 작아 보이기 시작한 때가 있다
　　　자신의 성장을 인식하고 자기중심적으로 변한 때
그때까지는 보이거나 들리던 것들이
　　　순수한 마음으로 인식할 수 있던 것들
문득 보이지도 들리지도 않는다는 것을 알면서
　　　성장에 대한 갑작스러운 깨달음
나는 잠시 *의아해하기는 했으나

❷내가 다 커서거니 여기면서
　　　커 갈수록 어린 시절의 순수함을 잃는 것
이게 다 세상 사는 이치라고 생각했다

▶ 1연: 성장하면서 작아 보이기 시작한 고향집 앞 느티나무

❸오랜 세월이 지나 고향엘 갔더니
　　　고향을 떠나 있던 젊은 시절
고향집 앞 느티나무가 옛날처럼 커져 있다
　　　동일한 대상에 대한 과거와 다른 인식
내가 늙고 병들었구나 이내 깨달았지만
　　　　　　　　작고 초라해진 모습에 대한 깨달음
❹내 눈이 이미 어두워지고 귀가 *멀어진 것을
　　　　자연의 순리로 늙어 간 모습
㉠나는 서러워하지 않았다
　　　늙음에 대한 긍정적 인식

▶ 2연: 늙은 후에 다시 크게 느낀 느티나무

다시 느티나무가 커진 눈에
　　　삶의 깨달음을 얻은 노년기의 시각
세상이 너무 아름다웠다

❺눈이 어두워지고 귀가 멀어져
오히려 세상의 모든 것이 더 아름다웠다
세상에 대한 인식이 확장되어 청년기보다 더 깊은 깨달음을 얻었기 때문에

▶ 3연: 노년기에 느끼는 세상의 아름다움

이해와 감상

　이 시는 시인이 2014년 발간한 《사진관집 이층》이란 시집에 실려 있는 작품으로, 노년이 되어서 늙어 감 자체를 받아들이는 자기 성찰적 태도를 보이고 있다. 고향집 앞 느티나무가 작아 보이게 되면서 화자는 어린 시절 보이거나 들리던 것들을 지각하지 못하게 되고, 이를 자연스러운 성장의 과정이라고 생각한다. 오랜 세월이 흘러 늙고 병든 화자는 다시 고향집 앞 느티나무를 보게 되었을 때, 그것이 어린 시절과 같이 다시 커 보이게 되고, 오히려 예전보다 세상과 모든 것들이 아름다워 보인다고 말하고 있다. 늙고 병듦은 일반적으로 두려움과 기피의 대상이지만, 화자는 늙어 가면서 세상에 대한 인식이 확장되어 청년기보다 더 깊은 깨달음을 얻게 되었고, 그로 인해 세상을 더 아름답게 볼 수 있기 때문에 늙고 병드는 것은 서러워할 일이 아니라고 생각하고 세상의 아름다움을 느끼며 만족해하는 것이다.

청년기	터무니 없이 작아 보임.
↓	
느티나무	
↑	
노년기	옛날처럼 커져 있음.

🏠 작품 연구소

시간적 · 공간적 배경을 통해 본 화자의 상황

시간적 배경	공간적 배경
노년기	고향집 앞

화자의 상황	오랜 세월이 흐른 뒤 고향집 앞 느티나무가 어렸을 때와 같이 다시 커 보이는 것을 인식하고 자신의 늘어 감을 받아들인 후, 오히려 세상의 아름다움을 느끼게 되었다.

화자의 인식 변화

청년기: 느티나무가 작아 보임.		노년기: 느티나무가 다시 커 보임.
자신의 성장을 깨달음. 당연한 이치라고 생각함.	→	늙고 병듦을 깨달음. 세상이 아름다워 보임.

　시적 주체가 자신을 대상화하는 방법으로는 자연, 음악 등과 같은 매개를 통해 자신의 참모습을 발견하고 성찰하는 것이 있다. 이 시에서는 '느티나무'를 바라봄으로써 늙음 자체를 수용하게 되어 시적 주체는 한 단계 더 성숙한 인간으로 성장하게 된다.

신경림의 후기 시

　작가의 후기 작품은 초기 관념의 형태와는 다른 서정성이 나타난다. 1990년대 이후에는 자아 성찰을 통해 가장 본연의 자신의 모습으로 회귀하고자 하였으며, 죽음이라는 두려움의 대상도 긍정적인 시선으로 바라볼 수 있는 여유로움이 나타나기도 한다. 또한 민중을 의식하는 시론에 얽매이지 않고 자신만의 목소리로 노래하는 작품을 창작하여 자아 성찰을 통한 세계 인식의 확장과 서정성을 엿볼 수 있다.

느티나무의 역할

느티나무	• 시간의 흐름 속에서도 동일한 공간적 배경을 만들어 줌. • 시적 화자의 성찰을 유도하고 시적 화자에게 깨달음을 줌.

📖 함께 읽으면 좋은 작품

〈아직은 연두〉, 박성우 / 인생의 시기에 대한 긍정적 인식

　〈아직은 연두〉는 연두가 초록이 되는 과정을 색채로 묘사한 작품으로, 연두는 아직 성숙의 단계에 도달하지는 못했지만 성숙으로 가는 과정에 있는 시기를 상징한다. 〈아직은 연두〉는 〈다시 느티나무가〉와 같이 인생의 시기에 대한 태도를 드러내지만, 젊음을 감각적으로 드러냈다는 점에서 차이가 있다.

〈그대 생의 솔숲에서〉, 김용택 / 자연 현상의 관찰과 삶에 대한 성찰

　〈그대 생의 솔숲에서〉의 화자는 성찰의 공간인 '솔숲'에서 상수리나무 묵은 잎들이 떨어지는 것을 보며 지난날들을 가만히 내려놓아도 좋다고 생각한다. 즉, 화자는 과거의 삶을 내려놓고 그로부터 벗어나기를 바라고 있는 것이다. 〈그대 생의 솔숲에서〉와 〈다시 느티나무가〉는 모두 자연 현상의 관찰과 삶에 대한 성찰이 나타나는데, 〈그대 생의 솔숲에서〉에서는 현실의 긍정이 아니라 미래에 대한 소망이 나타난다는 점에서 차이가 있다.

🔑 포인트 체크

　화자 　□□에 이르러 깨달음을 얻고 늙어 감을 수용하고 있다.

　상황 　젊은 시절 고향을 떠났다가 다시 돌아와 고향집 앞 □□□□가 다시 크게 보이고, 자신이 늙고 병들었음을 깨달았다.

　태도 　오랜 □□이 지나 다시 고향에 돌아와서 늙음 자체를 수용하고, 이를 통해 세상을 □□적으로 바라보고 있다.

내신 적중

1 이 시에 대한 설명으로 가장 적절한 것은?

① 섬세한 어조로 애상적 분위기를 고조시키고 있다.

② 동일한 대상에 대한 인식의 변화를 표현하고 있다.

③ 시간의 흐름에 따른 대상의 변화 양상을 묘사하고 있다.

④ 영탄적 어조를 활용하여 인생의 깨달음을 전달하고 있다.

⑤ 과거 시제의 종결로 어린 시절에 대한 회상을 반복하고 있다.

2 〈보기〉를 바탕으로 이 시를 감상한 내용으로 적절하지 않은 것은?

> **│ 보기 │**
>
> 　나이가 들면서 삶을 긍정적으로 바라보며 잊었던 아름다움을 자연스럽게 재발견하게 되는 감성을 시인답게 소박하게 드러내고 있다. 이 시가 늙어 감 자체에 대한 긍정을 보여 주고 있는 것처럼, 시인은 굳이 잘 늙어 가는 것에 대해 따로 생각하지는 않는다고 말했다.
>
> 　"그냥 사는 거지 뭘 정리를 하고 그래. 죽음이 예고를 해요? 그거 바보짓이에요. 그냥 자연스럽게 내버려 두면 됩니다."　　－작가와의 인터뷰, 월간 《브라보마이라이프》

① '나는 잠시 의아해하기는 했'다는 것은 잊었던 아름다움이 문득 떠올라서 놀랐기 때문이군.

② '내가 늙고 병들었구나'라고 깨달은 것은 나이가 들어 늙어 감 자체를 지각한 것이군.

③ '다시 느티나무가 커진 눈'은 세상을 긍정적으로 바라보게 된 상태를 의미하는 것이군.

④ '세상이 너무 아름다웠다'는 아름다움을 발견하게 된 감성을 소박하게 드러낸 것이군.

⑤ '눈이 어두워지고 귀가 멀어'진 것을 잘 늙어 가는 것에 대한 자연스러운 현상으로 인식하는군.

3 이 시를 읽고 난 후 독자의 반응으로 적절하지 않은 것은?

① 학교 교실이 갑자기 작게 느껴졌던 적이 떠올라.

② 고향집 앞에 다시 돌아갔을 때의 심정이 궁금해.

③ 느티나무처럼 계속 생장하는 생명력을 갖고 싶어.

④ 크면서 어린 시절의 순수했던 감정이 사라진 것 같아.

⑤ 늙어 가는 것을 서러워하지 않는 넉넉한 마음을 지니고 싶어.

내신 적중

4 ㉠의 이유를 화자의 깨달음과 관련지어 쓰시오.

V. 1990년대 이후

189

택배 상자 속의 어머니 | 박상률

문학 천재(김)

🎯 핵심 정리

갈래 자유시, 서정시
성격 추모적, 상징적, 영탄적
제재 어머니의 택배 상자
주제 아들에 대한 어머니의 사랑과 돌아가신 어머니를 그리워하는 아들의 마음
특징 ① 산문적 문체와 서사적 시상 전개를 통해 시적 의미의 이해를 도움.
② 방언 사용으로 화자의 정서를 효과적으로 전달함.
③ 형태적으로 유사한 소재의 대조적 상징을 통해 시적 주제를 강조함.
출전 《국가 공인 미남》(2016)

Q 매듭을 '다 풀어 버렸다'의 의미는?

화자는 택배 상자의 형태적 유사성을 통해 어머니의 관을 연상한다. 따라서 상자를 단단히 묶은 노끈을 다 풀어 버리는 행위는 어머니를 죽음으로부터 지키려는 의지를 드러낸다.

💡 시어 풀이

칠순 일흔 살.
용케도 용하게도, 매우 다행스럽게도.

🔖 시구 풀이

❶ **서울 과낙구 실님이동…….** 맞춤법을 지키지 않은 채 소리 나는 대로 표기하여 어머니가 손수 쓴 듯한 느낌을 전달하는 동시에 어머니의 때 묻지 않은 순수함을 느끼게 해 준다.

❷ **용케도 택배 상자는 ~ 아들 집에 찾아왔다.** 택배가 먼 길을 지나서 아들 집으로 정확히 도착했다는 표현으로, 아들을 향한 어머니의 투박한 사랑이 잘 전달되었다는 것을 비유적으로 나타낸 것이다.

❸ **으쩌자고 이렇게 ~ 해서 풀었다.** 정성스럽게 택배를 싸서 보낸 어머니의 사랑을 느낀 아들이 함부로 노끈을 지르지 못하고 손톱으로 푸는 모습을 통해 어머니에 대한 고마움과 사랑을 드러내고 있다.

❹ **상자 뚜껑을 ~ 목숨이 들어 있다.** 택배 상자 속 물건은 시골 부모님이 자식들에게 보내는 일반적인 물건들이지만 자식을 생각하는 어머니의 지극한 사랑과 정성이 담긴, 세상 그 무엇보다 값진 물건이다. 때문에 그 물건들을 '어머니의 목숨'이라고 말하고 있는 것이다.

👤 작가 소개

박상률(1958~)
시인이자 희곡 작가. 전남 진도 출생. 시 〈진도 아리랑〉(1990), 희곡 〈문〉(1990)으로 등단하였고 시, 소설, 희곡 등 문학의 전 분야에서 활동하고 있는 작가로 청소년 문학의 물꼬를 튼 작가로 평가받는다. 산문집 《배고픈 웃음》(2002), 소설집 《봄바람》(2007), 동화집 《바람으로 남은 엄마》(2013), 시집 《진도 아리랑》(2002) 등이 있다.

---

❶서울 과낙구 실님이동……. 소리 나는 대로 꼬불꼬불 적힌 아들네 주소. ❷칠순 어머니 글씨다. ❷용케도 택배 상자는 꼬불꼬불 옆길로 새지 않고 남도 그 먼 데서 하루 만에 서울 아들 집을 찾아왔다. 아이고 어무니! 그물처럼 단단히 노끈을 엮어 놓은 상자를 보자 내 입에서 나도 모르게 터져 나온 곡소리. 나는 상자 위에 엎드렸다. 어무니 ❸으쩌자고 이렇게 단단히 묶어 놨소. 차마 칼로 싹둑 자를 수 없어 노끈 매듭 하나하나를 손톱으로 까다시피 해서 풀었다. 칠십 평생을 단 하루도 허투루 살지 않고 단단히 묶으며 살아 낸 어머니. 마치 스스로 당신의 관을 미리 이토록 단단히 묶어 놓은 것만 같다. 나는 어머니 가지 마시라고 매듭을 하나도 남기지 않고 다 풀어 버렸다. ❹상자 뚜껑을 열자 양파 한 자루, 감자 몇 알, 마늘 몇 쪽, 제사 떡 몇 덩이, 풋콩 몇 주먹이 들어 있다. 아니, 어머니의 목숨이 들어 있다. 아, 그리고 두 홉짜리 소주병에 담긴 참기름 한 병! 입맛 없을 때 고추장에 밥 비벼 참기름 몇 방울 쳐서라도 끼니 거르지 말라는 어머니의 마음.

▶ 어머니가 보내 주신 택배 상자와 물건들을 통해 어머니의 사랑을 깨달음.

아들은 어머니 무덤에 엎드려 끝내 울고 말았다.　　　　　▶ 돌아가신 어머니에 대한 그리움과 슬픔

이해와 감상

　이 시는 고향에 계신 어머니가 시적 화자에게 보낸 택배 상자를 제재로 하고 있다. 택배 상자 속에는 여러 가지 소박한 물품이 있는데, 그것은 모두 자식에 대한 어머니의 사랑과 정성을 의미하여 큰 감동을 준다. 이에 아들은 어머니의 헌신적 삶과 끝없는 사랑을 떠올린다. 또한 택배 상자와 관의 이미지를 중첩시켜 어머니의 죽음을 거부한다. 하지만 어머니는 돌아가셨고 자식은 어머니에 대한 그리움으로 눈물을 흘린다. 이 시는 산문적 문체와 서사적 구조를 통해 자식에 대한 어머니의 사랑을 절절하게 전달하고 있다.

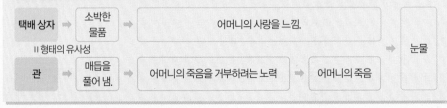

작품 연구소

시어 및 시구의 상징적 의미

시어 및 시구	상징적 의미
서울 과낙구 실님이동	학력이 높지 않은 어머니의 순박함과 정성
단단히 노끈을 엮어	어머니의 꼼꼼한 성격과 아들에 대한 사랑과 정성
양파, 감자, 마늘, 제사 떡, 풋콩, 참기름	소박한 물품에서 전해 오는 어머니의 사랑과 정성

이 시에 사용된 표현과 효과

표현	시어 및 시구	효과
전라도 방언	어무니 으쩌자고 이렇게 단단히 묶어 놨소.	실제 화자의 말을 듣는 듯한 느낌이 들게 함.
의태어	꼬불꼬불	어머니의 글씨 모양을 실감나게 묘사하는 동시에 어머니의 굴곡진 삶을 의미함.
영탄법	아이고 어무니!, 아, 참기름 한 병!	화자의 감정을 직설적으로 나타냄.
돈호법	어무니	고마움과 그리움으로 북받치는 아들의 감정을 표현함.
열거법	양파 한 자루~풋콩 몇 주먹	시골 부모님들이 도시의 자식들에게 일반적으로 보내는 향토적인 물건들을 나열함으로써 독자의 보편적 감성을 불러일으킴.

'택배 상자'의 상징적 의미

택배 상자	· 자식을 향한 어머니의 마음과 머나먼 여정을 상징 · 단단히 동여매진 택배 상자 → 어머니의 정성과 사랑 · 자식을 위해 살아온 어머니의 한평생 · 관의 이미지＝어머니의 죽음 상징 · 상자 속 물건들 → 오직 자식만을 위해 산 어머니의 삶 · 무덤 이미지를 통한 어머니의 숭고한 삶과 죽음

함께 읽으면 좋은 작품

〈찬밥〉, 문정희 / 자식에 대한 어머니의 사랑과 정성

〈찬밥〉은 아픈 몸 일으켜 찬밥을 먹던 화자가 가족을 위해 따스한 밥을 지어 주시고 홀로 찬밥을 먹던 어머니의 희생과 사랑을 노래한 작품이다. 〈택배 상자 속의 어머니〉와 〈찬밥〉은 모두 어머니의 자식에 대한 사랑과 정성을 노래하고 있다는 유사점이 있다. 하지만 〈택배 상자 속의 어머니〉가 작품에 어머니라는 시어를 직접 사용하면서 자식의 입장에서 어머니의 사랑을 노래한 반면, 〈찬밥〉은 어머니라는 표현 대신 '사람', '그녀'로 대신하면서 모든 어머니를 대변하는 특징을 보여 주고, 또한 화자가 어머니가 되어 '찬밥'을 먹으면서 스스로 어머니로서의 삶에 대한 가치를 다시금 떠올리고 있다는 차이점이 있다.

포인트 체크

화자 화자는 ☐☐☐☐가 보내 주신 택배 상자를 열어 보면서 어머니의 ☐☐과 사랑을 떠올리고 있다.

상황 택배 상자를 받은 자식은 어머니의 ☐☐을 느끼고 동시에 ☐을 떠올리며 어머니의 ☐☐을 거부하고 있지만 어머니는 돌아가셨다.

태도 택배 상자와 물품을 통해 돌아가신 어머니의 한 많은 삶과 자식 사랑에 대한 슬픔과 존경심을 드러내는 ☐☐적 태도가 나타나고 있다.

내신 적중 多빈출

1 이 시에 대한 설명으로 가장 적절한 것은?
① 방언을 사용하여 인물 간 갈등 구조를 잘 드러내고 있다.
② 대화 형식을 통해 화자와 대상의 내면을 잘 묘사하고 있다.
③ 서사적 구조를 사용하여 시적 상황을 쉽게 전달하고 있다.
④ 산문체 형식으로 인물들의 상황을 다양하게 전달하고 있다.
⑤ 유사한 의미를 지닌 두 소재를 등장시켜 시적 긴장감을 이완시키고 있다.

2 다음 중 이 시의 화자가 지닌 정서와 가장 유사한 것은?
① 흔 손에 막ᄃᆡ 잡고 ᄯᅩ 흔 손에 가싀 쥐고 / 늙ᄂᆞᆫ 길 가싀로 막고 오ᄂᆞᆫ 백발(白髮) 막ᄃᆡ로 치려터니 / 백발(白髮)이 제 몬져 알고 즈럼길노 오더라. — 우탁
② 어버이 그릴 줄을 처엄부터 알아마ᄂᆞ / 님군 향한 뜻도 하날이 삼겨시니 / 진실로 님군을 잊으면 긔 불효(不孝)인가 여기노라. — 윤선도
③ 반중(盤中) 조홍(早紅)감이 고아도 보이ᄂᆞ다. / 유자(柚子) 안이라도 품엄즉도 ᄒᆞ다마ᄂᆞ / 품어 가 반기리 없슬ᄉᆡ 글노 설워ᄒᆞᄂᆞ이다. — 박인로
④ 이 몸이 주거 가셔 무어시 될고 ᄒᆞ니 / 봉래산(蓬萊山) 제일봉(第一峯)에 낙락장송(落落長松) 되야 이셔 / 백설(白雪)이 만건곤(滿乾坤)홀 제 독야청청(獨也靑靑)ᄒᆞ리라. — 성삼문
⑤ 십 년(十年)을 경영(經營)ᄒᆞ여 초려 삼간(草廬三間) 지여 내니 / 나 흔 간 ᄃᆞᆯ 흔 간에 청풍(淸風) 흔 간 맛져 두고 / 강산(江山)은 들일 ᄃᆡ 업스니 둘러 두고 보리라. — 송순

3 이 시의 화자의 태도에 대한 설명으로 가장 적절한 것은?
① 현실 상황을 극복하고자 하는 의지를 드러내고 있다.
② 도피적인 자신의 삶을 반성하는 태도가 드러나고 있다.
③ 관조적 자세로 상황을 살펴보는 태도를 견지하고 있다.
④ 시적 대상에 대해 안타까움과 추모의 태도를 보이고 있다.
⑤ 과거와 현재를 대비하며 지난 일에 대한 아쉬움을 표출하고 있다.

4 이 시의 시구 중 의미하는 바가 다른 하나는?
① 칠순 어머니 글씨
② 풋콩 몇 주먹
③ 참기름 한 병
④ 고추장
⑤ 어머니의 마음

5 이 시에서 '어머니의 삶'을 압축해서 표현한 구절을 찾아, 그 의미와 함께 쓰시오.

190 서해 |이성복

키워드 체크　#역설적 발상　#활유법　#경어체　#배려와 그리움

『아직 서해엔 가 보지 않았습니다
　① 특정 공간을 제시함으로써 독자의 호기심을 유발함. ② 경어체로써 대상에 대한 경의를 나타냄.
어쩌면 당신이 거기 계실지 모르겠기에　　　　　　▶ 1연: 서해에 가 보지 않은 이유
당신을 그리워하나 당신이 있을 것 같아 서해에 가지 않음. – 역설적 표현 『 』: 도치법을 통해 화자의 정서를 강조함.

　　　　　　○: 화자가 보지 않은 서해, 당신이 계신 곳
『그곳 바다인들 여느 바다와 다를까요』　『 』: 설의법을 통해 서해가 특별한 바다가 아님을 나타냄.
서해, 미지의 바다　　화자가 알고 있는 일반적인 바다
검은 개펄에 작은 게들이 구멍 속을 들락거리고
　　　　일반적인 바다의 모습을 구체적으로 묘사함.
언제나 바다는 멀리서 진펄에 몸을 뒤척이겠지요　　▶ 2연: 다른 바다와 다르지 않은 서해의 모습
　　　　활유법, 화자와 '당신' 사이의 거리감을 나타냄.

『당신이 계실 자리를 위해　『 』: 도치법, '당신'에 대한 간절한 그리움을 표현함.
가 보지 않은 곳을 남겨 두어야 할까 봅니다
내 다 가 보면 당신 계실 곳이 남지 않을 것이기에』　▶ 3연: 서해에 가지 않으려는 다짐과 그 이유
　　　　'나'가 서해에 가지 않는 이유

『내가 보지 않은 한쪽 바다는　『 』: 역설적 표현
늘 마음속에서나 파도치고 있습니다』　　　　　▶ 4연: 마음속에서 파도치는 서해 바다
　　당신에 대한 화자의 그리움을 시각적 이미지로 나타냄.

키 포인트 체크

화자　'당신'을 위해 서해에 가지 않겠다는 [ ][ ]적인 발상을 보이고 있다.

상황　화자는 '당신'의 존재 여부를 확인하는 것을 [ ][ ]함으로써 '당신'의 존재를 지키고자 한다.

태도　화자는 '당신'에 대한 간절한 [ ][ ][ ]을 드러내고 있다.

답 역설, 유보, 그리움

핵심 정리

갈래　자유시, 서정시
성격　서정적, 시각적
제재　서해
주제　당신에 대한 배려와 간절한 그리움
특징　① 역설적인 표현을 통해 대상에 대한 그리움을 나타냄.
　　② 도치법, 활유법, 설의법 등을 통해 화자의 정서를 형상화함.
　　③ 경어체로 대상에 대한 존경과 배려를 나타냄.
출전　《그 여름의 끝》(1990)
작가　이성복(본책 224쪽 참고)

이해와 감상

이 시는 '당신'이 보고 싶지만 '당신'을 위해 서해에 가지 않겠다는 역설적인 발상을 통해 '당신'에 대한 화자의 간절하고 애틋한 그리움을 나타내고 있다. 즉 '당신'의 존재 여부를 확인하는 것을 유보함으로써 오히려 '당신'의 존재를 지키고자 하는 역설적인 태도를 보여 준다. 결국 '서해'는 '당신'이 계실지도 모르는 공간으로, 이 공간을 남겨 둠으로써 화자는 자신의 그리움을 지속해 나갈 수 있는 것이다. 화자가 '당신'을 항상 그리워하고 있다는 사실은 4연의 마지막 행에서 확인할 수 있다.

```
             서해
      화자가 가 보지 않은 곳
```

'당신'에 대한 배려	'당신'에 대한 그리움
당신이 존재할 공간을 남겨 둠.	서해가 마음속에 늘 파도치고 있음.

---

191 작은 연가 |박정만

키워드 체크　#사랑　#꽃초롱　#불　#별　#어둠　#저녁　#이미지의 대조

국어 해냄

사랑이여, 보아라
명령형. 이어지는 상황에 집중하게 함.　　　　　　○: 밝음의 이미지
꽃초롱 하나가 불을 밝힌다.　　　　　　　　　△: 어둠의 이미지
　밝음의 이미지, 작은 불빛에서 시작
꽃초롱 하나가 천 리 밖까지
　　　작은 불빛이 멀리까지 퍼짐.
너와 나의 사랑을 모두 밝히고
　　사랑을 피게 하는 꽃초롱
해 질 녘엔 저무는 강가에 와 닿는다.　　　　　▶ 1~5행: 세상을 밝히는 꽃초롱의 모습

저녁 어스름 내리는 서쪽으로
유수(流水)와 같이 흘러가는 별이 보인다.
비유법을 통해 별의 이미지를 시각화
우리도 별을 하나 얻어서
　별(밝음)을 내면 공간에 간직함.
꽃초롱 불 밝히듯 눈을 밝힐까.　　　　　　　▶ 6~9행: 별의 밝음을 내면화
　비유법을 통해 밝음의 이미지를 전달함.
눈 밝히고 가다가다 밤이 와
　　　　어둡고 비관적인 현실
우리가 마지막 어둠이 되면　　　　　　　　▶ 10~11행: 부정적인 현실 상황

바람도 풀도 땅에 눕고
　　부정적인 현실의 상황
사랑아, 그러면 저 초롱을 누가 끄리.
　　　의문형을 활용해 시적 화자의 의지와 갈망을 강조함.
저녁 어스름 내리는 서쪽으로
　　어둡고 비관적인 현실
우리가 하나의 어둠이 되어

핵심 정리

갈래　자유시, 서정시
성격　서정적, 상징적
제재　사랑, 꽃초롱
주제　사랑을 통해 밝은 빛과 희망의 세계로 나아가고자 하는 갈망
특징　① 밝음의 이미지와 어둠의 이미지를 대조함.
　　② 어둠에서 빛으로, 절망에서 희망으로 나아가고 싶은 갈망과 의지를 형상화함.
출전　《다시 눈뜬 아사달》(1990)
작가　박정만(1946~1988) 1968년 《서울신문》 신춘문예에 〈겨울 속의 봄 이야기〉가 당선되어 등단하였으며 삶과 죽음의 경계에 대한 인식을 서정적으로 형상화하였다.

이해와 감상

이 시는 밝음의 이미지와 어둠의 이미지를 서로 대조하여 사랑을 바탕으로 밝은 빛과 희망의 세계로 나아가고자 하는 의지와 갈망을 노래하고 있다. '꽃초롱'의 작은 불빛은 멀리까지 퍼지며 세상을 밝히는 역할을 한다. 시적 화자 역시 꽃초롱의 불로 사랑을 밝히며, '밤'으로 대변되는 어둡고 비관적인 현실을 이겨 내고자 하는 모습을 노래하고 있다. 즉, 현실이 비록 어둡고 비관적이라고 할지라도 사랑으로 이를 헤쳐 빛과 희망의 세계로 나아가겠다는 열망과 의지를 밝히고 있는 것이다.

또는 물 위에 뜬 (별)이 되어

(꽃초롱) 앞세우고 가야 한다면
_{사랑으로 어둠을 밀치고 밝고 따뜻한 희망의 세계로 나아가고자 함.}
(꽃초롱) 하나로 천 리 밖까지

눈 밝히고 눈 밝히고 가야 한다면.　　　　　▶ 12~19행: 사랑을 통한 비극적 현실 극복 의지
_{시구를 반복하여 화자의 의지와 갈망을 강조함.}

키 포인트 체크

화자 화자는 ☐☐의 마음을 가지고 있으며, 이를 토대로 부정적인 ☐☐을 대면하고 있다.

상황 화자는 ☐☐☐☐의 불빛이 퍼지는 것을 보며, 희망의 세계로 나아가고자 한다.

태도 화자는 어둠에서 ☐으로, 절망에서 ☐☐으로 나아가고자 한다.

답 사랑, 현실, 꽃초롱, 빛, 희망

192 작은 부엌 노래 | 문정희

키워드 체크 #비판적 #불평등한 결혼 제도 #감각적 형상화 #주체적인 삶

부엌에서는 / 언제나 술 괴는 냄새가 나요.
_{여성의 정체성이 상실되는 억압의 공간}
한 여자의 / 젊음이 삭아 가는 냄새
　　　　　_{여성의 젊음이 사라지는 모습을 '술 괴는 냄새'라는 후각적 이미지를 통해 나타냄.}
『한 여자의 설움이 / 찌개를 끓이고
_{여성에게만 강요되는 힘든 가사 노동에 대한 설움}　『 』: 여성이 집안의 가사 노동에 속박되어 자신의 정체성을 상실해 감.
한 여자의 애모가 / 간을 맞추는 냄새』

부엌에서는

언제나 바삭바삭 무언가
_{의성어를 통해 음식이 타는 소리를 생생하게 나타냄.}
타는 소리가 나요.　　　　　　　　　▶ 1~11행: 부엌에서 자기 정체성을 상실해 가는 여성
_{항상 속이 타는 여성의 억눌린 삶을 청각적 이미지로 형상화함.}
세상이 열린 이래

똑같은 하늘 아래 선 두 사람 중에
_{남성과 여성은 태초에 평등한 인권을 부여받고 태어났음을 강조함.}
한 사람은 큰방에서 큰소리치고
_{남성은 작은 부엌과 대조되는 '큰방'에서 여성 위에 군림하며 가부장적 권위를 가짐.}
한 사람은 / 종신 동침 계약자, 외눈박이 하녀로
_{여성}　　　_{남성과 여성의 불평등한 관계에 대해 비판하고 있음.}
부엌에 서서 / 뜨거운 촛농을 제 발등에 붓는 소리.
　　　　　　_{여성의 고통을 촉각적, 청각적 심상을 통해 나타냄.}
부엌에서는 한 여자의 피가 삭은
_{'피'는 생명력을 상징하며, '삭는다'는 것은 생명력의 소진을 의미함.}
빙초산 냄새가 나요.　　　　　　　▶ 12~20행: 불평등한 결혼 제도에 고통받는 여성
_{여성의 생명력이 소멸되어 가는 것을 식초의 강한 냄새로 표현함.}
그런데 언제부터인가 모르겠어요.
_{시상의 전환}
촛불과 같이
_{자신을 태워 타인을 밝히는 소재 → '희생'의 상징}
나를 태워 너를 밝히는
_{'나'는 여성을, '너'는 남성을 의미함.}
저 천형의 덜미를 푸는
_{가부장적 억압과 구속에서 벗어나는}
소름 끼치는 마고할멈의 도마 소리가 / 똑똑히 들려요.
_{여성들이 새로운 모습으로 변화하는 것을 청각적 심상으로 나타냄(신화적 이미지).}
수줍은 새악시가 홀로
_{자신의 정체성을 찾아가는 새로운 여성}
허물 벗는 소리가 들려와요.
_{가부장적 억압과 구속에서 벗어나 주체적인 정체성을 획득하는 여성의 모습을 청각적 심상으로 나타냄.}
우리 부엌에서는……　　　　　▶ 21~29행: 자기 정체성을 찾아가는 새로운 여성의 모습
_{자기 정체성을 찾은 주체적 여성의 공간}

키 포인트 체크

화자 화자는 여성이 ☐☐☐☐☐을 찾아 삶의 주체가 되기를 바라고 있다.

상황 여성이 일하는 공간인 ☐☐을 배경으로 여성이 겪는 억압적 현실이 드러나 있다.

태도 화자는 불평등한 결혼 제도에 대한 ☐☐적 태도를 보여 주고 있다.

답 자기 정체성, 부엌, 비판

작품 연구소

이미지의 대조

밝음		어둠
꽃초롱, 불, 별	↔	저녁, 서쪽, 밤, 어둠

이 시는 밝음과 어둠의 이미지가 강하게 대조를 이루고 있다. 밝음의 이미지에 해당하는 시어로는 '꽃초롱', '불', '별' 등이 나타나고 있으며 이들은 모두 밝히는 존재로서의 역할을 한다. 반면, 어둠의 이미지에 해당하는 시어로는 '저녁', '서쪽', '밤', '어둠' 등이 있다. 이러한 이미지의 대조를 통해 어둠 속에서 밝음의 세계로 나아가고자 하는 의지와 갈망을 강조하고 있다.

핵심 정리

갈래 자유시, 서정시
성격 비판적, 감각적
제재 부엌
주제 불평등한 결혼 제도에 대한 비판과 여성의 자기 정체성 추구
특징 ① 후각적 심상과 청각적 심상을 통해 여성이 억압받는 현실을 감각적으로 형상화함.
② 부엌이라는 공간적 배경을 중심으로 시상을 전개함.
③ 남성 중심의 가부장적 결혼 제도에 대한 비판적인 태도가 나타남.
출전 《어린 사랑에게》(1991)
작가 문정희(본책 330쪽 참고)

이해와 감상

이 시는 여성이 불평등한 결혼 제도와 가부장적 억압의 현실에서 벗어나 자기 정체성을 확립하여 주체적인 삶을 영위해야 함을 시사해 주는 작품이다.

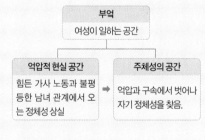

부엌
여성이 일하는 공간

억압적 현실 공간	주체성의 공간
힘든 가사 노동과 불평등한 남녀 관계에서 오는 정체성 상실	→ 억압과 구속에서 벗어나 자기 정체성을 찾음.

작품 연구소

화자의 인식이 변화하는 과정

고통받는 여성에 대한 연민 (1~11행)	불평등한 결혼 제도에 대한 비판 (12~20행)	주체적 인간으로 거듭나기를 바람. (21~29행)
가사 노동에 매여 고통받는 여성들의 삶을 연민의 시선으로 바라봄.	→ 가부장적 사회와 불평등한 결혼 제도에 대해 비판적인 태도를 보임.	→ 여성이 불평등한 현실의 억압에서 벗어나 자기 정체성을 찾기를 바람.

193 대장간의 유혹 | 김광규

`문학` 신사고

키워드 체크 #현대인의 삶의 모습 #가치 있는 대상 #자신의 삶 성찰

『제 손으로 만들지 않고 / 한꺼번에 싸게 사서
『 』: 쉽게 쓰고 버려지는 의미 없는 존재   대량 생산, 대량 소비
마구 쓰다가 / 망가지면 내다 버리는 / 플라스틱 물건』처럼 느껴질 때

나는 당장 버스에서 뛰어내리고 싶다   ▶ 1~6행: 가치 없는 자신의 삶에 대한 비판
일상적인 삶의 공간, 구체적 지명 활용으로 시적 상황에 사실성 부여

현대 아파트가 들어서며 / 홍은동 사거리에서 사라진
중의적 의미: ① 현대식 아파트, ② 현대 건설에서 만든 현대 아파트

털보네 대장간을 찾아가고 싶다   ▶ 7~9행: 털보네 대장간에 가고 싶음.
사물을 단련하여 가치 있는 물건으로 만드는 생산적 공간

풀무질로 이글거리는 불 속에 / 시우쇠처럼 나를 달구고
무쇠를 불에 달구어 단단하게 만든 쇠붙이   ○: 무쇠낫을 만드는 과정, 인간의 땀과 혼이

모루 위에서 벼리고 / 숫돌에 갈아   배어 있음. 플라스틱을 만드는 과정과 대조됨.
대장간에서 불에 달군 쇠를 올려놓고 두드릴 때 받침으로 쓰는 쇳덩이

시퍼런 무쇠낫으로 바꾸고 싶다
플라스틱 물건과 대조적인 의미, '나'가 지향하는 대상

땀 흘리며 두들겨 하나씩 만들어 낸 / 꼬부랑 호미가 되어
가치 있는 존재를 만들기 위한 과정

소나무 자루에서 송진을 흘리면서

대장간 벽에 걸리고 싶다   ▶ 10~18행: 가치 있는 존재가 되고 싶은 소망
삶의 의미를 찾을 수 있는 소중한 공간

지금까지 살아온 인생이 / 온통 부끄러워지고

직지사 해우소 / 아득한 나락으로 떨어져 내리는   △: 긍정적인 대상
하강 이미지   □: 유사한 문장 구조를 반복하여 운율을 형성함.

똥덩이처럼 느껴질 때 / 나는 가던 길을 멈추고 문득
배출의 대상, 화자 자신의 부정적인 요소, 풍자적 요소

어딘가 걸려 있고 싶다   ▶ 19~25행: 지난 삶을 반성하고 참된 자아의 모습을 추구함.
대장간 벽, 의미 있는 존재가 되는 공간

키 포인트 체크

화자 화자는 의미 없이 살아가는 현대인의 삶을 ☐☐하고 있다.

상황 화자는 자신을 하찮고 ☐☐ 없는 존재라고 느끼고 있다.

태도 화자는 자신의 인생에 대해 ☐☐☐☐☐을 느끼고, 가치 있는 존재가 되기를 바라고 있다.

`답` 비판, 가치, 부끄러움

핵심 정리

갈래 자유시, 서정시
성격 성찰적, 의지적
제재 대장간, 무쇠낫, 호미
주제 인간의 열정이 살아 있는 진정한 삶의 회복
특징 ① 비유와 상징을 활용하여 의미를 표현함.
② 대비되는 공간과 대상을 활용하여 주제 의식을 형상화함.
출전 《대장간의 유혹》(1991)
작가 김광규(본책 256쪽 참고)

이해와 감상

이 시는 대량 생산, 대량 소비되는 사회에서 의미 없이 살아가는 현대인의 삶을 비판하고 자신을 의미 있고 가치 있는 존재로 바꾸고 싶다는 화자의 바람을 표현하고 있다. 홍은동으로 표현되는 현대인의 삶의 공간은 도시화된 산업 사회를 의미한다. 이곳에서는 사람들이 일회용 도구처럼 쓰고 버려진다. 화자는 이러한 상황을 비판적으로 인식하며 털보네 대장간으로 가서 인고와 시련을 거쳐 '시우쇠'나 '무쇠낫', '호미'와 같이 의미 있는 존재가 되기를 희망한다.

작품 연구소

소재의 상징적인 의미

플라스틱 물건, 똥덩이	시우쇠, 무쇠낫, 호미
• 부정적인 대상 • 편의적이고 일회적인 가치에 매몰된 삶	• 긍정적인 대상 • 인간의 열성이 녹아 있는 진정한 삶

공간의 상징적인 의미

현대 아파트	털보네 대장간
• 가치 있는 존재가 사라진 현대 문명 상징 • 도시화된 산업 사회	• 개성적이고 가치 있는 삶이 존재하는 공간 상징

---

194 들판이 적막하다 | 정현종

키워드 체크 #비판적 #생태계 파괴 #화자의 인식 변화

『가을 햇볕에 공기에
○: 각운 '에'의 반복

익는 벼에
『 』: 가을날의 아름다운 경치(계절적 배경), 가을 들판의 풍요로움(시각적 심상)

눈부신 것 천지인데,』
가을 햇볕, 공기, 익는 벼

그런데,
시상의 전환

아, 들판이 적막하다 ―   □: 영탄 → 적막한 들판에 대한 안타까운 심정 강조
감탄사   가을 들판과 대비됨(청각적 심상). → 비정상적 상황

메뚜기가 없다!   ▶ 1연: 가을 들판에서 메뚜기의 부재를 발견.
들판이 적막한 이유 → 파괴된 자연의 모습

오 이 불길한 고요 ―
생태계의 파괴에 대한 위기 의식(청각적 심상)

생명의 황금 고리가 끊어졌느니……   ▶ 2연: 생태계가 파괴된 현실을 깨달음.
생태계의 질서인 먹이 사슬   말줄임표를 사용해 여운을 줌.
(상황의 심각성과 위기감 강조)

키 포인트 체크

화자 화자는 처음에는 가을 풍경에 도취되지만 이후 생명의 ☐☐ ☐☐가 끊어진 것을 자각한다.

상황 풍요로운 들판의 모습과 ☐☐☐가 없는 들판의 모습이 대비되어 시적 상황이 강조되고 있다.

태도 화자는 심각한 생태계 파괴의 현실에 대해 ☐☐하고 있다.

`답` 황금 고리, 메뚜기, 비판

핵심 정리

갈래 자유시, 서정시
성격 상징적, 비판적
제재 메뚜기, 적막한 들판
주제 생태계가 파괴된 현실에 대한 비판
특징 ① 풍요로운 가을 들판의 모습과 메뚜기가 없는 들판의 모습을 대비하여 시적 상황을 강조함.
② 느낌표, 말줄임표 등을 통해 시적 화자의 정서를 효과적으로 제시함.
출전 《한 꽃송이》(1992)
작가 정현종(본책 255쪽 참고)

이해와 감상

이 시는 인간의 욕심으로 자연의 생태계가 파괴되고 있음을 고발하는 작품으로, 시에는 '메뚜기'가 사라진 이유에 대해서 아무런 언급이 없지만, 인간의 욕심 때문에 '메뚜기'가 사라졌음을 추측할 수 있다. 인간은 농작물의 생산량을 늘리기 위하여 농약을 과도하게 사용하였으며, 이 과정에서 농약의 독성이 '메뚜기'를 사라지게 한 것이다. 즉, 이 시는 생태계를 파괴한 인간의 과도한 욕심을 간접적으로 고발하고 있다.

195 아픈 친구의 지구 | 정현종

키워드 체크 #아픈 친구 #지구 #시간이 멈추길 바람. #친구를 향한 걱정

한 친구가 위암 수술을 받았을 때
　　　　　生사를 넘나들 수 있는 상황
나는 지구의 자전 속도에 제동을 걸었다.
　　시간의 흐름　　　　　'제동'은 멈추게 한다는 의미로, 친구의 병세가 악화될까 하는
　　　　　　　　　　　　두려움에 시간이 느리게 가길 바라는 소망이 담겨 있음.
그 무렵 나는
친구가 수술을 받았을 때
놀러 가는 일을 그만두었으니
일상적인 일　　　　일상과의 대비로 아픈 친구를 배려하고 걱정하는 마음이 나타남.
지구의 자전 속도가 줄어든 걸 알 수 있었다.
　　　친구에 대한 걱정에 시간이 느리게 간다고 느낌.　　　▶ 위암 수술을 받은 친구에 대한 걱정

키 포인트 체크

화자 화자는 아픈 친구를 배려하는 마음으로 ☐☐☐☐☐을 그만두며 친구를 걱정한다.

상황 화자의 친구가 ☐☐ 수술을 받았다.

태도 화자는 아픈 ☐☐를 걱정하며 시간이 느리게 가길 소망한다.

답 놀러 가는 일, 위암, 친구

◉ 핵심 정리

갈래 자유시, 서정시
성격 서정적, 소망적
제재 위암 수술을 받은 친구, 지구
주제 위암 수술을 받은 친구를 향한 마음
특징 ① 일상과의 대비를 통해 소망을 드러냄.
　　　② 참신한 표현으로 화자의 정서를 형상화함.
출전 《광휘의 속삭임》(2008)
작가 정현종(본책 255쪽 참고)

이해와 감상

이 시에서는 수술을 받은 친구에 대한 화자의 걱정과 시간이 느리게 가길 바라는 소망이 담겨 있다. 화자의 친구는 위암 수술을 받았는데, 이는 생사를 넘나드는 위험한 상황이다. 이에 화자는 '지구의 자전 속도에 제동'을 걸어서라도 시간을 느리게 가게끔 하고 싶다는 소망을 드러내고 있다. 또한 '놀러 가는 일'로 나타나는 일상을 멈춤으로써 친구에 대한 걱정을 심화하고 있다.

작품 연구소

| 친구에 대한 걱정 | → | 지구의 자전 속도에 제동을 걺. → 시간이 느리게 가길 바람. |
| | | 놀러 가는 일을 그만둠. → 일상의 변화 |

---

196 수세미 | 이성복

키워드 체크 #자연에 나타난 아름다움 #묘사 #초록 이미지 #영탄적 태도 #희생과 헌신

　　　　　　　　　　○: 수세미나무 잎새의 특징.
　　　　　　　　　　시적 화자가 감탄하고 있는 특성
추석 이튿날 아침 수세미나무 잎새는 얼마나 환한가 얼마나 단정한가 수세미 잎새
　　　　　　　　　　　　　　　　　　영탄법　　　　　　영탄법
는 포도나무를 타고 가다 등나무 줄기로 점프하고 바람 한 점 없는 하늘에 여러 겹 우
의인법, 수세미나무 잎새가 다른 나무를 감고 올라감.　　수세미 잎의 특징. 뿌리가 잡아 주어야 함.
산이 된다 빨간 우산, 노란 우산, 찢어진 우산이 아니라 한결같이 초록 우산, 너무 가벼
　　　　동요의 한 구절　　　　　　　　　시각적 심상, 은유법, 원관념: 수세미나무 잎새
워 공중에 떠 있는 초록 우산을 땅속에서 꼭 잡고 놓지 않는 초록 아이들
　　　은유법, 원관념: 뿌리, 뿌리가 있어 잎이 공중에 떠 있을 수 있음.
　　　　　　　　　　　　　　　　　　▶ 수세미나무 잎새와 뿌리에 대한 감탄

키 포인트 체크

화자 이 작품의 화자는 ☐☐☐☐을 소재로 화자의 정서를 표현하였다.

상황 이 작품의 화자는 추석 이튿날 아침 ☐☐☐☐☐를 보며 강한 생명력을 느끼고 있다.

태도 이 작품의 화자는 수세미나무 잎새가 무성하게 덩굴진 자연 현상을 보고 ☐☐하고 있다.

답 자연 현상, 수세미나무, 감탄

◉ 핵심 정리

갈래 자유시, 서정시
성격 묘사적, 영탄적
제재 수세미나무 잎새와 뿌리
주제 환하고 단정한 수세미나무 잎새와 이를 잡고 있는 뿌리에 대한 감탄
특징 ① 의인법과 비유를 활용하여 수세미나무 잎새를 생생하게 표현함.
　　　② 동요의 한 구절을 인용하여 재미를 더함.
　　　③ 시행을 구분하지 않고 산문시 형태로 표현함.
출전 《호랑가시나무의 기억》(1993)
작가 이성복(본책 224쪽 참고)

이해와 감상

이 시의 화자는 추석 이튿날 아침에 수세미나무를 보고 있다. 수세미나무 잎새는 덩굴손으로 포도나무와 등나무 줄기를 타고 튼튼하게 자라고 있으며 환하고 단정한 모습으로 우산처럼 펼쳐져 있다. 화자는 초록색의 싱그러움을 한껏 느끼고, 이와 같은 싱그러움이 땅속에서 줄기를 꼭 잡고 있는 뿌리가 있어서 가능했음을 깨닫는다.

작품 연구소

| 잎새가 덩굴져 우거져 있는 수세미나무 | → | 강한 생명력과 활기참, 싱그러움을 느낌. |

더 읽을 작품

197 이 사진 앞에서 | 이승하

문학 금성

키워드 체크 #비판적 #이웃의 고통 #현대인의 비판 #시각적 이미지 #의도적 시행 배열

□ : 비판의 대상이 되는 모습들

식사 감사의 기도를 드리는 교인을 향한
굶주린 사람들을 방치하며 신에게 감사 기도를 드리는 일의 무의미함. 역설적

인류의 죄에서 눈 돌린 죄악을 향한
불평등과 빈곤 문제에 대한 인류의 외면

인류의 금세기 죄악을 향한
이기심과 탐욕에 의해 나타나는 현대 사회의 문제들

인류의 호의호식을 향한
허영과 탐욕으로 인한 사치와 향락

인간의 증오심을 향한
갈등과 전쟁의 원인

우리들을 향한

나를 향한

① '~을 향한'의 반복: 굶주리고 헐벗은 사람들의 문제가 우리 모두의 문제임을 드러냄.
② 점점 짧아지는 시행 구성: 비판이 집중되고 날카로워지는 느낌을 줌.

▶ 1연: 기아와 빈곤에 무관심하고 죄악을 저지르는 인류에 대한 비판

소말리아

한 어린이의   ◯ : 사진 속 어린이, 고통에 처한 이웃을 의미함.

오체투지의 예가
극도의 배고픔에 절망하고 있는 모습 묘사: 도와 달라고 간청하는 듯한 절박함을 느끼게 함.
나를 얼어붙게 했다.
굶주린 아이 사진을 본 충격, 냉혹한 현실을 맞닥뜨리게 된 충격

자정 넘어 취한 채 귀가하다

주택가 골목길에서 음식물을 게운
사진 속 아이와 대조되는 '나'의 모습
내가 우연히 펼친 〈TIME〉지의 사진

이 까만 생명 앞에서 나는 도대체 무엇을
이웃의 고통을 외면하며 살아온 자신에 대한 반성

점점 길어지는 시행 구성: 반성과 참회의 감정을 고조함.

▶ 2연: 소말리아 어린이의 사진을 보며 이기적인 삶에 대한 반성 촉구

키 포인트 체크

화자 화자는 소말리아 어린이의 모습을 통해 기아와 빈곤에 □□□한 인류의 모습을 돌아보고 있다.

상황 화자는 우연히 본 □□을 통해 자신의 이기적인 삶을 돌아보고 있다.

태도 이웃의 고통을 외면한 채 살아가는 현대인을 □□하고 있다.

답 무관심, 사진, 비판

핵심 정리

갈래 자유시, 서정시
성격 상징적, 참여적, 비판적
제재 굶주리고 있는 소말리아 어린이의 사진
주제 이웃의 고통을 외면하며 살아가는 현대인에 대한 비판과 반성
특징 ① 사진 자료를 제시하면서 시상을 전개하여 강렬한 이미지를 전달함.
② 자신의 삶의 모습에 대한 반성을 진솔한 자세로 고백함.
③ 유사한 시구의 반복과 종결 어미의 생략, 의도적 시행 배열이 나타남.
출전 《폭력과 광기의 나날》(1993)
작가 이승하(본책 263쪽 참고)

이해와 감상

이 시는 마치 절을 하는 것처럼 보이는 굶주린 아이와 그 아이를 일으키는 어른의 손이 담긴 한 장의 사진으로 시작된다. '소말리아 한 어린이의 오체투지'는 1연에 나오는 '교인, 죄악, 호의호식, 증오심, 우리들, 나'를 그 대상으로 한다. 화자는 이들에 대해 비판적 시각을 드러내고 있으며, 이를 통해 사진 속 굶주리고 헐벗은 이웃들의 문제는 화자를 포함한 우리 모두의 문제이며 인류의 죄악이 그 원인이라고 말하고 있다. 2연에서는 평소에 인식하지 못했던 냉혹한 현실을 맞닥뜨리게 된 화자의 충격과, 고통에 처한 이웃을 외면하고 살아온 자신을 돌아보는 모습이 그려져 있다. 이 시는 종결 어미 없이 '무엇을'로 시를 마무리함으로써 읽는 이의 생각을 확장시켜 이 문제가 화자 자신뿐만 아니라 우리 모두가 생각해 볼 문제임을 다시 한번 강조하고 있다.

작품 연구소

시각적 이미지를 적극적으로 활용한 시행 배열
이 시는 시적 상황을 시각적으로 드러내고 주제 의식을 강력하게 전달하기 위해 의도적으로 행을 배열하고 있다. 1연은 시행이 점점 짧아지고, 2연은 시행이 점점 길어져 전체 시문이 '〈' 형태로 보인다. 1연에서는 점점 짧아지는 시행을 통해 이웃들의 고통을 외면하고 살아가는 현대인들의 이기주의에 대한 비판이 집중되고 날카로워지는 느낌을 주고, 2연에서는 점점 길어지는 행의 길이를 통해 반성과 참회의 감정이 고조되는 느낌을 준다. 한편 1연에서는 비판의 대상이 외부에서 '나'로 좁혀지고, 2연에서는 '나'의 인식이 이러한 문제를 유발한 우리 모두로 확대됨을 시행 배열에 반영한 것으로 보는 견해도 있다.

198 산성 눈 내리네 | 이문재

키워드 체크 #환경 오염 #현실 비판적 #의인화 #문명 중심적 사고

산성 눈 내린다
_{인간의 환경 파괴에 대한 자연의 보복}
12월 썩은 구름들 아래 / 병실 밖의 아이들은 놀다 간다
_{오염에 의해 더러워진 구름, 이미 파괴된 환경에 대한 화자의 부정적 인식}
성가의 후렴들이 지워지고 / 산성 눈 하얗게 온 세상 덮고 있다

하마터면 아름답다고 말할 뻔했다 / 캄캄하고 고요하다   ▶ 1연: 온 세상을 덮은 산성 눈
_{오염된 눈이므로 결코 아름다울 수 없음.}   _{산성 눈으로 인한 암울함, 적막감}

그러고 보면 땅이나 하늘

자연은 결코 참을성 있는 게 아니다
_{인간의 환경 파괴에 보복했기 때문(의인법)}
산성 눈 한 뼘이나 쌓인다 폭설이다
_{부정적 현실의 깊이}
당분간은 두절이다
_{인간과 인간, 인간과 자연의 두절}
우뚝한 굴뚝, 은색의 바퀴들에
_{현대 문명을 의미하는 공장과 자동채(유적 표현), 환경 오염의 원인}
그렇다, 무서운 이 시대의 속도에 치여
_{자연이 주는 경고의 원인: 자연의 치유 속도보다 훨씬 빠른 문명의 발전 속도}
『내 몸과 마음의 서까래 / 몇 개의 소리 없이 내려앉는다』   ▶ 2연: 산성 눈을 초래한 산업화
_{『 』: 몸과 마음을 지탱해 주던 자연이 파괴되고 있음.}

『쓰러져 숨 쉬다 보면
_{『 』: 화자에게 피부로 느껴지는 위기감}
실핏줄 속으로 모래 같은 것들 가득』

고인다 산성 눈 펑펑 내린다
_{거침 없는 자연의 보복}
『자연은 인간에 대한
_{『 』: 자연이 견뎌 낼 수 있는 범위를 넘어섰기 때문(의인법)}
기다림을 아예 갖고 있지 않다』

펄펄 사람의 죄악이 내린다
_{산성 눈, 환경 오염의 결과물}
하늘은 저렇게 무너지는 것이다   ▶ 3연: 산성 눈으로 인한 자연과 인간의 파괴
_{산업화로 인한 자연과 인간의 파괴 – 절망감}

키 포인트 체크

화자 자연에 대한 배려 없이 ☐☐만을 생각하는 문명에 대해 비판하고 있다.

상황 화자는 ☐☐☐을 환경 오염에 대한 자연의 경고라고 인식하고 있다.

태도 화자는 산업화로 인한 자연과 인간의 파괴로 인해 ☐☐☐을 느끼고 있다.

답 발전, 산성 눈, 절망감

갈래 자유시, 서정시
성격 교훈적, 현실 비판적
제재 산성 눈
주제 자연에 대한 배려 없이 발전만을 생각하는 문명에 대한 비판
특징 ① 자연물(눈)에 상징적 의미를 부여함.
② 자연을 의인화하여 주제 의식을 강조함.
출전 《산책 시편》(1993)
작가 이문재(본책 338쪽 참고)

이해와 감상

이 시는 환경 파괴의 심각성을 '산성 눈'으로 형상화한 작품이다. 이미 '썩은 구름' 아래 내리는 눈은 아름답다고 착각할 만큼 '하얗게' 온 세상을 덮고 있다. 그러나 화자는 이것이 '우뚝한 굴뚝', '은색의 바퀴들', '무서운 속도'로 표상되고 있는 현대 문명의 발달로 인한 자연 파괴에 대응하여 자연이 다시 인간에게 부정적인 영향을 끼치는 것이라고 이야기한다. 이 시에서 자연이 주는 경고는 폭설로 인한 '두절'에서 '하늘이 저렇게 무너지는 것으로 확대되어 독자의 경각심을 불러일으키고 있다. 이미 화자는 환경 파괴에 대한 위기감을 느끼고 있기에, 더 늦기 전에 인간으로서 환경에 대한 죄의식을 느끼고 행동해야 함을 강조하고 있는 것이다.

199 멸치 | 김기택

키워드 체크 #상징적 #역동적인 생명력 #대립적인 시어 #감각적 이미지

굳어지기 전까지 저 딱딱한 것들은 물결이었다
_{생명을 잃기 전} _{죽어서 반찬이 된 멸치}   _{멸치가 바다의 흐름과 분리되지 않는 생명력 있는 존재였음을 의미}
파도와 해일이 쉬고 있는 바닷속
_{생명력이 가득한 공간}
지느러미의 물결 사이에 끼어   멸치 떼가 바다에서 헤엄쳐
                                              다니는 모습 형상화
유유히 흘러 다니던 무수한 갈래의 길이었다   ▶ 1~4행: 멸치가 본래 가졌던 생명력
_{멸치의 역동적 속성}   ○: 자연의 건강한 이미지
그물이 물결 속에서 멸치들을 떼어 냈던 것이다 △: 바다의 생명력을 위협하는 존재
_{반생명력을 상징하는 소재}
햇빛의 꼿꼿한 직선들 틈에 끼이자마자
_{'물결'과 대조적 의미}
부드러운 물결은 팔딱거리다 길을 잃었을 것이다
_{생명력을 상실함.}

갈래 자유시, 서정시
성격 상징적, 비판적, 의지적
제재 멸치
주제 역동적인 생명력 회복에 대한 염원
특징 ① 접시에 담긴 멸치에서 바다의 생명력을 떠올리는 탁월한 시적 상상력을 보여 줌.
② 대립적인 시어를 통해 주제 의식을 선명하게 부각함.
출전 《바늘구멍 속의 폭풍》(1994)
작가 김기택(본책 276쪽 참고)

V. 1990년대 이후

바람과 햇볕이 달라붙어 물기를 빨아들이는 동안
　　　　생명력을 상실함.
바다의 무늬는 뼈다귀처럼 남아
　　생명력이 소진되고 흔적만 남음.
멸치의 등과 지느러미 위에서 딱딱하게 굳어 갔던 것이다
　　　　　　　　　　단정적 어조
모래 더미처럼 길거리에 쌓이고

건어물집의 푸석한 공기에 풀리다가
바다의 생명력과 대립하는 속성
기름에 튀겨지고 접시에 담겨졌던 것이다
생명력을 잃고 반찬으로 인간의 식탁 위에 올려짐.
지금 젓가락 끝에 깍두기처럼 딱딱하게 집히는 이 멸치에는

두껍고 뻣뻣한 공기를 뚫고 흘러가는
바다의 생명력과 대립하는 속성
바다가 있다 그 바다에는 아직도
지느러미가 있고 지느러미를 흔드는 물결이 있다

이 작은 물결이
지금도 멸치의 몸통을 뒤틀고 있는 이 작은 무늬가
반복과 변주를 통해 역동적인 생명력에 대한 인식의 필요성 강조
파도를 만들고 해일을 부르고
생명력의 회복
고깃배를 부수고 그물을 찢었던 것이다
생명력의 역동성 및 생명력을 파괴하는 대상에 대한 저항

▶ 바람과 햇볕에 멸치를 말리는 과정 표현

▶ 말린 멸치가 반찬이 되는 과정 표현

▶ 5~13행: 멸치가 생명력을 상실하는 과정

『 』: 마른 멸치에서 생명력 회복의 가능성을 인식함.

▶ 14~21행: 생명력 회복의 가능성 인식 및 소망

키 포인트 체크

(화자) 화자는 식탁 위 멸치에서 바다의 생명력을 떠올리는 탁월한 시적 □□□을 보여 주고 있다.

(상황) 접시에 담긴 □□에서 바다의 생명력을 떠올리고 있다.

(태도) 화자는 상실된 생명력의 □□에 대한 염원을 드러내고 있다.

답 상상력, 멸치, 회복

이해와 감상

이 시는 반찬으로 접시에 담긴 멸치의 작은 무늬에서 바다의 흐름과 하나가 되어 헤엄쳤던 멸치의 역동적 생명력을 발견하고 있다. 바다의 물결과 분리되지 않고 한 몸처럼 움직이던 멸치는 인간이 던진 그물에 잡혀 점차 생명력을 잃고 결국 반찬이 되어 접시에 담기게 된다. 그러나 화자는 이미 딱딱해져 접시에 담긴 멸치에 아직 '바다'가 있고 '물결'이 있다고 말하고 있다. 즉, 화자는 생명력의 상실이라는 부정적 인식에 머무르지 않고, 고깃배를 부수고 그물을 찢으며 저항하는 역동적인 생명력이 아직 멸치에 있음을 인식하며 생명력 회복의 가능성을 노래하고 있다.

작품 연구소

대립되는 감각적 이미지의 시어 사용

이 시에서는 생명력을 기준으로 상반된 이미지를 주는 시어를 효과적으로 사용하고 있다. '파도, 해일, 물결'에서는 부드러움과 자연의 건강한 이미지를 느낄 수 있고, '뼈다귀, 뻣뻣한 공기'에서는 딱딱함과 죽음, 인공적인 이미지를 느낄 수 있다. 그리고 '그물, 햇빛, 고깃배'는 '파도', '해일'로 상징되는 멸치, 즉 바다의 생명력을 위협하는 소재로 사용되었다. 시인은 이렇게 대립되는 감각적 이미지를 효과적으로 사용함으로써 자연의 건강한 힘을 파괴하는 인간의 삶의 방식을 반성하고, 상실된 생명력을 회복하고자 하는 주제 의식을 강조하고 있다.

---

200 눈물은 왜 짠가 |함민복

国語 금성, 지학사

키워드 체크 #지난여름의 경험 #어머니의 배려와 사랑 #설렁탕집 주인아저씨의 배려 #눈물이 짠 이유

지난여름이었습니다. 가세가 기울어 갈 곳이 없어진 어머니를 고향 이모님 댁에 모
　　　과거의 경험 회상　　　　집안의 살림살이가 어려워짐.
셔다 드릴 때의 일입니다. 어머니는 차 시간도 있고 하니까 요기를 하고 가자시며 고
　　　　　　　　　　　　　　　　　시장기를 겨우 면할 정도로 조금 먹음.
깃국을 먹으러 가자고 하셨습니다. 어머니는 한평생 중이염을 앓아 고기만 드시면 귀
　　　　　　　　　　　　　종결 어미 '-ㅂ니다'의 반복 → 운율 형성, 경험한 사실의 객관적 전달
에서 고름이 나오곤 했습니다. 그런 어머니가 나를 위해 고깃국을 먹으러 가자고 하시
는 마음을 읽자 어머니 이마의 주름살이 더 깊게 보였습니다. 설렁탕집에 들어가 물수
　　　　　　　　　　자식을 위해 희생하시는 어머니의 모습에 대한 감동과 안타까움
건으로 이마에 흐르는 땀을 닦았습니다.

『더울 때일수록 고기를 먹어야 더위를 안 먹는다. 고기를 먹어야 하는데……. 고깃
『 』: 어머니의 말 직접 인용 - 현장감과 사실성 부여　　　　　　　고기를 사 주지 못하는 안타까움
국물이라도 되게 먹어 둬라.』
아주 몹시
설렁탕에 다대기를 풀어 한 댓 숟가락 국물을 떠먹었을 때였습니다. 어머니가 주인
　　　　　　다진 양념
아저씨를 불렀습니다. 주인아저씨는 뭐 잘못된 게 있나 싶었던지 고개를 앞으로 빼고
의아해하며 다가왔습니다. 어머니는 설렁탕에 소금을 너무 많이 풀어서 그런다며 국
　　　　　　　　　　　　　　　　　　　　　　국물을 더 달라고 하기 위한 거짓말
물을 더 달라고 했습니다. 주인아저씨는 흔쾌히 국물을 더 갖다 주었습니다. 어머니는
주인아저씨가 안 보고 있다 싶어지자 내 투가리에 국물을 부어 주셨습니다. 나는 당황
　　넉넉한 마음 씀씀이　　　　　　　　　　　　　　'뚝배기'의 방언
하여 주인아저씨를 흘금거리며 국물을 더 받았습니다. 주인아저씨는 넌지시 우리 모
　거짓말을 들킬까 봐 조심하는 모습　　　　　　　　　　　　예상치 못한 상황이었기 때문
자의 행동을 보고 애써 시선을 외면해 주는 게 역력했습니다. 나는 그만 국물을 따르
　　　　　　　　　　　드러나지 않게 조심히
시라고 내 투가리로 어머니의 투가리를 툭, 부딪쳤습니다. 순간 투가리가 부딪치며 내
　모자가 민망해하지 않도록 하기 위한 배려
는 소리가 왜 그렇게 서럽게 들리던지 나는 울컥 치받는 감정을 억제하려고 설렁탕
　　　　　　　　　　화자의 서러운 감정 유발
자신의 무능에 대한 자괴감, 가난의 비애

핵심 정리

갈래 자유시, 서정시
성격 서사적, 회상적, 사실적
제재 설렁탕 국물
주제 어머니의 배려와 사랑
특징 ① 과거의 경험을 서사적으로 표현함.
　　　② 시상을 집약한 의문문을 별도의 연으로 독립시켜 감동과 여운을 줌.
출전 《모든 경계에는 꽃이 핀다》(1999)
작가 함민복(본책 272쪽 참고)

이해와 감상

'눈물은 왜 짠가'라는 의문문으로 제시된 시의 제목은 독자의 호기심을 자아내는 한편, 시의 마지막에 별도의 연으로 제시되면서 산문적으로 전개된 앞의 내용에 담긴 감동을 압축해 주는 역할을 한다.

화자는 지난여름의 경험을 회상하며 들려준다. 가난으로 인해 떨어져 살아야 하는 처지가 된 모자는 잠시 설렁탕집에 들어가 요기를 한다. 어머니는 중이염을 앓아 고기를 못 드시지만 아들에게 고깃국물이라도 먹이고 싶어 국물이 짜다는 거짓말로 국물을 더 달라고 하여 아들의 그릇에 부어 주고, 주인아저씨는 모자가 미안한 마음을 느끼지 않도록 조심스럽게 깍두기 한 접시를 놓고 돌아선다. 가난과 이산의 서러움에서 시작한 화자의 감정은 이내 어머니와 주인아저씨가 보여 준 따뜻한 마음으로 인해 감동으로 이어져 눈물을 흘린다. 그리고 묻는다. "눈물은 왜 짠가."라고.

에 만 밥과 깍두기를 마구 썪어 댔습니다. 그러자 주인아저씨는 우리 모자가 미안한
마음 안 느끼게 조심, 다가와 성냥갑만 한 깍두기 한 접시를 놓고 돌아서는 거였습니다. 일순, 나는 참고 있던 눈물을 찔끔 흘리고 말았습니다. 나는 얼른 이마에 흐른 땀을
아주 짧은 시간
주인아저씨의 배려
어머니께 약한 모습을 보여 주고 싶지 않기 때문
훔쳐 내려 눈물을 땀인 양 만들어 놓고 나서, 아주 천천히 물수건으로 눈동자에서 난
눈물
땀을 씻어 냈습니다. 그러면서 속으로 중얼거렸습니다. ▶ 1연: 어머니의 사랑과 배려에 눈물을 흘림.

눈물은 왜 짠가. ▶ 2연: 눈물이 짠 까닭

🔑 포인트 체크

[화자] 화자는 지난여름 어머니와 □□□ 집에 갔던 경험을 회상하고 있다.

[상황] 어머니는 '나'를 위해 설렁탕 □□을 더 달라고 하여 나에게 주고, 주인아저씨는 모자가 미안한 마음을 느끼지 않도록 조심스럽게 □□□ 한 접시를 놓아 준다.

[태도] 화자는 어머니와 주인아저씨의 □□에 감동하여 눈물을 찔끔 흘린다.

답 설렁탕, 국물, 깍두기, 배려

201 못 위의 잠 | 나희덕

키워드 체크 #서사적 #연민의 정서 #아버지 #객관적 #과거 회상

저 지붕 아래 제비 집 너무도 작아
갓 태어난 새끼들만으로 가득 차고
가난한 삶
어미는 둥지를 날개로 덮은 채 간신히 잠들었습니다
새끼에 대한 어미 제비의 모성애
『바로 그 옆에 누가 박아 놓았을까요, 못 하나
그 못이 아니었다면 / 아비는 어디서 밤을 지냈을까요』
『 』: 못 하나 위에서 꾸벅거리는 아비 제비의 모습
못 위에 앉아 밤새 꾸벅거리는 제비를
불편한 잠
눈이 뜨겁도록 올려다봅니다
아버지의 모습이 떠올라 눈시울이 뜨거워짐.
종암동 버스 정류장, 흙바람은 불어오고 ▶ 1~8행: 못 위에서 꾸벅거리는 '아비 제비'의 모습을 봄(현재).
구체적 지명을 제시하여 현실감을 높임. *삶의 고단함과 시련*
한 사내가 아이 셋을 데리고 마중 나온 모습
화자의 아버지, 실업을 한 상태
수많은 버스를 보내고 나서야
피곤에 지친 한 여자가 내리고, 그 창백함 때문에
화자의 어머니, 일을 마치고 돌아옴.
반쪽 난 달빛은 또 얼마나 창백했던가요
감정 이입 – 달빛도 창백해 보임.
아이들은 달려가 엄마의 옷자락을 잡고
제자리에 선 채 달빛을 좀 더 바라보던
사내의, 그 마음을 오늘 밤은 알 것 같습니다
아내에 대한 미안함과 경제적으로 무능력한 자신에 대한 자책의 마음
『실업의 호주머니에서 만져지던 / 때 묻은 호두알은 쉽게 깨어지지 않고』
『 』: 실업의 상황이 오래 지속됨.
그럴듯한 집 한 채 짓는 대신 / 못 하나 위에서 견디는 것으로 살아온 아비,
아비 제비의 모습과 유사한 아버지의 고단한 삶
거리에선 아직도 흙바람이 몰려오나 봐요
『돌아오는 길 희미한 달빛은 그런대로
『 』: 잠시나마 달빛이 가족에게 위안이 됨.
식구들의 손잡은 그림자를 만들어 주기도 했지만』
궁핍하고 가난한 삶을 형상화 → 위안도 길지 않음. *손을 맞잡고 집으로 돌아가는 식구들을 한 걸음 늦게 따르면서 걷는 아버지의 모습*
그러기엔 골목이 너무 좁았고 / 늘 한 걸음 늦게 따라오던 아버지의 그림자
▶ 9~25행: 실업자인 '아버지'가 일을 끝내고 온 '어머니'를 마중 나갔던 모습을 떠올림(과거 회상).
그 꾸벅거림을 기억나게 하는
못 하나, 그 위의 잠 ▶ 26~27행: '아버지'의 힘겨운 삶을 떠올리게 하는 '아비 제비'의 모습(현재)
아비 제비의 모습, 아버지의 힘겨운 삶

작품 연구소

'어머니'와 '주인아저씨'의 배려

이 시에서는 '어머니'와 '주인아저씨'의 배려에 화자인 '나'가 감동하는 내용이 서사의 중심을 이루고 있다. 드러나지 않게 상대를 배려하는 마음에 대한 반응이 '나'의 '눈물'로 이어지면서 감동을 느끼게 한다. 그리고 마지막 행 '눈물은 왜 짠가.'를 통해 이러한 감동을 되새겨 보도록 함으로써 깊은 울림과 여운을 주고 있다.

어머니	주인아저씨
• 고기를 못 드시면서 고깃국을 먹으러 가자고 함. • 국물을 더 달라고 해서 내 투가리에 부어 줌.	• 모자의 행동을 보고 애써 시선을 외면해 줌. • 미안해하지 않도록 깍두기 한 접시를 놓아 줌.
↓	↓
설렁탕 국물 (사랑과 배려)	깍두기 한 접시 (묵인과 배려)

화자
참고 있던 눈물을 찔끔 흘리고 말았음.

🎯 핵심 정리

갈래 자유시, 서정시
성격 서사적, 애상적, 회상적
제재 못 위에서 잠을 자는 아비 제비
주제 유년 시절 아버지의 삶에 대한 회상과 연민
특징 ① 아비 제비와 아버지의 고단한 삶의 모습을 병치시켜 구성함.
② '현재–과거 회상–현재'로 장면을 구성함.
③ 시어를 통해 화자의 정서를 객관적으로 표현함.
출전 《그 말이 잎을 물들였다》(1994)
작가 나희덕(본책 286쪽 참고)

이해와 감상

이 시는 현재의 시점에서 발견한 '아비 제비'와 과거 화자의 '아버지'의 모습을 병치시켜 서사적으로 표현하고 있다. 새끼 제비들만으로도 가득 차는 작은 둥지를 감싸고 간신히 잠이 든 어미 제비의 옆에서 못 하나에 의지하여 밤을 보내는 아비 제비의 모습을 발견하게 된 화자는 과거의 한 장면을 회상하게 된다. 그 장면에는 종암동의 어느 버스 정류장에서 일을 마치고 돌아오는 아내를 마중하는 한 사내와 아이들이 등장한다. 오랜 실직 생활로 아내에게 미안함을 감출 길 없는 사내는 창백하리만큼 피곤에 지친 아내에게 다가서지도 못하고, 골목길에서 손을 맞잡고 집으로 돌아가는 식구들을 한 걸음 뒤에서 따를 수밖에 없다. 화자는 그때의 아버지의 모습과 현재의 아비 제비의 모습에서 유사성을 느끼고, 이를 연관시켜 한 편의 시로 그려 낸 것이다. 이 시에서는 화자의 정서를 직접적으로 드러내기보다는 대상의 구체적인 모습과 행동을 통해 객관적으로 전달하고 있다. 창백한 어머니의 모습으로 인해 달빛을 창백하게 느끼는 것이나, 아버지가 지녔던 미안한 마음을 쉽사리 아내에게 다가가지 못하는 행동을 통해 나타낸 것, 그리고 그러한 아버지의 삶을 '못 위의 잠'으로 표현한 것이 그 예이다.

화자 화자는 지붕 아래 아비 제비를 보며 실업자였던 아버지의 고단한 삶을 □□하고 있다.

상황 못 위에서 꾸벅거리는 □□□□의 모습을 발견한 화자는 과거의 한 장면을 떠올리고 있다.

태도 고단한 삶을 산 아버지에 대한 □□의 정서를 표현하고 있다.

답 회상, 아비 제비, 연민

202 섶섬이 보이는 방 – 이중섭의 방에 와서 | 나희덕

키워드 체크 #화가 이중섭 #섶섬 #대상을 향한 안타까움 #평화로운 삶의 모습 #이상과 현실

문학 금성

서귀포 언덕 위 초가 한 채

귀퉁이 고방을 얻어
　　光. 세간이나 그 밖의 여러 가지 물건을 넣어 두는 곳
아고리와 발가락 군은 아이들을 키우며 살았다
이중섭과 그의 아내 마사코의 애칭　이중섭은 6·25 전쟁을 피해 제주도에 내려가 살았음.
두 사람이 누우면 꽉 찰,

방보다는 차라리 관에 가까운 그 방에서 / 게와 조개를 잡아먹으며 살았다
매우 좁은 방(1.4평 정도)의 모습.　'관'이라는 시어를 통해 불행한 미래를 암시함.
아이들이 해변에서 묻혀 온 모래알이 버석거려도

밤이면 식구들의 살을 부드럽게 끌어안아
　　　　　　　　가족 간의 따뜻한 정
조개껍데기처럼 입을 다물던 방,

게를 삶아 먹은 게 미안해 게를 그리는 아고리와
　　　　　　　　　힘겨운 삶을 예술로 승화
소라껍질을 그릇 삼아 상을 차리는 발가락 군이
그릇이 없어 소라껍데기를 그릇으로 사용함. 힘겨운 삶의 모습
서로의 몸을 끌어안던 석회질의 방,　　　　　▶ 1~12행: 이중섭 가족의 고단했던 삶의 모습

방이 너무 좁아서 그들은

하늘로 가는 사다리를 높이 가질 수 있었다　▶ 13~14행: 이상적인 세계를 꿈꾸는 이중섭 가족
이상적인 세계　　현실과 상상 세계를 이어 주는 매개체
꿈속에서나 그림 속에서 / 아이들은 새를 타고 날아다니고
　　　　　　　이중섭이 꿈꾸는 이상 세계의 모습
복숭아는 마치 하늘의 것처럼 탐스러웠다

총소리도 거기까지는 따라오지 못했다
6·25 전쟁
섶섬이 보이는 이 마당에 서서 / 서러운 햇빛에 눈부셔한 날 많았더라도
실제 지명. 서귀포 근처의 섬
은박지 속의 바다와 하늘,
가난한 이중섭은 담뱃갑 속 은박지에 그림을 그림.
게와 물고기는 아이들과 해 질 때까지 놀았다

게가 아이의 잠지를 물고 / 아이는 물고기의 꼬리를 잡고
　　　　　바닷가에서 노는 아이들의 모습으로, 이중섭의 그림에서 자주 보임.
물고기는 아고리의 손에서 파닥거리던 바닷가,　　　▶ 15~25행: 평화로운 삶의 모습

그 행복조차 길지 못하리란 걸
불행한 미래를 암시
아고리와 발가락 군은 알지 못한 채 살았다
화자의 안타까움이 담김.
빈 조개껍질에 세 든 소라게처럼　▶ 26~28행: 오래 가지 못한 이중섭 가족의 행복에 대한 안타까움
직유법. 이중섭과 그의 아내 마사코

화자 화자는 이중섭의 □에 와서 이중섭의 삶을 □□하고 있다.

상황 이 작품에서 이중섭은 가족과 함께 힘겨운 삶을 살아가지만, □□□인 세계를 꿈꾸고 있다.

태도 화자는 오래 가지 못한 이중섭 가족의 행복에 대해 □□□□하고 있다.

답 방, 상상, 이상적, 안타까워

핵심 정리

갈래 자유시, 서정시

성격 회화적, 애상적, 회고적

제재 화가 이중섭의 삶과 그림

주제 불행한 삶을 살았던 이중섭에 대한 안타까움

특징 ① 이중섭의 방에 와서 든 생각을 시로 형상화함.
② 이중섭의 그림 내용을 시에 녹여 생생한 분위기를 전달함.
③ 담담한 어조로 이중섭의 삶에 대해 화자가 느끼는 안타까움을 전달함.

출전 《야생사과》(2009)

작가 나희덕(본책 286쪽 참고)

이해와 감상

이 시는 시인이 이중섭의 방에 와서 이중섭의 생애를 떠올리며 쓴 시이다. 시적 화자가 겉으로 드러나 있지는 않으나, '이중섭의 방에 와서'라는 부제를 통해 시적 화자가 시인과 일치하며, 그의 그림과 삶을 떠올리고 있음을 추측할 수 있다. 이 시는 크게 두 부분으로 나뉜다. 1행부터 25행까지는 화자의 상상을 통해 과거 이곳에 살았을 이중섭의 모습이 그려지는데, 가난하고 고단했던 이중섭 가족의 삶과 평화롭고 이상적인 세계를 동경했던 모습이 잘 묘사되어 있다. 이후 26행부터 28행에는 이중섭의 삶을 상상하면서 느낀 안타까움이 드러나 있다.

작품 연구소

'이중섭'의 그림과 시의 관계

이 시는 이중섭의 그림 내용을 담아 이중섭의 삶의 모습을 전달하고 있다. 이 시의 제목인 '섶섬이 보이는 방'은 이중섭의 그림 '섶섬이 보이는 풍경'과 연관된다. 또한 아이들이 바닷가에서 게를 잡으며 노는 모습도 이중섭의 그림에 나타나 있는데, 이러한 그림 내용을 시에 녹임으로써 이중섭의 삶의 모습을 더욱 생생하게 전달해 주고 있다.

이중섭(1916~1956)

화가로, 향토적이고 개성적인 그림을 많이 그려 서구 근대화의 화풍을 우리나라에 도입하는 데에 공헌하였다. 소, 닭, 어린이, 가족 등 향토적 요소와 동화적이고 자전적인 요소를 주로 그렸다. 평양에서 주로 성장하여 일본에서 유학하였으며, 해방 이후 귀국하였다가 6·25 전쟁을 피해 제주도로 갔다. 그림 재료를 살 돈이 없어 담뱃갑 속 은박지에 그림을 그릴 정도로 극심한 가난에 시달렸다. 이 가난으로 인해 부인이 두 아들과 함께 일본으로 넘어갔으며, 홀로 계속 그림을 그리다 극심한 가난 속에 간염으로 사망하였다.

203 긍정적인 밥 | 함민복

키워드 체크 #시(시집)의 가치 #박하다, 헐하다, 박리다 #쌀, 국밥, 굵은 소금 #긍정적 인식

시(詩) 한 편에 삼만 원이면 / 너무 박하다 싶다가도
　　예술을 물질로 보는 세태　　　　　소득이 보잘것없이 적다
쌀이 두 말인데 생각하면
　인식의 전환(부정적 → 긍정적)
금방 마음이 따뜻한 밥이 되네
　가난한 사람들에게 힘과 위로가 될 수 있기 때문
　　　　　　　　　　　　　　　　　▶ 1연: 쌀 두 말이 되는 시

시집 한 권에 삼천 원이면 / 든 공에 비해 헐하다 싶다가도
　　　　　　　　　　　　노력과 수고　　　값이 싸다
국밥이 한 그릇인데
내 시집이 국밥 한 그릇만큼
사람들 가슴을 따뜻하게 덥혀 줄 수 있을까
　자문을 통한 성찰, 화자가 쓰고 싶은 시의 성격
생각하면 아직 멀기만 하네
　　　　　　　　　　　　　　　　　▶ 2연: 따뜻한 국밥이 되는 시

시집이 한 권 팔리면 / 내게 삼백 원이 돌아온다
　　　　　　　　　　　　인세
박리다 싶다가도
　적은 이익
굵은 소금이 한 됫박인데 생각하면
푸른 바다처럼 상할 마음 하나 없네
　삶에 꼭 필요한 시, 상한 마음을 위로해 주는 시를 쓰고 싶은 바람
　　　　　　　　　　　　　　　　　▶ 3연: 굵은 소금 한 됫박이 되는 시

🔑 포인트 체크

화자 화자 '나'의 직업은 □□이다.
상황 화자는 시가 박한 대접을 받는 현실에서도 시의 □□□ 영향력을 깨닫는다.
태도 화자는 시가 지닌 □□를 떠올리며 사람들의 가슴을 따뜻하게 해 주고 상할 마음 하나 없는 시를 쓰고 싶어 한다.

답 시인, 긍정적, 가치

🎯 핵심 정리

갈래 자유시, 서정시
성격 긍정적, 사색적
제재 시(집)의 가치
주제 어려움 속에서도 긍정적인 삶을 살고자 하는 자세
특징 ① 연마다 의미의 대칭을 이룬 대구의 형식으로 시상을 전개함.
② 인식의 전환을 통해 대상의 가치를 재발견함.
출전 《모든 경계에는 꽃이 핀다》(1999)
작가 함민복(본책 272쪽 참고)

이해와 감상

이 시는 '시(시집)'를 '쌀'(1연), '국밥'(2연), '소금'(3연)과 병치하여, 시가 지닌 참다운 의미와 가치를 발견하고 있다. 화자는 자신의 시가 금전적으로 너무 박한 취급을 받는 것에 대해 낙담하지만, 이내 그 돈으로 살 수 있는 대상들을 떠올리면서 긍정적으로 인식이 전환된다. 화자가 추구하는 시의 가치는 '쌀'과 '국밥', '소금'을 통해 드러난 셈인데, 화자는 가난한 이웃들에게 힘과 위로가 되는 시를 쓰고 싶은 소망을 드러낸다.

작품 연구소

시상의 전개

각 연에서 금전적 가치로 환산된 시는 그 액수가 점차 작아진다. 이와 반대로 그 금액을 통해 할 수 있는 역할은 점차 확장된다.

〈대상〉	〈부정적 인식〉	〈긍정적 인식〉
시 한 편 =	삼만 원 너무 박하다 →	쌀 두 말 따뜻한 밥
시집 한 권 =	삼천 원 헐하다 →	국밥 한 그릇 가슴을 덥혀 줌.
시집(인세) =	삼백 원 박리다 →	소금 한 됫박 상할 마음 없음.

---

204 그 샘 | 함민복

키워드 체크 #향토적 #이웃의 정 #산문시 #향토적 시어 #구어체

네 집에서 그 샘으로 가는 길은 한 길이었습니다. 그래서 새벽이면 물 길러 가는 인
　　　　　　　　　　　　　중심 소재, 이웃 간의 훈훈한 정을 쌓고 느끼게 해 주는 매개체
기척을 들을 수 있었지요. 서로 짠 일도 아닌데 새벽 제일 맑게 고인 물은 네 집이 돌아
　　　　　　　　　　　　　　　　　이웃을 배려하는 훈훈한 인정이 담긴 모습
가며 길어 먹었지요. 순번이 된 집에서 물 길어 간 후에야 똬리 끈 입에 물고 삽짝 들어
　　　　　　　　　　　　　　　　짐을 머리에 일 때 머리에 받치는 고리 모양의 물건　 '사립문'의 방언
서시는 어머니나 물지게 진 아버지 모습을 볼 수 있었지요. 집안에 일이 있으면 그 순
번이 자연스럽게 양보되기도 했었구요. 넉넉하지 못한 물로 사람들 마음을 넉넉하게
　　　　　　　　　　　　　　　　　서로 양보의 미덕을 발휘했기 때문
만들던 그 샘가 미나리꽝에서는 미나리가 푸르고 앙금 내리는 감자는 잘도 썩어 구린
　　　　　　　미나리를 심는 논　　　　　　　　이웃을 배려한 마을 사람들의 성숙한 의식 형상화
내 훅 풍겼지요. □: 구어체의 종결 방식 - 따뜻하고 정감 어린 분위기 형성
　　　　　　　　　　　　　　　　　▶ 마을 사람들의 성숙한 의식과 넉넉한 정

🔑 포인트 체크

화자 □□체를 사용해 따뜻하고 정감 어린 분위기를 형성하며 이웃 간의 정을 떠올리고 있다.
상황 네 집이 돌아가며 길어 먹는 □□에서 이웃 간의 정을 느끼고 있다.
태도 이웃끼리 서로 □□하며 물을 길어 먹었던 마을 사람들의 모습을 통해 훈훈한 인정을 드러낸다.

답 구어, 그 샘, 배려

🎯 핵심 정리

갈래 자유시, 서정시, 산문시
성격 회상적, 향토적, 전통적
제재 고향 마을에 있던 '그 샘'
주제 샘을 통해 느낄 수 있었던 이웃 간의 배려와 훈훈한 정
특징 ① '-지요', '-구요'와 같은 구어체의 종결 방식을 통해 정감 어린 분위기를 형성함.
② 향토적인 시어들을 사용하여 시골 마을의 따뜻한 인정을 드러냄.
출전 《말랑말랑한 힘》(2005)
작가 함민복(본책 272쪽 참고)

이해와 감상

이 시는 화자의 유년 시절 고향 마을을 배경으로 하여, 하나의 샘물을 네 집이 나누어 먹으면서 느꼈던 이웃 간의 따뜻한 정과 공동생활에 필요한 성숙한 의식을 형상화한 작품이다. 물을 긷는 순번을 지키는 모습과 집안에 일이 있을 땐 말하지 않아도 자연스레 그 순번이 양보되는 모습은 가슴을 훈훈하게 하는 전통적 미덕의 실천적 모습을 보여 준다.

205 내가 사랑하는 사람 | 정호승

국어 미래엔　언매 비상

키워드 체크 #삶의소중함과가치 #배려 #연민과공감 #그늘과눈물 #이중부정

『나는 그늘이 없는 사람을 사랑하지 않는다
　　　현실의 아픔과 시련
나는 그늘을 사랑하지 않는 사람을 사랑하지 않는다』
　『 』: 이중 부정을 통해 강한 긍정의 의미를 전달함.
나는 한 그루 나무의 그늘이 된 사람을 사랑한다
　　　타인의 아픔에 대한 공감과 배려, 포용력
햇빛도 그늘이 있어야 맑고 눈이 부시다
　　　햇빛을 더욱 맑고 눈부시게 하는 존재
나무 그늘에 앉아 / 나뭇잎 사이로 반짝이는 햇살을 바라보면

세상은 그 얼마나 아름다운가　　　▶ 1연: 햇살을 아름답게 하는 그늘의 가치
　　　설의법: 그늘의 가치와 의미를 강조

『나는 눈물이 없는 사람을 사랑하지 않는다
　　　현실의 슬픔과 고통
나는 눈물을 사랑하지 않는 사람을 사랑하지 않는다』
　『 』: 이중 부정을 통해 강한 긍정의 의미를 전달함. 유사한 통사 구조의 반복을 통한 운율 형성
나는 한 방울 눈물이 된 사람을 사랑한다
　　　다른 사람의 고통을 함께할 수 있는 배려
기쁨도 눈물이 없으면 기쁨이 아니다 / 사랑도 눈물 없는 사랑이 어디 있는가
　기쁨과 사랑의 가치를 더욱 크게 하는 눈물　　　설의법: 사랑의 의미를 부각시키는 눈물의 가치를 강조
나무 그늘에 앉아 / 다른 사람의 눈물을 닦아 주는 사람의 모습은
　　　시련과 아픔을 겪으며 내면적 성숙을 이룬 공간
그 얼마나 고요한 아름다움인가　　　▶ 2연: 사람을 아름답게 하는 눈물의 가치
　　　설의법: '눈물'의 가치와 의미를 강조

키 포인트 체크

화자 이 작품의 화자는 □□과 □□의 상징적 의미를 통해 자신이 '사랑하는 사람'을 보여 주고 있다.

상황 슬픔과 고통의 의미를 알고 타인의 아픔을 □□하고 아껴 주는 삶의 가치를 소개하고 있다.

태도 화자는 고통받는 사람들에 대한 □□과 공감을 드러내고 있다.

답 그늘, 눈물, 이해, 연민

✦ 핵심 정리

갈래 자유시, 서정시
성격 서정적, 고백적, 자기 성찰적
제재 내가 사랑하는 사람
주제 타인의 슬픔과 고통에 대한 연민과 공감
특징 ① 대구와 반복을 통해 운율을 형성함.
　　② 대조적 의미의 시어를 사용해 시상을 전개함.
　　③ 설의법을 통해 주제 의식을 강조함.
출전 《외로우니까 사람이다》(1998)
작가 정호승(본책 222쪽 참고)

이해와 감상

이 시는 '그늘'과 '눈물'이라는 상징적 표현을 통해서 세상의 아픔과 고통을 위로할 수 있는 연민과 공감의 힘, 그리고 그것들의 아름다움을 형상화하고 있다. 특히 1연과 2연에서 화자가 사랑하지 않는 것과 사랑하는 것을 제시한 후 그 이유를 밝히는 구조를 반복하고 있다. 화자가 좋아하는 것은 '그늘'과 '눈물'로, 아픔과 시련이 밝음을 더욱 밝게 하고, 슬픔과 고통은 기쁨을 더욱 기쁨이 되도록 하고 세상의 상처받은 사람들에게 이해와 공감을 베풀 수 있는 위대함과 아름다움을 지니고 있기 때문이라고 말하고 있다.

작품 연구소

'그늘'과 '눈물'의 이중적 의미

그늘, 눈물		
1~2행, 8~9행	근심, 시련, 아픔(부정적)	

대조적 ↕

햇빛, 기쁨		
강조, 부각 ↑		
3행, 10행	이해, 배려, 위로(긍정적)	

그늘, 눈물		

---

206 수선화에게 | 정호승

문학 신사고

키워드 체크 #상징적 #수선화의의미 #청자의설정 #근원적외로움

울지 마라　□: 명령형의 어미 사용　『 』: '외로움'은 인간의 숙명이므로 그것을
청자인 수선화(인간을 상징함.)를 대상으로 함.　받아들이는 것이 운명이라고 인식함.
『외로우니까 사람이다 / 살아간다는 것은 외로움을 견디는 일이다』
　　평서형의 단정적 어조　　　▶ 1~3행: 외로움은 인간의 숙명이므로 그것을 받아들여야 함.
공연히 오지 않는 전화를 기다리지 마라
　타인과의 소통(전화)을 기다리는 수동적인 태도에서 벗어나 외로움을 받아들이는 적극적 태도를 지녀야 함.
눈이 오면 눈길을 걸어가고 / 비가 오면 빗길을 걸어가라
　△: 삶의 시련, 외로움　　　▶ 4~6행: 외로움을 견디며 담담하게 살아야 함.
갈대숲에서 가슴 검은 도요새도 너를 보고 있다 『 』: 반복법, 대구법, 외로움을 받아들이고 수용하는 자세
　　외로운 존재, '너'를 진정으로 사랑하는 이　수선화(청자)
가끔은 하느님도 외로워서 눈물을 흘리신다
　절대자 또한 외로움을 느끼다는 표현을 통해 근원적 외로움은 극복해야 할 정서가 아니라 보편적 정서라는 의미를 전달함.
『새들이 나뭇가지에 앉아 있는 것도 외로움 때문이고
　『 』: 반복법, 대구법, 세상의 모든 존재들이 외로움을 느끼며 살아가고 있음.
네가 물가에 앉아 있는 것도 외로움 때문이다』

산 그림자도 외로워서 하루에 한 번씩 마을로 내려온다

종소리도 외로워서 울려 퍼진다　　　▶ 7~12행: 세상의 모든 존재들이 외로움을 견디며 살아가고 있음.

키 포인트 체크

화자 □□을 상징하는 수선화를 청자로 하여 이야기하고 있다.

상황 물가에 홀로 핀 □□□를 보며 모든 존재가 외로움을 느낀다고 노래하고 있다.

태도 화자는 □□□을 수용하고 받아들여야 하는 삶의 태도를 이야기하고 있다.

답 인간, 수선화, 외로움

✦ 핵심 정리

갈래 자유시, 서정시
성격 서정적, 성찰적
제재 물가에 홀로 핀 수선화
주제 외로움을 수용하는 삶의 태도
특징 ① 청자에게 말을 건네는 형식으로 표현함.
　　② 담담하고 단정적인 어조로 외로움에 순응해야 함을 타이르듯이 이야기함.
출전 《외로우니까 사람이다》(1998)
작가 정호승(본책 222쪽 참고)

이해와 감상

이 시는 '인간'을 상징하는 '수선화'를 청자로 하여 인간의 근원적 외로움을 담담한 어조로 노래하고 있다. 화자는 눈이 오면 눈길을 걸어가고 비가 오면 빗길을 걸어가듯이, 외로움이라는 현상에 순응하라고 말한다. 또한 이 외로움은 사람으로부터 시작하여 가슴 검은 도요새, 하느님, 새들, 너, 산 그림자, 종소리로 무한히 확장된다. 이를 통해 화자는 외로움이란 삶을 살아가는 모든 존재의 보편적 정서이므로, 이를 삶의 한 부분으로 수용하고 담담히 견디며 살아야 함을 이야기하고 있다.

207 촉 | 나태주

키워드 체크 #감탄적 #새싹의 의미 #생명의 신비 #일상적인 소재

무심히 지나치는
골목길을 지나는 일반적인 태도 – 3연에서 새싹을 발견한 화자의 태도와 대비를 이룸.
골목길
공간적 배경 – 중심에서 벗어난 공간

▶ 1연: 골목길을 지나감.

두껍고 단단한
아스팔트의 성질(시각적, 촉각적 심상)
아스팔트 각질을 비집고
새싹을 억누르는 힘, 척박한 환경
솟아오르는

□: 거대한 힘과 크고 단단한 외면을 가진 존재
○: 여리고 부드러운 외면을 가지고 있지만, 어떤 외부의
힘도 이겨 낼 수 있는 내면의 힘을 가진 존재

새싹의 촉을 본다
　　　생명의 힘

▶ 2연: 아스팔트 틈새로 자라난 새싹

얼랄라
새싹을 보고 놀란 화자가 내뱉은 감탄의 표현
저 여리고
부드러운 것이!

새싹의 성질(시각적, 촉각적 심상을
통해 새싹을 표현함. – 대유(환유)

▶ 3연: 새싹에 대한 경이

한 개의 촉 끝에
지구를 들어 올리는
세계, 전체, 큰 힘을 가진 거대한 존재
힘이 숨어 있다
생명이 가진 경이로운 생명력, 가능성, 의지

▶ 4연: 새싹이 가진 힘에 대한 깨달음

포인트 체크

화자 화자는 □□의 신비롭고 경이로운 힘에 대해 말하고 있다.
상황 여리고 부드러운 식물의 □이 두껍고 단단한 아스팔트를 비집고 솟아오르는 장면을 보고 있다.
태도 화자는 새싹을 바라보며 '발견 – 놀람 – □□□'과 같은 태도의 변화를 보이고 있다.

답 생명, 싹, 깨달음

핵심 정리

갈래 자유시, 서정시
성격 감탄적, 영탄적
제재 새싹
주제 생명의 신비로운 힘
특징 ① 시각적, 촉각적 심상을 통해 대상을 대비함.
　　　② 일상적인 소재를 통해 생명의 신비라는 근원적인 주제를 표현함.
출전 《하늘의 서쪽》(2000)
작가 나태주(본책 310쪽 참고)

이해와 감상

이 시는 아스팔트 틈새를 비집고 자라난 새싹을 통해 깨달은 바를 전달하고 있는 작품이다. 절대 뚫을 수 없을 것 같은 아스팔트 속에서도 조금의 환경만 갖춰지면 씨앗은 뿌리를 내리고 싹을 틔운다. 이러한 순간을 마주하고 생명의 경이로움을 느낀 화자는 새싹이 비록 여리고 부드러운 존재이지만, 그 안에 지구를 들어 올릴 만큼 큰 힘이 숨어 있음을 깨닫는다.

작품 연구소

'새싹'과 '지구'의 대조

새싹의 촉		지구
작고 여려 보이지만 외부의 어떤 힘도 이겨 내는 내면의 힘을 지님.	→	크고 단단한 외면에 거대한 힘을 가짐.

---

208 풀꽃 | 나태주

키워드 체크 문학 천재(정) 국어 비상(박안)
#성찰적 #일상적 소재 #관심과 애정 #시적 대상의 확대 #존재의 본질

자세히 보아야
　세심한 관찰
예쁘다

① 동일한 음절('아', '다')의 각운과 구절(~ 보아야 ~다)의
반복으로 운율을 형성함.
② 풀꽃을 바라보는 바람직한 자세(관심과 애정)를 보여 줌.

오래 보아야
　지속적인 관찰
사랑스럽다

▶ 1~2연: 풀꽃에 대한 애정

너도 그렇다

▶ 3연: 모든 존재에 대한 애정

시선이 '풀꽃'에서 '너'로 옮겨짐. – 자연에 대한 애정에서 모든 존재에 대한 애정으로 확장됨.

포인트 체크

화자 지속적인 □□을 통해 대상의 진정한 가치와 아름다움을 발견할 수 있음을 이야기하고 있다.
상황 '풀꽃'이라는 □□적인 소재를 통해 깨달은 점을 이야기하고 있다.
태도 시선이 '풀꽃'에서 '□'로 옮겨지며 모든 존재에 대한 애정이 드러난다.

답 관찰, 일상, 너

핵심 정리

갈래 자유시, 서정시
성격 일상적, 성찰적
제재 풀꽃
주제 관심과 애정을 통해 발견하는 세상 모든 존재의 가치와 아름다움
특징 ① 일상적이고 소박한 소재와 간결한 시어를 통해 주제를 형상화함.
　　　② 유사한 시구의 반복으로 운율감을 형성함.
출전 《꼬끔은 보랏빛으로 물들 때》(2005)
작가 나태주(본책 310쪽 참고)

이해와 감상

이 시의 제목이자 제재인 '풀꽃'은 작고 사소해서 사람들이 그 가치와 아름다움을 쉽게 인식하지 못하는 일상적인 존재를 의미한다. 화자는 이러한 '풀꽃'의 본질을 파악하기 위해서는 '자세히', '오래 보아야' 한다고 이야기한다. 결국 관심과 애정을 바탕으로 하는 세심하고 지속적인 관찰을 통해 대상의 진정한 가치와 아름다움을 발견하고 애정을 느낄 수 있다는 것이다. 3연에서는 '너도 그렇다'라는 표현을 통해 이러한 자세가 독자를 비롯한 세상 모든 존재에게 적용될 수 있음을 말하고 있다.

209 강우 | 김춘수

키워드 체크 #애상적 #감각적 이미지 #반복적 표현 #절망감 #객관적 상관물

『조금 전까지는 거기 있었는데
『 』: 아내의 죽음을 사실로 인정하지 않는 화자의 모습
어디로 갔나,』 ○: 반복을 통해 아내에 대한 그리움의 정서 강조

밥상은 차려 놓고 어디로 갔나,

넘치지지미 맵싸한 냄새가
후각적 심상
코를 맵싸하게 하는데 ▶ 1~5행: 밥상을 보고 아내를 찾음.

어디로 갔나,

이 사람이 갑자기 왜 말이 없나,

『내 목소리는 메아리가 되어
『 』: 아내의 부재로 인한 공허함, 아내와의 단절감(청각적 심상)
되돌아온다.

내 목소리만 내 귀에 들린다.』 ▶ 6~10행: 아내를 불러 보지만 내 목소리만 메아리되어 되돌아옴.

이 사람이 어디 가서 잠시 누웠나,

옆구리 담괴가 다시 도졌나, 아니 아니

이번에는 그게 아닌가 보다. ▶ 11~13행: 아내의 부재를 인식함.
아내와의 사별을 현실로 받아들이기 시작함.
한 뼘 두 뼘 어둠을 적시며 비가 온다. □: 화자의 슬픔, 비통함을 심화시키는 소재
공감각적 심상(시각 → 촉각) (비는 눈물로도 해석 가능)
혹시나 하고 나는 밖을 기웃거린다.
아내를 만날지 모른다는 희망과 기대
『나는 풀이 죽는다.
『 』: 아내의 죽음을 받아들인 절망감
빗발은 한 치 앞을 못 보게 한다.』
'비'이면서 '눈물'을 의미하기도 함(객관적 상관물).
왠지 느닷없이 그렇게 퍼붓는다.

지금은 어쩔 수가 없다고, ▶ 14~19행: 퍼붓는 비를 보며 체념함.
체념의 태도

키 포인트 체크

화자 일상 속에서 아내를 ☐☐해서 찾으며 그리워하고 있다.

상황 아내의 죽음을 받아들이지 못하던 화자가 ☐☐의 부재라는 현실 상황을 인식하고 있다.

태도 아내와의 사별을 받아들이지 못하는 화자의 슬픔과 ☐☐☐의 정서가 드러난다.

답 반복, 아내, 절망감

핵심 정리

갈래 자유시, 서정시
성격 애상적, 감각적
제재 아내의 죽음
주제 아내를 잃은 슬픔과 절망감
특징 ① 감각적 이미지와 '비'라는 객관적 상관물을 활용하여 화자의 정서를 드러냄.
② 반복적 표현을 통해 그리움과 안타까움의 정서를 강조함.
출전 《거울 속의 천사》(2001)
작가 김춘수(본책 152쪽 참고)

이해와 감상

이 시는 아내와의 사별을 받아들이지 못하는 화자의 심정을 애절하게 노래한 작품이다. 특히 여느 때와 같은 일상의 풍경을 제시하고, 아내의 죽음을 받아들이지 못한 채 계속해서 아내를 찾는 화자의 모습을 독백조로 나타내어 애상감을 강조하고 있다.

작품 연구소

시상 전개에 따른 화자의 심리 변화

시구	화자의 심리
조금 전까지는 거기 있었는데 / 이 사람이 갑자기 왜 말이 없나, / 이 사람이 어디 가서 잠시 누웠나,	아내의 죽음을 사실로 받아들이지 않음.
이번에는 그게 아닌가 보다.	아내와의 사별을 받아들이기 시작함.
혹시나 하고 나는 밖을 기웃거린다.	마지막으로 희망과 기대를 가져 봄.
나는 풀이 죽는다.	아내의 죽음을 현실로 받아들임.
지금은 어쩔 수가 없다고,	아내와 사별한 현실을 체념함.

210 힘내라, 네팔 – 외국인을 위한 한국어 초급반 1 | 한명희

키워드 체크 #이주 노동자 #사회적 소통 #소외 #연민 #순행적 구성 #국제 관계

문학 창비

세계 각국 사람들이 다 모이는

한국어 시간
다양한 국가의 사람들이 모여 있는 교실의 장면
앉아 있는 것만 봐도

세계 지도를 알겠다

『미국 사람들 주변으로는 캐나다가 모이고
『 』: 국제적인 정세와 처지에 따른 국가 간의 관계를 드러냄.
네팔은 인도와 짝이다』

소란스럽고 질문이 많은 건
국제 사회에서 발언권이 많음을 통해 힘의 우위에 있는 국가들임을 나타냄.
미국이나 호주고

베트남이나 라오스는 아무래도 말수가 적다 ▶ 1연: 한국어 수업 중인 외국인들의
국제 사회에서 힘의 우위에 밀려 발언권을 가지지 못하는 국가들의 모습 모습을 통해 바라본 국제 사회의 관계

핵심 정리

갈래 자유시, 서정시
성격 관조적, 비판적
제재 한국어 수업을 듣는 외국인
주제 국제 사회에서의 국가 간 힘의 논리에 따른 관계에 대한 비판과 이주 노동자에 대한 연민
특징 ① 한국어 초급반 교실의 장면을 통해 국제 현실의 모습을 비유적으로 표현함.
② 반복법을 활용하여 네팔인 부부의 안타까운 처지를 부각함.
출전 《두 번 쓸쓸한 전화》(2002)
작가 한명희(1965~) 시인·교수. 1992년 《시와 미학》에 〈시집 읽기〉 등을 발표하며 등단하였다. 시집으로 《시집 읽기》(1996), 《내 몸 위로 용암이 흘러갔다》(2005) 등이 있다.

수업이 끝나기를 기다리는 그는
<small>한국어 수업을 듣고 있는 아내를 기다리는 남편의 모습</small>
네팔 여자의 남편이다

집사람, 잘 부탁합니다
<small>남편의 말 인용 – 아내에 대한 사랑</small>
한국어도 유창한 네팔 사람이다
<small>한국 생활에 익숙함.</small>
『일주일에 두 번
<small>「」: 각자의 삶으로 인해 함께할 시간이 부족함.</small>
한국어 공부 끝나고 세 시간

그들의 유일한 데이트 시간이다』

남편은 한국에서 아내는 네팔에서
<small>한국으로 건너와 일하면서 가족과 떨어져 생활했던 남편</small>
그렇게 삼 년

남편은 불광동에서 아내는 영등포에서
<small>아내가 한국으로 건너와도 일자리가 서로 달라 떨어져 지내야 하는 부부</small>
또 그렇게 삼 년

『일주일에 두 번
<small>「」: 반복을 통해 네팔인 부부의 안타까운 처지 강조</small>
한국어 공부 끝나고 세 시간』

네팔 말이 한국말보다 아름다운 시간이다　　　　▶ 2연: 네팔인 부부의 안타까운 사랑에 대한 연민
<small>네팔인 부부를 바라보는 화자의 시선이 느껴지는 부분</small>

키 포인트 체크

화자 화자는 한국어 초급반을 수강하는 외국인들을 □□하고 있다.

상황 네팔인 부부는 오랜 기간 떨어져 지내며 서로에 대한 □□□을 드러내고 있다.

태도 화자는 국제 사회의 역학 관계에 대한 □□과 네팔인 부부에 대한 □□을 드러내고 있다.

답 관찰, 그리움, 비판, 연민

---

211 단단한 고요 | 김선우

문학 미래엔

키워드 체크 #도토리묵　#개성적 인식　#반복　#감각적 이미지　#산문적 리듬

<small>바싹 마른 잎에 도토리 열매가 스치는 소리를 표현</small>
마른 잎사귀에 도토리알 얼굴 부비는 (소리) 후두둑 뛰어내려 저마다 멍드는 (소리) 『멍석
　　　　　　　　　　　<small>도토리가 지상에 떨어져 모이는 모습을 청각적 심상으로 형상화</small>
위에 나란히 잠든 반들거리는 몸 위로 살짝살짝 늦가을 햇볕 발 디디는 (소리) 먼 길 날아
<small>「」: 멍석 위에 펼쳐 놓은 도토리가 햇빛에 말라가는 모습을 표현</small>　　　　　　　　　　<small>공감각적 이미지(시각의 청각화)</small>
온 늙은 잠자리 채머리 떠는 소리 맷돌 속에서 껍질 타지며 가슴 동당거리는 (소리) 사그
<small>머리가 저절로 계속하여 흔들리는 현상</small>　　　　<small>맷돌에 갈려 잘게 쪼개지며</small>
락사그락 고운 뼛가루 저희끼리 소곤대며 어루만져 주는 (소리) 보드랍고 찰진 것들 물속
　　　　<small>의인법—도토리 가루가 섞이는 모습</small>
에 가라앉으며 안녕 안녕 가벼운 것들에게 이별 인사하는 (소리) 아궁이 불 위에서 가슴
　　　　　　　　　　　　　　　　　<small>물에 부은 도토리 가루를 끈적하게 엉길 때까지 끓이는 모습</small>
이 확 열리며 저희끼리 다시 엉기는 (소리) 식어 가며 단단해지며 서로 핥아 주는 (소리)
　　○: 동일한 시어와 유사한 통사 구조(~하는 소리)의 반복을 통한 운율 형성　　▶ 1연: 도토리묵이 만들어지는 과정

도마 위에 다갈빛 도토리묵 한 모　　　　　　　　　　　▶ 2연: 완성된 도토리묵
<small>명사형 종결을 통해 시상을 집약시킴.</small>

『모든 소리들이 흘러 들어간 뒤에 비로소 생겨난 저 고요
<small>「」: 치열한 과정을 거쳐 묵으로 완성된 도토리에 대한 화자의 개성적 인식이 드러난 부분</small>
저토록 시끄러운, 저토록 단단한,』　　　　　　　　▶ 3연: 완성된 도토리묵의 개성적 이미지
<small>쉼표로 마무리하여 시적 여운을 줌.</small>

키 포인트 체크

화자 화자는 □□□□이 완성되는 과정을 관찰하고 있다.

상황 나무에서 떨어진 도토리는 □들고, 말려지고, □□이 쪼개지고, 서로 소곤대며 어루만지고, 작별
인사도 하고 다시 엉기고 핥아 주며 도토리묵이 되어 간다.

태도 도토리묵이 만들어지는 과정을 섬세하게 관찰하며 다양한 심상을 통해 도토리묵에 대한 □□□
인식을 드러내고 있다.

답 도토리묵, 멍, 껍질, 개성적

이해와 감상

이 시는 한국어 수업을 듣고 있는 외국인들의 모습을 관찰하며 국제 사회의 역학 관계와 네팔인 부부의 안타까운 사랑을 제시하고 있다.
1연에서는 세계 각국의 사람들이 모여 한국어 수업을 듣고 있는 교실의 장면을 통해 소란스럽고 말이 많은 미국, 호주가 말수가 적은 베트남, 라오스보다 우위에 있는 국제적인 역학 관계를 보여 주고 있다.
2연에서는 서툴게 한국어를 배우고 있는 아내의 교실 앞에서 네팔인 남편이 기다리고 있는 장면을 통해 6년째 떨어져서 생활하는 순탄치 않은 삶과 한국어 수업이 끝난 후의 짧은 만남을 보여 줌으로써 두 사람이 나누는 네팔 말이 한국말보다 아름답다고 강조하며 네팔인 부부의 아름다운 사랑을 전하고 있다.

작품 연구소

반복을 통한 시적 대상의 안타까운 처지 강조

네팔인 부부가 떨어져 지낸 기간
남편은 한국에서, 아내는 네팔에서 [3년] 남편은 불광동에서, 아내는 영등포에서 [3년]

↓

반복을 통한 네팔인 부부의 처지 강조

네팔인 부부가 만날 수 있는 시간
일주일에 두 번 / 한국어 공부 끝나고 세 시간

핵심 정리

갈래 자유시, 서정시
성격 개성적, 감각적
제재 도토리묵
주제 도토리묵이 되어 가는 과정에 대한 통찰
특징 ① 도토리묵이 만들어지는 과정을 감각적 이미지를 통해 생동감 있게 표현함.
② 시적 대상을 의인화하여 구체적으로 형상화함.
③ 유사한 문장 구조를 반복하여 운율을 형성함.
출전 《도화 아래 잠들다》(2003)
작가 김선우(본책 326쪽 참고)

이해와 감상

이 시는 '도토리묵'에 대한 시인의 개성적 인식이 돋보이는 작품이다. 나무에 매달려 있는 도토리가 땅에 떨어지는 단계에서부터 건조된 후 가루가 되고 묵이 되는 과정이 섬세하게 그려지고 있다. 미각이 아닌 청각적 이미지를 중심으로 도토리묵이 만들어지는 과정을 다채롭게 묘사한 점, 도토리를 의인화하여 표현한 점, 부드럽고 물렁한 이미지 대신 단단한 이미지를 부각한 점, 여러 가지 소리를 고요로 응집시킨 점에서 참신한 시선과 발상이 돋보인다.

작품 연구소

도토리묵에 담긴 민중의 모습

나무에서 떨어져 멍들고, 햇볕에 몸을 말리고, 맷돌 속에서 껍질이 터지는 아픔을 겪는 도토리

외부적 힘에 의해 시련을 겪으면서도 서로가 서로에게 의지하며 위기를 이겨 내는 민중

212 우포늪 | 황동규

키워드 체크 #우포늪의 아름다움 #예찬적 #원시적 생명력 #탈문명

우포에 와서 빈 시간 하나를 만난다.
　　　문명에서 벗어난 상태를 의미함.
온 나라의 산과 언덕을 오르내리며

잇달아 금을 긋는 송전탑 송전선들이 사라진 곳,
　　　　문명의 상징 ①
이동 전화도 이동하지 않는 곳.
문명의 상징 ②
줄풀 마름 생이가래 가시연(蓮)이
　　　우포늪에서 서식하고 있는 식물들
여기저기 모여 있거나 비어 있는

그냥 70만 평,　　　　　　　　　　　　　　　　　▶ 1~7행: 문명에서 벗어난 공간인 우포
계획되지 않은, 인위적으로 만들어 내지 않은 자연 그대로의 공간
누군가 막 꾸다 만 꿈 같다.

잠자리 한 떼 오래 움직이지 않고 떠 있고

해오라기 몇 마리 정신없이 외발로 서 있다.

이런 곳이 있다니!
우포늪의 원시적 생명력에 대한 감탄
시간이 어디 있나,

돌을 던져도 시침(時針)이 보이지 않는 곳.　　　　▶ 8~13행: 원시적 생명력이 충만한 우포늪
　　　　시간이 흐르지 않는 곳

키 포인트 체크

화자 화자는 우포늪을 □□하며 그 특징을 이야기하고 있다.

상황 화자는 자연 그대로의 모습을 간직한 우포늪의 □□□□을 표현하고 있다.

태도 화자는 우포늪의 원시적 □□□에 대해 감탄하고 있다.

답 관찰, 아름다움, 생명력

핵심 정리

갈래 자유시, 서정시
성격 예찬적, 생태적
제재 우포늪
주제 문명에서 벗어난 우포늪의 아름다움
특징 ① 우포늪에서 서식하고 있는 다양한 동식물들을 열거함.
② 상징적 시어를 사용하여 화자가 관찰한 우포늪의 특징을 드러냄.
③ 시각적 이미지를 사용하여 시상을 감각적으로 전개함.
출전 《우연에 기댈 때도 있었다》(2003)
작가 황동규(본책 160쪽 참고)

이해와 감상

이 시는 자연 그대로의 모습을 간직한 우포늪의 아름다움을 표현하고 있다. 우포는 '송전탑과 송전선', '이동 전화'가 상징하는 현대 문명이 사라지고, '줄풀, 마름, 생이가래, 가시연, 잠자리 한 떼, 해오라기 몇 마리' 등이 서식하는 자연의 생명력이 살아 숨쉬는 공간이다. 화자는 이렇게 문명의 그늘에서 벗어나 시간의 흐름이 멈추어 버린 것 같은 우포늪의 느낌을 '빈 시간 하나를 만난다.'라는 표현을 통해 드러내었다.

우포늪	
탈문명	**생명의 공간**
송전탑과 송전선, 이동 전화가 사라진 곳	줄풀, 마름, 생이가래, 가시연, 잠자리, 해오라기를 볼 수 있는 곳

213 애기메꽃 | 홍성란

키워드 체크 #야생화 #정감 있는 표현 #가을의 정취 #반복과 변주 #성찰

한때 세상은
철없던 어린 시절
날 위해 도는 줄 알았지　　　　　　　　　　　　▶ 초장: 철없던 시절의 화자의 모습
자기중심적 사고와 관점을 가졌던 시절

날 위해 돌돌 감아오르는 줄 알았지　　　　　　　▶ 중장: 철없던 시절의 자기중심적 사고
　　　상승의 이미지

들길에
전통적 시조 형식의 계승(종장 첫 3음절)
쪼그려 앉은 분홍치마 계집애　　　　　　　　　　▶ 종장: 세상의 진실을 알아버린 후의 좌절감
하강의 이미지, 시각적 이미지 – 세상의 진실을 알아버린 자의 안타까움을 애기메꽃에 비유함.

키 포인트 체크

화자 이 작품의 화자는 들길에 피어 있는 '애기메꽃'을 바라보며 □없던 시절의 모습을 떠올리고 있다.

상황 어린 시절에는 세상이 □□을 위해 돌아가는 줄 알았지만, 어른이 되어 그렇지 않은 세상의 현실을 알게 되었다.

태도 이 작품의 화자는 어른이 되어 세상을 알아버린 후의 □□□과 슬픔을 노래하고 있다.

답 철, 자신, 좌절감

핵심 정리

갈래 현대 시조
성격 고백적, 성찰적
제재 애기메꽃
주제 자기중심적이었던 자신에 대한 성찰
특징 ① 자연물을 통해 화자의 정서를 드러냄.
② 유사한 시구의 변주를 통해 운율을 형성함.
출전 《백여덟 송이 애기메꽃》(2012)
작가 홍성란(1958~) 시조 시인. 1989년 중앙시조 백일장에서 장원을 하며 등단하였으며, 주요 작품으로 〈황진이 별곡〉, 〈겨울 약속〉 등이 있다.

이해와 감상

이 시조는 애기메꽃을 바라보며 세상을 알아버린 화자의 슬픔을 노래하고 있다. 한때 세상은 자신을 중심으로 움직이는 줄 알았던 화자가 어른이 되어 애기메꽃을 바라보며 들길에 쪼그려 앉은 분홍치마 계집애로 투영하여 좌절감과 안타까움을 표현하고 있다.

작품 연구소

이미지의 대조를 통해 보여 주는 화자의 성찰

날 위해 돌돌 감아오르는 줄 알았던 애기메꽃
상승의 이미지

↓ 좌절감

하강의 이미지
쪼그려 앉은 분홍치마 계집애

214 귀로 쓴 시 | 이승은

지학사

키워드 체크 #귀로 감지한 풍경 #외로움 #시조 #감각적 형상화 #자음 표기

햇살의 고요 속에선
○ : 햇살과 바람 소리를 자음 표기로 표현함.

ㅉ ㅉ ㅉ, 소리가 나고,
햇살이 쨍쨍 내리쬐는 점에 착안하여 초성 낱자 'ㅉㅉㅉ'를 가져와 소리
없이 내리쬐는 햇살의 이미지를 청각적으로 형상화함(공감각적 이미지).

▶ 초장: 귀로 들은 햇살의 소리

바람은 쥐가 쏠 듯
물건을 잘게 물어 뜯은

ㅅ ㅅ ㅅ, 문틈을 넘고,
문틈을 넘어가는 바람의 소리를 자음 표기를 통해 형상화함.

▶ 중장: 귀로 들은 바람 부는 소리

주로 시각 정보를 처리하는 대뇌의 맨 뒷부분
후두엽 외진 간이역
아무도 방문하지 않는 버려진 곳—외로운 화자의 마음

녹슨 기차 바퀴 소리.
쓸쓸한 화자의 내면을 청각적으로 형상화

▶ 종장: 외롭고 쓸쓸한 화자의 마음

키 포인트 체크

화자 화자는 ☐☐과 ☐☐의 소리를 듣고 자신의 내면을 표현하고 있다.

상황 화자는 햇살과 바람의 소리를 들으며 외롭고 ☐☐☐ 자신의 내면을 돌아보고 있다.

태도 화자는 아무도 자신을 찾아와 주지 않아 ☐☐☐의 정서를 느끼고 있다.

답 햇살, 바람, 쓸쓸한, 외로움

핵심 정리

갈래 현대 시조

성격 감각적, 비유적

제재 소리

주제 소리로 감지한 자연의 풍경

특징 ① 자음 표기를 활용하여 소리의 이미지를 감각적으로 표현함.
② 자연의 소리를 통해 시적 화자의 내면의 모습을 환기함.

출전 《시간의 안부를 묻다》(2003)

작가 이승은(1958~). 시인. 1979년 만해 백일장에서 시조 〈깃발〉이 장원으로 뽑혀 작품 활동을 시작하였으며 주요 작품으로 〈내가 그린 풍경〉, 〈시간의 안부를 묻다〉 등이 있다.

이해와 감상

이 시조는 햇살과 바람의 소리를 귀에 들리는 인상대로 표현한 점이 돋보이는 작품이다. 시상 전개에 있어서 청각적 심상이 주를 이루는데 그 이면에는 시각적 심상이 깔려 있다. 'ㅉㅉㅉ'와 'ㅅ ㅅ ㅅ' 등의 자음 표기를 통해 시각적 심상을 청각적 심상으로 치환함으로써 시적 발상의 참신함을 보여 주고 있다.

작품 연구소

공감각적 이미지를 활용한 생동감 있는 표현

> ㅉ ㅉ ㅉ
>
> 햇살이 내리쬐는 시각적 이미지를 청각적 심상으로 전이하여 햇살의 이미지를 생동감 있게 표현

---

215 우리 동네 느티나무들 | 신경림

문학 창비

키워드 체크 #느티나무 #민중의 모습 #공동체 #유대감 #삶의 가치 #예찬 #열거

산비알에 돌밭에 저절로 나서 / 저희들끼리 자라면서
'산비탈'의 방언   의인법—민중을 상징. 복수 접미사 '들'을 사용하여 민중 공동체를 지칭함.

『재재발거리고 떠들어 쌓고 / 밀고 당기고 간지럼질도 시키고
수다스럽게 떠들고 장난치는 모습

시새우고 토라지고 다투고
다투는 모습

시든 잎 생기면 서로 떼어주고 / 아픈 곳은 만져도 주고
아픔, 상처   배려, 나눔   위로

끌어안기도 하고 기대기도 하고
포용, 이해   마음을 의지함.   『 』: 어미 '-고'의 반복을 통해 운율감 형성. 열거법

이렇게 저희들끼리 자라서는
▶ 1~9행: 서로를 위하며 더불어 살아가는 느티나무들의 모습

늙으면 동무 나무 썩은 가질랑 / 슬쩍 잘라 주기도 하고
상처와 아픔   도움

세월에 곪고 터진 상처는 / 긴 혀로 핥아 주기도 하다가
위로
▶ 10~13행: 서로 의지하며 도와주는 느티나무들의 모습

『열매보다 아름다운 이야기들을
어떤 결실이나 결과보다 더불어 살아온 느티나무의 삶의 모습이 더 가치가 있음을 의미함.

머리와 어깨와 다리에 / 가지와 줄기에

주렁주렁 달았다가는
열매 따위가 많이 매달려 있는 모양. 의태어를 활용하여 추상적 이야기를 구체화함.

별 많은 밤을 골라 그것들을 / 하나하나 떼어 온 고을에 뿌리는』
『 』: 추상적 관념인 이야기를 가지에 매달았다가 나누어 줄 수 있는 구체적인 대상으로 표현함.

우리 동네 늙은 느티나무들
명사형 종결을 통해 시적 여운을 줌.
▶ 14~20행: 더불어 사는 삶의 아름다운 이야기를 온 세상에 전함.

키 포인트 체크

화자 화자는 ☐☐☐☐를 보며 바람직한 삶의 모습을 제시하고 있다.

상황 화자는 서로 다투기도 하고 감싸 주고 배려하기도 하며 더불어 살아온 느티나무를 ☐☐하고 있다.

태도 화자는 서로 ☐☐하고 함께 살아가는 ☐☐☐적인 삶의 모습을 강조하고 있다.

답 느티나무, 예찬, 의지, 공동체

핵심 정리

갈래 자유시, 서정시

성격 관조적, 비유적, 예찬적

제재 우리 동네 느티나무들

주제 함께하는 삶 속에서 아름다움을 만들어 가는 민중의 삶에 대한 예찬

특징 ① 느티나무를 의인화하여 바람직한 공동체적 삶의 모습을 제시함.
② 열거법을 통해 느티나무의 다양한 모습을 구체적으로 표현함.
③ 어미 '-고', '-는'을 반복적으로 사용하여 운율감을 형성함.

출전 《쓰러진 자의 꿈》(1993)

작가 신경림(본책 208쪽 참고)

이해와 감상

이 시는 서로 의지하고 함께 살아가는 공동체적인 삶의 모습을 우리 동네의 느티나무들의 모습을 통해 의인화하여 형상화하고 있다. 느티나무들은 함께 자라면서 때로는 '시새우고 토라지고 다투'기도 하지만 '아픈 곳을 만져도 주고 끌어안기도 하고 기대기도 하'며, 늙어서는 '세월에 곪고 터진 상처'를 '긴 혀로 핥아 주기도' 한다. 또한 느티나무들은 오랜 삶의 결정체라 할 수 있는 '아름다운 이야기들'을 '온 고을'에 뿌려 풍요로운 경험과 지혜를 모든 생명들과 함께 나누고 있다. 이처럼 오랜 세월을 함께하며 나누는 모습에 대한 묘사를 통해 작가는 공동체적 삶의 가치에 대한 지향을 드러내고 있다.

더 읽을 작품 369

216 사이버 공간 | 오세영

문학 미래엔

키워드 체크 #사이버 공간의 특징 #관계의 형성 #점층적 전개 #비판적 태도

마지막으로 패스워드를 입력하고

주소에 엔터 키를 치면

모니터에 떠오르는 또 하나의 공간,
　　　　　사이버 공간
그 공간에도 비는 오는지

　▶ 1~3행: 사이버 공간에 접속함.

빗속의 너는 |자꾸만 멀리 달아나는데|
　　　　　　　　　　□ : 진정한 관계 형성의 어려움(점층적 전개)
가냘픈 코드를 붙들고

덧없이 서핑을 반복한다.
　　진정한 관계 형성을 위한 노력의 반복
세상은 거대한 월드 와이드 웹
　　사이버 공간
나는 너에게 너는 나에게

　▶ 4~7행: 진정한 인간관계를 형성하기 위한 노력

서로 보이지 않는 올가미를 씌우며
　　　　　서로에게 접속을 시도하며
인연을 확인한다.

　▶ 8~11행: 관계의 확인에 그치는 사이버 공간의 인간관계

오늘의 검색 항목은 '사랑'
　　사랑조차 검색 항목이 되는 가식적인 세계
|자꾸만 자꾸만 달아나는| 너를 좇아

윈도우를 열어 보지만

|결코 들어갈 수 없는| 너의 빈
　　진정한 관계를 맺을 수 없는
사이버 공간.

　▶ 12~16행: 진정한 인간관계 형성을 위한 노력의 좌절

키 포인트 체크

화자 화자는 진정한 인간관계 형성을 위해 노력하지만 □□하고 만다.

상황 화자는 □□□□□에서 진정한 관계를 형성하기 위해 '너'를 찾아 헤매고 있다.

태도 컴퓨터와 인터넷의 영향으로 바람직한 관계의 형성이 어려운 시대적 상황을 □□적으로 그리고 있다.

답 좌절, 사이버 공간, 비판

핵심 정리

갈래 자유시, 서정시

성격 비판적, 점층적

제재 사이버 공간

주제 진정한 인간관계의 형성이 좌절되는 사이버 공간

특징 사이버 공간에서 진정한 인간 관계 형성이 어려움을 점층적으로 전개함.

출전 《봄은 전쟁처럼》(2004)

작가 오세영(1954~) 시인. 인간 존재의 실존적 고뇌를 서정적, 철학적으로 노래하였으며 시집으로 《별 밭의 파도 소리》 등이 있다.

이해와 감상

이 시는 사이버 공간에서 진정한 관계를 형성하기 위해 '너'를 찾아 헤매는 화자의 시도를 중심으로 시상이 전개된다. 화자는 진정한 관계 형성을 위한 노력을 반복하지만 관계 맺기의 대상이 되는 '너'는 '자꾸만 달아나기'를 반복하며 상황은 점층적으로 악화된다. 화자가 속해 있는 사이버 공간은 '사랑'조차 검색 항목이 되는 가식적인 세계이다. 결국 이러한 공간에서 진정한 인간관계의 형성이라는 화자의 소망은 좌절에 이르게 된다.

작품 연구소

사이버 공간에서의 인간관계

1990년대에 등장한 인터넷은 시간과 공간의 제약에서 자유로워진 개별적 인간이 사이버 공간을 통해 다양한 비대면적 관계를 형성하는 것을 가능하게 했다. 하지만 이러한 피상적 관계 형성은 오히려 사람 사이의 거리감을 극대화시켜 물리적 공간에서 인간들이 대면하여 공동체를 형성할 기회를 박탈하였고, 그 결과 사이버 공간 안팎에서 모두 진정한 관계 형성을 좌절시키는 문제점을 야기하였다. 이 작품은 진정한 관계 형성에 실패한 화자를 통해 바람직한 인간관계 형성이 요원해진 시대적인 문제를 비판하고 있다.

217 간격 | 안도현

문학 지학사

키워드 체크 #간격 #숲과 나무 #바람직한 인간관계 #의인화 #깨달음

　　　　　　피상적 관찰
숲을 멀리서 바라보고 있을 때는 몰랐다
　개인들이 모여 이루는 공동체, 화자가 깨달음을 얻는 공간
『나무와 나무가 모여
　공동체를 이루는 개인
어깨와 어깨를 대고
　일정한 간격 없이 빽빽하게 붙어 있는 상태
숲을 이루는 줄 알았다』 『 』: 대상의 진정한 모습을 파악하지 못한 화자의 인식 상태

나무와 나무 사이

넓거나 좁은 간격이 있다는 걸
　숲을 멀리서 바라보았기에 파악하지 못한 숲의 모습
생각하지 못했다

　▶ 1~7행: 나무들의 밀착이 숲을 이룬다고 생각함.

핵심 정리

갈래 자유시, 서정시

성격 관조적, 비유적, 성찰적

제재 나무와 나무 사이의 간격

주제 인간관계에 있어서 간격의 소중함에 대한 깨달음

특징 ① 자연물을 인격화하여 시적 의미를 부여함.
　　②사물에 대한 시적 화자의 섬세한 관찰이 성찰로 이어짐.
　　③시적 화자의 경험을 통해 얻은 깨달음을 제시함.

출전 《너에게 가려고 강을 만들었다》(2004)

작가 안도현(본책 248쪽 참고)

『벌어질 대로 최대한 벌어진, 『 」: 간격의 중요성을 점층적으로 강조

한데 붙으면 도저히 안 되는,

기어이 떨어져 서 있어야 하는,』

나무와 나무 사이

그 간격과 간격이 모여
숲을 이루기 위해서는 간격이 필요함.
울울창창 숲을 이룬다는 것을
적당한 간격이 있을 때 바람직한 공동체가 이루어질 수 있음.
산불이 휩쓸고 지나간
화자의 인식에 변화를 준 계기
숲에 들어가 보고서야 알았다
바람직한 인간관계를 위해서는 간격이 필요함을 깨달음.

▶ 8~15행: 나무들 사이의 간격이 숲을 이룬다는 깨달음

키 포인트 체크

화자 화자는 불에 타 버린 [ ]에 들어가고 나서 [ ][ ]을 얻고 있다.

상황 화자는 산불이 난 숲 한가운데에 들어와 숲을 이룬 [ ][ ]들의 [ ][ ]을 발견하고 있다.

태도 화자는 숲을 보며 [ ][ ][ ][ ]에 대해 [ ][ ]하고 그에 대한 깨달음을 얻고 있다.

답 숲, 깨달음, 나무, 간격, 인간관계, 성찰

이해와 감상

이 시는 불에 타 버린 숲을 보며 느낀 체험을 바탕으로 존재와 존재 사이의 간격에 대한 새로운 깨달음을 노래하고 있다. 1~7행까지는 울창한 숲을 멀리서 바라보며 나무들이 빈틈없이 모여서 울창한 숲을 이룬다고 생각한 화자의 인식이 드러난다. 그러나 8~15행에서 화자는 불에 타 버린 숲의 한가운데에 들어와 보고 나서 숲을 이루는 것이 나무와 나무 사이의 적당한 간격이었음을 발견한다. 이를 바탕으로 진정한 인간관계의 완성은 한발짝 떨어진 위치에서 관조할 수 있는 여유와 조급해하지 않는 기다림의 거리를 유지할 때 가능하다는 깨달음을 전달하고 있다.

작품 연구소

숲을 멀리서 보았을 때	나무와 나무가 간격 없이 붙어 숲이 이루어진다고 생각함.

⬇ 깨달음(인식의 전환)

숲에 들어가 보았을 때	나무들 사이의 간격을 통해 숲이 이루어짐을 깨달음. ↓ 진정한 인간관계 역시 관조와 여유가 필요함.

---

218 천지꽃과 백두산 | 석화

문학 신사고, 해냄

키워드 체크 #진취적 #민족의 정체성 #자긍심 #감정의 직접적 표출

이른 봄이면 진달래가
연변의 봄 풍경
천지꽃이라는 이름으로
진달래꽃을 이르는 함경북도의 방언
『다시 / 피어나는 곳이다』
『 」: 생명, 부활의 이미지 – 연변 조선족의 끈질긴 생명력

[ ]: 연변 지역의 지명과 연변 지역에서만 사용하는 어휘를 활용하여 '연변'이라는 공간의 특수성을 보여 줌.

▶ 1연: 봄이면 진달래가 피는 연변

사래 긴 밭을 갈면 가끔씩
이랑
오랜 옛말이 기와 조각에 묻어 나오고
오랜 역사가 깃든 터전임을 암시함.
룡드레 우물가에 / 키 높은 버드나무가 늘 푸르다
연변의 용정시에 있는 우물　　　유구히 이어질 역사적 전통

▶ 2연: 우리 민족의 유구한 역사를 가진 연변

할아버지는 마을 뒤 산에 / 낮은 언덕으로 누워 계시고
과거의 세대
『해살이 유리창에 반짝이는 교실에서
우리 아이들이 공부가 한창이다』
현재의 세대

과거 세대와 미래 세대의 공존과 조화

▶ 3연: 연변 조선족의 삶과 꿈

백두산 이마가 높고 / 두만강 천리를 흘러
웅장하고 강인한 이미지　　　포용력 있고 광활한 이미지
『내가 지금 자랑스러운 / 여기가 연변이다』
『 」: 연변에 대한 자긍심

▶ 4연: 아름다운 연변에 대한 자긍심

키 포인트 체크

화자 화자는 [ ][ ]의 모습과 그곳에서 살아가는 조선족의 모습을 그리고 있다.

상황 우리 민족의 역사가 담긴 연변의 이미지를 [ ][ ][ ]을 활용하여 묘사하고 있다.

태도 아름다운 연변에 대해 [ ][ ][ ]과 긍지를 느끼고 있다.

답 연변, 자연물, 자긍심

핵심 정리

갈래 자유시, 서정시

성격 진취적, 단정적

제재 연변의 모습

주제 자랑스러운 연변의 모습

특징 ① 시적 대상에 대한 정서를 직접적으로 표출함.
② '연변'을 조화롭고 생명력 넘치는 공간으로 형상화함.

출전 《장백산》(2004)

작가 석화(1958~) 시인. 연변 조선족의 뿌리와 정서를 담은 시를 주로 썼으며, 시집으로 《나의 고백》, 《꽃의 의미》 등이 있다.

이해와 감상

이 시는 연변의 풍광 및 풍습, 연변 조선족으로서의 삶과 꿈을 형상화한 22편의 연작시 〈연변〉 중 첫 번째 작품이다.
1연과 2연에서는 자연물을 활용하여 우리 민족의 역사가 담긴 연변의 이미지를 묘사하고, 3연에서는 할아버지와 아이들의 모습을 그려 내며 연변의 과거 세대와 미래 세대의 공존과 조화를 표현하고 있다. 마지막 4연에서는 민족의 자긍심을 나타내는 소재 '백두산'과 '두만강'에 조선족으로서의 자부심과 긍지를 담아 내며 시상을 마무리하고 있다.

V. 1990년대 이후

219 대추 한 알 | 장석주

국어 동아 독서 비상

키워드 체크 #명사형 종결 #대추 #시련의 극복 #긍정적 인식

저게 저절로 붉어질 리는 없다.
대추 대추가 결실을 맺는 데에는 이유가 있음.
저 안에 태풍 몇 개
○ : 대추에게 가해진 시련, 고난
저 안에 천둥 몇 개
저 안에 벼락 몇 개
▶ 1연: 시련을 이겨 내고 붉어진 대추에 대한 감탄

저게 저 혼자서 둥글어질 리는 없다.
저 안에 무서리 내리는 몇 밤 □ : 유사한 구절을 반복하여 음악성을 드러냄. 시련의 정도를 개수와 시간의 길이로 나타냄.
저 안에 땡볕 두어 달
저 안에 초승달 몇 날
▶ 2연: 시련을 이겨 내고 둥글어진 대추에 대한 감탄

키 포인트 체크

화자 화자는 [ ]가 결실을 맺는 과정에 대해 소개하고 있다.

상황 대추가 [ ]을 이겨 내고 붉고 둥글게 결실을 맺는 과정이 나타나 있다.

태도 화자는 대추가 결실을 맺는 과정에 대한 [ ][ ] 인식을 드러내고 있다.

답 대추, 시련, 긍정적

핵심 정리

갈래 자유시, 서정시
성격 서정적, 상징적
제재 대추
주제 대추가 결실을 맺는 과정에 대한 감탄
특징 ① 명사형 종결로 시적 여운을 전달함.
② 유사한 구절을 반복하여 음악성을 부각함.
③ 구체적 시어를 활용하여 상징성을 드러냄.
출전 《붉디붉은 호랑이》(2005)
작가 장석주(1955~) 시인, 소설가. 주로 사물에 내재된 자연적 원리에 착안하여 교훈적 내용을 전달하는 내용을 많이 다루었으며 주요 작품으로 〈단순한 것이 아름답다〉 등이 있다.

이해와 감상

이 시는 가을날 대추가 결실을 맺는 과정을 소개하고 있다. 화자는 대추가 붉어지고 둥글어진 이유를 '태풍, 천둥, 벼락, 무서리, 땡볕, 초승달' 등 대추에게 가해지는 자연재해로 보고 있다. 이는 대추가 결실을 맺는 과정이 순탄치 않으며, 또 대추가 붉은 아름다움을 뽐내기 위해서는 여러 시련의 과정이 필요함을 강조하고 있는 것으로 볼 수 있다.
한편 대추가 결실을 맺는 과정을 인간의 삶으로 확장시켜 인간이 삶을 살아가면서 성숙해지려면 적당한 시련과 고난이 필요하다는 메시지를 전하고 있다.

작품 연구소

시련의 극복(결실)

시련		극복(결실)
태풍, 천둥, 벼락, 무서리, 땡볕, 초승달	⇒	붉고 둥근 대추

220 쌀 | 정일근

국어 천재(이)

키워드 체크 #농사짓는 일의 소중함 #현실 풍자 #농촌과 도시 #감각적

서울은 나에게 쌀을 발음해 보세요, 하고 까르르 웃는다 □ : 반복을 통해 운율을 형성함.
구체적 지명에 인격을 부여하여 대화의 상대로 여김(의인법).   의성어, 생동감을 부여함.
또 살을 발음해 보세요, 하고 까르르까르르 웃는다

나에게는 쌀이 살이고 살이 쌀인데 서울은 웃는다
화자는 '쌀'과 '살'이 같은 발음으로 들리는 것을 당연하게 여김.
쌀이 열리는 쌀 나무가 있는 줄만 알고 자란 그 서울이
자연을 모르는 '서울'의 무지한 생각을 드러냄.
농사짓는 일을 하늘의 일로 알고 살아온 우리의 농사가
농사를 소중하게 여기는 태도
쌀 한 톨 제 살점같이 귀중히 여겨 온 줄 알지 못하고
'쌀'과 '살'을 동일한 대상으로 여기는 이유
제 몸의 살이 그 쌀로 만들어지는 줄도 모르고

그래서 쌀과 살이 동음동의어라는 비밀 까마득히 모른 채
소리도 뜻도 같은 단어
서울은 웃는다
반복적으로 표현하여 '서울'의 비웃는 태도를 풍자함.
▶ 쌀과 살을 다른 것으로 여기는 서울(도시인)의 태도 풍자

키 포인트 체크

화자 화자는 [ ]과 [ ]이 동음동의어임을 설명하고 있다.

상황 서울은 [ ][ ]와 달리 쌀과 살을 다른 것으로 인식하고 있다.

태도 화자는 쌀 한 톨의 소중함을 모르는 서울의 태도를 [ ][ ]하고 있다.

답 쌀, 살, 농부, 풍자

핵심 정리

갈래 자유시, 서정시
성격 풍자적, 비판적
제재 쌀과 살
주제 쌀과 살을 구분하는 현실에 대한 풍자
특징 ① 음성 상징어를 사용하여 생동감을 부여함.
② 유사한 구절을 반복하여 주제를 강조함.
출전 《오른손잡이의 슬픔》(2005)
작가 정일근(1958~) 시인. 주로 농촌의 포근한 삶과 자연의 아름다움을 노래한 시를 창작하였으며 주요 작품으로 〈바다가 보이는 교실〉 등이 있다.

이해와 감상

이 시는 경상도 사투리에서 '쌀'과 '살'의 발음이 동일한 것에 착안하여 시상을 전개하고 있다. 도시인들은 쌀과 살을 구분하고 다른 것으로 여기며 비웃지만, 농부들은 쌀을 소중히 여겨 제 살점같이 귀중하게 여기므로 쌀과 살은 같은 것으로 여긴다는 것이다. 이러한 작가의 생각이 집약되어 나타난 것이 바로 쌀과 살을 '동음동의어'라고 칭한 부분이다. 작가는 이렇듯 도시인과 농부들의 삶을 대조시켜 농사일의 소중함을 경시하는 도시인의 모습을 풍자하고 있다.

작품 연구소

도시인과 농부의 대비

도시인		농부(나)
• 쌀과 살을 구분함. • 쌀의 소중함을 모름.	⟷	• 쌀과 살을 동일시함. • 쌀의 소중함을 알고 있음.

221 신문지 밥상 | 정일근

키워드 체크 #어머니의 철학 #삶의 지혜 #반복을 통한 운율 #말의 힘

더러 신문지 깔고 밥 먹을 때가 있는데요
밥을 먹기 위해 밥상 대신 짧, 궁핍한 삶
어머니, 우리 어머니 꼭 밥상 펴라 말씀하시는데요
신문지를 깔라는 뜻
저는 신문지가 무슨 밥상이냐며 궁시렁궁시렁하는데요
신문질 신문지로 깔면 신문지 깔고 밥 먹고요
'나': 신문지를 신문지로 인식함.
신문질 밥상으로 펴면 밥상 차려 밥 먹는다고
어머니: 신문지를 밥상으로 인식함.
『따뜻한 말은 사람을 따뜻하게 하고요
『 』: 어머니의 철학: 따뜻한 말과 따뜻한 마음의 힘
따뜻한 마음은 세상까지 따뜻하게 한다고요』

어머니 또 한 말씀 가르쳐 주시는데요 ▶ 1연: 아들과 어머니의 대화
어떻게 부르냐에 따라 세상이 달라질 수 있다는 가르침

해방 후 소학교 2학년이 최종 학력이신
학교 공부를 많이 못하였으나 지혜로운 어머니
어머니, 우리 어머니 말씀 철학 ▶ 2연: 어머니의 깊은 철학
많이 배운 아들보다 훌륭한 어머니의 삶의 지혜

보조사 '요'의 반복으로 운율을 형성함. 어머니의 가르침을 공손한 태도로 전달함.

키 포인트 체크

화자 이 작품의 화자는 어머니에게 ☐의 힘, 대상을 ☐☐하게 바라보는 마음의 중요성을 배우고 있다.

상황 화자는 어머니와의 ☐☐를 통해 어머니의 철학, 삶의 지혜를 깨닫고 있다.

태도 보조사 ☐의 반복을 통해 어머니의 깨달음에 대한 감탄과 존경의 태도를 표현하고 있다.

답 말, 따뜻, 대화, 요

⊚ 핵심 정리

갈래 자유시, 서정시
성격 서정적, 철학적
제재 신문지
주제 따뜻한 말과 마음의 힘
특징 ① 보조사 '요'의 반복을 통해 운율을 형성함.
② 일상적인 대화를 통해 삶의 지혜를 표현함.
출전 《착하게 낡은 것의 영혼》(2006)
작가 정일근(본책 372쪽 참고)

이해와 감상

이 시에서는 일상생활에서 나누는 화자와 어머니의 대화를 통해 시상을 전개하고 있다. 신문지 밥상을 펴라는 어머니의 말씀에 화자는 신문지를 대수롭지 않게 여기지만, 어머니는 신문지를 밥상으로 펴면 밥상을 차려 밥을 먹는 것이라는 가르침과 함께 따뜻한 말이 사람을 따뜻하게 하고, 따뜻한 마음이 세상까지 따뜻하게 한다는 삶의 지혜를 알려 주신다. 이를 통해 화자는 따뜻한 세상을 원한다면 따뜻한 말을 건네야 함을 깨닫는다.

작품 연구소

신문지를 신문지로 해석할 때	신문지를 밥상으로 해석할 때
신문지를 깔고 밥을 먹는 궁핍한 세계에 살고 있음.	밥상을 차려 밥을 먹는 풍요로운 세계에 살고 있음.

→ 언어에 따라 사람의 처지가 달라짐.

---

222 지삿개에서 | 김수열

키워드 체크 #지역 문학의 발전 #갯쑥부쟁이의 생명력 #화자의 반성 #비유

그립다,는 말도
강인한 생명력을 지닌 갯쑥부쟁이를 보고 자신의 고민이 사치라고 느껴짐.
때로는 사치일 때가 있다

『노을 구름이 산방산 머리 위에 머물고
제주 서귀포시 안덕면 사계리 해안에 있는 종상화산
가파른 바다 / 어화(漁火) 점점이 피어나고
고기잡이하는 배에 켜는 등불이나 횃불
바람 머금은 소나무 / 지 한숨 토해 내는 순간
의인법
바다 끝이 하늘이고 / 하늘 끝이 바다가 되는 지삿개에 서면
『 』: 지삿개의 풍경, 갯쑥부쟁이가 자라기 어려운 환경 주상절리를 일컫는 제주 방언
그립다,라는 말도

그야말로 사치일 때가 있다 ▶ 1연: 대자연 앞에서 그리움도 사치임.
대자연의 생명력 앞에서 자신의 고민이 사치임을 강조함.

○: 이 작품의 배경이 제주도임을 알려 주는 시어들

『가냘픈 털뿌리로
『 』: 갯쑥부쟁이의 모습, 힘든 상황에서도 온 힘을 다해 버티고 있음.
검은 주검처럼 숭숭 구멍 뚫린 / 바윗돌 거머쥐고
현무암
흰 허리로 납작 버티고 선 / 갯쑥부쟁이 한 무더기! ▶ 2연: 갯쑥부쟁이의 생명력
영탄법을 활용하여 갯쑥부쟁이에 대한 경외심을 표현함.

키 포인트 체크

화자 화자는 ☐☐☐ 지방의 독특한 정서와 비유를 활용하였다.

상황 화자는 ☐☐☐의 절경을 배경으로 자라나는 갯쑥부쟁이를 보고 있다.

태도 화자는 험난한 환경에서 자라는 갯쑥부쟁이를 보고 ☐☐☐을 느끼고 있다.

답 제주도, 지삿개, 경외심

⊚ 핵심 정리

갈래 자유시, 서정시
성격 예찬적, 향토적
제재 갯쑥부쟁이
주제 갯쑥부쟁이의 생명력에 대한 경외심
특징 제주도의 풍경을 바탕으로 험난한 자연에서 자라는 갯부쟁이를 보고 자신의 삶을 반성함.
출전 《바람의 목례》(2006)
작가 김수열(1959~) 제주 출생. 1982년에 《실천문학》으로 등단하였으며 시집으로 《신호등 쓰러진 길 위에서》, 《바람의 목례》 등이 있다.

이해와 감상

이 시는 지삿개의 절경을 배경으로 갯쑥부쟁이의 생명력에 대한 경외심을 그린 작품이다. 화자는 너른 바다가 펼쳐져 있으며 거센 바람이 불고 척박한 현무암이 있는 그 자리에서 힘껏 바위를 거머쥐고 버티며 서 있는 갯쑥부쟁이의 강인한 생명력을 보며, 그리움에 흔들리는 자신의 모습이 작은 일에도 휘청거리는 일 같이 느껴져 사치라고 생각하게 된다. 그리고 시련에도 굴하지 않는 강인함을 배우게 된다.

더 읽을 작품

223 동승 | 하종오

국어 금성, 비상(박영)

키워드 체크 #성찰적 #다문화 시대 #차별적 시각 #심리 변화

국철 타고 앉아 가다가
　　화자와 아시안이 함께하는 공간
문득 알아들을 수 없는 말이 들려 살피니
　　동질감이 없는
아시안 젊은 남녀가 건너편에 앉아 있었다
　　관찰의 대상　　　　　　화자의 맞은편: 상대방에 대한 거리감을 느낄 수 있는 표현
늦은 봄날 더운 공휴일 오후
나는 잔무 하러 사무실에 나가는 길이었다　　　　　　　▶ 1~5행: 국철에 동승한 아시안 젊은 남녀
　　화자와 아시안의 차별성을 드러냄.
저이들이 무엇 하려고
　　화자와 다른 대상
국철을 탔는지 궁금해서 쳐다보면　　　　　　천박한 호기심으로 아시안 젊은 남녀를 바라보는 화자의
서로 마주 보며 떠들다가 웃다가 귓속말할 뿐　　　태도와 다른 사람을 의식하지 않고 자연스럽게 행동하는
　　　　　　　　　　　　　　　　　　아시안 젊은 남녀의 모습을 대비함.
나를 쳐다보지 않았다
『모자 장수가 모자를 팔러 오자
　『 』: 우리와 다를 바 없는 생활 모습 – 화자가 동질감을 발견하게 되는 계기
천 원 주고 사서 번갈아 머리에 써 보고
만년필 장수가 만년필을 팔러 오자
천 원 주고 사서 번갈아 손바닥에 써 보는 저이들』
　　　　　　　　　　　▶ 6~13행: 아시안 젊은 남녀의 모습과 이에 대한 화자의 호기심
문득 나는 천박한 호기심이 발동했다는 생각이 들어서
　　외국인에 대한 편견, 차별의 시선
황급하게 차창 밖으로 고개 돌렸다
국철은 깅기를 달리고 니슬거리는 수민 위에는
깃털 색깔이 다른 새 여러 마리가 물결을 타고 있었다
　　다양한 인종을 상징함.　　　　함께 어우러짐을 의미함.
나는 아시안 젊은 남녀와 천연하게
　　　　　　　　　　아무렇지도 않은 듯
동승하지 못하고 있어 낯짝 부끄러웠다
　　외국인을 차별적으로 보았던 자신에 대한 부끄러움과 반성
국철은 회사와 공장이 많은 노선을 남겨 두고 있었다
저이들도 일자리로 돌아가는 중이지 않을까
　　화자와 아시안의 동질성을 드러냄.　　　　▶ 14~21행: 아시안 젊은 남녀를 차별적 시각으로 본 것에 대한 반성

키 포인트 체크

화자 　화자는 □□□ 시대에 우리가 지향해야 할 삶의 태도가 무엇인지 되돌아보고 있다.
상황 　화자는 국철에 □□한 아시안 남녀를 목격하고 이들의 모습을 바라보고 있다.
태도 　화자는 아시안 남녀에게 차별적 시선을 보낸 것을 □□하고 있다.

답 다문화, 동승, 반성

핵심 정리

갈래 자유시, 서정시
성격 성찰적, 비판적
제재 동승한 아시안 젊은 남녀
주제 외국인 노동자에 대한 차별적 시각에 대한 반성과 부끄러움
특징 ① 상징적 소재를 사용하여 주제를 형상화함.
　　② 보조사를 사용하여 화자의 심리적 변화를 제시함.
　　③ 시선의 이동에 따라 시상을 전개함.
출전 《국경 없는 공장》(2007)
작가 하종오(본책 336쪽 참고)

이해와 감상

우리 사회에는 이미 단일 민족이라는 개념이 무색할 만큼 많은 외국인들이 살아가고 있다. 이제 그들은 호기심의 대상이 아니라 우리 사회 구성원의 일부이다. 이 시의 화자는 지하철에 동승한 아시아계 외국인들을 호기심으로 바라본다. 화자는 그들과 다르다는 생각을 전제로, 화자 자신은 잔무를 위해 사무실로 가는데 그들은 어디로 갈까 하는 궁금증을 갖는다. 하지만 그들을 관찰하던 화자는 그들도 우리와 같은 평범한 사람임을 인식한다. 지나가는 모자 장수에게서 모자를 사서 써 보기도 하고, 만년필을 사서는 잘 나오는지 손바닥에 써 보기도 하는 평범한 모습을 통해 화자는 그들을 '우리'로 보지 못한 편견을 깨닫기 시작한다. 창밖 강가에서 깃털 색깔이 다른 여러 새가 함께 물결을 타고 있는 모습을 본 화자는 서로 다른 색깔의 새들이 함께 어울려 살아가듯, 우리도 이주민과 함께 어울려 살아가야 함을 깨닫고 그들에게 동질감을 느끼게 된다. 이러한 화자의 모습은 다문화 시대에 우리가 지향해야 할 바람직한 삶의 태도가 무엇인지 되돌아보게 한다.

224 신분 | 하종오

문학 동아

키워드 체크 #서사적 #조화와 공존 #동등한 인간적 가치 #따뜻한 시선

한국 청년 지한석 씨가 하는 몸짓 손짓을
　　한국인 노동자
미얀마 처녀 파파원한 씨는 가만히 바라본다.　　　　　　▶ 1연: 정주민을 바라보는 이주민
　　외국인 노동자

파파원한 씨는 이주민이고
　　　　　　　　　　　의도적으로 신분을 대비하여
지한석 씨는 정주민이지만　　　차별적 속성을 부각함.

핵심 정리

갈래 자유시, 서정시
성격 서사적, 관찰적
제재 같은 공장에 근무하는 지한석 씨와 파파원한 씨
주제 이주민과 정주민의 동등한 인간적 가치와 조화로운 공존의 가능성
특징 ① 대상의 구체적 이름을 드러내 사실성을 높임.
　　② 유사한 문장 구조의 반복을 통해 대상의 속성을 드러냄.
출전 《입국자들》(2009)
작가 하종오(본책 336쪽 참고)

같은 공장 같은 부서에

근무하는 노동자여서

손발도 맞고 호흡도 맞다
노동의 현장에서 조화롭게 공존함. → 이주민은 정주민과 구별할 필요가 없는 동료임.

▶ 2연: 이주민과 정주민이 조화롭게 근무함.

공장의 불문율에는

일하고 있는 동안엔

「남녀 구분하지 않고
「 」: 일을 할 때에는 차별이 없음.
불법 체류 합법 체류 구분하지 않고

출신 국가 구분하지 않는다는 걸 / 그도 알고 그녀도 안다

「세계의 어떤 법령에도
「 」: 노동의 현장에서는 모두가 동등한 인격체로 대우받아야 한다는 화자의 의지가 투영됨.
노동하는 인간의 신분을 따질 수 있다고 / 씌어 있진 않을 것이다」

▶ 3연: 차별 없는 노동의 현장

「한국 청년 지한석 씨가 내는 숨소리에
「 」: 신분의 차이를 넘어 화합함. → 노동의 현장에서 조화롭게 공존함.
미얀마 처녀 파파원한 씨는 가만히 귀 기울인다」
서로에 대한 인식과 존중
▶ 4연: 이주민과 정주민이 변함없이 호흡을 맞추며 근무함.

🔑 포인트 체크

화자 우리나라의 한 ☐☐에서 노동자로 근무하고 있는 이들의 모습을 그리고 있다.

상황 한국인, 외국인 노동자가 노동의 현장에서 ☐☐하는 모습이 그려지고 있다.

태도 화자는 이주민과 정주민이 ☐☐ 없이 조화를 이루는 모습을 추구하고 있다.

답 공장, 공존, 차별

이해와 감상

이 시는 우리나라의 한 공장에서 동료이자 동등한 노동자로 근무하고 있는 지한석 씨와 파파원한 씨의 모습을 통해, 정주민과 이주민 모두가 동일한 인격체임을 강조하고 정주민과 이주민이 조화롭게 공존할 수 있는 가능성을 보여 주는 작품이다.

작품 연구소

'지한석 씨'와 '파파원한 씨'의 이름이 지닌 의미
이 시의 특징 중 하나는 정주민 노동자와 이주민 노동자의 실명이 거론되고 있다는 점이다. 작가가 의도하고 있는 주제 의식은 '지한석 씨'로 대표되는 정주민과 '파파원한 씨'로 대표되는 이주민들 전체를 아우르는 것이지만, 작가는 그들의 실명을 의도적으로 거론함으로써 시적 상황이나 대상의 구체적 사실성을 높이고 있다. 또한 '지한석'과 '파파원한'이라는 인간 각자가 고유한 인격체로서 존중받아야 한다는 작가의 의식을 드러낸 것으로도 볼 수 있다.

225 나는 기쁘다 |천양희

문학 천재(정)

키워드 체크 #평범한 일상에서의 만족 #긍정적인 삶의 방식 #일상에서의 다양한 기쁨 #통사 구조의 반복

바람결에 잎새들이 물결 일으킬 때
자연의 일상적 현상을 볼 때
바닥이 안 보이는 곳에서 신비의 깊이를 느꼈을 때
일상에서 신비함을 느꼈을 때
혼자 식물처럼 잃어버린 것과 함께 있을 때
식물처럼 혼자 있을 때
사는 것에 길들여지지 않을 때

욕심을 적게 해서 마음을 기를 때

슬픔을 침묵으로 표현할 때

아무것도 원하지 않았으므로 자유로울 때
원하는 것이 없어 어딘가에 얽매이지 않을 때
어려운 문제의 답이 눈에 들어올 때

무언가 잊음으로써 단념이 완성될 때
집착을 하지 않을 때
벽보다 문이 좋아질 때
막혀 있는 벽보다 열 수 있는 문, 즉 문을 통해 누군가와 소통할 수 있을 때
평범한 일상 속에 진실이 있을 때

하늘이 멀리 있다고 잊지 않을 때

책을 펼쳐서 얼굴을 덮고 누울 때
일상에서 한가함과 여유를 느낄 때
나는 기쁘고

▶ 1연: 화자가 기쁨을 느끼는 다양한 순간들

🎯 핵심 정리

갈래 자유시, 서정시

성격 서정적, 사색적

제재 시 쓰는 일을 비롯한 일상적 삶

주제 일상에서 느끼는 삶의 기쁨

특징 ① '~ㄹ 때'와 같은 유사한 문장 구조를 반복하며 화자의 정서를 강조함.
② 평범한 일상에 관한 다양한 사례를 나열함.
③ 비유적 표현을 사용하여 화자의 상황을 드러냄.

출전 《새벽에 생각하다》(2007)

작가 천양희(본책 294쪽 참고)

이해와 감상

이 시는 일상적 삶에서 일어나는 사소한 일에 대한 기쁨과 만족감을 노래한 작품이다. 우선 이 시에서는 시인과 화자가 동일 인물로 설정되어 있다.
1연에서 화자는 자신이 기쁨을 느끼게 되는 다양한 순간들을 노래하고 있는데, 자연의 일상적 현상을 볼 때, 혼자 있을 때, 삶에 길들여지지 않을 때, 침묵할 때, 자유로울 때 등 그 순간들은 화려하지 않고 사소하며 평범하다는 점에서 공통적이다. 뿐만 아니라 화자는 욕심을 적게 가져 마음을 기를 때와 욕심이 없어 어딘가에 얽매이지 않을 때, 하늘이 멀리 있다고 잊지 않을 때 등 삶의 순간순간에 대한 만족감을 드러내며 긍정적 자세를 보이고 있다. 2연에서는 시 한 편이 완성되는 것을 기뻐하고, 세상에서 가장 죄 없는 일이 시 쓰는 일이라 생각하는 시인으로서의 화자의 모습이 나타나 있다.

막차 기다리듯 시 한 편 기다릴 때

세상에서 가장 죄 없는 일이 시 쓰는 일일 때
시 쓰는 일에 만족감을 느낌. 시인 자신의 삶을 그대로 작품에 형상화하였음.
나는 기쁘다 ▶ 2연: 화자는 시가 완성되길 기다리고, 시를 쓰고 있을 때 기쁨을 느낌.

포인트 체크

[화자] 화자는 [ ]이 멀리 있다고 잊지 않을 때 기쁨을 느낀다.
[상황] 이 작품의 화자는 자연 현상이나 평범한 [ ] 등 다양한 상황을 떠올리고 있다.
[태도] 이 작품의 화자는 시 쓰는 일을 비롯한 일상적 삶에서 [ ][ ]을 느끼고 있다.

[답] 하늘, 일상, 기쁨

226 평화 일기 4 | 김승희 | 문학 창비

키워드 체크 #숙제의 의미 #화자의 상황 #인생과 업보 #화자의 따뜻한 시선 #예찬적

모두들 나에게 숙제를 내주고 있다.
　　살면서 해결해야 할 과제나 문제를 접하게 됨.
『이별하는 사람은 이별의 숙제를
『』: 모든 삶의 순간들에는 그 순간에서 배우고 성숙할 점이 있음. 유사한 문장 구조의 반복
미워하는 사람은

미움의 숙제를 ◯: 살면서 경험하는 일들

사랑하는 사람은

사랑의 숙제를』 ▶ 1연: 살면서 만나는 숙제들

아버지 약이 떨어졌는데 내일은 꼭

다시…… 내일까지……
아버지 약을 구해야 한다는 말이 생략되었을 수 있음.
……(엄마는 말을 잊지 못한다)
아버지의 병 때문에 괴로워서, 딸에게 약을 부탁해야 하는 상황이 마음 아파서
창밖으로 새들이 날아가는데

나는 수화기를 든 채로
부모의 가난한 삶과 병에 대한 숙제를 받은 채로
저 새는 무슨 숙제가 남아
감정 이입. 새도 자신과 같이 숙제가 있다고 생각함.
밤길을 저리 급히 날아가야 하나……

바람도 구름도 피어나는 꽃도
자신뿐 아니라 모든 자연물도 삶에 풀어야 할 숙제가 있음.
요즈음 나에겐 꼭 업보적으로 보인다.
숙제의 의미가 업보로 확대됨.
전생의 무슨 숙제가 남아
　　　업보
여기 이 자리로 꼭 와야 했다는 듯이. ▶ 2연: 전생의 업보로 사는 현재의 삶
전생의 숙제를 풀지 못해 현세의 업보가 생김. 윤회적 사고

[후략]

포인트 체크

[화자] 이 작품의 화자는 지난 삶의 숙제가 이번 삶의 업보로 이어진다는 [ ][ ]적 사고를 하고 있다.
[상황] 화자는 아버지의 약을 걱정하는 어머니와 통화를 하다가 새를 보고, 자신을 포함한 모든 [ ][ ][ ]
이 가지고 있는 업보에 대해 떠올리고 있다.
[태도] 이 작품의 화자는 삶의 의미에 대해 [ ][ ]하는 태도를 보이고 있다.

[답] 윤회, 자연물, 성찰

작품 연구소

시적 상황과 화자의 정서

자연의 일상적 현상, 혼자 있을 때, 삶에 길들여지지 않을 때, 침묵, 자유, 단념, 소통, 평범한 일상, 여유, 시 한 편의 기다림, 시 쓰는 일

↓

평범하고 사소한 일상에서도 기쁨을 느낌.

핵심 정리

갈래 자유시, 서정시
성격 독백적, 성찰적, 불교적
제재 숙제
주제 전생의 업보를 떠올리며 현재의 삶이 주는 숙제들에 집중함.
특징 ① 불교적 사고관에 입각하여 시상을 전개함.
　　② 유사한 문장 구조의 반복을 통해 운율을 형성하고 주제 의식을 강조함.
　　③ 시적 화자의 상황을 모든 생명체로 확대함.
출전 《흰 나무 아래의 즉흥》(2014)
작가 김승희(1952~) 시인. 1973년 《경향신문》 신춘문예에 시 〈그림 속의 물〉이, 1994년 《동아일보》 신춘문예에 소설 〈산타페로 가는 사람〉이 당선되어 등단하였으며 《영혼은 외로운 소금밭》, 《왼손을 위한 협주곡》, 《달걀 속의 생》, 《넝마로 만든 푸른꽃》 외 다양한 시집을 냈다.

이해와 감상

이 시는 숙제라는 화두로 시를 시작하고 있다. 숙제는 두고 생각하거나 해결해야 할 문제로, 시인은 삶의 갖가지 과정에서 우리가 해결해야 할 문제를 안고 있음을 포착한다. 이별과 미움, 사랑 등 우리는 성숙과 불교적인 의미의 해탈에 이르기 위해 풀어야 할 숙제들을 갖고 있는 것이다. 아버지의 병을 고민해야 하는 생로병사의 고통에도, 새와 바람, 구름, 꽃들의 온갖 자연물에도 전생의 업보는 스며 있다. 화자는 구도적인 자세로 현재의 삶을 바라보며 자신에게 주어지는 숙제들에 직면하며 이를 풀어가고자 한다.

작품 연구소

'숙제'와 '업보'의 의미

숙제	이승에서 업보를 풀기 위해 해결해야 하는 문제들, 삶의 모든 과정에서 성찰과 성숙을 통해 해결할 수 있음.
업보	① 선악의 행위에 따라 받는 고락의 과보 ② 과거에 저지른 악한 행위로 말미암아 현재에 받는 괴로움의 과보 → 전생의 숙제를 풀지 못해 생기는 현재의 괴로움이나 즐거움들

227 형제 | 박현수

문학 미래엔

키워드 체크 #평범한 일상에서의 깨달음 #형제간의 우애 #수미 상관을 통한 강조

거울 속의 내 모습에
_{성찰의 매개체}
형이

때로는 동생이 겹쳐 보인다
_{화자의 모습에서 형과 동생의 모습이 연상될 정도로 서로 닮아 있음.}
가난한 화가의

덧칠한 캔버스 아래 어리는

희미한 초상처럼
_{화자와 형제들이 닮아 있는 모습을 '희미한 초상'에 비유함.}
어느 것이 밑그림이고
_{형제들 중 누구의 얼굴이 더 근본이 될 만한 얼굴인지}
어느 것이

덧칠한 그림인지는 아무래도 좋다
_{누가 형인지와 관계없이 서로 닮아 있는 것만으로 좋음.}
아니면

둘 다 덧칠이고 밑그림은

신이 가지고

있으리라는 반전도 괜찮다   ▶ 1~13행 : 형제간에 서로 닮아 있는 것만으로도 좋음.
_{일의 형세가 뒤바뀜.}
한 가지 분명한 것은

『삶이

언젠가 한번 살아본 듯   『 』: 삶이 익숙해진 중년이 되었을 때

낯익을 때면』

거울 속에 / 누군가 / 자주 겹쳐 보인다는 것이다
_{나이가 들어가면서 형제끼리 더욱 닮아 보임.}   ▶ 14~20행 : 나이가 들어가면서 형제간에 서로 닮아감.

포인트 체크

화자 화자는 나이가 들어가면서 자신이 [ ]과 [ ]의 모습과 닮아 감을 느끼고 있다.

상황 화자는 [ ] 속에 비친 자신의 모습을 보며 형제들의 얼굴을 발견하고 있다.

태도 화자는 누가 누구를 닮았는지에 관계없이 [   ]고 생각하고 있다.

답 형, 동생, 거울, 아무래도 좋다

핵심 정리
갈래 자유시, 서정시
성격 비유적, 회화적, 성찰적
제재 형제
주제 가족 구성원으로서의 동질감과 유대감
특징 ① 거울을 바라보는 일상적 행위를 통해 형제간의 정을 드러냄.
② 비유적 표현을 통해 시적 상황을 드러냄.
출전 《형제산고》(1992)
작가 박현수(1966~) 시인. 문학 평론가이자 교수. 1992년 《한국일보》 신춘문예로 등단하였으며, 삶의 다양한 일상들을 세밀하고 따뜻한 시선으로 노래하였다. 대표 작품으로는 〈우울한 시대의 사랑에게〉, 〈위험한 독서〉 등이 있다.

이해와 감상

이 시는 나이가 점점 들어가며 형제끼리 서로 닮아 가는 모습을 노래한 작품이다. 이 작품이 실린 《형제산고》라는 작품집의 제목대로 형제들의 흩어진 원고를 모은 이 시집에는 형제간의 애정이 잘 드러나 있다.
이 작품에서는 거울을 보는 일상적 행위 속에서 형제간의 우애가 잘 드러나고 있다. 화자는 '삶이 언젠가 한번 살아본 듯 낯익을 때', 즉 중년이 되었을 때 형제끼리 닮아 있음을 느끼는데, 특히 화자는 자신과 형제가 닮아 있는 모습을 덧칠한 캔버스 아래에 아련히 비치는 밑그림에 비유하고 있다. 또한 누가 밑그림인지에 관계없이 '아무래도 좋다'라는 말을 통해 형제간의 우애를 잘 드러내고 있다.

작품 연구소

화자의 상황과 정서

화자	⇒	거울 속 자신의 모습
서로 닮은 모습만으로도 "아무래도 좋다"		형과 동생이 겹쳐 보임. '덧칠한 캔버스' 아래 어리는 희미한 초상에 비유함.

---

228 모든 첫 번째가 나를 | 김혜수

문학 창비

키워드 체크 #'첫 번째'가 주는 설렘 #다양한 첫 번째 경험 #모든 첫 번째 기적들

모든 첫 번째가 나를 끌고 다니네   ▶ 1연: 모든 첫 번째가 주는 영향력
_{삶에서 모든 첫 번째는 떨림과 설렘을 줌.}

아침에 버스에서 들은 첫 번째 노래가
_{'노래'를 의인화하여 '첫 번째'가 주는 설렘을 표현함.}
하루를 끌고 다니네

나는 첫 노래의 마술에서 풀려나지 못하네
_{첫 노래가 화자에게 주는 영향력을 표현함.}
태엽 감긴 자동인형처럼 첫 노래를 흥얼거리며
_{자동인형이 자동으로 움직이듯 첫 노래를 자동으로 흥얼거리게 됨.}
『밥을 먹다가 거리를 걷다가
『 』: 일상적인 여러 가지 상황
흥정을 하다가 거스름돈을 받다가』

아침에 들은 첫 번째 노래를 흥얼거리네   ▶ 2연 : 아침에 들은 첫 노래를 하루 종일 흥얼거림.

핵심 정리
갈래 자유시, 서정시
성격 상징적, 독백적, 성찰적
제재 '첫 번째'에 관한 경험
주제 일상의 삶에서 깨달은 첫 번째의 중요함
특징 ① 누구나 경험할 수 있는 일상적 소재를 활용하여 독자들의 공감을 유도함.
② '첫 번째'에 관한 다양한 경험을 활용하여 화자의 정서를 드러냄.
③ 쉼표를 의도적으로 사용하여 호흡을 조절하고 주제 의식을 강조함.
출전 《이상한 야유회》(2010)
작가 김혜수(1959~) 시인. 1988년 《세계의 문학》을 통해 등단하였다. 삶 속에서 느끼는 다양한 감정들을 주로 노래하였으며, 대표 작품으로는 〈404호〉, 〈이상한 야유회〉 등이 있다.

모든 첫 번째 기척들이 나를 끌고 다니네

▶ 3연: 모든 첫 번째 기척들이 주는 영향력

첫 떨림과 첫 경험과 첫사랑과 첫 눈물이
'첫 번째 기척들'의 다양한 사례
예인선처럼 나를 끌고
예인선이 배를 끌고 가듯 '첫 번째 기척들'이 나를 끌고 감.

▶ 4연: '나'의 삶을 이끈 여러 첫 번째 기척들

모든 설렘과 망설임과 회한을 지나

모든 두 번째와 모든 세 번째를 지나

모든 마지막 앞에 나를 짐처럼 부려 놓으리
생애의 끝에 이르러서야 벗게 되는 삶의 짐이 첫 번째에서 비롯되었음을 의미함.

나는, 모든, 첫 번째의, 인질 / 잠을 자면서도 나는
무의식 중에서도
아침에 들은 첫 노래를 흥얼거리네 / 나는, 모든, 첫 기척의, 볼모

□: 쉼표의 의도적 사용 – 첫 번째의 중요성을 강조하고 주제 의식을 드러냄.

▶ 5연: 첫 번째에서 비롯한 삶을 성찰함.

키 포인트 체크

화자 화자는 일상의 여러 경험으로부터 □□□가 갖는 의미를 떠올리고 있다.

상황 화자는 아침에 버스에서 들은 □□□를 하루 종일 흥얼대고 있다.

태도 화자는 모든 첫 번째가 주는 강렬한 영향력을 □□하고 있다.

답 첫 번째, 첫 노래, 성찰

이해와 감상

이 시는 인생에서 '첫 번째'가 주는 강렬함과 설렘을 노래한 작품이다. 아침에 버스에서 듣는 첫 번째 노래, 첫 떨림, 첫 경험, 첫사랑, 첫 눈물 등은 누구나 경험할 수 있는 것인데, 이러한 일상적 소재를 활용함으로써 독자들에게 공감을 유도하고 친숙함을 주고 있다. 또한 '첫 번째'에 관한 것이 화자에게 주는 강렬한 영향들을 다양한 소재에 비유하고 있는 점이 독특하다. 2연에서 마술에서 풀려나지 못하는 것, 태엽에 감긴 자동인형 등은 모두 첫 번째 노래가 화자에게 주는 강렬한 영향을 비유적으로 표현한 것이다. 2연에서는 아침에 들은 '첫 노래'에 국한하여 노래했다면, 4연에서는 '첫 떨림, 첫 경험, 첫사랑, 첫 눈물' 등 '첫 번째'에 관한 다양한 소재로 시상을 확장하며 이들을 '첫 번째 기척들'이라고 표현하고 있다. 또한 '첫 번째 기척들'이 화자에게 강렬한 영향을 주는 것을 예인선이 배를 끌고 가는 것에 비유하고, 자신의 상황을 '인질, 볼모'에 비유함으로써 첫 번째의 중요함을 강조하고 있다.

229 듣기 | 이해인

국어 천재(이)

키워드 체크 #듣기의 중요성 #전인적인 들음 #평이한 어휘

귀로 듣고 / 몸으로 듣고

마음으로 듣고 / 전인적인 들음만이 / 사랑입니다
온 신경을 쏟아 듣기에만 집중하는 것

▶ 1연: 전인적인 들음만이 사랑임.

모든 불행은 / 듣지 않음에서 시작됨을
듣기의 중요성
모르지 않으면서

잘 듣지 않고 / 말만 많이 하는

비극의 주인공이 / 바로 나였네요
화자의 반성

▶ 2연: 말만 많이 하고 잘 듣지 않았던 것에 대한 반성

아침에 일어나면 / 나에게 외칩니다
하루 종일 잘 듣기 위한 화자의 다짐

▶ 3연: 아침에 스스로에게 다짐함.

『들어라 / 들어라 / 들어라』
『 』: 같은 문장을 반복함으로써 듣기의 중요성을 강조하고 있음.

▶ 4연: 잘 듣자고 다짐함.

하루의 문을 닫는 / 한밤중에 / 나에게 외칩니다
하루 일과 동안 잘 들었는지에 대해 스스로 확인함.

▶ 5연: 하루 일과를 정리하며 스스로를 반성함.

들었니? / 들었니? / 들었니?

▶ 6연: 하루 종일 잘 들었는지에 대해 반성함.

키 포인트 체크

화자 화자는 온 신경을 듣기에만 집중하여 듣는 □□□인 듣기를 강조하고 있다.

상황 화자는 □□부터 □□□에 이르기까지 스스로 잘 들었는지에 대해 돌아보고 있다.

태도 화자는 말만 많이 하고 잘 듣지 않는 사람을 □□□□□□이라 생각하고 있다.

답 전인적, 아침, 한밤중, 비극의 주인공

핵심 정리

갈래 자유시, 서정시
성격 고백적, 성찰적, 반성적
제재 듣기
주제 듣기의 중요성에 대한 깨달음과 반성
특징 ① 유사한 시어를 반복하여 의미를 강조함.
② 듣기의 중요성을 강조하며 스스로를 반성함.
출전 《작은 기도》(2011)
작가 이해인(1945~) 수녀이자 시인. 수도자로서의 삶과 시인으로서의 사색을 담은 작품을 많이 창작하였으며, 《민들레의 영토》를 비롯하여 많은 시집을 출간하였다.

이해와 감상

이 시는 말을 많이 하는 것보다 잘 듣는 것이 중요하다는 것을 노래한 작품이다. 1연에서 화자는 온 신경을 쏟아 듣기에만 집중하는 '전인적인 들음'의 중요성을 강조하고 있다. 2연에서는 시상을 전환하여 말만 많이 하고 잘 듣지 않는 존재를 '비극의 주인공'으로 설정하고, 스스로가 바로 잘 듣지 않는 존재라고 반성하고 있다. 수녀이면서 시작(詩作) 활동을 하는 작가임을 고려할 때, 스스로를 말만 많이 하는 비극의 주인공이라 한 점이 독특하다. 3~6연은 아침부터 한밤중까지 하루 종일 잘 듣기 위한 다짐부터 잘 들었는지에 대해 반성하는 정서까지 노래하고 있다. 특히 4연과 6연에서는 각각 '들어라', '들었니?'만 반복하고 있는데, 이는 화자 자신에 대한 다짐이자 반성이라 할 수 있다. 마지막으로 평이한 어휘를 사용하여 듣기의 중요성을 강조함으로써 독자들의 공감을 불러일으킨다는 점이 특징이라 할 수 있다.

230 첫사랑 |용혜원

국어 신사고

키워드 체크   #부끄러움 #가슴이 뜀 #숨고 싶음 #순수한 첫사랑

볼이 빨개졌지요.
부끄러움
○ : '-지요'라는 어미를 반복해 운율을 형성함.

▶ 1연: 첫사랑의 부끄러움

가슴이
두근두근
마구 뛰었지요.
설렘

▶ 2연: 첫사랑의 설렘

누가 마음 알까
숨고만 싶었지요.
순수함

▶ 3연: 숨고 싶은 첫사랑의 순수함

키 포인트 체크

화자 화자는 □□□을 하고 있다.

상황 첫사랑을 하는 화자는 □□□□과 가슴이 뛰는 □□을 느끼고 있다.

태도 화자는 부끄러워 □□□ 싶어 하고 있다.

답 첫사랑, 부끄러움, 설렘, 숨고만

핵심 정리

갈래 자유시, 서정시
성격 서정적, 낭만적
제재 첫사랑
주제 첫사랑의 부끄러움과 설렘
특징 ① 간결한 표현으로 시상을 전개함.
        ② '-지요'라는 종결 어미를 사용하여 리듬감을 부여함.
출전 《우리는 만나면 왜 그리도 좋을까》(2003)
작가 용혜원(1952~) 시인. 1992년 《문학과 의식》을 통하여 등단하였으며 〈똥방동네 사람들〉, 〈사랑이 그리움뿐이라면〉, 〈그대가 그리워지는 날에는〉 등의 작품이 있다.

이해와 감상

이 시는 첫사랑을 경험한 화자의 설레고도 부끄러운 감정이 잘 나타나는 시이다. '-지요'의 종결 어미를 반복하여 리듬감을 형성하면서도 부드러운 어조로 첫사랑의 풋풋하고 순수한 감정을 잘 드러내고 있다.
1연에서 볼이 빨개진 화자는 2연에서 가슴이 뛰고, 3연에서 숨고만 싶었다고 말하면서 첫사랑의 순수하고 설레는 감정을 생생하게 전달하고 있다.

---

231 선풍기 |이정록

문학 창비

키워드 체크   #선풍기 #나와 동갑 #늙고 서러움 #의인화

우리 집
선풍기는 열한 살
낡고 오래됨
나랑 동갑내기, 땀 뻘뻘
일을 해도 "어이구 고물!
아이구 저 늙다리!"
구박받네
섭
고
서
러
워

의도적으로 한 글자씩 배치하여 실제 선풍기의 모양을 시각적으로 표현할 뿐만 아니라, 낡았다고 구박받은 선풍기의 서러움을 집약적으로 드러냄.

도리질하던 선풍기
갑자기 고개를 끄덕끄덕
의인화, 고물이 된 모습

▶ 낡고 오래된 선풍기에 대한 연민

키 포인트 체크

화자 화자는 선풍기와 같은 □□□ 동갑내기로 순수한 소년이다.

상황 화자는 낡고 오래된 □□□를 바라보며 그 감정을 헤아리고 있다.

태도 화자는 낡고 오래된 선풍기에 대해 □□의 감정을 느끼고 있다.

답 열한 살, 선풍기, 연민

핵심 정리

갈래 자유시, 서정시
성격 상징적, 회화적, 감각적
제재 낡고 오래된 선풍기
주제 낡고 오래된 선풍기에 대한 연민
특징 ① 선풍기를 묘사한 시행 배열의 이미지를 통해 의미를 선명하게 드러냄.
        ② 의인법을 사용하여 선풍기의 감정에 대한 공감을 드러냄.
출전 《저 많이 컸죠》(2013)
작가 이정록(본책 334쪽 참고)

이해와 감상

이 시는 낡고 오래된 선풍기를 바라본 열한 살 소년 화자의 이야기를 담고 있다. 작품 속의 화자는 선풍기와 같은 열한 살이다. 그러나 아직 어리고 순수한 화자와는 달리 열한 살의 선풍기는 낡고 고물이 되어 버렸다. 힘겹게 땀을 뻘뻘 흘려 가며 작동하고 있지만 구박받는 선풍기의 모습에서 화자는 서러운 감정을 읽어 내고 있다. 특히 의도적으로 선풍기의 모양으로 시어를 배열하여 시를 읽는 화자로 하여금 선명하게 선풍기의 이미지가 떠오를 수 있도록 표현하고 있다.

232 차심 | 손택수

문학 창비

키워드 체크   #차심 #예찬적 #인내심 #관계 형성 #화자의 희망

차심이라는 말 있지
　차잔의 갈라진 금
찻잔을 닦지 않아 물이끼가 끼었나 했더니
　　　　화자의 오해
차심으로 찻잔을 길들이는 거라 했지　　　▶ 1~3행: 찻잔에서 차심을 발견함.

가마 속에서 흙과 유약이 다툴 때 그릇에 잔금이 생겨요
　　　　　　　　뜨거운 가마를 버텨 낸 흔적
뜨거운 찻물이 금 속을 파고들어 가
　차심에게 주어지는 고통
그릇 색이 점점 바뀌는 겁니다　　　　　　▶ 4~6행: 차심이 생기는 과정
　고통을 견뎌 내고 성숙해짐.
차심 박힌 그릇의 금은 병균도 막아 주고
　　　　　　　차심이 있어서 생기는 이점 ①
그릇을 더 단단하게 조여 준다고……　　　▶ 7~8행: 차심이 있어 좋은 점
　　　차심이 있어서 생기는 이점 ②

불가마 속의 고통을 다스리는 차심

그게 차의 마음이라는 말처럼 들렸지　　　▶ 9~10행: 화자가 생각하는 차심의 의미
　차심과 차심(茶心)은 소리가 같음.
수백 년 동안 대를 이은 잔에선
　　　오랜 기간 성숙함.
차심만 우려도 차 맛이 난다는데
　　　차심에 차향이 남아 있음.
갈라진 너와 나 사이에도 그런 빛깔을 우릴 수 있다면
　　　　　　　　　　관계 형성에 대한 바람
아픈 금 속으로 찻물을 내리면서

금마저 물의 일부인 양　　　　　　　　　▶ 11~15행: 차심과 같은 관계를 맺고 싶음.
　고통을 자신의 일부로 받아들임.

키 포인트 체크

화자　화자는 □□의 의미를 떠올리고 있다.

상황　화자는 뜨거운 열기를 견뎌 내고 □□를 더 단단하게 해 주는 차심을 생각한다.

태도　화자는 □와 □도 차심과 같은 관계를 맺기를 원한다.

답 차심, 관계, 너, 나

핵심 정리

갈래　자유시, 서정시

성격　예찬적, 상징적

제재　차심

주제　차심에서 깨닫는 관계의 의미

특징　① 대상에 대한 관찰과 사색이 드러남.
　　　② 사물에서 깨달은 의미가 확장되고 있음.

출전　《떠도는 먼지들이 빛난다》(2014)

작가　손택수(1970~) 시인. 부산에서 성장기를 보냈으며, 1998년 《한국일보》 신춘문예와 《국제신문》 신춘문예에 시가 당선되면서 본격적인 작품 활동을 시작하였다. 시집으로 《호랑이 발자국》, 《목련 전차》, 《나무의 수사학》 등이 있다.

이해와 감상

이 시는 '차심'이라는 소재를 통해 화자가 갈망하는 관계의 의미에 대해 생각하게 하는 작품이다. 차심은 가마 속에서 흙과 유약이 뜨거운 불의 열기를 견뎌 낼 때 생기는 것으로 찻잔의 금을 의미한다. 화자는 처음에 차심이 잔을 닦지 않아 생기는 물이끼인 줄 알았으나 오히려 차심이 병균을 막아 주고 그릇을 더 단단하게 조여 주는 것이라는 사실을 알게 된다. 이를 바탕으로 화자는 갈라진 틈을 더 단단하게 해 주고 관계가 병들지 않게 해 주는 차심처럼 깊이 있고 향기 있는 관계를 형성하고 싶은 마음을 드러내고 있다.

작품 연구소

'차심'의 고통과 성숙의 의미

가마 속	• 뜨거운 열기를 이겨 내고 견딤. • 흙과 유약이 다투는 과정에서 잔금이 생김.
찻잔	• 뜨거운 찻물이 차심 사이사이로 배어들어 감. • 색이 변하고 차향을 간직하게 됨.

↓

갈라진 너와 '나'의 사이도 차심처럼 우러날 수 있는 빛깔을 형성하여 서로 단단하게 조여지고 병들지 않는 관계를 맺기를 희망함.

233 붉은 꽃, 흰 꽃 | 김선향

문학 미래엔

키워드 체크   #다문화 #베트남 출신 #비유적 표현 #화자의 따뜻한 시선

한국에 온 지 이태가 되어서야
　이방인　　　　두 해
자기 이름을 겨우 쓸 수 있는 프엉 씨　　　▶ 1연: 한국으로 이주해 온, 한글이 서툰 프엉
　　　　　　　　시적 대상

어디에서 왔냐고 물었더니

호찌민, 버스, 여덟 시간, 까마우, 더워　　▶ 2연: 베트남에서 온 프엉
　프엉의 고향(베트남 호치민)을 나타내는 소재

공부한 지 두 달이 넘었는데도

읽을 수 있는 단어는 열 개 남짓
　한글을 읽는 것이 서투름.
하지만 모르는 게 없는 생선 이름들　　　　▶ 3연: 생활력이 강해 생선 이름부터 외운 프엉
　　　생업에 충실함(강한 생활력).

오늘은 수술한 남편 대신 혼자서

생선 장사를 거뜬히 해냈다고　　　　　　▶ 4연: 수술한 남편 대신 생업에 종사하는 프엉

핵심 정리

갈래　자유시, 서정시

성격　비유적, 묘사적

제재　베트남 출신의 프엉

주제　이주민에 대한 애정과 연민

특징　① 인물을 꽃에 비유함.
　　　② 상징적 표현을 통해 주제를 형상화함.

출전　《여자의 정면》(2016)

작가　김선향(1966~) 시인. 2005년 《실천문학》 신인상으로 등단하였으며, 시집으로 《여자의 정면》(2016)이 있다.

이해와 감상

이 시는 베트남에서 온 이주민들에게 한국어를 가르친 시인의 경험이 담겨 있다. 실제로 자신이 가르친 학생 중 한 명인 '프엉' 씨를 보면서 느꼈던 감정을 담백하게 표현하고 있다. 생선 장사를 하느라 겨우 자신의 이름 정도밖에 쓰지 못하지만 생선 이름을 먼저 외우고, 남편 없이 혼자서 장사를 거뜬히 해냈다고 기뻐하는 그녀의 모습에서 성실성과 강한 생명력을 느끼며 따뜻하고 긍정적인 시선을 보이고 있다.

손을 씻어도 비린내는 희미하게 퍼지고
   충실한 삶의 증거
프엉 씨는 발개진 얼굴로 또 미안해한다   ▶ 5연: 비린내를 미안해하는 프엉
   시각적 심상 – 붉은 꽃으로 이어짐.

가만있자, 프엉은
하노이의 오월을 붉게 물들이는 꽃 이름이 아닌가   ▶ 6연: 프엉을 보며 떠올린 하노이의 붉은 꽃
   프엉과 꽃을 동일시함.

종일 고단했는지 붉은 꽃이 깜박   ▶ 7연: 졸려 깜박 잠이 든 프엉
   졸고 있는 프엉

때마침 함박눈이 내려서
딸 이름 설화가 바로 저 눈꽃이라고 일러 준다   ▶ 8연: 함박눈을 보며 딸 이름의 의미를 알려 줌.
   설화와 눈꽃이 동일한 의미임.

방 안에 붉은 꽃, 흰 꽃
   프엉과 설화 모녀
두 송이 시들지 않는 꽃이 활짝   ▶ 9연: 두 모녀에 대한 애정과 연민
   두 모녀에 대한 따뜻한 시선이 드러남.

🔑 포인트 체크

[화자] 화자는 ☐☐☐ 출신의 프엉에게 우리말을 가르치고 있다.
[상황] 화자는 성실하게 자신의 삶을 일구어 가는 프엉에게서 ☐☐☐을 떠올리고 있다.
[태도] 화자는 프엉과 그의 딸 설화에 대한 ☐☐한 시선을 드러낸다.

답 베트남, 붉은 꽃, 따뜻

234 등불 | 오봉옥

[문학] 미래엔

[키워드체크] #세상을 밝히는 등불 #아이의 배려 #순수함 #동심

이렇게 환한 등불 본 적 있나요
   세상을 밝히는 희망
개미 두어 마리가 죽은 나방을 움켜쥐고
   자연물
영차 영차 손잔등만 한 언덕을 기어오를 때
공놀이하던 한 아이가 잠시 길을 비켜 줍니다   ◯: 높임의 어미 사용 · 대상에 대한 배려심을 드러냄.
   상대에 대한 배려
순간 개미의 앞길이 환해집니다   ▶ 1연: 개미에게 길을 비켜 준 아이의 행동
   배려를 통해 환해짐.

이렇게 빛나는 등불 본 적 있나요
   세상을 밝히는 희망
일곱 살짜리 계집아이가 허리 꺾인 꽃을 보고는
   꽃이 겪는 시련, 고통
냉큼 돌아서 집으로 달려가더니
밴드 하나를 치켜들고 와 허리를 감습니다
   치료해 주고자 하는 마음(순수함)
순간 눈부신 꽃밭이 펼쳐집니다   ▶ 2연: 허리 꺾인 꽃에게 밴드를 붙여 주는 아이의 행동
   배려를 통해 꽃밭이 펼쳐짐.

오늘 난 두 아이에게서 배웁니다
   순수함, 동심(등불)
우리는 모두 누군가의 등불이 될 수 있다는 걸   ▶ 3연: 아이의 행동 속에서 배우는 배려와 사랑

🔑 포인트 체크

[화자] 화자는 생활 속에서 ☐☐을 본 적이 있는지 묻고 있다.
[상황] 화자는 개미에게 길을 터 주고, 꺾인 꽃을 치료하는 ☐☐한 두 ☐☐를 보고 있다.
[태도] 화자는 두 아이로부터 타인에 대한 ☐☐와 사랑을 배우고 있다.

답 등불, 순수, 아이, 배려

작품 연구소

다문화 사회에 대한 해법

이 시에서 '프엉'은 이주민으로서 대한민국에 살고 있는 여성을 대표한다. 한국어를 배우며, 한국 사회에 적응하려고 노력하는 프엉 역시 우리 사회의 구성원으로 함께 살아가야 하는 존재이다. 화자는 성실히 살아가면서도 순수한 마음을 잃지 않는 프엉을 통해 이주민이자 여성으로서 이 사회를 살아가는 모든 존재에 대한 애정을 드러내고 있다. 또한 발개진 프엉의 얼굴에서 오월을 붉게 물들이는 하노이의 꽃을 떠올리며 그들이 활짝 피었다고 묘사함으로써 더불어 살아가는 다문화 사회에 대한 해법을 제시하고 있는 작품이다.

'붉은 꽃'과 '흰 꽃'의 의미

붉은 꽃	• 프엉의 이름에서 떠올린 하노이의 꽃 • 성실히 살아가는 프엉에 대한 애정
흰 꽃	• 눈꽃에서 떠올린 프엉의 딸 '설화' • 붉은 꽃과 함께 생명력을 가지고 살아가는 존재

◎ 핵심 정리

갈래 자유시, 서정시
성격 예찬적, 비유적, 성찰적
제재 두 아이의 순수한 행동
주제 아이들의 행동에서 발견한 배려와 사랑
특징 ① 등불에 비유하여 제재를 형상화함.
   ② 질문의 형식을 통해 의미를 환기시킴.
출전 《문학의 오늘》(2017)
작가 오봉옥(1961~) 1985년 《창작과 비평》으로 등단하였으며 시집으로 《지리산 갈대꽃》, 《붉은산 검은피》, 《나 같은 것도 사랑을 한다》 등이 있다.

이해와 감상

이 시는 아이들의 순수하고도 소박한 행동 속에서 세상을 살아가는 희망을 발견한 시인의 심정이 잘 드러나 있는 작품이다. 어른의 시각에서 보았을 때, 개미에게 길을 비켜 주는 아이의 행동이나 꽃에게 밴드를 감아 주는 아이의 행동은 어리석은 행동으로 보일 수도 있다. 하지만 그들의 행동은 때 묻지 않은 순수함에서 나온, 타인에 대한 배려가 반영된 행동이다. 화자는 이와 같은 타인에 대한 공감과 배려가 이 세상을 밝히는 환하고 빛나는 등불이라고 생각하며, 우리 모두가 누군가의 등불이 되자고 권유하고 있다.

작품 연구소

두 아이의 배려의 의미

개미	죽은 나방을 움김(힘든 삶). → 아이가 길을 비켜 줌. → 힘겨운 길이 환해짐.
꽃	허리가 꺾임(시련, 고통). → 아이가 밴드를 붙여 줌(치료). → 눈부신 꽃밭이 펼쳐짐.
아픔에 대한 공감과 배려	

기탄잘리 　 가 보지 못한 길 　 슬픈 장례식 　 서정시를 쓰기 힘든 시대 　 분서

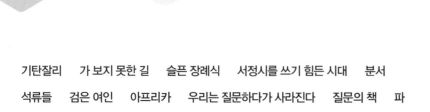

석류들 　 검은 여인 　 아프리카 　 우리는 질문하다가 사라진다 　 질문의 책 　 파

VI

세계 문학

기탄잘리 | 타고르

키워드 체크 #예찬적 #송가(頌歌) #경어체 #경건한 자세

핵심 정리

갈래 산문시, 서정시
성격 동양적, 관조적, 신비적, 명상적, 예찬적
제재 신의 사랑
주제 신에 대한 끊임없는 기원과 찬미
특징 ① 103편으로 된 장시(長詩)
　　　② 경어체와 평서형의 문장들을 사용함.
출전 《기탄잘리》(1910)

이해와 감상

'기탄잘리'는 '신에게 바치는 송가(頌歌)'라는 뜻이다. 신에게 바치는 노래이지만 신을 절대화하지 않고 사랑의 대상으로 설정하여 소박한 사랑의 감정을 표현하고 있다. 수록된 부분은 전체 103편 중 1편으로 인간에게 무한한 생명과 사랑을 주는 임을 기도하는 듯한 어조로 그리고 있어, 화자의 경건하고 겸허한 자세를 느낄 수 있다.

작가 소개

타고르(Rabindranath Tagore, 1861~1941)
인도의 시인. 시 〈기탄잘리〉로 동양 최초로 노벨 문학상을 수상하였다.

□: 찬미와 공경을 나타내는 경어체 사용, 각운의 효과, 신에 대한 겸허한 자세를 드러냄.

유일한 존재
님은 나를 언제나 새롭게 하시니, 여기에 님의 기쁨이 있습니다. 빈약한 이 그릇을
절대자(인도의 범신론적 신을 뜻함.)　　　　　　　　　　　　　　　은유법, 인간의 나약한 마음
님은 비우고 또 비우시며, 언제나 신선한 생명으로 채우고 또 채우십니다.

언덕 넘어 골짜기 넘어 님이 가지고 다니는 이 작은 갈대 피리는 님의 숨결을 받아
　　　　　　　　　　　　　　　　　　　　　　　　　= 연약한 그릇
영원히 새로운 가락을 울려 왔습니다.

님의 불멸의 손길에 내 작은 마음은 기쁨에 젖어 그 한계를 잊고, 표현 불가능한
　　　　　　　　　　　　내가 지닌 마음의 좁은 한계를 넘어서게 되었으므로
것들을 말로 바꾸어 놓기도 합니다.

님이 나에게 주는 무한한 선물은 오로지 아주 작은 이 두 손으로만 옵니다. 세월이
　　　인간이 지니고 있는 탐욕의 마음을 비우고 신선한 생명과 새로운 가락을 채우게 하는 신의 선물
흘러도 여전히 님은 나를 채워 주시지만, 나에게는 아직 채울 자리가 남아 있습니다.
　　　　　　　　　　　　　　　　　　　　　　　무한한 사랑에 대한 갈구　　　▶ 신의 사랑과 선물

포인트 체크

화자 자신에게 무한한 □□과 사랑을 주는 신께 감사함을 느끼고 있다.
상황 신을 □□의 대상으로 설정하여 감정을 표현하고 있다.
태도 신에 대한 무한한 찬미를 □□체를 사용하여 경건하게 노래하고 있다.

답 생명, 사랑, 경어

가 보지 못한 길 | 프로스트

키워드 체크 #사색적 #관념적 의미 부여 #담담한 어조 #길의 의미

핵심 정리

갈래 자유시, 서정시
성격 관조적, 상징적, 사색적
제재 길
주제 선택하지 못한 인생길에 대한 아쉬움
특징 ① 담담한 어조로 인생과 존재에 대하여 철학적으로 사색함.
　　　② 구체적인 사물인 '길'에 관념적인 의미를 부여함.
출전 《가 보지 못한 길》(1915)

이해와 감상

이 시는 '길'을 소재로 하여 인생에 대한 성찰을 담은 시이다. 화자는 인생의 두 갈래 길 중 어느 하나만 선택해야 하는 상황에서 사람이 덜 다닌 길을 선택하며 미지의 세계에 대한 호기심을 추구하는 주체적인 모습을 보여 준다. 이후 자신이 가지 않은 길에 대한 아쉬움과 미련을 드러내지만 자신의 선택이 만들어 낸 인생의 모습을 그대로 수용하는 자세를 보여 줌으로써 선택에 책임지는 삶의 자세가 중요함을 암시하고 있다.

　　　　　　　　　　　　　인생의 과정
노랗게 물든 숲 속에 두 갈래 길이 있었습니다.
인생에서 마주치게 되는 선택의 상황
한 나그네 몸으로 두 길을 다 가 볼 수 없어 / 아쉬운 마음으로 그곳에 서서
　　　　　　　　인간의 선택은 하나일 수밖에 없음.
한쪽 길이 덤불 속으로 감돌아 간 끝까지 / 한참을 그렇게 바라보았습니다.
　　　　선택하지 않은 다른 길에 대한 아쉬움, 호기심, 신중한 선택을 위한 고민　▶ 1연: 하나의 길을 선택해야 하는 아쉬움

그러고는 다른 쪽 길을 택했습니다.

먼저 길에 못지않게 아름답고 / 어쩌면 더 나은 듯도 싶었습니다.
　　　　　　　　　　　　　　자신의 선택에 대한 신념과 확신
『사람들이 밟은 흔적은 비슷했지만 풀이 더
「 」: 길을 선택한 이유 – 진취적이고 능동적인 삶의 자세를 보여 줌.
무성하고 사람의 발길을 기다리는 듯해서였습니다.』　　　▶ 2연: 사람이 덜 다닌 길을 선택함.
미지의 세계

그날 아침 두 길은 모두 아직

발자국에 더럽혀지지 않은 낙엽에 덮여 있었습니다.
화자 자신이 처음으로 개척한 길
먼저 길은 다른 날로 미루리라 생각했습니다.

길은 길로 이어지는 것이기에

다시 돌아오기 어려우리라 알고 있었지만.　　　　▶ 3연: 가 보지 못하는 다른 길에 대한 미련
　　　가 보지 못하는 다른 길에 대한 아쉬움과 미련

먼 먼 훗날 어디에선가

나는 한숨 쉬며 이야기를 할 것입니다.
　　　선택의 불완전함에 대한 자각

'사람이 적게 간 길'을 선택하는 모습에서 화자는 주체적이고 적극적인 삶을 추구함을 알 수 있고, 선택의 불완전함을 자각하는 부분에서 자신의 선택에 따라 인생이 달라지므로 선택에 최선을 다하려는 태도가 드러나고 있다.

🖎 작가 소개
프로스트(Robert Frost, 1874~1963)
미국의 시인. 아름다운 자연을 간결하고 맑은 시어로 표현하고 대자연의 모습에서 인생의 근원적인 의미를 찾으려 했다. 시집으로 《소년의 의지》(1913), 《보스턴의 북쪽》(1914) 등이 있다.

"숲 속에 두 갈래 길이 있어

나는 사람이 덜 다닌 길을 택했습니다. 그리고
다른 사람이 가지 않은 개척의 길, 모험의 길

그것이 내 인생을 이처럼 바꿔 놓은 것입니다."라고.   ▶ 4연: 선택한 길로 인해 인생이 달라짐.
어떤 길을 선택하는가에 따라 인생의 모든 것이 달라진다는 것을 의미함.

🗝 포인트 체크

[화자] 인생과 존재에 대하여 ☐☐적으로 사색하고 있다.
[상황] 숲 속에 난 길이라는 소재를 통해 인생에서 마주치는 ☐☐의 문제를 이야기하고 있다.
[태도] '사람이 적게 간 길'을 선택하는 모습에서 ☐☐적인 삶을 추구하는 화자의 태도를 볼 수 있다.

답 철학, 선택, 주체

---

237 슬픈 장례식 | 오든

키워드 체크 #사랑하는 사람의 죽음 #장례식 #장례식 블루스

文學 금성

⊙ 핵심 정리
갈래 자유시, 서정시
성격 애상적, 영탄적, 비관적
제재 장례식
주제 장례식을 통해 알게 된 진정한 사랑의 의미
특징 상징적 시어를 사용하면서도 격정적 어조로 감정을 직접 토로함.
출전 《생일: 장영희의 영미시 산책》(2015)

⊙ 이해와 감상
이 시는 사랑하는 사람을 떠나 보내고 그 장례식에서의 감정을 노래하고 있다. 전반부와 후반부로 나눌 수 있는데, 1~8행에서는 장례식이 시작되기 위해 필요한 준비를 말하고 있다. 장례식을 위한 북소리 외에는 어떤 소리도 허용되지 않으며, 만물이 함께 추모해야 한다고 진술하고 있다. 9~16행은 죽음으로 인한 절망을 직접적으로 토로한다. '그'가 나의 시공간적 좌표로 삶의 모든 것이라고 밝히며 죽음으로 그 사랑이 끝났음을 토로한다. 마지막으로 '별', '달', '해' 등과 같은 만물도 인생에 의미를 주지 못하게 되면서 절망과 '무의미'에 빠져들게 된다. 즉, '그'와의 관계가 단절되면서 그를 사랑하던 '나'도 죽음과 같은 절망에 빠져들게 된 것이다.

🖎 작가 소개
오든(Wystan Auden, 1907~1973)
영국 태생으로 미국으로 귀화한 시인이다. 사회를 정신 분석적 기법으로 파헤친 수법을 사용하였다.

[전략]

그는 나의 북쪽이며, 나의 남쪽, 나의 동쪽과 서쪽이었고
나에게 방향성을 부여하는 그의 존재
나의 노동의 나날이었고 내 휴식의 일요일이었고   ☐: 과거 시제 사용을 통한 사랑의 회상
나의 모든 시간을 함께한 그의 존재
나의 정오, 나의 한밤중, 나의 언어, 나의 노래였습니다.

사랑은 영원히 계속될 줄 알았지만, 그게 아니었습니다.   ▶ 9~12행: 나의 삶에 모든 것인 그의 죽음
감정의 직설적 표현

지금 별들은 필요 없습니다. 다 꺼 버리세요.

달을 싸서 치우고 해를 내리세요.   ○: 명령적 어조의 사용

바닷물을 다 쏟아 버리고 숲을 쓸어 버리세요.

지금은 아무것도 소용이 없으니까요.   ▶ 13~16행: 그의 죽음으로 인한 절망
희망 없는 삶의 확인

🗝 포인트 체크

[화자] 화자는 자신의 ☐의 전부인 이를 잃은 사람이다.
[상황] 사랑하는 사람의 ☐☐☐을 준비하며 감정을 노래하고 있다.
[태도] 명령적 어조와 만물이 ☐☐☐하다는 인식을 통해 ☐☐을 강하게 드러내고 있다.

답 삶, 장례식, 무의미, 슬픔

238

서정시를 쓰기 힘든 시대 | 브레히트

[문학] 동아
[국어] 천재(이)

🎯 핵심 정리
갈래 자유시, 서정시
성격 비판적, 독백적, 저항적
제재 서정시를 쓸 수 없는 상황
주제 서정시를 쓰기 힘든 암울한 시대에 대한 비판
특징 ① 단정적인 어조로 화자의 생각에 대한 확고한 의지를 드러냄.
② 대조적 상황을 제시하여 현실에 대한 저항 의지를 효과적으로 표현함.
출전 《스벤보르 시집》(1939)

> **Q** 이 시의 화자가 서정시를 쓸 수 없는 이유는?
>
> 화자는 '산뜻한 보트와 즐거운 돛단배, 따스한 처녀들의 젖가슴, 꽃피는 사과나무에 대한 감동'과 같이 아름답고 조화로운 세계만이 서정시의 제재가 될 수 있다고 생각한다. 그러나 현실은 제국주의자인 히틀러가 집권하는 시대로, 나치의 광기로 인해 폭력과 불평등이 만연해 있다. 그렇기 때문에 시인은 서정시를 쓸 수 없고 학살과 전쟁의 주범인 히틀러와 현 사회를 비판하는 시밖에 쓸 수 없는 것이다.

👁 이해와 감상
이 시는 브레히트가 망명 중에 쓴 시로, 〈서정시를 쓰기 힘든 시대〉라는 제목에서 알 수 있듯이 부정적인 시대 상황에 대한 비판을 드러내고 있다. 아름다움, 조화로운 세계를 상징하는 대상과 현실의 결핍과 폭력을 상징하는 대상을 대비하여 암울한 시대 상황을 비판하고, 인종 차별과 전쟁을 일삼는 제국주의자인 히틀러를 '엉터리 화가'로 표현하여 부정적 현실의 원인을 직접적으로 고발함으로써 시대에 저항하려는 의지를 드러내고 있다. 이렇듯 이 시는 시대의 문제를 날카롭게 직시하고 그 시대를 가열차게 살아가려 했던 시인의 실천적 자세가 돋보이는 시라 할 수 있다.

자료실
'독일의 나치 정권'
독일의 독재 정치가로 악명 높은 아돌프 히틀러는 독일뿐 아니라 전 세계 불행의 원인을 유대인에게서 찾았다. 즉, 히틀러는 유대인이 교활한 자본주의를 바탕으로 지구상의 민족, 특히 게르만 민족을 정복하고 파멸시키려 한다고 생각했다. 이 믿음은 곧 독일 국민들에게 전파되어 유대인들에 대한 적개심을 불러일으키게 되었다. 그 적개심은 아우슈비츠 참극으로 이어져 매우 많은 수의 유대인이 이유 없이 학살되는 현대사의 비극을 초래했다.

👤 작가 소개
브레히트(Bertolt Brecht, 1898~1956)
독일의 극작가이자 시인. 나치 정권 수립과 함께 1933년 미국으로 망명하였다가 제2차 세계 대전 후 귀국하였다. 작품으로 〈살아남은 자의 슬픔〉, 〈서 푼짜리 오페라〉 등이 있다.

나도 안다, 행복한 자만이
사랑받고 있음을. 그의 음성은
듣기 좋고, 그의 얼굴은 잘생겼다.   ▶ 1연: 행복한 자만이 사랑받는 세상

마당의 구부러진 나무가
토질 나쁜 땅을 가리키고 있다. 그러나
지나가는 사람들은 으레 나무를
못생겼다 욕한다.   ▶ 2연: 토질이 문제지만 구부러진 나무를 탓하는 현실

해협의 산뜻한 보트와 즐거운 돛단배들이
내게는 보이지 않는다. 내게는 무엇보다도
어부들의 찢어진 어망이 눈에 띌 뿐이다.
왜 나는 자꾸
40대의 소작인 처가 허리를 꼬부리고 걸어가는 것만 이야기하는가?
처녀들의 젖가슴은
예나 이제나 따스한데.   ▶ 3연: 서정시를 쓸 수 없는 어두운 현실

「나의 시에 운을 맞춘다면 그것은
내게 거의 오만처럼 생각된다.」
꽃피는 사과나무에 대한 감동과
엉터리 화가에 대한 경악이
나의 가슴속에서 다투고 있다.
그러나 바로 두 번째 것이
나로 하여금 시를 쓰게 한다.   ▶ 4연: 엉터리 화가에 대한 경악으로 시를 쓰는 '나'

○: 아름다움, 조화로운 세계, 서정시를 쓸 수 있는 상황, 서정시의 제재
□: 부정적 현실, 서정시를 쓰지 못하는 이유

「 」: 현실의 부정적 상황으로 인해 조화와 행복을 노래하는 시를 쓸 수 없음.

🔑 포인트 체크
화자 ☐☐적인 어조로 화자의 생각을 확고하게 말하고 있다.
상황 암울한 현실로 인해 ☐☐☐를 쓸 수 없는 상황이다.
태도 현실의 상황을 부정적으로 인식하고 이에 대한 ☐☐ 의식을 드러내고 있다.

[답] 단정, 서정시, 저항

분서(焚書) | 브레히트

언매 지학사

핵심 정리

갈래 자유시, 서정시
성격 격정적, 비판적, 역설적, 의지적
제재 분서(焚書)
주제 나치에 대한 비판과 분서에 대한 조롱
특징 ① 역설적 상황을 통해 화자의 정서를 드러냄.
　　　② 작품 속에 등장하지 않는 화자가 상황에 대해 묘사만 하고 있음.
출전 《스벤보르 시집》(1939)

이해와 감상

이 시는 나치 정권이 광장에서 시행한 분서 사건을 조롱하고 나치 정권에 대해 비판하기 위해 쓴 시이다. 작가 오스카 마리아 그라프는 1933년 5월 나치에 의해 시행된 분서 사건 직후, 분서 목록에 자신의 책이 빠져 있는 것을 확인하고 신문에 '나를 태우라'는 내용의 글을 기고한다. 브레히트는 이것에 영감을 받아 이 시를 쓰게 된다.

위험한 지식이 담긴 책들을 공개적으로 불태워 버리라고
　　나치 정권에 반대하는 내용　　　　　　　　　　분서(焚書)
이 정권이 명령하여, 곳곳에서
　　독일의 나치
황소들이 끙끙대며 책이 실린 수레를

화형장으로 끌고 왔을 때, 가장 뛰어난 작가의 한 사람으로서

『추방된 어떤 시인이 분서 목록을 들여다보다가
　　오스카 마리아 그라프
자기의 책들이 누락된 것을 알고

깜짝 놀랐다.』 그는 화가 나서 나는 듯이
『 』: 자신의 작품이 분서 목록에 빠져 있는 것을 확인하고 분노함(역설적 상황).
책상으로 달려가,

집권자들에게 편지를 썼다.

『내 책을 불태워 다오!
　　　분노의 극대화
그는 신속한 필치로 써 내려갔다.

내 책을 불태워 다오!

그렇게 해 다오!

내 책을 남겨 놓지 말아 다오!

내 책들 속에서 언제나 나는 진실을 말하지 않았느냐?
　　　　　　　줄곧 나치 정권에 대해 비판을 해 왔음.
그런데 이제 와서

너희들이 나를 거짓말쟁이처럼 취급한단 말이냐!
　독일의 나치　　　　　나치의 만행을 보고도 입 다무는 자
나는 너희들에게 명령한다.

내 책을 불태워 다오!』 『 』: 명령문과 의문문을 통해 강한 의지를 드러냄.

자료실

나치 정권의 분서

1933년 1월 히틀러가 수상으로 취임한 뒤 자유주의, 사회주의 등 반나치적인 모든 사상에 대한 공세가 시작되었다. 1933년 5월 10일, 독일 대부분의 대학에서 2만 5000여 종의 이른바 '독일 정신에 위배되는' 작가들의 책이 광장 중앙에서 타오르고 있는 불 속으로 던져졌다. 분서 명부에는 마르크스 등 공산주의 계열의 서적뿐만 아니라 노벨 평화상과 문학상을 수상한 저명한 학계, 문예계 인사들이 이름을 올렸다.

키 포인트 체크

화자 히틀러 정권에 의해 자행된 분서 사건을 ☐☐하고 있다.

상황 자신의 작품이 분서 목록에 빠져 있는 것으로 인해 분노하는 ☐☐적 상황이 드러난다.

태도 이 시 속의 시인은 자신의 책을 ☐☐☐ 달라고 말하면서 나치 정권에 반대하고 있다.

답 조롱, 역설, 불태워

작가 소개

브레히트(본책 386쪽 참고)

석류들 | 발레리

핵심 정리

갈래 자유시, 서정시
성격 비유적, 감각적, 관념적
제재 석류
주제 석류의 벌어짐을 보고 깨달은 자연의 섭리에 대한 경탄
특징 ① 자연에서 얻은 깨달음을 인간사에 대응함.
② 비유법을 사용하여 석류가 무르익은 모습을 생생하게 나타냄.
③ 영탄법, 돈호법 등을 통해 화자의 경이를 효과적으로 표현함.
출전 《매혹》(1922)

이해와 감상

이 시는 '석류'의 껍질 속에 들어 있는 붉은 알맹이들이 나오기 위해서 시련과 고통을 이겨 내고 성숙해 가는 과정을 거쳐야 하는 것처럼 인생도 시련을 극복해야 성숙해진다는 깨달음을 제시하고 있다. 또한 지금의 시련을 이겨 내면 내적인 성숙을 하여 새로운 자아를 인식할 것이라는 작가의 생각도 표현하고 있다.

작가 소개

발레리(Paul Valery, 1871~1945)
프랑스의 시인이자 평론가. 작가 생활 초반에는 주로 상징시를 썼으나, 후반부에는 신문에 집중하여 학문 전반에 걸쳐 평론과 논고를 집필했다.

오, 방긋 입 벌인 석류들아,
　　영탄법, 돈호법, 비유법
너희가 당해낸 나날의 해가,
자존심에 시달린 너희더러
　　　　　　시련과 고통
루비 간막이들을 찢게 했더라도,
석류 알맹이들 사이의 막, 비유법　성숙의 고통

또 메마른 금빛 껍질이
그 어떤 힘의 요구에 따라
　계절의 흐름, 자연의 섭리
과즙의 빨간 보석들로 터진다 하더라도,
붉게 익은 석류 알맹이, 비유법

이 눈부시게 빛나는 파열흔
　　　　　역설법
내가 전에 지녔던 하나의 넋더러
제 은밀한 얼개를 꿈꾸게 하는구나.
시련을 극복하고 성숙하게 된 영혼, 새로운 자아 인식

Q 시구 '빛나는 파열'이 의미하는 바는?

햇볕으로 인해 석류의 알맹이가 터지는 '파열'을 '빛나는'이라는 말로 꾸며 줌으로써 '파열'이 부정적 의미가 아닌 창조의 긍정적 의미를 가지고 있으며, 열매(성숙)를 맺기 위해 겪는 고통과 시련은 고귀하다는 의미를 전달하고 있다.

▶ 1연: 햇볕을 받아 내부의 벽이 찢어진 석류

▶ 2연: 자연의 섭리에 따라 벌어진 석류

▶ 3연: 석류를 통해 얻은 깨달음

포인트 체크

화자 ⬜⬜을 극복해야 성숙해진다는 깨달음을 드러내고 있다.
상황 자연에서 얻은 깨달음을 ⬜⬜⬜에 대응하고 있다.
태도 석류를 통해 깨달은 자연의 섭리에 대한 ⬜⬜을 나타내고 있다.

답 시련, 인간사, 경탄

검은 여인 | 상고르

핵심 정리

갈래 자유시, 서정시
성격 예찬적, 영탄적
제재 검은 여인
주제 검은 여인 및 흑인주의의 고귀함에 대한 찬양
특징 ① 영탄법과 돈호법을 사용함.
② 아프리카의 여인의 아름다운 모습을 보여 줌으로써 그동안 고통받고 소외되었던 아프리카에 대해 찬양적 태도를 드러냄.
출전 《그림자의 노래》(1945)

이해와 감상

이 시는 흑인에 대한 인종 차별에 반대하고 아프리카의 문화적 주체성을 강조했던 상고르의 작품으로, 흑인을 가장 생명력 강하고 아름다운 인종이라고 찬양하고 있다. 이 시의 화자는 검은 여인으로 상징되는 아프리카 흑인의 외적인 아름다움뿐만 아니라 아프리카의 건강함과 가능성 그리고 아름다움까지 노래하고 있다. 이처럼 이 시에는 아프리카의 고대 신화 세계에 대한 향수와 아프리카 대륙에 대한 애정이 듬뿍 담겨 있는데, 이는 그들의 식민 본국이었던 유럽 문화의 우월성을 극복하고, 아프리카 흑인 문명의 문화적 유산과 가치를 회복하고자 했던 시인의 문학적 노력이 드러나는 부분이다.

벗은 여인아, 검은 여인아　　⬜: 반복을 통한 통일성 유지 및 시적 대상 강조
그대 입은 피부빛은 생명이라, 그대가 입은 형상은 아름다움이라!
검은 피부에 대한 당당한 인식(건강한 생명력)　　여인의 검은 피부빛
나는 그대의 그늘 속에서 자라났네, 그대의 부드러운 두 손이 내 눈을 가려 주었지.
　　　　　　강한 빛을 가려 주는 고마운 존재
이제, 여름과 정오의 한가운데서 나는 알겠네, 그대는 약속된 땅임을, 목마른 높은 언
　　　　　　　　　　　　　　　　　　　아프리카 대륙에 대한 작가의 애정과 희망의 표현
덕의 정상으로부터
그대의 아름다움은 독수리의 번개처럼 내 가슴 한복판에 벼락으로 몰아치네.
　　　　검은 여인의 아름다움을 강한 인상으로 표현　　　　▶ 1연: 검은 여인의 아름다운 피부빛의 예찬

벗은 여인아, 검은 여인아
단단한 살을 가진 잘 익은 과일, 검은 포도주의 어두운 황홀, 내 입에 신명을 실어 주
　　　　　　　　　　　　　　　검은 피부의 관능적 비유
는 입
해맑은 지평을 여는 사바나, 동풍의 불타는 애무에 전율하는 사바나,
　　　　　건기가 뚜렷한 열대와 아열대 지방에 발달하는 초원
조각해 놓은 듯한 탐탐북이여, 승리자의 손가락 밑에서 우레같이 울리는 탐탐북이여.
　　　　아프리카 인들이 손으로 치는 북의 일종
그대 콘트랄토의 둔탁한 목소리는 연인의 드높은 영혼의 노래.
　여성의 가장 낮은 음역　　　　　　　　▶ 2연: 검은 여인의 관능미 예찬 ①

벗은 여인아, 검은 여인아

바람결 주름살도 짓지 않는 기름, 역사(力士)의 허리에, 말리 왕자들의 허리에 바른
_{아프리카 서북부 내륙에 있는 공화국}
고요한 기름아.

하늘나라의 띠를 맨 어린 양이여, 진주는 그대 피부의 밤 속에서 빛나는 별,
_{검은 피부 예찬(미화법)}
그대 비단 물살의 피부 위에 노니는 정신의 감미로움, 붉은 금(金)의 그림자,

『그대 머리털의 그늘 속에서, 나의 고뇌는 이제 솟아날 그대 두 눈의 태양빛을 받아 환
하게 밝아 오네.』
_{『 』: 검은 여인의 건강한 육체에 깃든 아름다운 정신을 예찬함. → 아프리카인의 문화적 주체성 확립}

▶ 3연: 검은 여인의 관능미 예찬 ②

벗은 여인아, 검은 여인아

시샘하는 운명이 그대를 한 줌 재로 만들어 생명의 뿌리에 거름주기 전에, 나는 노래
_{죽음을 의미}
하네.

덧없이 지나가고 마는 그대의 아름다움을, 내가 영원 속에 잡아 두고픈 그 형상을 나
는 노래하네.

▶ 4연: 검은 여인의 아름다움이 계속되기를 소망함.

🗝 포인트 체크

화자 ☐☐ 여인의 건강한 생명력을 노래하고 있다.

상황 흑인에 대한 인종 차별을 반대하고 아프리카의 문화적 ☐☐☐을 강조하고 있다.

태도 그동안 소외되었던 아프리카에 대한 ☐☐적 태도를 보여 주고 있다.

답 검은(흑인), 주체성, 찬양

---

242 아프리카 | 디오프

키워드 체크 #세네갈 시인 #네그리튀드 운동 #식민지 #희망찬 미래 #흑인 문학 #대화체

[문학] 미래엔

🎯 핵심 정리

갈래 자유시, 서정시

성격 저항적, 현실 참여적, 의지적

제재 아프리카의 식민지 현실

주제 아프리카의 참상 고발과 밝은 미래에 대한 의지 및 염원

특징 ① 아프리카의 과거, 현재, 미래를 대비적으로 진술함.
② 감각적 심상을 활용하여 식민지 아프리카의 현실을 구체적으로 나타냄.

출전 《연타》(1956)

📖 이해와 감상

이 시는 식민의 억압 속에서 고통받던 아프리카의 참상을 고발하고, '열매'를 맺는 튼튼한 '나무'로 표상되는 미래의 아프리카에 대한 염원을 노래하고 있다. 1~4행에서 시인은 식민지가 되기 전의 아프리카의 당당했던 모습을 떠올리고 있으며, 이후 아프리카의 역사에 대해 진술하고 있다. 조상 대로 물려받은 곳에서 '노예 생활'을 하게 되었으나 시인은 이에 좌절하지 않고 자유의 열매를 맺게 될 아프리카의 밝은 미래를 그리고 있다. 작품의 전체적인 분위기는 비극적이지만 후반부에서 희망적인 목소리를 강하게 내면서 비극적 실상이 반드시 극복될 것임을 밝히고 있다.

아프리카, 나의 아프리카여
_{돈호법, 감정의 고조}
대대로 살아온 대초원에서 늠름하게 싸우던 전사들의 아프리카여
_{당당했던 아프리카의 과거}
내 할머니가 머나먼 강가 둑에 앉아
_{아프리카에 살았던 선조}
노래 부르던 아프리카

▶ 1~4행: 아프리카의 당당했던 과거

나는 그대를 알지 못하지만
_{아프리카의 의인화}
내 핏줄 속에 그대로 피가 흐른다
_{희생과 고난}
밭을 적시는 그대의 아름다운 검은 피

『그 피는 땀의 피
_{「 」: 연쇄법}
그 땀은 노역의 땀

그 노역은 노예의 삶』
_{아프리카의 현실}
아프리카여, 말해 다오, 아프리카여

저것이 굽힐 줄 모르는 그대의 등인가
_{설의법, 대유법(굽힐 줄 모르는 그대의 등으로 아프리카를 드러냄)}
굴욕의 무게에도 꺾일 줄 모르는

붉은 흉터들로 몸을 떨면서도

▶ 5~14행: 아프리카의 참담한 현재

한낮에 내리치는 채찍에도 굴복하지 않는 저 등이?
_{아프리카인들의 가혹한 노동에 대한 형상화}
엄숙한 목소리가 대답한다
_{아프리카의 굳건한 목소리}
성급한 아이야, 저 나무, 저기 서 있는 ☐: 아프리카의 희망찬 미래

젊고 강한 저 나무가

자료실
상고르와 흑인주의

상고르는 '네그리튀드(Négritude)'라고 불린 아프리카, 카리브 제도 출신 작가들의 저항 문학을 주도한 시인이다. 세계의 불의(不義) 앞에서 그가 느낀 사명은 수세기에 걸쳐서 허리를 굽히고 침묵하는 것 이외에 권리라고는 가져 보지 못한 흑인들의 대변자가 되는 것이다. 그는 흑인이 해야 할 첫째 임무는 스스로 부끄럼 없이 흑인임을 자처하는 일이며, 자신의 피부색을 되찾는 일이라고 생각했다. 이 작품 역시 아프리카의 정체성과 자주성을 강조하는 성격을 띤다.

🧑 작가 소개
상고르(Léopold Sédar Senghor, 1906~2001)

시인·정치가·세네갈 공화국의 초대 대통령. 아프리카 고대 신화 세계에 대한 향수와 아프리카 대륙에 대한 애정을 주로 시로 표현하였다. 시집으로 《그림자의 노래》(1945), 《에티오피우스》(1956) 등이 있다.

작품 연구소
아프리카의 과거 – 현재 – 미래의 모습

전사들의 아프리카	대초원의 주인이었던 과거 아프리카의 당당했던 모습
노예의 삶	식민지 현실에서 고통받는 현재 아프리카의 모습
젊고 강한 저 나무	희망을 지닌 미래 아프리카의 모습

작가 소개
디오프(David Diop, 1927~1960)
프랑스 출생의 세네갈의 시인으로 아프리카의 자유와 독립을 염원하는 시를 여러 편 남겼으나, 서른셋의 젊은 나이에 비행기 사고로 세상을 떠났다.

창백하게 시든 꽃들 사이에 홀로 눈부시게 서 있는
서구의 물질문명 · 희망찬 미래에 대한 의지적 염원
저 나무가 새롭게 태어나는 너의 아프리카란다

끈기 있게, 고집스럽게 자라는 / 열매에 조금씩
자유의 쓰라린 맛이 배어드는 저 나무가
자유의 상징
▶ 15~23행 : 아프리카의 희망찬 미래

키 포인트 체크

화자 화자는 □□□□의 과거, 현재, 미래를 노래하고 있다.
상황 다른 문명의 지배에 고통을 받는 아프리카의 □□□ 현실을 마주하고 있다.
태도 이 작품의 화자는 아프리카의 과거에 대한 □□□을 가지고, 아프리카에 밝고 희망찬 □□가 올 것임을 확신하고 있다.

답 아프리카, 비참한, 자부심, 미래

---

243 우리는 질문하다가 사라진다 | 네루다

키워드 체크 #성찰적 #반성적 #인간 인식의 한계 #질문 방식 #열거법

문학 미래앤

핵심 정리
갈래 자유시, 서정시
성격 성찰적, 반성적
제재 자연의 다양한 현상
주제 인간 인식의 한계에 대한 자각과 반성
특징 ① 구체적인 사례들을 열거하여 질문을 던진 후, 질문을 통해 얻은 깨달음을 정리하는 방식으로 시상을 전개함.
② 열거법을 사용하여 자연 현상에 대한 화자의 궁금증을 나열함.
출전 《질문의 책》(1974)

이해와 감상
이 시는 존재의 근원과 현상에 대한 질문을 통해 인간의 존재에 대해 생각해 보게 하고 있다. 이 시의 화자는 인간이 그동안 지식을 쌓아 오면서 많은 것을 알고 있다고 자부하지만, 실제로는 제대로 아는 것 없이 짐작만 하고 있을 뿐이고 거대한 우주 속에서 한없이 작은 존재라는 것을 표현하고 있다. 또한 이를 통해 존재의 근원적인 의미를 알지 못한 채 공허한 지식만 쌓아 가고 있는 현대인들의 태도를 비판하고 있다. 이와 같이 이 시는 우리가 당연하다고 생각하는 현상에 대해 독창적인 질문을 던짐으로써 존재의 의미에 대해 다시 한번 생각해 볼 수 있게 해 준다.

Q '아는 것'과 '짐작하는 것'의 의미는?

아는 것'이란 우리가 자연 현상의 근원과 본질을 명확하게 알고 있는 것이고, '짐작하는 것'이란 정확하게 알지 못한 채 막연하게 추측하는 것이다. 그런데 아는 것은 먼지만도 못하고 짐작하는 것이 산더미 같다고 했으므로, 이는 인간 인식의 한계와 반성하는 삶의 자세를 보여 준다.

작가 소개
네루다(본책 391쪽 참고)

어디에서 도마뱀은 / 꼬리에 덧칠할 물감을 사는 것일까.
도마뱀의 꼬리가 재생 능력을 통해 다시 자라는 것을 의미함.

어디에서 소금은 / 그 투명한 모습을 얻는 것일까.

어디에서 석탄은 잠들었다가 / 검은 얼굴로 깨어나는가.
의인법

젖먹이 꿀벌은 언제 / 꿀의 향기를 맨 처음 맡을까.

소나무는 언제 / 자신의 향을 퍼뜨리기로 결심했을까.

오렌지는 언제 / 태양과 같은 믿음을 배웠을까.
직유법

연기들은 언제 / 공중을 나는 법을 배웠을까. / 뿌리들은 언제 서로 이야기를 나눌까.
연기가 공중으로 날아가는 것을 나타냄. · 의인법

별들은 어떻게 물을 구할까. / 전갈은 어떻게 독을 품게 되었고 / 거북이는 무엇을 생각하고 있을까. / 그늘이 사라지는 곳은 어디일까. / 빗방울이 부르는 노래는 무슨 곡일까. / 새들은 어디에서 마지막 눈을 감을까. / 왜 나뭇잎은 푸른색일까.
빗방울이 떨어지는 소리를 노래에 비유하여 나타냄. 의인법
▶ 1~8연: 존재의 근원과 현상에 대한 질문들

「 」: 대조와 대구를 통해 존재의 근원적인 의미를 깨닫지 못하고
공허한 지식만을 쌓아 가는 현대인들의 태도를 비판함.
「우리가 아는 것은 한 줌 먼지만도 못하고 / 짐작하는 것만이 산더미 같다.」
인간 인식의 한계를 보여 줌. – 자연 속의 작은 존재인 인간 · 명사로 시를 종결함. – 여운을 줌. · 직유법
그토록 열심히 배우건만 / 우리는 단지 질문하다 사라질 뿐.
존재의 근원과 현상에 대한 궁금증 ▶ 9연: 자연 속에서 인간이 작은 존재임을 깨달음.

키 포인트 체크

화자 □□을 던지고 이를 통해 얻은 깨달음을 정리하고 있다.
상황 '아는 것'과 '□□하는 것'의 차이를 통해 인간 인식의 한계를 다루고 있다.
태도 존재의 본질적인 의미는 알지 못한 채 공허한 지식만을 배우는 현대인을 비판적으로 □□하고 있다.

답 질문, 짐작, 성찰

244

질문의 책 | 네루다

국어 비상(박안)

🎯 핵심 정리
갈래 자유시, 서정시
성격 사색적, 철학적
제재 '나'에 관한 다양한 질문
주제 '나'의 존재의 가치 탐구
특징 ① 질문의 방식으로 시상을 전개함.
　　　② 나의 존재 의미를 사색하게 함.
출전 《질문의 책》(1974)

👁 이해와 감상
이 시는 파블로 네루다의 시집 《질문의 책》에 담겨 있는 세상과 자신에게 던진 74편의 시와 316개의 질문 중 각각 31번째와 44번째 시의 첫머리이다. 호기심 많은 아이처럼 엉뚱한 상상력으로 세상과 삶, 자신의 존재와 정체성에 대한 다양한 질문들을 펼쳐 내고 있다.

🧑 작가 소개
네루다(Pablo Neruda, 1904~1973)
칠레 시인. 아름다운 사랑과 일상에 대한 시부터 정치적인 색채를 띤 시 등 다양한 작품을 남겼다. 1971년 노벨 문학상을 수상하였고, 작품으로 〈지상의 거처〉(1935), 〈모두의 노래〉(1950) 등이 있다.

누구한테 물어볼 수 있지 내가
이 세상에 무슨 일이 일어나게 하려고 왔는지?
　　　　　　　　　　　　　화자
'내'가 이 세상에 기여하고 있는 것, 또는 기여할 수 있는 것에 대한 질문　▶ 질문의 책 31: 내가 이 세상에서 이루어 낼 수 있는 것에 대한 질문

나였던 그 아이는 어디 있을까,
　　　　순수함을 지닌 존재
아직 내 속에 있을까 아니면 사라졌을까?
나다운 모습, 혹은 순수한 가치관을 유지하고 있는지에 대한 질문　▶ 질문의 책 44: 순수한 가치관과 삶에 대해 상기해 보는 질문

🔑 포인트 체크

화자 화자는 자신의 ☐☐와 ☐에 대해 관찰하고 탐구하고 있는 사람이다.
상황 자신이 살아왔고 또 살아갈 삶과 세상에 대해 다양한 ☐☐을 통해 고민하고 있는 상황이다.
태도 다양한 질문을 통해 인생을 되돌아보는 ☐☐☐, ☐☐☐ 태도가 드러난다.

답 존재, 삶, 질문, 사색적, 성찰적

245

파 | 노리타케 가즈오

문학 천재(정)

🎯 핵심 정리
갈래 자유시, 서정시
성격 회고적, 예찬적
제재 백석 시인
주제 친구인 백석 시인에 대한 그리움
특징 ① 실존 인물을 소재로 하여 시상을 전개함.
　　　② 일상생활의 한 단면을 포착한 시작(時作)의 동기를 보여 줌.
출전 《일본 근대 문학1》(2002) 재인용

👁 이해와 감상
노리타케는 1940년대에 백석이 만주 안동(단둥)에 있을 때 그와 친분을 쌓는다. 백석은 노리타케에게 술을 선물받고 〈나 취했노라(노리타케 가즈오에게)〉라는 시를 지어 주었고, 노리타케는 그로부터 20년이 지난 뒤 화답하는 시를 쓴다. 부엌에서 파를 들고 있던 백석의 모습을 떠올리며 소식이 끊긴 그에 대한 그리움이 절절하게 전달된다.

🧑 작가 소개
노리타케 가즈오(則武三雄, 1909~1990)
1928년 한국으로 와 약 17년동안 거주하였으며, 《압록강 경비하는 사람들에게》(1942)와 《압록강》(1943) 등을 출판하였다.

파를 들고 있었던 백석(白石)　　　○: 시적 대상 – 실존 인물을 소재로 하여 독자의 관심을
평범한 일상생활의 추억으로 시상 전개가 시작됨.　　　유발하고, 신뢰성을 부여하는 효과가 있음.
백(白)이라는 성에, 석(石)이라는 이름의 시인　　　▶ 1~2행: 백석과의 일화 소개

나도 쉰세 살이 되어서 파를 들어 보았네
화자　　백석이 파를 들었던 추억으로부터 20여 년이 지남
뛰어난 시인 백석 무명인 나　　　▶ 3~4행: 세월이 흘러 백석을 다시 추억함.
백석과 자신에 대한 대비를 통해 문우(文友)를 예찬함.
아득히 이십 년 세월이 흐르고 있네
　　　백석의 파와 얽힌 일화는 화자가 삼십 대의 일이었음. – 20년이 흘러 현재는 쉰세 살이 됨.
친구 백석이여 살아 있는가　　　▶ 5~6행: 오랜 세월 소식이 끊긴 백석에 대한 그리움

살아 있어 주게
소식이 끊긴 백석과의 재회를 간절히 바람.
백이라는 성 석이라는 이름의 조선 시인　　　▶ 7~8행: 백석과의 재회에 대한 바람
동일한 문장의 반복 – 시적 대상에 대한 그리움의 정서 강조

📋 자료실
백석 시인이 노리타케 가즈오에게 보낸 시 〈나 취했노라〉 전문
나 취했노라 / 나 오래된 스코틀랜드의 술에 취했노라 / 나 슬픔에 취했노라 / 나 행복해진다는 생각에 또한 불행해진다는 생각에 취했노라 / 나 이 밤의 허무한 인생에 취했노라

🔑 포인트 체크

화자 화자는 문인으로서 가깝게 지내며 친분을 쌓았던 ☐☐을 그리워하는 시인이다.
상황 시적 대상이 파를 들고 있던 일상생활의 경험을 ☐☐하며 그를 그리워하고 있다.
태도 오랜 ☐☐이 흐른 뒤에도 백석을 보고 싶어 하는 마음을 담담하고 절절하게 노래하고 있다.

답 백석, 추억, 세월

VI. 세계 문학

정답과 해설

정답과 해설

001 애국하는 노래 _ 이필균

32~33쪽

키포인트 체크 청유형, 주권, 차별

1 ⑤ **2** ⑤ **3** ④ **4** ② **5** 부국강병 **6** 기화, 개화·계몽을 통한 애국

1 각 연의 뒤 절에 '합가'라는 후렴 형식을 취하여 운율을 형성하고 있지만, 각 연마다 다른 내용으로 구성되어 있다.

2 4연의 '스롱공샹'은 온 국민이 자신의 직분을 다하여 부강한 나라를 이루자는 취지로 언급한 것으로, 신분의 차별을 없애자는 것과는 거리가 있다. 또한 이 작품의 5연에 남녀 차별 없이 학식을 배워 보자는 언급은 있지만, 이를 사농공상이나 신분의 차별 철폐와 연결하여 해석하는 것은 적절하지 않다.

  오답 뜯어보기 ①, ③ '남녀 업시 입학ᄒᆞ야 세계 학식 빅화 보자.'를 통해 남녀의 차별 없이 교육을 통해 개화에 힘써야 한다고 주장하고 있다. ② '우리 정부 놉혀 주고 우리 군면 도와주세.'에서 애국, 충군 정신을 고취시키고 있다. ④ '분골ᄒᆞ고 쇄신토록 충군ᄒᆞ고 이국ᄒᆞ세.'는 '뼈가 가루가 되고 몸이 부서지도록 온몸을 바친다'는 의미로, 애국에 대한 결의가 나타난 드러난 부분이다.

3 작가는 정부를 돕고 애국하기 위해 일단 '깁흔 잠'에서 깨어나야 한다고 주장한다. 이는 '반봉건'의 기치를 들고 개화를 해야 한다는 생각의 표출이다. 또한 '셔셰 동졈(西勢東漸) 막아 보세.'에서 외세를 강하게 거부하고 있음을 알 수 있다. 이는 외세의 침략을 막는 것이 국가의 자주와 국민의 자유를 지키는 일임을 강조하고 있다.

4 ㄱ. '합가'는 선창자가 앞 절에서 주장한 내용을 구체화하는 방식으로 전개된다. ㄷ. 앞 절에서 선창자가 말한 내용을 구체화하고 여러 사람이 함께 부르는 형식을 통해 대중의 동의와 단결을 유도하는 효과를 얻는다.

  오답 뜯어보기 ㄴ. 4·4조의 음수율과 4음보의 율격이 유지되고 있어 율격의 변화로 흥미를 유발한다는 설명은 적절하지 않다. ㄹ. '합가'는 여러 사람이 함께 노래하는 부분이다.

5 이 시의 5연에서 교육을 하여야 개화가 된다고 하였고, 이를 바탕으로 부국강병을 이루고 자주독립을 지켜낼 수 있다고 하였다.

6 이 시가 창작될 당시 우리나라는 대내적으로는 '반봉건', 대외적으로는 '반외세'라는 이중적 과제를 안고 있었다. '깁흔 잠'은 과거의 낡은 봉건적 사고방식을 비유적으로 표현한 시어로, 이 시의 화자는 깊은 잠에서 깨어나기 위해서는 교육을 통하여 문명을 '개화'해야 한다고 말하고 있다. 따라서 '깁흔 잠'과 대조적으로 쓰인 시어는 '기화'이며, 이 시가 개화·계몽을 통해 자주독립과 부국강병을 이루고자 하는 개화기의 시대 정신을 담고 있음을 알 수 있다.

●독립신문

지식+

1896년 4월 7일 창간되어 주 3회씩 간행된 우리나라 최초의 순 국문체 신문이다. 서재필 등이 중심이 되어 활동한 '독립협회'의 기관지라고 할 수 있는데, 최초의 민간 신문이고 순 한글로만 기사를 썼기 때문에 일반 민중들도 쉽게 읽을 수 있어서, 개화 의식과 민권(民權) 사상을 고취하는 데 큰 공헌을 하였다.

002 동심가 _ 이중원

34~35쪽

키포인트 체크 낙관, 봉건, 주인, 비판

1 ② **2** ① **3** ③ **4** ① **5** 근본 업시 회빈(回賓)ᄒᆞ랴: 설의법을 사용하여 개화에 필요한 기본적인 자세를 강조함. 그믈 닛기 어려우랴: 설의법을 사용하여 한마음으로 단결해야 함을 강조함.

1 이 작품은 개화 가사로, 과거 회상을 통해 시상을 전개하고 있지 않고 문명개화라는 새로운 시대 정신의 중요성을 주장하며 시상을 전개하고 있다.

  오답 뜯어보기 ① 전 국민이 일치단결해야 문명개화를 이룰 수 있음을 '−세'와 같은 청유형 어미를 사용하여 권유하는 어조로 나타내고 있다. ③ '범', '개', '봉', '둙', '고기', '그믈' 등과 같은 비유적 표현을 사용하여 문명개화의 필요성을 강조하고 있다. ④, ⑤ 4·4조, 4음보의 전통적 율격을 지니고 있으면서도 4음보의 연속체가 아닌 1행 2음보, 4행 1연의 분연체의 형태를 띠고 있다.

2 '만국(萬國) 회동(會同)'과 '스ᄒᆡ(四海) 일가(一家)'는 국제적인 단체가 아니라, 세계가 한집안처럼 서로 교류하며 지내는 '사해동포주의'라는 시대 상황을 표현한 구절이므로 ①은 적절하지 않다.

  오답 뜯어보기 ② '동심결'이라는 표현을 통해 문명개화를 위해 전 국민이 합심 단결해야 함을 강조하고 있다. ③ '실상 일이 데일이라.'에서 개화를 위해서는 현실적 상황을 제대로 파악해야 함을 드러내고 있다. ④ '범을 보고 개 그리고 / 봉을 보고 둙 그린다.'에서 실상을 파악하지 못하고 관념적인 태도만을 내세우는 것을 비판하고 있다. ⑤ '근본 업시 회빈ᄒᆞ랴.'라는 표현을 통해 근본도 갖추지 못한 채 손님이 주인 노릇 하듯 제멋대로 행동해서는 안 된다는 생각을 나타내고 있다.

3 '범과 봉'은 문명개화가 주류를 이루는 현실, 실상을 나타내고, '개와 둙'은 이를 제대로 파악하지 못하는 피상적인 관념을 나타낸다. 따라서 '범'이 문명개화가 이루어지지 않은 현실을 의미한다는 ③은 적절하지 않다.

4 '고기'는 이 작품의 화자가 추구하는 바이므로 '개화'를 의미하고, '그믈'은 '개화'를 이루기 위한 수단이므로 다음에서 말하고 있는 '동심결', 즉 '합심 단결, 동심' 등을 의미한다.

5 이 작품에서 설의법이 사용된 구절은 '근본 업시 회빈(回賓)ᄒᆞ랴'와 '그믈 닛기 어려우랴'이다. '근본 업시 회빈(回賓)ᄒᆞ랴'는 근본도 갖추지 못한 채 남의 의견을 무시하고 자신의 주장만 하면 안된다는 뜻으로 개화를 하기 위해서는 현실을 파악한 뒤 실천해야 함을 효과적으로 드러낸다. '그믈 닛기 어려우랴'에서 그믈은 문명개화를 이루는 수단으로 한마음으로 협력할 것을 강조한다.

003 경부 텰도 노래 _ 최남선

36~37쪽

키포인트 체크 외부, 내부, 기적, 긍정적, 개화

1 ④ **2** ② **3** ⑤ **4** ⓐ 힘찬 기적 소리, ⓑ 내국인과 외국인의 동승, ⓒ 동경과 찬양을 통해 민중 계몽을 도모함.

1 전통 가사는 4음보 연속체이지만, 이 작품은 7·5조의 3음보를 기본적인 율조로 하고 있다. 따라서 전통 가사의 음보를 계승하였다고 보기 어렵다.

지식 +

● **개화기 시가 속의 '창가'**

개화기의 대표적인 시가 양식으로는 개화 가사, 창가, 신체시 등이 있다. 전체적으로 모두 공론성(公論性)이 강조된 계몽적인 성격을 가지고 있고, 형식상으로는 정형률을 벗어나지 못하고 있어, 고전 시가에서 근대 시로 옮겨 가는 시가 문학의 과도기적인 모습을 보여 준다.

개화 시기의 한 양식인 창가는 3음보 율격의 노래를 서양식 악곡에 맞추어 부르도록 지어진 시가이다. 서양 행진곡과 찬송가의 영향을 받은 창가는 문명개화의 필요성과 새 시대를 향한 의욕 고취를 주요한 내용으로 삼고 있다.

특히 창가는 근대적 교육이 실시되면서 서양 음악 교과를 통해 확산되었는데, 개화 가사와 신체시의 중간 단계로 볼 수 있으며, 가사보다는 가창에 중점을 둔 특징을 지니고 있다.

2 이 작품의 화자는 개화문명을 동경하고 예찬함으로써 민중에 대한 계몽의 의도를 드러내고 있다. 〈보기〉의 화자 역시 개화를 통해 힘을 기르고 세계로 진출하자는 내용을 언급함으로써 민중에 대한 계몽의 의도를 드러내고 있다.

오답 뜯어보기 ① 두 작품의 화자는 모두 개화의 필요성을 인식하고 있다. 그러나 서양의 물질문명에 대한 태도를 직접적으로 드러내고 있지는 않다.

③ 〈보기〉의 '남녀 업시 ~ 기화히야 사롬 되네.'에서 근대 교육의 필요성을 강조하고 있다. 그러나 이 시에서는 이러한 내용을 찾아볼 수 없다.

④ 이 시는 내국인과 외국인이 함께 기차에 동승하여 친숙하게 지내는 모습을 묘사하여 문호가 개방된 당시 상황을 알려 준다. 하지만 이 시와 〈보기〉 모두 외국인에 대한 선망의 태도는 나타나지 않는다.

⑤ 두 작품 모두 개화의 필요성을 인식하고 있으나, 이것을 통해 전통 문화를 부정하고 있다고 확대 해석하기는 어렵다.

3 ⓐ에서 언급하고 있는 것은 기차 안의 풍경이다. ⓐ에서 작가는 노인과 젊은이가 섞여 앉고, 외국인과도 친숙하게 앉아 있는 풍경을 '됴고마한 싼 세상'이라고 긍정적으로 평가하고 있다. 그러나 기차를 통해 문명의 개혁을 이룰 수 있다는 작가의 생각이 반영된 것으로 보기는 어렵다.

4 1절에서는 기차의 외부 모습을 찬탄의 눈으로 바라보고 있고, 2절에서는 기차 안의 풍경을 묘사하고 있는데, 계층의 차별 없이 동승하여 새로운 세상을 이루고 있는 모습을 통해 개화된 세계에 대한 낙관적 기대를 드러내고 있다.

---

1 이 시에서는 민족사의 새로운 국면을 타개해 나갈 인물로 '소년'을 설정하고, 그 가능성에 대해 힘찬 어조로 노래하고 있다. 하지만 구세대와 신세대의 조화와 화합을 다루고 있지는 않고, 신세대인 '소년'이 문명개화를 실현해야 할 주역임을 강조하고 있다.

오답 뜯어보기 ①, ④ 바다를 화자로 설정하여 소년에게 말하는 형식으로 시상을 전개하고 있다.

② 이 시는 '바다'로 상징되는 문명개화에 대한 기대감을 드러내고 있다.

⑤ 웅장하고 힘찬 남성적 어조와 직설적인 표현으로 주제를 드러내고 있다.

2 이 시에서 '바다'는 무한한 희망과 가능성을 지니고 있는 존재인 '소년'과 대응되는 사물이면서 화자로 등장하고 있다. 또한 바다의 말을 통해 구시대의 잔재를 청산하고 새로운 세계로 나가자는 의지와 각성을 보여 주고 있다는 점에서 바다는 신문명에 대한 변혁 의지를 보여 주는 존재라고 할 수 있다.

3 소년은 바다와 마찬가지로 기존의 관습을 무너뜨리고 새로운 문명을 받아들이며 기상을 펼칠 수 있는 존재로 형상화되어 있다. 소년은 '순수하고', '겁이 없는' 성격과 태도를 지니고 있다.

4 ㉠은 좁은 안목으로 문명개화를 반대하는 사람들의 무지와 오만함을 비판하는 부분으로, 넓은 세상의 형편을 알지 못하는 사람을 비유적으로 이르거나 견식이 좁아 저만 잘난 줄 아는 사람을 비꼬는 말인 '우물 안 개구리'로 표현할 수 있다.

오답 뜯어보기 ① 얕은수로 남을 속이려 하거나 실제로 보람도 없을 일을 공연히 형식적으로 하는 체하며 부질없는 짓을 함을 비유적으로 이르는 말.

③ 눈먼 봉사가 요행히 문고리를 잡은 것과 같다는 뜻으로, 그럴 능력이 없는 사람이 어쩌다가 요행수로 어떤 일을 이룬 경우를 비유적으로 이르는 말. 또는 가까이 두고도 찾지 못하고 헤맴을 이르는 말.

④ 소를 도둑맞은 다음에서야 빈 외양간의 허물어진 데를 고치느라 수선을 떤다는 뜻으로, 일이 이미 잘못된 뒤에는 손을 써도 소용이 없음을 비꼬는 말.

⑤ 기역 자 모양으로 생긴 낫을 보면서도 기역 자를 모른다는 뜻으로, 아주 무식함을 비유적으로 이르는 말.

5 이 시는 개화기의 새로운 사상과 정서를 담고 있으므로 주로 자연친화적인 삶이나 유교적인 내용을 다룬 고전 시가와는 내용적인 측면에서 차이점이 있다. 또한 각 연이 유사한 율격 구조를 지니고 있긴 하지만 고전 시가의 정형적인 율격인 3(4)·4조에서 벗어났다는 점에서 형식적인 측면의 차이점을 지닌다.

---

004 해에게서 소년에게 _ 최남선   **38~39쪽**

키포인트 체크 바다, 소년, 파도, 신문명, 미래

1 ③   **2** ②   **3** ④   **4** ②   **5** • 내용적인 면: 고전 시가는 주로 자연친화적인 삶이나 유교적 질서, 사랑 등을 노래하는 것과 달리 이 작품은 파도치는 바다의 모습을 통해 계몽의 필요성을 전달하고 있다. • 형식적인 면: 고전 시가의 3(4)·4조 정형적인 율격에서 탈피하였으며 1행과 7행에서 의성어구를 고정적으로 사용하고 있다.

정답과 해설

II. 1920년대~광복 이전

005 가는 길_ 김소월

44~45쪽

키포인트 체크 사랑, 까마귀, 강물, 안타까워

1 ③ **2** ④ **3** ⑤ **4** 1연의 '말을 할까 / 하니 그리워.'에서 행간 걸침이 나타나며, 화자의 망설임을 효과적으로 표현하고 있다. **5** 소극적이고 체념적

1 이 시에서는 화자의 그리움과 안타까움을 소극적으로 드러내고 있을 뿐, 격정적인 정서의 표출은 드러나지 않는다.

오답 뜯어보기 ① '까마귀'와 '강물'은 화자의 망설이는 모습을 부각하는 존재로 이별에 대한 화자의 안타까움과 슬픔을 간접적으로 드러내는 객관적 상관물이다.

② 전체적으로 민요조의 3음보 율격이 나타나고 있다.

④ 3연의 '까마귀'가 지저귄다는 부분에서 청각적 심상이 나타난다. 시간의 경과를 알리는 까마귀 울음소리는 화자의 결단을 재촉하는 기능을 하면서 화자의 애상감을 심화시킨다.

⑤ '그-', '까마귀', '강물', '따라', '흐-' 등의 말소리가 변형되거나 반복되면서 리듬감을 형성하고 있다.

2 같은 구절을 시의 앞뒤에 배치하는 수미상응(수미 상관)의 방식은 사용되지 않았다.

오답 뜯어보기 ① 시의 제목과 내용을 고려하면, 화자는 떠나는 길 위에서 임에 대한 그리움으로 임을 떠나는 것을 망설이고 있음을 알 수 있다.

② 1연의 '말을 할까', 2연의 '그냥 갈까'에서 화자의 내적 갈등이 분명하게 드러나고 있다.

③ 3연의 '까마귀'는 시간의 경과를 환기하면서 어서 떠나야 한다고 재촉하고 있으며, 4연의 '강물' 역시 물이 흘러가듯이 함께 떠나자고 재촉하고 있으므로, 자연물들이 화자가 떠나길 재촉하는 것 같다고 보는 것은 적절하다.

⑤ 1·2연에서는 한 행을 한 음보로 처리하여 휴지(休止)가 한 음보마다 나타나고, 시상 전개 속도가 완만해진다. 이러한 완만함은 화자의 망설임과 아쉬움을 효과적으로 표현하기 위한 것이다. 반면 3·4연에서는 2~3음보를 한 행에 배치하여 휴지를 줄임으로써 시상 전개의 속도감을 높이고 있다. 이는 '까마귀'와 '강물'이 화자의 떠남을 재촉하는 분위기를 효과적으로 표현하기 위한 것이다.

3 '까마귀'와 '강물'은 임을 떠올리게 하는 소재가 아니라 이별의 이미지로, 이별을 재촉하는 객관적 상관물이다. 화자에게 빨리 떠나기를 재촉하여 이별의 상황에 대한 안타까움과 아쉬움을 간접적으로 드러낸다.

오답 뜯어보기 ① 3연의 '서산(西山)에는 해 진다고 / 지저귑니다.'를 통해 화자에게 시간의 경과를 환기하고 있음을 알 수 있다.

② 까마귀 울음소리라는 청각적 심상은 화자의 결단을 재촉하는 기능을 하면서 화자의 애상감을 심화한다.

③ 4연에서 '흐르는 물'이 화자에게 '따라오라고 따라가자고' 하고 있다. 이는 떠나야만 하는 상황을 알고 있는 화자의 인식이 물의 흐르는 속성에 반영되면서, 화자가 물의 흐름을 어서 함께 떠나가자고 재촉하는 것처럼 느끼는 것이다.

④ '까마귀'는 시간의 경과를 환기하면서 시간이 없으므로 어서 떠나야 한다고 재촉하고 있으며, '강물'은 물이 흘러가듯이 함께 떠나자고 재촉

하고 있다. 이들은 모두 화자의 안타까움과 슬픔의 정서를 간접적으로 드러내는 역할을 한다.

4 1연의 내용을 문법적 의미 구조로 살펴보면 '그립다 / 말을 할까 하니 / 그리워'로 나눌 수 있다. 그러나 시에서는 '그립다 / 말을 할까 / 하니 그리워'로 표현하고 있다. '그립다 / 말을 할까'와 '하니 그리워'를 나눔으로써 휴지에서 '말을 할까' 하는 화자의 망설임을 표현하고 있다. 또한 '하니'와 '그리워'가 빠르게 이어짐으로써 그립다는 말을 할까 하는 생각만으로도 그리움이 왈칵 치솟는 느낌을 효과적으로 표현하고 있는 것이다. 이러한 행간 걸침을 통해 화자는 '그립다'는 말을 할까 망설이는 마음을 표현하고 있다.

5 이 시의 화자는 이별의 상황에서 임에 대한 미련과 그리움으로 망설이면서도 임에게 자신의 마음을 전하지 못한 채, 이별의 상황을 수용하고 있다. 이와 같이 화자는 이별에 대해 소극적이고 체념적인 태도를 보인다.

006 접동새_ 김소월

46~47쪽

키포인트 체크 접동새, 의붓어미, 시샘, 그리움

1 ③ **2** ③ **3** ① **4** 활음조를 활용하여 말소리의 느낌을 살리면서, 접동새 울음소리를 표현하는 효과를 얻고 있다.

1 이 시에서는 명령형 문장을 찾을 수 없다. '누나라고 불러 보랴'에서 '-랴'는 묻는 뜻을 나타내는 종결 어미이다.

오답 뜯어보기 ① '접동새'의 울음소리와 '누나'의 울음소리가 동일시되면서 청각적 이미지를 형성하고 있다.

② 4연의 '불설워'는 '몹시 서러워'라는 의미로, 화자의 정서를 직접 드러낸 시어이다.

④ 이 시에서 행의 길이는 작가의 의도에 따라 다양하게 변화하고 있다. 같은 연에서도 상대적으로 길고 짧은 행이 교차되어 있다.

⑤ 화자의 애상적이고 서글픈 정서는 '옛날, 우리나라 ~ 누나는', '우리 누나는'의 표현을 통해 공감대를 자극하면서 우리 민족의 보편적 정서인 '한(恨)'의 정서와 연결되고 있다.

2 설화는 시간의 순서에 따른 추보식 구성을 취하고 있으나, 이 시에서는 이러한 시간의 흐름에 구애받지 않고 있다.

오답 뜯어보기 ① 도령과의 혼인과 관련된 내용은 시에 나타나 있지 않다.

② 아홉이나 남아 있는 '오랩동생'을 죽어서도 못 잊어 밤마다 산을 옮겨 다니며 울고 있는 '접동새(누나)'를 통해 애틋한 혈육의 정을 강조하고 있다.

④ 3연에서 누이가 죽은 이유를 설화적 진술을 통해 요약적으로 제시하고 있다.

⑤ 1연에서 접동새의 슬픈 울음소리를 형상화함으로써 애상감을 드러내고 있다.

3 〈보기〉에 따르면 김소월의 시에서 한은 체념해야 할 상황에서도 미련을 버리지 못할 때 생긴다고 하였다. 5연을 보면 죽어서도 동생들을 '차

마' 못 잊어, 밤이 깊으면 '이 산 저 산 옮아 가며 슬피' 운다고 하였다. 이 것은 죽음이라는 체념적 상황에서도 동생들에 대한 미련을 끊어 내지 못한 '누나'의 한에 해당한다.

오답 뜯어보기 ② '시샘'이 '시새움'으로 변주되고 있는 것은 맞지만, '누나'와 의붓어미의 갈등이 깊어지고 있는 모습을 시에서는 찾을 수 없다.

③ '이 산 저 산' 떠도는 새의 모습은 동생들을 잊지 못하는 '누나'를 형상 화한 것이므로 모든 희망을 버리고 방황하며 체념하는 것으로 볼 수 없 다. 또한 〈보기〉에 따르면 체념하고 있을 때는 한이 생긴다고 볼 수 없 다.

④ '누나'가 '야삼경'에도 잠들지 못하는 것은 자신의 심정이 어떤 상태 인지 파악하지 못하여 그런 것이 아니라, 죽어서도 동생들을 잊지 못하 기 때문이다.

⑤ '오랩동생'과 이별하는 '누나'의 심경은 '죽어서도 못 잊어 차마 못 잊 어' '슬피' 우는 것으로 드러나는데, 이것은 '누나'가 자신을 자책할 때 나 오는 행동이나 태도가 아니다.

4 '아홉(아웁) 오래비'를 '아우래비'로 표현하면서 활음조인 모음과 유음 의 자연스러운 연결을 통해 말소리의 부드러움을 강화하고 있다. 또한 '접동/ 접동/ 아우래비 접동'의 연결을 통해 접동새 울음소리를 의성어 로 나타내는 효과를 가짐과 동시에, 설화 속 '누나'의 울음과 접동새의 울음을 대응시키는 효과도 얻고 있다.

---

007 먼 후일_ 김소월 48~49쪽

키포인트 체크 반어적, 미래, 이별, 그리움

1 ③ **2** ① **3** 3음보 율격 **4** ⑤

1 이 시의 화자는 사랑하는 임과 이별한 상태이며, 먼 훗날 임과 다시 만 나면 '잊었노라'라고 대답하겠다고 말한다. 이 말은 반어적인 표현으로 실제로는 사랑하는 임을 잊지 못하는 상태이므로 이별에 대한 한을 직 설적으로 표현한 것이 아니다.

오답 뜯어보기 ① '먼 훗날'에 임과의 만남을 그리고 있으므로 현재는 임과 이별한 상황이라고 볼 수 있다.

② '먼 훗날 당신이 찾으시면'이라는 구절을 통해 임과의 재회를 가정하 고 있음을 알 수 있다.

④ 마지막 연에서 '어제'라는 시어를 통해 과거에서부터 임에 대한 그리 움이 이어졌음을 알 수 있다.

⑤ 표면적으로는 임을 잊었다고 하면서 실제로는 임을 잊지 못한 그리 움을 강하게 드러내고 있다.

2 〈보기〉는 고려 가요인 〈정석가〉의 현대어 일부로, 불가능한 상황을 설 정하여 임과 이별하지 않겠다는 마음을 표현한 것이다. 〈먼 후일〉과 〈정석가〉의 공통점은 어떤 상황을 가정하여, 그 상황에서 자신의 마음 과는 다르게 표현한다는 것이다. 표현 자체에만 주목하면 '반어적 표현' 이지만 구조 전체로 볼 때에는 상황의 역설에 해당한다.

오답 뜯어보기 ② 두 작품 모두 유사한 형식이 반복되지만 이별의 극복 은 나타나지 않는다.

③ 두 작품 모두 청자를 설정하여 대화하는 형태로 전개되지 않는다.

④ 두 작품 모두 자연물의 속성을 활용하여 이별의 슬픔을 비유적으로

드러낸 표현은 찾기 어렵다.

⑤ 두 작품 모두 이별 대상에게 축복을 기원하지는 않는다. 〈보기〉는 이 별할 수 없음을 드러내고 있으며, 이 시는 이별 후에 이별을 받아들이기 어려운 모습이 나타난다.

3 이 시는 세 덩어리로 끊어 읽는 3음보 율격을 지니고 있어 민요적 율격 을 통한 리듬감이 나타난다.

4 마지막 연에서 과거, 현재, 미래의 시간이 모두 나타나는데, 말하는 시 점에서까지 잊지 않은 상태임에도 미래에 '잊었노라.'라고 과거 시제로 말하는 것은 그때까지 당신을 잊지 않겠다는 의미이다. 결국에는 이를 통해 결코 잊을 수 없는 그리움을 강조하는 것이다.

오답 뜯어보기 ① '잊었노라'라는 반어적 표현의 반복은 그리움을 강조 한다.

② '먼 훗날'은 임이 찾아왔을 때를 화자가 가정한 시간이며, 화자와 임 이 재회를 약속한 구체적 시점을 의미하지는 않는다.

③ '나'를 나무라는 것은 임을 잊은 것에 대한 임의 질책이다.

④ 이별이 믿기지 않는다는 것은 이별을 받아들일 수 없다는 의미로 풀 이되므로 체념적 태도와는 거리가 멀다.

> **지식 ➕**
>
> **● 민요적 율격**
> 전통적으로 우리 문학에서의 리듬감은 율격을 통해 형성되었다. 끊어 읽거나 숨을 쉬는 단위에 따른 음수율은 3음보, 4음보 등의 형태를 띤다. 시조는 대표적으로 4음 보 율격을 나타내며, 가사에도 4음보가 나타난다. 고려 가요는 3음보 율격이 나타나 고, 대부분의 민요도 3음보 율격으로 구성된다. 따라서 민요적 율격 혹은 전통적 율 격이라고 하는 것은 대체로 3음보를 의미한다. 김소월의 작품에는 이러한 운율감이 느껴지는 작품이 많다.

---

008 산유화_ 김소월 50~51쪽

키포인트 체크 저만치, 동경, 작은 새, 종결 어미, 절제

1 ③ **2** ④ **3** 존재가 탄생하고 소멸하는 자연의 섭리를 보여 준다. **4** 존 재의 근원적인 고독

1 이 시는 차분한 어조와 느린 호흡으로 존재의 근원적 고독을 노래한 작 품이다. '꽃이 피네' 등에서 시각적 이미지의 활용이 나타나지만 역동성 과는 거리가 멀다.

오답 뜯어보기 ① 한 행에 3음보를 모두 배열하지 않고 행을 나누어 호 흡을 조절하고 있다. 화자는 이러한 느린 호흡을 통해 감정을 드러내지 않으면서 관조적인 태도를 보이고 있다.

② '산', '꽃' 등의 시어와 '산에는', '꽃이 피네', '갈 봄 여름 없이', '꽃이 지 네' 등의 시구가 반복되어 운율을 형성하고 의미를 강조하고 있다.

④ 꽃이 피고 지는 자연 현상을 통해 피고 지기를 반복하며 순환하는 자 연물의 존재 양상을 드러내고 있고, 또한 생성과 소멸의 순환 속에서 '저만치 혼자 피어 있는' 꽃의 고독한 존재 양상을 노래하고 있다.

⑤ 이 시는 '산에는∨꽃 피네,∨꽃이 피네.'와 같이 3음보의 민요적 율격 이 나타난다. 그런데 3음보를 고정적으로 배열하지 않고 여러 행에 걸 쳐 배열하거나 한 행에 배열하는 등의 독특한 시행 배열을 통해 시의 전 체의 미를 효과적으로 강화하고 있다.

2 ⓓ는 반영론적 관점으로, 작품이 창작된 당시의 시대·사회·역사적 상황이 작품에 어떻게 반영되었는가를 중심으로 작품을 감상하는 관점이다. 이 시에서 '꽃'과 '새'가 고독한 것은 근원적·자연적 질서에 의한 것이지 존재의 공간인 자연이 파괴되었기 때문이 아니다. 또한 이 시가 창작된 시기인 1920년대는 일제 강점기이므로 이와 연관 지을 때 이 시는 암울하고 험난한 시대적 상황에서 느끼는 근원적인 고독을 노래한 작품으로 보는 것이 적절하다.

3 1연의 '꽃이 피네.'와 4연의 '꽃이 지네.'는 대조적인 상황이지만 '피다-지다'라는 어휘만 바뀌고 다른 시어는 1연과 4연이 동일하게 구성되어 있다. 이러한 구조는 탄생과 소멸이 순환하는 자연의 섭리를 보여 준다고 할 수 있다.

4 '저만치'에 대한 해석에 따라 이 작품의 주제는 다르게 파악된다. 이 해석에서는 저만치 혼자서 피어 있는 꽃과 꽃을 좋아하는 작은 새를 모두 외로움을 가진 존재로 보고, 이 시의 주제를 '존재의 근원적 고독'으로 파악하고 있다.

---

009 진달래꽃_ 김소월 52~53쪽

키포인트 체크 자기희생, 승화, 이별, 가정, 순응, 반어적

1 ⑤ **2** ③ **3** ④ **4** 이 시의 화자는 이별의 상황을 어쩔 수 없이 받아들이면서 떠나는 임을 축복하지만, 〈보기〉의 화자는 떠나는 임을 원망하고 저주하고 있다.

1 이 시에는 구체적인 소리로 표현되는 청각적 심상이 나타나지 않는다.

오답 뜯어보기 ① 종결 어미 '-우리다'를 반복함으로써 리듬감을 살려 운율을 형성하고 있다.

② 각 연을 1행 2음보, 2행 1음보, 3행 3음보로 규칙적으로 배열하여 운율감과 함께 형태적 안정감을 살리고 있다.

③ 4연에서 반어법을 사용하여 임을 떠나보내는 화자의 복잡 미묘한 심정을 효과적으로 드러내고 있다.

④ 1연과 4연이 서로 호응하는 수미 상관의 방식을 사용하였다.

2 〈진달래꽃〉과 〈서경별곡〉은 이별의 정한을 주제로 하고 있다는 점에서 유사성을 보이지만, 〈진달래꽃〉의 화자는 임을 고이 보내며 이별의 상황을 인종(묵묵히 참고 따름)하는 반면, 〈서경별곡〉의 화자는 이별의 상황을 거부하려는 의사를 직접적으로 표출하고 있다.

오답 뜯어보기 ① 〈서경별곡〉도 여음구(아즐가)와 후렴구(위 두어령셩 두어령셩 다링디리)를 제외하면 〈진달래꽃〉과 같이 3음보의 율격을 바탕으로 하고 있다.

②, ④ 〈진달래꽃〉과 〈서경별곡〉 둘 다 여성적 어조로 이별의 슬픔을 노래하고 있다.

⑤ 〈진달래꽃〉과 〈서경별곡〉 모두 이별의 상황에 대한 화자의 안타까

음과 슬픔의 정서가 나타난다.

지식 +

● 작자 미상, 〈서경별곡(西京別曲)〉
• 갈래: 고려 가요
• 성격: 서정적, 애상적
• 주제: 이별의 정한(情恨)
• 감상: 한(恨)의 정서로 애절한 사랑의 감정을 노래하고 있는 고려 가요이다. 임과 영원한 사랑을 꿈꾸는 여성 화자의 마음을 숨기지 않고 있는 그대로 드러내고 있는 것이 특징이다.
• 현대어 풀이
  서경(평양)이 서울이지마는, / 새로 닦은 곳인 작은 서울(평양)을 사랑합니다마는, / 임과 이별할 것이라면 차라리 길쌈하던 베를 버리고서라도 / 사랑만 해 주신다면 울면서 따라가겠습니다.

3 ㉠에 사용된 표현 방법은 반어와 도치이다. 화자는 임을 사랑하기에 이별의 상황에서 슬픔의 눈물을 흘릴 수밖에 없을 것이다. 하지만 자신의 눈물이 임을 불편하게 할 것이 걱정되어 '죽어도' 눈물을 흘리지 않겠다고 하는 것이다. 역설적 표현은 '겉으로는 말이 안 되거나 모순되지만 그 속에 진실이 담겨 있는 표현 방법'으로, ㉠에서는 나타나지 않는다. 다만 3연의 '사뿐히 즈려밟고 가시옵소서' 중 '사뿐히'와 '즈려밟고'에서 역설이 사용된 것으로 보는 견해도 있다.

오답 뜯어보기 ① 화자는 이별의 슬픔과 고통을 인내하며 감정을 절제하고 있다.

② '아니 눈물 흘리우리다.'는 '눈물을 아니 흘리우리다.'의 어순을 바꿔서 표현한 것이다. '눈물'과 '아니'의 도치는 '아니'라는 의미를 부각하여 눈물을 흘리지 않겠다는 화자의 의지를 강조하는 효과를 얻고 있다.

③ 임과 이별하고 싶지 않은 마음을 반어적 표현을 통해 강조하고 있다.

⑤ 이별의 정한을 임에 대한 배려와 사랑으로 승화시키려는 화자의 인고의 의지가 나타나 있다.

4 두 작품 모두 민요조의 3음보 율격을 사용하고 있으며, 이를 통해 이별의 정한을 표현하고 있다. 그러나 이 시의 화자는 표면적으로는 임을 보내며 이별의 고통을 감내하는 인종적인 태도를 보이는 반면, 〈보기〉의 화자는 떠나는 임을 원망하며 임이 발병이 나 떠나지 못하도록 기원하고 있다.

---

010 초혼_ 김소월 54~55쪽

키포인트 체크 객관적 상관물, 죽음, 사랑, 돌

1 ③ **2** ④ **3** ⑤ **4** ㉡은 삶과 죽음, 또는 이승과 저승의 거리감을 의미한다. **5** 민요조의 3음보 율격을 사용하고 있으며, 민족의 보편적 정서인 '한(恨)'을 노래하고 있다.

1 이 시의 화자는 사랑하던 임의 죽음으로 인한 이별의 상황에서 슬픔과 안타까움, 그리움을 격정적으로 표출하고 있다. 따라서 재회에 대한 희망이나 슬픔을 극복하는 모습은 나타나지 않는다.

　오답 뜯어보기 ① 4연의 '하늘과 땅 사이가 너무 넓구나.'에서 화자가 대상과의 거리를 인식하고 있음을 알 수 있다.

④ 화자는 세상을 떠난 임에 대한 그리움으로 임을 간절하게 반복해서 부르고 있다.

⑤ '초혼'이라는 장례 의식을 소재로 하여 화자의 슬픔을 표현하고 있다.

2 ⓐ는 임의 죽음으로 인한 화자의 슬픔을 이입한 소재이고, ⓑ는 그리움과 한의 결정체로, 임의 죽음에도 자신의 사랑은 영원하다는 화자의 의지를 표현한 소재이다.

　오답 뜯어보기 ① 설화와 관련이 있는 소재는 ⓑ이다. ⓑ는 돌아오지 않는 남편을 기다리던 부인이 돌이 되었다는 망부석 설화와 관련이 있다.

② 화자는 ⓐ를 통해 임을 잃은 슬픔을 표현하였지만, ⓐ에 영원한 사랑을 다짐하는 내용까지는 나타나지 않는다.

③ ⓐ를 통해 화자의 슬픔을, ⓑ를 통해 화자의 슬픔과 의지를 표현하였다.

⑤ 화자는 ⓑ를 통해 임의 죽음에도 자신의 사랑은 영원하다는 의지를 표현하고 있다.

3 ㉠은 '해 질 무렵의 저녁'이라는 시간적 배경을 드러낸다. 일반적으로 '낮'과 '밤'은 각각 '삶'과 '죽음'을 상징하므로, '저녁'은 삶과 죽음, 또는 이승과 저승의 경계를 의미한다. 이는 화자가 사랑하는 임과 사별한 상황을 드러내며 죽은 임을 떠나보내고 싶지 않은 화자의 슬픔, 아쉬움, 안타까움을 표현하고 있는 것이다.

　오답 뜯어보기 ① 저녁은 화자가 지향하는 세계로 볼 수 없다.

②, ④ 저녁이라는 시간은 '하루의 마무리'와 '인생의 황혼기'라는 함축적 의미도 포함하고 있지만, 이 시의 맥락을 고려할 때 이러한 의미를 적용하는 것은 적절하지 않다. 또한 화자는 선 채로 돌이 될 때까지 임을 부르다가 죽을 정도로 슬퍼하고 있을 뿐, 이별의 슬픔이 사라질 것이라고는 생각하지 않으며, 화자의 나이에 대한 내용도 나타나지 않는다.

③ 저녁은 화자가 임을 부르고 있는 현재의 시간적 배경이며, 임이 세상을 떠난 시간은 이 시에 나타나 있지 않다.

4 '하늘'과 '땅'은 각각 '저승'과 '이승'을 의미하며, 그 사이가 너무 넓다는 것은 화자가 인식하는 저승과 이승의 거리감이 크다는 것을 드러낸다.

5 민요조의 3음보 율격이나 전통적 장례 의식 중 '초혼'이라고 부르는 고복 의식, 망부석 설화 등을 소재로 하고 있는 점을 전통문화를 계승한 것으로 평가할 수 있다. 또한 민족의 보편적 정서인 '한(恨)'을 노래하고 있는 점도 문학적 전통의 계승으로 볼 수 있다.

011 **봄은 고양이로다**_ 이장희　　56~57쪽

키포인트 체크 감각적, 고양이, 즉물적

1 ④　**2** ⑤　**3** ⑤　**4** 1, 3연은 정적인 이미지, 2, 4연은 동적인 이미지가 나타난다.

1 이 시의 화자의 감정은 주관적인데 이것을 고양이에 비유하여 감각적으로 표현하고 있다. 이러한 비유는 보조 관념으로 인해 심상을 형성하고 원관념이 간접적으로 인식되도록 한다.

　오답 뜯어보기 ① 각 연의 문장 구조가 유사하다.

②'-도다', '-아라'와 같은 어미가 반복되어 리듬감을 형성한다.

③ 즉물적 표현이 주를 이루어 고양이 묘사를 통해 봄을 드러낸다.

⑤ 고양이의 정적인 모습(1, 3연)과 동적인 모습(2, 4연)이 모두 나타난다.

2 〈보기〉는 심상에 대하여 설명하고 있다. 이 시에서는 '봄의 생기'가 푸르다고 하였는데, 시의 내용상 '푸름'을 차가움으로 보기는 어렵다.

　오답 뜯어보기 ① 부드러움은 촉각에 해당한다.

②'봄의 향기'를 곱다고 한 것은 후각의 촉각화에 해당한다.

③'고양이의 눈'을 금방울에 비유하며 동그란 형상을 떠올리게 한다.

④ 봄의 불길이 타오르는 모습을 역동적으로 나타내고 있다.

3 시의 제목에서는 'A=B'의 형태인 은유가, 시 전체에서는 '~와/과 같은' 형태의 직유가 드러난다. ⑤는 동식물이 사람과 같이 웃는다고 표현하였으므로 의인법이 사용된 것이다.

　오답 뜯어보기 ①'사금처럼 시가 반짝이고 있다'는 직유이다.

②'~ 모여 살 듯이 / 들꽃도 많이 피고 ~'는 직유이다.

③'불타는 해바라기마냥 걸려 있다'는 직유이다.

④'누나의 얼굴은 해바라기 얼굴'은 은유이다.

4 이 시에는 고양이의 정적인 모습과 동적인 모습이 모두 나타나는데, 1, 3연은 부드러움, 포근함과 같은 정적인 이미지가, 2, 4연은 '흐르도다', '뛰놀아라'와 같은 동적인 이미지가 드러난다.

　　　　　　　　　　　　　　　　　　　　◀ **지식** ➕

● **보들레르 시와의 연관성**

프랑스의 보들레르는 고양이를 소재로 한 3편의 시에서 고양이를 관능적인 여인과 결부하여 참신한 표현을 얻었다. 이장희는 고양이를 봄과 연결함으로 당시 시단을 놀라게 하였다.

012 **님의 침묵**_ 한용운　　58~59쪽

키포인트 체크 부재, 승려, 종교적, 믿음

1 ⑤　**2** ④　**3** ②　**4** 조국을 의미한다고 볼 수 있어.

1 경어체를 사용하기는 했지만 이를 통해 화자의 의지를 강조하는 것이 아니라 '님'에 대한 간절한 그리움과 경건한 자세를 나타내고 있다.

　오답 뜯어보기 ①'푸른 산빛 ↔ 단풍나무 숲', '황금의 꽃같이 굳고 빛나던 옛 맹서 ↔ 차디찬 티끌' 등의 대조적 이미지가 나타나 있다.

② 8행에 '회자정리 거자필반(會者定離 去者必返)'의 불교적 세계관이 나타나 있다.

③'님'은 '조국, 민족, 부처, 중생, 연인' 등 다양한 의미를 상징한다.

④ 이 시는 '이별 → 슬픔 → 희망 → 다짐'의 기승전결 구조를 보이고 있다.

2 ㉠의 표현 방법은 시적 진실을 드러내기 위해 모순된 표현을 사용한 역설법이다. ①, ②, ③, ⑤는 역설법이 사용되었으나, ④는 강조를 위한

정답과 해설

설의법이 사용되었다.

3 〈보기〉에서 화자가 자신의 노래로 '님'과 근원적으로 소통할 수 있는 힘을 부여받았다고 했다. 그러므로 '사랑의 노래'가 '님의 침묵을 휩싸고'도는 것은, 부재하지만 그 부재 속에 실재하는 '님'과 화자가 깊이 교감하고 있다는 것을 의미한다.

4 시인은 일제 강점기에 3·1 운동에 참여하여 독립운동을 했던 사람으로, 독립 선언서를 배포하고 독립 선언식의 주체로 앞장서서 활동하였다. 이런 시인의 전기적 사실을 고려할 때, 이 시에 나오는 '님'은 조국을 의미한다고 볼 수 있으며, 이 시를 조국 광복에 대한 의지와 신념을 노래한 시로 해석할 수 있다.

괴로움 ⑤ 절대적 구원의 경지

4 화자가 주머니에 수를 놓지 않는 이유는 수놓는 행위를 통해 마음의 위안과 정화를 얻기 때문이며 주머니에 넣을 만한 보물이 이 세상에 아직 없기 때문이라고 말하고 있다. 〈보기〉에서는 '수놓기'를 화자가 '당신'(임)을 기다리는 한 방법이라고 말하고 있다. 수놓기를 완결 짓는 것은 임을 기다리는 행위를 종결하는 것이기 때문에 수놓는 것을 완결하지 않는 것이라고 할 수 있다.

5 '금실'은 '당신'(임)의 실상을 구현해 나가는 화자의 분신이라 볼 수 있다.

---

013 수의 비밀_한용운 60~61쪽

키포인트 체크 주머니, 수놓기, 수, 사랑

1 ⑤ **2** ① **3** ③ **4** 주머니에 넣을 만한 보물이 아직 이 세상에 없고, 임에 대한 기다림이 계속되어야 하기 때문에 주머니에 수놓기를 남겨둠. **5** ⑤

1 이 시에서 화자는 '수놓기'가 '당신'을 기다리는 유일한 방법이며 그를 만날 수 있는 사랑의 과정이기에 당신에 대한 영원한 사랑을 이루기 위해서 수를 완성하지 않고 있음을 역설적으로 표현하고 있다.

오답 뜯어보기 ① 이 시의 화자는 탈속적 공간이 아닌 현실에서 수놓기를 통해 당신에 대한 기다림, 즉 임을 찾아 가는 행위로서의 구도적 상상력의 활동을 계속하고 있다.
② 화자의 당신에 대한 변함없는 사랑과 기다림이 수놓기를 통해서 형상화되고 있을 뿐 화자의 정서를 자연물에 투영하고 있지는 않다.
③ 한용운의 다른 시들과 마찬가지로 경어체를 사용하고 있으나 암울하고 비관적인 분위기는 조성되지 않는다.
④ 화자가 독자가 아닌 청자(당신)에게 말을 건네는 방식으로 내면을 드러내고 있다.

2 화자가 옷을 짓는 행위는 '당신'에 대한 정성과 사랑을 상징하는데 이러한 옷 짓기의 마지막은 주머니에 수를 놓는 것으로 마무리된다. 따라서, '무슨 일을 하는 데에 가장 중요한 부분을 완성함을 비유적으로 이르는 말'인 '화룡점정(畵龍點睛)'이 ㉠을 나타내는 한자 성어로 적절하다.

오답 뜯어보기 ② 고진감래(苦盡甘來): 쓴 것이 다하면 단 것이 온다는 뜻으로, 고생 끝에 즐거움이 옴을 이르는 말.
③ 진퇴양난(進退兩難): 이러지도 저러지도 못하는 어려운 처지.
④ 독수공방(獨守空房): 혼자서 지내는 것.
⑤ 학수고대(鶴首苦待): 학의 목처럼 목을 길게 빼고 간절히 기다림.

3 〈보기〉는 '수놓기'라는 일상적 활동을 통해 '세사 번뇌'와 '사랑의 슬픔'을 다스리고 마음의 평화를 찾아가는 체험을 노래하고 있다. 따라서 화자에게 '자수'는 실제적인 수놓기라기보다는 고뇌를 견디는 방법이요, 구도의 과정으로 볼 수 있다. 이 시에서 '맑은 노래'는 수놓기를 통해 얻을 수 있는 마음의 위안과 내면의 정화를 의미하므로, 〈보기〉에서 오랜 번민을 가라앉히고 다다른 아름답고 평화로운 심경을 상징하는 '정갈한 자갈돌'과 그 의미가 유사하다.

오답 뜯어보기 ① 수놓기의 소재인 '실' ② 번뇌와 시름 ④ 세상살이의

---

014 빼앗긴 들에도 봄은 오는가_이상화 62~63쪽

키포인트 체크 봄, 국토(국권) 상실, 빼앗긴 들, 하강, 자조

1 ③ **2** ⑤ **3** 나라를 빼앗긴 상황인데도 아무것도 모르는 아이처럼 봄날의 경치를 즐기고 있기 때문이다. **4** 정서적 불균형 상태에 놓여 있기

1 이 시에서 앞날에 대한 소망(조국의 광복)이 나타나기는 하나, 그것이 가정법을 통해 나타나지는 않는다.

오답 뜯어보기 ① 화자는 봄 들판을 거닐면서 봄을 만끽하고 있다. 그러나 후반부는 이러한 자신의 감흥을 철없는 것으로 느끼고 사소하며 암담한 현실을 인식하는 것으로 변화한다.
② 3연에서 시적 대상인 조국에게 '네가 끌었느냐'와 같은 질문을 던지고 있다.
④ 5연에서 보리밭이 삼단 같은 머리를 감았다는 표현과, 6연의 착한 도랑이 어깨춤을 추고 간다는 표현에서 의인법이 나타나 있으며, 이를 통해 봄날의 생동감을 나타내고 있다.
⑤ 1연에서 화자가 던진 질문에 대해 11연에서 화자가 대답을 하고 있다. 따라서 질문과 대답의 대칭 구조로 시에 안정감을 부여한다고 볼 수 있다.

2 〈보기〉를 바탕으로 민중의 생활과 관련지어 이 시를 감상하면 [A]에는 민중의 삶이 위협받는 현실에 희망이 올 것인지에 대한 화자의 의구심이 나타나 있고, [E]에는 절망적인 민중의 현실에 대한 재인식이 나타나 있다. [B]~[D]에는 민중의 생명력과 노동을 하고 싶은 화자의 바람, 그럼에도 노동의 욕구를 충족할 수 없는 절망적 현실 인식이 나타나 있다. 따라서 [B]~[D]에 비참한 민중의 처지를 바꿔 보려는 화자의 적극적 의지가 나타났다고는 볼 수 없다.

오답 뜯어보기 ① ㉠은 노동할 수 있는 터전을 잃어버린 민중의 참담한 상황을 표현한 시구이다.
② ㉢은 혹독한 시련을 이겨 낸 민중의 생명력을 상징하는 시어이고, ㉣은 직접 노동에 참여하려는 화자의 태도가 담겨 있는 시어이다.
③ 화자는 [B]에서 현실의 답답함을 해소하려는 적극적인 태도를 보이고 있는 반면, [D]에서는 현실에서 느끼는 절망감 때문에 자조적인 태도를 보이고 있다. 이런 태도의 변화는 [C]에서 화자가 들판에서의 체험을 통해 민중의 실상에 대해 안타까움을 느꼈기 때문이다.
④ ㉡에는 해방된 국토라는 화자의 이상이, ㉤에는 자연이 주는 기쁨과 국권 상실이라는 현실에서 오는 슬픔이 투영되어 있다.

3 이 시에서 '강가에 나온 아이'는 위험한 상황에 있음에도 아무것도 모르는 철부지 어린아이를 의미한다. 화자가 자신을 철부지 어린아이에 비유한 것은 나라를 빼앗긴 상황임에도, 봄날의 경치를 즐기는 자신에 대한 자조적인 정서에서 나온 표현으로 볼 수 있다.

4 화자가 다리를 저는 이유는 정서적 불균형 상태에 있기 때문이다. 즉, 봄날의 아름다운 자연을 보고 기쁨을 느끼면서도, 나라를 빼앗긴 상황이라는 현실을 인식함으로써 비애를 느끼기 때문이다. 따라서 '다리를 절며 하루를 걷는다'는 시구는 기쁨과 비애라는 두 가지 정서가 불균형한 상태를 상징적으로 나타낸 표현으로 볼 수 있다.

---

015 향수_정지용   64~65쪽

키포인트 체크 향토적, 토속적, 회상, 그리워

1 ⑤   **2** ②   **3** ②   **4** 금빛 게으른 울음, 밤바람 소리 말을 달리고

1 이 시는 '해설피 금빛 게으른 울음', '밤바람 소리 말을 달리고' 등과 같이 참신하면서도 선명한 감각적 이미지를 활용하고 있으며, '실개천', '얼룩백이 황소', '질화로', '짚베개' 등과 같은 향토적인 시어와 소재를 사용하고 있다.

　오답 뜯어보기 ㄱ. 이 시의 화자는 상상 속 고향의 모습이 아닌, 가난했지만 평화로웠던 어린 시절 고향의 모습을 떠올리며 고향에 대한 그리움을 노래하고 있다.
ㄴ. 이 시에서는 '흙에서 자란 내 마음'에서 알 수 있듯이 화자가 직접 드러나 있다.

2 이 시는 어린 시절 고향의 가난하지만 평화로운 모습을 그리고 있다. 2연에서 늙은 아버지의 고단한 모습이 그려져 있으나, 그것을 아버지의 노년의 서글픔으로 해석하는 것은 화자의 시각과는 거리가 멀다.

3 ㉠은 후렴구로, 이 후렴구를 매개로 각 연은 고향에 대한 그리움이라는 하나의 주제를 향해 집중되어 있으나, 각 연이 인과적으로 연결된 것은 아니다. 오히려 고향의 정경이 유기적 관련성 없이 병렬적으로 제시되어 있다.

　오답 뜯어보기 ①㉠은 이 시에서 시 전체에 구조적인 안정감과 통일성을 부여하고 있다.
③, ⑤㉠은 이 시에서 각 연의 시상을 매듭지어 연과 연을 구분하고, 연마다 동일한 시구를 반복하여 운율을 형성하고 있다.
④㉠은 이 시에서 고향에 대한 화자의 그리움의 정서를 강조하는 역할을 한다.

4 이 시에서는 다양한 감각적 심상이 사용되었는데 그중에서 청각적 이미지가 시각적 이미지로 전이된 공감각적 심상이 사용된 시구는 '금빛 게으른 울음'과 '밤바람 소리 말을 달리고'이다.

---

016 유리창 1_정지용   66~67쪽

키포인트 체크 아버지, 죽은, 유리창, 별, 그리워, 안타까워

1 ⑤   **2** ④   **3** ③   **4** ③   **5** '차고 슬픈 것', '외로운 황홀한 심사'

1 반어법은 이 시에서 사용되지 않는다.
　오답 뜯어보기 ① 이 시는 감정의 대위법을 사용해 감정을 절제하여 표현하고 있다.
② 이 시는 자식을 잃은 아버지의 슬픔과 자식에 대한 그리움을 유리창을 매개로 한 선명하고 감각적인 이미지로 형상화하여 표현하고 있다.
③ '외로운 황홀한 심사'에서 역설법을 볼 수 있으며, 이를 통해 시의 함축성을 높이고 있다.
④ 죽은 아이의 이미지를 '차고 슬픈 것', '언 날개', '물 먹은 별', '산새' 등의 비유적 심상을 활용해 효과적으로 드러내고 있다.

2 〈보기〉는 소재의 중요성에 대해 설명하고 있는데, '유리'가 투명성과 차단성을 지니고 있으며 이를 통해 화자의 슬픔을 표현하고 있다고 말하고 있다. 화자는 창밖의 세계에 있는, 자신의 죽은 아이를 만날 수 없는데, 이는 유리가 지닌 차단성과 연관 지을 수 있다.
　오답 뜯어보기 ① 화자가 입김을 흐리우며 그 입김에서 죽은 아이의 이미지를 떠올리는 것은 유리가 지닌 투명함과 연관된다.
② 화자가 별을 바라보는 것은 유리 너머로 보는 것으로 유리가 지닌 투명함을 나타낸다.
③ 화자가 유리를 닦으며 죽은 아이와 만나고자 하는 것은 입김을 통해 죽은 아이의 형상을 보는 것이므로 소통에 해당한다.
⑤ 화자가 유리를 닦는 것은 밖을 보지 못하기 때문이 아니라 유리창에 비치는 환영으로나마 죽은 아이와 만나기 위한 행동이다.

3 화자는 유리창에 비치는 환영으로나마 죽은 아이와 만나고자 하기에 밤에 홀로 유리를 닦고 있다.

4 ㉢으로 빗댄 대상은 화자의 죽은 아이이며, '물 먹은 별'은 아버지인 화자의 눈에 눈물이 맺혔음을 표현하는 시어이다. 따라서 화자의 죽은 아이가 평소 눈물이 많은 존재라고 추측하기는 어렵다.
　오답 뜯어보기 ① 화자는 '차고 슬픈 것'이라는 표현을 통해 슬픔의 정서를 보이고 있는데, 이는 화자가 자식을 잃었기 때문이다.
② '파닥거린다'는 날개를 파닥이는 새를 연상시키는데 그 새의 작고 병든 모습에서 약하고 어린 존재임을 보여 준다.
④ '산새'는 죽은 아이를 의미하며, 이 '산새'가 고운 폐혈관이 찢어졌다는 것을 통해 아이가 죽은 원인이 폐혈관 질환에 있음을 추측할 수 있다.
⑤ '날아갔구나'라는 표현을 통해 아이가 화자의 곁을 떠났음을 추측할 수 있다.

5 감정의 절제를 위해 상호 모순되거나 대립되는 시어를 결합해 감정을 객관화시킨 것을 감정의 대위법이라고 한다. '차고 슬픈 것'은 슬픈 감정이 차가운 감각에 의해 절제되고 있으며, '외로운 황홀한 심사'는 외로움의 감정이 황홀함의 감정에 의해 절제되고 있다.

　　　　　　　　　　　　　　　　　　　　　　지식 +

● 반어법과 역설법
– 반어법: 표현과 의미를 상반되게 나타내는 표현 방법으로, 겉에 드러난 표현과 속뜻이 반대인 경우를 의미함. 예 죽어도 아니 눈물 흘리오리다
– 역설법: 표면적으로는 모순되어 말이 안 되는 것처럼 보이지만 그 이면에 진실을 담고 있는 표현 방법으로, 앞뒤가 안 맞는 말을 통해 말하고자 하는 바를 효과적으로 전달하는 경우를 의미함. 예 이것은 소리 없는 아우성

정답과 해설

017 춘설_정지용 68~69쪽

키포인트 체크 아침, 눈, 초봄, 묘사, 이중적

1① 2③ 3② 4 이 시의 '눈'은 봄이 오는 것을 알리는 존재이고, 〈보기〉의 '눈'은 봄이 오는 것을 방해하는 존재이다.

1 이 시에서 화자는 먼 산에 내린 봄눈을 바라보며 시상을 전개하고 있을 뿐, 시에서 공간의 이동은 나타나지 않는다.

2 ③에 제시된 '이미 봄기운이 느껴진다.'라는 내용은 '얼음 금 가고 바람 새로 따르거니'에서 확인할 수 있다. '서늘옵고 빛난 이마받이'는 춘설을 보고 느낀 감각으로 봄기운과는 거리가 멀다.

　오답 뜯어보기 ① '문을 열자 선뜻! / 먼 산이 이마에 차라.'라는 시구를 통해 문을 열어 보고 먼 산에 갑자기 내린 눈을 보았다는 것을 알 수 있다.

② '우수절 들어 / 바로 초하루 아침'이라는 시구에서 이미 계절이 봄으로 접어들기 시작하는 시기라는 것을 알 수 있다.

④ '미나리 파릇한 새순 돋고 / 옴짓 아니 기던 고기 입이 오물거리는'에서 봄을 맞아 자연이 생동하는 모습을 확인할 수 있다.

⑤ 마지막 연에 춘설을 온몸으로 느끼고 싶어 하는 화자의 감정이 드러난다.

3 ㉠은 눈 덮인 먼 산의 차가움이 이마에 닿는 듯한 느낌을 표현한 것으로, 시각적 심상인 흰 눈이 덮인 먼 산의 모습이 촉각적 심상인 차가운 감촉으로 전이된 공감각적 심상이 사용되었다. ② 역시 청각적 심상인 밤바람 소리가 말이 달리는 모습인 시각적 심상으로 전이된 공감각적 심상이 사용되었다.

　오답 뜯어보기 ① 개 짖는 소리에서 청각적 심상이 사용되었다.

③ 술 괴는 냄새를 통해 후각적 심상을 나타내고 있다.

④ 풀피리 소리는 청각적 심상이고, 입술에 쓰디쓴 것은 미각적 심상이다.

⑤ 풀빛을 통해 시각적 심상을 나타내고 있다.

4 이 시에 나타난 '눈'은 봄의 방해자가 아니라 봄을 알리는 정령이다. 화자가 눈을 새로운 시각으로 바라본 것이다. 그러나 〈보기〉에서 '눈'은 봄을 빼앗으려는 존재이다. 찬 눈이 매화가 피는 것을 방해하려 하기 때문이다. 따라서 이 시의 '눈'은 '봄을 알리는 존재'를 의미하고, 〈보기〉의 '눈'은 '봄이 오는 것을 방해하는 존재'를 의미한다.

―――――◀ 지식 +

• 안민영, 〈매화사〉

• 갈래: 연시조

• 성격: 예찬적

• 주제: 매화의 강인한 지조와 자연의 섭리

• 감상: 이 시조는 안민영이 지은 〈매화사〉라는 연시조 중 제6수이다. 겨울바람이 불어온다고 해도 꽃을 피워 봄소식을 전달하는 매화의 모습을 통해 매화의 절개를 예찬하고 있다.

018 비_정지용 70~71쪽

키포인트 체크 바라보고, 비, 주관적, 묘사

1① 2④ 3① 4⑤ 5 두 시의 제재는 모두 비이다. 하지만 이 시에서는 비가 내리는 장면을 화자의 감정을 배제한 채 묘사하고 있는 반면에, 〈보기〉의 시에서는 화자의 감정을 드러내어 묘사하고 있다.

1 이 시는 비가 내리기 직전부터 비가 본격적으로 내리기까지의 모습을 시간의 흐름에 따라 표현하고 있다.

2 이 시의 화자는 자신의 감정을 드러내지 않고 비 내리는 모습을 섬세하게 묘사만 하고 있다.

　오답 뜯어보기 ① 이 시는 간결한 시어와 감정의 절제가 두드러진다.

② 시각적 심상과 청각적 심상을 활용하여 대상을 선명하게 표현하고 있다.

③ 빗방울이 여기저기 떨어지는 모습을 산새의 모습에 비유하여 표현하였다.

⑤ 5연의 '수척한 흰 물살'과 6연의 '손가락 펴고'와 같이 비가 여울져 흐르는 모습을 의인법을 활용하여 표현하였다.

3 빗방울이 내리는 모습과 잎이 붉은 모습을 시각적으로 형상화하였고, 빗방울이 잎에 떨어지는 소리를 청각적으로 형상화하였다.

4 ㉡은 화자가 아니라, 빗방울이 붉은 잎에 떨어지는 모습을 의인화하여 표현한 것이다.

　오답 뜯어보기 ① 비가 내리기 전에 구름이 끼어 돌에 그늘이 진 상황이다.

② 빗방울이 튀는 모습을 산새가 꼬리를 치날리어 세운 모습에 비유하여 표현하였다.

③ 연이어 내리는 빗줄기의 모습을 종종걸음(발을 가까이 자주 떼며 급히 걷는 걸음) 걷는 산새의 걸음걸이에 빗대어 표현하였다.

④ 하늘에서 내린 빗물이 고여 이리저리로 흐르는 모습을 표현하였다.

5 두 시는 모두 비를 제재로 하고 있다. 하지만 화자의 감정을 드러내지 않는 이 시와 달리 〈보기〉에서는 '올지라도 한 닷새 왔으면 좋지'를 통해 비가 닷새만 오고 빨리 그치기를 바라는 화자의 마음이 드러나 있다.

019 백록담_정지용 72~73쪽

키포인트 체크 백록담, 도체비, 고산, 기도

1② 2① 3 나라를 잃은 우리 민족 4⑤

1 역설적 표현은 겉에 드러난 내용으로는 모순되거나 상식에 어긋나는 것 같지만 그 표면적인 진술 너머에서 진실을 드러내는 표현 방식을 의미하는데, 이 시에서는 역설적 표현을 찾아볼 수 없다.

　오답 뜯어보기 ① 이 시는 백록담에 가기 위해 한라산에 오르는 여정에 따라 시상을 전개하고 있다. 공간의 이동에 따라 화자가 관찰한 대상을 묘사하는 방식으로 각 연들이 이어져 있다.

③ 1연에서는 뻐꾹채의 키가 점점 줄어드는 것을 통해 화자가 점점 정상으로 이동하고 있음을 보여 주고 있다.

④ 1연의 '나는 여기서 기진했다.', 3연의 '내가 죽어 ~ 숭 없지 않다.', 6연의 '나는 울었다.', 9연의 '나의 얼굴에 ~ 기도조차 잊었더니라.' 등에서 화자의 상태와 정서가 직접적으로 드러나 있다.

⑤ 이 시는 주로 시각적 심상을 통해 화자가 관찰한 내용을 묘사하고 있으며, '풍란이 풍기는 향기'와 같은 후각적 심상과 '꾀꼬리 서로 부르는 소리'와 같은 청각적 심상 등도 함께 사용하여 대상을 생생하게 표현하고 있다.

2 1연에서 화자는 산에 오르느라 피곤하여 기진한 모습을 보이고 있다. 이러한 모습에서 안식을 찾고 있다고 보기는 어렵다.

🖉 **오답 뜯어보기** ② 3연에는 자연에 점점 동화되어 일체감을 느끼는 화자의 내면이 표현되어 있다. 이는 〈보기〉의 '인간과 자연의 동화'를 잘 보여 준다.

③ 5연과 7연에 묘사된 '마소'와 '아롱점말'은 인간 세상에서와 달리 어떤 구분이나 갈등도 없이 함께 어울려 자연스럽게 살아가고 있다.

④ 8연에서 '고산 식물을 새기며 취하며 자며 한다.'는 자연과의 융화가 직접적으로 표현된 구절이며, '궁둥이에 꽃물 ~ 살이 붓는다.'는 한라산 정상에서 느끼는 화자와 자연의 동화를 단적으로 표현한 구절이라고 할 수 있다.

⑤ 9연에서 화자는 기도조차 잊을 정도로 망아지경에 이르지만 〈보기〉에서 동양적 정신에 대한 지향만 드러낼 뿐 완성에 이르지 못한다고 하였으므로 화자가 지향하는 세계에 이르지 못함을 추측할 수 있다.

3 일제 강점기라는 시대적 상황과 관련지어 이 시를 감상할 때 ㉠은 나라의 주권을 빼앗긴 우리 민족의 처지를 상징한다고 볼 수 있다.

4 '마소'는 차별과 갈등 없이 평화롭게 공존하는 자연의 모습을, '아롱점말'은 다른 대상을 두려워하거나 피하지 않는 모습을 보여 준다. 둘 다 평화로운 공존과 자연과의 합일을 바라는 화자의 지향이 투영된 대상이라고 할 수 있다.

🖉 **오답 뜯어보기** ① 화자에게 서러움과 상실감의 정서를 느끼게 하는 대상은 6연의 '어미를 여읜 송아지'이다.

---

020 **거울**_이상   74~75쪽

[키포인트 체크] 내면적, 소통, 악수, 자아 분열, 안타까움

1 ①   **2** ③   **3** ⑤   **4** ③   **5** 두 시에 제시된 '악수'는 현실적 자아와 내면적 자아의 화해를 의미한다.

1 이 시는 '거울'이라는 소재를 통해 분열된 자의식의 세계를 보여 주고 있을 뿐, 단호한 어조나 화자의 의지가 드러나 있지 않다.

🖉 **오답 뜯어보기** ② 두 자아를 단절시키고 매개하는 상징적인 사물인 '거울'을 중심 소재로 삼고 있다.

③ 마지막 행의 '퍽섭섭하오'에서 화자의 정서가 직접적으로 드러나고 있다.

④ '나는지금(至今)거울을안가젓소만은거울속에는늘거울속의내가잇소'에서 역설적 표현을 사용하여 심화된 자의식의 분열을 드러내고 있다.

⑤ 인간 내면의 무의식 세계를 연상 작용에 의해 서술하는 자동기술법을 활용하여 자의식의 분열을 드러내고 있다.

---

2 3연의 '내악수(握手)를바들줄몰으는'에서 두 자아가 악수를 시도했음을 알 수 있고, '악수(握手)를몰으는왼손잡이오'에서 화해가 불가능했음을 알 수 있다. 따라서 두 자아는 화해할 의사가 있었음을 알 수 있다.

🖉 **오답 뜯어보기** ① '저럿케까지조용한세상은참업슬것이오'에서 거울 밖 세계와 거울 속 세계의 단절감이 드러난다.

② '내말을못아라듯는딱한귀가두개나잇소'에서 두 자아가 의사소통이 되지 않음을 알 수 있다.

④ '거울'은 만남과 단절의 이중적 기능을 지니고 있다.

⑤ '퍽섭섭하오'에서 자아 분열에 대한 안타까움이 드러난다.

3 이 시는 연결과 단절이라는 이중적 속성을 지닌 '거울'이라는 소재를 통해 분열된 자의식의 세계를 보여 줌으로써, 현대인의 심리적 불안감과 갈등 양상을 효과적으로 드러내고 있다.

4 ⓐ, ⓒ, ⓓ는 거울 속의 나, 즉 내면적 자아를 가리키고, ⓑ, ⓔ는 거울 밖의 나, 즉 현실적 자아를 가리킨다.

5 윤동주의 〈쉽게 씌어진 시〉에 제시된 '악수'는 현실을 반성하고 극복하려는 '나'(내면적 자아)가 현실에 안주하는 '나'(현실적 자아)에게 내미는 악수이다. 이 시에서도 '거울 밖의 나'(현실적 자아)는 '거울 속의 나'(내면적 자아)를 향해 손을 내민다. 두 시에서 '악수'는 분열된 자아를 하나로 묶기 위한 행위, 즉 두 자아의 화해, 혹은 진정한 소통을 의미한다.

---

021 **오감도 – 시 제1호**_이상   76~77쪽

[키포인트 체크] 도로, 불안, 공포, 이유, 현대인

1 ⑤   **2** ④   **3** ④   **4** 이 시의 2~3연에 걸쳐 동일한 통사 구조가 반복되고 있는데, 이러한 반복은 작품의 중심 정서인 불안과 공포의 감정을 확산시키는 효과를 가져오고 있다.

1 이 시에서는 '불안', '공포'와 같은 인간의 본원적 감정을 띄어쓰기의 거부, 익숙한 시적 형식의 파괴 등과 같은 낯선 기법을 통해 제시하고 있다.

🖉 **오답 뜯어보기** ① 이 시에서는 냉소적인 어조로 13인의 아이와 관련된 상황을 제시하고 있으나, 이를 통해 현실에 대한 풍자 의식을 드러내고 있다고 보기는 어렵다.

② 화자가 내면적 갈등을 느끼고 있는지는 확인되지 않는다.

③ 고유어와 한자어의 유의미한 혼용과 그 효과가 나타나지 않는다.

④ 전통적 소재, 과거 가치관에 대한 지향을 다룬 시로 보기는 어렵다.

◀ **지식** ➕

• **낯설게 하기**

'낯설게 하기'는 러시아 형식주의자들에 의해 처음으로 사용된 용어로, 익숙한 지각이나 인식의 틀을 깨고 사물의 모습을 낯설게 제시함으로써 그 원래의 모습을 깨닫게 하는 데 그 목적이 있다. 이는 곧 '낯선 것은 주의를 집중시키고 낯익은 것은 습관적으로 지각하게 된다는 점'에 착안된 기법으로 볼 수 있다. 그러한 점에서 '낯설게 하기'란 형식을 난해하게 하고 인식과 지각에 걸리는 시간을 연장시킴으로써 표현 대상의 본질을 예술적이고 의식적인 측면에서 경험하게 하는 기법이라 할 수 있다.

---

2 '13인의아해', '막다른골목', '무섭다고그리오', '무서워하는아해'와 같은 시구는 모두 이 시의 중심 정서인 두려움과 불안의 분위기를 조성하는

정답과 해설

기능을 수행하고 있으나, '다른사정'은 이와 관련이 없다.

3 '도로를질주'하는 상황의 현실 여부와 상관없이 '13인의아해'가 '무섭' 거나 '무서워하는' 상황에는 변화가 없다. 이는 이들이 느끼는 공포와 불안이 벗어날 수 없는, 본원적인 것임을 드러낸다. 이를 부정적 현실을 극복하고자 하는 시도가 좌절된 데 대한 체념으로 볼 수 있는 근거는 시에서 확인하기 어렵다.

✔오답 뜯어보기 ① 불안과 두려움의 감정은 '일제 식민지 치하'의 당대 현실에 기인한 것으로, 이러한 부정적 현실로 인한 불안과 공포의 감정 은 작품에서 '13인의아해'가 느끼는 정서와 연결할 수 있다.
② 〈보기〉의 작가의 말에서 '모든 현대인은 절망한다. 절망은 기교를 낳고~'에서, 현대인의 절망이 기교를 낳는다는 작가의 생각을 확인할 수 있으며, 여기서 '기교'는 작품에서 나타나는 익숙한 어법과 형식의 파괴 를 가리키는 것으로 볼 수 있다.
③ 공포와 불안을 느끼는 '13인의아해'는 작가와 당대인 모두를 상징하 는 시구로 볼 수 있다.
⑤ '다른 사정', 무섭거나 무서워하는 아이의 수는 화자의 입장에서 '어 찌되었든 상관이 없는 것'이다. 이는 상황과 상관없이 '13인의아해'가 두려움을 느끼고 있다는 것을 강조한다.

4 이 시의 2~3연에서는 '제1의아해가무섭다고그리오.'부터 '제13의아해 도무섭다고그리오.'까지 동일한 통사 구조가 13회 반복되고 있다. 이들 이 무서워하는 상황이 반복적으로 제시됨으로써 두려움과 불안의 감정 이 확산되고 있음을 확인할 수 있다.

실을 드러내고 있다.
④ 지붕에 서리가 내렸다는 차갑고 날카로운 이미지로 현실적 어려움 을 표현하였다.
⑤ 집이 앓고 있다는 표현을 통해 비정상적이고 건강하지 않은 가정생 활을 드러내고 있다.

3 화자가 문을 열려고 문고리에 쇠사슬처럼 매달리는 것은, 문을 열어 가 정 안으로 들어가고자 하는 간절한 마음과 의지를 표현한 것이다.

4 이 시와 〈보기〉는 모두 가정을 소재로 하고 있다. 이 시에서는 '나는그 냥문고리에쇠사슬늘어지듯매어달렸다. 문을열려고안열리는문을열려 고.'에서 현실 극복의 의지를 찾을 수 있고, 〈보기〉에서는 춥고 고달픈 가장으로서의 하루를 보내고('굴욕과 굶주림과 추운 길을 걸어') 집에 온 아버지가 자식들에 대한 사랑('아홉 마리의 강아지야. 강아지 같은 것들아.')으로 어려운 현실을 극복하고자 하는 태도를 찾을 수 있다.

✔오답 뜯어보기 ① 가족에 대한 애정은 〈보기〉에서 '아홉 마리의 강아지 야. 강아지 같은 것들아.', '미소하는 내 얼굴을 보아라.'에서 드러난다.
② 이 시와 〈보기〉 모두 삶이 궁핍한 구체적인 이유는 제시되어 있지 않 고 궁핍하다는 표현만 나타나 있다.
④ 두 작품 모두 시대 상황에 대한 언급은 없다.
⑤ 두 작품 모두에서 가장을 대하는 가족들의 태도는 찾을 수 없다.

5 어두움, 즉 어려운 현실에서 자꾸만 위축되어 가는 화자의 무력감을, 작 아지는 인형처럼 표현한 구절이다.

---

022 가정_이상   78~79쪽

키포인트 체크 가장, 문패, 제웅, 문, 경제적, 소통, 회복, 의지

1 ② **2** ② **3** ① **4** ③ **5** 나는밤속에들어서서제웅처럼자꾸만감해 간다

1 화자는 가장으로서의 역할과 책무를 다하지 못하여 경제적으로 어려운 상황이며, 이러한 자신에 대한 자책과 위축감을 '밤이사나운꾸지람으 로나를조른다', '내문패앞에서여간성가신게아니다', '제웅처럼자꾸만 감해간다' 등으로 나타내고 있다. 또한 이러한 상황 때문에 가정생활 속 에 들어가지 못하여 어려움을 느끼고 있음을 '식구야봉한창호어데라도 한구석터놓아다고내가수입되어들어가야하지않나.'에서 알 수 있다.

✔오답 뜯어보기 ① 현실을 초월하여 관념적으로 접근하는 태도는 찾을 수 없으며 오히려 현실에서 일상생활을 영위할 수 있기를 소망하고 있 다.
③ 다른 이상 세계에 대한 동경은 드러나지 않는다.
④ 사회 현실에 대한 분노는 드러나지 않는다.
⑤ 현실에 대한 문제의식이나 사회 변화에 대한 바람은 드러나지 않는 다.

2 '문패'는 가장으로서의 책무, 책임감 등을 뜻하는 것으로, '우리집'이 처 해 있는 어려운 상황이라고 보기 어렵다.

✔오답 뜯어보기 ① 경제적으로나 가족 관계에서나 어려움을 겪고 있는 현실이 드러나 있다.
③ 창과 문이 닫히고 막혀 있다는 표현으로 안으로 들어가기 어려운 현

---

023 모란이 피기까지는_김영랑   80~81쪽

키포인트 체크 모란, 소망, 오월, 기다리고

1 ① **2** ⑤ **3** ③ **4** ③ **5** 모란이 떨어지는 모습을 감각적으로 묘사 하면서, 화자가 느끼는 절망감과 상실감의 크기를 효과적으로 드러낸다.

1 이 시는 화자가 독백하는 형식으로 시상을 전개하고 있으므로 특정한 청자가 등장하지 않으며 대화 형식 또한 나타나지 않는다.

✔오답 뜯어보기 ② '모란이~', '~ 테요' 등을 여러 번 반복하여 운율감을 드러내고 있다.
③ 마지막 행인 12행에서 도치법을 사용하여 봄을 기다리는 화자의 심 정을 드러내고 있다.
④ 'ㄴ, ㄹ, ㅁ' 등의 울림소리를 많이 사용하여, 부드러운 느낌의 운율을 형성하고 있다.
⑤ 모란이 피었다 이내 져 버린 상황에서 화자가 느낀 봄의 모순성이 '찬란한 슬픔의 봄을'과 같은 역설적 표현을 통해 드러나고 있다.

2 [C]는 [A]를 변형, 반복하고 있지만 화자가 기다리는 대상이 봄이 상징 하는 '소망'이므로, 화자의 절망감을 강조하는 것이 아니라 화자의 소망 을 강조하는 것이라 할 수 있다.

✔오답 뜯어보기 ① 2행에서 '아직'이라는 시어를 통해 소망을 포기하지 않고 기다릴 것임을 드러내고 있다.
② [A]는 '있을 테요'라는 시구를 통해 화자가 소망하는 대상인 모란이 피는 것을 기다리겠다는 의지를 드러내고 있다.

③ 이 시는 '봄을 기다림 – 봄의 상실 – 봄을 기다림'이라는 순환 구조를 이루고 있다.

④ [A]는 기다림의 정서, [B]는 서러움, 상실감의 정서가 나타난다.

3 '찬란한 슬픔의 봄'은 모순된 표현 속에 진실을 담고 있는 역설법이 사용된 시구이다. 이는 시적인 효과를 위해 문법적으로 틀린 표현을 허용하는 시적 허용과는 거리가 멀다.

 오답 뜯어보기 ① '서운케'는 '서운하게'의 준말로 음악성을 위해 축약한 형태를 사용한 것이다.

② 이 시는 전체적으로 두 시행이 한 단락을 이루면서 호흡의 속도를 조절하고 리듬감을 부여하고 있다.

④ '있을 테요', '잠길 테요', '우옵내다'와 같은 경어체를 사용하여 부드러운 어감을 형성하고 섬세한 정서를 표현하고 있다.

⑤ 1, 2행과 11, 12행이 수미 상관 구조를 이루고 있다.

4 이 시에서 '모란'은 봄에 피는 화려한 아름다움을 지닌 꽃으로, 화자의 소망이나 희망을 함축한다. '어느 날'은 모란이 지는 오월의 어느 날로서, 날씨가 더워지면서 모란이 지고, 진 모란마저 시들어 사라짐으로써 화자가 절망을 느끼는 날을 의미한다. 그리고 '삼백예순날'은 모란이 진 후 화자가 상실의 슬픔에 빠져 지내는 시간을 의미한다. 따라서 ㉠과 ㉡은 모두 화자가 깨달음을 얻는 시간이라 볼 수 없다.

 오답 뜯어보기 ① ㉠은 모란이 피었거나 진 뒤 사라진 날이므로 봄을 상실하게 되는 시점을 의미한다.

② ㉠과 ㉡ 모두 모란이 지고 난 후 화자가 슬픔에 젖어 있는 시간이다.

④ ㉠은 과거에 모란이 진 어느 날이고, ㉡은 모란이 진 어느 날 이후이므로 ㉡은 ㉠ 이후의 시간이다.

⑤ ㉡은 모란이 지고 난 후의 서러운 정감의 깊이를 과장해서 드러낸 것이다.

5 '뚝뚝'은 '큰 물체나 물방울 따위가 잇따라 아래로 떨어지는 소리. 또는 그 모양'을 뜻하는 말이므로 음성 상징어라 할 수 있다. 이를 통해 모란이 떨어질 때의 모습을 감각적으로 묘사하는 동시에 이때의 화자의 절망감이 얼마나 큰지를 효과적으로 드러내고 있다.

---

024 **여우난곬족**_백석 82~83쪽

 키포인트 체크 명절, 큰집, 민속놀이, 유대감

1 ⑤ **2** ⑤ **3** ④ **4** '여우난곬'이라는 공동체적 합일의 공간을 제시함으로써, 사라져 가는 민족 공동체 회복에 대한 염원을 드러내고 있다.

1 이 시는 어린아이의 시각에서 명절날 아침부터 그 다음 날 아침까지 큰집에서 있었던 일을 시간적 순서에 따라 토속적인 소재와 내용을 나열하는 방식으로 서술하고 있다. 하지만 과거와 현재를 대비하여 그리움의 정서를 고조시키고 있지는 않다.

 오답 뜯어보기 ① 명절날 '아침–점심–저녁–밤–새벽'의 순서로 시상을 전개하고 있다.

② '논다', '든다', '잔다' 등과 같이 현재 시제를 사용하여 생동감을 부여하고 있다.

③ '오리치', '반디젓', '아르간' 등의 평안도 방언을 사용하여 향토적 분위기를 조성하고 있다.

④ '명절날 나는 엄마 아배 따라 우리 집 개는 나를 따라' 등에서 대구가 사용되었으며, 전반적으로 열거를 사용하여 리듬감을 형성하고 있다.

2 이 시의 화자인 '나'는 어린아이이다. 시인은 어린 소년을 화자로 내세워 그의 시선에서 바라본 명절의 모습을 그리고 있다. 이와 같은 화자의 설정은 유년 시절의 상황을 더 생생하고 구체적으로 묘사함으로써 독자에게 현장감을 느끼게 하는 효과가 있다. 또 한편으로 유년 시절의 체험과 추억을 회상함으로써 이제는 사라지고 없는 공간에 대한 그리움을 드러낸 것으로 이해할 수 있다.

3 [D]는 부녀자들이 밤이 깊도록 살아가는 이야기를 나누는 모습을 보여 주고 있지만, 대화하는 형식으로 구성된 것은 아니다.

 오답 뜯어보기 ① '명절날'이라는 시간적 배경과 '큰집'이라는 공간적 배경을 제시하여 사실감을 더하고 있다.

② '신리(新理) 고무', '토산(土山) 고무' 등 친척들의 특징을 구체적으로 서술하고 있다.

③ 아이들이 하는 민속놀이가 나열되고 있다.

⑤ '맛있는 내음새가 올라오도록 잔다'에서 후각적 이미지를 통해 명절 다음날 아침의 정겨운 분위기를 형성하고 있다.

4 시인은 일제에 의해 우리의 전통적인 삶의 양식과 민족 공동체 의식이 사라져 가는 현실을 안타까워하며 이를 되살리고 싶은 마음을 '여우난 곬족'의 모습을 통해 형상화하고 있다.

---

025 **모닥불**_백석 84~85쪽

 키포인트 체크 모닥불, 평등, 할아버지, 안타까워

1 ① **2** ① **3** 풍요롭지만 외로운 삶, 편리하지만 메마른 삶, 열심히 노력하지만 박탈감을 느끼는 삶 등

1 이 시의 1~2연은 보조사 '도'의 반복과 사물, 사람, 동물을 나열해 가는 엮음의 구문이 특징적인데, 〈보기〉의 작품에도 '에서'라는 조사 앞에 모닥불이 피어오르는 공간들이 나열되어 있다. 따라서 이 시와 〈보기〉 모두 반복과 열거를 통해 장면을 묘사하고 있다.

2 '모닥불'은 할아버지의 슬픈 역사, 즉 개인적 삶의 비애까지도 보듬는 대상이지만 슬픈 역사를 잊게 하는 초월의 공간은 아니다.

 오답 뜯어보기 ②, ③ 2연에서 차별 없이 각계각층의 사람들과 동물들이 함께 모여 모닥불을 쬐는 모습을 통해 모닥불을 쬐고 있는 공간은 차별과 사회적 기준이 사라지고 합일과 조화를 이루는 곳임을 알 수 있다.

④ 1연의 쓸모없고 보잘것없는 사물들을 태워 모닥불을 이루는 장면과 2연의 이 모닥불을 사람들이 쬐고 있는 장면을 통해 모닥불이 사소한 것을 태워 사람들을 따뜻하게 해 주는 대상임을 알 수 있다.

⑤ 3연에서 화자는 모닥불을 보면서 고아로 서럽게 자란 할아버지를 떠올리고 있다.

3 '모닥불'과 비교한 오늘날의 삶은 도시화, 개인화되고 계층화, 서열화된 모습이다. 이러한 요소들은 과거에 비해 풍요롭고 편리한 삶을 가능하게 하기도 했지만 외롭고 메마르고 경쟁적일 수밖에 없는 삶의 부정적인 면들을 야기했다.

정답과 해설

026 백화(白樺)_ 백석

86~87쪽

키포인트 체크 자작나무, 산골(산속), 관찰, 순수

1 ②   **2** ②   **3** ②   **4** ⑤   **5** 자작나무

1 산골 마을 사람들의 삶을 시각적('샘이 솟는'), 청각적('캥캥'), 미각적('맛있는') 심상 등으로 구체화하여 제시함으로써 산골 마을 사람들의 삶의 기반에 자작나무가 깊이 관련을 맺고 있음을 밝히고 있다. 나무껍질이 흰빛을 띠어 유난히 깨끗하고 순박한 이미지를 가진 자작나무를 통해 깨끗하고 순수한 산골 마을 사람들의 삶을 그리고 있다.

오답 뜯어보기 ① 서사적 요소란 '이야기 구조'를 말하는데, 이 시에서는 산골 마을 사람의 삶을 병렬적으로 나열하고 있을 뿐 서사적 요소는 나타나지 않는다.

③ '밤'이라는 시간적 배경이 제시되어 있으나 시간의 흐름은 나타나지 않는다.

④ '자작나무'라는 특정 소재를 활용하여 산골 마을 사람들의 삶을 나타내고 있으나 화자의 감정을 이입하고 있지는 않다.

⑤ 현재의 상황을 먼저 제시한 뒤 과거를 회상하는 구조는 역순행적 구성인데, 이 시에서는 시간의 역순행적 흐름이 없다.

━━━━━━ 지식 +

● 역순행적 구성
시간의 흐름이 '과거-현재-미래'처럼 자연적으로 흘러가는 구성을 순행적 구성이라고 한다. 반면에 역순행적 구성은 순행적 구성과 같은 자연적인 시간의 흐름과는 달리 현재에서 과거로 거슬러 가는 구성, 혹은 과거로 갔다가 다시 현재로 돌아오는 구성을 말한다.

2 이 시의 화자는 산골 마을 사람들의 삶의 모습을 면밀히 관찰하여 그들의 순수한 모습을 묘사하고 있다.

오답 뜯어보기 ① 자조적 태도란 자기를 비웃는 태도인데, 이 시에서 화자는 자조적 태도를 보이지 않는다.

③ 자연물에 친화적인 태도는 나타나지 않는다.

④ 이 시에서 과거를 회상하는 내용은 없으며 성찰과 반성의 태도 역시 찾아볼 수 없다.

⑤ 현실 상황에 대한 화자의 체념적 태도는 나타나지 않는다.

3 이 시에서는 산골 마을 사람들의 삶의 모습을 보조사 '도'를 반복적으로 활용하여 열거하고 있으며, 〈보기〉에서도 연결 어미 '-고'를 반복하여 아이들의 놀이(쥐잡이, 숨굴막질, 꼬리잡이, 시집가는 놀음, 장가가는 놀음)를 열거하고 있다.

4 '평안도(平安道) 땅'은 화자가 그리워하는 고향 땅으로, 자작나무로 둘러싸인 산과 그 속에서 살아가는 산골 마을 사람들의 순수하고 소박한 삶을 통해 화자는 깨끗하고 순수한 모습을 지닌 고향을 떠올리며 그에 대한 간절한 그리움을 드러내고 있다. 즉 '평안도 땅'은 자작나무 숲에 둘러싸인 산골 마을 사람들의 삶의 모습을 나타내고 있는 것이 아니라 고향을 그리워하는 화자의 간절한 마음을 보여 주는 소재라 할 수 있다.

오답 뜯어보기 ① '대들보'와 '기둥'은 집을 이루는 중요한 요소로서, 이는 산골 사람들의 삶의 주거지와 관련이 있다.

② '밤이면 캥캥' 우는 '여우'는 민담과 설화에 빈번하게 등장하는 전통적 소재로 산골 사람들의 정신적 삶의 모습을 보여 주고 있다.

③, ④ '맛있는 메밀국수'와 '감로같이 단 샘이 솟는 박우물'은 산골 마을 사람들의 기본적인 식생활을 나타내고 있다.

5 화자는 산골 마을 사람들의 집을 지탱하는 중심인 대들보나 기둥도, 메밀국수를 삶기 위해 불타고 있는 장작도, 샘이 솟는 박우물도 자작나무라고 말하고 있다. 이로 보아 산골 마을 사람들의 삶의 기본적 요건과 밀접한 관련을 맺고 있는 것이 바로 자작나무이다.

━━━━━━ 지식 +

● 자작나무
나무의 높이가 25미터에 달하며, 나무의 껍질은 흰빛을 띠고 옆으로 얇게 종이처럼 벗겨진다. 나무를 태우면 자작자작 소리가 난다 하여 붙은 이름으로 북부 지방의 깊은 산 양지 쪽에서 자라는 낙엽활엽교목이다. 흔히 중부 지방에서는 심어 기르고 국외로는 일본에도 분포한다.

027 흰 바람벽이 있어_ 백석

88~89쪽

키포인트 체크 좁다란, 흰 바람벽, 고결함

1 ⑤   **2** ③   **3** ⑤   **4** [A]에서 화자는 자신의 현재 삶을 운명으로 인식하고 긍정적으로 수용하면서 자신의 처지를 극복하고자 하는 의지를 드러내고 있다.

1 이 시의 화자는 시의 전반부에서 자신의 가난하고 외로운 저지에서 오는 쓸쓸함을 드러내면서 지금은 만날 수 없는 그리운 이를 떠올린다. 그러다가 후반부에 이르면서 자신의 삶을 숙명으로 인식하고 긍정적으로 수용하면서 현실 앞에서 좌절하기보다는 자신의 처지를 극복하려는 모습을 보여 주고 있다.

2 '흰 바람벽'의 이미지가 다양한 충위를 보이는 것은 '흰' 색과 '벽'이 지닌 이미지가 복합적으로 작용하며 화자의 현실과 내면세계를 동시에 드러내고 있기 때문이다. '좁다란 방' 역시 화자가 처한 가난과 고독의 상황을 드러낸다. 따라서 '흰 바람벽'과 '좁다란 방'은 의미적 대립을 이룰 수 없다.

오답 뜯어보기 ② '전등'이나 '셔츠'와 같은 구체적 사물을 통해 화자의 가난이 시각화되고 누추한 느낌이 심화된다.

⑤ 열거된 자연물과 인물들(시인들)은 모두 '가난하고 외롭고 높'게 살아가도록 '하늘'이 부여한 존재들로 화자가 동질성을 느끼는 대상들이다. 이들을 통해 가난하고 고독한 생활 속에서도 내면의 정결성을 잃지 않고 고결한 삶을 살고자 하는 화자의 지향 세계가 드러난다.

3 ㉠~㉢은 모두 화자의 가난하고 외롭고 쓸쓸한 처지를 부각하면서 화자가 처한 상황을 형상화한 표현으로 볼 수 있다. 하지만 ㉣은 화자의 소박한 소망을 담고 있는 소재이므로 쓸쓸한 화자의 내면 풍경과는 거리가 멀다.

4 [A]에서는 가난하고 외롭고 높고 쓸쓸하게 사랑과 슬픔 속에서 사는 이유가 하늘이 가장 귀히 여기기 때문이라고 말한다. 여기에서 화자는 자신의 현재 삶을 운명으로 인식하고 긍정적으로 수용하면서 자신의 처지를 극복하고자 하는 의지를 드러내고 있다. 이는 자신의 존재를 존귀하게 여기는 자존 의식과 삶에 대한 낙관적 의지가 투영된 것으로 볼 수 있다.

028 국수_백석

90~91쪽

키포인트 체크 국수, 눈, 고향, 민족 공동체, 그리움

1 ④ **2** ⑤ **3** ④ **4** 우리 민족이 공유하고 있는 기억을 되살리고 민족적 유대감

1 이 시의 화자는 눈 오는 겨울에 국수를 만들어 먹던 추억을 떠올리고 있다. 화자는 기억 속 소박하고 정겨운 전통적인 공동체의 모습을 통해 시적 대상인 '국수'에 대한 친근감을 드러내고 있다.
오답 뜯어보기 ① 추억을 회상하고 있을 뿐, 미래에 대한 기대는 나타나 있지 않다.
② 부재하는 대상에 대한 안타까움을 느끼는 것이 아니라 국수를 만들어 먹던 추억을 회상하며 정겨움을 느끼고 있다.
③ 과거의 행복한 추억을 떠올리고 있으므로 과거의 경험에 대해 비판적 태도를 드러낸다고 볼 수 없다.
⑤ 현재의 화자의 처지를 알 수 있는 장면은 없으므로 화자가 현재 행복한 상황임을 판단할 수는 없다.

2 아버지와 아들이 국수 사발을 앞에 놓고 있는 장면은 1연 16행 '아배 앞에는 왕사발에 아들 앞에는 새끼 사발에'에서 확인할 수 있다. 하지만 그 국수 사발을 앞에 놓고 할아버지, 할머니를 그리워하며 국수를 먹는다는 이해는 적절하지 않다. 또한 '먼 넷적 큰마니가 ~, 먼 넷적 큰아바지가 오는 것 같이 온다.'가 이어지지만, 이것은 국수를 먹는 이 고장의 역사가 오래되고 길다는 것, 즉 국수가 이 마을 사람들에게 친근하고 정겨운 음식이라는 의미이지 돌아가신 할아버지, 할머니를 그리워한다는 의미가 아니다.
오답 뜯어보기 ① 1연 5행에서 아이들이 어둡도록 꿩 사냥을 하는 것을 2연 3행에서 국수가 '싱싱한 산꿩의 고기를 좋아' 한다는 것과 연관 지을 때 국수에 넣을 꿩고기를 장만하기 위해 꿩 사냥을 한다는 것을 알 수 있다.
④ 2연 4행에서 '수육을 삶는 육수 국 내음새 자욱한 더북한 샛방 쩔쩔 끓는 아르굳을 좋아'한다는 내용에서 연상할 수 있다.

3 '이 마을의 으젓한 사람들과 살틀하니 친한 것'이라는 표현은 아무나 먹을 수 없는 음식이었음을 의미하는 것이 아니라, 국수가 심성이 좋은 마을 사람들과 어울리는 음식이었음을 강조하는 표현이다. 즉, 국수에 담긴 마을 사람들의 심성과 더 나아가 우리 민족의 순박한 심성을 강조하기 위한 것일 뿐 국수가 아무나 먹을 수 없는, 평범한 음식이 아니었다는 의미는 아니다.

4 2연과 3연에는 '~은 무엇인가'라는 의문문이 다섯 번이나 반복되어 나타나 있다. 이러한 질문의 반복은 국수의 특성을 드러내면서 동시에 국수를 좋아하는 우리 민족의 특성을 보여 주며 민족적 유대감을 강조하려는 의도가 담겨 있다고 볼 수 있다.

029 벽공(碧空)_이희승

92~93쪽

키포인트 체크 가을 하늘, 깨끗함, 순수함, 한탄

1 ① **2** ① **3** ① **4** 맑고 깨끗한 하늘과 달리 우리 인간은 그렇지 못하다. **5** 장별 배행법이 아닌 구별 배행법을 쓰고 있다.

1 촉각적, 청각적, 시각적 이미지를 사용하여 맑고 투명한 가을 하늘의 속성을 구체적으로 형상화하고 있다.
오답 뜯어보기 ② 역설적 인식은 드러나 있지 않다.
③ 가을 하늘을 투명한 유리와 새파란 물에 비유하고 있으나 의인법은 사용되지 않았다.
④ 가을 하늘의 청정무구한 모습과 혼탁한 인간사를 대비하고 있다.
⑤ 동일한 시어가 반복적으로 나타나지 않는다.

2 화자는 맑고 청명한 가을 하늘을 바라보며 이와 대비되는 혼탁한 인간사에 대해 한탄하고 있다.
오답 뜯어보기 ② '가을 하늘'을 예찬하고 있지만 자연에 묻혀 사는 삶의 만족감은 나타나 있지 않다.
③ 사랑하는 임과 헤어진 아픔은 이 시에 드러나지 않는다.
④ 이 시에서 화자는 문명에 의해 파괴되는 생태계의 모습을 바라보고 있지 않다. 따라서 문명으로 인해 파괴되는 생태계에 대한 화자의 안타까움은 이 시에 나타나지 않는다.
⑤ 깨끗하고 순수한 가을 하늘과 달리 혼탁한 인간사에 대한 한탄과 안타까움을 드러내고는 있으나 이기적으로 살아가는 현대인을 비판하고 있는 것은 아니다.

3 이 시에서 화자는 자연물이 아니라 '가을 하늘'을 바라보는 '나'이며 〈보기〉에서는 초여름 나뭇잎을 관찰하는 '나'이다.
오답 뜯어보기 ② 이 시에서는 맑고 투명한 '가을 하늘'을 통해 순수하고 깨끗하지 못한 인간사를 되돌아보고 있다. 〈보기〉에서는 초여름 바람에 흔들리는 나뭇잎을 통해 세상에 감동할 마음을 가지고 있는지 스스로에게 묻고 있다.
③ 이 시와 〈보기〉 모두 구별 배행법에 따른 형식을 취하고 있다.
④ 〈보기〉에서는 화자가 자신에게 감성적 태도를 가지고 있는지를 묻고 있으나, 이 시에서는 '가을 하늘'의 청정무구함을 예찬하고 있다.
⑤ 이 시에서는 '가을 하늘'을, 〈보기〉에서는 초여름 바람에 흔들리는 나뭇잎을 통해 계절감을 드러내고 있다.

지식 +

● 김상옥, 〈촉촉한 눈길〉
이 시조는 초여름에 흔히 볼 수 있는, 초록색 나뭇잎이 바람에 흔들리는 모습을 통해 자신의 삶을 성찰하고 있다. 우선 화자는 나뭇잎이 흔들리는 것을 단순한 자연 현상으로 보지 않고, 나뭇잎을 의인화하여 누군가가 손을 흔드는 것에 대한 대답이라고 상상한다. 3연에서 말한 '촉촉한 눈길'을 나뭇잎이 갖고 있는 것이다. 그래서 저 먼 창가에서 흔드는 누군가의 손짓에 나뭇잎은 온몸을 흔들며 대답하고 있는 것이다. 이를 보며 화자는 '나는 세상에 대해 온몸을 흔들며 대답하고 있는가'라고 자신에게 묻는다. '내게 아직 남았던가'라고 묻는 것으로 보아 화자에게 그런 '촉촉한 눈길'이 아예 없었던 것은 아니다. 하지만 현실의 고난과 어려움이 그러한 '촉촉한 눈길'을 마르게 하였다. 이에 대해 화자는 자신을 반성하며 그러한 '촉촉한 눈길'의 중요성을 다시금 생각해 보는 것이다.

4 종장에서 '드리우고 있건만'으로 마무리하여 시적 여운을 주고 있는데, 그 여운 속에는 맑고 깨끗한 가을 하늘(자연)과 혼탁한 인간사의 대비를 부각함으로 세속적인 인간의 삶에 대한 한탄과 비판적 의식을 담고 있다.

5 전통적인 고시조는 초·중·종장이 각 한 행으로 구성된 장별 배행 형태가 일반적이다. 하지만 이 시조는 구를 한 행으로 잡아, 각 장을 하나의 연처럼 2행씩으로 만들어 한 연으로 구성하고 있다.

정답과 해설

030 오랑캐꽃 _이용악   94~95쪽

키포인트 체크 오랑캐꽃, 오랑캐, 햇빛

1 ⑤   **2** ④   **3** ⑤   **4** ④   **5** 꽃이 옆으로 퍼지는 모습이 오랑캐의 뒷머리와 닮아 있기 때문이다.

1 이 시에서 반어적 표현은 사용되지 않았다.

  오답 뜯어보기 ① 3연에서 '오랑캐꽃'이라는 명사로 행을 종결하여 시상을 집약하는 효과를 거두고 있다.

②, ④ 오랑캐꽃을 의인화하여 '너'로 지칭하며 시상을 전개하고 있다.

③ 1연에서 오랑캐가 쫓겨 가는 모습을 가랑잎에 비유하고 있다.

2 전반부에서는 오랑캐꽃에 관한 역사적 사실을 '~ 단다'와 같은 어투로 객관적으로 노래하고 있다. 그 후에 오랑캐꽃의 억울한 처지에 대한 화자의 연민을 드러내고 있다.

  오답 뜯어보기 ① 이 시에서 화자의 시선의 이동을 통해 시상을 전개한 부분은 나타나지 않는다.

② 과거와 현재를 교차했다는 것은 시간의 역행을 의미하는데, 이 시에서는 오랑캐꽃의 이름에 관한 과거 내용을 노래한 다음 오랑캐꽃에 대한 화자의 정서를 노래하고 있다.

③ 오랑캐꽃의 모습을 형상화하고 있지만, 화자가 공간을 이동하고 있지는 않다.

⑤ 오랑캐꽃의 외양을 묘사한 부분은 있지만, 경치를 세밀하게 묘사하고 그에 대해 감탄을 드러내고 있지는 않다.

3 오랑캐꽃은 오랑캐의 피 한 방울 받지 않았을 정도로 오랑캐와 전혀 관계가 없다는 점에서 억울함을 느끼고 있다. 일제 강점기 우리 민족은 억울하게 고향에서 쫓겨났다는 점에서 오랑캐꽃의 상황과 유사하다고 볼 수 있다.

4 화자는 '오랑캐꽃'이 실제로는 오랑캐와 전혀 관련이 없는데도 억울하게 '오랑캐꽃'이라 불리는 것에 위로를 보내려는 의도로 오랑캐꽃에게 마음껏 울어 보라고 하고 있다.

5 〈보기〉를 통해 제비꽃(오랑캐꽃)은 줄기가 없어 꽃이 옆으로 비스듬히 퍼지는 속성이 있음을 알 수 있다. 제비꽃의 이러한 속성은 오랑캐의 뒷머리의 모습과 유사하기에, 제비꽃을 오랑캐꽃으로도 부른다는 것을 알 수 있다.

---

031 청포도 _이육사   96~97쪽

키포인트 체크 청포도, 손님, 청포

1 ②   **2** ②   **3** 일제 강점기의 혹독한 현실을 고려할 때, '고달픈 몸'은 그러한 현실 속에서 고달프고 힘겹게 살아온 우리 민족의 고통과 애환을 의미한다.
4 ⑤   **5** ⑤

1 이 시는 '청', '푸른', '흰' 등의 선명한 색채 이미지를 활용하고 있다.

  오답 뜯어보기 ① 역설적 표현을 제시한 부분은 찾을 수 없다.

③ '주저리주저리', '알알이' 등의 의태어를 활용하고 있다. 하지만 의성어를 활용한 부분은 찾을 수 없다.

④ 처음과 끝에 동일한 시구를 배치한 것은 아니다.

⑤ 고전 시가에서 주로 사용하는 규칙적 음보를 반복하고 있는 부분은 찾을 수 없다.

2 ㉠은 화자가 기다리는 대상이다. 그래서 '은쟁반, 모시 수건' 등을 준비해서 그 대상을 맞이하려 하고 있다. 〈보기〉의 '초인'은 화자가 우리 민족의 삶의 터전인 '광야'에서 목 놓아 부르게 하고 싶은 대상이다. 따라서 두 대상 모두 화자가 현실에 나타나기를 기원하는 대상으로 볼 수 있다.

  오답 뜯어보기 ① ㉠과 〈보기〉의 '초인' 모두 과거의 시간, 공간 속에 존재하는 대상으로 볼 수 없다. 다가올 미래에 나타나기를 기원하는 대상이다.

③ ㉠과 〈보기〉의 '초인' 모두 실제 존재하는 대상으로 볼 수 없다.

④ ㉠은 화자가 미래의 어느 날 식사를 같이 하고 싶은 대상으로 볼 수 있다. 하지만 〈보기〉에서 화자는 '초인'에게 목 놓아 부르게 하고 있으므로 특정한 행위를 함께하고 싶어 하는 대상으로 볼 수 없다.

⑤ 〈보기〉의 '초인'은 화자가 기다리는 대상으로 일제 강점기의 현실로 인한 화자의 내적 갈등을 해소시키는 대상으로 볼 수 있다. ㉠은 화자와 더불어 평화로운 세상에서 식사를 같이하고자 하는 소망의 대상이라고 볼 수 있다. 또한 ㉠을 시대적 현실을 고려하여 조국 광복을 알리는 선각자로 본다면, 일제 강점으로 인한 화자의 내적 갈등을 해소시키는 대상으로도 볼 수 있다.

3 이 시의 창작 시기는 일제 강점기이다. 따라서 일제 강점기의 혹독한 현실을 고려할 때, '고달픈 몸'은 그러한 현실 속에서 고달프고 힘겹게 살아온 우리 민족의 고통과 애환을 의미한다고 할 수 있다.

4 이 시에서 '모시 수건을 마련해 두'는 것은 손님을 정성스럽게 맞이하기 위한 행동이므로, 이를 현실의 답답함을 해소하기 위한 구체적 방법으로 보는 것은 적절하지 않다.

  오답 뜯어보기 ① 화자가 기다리는 손님을 향한 정성스러운 마음이 담겨 있다.

② 흰색과 결합하여 순수한 이미지를 형성하고 있다.

③ '하이얀'은 '하얀'의 형태를 의도적으로 파괴하여 표현한 시적 허용이 나타난 시어이다.

④ 그(손님)가 왔을 경우에 하는 행위이므로, 앞으로 일어날 것으로 예상되는 일과 관련되어 있다.

지식 +

• **시적 허용**
시를 비롯한 다양한 문학 작품에서 인간의 다양하고 섬세한 생각과 정서를 표현하기 위해서 일상 언어에 나타난 문법 규칙이나 어법에 벗어난 표현을 쓰는 것을 말한다.
⑩ 하이얀(하얀), 노오란(노란), 머언(먼) 등

5 이 시는 색채 이미지를 활용하여 이상적 세계를 형상화하였는데, 감각적 이미지를 고려할 때, ⓐ, ⓑ, ⓒ, ⓓ는 푸른색과 관련되어 있고, ⓔ는 은색과 관련되어 있다.

---

032 절정 _이육사   98~99쪽

키포인트 체크 극한, 고원, 역설

1 ①   **2** ①   **3** ②   **4** 1~2연에서는 극한의 상황이 설정되었는데, '북방'은 수평적 개념의 극한을 의미하고, '고원'은 수직적 개념의 극한을 의미한다.

1 이 시는 상징적 시어를 사용하여 화자가 처한 상황을 나타내고 있으나, 대상을 의인화하는 의인법을 사용하지는 않았다.

2 이 시의 화자는 견디기 어려운 극한의 상황에서도 오히려 관조의 태도를 통해 그 상황을 이겨 내려는 의지를 보여 주고 있다.

3 ㉠에는 논리적으로는 모순인 것 같으나 그 속에 깊은 진리가 내포되어 있는 '역설'이 사용되었다. ㉡에서는 '청산'이 의인화되어 있을 뿐 역설의 표현 기법은 사용되지 않았다.

　📎오답 뜯어보기 ① '고와서'와 '서러워라'는 논리적으로 모순된, 감정의 충돌이 일어나므로 역설적 표현이다.
③ '괴로웠던'과 '행복한'은 서로 모순되는 정서이므로 역설적 표현이다.
④ '결별이 이룩하는 축복'은 논리적으로 모순된 역설적 표현이다. '결별'은 슬픈 상황인데 '축복'이라고 표현했기 때문이다.
⑤ '외로운'과 '황홀한'의 상호 모순된 감정이 결합된 역설적 표현이다.

4 〈보기〉에서는 끝까지 쫓아가겠다는 의지를 강조하기 위해 '하늘 끝', '지구 끝'과 같이 각각 수직적 개념, 수평적 개념을 활용한다고 설명하고 있다. 이 시에서도 극한의 상황을 강조하기 위해 수평적 개념의 극한으로 '북방'을 설정하고, 수직적 개념의 극한으로 '고원'을 설정하였다.

---

033 광야_ 이육사

[키포인트 체크] 독백, 광야, 자기희생

1 ④　**2** ①　**3** ⑤　**4** 두 시의 화자 모두 자기희생적인 태도를 통한 현실 극복의 의지를 보이고 있다.

1 이 시에서 문장의 어순을 바꾸어 표현하는 도치법은 사용되지 않았다.
　📎오답 뜯어보기 ① '눈', '강물', '매화' 등 상징적 시어를 사용하였다.
② 기승전결의 한시 구성 방식과 '-리라', '-다'와 같이 단호하고 강렬한 남성적인 어조가 나타난다.
③ '과거-현재-미래'의 시간의 흐름에 따라 시상을 전개하고 있다.
⑤ 특별히 청자를 의식하지 않고 화자의 내면을 말하는 독백적 어조를 통해 조국 광복에 대한 화자의 신념을 드러내고 있다.

2 시 작품을 감상하고 비평하는 관점은 크게 내재적 관점과 외재적 관점으로 나눌 수 있는데, 내재적 관점은 시어의 운율과 표현 등 작품 자체를 근거로 하여 작품을 감상하는 것이고, 외재적 관점은 작가, 독자, 현실 등 작품 외적 요소를 근거로 하여 작품을 감상하는 것이다. '-라'라는 명령형 어미는 직접 작품에서 확인할 수 있는 표현으로 내재적 의미에 주목하여 감상한 것에 해당한다.
　📎오답 뜯어보기 ② 독자에게 주는 감동과 교훈에 초점을 맞추어 감상하고 비평하는 효용론적 관점에서 작품을 감상하였다.
③, ④ 독립운동가였던 시인의 전기적 사실, 시인의 역사의식 등을 고려하고 있으므로, 작가와 작품의 관계에 초점을 맞추어 감상하고 비평하는 표현론적 관점에서 작품을 감상하였다.
⑤ 창작 당시의 상황을 고려하고 있으므로, 작품과 현실의 관계에 초점을 맞추어 감상하고 비평하는 반영론적 관점에서 작품을 감상하였다.

3 '초인'은 화자의 희생을 바탕으로 민족의 이상을 실현하게 하는 성스러

운 존재, 미래 역사의 주인공을 의미한다. 따라서 화자 자신을 의미하는 것으로 보기는 어렵다.

4 화자는 '내 여기 가난한 노래의 씨를 뿌려라'라는 표현을 통해 자기를 희생하여 현실을 극복하려는 의지를 보여 주고 있다. 〈보기〉의 화자도 당시의 어두운 상황을 극복하기 위해 예수 그리스도처럼 순절(殉節)하겠다는 의지를 드러내고 있다. '어두워 가는 하늘 밑'은 암담한 당시의 상황을 상징한 것이고, '꽃처럼 피어나는 피'는 자기희생을 통한 구원을 암시한다고 볼 수 있다.

• 윤동주, 〈십자가〉

갈래	자유시, 서정시
성격	상징적, 고백적, 의지적
주제	조국 광복을 위한 자기희생의 의지
감상	기독교적 속죄 의식과 자기희생 정신을 바탕으로 조국 광복을 위한 의지를 노래한 작품이다. '십자가'는 일반적으로 인간을 구원하기 위한 예수의 고난과 희생을 상징한다. 일제 강점기를 살았던 시인에게 십자가는 추구하는 진리요 대상이자 민족을 위한 자기희생의 상징이라 할 수 있다.

---

034 꽃_ 이육사

[키포인트 체크] 광복, 생명체, 극복, 의지

1 ④　**2** ④　**3** ①　**4** ④　**5** 광복이 된 조국

1 이 시는 식민지 조국의 극한 상황을 인식하고 조국 광복이라는 희망찬 미래가 올 것이라는 신념을 표현하고 있다. 따라서 현실에 대한 대응 방식이 드러났다고 볼 수 있다.
　📎오답 뜯어보기 ① 대상을 통해 현실에 대한 인식을 주관적으로 표현하고 있다.
② 현실에 대한 극복 의지를 노래한 것으로 자신의 삶을 회고하며 반성하지는 않는다.
③ 영탄적 어조를 사용하며 현재 시제가 나타난다.
⑤ 강인하고 의지적인 어조로 개인의 의지를 드러내고 있다.

2 〈보기〉는 작가의 생애를 설명한 것으로, 독립운동가로서의 삶을 바탕으로 하여 작품을 감상한 내용으로 적절하지 않은 것을 찾는 문항이다. '북쪽 툰드라'는 식민지의 극한 현실에 대한 비유적 표현이지 북방 영토의 회복을 의미하는 것은 아니다.
　📎오답 뜯어보기 ① 독립운동 단체에서 활동했다는 것을 통해 '동방'이 조국을 의미함을 알 수 있다.
② 설의적 표현은 자신의 감정을 의문의 형식으로 전달하는 것이므로 이를 통해 독립에 대한 열망과 확신이 나타난다고 볼 수 있다.
③ 〈보기〉에서 이육사는 출옥 후에도 계속 독립운동을 이어가는데 이를 통해 '쉬임 없는 날'은 조국 광복을 위해 끊임없이 노력하는 모습을 의미하는 것이라고 추측할 수 있다.
⑤ 독립운동 단체에서의 활동과 이에 대한 지속성은 독립이 될 것을 확신하기 때문에 가능한 것이다.

3 이 시의 시어는 부정적 현실과 긍정적 미래를 나타내는 것으로 크게 구분하여 볼 수 있다. '꽃', '꽃 맹아리', '제비 떼', '꽃성'은 모두 조국의 광복

정답과 해설

과 관련된 것이고, '비 한 방울 내리잖는'은 극한 현실을 나타낸 것이다.
오답 뜯어보기 ② '꽃'은 조국 광복의 희망을 의미한다.
③ '꽃 맹아리'는 조국 광복의 기운이 싹트는 것을 의미한다.
④ '제비 떼'는 꽃이 피는 봄을 알려 주는 역할을 한다.
⑤ '꽃성'은 광복을 찾은 조국을 뜻한다.

4 '꽃 맹아리'는 아직 꽃이 되지 않은 것으로 극한의 눈 속 깊이 존재한다. '꽃 맹아리'가 개화하고 무리를 이루어 '꽃성'을 이루기 위해서는 극한의 눈 속을 극복해야 하므로, '꽃 맹아리'를 극한 상황을 극복하려는 의지의 표상으로 볼 수 있다.
오답 뜯어보기 ① 꽃 맹아리는 꽃이 될 가능성을 지니고 있으므로 유한성과 관련짓기 어렵다.
② 꽃 맹아리가 추위를 견디고 꽃이 되지만 이것이 절개를 의미하지는 않는다.
③ 꽃 맹아리가 무리를 짓는 것이 아니라 무리는 '꽃성'에서 확인할 수 있다.
⑤ 현실 극복 의지를 표현하고 있다.

지식 +

• 저항시
1930년대 일본의 식민지 정책에 따라 민족의 현실은 더욱 어려움에 처하게 되고, 이러한 시대적 상황에 저항하면서 시를 통해 자기 의지를 구현하고자 하였던 시를 저항시라고 한다. 특히 이육사는 〈노정기〉, 〈절정〉, 〈광야〉 등을 통해 상황의 인식과 자기 초월의 경지를 보여 주었고, 윤동주는 〈자화상〉, 〈쉽게 씌어진 시〉 등에서 식민지 현실에 대한 인식과 이에 대한 순수한 의지인 부끄러움을 드러내었다.

5 이 시의 주제가 조국 광복의 희망을 노래하는 것이므로 무리를 지어 피어 있는 꽃을 의미하는 '꽃성'은 광복이 된 조국을 상징하는 것으로 볼 수 있다.

---

035 윤사월_박목월 | 104~105쪽

키포인트 체크 윤사월, 문설주, 외딴집, 간결

1 ③ **2** ⑤ **3** ⑤ **4** 문설주에 귀 대이고 엿듣고 있다

1 이 시에는 주제 의식을 드러내기 위한, 인물에 대한 상세한 묘사는 나타나지 않는다.
오답 뜯어보기 ① 송홧가루가 날리는 시각적 이미지를 사용하여 계절감을 나타내고 있다.
② 토속적인 풍경을 묘사하기 위해 '송홧가루 날리는', '꾀꼬리 울면' 등의 간결한 표현을 사용하고 있다.
④ 1연에 사용된 '송홧가루 날리는 외딴 봉우리'와 같은 7·5조를 활용한 3음보의 율격은 민요적인 율격을 형성하는 데 주로 사용된다.
⑤ 대상의 감정을 직접적으로 드러내지 않고, 문설주에 귀 대이고 엿듣는 행동 묘사를 통해 간접적으로 드러내고 있다.

2 〈보기〉에서 '외로운 눈먼 처녀에게 꾀꼬리 소리는 사랑의 감정을 불러일으키는 소재'라고 하였으므로 처녀가 문설주에 귀 대고 꾀꼬리 소리를 듣는 행동은 사랑의 실패에 대한 두려움이 아니라, 바깥세상에 대한 호기심과 함께 사랑의 감정을 불러일으키는 꾀꼬리 소리에 대한 설렘으로 해석할 수 있다.

오답 뜯어보기 ① '송홧가루 날리는' 풍경은 늦봄에서 초여름으로 넘어가는 계절적 이미지를 나타내며, 〈보기〉에서 '꾀꼬리'는 봄과 여름을 나타내는 새이며 계절적 상징물이라고 하였으므로 적절한 설명이다.
② '꾀꼬리' 울음소리는 윤사월에 들을 수 있는, 짝을 찾는 꾀꼬리의 행위로 볼 수 있으며 〈보기〉에서 꾀꼬리가 '사랑'이라는 특정한 감정을 환기하는 매개물이라고 하였으므로 적절한 설명이다.
③ '산지기 외딴집'은 눈먼 처녀가 존재하는 공간이며 〈보기〉에서 '외딴집에 따로 떨어진 외로운 눈먼 처녀'라고 하였으므로 적절한 설명이다.
④ '꾀꼬리' 울음소리는 짝을 찾는 꾀꼬리의 행위로 〈보기〉에서 꾀꼬리가 '사랑'이라는 특정한 감정을 환기하는 매개물이라고 하였으므로 적절한 설명이다.

3 〈보기〉에서 일제 말기라는 창작 시기를 고려하면 외딴집은 일제 강점기와는 동떨어진, 순결, 초속, 영원을 상징하는 신비하고 묵시적인 공간이라고 하였으므로 이는 타인이 쉽게 범할 수 없는 신비한 공간으로 해석할 수 있다.
오답 뜯어보기 ① 〈보기〉에서는 외딴 봉우리의 외딴집을 현실과는 동떨어진 순결한 탈속의 공간으로 설명하고 있으므로 비극성을 높이기 위해 사용하였다는 해석은 적절하지 않다.
② 〈보기〉에서는 외딴집을 현실과 동떨어진 순결, 초속의 공간으로 해석하고 있으므로 외부에서 들려오는 꾀꼬리의 울음소리는 현실에 대한 경계가 아니라 식민지 현실의 바깥세상의 소리로 해석할 수 있다.
③ 〈보기〉에서 눈이 멀었다는 처녀이 비애를 식민지 현실을 거부하는 상징으로 해석하였으므로 현실의 당위성을 나타낸다는 표현은 적절하지 않다.
④ 〈보기〉에서 외딴집 바깥의 현실을 처녀가 거부하고 있는 식민지의 현실이라고 하였으므로 그곳에서 들려오는 꾀꼬리 울음소리는 식민지 현실에서 들려오는 소리로 해석할 수 있다. 이를 외딴 봉우리를 위협하는 소리로 보기는 어렵다.

4 '눈먼 처녀'의 설렘과 호기심은 문설주에 귀 대이고 엿듣는 행동으로 나타나고 있다.

지식 +

• 박목월의 첫사랑과 〈윤사월〉
박목월은 이 시의 제목을 사월이나 오월이 아닌 윤사월이라고 한 이유에 대해 윤사월이 한층 정서적이기 때문이라고 설명하였다. 특히 그가 직접 맞이한 1925년의 윤사월에 그는 첫사랑을 겪었다. 짝사랑하던 이웃 소녀의 결혼으로 인해 아픈 첫사랑을 경험한 그는 그 이후 가슴속에 '한 여인'을 간직하지 않고 살아 본 적이 없었다고 한다. 그런 그에게 첫사랑을 겪은 윤사월은 한층 더 정서적인 표현이 될 수밖에 없었을 것이다.

---

036 자화상_윤동주 | 106~107쪽

키포인트 체크 우물, 일제 강점기, 성찰

1 ④ **2** ④ **3** '사나이'는 화자의 현실적 자아를 의미하는데, '사나이'에 대해 애증을 느끼다가 순수했던 과거 자신의 모습을 발견함으로써 '사나이'와 화해하고 있다.

---

1 화자는 현실과 타협, 안주하려는 자신의 태도에 부끄러움을 느끼고 이를 혐오하는 태도를 보인다. 그러다 그런 나약한 자신을 가엾어하고 그리워하며 자신과의 화해를 이루고, 끝내 자신의 순수함을 되찾기 위한 노력을 포기하지 않는다.

2 6연은 이 시의 시상이 마무리되는 부분이다. 화자는 '추억처럼 사나이가 있습니다'라고 언급하면서 시를 맺고 있다. 화자는 3연에서 '그 사나이가 미워져' 돌아갔고, 5연에서 다시 '그 사나이가 미워져' 돌아가다가 그리워지는 경험을 반복하고 있다. 이런 맥락에서 볼 때 '추억처럼'의 의미는 '우물 속에 비친 자연'처럼 순수했던 자신의 과거 모습을 내포하고 있다는 해석이 가능하다. 그렇다면 6연의 화자는 미워지기 이전의 순수했던 자아의 모습을 그리워하는 것으로 볼 수 있다. 그것은 앞서 경험했던 내적 갈등이 이제는 마무리되고 과거의 순수했던 모습으로 살아갈 수 있다는 의미로 볼 수 있는 것이다. 하지만 이를 화자가 존재 탐구를 끝냈다고 이해하기는 어렵다.

오답 뜯어보기 ① '홀로', '외딴', '가만히', '들여다봅니다' 등의 표현으로 보아 화자는 아무도 알지 못하게 자신을 성찰하는 내밀한 공간으로 '우물'을 상정하고 있다고 할 수 있다.
② 2연에서는 우물 속에 비친 하늘의 풍경을 보여 주고 있다. 이는 〈보기〉에서 우물을 '하늘을 향해 있는 동굴'이라고 한 바와 같이 '화자의 지향'을 담고 있는 것으로 파악할 수 있다.
③ 3~5연에서 화자는 자신을 보며 '미워져 돌아갑니다 → 가엾어집니다 → 미워져 돌아갑니다 → 그리워집니다'와 같은 심경의 변화를 보인다. 이는 결국 자신의 모습과 내면에 대한 성찰의 과정에서 나온 반응으로 볼 수 있다.
⑤ 〈보기〉에서는 '우물'을 '하늘을 향해 있는 동굴'이며 '그 동굴의 원형인 모태(母胎)를 떠올리게 하는 공간'으로 보고 있다. 이에 따르면 6연에서 '우물 속에는 ~ 추억처럼 사나이가 있습니다.'라고 인식한 것은 결국 고향과 같은 모태적 공간을 통해 자신을 바라보려는 화자의 태도에서 나온 결과라고 볼 수 있다.

3 '사나이'는 화자의 현실적 자아를 의미하는데, 화자는 자신의 현실적 자아의 모습에 애증을 느끼고 있다. 그러다가 마지막에 우물에 비친 추억 속 자아의 모습을 발견하고 현실적 자아와 화해를 이루고 있다.

---

037 별 헤는 밤_윤동주 108~109쪽

키포인트 체크 회상, 겨울, 조국 광복

1 ⑤   **2** ④   **3** ⑤   **4** 화자의 감정이 이입된 대상으로, 부끄러움을 느끼며 일제 강점기를 살아가는 젊은 지식인을 의미한다.

1 이 시에서 청각적 심상을 지닌 소재는 '밤을 새워 우는 벌레'로, 이는 화자가 지향하는 삶의 모습을 상징하는 것이 아니라, 부정적 상황과 자신에 대한 부끄러움 때문에 괴로워하는 화자의 현재 모습을 상징하는 감정 이입의 대상이다.

오답 뜯어보기 ① 이 시에서 화자의 내면은 시간성을 기준으로 다르게 나타나 있는데, 과거를 추억할 때는 그리움의 정서를 보이고, 현재의 모습에 대해서는 부끄러움을, 미래에 대해서는 희망과 신념의 자세를 보여 주고 있다.

---

② 이 시의 앞부분에서는 쓸쓸함과 애상적 분위기를 유발하는 계절인 '가을'을 배경으로 과거에 대한 그리움에 빠진 화자의 모습을 그리고 있다. 그리고 마지막 연에서는 추위로 인해 고통과 시련의 이미지를 상기시키는 '겨울'과 같은 현재를 벗어나, 재생과 부활의 이미지를 지닌 '봄'과 같은 미래를 희망하는 화자의 모습이 그려져 있다.
③ 과거에 대한 아련한 그리움과 자신의 삶에 대한 부끄러움을 노래하던 화자는 10연에서 '그러나'를 기점으로 미래에 대한 희망을 보이고 있다.
④ 화자가 밤하늘의 별을 바라보며 과거의 추억과 자신의 내면을 응시하고 있으므로 차분하고 고요한 독백적 어조가 어울린다.

2 가슴에 새겨지는 별(어머니, 추억, 사랑 등)은 애틋한 그리움의 대상이지 현실 극복 의지로 보기는 어렵다.

오답 뜯어보기 ①, ② 화자는 가을 하늘의 '별'을 보며 유년 시절을 회상하면서 이를 통해 자아를 성찰하고 있다.
③ '별'은 화자가 지향하는 아름답고 순수한 이상적 세계를 상징한다.
⑤ 별을 헤아리면서 아름다운 어린 시절에 대한 화자의 애틋한 그리움을 형상화하고 있다.

3 ⓜ에는 화자가 바라는 미래에 대한 희망과 기대가 드러난다. 이 시의 화자는 '무덤'에서 '파란 잔디'가 피듯이 자신의 부끄러운 이름을 묻은 '언덕'에도 '풀(희망)'이 무성할 것이라고 보고 있다. 이는 희망찬 미래가 올 것이라고 기대하는 것이지만, 조국의 미래를 바꿀 수 있다는 적극적 모습이라고 보기는 어렵다.

4 '밤'은 부정적 현실을 상징적으로 보여 주는 배경으로, 화자가 살고 있던 일제 강점기의 어두운 분위기를 효과적으로 드러내 준다. '밤을 새워 우는 벌레'는 감정 이입의 대상으로, 어두운 밤과 같은 현실 속에서 '울며' 지낼 수밖에 없었던 젊은 지식인의 고뇌와 슬픔을 보여 주는 대상으로 볼 수 있다.

---

038 서시_윤동주 110~111쪽

키포인트 체크 고백적, 하늘, 양심

1 ④   **2** ②   **3** ⑤   **4** 두 시의 화자는 나라를 빼앗긴 현실에 괴로워하고 있다.

1 어순을 도치하여 표현하는 것은 흔히 강조의 효과를 거둘 수 있는 기법인데, 이 시에는 어순을 도치하여 표현한 부분이 나타나 있지 않다.

2 ②는 시인의 외양을 묘사한 내용인데, 이 시에서 외모를 짐작할 수 있는 부분은 찾기 힘들다.

오답 뜯어보기 ①, ③ '한 점 부끄럼이 없기를 ~ 괴로워했다.'에서 짐작할 수 있다.
④ 시인의 불안과 고통을 형상화한 시어 '바람'에서 짐작할 수 있다.
⑤ 시인은 부끄러움이 없는 삶을 살기를 소망하는 사람이므로 남을 헐뜯는 옳지 않은 행동을 하지 않았을 것이다. 또 '모든 죽어 가는 것들을 사랑해야지.'라는 시행에서 시인이 타인에게 연민과 사랑의 감정을 가진 사람이라는 것을 알 수 있다.

정답과 해설

3 작품의 내재적 의미는 작품 자체의 형식이나 내용에 국한하여 파악한 의미를 말한다. 따라서 특정 시구에 대해 해석을 하고 있는 ⑤가 그에 해당한다. ①, ②, ③, ④는 모두 작품의 외재적 의미를 파악한 것이다.

오답 뜯어보기 ① 독자의 측면에 초점을 맞춘 효용론적 감상이다.
②, ④ 작가의 이력에 초점을 두고 파악한 표현론적 감상이다.
③ 당시의 현실에 초점을 두고 파악한 반영론적 감상이다.

4 이 시는 부끄러움이 없는 순결한 삶에 대한 소망을 나타낸 시로, 시대적 배경과 연관지어 볼 때 화자는 자신이 처한 현실, 즉 나라를 일제에 빼앗긴 현실에 괴로워하고 있는 것으로 해석할 수 있다. 〈보기〉의 화자 역시 '무궁화 세계가 사라진' 현실, 즉 나라를 빼앗긴 현실에 안타까워하고 있다. 따라서 두 시 모두 나라를 빼앗긴 현실에 괴로워하는 지식인의 태도가 공통적으로 드러나 있다고 볼 수 있다.

지식 +

• 황현, 〈절명시〉

갈래	한시, 7언 절구
성격	우국적, 고백적, 저항적
주제	국권 상실에 따른 지식인의 비탄과 절망
감상	이 작품은 일제의 국토 강점에 대한 저항 의지, 국권을 강탈당하는 위기에 처한 지식인의 고뇌를 읊은 한시로, 국권 피탈의 치욕을 자연물을 통해 구체화하여 표현하고 있다.

---

3 작품의 내재적 의미는... 스러운 태도를 반영한 것으로 볼 수 있다.

오답 뜯어보기 ① '어둠'은 '등불'이 비치면 사라지므로 밝음과 대비되는 대상으로 볼 수 있다.
③ 화자는 '아침'을 '시대처럼 올' 것으로 예상하고 있다. 따라서 '아침'은 아직 현실에는 실현되지 않는 것으로 볼 수 있다.
④ '아침'은 화자가 '기다리는' 대상이다. 따라서 화자가 만남을 기대하는 대상으로 볼 수 있다.
⑤ '어둠'과 '아침' 모두 시간성과 관련된 대상으로 볼 수 있다. 또한 각각 '일제 강점기의 어두운 현실', '조국의 광복'이라는 상징적 의미가 부여된 대상으로 볼 수 있다.

4 ㉠의 '나'는 절망적 현실을 극복하려고 끊임없이 노력하는 '내면적 자아'로 볼 수 있고, ㉡의 '나'는 현실과 타협하면서 무기력한 삶을 살아가는 '현실적 강점기'로 볼 수 있다. ㉢의 '악수'는 이러한 두 자아의 화해를 의미하는 것으로, 이를 통해 현실 극복의 의지와 미래에 대한 희망의 의지를 보여 주고 있다.

---

039 쉽게 씌어진 시_ 윤동주   112~113쪽

키포인트 체크 육첩방, 부끄러움, 내적 갈등

1 ④   **2** ②   **3** ②   **4** 내면적 자아와 현실적 자아의 화해

1 이 시의 화자는 무기력하게 살고 있는 현재의 삶에 부끄러움을 느끼고, 자기 삶을 성찰하는 태도를 통해 암울한 현실을 극복하려는 의지를 보여 주고 있다.

오답 뜯어보기 ① 이 시의 화자는 경제적 어려움으로 괴로워하고 있는 것이 아니라, 식민지 조국의 현실과 자신의 처지를 생각하며 괴로워하고 있다.
② 시가 쉽게 씌어지는 것을 반성적인 자세로 고백하고 있을 뿐, 자신의 감정을 격정적으로 분출하고 있지는 않다.
③ 어린 시절의 친구들을 잃어버린 상실감은 나타나 있지만, 과거의 삶에 대한 그리움은 드러나 있지 않다.
⑤ 자기반성적인 태도로 식민지 현실에 대한 인식을 보여 주고 있다.

2 〈보기〉에서도 알 수 있듯이 이 시의 화자는 일본 유학 생활을 하는 동안 식민지 조국을 떠나 자신만 편안하게 공부한다고 느끼는 데서 오는 자괴감, 자책감으로 괴로워하고 있다. '시인'이란, 현실이 아무리 부정적이라 하더라도 그것을 변화시킬 만한 현실적 힘을 지니지 못한 존재이기 때문이다. 이를 화자는 '슬픈 천명(天命)'으로 인식하고 있다. 따라서 '시인이란 슬픈 천명'은 독립을 위해 행동할 수 없다는 사실을 안타까워하는 표현으로 보아야 한다.

3 '어둠'은 궁극적으로 화자가 내몰고 싶어 하는 대상이다. 따라서 부정적으로 여기는 대상이라고 할 수 있다. '조금'은 화자의 소극적이고 조심

---

040 참회록_ 윤동주   114~115쪽

키포인트 체크 참회, 밤, 거울, 자기 성찰

1 ③   **2** ③   **3** ⑤은 자기 성찰의 매개체로서 기능하고 있다.   **4** ④   **5** 2연은 과거로부터 현재에 이르는 자신의 삶 전체에 대한 참회이고, 3연은 미래의 어느 즐거운 날 현재의 참회를 다시 돌아보며 한 참회이다.

1 이 시는 과거 역사에 대한 참회, 지나온 삶에 대한 현재의 참회, 그리고 현재의 참회에 대한 미래의 참회로 이어지는 시간의 흐름에 따른 시상 전개 과정을 보여 주고 있다.

2 이 시에서는 '파란 녹이 낀 구리거울'이라는 상징적 사물을 통해 민족의 혼이 흐려진, 망국의 상황을 드러내고 있으며, 〈보기〉에서는 '낡은 단청', '거미줄 친 옥좌', '두 마리 봉황새' 등의 상징적 사물들을 활용하여 국권을 잃은 우리 민족의 비참한 상황을 표현하고 있다. 또 두 시의 화자들은 잃어버린 조국의 상태를 인식하고 그 가운데서 살아가는 자신의 처지를 안타까워하고 있다는 점에서 공통적이다.

오답 뜯어보기 ① 〈참회록〉의 성찰과 비판의 범주는 망국의 역사 속의 욕된 자아, 즉 현실에 적극적으로 대응하지 못하는 자아이고, 〈보기〉는 국권을 잃은 우리 민족과 사대주의의 슬픈 역사이다.
② 두 시 모두 영탄적 어조가 나타나지 않는다.
④ 〈참회록〉에서는 '운석 밑으로 홀로 걸어가는 / 슬픈 사람의 뒷모양'을 통해 잘못된 현실에 맞서 자기를 희생하는 의지를 드러내고 있다. 하지만 〈보기〉에는 자기희생의 의지가 나타나지 않는다.
⑤ 〈보기〉에서 '봉황새'는 망국민의 비애와 민족에 대한 애틋한 감정이 이입된 대상이다. 그러나 〈참회록〉에서는 감정 이입의 수법을 사용하고 있지 않다.

● 조지훈, 〈봉황수〉

갈래	산문시, 서정시
성격	우국적, 고전적
주제	망국(亡國)의 비애
감상	이 작품은 퇴락한 고궁의 모습을 통해서 국권 상실의 뼈저린 아픔을 노래하고 있다. 이 시에서 '봉황새'는 역사적으로 항상 외세에 짓눌려 온 나약한 우리 민족 또는 국가를 상징한다고 할 수 있다.

3 화자는 '구리거울' 속 자신을 보며 참회하고 있으므로, ㉠은 자기 성찰의 매개체로서 기능하고 있다고 볼 수 있다.

4 이 시에서 '밤'은 '즐거운 날'과 대립되는 부정적 이미지로, 화자가 처한 어두운 현실 상황을 상징한다. 또한 '밤'은 화자와 잘못된 현실(세계)과의 갈등이 첨예하게 드러나는 시간이다. 따라서 이 시간은 잘못된 현실에 맞서 시대적 양심을 지키려는 화자의 철저한 자기 성찰이 요구되는 시간이기도 하다. 이러한 과정을 통해 참된 나의 모습이 나타나는 것이다.

5 2연의 참회는 과거로부터 현재에 이르는 자신의 삶 전체에 대한 참회로, 일제 강점기에 식민지 지식인으로서 무기력하게 살아온 삶에 대한 반성이다. 그러나 3연의 참회는 미래의 어느 즐거운 날, 즉 조국 광복이 이루어진 날에 현재의 참회를 다시 돌아보며 한 참회로, 현실에 적극적으로 대응하지 못했던 젊은 날에 대한 반성이다.

III. 광복 이후 ~ 1950년대

060 청노루 _ 박목월   132~133쪽

키포인트 체크 시선, 봄, 탈속적, 절제

1 ③   **2** ⑤   **3** ⑤   **4** 속잎 피어 가는 열두 굽이를, 청노루가 달려 내려오는 듯한 경쾌한 느낌을 준다.   **5** ②

1 탈속적 분위기를 형성하는 푸른색의 청운사, 환상적 분위기를 형성하는 자주색의 자하산 등 감각적인 이미지의 소재는 시적 공간을 형상화하는 데 기여하고 있다.

오답 뜯어보기 ① 계절적 배경을 봄으로 설정하였으나, 시간의 흐름은 나타나지 않는다.
② 3연에서 한 행에 3음보를 배열하여 경쾌한 분위기를 형성하고 있으나, 의성어는 사용하지 않고 있다.
④ '청노루' 등의 자연물이 등장하나 사람처럼 느끼거나 행동하는 것으로 표현한 부분은 나타나지 않는다.
⑤ 운율과 어조의 변화가 나타나고 있으나, 이를 통해 자연에 대한 경외감을 표출하는 것은 아니다.

2 이 시는 자연에 대한 묘사를 위주로 한 작품으로, 사람은 직접적으로 등장하지 않으며 대상과 화자 사이의 거리감을 유지하여 화자의 감정과 관념의 개입을 절제하고 있다. 그러므로 이 시를 영상화할 때 등장인물을 설정하고 그의 감정을 표출하는 것은 적절하지 않다.

오답 뜯어보기 ② 이 시는 시선의 이동과 원근의 변화에 따라 대상을 묘사하고 있다.
④ 자하산과 청노루, 청운사를 통해 알 수 있듯이 이 시는 자주색과 푸른색의 색채 대비가 나타난다.

3 ㉠은 1행을 1음보로 구성하여 호흡이 느려지는 부분이다. 이를 통해 청노루의 눈에 비친 구름이 완만하게 움직이는 모습을 효과적으로 표현하고 있다.

4 1, 2연은 각 행이 2음보의 율격을 지니고 있는데, 3연의 두 번째 행은 3음보로 구성되어 있다. 이로 인해 리듬이 빨라지게 되어 마치 청노루가 산길을 달려 내려오는 듯한 경쾌한 느낌을 주게 된다.

5 〈보기〉에서 현실인 일제 말기의 은신 장소를 그리워한 데서 '청운사'와 '자하산'을 상상하여 형상화하였다고 하였다. 따라서 현실의 어려움이 없는 이상적 세계라고 해석할 수 있다.

061 산도화 _ 박목월   134~135쪽

키포인트 체크 자연, 그림, 순수한, 암사슴, 죽음, 생명

1 ②   **2** ③   **3** ④   **4** 인상적인 몇 장면만 묘사한다. 수식어가 거의 없는 극도로 절제된 시어를 사용한다.

1 이 시는 화자가 바라보고 있는(또는 상상하고 있는) 자연의 모습을 한 폭의 그림처럼 묘사하고 있다. 즉, 보랏빛의 석산, 두어 송이 피어 있는 산도화, 옥 같이 흐르는 물 등의 시각적 이미지를 활용하여 이상향의 모

습을 신비스럽게 형상화하고 있다. 그러나 감각의 전이가 나타나는 공감각적 표현은 찾아볼 수 없다.

2 이 시에서 '산도화'는 '구강산'이라는 가상의 공간에서 피어난 꽃으로 이상향을 의미한다고 볼 수 있다. 〈보기〉의 밑줄 친 '무릉도원' 역시 복숭아 꽃들이 만발한 곳으로 현실을 초월한 이상적인 공간이라 할 수 있다. 따라서 '산도화(복숭아꽃)'는 동양의 이상향인 '무릉도원'을 연상시키는 소재이다.

3 이 시는 이상화된 세계의 신비하고 아름다운 자연 풍경과 평화로운 분위기를 한 폭의 동양화처럼 그려 내고 있다. 따라서, 이 시를 바탕으로 시화(詩畫)를 그린다고 했을 때, 1연의 보랏빛 석산의 신비한 모습, 2연의 두어 송이 피어 있는 산도화, 3연의 골짜기마다 흐르는 맑은 물, 4연의 시냇물에 발을 씻는 암사슴의 모습을 그려 넣을 수 있을 것이다. 그러나 계절적 배경이 산도화가 피는 봄이므로 흰 눈이 소복이 쌓여 있는 시내의 모습은 적절치 않다.

4 〈보기〉에서 시인은 '산도화의 담담(淡淡)한 풍경에 홍백의 꽃송이를 두어 점 띄워 동양화적 정취를 풍기려 했다'고 말하고 있다. 그리고 이러한 동양화적 정취를 '여백의 함축'이라 표현하고 있다. 이러한 여백의 미를 느끼게 하는 이유는 자연의 풍경을 있는 그대로 구체적으로 표현하지 않고 인상적인 몇 장면, 즉 보랏빛 석산, 산도화 두어 송이, 흐르는 물, 발을 씻는 암사슴 등의 장면만을 묘사하고 있다는 점과 수식어가 거의 없는 극도로 절제된 시어를 사용하여 간결하게 표현하고 있다는 점을 통해 확인할 수 있다.

─────────────────────────── 📖 **지식 ➕**

● **청록파**

1930년대 말에서 1940년대 초 사이에 《문장》을 통해 문단에 나온 박목월·박두진·조지훈이 그동안의 서정 시편 39편을 모아 1946년 여름에 공동 시집 《청록집》을 펴낸다. 을유문화사에서 나온 이 공동 시집 이름인 《청록집》은 박목월의 시 〈청노루〉에서 따온 것인데 이로 인해 이들을 청록파 시인이라 부른다. 세 시인은 각기 시적 지향이나 표현의 기교나 율조를 달리하고 있으나, 자연을 제재로 하고 자연의 본성을 통하여 인간적 염원과 가치를 성취시키려는 시 창조의 태도는 공통적이다. 박목월의 향토적 서정에는 한국인의 전통적인 삶의 의식이 살아 있으며, 이를 통하여 일제 말기 한국인의 정신적 동질성을 통합하려고 한 가치를 인정할 수 있다. 그의 민요풍의 시 형식도 그러한 민족적 전통에 근거하고 있다. 조지훈의 전아한 고전적 취미도 한국인의 역사적·문화적 인식을 일깨우는 뜻이 있으며, 민족의 문화적 동질성을 환기함으로써 일제 치하의 민족의 굴욕을 극복하려 한 의미를 지닌다. 그의 시에서 저항적 요소가 보이고 있음도 그러한 정신적 자세와 연결된다. 박두진에 있어서 자연 인식은 원시적 건강성과 함께 강렬한 의지의 상징으로 표현되고 있는데, 그의 기독교적 신앙에서 빚어진 의연하고 당당한 의로움의 생활 신념과 관계된다.

---

062 **산이 날 에워싸고 ─ 남령(南嶺)에게_** 박목월   **136~137쪽**

키포인트 체크 자연, 산, 달관(초월), 동화(일체)

1 ⑤   **2** 화자가 지향하는 장소이자 동화되기를 원하는 곳이다.   **3** ④
4 ⑤

---

1 이 시는 자연에서의 소박한 삶을 희망하는 화자의 소망을 드러내는 작품으로 속세에서의 구체적인 힘겨움은 나타나 있지 않으며, 이와 자연의 대비를 통한 예찬 또한 드러나 있지 않다.

✏️ **오답 뜯어보기** ① '산이 날 에워싸고', '살아라 한다.' 등의 반복적인 표현을 통해 리듬감을 형성하고 있다.

② 1연 → 2연 → 3연으로 갈수록 자연에 토대를 둔 삶에서 자연에서의 소박한 삶, 자연에서의 초월적 삶으로 내용이 전개되어 화자와 자연과의 동화를 점층적으로 나타내고 있다.

③ 산이 화자를 에워싸고 말을 하는 것처럼 의인법을 활용함으로써 화자의 소망을 효과적으로 표현하고 있다.

④ '들찔레처럼', '쑥대밭처럼', '그믐달처럼' 등의 직유법을 활용한 표현을 통해 화자가 소망하는 삶의 모습을 드러내고 있다.

2 '산'은 기본적으로 자연을 상징하며, 화자는 이 순수한 자연의 세계를 원하며 그 안에서 살기를 바라고 있다. 그러므로 '산'은 화자가 지향하는 장소이자 동화되기를 원하는 동경의 장소로 볼 수 있다.

3 ㉠은 생계를 자연에서 유지하는 데에 대한 시구로 자연에 토대를 둔 삶의 모습을 보여 주고 있다. ㉡은 '들찔레'와 '쑥대밭'을 활용하여 자연의 순리에 따르는 삶의 모습을 보여 주고 있으며, ㉢은 '그믐달'을 통해 죽음마저도 초월하여 얽매이지 않는 달관의 경지를 보여 주고 있다. 따라서 ㉡과 ㉢을 비교해 볼 때, ㉡과 달리 ㉢에는 죽음마저 받아들이는 초월적인 모습이 담겨 있다고 볼 수 있다.

✏️ **오답 뜯어보기** ① ㉠에도 자연에서의 소박한 삶을 꿈꾸는 화자의 모습이 드러나 있다.

② ㉢에서의 '그믐달'은 화자가 지향하는 삶의 모습을 보여 주는 존재이지만 수단으로 보기 어렵다.

③ 자연과의 동화는 시상이 진행될수록 점층적으로 이루어진다. 따라서 ㉡에 비해 ㉢에서 더 잘 드러난다.

⑤ 생계유지의 모습은 ㉠에서만 나타나고 있으며, ㉠~㉢ 모두 자연에서의 삶의 모습과 지향을 말하고 있을 뿐, 화자의 생명력을 나타내고 있다고 보기 힘들다.

4 〈보기〉는 정지용의 〈장수산 1〉로 절대적으로 고요한 공간인 '장수산'에서 자연과 동화되어 현실의 시름을 잊고자 하는 화자의 모습을 보여 주고 있다. 시상이 전개되어 갈수록 자연과 동화되어가는 모습은 〈산이 날 에워싸고〉에서 잘 드러나고 있다.

✏️ **오답 뜯어보기** ① 이 시의 '산'이나 〈보기〉의 '장수산' 모두 속세와 대비되는 자연의 모습으로 탈속적 세계를 보여 준다.

② 이 시와 〈보기〉의 화자 모두 기존의 속세가 아닌 탈속적 세계에 대한 염원을 지니고 있다.

③ 이 시는 1연에서 씨를 뿌리고 밭을 갈며 살아라 한다는 표현을 통해 생계를 유지하는 삶의 공간으로서의 모습이 나타나 있다.

④ 이 시의 화자는 자연과의 동화를 통해 초월적인 삶의 모습을 보이고 있는 반면에 〈보기〉의 화자는 장수산의 고요 속에서 시름을 견딘다는 표현을 통해 시련과 고난을 극복하고 있다.

063 하관_ 박목월
138~139쪽

키포인트 체크 슬픔, 죽음, 꿈, 그리움

1 ④　**2** ③　**3** ④　**4** 하강 이미지를 형성하는 시어로서, 죽음과 슬픔의 의미를 강화하여 드러낸다.

1 이 시에서는 아우가 '형님!'이라고 부르는 소리와 화자가 '오오냐'라고 답하는 발화가 직접 인용되고 있는데, 전자는 화자만 듣게 되는 것으로, 후자는 아우에게 전달되지 못하는 것으로 제시되어 결국 완전한 전달에 실패하고 있다. 이는 소통이 불가능한 이승과 저승 간의 거리감을 부각하고 이에 대한 화자의 안타까움을 강조하게 된다.
오답 뜯어보기 ① 이 시에서는 3연의 첫 문장 '너는 / 어디로 갔느냐'에서 의문문의 형태를 찾아볼 수 있으나, 이를 응답을 전제한 질문으로 보기는 어렵다.
② 주로 청각적 심상이 사용되었으며, 계절적 배경이 형상화되고 있지 않다.
③ 시구의 변용과 확장을 통한 점층적 표현은 사용되지 않았다.
⑤ 수미 상관의 전개 방식이 사용되었다고 보기 어렵다.

2 이 시에서 아우의 목소리는 화자에게 전달되고 있으나 '나'의 목소리는 아우에게 가 닿지 않는다. 따라서 '나는 네 목소리를 들을 수가 없더구나'와 같은 표현은 시의 내용과 다르게 표현된 것으로 볼 수 있다.
오답 뜯어보기 ① 1연에서 확인 가능한 내용이다.
② 2연에서 확인할 수 있다.
④, ⑤ 3연을 통해 알 수 있는 내용이다.

3 이 시에서 '여기'는 산 자들의 공간이 이승으로, 이곳은 죽은 존재의 목소리가 가까운 사람들에게만 들리고 다른 사람들에게는 '툭 하는 소리' 정도의 의미로 인식되는 공간(①, ⑤)이자 저승과는 소통이 불가능한, 단절된 공간(②)으로, 또한 눈물과 서러움의 표상인 '눈과 비'가 내리는 공간(③)으로 제시되고 있다. 외양의 변화에서 세월의 흐름과 덧없음을 깨닫는다는 의미는 이 시에서 찾아보기 어렵다.

지식 ➕
● **박목월의 중기 시에 나타나는 대립적 공간**
박목월 중기 시에는 현실 세계가 주축을 이루는데 자연에 천착해서 이상 세계를 꿈꾸던 초기의 경향과 달리 이 시기에는 현실에 대한 관심이 두드러진다. 또한 중기 시에 나타나는 현실 – 이상, 지상 – 천상, 생활 – 시 등의 대립 이면에는 이를 융합하려는 시인의 몸짓이 감지된다. 시인은 현실의 문제로 인해 생겨나는 내면적 갈등과 고뇌를 대립적 공간을 통해 형상화하면서, 이를 일상적이고 구체적인 삶의 문제와 연계하여 드러내고 있다.

4 1연의 '흙'과 2연의 '눈과 비'는 모두 떨어져 내려 하강 이미지를 형성하는 시적 기능을 수행하는 것으로 볼 수 있다. 이러한 하강의 이미지는 죽음과 이로 인한 슬픔의 의미를 강조하는 효과를 가져오고 있다.

064 꽃덤불_ 신석정
140~141쪽

키포인트 체크 꽃덤불, 독립, 소망

1 ⑤　**2** ⑤　**3** ④　**4** 헐어진 성터를 헤매이면서, 가슴을 쥐어뜯으며 이야기하며 이야기하며

1 이 시가 쓰인 시기와 5연의 '겨울밤 달이 아직 차거니'라는 표현을 통해 광복 직후의 혼란스러운 상황을 배경으로 한 시임을 알 수 있다. 또한 '꽃덤불에 아늑히 안겨 보리라.'에서 화자가 지금의 혼란스러운 상황을 극복하고 진정으로 화합을 이룬 조국의 모습을 바라고 있음이 드러난다.

2 [A]에서 화자는 부정적 현실에 처해 있지만 미래에 대한 기대감을 나타내고 있다. ⑤는 이육사의 〈광야〉로, '눈'이 내리는 부정적 현실 속에서도 '백마 타고 오는 초인'이 가져올 아득한 미래에 대한 소망과 확신을 드러내고 있다.
오답 뜯어보기 ① 김소월의 〈진달래꽃〉으로, 임과의 이별을 받아들이는 체념의 태도가 드러난다.
② 천상병의 〈귀천〉으로, 삶을 소풍에 비유한 부분에서 삶에 대한 긍정과 달관의 태도가 나타난다.
③ 한용운의 〈나룻배와 행인〉으로, 행인이 자신을 짓밟아도 물을 건너게 하려는 희생적인 자세가 나타난다.
④ 김영랑의 〈돌담에 속삭이는 햇발〉로, 하늘로 상징되는 이상적인 세계에 대한 동경이 제시되어 있다.

3 ㉠에서 '달'은 '차다'와 문장 성분상 호응을 이루므로, '달' 역시 '겨울밤'처럼 광복 후의 혼란스러운 상황을 나타낸다고 보아야 한다.
오답 뜯어보기 ① 광복 직후 좌익과 우익의 이념적 갈등으로 혼란했던 사회에 대한 비판적 인식이 담겨 있다.
② '겨울밤'은 혼란스러운 시대 상황을 상징한다고 볼 수 있다.
③ 부사 '아직'은 어떤 일이나 상태가 끝나지 않고 지속되고 있음을 뜻하는 말이므로, 광복 이후에도 혼란스러운 시대 상황이 지속되고 있음을 나타낸다고 할 수 있다.
⑤ '차다'는 '겨울밤'의 이미지와 어울리며 이러한 차가운 느낌은 화자의 현실 인식에 영향을 미쳤다고 볼 수 있다.

4 〈보기〉에 따르면, 사랑을 이루기 위해서는 노력이 필요하다. 이때의 노력은 지속적인 관심과 위협에 대해 맞서는 것을 의미한다. 이 시에서 화자가 사랑하는 대상은 '태양'으로 제시되어 있다. 시적 화자가 태양을 향한 사랑을 이루기 위해 한 행동은 2연에 제시되어 있는데, '헐어진 성터를 헤매이'는 것과 '가슴을 쥐어뜯으며' 태양을 모시겠다고 이야기하는 것이 이에 해당한다.

065 낙화_ 조지훈
142~143쪽

키포인트 체크 꽃잎, 은둔, 비애

1 ②　**2** ⑤　**3** 하이얀 미닫이가 우련 붉어라　**4** 부정적 상황에 소극적인 방식으로 저항하는 마음　**5** 떨어지는 꽃을 보며 삶의 무상함과 비애, 절망감을 느끼고 있다.

1 이 시의 1~3연은 밤에서 새벽녘으로의 시간의 흐름이 나타나며, 4~6연은 새벽에서 낙화의 시간인 아침으로의 시간의 흐름이 나타난다. 1~6연까지 화자의 시선은 떨어지는 꽃의 모습, 즉 외부 세계에 있다. 하지만 낙화 직후의 시간이 제시된 7~9연에서는 화자의 시선이 낙화로 인한 비애감을 느끼는 자신의 내면 세계로 이동하게 된다.

정답과 해설　**415**

2 이 시는 낙화을 보며 화자가 성숙한 삶에 대한 깨달음을 얻는 과정을 나타낸 것이 아니라, 은둔하며 지내는 화자가 낙화를 바라보면서 느끼는 비애감, 상실감, 서글픔의 정서를 드러내는 것이다.

오답 뜯어보기 ① '주렴', '귀촉도', '미닫이' 같은 소재와 '우련', '저어하다'와 같은 어휘 등에서 전통적인 정서가 표현되고 있다.

② '묻혀서 사는 이'라는 시구에서 세상과 단절되어 살아가는 화자의 모습을 파악할 수 있다.

③ 이 시의 5~6연에서 마당에 떨어지고 있는 꽃잎이 미닫이문의 창호지에 은은하게 비친 모습을 한 편의 동양화처럼 표현하고 있다.

④ '꽃이 지는 아침은 / 울고 싶어라.'라는 표현에서 낙화를 바라본 화자의 비애가 표출되어 있다.

3 '하이얀 미닫이가 / 우련 붉어라.'는 마당에 떨어진 꽃잎들의 색조가 은은하게 창호지에 비친 서정적 상황을 보여 주고 있다. 또한 '우련 붉어라.'는 사라져 가는 꽃의 마지막 아름다움을 나타내는 것으로, 희미하고 엷은 붉은색에는 낙화를 바라보는 화자의 쓸쓸함, 서글픔이 담겨 있다.

4 창작 당시의 시대적 상황이 암울한 일제 강점기였고, 시인은 해방 직전의 암흑기에 저항을 노래하진 못하였으나 절필 혹은 숨어서 시를 썼다. 즉, 시인은 '묻혀서 사는 이의 / 고운 마음'이라는 표현을 통해 속세와 단절되어 부정적인 현실에 대한 소극적인 저항으로 숨어서 시를 쓰는 사람의 마음을 드러내고 있음을 알 수 있다.

5 세상을 피해 은둔자적 삶을 살아가는 화자는 꽃이 지는 풍경을 바라보며 삶의 무상함과 비애, 절망감을 토로하고 있다.

---

066 사향_ 김상옥 144~145쪽

키포인트 체크 심상, 회상, 그리움

1 ⑤ **2** ② **3** ② **4** 〈사향〉의 화자는 고향을 그리워하는 반면 〈보기〉의 화자는 고향을 등지고 떠돌고 있다. (또는) 〈사향〉의 화자는 고향에 대해 긍정적인 태도를 보이는 반면, 〈보기〉의 화자는 부정적인 태도를 보이고 있다.

1 이 시는 어린 시절 고향과 어머니에 대한 그리움을 향토적인 소재와 다양한 감각적 이미지를 사용하여 표현하고 있다. 고향의 풍경을 묘사하고 있으나 근경에서 원경으로의 시선 이동은 나타나지 않는다.

오답 뜯어보기 ① 이 시는 '풀밭 길, 개울물, 초집, 송아지, 멧남새' 등 향토적인 소재를 사용하고 있다.

② 이 시는 고향에 대한 그리움을 전체 3수의 연시조 형식에 담아 형상화하고 있다.

③ 이 시는 유년 시절 고향에 대한 그리움을 회상의 형식에 담아 표현하고 있다.

④ 이 시는 고향의 정경을 먼저 묘사한 후, 어머니와 고향 사람들에 대한 그리움을 표현하는 선경후정의 구조로 시상을 전개하고 있다.

2 이 시의 화자는 고향 마을의 풍경과 어린 시절의 추억, 어질고 고운 마을 사람들을 회상하며 고향에 대한 그리움을 표현하고 있다.

3 이 시는 현대 시조로, 음수율이나 율격 구조는 그대로 지니고 있지만 현대적인 감수성이 느껴지는, 새로운 미학을 개척한 시조라고 할 수 있다. 1수에서 '풀밭 길-개울물-초집'의 이미지들의 자연스러운 연결, 2수에

서의 '진달래-저녁노을-꽃지짐'의 붉은색의 시각적 이미지의 긴밀한 연결, 3수에서의 '멧남새-봄을 씹는 마을'이라는 미각적 이미지들의 긴밀한 연결에 의해 고향의 아름다운 모습이 잘 드러나고 있다. 이와 같이 이미지의 흐름에 따라 짜임새 있게 의미 구조를 배치함으로써 율격이라는 형식적 제약을 넘어선 새로운 미학의 영역을 개척했다고 할 수 있다.

◀ 지식 +

● **시조의 형식**
시조는 3장 6구 4음보 45자 내외의 정형시로, 종장 첫 음보는 3글자로 제한한다. 이러한 평시조에서 1구가 길어진 것은 엇시조, 2구 이상이 길어진 것은 사설시조라고 한다.

---

4 〈사향〉의 시적 화자는 고향을 회상하여 '애젓하오'라는 시어를 통해 고향에 대한 간절한 그리움을 표현하고 있다. 이에 비해 〈보기〉의 시적 화자는 어두운 현실 속에서 눈물을 머금고 이방인처럼 고향을 등지고 있다. 화자는 고향을 찾아가지만 등을 돌릴 수밖에 없는 고향의 현실 때문에 고향에 대해 부정적인 태도를 보인다.

---

067 상치쌈_ 조운 146~147쪽

키포인트 체크 소박, 일상, 나비, 봄, 감탄

1 ① **2** ③ **3** ② **4** 화자가 시선을 돌리게 되는 계기로서, 시상이 전환되는 기점이 된다.

1 이 시에서는 '봄', '나비'와 같은 소재를 통해 봄의 계절감을 부각하고 있다.

오답 뜯어보기 ② 시선의 전환은 드러나지만 공간의 이동은 확인되지 않는다.

③ 시대적 상황이 주는 억압과 같은 내용은 찾아볼 수 없다.

④ 현실에 대한 비판 의식은 나타나지 않는다.

⑤ 교훈의 전달과 같은 창작 의도는 확인할 수 없다.

2 이 시에서 꽃잎을 쫓아 날아가는 나비로 대변되는 봄의 풍경은 순간적으로 스치듯 지나가는 것으로 제시되고 있다. 따라서 꽃 위에 머물러 있는 나비를 골똘히 바라보는 화자의 모습은 떠올리기 어렵다.

오답 뜯어보기 ① 1연의 내용에서 떠올릴 수 있는 장면이다.

②, ④ 3연의 '흐는 꽃 쫓이던 나비'와 '울 너머로 가더라'를 통해 꽃잎과 함께 날아가는 나비와 이를 목격하게 된 화자의 모습을 떠올릴 수 있다.

⑤ 2연의 내용을 읽고 떠올릴 수 있는 장면이다.

3 [A]와 [B] 모두 장을 비롯한 시행의 배치나 개수의 측면에서 전통 시조의 변형이라 볼 수 있지만, 4음보의 율격은 기본적으로 지켜지고 있음을 확인할 수 있다. 따라서 두 시 모두 전통 시조의 음보율에서 벗어나 길이가 길어지는 경향을 보이고 있다는 설명은 적절하지 않다.

오답 뜯어보기 ①, ③ [A]와 [B] 모두 전통 시조의 형식을 변형한 현대 시조 작품이다(①). 두 시 모두 마지막 장의 첫 음보는 '흐는 꽃'과 '감아야'와 같이 3음절로 유지되고 있다(③).

④ [A]에서는 2개의 음보로 이루어진 하나의 구가 하나의 시행을 이루는 구별 배행의 방법이 주로 사용되고 있다.

⑤ [B]는 두 개의 시행으로 구성되어 있는데, 이는 2개의 장으로 이루어

진 양장 시조의 형식에 해당된다.

● 지식 +

● 현대 시조의 흐름과 전통의 계승 - 시조 부흥론
1920년대 사회주의 이념을 강조하던 프로 문학의 경향이 나타나면서, 민족주의를 강조하던 국민 문학파는 이에 대항하기 위한 실천 방안으로 시조 부흥론을 제창하였다. 최남선, 이광수 등이 앞서 주장하였고, 이후 이병기, 조운, 이은상, 양주동 등을 중심으로 하여 활발하게 전개되었다. 최남선은 시조의 노래로서의 성격을 강조했지만, 이병기는 시조를 혁신하기 위해 시조에서 '노래'의 성격을 제거해야 한다고 주장하였다. 형식적 측면에서는 구별 배행 방식, 양장 시조나 4장 시도와 같은 여러 가지 파격이 시도되기도 했다. 했다. 이처럼 시조 부흥에 대한 여러 논의가 있었으나 실제 근대인의 감성에는 시조가 크게 들어맞지 않아 널리 창작되지는 못했다. 그러나 고전 문학 가운데 시조만이 오늘날까지 창작의 명맥을 이어온 것은 시조 부흥론의 영향이 컸다고 볼 수 있다.

4 무심히 상추쌈을 입에 욱여넣던 화자는 '희뜩', 뭔가에 시선을 돌리게 되고, 이로 인해 봄의 한 순간을 목도하게 된다. 즉, '희뜩'은 시적 화자가 시선을 전환하는 계기이자, 이를 기점으로 일상 경험의 전반부와 봄의 생명력, 생동감을 다룬 후반부가 나뉘게 되는 것으로 볼 수 있다.

068 남신의주 유동 박시봉방_ 백석
148~149쪽

키포인트 체크 반성, 유랑, 의지

1 ④　**2** ④　**3** ⑤　**4** '남신의주' 지역의 '유동'이라는 마을에 사는 '박시봉'이라는 사람의 집이라는 뜻이다.　**5** ②

1 1~8행에서 화자가 가족과 헤어져 객지에서 외롭게 살고 있음을 알 수 있다. 그러나 헤어진 가족과의 재회에 대한 간절한 바람은 이 시에 드러나 있지 않다.
　오답 뜯어보기 ①, ③ 이 시의 후반부에서 화자는 자신의 운명을 수용하며, '갈매나무'를 통해 새로운 삶의 의지를 다지고 있다.
　② 1~8행에서 화자가 타향에서 외롭고 고단한 삶을 살고 있음을 알 수 있다.
　⑤ 9~19행에서 화자는 자신의 지나온 삶을 되돌아보고 있다.

2 이 시에서 '방'은 화자의 인식을 드러내는 공간이다. [D]에서 화자는 '더 크고, 높은 것'이 '나를 이끌어 가는' 것으로 인식하고 있으므로, 화자의 운명론적 인식이 '방'에서 형성되고 있음을 알 수 있다. 그러므로 '방'을 운명론에서 벗어나 타인에 대한 책임감을 느끼는 공간으로 보기는 어렵다.

3 이 시의 화자는 어두워 가는 하늘 밑에서 하얗게 눈을 맞고 서 있을 '정한 갈매나무'를 생각하면서 자신도 맑고 깨끗하게 살아가겠다는 의지를 되새기고 있다. 이때 '갈매나무'는 화자의 정서를 대신해서 드러내고 있다는 측면에서 객관적 상관물이라 할 수 있다.

4 이 시의 제목은 편지 겉봉에 적는 발신인 주소 형식을 빌려 쓴 것이다. 이 점을 근거로 친한 친구에게 편지 대신 이 시를 써서 보낸 것이라고 보는 경우도 있고, 독백체로 이야기를 하고 있을 뿐 편지로 보기 어렵다는 견해도 있다.

5 ㉠은 무료함과 지루함을 달래 보려는 행위이고, ㉡은 지나온 삶을 응시하며 성찰하는 행위이다. ㉡과 같은 성찰이 있었기에 좌절과 절망감에

빠져 무기력했던 화자가 후반부에서 삶에 대한 의지와 희망을 갖게 된 것이다.
　오답 뜯어보기 ① ㉠은 무료한 시간을 보내고 있는 화자의 상황을 단적으로 보여 주는 행위이다.
　③ ㉡은 지난 삶에 대한 성찰로 볼 수 있지만, ㉠은 성찰과 관련이 없다.
　④ ㉡은 무기력한 상태에서 벗어나도록 하는 역할을 한다는 점에서 적절하지 않다.
　⑤ ㉠은 고향을 떠나 객지에 홀로 머물고 있는 화자의 현재 상황을 보여 줄 뿐 미래의 삶에 대한 희망과는 관련이 없다.

069 파랑새_ 한하운
150~151쪽

키포인트 체크 자유, 나병, 현실, 자유, 소망

1 ②　**2** ③　**3** ⑤　**4** ⑤　**5** ①　**6** 자유로운 존재로서, 화자가 희망하는 행복하고 자유로운 삶을 영위하는 존재이다.

1 화자는 죽어서 파랑새가 되겠다는 표현을 반복적으로 사용하여 현실에서 벗어나고자 하는 간절한 바람을 표현하였다.
　오답 뜯어보기 ① 죽어서라도 파랑새가 되겠다는 표현을 통해 현실이 부정적이라는 것을 추측할 수 있지만, 부정적 현실에 대한 미화는 찾아볼 수 없다.
　③ 파랑새는 절대적 존재, 초월적 존재로서의 의미가 아니라 화자가 지향하는 삶의 모습을 대변하는 존재이다.
　④ 죽어서 파랑새가 되겠다는 것은 죽어서라도 자유로운 존재가 되고 싶다는 간절한 바람을 표현한 것이지 죽음을 동경하는 것은 아니다.
　⑤ 파랑새의 삶을 동경하는 모습을 보이기는 하지만 파랑새에 대한 예찬은 드러나지 않는다.

2 이 시는 각 연마다 3음보를 3행 또는 4행에 걸쳐 배치하여 안정적이면서도 단순한 형태로 구성하였다.
　오답 뜯어보기 ① 1연과 4연의 반복 또는 2, 3연의 '푸른'의 반복 등을 통하여 화자의 염원이나 희망과 한의 정서를 강조하고 있다.
　② 전체적으로 푸른 색의 이미지를 사용하여 자유롭고자 하는 화자의 바람과 한과 슬픔의 느낌을 부각시키고 있다.
　④ 전체적으로 '나는', '파랑새', '푸른' 등 평범하고 단순한 시어를 사용하여, 간절한 바람을 더욱 강조하고 있다.
　⑤ 1연과 4연은 수미 상관의 구조이며, 2연과 3연도 형식상 대응되는 형태로 되어 있어 화자의 염원을 강조한다.

3 '울어 예으리'와 같은 예스러운 표현은 시의 분위기를 전통적이며 차분하고도 애상적인 느낌을 살리는 데에 기여하고 있으나, 과거로 돌아가고자 하는 의미를 담고 있다고 볼 수는 없다.
　오답 뜯어보기 ① 화자가 파랑새가 되어 푸른 노래와 울음을 울면서 지내겠다는 것은 자유로운 삶의 표현이라 볼 수 있다.
　② '푸른 노래', '푸른 울음'은 청각인 '노래'와 '울음'을 '푸른'과 결합시킨 청각의 시각화, 공감각적 심상에 해당된다.
　③ '푸른' 색은 희망의 색채이나, 화자가 현실에서 겪었던 수많은 고달픔 이후에 얻어지는 희망이므로, 그 안에 슬프고도 한스러운 느낌이 동시에 서려 있는 색채이다.

④ 3연의 1, 2행은 8음절, 3행은 5음절로 이루어져 기본적으로 7·5조의 민요적 율격으로 볼 수 있으며, 자유로운 존재가 되고 싶은 애절한 심정을 표현하였다.

4 화자는 파랑새가 되고 싶다는 소망을 죽어서라도 이루겠다고 표현하여 자유로움에 대한 절실한 갈망을 표현하고 있으나, 미래에 파랑새가 되어 살겠다는 의미로 보기는 어렵다.

5 '죽어서'는 화자의 소망이 현실에서는 이루기 어렵기 때문에, 죽어서라도 자유를 얻고 싶을 만큼 간절하다는 것을 의미한다.

6 파랑새는 자유를 만끽하면서 행복하게 살아가는 존재를 의미한다.

---

070 꽃_ 김춘수   152~153쪽

키포인트 체크 의미, 점층, 소망

1 ④ **2** ⑤ **3** ④ **4** 이 시의 꽃이 화자에게 본질을 드러낸 의미 있는 존재라면 〈보기〉의 꽃은 미지의 존재, 본질에 다가갈 수 없는 대상이다.

1 이 시에서는 시인의 관념을 대변하는 추상적 존재로서의 '꽃'을 통해 존재의 의미를 추구하고 있을 뿐, 구체적 체험을 제시하고 있지 않다.
　　오답 뜯어보기 ① '~ 불러 다오', ' ~ 되고 싶다'를 반복하여 소망의 간절함과 화자의 의지를 강조하고 있다.
② 자연물인 '꽃'을 활용하여 사물의 존재론적 의미라는 관념적 내용을 제시하고 있다.
③ 이름을 부르는 행위는 대상의 존재를 인식하고 그 본질을 파악함으로써 의미와 가치를 부여하는 행위이므로, 사물에 대한 존재론적 인식을 바탕으로 하고 있음을 알 수 있다.
⑤ '이름을 불러 주다'라는 문장이 반복, 변형되고 있으며, 이와 함께 '그'의 의미가 '몸짓 → 꽃 → 눈짓'으로 변화하면서 무의미한 존재에서 의미 있는 존재로 그 의미가 점층적으로 확대되고 있다.

2 이 시와 ⑤의 화자는 모두 대상의 본질을 인식하고자 하는 소망을 드러내고 있다. '오렌지'는 인식의 대상이며, '손을 댈 수 없다'는 것은 사물의 진정한 의미, 즉 본질을 파악하는 것은 지극히 어렵다는 의미이다.
　　오답 뜯어보기 ① 정의롭고 순수한 삶을 살고자 하는 소망과 의지를 드러내고 있다.
② 사별한 임에 대한 간절한 그리움을 드러내고 있다.
③ 자신이 살아온 삶을 후회하지 않고 극복하려는 의지를 드러내고 있다.
④ 진정한 자아를 찾으려는 내면적 결의를 드러내고 있다.

3 [D]의 '눈짓'은 '나'와 '너'가 '우리'가 되어 서로가 서로에게 의미 있는 존재가 된 상태를 나타낸다.

4 이 시의 '꽃'은 이름을 불러 주어 미지의 존재가 아닌, 특별한 의미가 된 존재로 본질을 드러낸 존재라고 해석할 수 있다. 그에 반해 〈보기〉의 꽃은 여전히 '얼굴을 가리고 있는' 상태로 본질에 다가갈 수 없는 미지의 대상으로 해석할 수 있다.

---

071 눈_ 김수영   154~155쪽

키포인트 체크 청유, 부정, 타협, 순수

1 ③ **2** ⑤ **3** ② **4** ⓐ는 화자의 마음속에 있는 불순한 것들을 밖으로 뱉어 내는 자기 정화의 행위로서 부정적 현실에 대한 저항의 의미를 담고 있다.

1 '눈'에서 흰색의 색채 이미지가 나타나기는 하지만 이와 대조되는 색채는 나타나지 않는다.
　　오답 뜯어보기 ① '눈은 살아 있다', '기침을 하자' 등의 시구를 반복적으로 사용함으로써 리듬감을 형성하고 있다.
② '눈은 살아 있다', '기침을 하자'의 문장을 반복, 변형하여 사용함으로써 의미를 점층적으로 강조하고 있다.
④ '순수함, 참된 가치' 등을 상징하는 시어 '눈'과 '불순한 것, 속물근성, 소시민성' 등을 상징하는 시어 '가래'의 대비를 통해 주제 의식을 강조하고 있다.
⑤ '-자'의 청유형 어미를 사용함으로써 부정적인 현실을 극복하고 순수한 삶을 지향하고자 하는 화자의 의지를 강조하고 독자에게 적극적으로 '함께' 행동할 것을 권유하고 있다.

2 이 시의 화자는 단정적인 어조를 사용하여 부정적인 현실을 극복하고 순수한 삶을 살고자 하는 의지와 열망을 드러내고 있다.

3 이 시에서 '눈은 살아 있다'는 시구는 매우 중요한 함축적 의미를 내포하고 있다. 이때 '눈'은 자연물로서의 눈이라고 할 수도 있지만, 주어진 자료에 의해 '순수, 결백'이라는 의미와 '사물을 보고 판단하는 힘'이라는 의미를 종합하여 그 함축적 의미를 파악할 수 있다. 이는 곧 '현실 비판의 능력을 지닌 순수한 생명력, 옳고 그름을 판단할 수 있는 순수한 생명력'을 의미한다.

4 이 시가 쓰인 당시는 부정한 권력이 민주적 절차 없이 장기 집권하면서 부조리가 만연했던 혼란한 시대였다. 이 시에 나오는 '기침을 하여 가래를 뱉는' 행위는 화자의 영혼과 육체를 더럽히는 불순한 것들을 밖으로 토해 내는 자기 정화의 행위이다. 이는 당시 부패한 현실의 모든 부정적이고 정의롭지 못한 것들을 거부하고 순수하고 정의로운 삶을 회복하고자 하는 의지에서 나온 행위라 할 수 있다.

---

072 눈물_ 김현승   156~157쪽

키포인트 체크 아들, 슬픔, 종교, 의지, 역설적

1 ① **2** ③ **3** ② **4** 시적 허용, 원래 형태보다 음절을 늘려 화자의 정서와 '눈물'의 순수한 이미지를 강조하고 있다.

1 이 시의 화자는 어린 아들의 죽음에 따른 극한의 슬픔 속에서 신의 섭리와 은총을 깨닫고 이를 극복하고 있다. 혈육의 죽음이라는 시련을 겪은 후 슬픔과 고뇌라는 '눈물'의 일반적 의미를 탈피하여 인간이 도달할 수 있는 가장 순수하고 값진 가치이자 신이 내린 최고의 은총이라는 새로운 의미를 찾고 있다.

✎오답 뜯어보기 ② 혈육의 죽음에 따른 슬픔을 이겨 내는 화자의 모습이 나타나 있으나, 집착과 욕심을 버리는 화자의 모습을 드러내지 않는다.
③ 이 시의 화자는 자식을 잃은 지극한 슬픔을 종교적으로 극복하고 있다. 하지만 자식을 잃고 삶의 허무감에 빠진 화자의 모습은 나타나지 않는다. 따라서 화자가 삶의 허무감을 극복하고 있다는 진술은 적절하지 않다. 또한 절대자와의 교감이 이루어지는 부분 역시 시에서 찾을 수 없다.
④ 이 시에서는 대자연을 바라보는 화자의 모습이 나타나 있지 않으며, 인생의 덧없음을 새로이 깨닫는 내용도 나타나지 않는다.
⑤ 주어진 운명을 초월하기보다는 비극적 현실을 담담히 수용하여 더 높은 차원인 깨달음에 도달하고 있다.

2 '꽃'은 아름답기는 하지만 잠시 피었다가 지는 것으로, 영속성을 지닌 '열매'의 경지에 도달하기 위해 거쳐야 하는 과정에 불과한 것이다.
✎오답 뜯어보기 ① '옥토'는 영양분이 풍부하여 농작물이 자라기 좋은 기름진 땅을 의미하는 말로, 새 생명의 씨앗(눈물)을 틔우는 공간이라 할 수 있다.
② '생명'은 '눈물'을 의미하는 것으로 새로운 생명을 틔우는 씨앗을 상징한다.
④ '열매'는 '꽃'이 시듦을 보시고 절대자가 맺어 준 결실로서 고귀하고 순수한 가치인 '눈물'을 상징한다.
⑤ '눈물'은 열매와 대응되는 것으로 희생을 통한 부활의 씨앗으로서의 생명을 의미한다.

3 이 시에서는 어린 아들의 죽음에 따른 화자의 슬픔을 기독교적 신앙으로, 〈보기〉에서는 누이의 죽음으로 인한 화자의 슬픔을 불교적 신앙으로 극복하고 있다.
✎오답 뜯어보기 ① 이 시에서는 경어체가 사용되고 있으나, 〈보기〉에서는 경어체가 사용되어 있다고 보기 어렵다.
③ 〈보기〉와 이 시 모두 감정 이입은 나타나지 않는다.
④ 이 시와 〈보기〉 모두 부정적 현실에 대한 저항 의지 및 태도는 드러나지 않는다.
⑤ 이 시와 〈보기〉 모두 과거 회상은 나타나 있지 않다.

━━━ 지식 ╋

• 월명사, 〈제망매가〉
신라 경덕왕 때 월명사(月明師)가 지은 10구체 향가로, 《삼국유사》 권5 감통(感通) 7 〈월명사 도솔가조(月明師兜率歌條)〉에 실려 있다. 기록에 따르면 월명사가 죽은 여동생을 위하여 이 노래를 지어 제사를 지내니 갑자기 광풍이 지전(紙錢)을 날리어 서쪽으로 없어졌다고 한다. 이 지전은 죽은 자에게 주는 노자(路資)를 말하는 것이다. 형제를 한 가지에 난 나뭇잎에 비유하고, 누이동생의 죽음을 나뭇잎이 가을철에 떨어져 가는 것에 비유하여 누이를 그리워하며, 미타찰(彌陀刹) 곧 극락에서 만날 때를 기다리며 도를 닦겠다는 내용으로 되어 있다.

4 시에서 특별한 효과를 내기 위해 일상적 언어 규범의 일탈을 허용하여 표기하는 방법을 시적 허용이라고 한다. 시인이 새로운 의미를 창조하기 위해 관습적으로 사용하고 있는 언어 규범과 어긋나는 표현을 의도적으로 사용하는 것을 말한다. 이 시의 '나아중'은 '나중'의 시적 허용에 해당하는 것으로, 원래 형태보다 음을 늘임으로써 '눈물'이 화자가 가진 최후의 것이라는 화자의 정서를 극대화함과 동시에 '눈물'이 가장 근원적이고 순수한 것이라는 점을 강조하고 있다.

---

073 할머니 꽃씨를 받으시다_ 박남수 158~159쪽

키포인트 체크 채송화, 할머니, 방공호, 대조적

1 ① **2** ② **3** ⑤ **4** ④ **5** '방공호'를 볼 때 전쟁 상황을 배경으로 하고 있음을 알 수 있다.

1 이 시는 1연과 5연에서 수미 상관을 이루고 있다. 특히 1연과 4연의 각 1행은 동일하게 배치하고 2~4행은 변화를 주면서 미래에 대한 희망을 노래하고 있다.

2 '방공호'는 현재 상황이 전쟁 중임을 알려 주며, 전쟁의 상처를 상징하고 있다. 〈보기〉에서도 '잿더미'는 전쟁으로 인해 황폐화된 모습을 상징한다고 볼 수 있다.
✎오답 뜯어보기 ① 아이들의 천진난만함을 의미한다.
③ 전쟁의 폐허 속에 피어난 희망을 의미한다.
④ 소녀의 천진난만함과 순수함을 의미한다.
⑤ 전쟁의 비참함 속에서도 희망을 발견한 화자의 정서가 나타나 있다.

3 4연에서 화자는 '어쩌란 말씀이세요'라고 말하며 전쟁의 비정함에 무관심한 모습을 드러내고 있다. 반면 할머니는 전쟁 상황에서도 채송화 꽃씨를 받으며 미래에 대한 희망을 드러내고 있다.
✎오답 뜯어보기 ① 할머니와 화자 모두 전쟁 상황에 놓여 있다.
② 화자와 할머니 모두 현재 상황을 부정적으로 인식하고 있다.
③ 화자의 노력으로 할머니의 분노를 해결하는 내용은 작품에 나오지 않는다.
④ 화자가 할머니를 설득하는 것은 작품 내용과 관계가 없다.

4 3연에서 할머니는 전쟁에 대한 넋두리를 하고 있는데, '이런 꼴 저런 꼴'은 전쟁 상황을 의미한다. 할머니는 전쟁 상황에서도 미래에 대한 희망을 놓지 않으며 채송화의 꽃씨를 받고 있다.
✎오답 뜯어보기 ① 할머니가 꽃씨를 받았기 때문에 전쟁 상황이 벌어졌다는 설명은 적절하지 않다.
② ⓐ와 ⓑ 모두 현재 상황에 대한 내용이다.
③ ⓐ는 할머니의 넋두리이며, ⓑ는 할머니의 행동이다.
⑤ ⓑ는 ⓐ에서 벗어나기 위한 화자의 노력이 아니라 할머니의 노력이라 할 수 있다.

5 '방공호'는 적의 공습 때 대피하기 위하여 땅을 파서 만든 굴이나 구덩이를 말하는 것으로, 이 단어를 볼 때 작품에 반영된 시대적 상황이 전쟁 상황임을 알 수 있다.

---

074 즐거운 편지_ 황동규 160~161쪽

키포인트 체크 자연 현상, 사소, 불변성

1 ③ **2** ③ **3** ③ **4** 〈진달래꽃〉에 사용된 반어적 표현처럼 이 시의 화자도 자신의 사랑이 사소하다고 말하고, 언젠가는 그칠 것이라고 반어적으로 표현함으로써 자신의 사랑이 변하지 않을 것임을 강조하고 있다.

정답과 해설

1 이 시는 반어적 표현을 통해 임에 대한 간절한 그리움을 표현하고 있다. 비록 지금은 기약 없이 임을 기다리고 있는 처지이지만 그 기다림을 통해 이별의 슬픔을 극복하려는 태도를 보이고 있다. 따라서 슬픔과 절망의 정서가 두드러진다는 표현은 적절하지 않다.

2 〈보기〉는 김소월의 〈초혼〉이다. 〈초혼〉은 임의 죽음으로 인한 슬픔과 임에 대한 그리움을 노래한 작품으로, 반복과 영탄을 통해 사랑하는 사람을 잃은 슬픔을 직접적으로 표출하고 있다. 또한 망부석 설화를 모티프로 하여 임을 잊을 수 없는 마음을 표현하고 있다. 따라서 두 시의 화자 모두 이별의 상황에서 임에 대한 화자의 마음이 변하지 않는다는 것을 강조하고 있다는 점에서 공통적이다.

> **지식 +**
>
> • **망부석 설화**
> 절개 굳은 아내가 외지에 나간 남편을 고개나 산마루에서 기다리다가 만나지 못하고 죽어 돌이 되었다는 설화이다.

3 ㉠은 계절에 따라 끊임없이 순환하는 자연 현상처럼 화자의 사랑도 영원할 것이라는 마음을 표현한 부분이다.

4 〈보기〉에서는 시인이 이 시를 쓰기까지 영향을 받았던 한국 문학의 전통에 대해 이야기하고 있다. 이런 영향을 바탕으로 〈진달래꽃〉의 화자처럼 반어적으로 자신의 사랑이 멈추지 않을 것임을 강조하고 있다.

---

075 구부정 소나무_ 리진 162~163쪽

| 키포인트 체크 | 조국, 러시아, 구부정 소나무 |

1 ④   **2** ⑤   **3** 길 떠난 아들   **4** 가슴이 소리 없이 외친다   **5** ④

1 이 시의 화자는 구부정한 소나무를 보고 나서 생긴 조국에 대한 그리움을 의문의 형식을 통해 설의적으로 표현하여 강조하고 있다.

> **오답 뜯어보기** ① 구부정한 소나무가 조국을 떠올리게 하는 소재이기는 하지만, 그것에 대한 예찬이 나타나지는 않는다.
> ② 사랑하는 사람을 잃은 감정을 표출하는 것이 아니라 조국에 대한 그리움을 표출하고 있다.
> ③ '가슴이 소리 없이 외친다'라는 역설적인 표현을 사용하고는 있지만, 대상에 대한 분노를 표현하고 있지는 않다.
> ⑤ '눈물을 머금는다-주먹을 쥔다-가슴이 소리 없이 외친다'로 조국에 대한 그리움과 슬픔이 점층적으로 확장되는 부분은 있지만 사회 현실에 대한 비판이 나타나지는 않는다.

2 화자는 '구부정 소나무'라는 자연물에 자신의 감정을 이입하고 있으며, 의문의 형식인 설의법을 사용하여 자신의 감정을 강조하고 있다. 그 외에도 모순적인 표현을 통해 시적 긴장감을 드러내고 있으며 동일한 구절의 반복을 통해 리듬감을 형성하고 있다. 그러나 의도적인 시행 배열의 변화를 통해 시상의 전환을 나타내고 있지는 않다.

3 화자는 고향을 떠난 자신을 '길 떠난 아들'로 표현하고 있다.

4 〈보기〉에서 설명하고 있는 표현법은 역설법이다. 화자는 역설법을 사용하여 고향에 대한 그리움을 더 강하게 표현하고 있다. 시에서 역설법이 사용된 구절은 '가슴이 소리 없이 외친다'로 '외친다'는 표현과 '소리

없이'라는 수식어가 모순적으로 결합하고 있다.

> **지식 +**
>
> • **역설법과 반어법**
> 역설법(逆說法, paradox)은 모순되는 두 가지 개념을 동시에 사용하여 화자의 감정 상태를 드러내는 방법이며 반어법(反語法, irony)은 자신의 진심과 반대로 말하는 방법이다. 역설을 드러내기 위한 방법으로는 흔히 물리적으로 말이 되지 않는 상황을 가정하거나, 상황과 반대되는 수식어를 동시에 사용함으로써 모순 형용의 효과를 얻는 방법이 대표적이다. 이에 반해 반어법은 겉으로는 모순이 없고, 진심과 반대로 말함으로써 표현의 효과를 얻는 방법이다.

5 〈보기〉는 시인인 '리진'의 삶을 소개하고 있다. 리진은 북한을 떠나 러시아로 망명하여 시작 활동을 하였지만 모국어로 시를 쓰며 망명 생활의 애환을 표현하였으므로 '가슴이 소리 없이 외친다'는 표현은 모국어를 쓰지 못하는 안타까운 심정을 나타낸 것이 아니라 조국을 떠날 수밖에 없었던 비극적인 역사에 대한 안타까움이 나타난다.

> **오답 뜯어보기** ① 〈보기〉에 따르면 시인은 북한을 떠나 러시아에 외따로 살고 있는 인물이다. 따라서 화자의 '한 그루 외따로'라는 표현에는 그런 자신의 삶이 투영되고 있는 것으로 해석할 수 있다.
> ② 〈보기〉를 바탕으로 할 때 시인은 조국을 떠나 러시아로 망명한 사람으로 그런 그의 눈에 비친 '구부정 소나무'는 다른 로씨야의 소나무들과 달리 고향을 떠올리게 하는 소재로 해석할 수 있다.
> ③ 〈보기〉에 따르면 화자는 조국을 떠나온 사람으로 '눈물을 머금는다'라는 표현을 통해 조국에 대한 그리움을 표현한 것으로 해석할 수 있다.
> ⑤ 〈보기〉에 따르면 시인은 조국을 떠나서도 모국어로 시를 쓰며 망명 생활의 애환을 표현한 것으로 볼 때 '멀리서 아끼는'이라는 시어를 통해 조국에 대한 사랑을 표현하고 있음을 알 수 있다.

> **지식 +**
>
> • **리진 문학의 특이성**
> 리진의 문학은 한국 문학의 범위에 대한 논쟁이 붙을 때 다루어지기 쉽다. 리진의 문학은 모국어로, 고국에 대한 그리움과 한이라는 우리 민족 고유의 정서를 담고 있지만 국적이 한국인이 아닌 사람이 쓴 문학이다. 마찬가지로 일제 강점기에 한국인이 일본어로 쓴 문학이라든지, 한국인이 외국에서 외국어로 외국의 정서를 담아서 쓴 문학 등과 같이 한국 문학에 포함할 것인지에 대한 문제가 논쟁을 일으키는 작품들이 많이 있다.

IV. 1960년대~1980년대

085 사랑_ 김수영 174~175쪽

키포인트 체크 어둠, 사랑, 영원불변, 가변성, 불안감

1 ③ **2** ⑤ **3** ③ **4** 번개가 번쩍이는 순간에 암흑을 가르며 금이 가는 모양과 사랑에 대해 불안해하며 찰나에 꺼졌다 살아나는 너의 속성이 비슷하기 때문이다.

1 1연에서는 '사랑'이라는 시적 대상과 관련하여 '변치 않는' 속성이라고 표현하였다. 하지만 2연에서 '그러나'라는 시어를 통해 시상 전환을 하며 그 사랑을 가르쳐 준 '너'라는 존재, 혹은 주체는 어둠과 불빛 사이에서 찰나의 순간에 '꺼졌다 살아났다' 하는 순간성과 불안함의 속성을 지니고 있다고 표현하였다. 두 시적 대상의 상반된 특성에 대해 시상 전환을 통해 노래하고 있는 것이다.

오답 뜯어보기 ① 이 시는 시간의 흐름과 상관없이 시적 대상과 연관된 정서를 중심으로 시상을 전개하고 있다.
② 수미 상관은 시의 첫 부분과 마지막 부분을 내용을 같거나 비슷하게 표현하는 것인데 이 시는 수미 상관이 나타나지 않는다.
④ 음성 상징어는 의성어와 의태어를 말하는데 이 시에는 이러한 음성 상징어가 등장하지 않는다.
⑤ '어둠', '불빛', '금이 간'처럼 시각적 이미지를 떠올리게 하는 시어들은 나타나지만 이를 통해 상황을 그림처럼 묘사하지는 않는다.

2 '번개처럼'은 순간성과 가변성을 지녀 불안한 '너의 얼굴'을 비유한 표현이다. 이를 4·19 혁명과 관련지어 보면 '사랑'은 혁명, 또는 민주주의를 의미하고 '너'는 혁명을 주도하던 주체인 시민들을 의미하는 것으로 해석할 수 있다. 따라서 '번개처럼' 순간적이고 가변적인 불안한 '너의 얼굴'은 혁명 진행 과정에서 시민들이 순간순간 느끼던 불안감으로 해석할 수 있다. 민주주의 실현을 위한 혁명 과정에서 시민들은 혁명에 대한 의구심이나 실패에 대한 공포, 또는 변절의 유혹 등을 느끼게 되는데, '번개처럼'은 이러한 주체들이 갖는 불안함을 비유한 것이지 그 불안함을 해소하고자 하는 의지와는 관련이 없다.

오답 뜯어보기 ① '어둠'은 '불빛'과 대비되기 때문에 당시의 억압과 독재라는 부정적 상황을 의미한다고 볼 수 있다.
② '사랑'은 '변치 않는' 것이라고 이야기했기 때문에 4·19 혁명과 관련지으면 민주주의를 실현하기 위해 변하지 않고 끊임없이 샘솟는 혁명 정신이라고 볼 수 있다.
③ '배웠다'의 대상은 사랑인데, '사랑'은 4·19 혁명 정신을 나타내므로 이것을 '배웠다'는 불변하는 혁명 정신을 깨우치게 되었다는 것을 의미한다고 볼 수 있다.
④ '불안하다'라고 표현한 이유는 '너'라는 존재가 찰나에 꺼졌다 살아나는 불안한 상태에 있기 때문으로, 시대 상황과 연결하면 목표를 굳게 믿고 혁명 정신을 펼쳐야 할 시민들 스스로 느끼게 되는 절망감이나 불신을 의미하는 것으로 해석할 수 있다.

3 화자는 '너'에게서 영원불변한 '사랑'을 배웠다고 말한다. 그렇기에 '사랑'을 가르쳐 준 '너' 역시 영원불변의 속성을 지니며 화자와 함께 사랑에 대해 탐구해야 한다. 하지만 정작 '너'는 '찰나'와 같은 짧은 순간에도 어둠과 불빛의 경계선에서 꺼졌다 살아나는 불안함을 보인다. 이에 화

자는 영원불변성과 가변성이라는 모순된 관계에 놓인 '사랑'과 '너'라는 대상에 대한 정서를 드러내고 있는 것이다.

오답 뜯어보기 ① '사랑'을 가르쳐 준 '너'를 '나'로 해석하여 그 '얼굴'이 '불안하다'고 말한 부분을 반성적 사유라고 볼 수는 있지만 새로운 각오를 다지는 부분은 찾아볼 수 없다.
② '사랑'이라는 시어를 이상 세계로 해석하면 '배웠다'는 시어는 동경의 의미보다는 그 세계를 알게 되었다는 의미로 이해하는 것이 더 적절하다. 또한 이상 세계를 간절한 어조로 노래하고 있지도 않다.
④ 이 시의 '사랑'이라는 시어를 다양한 시각에서 해석하여 현대 물질문명과 연관 지을 수는 있지만 획일화라는 상황을 의미하는 시구가 없기 때문에 적절하지 않다.
⑤ '번개'라는 자연물이 등장하지만 이는 '너의 얼굴'을 비유하기 위한 시어이지 화자의 의지를 드러내는 시어로 해석하는 것은 적절하지 않다.

4 1연에서는 영원불변한 사랑에 대해 노래하였고, 2연에서는 그러한 사랑을 알려 준 '너'라는 대상이 순간적이며 가변적인 속성을 지니고 있다고 말하고 있다. 그런 '너의 얼굴'을 3연에서는 번개처럼 금이 가 있다고 말하고 있다. 이는 2연에서 표현한 순간성과 가변성의 속성을 지닌 '너의 얼굴'이 번개가 번쩍이는 순간에 암흑을 가르며 금이 가는 모양과 비슷하다고 생각하여 비유한 것으로 볼 수 있다.

086 어느 날 고궁을 나오면서_ 김수영 176~177쪽

키포인트 체크 소시민적, 자유, 부조리, 자조적

1 ③ **2** ② **3** ⑤ **4** ① **5** 왕궁의 음탕에 대한 분개, 언론의 자유 요구, 월남 파병 반대 등

1 이 시에서 역설적 표현을 통해 화자의 의지를 드러낸 부분은 나타나지 않는다. 이 시의 화자는 대조적인 상황의 설정과 자조적인 독백의 어조를 통해 자신의 소시민적 태도에 대한 반성을 드러내고 있다.

오답 뜯어보기 ① 본질적인 것에는 저항하지 않고 비본질적인 것, 사소한 일에만 분개하는 대조적 상황을 통해 '사회의 부조리에 저항하지 못하는 소시민적 삶에 대한 자기반성'이라는 주제를 강조하고 있다.
② 7연에서 화자는 자조적인 독백의 어조를 사용하여 소시민적 삶의 태도에 대해서 반성하고 있다.
④ '옹졸하게(옹졸한)', '분개하다', '얼마큼 작으냐'와 같은 시어와 시구를 반복함으로써 보잘것없는 자신의 존재한 대한 자괴감을 드러내고 있다.
⑤ 50원짜리 갈비에 기름 덩어리만 나왔다고 설렁탕집 주인에게 욕을 하고, 20원을 받으러 찾아오는 야경꾼들을 증오하는 등의 일상 경험을 나열하고 있다.

2 이 시의 화자는 본질적인 문제를 외면하고 사소한 문제에 얽매이는 자신에 대한 자책감을 드러내고 있다. 이는 부조리한 현실에 적극적으로 대항하지 못하고 방관자적인 자세만을 취하는 화자 자신에 대한 부끄러움을 바탕으로 한다.

3 화자는 권력의 부정, 언론에 대한 탄압 등 커다란 부정과 불의에는 대항하지 못하면서 사소한 일에는 흥분하는 인물로, 사회의 문제점을 인식

정답과 해설

하면서도 그에 대한 실천력이 부족한 소시민적 인물이다.

4 1연에서 화자가 비판하고자 하는 대상은 설렁탕집 주인이 아니라 '왕궁'으로 상징되는 절대 권력이다. 따라서 '설렁탕집 돼지 같은 주인 년'이라는 표현은 설렁탕집 주인을 비판하고자 한 것이 아니라 '왕궁'을 비판하지 못하는 자신의 소시민적이고 속물적인 모습에 대한 자기비판을 드러내는 것이다.

5 화자는 '절정 위에는 서 있지 / 않고', '옆으로 비켜서 있다'고 말하고 있는데, 이는 이제껏 사소한 일에만 분개하고 불의에 대응하지 못하는 소시민의 삶을 살아온 화자의 모습을 형상화한 것이다. 따라서 '절정'은 저항과 비판의 한복판을 의미하며 절정 위에 서 있는 것은 화자 자신이 하지 못하는 일인 권력에 대한 저항, 언론의 자유를 외치는 일, 불의한 일에 대한 비판 등을 가리킨다.

087 풀_ 김수영 178~179쪽

키포인트 체크 자연물, 독재 권력, 생명력, 희망적

1 ⑤ **2** ② **3** ② **4** '동풍'과 '풀'의 의미 관계와 가장 유사한 시어는 '눈'과 '대'이다. '동풍'과 '눈'은 억압하는 세력을 의미하며 '풀'과 '대'는 그 시련을 이겨 내는 강인한 존재를 의미한다.

1 1연에서 '풀'은 외부 세력 앞에 수동적인 존재로 그려져 있으나, 2, 3연으로 시상이 전개되면서 끈질긴 생명력을 지닌 강인한 존재로 그려지고 있다. 얼핏 나약해 보이는 '풀'이 강인한 저력을 지니고 있다는 것에서 대상의 이중적 속성을 확인할 수 있으나, 이를 역설적으로 표현한 것으로는 볼 수 없다.

오답 뜯어보기 ① 시가 창작된 시대상을 고려할 때 '풀'은 '민중', '바람'은 민중을 괴롭히는 '독재 권력'을 상징하는 시어로 볼 수 있다.
② '풀'과 '바람'의 대립을 바탕으로, '눕는다 ↔ 일어난다', '운다 ↔ 웃는다'와 같이 '풀'의 행위 역시 대조적으로 제시되어 전체적으로 대립 구조를 바탕으로 시상이 전개되고 있다.
③ '풀'에 인격을 부여하여 눕고, 일어나고, 울고, 웃는 존재로 그리고 있다.
④ 3연에서 '바람보다 늦게 ~ / 바람보다 먼저 ~'의 문장 구조를 반복적으로 배치하여 강인한 '풀'의 속성을 강조하고 있다.

2 〈보기〉에서는 '벼는 서로 어우러져 / 기대고 산다.'라고 하며, '벼'의 공동체적 속성을 드러내고 있다. 하지만 이 시에서는 시적 대상인 '풀'의 공동체적 속성이 드러나 있지 않다.

오답 뜯어보기 ① 이 시와 〈보기〉 모두 자연물을 의인화하여 시상을 전개하고 있다.
③ 이 시에는 '풀'의 속성 변화(수동적 → 능동적)가 나타나지만, 〈보기〉에는 시적 대상의 속성 변화가 나타나지 않는다.
④ 이 시와 〈보기〉 모두 자연물에 인격을 부여하였을 뿐, 자연과 인간을 대립시키지는 않는다.
⑤ 이 시의 화자와 〈보기〉의 화자 모두 시적 대상의 모습을 통해 의지적 자세를 보이고 있다.

3 '눕는다'는 것은 시련에 대한 회피보다는 어두운 시대 현실로 인해 '핍박을 받아 쓰러지다'의 의미로 이해할 수 있다.

오답 뜯어보기 ① '풀'은 '바람'에 의해 시련을 받는 민중을 의미한다고

볼 수 있다.
③ '바람'은 '풀(민중)'을 억압하는 세력을 의미한다고 볼 수 있다.
④ '일어난다'는 외부 세력의 억압에 대한 민중의 능동적인 저항 행위로 볼 수 있다.
⑤ '날이 흐리고'는 암울한 시대 상황을 상징한다.

4 이 시에서 '동풍'은 '풀'을 눕게 하고 울게 만드는, 즉 '풀'을 억압하는 세력을 의미한다. 반대로 '풀'은 그러한 시련을 당하지만 다시 일어나고 웃는 강인한 존재로 형상화된다. 〈보기〉에서 이와 같은 의미 관계를 지닌 단어는 '눈'과 '대'이다. '눈'은 '대'를 휘게 하고, '대'는 그런 상황에서도 굽히지 않고 푸르름을 유지하기 때문이다.

088 흥부 부부상_ 박재삼 180~181쪽

키포인트 체크 상상, 가난, 이해, 비판, 정신적

1 ① **2** ① **3** ③ **4** ③

1 이 시에서는 정서의 환기와 변화감을 끌어내기 위하여 어순을 바꾸어 쓰는 도치법은 사용되지 않았다.

오답 뜯어보기 ② '그것이 확실히 문제다.'와 같이 단정적 어조를 사용하여 욕심 없고 소박한 삶의 태도와 가난을 사랑으로 극복하려는 자세가 중요하다는 것을 나타내고 있다.
③ '헤아려 보라.'와 같이 독자에게 말을 건네는 듯한 대화체 형식을 사용하여 독자가 시적 상황을 생각해 보게 하고 있다.
④ 물질적 풍요를 상징하는 '금, 황금 벼 이삭'과 정신적 행복을 상징하는 '웃음'의 의미 대조를 통해 물질적 풍요보다는 정신적 행복이 중요함을 강조하고 있다.
⑤ 고전 소설인 〈흥부전〉에서 제재를 끌어와 물질적 풍요보다 정신적 행복이 더 중요하다는, 시대를 뛰어넘는 보편적 가치를 강조하고 있다.

2 '금'과 '황금 벼 이삭'은 가난한 생활을 상징하는 '박 덩이'와 대조되는 소재로 흥부 부부가 갖지 못한 재물, 즉 경제적인 풍요를 상징한다. 이 시에서 흥부 부부는 가난 속에서도 서로에 대한 사랑과 믿음으로 소박한 행복을 누리고 있기에 '금'과 '황금 벼 이삭'은 흥부 부부의 사랑이나 신뢰와 대비되는 소재라고 할 수 있다.

오답 뜯어보기 ② '그것이 확실히 문제다.'에서 '그것'은 욕심 없이 소박하게 살아가고자 하고, 가난을 사랑으로 극복하려 하는 흥부 부부의 삶의 태도를 가리킨다. 화자는 이러한 삶의 태도를 긍정적으로 평가하고 있으므로, '문제다'는 '중요하다', '가치 있다' 등으로 해석할 수 있다.
③ 손발이 닳았다는 것은 흥부 부부가 가난을 극복하기 위해 힘겹게 살아가는 모습을 구체적으로 형상화한 표현으로 볼 수 있다.
④ '같이 웃어 비추던 거울 면'은 서로를 바라보며 웃는 모습이 마치 거울처럼 똑같다는 뜻으로, 가난한 처지 속에서도 서로에게 위로가 되어 주는 흥부 부부의 모습을 가리킨다.
⑤ '본웃음'은 금이나 벼 이삭 없이도 소박한 삶에 만족하며 서로에게 건네는 순수한 웃음을 가리킨다.

3 이 시는 흥부 부부가 서로에 대한 이해와 사랑으로 가난한 현실을 극복하고 있는 모습을 형상화하고 있다. 따라서 물질적 빈곤으로 좌절을 겪고 있는 사람들에게 이 시를 추천하는 것이 가장 적절하다.

4 이 시에서는 금이나 누렇게 익은 벼 이삭보다도 그저 박 덩이가 좋아서 웃음 짓는 소박한 흥부 부부의 모습과, 가난 속에서도 웃음을 잃지 않고 서로에 대한 사랑으로 가난을 극복하는 흥부 부부의 모습을 표현하고 있다. 이를 통해 시인은 물질적 풍요에 얽매인 현대인들을 비판하고, 진정한 삶의 가치인 정신적 행복의 중요성을 일깨워 주고자 한 것으로 볼 수 있다. 이 시에서 산문과 운문을 교대로 제시하여 판소리의 리듬감을 계승한 부분은 나타나지 않는다.

► 지식 ➕

• **문학 감상의 외재적 관점**
  • **표현론적 관점**: 작가의 창작 의도, 전기적 사실 등에 초점을 두고 감상하는 관점
  • **반영론적 관점**: 작품에 반영된 시대적 배경, 사회적 배경 등에 초점을 두고 감상하는 관점
  • **효용론적 관점**: 독자의 반응에 초점을 두고 감상하는 관점

4 ㉣ '한 동안을 거기서'에서 '한 동안'은 산에서 휴식을 취하는 시간이 불특정하게 표현된 것이지 오랜 시간을 의미하여 생명력 회복의 더딤과 어려움을 드러낸다고 볼 수는 없다.

---

089 산에 가면_ 박재삼

182~183쪽

키포인트 체크 나무, 후각, 휴식, 친화

1 ② **2** ② **3** ① **4** ④

1 이 시는 감각적 표현이 잘 드러나는데, 특히 후각적 심상인 '후덥지근한 냄새', '흙냄새', '골짜기 냄새' 등과 같은 시어가 등장하고 '풀빛', '나뭇잎 반짝어림'과 같은 시각적 표현도 두드러진다.

🖊오답 뜯어보기 ① 상황에 어울리지 않는 말인 반어적 표현은 드러나지 않는다.
③ 모든 시행을 명사로 종결하지는 않는다.
④ 대상에게 말을 건네며 친밀감을 드러내지는 않는다.
⑤ '냄새'라는 시어의 반복은 나타나지만 이것이 자연을 바라보며 얻은 깨달음이라고 할 수는 없다.

2 〈보기〉는 〈상춘곡〉의 일부로 봄을 맞아 꽃과 풀이 우거진 자연의 아름다움과 생명력 넘치는 모습을 묘사한 부분이다. '물아일체'라는 표현을 통해 자연과 하나되는 자연 친화적 태도를 확인할 수 있다.

🖊오답 뜯어보기 ① 〈산에 가면〉은 우거진 나무와 풀이 등장하지만, 봄의 생명력을 시각화한 부분은 확인할 수 없다.
③ 〈보기〉의 '수풀에 우는 새'에 감정이 투영되지만 〈산에 가면〉에는 이러한 태도가 나타나지 않는다.
④ 〈보기〉는 봄의 경치에서 느끼는 감상을 노래하고 있고, 〈산에 가면〉은 자연에서의 휴식을 통한 건강의 회복이 나타나 있다.
⑤ 〈보기〉는 바라보는 대상의 변화가 나타나지만, 〈산에 가면〉은 시선을 이동하며 자연의 아름다움을 묘사하고 있지 않다.

3 문학은 내재적 관점과 외재적 관점으로 감상할 수 있는데, 내재적 관점은 작품의 시대적 배경(반영론), 작가의 성향(표현론), 독자에게 주는 교훈(효용론) 등과 같은 것을 배제하고, 객관적으로 시의 형식과 시어 등에 집중하는 관점(절대론)을 말한다. ①은 '산'이라는 시어가 갖는 상징성에 주목한 것이므로 내재적 관점에 의한 감상이다.

🖊오답 뜯어보기 ② 독자에게 주는 교훈을 중심으로 감상하므로 외재적 관점에 해당한다.
③ 시대적 배경인 현대 사회의 모습을 중심으로 감상하므로 외재적 관점에 해당한다.
④ 작가의 경험을 중심으로 감상하므로 외재적 관점에 해당한다.
⑤ 독자의 반응에 초점을 두고 감상하므로 외재적 관점에 해당한다.

---

090 낙화_ 이형기

184~185쪽

키포인트 체크 봄, 이별, 열매, 성숙, 깨달음

1 ② **2** ② **3** ④

1 이 시에서 '나의 사랑은 지고 있다.', '하롱하롱 꽃잎이 지는' 등과 같은 시구는 하강적 이미지를 나타낸다.

🖊오답 뜯어보기 ① 이 시에서 화자는 봄에 꽃이 지는 것을 보고 그것이 무성한 녹음과 열매를 맺는 가을을 향한 것임을 깨닫는다. 이는 계절의 변화에 대한 인식을 드러낸 것이지 계절의 변화를 직접적으로 나타낸 것은 아니다. 공간의 이동 또한 드러나지 않는다.
③ 이별이 성숙을 가져다줄 것을 믿고 있기 때문에 이별의 애통함은 나타나지 않으며, 의지적 어조와도 관련이 없다.
④ 지난날에 대한 회상이 드러나지 않으며, 화자의 현재 상태를 '나의 사랑은 지고 있다.', '나의 청춘은 꽃답게 죽는다.' 등과 같이 현재 시제를 통해 나타내고 있다.
⑤ 각 연의 종결은 '~고 있다.', '~ 할 때', '~는다', '어느 날', '슬픈 눈' 등과 같이 용언 및 명사 종결이 혼재되어 있다.

2 '봄 한철'은 뒤의 시행을 보아 격정의 시간을 의미하며, 이를 〈보기〉의 설명과 관련지으면 청춘기의 열정과 격정으로 읽을 수 있다. '꽃답게 죽는다'는 '낙화'와 '이별'이 지닌 아름다움을 드러낸 표현으로, 그 아름다움은 가을의 열매와 연관되며 이는 자아의 성장을 통한 새로운 자아상의 확립을 의미하는 것이다. '시련에 부딪혀 열정을 잃어가는 자아'의 모습을 보여 준다고 할 수 없다.

🖊오답 뜯어보기 ① '가야 할 때'는 이별해야 할 때를 의미하는 것으로, 이전 상황에서 다른 상황으로의 변화이며 이는 '열매'나 '성숙'과 연결되므로 '새로운 자아의 모습을 찾게 되는 계기'라고 볼 수 있다.
③ '결별'을 '축복'으로 표현하고 있는데, 이는 이별이 더 나은 발전이나 성숙과 이어짐을 드러내는 것이다.
④ '헤어지자 / 섬세한 손길을 흔들며'는 '낙화'의 모습을 구체적으로 묘사한 것으로, 이별을 수용하는 화자의 자세를 드러냄과 동시에 〈보기〉와 연관 지으면 '이별'이 이전까지의 세계와 헤어지고 새로운 세계와 만나면서 성장을 가져올 수 있는 계기임을 인식한 화자의 태도를 드러내는 것이라 할 수 있다.
⑤ '눈'을 통해 성찰의 태도를, '슬픈'을 통해 시련에 부딪힘을 보여 주는 것으로, 이별이라는 시련이 자신의 내면을 성찰하는 기회를 제공하는 동시에 변화를 겪게 하고 새롭게 성숙하게 함을 말하고 있다.

3 ㉣은 꽃이 지는 것이 가을에 열매라는 결실을 가져오듯, 이별 역시 인생

에서의 충실한 성장, 내적인 충만을 가져오기 위한 것임을 '가을'이라는 계절의 의미에 빗대어 표현한 것이다.

오답 뜯어보기 ① ㉠은 이별의 의미, 가치에 대해 깨달은 화자가 이별에 대한 자신의 생각을 설의법으로 표현하여 그 아름다움을 강조하고 있는 것이다. 화자는 이별로 인해 내적인 방황을 하고 있지 않으며, 가야 할 때를 알고 가는 이가 아름답다고 감탄하고 있다.

② ㉡은 '봄 한철'의 강렬하고 뜨거웠던 화자의 사랑이 이별을 맞이하고 있음을 드러내는 것으로, 이별을 감내하고 받아들이는 화자의 태도가 드러나 있다. 화자가 지나간 사랑에 연연해한다거나 회한을 드러내고 있다고 볼 수 없다.

③ ㉢은 꽃이 떨어진 후 여름이 되면 맞이하게 될 모습을 나타낸 것으로, '낙화'가 끝이 아니고 여름과 가을로 이어지는 것임을 보여 주고 있다. 화자가 삶의 목표를 상실하고 번민에 가득 차 있는 모습은 드러나 있지 않다.

⑤ ㉤은 이별을 통한 정신적 성숙을 '샘터에 물 고이듯'이라고 비유한 것으로, 과거의 삶으로 회귀하려는 태도와는 거리가 멀다.

---

091 껍데기는 가라 _ 신동엽 186~187쪽

키포인트 체크 동학, 직설적, 분단, 민주화, 명령적, 화합

1 ② **2** ② **3** ② **4** 리듬감의 영성 및 형식의 완결성에 기여하고, 주제를 강조하는 효과가 있다. **5** 부정적인 세력이 물러가고, 민족의 화합과 통일이 이루어지기를 소망하고 있다.

1 이 시에서는 '껍데기는 가라'라는 시구를 반복하면서 부정적인 요소들이 사라지기를 바라고 있다. 즉, 화자는 현실을 부정적으로 인식하면서 현실에서의 부정적인 것들이 사라지고 긍정적인 것들이 남기를 바라고 있다.

2 '중립의 초례청'은 순수한 우리 민족을 상징하는 '아사달 아사녀'가 맞절하는 공간으로, 남과 북이 화해를 모색하는 공간이라고 할 수 있다.

오답 뜯어보기 ① '껍데기'는 시인이 물리치고 싶어 하는 대상으로 현실의 문제를 유발하는 외세와 우리 내부에도 존재하는 그들의 추종 세력이라고 할 수 있다.

③ '아사달 아사녀'가 '중립의 초례청'에서 맞절하는 것은 남과 북이 하나가 되기를 소망하는 화자의 마음을 표현한 것이라고 할 수 있다.

④ '흙 가슴'은 화자가 긍정적으로 여기는 대상으로 인간 생명의 원초적 본질인 대지를 형상화한 것으로 볼 수 있다.

⑤ '쇠붙이'는 '껍데기'와 같은 부정적인 대상으로 민족의 평화 통일을 가로막는 일체의 인위적인 요소라고 할 수 있다.

3 '아우성'은 동학 혁명이라는 역사적 사건의 순수한 정신과 열정을 청각적 이미지로 형상화한 것이다.

오답 뜯어보기 ① 명령적 어조의 '가라'를 사용하여 단호함과 강한 의지를 드러낸다.

③ 화자의 의지가 담긴 '껍데기는 가라'는 구절을 다시 한번 반복하겠다는 표지로, 집중과 강조의 효과를 준다.

④ '한라에서 백두까지'는 한반도 전체를 의미하며, 한반도 전체에서 화합을 가로막는 부정한 세력들이 사라져야 할 것임을 드러냄으로써 민

족의 비극적 현실인 분단을 극복하려는 의지를 드러내고 있다.

⑤ '모오든'은 언어 규범을 파괴한 시적 허용의 표현이다. 이러한 시적 허용은 시어의 의미를 좀 더 강조하는 효과가 있다.

4 '껍데기는 가라'라는 표현을 반복하여 사용함으로써 리듬감을 형성하고 형식의 완결성에 기여하고 있다. 또한 주제를 한곳으로 집중시켜 강조하는 효과를 주고 있으며, 명령적 어조를 통해 화자의 강한 의지를 드러내고 있다.

5 없어져야 할 것과 부정적인 것의 의미, 남아야 할 것과 긍정적인 것의 상징적인 의미를 고려하여 서술하면 된다. 이 시의 화자는 군부 독재 체제의 시대와 분단의 상황 속에서 부정적인 세력, 화합을 가로막는 세력들이 물러가고 민족의 화합과 통일의 시대가 도래하기를 바라고 있다.

---

092 누가 하늘을 보았다 하는가 _ 신동엽 188~189쪽

키포인트 체크 부정, 하늘, 현실 의식, 희망

1 ⑤ **2** ④ **3** ② **4** ④ **5** '쇠 항아리'와 유사한 의미인 시어는 '(먹)구름'이며 이는 민중이 진짜 하늘을 볼 수 없게 만드는 방해물이라는 상징적 의미를 지닌다.

1 화자는 부정적인 현실에 대해 말하면서, 현실 극복 의지를 토대로 밝은 미래가 오기늘 희망하고 있다. 따라서 무성적인 미래를 그리고 있다는 진술은 적절하지 않다.

오답 뜯어보기 ① 1연과 9연이 대응되며, 이를 통해 주제 의식을 강조하고 있다.

② '하늘'과 '(먹)구름 / 쇠 항아리'의 대립적인 시어를 활용해 시상을 전개하고 있다.

③ 4연에서 명령형을 통해 과거의 어리석었던 삶을 깨칠 것을 촉구하고 있다.

④ 1연, 9연에서 설의적 표현을 사용해 주의를 환기하고 부정적인 현실을 강조하고 있다.

2 ㉠은 부정적인 현실 상황의 극복을 위한 자세를 보여 주는 것으로, 구름을 닦는 행동을 해야 함을 제시하고 있다.

오답 뜯어보기 ⑤ 과거의 어리석었던 삶을 깨칠 것을 이야기하고 있으나, 반어적인 표현은 나타나 있지 않다.

3 〈보기〉는 1960년대의 시대 상황을 제시하고 있다. 1960년대는 4·19 혁명에도 불구하고 군사 정권에 의해 민주주의가 실패로 돌아간 시기로 현실 참여적인 문학 작품이 많이 나타났다. 이를 참고로 할 때, '쇠'는 군사 정권하에서의 총을 연상하게 하며, '항아리'는 머리를 덮는 존재로 시야를 가리는 부정적인 역할을 한다. 그러므로 '쇠 항아리'는 군사 정권하에서의 구속과 억압을 상징하는 시어로 볼 수 있다.

4 ㉢은 '서럽게', '눈물 흘려' 등의 표현을 통해 자유와 평화가 없는 세상에서 서러움을 당하며 인고의 나날을 살아가는 민중의 슬픔을 보여 주고 있다.

오답 뜯어보기 ① ㉢은 시 전체의 흐름으로 볼 때 민족의 슬픔에 주저앉아 절망하고 있는 것이 아니라, 현실 극복의 의지를 반어적으로 표현한 것이다.

5 '쇠 항아리'는 부정적인 이미지의 시어로 '(먹)구름'과 유사한 의미를 지니고 있다. 둘 모두 시의 화자가 민중들에게 닦고 찢으라고 명령하는 대상이며, 이는 민중이 진짜 하늘을 볼 수 없게 만드는 방해물의 의미를 지니고 있다.

---

093 아지랑이_ 이영도 190~191쪽

키포인트 체크 사랑, 숨결, 아지랑이, 나비

1 ④ **2** ③ **3** ② **4** ② **5** 아지랑이, 나비

1 이 시는 시조의 기본 율격을 따르고 있어 4음보의 율격을 보인다.
오답 뜯어보기 ① '노오란 텃밭' 등에서 시각적 심상을 찾을 수 있으며 이를 통해 감각적인 느낌을 부여하고 있다.
② '사랑은 아지랑이' 등의 비유적인 표현을 활용하여 임을 향한 사랑이라는 관념적인 대상을 구체화하고 있다.
③ '나비, 나비, 나비, 나비'를 종장에서 떨어뜨려 배열함으로써 시각적 효과를 획득하고 있다.
⑤ '이마에 다시하면'에서 촉각적인 심상을 찾을 수 있으며, 이를 통해 화자가 숨결을 느낄 수 있을 만큼 사랑하는 임과 가까이 있음을 보여 주고 있다.

2 직유법은 초장의 '어루만지듯'에서 사용되었으며, 중장에서 '아지랑이'가 반복되어 나타나고 있다. 역설법과 의인법은 나타나 있지 않다.

3 종장에서 '나비, 나비, 나비, 나비'를 떨어뜨려 좌우로 배치한 것은 나비가 날아가는 형상을 시각적으로 표현하기 위해서이다. 즉, 임을 사랑하는 화자의 황홀한 마음을 나비에 빗대고 그 이미지를 시각적으로도 형상화하고 있다.

4 〈보기〉의 화자는 임에게 묏버들을 꺾어 보내면서 그 묏버들을 보며 자신을 떠올리기를 바라고 있다. 〈아지랑이〉에서 화자와 임의 거리가 숨결을 느낄 만큼 가까운 반면에 〈보기〉는 묏버들을 창밖에 심어 두고 보며 화자를 떠올려야 할 만큼 화자와 임의 거리가 떨어져 있음을 알 수 있다.
오답 뜯어보기 ① 〈보기〉는 '밤비예', 이 시는 '장다리'로 모두 종장의 첫 음보가 세 글자인데, 이는 시조의 가장 중요한 형식적 특징 중 하나이다.
④ 이 시에서는 임을 향해 피어나는 사랑의 감정만을 노래하고 있는 반면에 〈보기〉에서 화자는 묏버들을 창밖에 심어 두고 새잎이 나면 그것을 자신으로 여겨 달라며 임에게 당부를 하고 있다.
⑤ 〈보기〉의 화자가 임에게 전하는 묏버들은 임이 화자 대신 여기는 대상이므로 시적 화자의 분신으로 볼 수 있다.

지식 ✚

● **홍랑과 최경창의 사랑**
홍랑은 16세기 후반 함경도에서 활동한 기생으로, 당대 유명한 시인 중 하나인 고죽 최경창과 사랑을 나누었다. 최경창이 임기를 마치고 서울로 돌아가게 되자 홍랑은 그를 배웅한 뒤 귀가할 때에 날이 어두워지고 비까지 내리자 애틋한 마음에 이 시조를 짓고, 시조와 함께 버들을 꺾어 최경창에게 보냈다고 한다. 이후 계속 최경창을 그리워하다 2년 뒤 최경창이 병들었다는 소식에 그의 곁으로 가 임종까지 그를 간호하였다고 한다.

---

5 이 시는 임을 향한 화자의 사랑을 '아지랑이'와 '나비'에 빗대어 표현하고 있다.

---

094 아침 이미지 1_ 박남수 192~193쪽

키포인트 체크 아침, 어둠, 물상, 신비롭게

1 ④ **2** ② **3** ④ **4** ② **5** '새', '돌', '꽃'이 물상들로 제시되었으며, 이는 세상 만물을 대표한다.

1 이 시는 다른 일반적인 경우와 달리 '어둠'과 '아침'을 대립되는 관계로 제시하지 않는다. 따라서 대립되는 두 대상이 제시되어 있지 않으며 역경의 극복 또한 강조되지 않는다.
오답 뜯어보기 ① '낳고', '아침이면' 등이 반복되어 리듬감을 형성하고 있다.
② 어둠의 순간에서 아침에 이르기까지 시간적 순서에 따라 시상을 전개하고 있다.
③ 1~2행에서 행간 걸침을 사용함으로써 어둠의 생산적 이미지를 강조하고 있다.
⑤ 1~2행에서 어둠이 새, 돌, 꽃을 낳는다고 표현함으로써 활유법을 사용하였고, 이를 통해 어둠의 긍정적이고 생산적인 이미지를 강화하고 있다.

2 이 시에서 '어둠'은 일반적인 경우와는 달리 부정적인 이미지가 아니라 생명을 잉태하고 있는 모태의 이미지로 나타난다. 그렇기에 1~2행에서 물상을 돌려주는 것으로 형상화되고 있다.

3 ㉣은 아침의 생동감 넘치는 모습을 표현한 것으로, 하늘의 태양이 지상에 있는 사물(물상)들과 어울려 생기 넘치는 모습을 보여 주고 있다.
오답 뜯어보기 ① ㉠은 어둠의 중량감을 벗어나는 물상들을 표현한 것으로, 지상으로부터 벗어나기 위한 몸부림과는 거리가 멀다.
② ㉡은 아침이 되자 활동을 시작하는 물상들의 모습을 표현한 것으로, 노동의 고단함을 잊기 위한 움직임으로 보기 어렵다.
③ ㉢은 활기차고 밝은 아침의 모습을 표현한 것으로, 기존의 사물들이 새로운 사물들을 반갑게 맞이하는 모습으로 보기는 어렵다. 또한 이 시에서는 '개벽'이라는 표현을 통해 모든 사물(물상)들이 아침이 되면 마치 천지가 새로 열린 것처럼 새로움을 보이고 있다고 보았다.
⑤ ㉤은 아침 이미지를 집약적으로 표현한 것으로, 아침이 되면 천지가 새로 열린 것처럼 새로움을 보이고 있음을 말하고 있다. 따라서 혼란을 겪는 모습과는 거리가 멀다.

4 ⓐ는 공감각적 심상이 나타나 있으며, 특히 시각(태양)을 청각화(울림)하여 표현하고 있다. '해 질 녘 울음이 타는 가을 강' 역시 공감각적 심상이 쓰인 시구로, 시각(가을 강)을 청각화(울음)하여 표현하고 있다.
오답 뜯어보기 ① '매화 향기'에서 후각적 심상이 나타난다.
③ '파릇한 풀포기'에서 시각적 심상이 나타난다.
④ '서느런 옷자락'에서 촉각적 심상이 나타난다.

⑤ '전나무 우거진 마을'에서는 시각적 심상이, '누룩을 디디는 소리'에서는 청각적 심상이, '누룩이 뜨이는 내음새'에서는 후각적 심상이 나타난다. 이렇게 두 가지 이상의 심상을 나란히 나열하여 표현하는 것은 복합적 심상에 해당한다.

5 1~2행에서 어둠이 '새', '돌', '꽃'을 낳았으므로 이 시에 나타나는 물상들은 '새', '돌', '꽃'이 다 그런데 이 '새', '돌', '꽃'은 구체적인 사물을 의미하는 것이 아니라 모든 물상을 대표하는 추상적 의미를 지닌 것으로 대유법이 사용된 시어이다.

에 초점을 맞추어 감상한 것으로 '효용론적 관점'이라고 한다.
⑤ 작가의 전기적 사실이나 심리 상태 등 작가와 작품의 관계에 초점을 맞추어 감상한 것으로 '표현론적 관점'이라고 한다.

3 ㉠과 ㉡은 같은 단어이지만, 의미는 대조적이다. ㉠은 인간의 삶의 영역인 현대 문명을, ㉡은 비둘기의 보금자리인 자연을 상징하고 있다.

4 '다이너마이트'는 산의 돌을 깰 때 사용하는 것으로 엄청난 폭음을 낸다. 이로 인해 비둘기가 놀라서 날아오르는 모습을 본 시인은 이를 문학적으로 형상화한다. 이 시에서 '돌 깨는 산울림, 채석장 포성'은 '다이너마이트'와 마찬가지로 비둘기를 놀라게 하고 쫓기는 새가 되게 한다. 이는 문명과 개발, 자연 파괴의 소리로서 인간 문명의 폭력성을 상징한다고 할 수 있다.

---

095 성북동 비둘기 _ 김광섭   194~195쪽

[키포인트 체크] 도시화, 묘사, 보금자리, 절제, 경고

1 ②   **2** ④   **3** ㉠은 인간의 삶의 영역인 문명을 의미하고, ㉡은 비둘기의 보금자리인 자연을 의미한다.   **4** ⓐ '돌 깨는 산울림, 채석장 포성', ⓑ 인간 문명의 폭력성

1 이 시는 자연의 파괴로 생존의 터전을 잃어버리고 쫓기는 신세가 되어 옛날을 그리워하는 비둘기의 모습을 묘사하여 자연 파괴와 인간성 상실을 비판하고 있다. 그러나 화자의 정서 변화는 나타나 있지 않다.
[오답 뜯어보기] ① 도시 개발로 인한 자연 파괴로 쫓기는 신세가 된 비둘기의 모습을 1, 2연에서 구체적으로 묘사한 후, 마지막 연에서 이를 정리하며 '현대 문명에 대한 비판'이라는 주제로 집약하여 제시하고 있다.
③ 비둘기의 보금자리인 자연을 '번지'로 표현한 것이나 구공탄 굴뚝 연기에서 향수를 느끼고 돌 온기에 입을 닦는 모습은 비둘기를 사람처럼 의인화하여 표현한 것으로 볼 수 있다.
④ 3연에서 사람과 더불어 살며 사랑과 평화를 전하던 비둘기의 과거 모습과 사랑과 평화의 사상을 낳지 못하고 쫓기는 신세가 된 현재 모습을 대비하여 문명으로 인한 자연 파괴에 대한 문제의식을 드러내고 있다.
⑤ 이 시는 '가슴에 금이 갔다', '새파란 아침 하늘'과 같은 시각적 심상, '돌 깨는 산울림', '채석장 포성'과 같은 청각적 심상, '구공탄 굴뚝 연기'와 같은 후각적 심상, '금방 따 낸 돌 온기'와 같은 촉각적 심상을 사용하여 주제를 구체적으로 전달하고 있다. 이를 통해 대상이나 대상이 처한 상황이 구체적으로 지각되어 독자의 감정을 직접적으로 자극하고, 그 상황에 더욱 공감하게 해 준다.

2 ㉮는 작품 창작 당시의 시대적 배경이나 작가가 주목한 현실 세계가 작품에 미친 영향에 주목하여 작품을 감상하는 관점으로 '반영론적 관점'이라고도 한다. ④는 작품이 창작된 1960년대라는 시대적 배경에 주목하여 작품을 해석하고 있으므로 ㉮의 관점에서 감상한 것이다.
[오답 뜯어보기] ①, ② 시의 운율이나 표현, 작품 구조 등 작품 자체만을 근거로 하여 작품을 감상한 것으로 이러한 관점을 '내재적 관점'이라고 한다.
③ 작품의 의미를 현대 사회의 사람들과 연관지어 작품과 독자의 관계

---

096 저녁에 _ 김광섭   196~197쪽

[키포인트 체크] 나, 이별, 성찰(명상)

1 ①   **2** ④   **3** ②   **4** ⑤   **5** 정다운

1 이 시는 화자와 별의 관계를 통해 시상을 전개한다. 화자와 별이 서로를 바라보고 있다는 것은 소중한 인연의 끈이 닿아 있다는 의미이므로, '별'은 이 세상의 많은 존재 중에 자신에게 소중한 의미를 지니게 된 특별한 인연을 의미한다.
[오답 뜯어보기] ② 별은 화자와 인연을 맺으므로 인간과 자연이 대비되기보다는 서로 어우러지는 모습을 표현한 것으로 볼 수 있다.
③ 별은 화자와 소중한 관계를 맺었으므로 인간성 상실을 상징하는 소재라고는 볼 수 없다.
④ 시간의 흐름에 따라 나타났다 사라지며 자연의 섭리에 순응하는 별의 모습에서 억압을 극복하는 민중의 힘을 파악하기는 어렵다.
⑤ 화자가 '별'을 보고 자신의 삶을 반성하는 내용은 나타나 있지 않다.

2 화자는 저녁에 밤하늘에 나타난 별을 만나고, 시간이 깊어가면서 그 별과 헤어지게 된다. 이처럼 이 시에서 '저녁'은 인간의 삶에서 만남이 이루어지기도 하지만, 헤어짐이 예정된 때를 의미하고 있다. 하지만 이를 부정적 현실을 드러내는 것으로 보기는 어렵다.
[오답 뜯어보기] ① 화자는 별과의 만남과 헤어짐을 통해 인간의 존재와 관계에 대해 깊이 있는 내면적 성찰을 하고 있다.
②, ⑤ 저녁이 깊어가면서 별은 밝음 속에 사라지고 화자는 어둠 속에 사라지므로 저녁은 화자에게 고독감을 불러일으키는 시간이자, 이별을 예고하는 시간이라고 이해할 수 있다.
③ 날이 어두워지는 저녁이 되어 별이 보이므로, 저녁은 화자와 '별'을 맺어 주는 기능을 하고 있다고 이해할 수 있다.

3 3연의 '어디서 무엇이 되어 / 다시 만나랴'에서 재회에 대한 소망을 표현하였는데, 이는 중생이 죽은 뒤 그 업에 따라서 육도의 세상에서 생사를 거듭한다는 불교의 윤회설에 따른 생각으로 볼 수 있다.

● 유교의 성선설

유교는 공자에 의해 창시되어 맹자, 순자, 한유, 주자, 왕양명 등으로 이어진 사상 체계로서, 현실 생활에서의 인·의·예·지·신(仁義禮智信) 등의 도덕적 덕목을 중시한다. 사람의 성품은 누구나 착하다는 입장은 유교의 기본적 입장이다. 특히 맹자는 인간의 공통적인 경향성은 선을 지향하는 것임을 더욱 분명히 하였다.

● 기독교의 예정설

기독교의 구원론에 관한 신학적 이론 중 하나이다. 인간의 구원은 인간의 노력이나 행위와 상관없이 전적으로 신으로부터 선택에 의해 이루어지며, 이에 따라 선택받은 영혼들이 구원을 받는다고 주장하는 이론이다.

● 도교의 신선 사상

신선이란 도를 닦고 자연과 벗하며 영원히 사는 사람을 뜻한다. 즉, 신선 사상은 신선의 경지에 오르기 위한 사람들의 노력을 담고 있다.

● 불교의 인생 고해설

고(苦)는 괴로움을 뜻하는 불교 용어이다. 불교에서 '고'는 구체적으로 생로병사(生老病死)의 4고와 사랑하는 자와 이별하지 않으면 안 되는 애별리고(愛別離苦), 원한 깊은 미운 자와 만나야만 되는 원증회고(怨憎會苦), 구(求)해도 얻을 수 없는 구부득고(求不得苦), 모든 것에 집착하는 데서 생기는 오취온고(五取蘊苦)의 4고를 더하여 4고8고(四苦八苦)로 정리되었다.

4 작품의 해석은 내재적 관점과 외재적 관점, 외재적 관점은 반영론적 관점과 표현론적 관점, 효용론적 관점에 따라 이루어질 수 있다. 〈보기〉의 내용은 독자에게 미치는 영향을 중심으로 작품을 해석하는 효용론적 관점과 관련되어 있다. ⑤는 이 시를 읽은 독자가 친구들을 떠올린 내용이므로 효용론적 관점에 따른 감상으로 적절하다.

오답 뜯어보기 ①, ② 작품 내부의 표현 방법을 해석한 내용으로, 내재적 관점에 따른 감상이다.

③ 작품이 창작된 시대적 배경을 바탕으로 작품을 해석하고 있으므로 반영론적 관점에 따른 감상이다.

④ 시인의 시적 경향이나 주제 의식 등 시인의 특징을 중심으로 작품을 이해하는 표현론적 관점에 따른 감상이다.

5 3연의 '이렇게 정다운 / 너 하나 나 하나'라는 시구에서 별과 '나'가 정답기를 바라는 화자의 바람을 읽을 수 있다.

---

097 샤갈의 마을에 내리는 눈_김춘수 198~199쪽

키포인트 체크 이미지, 혼재, 심상, 환상

1 ④ **2** ⑤ **3** ⑤ **4** ③ **5** 봄의 맑고 순수한 생명력

1 이 시는 샤갈의 그림을 보며 떠오르는 이미지를 감각적 언어로 표현한 작품으로, 과거와 현재를 대비하거나 그리움의 정서를 드러내고 있지 않다.

오답 뜯어보기 ① '온다', '떤다', '덮는다', '지핀다' 등 현재형 시제를 사용하고 있는데 이를 통해 시에 생동감을 불어넣고 있다.

② '눈'과 '새로 돋은 정맥', '올리브빛', '불' 등과 같은 이질적인 시어들을 자유로운 연상을 통해 나열하여 논리를 넘어서는 환상적인 분위기를 조성하고 있다.

③ 사나이의 관자놀이에 바르르 떨며 돋는 정맥, 수천수만의 날개를 달고 하늘에서 내려와 마을을 덮는 눈, 올리브빛으로 물이 드는 겨울 열매, 아름다운 불을 지피는 아낙네들 등 떠오르는 이미지를 시각적으로 형상화하여 시상을 전개하고 있다.

⑤ 샤갈의 마을이라는 이국적인 정경을 소재로 하면서도, '아낙'과 '아궁이'라는 토속적 시어를 활용하여 한국적 감성을 드러내고 있다.

2 이 시에서 '보라색'의 이미지는 나타나지 않는다.

오답 뜯어보기 ① '눈'에서 흰색의 이미지가 드러난다.

② '불'에서 빨간색의 이미지가 드러난다.

③ '올리브빛'에서 초록색의 이미지가 드러난다.

④ '정맥'에서 파란색의 이미지가 드러난다.

3 이 시에서 '눈'은 봄과 생명의 시작을 알리고 샤갈의 마을을 포근하게 덮어 주는 역할을 한다. 따라서 이 시에서 '눈'의 이미지는 '차갑다'는 일반적인 이미지가 아니라 생동감 있고 따뜻한 이미지이다.

4 이 시는 삼월에 눈이 내리는 샤갈의 마을이라는 환상적인 세계 속에서 새롭게 소생하는 맑고 순수한 생명감을 표현하고 있다. 이 시에서 삼월에 내리는 '눈'은 '봄'을 촉발하면서 사나이의 관자놀이에 '새로 돋은 정맥'을 어루만지고, 볼품없이 메마른 겨울 열매들을 '올리브빛'으로 물이 들게 하며, 아낙들이 '그해의 제일 아름다운 불'을 아궁이에 지피게 한다. '눈'을 통해 연결되는 이러한 시어들은 모두 독자적인 이미지를 가지면서도 순수하고 맑은 생명감이라는 공통적인 심상을 연상하게 한다. 그러나 '쥐똥만 한 겨울 열매들'은 작고 볼품없는 생명체로, 메말랐던 겨울을 떠올리게 한다.

5 이 시에서는 먼저 삼월에 눈이 오는 상황을 제시하여 봄과 겨울이 혼재한 세계를 보여 준다. 그리고 이를 바라보는 사나이의 관자놀이에 새로운 정맥이 돋는 것을 통해 봄을 기다리는 사나이의 마음에 이는 동요와 욕망을 나타낸다. 그리고 눈 속에서 올리브빛으로 다시 살아나는 겨울 열매와 내면에서 솟아오르는 생명력으로 아름다운 불을 지피는 아낙들의 모습을 나타내고 있다. 이처럼 시인은 이미지들 사이의 자유로운 연상을 통해 봄의 맑고 순수한 생명력을 형상화하고 있는 것이다.

---

098 묵화_김종삼 200~201쪽

키포인트 체크 목덜미, 고마움, 추측, 연민

1 ⑤ **2** ⑤ **3** ③ **4** 함께, 서로 **5** ④

1 이 시에서는 음성 상징어를 찾아볼 수 없다.

오답 뜯어보기 ① 4~6행에서 각 행은 연결 어미 '-고'로 마무리되고 있으며, 이러한 반복을 통해 운율을 형성하고 있다.

② 이 시는 절제된 언어 표현과 여백의 미를 통해 주제를 드러내고 있다.

③ 연결 어미 '-고'와 쉼표(,)로 시를 마무리하여 소와 할머니의 정서적 교감과 동반자적 관계가 계속 이어질 것임을 강조하고 있다.

④ 세부적 상황과 배경이 생략된 채, 대상만을 과감하게 단순화하여 묘사하고 있다.

2 이 시에서 화자는 겉으로 드러나 있지 않으며, 소와 할머니의 모습을 연민의 시선으로 바라보고 있다.

오답 뜯어보기 ① 화자는 힘겨운 노동을 끝내고 돌아온 할머니와 소의 모습을 관찰하고 있다. 화자가 노동을 체험했는지는 알 수 없다.
② 할머니(인간)와 소(자연)의 유대감을 드러내고 있을 뿐, 인간과 자연의 대비는 찾아볼 수 없다.

3 '서로 발잔등이 부었다고, / 서로 적막하다고,'의 내용을 고려할 때, 소역시 할머니와 함께 힘든 일을 하며 피곤한 상태임을 짐작할 수 있다. 따라서 '소의 역동적인 모습'은 시적 상황과 어울리지 않는다.
오답 뜯어보기 ① 시 속에 등장하는 인물이 '할머니'밖에 없다는 점을 고려할 때, 소와 함께 홀로 밭을 가는 모습은 적절한 장면이라고 할 수 있다.
② '묵화'라는 시의 제목에 어울리도록 여백이 강조된 시의 특성상 영상물의 분위기도 최소한의 요소로 차분하고 정적인 분위기로 형성하는 것이 좋다.

4 힘겨운 하루를 함께 보내며 쓸쓸하게 살아가는 소와 할머니의 처지가 '함께'와 '서로'를 통해 드러나 있다.

5 '동병상련'은 같은 병을 앓는 사람끼리 서로 가엾게 여긴다는 뜻으로, 어려운 처지에 있는 사람끼리 서로 가엾게 여김을 이르는 말이다.
오답 뜯어보기 ① 같은 자리에 자면서 다른 꿈을 꾼다는 뜻으로, 겉으로는 같이 행동하면서도 속으로는 각각 딴생각을 하고 있음을 이르는 말이다.
② 쇠귀에 경 읽기라는 뜻으로, 아무리 가르치고 일러 주어도 알아듣지 못함을 이르는 말이다.
③ 인생의 길흉화복은 변화가 많아서 예측하기가 어렵다는 말이다.
⑤ 입은 다르나 목소리는 같다는 뜻으로, 여러 사람의 말이 한결같음을 이르는 말이다.

---

099 누군가 나에게 물었다 _김종삼

202~203쪽

키포인트 체크 시, 성찰, 남대문 시장, 고민

1 ① **2** ③ **3** ③ **4** 세상을 이루는 기초이며 세상의 출발이라는 의미로, 자신의 삶을 묵묵히 살아가는 건강한 사람들이 우리 사회의 기초임을 의미한다.

1 '그런 사람들이'를 반복하고, 문장 순서를 바꾸어 '그런 사람들' 뒤에 구체적인 내용을 제시하여 '그런 사람들'이 중요한 사람들임을 강조하고 있다.
오답 뜯어보기 ② 하나의 시어가 대조적인 이미지를 표현하는 경우는 나타나 있지 않다.
③ 누군가의 질문에 대한 답을 스스로 생각하고 있다.
④ 공간의 이동과 시간의 흐름에 따라 시상이 전개되고 있다.
⑤ 이 시는 감각적 이미지보다는 사유를 통해 시상을 전개하고 있다.

2 화자는 '누군가'의 시가 무엇인가라는 물음을 생각하다가 고생스럽지만 착하고 인정 있게 사는 사람들의 고귀한 가치를 인식한다. 이때 ㉣는 평범한 사람들이 살아가는 곳으로서, 화자가 시인으로서의 삶을 성찰하게 되는 공간이다. 따라서 ㉣를 이동하며 ㉯의 물음에 대해 반감을 가지게 된다는 해석은 적절하지 않다.

3 화자는 거리를 걸으며 질문에 대해 생각하였고, 남대문 시장에서 고된 삶을 살아도 인정 있게 최선을 다해 살아가는 사람들을 보고 그들이 바로 시인이라는 깨달음을 얻게 되었다. 따라서 만나는 사람들에게 삶의 의미를 물어보았다는 내용은 적절하지 않다.

4 알파는 그리스어의 첫째 자모로 첫째가는 것이나 처음의 뜻으로 쓰인다. 이 시에서는 시장에서 만난 사람들이 세상의 기초이며 중요한 사람들이라는 의미로 사용되었다.

---

100 울타리 밖 _박용래

204~205쪽

키포인트 체크 울타리, 묘사, 천연히, 잔광, 조화

1 ④ **2** ③ **3** ⑤ **4** 안과 밖을 구분하지 않고 이웃이나 자연과 조화를 이루며 살아가는 곳이다.

1 이 시에서 화자가 바라는 삶의 모습은 드러나 있지만, 격정적인 어조로 표출하고 있지는 않다. '격정적 어조'란 감정이 강렬하고 갑작스러워 누르기 어려운 말투를 의미한다.
오답 뜯어보기 ① 4연에서 ' ~ 마을이 있다'가 반복적으로 쓰여 운율을 형성하고 있다.
② '머리가 마늘쪽같이 생긴'을 통해 소녀의 순수하고 사랑스러운 모습을 드러내고 있다.
③ 시어 '천연히'를 별도의 연으로 제시하여 주제를 강화하였다.
⑤ 2연의 '아지랑이가 피듯 ~ 물이 흐르듯'을 통해 확인할 수 있다.

2 이 시의 화자와 〈보기〉의 화자 모두 자연이 그러하듯 '천연히', '절로절로' 자연과 조화를 이루는 삶을 지향하고 있다.
오답 뜯어보기 ① ㉮와 ㉯ 모두 인생의 허망함을 안타까워하는 태도는 보이지 않는다.
② ㉮와 ㉯ 모두 자연의 섭리에 따라 사는 삶을 긍정적으로 인식하고 있다.
④ ㉮는 인간과 자연을 구분하지 않고 조화를 이루며 사는 삶을 소망하고 있다.
⑤ ㉮는 자연과 인간이 조화를 이룬 세계를 소망하고 있을 뿐 탈속의 의지는 드러나지 않고 ㉯ 역시 자연과의 조화를 지향할 뿐 탈속의 의지는 보이지 않는다.

3 '잔광'은 자연과 더불어 소박하게 살아가는 마을 사람들의 심성을 부각하는 역할을 한다.
오답 뜯어보기 ① 4연에서는 '울타리 밖에도 화초를 심는', '오래오래 잔광이 부신', '밤이면 더 많이 별이 뜨는' 등의 시각적 이미지를 활용하여 '마을'의 풍경을 묘사하였는데, 이는 〈보기〉의 '사라져 가는 재래의 것들을 회화적 이미지로 복원'하는 것과 관련이 있다.
② 1연의 '마늘쪽', '들길'과 2연의 '아지랑이' 등은 향토적인 시어로 〈보기〉의 '토속적 정취를 환기'하는 것과 관련이 있다.
③ 2연의 ' ~ 듯'으로 반복되는 내용들은 모두 〈보기〉의 '자연의 지속성'과 관련이 있다.
④ 울타리 안과 밖을 구분하지 않는 모습은 〈보기〉의 '인간과 자연의 조화에 대한 바람'을 형상화한 것으로 볼 수 있다.

● 감정이 절제된 지성주의

박용래가 새로운 시인으로서 얼굴을 내민 1956년은 6·25 전쟁의 종전과 함께 기성
시인들이 이념에 따라 남북으로 갈린 시점에서, 남한만의 새로운 시단이 형성될 무
렵이다. … 그를 추천한 시인이 청록파의 일원인 박두진이라는 데서도 알 수 있지만
초기 박용래의 시들은 전통 소재를 택하고 있었고, 서정적 기법으로 씌어져 있었다.
그러나 그의 시는 주정주의로 치우치지 않고, 감정이 절제된 지성주의적 태도를 보
인다는 데서 한국 서정시 사상 새로운 입지를 개척하고 있는 것이다. …《울타리 밖》
은) 전통적인 서정시에서 흔히 볼 수 있는 목적인 소재를 택하고 있음에도, 직정의
토로 등이 절제된 채 지극히 지성적인 태도를 견지하고 있다.

4 '도'는 이미 어떤 것이 포함되고 그 위에 더함의 뜻을 나타내는 보조사
이다. ㉠은 울타리를 경계로 나뉘는 것이 아니라 안과 밖 구분하지 않고
자연스럽게 어울리는 삶의 모습을 보여 준다.

---

101 거산호 II _ 김관식   206~207쪽

[키포인트 체크] 북창, 속세, 영속성, 가치, 예찬, 친화적

1 ④   **2** ②   **3** ⑤   **4** ㉠에서는 '장거리'와 '산', '등지고'와 '향하여 앉은'의
대조가 나타나는데, 이러한 대조는 속세를 등지고 '산'과 같은 자연 공간을 지향
하는 화자의 태도를 강조하고 있다.

1 화자는 속세에 대한 거부감을 드러내면서 산에 대한 지향을 표명하고
있는데, 이것이 지난날에 대한 반성에서 기인한 것이라는 내용은 찾아
볼 수 없다.

[오답 뜯어보기] ① '사람은 맨날 변해 쌓지만 / 태고로부터 푸르러 온 산'
과 같은 표현에서 '사람'과 '산'의 대조를 통해 '산'의 영속성과 불변성을
장점으로 강조하고 있음을 확인할 수 있다.

② '태고로부터 푸르러 온 산이 아니냐'와 같은 구절에서 설의적 표현을
찾아볼 수 있으며, 이는 오랜 시간 푸르름을 지속해 온 산에 대한 감탄
을 효과적으로 드러내고 있다.

③ '네 품이 내 고향인 그리운 산아'에서 화자가 대상을 '산아'라고 부르
면서 산에 대한 그리움과 지향을 드러내고 있음을 확인할 수 있다.

⑤ 이 시의 6행과 11행은 '산'이라는 동일한 시어로 종결되면서 중심 제
재인 '산'을 뚜렷이 드러내고 있다.

2 '보옥을 갖고도 자랑 않는 겸허한 산'이라는 구절은 앞서 제시한 긍정적
속성들을 지니면서도 이를 드러내지 않는다는 데서 산이 '겸허함'의 속
성을 지님을 의인화하여 표현한 구절이다. 이를 사람들이 간과하고 있
는 상황에 대해 화자가 안타까움을 느끼고 있는지는 확인할 수 없다.

[오답 뜯어보기] ① '사람은 맨날 변해 쌓지만 / 태고로부터 푸르러 온 산'
에서는 '사람'과 '산'의 대조를 통해 '산'이 영속성과 불변성을 지닌 존재
임을 드러내고 있다.

③ 해당 구절에서 산은 '이승의 낮과 저승의 밤' 사이에 다리를 놓으면
서 그 사이에 우뚝 솟아 있는 것으로 제시되면서, 화자의 이승과 저승,
낮과 밤을 아우르는 평생을 산과 함께할 것임을 표현하고 있다.

④ '미역취'는 산나물로, 화자가 그 냄새를 통해 긍정적인 대상으로서의
산을 환기하게 되었음을 후각적으로 표현하고 있다.

⑤ 산에 있어도 산을 지향하는 욕구가 지속됨을 표현함으로써 화자에
게 산이 절대적 의미를 지닌 존재임을 강조하고 있다.

---

3 [A]에서는 인간이 중요시하고 지향해야 할 가치를 산에서 발견하고 이
를 예찬하고 있는 반면, [B]에서는 자연물이 특정 가치를 지니고 있다는
내용을 찾을 수 없다. 따라서 [B]에서 인간에게 중요한 가치를 자연에서
발견하고 있다는 내용은 적절하지 않다.

[오답 뜯어보기] ① [A]에서는 '장거리'와 '산'을, [B]에서는 '천심 절벽',
'일대 장강'을 '세간'과 대조하여 의미를 강조하고 있다.

② [A]에서는 '산'에, [B]에서는 '백구'에 인격을 부여하여 이에 대한 친
밀감을 드러내고 있다.

③ [A]에서는 '산에서도 오히려 산을 그린'다고 하였고, [B]에서는 절벽
아래 흐르는 강을 바라보며 낚시로 소일하는 화자의 모습이 제시되고
있다.

④ [A]에서는 '산'을 태고로부터 푸르름을 이어 온 영속성을 지닌 것으
로 파악하였으나, [B]에서는 유사한 인식을 찾아볼 수 없다.

4 ㉠에서는 '장거리'와 '산'의 두 공간이 각각 '등지고'와 '향하여 앉은'의
서술어와 함께 제시되고 있다. '등지고'와 '향하여 앉은'과 같은 서술어
의 대비는 '장거리'와 '산'에 대한 화자의 상반된 태도를 드러낸다. 화자
는 번잡한 속세를 의미하는 '장거리'에 등을 돌리는 행위를 함으로써 거
부의 태도를 드러내고, 긍정적 속성을 표상하는 '산'의 방향으로 앉는
행위를 함으로써 지향을 드러내고자 하며, 이러한 지향은 대조를 통해
효과적으로 강조되고 있다.

---

102 농무 _ 신경림   208~209쪽

[키포인트 체크] 농민, 산업화, 소외감, 신명

1 ④   **2** ⑤   **3** ③   **4** 여운을 강화한다.

1 이 시의 화자는 '농민'으로, '우리는 점점 신명이 난다'와 같이 작품에 드
러나 있다. 즉, 관찰자인 화자가 농민의 삶을 관찰하여 전달하고 있는
것이 아니라, 농민인 화자가 자신들의 이야기를 직접 전달하고 있다.

[오답 뜯어보기] ① 현실에 대한 울분과 분노가 '신명' 나게 농무를 추는
역설적인 모습으로 드러난다.

② 농민들의 삶의 모습에 대하여 이야기를 전달하는 방식으로 시상을
전개하고 있다.

③ '답답하고 고달프게 사는 것이 원통하다', '산구석에 처박혀 발버둥
친들 무엇하랴' 등과 같이 현실에 대한 인식이 직설적으로 표현되어 있
다.

⑤ '운동장 → 소줏집 → 장거리 → 쇠전 → 도수장 앞' 순으로 공간을 이
동하며 시상을 전개하고 있는데, 이러한 공간의 이동에 따라 화자의 정
서도 점점 심화되고 있다.

2 이 시는 징이 울리고 막이 올라가는 것으로 시작하는 것이 아니라, '막
이 내렸다'라는 표현으로 시가 시작되고 있다. 이러한 표현은 보통 어떤
일의 끝을 의미하는 경우가 많은데, 이처럼 시의 첫 행을 시작이 아니라
끝을 의미하는 구절로 시작한 것은 '농무'로 대변되던 농촌 공동체적 삶
이 와해되어 가는 것을 상징적으로 드러내고, 전반적으로 쓸쓸하고 침
울한 분위기를 조성하기 위한 것으로 볼 수 있다.

3 ㉢의 '꽹과리를 앞장세워 장거리로 나서'는 것은, 농민들의 울분과 한을

표출하려는 행위이다. 따라서 근대화 과정에서 사라져 가는 농촌의 풍속을 되살리려는 의지와는 거리가 멀다.

오답 뜯어보기 ① ㉠은 점점 무너져 가는 농촌 현실을 상징적으로 나타낸 것으로, 현실에서 느끼는 쓸쓸함과 소외감 등을 반영한다.

② ㉡은 울분과 고달픔을 술로 달래려는 농민의 모습을 표현한 것이다.

④ ㉣은 산업화 과정에서 소외되어 버린 농촌의 비참한 현실을 보여 준다.

⑤ ㉤은 농촌 현실에 대한 울분과 분노 등을 흥겨운 농무를 통해 극복하려는 한의 승화 과정으로, 농민들의 울분을 역설적으로 보여 주는 것이라고 할 수 있다.

4 확정적인 평서형 어미가 아니라 '-ㄹ거나'라는 의문형 어미가 대구를 통해 반복됨으로써 여운이 강화되고 있다.

---

103 목계 장터 _신경림

210~211쪽

키포인트 체크 목계, 유랑, 정착, 독백적, 갈등

1 ② **2** ⑤ **3** ② **4** 산서리 맵차거든, 물여울 모질거든

1 이 시는 1인칭 화자의 독백적 어조로 화자의 심정을 표현하고 있다.

오답 뜯어보기 ① '날더러', '되라', '하고', '하네' 등의 시어의 반복과 종결 어미의 반복을 통해 생동감 있는 운율을 형성하고 있다.

③ '하늘은 날더러 구름이 되라 하고', '땅은 날더러 바람이 되라 하네'와 같이 4음보의 율격을 주로 사용하여 전통적인 민요의 리듬을 형성하고 있다.

④ '민물 새우', '토방', '툇마루' 등과 같이 향토적 정취를 드러내는 시어를 사용하여 토속적 분위기를 형성하고 있다. 이러한 시적 분위기를 통해 민중들의 삶의 정서를 구체적으로 표현하고 있다.

⑤ 화자는 방랑과 정착 사이에서 갈등하고 있다. 이러한 화자의 내면적 갈등을 방랑과 유랑의 이미지를 지닌 '구름', '바람'과 정착의 이미지를 지닌 '잔돌', '들꽃'의 자연물을 통해 나타내고 있다.

2 시인이 다양한 학문 영역에 관심을 두었다는 것은 이 시의 내용과 관련이 없다.

오답 뜯어보기 ① 이 시가 4음보 율격을 활용하여 민요적 율격을 형성하고 있다는 것과 관련 있는 내용이다.

②, ③ 이 시의 화자가 붕괴되어 가는 농촌 현실 속에서 '방물장수'와 같은 떠돌이의 삶을 살아야 했던 민중이라는 점과 연결 지을 수 있다.

④ 이 시의 공간적 배경인 '목계 나루'와 관련 있는 내용이다.

3 산에 내리는 서리가 매서울 때는 '풀 속'에 얼굴을 묻고 견디며 물살이 거셀 때는 '바위 뒤'에 붙어서 몸을 지탱하려 하는 것은 정착하여 안식을 얻고 싶은 바람을 보여 준다.

오답 뜯어보기 ① 목계 장터가 4일, 9일 장임을 전제로 한 표현이다.

③ 민물에서 잡은 새우를 넣고 끓인 찌개 냄새가 토방에 진동하는 상태를 표현하고 있으므로 토속적 언어 구사가 돋보이는 부분이다. 이는 민중들의 토속적인 삶과 밀착되어 있다.

④ 3년에 한 7일 정도 아무 것도 모르는 바보가 되어 모든 어려움을 잊고 살아 보았으면 하는 마음이 전제되어 있는 표현으로 볼 수 있다.

---

⑤ '바람'은 '떠남'의 이미지인 '방랑'을 상징하고, '잔돌'은 '머무름'의 이미지인 '정착'을 상징한다.

지식 ╋

● **신경림과 민중시**

노동자, 농민 등 민중의 생활과 관점으로 쓴 시를 일컬어 '민중시'라 한다. 신경림의 민중시 역시 급속한 산업화의 과정에서 소외된 농민들의 삶의 현장을 노래하는 것에서 출발하였다. 그의 첫 시집 《농무》(1973)는 숙명적으로 땅에 기대어 살 수밖에 없는 농민들의 가난과 고통을 그들의 삶의 현장에서 우러나오는 소리를 그대로 담아 놓고 있다. 산업화 과정에서 소외된 농촌의 현실을 시적으로 형상화하고자 하는 신경림의 노력은 시집 《새재》(1979), 《달 넘세》(1985) 등으로 이어진다.

---

4 '떠돌이'의 삶을 살고 있는 화자는 자신의 삶에 대해 '서러운' 감정을 느끼고 있다. 화자가 서러운 감정을 느끼는 것은 현실적인 시련과 고난에 기인하는데, 떠돌이로서 화자가 겪은 가혹한 현실은 '산서리 맵차거든', '물여울 모질거든'으로 형상화되고 있다. 화자는 이러한 가혹한 현실을 피해 '풀 속에 얼굴을 묻고', '바위 뒤에 붙어' 정착을 통한 안식을 얻고 싶은 바람을 드러내기도 한다.

---

104 가난한 사랑 노래 _신경림

212~213쪽

키포인트 체크 고향, 가난, 산업화, 감정, 비판적

1 ① **2** ⑤ **3** ③ **4** ③

1 이 시는 고향을 떠나 도시 노동자로 일하고 있는 가난한 젊은이의 처지를 통해 인간적인 감정의 소중함을 노래하고 있다. 계절의 변화 및 시간의 흐름은 이 시에서 찾을 수 없다.

오답 뜯어보기 ②, ③ '가난하다고 해서 ~ 을 모르겠는가'의 설의법이 사용된 동일 구문을 반복하여 인간적인 감정의 소중함을 강조함과 동시에 리듬감을 형성하고 있다.

④ 일상적 언어를 시어로 사용하여 독자에게 친근한 느낌을 주고 있다.

⑤ 시각적, 청각적 심상 등을 활용하여 가난한 젊은 청년이 처한 현실을 구체적으로 그려 내고 있다.

2 이 시에 드러난 정서는 '외로움', '두려움', '그리움', '사랑'과 이를 모두 포기해야 한다는 절망적 인식이다. 이들 정서는 적절한 소재들에 의해 형상화되고 있는데, '돌아서는 내 등 뒤에서 터지'던 '울음'은 사랑하지만 가난 때문에 헤어져야 하는 안타까운 '사랑'의 정서를 환기하는 소재라 할 수 있다.

오답 뜯어보기 ① '새빨간 감'과 '바람 소리'는 고향을 떠올리게 하는 소재로서 고향을 떠나 도시에서 고된 삶을 살고 있는 가난한 젊은이의 '그리움'을 환기하는 소재이다.

② '눈 쌓인 골목길'과 그 위를 비추는 새파란 '달빛'은 고된 하루 일과를 마치고 돌아오는 화자의 외로움을 부각하는 소재이다.

③ '호각 소리'는 당시 억압적인 사회 현실을, '기계 소리'는 비정한 도시 문명을 청각적 심상으로 형상화한 것으로 가혹한 현실의 '두려움'을 환기하는 소재이다.

④ '노여움'의 정서는 이 시에 나타나 있지 않다. 그리고 화자의 '볼에 와 닿던' 뜨거운 '네 입술'과 사랑을 속삭이던 '네 숨결'은 사랑하는 연인 간의 간절한 사랑을 나타낸다.

3 작품의 구조나 작품과 관련된 여러 요소들과의 관계에 따라 시의 감상 방법이 정해진다. 어조, 심상, 운율, 표현 등 작품 내부의 구조적 특징과 관련된 내용을 중심으로 시를 이해하고 감상하는 방법을 내재적 감상법이라고 하며, 시인이나 독자, 창작의 시대적 배경, 문학사적 의의 등 주변적 요소들과의 관계를 살펴보면서 작품을 감상하는 방법을 외재적 감상법이라고 한다. 외재적 감상법은 세부적으로 표현론적, 반영론적, 효용론적 관점이 있다. ㉠는 외재적 감상법 중 작품이 독자에게 미치는 영향에 주목하거나 독자에 따라 작품 해석이 달라질 수 있다고 보는 방법인 효용론적 관점에 해당한다. ㉢의 경우, '철호'는 독자의 입장에서 작품으로부터 받은 영향을 중심으로 자신의 감상을 이야기하고 있으므로 효용론적 관점에 따른 감상으로 적절하다.

✐오답 뜯어보기 ① 작품이 창작될 당시의 시대 상황과 작품의 관계를 중심으로 작품을 감상하고 있으므로 외재적 감상법 중 반영론적 관점에 해당한다.
② 작품을 구성하고 있는 내부의 요소를 중심으로 감상하는 방법인 내재적 감상법에 해당한다.
④ 작품을 작가와 관련지어 작가의 표현 의도를 파악하고 있으므로 외재적 감상법 중 표현론적 관점에 해당한다.
⑤ 작품이 창작될 당시의 시대 상황과 작품의 관계를 중심으로 작품을 감상하고 있으므로 외재적 감상법 중 반영론적 관점에 해당한다.

4 이 시의 화자는 가난한 삶을 살아가는 도시 노동자로 그려지고 있다. 그는 삶에 지쳐 외롭고 쓸쓸히 살아간다. 그런 화자가 '아침 일찍 공장에 출근하여 콧노래를 부르며 활기차게 일하는 모습'을 보이리라고는 예상하기 힘들다.

✐오답 뜯어보기 ① 12~14행에서 확인할 수 있다.
② 15행과 관련이 있다.
④ 2~3행에서 확인할 수 있다.
⑤ 9~11행에서 확인할 수 있다.

---

105 봄_이성부 214~215쪽

┌키포인트 체크┐ 자연, 민주화, 자유, 신념

1 ③   **2** ④   **3** ⑤   **4** 봄은 반드시 온다는 당위성을 강조한다.

1 이 시에서는 화자의 감정을 자연물에 이입하여 마치 그 대상이 그렇게 생각하고 느끼는 것처럼 표현한 부분은 나타나지 않는다. 중심 소재인 '봄'은 화자가 기다리는 대상을 상징하는 것으로 이해할 수 있다.
✐오답 뜯어보기 ①, ② 민주와 자유를 상징하는 '봄'을 의인화하여 표현하고 있다.
④, ⑤ '너는 온다', '더디게 온다', '올 것이 온다' 등에서 단정적 어조로 화자의 신념을 드러내고 있으며, '온다'라는 시어를 반복하여 리듬감을 형성하고 있다.

2 〈보기〉는 '봄'과 '겨울'의 대립적이고 상징적인 이미지를 바탕으로 시상을 전개하여, 분단의 고통을 극복하고 우리 민족이 주체가 되어 자주적이고 평화적인 통일을 이루기를 간절하게 바라고 있다. 하지만 이 시에서는 대립적 이미지의 시어를 사용하고 있지 않다.
✐오답 뜯어보기 ①, ② 이 시와 〈보기〉는 '봄'을 상징적 의미로 사용하고

있으며, '봄'을 의인화하여 표현하고 있다.
③ 이 시는 '온다', 〈보기〉는 '오지 않는다', '움튼다' 등과 같은 단정적 어조를 사용하여 화자의 확고한 믿음을 드러내고 있다.
⑤ 이 시에서는 민주와 자유가 억압당하는 부정적 현실을, 〈보기〉에서는 분단이라는 부정적 현실을 극복하기 위한 역사의식이 나타나 있다.

3 〈보기〉에서는 1960년대 5·16 군사 정변에 의해 민주화를 향한 열망이 좌절되었다고 말하면서, 군사 정권 체제의 고착화 이후 민주 사회에 대한 사람들의 관심이 더욱 높아지게 되었다고 말하고 있다. 이를 바탕으로 보았을 때 '봄'은 단순히 사계절 중 하나가 아니다. 이 시에서 '봄'은 화자가 간절히 기다리는 대상으로, 민중들이 간절하게 소망하는 희망찬 미래이자, '먼 데서 이기고 돌아온 사람'과 같이 온갖 역경을 극복하고 찾아온 존재, 즉 부조리한 현재의 상황을 이겨 낼 수 있는 존재로 볼 수 있다.

4 '올 것이다'라는 미래에 대한 추측의 진술이 아니라 '온다'라는 단정적인 진술을 사용한 것은 봄이 반드시 온다는 당위성을 강조하기 위함이다. 이는 봄이 반드시 온다는 화자의 확신을 바탕으로 한다.

---

106 외할머니의 뒤안 툇마루_서정주 216~217쪽

┌키포인트 체크┐ 매개체, 추억, 의의, 회상적, 그리움

1 ②   **2** ②   **3** ①   **4** 어린 시절을 회상하는 매개체이다.   **5** 세대 간의 교감을 의미한다.

1 이 시는 외할머니 집의 뒤안 툇마루를 매개로 어린 시절의 추억을 회상하는 구조로 되어 있다. 특히 2연에서는 외할머니네 집 뒤안 툇마루에서 외할머니가 따 주신 오디를 먹으며 외할머니의 사랑을 느꼈던 어린 시절의 추억이 잘 묘사되어 있다.

2 '집 뒤안'은 화자가 외할머니의 사랑을 느끼는 안정과 치유의 공간이다. 따라서 화자의 외로움을 강조하기 위한 소재로 볼 수 없다. '장독대' 역시 유년 시절의 추억과 관련된 향토적 소재로 외로움을 드러내기 위한 것은 아니다.
✐오답 뜯어보기 ① '툇마루'는 외할머니의 손때와 그네 딸들의 손때가 날마다 칠해져 온 것으로 세대 간의 교감이 계속해서 이어져 온 시간적 의미를 가지고 있고, 어린 시절 외할머니의 사랑을 느낄 수 있었고 정서적 안정감을 느낄 수 있었던 공간적 의미도 가지고 있다.
③ 손때가 묻어 있으면서도, 하도 많이 문질러서 거울처럼 번질번질 닦였기 때문에 '때거울 툇마루'라고 할 수 있다.
④ '먹오딧빛'은 검은 빛깔을 띠는 오디 빛깔로, 툇마루와 뒤에 나오는 오디를 자연스럽게 연결시킨다.
⑤ 화자가 어머니의 꾸지람을 피해 툇마루를 찾아와 외할머니가 준 오디 열매를 먹고 안정을 취하는 모습은 치유의 의미를 함축하고 있다.

3 〈보기〉는 세대 간의 유대와 우리 고유의 인정이 사라져 가는 문제를 지적하고 있다. 이 시는 외할머니네 집 뒤안 툇마루에 담긴 추억을 통해 세대 간 교감의 중요성을 강조하고 있으므로, 가족 간의 유대와 세대 간의 공감을 통해 〈보기〉의 문제를 해결하자는 반응이 적절하다.

4 '어린 내 얼굴을 들이비칩니다'라는 표현이 사용된 후 어린 시절의 추억

이 제시되는 것으로 보아 '툇마루'가 어린 시절을 회상하는 매개체로 작용한다는 것을 알 수 있다.

5 외할머니의 얼굴과 어린 시절 화자의 얼굴이 함께 비치어 있다는 것은 툇마루를 매개로 세대 간의 공감이 이루어졌음을 의미한다.

━━━━━━━━━━━━━━━━ ◀지식＋

● 시집 《질마재 신화》
《질마재 신화》는 1975년에 간행된 서정주의 대표적 시집으로 〈외할머니의 뒤안 툇마루〉도 이 시집에 실려 있다. '질마재'는 시인의 출생지인 전라북도 고창군 부안면의 마을 선운리의 속칭으로, 이 시집에는 토속적인 한국인의 원형적 모습이 담겨 있다. 산업화로 우리 고유의 가치관이 훼손되어 가던 시대에 전통적 삶의 모습을 통해 그러한 가치를 복원하고자 했다는 점에서 이 시집의 의의를 찾을 수 있다.
━━━━━━━━━━━━━━━━━━━━━━━━━━

---

107 신선 재곤이 _ 서정주   218~219쪽

키포인트 체크 재곤이, 신선, 따뜻한, 이야기

1 ③   **2** ⑤   **3** ② **4** 마을 사람들이 잘 돌보지 못해 재곤이가 죽었다고 생각했기 때문이다.

1 사회적 소수자인 신체 장애인 '재곤이'에 대해 형상화하고 있지만, 이 시에 반어적 표현은 나타나지 않는다.

　🖉 오답 뜯어보기 ① 사라진 '재곤이'가 하늘로 신선살이를 간 것이라고 생각하는 데서 바람직한 귀결을 바라는 가치관이 담겨 있음을 알 수 있다.
② 설화를 빌려 와 마치 옛날 이야기를 전해 주는 듯한 말투로 시상을 전개하고 있다.
④ '재곤이'가 날개를 달고 신선살이를 하러 갔다며 신화적 상상력을 발휘하는 마을 사람들의 모습을 통해 죽음을 재생과 부활로 인식하는 옛사람들의 사고방식을 드러내고 있다.
⑤ 밥벌이를 제대로 할 수 없는 '재곤이'에게 인정을 베푸는 질마재 사람들의 모습에서 따뜻한 공동체 의식을 확인할 수 있다.

2 이 시의 내용으로 볼 때, '재곤이'는 '앉은뱅이'에서 '거북이'로 환생한 것이 아니다. 장수(長壽)를 상징하는 거북이를 닮은 '재곤이'가 '신선살이'를 하러 하늘로 갔다는 말은 '조 선달' 영감이 마을 사람들의 걱정을 긍정적으로 해결하기 위해 한 발언에 해당한다.

　🖉 오답 뜯어보기 ① '신선도'에 지식이 있는 '조 선달'은 그의 비범한 면모를 부각할 수 있는 분장을 하는 것이 필요하다.
② 내레이션은 주로 도입부, 장면 전환 등에 사용하므로, 영상이 시작되는 도입 부분에서 내레이션으로 '재곤이'를 소개할 수 있다.
③ '재곤이'를 잘 돌보지 않아 하늘의 벌을 받을까 걱정하는 마을 사람들의 표정을 클로즈업으로 담아 생생하게 보여 줄 수 있다.
④ '재곤이'에게 호의적인 태도를 보이는 '질마재 사람들'이 밥, 옷, 불을 제공하여 '재곤이'를 돌보아 주는 여러 모습을 몽타주로 편집할 수 있다.

━━━━━━━━━━━━━━━━ ◀지식＋

● 몽타주
영화나 사진 편집 구성의 한 방법. 따로따로 촬영한 화면을 적절하게 떼어 붙여서 하나의 긴밀하고도 새로운 장면이나 내용으로 만드는 일. 또는 그렇게 만든 화면을 말한다.
━━━━━━━━━━━━━━━━━━━━━━━━━━

3 우리 문학은 인간다운 삶이 어떤 것이며, 삶에서 부딪히는 문제가 어떤

것인가를 주된 관심사로 삼았다. 그래서 현실에 존재하는 다양한 유형과 성격을 지닌 인간의 삶과, 인간이 지닐 수밖에 없는 정서를 주로 다루었으며, 이를 통해 인간다운 삶, 인간답게 사는 삶의 방향을 모색하였다. 이 시는 '재곤이'와 '질마재 마을 사람들'이라는 현실적인 인물들의 이야기를 통해, 인간의 따뜻한 마음과 인간답게 살려는 노력을 보여 주고 있다.

4 '질마재 사람들'은 장애인인 '재곤이'를 잘 돌보아 주는 것이 공동체 구성원들의 당연한 의무라고 생각하고 있다. 따라서 '재곤이'가 어느 날 갑자기 사라진 이유가 본인들 때문이라 생각하며 의무를 다하지 못한 것에 대한 천벌을 두려워하고 있는 것이다.

---

108 저문 강에 삽을 씻고 _ 정희성   220~221쪽

키포인트 체크 노동자, 산업화, 소외, 무력감, 차분한

1 ②   **2** ④   **3** 열악한 환경 속에서 힘들고 고단하게 살아가고 있다.

1 이 시에서는 화자가 자신의 삶을 흐르는 '강물'과 강물에 뜬 '달'과 동일시하고 있으나, 〈보기〉에는 화자의 삶을 자연물과 동일시하는 모습이 나타나 있지 않다.

　🖉 오답 뜯어보기 ① 이 시에서는 '버린다', '뜨는구나', '돌아가야 한다.' 등에서 현재형 어미를 주로 사용하며, 〈보기〉에서도 '마시다', '신명이 난다.' 등에서 현재형 어미가 주로 나타난다.
③ 이 시는 산업화로 인해 소외된 도시의 노동자를, 〈보기〉는 산업화로 인해 붕괴되어 가는 농촌의 현실을 다루고 있다.
④ 〈보기〉에 비해 이 시의 화자는 다시 사람들의 마을로 돌아가야 한다고 하여 현실을 수용하는, 체념적인 태도를 드러내고 있다.
⑤ 이 시가 무기력함과 체념의 모습을 드러내는 것과 달리 〈보기〉에서는 농무를 통해 울분과 절망을 신명으로 승화시키고 있다.

2 ⓓ는 화자가 무력한 도시 노동자로 늙어 가는 자신의 삶에 대해 이야기하고 있는 부분이다. '샛강 바닥 썩은 물'은 산업화·도시화로 인해 썩은 물을 말하는데, 이 시에서 강물은 노동자의 삶과 동일시되고 있으므로 '썩은 물'은 화자가 처한 암담한 현실을 의미한다. 또한 '달이 뜨는구나'를 통해 이런 암담한 현실이 반복되고 있음을 드러낸다. 따라서 '샛강 바닥 썩은 물에'와 '달이 뜨는구나'를 통해 드러내고자 한 이 시의 주제는 '산업화로 인한 환경 오염의 심각성'이 아니라 '산업화 시대에 소외된 궁핍한 도시 노동자의 삶의 비애'이다.

3 이 시의 화자는 온종일 힘든 노동을 하지만 먹을 것 없는 마을로 돌아가야 하는 가난한 삶을 살고 있다. 즉, 힘들고 어려운 환경 속에서 고단하게 살아가고 있다고 볼 수 있다.

---

109 슬픔이 기쁨에게 _ 정호승   222~223쪽

키포인트 체크 소외, 이기적, 사랑, 비판, 기쁨

1 ②   **2** ⑤   **3** ⑤ **4** 소외된 이들의 삶을 고통스럽게 하고 시련을 주는 존재이다.

1 이 시에는 '귤값을 깎으면서 기뻐하던 너'와 같이 과거의 특정 장면에 대한 회상이 제시되어 있다. 그러나 이는 이기적인 태도로 기쁨을 추구하는 모습을 드러낸 장면으로, 화자가 이러한 지난날로의 회귀를 지향하고 있다고 보기는 어렵다.

오답 풀어보기 ① 이 시는 '주겠다', '멈추겠다', '걷겠다', '걸어가겠다' 등의 시어에서 보는 바와 같이 '-겠다'를 반복하고 있다. '-겠-'은 주체의 의지를 나타내는 어미로 이를 통해 화자의 의지를 드러내고 있다.

③ 이 시는 '나'(슬픔)가 '너'(기쁨)에게 말을 건네는 방식으로 이루어져 있다.

④ 이 시에서는 '추위', '어둠', '동사자' 등과 같은 상징적 의미의 시어를 통해 소외된 사람들의 고달픈 삶의 모습이 구체화되고 있다.

⑤ 화자는 이기적인 태도로 자신들만의 기쁨을 추구하는 현대인에게 '슬픔'의 가치를 깨닫고 소외 계층의 고달픈 삶에 관심과 애정을 가질 것을 촉구하고 있다.

2 이 시는 소외된 이웃들에 대한 무관심을 비판하고 있을 뿐, 사람들의 게으름을 비판하고 있지 않다. 따라서 이 시를 읽고 자신의 게으름을 반성한다는 것은 적절한 감상이 아니다.

3 이 시의 '너'는 우리 주변의 소외된 사람들의 아픔을 외면한 채 자신의 이익에만 기뻐하면서, 고통받고 소외당하는 이들에게는 조그마한 배려도 베풀 줄 모르는 이기적인 존재이다. 이에 반해 〈보기〉의 화자는 자신의 몸을 불살라 다른 이에게 온기를 전해 주는 '연탄 한 장' 같은 삶, 즉 이타적인 삶의 자세를 강조하고 있다. 따라서 〈보기〉의 화자는 이 시의 '너'에게 힘겨운 사람들에게 아낌없이 베푸는 것이 가치 있는 삶이라는 말을 전해 줄 수 있다.

────────────── **지식 ➕**

● 안도현, 〈연탄 한 장〉
• 갈래: 자유시, 서정시
• 성격: 상징적, 교훈적, 반성적
• 주제: 연탄의 모습을 통해 깨달은 이타적인 삶의 아름다움과 자기반성
• 감상: 이 시는 자신의 몸을 불사르고 산산이 깨뜨려 사람들을 따뜻하게 하고 미끄러운 길을 안전하게 하는 연탄의 모습을 통해 이타적인 삶의 아름다움에 대한 깨달음을 노래하고 있다. 화자는 남을 위해 아낌없이 희생하는 연탄의 모습을 보며 이기적인 자신의 삶을 반성하고 있다.

────────────────────────

4 ㉠은 '너'와 같이 가진 자들, 자신의 이익만 추구하는 이기적인 존재에게는 풍요와 기쁨을 의미하지만, '추위에 떨고 있는 할머니'나 '추워 떠는 사람들'과 같이 소외된 사람들에게는 고통과 시련을 주는 존재이다. 그렇기 때문에 '나'는 ㉠을 멈추려고 하는 것이다.

---

110 앞날_이성복 `224~225쪽`

키포인트 체크 사랑, 불안, 팔, 다리, 의지

1 ③ **2** ⑤ **3** ③ **4** ④ **5** 사랑으로 인한 본질적 고통을 겪고 있다.

1 대부분의 행에서 '-ㅂ니다'와 같은 종결 어미를 반복하여 당신과의 사랑으로 인한 고뇌를 드러내고 있다.

오답 풀어보기 ① 과거와 현재를 교차하는 것은 시간의 역전인데, 이 시에서는 특별한 시간의 변화가 나타나지 않는다.

---

② 이 시에서는 자연물의 활용으로 화자의 감정을 드러낸 부분을 찾을 수 없다.

④ 말하고자 하는 바를 반대로 표현하는 것은 반어적 표현인데, 이 시에서는 사용되지 않았다.

⑤ 유사한 시구를 처음과 끝에 반복하는 것은 수미 상관에 대한 설명인데, 이 시는 수미 상관이 사용되지 않았다.

2 '당신'이 '나'에게 "당신은 팔도 다리도 없으니 내가 당신을 붙잡지요"라고 하였으므로, '그(=당신)'가 '나'에게 아무 말도 없다는 내용은 적절하지 않다.

오답 풀어보기 ①, ② '나'로 인해 당신의 앞날이 어두워지기 때문에 불안하다고 하였다.

③ 당신이 '나'의 곁을 떠나면 '나'의 앞날이 어두워진다고 하였다.

④ 당신이 떠나야 할 줄을 알면서도 '나'는 당신을 보내드릴 수 없다고 하였다.

3 이 시에서는 '당신'이 '나'의 곁에 있어도 불안하고, '나'의 곁에서 멀어지더라도 앞날이 어두워진다는 역설적 인식이 나타나 있다. 〈보기〉에서도 사랑은 양이 적을수록 좋다는 역설적 인식이 나타나 있다.

오답 풀어보기 ① 사랑에 대한 일반적 통념은 이 시와 〈보기〉 모두 나타나지 않는다.

② 묻고 답하는 방식은 이 시와 〈보기〉 모두 사용되지 않았다.

④ 〈보기〉에서는 사랑을 수치화하여 측량할 수 있는 것처럼 인식하고 있지만, 이 시에서는 이와 같은 인식이 드러나지 않는다.

⑤ 의문형 문장은 이 시와 〈보기〉 모두 사용되지 않았다.

4 '불안함'과 '안절부절'하는 마음 모두 '당신'이 화자 곁에 있는 상황에서, 화자가 걱정을 하는 것이므로 화자의 내적 고뇌를 드러내고 있다고 볼 수 있다.

오답 풀어보기 ① ㉠과 ㉡ 모두 화자의 심리적 갈등을 보여 준다고 할 수 있다.

② ㉡은 '당신'이 화자 곁을 떠날까 봐 화자가 걱정하는 마음을 드러낸 것이지, '당신'이 화자 곁을 떠나는 원인과는 관계가 없다.

③ ㉠과 ㉡은 화자의 감정이므로, 이를 통해 화자에 대한 '당신'의 태도를 보여 주고 있다는 설명은 적절하지 않다.

⑤ ㉠과 ㉡ 모두 '당신'이 화자 곁에 있는 상황에서 화자가 걱정하는 마음을 드러낸 것이므로, 화자와 '당신'이 이별한 후의 상황이라는 설명은 적절하지 않다.

5 화자는 '당신'을 잡을 수도 놓을 수도 없는 상황에서 불안함을 느끼고 있는데, 이러한 상황은 사랑으로 인한 본질적 고통이라 할 수 있다. ㉢에서 '당신'은 사랑으로 인하여 고통을 겪고 있는 '나'의 상황을 '팔도 다리도 없는' 상황으로 표현하고 있다.

---

111 올 여름의 인생 공부_최승자 `226~227쪽`

키포인트 체크 파리, 외로움, 타락, 변절, 몰락

1 ① **2** ① **3** ⑤ **4** 우리가 잘 알지 못하는 사물의 배후에 숨겨진 진실을 파악하기 위한 행동으로 볼 수 있다. **5** 아이

정답과 해설

1 1연에는 화자가 파리에서 느끼는 고독감이 나타나 있다. 따라서 현실과 꿈속의 일이 교차되고 있다는 진술은 적절하지 않다.

《오답 뜯어보기》② 1연에는 화자의 외로운 심리적 상태가 제시되어 있다.

③ 2연에는 '엘튼 존, 돈 맥클린' 등의 실존 인물들의 이름이 제시되어 있다.

④ 2연에는 사람들의 변화를 '썩은 일'로 표현하며 현실의 부정적 면모가 나타나 있다.

⑤ 3연에는 2연에 제시된 문제, 즉 세상의 타락, 변절, 몰락 등을 막기 위한 해결책이 나타나 있다.

2 3연은 동일 단어를 반복하여 음악성을 만들고 있다. 또한 명사형 종결형을 통해 시적 여운을 만들어 독자에게 감동을 주고 있다. 하지만 시적 구조를 파괴하거나 시상의 흐름이 전환되어 화자의 불안한 정서가 강조되고 있는 것은 아니다.

3 ㉠은 '시간'이라는 추상적 관념을 떨어져 내릴 수 있는 구체적 대상으로 표현하고 있다. 하지만 ⑤는 모순된 상황을 제시한 역설법을 활용하고 있다.

《오답 뜯어보기》① 추상적 관념인 '마음'을 '호수'로 표현하고 있다.

② 추상적 관념인 '추억'을 '여읜 가지'로 표현하고 있다.

③ 추상적 관념인 '삶'과 '사랑'을 '돌층계'와 '자갈밭'으로 표현하고 있다. 또한 '은총'과 '섭리' 역시 '돌층계'와 '자갈밭'으로 표현하고 있다.

④ 추상적 관념인 '계절'을 피고 지는 것으로 표현하고 있다.

4 화자는 사물의 배후를 후벼 팔 것을 제안하고 있다. 그것은 사물의 배후에 존재하는 진실을 파악하기 위해 노력하라는 의미로 볼 수 있다.

5 이 시에서 '아이'는 순수한 존재로 볼 수 있다. 그래서 현대 사회의 문제를 해결하기 위해서는 아이처럼 울고 웃으라고 제안하고 있다.

---

112 납작납작– 박수근 화법을 위하여_ 김혜순   228~229쪽

《키포인트 체크》 화가, 애환, 고발, 항변

1 ②   **2** ⑤   **3** ②   **4** 설의적인 표현을 사용하여 겉으로는 하나님에게 질문을 하고 있지만, 실제로는 서민들의 고달픈 현실이 마땅하지 않음을 강조하고 있다.

1 이 시는 그림 속에 상징적으로 형상화된 고달픈 서민들의 삶을 시적 형식으로 보여 주고 있다. 이 시에서 그림의 소재가 되고 있는 인물들은 모두 서민인데, 이들은 모두 납작한 형태로 무엇인가에 짓눌린 듯한 이미지로 형상화되고 있다. 이는 현실의 무게에 짓눌려 있는 서민들의 삶을 표현한 것으로 볼 수 있다.

2 화자는 절대자인 '하나님'에게 질문하는 형식을 취하고 있으나, 이는 서민들의 고달픈 현실을 비판하기 위한 설의적 표현이다.

《오답 뜯어보기》① 이 시는 화가 박수근의 그림 〈세 여인〉을 보고 쓴 작품이므로, 박수근의 화법을 이해하면 작품 이해에 도움이 된다.

② 이 시에서 화자는 화폭 속의 인물들을 납작하게 눌러놓고, 현실의 무게에 짓눌려 있는 서민들의 삶을 표현했다.

③ 이 시의 화자는 화가로, 청자를 '하나님'으로 설정하여 자신의 그림

을 가지고 '하나님'에게 묻는 형식으로 시상을 전개하고 있다.

④ 이 시에 등장하는 인물들은 우리 주변에 있는 평범한 서민들이다.

3 시구 '벽에 걸어 놓고 바라본다.'는 화자가 그림을 걸어서 보는 것을 형상화한 것으로, 세상을 바라보려는 화자의 태도가 드러난다. 하지만 박수근의 그림 화법이 드러나지는 않는다. 나머지 부분에서는 모두 공간감을 무시하고 대상을 평면적으로 표현하는 박수근 그림의 특징이 드러난다.

▶《지식+》

● **박수근 그림의 특징**
박수근은 구태의연한 사실주의적 묘사 방법에 의한 형상화를 거부했다. 그는 자신의 표현법을 개발해 내어 독창성을 부여했다. 그는 공간감을 무시하고 대상을 평면화하여 극도로 단순 명료한 형태로 표현했다. 이렇듯 절제된 표현은 배경의 생략과 더불어 주제 의식을 극명하게 드러내는 효과를 준다. 그는 최소한의 필선으로 대상을 거의 직선으로 조형화하고 있다.
– 윤범모, 《한국 현대 미술 100년》 중에서

4 형식적으로는 의문문이지만 설의적인 표현을 통해 그림 속에 형상화된 고달픈 서민들의 삶이 마땅하지 않다는 의미와 이에 대한 비판적인 태도를 강하게 표현하고 있다.

---

113 〈꽃〉의 패러디_ 오규원   230~231쪽

《키포인트 체크》 명명, 본질, 부정적

1 ⑤   **2** ③   **3** ②   **4** ④   **5** 명명 행위를 통해 본질이 왜곡된 대상도 새로운 명명 행위에 의해 또다시 기존의 본질이 왜곡될 수 있음을 의미한다.

1 이 시는 이름을 부르는 특정한 행위를 통해 대상의 상태가 변화하는 과정을 제시하고 있다.

《오답 뜯어보기》① 이 시에는 지명을 드러내는 시어가 사용되지 않았으며, 이국적인 정서 또한 느껴지지 않는다.

② 이 시는 명명 행위의 의미를 철학적 관점에서 분석하고 있다. 화자의 감정이 드러난 부분이나 비극적인 상황은 드러나 있지 않다.

③ 관념적 어휘는 등장하지만 이를 나열하여 비현실적 세계를 구현하고 있는 부분은 찾을 수 없다.

④ '나'가 등장하고 있으므로 화자가 숨어 있는 것은 아니다.

2 이 시에서 화자는 대상은 명명 행위를 통해 구체성을 띤 상태로 변하게 되지만 이렇게 변화한 대상은 본질이 왜곡된 상태임을 말하고 있다.

《오답 뜯어보기》① ㉠과 ㉡ 모두 불변의 상태를 전제로 한 것은 아니다.

② ㉠은 대상의 본질이 왜곡되기 전이다.

④ ㉡을 통해 상태가 변화된 대상은 또 다른 ㉡을 통해 다른 상태로 변화하게 될 뿐이다. 따라서 ㉡으로 인해 과거의 상태를 회복하게 되는 것은 아니다.

⑤ ㉠과 ㉡ 모두 두 대상 간의 상호 작용의 과정이 동반되는 것은 아니다.

3 이 시에서 '이름 불러 주기'를 하면 의미의 틀이 형성된다고 하였다. 또한 '이름 불러 주기'는 보통 사람들의 욕구에 따라 반복될 수 있다고 하였다. 그러나 대상의 본질적 속성이 유지되거나 기존의 속성과 새롭게

정답과 해설

형성된 속성을 통합하는 것은 아니다.

4 ⓐ와 ⓑ가 공통적으로 의미하는 것은 왜곡될 순간에 대한 '기다림'이다.

◀ 지식 ➕

● 관념시
- 작가의 주관적인 관념을 드러낸 시를 말함.
- 독백투의 내면 진술이 주를 이룸.
- 주로 관념화된 세계에 대한 인식을 드러내며 깊은 사유나 상상에 초점을 둠.
- 특정한 사물을 매개로 하여 관념을 드러냄(예 김춘수의 〈꽃〉, 신동집의 〈오렌지〉).

5 이 시의 5연은 대상에 대한 명명 행위가 1차적으로만 끝나는 것이 아니라 또 다른 환경, 또 다른 대상과 만나게 되면 새로운 명명 행위가 일어날 수 있고 이 경우에도 대상의 본질은 왜곡될 수 있음을 이야기하고 있다.

---

114 프란츠 카프카 _ 오규원 232~233쪽

[키포인트 체크] 메뉴판, 제자, 가치, 만능, 비판

1 ⑤　**2** ③　**3** ⑤　**4** ②　**5** 물질적 가치만을 중시하는 현실에 대한 화자의 비판적인 태도가 드러난다.

1 이 시는 메뉴판 형식을 패러디함으로써 모든 것을 상품화하고 수치화하여 인식하려고 하는 현대 사회의 물질 만능주의를 비판하고 있다. 이 시의 화자는 '미친 제자'와 '제일 값싼 프란츠 카프카' 등의 표현을 통해 정신적인 가치가 인정받지 못하는 현실을 드러내며, 자조적인 어조를 사용하여 현실의 모순을 비판하고 있다.

2 이 시에서는 세계적으로 유명한 작가, 학자들에게 가격을 매김으로써 정신적 가치를 상품화하는 현대 물질 만능주의 세태를 비판하고 있다.

3 물질적 가치가 중시되는 현실에서 문학(정신적 가치)을 공부하는 것은 시대의 흐름에 맞지 않는 행위이다. '미친 제자'라는 표현은 이러한 현실에서 문학 공부를 하는 것이 무슨 의미가 있겠느냐는 시인의 자조적인 한탄과 의문이 드러난 반어적인 표현이다.

4 인간에게 정말 중요한 것은 물질적 가치가 아니라 정신적 가치이고, 시는 그러한 정신적 가치를 상징한다는 점에서 ㉠은 반어적 표현이다. ②에서는 사랑하는 사람을 잃어버린 겨울에 누워서 편히 지냈다고 하였으므로 실제와는 반대되는 말을 하는 반어적 표현이 쓰인 것으로 볼 수 있다.

[오답 뜯어보기] ① 역설법과 반복법이 쓰였다.
③ 과장법과 대구법이 쓰였다.
④ 직유법과 은유법이 쓰였다.
⑤ 영탄법, 의인법, 돈호법이 쓰였다.

5 [A]는 인간에게 중요한 정신적 가치가 인정받지 못하는 현실에 대한 비판을 반어적으로 표현한 것이다. 또한 물질 만능주의 사회에서 인간의 부조리를 통찰한 프란츠 카프카를 제일 값싼 존재로 전락시킴으로써 문학을 값으로 환산하는 현실을 풍자하고 있다.

---

115 나는 고양이로 태어나리라 _ 황인숙 234~235쪽

[키포인트 체크] 고양이, 소망, 벌판, 상상, 시련, 자유

1 ②　**2** ③　**3** ③　**4** 시간의 흐름에 따른 상황의 변화에도 변하지 않는 화자의 의지를 제시하고 있다.

1 이 시에서 화자는 고양이로 태어나겠다는 새로운 삶에 대한 지향을 의지적 어조로 드러내고 있다.

[오답 뜯어보기] ① 독백적 어조가 나타난 것은 맞지만 자신의 삶을 담담하게 드러내고 있는 것은 아니다. 새로운 삶에 대한 소망을 '－리라'라는 어미를 활용하여 표현하고 있다.
③ '까망'을 통해 색채 이미지를 활용하고 있다. 하지만 다른 색채가 등장하지 않으므로 색채 이미지를 다양하게 활용했다고는 볼 수 없다.
④ 자연과 대비되는 인간의 모습을 제시하여 바람직한 삶의 모습을 제시하지는 않는다.
⑤ 과거의 이상적 공간에 대한 언급이 없으므로 그에 대한 동경 또한 드러나 있지 않으며 현실에 대한 관조적 태도도 드러나지 않는다.

2 '나'는 자유롭지 않은 상황이 아니라, 해가 지고 어두운 벌판에 홀로 남게 되는 외롭고 고독한 상황이 되더라도 '돌아가지 않으리라'고 말하고 있다.

[오답 뜯어보기] ① 화자는 '이다음' 생에는 고양이로 태어나고 싶다는 소망을 노래하고 있는데, 이는 생명이 있는 것, 즉 중생은 죽어도 다시 태어나 생이 반복된다고 하는 불교의 윤회 사상과 관련이 있다.
② '툇마루'와 '사기그릇의 우유'는 인간의 보살핌을 받으며 안락하고 편안하게 사는 삶을 나타낸 것이다.
④ 고양이로 태어난 화자가 짚단 속에서 잠을 청할 때 '거센 바람'과 '찬비'가 내릴지도 모른다는 상황을 이야기하고 있는데, 이는 화자의 잠을 방해하는 것으로, 삶에서 만나게 될 시련과 어려운 상황을 상징한다.
⑤ '놓친 참새를 쫓아 / 밝은 들판을 내닫는 꿈'은 화자의 소망인, 고양이가 되어 자유롭게 살아가는 모습을 상징하는 것으로 볼 수 있다. 따라서 이런 꿈을 꾸겠다는 것은 목표를 향해 꿈을 꾸겠다는 의지의 표현이라고 할 수 있다.

3 ㉠과 ㉡ 모두 화자의 과거 공간은 아니다. 또한 화자가 현재 직면한 공간이라기보다는 상상 속 공간으로 볼 수 있다.

[오답 뜯어보기] ① ㉠과 ㉡ 모두 실제 존재하지 않는 상상의 공간이다.
② ㉠과 ㉡ 모두 화자가 지향하는 자유로운 삶의 가치를 실현할 수 있는 공간이다.
④ ㉠은 벌판을 넓은 공간으로 표현하여 공간의 물리적 특성을 드러내고 있고, ㉡은 벌판을 밝은 공간으로 표현하여 공간의 특성을 명암의 이미지와 연결하고 있다.
⑤ ㉠에서 화자는 '들쥐'와 교류하고 있고, ㉡에서 화자는 '참새'와 교류하고 있다.

4 2연에는 시간의 변화가 나타나 있다. 고양이가 된 화자가 즐거운 낮 시간을 보낸 후 밤을 맞이한 것이다. 화자에게 밤은 낮과 달리 교유의 대상들이 없는 외로운 시간이고 바람이 불고 스산한 시련의 시간이다. 그러나 화자는 이러한 외로움과 시련 속에서도 자신의 꿈을 포기하지 않겠다는 의지를 다지고 있다.

116 섬진강 1_김용택 236~237쪽

키포인트 체크 섬진강, 실핏줄, 생명력

1 ④ **2** ③ **3** ④ **4** 몇 놈, 후레자식들

1 이 시에는 처음과 끝의 내용을 같거나 유사하게 제시하는 수미 상관의 구성 방식이 쓰이지 않았다.

오답 뜯어보기 ① '그리워 얼싸안고', '뭉툭한 허리', '얼굴을 씻고 ~ 껄껄 웃으며' 등은 대상에 인격을 부여하여 친근감을 느끼도록 한 표현들이다.

② '섬진강을 따라가며 보라'는 문장을 반복하여 운율감을 형성하고 있다.

③ '섬진강 물이 어디 몇 놈이 ~ 마를 강물이더냐고'는 설의법을 통해 섬진강의 강물이 절대로 마르지 않을 것임을 강조한 표현이다.

⑤ '~ 보라'는 청자에게 어떤 행동을 할 것을 요구하는 명령문의 형식이다. 이러한 명령문의 형식은 화자가 청자에게 말을 건네는 방식의 일종으로, 여기에는 시인이 인식한 내용을 독자와 공유하고자 하는 의도가 담겨 있다.

2 '뼈 으스러지게 그리워 얼싸안고'는 민중의 삶을 상징하는 섬진강과 영산강의 강한 연대감을 표현한 구절이다. 이는 결국 민중들의 삶과 한의 공유, 민중들의 연대 의식을 드러낸 표현이라고 할 수 있다.

오답 뜯어보기 ① 섬진강으로 흘러드는 수많은 '개울물들'은 구체적인 민중 개개인과 그 삶을 가리키는 것으로, '모여 흐르는' 행위를 통해 민중의 저력을 발휘한다.

② '식물도감에도 없는 풀'은 소박하고 건강한 민중의 모습을 나타낸다.

④ 산과 강이 어우러지는 모습은 자연의 힘찬 생명력을 보여 주면서, 섬진강이 상징하는 민중의 강인한 생명력을 강화해 준다.

⑤ '마를 강물인가'는 강물이 절대 마르지 않을 것이라는 확신이 담긴 표현으로 민중의 끈질긴 생명력을 나타낸다.

지식＋

•'섬진강'에 대한 작가의 말

섬진강은 내 유일한 삶의 위안이었고, 세상을 향한 길이었다. 나는 외로움을 달래려고 늘 강물을 따라 걷고 강가에 나가 헤매었다. 사랑을 잃었을 때도, 사랑을 얻었을 때도, 기쁘고 슬플 때도, 강물은 진정한 동무였다.

내가 시를 쓰기 시작하면서 강물은 예사로운 강물이 아니었다. 강은 역사의 강이었고 강물의 외침은 역사의 외침이었다. 강은 내 시의 젖줄이었고, 가난한 마을 사람들의 얼굴이었고, 핏줄기였다. 강과 마을 사람들의 일상은 내 시가 되어 세상에 얼굴을 내밀었다. 그들의 분노, 슬픔과 기쁨은 강물을 떠나 있을 수 없다.

– 《조선일보》

3 '어둠'은 민중의 삶을 힘들게 하는 부정적인 외부 상황을 의미한다. '개울물들', '토끼풀꽃', '자운영꽃', '그을린 이마'는 민중의 삶과 밀접한 관련이 있는 시어이다.

4 '몇 놈'과 '후레자식들'은 섬진강이 상징하고 있는 민중의 삶을 고통스럽게 하는 부정적인 세력을 상징한다.

117 공사장 끝에_이시영 238~239쪽

키포인트 체크 대화, 관찰, 도시, 폭력, 절제

1 ④ **2** ① **3** ⑤ **4** ① **5** 이 시는 소외 계층을 더욱 비참한 삶으로 내몰아 가는 비정하고 잔혹한 도시화·산업화의 현실을 비판하고 있다.

1 이 시의 화자는 감정을 절제한 차분한 어조로 도시 빈민의 비참한 현실을 객관적으로 묘사하고 있다. 이를 통해 도시화·산업화로부터 소외된 존재들의 비극적인 삶의 모습이 더욱 부각된다.

2 ⓒ '집 밖'에서 인부들이 나누는 대화를 ⓐ '집 안'에서 곧 철거를 당할 처지에 있는 여인이 듣고 있다. 따라서 ⓐ과 ⓒ이 완전히 단절된 상태라는 설명은 적절하지 않다.

3 철거 인부들은 소장의 명령에 따라 루핑 집을 철거하러 왔지만, 안에 있는 사람들이 자고 있기 때문에 이러지도 저러지도 못하는 상황에 처해 있다. 이를 통해서 화자가 인부들을 무자비하게 집을 때려 부수는 사람들이 아니라 남의 처지를 배려하는 따뜻한 인간미를 갖춘 사람들로 인식하고 있음을 알 수 있다.

오답 뜯어보기 ①, ④ 인부들의 대화가 극적 형식으로 제시됨으로써 시적 긴장감과 현장감을 더하고 있다.

② 안에 있는 사람들이 자고 있기 때문에 이러지도 저러지도 못하는 상황에 처해 있는 인부들의 내면세계가 드러나며, 남의 처지를 배려하는 따뜻한 인간미가 엿보인다

③ 철거민에 대한 동정심에서 철거 작업을 지연하려는 인부와 철거 명령을 수행하려는 인부 사이의 갈등이 드러난다.

4 ⓐ가 듣고 있는 인부들의 대화에서 철거 작업이 지연되고 있다는 것을 소장이 알면 안 된다는 내용이 나타나긴 하지만, 제시된 인부들의 대화만으로는 소장이 현장에 온 것인지 확실하게 알 수는 없다.

오답 뜯어보기 ② 철거를 망설이는 인부들의 대화를 들은 ⓐ가 이와 같이 생각할 수 있다.

③ '작은 발이 삐져나온 어린것들을 불빛인 듯 덮어 주고는'에서 알 수 있다.

④, ⑤ 잠을 이루지 못하고 일어나 앉아 깜깜한 밖을 내다보는 모습에서 철거에 대한 불안함과 앞날에 대한 암담함을 느끼는 ⓐ의 심리를 짐작할 수 있다.

5 이 작품은 철거로 인해 삶의 터전을 빼앗길 암담한 처지의 여인과 이런 처지에 대한 연민으로 철거 작업을 진행하지 못하는 인부들의 모습을 통해 폭력을 당하는 존재와 폭력을 가하는 존재 모두 도시화와 산업화의 거센 물결에 휩쓸린 존재들임을 보여 준다. 결국 시인은 '개발'과 '편리'라는 미명 아래 소외 계층을 더욱 비참한 삶으로 내몰아 가는 현대 사회의 비정하고 잔혹한 현실을 비판하고 있는 것이다.

118 우리 동네 구자명 씨_고정희 240~241쪽

키포인트 체크 묘사, 추측, 남성, 희생, 연민, 비판적

1 ④ **2** ④ **3** ⑤ **4** 여자의 희생으로 지켜지는 집안의 안식을 의미한다. **5** 여성에게 일방적인 희생을 강요하는 가부장적 사회를 비판하고자 한 것이다.

1 이 시에서는 창밖의 경치를 볼 여유도 없이 피곤한 구자명 씨의 삶을 제시하고 있다. 즉, 창밖의 아름다운 경치와 대조하여 구자명 씨의 고달픈 삶을 부각하고 있는 것이다. 따라서 창밖의 경치가 구자명 씨의 삶을 비유하고 있다는 감상은 적절하지 않다.

◎오답 뜯어보기 ① 이 시의 화자는 가족을 위해서 여성의 희생을 요구하는 우리 사회의 남녀 차별 현실을 부정적으로 인식하고 있다.
② 화자는 가족을 위해 희생을 강요당하는 '구자명 씨'의 상황에 대해 비판적 관점을 취하고 있다.
③ '구자명 씨'의 일상을 구체적으로 제시하여 독자의 공감을 얻고 있다.
⑤ '구자명 씨'라는 개인에서 한국 사회의 여성의 모습으로 시상을 확대하여 전개하고 있다.

2 〈보기〉와 이 시에는 명령형 문장이 나타나지 않는다.
◎오답 뜯어보기 ① 이 시는 출근 버스 안을 공간적 배경으로 하고 있고, 〈보기〉의 시는 부엌을 공간적 배경으로 하고 있다.
② 이 시에는 직장 일과 가사라는 이중고에 시달리는 여성의 삶이 드러나 있고, 〈보기〉의 시에는 부엌에서 음식을 만들고 요리를 하는 여성의 고단한 삶이 드러나 있다.
③ 두 시 모두 남성 중심 사회에서 여성이 처한 현실에 대한 비판적 인식이 드러나 있다.
⑤ 이 시에서는 '구자명'이라는 개인에서 '한국 사회 여성'으로 확대가, 〈보기〉의 시에서는 '한 여자'에서 '우리'로의 확대가 나타나 있다.

3 '팬지꽃'과 '안개꽃'은 구자명 씨의 아픔과 멍에를 비유하기 위해 사용된 소재이다. 따라서 구자명 씨가 '팬지꽃'과 '안개꽃'을 안고 있는 장면은 적절하지 않다.

4 구자명 씨는 직장을 다니면서도 간밤에 아기에게 젖을 물리고, 시어머니의 약시중을 들고, 만취한 남편을 기다리는 등의 가사까지 맡아 하고 있다. 따라서 '여자가 받쳐 든 한 식구의 안식'이란 여성의 희생을 통해 이루어지는 가정의 편안함을 의미한다고 할 수 있다.

5 〈보기〉의 차례의 내용을 고려해 보았을 때, 이 시가 실렸던 잡지는 사회·정치·법률 면에서 여성에 대한 권리의 확장을 주장하는 '페미니즘' 경향의 잡지인 것을 알 수 있다. 따라서 시인이 이 시를 쓴 근본적인 의도는, 단순히 '구자명 씨'의 고된 일상을 이야기하는 것을 넘어서서 가부장적 사회에서 '구자명 씨'로 대표되는 한국 여성들이 일방적으로 희생을 강요당하는 모습을 비판하기 위한 것이라고 할 수 있다.

---

119 라디오같이 사랑을 끄고 켤 수 있다면_ 장정일   242~243쪽

키포인트 체크   단추, 전파, 편리, 일회적, 세태

1④   2⑤   3③   4 4연의 '사랑'은 상호적이고 진정한 사랑이 아닌, 편의적이고 일방적인 사랑을 의미한다.

1 이 시의 시상 전개는 라디오를 켜서 듣는 과정에 비유되어 전개된다. '그'는 단추를 누르기 전에 '라디오'였다가 '전파'가 되고 나에게로 와 '사랑'이 된다.

2 '끄고 싶을 때 끄고 켜고 싶을 때 켤 수 있는 / 라디오가 되고 싶다.'는 오늘날의 일회적이고 인스턴트식인 사랑을 풍자한 표현이다. 이 표현에는 사랑의 아픔을 극복하고자 하는 소망이 아닌, 사랑이 마음대로 껐다 켰다 할 수 있는 것이기를 바라는 편의주의적인 태도가 나타나 있다. 이를 통해 사랑의 의미를 편하고 가볍게 여기고, 사랑을 일회적으로 소비할 수 있는 것으로 여기는 세태를 비판하고 있는 것이다.

3 시의 소통 구조를 올바르게 파악하고 있는지를 묻는 문제로 ⓒ는 작품 속 화자의 태도를 가리키는 것으로 이 시의 화자는 쉽게 켜고 끄는 사랑과 같은 일회적 사랑 행태에 염증을 느끼고 있는 것이 아니라 오히려 '끄고 싶을 때 끄고 켜고 싶을 때 켤 수 있는 / 라디오'처럼 편리한 사랑을 원하고 있다.

◎오답 뜯어보기 ① ⓐ는 현실과 작품 사이의 관계를 가리키는 것으로, 이 시는 사랑의 의미를 편하고 가볍게만 받아들이고 사랑 자체를 일회적으로 소비할 수 있는 것으로 생각하는 현대 사회의 사랑의 세태를 비판하고 있는 작품이다.
② ⓑ는 작품 속 화자가 아닌, 실제 시인과의 관련성 속에서 작품을 파악해야 한다. 이 시는 김춘수의 〈꽃〉을 패러디의 기법을 사용하여 재창작한 작품으로, 이 시의 시인은 대중적으로 널리 알려진 작품을 의도적으로 변형함으로써 현대 사회의 인스턴트식 사랑 풍속도를 비판하고자 하였다.
④ ⓓ는 작품 속의 청자를 지시하는 것으로, 이 시에서 특별히 등장하는 청자는 없으므로 이 시의 청자는 불특정 다수로 볼 수 있다.
⑤ ⓔ는 작품을 대하는 독자와의 관련성을 가리키는 것으로, 독자들은 이 시를 통해 가볍고 편리한 사랑을 추구했던 자신의 태도를 반성하는 계기를 마련할 수 있다.

4 자신이 '끄고 싶을 때 끄고 켜고 싶을 때 켤 수 있는' 사랑이란 자신의 편의대로만 상대방이 움직이고 반응해 주기를 바라는 사랑을 의미한다는 점에서, 양방향적인 감정의 소통이 아닌 편의적이고 일방적인 사랑을 의미하는 것으로 볼 수 있다.

---

120 엄마 걱정   기형도   244~245쪽

키포인트 체크   유년, 엄마, 안타깝게

1①   2④   3④   4 '시장'은 열무 삼십 단을 이고 가 팔아서 생계를 유지해야 하는 엄마의 고단한 삶의 현장이다.   5 윗목

1 이 시는 다양한 감각적 심상을 활용하여 시적 상황에 생동감을 부여하고 있다.

◎오답 뜯어보기 ② 상대방에게 말을 건네는 방식을 활용하고 있지 않으며, 화자가 현실 극복의 의지를 드러내고 있지도 않다.
③ 역설적 표현을 찾을 수 없으며 이상적 세계를 향한 진취적 기상도 드러나지 않는다.
④ 과거와 현재를 오가는 방식은 취하고 있지만 현대 사회에 대한 비판을 드러내지는 않는다.
⑤ 처음과 끝에 유사한 구절을 반복하고 있지 않다.

2 이 시에서 '빈 방'은 엄마가 돌아오지 않는 상황에서 화자가 외롭게 남겨진 공간이다. 따라서 엄마가 곧 귀가하리라는 화자의 기대감을 표현하기 위한 공간으로 보는 것은 적절하지 않다.

⊘오답 뜯어보기 ① '찬밥'은 차가운 이미지로 화자의 가난한 처지를 상기시킨다. 이러한 가난은 엄마가 열무를 팔러 나가게 된 이유이며 화자가 혼자 지내는 시간이 많아지게 된 이유이다. 따라서 '찬밥'은 화자의 외로운 처지를 나타낸다고 볼 수 있다.

② 늦게까지 열무를 팔고 오시는 엄마는 심신이 피로한 고단한 상태일 것이다. 이렇듯 고단한 엄마의 발걸음을 가볍고 초라한 이미지를 연상시키는 '배추 잎'에 비유하고 있다.

③ '금 간 창 틈'은 이곳저곳 부서진 형편없는 집의 모습을 떠올리게 한다. 따라서 가난하게 살아가는 화자의 처지를 드러내기 위해 '금 간 창 틈'을 제시하고 있는 것으로 볼 수 있다.

⑤ 해가 시들었다고 표현하여 시간의 경과를 드러내고 있다. 이는 앞서 언급한 '열무'와 연결 지어 '시든'이라는 참신한 표현을 활용한 것으로 볼 수 있다.

3 1연에서 엄마가 오지 않았으므로 제시된 사건이 해결된 것은 아니다. 2연에서도 제시된 사건이 해결되었다고 볼 수 없다.

⊘오답 뜯어보기 ① 1연은 과거 유년 시절의 모습이고, 2연은 현재의 모습이다.

② 1연은 중심인물이 '나'와 '엄마'이고, 2연은 중심인물이 그 시절을 회상하고 있는 '나'이다.

③ 1연에서 제시된 모습을 2연에서 '아주 먼 옛날', '그 시절'로 표현하고 있다.

⑤ 1연에는 '엄마'와 '나'의 구체적 행위가 나타나 있고, 2연은 그 시절에 대한 감회가 나타나 있다.

4 '시장'은 엄마가 생계를 유지하기 위해 열무를 파는 공간이다. 열무 삼십 단을 이고 가는 고단함, 늦은 시간까지 열무를 팔아야 하는 고단함이 고스란히 담겨 있는 공간이므로 '시장'은 엄마의 고단한 삶과 관련된 공간으로 볼 수 있다.

5 ⓒ은 화자의 처지를 비유한 것으로 차가운 이미지를 드러내고 있는 대상이다. 이는 그 시절 화자에게 드리워진 가난한 삶에서 기인한 것으로 볼 수 있다. 이와 유사한 의미를 가진 것은 '윗목'이다. '윗목' 역시 차가운 이미지를 갖고 있고, 그 시절의 힘겨운 삶을 비유한 것으로 볼 수 있다.

◀ **지식 ➕**

● **시상의 전환**
시상의 전환은 시의 잔잔한 흐름에 파문을 던지는 것이다. 이제까지 진행되어 온 시적 상황은 시상의 전환으로 인해 새로운 방향으로 진행된다. 그러나 시상의 전환 역시 작가의 의도에 의해 계획된 시상의 흐름 중 일부일 뿐이다. 따라서 시상의 전환은 결국 이를 통해 독자들에게 자신의 생각을 보다 강렬하게 전달하려는 시인의 의도가 반영된 것으로 볼 수 있다.

---

121 질투는 나의 힘 _기형도   246~247쪽

키포인트 체크 방황, 평가, 탄식

1 ④   **2** ②   **3** ②   **4** 희망을 찾아 무언가를 열심히 기록했다고 생각했지만, 실상 그것은 타인의 인정만을 바라고 나 자신을 사랑하지 못했던, 질투에 불과했기 때문이다.

1 이 시에서 말을 건네는 방식을 사용하고 있는 부분은 찾을 수 없다.

⊘오답 뜯어보기 ① '오랜 세월이 흐른 뒤'라는 가정적 상황을 제시하고 있다.

② '공장', '개', '공중' 등의 비유적 표현을 활용하고 있다.

③ '-구나' 등의 감탄형 종결 어미를 사용하고 있다.

⑤ 스스로 자신의 삶을 고백하는 듯한 어조를 사용하고 있다.

2 ㉠은 '청춘'이라는 추상적 관념을 세워 둘 수 있는 구체적 대상으로 표현하고 있다. ⓐ는 '밤'이라는 추상적 대상을 허리가 있는 구체적 대상으로 표현하고 있다.

⊘오답 뜯어보기 ① ⓐ는 '동지'라는 시어를 통해 계절적 배경을 나타내지만, ㉠에는 계절적 배경이 나타나 있지 않다.

③ ㉠과 ⓐ 모두 대상의 특성을 보여 주기 위해 신체의 일부를 활용하고 있지 않다. ⓐ에 '허리'라는 시어가 있지만, 대상의 특성을 보여 주기 위한 것은 아니다.

④ ㉠과 ⓐ 모두 행위의 주체와 대상이 되는 객체를 전도시킨 표현이 나타나 있지 않다.

⑤ ㉠과 ⓐ 모두 공간의 특성과는 관련이 없다.

3 ㉡은 화자 스스로 작성한 것으로 자신의 삶을 성찰한 내용을 기록한 것으로 볼 수 있다.

4 이 시의 후반부에서 화자는 자신이 이제껏 해 온 열정적인 일들이 결국은 질투였다는 생각에 도달한다. 질투는 다른 사람과의 비교를 통해 그 사람을 앞서려는 마음인데, 화자는 자신이 결국 타인의 인정만을 바라고 자신을 사랑하지 못했던 것으로 생각하고 있다.

---

122 모닥불 _안도현   248~249쪽

키포인트 체크 모닥불, 고단, 소외, 연민, 희망

1 ③   **2** ④   **3** ⑤   **4** 시상을 집약하여 종결짓고 있다. '모닥불'의 모습에 숭고하고 고귀한 의미를 부여하고 있다.   **5** 얼음장 또는 언 땅바닥, 모닥불

1 이 시에서 하강의 이미지를 활용하여 주제 의식을 드러내고 있는 부분은 찾을 수 없다.

🖉오답 풀어보기 ① '에서', '에' 등과 같은 각운을 활용하여 음악적 효과를 형성하고 있다.

② '모닥불은 피어오른다'를 먼저 제시한 후에 '에서', '에'를 활용한 부사어 부분을 제시한 도치법을 사용하여 시적 의미를 강조하고 있다.

④ '모닥불'이 피어오를 때 지니는 '따뜻함, 밝음' 등의 속성에 주목하여 시상을 전개하고 있다.

⑤ 일정한 위치에 '에서', '에', '모닥불은 피어오른다' 등의 동일한 시구를 배치하여 시적 안정감을 형성하고 있다.

2 '훅훅 입김을 하늘에 불어넣는' 행위는 힘겹게 살아가는 민중들을 따스한 온기로 위로하는 것으로 볼 수 있다.

🖉오답 풀어보기 ① '모닥불이 피어오'르는 상황은 밝은 빛으로 어둠을 밝히는 불의 속성에서 착안한 것으로 볼 수 있다.

② '철야 농성한 여공들', '가난한 양말에 구멍 난 아이'를 통해 힘겹게 살아가는 가난한 민중들의 삶의 모습을 짐작할 수 있다.

③ '언 땅바닥'은 차가운 이미지를 연상시키므로 부정적 현실의 모습으로 볼 수 있다. 따라서 '언 땅바닥'에 '신선한 충격을 주는' 것은 이를 극복하려는 태도로 볼 수 있다.

⑤ '삶을 희망으로 전진시키는'에는 자신의 삶을 희망으로 나아가게 한다고 했으므로 밝은 미래를 염원하는 소망이 담겨 있다고 할 수 있다.

3 ⓐ는 힘겹게 살아가는 민중들과는 달리 물질적 풍요를 누리는 사람들이라고 할 수 있고, ⓑ는 민중들의 삶과 유리된 허황되거나 쓸모없는 지식들이라고 할 수 있다. 따라서 ⓐ와 ⓑ 모두 소외된 민중의 삶에 도움을 주지 못하는 대상들이다.

4 ㉠은 시의 흐름을 종결짓는 표현으로 지금까지 진행되어 온 시상을 집약하고 있다. 또한 ㉠은 '향나무'에 비유하여 '모닥불'의 모습에 숭고하고 고귀한 의미를 부여하고 있다.

5 이 시는 '모닥불'의 밝고 따뜻한 이미지와 얼음장, 언 땅바닥의 차가운 이미지의 대비를 활용하여 시상을 전개하고 있다.

---

148 성에꽃 _ 최두석   270~271쪽

키포인트 체크 새벽, 서민, 민주화, 연민, 애정

1④   **2**⑤   **3**⑤   **4** '지금은 면회마저 금지된 친구여', 자유가 억압받는 암담한 시대적 상황에서 민주화 운동을 하다가 투옥된 친구를 그리워하고 있다.
5②

1 이 시에서 아래에서 위로 오르는 상승의 이미지는 나타나지 않는다.

🖉오답 풀어보기 ① '엄동 혹한일수록 선연히 피는 성에꽃'과 '어떤 더운 가슴이 토해 낸 정열의 숨결이던가'에서 차가움의 이미지와 따뜻함의 이미지가 대조되어 있다.

② '섬세하고도 차가운 아름다움'이라는 역설적 표현을 통해 성에꽃에서 느끼는 고단하지만 아름다운 서민들의 삶을 강조하고 서민들의 삶에 대한 애정을 표현하고 있다.

③ 계절적 배경인 '겨울'을 통해 서민들이 느끼는 삶의 고통을 드러내고 이런 상황 속에서도 자신의 삶에 대한 애착을 보이는 서민의 삶을 아름답게 표현하고 있다.

⑤ '성에꽃', '아름다움' 등 명사나 명사형으로 된 시어를 행들의 끝에 배치하여 운율감을 자아내고 있다.

2 심미적 태도란 인간을 비롯한 세상의 모든 사물들의 존재 이유와 의미를 아름다움의 차원에서 인식하는 태도이다. '성에꽃'은 새벽 시내버스에 탄 서민들이 피워 낸 것으로, 화자는 성에꽃이 서민들이 공동으로 어울려 만들었기 때문에 아름답다고 인식한다.

🖉오답 풀어보기 ① 화자가 아름답다고 느낀 것은 '성에꽃'이지, 새벽(시간) 시내버스(공간)가 아니다.

② 성에꽃이 아름다운 것은 고단한 삶을 사는 사람들이 열심히 사는 흔적이기에 아름다운 것이지, 은밀하게 피어 아름다운 것은 아니다.

③ 화자는 '성에꽃'을 보며 고단한 서민들의 삶에 연민과 애정을 느끼게 되고, 나아가 화자와 함께 같은 길을 걸었으나 지금은 면회마저 금지된 채 감옥에 갇혀 있는 친구를 떠올리게 된다. 이를 통해 당시 암울한 시대 상황을 짐작할 수 있다. 회상을 통해 성에꽃의 아름다움을 완성하는 것은 아니다.

④ '성에꽃'에는 '막막한 한숨'도 담겨 있지만 '정열의 숨결'도 담겨 있다. 이렇게 힘든 상황에서도 열심히 살아가려고 노력하는 서민들의 열정이 있기에 화자는 '성에꽃'을 아름답다고 인식하는 것이다.

3 이 시에서 화자가 '성에꽃'을 통해 발견한 것은 고단한 현실에서 힘들게 살아가면서도 열정을 잃지 않는 서민들의 건강한 아름다움이다.

4 '지금은 면회마저 금지된 친구여'라는 시구를 통해 친구가 처한 상황을 짐작할 수 있다. 즉, 친구는 1980년대 정치적 혼란기에 민주화 운동을 하다가 투옥되어 지금은 면회마저 금지된, 자유를 억압받는 암담한 상황에 처해 있음을 알 수 있다. 화자는 모순된 현실에 저항하다 감옥에 갇힌 친구에 대한 그리움과 안타까움, 더 나아가 시대적 아픔을 느끼고 있다.

5 이 시에서 '창'은 같은 버스에 앉아 있던 서민들이 처한 상황을 보여 주는 역할을 한다. 서민들의 '막막한 한숨', '정열의 숨결', '면회마저 금지

정답과 해설

된 친구의 얼굴'이 어리는 창을 통해 그들이 처한 현실적 상황을 보여
주고 있는 것이다.

오답 풀어보기 ① 이 시는 현실 세계를 살아가는 서민들의 이야기를 담
고 있기 때문에 창은 현실 세계를 바라보는 통로 역할을 하는 것이지 환
상의 세계로 통하게 하는 것과는 관계가 없다.

③ 일반적 의미의 창은 외부 세계와 내부 세계를 차단하는 역할을 하지
만, 이 시에서는 외부 세계에서 일하던 서민들이 타고 있는 버스의 내부
세계를 보여 주기 때문에 서로를 차단한다는 것은 적절하지 않다.

④ 창을 통해 서민들의 삶의 모습을 보여 주고 있는 것은 맞지만, 그들
의 꿈과 희망이 실현되는 상황은 나오지 않는다.

⑤ 창을 통해 '정열'의 모습이 나타나고는 있지만, '막막한 한숨' 혹은 '면
회마저 금지된 친구'의 상황을 떠올리고 있으므로 아름다움이 극대화
된 모습을 보여 준다는 것은 적절하지 않은 해석이다.

---

149 사과를 먹으며_ 함민복 **272~273쪽**

키포인트 체크 점층, 인간, 우주, 일체감, 순환

1 ⑤   **2** ⑤   **3** ④   **4** ⑤   **5** 높게 자란 나무에 열린 사과

1 이 시는 삶의 특별한 경험이 아닌, 사과를 먹는 일상적인 경험에서 출발
하여 자연의 이치, 우주의 원리에 대한 깨달음으로 시상을 점층적으로
확대해 나가고 있다.

오답 풀어보기 ① 화자는 사과를 먹는 행위를 '흙 → 중력 → 우주'로 확
대해 가며 점층적으로 시상을 전개하고 있다.

② '햇살'은 봄, '장맛비'는 여름, '소슬바람'은 가을, '눈송이'는 겨울을 나
타내는 자연물로 계절의 순환을 통해 사과나무에 사과가 열리는 과정
을 보여 주고 있다.

③ 시의 후반부에 시행을 의도적으로 들여 씀으로써 시적 긴장감을 높
이고 있다.

④ 이 시는 첫 행의 '사과를 먹는다'와 마지막 행의 '사과가 나를 먹는다'
를 대응시킴으로써 사과를 먹는 행위가 사과를 존재하게 한 우주를 먹
는 것과 다르지 않다는 생명 순환의 원리에 대한 깨달음이라는 주제를
드러내고 있다.

2 이 시는 일상적 경험인 사과를 먹는 행위를 통해 흙으로부터 사과가 만
들어지고, 다시 흙으로 돌아간다는 생명 순환의 원리를 깨닫게 되는 과
정을 개성 있게 형상화하고 있는 순수 서정시로, 불교의 윤회 사상과는
거리가 멀다.

3 이 시의 화자는 사과를 먹는 행위에서 사과를 존재하게 만든 모든 것에
대해 인식하게 되고, 나아가 화자의 생각은 '흙 → 중력 → 우주'라는 우
주론적 사고로 확대되고 있다.

4 '햇살, 장맛비, 소슬바람, 눈송이'는 모두 사과와 함께하며 사과를 존재
하게 한 자연물에 해당한다. 그러나 '땀방울'은 사과를 키우기 위해 쏟
았던 인간의 노력을 의미하는 시어이다.

5 ⓛ은 흙에 떨어진 사과 씨앗이 자라서 사과나무가 되어 높게 자란 나뭇
가지에 사과가 열린 모습을 의인법을 통해 표현하고 있다.

150 봄꽃_ 함민복 **274~275쪽**

키포인트 체크 부드러움, 마음, 상처, 예찬

1 ③   **2** ④   **3** ④   **4** 부드러운 꽃을 치료하는 침에 비유한 것은, 꽃에는
그것을 본 사람들의 마음을 환하게 하고 선하게 하여 삐거나 부은 마음을 치유하
는 힘이 있기 때문이다.   **5** ①

1 이 시에서는 '꽃'을 '꽃침'이라고 비유하고 있다. 이는 부드러운 속성의
대상을 날카로운 대상에 빗대어 부드러움으로도 날카로운 침과 같은
치료가 가능하다는 새로운 의미를 부여하고 있는 것이다.

오답 풀어보기 ① 이 시에서는 전반부와 후반부의 시상이 역전되는 시
적 전환은 나타나지 않는다.

② 슬픔이나 기쁨, 감동 등의 벅찬 감정을 감탄의 형태로 그대로 드러내
어 강조하는 영탄법은 나타나지 않는다.

④ 먼 곳에서 가까운 곳으로 시선을 이동하는 시상 전개 방식은 이 시에
사용되지 않았고, 단지 꽃이라는 대상을 바라보고 정서를 나타내고 있
을 뿐이다.

⑤ 실제로 표현하려던 것과는 정반대로 표현함으로써 의미를 강조하는
반어법은 나타나지 않는다.

2 이 시의 화자(ⓐ)는 봄이라는 계절에 꽃침을 맞아 마음이 환해지고 선
해지자고 노래하고 있으므로 봄을 긍정하고 있으며, 〈보기〉의 화자(ⓑ)
는 봄밤에 느껴지는 고독과 애상적 정서를 표현하고 있다.

오답 풀어보기 ① ⓐ는 현재의 상황에서 삐거나 부은 마음을 이야기하
고 있으며, ⓑ는 현재의 봄밤에 대한 애상적 정서를 노래하고 있다.

② ⓐ는 봄과 꽃에 대한 예찬의 태도가 드러나지만 대상에게 순응하는
태도는 보이지 않으며, ⓑ는 봄의 정경에 대한 예찬의 태도가 드러나지
만 대상을 향한 의지적 태도는 드러나지 않는다.

③ ⓐ와 ⓑ 모두 자연을 소재로 하고 있지만, ⓑ의 경우 자연과 대결하
고자 하는 가치관은 드러나 있지 않다.

⑤ 이 시와 〈보기〉에는 시대적 상황을 알 수 있는 시어가 나타나지 않으
므로 시대 상황과 연결한 분석은 적절하지 않다.

3 화자는 세상을 살면서 가지게 된 고통을 부드러운 침과 같은 꽃을 통해
치유하자고 노래하고 있다. 따라서 고통은 더 큰 고통을 통해 극복해야
함을 깨닫는 시기라는 서술은 적절하지 않다.

오답 풀어보기 ① 마음의 상처를 치유하기 위해 '꽃침'을 맞는 시기를
봄으로 표현하였으므로 마음의 상처가 치유될 수 있는 시기로 해석할
수 있다.

② 삶을 살면서 상처 받은 자신의 마음을 되돌아보고 치유할 수 있는 시
기이므로 자신에 대해 성찰할 수 있는 시기로 볼 수 있다.

③ 봄이 되어 핀 꽃을 보며 치유에 대한 노래를 하고 있으므로 꽃이라는
시적 대상에 대한 아름다움을 느끼는 시기로 볼 수 있다.

⑤ '삐거나 부은 마음'을 일상생활에서 생기는 여러 가지 오해나 아픔으
로 해석할 수 있으므로 '꽃침'을 맞아 이를 해소할 수 있는 시기로 보는
것도 타당하다.

4 이 시의 시상 전개를 보면 '꽃'을 '침'에 비유하여 '꽃침'이라고 표현하고
있으며 이를 맞으면 삐거나 부은 마음이 환해지고 선해진다고 표현하
고 있다. 부드러운 꽃을 사람을 찔러 몸의 상처를 치료하는 침에 비유한
것은, 꽃에는 그것을 본 사람들의 마음을 환하게 하고 선하게 하여 삐거

나 부은 마음을 치유하는 힘이 있기 때문이다.

5 ㉠의 '꽃침'은 부드러운 꽃과 날카로운 침을 연결한 비유를 보여 주고 있다. 이는 표면상으로는 말이 안 되지만 부드러움으로 상처를 치유할 수 있다는 진리를 담고 있는 역설적 비유라고 할 수 있다. 이를 통해 대상에게 참신한 이미지를 부여하고 있는 것이다. 이와 같은 방식이 나타난 것은 ①의 '이것은 소리 없는 아우성'이다. 아우성이 소리가 없다는 것도 표면상 말이 되지 않는 역설적 비유이기 때문이다. 이 시구는 '깃발'의 역동적인 이미지를 나타낸 것으로 이상향을 향한 침묵 속에서의 끊이지 않는 몸부림을 표현한 구절이다.

〔 오답 풀어보기 〕 ② 어떤 하나의 감각이 다른 영역의 감각을 일으키는 공감각적 심상이 나타나 있다. '비린내'라는 후각적 심상을 '은빛'이라는 시각적 심상으로 이미지화(후각의 시각화)하여 표현하고 있다.
③ 언어 배열이나 문장의 순서를 바꾸어 표현함으로써 변화를 주는 도치법이 나타나 있다. 원래는 '붉은 산이, 그리고 흰 옷이 보구 싶어요.'가 정상적인 배열 순서인데 이를 바꾸어 표현한 것이다.
④ 특정 시어나 시구를 반복하여 화자의 정서나 의미를 강조하는 반복법을 나타나 있다. '꽃(이) 피네'가 반복되고 있다.
⑤ 말하고자 하는 내용의 비중이나 강도를 점차 높이거나 넓혀 그 뜻을 강조하는 점층법이 나타나 있다. '눈은 살아 있다'가 앞에 다른 수식어가 점차 길어지면서 의미가 강조되고 있다.

◀ 지식 ➕

◉ 시의 표현법
- 비유하기: 독자가 잘 알지 못하는 것을 보다 쉽게 이해시키거나, 화자의 감정이나 기분을 독자에게 그대로 전달하기 위해 어떤 사물을 다른 사물에 빗대어 표현하는 기법이다. 직유법, 은유법, 의인법, 활유법, 대유법, 풍유법 등이 있다.
- 강조하기: 표현하고자 하는 것을 보다 강력하게 드러냄으로써 뜻을 한층 더 강하고 절실하게 나타내는 표현 방법이다. 과장법, 반복법, 점층법, 열거법, 연쇄법, 영탄법, 대조법 등이 있다.
- 변화주기: 표현하려는 문장에 변화를 주어 단조로움을 피하고 흥미를 돋우며 주의를 끄는 표현 방법이다. 도치법, 설의법, 대구법, 인용법, 반어법, 역설법, 생략법, 문답법 등이 있다.

---

151 바퀴벌레는 진화 중 _ 김기택　　276~277쪽

〔 키포인트 체크 〕 생명력, 환경 오염, 섭리, 물질문명, 반어적, 비판

1 ⑤　　2 ②　　3 이 시의 화자는 미래에는 현재보다 환경 오염이 더욱 심각하게 진행될 것으로 예상하고 있다.　　4 ⑤

1 이 시는 바퀴벌레라는 부정적 이미지의 소재를 활용하여 현대 물질문명이 초래한 환경 오염의 심각성을 경고하고 있다.

〔 오답 풀어보기 〕 ① 환경이 오염된 상황 속에서 살아남은 바퀴벌레에 대해 서술한 부분에서 알 수 있다.
② 이 시는 행 구분은 없고 연 구분만 있는 산문시의 형식으로 시상을 전개하고 있다.

③ '입을 벌릴 수밖엔 없다'와 '아직은 암회색 스모그가 ~ 너무 깨끗한 까닭에'에서 반어적 표현을 사용하여 환경 오염의 심각성을 경고하고 있다.
④ '어찌 ~ 비대해질 수 있단 말인가.', '~ 바꿀 수 있단 말인가.' 등에서 바퀴벌레를 보면서 받은 충격을 영탄적인 어조를 통해 우려하는 목소리로 표현하고 있다.

2 이 시의 '바퀴벌레'는 시멘트와 살충제 같은 현대 물질문명에서 유발된 환경 오염 속에서도 살아남은 존재이지만, 〈보기〉의 '메뚜기'는 작품에는 드러나지 않았지만 농약과 같은 환경 오염에 의해 파괴된 생태계에서 견디지 못하고 사라진 존재로 환경에 잘 적응하지 못하는 대상이라고 볼 수 있다.

〔 오답 풀어보기 〕 ① 이 시에서 '살충제'는 환경을 오염시키는 부정적인 현대 문명을 상징하지만, 〈보기〉의 '가을 햇볕'은 생태계를 유지시켜 주는 필수적인 조건을 상징한다.
③ 이 시에서 '바퀴벌레'는 환경 오염 속에서도 살아남았다고 노래하고 있기 때문에 환경에 파괴당하는 대상이 아니다. 반대로 〈보기〉의 '메뚜기'는 사라졌기 때문에 환경에 파괴당하는 대상이라고 할 수 있다.
④ 이 시에서 '바퀴벌레'는 계속 살아남는 존재이므로 인간에 의해 파괴될 자연이 아니며, 〈보기〉의 '생명의 황금 고리'는 생태계의 질서인 먹이 사슬을 의미하므로 인간에 의해 파괴될 자연을 상징한다고 볼 수 있다.
⑤ 이 시의 '보이지 않는 빙하기'는 지금보다 환경이 더 오염되고 생태계가 파괴될 미래를 비유한 것이며, 〈보기〉의 '불길한 고요'는 '메뚜기'가 환경 오염에 의해 사라진 현재의 생태계를 비유한 표현이다.

3 이 시의 화자는 인간의 문명이 발달할수록 환경은 더 파괴되고, 그에 따라 '바퀴벌레'가 더 강하게 진화하면서 생태계에도 더욱 심각한 문제가 생길 것이라고 보고 있다.

4 ㉤은 미래에 물질문명이 고도화될수록 심각해질 환경 오염에 대한 우려와 경고를 의미한다.

〔 오답 풀어보기 〕 ① '시멘트와 살충제'는 현대 물질문명을 상징하는 시어로, 생물이 살기에 적합하지 않은 환경이기 때문에 반생명적이고 인공적인 속성을 지니고 있다.
② 화자는 생명체가 도저히 살아갈 수 없는 환경에서 잘 살아가는 '바퀴벌레'를 보면서 놀라움을 금치 못하고 있다. 또한 이를 통해 환경 오염의 심각성을 반어적으로 표현하고 있다.
③ '빙하기'는 많은 생명체가 멸종 위기에 처했던 혹독한 외부 환경을 의미한다.
④ 현대 문명이 초래한 환경 오염에 적응을 잘하는 '바퀴벌레'의 끈질긴 생명력을 반생명적이고 인공적인 속성을 지닌 '금속성'에 비유하고 있다.

---

152 우주인 _ 김기택　　278~279쪽

〔 키포인트 체크 〕 우주인, 현대인, 허공, 일상, 반성, 목표

1 ④　　2 ④　　3 ⑤　　4 삶의 목표 없이 살아온 지난 삶을 의미하며, 지나온 과거에 대한 성찰과 반성의 의지를 보여 준다.　　5 ③

정답과 해설

1 이 시는 화자를 우주인이라는 독특한 존재로 설정하여 무중력 상태에서의 모습을 관찰하고 묘사하고 있다. '발걸음의 힘찬 울림'에서 청각적 심상을 확인할 수 있으나 청각의 시각화라는 공감각적 심상은 찾아볼 수 없다.

오답 뜯어보기 ① 1연 3~5행에서 확인할 수 있다.

② 1연에서 '~가 없다는 것은'의 구절이 반복되고 있다.

③ 1연에서 '푹푹'(의태어)이 사용되고 있다.

⑤ 2연에서 '모른다', 3연에서 '발자국', '싶다'의 반복을 통해 확인할 수 있다.

2 이 시의 화자는 삶의 과정에 대한 성찰 없이 살아가는 자신의 처지에 대한 부정적 인식과 함께 삶에 대한 반성적 성찰을 통해 앞으로는 삶의 목표가 분명한 삶을 살고 싶다는 의지를 드러내고 있다. 따라서 이 시에서 무중력 상태인 우주에서 허우적거리는 화자의 모습은 목표 없이 반복되는 일상을 살아가는 현대인의 모습을 상징하고 있다고 볼 수 있다.

3 '길고 삐뚤삐뚤한 길'은 화자가 걸어온 길로서 화자의 미래가 아니라, 분명한 목표 없이 살아온 과거의 삶을 상징하는 소재이다.

오답 뜯어보기 ① 이 시의 화자는 무중력 상태인 우주 공간 속에 있는 우주인이다. 그래서 허공에서 발을 빼며 걸어도 허우적거리기만 할 뿐 앞으로 나아가지 못하고 제자리만 맴돌고 있거나 어느 주위를 공전하듯 떠돌고 있는 자신의 모습을 발견하게 된다.

② '걸어온 만큼의 거리'가 없다는 인식은 삶의 목표와 성찰 없이 살아가고 있는 현실에 대한 불만을 보여 준다.

③ '발자국'은 자신이 걸어온 길의 흔적을 의미하는데, 무중력 상태에서는 '기댈 무게'가 없기 때문에 '허공'에서 허우적거릴 수밖에 없다. 따라서 '발자국의 힘찬 울림'을 듣고 싶다는 것은 '기댈 무게', 즉 삶의 목표를 바라는 화자의 마음이 담겨 있는 표현이다.

④ '인력에 끌려 어느 주위를 공전하고 있'다는 것은 타의에 의해 매일매일 반복적으로 일상을 살아가고 있는 화자의 모습으로, 이러한 자신에 대한 성찰과 반성은 일상에 갇힌 현실을 벗어나고 싶다는 소망을 불러일으키게 된다.

4 '길고 삐뚤삐뚤한 길'은 무중력 상태에 있는 화자가 걸어온 길로서 화자의 과거의 삶을 의미한다. 화자가 '길이 보고 싶다'는 것은 지나온 과거의 삶을 돌아보겠다는 표현으로 과거에 대한 성찰과 반성의 의지를 표현하고 있는 것으로 볼 수 있다.

5 '무게', '거리', '발자국', '길'은 모두 화자가 소망하는 삶과 관련이 있다. '인력'은 화자를 허공에서 허우적거리며 같은 자리를 맴돌게 만드는 원인으로서 화자가 벗어나고 싶은 삶과 관련이 있는 시어이다.

1 이 시는 감각적 표현이 잘 드러나는데, 특히 공감각적 표현인 '벌레 소리들 환하다'(청각의 시각화)를 통해 시각이 차단된 어둠 속에서 풀벌레 소리가 더욱 잘 들리는 것을 표현하고 있다.

오답 뜯어보기 ① 문답법을 활용하여 풀벌레 소리를 부각하고 있지는 않다.

② '텔레비전'을 문명의 이기로 볼 수 있지만, 이와 같은 문명의 이기들을 나열하고 있지는 않다.

③ 이치에 맞지 않은 표현인 역설적 표현이 나타나지 않는다.

⑤ 각 연에서 현재 시제의 종결이 나타나며 화자의 회상은 드러나지 않는다.

2 〈보기〉는 시의 화자가 작은 풀벌레 소리를 인식하고, 이를 통해 그동안 주변에 존재하고는 있었지만 미처 알지 못했던, 작은 풀벌레의 존재에까지 인식이 확대되었음을 말하고 있다. 이와 관련된 내용은 6~7행에 나타나 있다.

오답 뜯어보기 ① 1~3행은 텔레비전을 끄자 어둠과 풀벌레 소리가 인식되는 것을 표현하고 있다.

② 4~5행은 그동안 간과했던 풀벌레 소리에 대한 인식이 나타나고 있다.

④ 13~14행은 그동안 풀벌레 소리를 듣지 못한 것에 대한 성찰적 태도가 나타나고 있다.

⑤ 21~23행에는 자연과 공존하려는 행위를 통해 변화된 화자의 모습이 나타나고 있다.

3 화자는 발뒤꿈치처럼 귀가 두꺼워 작은 풀벌레 소리를 듣지 못했다는 점을 인식하고, 그동안 소리가 있었지만 그것들이 모두 의미 없었던 점을 고백하고 있다. 다만 이러한 태도가 풀벌레에게 미안함을 표현하는 것으로 보기는 어렵다.

오답 뜯어보기 ① 화자는 텔레비전을 끄고 난 후에 풀벌레 소리와 어둠을 인식하게 되므로 그 전에는 텔레비전 때문에 풀벌레 소리와 어둠을 인식하지 못했음을 알 수 있다.

② 귀뚜라미, 여치의 소리 이외에도 풀벌레들의 작은 소리가 있음을 인식하게 되는 것은 큰 소리뿐만 아니라 작은 소리까지 인식할 수 있게 됨을 의미한다.

④ 화자는 '나'에게 다가왔다가 벽에 가로막혀 하루살이처럼 떨어져 나간 그 울음소리를 인식하지 못한 과거의 삶에 대해 성찰적 태도를 보이고 있다.

⑤ 작은 풀벌레의 소리를 내면으로 받아들여서 허파도 조금 환해진다며 변화된 모습을 보이고 있다.

4 어둠과 풀벌레 소리가 방 안 가득 들어오게 되는 계기는 1행에 나타나는 텔레비전을 끄는 행위이다.

5 시가 작가의 경험을 토대로 창작된 것이라고 할 때, 작품의 내용 파악을 통해 작가의 경험을 추측해 볼 수 있다. 풀벌레 소리를 통해 가을이 온 것을 깨닫는 내용은 나타나지 않는다.

오답 뜯어보기 ① 1~3행에서 확인할 수 있다.

③ '벌레 소리들 환하다, 별빛이 묻어 더 낭랑하다' 등과 같은 표현은 별빛이 어둠 속에서 빛나기 때문에 가능하다.

④ 15행에서 확인할 수 있다.

⑤ 21~22행에서 확인할 수 있다.

---

153 풀벌레들의 작은 귀를 생각함 _ 김기택   280~281쪽

키포인트 체크 풀벌레, 텔레비전, 어둠, 비판, 반성

1 ④   **2** ③   **3** ③   **4** 텔레비전을 끔.   **5** ②

- 현대 문명이 행한, 자연과 생명 파괴의 실태를 고발하고 증언하는 시
- 현대 문명의 반자연적인 삶의 방식과, 이를 체화한 현대인에 대한 윤리적 성찰을 행하는 시
- 도구적 자연 인식과 인간관에 기초한 현대 문명의 패러다임을 근본적으로 성찰하고 대안(의 문명)을 모색하는 시
- 자연과 생명의 원리를 탐구하고, 자연의 일부인 인간에 대한 존재론적 성찰을 행하는 시
- 생태 의식을 바탕으로 자연의 생명력과 아름다움을 노래(예찬)하는 시

　　　　　　　　　　　　　　　　– 김수이, 〈생태시의 교육 목표와 범주 설정〉

---

154 선운사에서 _ 최영미 282~283쪽

키포인트 체크 선운사, 만남, 이별, 사랑, 대응, 절제

1 ② **2** ⑤ **3** 사랑하는 사람과 이별한 후, 그 사람을 잊지 못해 슬퍼하고 있다. **4** ⑤

1 이 시는 '–더군'이라는 종결 어미를 반복하여 이별을 마치 남의 일인 것처럼 말하고 있다. 즉, 이별의 아픔을 직설적으로 드러내지 않고 감정을 절제하여 표현하고 있다.

오답 뜯어보기 ① 이 시는 동백꽃이 피고 지는 자연 현상을 소재로 사랑하는 사람과의 만남과 이별에 대한 깨달음을 다루고 있는 작품이다.
③ 이 시는 사랑은 한순간에 시작되지만 이별의 아픔과 고통은 쉽게 사라지지 않으며, 사랑하는 사람을 잊는 일 또한 쉽지 않다는 깨달음을 제시하고 있다.
④ 3연에서 임과 이별한 시적 화자의 처지를 확인할 수 있다.
⑤ 자신의 경험을 바탕으로 한 깨달음을 전하는 종결 어미 '–더군'의 반복을 통해, 사랑하는 사람과 이별하는 것은 순간이지만, 사랑하던 사람을 잊는 것은 매우 고통스럽고 오랜 시간이 걸린다는 깨달음을 효과적으로 드러내고 있다.

2 떨어진 동백꽃이 오랫동안 아름다운 자태를 잃지 않는다는 것은 이별의 슬픔과 고통이 오랜 시간 동안 지속될 것임을 의미하는 것이다. 낙화 자체가 이별을 의미하는 것이고, 그러한 이별이 고스란히 자태를 간직하는 것이기 때문이다. 이러한 맥락에서 낙화의 붉은 이미지는 이별의 아픔과 슬픔이 강렬한 이미지를 남기게 됨을 의미하는 것이기도 하다.

3 '–더군'이라는 표현을 통해 시적 화자는 이미 이별을 경험한 사람임을 확인할 수 있다. '멀리서 웃는 그대여 / 산 넘어가는 그대여'라는 표현 또한 이별한 임과의 거리감을 나타내 주므로 이 시의 화자가 사랑하는 사람과 이별한 상황에 처해 있음을 알 수 있다.

4 ㉠은 점점 멀어지는 임을 통해 사랑했던 그대가 떠나갔음을 재확인하고 있다. 특히 '그대여'를 반복함으로써 이별한 사람에 대한 간절한 마음을 효과적으로 드러내며 이별의 아쉬움을 담아내고 있다.

오답 뜯어보기 ① 이별한 임이 멀어져 가는 모습을 떠올리고 있을 뿐, 임과의 재회를 상상하고 있지는 않다.
② 설의적 표현은 '누구나 다 인정하는 사실을 의문문으로 제시해 강조하는 표현'으로, 이 시에는 사용되지 않았다.
③ 화자는 사랑하는 사람을 잊는 것이 더디고 어렵다고 노래하고 있으

므로 임에 대한 사랑의 감정을 잊은 후의 모습을 보이고 있다는 진술은 적절하지 않다.
④ 꽃이 피듯 사랑이 시작되는 순간을 떠올리고 있기는 하지만, 유사한 문장 구조를 반복하여 행복했던 과거를 회상한 것은 아니다.

---

155 봄눈 오는 밤 _ 황인숙 284~285쪽

키포인트 체크 겨울, 봄, 눈(싹), 눈, 감탄(예찬)

1 ③ **2** ④ **3** ⑤ **4** 뒤에 이어지는 내용을 강조할 수 있다. 독자가 내용에 집중할 수 있게 한다. **5** ⑤

1 2연과 3연에서 도치법을 활용하여 나무의 눈이 아름다움을 강조하고 있다.

오답 뜯어보기 ① 의도적으로 문법에 맞지 않는 표현, 즉 시적 허용을 을 사용하지는 않았다.
② 평서형 어미와 감탄형 어미를 활용하여 대상을 묘사하고 대상에 대한 감탄을 나타내고 있다.
④ 하늘에서 내리는 눈과 그 눈을 맞고 있는 나무의 눈이 시의 핵심 제재이나, 둘은 대립 관계를 이루지 않고 의미상 긴밀한 연관 관계를 이루고 있다.
⑤ 감탄사와 느낌표, 순우리말 사용을 통해 아기자기하고 귀여운 느낌을 주고 있으므로 의지적인 어조와는 거리가 멀다.

2 화자가 '감은 눈'을 아름답게 여기는 태도는 나타나 있지만, 그렇다고 해서 피어난 눈이 감은 눈보다 못하다고 말한 것은 아니다.

오답 뜯어보기 ① 이 시의 시간적 배경인 '밤'은 시의 고즈넉한 분위기를 더욱 고조하고, 동시에 하얀 눈과 대비되어 눈을 맞고 있는 나무의 아름다움을 부각하고 있다.
② 화자는 아직 싹트지 않았으나 겨울을 이겨 내고 곧 싹을 내밀 눈을 '감은 눈'이라고 표현하며 그 아름다움과 생명력에 감탄하고 있다.
③ 화자는 아직 피어나지 않은 눈을 보고 예쁘다고 하고 있다. 이는 때가 되면 피어날 꽃과 잎에 대한 기대감이 반영된 심리이다. 이처럼 화자는 시간의 흐름에 따라 달라지는 자연의 섭리에서 아름다움을 느끼고 있다.
⑤ 눈송이들이 나무 위로 내리는 모습을 나무들의 감은 눈에 감탄하고 그 눈에 입 맞추려고 줄달음쳐 온다고 낭만적이고 아름답게 표현하고 있다.

3 '나무가 눈을 감고 있다'고 표현한 것은 시인이 창조한 참신한 표현이다. 이처럼 현대 시에는 사물을 새롭게 인식하는 시인의 독특한 시선이 나타난다.

오답 뜯어보기 ① 봄눈이 내리며 나무의 눈이 아직 피어나지 않았으므로 계절적 배경이 이른 봄임을 파악할 수 있다.
② 나무의 눈(싹)이 아직 돋아나지 않은 것을, 동음이의어인 눈[目]을 감는 것처럼 '감은 눈'이라고 표현하였다.
③ 화자는 봄눈을 맞는 나무의 감은 눈이 '얼마나 예쁜지'라며 집중하여 바라보고 있다.
④ 나무를 사람처럼 표현한 의인법이 사용되었다.

4 화자가 생각을 직접 서술하는 것보다 질문을 하고 이에 대해 대답을 제

정답과 해설

시하는 방식으로 시상을 전개하면, 독자도 긴장감을 느끼며 이어지는 내용에 집중하게 된다. 따라서 전달하려는 내용을 더욱 강조해서 표현하는 효과를 얻을 수 있게 된다.

5 ⓐ는 나무의 감은 눈이 예뻐서 입을 맞추기 위해 내려오고, ⓑ는 나뭇가지에 꽃을 피우기 위해 도전을 한다. 따라서 ⓐ의 태도는 예찬적이고, ⓑ는 의지적으로 파악할 수 있다.

---

156 귀뚜라미_ 나희덕 286~287쪽

[키포인트 체크] 울음, 노래, 여름, 소통, 부정적

1 ③ **2** ① **3** ④ **4** ② **5** 2연과 3연은 모두 의문형 문장으로 종결되어 소통의 가능성에 대한 화자의 조심스러운 기대감을 효과적으로 드러낸다.

1 화자는 '지금'을 자신의 울음이 묻히는 부정적 현실로 인식하면서 동시에 이 여름이 끝나면 다가올 '맑은 가을'에 대한 기대감을 드러내고 있다. 따라서 이 시에서 특정 시점을 회상하면서 과거 상태의 회복을 소망하고 있다고 설명하는 것은 적절하지 않다.

[오답 뜯어보기] ① '높은 가지'와 '하늘', '차가운 바닥'과 '지하도', '이 땅 밑'은 '높은 곳'과 '낮은 곳'으로 대조를 이룬다. 화자는 후자의 공간에 속하는 존재로 파악된다.
② '소리', '울음', '노래'와 같은 시어와 '귀뚜르르 뚜르르'와 같은 의성어를 활용하여 이와 관련된 주제 의식을 드러내고 있다.
④ '매미 소리'와 '내 울음', 혹은 '매미 소리'와 '노래'를 대조적으로 활용하여 화자의 지향을 표현하고 있다.
⑤ '맑은 가을'은 '어린 풀숲 위에 내려와 뒤척'이거나 '계단을 타고 이 땅 밑까지 내려오는', 인간과 유사한 존재로 표현되어 낮은 곳의 나직한 목소리에 귀 기울일 수 있는 계절로 구체화되었다.

2 화자의 '울음'은 '발길에 눌려 우는' 것이자 '노래'로의 발전 가능성을 내포하고 있다. 화자는 '울음'을 멈추지 않으면서 자신의 '울음'이 타인의 가슴에 울림을 줄 수 있는 '노래'가 되었으면 하는 소망을 드러내고 있다.

[오답 뜯어보기] ② '노래'는 타인을 감동시키는 소통의 매개로, 운명을 수용하려는 태도와는 관련성을 찾을 수 없다.
③ '계단'은 '맑은 가을'이 '이 땅 밑'으로 내려올 수 있는 연결 통로이자 가장 낮은 곳에서의 소리가 위로 전달될 수 있는 매개이다. 이를 극복해야 할 고난의 의미를 지닌 것으로 설명하는 것은 적절하지 않다.
④ '시절'은 '매미 떼가 하늘을 찌르는' 지금을 가리키는 것으로, '나'의 소망이 실현되기 어려운 현재의 시간이다.
⑤ '매미 떼'는 다른 작은 소리를 압도함으로써 여름의 소리를 단일화하는 주체이다.

3 '매미 떼'는 여름의 높은 가지를 흔들며 '내 울음'과 같은 작고 나약한 소리를 억압하는 소재이다. 또한 세상을 단일한 소리로 뒤덮으면서 소통의 여부에는 무관심하다. 화자는 이를 극복의 대상으로 보아 초월하고자 하는 대신, 자신의 울음이 '노래'가 되어 타인의 가슴을 울리고 소통할 수 있는 세상이 오기를 바라고 있다.

[오답 뜯어보기] ① 화자는 '귀뚜르르 뚜르르', '타전 소리'를 보내는 귀뚜라미로 의인화되어 있다.

② '내 울음', '나 여기 살아 있다'와 같은 진술에서 시의 표면에 드러난 화자의 모습을 확인할 수 있다.
③ '맑은 가을'이 오면 '내 울음도 누군가의 가슴에 실려 가는 노래일 수 있을까'라고 하며 자신의 소리를 통한 소통에 대한 기대를 조심스레 드러내고 있다.
⑤ 척박하고 메마른 콘크리트 바닥에서도 '타전'을 보내면서 타인과의 소통을 시도하고 있다.

4 '차가운 바닥'이나 '지하도 콘크리트 벽 좁은 틈'은 여름의 열기와 빛마저도 가 닿기 어려운, 척박하고 메마른 상황을 의미하는 시구이다. 따라서 이들이 '지금', 즉 '여름'의 계절감을 단적으로 드러내고 있다는 설명은 적절하지 않다.

[오답 뜯어보기] ①, ④ 이 시의 '지금'은 매미 소리가 크게 들리는 여름으로, '가을'과는 대조적인 의미를 지닌다.
③ 화자에게 있어 '여름'은 자신의 '울음'이 매미 소리에 묻혀 타인에게 전달되지 못한다고 인식되는 계절이다.
⑤ 귀뚜라미의 울음이 묻히는 '여름'과는 달리 '가을'은 그 '울음'이 '노래'가 될 것으로 기대되는 계절이다.

5 이 시의 2연과 3연은 모두 '있을까'로 마무리되는 의문형 문장으로 이루어져 있다. 여름 내내 매미 소리에 억눌린 화자는 자신의 '울음'이 타인을 감동시키고 마음에 간직될 '노래'가 될 수 있을지를 물으면서 이러한 변화가 가능할 수 있는 세상('맑은 가을')에 대한 조심스러운 기대감을 표현하고 있다.

[지식+]

•《그 말이 잎을 물들였다》에서 찾아보는 나희덕 시인의 시 세계
나희덕의 《그 말이 잎을 물들였다》는 《뿌리에게》(1991)에 이은 그의 두 번째 시집이다. 시인의 시에는 자신을 이겨 내면서 그 아픔과 슬픔들을 한없는 사랑으로 바꾸어 버리는 모성적 따뜻함이 배어 있다. 흔히 아픈 사람은 자신의 고통 때문에 외마디 비명을 질러대거나 넋두리 혹은 한탄, 원망 등을 내뱉기 마련인데 나희덕은 그 아픔들을 자신의 내부 깊숙이 갈무리하고 인내하면서 끊임없이 세상의 사물을 따뜻한 사랑으로 감싸 안는다. 이는 마치 세상의 어머니들이 당신이 받는 숱한 고통 속에서도 인내하고 자신을 희생하면서 자식들에게 한량없는 사랑을 퍼붓는 그 모습을 떠올리게 한다. 이미 첫 시집 《뿌리에게》를 통해 이러한 모성적 따뜻함과 사랑을 느낀 바지만 이번 시집에서도 그가 갖는 가장 모성스러운 면모들을 잘 보여 주고 있다. 그러면서도 특히 우리의 눈을 끄는 것은 이러한 모성적 사랑의 의미가 시인에게 이 세상과 삶을 살아가는 방법이며 길이라는 것을 더욱 구체적으로 보여 준다는 점이다.

---

157 산속에서_ 나희덕 288~289쪽

[키포인트 체크] 산속, 성찰, 불빛, 용기, 인정

1 ⑤ **2** ③ **3** ① **4** ㉠과 ㉡이 전달하는 의미는 동일하지만, ㉠은 부정 표현을 통해 더 강한 긍정의 의미를 전달하고 있다. **5** ②

1 이 시는 '~ 사람은 ~ 리라'라는 구절을 단순히 반복하고 있는 것이 아니라 긍정의 의미 구조로 변주하여 반복함으로써 단조로움을 피하고 있다.

[오답 뜯어보기] ① 이 시는 화자의 개인적 체험을 바탕으로 시상을 전개하고 있다.
② 어미 '-리라'를 통해 영탄적 표현이 사용되고는 있지만, 감탄사는 사

용되지 않았다.

③ 이 시의 화자는 힘들고 어려운 처지에 있는 사람에게 용기와 희망을 줄 수 있는 따뜻한 인정이 필요함을 강조하고 있다. 냉소적인 태도로 현실에 대한 비판 의식을 보여 주고 있지는 않다.

④ 세상사에 길을 잃어버린 누군가에게 따뜻한 불빛이 되어 줄 수 있는 삶의 자세와 태도를 강조하고 있다는 점에서 교훈적 메시지를 전달하고는 있지만 설의법은 사용되지 않았다.

2 '산속에서 밤을 맞아 본 사람'은 '거대한 산줄기' 속에서 길을 잃고 헤매다 힘이 빠지고 지쳐 있는 나그네라고 할 수 있다. 막막한 어둠 속에서 나그네는 멀리서 불을 밝혀 오는 '작은 지붕들'을 보며 안도감과 위로를 얻고 있다. 하지만 위대한 자연을 바라보며 인간의 유한성을 깨닫는 모습은 찾아볼 수 없다.

오답 뜯어보기 ① 늦은 밤 길을 잃고 헤매는 나그네는 어둠과 막막함으로 두려움을 느끼고 있었을 것이다. 이때 '멀리서 밝혀져 오는 불빛'을 발견한 나그네는 반가움과 희망을 느꼈을 것이다.

② 깊은 어둠이 내린 산속에서 누군가의 '맞잡을 손'이 있다는 것은 힘들고 어려운 상황을 헤쳐 갈 수 있는 힘과 용기가 된다. 이러한 위로와 격려에서 나그네는 타인에게서 느끼는 따뜻한 정과 함께 고마움을 느끼고 있다.

④ '작은 지붕들'이 '큰 힘'으로 고단함과 두려움에 지친 나그네의 '어깨를 감싸 주는' 것에서 나그네가 느끼는 안도감과 따뜻한 위안이 드러난다.

⑤ 나그네를 쉬게 하는 것이 아니라 나그네가 '계속 걸어갈 수 있'도록 힘과 용기를 주는 대상은 '먼 곳의 불빛'이다.

3 이 시에서는 '길을 잃어버린 누군가에게 따뜻한 불빛이 되어 주는 삶의 자세와 태도'를, 〈보기〉에서는 '타인을 위해 헌신하는 자기희생적 삶의 자세'를 촉구하며 바람직한 삶에 대해 성찰하고 있다.

오답 뜯어보기 ② 이 시와 〈보기〉 모두 화자의 내면적 갈등을 찾아볼 수 없다.

③ 이 시의 화자는 힘들고 어려운 처지를 이겨 낼 수 있는 타인의 인정의 아름다움을 노래하고 있으므로 자신이 처한 상황을 긍정적으로 인식하고 있다고 볼 수 있다. 〈보기〉는 이기적 삶의 태도에 대한 성찰을 촉구하고 있지만, 화자 자신이 처한 현실을 비판적으로 인식하고 있다고 보기는 어렵다.

④ 이 시의 화자는 개인적 체험을 바탕으로 얻은 깨달음을 노래하고 있기 때문에 현실의 구체적 상황을 떠올리게 한다. 〈보기〉의 화자도 일상생활에서 흔히 볼 수 있는 소재인 '연탄재'를 통해 인간의 삶을 빗대어 형상화하였으므로 현실의 구체적 상황을 떠올리게 하고 있다.

⑤ 이 시의 화자는 어려운 처지에 있는 사람들에게 용기와 희망을 줄 수 있는 삶의 자세를 강조하고 있으므로 세속적 세계와의 단절을 소망하고 있는 것은 아니다. 〈보기〉의 화자는 '연탄'의 자기희생적인 모습을 통해 자신의 모습을 반성하고 바람직한 인간상을 제시하고 있으므로 세속적 세계에 포함되기를 소망하고 있는 것은 아니다.

4 ㉠과 ㉡은 '삶 속에서 역경과 시련을 겪은 사람만이 타인의 따뜻한 인정의 소중함을 알 수 있다.'는 동일한 의미를 전달하고 있는데, ㉠은 부정 표현, ㉡은 긍정 표현이다. ㉡과 달리 ㉠처럼 강한 부정 표현은 긍정의 의미를 더욱 강조하는 효과가 있다. 이를 통해 시인은 누군가에게 용기와 희망의 빛을 주는 삶의 자세의 중요성을 강조하고 있는 것이다.

5 '불빛'은 어두운 산길을 걷는 화자의 어깨를 큰 힘으로 감싸 주며, 화자에게 따뜻함을 느끼게 해 준다. 화자는 이 불빛을 보고 계속 길을 갈 수 있는 큰 힘과 용기를 얻는다. 따라서 화자와 같이 힘든 길을 걸어가는 나그네를 쉴 수 있게 해 주는 존재로 보기는 어렵다.

158 그 복숭아나무 곁으로_ 나희덕 290~291쪽

키포인트 체크 복숭아나무, 편견, 본질, 조화, 교감(소통)

1 ⑤   **2** ⑤   **3** 너무도 여러 겹의 마음을 가진, 사람이 앉지 못할 그늘을 가졌을 거라고   **4** ⑤   **5** 저녁, 편견과 대립이 사라지는 어울림의 시간

1 공감각적 이미지는 하나의 감각이 다른 종류의 감각으로 전이되는 이미지를 말하는데, 이 시에서는 나타나지 않는다.

오답 뜯어보기 ① 이 시는 평서형 문장을 활용하여 복숭아나무에 대한 진정한 이해의 과정을 고백적 어조로 말하고 있다.

② '-습니다'의 경어체를 반복적으로 사용하여 시상을 전개하고 있다.

③ 1연에서 1~6행까지는 대상을 이해하기 전의 마음이고, 7~12행까지는 대상을 이해한 후의 진술이다. 1연 마지막 행에서 '그 여러 겹의 마음을 읽는 데 참 오래 걸렸습니다.'라는 표현에서 대상의 참모습을 발견하기까지 시간이 많이 걸렸음을 고백하고 있다. 따라서 시간의 흐름에 따른 시상 전개가 이루어지고 있다고 볼 수 있다.

④ 화자는 복숭아나무에 대해 가졌던 편견과 선입견에서 벗어나 복숭아나무의 본질을 파악하게 되는데, 그에 대한 태도 변화(부정적 → 긍정적)가 함께 나타나 있다.

2 ㉢에서 '그늘'은 ㉡의 '그늘'과 달리 타인(복숭아나무)의 진정한 모습을 발견하고 그와 함께하는 평온한 공간으로, 대상과의 진정한 이해와 통합이 이루어지는 곳이다.

오답 뜯어보기 ① 단순한 분별력으로 인해 타인(복숭아나무)이 가진 수천의 빛깔을 파악하지 못한 모습이다.

② 흰꽃과 분홍꽃 두 가지 색깔만 가진 타인은 다른 사람과의 통합이 쉽지 않을 것이라는 부정적 선입견을 의미한다.

③ 복숭아나무의 본질인 '수천의 빛깔'을 발견하는 순간을 '눈부셔 눈부셔서'처럼 반복법을 통해 강조하고 있다.

④ '수천의 빛깔'은 복숭아나무가 가진 '여러 겹의 마음'과 마찬가지로 복숭아나무의 진정한 모습을 의미한다.

3 화자는 복숭아나무가 너무도 여러 겹의 마음을 가지고 있을 것이라는 편견으로 복숭아나무에 가까이 가지 않는다. 그 때문에 화자는 흰꽃과 분홍꽃 두 가지 꽃만 피우고 있는 복숭아나무의 모습만 보게 된다. 화자는 두 가지 꽃만 가진 복숭아나무는 사람들과 조화를 이룰 수 없어 사람들이 앉지 못할 그늘을 가졌을 것이라 생각하여 멀리 지나치기만 한다.

4 화자는 복숭아나무의 본질을 이해하고 드디어 복숭아나무 그늘 속으로 들어간다. 그런데 '그 여러 겹의 마음을 읽는 데 참 오래 걸렸습니다.'라는 표현에서 복숭아나무의 참모습을 발견하기까지 시간이 많이 걸렸음을 고백하고 있다. 따라서 속도감이 나도록 영상을 구성하는 것은 시의 내용과 어울리지 않는다.

오답 뜯어보기 ①, ③ '복숭아나무'라는 대상을 이해해 가는 과정을 담

정답과 해설

담하게 고백하고 있으므로 차분한 느낌의 음악을 배경 음악으로 사용하는 것과 따뜻한 어조로 낭송하는 것은 적절하다.

② '수천의 빛깔'을 가진 복숭아나무의 모습과 '흩어진 꽃잎들 어디 먼데 닿았을 무렵'의 '심심한 얼굴'의 복숭아나무의 모습을 표현하기에 적절하다.

④ 복숭아나무의 피상적 모습만 보고 멀리서만 지켜보다가 진정한 모습을 알게 된 후 가까이 다가가 복숭아나무의 마음을 어루만지는 화자의 모습을 표현하기에 적절한 구성이다.

5 낮에서 밤으로 넘어가는 저녁이라는 시간적 경계는 낮의 소란이 어느정도 가라앉고 사물들 간의 경계가 흐릿해지는 시간이다. 즉, 저녁이라는 시간은 단순한 배경에 그치지 않고 시적인 대상을 좀 더 깊이 만나기 위한 배경으로서 진정한 이해와 화해의 시간을 암시한다.

---

159 오 분간 _ 나희덕

292~293쪽

키포인트 체크 여섯, 기다림, 아카시아꽃, 그늘

1 ⑤　　**2** ④　　**3** ①　　**4** 화자는 아카시아꽃 그늘 아래에서 아이를 기다리는 오 분간 상념에 잠겨 있다.　　**5** ④

1 화자는 아카시아꽃이 흩날리는 그늘 아래에서, 아이를 기다리며 아이와 화자 자신의 미래 등에 대한 상념에 잠겨 있다.

오답 뜯어보기 ① 화자가 고통스러운 현실에 좌절하는 내용은 작품에 나타나지 않는다.

② '아카시아꽃, 꽃그늘' 등 자연물이 나오지만 이를 통해 바람직한 삶의 태도를 제시하는 것은 아니다.

③ 화자가 시련에 처한 내용이나 이상향을 추구하는 내용은 작품에 나타나지 않는다.

④ 화자는 아카시아꽃 그늘 아래에서 아이를 기다리는 상황이지, 아이의 행동을 예찬하며 기대감을 드러내고 있지는 않다.

2 화자는 아이를 기다리는 오 분 동안 상념에 잠겨 있는 것이지, 기다림에 대해 부정적으로 생각하는 것은 아니다.

오답 뜯어보기 ① 화자는 버스가 옴으로써 꽃그늘에서 벗어난다고 하였으므로 버스가 옴으로써 화자가 상념에서 벗어난다고 볼 수 있다.

② 화자는 아카시아꽃이 흩날리는 그늘에서 아이를 기다리고 있으므로 시간적 배경이 늦봄에서 초여름이라는 것을 알 수 있다.

③, ⑤ 화자는 꽃그늘 아래에서 여섯 살배기 아이를 기다리는 오 분간 상념에 잠겨 있다.

3 〈보기〉는 4음보의 규칙적 율격이 나타나지만, 이 시에서는 일정한 음보율이 나타나지 않는다.

오답 뜯어보기 ② 〈보기〉에서는 마지막 행에서 의문형 문장을 활용하고 있다.

③ 이 시에서는 아카시아꽃이 하얗게 흩날리는 장면에서 색채 이미지를 활용하고 있다.

④ 이 시에서는 '이 꽃 그늘 아래서 / 이 그늘 아래서', '~ 썰물을 향해 / ~ 버스를 향해' 등에서 유사한 통사 구조가 반복되었다. 〈보기〉에서는 '잠아 잠아 짙은 잠아 이내 눈에 쌓인 잠아' 등에서 유사한 통사 구조가 반복되었다.

⑤ 〈보기〉에서는 '잠'을 의인화하여 말을 건네고 있다.

4 작품의 제목 '오 분간'은 화자가 아이를 기다리는 시간을 의미한다. 화자는 아카시아꽃 그늘 아래에서 버스를 타고 올 아이를 기다리며 여러 가지 상념에 잠겨 있다.

5 화자가 꽃그늘 아래에서 자신의 과거를 되돌아보는 모습은 나타나지 않는다.

오답 뜯어보기 ①, ② 화자는 꽃그늘 아래에서 아이를 기다리며 상념에 잠겨 있다.

③ 화자는 '생(生)'이 기다림 하나로도 깜박 지나가 버리는 것이라 생각하고 있다.

⑤ 화자는 아이가 어른이 되어 화자의 품을 떠나는 상황을 떠올려 보고 있다.

---

160 그 사람의 손을 보면 _ 천양희

294~295쪽

키포인트 체크 구두 닦는, 창문 닦는, 청소하는, 마음 닦는, 닦는, 성자

1 ④　　**2** ③　　**3** ④　　**4** ③　　**5** 무언가를 닦는 것은 그 대상을 빛나게 하는 행위이다.

1 이 시에서 말을 건네는 듯한 어투는 사용되지 않았다.

오답 뜯어보기 ① 4연에서 보이지 않는 것에서도 빛이 난다고 말한 부분에서 역설적 인식이 드러난다.

② 검은 것과 흰 것, 비누 거품과 맑은 것, 쓰레기와 깨끗한 것, 보이지 않는 것과 보이는 것 등 대조적 의미의 시구를 활용하여 자신이 맡은 바를 성실히 수행하는 사람들에 대한 예찬이라는 주제를 부각하고 있다.

③ '~는 사람을 보면 / 그 사람의 손을 보면 / ~끝을 보면 / ~에서도 빛이 난다. / ~만이 빛나는 것은 아니다.'와 같은 문장 구조를 1연부터 4연까지 반복하고 있다. 이를 통해 운율이 드러난다.

⑤ 5연에서 '청소를 하면서도 성자이며 성자이면서도 청소를 한다.'와 같이 연쇄법이 사용되었다.

　　　　　　　　　　　　　　　　　　　　　　　　　　지식＋

● **연쇄법**

글을 쓸 때 앞 구절의 끝 어구를 다음 구절의 첫머리에 이어받아 이미지나 심상을 강조하는 방식이다. 일반적으로 연쇄법은 흥미의 연속성을 유지하며 표현하고자 하는 내용을 강조하는 효과가 있다.

2 〈보기〉는 독자에게 초점을 맞추어 작품을 감상하는 효용론적 관점에 대한 설명이다. 이 시를 감상한 후 자신도 마음을 닦으며 내면을 가꾸는 삶을 추구해야겠다는 감상은 효용론적 관점이라 할 수 있다.

오답 뜯어보기 ①, ② 내재적 관점에 의한 감상이다.

④ 반영론적 관점에 의한 감상이다.

⑤ 표현론적 관점에 의한 감상이다.

　　　　　　　　　　　　　　　　　　　　　　　　　　지식＋

● **문학 작품을 감상하는 방법**

문학 작품을 감상하는 방법은 여러 가지가 있다. 작품 자체를 보고 해석하는 관점은 내재적 관점 또는 절대주의적 관점이며, 작품과 사회·문화적 상황을 관련지어 해석하는 관점을 반영론적 관점이라 한다. 작가와 작품을 관련지어 해석하는 관점은 표현론적 관점, 작품과 독자를 관련지어 해석하는 관점을 효용론적 관점이라 한다.

3 검은 것, 비누 거품, 쓰레기, 보이지 않는 것은 모두 남들이 보기에 사소

하고 하찮은 것이지만, 화자는 빛이 난다고 여기는 대상이다.

4 '청소하는 사람'은 '구두 닦는 사람', '창문 닦는 사람', '마음 닦는 사람' 등과 같이 화자가 긍정적으로 바라보고 있는 대상이므로, 화자의 가치관과 대조되는 대상이라는 설명은 적절하지 않다.

5 이 시에서 반복해서 형상화된 '닦는' 행위는 무언가를 빛나게 하는 행위이다. 즉, '닦는' 행위를 통해 쓰레기, 검은 것, 비누 거품, 보이지 않는 것 등을 빛나게 해서 더욱 가치 있게 만드는 것이다.

---

161 길을 찾아서 4 - 명암리 길_ 천양희   296~297쪽

키포인트 체크 웅크린 길, 바람, 샛길들, 뒷길들

1 ④ **2** ④ **3** ② **4** ① **5** 자신의 내면에 있던 부정적 인식을 명암리에서 풀어놓고 치유할 수 있다.

1 화자는 자신의 내면에 있는 기억들을 다양한 길에 비유하고 있는데, 모르는 길일수록 새롭고 낯설다고 느끼고 있다. 그리고 '낯선' 감정은 '바람 소리 물소리'와 같이 자연물을 통해 드러나고 있는데, '낯선' 자연의 소리를 '기막히다'라고 표현하고 있으므로, '낯선' 감정을 통해 화자의 부끄러움이 드러나고 있다는 설명은 적절하지 않다.

2 감정 이입은 이 작품에서 사용되지 않았다.
오답 뜯어보기 ① 이 시는 화자 '나'가 작품 표면에 등장하여 자신의 정서와 감정을 노래하고 있다.
② 이 시는 다양한 비유적 표현들을 활용하여 화자의 삶과 내면을 형상화하고 있다.
③ 이 시는 '바람 소리', '물소리', '바람' 등을 활용하여 삶에 대한 성찰과 깨달음을 노래하고 있다.
⑤ '길은 모를수록 ~ 그 소리 기막히다'에서 연쇄적 표현이 사용되었다.

◀지식+
· 감정 이입
'감정 이입(感情移入)'이란 특정 자연물이나 사물에 인물의 감정을 이입함으로써, 이입한 대상의 감정과 인물의 감정을 동화시키는 방식이다. 인물의 감정을 대상에 이입하기 위해서는 대상의 의인화 과정을 거치기 마련이고, 화자의 감정을 이입한 대상을 '객관적 상관물'이라 한다.
⑩ 사슴의 무리도 슬피 운다   – 김소월, 〈초혼〉
→ 화자의 '슬픈' 감정을 사슴의 무리에 이입하고 있다.

3 이 시는 삶에 대한 성찰 과정을 산문체 문장을 통해 노래함으로써, 길이 이어져 있는 것처럼 화자의 의식의 흐름 과정을 잘 보여 주고 있다.
오답 뜯어보기 ① 산문체 형식으로 노래하고 있으므로, 운율감이 드러난다는 설명은 적절하지 않다.
③ 이 시에서 인물 간의 갈등은 나타나지 않는다.
④ 화자의 과거 기억 속의 삶과 길 위에서의 삶을 대조한 부분은 나타나지 않는다.
⑤ '웅크린 길'은 삶에 대한 화자의 부정적인 인식이라 할 수 있지만, 부정적인 현실에서 벗어나려 하는 화자의 모습은 나타나지 않는다.

4 이 시에서 '길'은 실재하는 공간이라기보다 밝음과 어둠이 존재했던 화자의 지나온 삶을 성찰하는 공간이라 할 수 있다. 〈보기〉는 길을 걷는 여정에 빗대어 삶의 모습과 성찰의 내용을 형상화한 시로, 〈보기〉의 '길'도 화자가 생활한 '오늘'을 되돌아보도록 하는 공간이라 할 수 있다. 〈보기〉의 화자는 예상하지 못한 고난과 시련도 가치 있게 여기며 삶에 대한 긍정적 자세를 보여 주고 있다.

5 '웅크린 길'은 화자의 내면에 있던 부정적 인식이라 할 수 있는데, 이러한 부정적 인식을 명암리에 가서 풀어놓음으로써 부정적 정서를 치유할 수 있으리라는 생각을 드러내고 있다.

---

162 참 맑은 물살 - 회문산에서_ 곽재구   298~299쪽

키포인트 체크 물살, 봄, 고사리순, 산, 예찬

1 ③ **2** ④ **3** ② **4** 함께 살아가는 모든 사람(우리 민족) **5** 눈물 나는

1 이 시에서는 봄의 풍경과 정취를 표현하고 있지만 원경에서 근경으로 이어지는 시선의 변화는 나타나고 있지 않다.

2 이 시에서 화자는 봄의 풍경을 생동감 있게 묘사하기 위해 노력하고 있다. 특히 산을 의인화하여 표현하고 있는데, 시에 사용된 '부신 허벅지'는 화자의 신체를 나타내는 것이 아니라 물살에 비친 산의 모습을 나타낸 것이다.
오답 뜯어보기 ① '발가락 새 헤적이네'라는 표현은 맑은 물살을 촉각적으로 표현하고 있는 것이다.
② '애기 고사리순'은 봄이 와 고사리순이 올라오는 모습을 표현함으로써 시각적으로 봄을 나타내고 있다.
③ '머리카락 풀어 적셨네'라는 표현은 맑은 물살을 의인화하여 나타낸 표현이다.
⑤ '한 몸되어 흐르는'이라는 표현을 통해 물에 비친 산과 물이 어우러지는 풍경을 묘사하고 있다.

◀지식+
· 활유법과 의인법
활유법은 무생물에 생명을 부여하여 생명이 있는 것처럼 표현하는 방법이며, 의인법은 무생물이나 동식물, 추상적 개념과 같은 인격이 없는 대상에 인격을 부여하여 표현하는 것으로 활유법의 하위 개념으로 볼 수 있다. 엄격히 말한다면 의인법이 활유법의 하위 개념이지만 활유법과 그 구분이 엄격하게 그어지는 것은 아니므로 대개 활유법과 같은 개념으로 사용되고 있다.

3 이 시는 맑은 물살을 통해 생명력 가득한 봄의 모습을 형상화하고 있다. 따라서 이 시의 주제로는 '생동감 넘치는 자연의 풍경 예찬'이 가장 적절하다.

4 〈보기〉에서 화자는 회문산을 6·25 전쟁의 아픔을 간직하고 있는 산으로 묘사하고 있으며, 강물 위에 흐르는 연분홍이 우리 민족의 아픈 살들을 가만가만 만져 주는 것 같다고 표현하고 있다. 따라서 화자가 부르는 '너'의 이름은 화자와 함께 살아가는 우리 민족으로 의미가 확장된다고 해석할 수 있다.

5 이 시의 화자는 봄이 와 흐르는 맑은 물살과 물에 비친 봄의 아름다운 풍경을 예찬하고 있다. 그런 화자의 벅차오르는 감정을 화자는 '눈물 나는'으로 표현하고 있다.

정답과 해설

163 상처는 스승이다 _ 정호승
300~301쪽

키포인트 체크 성숙, 절벽, 상처, 수용

1 ⑤ **2** ③ **3** ② **4** ⑤ **5** 노란 애기똥풀 – 생명력, 예수의 못자국 – 희생, 사랑

1 이 시에서는 반어적인 표현은 사용되지 않고 있다.

오답 뜯어보기 ① 절벽에 뿌리를 내린 나무라는 자연물을 통한 깨달음을 전달하고 있다.

② '상처'는 일반적 인식처럼 부정적인 대상이 아니라 삶의 성숙과 성장의 원천이 되므로 긍정적으로 수용해야 된다는 인식의 전환을 유도하고 있다.

③ '-다'와 '-라'와 같은 유사한 종결 어미를 반복하고 있다.

④ 이 시의 화자는 '-라'와 같은 어미를 통해 대상에게 말을 건네는 방법으로 시상을 전개하고 있다.

2 [A]는 뿌리가 성장해 잎을 키우고, 그 잎이 다시 뿌리에 떨어져 썩어 거름이 되는 자연의 순환을 나타내고 있다. 이러한 생각은 '타고 남은 재가 다시 기름이 됩니다.'라는 표현에도 나타난다.

오답 뜯어보기 ① 나태주의 〈풀꽃〉은 작고 소중한 존재에 대한 사랑을 나타낸 시이다.

② 서정주의 〈자화상〉에서 해당 부분은 화자의 삶에 대한 회상이 담겨 있다.

④ 김남주의 〈사랑〉은 시적 대상인 '사랑'을 세움을 이기고 님을 기다리는 것, 제 뼈를 갈아 재로 뿌릴 수 있는 것으로 인식하며 사랑의 참뜻에 대해 말하고 있다.

⑤ 윤동주의 〈길〉에서 해당 부분은 현실과 고난을 극복하려는 의지를 담고 있다.

3 이 시를 창작하는 과정에서 시인이 떠올렸을 생각으로 적절하지 않은 것을 찾는 문제이다. 이 시에 사용된 상처의 의미를 고려할 때 시인은 사람들이 일반적으로 떠올리는 '상처'의 의미가 아니라 상처를 통한 성숙이라는 새로운 인식을 통해 주제를 전달하고 있음을 알 수 있다.

4 '상처'는 이 시의 주된 소재로, 화자로 하여금 고통과 인내를 통해 진정한 성숙과 성장이 가능하게 해 주는 소재이다.

5 '노란 애기똥풀'은 절벽에서 피어난 것으로 생명력을 상징한다. '예수의 못자국'은 예수의 희생을 통한 사랑을 의미하는 시구이다.

164 고래를 위하여 _ 정호승
302~303쪽

키포인트 체크 별, 수평선, 청년, 조언

1 ⑤ **2** ② **3** 꿈이 없는 사람은 자신을 사랑하는 법을 모른다는 의미이다. **4** ④

1 이 시의 화자는 청년들에게 교훈이 되는 이야기를 하고 있다. 따라서 화자가 청년들에게 자신의 생각을 바탕으로 가르침을 주고 있다는 설명이 가장 적절하다.

▶지식 +

• 이 시를 쓴 이유

정호승 시인은 실제로 자신이 방황했던 시기와 시인을 꿈꾼 후 맛본 첫 실패, 그리고 새로운 목표를 세우고 그것을 달성하기 위해 노력한 과정을 바탕으로 〈고래를 위하여〉를 창작하였다고 한다. 특히 자신의 경험을 바탕으로 이 시대를 살아가는 청년들에게 힘이 되어 주는 이야기를 전해 주고 싶어 이 시를 쓰게 되었다고 한다. 20대라는 푸른 바다가 아름다워지기 위해서는 반드시 '꿈'이라는 고래가 살아야 한다고 강조하고자 한 것이다.

2 이 시는 고래라는 소재를 통해 의미를 전달하고 있지만 시에 나타나는 고래는 의인화된 존재는 아니다.

오답 뜯어보기 ① 이 시는 '고래', '푸른 바다' 등의 상징적인 소재들을 활용하여 주제를 형상화하고 있다.

③ '-지'와 '-다'와 같은 유사한 종결 어미를 반복하고 있다.

④ 화자는 자신이 깨달은 점을 바탕으로 교훈적인 내용을 전달하고 있다.

⑤ 1연에서는 '~ 면 ~ 이/가 아니지'가, 3연에서는 '~ 도 가끔 ~ 을 바라본다'가 반복 사용되어 내용을 강조하고 있다.

3 사랑은 자기 자신을 사랑하는 것부터 시작한다. 그러나 화자는 꿈이 없는 자는 사랑을 모른다고 함으로써 꿈이 없는 자들은 자기 자신을 사랑하지 않는 것이라는 의미를 전달하고 있다.

4 〈보기〉의 시에서 사용된 '그들의 꿈'은 청춘들이 꾸는 꿈이라는 점에서 이 시의 '고래'와 유사하다.

165 윤동주 시집이 든 가방을 들고 _ 정호승
304~305쪽

키포인트 체크 경시, 오줌, 깨달음

1 ③ **2** ② **3** ② **4** ③ **5** 인생의 순례자

1 이 시의 화자는 자신의 신발에 오줌을 싼 강아지에게 화를 낸 경험을 바탕으로 자신의 행동에 대한 반성과 성찰의 태도를 보여 주고 있다.

오답 뜯어보기 ① 화자는 일상의 일에서도 반성과 성찰의 경험을 하고 있지만 그것이 사소한 일에 지나치게 신경을 쓰는 행위는 아니다.

② 강아지가 한 행동을 옹호하는 것이 아니라 그것을 용서하지 못한 자신을 비판하고 있다.

④ 자신에 대한 반성과 성찰이 주된 내용이며 현실에 대한 냉소적인 비판은 드러나지 않는다.

⑤ 자신에 대한 성찰적 태도를 보이는 것이 지나치게 자신에게만 엄격한 것은 아니며 화자가 타인의 발언에 화를 내고 멱살잡이까지 한 것으로 볼 때 타인에게 관대한 태도를 보이는 것도 아니다.

2 김수영의 〈어느 날 고궁을 나오면서〉는 왕궁으로 대변되는 권력자와 정치인들에게는 저항하지 못한 채 소시민에게 욕을 퍼부은 자신의 행동에 대한 비판과 반성이 담긴 시로, 주제와 내용면에서 〈윤동주 시집

448 정답과 해설

이 든 가방을 들고〉와 유사한 부분이 있다. 그러나 〈보기〉의 시에서 말하는 '왕궁'은 비판의 대상인 데 반해 강아지가 숨은 의자는 그렇지 않다는 점에서 유사성이 없다.

오답 뜰어보기 ① '조그마한 일에만 분개'한 자신에 대한 반성이 담겨 있다.

③ '50원짜리 갈비가 기름 덩어리만' 나온 일은 화자의 분노의 대상이 된 사소한 일로 강아지가 오줌을 싼 일과 유사한 의미로 사용되었다.

④ '설렁탕집 돼지 같은 주인 년'은 화자에게 욕을 먹은 강아지와 유사한 약한 존재이다.

⑤ 화자가 대상에게 욕을 한 행위는 모두 생명에 대한 존중이 없는, 생명 경시의 의미가 담겨 있다는 점에서 유사하다.

3 윤동주 시인은 부끄러움과 반성, 성찰의 시를 쓴 시인으로 '윤동주 시집'은 부끄러움 혹은 반성과 성찰의 의미를 지닌다. '밥'은 화자에게 세속적인 의미를 띤다는 점에서 '밥만 많이 먹고'는 부정적인 의미가 된다.

◀ 지식 ＋

● **윤동주의 문학**

윤동주 시인은 일제 강점기를 살았던 시인으로 끊임없이 자신에 대한 성찰과 반성, 부끄러움의 의미를 시로 나타냈던 시인이다. 특히 〈또 다른 고향〉, 〈자화상〉과 같은 시를 통해 일제에 강하게 저항하지 못하는 자신에 대해 반성하고 끊임없이 성찰하는 모습을 보여 주었으며, 그러한 '윤동주 시집'은 정호승 시인의 시에서도 반성과 성찰을 나타내는 의미로 사용되고 있다.

4 '멱살잡이'는 화자가 실제로 경험한 일로, 강아지를 데리고 나온 것에 대해 반대하는 사람과 다투었던 과거의 경험을 담고 있다. 즉, 과거에는 생명을 존중했던 화자가 한 행동으로 현재의 행동과 대조를 이룬다. '멱살잡이' 그 자체가 화자가 반성해야 할 행동은 아니다.

5 화자가 지향하는 삶은 '인생의 순례자'라는 표현으로 나타나고 있다.

---

166 세한도 _ 고재종

306~307쪽

키포인트 체크 마을 회관, 청솔, 비닐하우스, 슬픔, 극복 의지

1 ⑤ **2** ④ **3** ② **4** 현실에 대한 극복 의지를 드러내기 위하여

1 이 시에는 대상에 대한 부정적 인식을 드러내기 위한 비유적 표현이 사용되지 않았다.

오답 뜰어보기 ① 쇠락한 현실을 나타내는 마을 회관과 과거의 풍요로움을 상징하는 앰프 방송을 통해 현재와 대비되는 과거의 상황을 제시하고 있다.

② '보아라'라는 명령형 어조를 사용하여 세한의 현실을 극복하려는 의지를 드러내고 있다.

③ 청솔을 '푸른 눈 더욱 못 감는다'라고 의인화하여 표현하여 대상과의 일체감을 부여하고 있다.

④ 푸른 소나무와 붉은 꼭두서니빛과 같은 색채 이미지를 통해 세한의 현실에도 변하지 않는 생명력과 떠오르는 희망을 상징적으로 표현하고 있다.

---

2 〈보기〉의 내용을 바탕으로 해석할 때, 세한도에 그려진 잣나무와 소나무는 시의 '청솔'과 유사한 부분이 있다. 극한의 상황에서도 잃지 않는 잣나무와 소나무의 푸름이 현실에 대한 희망을 잃지 않고 있는 청솔과 유사한 의미로 사용되고 있다.

오답 뜰어보기 ① 〈보기〉의 의미를 바탕으로 할 때 잣나무와 소나무는 이상적의 마음처럼 변치 않는 존재의 의미로 해석된다. 대상에 대한 비판 의식을 드러내고자 한 것은 아니다.

② 〈보기〉를 바탕으로 할 때 잣나무와 소나무는 변치 않는 마음(절개와 지조)이라는 의미로 해석될 수 있으나 마을 회관의 청솔이 절개와 지조를 드러낸다고 해석하기는 어렵다.

③ 〈보기〉의 의미를 바탕으로 해석할 때 세한도의 그림은 한국적인 미의식을 드러내고 있는 것으로 해석할 수 있으나 '청솔'과의 유사성으로 해석하기는 어렵다.

⑤ 〈보기〉의 의미를 바탕으로 해석할 때 세한도의 잣나무와 소나무, '청솔'을 쇠락해 가는 농촌을 살려 낼 경제적인 가치를 지닌 존재로 해석하기는 어렵다.

3 이 시에서 '생산도 새마을도 다 끊긴 궁벽'한 공간은 곧 세한의 이미지와 연결된다.

오답 뜰어보기 ① '앰프 방송'은 과거 이장이 마을 사람들에게 소식을 알릴 때 사용한 것으로, 과거 마을의 영광을 상징하는 시어이나 이장이 과거의 영광에만 매몰된 인물은 아니다.

③ '푸른 숨결을 풀어내는 청솔'은 극한의 고통에 한숨짓는 사람들이 아니라 쇠락한 농촌의 현실 속에서도 희망을 찾으려는 사람들과 연결된다.

④ '난장 난 비닐하우스를 일으키'는 사람들은 폐허의 고통을 극복하려는 의지를 가진 존재로 해석할 수 있다.

⑤ 동녘의 '꼭두서니빛'은 사람들에게 희망을 주려는 붉은빛의 이미지를 상징한다.

4 시인은 세한도에 나타난 소나무와 잣나무의 푸른빛의 이미지를 청솔의 푸른빛에 연결시켜 현실 극복에 대한 의지를 드러내고자 하였다.

---

167 첫사랑 _ 고재종

308~309쪽

키포인트 체크 한겨울, 바람, 눈꽃, 결실, 인내

1 ③ **2** ⑤ **3** ⑤ **4** ④ **5** 마침내 피워 낸 저 황홀, 첫사랑을 이루었을 때의 큰 기쁨을 의미한다.

1 이 시에서는 대립적 이미지의 시어가 사용되지 않았다. '눈꽃'과 '첫사랑'의 공통점을 통해 사랑의 의미를 노래하고 있다.

오답 뜰어보기 ① 이 시는 눈이 내려 나뭇가지에 눈꽃이 만들어지는 과정을 통해 사랑의 의미를 표현하고 있다.

② 한겨울 나뭇가지에 눈이 쌓인 모습을 시각적 심상을 통해 형상화하고 있다.

④ '싸그락 싸그락'은 눈이 내려 쌓이는 소리를 나타내는 의성어이다.

⑤ '두드려 보았겠지', '춤추었겠지' 등은 '눈'을 마치 사람인 것처럼 표현한 의인화의 방법이 사용되었다.

2 이 시에서 나뭇가지에 새가 앉아 노래하는 모습은 확인할 수 없다.

오답 뜯어보기 ① '마침내 피워 낸 저 황홀 보아라'에서 나뭇가지에 눈이 쌓여 눈꽃이 핀 모습을 그려 볼 수 있다.

②, ④ '싸그락 싸그락~미끄러지길 수 백번'에서 나무 위로 내리는 눈이 나무에 눈꽃을 피우기 위해 수백 번 나무를 두드리고 나무에서 미끄러지는 모습이 나타나 있다.

③ '세상에서 가장 아름다운 상처를 터뜨린다'에서 봄이 되어 나뭇가지에 꽃(새싹)이 핀 모습을 그려 볼 수 있다.

3 이 시에서는 나뭇가지에 눈꽃이 피고, 봄이 되면 눈꽃이 피었던 자리에 꽃(새싹)이 피는 자연 현상에서 사랑의 의미를 발견하고 있다. 즉, 이 시는 사랑의 아름다운 결실을 위해서는 끊임없는 노력과 인내와 헌신이 필요함을 눈과 나뭇가지의 사랑 이야기를 통해 전하고 있다.

4 '꽃'은 눈꽃을 의미한다. 이 시에서는 눈의 인내 끝에 눈꽃이 피었을 때, '마침내 피워 낸 저 황홀 보아라'라고 말하고 있다. 여기서 '황홀'은 '눈꽃'을 의미하는 것으로, 은유법이 사용된 부분이다.

5 문제에 제시된 '눈'과 '꽃'의 내용을 볼 때, ⓐ에는 눈꽃과 관련된 시구가 들어가야 함을 알 수 있다. 3연의 '마침내 피워 낸 저 황홀 보아라'에서 '황홀'은 은유적 표현으로 눈꽃(첫사랑)을 의미하고, 이 시구는 눈꽃의 아름다움에 대한 예찬, 첫사랑을 이루었을 때의 기쁨을 상징적으로 표현하고 있다.

---

168 사는 일 _ 나태주

310~311쪽

키포인트 체크 긍정적, 자연물, 긍정적, 만족감

1 ④ **2** ② **3** 바람, 멍석딸기, 물총새의 쪽빛 날갯짓, 지나치기 쉬운 아름답고 소중한 자연물 **4** 잘 살았다 **5** ④

1 이 시의 화자는 길바닥을 떠돌던 바람처럼 유랑하는 것이 아니라, 바람이 잔잔해진 고요한 풍경 속에서 하루를 마무리하는 인물이다.

오답 뜯어보기 ① '잘 살았다'는 표현으로 보아 화자는 주어진 현실에 긍정적으로 순응하고 있다.

② 화자는 차가 일찍 떠나는 바람에 걷지 않아도 좋을 길을 걷는 고난을 겪게 되었다.

③ 화자는 삶의 모든 상황을 긍정적으로 인식하며, 삶에 대한 만족감을 드러내고 있다.

⑤ 화자는 길을 걸으며 자연을 만나고 세상의 아름다움과 소중한 가치를 만나게 되었다.

지식 ➕

• **나태주의 시**

나태주 시인은 시 〈대숲 아래서〉로 등단한 이래로 시를 통해 삶에 대한 긍정적인 인식과 수용적 태도를 보여 주고 있다. 특히 대상에 대한 치밀한 관찰력과 사색, 천진하고 참신한 착상이 특징이며 인생의 황혼기에서 느끼는 삶에 대한 긍정적 인식과 수용, 사랑을 담은 시들을 발표하고 있다.

2 〈보기〉의 화자는 길가에 있는 쑥부쟁이와 구절초를 구별하지 못했다. 이는 지금까지 주변에 대해 관심이 없었던 자신에 대한 비판으로 이해할 수 있다. 따라서 길가에 있는 쑥부쟁이와 구절초를 구별하는 재미를 느꼈다는 것은 잘못된 서술이다.

---

3 바람과 멍석딸기, 물총새, 쪽빛 날갯짓은 모두 화자가 예상치 못하게 걷게 된 길에서 만나게 된 소중한 자연물이자 소중한 가치이다.

4 화자는 삶에 대한 만족감을 '잘 살았다'라는 시구로 나타내고 있다.

5 '차'는 화자가 타고 가게 되어 있던 문명의 이기로, 갑작스럽게 나타나지 않아 화자에게 불편함을 주었다. 하지만 오히려 소중한 자연을 만나게 되는 전화위복의 계기가 된 소재로, 일상 속의 소중한 가치들을 새롭게 발견하도록 해 준다. 따라서 '차'라는 소재가 삶에 대한 반성을 불러일으킨다고 보기 어렵다.

---

169 세일에서 건진 고흐의 별빛 _ 황동규

312~313쪽

키포인트 체크 고흐, 빛, 대화, 존재

1 ③ **2** ③ **3** ⑤ **4** 세상에 빛나지 않는 게 어디 있는가. **5** ②

1 이 시는 미술 작품을 모티프로 하여 모든 존재의 아름다움과 고귀함이라는 새로운 주제를 이끌어 내고 있다.

오답 뜯어보기 ① 고흐의 그림 〈밤의 프로방스 시골길〉을 모티프로 하였다.

② '빛나라'의 반복을 통해 주제를 강조하고 있다.

④ 괄호 안에 화자의 혼잣말 형태의 표현을 넣어 어디에나 외로운 삶이 존재한다는 것을 표현하고 있다.

⑤ 시의 전반부에서 그림 속에 표현된 내용에 대하여 상세히 묘사하고 있다.

지식 ➕

• **모티프(motif, 또는 motive)**

• 회화, 조각, 소설 따위의 예술 작품을 표현하는 동기가 된 작가의 중심 사상

• 움직임이라는 말에서 유래되었으며, 예술적 표현의 중심적인 동기 또는 의도를 뜻함.

• 하나의 작품은 단일한 모티프를 지니고 있을 수도 있고, 여러 가지 모티프가 드러나기도 함.

2 화자는 그림 속에 표현된 빛나는 대상들을 통하여 모든 존재의 삶이 아름답다고 생각하고 응원하고 있다.

오답 뜯어보기 ① 화자는 평범한 그림 속 존재들의 모습을 통해 모든 존재와 삶의 아름다움을 표현하고 있으므로 비판적인 시각으로 바라보고 있다는 반응은 적절하지 않다.

② '길을 걷다 이상한 사람 만난'이라는 표현은 화자 스스로 그림을 통해서 새로운 상상을 하고 있음을 드러낸 표현이지, 농부가 화자의 생각을 이해하지 못할 것이라는 생각은 아니다.

④, ⑤ 고흐가 다녀가지 않아서 빛나는 것이 표현되지 않았을 뿐이라는 표현이 나오므로, 고흐와 관계없이 모든 존재는 의미 있는 존재라는 인식이 드러난다.

3 '공명도 날 꺼려하고 부귀도 날 꺼려하니'는 화자가 공명과 부귀를 꺼려하는 태도를 거꾸로 바꾸어 공명과 부귀가 화자를 꺼려하는 것으로 표현하고 있는, 주객전도의 표현이다. 이 시에서도 고흐의 그림을 보며 그림 속 농부를 만난 것이 화자이지만, 마치 농부가 이상한 사람을 만나게 된 것처럼 거꾸로 표현하고 있다.

4 이 시는 모든 존재와 삶이 가치 있다는 인식을 드러내고 있다. 즉, 모든 존재가 다 '빛'난다고 표현한 '세상에 빛나지 않는 게 어디 있는가.'가 시의 주제를 드러내는 시행으로 적합하다.

5 '농부들'은 원작인 그림 속에 표현된 인물들로서 화자가 가상의 대화를 시도함으로써 생명력이 부여된 인물이며, 화자의 생각을 대변하여 화자에게 깨달음을 주는 인물이다.

170 버팀목에 대하여 _ 복효근 314~315쪽

키포인트 체크 죽은 아버지, 사라진 이웃, 버팀목, 싹, 꽃

1 ④ 2 ⑤ 3 ② 4 누군가를 위해 도움을 주는 존재가 되고 싶다.
5 ④

1 화자가 말하고자 하는 바를 반대로 표현하는 것은 반어적 표현에 대한 설명인데, 이 작품에서는 반어적 표현이 사용되지 않았다.
오답 뜯어보기 ① '허위허위'와 같은 음성 상징어를 활용하여 화자의 상황을 드러내고 있다.
② '산 나무', '죽은 나무'와 같이 대조적인 시어를 활용하고 있다.
③ 4연에서 사라진 것이 나무를 버티고 있다는 역설적 상황이 드러나 있다.
⑤ 이 시는 '-ㅂ니다'와 같은 종결 표현을 반복하여 경건한 분위기를 조성하고 있다.

2 '버팀목'에 대한 연상 과정에서 불합리한 삶을 거부할 수 있다는 내용은 작품 내용과 관련이 없다.
오답 뜯어보기 ① 1연에서 확인할 수 있다.
② 2~3연에서 확인할 수 있다.
③ 4연에서 확인할 수 있다.
④ 5연에서 확인할 수 있다.

3 '산 나무'는 버팀목으로부터 도움을 받는 대상이므로, 누군가에게 힘을 주는 존재라는 설명은 적절하지 않다.

4 화자는 버팀목 덕분에 산 나무가 생명력을 회복하고, 죽은 아버지와 사라진 이웃이 자신에게 버팀목과 같은 존재였다는 점을 노래한 다음, 자신도 누군가의 버팀목이 되고 싶다는 생각을 밝히고 있다.

5 사라진 것이 나무를 버티고 있다는 것은 버팀목은 삭아 없어졌지만, 버팀목 덕분에 나무가 더 이상 시련에 굴하지 않는다는 것을 의미한다.

171 배를 매며 _ 장석남 316~317쪽

키포인트 체크 부둣가, 밧줄, 바닷물, 시간, 사색적

1 ⑤ 2 ② 3 ② 4 ⑤ 5 사랑은 피할 수 없는 운명적인 것이다.

1 이 시에서 현실을 부정적으로 묘사하거나 비판 의식을 드러내는 부분은 나타나지 않는다.
오답 뜯어보기 ①, ④ 화자는 사랑의 시작과 본질에 대한 사색을 '배를

매었던 자신의 경험과 연결하여 담담하고 차분한 어조로 노래하며 공감을 얻고 있다.
② '~ 없이', '~는 것'이라는 시구의 반복, '-다'라는 각운의 반복이 나타나고 있다.
③ 물 위에 떠 있는 배의 모습(시각적 이미지), 던져진 밧줄이 등 뒤로 떨어질 때 '털썩' 하고 나는 소리(청각적 이미지) 등의 감각적 이미지가 사용되고 있다.

2 이 시에는 '사랑·인연'에 대한 화자의 구체적 경험이나 이에 대한 화자의 회상에 관한 내용은 나타나지 않는다.

3 〈보기〉에는 임을 보내고 나서 그리워하는 화자의 자책과 탄식이 드러나지만 이 시에서는 이러한 자탄의 정서가 나타나지 않는다.
오답 뜯어보기 ① 이 시와 〈보기〉 모두에 대한 설명이다.
③, ④ 〈보기〉에 대한 설명이다.
⑤ 이 시에만 해당하는 설명이다.

지식 ✛
● 황진이, 〈어져 내 일이야 ~〉
• 갈래: 평시조
• 성격: 애상적, 감상적
• 주제: 임에 대한 그리움
• 감상: 이 시조는 이별의 회한과 그리움을 노래한 작품으로, 자존심과 연정 사이에서 화자가 겪는 오묘한 심리적 갈등을 우리말로 절묘하게 표현하고 있다. 겉으로는 강한 척하지만 속으로는 외롭고 약한 화자의 심리가 깊은 공감을 불러일으킨다.
• 현대어 풀이
아아!(후회스럽구나) 내가 한 일이여(임을) 그리워할 줄을 몰랐더냐? 있으라 했더라면 굳이 가셨으랴마는 제 구태여 보내고 나서 그리워하는 마음을 나도 잘 모르겠구나.

4 '구름, 빛, 시간'은 배를 둘러싼 세계를 의미한다. 그러므로 [A]는 사랑이란 '사랑하는 이의 주변 세계까지 받아들이는 일'이라는 것을 발견한 부분이다. 이것은 사랑의 속성에 대한 화자의 심화된 인식을 표현한 것이다.
오답 뜯어보기 ② 사랑을 갈구하는 내용은 나타나지 않는다.
③ 배를 매는 행위의 의미가 사랑임이 드러나는 부분은 2연이다.

5 이 시는 '배를 매는 일'과 '사랑'의 유사성을 바탕으로 시상이 전개되고 있는데, 2연에서 우연히 날아든 밧줄을 잡아 배를 매는 것에서 사랑 또한 예기치 못하게 다가와 불가항력적으로 시작됨을 나타내고 있다. 2연의 '던져지는', '받는', '어찌할 수 없이'는 사랑이 예기치 못한 순간에 찾아와 시작될 수밖에 없는, 피할 수 없는 운명적인 사랑임을 나타내는 것이다.

172 전라도 젓갈 _ 문병란 318~319쪽

키포인트 체크 젓갈, 숙성(발효), 썩지, 삶, 사랑, 향토(토속)

1 ⑤ 2 썩고 썩어도 썩지 않는 것 / 썩고 썩어도 맛이 생기는 것 3 두 시 모두 감각적 표현을 주로 활용하고 있으며, 동일한 형태의 구절을 반복해서 사용하고 있다. 4 ③ 5 ①

정답과 해설

1 대상에 대한 부정적인 표현이나 반어적 표현은 보이지 않는다. '썩고 썩어도 썩지 않는 것'은 역설적 표현에 해당한다.

🖋 **오답 뜯어보기** ①, ④ 유사한 통사 구조 즉, '～는 것', '～ 맛이다', '～ 맛' 등의 표현을 통해 전라도 젓갈이 만들어 내는 땀과 눈물과 사랑의 맛을 강조하고 있다. 또한 동일하거나 유사한 시어의 반복, 유사한 구절의 반복은 리듬감을 형성한다.

② '썩고 썩어도 썩지 않는 것 / 썩고 썩어도 맛이 생기는 것'에서 역설적 표현을 확인할 수 있으며, 일차적으로는 발효되어 새로운 맛과 가치를 얻는 젓갈을, 이차적으로는 죽을 만큼의 고난을 겪어도 그만큼 연륜과 깊이가 생기는 삶의 자세를 표현하고 있다.

③ 썩어도 썩지 않고 새로운 맛을 이루어가는 젓갈의 특징을, 삶의 과정에서 여러 가지 고난을 겪으면서도 그것을 이겨 내고 성숙해 가는 인간의 삶의 모습으로 확장하여 표현하고 있다.

2 오랜 시간 삭고 발효되어 새로운 맛을 얻게 된다는 젓갈의 특성과 가치를 역설적으로 표현한 구절은 '썩고 썩어도 썩지 않는 것 / 썩고 썩어도 맛이 생기는 것'이다. '썩어도'와 '썩지 않는다'는 표면적으로는 서로 의미가 충돌되는 시어이므로 역설적 표현이며, 이는 젓갈이 발효되어 새로운 맛을 얻게 되는 특성을 표현한 구절이다.

　　　　　　　　　　　　　　　　　　　　　지식 +

• 역설법
• 표면적으로는 모순되거나 잘못된 표현 같지만 사실은 그 속에 어떤 진실이나 의미를 담고 있는 표현
　⑩ 이것은 소리 없는 아우성, 찬란한 슬픔의 봄
• 하나의 표현 안에 의미가 충돌되는 어휘가 함께 쓰임.
• 수식하는 말이 서로 모순된 관계에 놓여 있는 '모순 형용'도 역설적 표현의 하나임.
• 반어와의 구분
　－ 역설: 하나의 표현에 서로 의미가 충돌하거나 모순되는 어휘가 함께 쓰임.
　－ 반어: 표현과 실제 상황이 서로 상반됨.

3 〈전라도 젓갈〉은 미각을 중심으로 한 감각적 표현을, 〈보기〉는 청각을 중심으로 한 감각적 표현을 주로 활용하고 있다. 또한 〈전라도 젓갈〉에서는 '～의 맛', '은 맛(이다)'이라는 구절을, 〈보기〉에서는 '～ 소리'라는 구절을 반복해서 사용하고 있다.

4 전라도 젓갈은 고난과 시련과 역경을 오랜 시간 견디어 내고 이루게 되는 삶의 애환이 어린 맛을 상징한다.

🖋 **오답 뜯어보기** ① 단순히 자연 친화적인 삶의 태도를 이야기하고 있다고 보기 어려우며, 남도의 향토적 소재를 활용하고 있지만 삶의 애환과 그것을 이겨 내는 과정은 모든 사람들이 다 겪는 것이므로 도시인들이 알 수 없다고 단정 지을 수 없다.

② 삶의 과정에서 좌절과 한을 겪기는 하지만 그 좌절과 한을 겪고 한층 성숙하게 익어 가는 것이 젓갈의 맛이자 삶의 맛이라 할 수 있다.

④ 삶에서 겪은 고난과 시련 때문에 분노와 원망의 정서가 쌓여 이루어진 것이 젓갈의 맛이라고 보기 어렵다.

⑤ 어려운 시대 현실에 대한 내용이 구체적으로 드러나지 않으며, 초인적 존재에 대한 기다림의 정서, 의지의 정서는 보이지 않는다.

5 〈보기〉의 〈깊은 맛〉은 배추가 다섯 번을 죽어야 깊은 맛을 얻은 김치가 될 수 있다는 내용을 우리의 삶에 비유하여, 삶도 여러 번 고난을 겪고 익어야 깊은 맛을 지니게 된다고 말하고 있다. 따라서 고난을 겪고 익어 간다는 의미의 '곰삭은'이 가장 적절하다.

---

173 **산수유나무의 농사** _문태준　　　320~321쪽

키포인트 체크　노란 꽃, 그늘, 그늘, 농사, 인색

1 ④　　**2** ①　　**3** 사람들　　**4** 산수유나무 그늘은 다른 생명들을 배려하는 공간, 다른 생명에게 휴식을 제공하는 공간을 의미한다.

1 이 시는 자연물을 바라보는 참신한 발상이 돋보이는 시로, 농사의 주체가 나무가 될 수 있다는 인식 아래 다른 생명들에게 휴식의 공간을 베푸는 미덕을 지닌 산수유나무 그늘의 가치를 부각하고 있다. 이러한 내용은 ㉣에 집약되어 있는데, ㉣은 인간 중심적 사고에서 벗어나 나무를 농부로 보고, 나무의 그늘을 나무가 한 해 동안 열심히 농사지은 결과물로 참신하게 표현한 부분이다.

2 〈보기〉의 시는 상처투성이의 몸을 가지고 있지만 지나가는 길손을 위해 그늘을 드리워 주는 '고목'의 모습을 통해 화자가 바라는 바람직한 삶의 태도를 드러내고 있다는 점에서 이 시와 유사하다. 즉, 〈보기〉의 시는 자신도 고목처럼 다른 사람을 위해 희생하는 삶을 살고 싶다는 화자의 삶의 태도와 바람을, 이 시는 정성과 노력을 기울여 다른 사람에게 휴식을 주는 그늘을 만들어 내는 나무의 모습을 통해 바람직한 삶의 태도를 유추할 수 있게 한다.

🖋 **오답 뜯어보기** ② 생명력이 강한 나무의 모습은 〈보기〉의 시에 드러나지만, 그것이 민중의 강한 의지를 상징하는 것은 아니다.

③ 이 시는 산수유나무 그늘과 사람들의 속성을 대비하여 인간의 이기적이고 인색한 모습을 반성적으로 돌아보게 하지만, 〈보기〉는 인간의 이기적이고 인색한 모습을 반성하게 하는 부분은 엿볼 수 없다.

④ 〈보기〉에서 고단하고 힘든 삶을 살아온 고목의 모습이 드러나지만, 그것이 삶의 의지를 다지게 하지는 않는다.

⑤ 두 시 모두 계절의 순환에 따라 변화하는 나무의 모습이 드러나 있지 않다.

3 이 시는 산수유나무와 사람들의 속성을 대비하면서 시상을 전개한다. 산수유나무의 그늘은 땅에서 넓어지는 반면, 사람들의 마음의 그늘은 옥말려들고 있다. 이는 산수유나무의 그늘은 다른 생명들에게 휴식의 공간을 베푸는 미덕을 가지고 있지만, 사람들은 삶이 팍팍하고 메말라서 타인을 배려하는 덕을 갖지 못함을 드러낸다.

4 '산수유나무의 그늘'은 사람들이 쉬어 갈 수 있는 공간, 사람들에게 편안함을 제공하는 공간이다. 즉, '그늘'은 휴식, 쉼터, 편안함을 의미하며, 더 나아가 다른 생명들의 휴식을 허락하는 미덕, 다른 존재에 대한 배려의 의미까지 나타낸다.

---

174 **평상이 있는 국숫집** _문태준　　　322~323쪽

키포인트 체크　평상, 손님, 일상, 위로, 친근, 묘사

1 ②　　**2** ⑤　　**3** ④　　**4** '쯧쯧쯧쯧'은 짧지만 깊은 마음의 공감을 이루어 내어 진심으로 서로 소통하는 말이다.　　**5** 북적이면서 친근한 공간

1 이 시는 특별할 것 없는 소박한 식당의 평상에 사람들이 둘러앉은 풍경과 그 사람들이 주고받는 공감과 위로의 정서를 절제된 감정과 평이한 시어로 표현하고 있다.

2 이 시에 나타난 국숫집 평상에는 어렵고 힘든 사람과 다른 사람의 이야기를 듣고 그들의 아픔을 눈과 손으로 위로해 주는 사람이 모여 있다. 평상에 마주 앉은 사람들은 겸상한 사람들의 힘든 사연을 듣고 깊이 공감하며 위로를 해 주고 있으며, 다른 사람의 고난과 고통을 함께하고자 하는 남을 배려하는 태도를 보이고 있다. 따라서 국숫집 평상에 마주 앉은 사람들과 〈보기〉의 그녀는 모두 타인의 처지를 배려하는 모습을 보이고 있으므로 자신들의 행동을 반성하고 〈보기〉의 '그녀'의 태도를 본받아야 한다는 내용인 ⑤는 적절하지 않다.

✎**오답 뜯어보기** ① 소박하고 토속적이며 인정이 넘치는, 평상이 있는 국숫집은 이웃과의 위로와 공감을 통해 삶을 살아가고자 하는 삶의 태도가 투영된 공간이다.

②, ④ 〈보기〉에서 뼈가 굳어 가는 병에 걸려 마사지를 받으러 힘든 발걸음을 옮기는 그녀가 말조차 쉽게 하지 못해 손짓으로 상대방의 식사를 챙기는 모습에서 타인을 배려할 줄 아는 따뜻한 사람이라는 것을 알 수 있다.

③ 그녀가 상대방의 식사를 챙기는 모습과 국숫집 사람들이 힘든 사연을 말하는 사람들의 손을 잡고 위로의 눈빛을 보내면서 그들의 삶을 이해하고 공감하는 모습은 타인을 배려하고 이해하는 모습이라는 점에서 비슷한 행동으로 볼 수 있다.

3 ㉠, ㉡, ㉢, ㉤은 모두 친근함, 따뜻함, 푸근함 등이 느껴지는 시어이나 ㉣은 그렇지 않다. ㉣은 바쁘고 고된 일을 하는 공간으로 그려지고 있다.

4 이 시의 국숫집은 따뜻하고 인정이 넘치는 공간이다. 이 공간에서 만난 사람들은 평상에 앉아 서로의 서러운 이야기를 들어 주고 안타까워하며 '쯧쯧쯧쯧'이라는 감탄사를 내뱉는다. 이러한 과정에서 평상에 앉은 사람들은 마음의 공감을 이루며 진정으로 소통하고 정서적으로 하나가 된다. 이러한 모습은 호칭이 '사람들'에서 '우리'로 바뀌는 데서도 확인할 수 있다.

5 이 시에서는 평상이 있는 국숫집을 '삼거리 슈퍼'에 빗대어 표현하고 있다. 이는 '삼거리'라는 유동성이 많은 지리적 특성과 '슈퍼'라는 친근한 문화적 특성을 통해 '국숫집'이 사람들이 북적이면서 친근하고 반가운 곳임을 나타내 준다.

---

175 모진 소리 _황인숙

324~325쪽

[키포인트 체크] 모진 소리, 상처, 성찰

1 ③ **2** ⑤ **3** ⑤ **4** 늑골에 정을 친다 **5** ①

1 '모진 소리'에 대한 사색을 통하여 모진 소리가 사람들의 가슴에 깊은 상처를 남긴다는 깨달음을 이끌어 내고 있다.

✎**오답 뜯어보기** ① '모진 소리'에 대한 성찰은 있으나, '모진 소리'가 없는 세상에 대한 동경이나 소망의 태도는 보이지 않는다.

② '모진 소리'를 하는 세태에 대한 반성과 성찰은 있으나, 이를 '이기적인 세태'에 대한 비판이라고 보기는 어렵다.

④ 1연과 2연 모두 모진 소리가 주는 상처를 이야기하는 상황으로 이중적인 상황이라 할 수 없으며, 인간성의 모순을 이야기하고 있지도 않다.

⑤ 화자가 모진 소리를 통해 타인에게 상처를 주었던 경험을 되살려 반성하고 있으나, 과거에 가졌던 이상을 회상하고 있지는 않다.

2 화자가 상처받은 누군가의 마음을 생각해 보는 역지사지의 상황은 제시되어 있지만, 상반되는 상황은 제시되지 않았다.

✎**오답 뜯어보기** ① '가슴이 쩌엉한다 → 온몸이 쿡쿡 아파 온다'에서 알 수 있듯이 마음의 상처를 심화시켜 반복하는 시구 배치를 통하여 주제를 강조하고 있다.

② 모진 소리가 마음에 큰 상처를 주고, 삶 전반에까지 위태로움을 주는 아픔이 된다는 것을 '늑골에 정을 친다 / 쩌어엉 세상에 금이 간다'는 비유를 통해 표현하고 있다.

③ '쩌엉', '쩡', '쩌어엉' 등의 의성어, 즉 청각적인 시어가 반복적으로 제시되어 마음의 상처를 더욱 생생하게 드러내는 효과를 거두고 있다.

④ '쩌엉', '쩡', '쩌어엉' 등의 의성어를 바탕으로 한 청각적 심상을 통하여 모진 소리가 사람들에게 얼마나 상처가 되는지 그 영향을 감각적으로 형상화하였다.

3 '누군가'는 화자가 한 모진 소리를 들은 사람을 뜻한다.

4 '늑골에 정을 친다'는 화자의 뼛속까지 모진 소리로 인한 아픔이 느껴진다는 표현으로, 화자가 누군가에게 했을 모진 소리의 아픔을 화자가 직접 느끼면서 반성하고 있음을 드러낸다.

5 '모진 소리'의 문제점을 강조하고 있기는 하지만, 침묵하는 것이 더 가치 있다는 내용은 언급되지 않았다.

✎**오답 뜯어보기** ② 모진 소리가 그 소리를 듣고 상처받은 사람의 삶 전체에 상처를 줄 수 있음을, 또는 사람들 사이의 관계를 깨뜨릴 수 있음을 보여 주고 있으므로 그 파장이 크다는 것을 드러낸다고 할 수 있다.

③ 화자는 바로 앞 행에서 '늑골에 정을 친다'고 하여 화자 스스로 모진 소리의 아픔을 인식하고 있으며, 그 이후 모진 소리 때문에 '세상에 금이 간다'고 더 큰 영향을 이야기하고 있으므로 감정을 확장하여 표현했다고 볼 수 있다.

④ '쩌어엉'은 음성 상징어로서, 모진 소리로 인한 마음의 상처를 청각적 이미지를 통해 보다 생생하게 강조함으로써 상처를 주는 말이 얼마나 큰 아픔이 되는지 말의 영향력을 잘 표현하고 있다.

⑤ 모진 소리가 한 사람에게만 상처를 주는 것이 아니라 세상 전체에 영향을 준다는 표현을 통해서 말의 중요성을 일깨우고 있다.

◀ **지식** ➕

● **음성 상징어**
- 음의 성질이나 높낮이 또는 강약에 따라 다른 단어와 구별되는 어감이나 뜻을 나타내는 말. 예 소곤소곤/수군수군, 깡충깡충/껑충껑충
- 대표적으로 의성어와 의태어가 있음.
  의성어: 사람이나 사물의 소리를 흉내 낸 말
  의태어: 사람이나 사물의 모양이나 움직임을 흉내 낸 말
- 주로 생동감 있고 살아 있는 느낌을 부여하거나, 작품에서 분위기를 조성하거나, 반복되는 구조로 인한 음악성 또는 운율을 형성하는 데에 기여함.

176 신의 방 _ 김선우 326~327쪽

키포인트 체크 통시, 배변, 생명, 똥, 순환, 생태

1 ② **2** ④ **3** ④ **4** 통시는 자연 친화적이고 생태적인 가치관을, 변소는 편리성과 효율성 중심의 가치관을 대변한다. **5** ③

1 계속해서 이어지는 이야기체는 부드러운 느낌과 함께 화자가 강조하고 싶은 생명의 순환과 생태적인 가치를 자연스럽게 부각시키는 역할을 한다.

오답 뜯어보기 ① 처음부터 끝까지 부드러운 이야기체를 구사하고 있다.
③ 시간적 배경이 역순행적으로 제시되지 않는다.
④ 시선 이동이나 분위기의 전환은 드러나지 않는다.
⑤ 산문적 이야기체이므로 동일한 음보율은 이용되지 않았다.

2 '신이 거주하는 장소'와 '내 몸 속의 방'은 생명 활동이 이루어지는 공간이라는 점에서 유사한 관계로 볼 수 있다. 나머지 시어들의 관계는 대립적이다.

오답 뜯어보기 ① '통시'는 생태적인 가치관을, '변소'는 문명, 편리성의 가치관을 대변한다.
② '흙'은 자연적인 소재를, '시멘트'는 인공적인 소재를 의미한다.
③ '산 것들의 온기'는 남아 있는 생명력의 소중함을, '하찮은 것'은 남아 있는 생명의 기운을 소중하게 생각하지 않는 태도를 나타낸다.
⑤ '히늘 끼끼오 썹사람들'은 히늘의 섭리를 띠르는 사람들을, '나라의 높은 분'은 문명과 편리성을 지향하는 사람들을 의미한다.

3 〈보기〉는 풀여치가 화자의 옷 위에 앉게 되는 경험을 통해 내가 풀잎이 되어 풀여치의 숨결을 느끼게 되었다는 정서가 드러난다. 화자는 풀여치와 내가 공존하는 모습이 진정한 사랑이며 모든 살아 있는 것들이 마땅히 보여 주어야 할 모습이라고 생각한다. 〈신의 방〉에서도 자연 친화적이며 생태적인 가치관이 드러나므로 가장 적절한 공통점은 '인간과 자연의 공존'이라 할 수 있다.

4 '통시'는 생명의 순환이 이루어지는 생태적인 공간을 의미하며, '변소'는 효율성과 편리성, 위생 등의 이유로 개량된 공간을 의미한다.

5 '신이 거주하는 장소'는 생명의 순환 활동이 이루어지는 신성한 곳이라는 의미로, 이 시에서는 '통시'를 그러한 곳으로 인식하고 있다.

177 깨끗한 식사 _ 김선우 328~329쪽

키포인트 체크 존중, 생명, 상품, 비판, 안타까움

1 ④ **2** ④ **3** '식사'에 올려진 음식을 '생명'이 아닌, '시장'에서 '상품'으로 '화폐'와 교환할 수 있는 대상으로 인식하는 자본주의의 논리를 대변하는 시어로 볼 수 있다. **4** ②

1 이 작품의 화자는 음식의 근원을 이루는 생명에 대한 존중 없이 음식을 물질적 가치로만 평가하는 자본주의 논리에 대한 비판적 태도를 보이면서, 생명 존중의 태도로 음식을 대하던 전통적 사고방식에 대한 지향

을 드러내고 있다.

오답 뜯어보기 ① 시적 화자가 현실을 부정적으로 인식하고 있는 것은 사실이나, 이를 극복하기 위해 의지를 표명하고 있는 것은 아니다.
② 통념을 반박하는 개성적 시각이 구체화된 부분은 찾아볼 수 없다.
③ 시적 화자에게 현상은 부정적 인식의 대상으로, 이를 유지하기 위한 희생의 필요성에 대한 공감은 찾아볼 수 없다.
⑤ 화자는 '식물'과 '동물'에 대해서 동등한 가치를 지닌 것으로 존중해야 한다는 시각을 제시하고 있다. 화자가 이 시에 제시된 대상들 간의 가치를 비교하고 그 우열을 따지고 있다고 보기는 어렵다.

2 화자의 입장에서 '떨림'과 '기도'가 사라진 세상은 희생되는 생명에 대한 연민을 더 이상 갖지 않는 자본주의 체제와 동일시된다. 이러한 연민은 현대에 들어 더 이상 '없는' 것으로 인식되므로, 이것이 물질적 가치로 환산되고 있다고 보는 설명은 적절하지 않다.

오답 뜯어보기 ① 자신의 생명을 유지하기 위해 다른 생명을 빼앗는 것은 〈보기〉에서 언급된 생태계의 삶과 죽음의 순환론적 구조와 관련지어 이해할 수 있다.
② 식물에게서 '핏물'과 '욕망'과 같은 동물성을 발견하고 식물과 동물, 나아가 인간을 동등한 존재로 생각하는 과정에서 인식의 확장이 드러나고 있다.
③ 희생되는 생명에 대한 경외심과 함께 그 생명에 가해지는 폭력에 대한 죄의식은 '두려움', '떨림', '기도'와 같은 시어로 표현되고 있다.
⑤ '남김없이 고맙게, 두렵게 잡숫는 법'은 앞 연의 '떨림', '기도'와 연결되어 우리 조상들이 지녔던 생명에 대한 경외심과 고마움, 미안함의 감정을 표현한 시구라 볼 수 있다.

● **생태주의 문학** 〈 지식 + 〉
인간을 생태계의 일부로 보아 인간과 다른 생태계 내 생물들이 동등하게 존중되어야 한다는 생태주의에 기반한 문학을 말한다. 근대 이후 자본주의 문명에 대한 반성을 토대로 인간 중심주의적 사고방식을 비판하면서, 모든 생명체가 고유한 권리를 가지고 있다는 태도를 보인다. 문학 작품에서는 주로 인간과 다른 생명들 모두 동등하게 존중받을 가치가 있는 존재라는 주제 의식을 구현하면서, 자연과의 조화를 지향하는 경향을 보여 왔다.

----

3 '시장', '상품과 화폐'는 현대 사회를 지배하는 자본주의의 논리를 드러내는 시어이다. 이들은 물질적 가치를 중심으로 대상을 평가하면서, 동식물과 같은 다른 생명체를 인간의 영양분 섭취를 위한 수단으로 본다. 자본주의 체제에서 '음식=생명'은 '시장'에서 '화폐'로 구입 가능한 '상품'에 불과하며, 이렇게 마련된 음식은 '생명'에서 출발했다는 본원적 의미 대신에 인간에게 주는 효용을 기준으로 평가받게 된다.

4 2연의 '떨림'은 2연에서 할아버지의 '기도'와 유사한 시어로 쓰였으며, 이는 3연에서 다시 '머리 가죽부터 한 터럭 뿌리까지 남김없이 고맙게, 두렵게 잡숫는 법'이라는 구절로 재진술되고 있다. 이들 시구는 생명에 대한 경외심과 고마움, 미안함을 두루 포괄하는 의미로 사용되었다.

오답 뜯어보기 ① 식물에서 발견할 수 있는 동물적 속성으로, 식물이 동물과 동등한 가치를 지닌 생명체라는 인식에 대한 근거이다.
③ '기도' 및 '떨림'과 대조되는, 감사와 경외심을 잊은 행동을 의미한다.
④ 음식을 위해 희생되는 생물의 생명을 가리킨다.
⑤ '접시'는 '내 올라앉은 육중한'이라는 수식 어구와 관련지어 경외심과 고마움이 결여된 인간의 탐욕스러운 식사를 의미한다.

178 흙_문정희

330~331쪽

키포인트 체크 흙, 이름, 귀의처, 달덩이, 모성

1 ① **2** 달덩이, 곡식 **3** ⑤ **4** ③ **5** 눈물 냄새가 차오르고

1 이 시에서는 설의적 표현이 쓰이지 않았다.

오답 뜯어보기 ② '그', '그의 가슴' 등으로 볼 때 흙을 의인화하여 친근 감 있게 표현하였음을 알 수 있다.

③ 흙의 속성을 노래하고 있으면서, '흙은 생명의 태반이며 ~ 나는 모른다'라고 표현한 것은 반어적 표현에 해당한다.

④ '~ 불러 보라'라는 명령형의 문장을 통해 화자가 흙으로부터 받은 감흥을 독자와 공유해 보려 하고 있다.

⑤ '흙 흙 흙'을 불렀을 때의 소리에서 느껴지는 감흥을 활용하여 흙의 속성을 노래하고 있다.

2 도공은 흙을 주물러서 '달덩이'를 만들고, 농부는 흙에 씨앗을 뿌려 '곡식'을 생산한다. '달덩이'와 '곡식'은 모두 흙의 모성성을 형상화한 대상에 해당한다.

3 ㉠에는 '흙 흙 흙' 하고 불러 보면 마치 울음소리인 [흑 흑 흑]처럼 들린다는 점이 시적 발상으로 작용하고 있다. 박성룡의 〈풀잎〉에서 대상을 지칭하는 말의 발음에서 오는 느낌을 표현했다는 점에서 이와 유사하다.

오답 뜯어보기 ① 천양희의 〈한 아이〉에서는 어린아이들의 모습을 물총새에 빗대어 표현하였다.

② 강은교의 〈물길의 소리〉에서는 청각적 심상과 대구법을 활용하여 물길의 소리를 표현하였다.

③ 나희덕의 〈엘리베이터〉에서는 엘리베이터를 모판에 빗대어 표현하였다.

④ 곽재구의 〈전장포 아리랑〉에서는 실제 섬들의 이름을 나열하면서 그 섬들을 '눈물방울'에 빗대어 표현하였다.

4 ㉡에는 씨앗을 뿌려 곡식을 얻는 과정에 흙의 노고가 담겨 있다는, 흙에 대한 고마움이 담겨 있다.

5 '눈물 냄새가 차오르고'에는 시각적 요소인 '눈물'을 '눈물 냄새'와 같이 후각화하여 표현한 후에, 다시 '차오르고'와 같이 시각화하여 표현한 공감각적 심상이 쓰였다.

179 율포의 기억_문정희

332~333쪽

키포인트 체크 어머니, 경건한, 뻘밭

1 ⑤ **2** ⑤ **3** ③ **4** 먹이를 건지는 어부의 손에 원시적 공간인 바다를 대하는 근원적 슬픔과 그 안의 생명체를 건지는 데 대한 경건한 태도가 담겨 있다는 의미이다. **5** ④

1 이 시에서 반어적 표현을 사용하고 있는 부분은 찾을 수 없다.

오답 뜯어보기 ① 뻘밭을 맨살에 비유하고, 어부를 성자에 비유하는 등의 비유적 표현을 활용하고 있다.

② 8, 9, 10행에서 의문형 어투를 사용하여 생명체를 대하는 겸허한 자세를 강조하고 있다.

③ 1, 2행의 시구가 11, 12행에 반복되고 있다.

④ '푸른 물', '검은 뻘밭' 등에서 색채 이미지를 활용하고 있다.

2 이 시에서 '뻘밭'은 근원적 생명의 공간으로 볼 수 있다. 그래서 화자는 그 속에 존재하는 것을 대할 때에 경건한 태도로 임해야 한다고 생각하고 있다.

3 [A]의 내용은 [B]에서 반복되고 있다. 하지만 동일한 내용이 반복되는 것이 아니라 '소금기 많은 푸른 물'에서 '무위한 해조음'으로 변주되어 시적 구조의 안정성과 동시에 변화를 만들고 있다.

오답 뜯어보기 ① [A]와 [B] 모두 역설적 표현은 나타나 있지 않다.

② [A]와 [B] 모두 정확한 시간은 제시하지 않았다.

④ [A]에서 시작된 시상의 흐름이 [B]에서 급격하게 전환되는 것은 아니다.

⑤ [A]는 시각적 이미지를 통해, [B]는 청각적 이미지를 통해 시적 상황의 역동성을 만들고 있다.

4 '슬프고 경건한 손'에는 역설적 사고가 담겨 있다. 이는 어부의 삶에 대한 화자의 평가라고 할 수 있다. 화자는 먹이를 건지는 어부의 손에서 바다를 대하는 근원적 슬픔을 떠올리고 있다. 동시에 화자는 바다에서 생명체를 건지는 어부의 손에서 일종의 경건함을 떠올리고 있다.

5 힘차고 긍정적 이미지는 ⓐ가 아니라 퍼덕거리는 것들, 숨 쉬고 사는 것들을 볼 수 있는 ⓑ에서 찾을 수 있다.

오답 뜯어보기 ① ⓐ와 ⓑ는 결국 유사한 공간으로 볼 수 있다.

② 밀물과 썰물에 따라 ⓐ는 ⓑ의 공간으로, ⓑ는 ⓐ의 공간으로 바뀔 수 있다.

③ ⓐ는 보통 사람들이 관심을 갖는 공간으로 볼 수 있고, ⓑ는 어머니가 중요하게 인식하는 공간으로 생명력과 생명을 대하는 경건한 태도를 느낄 수 있는 공간으로 볼 수 있다.

⑤ 어머니는 ⓑ의 공간에 있는 퍼덕거리고 숨 쉬는 것들에 주목하고 있다. 따라서 ⓑ는 ⓐ와 달리 왕성한 생명력을 확인하는 공간이다.

180 의자_이정록

334~335쪽

키포인트 체크 병원, 어머니, 허리, 의자, 포용력, 배려심

1 ① **2** ③ **3** 허리가 아프니까 **4** ⑤ **5** 가족 모두 서로 편하게 의지할 수 있도록 화목하게 지내거라.

1 이 시는 화자의 어머니가 화자에게 건네는 말을 중심으로 시상을 전개하고 있으며, 어머니의 말을 통해 서로 배려하고 의지하며 살아가는 삶의 중요성을 형상화하고 있다.

오답 뜯어보기 ② 과거와 현재를 대비하는 내용은 찾아볼 수 없다.

③ '그래도 큰애 ~ 의자 아녔냐'에 설의적 표현이 쓰이기는 하였지만, 화자의 강한 의지를 표출하는 것과는 관련이 없다.

④ '주말엔', '이따가' 등은 시간과 관련된 표지라고 볼 수 있지만, 시의 긴박한 분위기를 조성하는 것과는 관련이 없다.

⑤ 꽃받침이나 아들을 '의자'에 빗대어 표현하고는 있지만, 이를 통해

화자의 내면을 구체적으로 형상화한 것으로 볼 수 없다.

2 화자가 아버지에게 좋은 의자였다는 데서 생전의 아버지가 화자를 믿고 의지했음을 짐작할 수 있다.

오답 뜯어보기 ① '세상이 다 의자로 보'인다는 어머니의 말은 오랜 삶의 경험에서 얻은 통찰과 관련지어 이해할 수 있다.

② 생전의 남편에게 '좋은 의자'였던 '큰애'에게 '아버지 산소 좀 다녀'오라고 하는 것은 〈보기〉에서 언급한 것처럼 죽은 남편에게까지 배려심을 보이는 행위라고 볼 수 있다.

④ '지푸라기'와 '똬리'는 '의자'와 같은 의미로 쓰였으며, '호박에 똬리'를 받치는 것은 곧 〈보기〉에서 언급한 것처럼 자연물에까지 포용력과 배려심을 보이는 행위라고 볼 수 있다.

⑤ '결혼하고 애 낳고 사는 게 별거냐'라는 말은, 삶이란 서로 의지하고 기대며 살아가는 것이라는 어머니의 인식에 바탕을 둔 말이다. 이는 〈보기〉에서 어머니가 자식에게 전해 줄 세상살이의 이치와 연결된다.

3 화자의 어머니는 허리가 아픈 경험을 계기로 하여 세상의 모든 것이 다 의자로 보인다고 말씀하시며 서로 배려하고 의지하며 살아가는 삶의 중요성을 화자에게 전달하고 있다. 그 계기가 단적으로 나타난 부분은 '허리가 아프니까'이다.

4 어머니는 사람뿐만 아니라 자연물에까지 포용력과 배려심을 보이고 있으며, 산다는 것은 서로가 서로에게 위안이자 의지가 되는 의자가 되어 주는 것이라는 인생관을 지니고 있다.

오답 뜯어보기 ① 과거에 지나치게 집착하는 삶을 경계하는 말이다.

② 단지 숨만 쉬는 수동적인 삶이 아니라 행동으로 옮기는 능동적인 삶을 강조한 말이다.

③ 누군가에게 의지하려 하기보다는 스스로의 힘으로 살아가는 삶의 자세를 강조한 말이다.

④ 누군가로부터 받은 은혜를 잊지 말아야 하며, 어떤 대가를 바라고 은혜를 베풀려 해서는 안 된다는 교훈을 담고 있는 말이다.

5 ㉠은 의자는 허리가 아플 때 휴식을 제공하는 쉴 만한 자리이며, 싸우지 말고 서로에게 의자가 되라는 당부의 말이다. 서로에게 의자가 된다는 것은 서로 의지하며 기대어 살아가는 삶을 의미한다.

---

181 원어_하종오

336~337쪽

키포인트 체크 관찰자, 열차(기차), 반성

1 ④ **2** ③ **3** ④ **4** 두 여인에게 친근감을 느끼게 한다. 또한 이미 이들이 한국 사회의 구성원으로 살아가고 있음을 보여 준다. **5** 한국에서 살아가는 다문화 가족을 이방인으로 대하는 배타적 태도

1 이 시는 시적 화자가 고향 가는 열차를 타고 가며 만나게 된 동남아 출신 결혼 이주 여성들의 이야기를 차분하고 평이하게 서술하고 있다. '동남아인 두 여인'을 관찰하는 시적 화자의 인식이 변화하는 모습은 드러나지만 청자가 설정되어 있지는 않다.

오답 뜯어보기 ① 다인종, 다문화 가족이 증가하는 우리 사회의 모습을 담고 있다.

② 화자는 자신이 경험한 상황을 차분하고 평이한 시어로 진술하고 있

다.

③ 이 시의 화자는 관찰자의 시점에서 '두 여인'에 대한 이야기를 하고 있다.

⑤ 청각적 이미지인 두 여인의 '말소리'가 계기가 되어 시상이 전개되고 있다.

2 [A]와 [B]의 공간은 모두 고향 가는 열차 안이며, 시상의 전환 없이 화자는 동남아인 두 여인에게 지속적인 관심과 호기심을 보이고 있다. 공간의 변화는 드러나지 않는다.

오답 뜯어보기 ① 화자는 동남아인 두 여인의 말소리에 귀를 기울이고 그들의 아기들을 관찰하면서 호기심을 보이고 있다.

② '산그늘 깊었다'라는 표현을 통해 낯선 타국에서 살아가는 두 여인의 고단한 삶을 드러내고 화자의 연민의 감정을 '산그늘'을 통해 간접적으로 나타내고 있다.

④ 이 시는 열차에서 우연히 본 동남아 여인들을 호기심 어린 시선으로 관찰하던 화자가 그들도 우리 공동체의 일원임을 깨닫는 내용을 담은 작품이다. 특히 '내가 왜 공연히 호기심 가지는가'를 통해 차별적 시선에서 비롯된 호기심에 대해 자각하고 화자 자신의 행동을 반성하는 인식의 변화가 나타난다.

⑤ 잠꼬대를 할 때는 모국어(원어), 아기를 달랠 때는 경상도 사투리를 사용하는 모습은 이들의 정체성의 혼란을 암시한다. 한편으로는 이미 이들이 한국 사회의 구성원으로 살아가고 있고 우리와 다르지 않음을 보여 준다.

3 이 시에 등장하는 깊은 '산그늘'은 두 여인을 바라보는 시적 화자의 격정과 연민 등의 복합적 감정들이 투영된 객관적 상관물이다.

4 이방인처럼 느껴지는 결혼 이주 여성들이 우리에게 익숙한 사투리를 사용하는 모습을 묘사함으로써, 독자가 이들에게 친근감을 느끼게 하고 이미 이들이 한국 사회의 구성원으로 살아가고 있다는 동질성을 보여 주고 있다.

5 동남아인 두 여인을 슬쩍 곁눈질하는 화자의 모습은 다문화 가족을 대하는 우리 모두의 모습을 반영하고 있다. 즉, 이 시의 시인은 다인종, 다문화 가족을 차별적으로 대하는 한국 사회와 이들이 겪는 어려움을 이 시를 통해 드러내고자 한 것이다.

---

182 푸른곰팡이 – 산책 시 1_이문재

338~339쪽

키포인트 체크 산책, 우체국, 사나흘, 발효, 기다림(그리움), 우체통

1 ④ **2** ⑤ **3** 사람과 사람 사이의 관계가 깊어지고 성숙해지는 시간을 의미한다. **4** ⑤

1 상반된 의미를 가진 시어를 대비하여 나타낸 구절은 찾아볼 수 없다.

오답 뜯어보기 ① '푸른 강', '빨간색' 등의 색채어를 사용하여 각 대상이 지닌 의미를 강조하였다.

② '있었습니다', '했지요', '시간이었댔습니다' 등과 같이 상대 높임 표현을 사용하여 진실성과 친근감을 느끼게 하였다.

③ 2연에서 '사람들에게'는 행간 걸침에 의한 표현으로 다음 행의 시작인 '경고'라는 시어를 강조하는 효과를 준다.

⑤ '시간이었댔습니다'에는 선어말 어미 '-었었-'을 사용하여 현재와의 단절의 의미를 더해 주고 있다.

2 '우체국'은 '편지'와 관련 있는 공간으로 느림과 기다림, 그리움, 설렘 등의 가치를 떠올리게 하는 공간이다.

 ✎오답 풀어보기 ① '산책'은 자동차나 대중교통과 같은 이동 수단에 의존하지 않고 상대적으로 느리게 이동하는 것이므로, 도시적 삶의 빠른 리듬에 지배되는 것을 거부하는 행위로 볼 수 있다.
② 편지가 가는 데 걸리는 사나흘의 시간을 발효의 시간이라고 하였으며, 사람과 사람 사이에 생명력을 의미하는 푸른 강을 흐르게 했다고 하였다. 이는 곧 〈보기〉의 '인간적인 만남'과 관련된다.
③ 강의 푸른색은 생명성과 관련이 있으며, 이는 〈보기〉의 '반생명적인 도시'의 이미지와 대조를 이룬다고 볼 수 있다.
④ '그대'와의 이별도 '우리가 잃어버린 소중한 것' 중의 하나로 볼 수 있다. 이는 〈보기〉의 '속도에 의해 단절되었던 인간적인 만남'과 관련되며, 속도에 쫓겨 살아가는 현대 도시인들의 삶을 단적으로 보여 준다.

3 '발효의 시간'은 편지가 배달되기까지 걸리는 사나흘의 시간을 가리키며, 이는 사람과 사람 사이의 관계가 무르익어 가는 시간으로 볼 수 있다.

───────── ◀ 지식 ➕

• '발효의 시간'에 대한 손택수 시인의 해설
몇 초면 될 것을 사나흘이나 기다리다니! 편지 한 통을 위해 우체국까지 걸어가는 수고로 시간 낭비를 하다니! 하지만 이 더디고 더딘 시간이 우리를 설레게 한다. 오직 한 사람만을 향해 열린 간절함이 너와 나 사이에 푸른 강을 흐르게 한다.
너와 내가 경계를 허물고 화학 반응을 일으키는 발효의 시간이란 기다림과 그리움이 효소로 익어 가는 관계의 시간이다. 관계는 공간에 틈을 벌리고, 시간에 뜸을 들일 때 생겨난다. '틈과 뜸'이 있어야 꿈이 익어 가는 것이다. 산책은 '틈과 뜸'의 다른 이름이다. – 한국일보(2008.08.19.)

4 바쁜 일상에 쫓기듯 살고 있는 현대인들에게 보내는 빨간 우체통의 경고는 느림과 기다림의 가치와 여유를 회복하라는 내용이라고 추측할 수 있다.

───────────────────────────

183 나도 그들처럼 _ 백무산 `340~341쪽`

키포인트 체크 사고, 말, 합리적, 난해, 심오, 지향

1 ⑤ **2** ④ **3** ④ **4** 도치법과 반복법, 이를 통해 운율을 형성하고, 현재의 상황이 과거와 단절되었음을 강조하고 있다. **5** ⑤

1 화자가 추구하는 자연은 '바람, 비, 별, 숲' 등의 순우리말을 주로 써서 표현하였으며, 인간이 자연을 대하는 방식은 '계산, 측량, 해석, 부동산, 시계' 등의 한자어를 활용하여 표현하였다. 이러한 대비에서 순우리말을 통해 화자가 지향하는 바를 제시하였다.

2 1연부터 5연까지는 인간이 자연을 분석하고 계산하면서 자연의 말을 이해할 수 없게 되었음을 반복하여 인간과 자연이 소통할 수 없게 된 상황을 표현하였다. 또한 문장의 순서를 바꾸어 배치하여 긴장감과 리듬감을 주고 자연과 말이 통하지 않게 된 상황을 강조하여 표현하였다.

3 말은 의사소통의 수단이다. 이 시에서 화자가 계산·측량·해석되며 부

동산이나 시계가 되기 전에는 바람, 비, 별, 대지, 숲의 말을 알아듣고 이해할 수 있었으나, 현재는 자연의 말이 난해하여 알아들을 수 없게 되었다.

 ✎오답 풀어보기 ① 현재에는 이해하기 어렵게 되었으나, 과거에도 존재했고 현재에도 존재한다.
② 화자와 자연과의 관계를 성찰할 수 있는 소재로 작용한다.
③ 말이 통하지 않는 상황을 통해 인류가 처한 상황을 이해할 수는 있으나 말 자체가 모순과 부조리가 담겨 있는 현실이라고 이해하기는 어렵다.
⑤ 과거와 현재 모두 중요하게 여기고 있으나 현재에는 과거와 달리 말이 통하지 않는 상황이다.

4 이 작품에는 두 가지 상황이 표현되었다. 1~5연에서는 과거 화자가 자연의 말을 이해할 수 있었던 상황, 6~8연에서는 그 후에 화자가 그들의 말을 이해할 수 없게 된 상황을 표현하였다. 화자는 1~5연에서 유사한 문장 구조의 반복과 도치를 통해 과거에는 자연과 소통할 수 있었으나 현재에는 소통이 불가능해졌음을 강조하고 있다. 또 반복으로 운율감을 형성하고 있다.

5 화자는 합리적이고 이성적인 사고방식으로 자연과 멀어져 말이 통하지 않게 된 상황에서 과거에 자연의 말을 알아듣고 자연과 통할 수 있었던 시기를 그리워하고 있다. 계산되고 측량되지 않은 그 시기의 자아와 타자를 '소용돌이'로 표현하며, 그 시절을 긍정적으로 바라보고 있다.

───────── ◀ 지식 ➕

• 화자의 태도
– 회의적: 어떤 대상에 대하여 믿고 따르려는 태도가 아니라 의심하면서 믿지 않는 태도
– 냉소적: 마음에 들지 않는 대상에게 쌀쌀한 태도로 업신여기어 대상을 비웃는 태도
– 달관적: 세상의 근심, 걱정 등에서 벗어나 사소한 사물이나 일에 얽매이지 않고 초월한 자세를 보이는 태도
– 도피적: 어려운 상황이나 문제를 해결하는 대신, 그 문제를 피하여 도망가는 모습을 보이는 태도

───────────────────────────

184 가을밤 _ 오창렬 `342~343쪽`

키포인트 체크 낙엽, 쾅, 슬픔

1 ③ **2** ① **3** ① **4** 네가 문 그렇닫지만 않았어도 **5** ④

1 낙엽을 활용하여 '너'의 행동으로 인해 상처를 받은 화자의 슬픈 정서를 제시하고 있다.

 ✎오답 풀어보기 ① 화자는 대상과 일정한 거리를 유지하지 않고 대상의 고통에 깊이 공감하는 모습을 보인다.
② 대상의 고통만 제시되었고, 그 고통을 극복하거나 새로운 대안을 간절히 염원하는 내용은 나타나 있지 않다.
④ '너'로 인한 슬픔이라는 부정적인 상황은 나타나 있지만, 이를 비판적으로 바라보는 시각은 나타나 있지 않다.
⑤ 시적 대상이 겪은 일은 나타나 있지만, 이를 통해 존재의 의미를 추구하는 내용은 나타나 있지 않다.

정답과 해설

◀ 지식 ➕
● 관조적인 태도

어떤 상황이나 사건, 대상에 대해 거리를 두고 바라보면서 차분한 마음으로 그 의미나 본질을 추구하는 태도를 관조적 태도라고 한다.
---

2 네가 문을 '쾅' 그려닫음으로써 낙엽은 밤새 구겨지고 마당귀로 몰리며 훌쩍이고 가슴이 통째로 마르는 등 매우 고통스럽고 슬퍼하는 모습을 보이고 있다.

3 이 시에는 반어적 표현이 사용되지 않았다.

〔오답 뜯어보기〕 ② '쿵'과 '부스럭부스럭'이라는 음성 상징어를 활용하여 네가 문 닫은 소리가 매우 컸으며 낙엽이 받은 상처 또한 매우 컸음을 효과적으로 표현하였다.

③ '~라고 치자', '~을 것이다'와 같은 문장 구조를 반복하여 운율을 형성하고 있다.

④ 낙엽이 지는 가을의 느낌과 상처받은 화자의 마음이 잘 어우러져 시적 분위기를 형성한다.

⑤ 낙엽을 의인화하여 낙엽의 마음을 효과적으로 표현하였다.

4 네가 모질게 한 행동이 원인이 되어 낙엽은 상처를 받고 가슴이 통째로 마르게 되었다.

5 바람이 불었다고 치거나 쌀쌀해졌다고 치더라도 네가 문을 그려닫지 않았으면 낙엽이 구겨지지 않았을 것이라는 내용으로 보아, 낙엽이 겪는 슬픔들의 원인은 계절적 배경이 아니라 너의 행동임을 파악할 수 있다. [A]는 이와 같은 내용을 강조하기 위한 가정이다.

〔오답 뜯어보기〕 ① 가을이 깊어가는 자연의 변화를 통해 '나'의 슬픔을 드러낸다.

② '치자'를 통해 깊어가는 가을을 가정하였고, 이어지는 내용과 연결하면서 '나'의 정서를 애상적으로 표현하고 있다.

③ 이어지는 내용을 보면 낙엽이 구겨지고 마른 것은 계절 때문이 아니라 '너'의 행동 때문이다.

⑤ 화자가 느끼는 정서의 원인은 '너'의 행동이다.

---

185 글로벌 블루스 2009_ 허수경   344~345쪽

〔키포인트 체크〕 고향, 국적, 고독

1 ⑤   **2** ④   **3** ⑤   **4** 여권을 신분증으로 하고 있는 타지인임을 인식하고 있음을 보여 준다.

1 이 시에서는 '레시피, 블루스, 패스포트, 글로벌' 등 외국어와 외래어가 사용되어 이국적인 분위기가 형성되고 있다.

2 화자는 세계 각국에서 난 다양한 재료를 활용하여 하나의 요리를 만들고 있다. 이를 통해 외국에서 살아가는 화자의 처지를 떠올릴 수 있다.

〔오답 뜯어보기〕 ① 재료는 모두 다양한 나라의 산물이다. 그러나 재료 간에 빈부의 격차를 나타내는 내용은 나타나 있지 않다.

⑤ 화자가 자국의 것을 부끄러워하거나 외국의 것들을 부러워하는 내용은 나타나 있지 않다.

3 '자발적인 유배였으며'에서는 화자가 어쩔 수 없이 타국으로 온 것이 아니라, 자신의 의지로 지금 거주하고 있는 곳에 왔다는 것을 알 수 있다.

4 화자는 타국에서 살고 있으므로 정해진 기간마다 여권을 갱신해야 하는 처지이다. 따라서 '패스포트'는 화자가 타지인임을 드러내는 소재이며, ㉠에서는 화자가 여권을 신분증으로 하고 있는 타지인임을 인식하고 있음을 알 수 있다.

---

186 자동문 앞에서_ 유하   346~347쪽

〔키포인트 체크〕 편리함, 자동문, 손, 현대인, 키위 새

1 ④   **2** ③   **3** ⑤   **4** 날름날름, 스르르, 멀뚱멀뚱, 키위 키위 등이 있으며 상황을 더욱 생동감 넘치게 만들고 있다.   **5** ⑤

1 과거와 현재의 대비는 나타나 있지 않으며, 미래 역시 비관적으로 바라보며 경고하고 있다.

〔오답 뜯어보기〕 ① '스르르 열리고', '스르르 들어가고' 등에서 찾아볼 수 있다.

② 15~17행의 '그, / 어떤, / 문 앞에서는'에서 찾아볼 수 있다.

③ '전자 감응 장치의 ~ 핥는다'에서 의인법을 사용하고 있으며 이를 통해 기계 문명을 생동감 있게 표현하고 있다.

⑤ 자동문으로 인해 손이 퇴화되어 가는 현대인의 모습을 날개가 퇴화된 키위 새로 비유하고 있다.

2 ㄱ. '전자 감응 장치의 음흉한 혀끝' 등에서 기계 문명을 의인화한 표현을 찾을 수 있다.

ㄹ. '우리의 몸을 핥는다 순간 / 스르르'에서 행간 걸침이 나타난다.

3 〈보기〉는 키위 새의 생태에 대해서 설명하고 있는데, 키위 새가 천적이 없어 날지 않음에 따라 날개를 사용하지 않게 되어 퇴화하였고, 이로 인해 새로운 포유류가 나타났을 때 적절히 대처하지 못해 멸종의 위기에 놓여 있음을 설명하고 있다. 이는 곧 현대인과 연관되며, 현대인이 편리함만을 추구해 손의 퇴화가 이루어지면 정작 필요한 순간에는 그에 대해 대처하지 못할 수 있음을 말하고자 하였다.

4 음성 상징어는 소리, 동작, 형태를 모사하는 단어로 '날름날름', '스르르', '멀뚱멀뚱', '키위 키위'가 여기에 해당한다. 이러한 음성 상징어를 사용하면 상황을 보다 생동감 있고 감각적으로 표현할 수 있으며, 운율을 형성하기도 한다.

5 ㉠은 '키위 새'에 현대인을 빗댄 표현이다. ㉠에서의 현대인은 현대 문명에 익숙해져 마침내 두 손을 잃은 존재로, 두 손이 없어 두 손으로 힘겹게 열어야 하는 문 앞에서는 아무것도 할 수가 없다. 이는 마치 키위 새가 하늘을 쳐다보면서도 날개가 없어 날지 못하는 것과 유사하다.

187 별 닦는 나무_공광규 348~349쪽

키포인트 체크 당신, 별, 은행나무, 헌신적

1 ③ **2** ① **3** ⑤ **4** 나도 별 닦는 나무가 되고 싶은데

1 이 시에서는 자연과 인간의 대립은 나타나 있지 않으며, 자연에 대한 예찬적인 태도 또한 없다.

오답 뜯어보기 ① '은행나무', '별', '당신' 등의 시어를 반복하여 화자의 소망을 강조하고 있다.

② 은행나무가 별을 열심히 닦는다는 표현을 통해 은행나무를 의인화하고 있다.

④ '별', '순금빛' 등과 같은 밝고 환한 이미지를 사용하고 있다.

⑤ 화자 자신을 '은행나무'에, '당신'을 '별'에 비유함으로써 '당신'을 향한 화자의 마음을 드러내고 있다.

2 이 시의 화자는 은행나무를 바라보며 당신을 떠올리고, 그런 당신에게 헌신적인 사랑을 하고 싶은 소망을 이야기하고 있다.

3 〈보기〉는 '물살', '고사리순', '산' 등과 같은 자연물을 바라보며 느낀 감흥을 노래하고 있다. 특히 자연물이 '한 몸되어 흐르는' 것을 통해 자연물 사이의 교감을 드러내고 있다. 이 시 역시 은행나무가 '비와 바람과 햇빛을 쥐고', '열심히 별을 닦는' 자연물의 교감이 드러나 있다.

오답 뜯어보기 ① 이 시는 '별'로 비유된 당신에 대한 사랑을 통해 헌신적인 사랑의 태도를 노래하고 있으며, 〈보기〉는 자연물의 모습을 통해 하나되는 사랑의 태도를 노래하고 있다.

② 이 시는 '나무', '별' 등의 시어가 반복되고 있으며, 1연의 2행과 5연의 2행에서 문장 구조가 반복되어 나타나고 있다. 〈보기〉는 '물살', '좀 봐' 등의 시어가 반복되고 있으며, 1연의 2행과 2연의 2행, '~ 좀 봐' 등에서 문장 구조가 반복되어 나타나고 있다.

③ 이 시에서는 '순금빛', 〈보기〉에서는 '연분홍'으로 색채를 드러내는 시어를 사용하여 대상을 묘사하고 있다.

④ 〈보기〉는 자연물들이 보여 주는 교감에 대해 화자가 감동하고 있는 것만을 나타내고 있는 반면에, 이 시는 은행나무를 바라보며 생긴 정서를 당신을 향한 헌신적인 사랑의 소망으로 발전시켜 노래하고 있다.

4 이 시는 자연물과의 교감을 노래하면서 이를 인간의 교감으로 바꾸고 있다. 이러한 전환이 일어나는 행은 '나도 별 닦는 나무가 되고 싶은데'로, 별 닦는 나무인 은행나무가 되고 싶은 '나'를 제시하며 은행나무와 별의 관계를 화자와 '당신'의 관계로 바꾸고 있다.

---

1 화자가 성장하던 때에는 '고향집 앞 느티나무'가 작게 보였으나, 늙고 병들어 다시 보았을 때에는 어린 시절과 같이 크게 보이게 되었다. 이를 통해 동일한 대상에 대한 인식 변화와 이에 대한 반응을 알 수 있다.

오답 뜯어보기 ① 섬세한 어조는 나타나지만 늙음에 대해 슬퍼하거나 가슴 아파하는 애상적 분위기는 나타나지 않는다.

③ 화자의 주관적인 시선에 따른 대상의 크기 변화는 드러나지만 느티나무의 외양 변화는 묘사되어 있지 않다.

④ 인생의 깨달음이 고백적인 어조를 통해 나타나며 감탄형 어미의 활용과 같은 영탄적 어조는 확인할 수 없다.

⑤ '생각했다', '서러워하지 않았다'와 같이 각 연의 과거 시제 종결이 나타나지만 어린 시절에 대한 회상을 반복한 것은 아니다.

2 〈보기〉에서 작가는 늙어 감 자체에 대한 긍정과 더불어 자연스러움을 강조하고 있다. 따라서 1연에 잠시 의아했던 것은 성장하면서 어린 시절과 달라진 모습을 느꼈기 때문이지, 어린 시절의 아름다움이 떠올라서 놀랐기 때문은 아니다.

오답 뜯어보기 ② 자신의 모습이 늙고 병들었다고 직접적으로 진술하며 늙어 감 자체를 수용하고 있다.

③ 다시 느티나무가 커진 눈에 세상이 너무 아름다웠다고 말하므로 세상에 대한 긍정이 나타난다.

④ 세상이 너무 아름다웠다고 말하는 것은 과거의 삶에 대한 긍정도 포함하는 것으로 지난 삶도 아름다웠다고 직설적으로 나타내고 있다.

⑤ 육체적 노화를 자연스러운 현상으로 수용하는 태도를 알 수 있다.

3 느티나무가 생장하여서 화자의 눈에 크게 느껴진 것은 아니고, 또한 시의 내용에서 느티나무의 생장을 확인할 수 있는 부분도 드러나지 않는다.

오답 뜯어보기 ① 성장을 통해 교실이 작게 느껴진 경험을 떠올린 반응이다.

② 자신이 태어난 곳을 노년기에 다시 찾아갔을 때의 감회가 어떨지 상상하는 반응이다.

④ 어린 시절의 순수함이 그리워진 현재 상황에 대한 반응이다.

⑤ 늙어 감을 수용하고 오히려 세상을 아름답게 본 화자의 태도를 본받고자 하는 반응이다.

4 ㉠은 늙어 감 자체에 대한 수용인데, 이 시의 주제로 보아 이러한 태도가 가능한 이유는 세상을 아름답게 볼 수 있는 눈이 생겼기 때문이다.

---

188 다시 느티나무가_신경림 350~351쪽

키포인트 체크 노년, 느티나무, 세월, 긍정

1 ② **2** ① **3** ③ **4** 세상의 모든 것을 더 아름답게 볼 수 있기 때문에

---

189 택배 상자 속의 어머니_박상률 352~353쪽

키포인트 체크 어머니, 정성, 사랑, 관, 죽음, 추모

1 ③ **2** ③ **3** ④ **4** ④ **5** 칠십 평생을 단 하루도 허투루 살지 않고 단단히 묶으며 살아 낸 어머니, 어머니의 삶이 하루하루 최선을 다하는 것이었음을 의미한다.

정답과 해설

1 1행부터 마지막 행까지 어머니가 보낸 택배 상자와 이에 얽힌 어머니의 이야기를 서사적 구조를 사용하여 전개하고 있다. 이에 따라 이야기를 듣는 듯 자연스럽게 시적 상황이 전달된다.

〔오답 뜯어보기〕 ① 이 시는 방언을 사용하고는 있으나 어머니에 대한 자식의 정겨움과 감동을 드러내기 위해 사용한 것이지 인물 간의 갈등 구조를 드러내기 위한 것은 아니다. 또한 인물 간의 갈등은 드러나지도 않는다.

② 자식의 혼잣말은 나타나지만 어머니와 대화를 하고 있는 형식이라고 볼 수 없기 때문에 적절하지 않다. 또한 시적 대상인 어머니의 내면은 화자인 아들의 측측일 뿐 구체적으로 묘사되어 나타나지 않는다.

④ 산문적 형식으로 시상이 전개된 것은 적절하지만 인물들의 상황이 다양하게 나타나지는 않는다.

⑤ 이 시에서 '택배 상자'와 '관'이 형태상의 유사점을 지니고 있으나 둘 다 죽음을 의미하는 것으로는 볼 수 없다. '택배 상자'는 어머니의 사랑과 정성을, '관'은 어머니의 죽음을 의미하기 때문이다.

2 이 시의 화자는 어머니의 사랑과 정성을 노래하고 있는데 특히 돌아가신 어머니에 대한 안타까움과 추모의 정서가 잘 드러나고 있다. 이와 같이 돌아가신 부모님에 대한 그리움을 노래한 시조는 소반 위에 붉은 감이 곱게 보이지만 품어 가도 반가워할 부모님이 안 계셔서 서럽다는 정서를 노래한 ③이 가장 유사하다.

〔오답 뜯어보기〕 ① '백발을 막대로 저지하려 했으나 백발이 먼저 지름길로 온다'라고 표현하면서 늙는 것을 막으려 하나 그럴 수 없다는 한탄의 정서가 나타난 탄로가(嘆老歌, 늙음을 한탄하는 노래)이다.

② '어버이를 그리워할 줄(효)은 처음부터 알았지만 임금을 향한 뜻(충)도 하늘이 만드셨으니 임금을 잊으면 불효다'라고 말하며 충과 효가 하나라는 깨달음과 임금에 대한 충성을 노래하고 있다.

④ '이 몸이 죽어 우뚝 솟은 소나무가 되어 홀로 푸를 것이다'라고 말하며 자신의 굳은 절의와 지조를 드러내고 있다.

⑤ '십 년을 계획하여 초가집을 짓고 달과 바람과 강산 등의 자연과 어울려 살겠다'라고 말하며 자연 속에 묻혀 사는 물아일체의 정서를 드러내고 있다.

3 이 시의 시적 화자는 어머니로부터 택배 상자를 받은 자식이다. 처음에는 택배 상자에 어머니가 넣어 보낸 물품들을 보며 어머니의 사랑과 정성을 느낀다. 그러나 택배 상자가 관으로 치환되면서 자식은 어머니의 죽음을 막고자 노력하는 모습을 드러낸다. 하지만 어머니는 이미 돌아가신 상태로 이에 대한 안타까움과 추모의 태도를 드러내고 있는 것이다.

〔오답 뜯어보기〕 ① 현실 상황은 어머니가 돌아가신 상황이다. 이에 대한 슬픔과 추모의 태도는 찾아볼 수 있으나 이를 극복하고자 하는 태도는 나타나 있지 않다.

② 화자는 어머니와 떨어져 살았다는 것을 확인할 수 있으나 도피적인 삶을 살았다고 볼 근거가 없으므로 적절하지 않다.

③ 관조적 자세란 좀 떨어진 위치에서 거리를 두고 대상을 바라보면서 차분한 마음으로 그 의미나 본질을 추구하고 자신에게 비추어 보는 태도를 말한다. 이는 택배 상자를 직접 만지며 어머니의 사랑을 느끼며 우는 화자의 태도로 비추어 볼 때 적절하지 않다.

⑤ 어머니가 한평생을 성실하게 살아왔다는 것은 알 수 있으나 그 부분이 현재와 대비되는 것은 아니며, 또한 화자가 과거에 대한 아쉬움을 표현하고 있는 것이 아니기 때문에 적절하지 않다.

4 '고추장'은 어머니가 보낸 참기름과 함께 밥에 넣는 재료이지만 어머니가 택배 상자에 넣어 보낸 물품은 아니다. 단지 어머니가 정성을 담아 보낸 참기름의 용도를 설명하기 위해 등장시킨 가상의 물품으로 어머니의 사랑이나 정성과는 아무 관련이 없다.

〔오답 뜯어보기〕 모두 어머니의 사랑과 정성을 의미하는 시구이다. ①은 어머니가 아들에게 보내는 택배 상자에 직접 쓴 글씨로 아들에 대한 어머니의 사랑을, ②와 ③은 택배 상자에 담아 보낸 물품으로 어머니의 사랑과 정성을, ⑤는 어머니가 보낸 물품들을 열거한 후 자식을 위하는 마음을 직접 표현한 것이다.

5 이 시에서 화자는 '칠십 평생을 단 하루도 허투루 살지 않고 단단히 묶으며 살아 낸 어머니'라는 표현을 통해 평생 쉼 없이 열심히 살아온 어머니의 삶을 묘사하고 있다. 그리고 이를 단단히 동여맨 택배 상자의 노끈으로 비유하고 있는 것이다.

MEMO

MEMO

MEMO

MEMO

고전 시가

고전 산문

현대 시

현대 소설

수필·극

해법문학 시리즈

내신&수능의 출제(예상) 작품과 국어 공부의 비법을 담은 국어 영역 필수템

문학 종합서 | **해법문학**

수능 문학 영역 주요 작품 875편을
심도 있게 분석하여 수록

[고전시가/고전산문/현대시/현대소설/수필극]

문학 문제편 | **해법문학Q**

고전문학, 현대문학 마스터를 위해
필수 문학 작품 311편을 시대순으로 수록

[고전문학/현대문학]